谷口克広 著

織田信長家臣人名辞典

第2版

吉川弘文館

はしがき

『織田信長家臣人名辞典』の初版が吉川弘文館より出版されたのは、一九九五年一月のことである。勤務の合い間を見ながら、二十年余りかかって作りためたカードをもとに、さらに五年がかりで原稿をまとめた成果であった。この時は、恩師百瀬今朝雄先生をはじめ大勢の方々のお世話を受けてようやく出版にこぎつけた、という経緯《いきさつ》があった。

出版までにこのような苦労を伴った一冊であったが、刊行されてみると、嬉しいことに予想を上回る反応をもって迎えられることになった。

信長といえば、日本史上屈指の人気者である。それゆえ、彼に関する著作はある程度の売れ行きは期待できた。しかし、なにしろ本文三段組み、五〇〇ページ余りの大冊である。個人として購入する者は、ごく限られると予想された。それにもかかわらず、結局三千部の初版が完売して、版を重ねることになったのである。

だが、著者にとってそれ以上に喜ばしかったのは、この本が研究家の方々にも広く利用されたということである。研究家の末席に連なる者として、こんな光栄なことはない。

とはいうものの、喜んでばかりはおられない。実は、刊行直後から記事の誤り、脱漏、その他いろいろな不備に気が付きはじめていた。それどころか、研究家としては当然用いなくてはならない基本的史料集を参照していない、ということすらあった。ひとえに著者の実力不足ゆえであり、穴があったら入りたい、という心地を何度も味わったものである。

このような著者の手落ちばかりではない。その後の織田政権をめぐる研究は飛躍的に進歩し、信長家臣についてもいろいろな研究成果が発表されている。引き続いての研究活動の際に持ち歩いた初版の一冊は、書き込みだらけになっていった。そのほか新しい情報がノート何冊分も蓄積された。それらに鑑みながら、著者としては一刻も早い改訂の機会を待ち望む思いであった。

このほど、ようやくその思いが実現する運びになった。月並みな表現になるが、まさしく感慨無量である。

今度の改訂本には、初版出版以来の十数年間の著者の研究の蓄積が、随所に盛り込まれているはずである。それに加えて、強力な助っ人についても語らねばならない。織田信長家臣団研究会会員である畏友和田裕弘氏のことである。氏については「あとがき」でも触れるが、著者が見落とした史料、あるいはまったく知らない史料までたくさん提供して下さった。氏から提供された史料のおかげで、かなり大勢の人物の補強を行うことができた。出版にあたって、和田氏の学恩に厚くお礼を申し上げたい。

こうしてつくられた改訂本は、初版に比べるとはるかに充実した内容である、と誇らしげに宣言することができると思う。

例　言

一、本書は、織田信長に臣従したと思われる者を網羅し収載した。一貫して室町幕府に直属したらしい者についても、実質上信長に従い、重要な役割を担った者は採録した。石成友通・三好義継などがその例である。

二、各項目には、信長に臣従する以前および信長の死後の事績も記したが、信長に従っていた時期を中心として記載が詳しくなっている。

三、各人名の見出しについては、称呼・官名で著名な人物であっても、諱を優先することに努めた。稲葉良通（一鉄）・高山重友（右近）などの類である。ただし、伝えられている諱の信憑性の薄い者については、称呼・官名を見出しとした。

四、諱は、原則として信長に仕えていた時期に用いていたものを見出しとして採用した。ただし、この場合も、「参照項目」で便宜を図っている。蒲生氏郷を蒲生賦秀、豊臣秀長を羽柴長秀とした類である。

五、項目の配列は姓の五十音順とし、同姓の場合には名によって配列した。堀姓の者は、必ず堀内・堀江姓の者より先に載せていることなどがその例である。

六、人名の読み方については、明確でない者が多い。全く手掛りのない場合、推測に従ったものもある。

七、典拠となる書名は、繁雑を厭わず、できるだけ文と対応できるようにして記すように努めた。ただし、大きな事件に関する場合など、省略したところもある。

八、書名が長く、且つ引用頻度の高いものについては、省略した形で記した。正しい書名は、次の通りである。

『朝　倉　記』『越州軍記』（『朝倉始末記』）

『家　忠』『家忠日記』
『池田本』池田家本『信長記』
『宇　野』『宇野主水日記』(『鷺森日記』『顕如上人貝塚御座所日記』)
『宴　乗』『二条宴乗日記』
『御湯殿』『御湯殿の上の日記』
『兼　見』『兼見卿記』
『川　角』『川角太閤記』
『寛永伝』『寛永諸家系図伝』
『顕如書』『顕如上人御書札案留』
『公　記』太田牛一著『信長公記』
『宗及記』『津田宗及茶湯日記自会記、同他会記』
『宗久書』『今井宗久書札留』
『宗久書抜』『今井宗久茶湯日記書抜』
『太閤軍記』『太閤さま軍記のうち』
『多聞院』『多聞院日記』
『重修譜』『寛政重修諸家譜』
『言　継』『言継卿記』
『言　経』『言経卿記』
『年代記』『永禄以来年代記』(『年代記抄節』)
『信長文書』奥野高廣著『織田信長文書の研究』

『分限帳』『織田信雄分限帳』
『甫　庵』小瀬甫庵著『信長記』
『耶蘇通信』『耶蘇会士日本通信』
『耶蘇年報』『日本耶蘇会年報』（『イエズス会日本年報』）
『隆佐記』『立入左京亮入道隆佐記』
『両家記』『細川両家記』
なお、文書名では、「所蔵」「持参」などの語は省略した。

五十音索引

あ

青貝某（あおかい）

生没年不詳。

『公記』（角川本）には、永禄元年（一五五八）十一月二日、信長の命により、河尻秀隆とともに信勝（信行）を殺害した「青貝」が記されている。伝わる事跡はこれだけで、『公記』の他の部分、あるいは他の史料にも現れない。

同じ『公記』でも「我自刊我本」には、「河尻青貝」と繋げて書かれており、一人の人物のように思われる。後世の地誌にすぎないが、『尾張志』も同様に表している。

青木玄蕃允（あおき　げんばのじょう）　近江？

生没年不詳。

天正九年（一五八一）九月の、信長の伊賀攻めに従軍。阿閇《あべ》郡平定の将の一人（公記）。この時の『公記』に載った交名《きょうみょう》より推して、近江の人と思われるが、角川文庫『信長公記』人名注索引では、あるいは美濃安八郡青木の出身か、と推測している。

青木重直（あおき　しげなお）　美濃

享禄元年（一五二八）～慶長十八年（一六一三）十一月二十一日。

加賀右衛門尉、刑部卿法印。諱は「貞勝」とも。

土岐頼芸から斎藤道三・義龍に仕える。永禄二年（一五五九）、信長が上洛している時、義龍から派遣された刺客の一人である（天理本信長記）。

斎藤氏の没落後信長に転仕する。丹羽長秀に付属され、信長の死後、山崎の戦い・賤ケ岳の戦いに奮戦する（丹羽歴代年譜付録）。後、秀吉に仕え、摂津豊島郡内の地を知行（重修譜・太閤軍記）。

慶長十八年（一六一三）十一月二十一日没、八十六歳。

子の所右衛門尉一重（一治）は、家康に従って姉川の戦いの時、朝倉の勇士真柄五郎左衛門尉を討取る。後、丹羽長秀に仕え、その死後秀吉に転仕して黄母衣《ほろ》衆に名を連ねた（寛永伝）。

青木次郎左衛門（あおき　じろうざえもん）　美濃

？～天正十年（一五八二）六月二日。

諱は「秀重」と伝わる。重直の一族か。母は森可成の娘という。

信長か信忠の馬廻。天正十年（一五八二）六月二日、明智光秀の兵と戦って討死した（阿弥陀寺過去帳）。

青木鶴（あおき　つる）　美濃？

生没年不詳。

信長の小姓であろう。天正七年（一五七九）十二月五日、使として高槻に派遣され、荒木村重の謀反に与した高山飛騨守（右近の父）を受取り、越前の柴田勝家のもとまで連行した（公記）。以後の経歴は不明。本能寺で討死した小姓たちの交名の中にも、その名は見えない。

青地茂綱（あおぢ　しげつな）　近江

？～元亀元年（一五七〇）九月二十日。

式部少輔、駿河守。

蒲生定秀の二男。賢秀の弟。氏郷の叔父にあたる。青地道徹《どうてつ》の養子になるという（青地系図帳）。

近江栗太郡青地を本拠として、六角氏に仕える。青地荘十五カ村に在地する二十二士の旗頭として、彼らを率いていたという（栗太志）。永禄六年（一五六三）二月十一日付の覚書があるが、それによると、青地茂綱の率いた兵は、千五百騎を超えている（井口吉貞家文書）。永禄六年四月、六角氏式目が制定されるが、茂綱は、その連署者二十人の中に、当然ながら名を連ねている。

信長に属したのは、永禄十一年九月であろう。翌十二年の大河内《おかわち》城攻めでは、旧六角氏の将として、まとまって参陣している（公記）。元亀元年（一五七〇）九月二十日、森可成らとともに、宇佐山城に朝倉・浅井の軍を迎え討ち、討死した（公記）。四十一歳という説もあるが、それでは、兄蒲生賢秀より年長になってしまうから誤りであろう。

死後の十月六日、討死の功が認められ、息男千世寿（元珍）に領知および与力が安堵された（青地文書）。

青地千世寿（あおぢ　ちよじゅ）→青地元珍

青地孫二郎（あおぢ　まごじろう）　近江

生没年不詳。

相撲取り。栗太郡の青地氏の一族か。天正六年（一五七八）二月二十九日、同年八月十五日、安土における相撲会に参加。信長に賞され、百石および私宅を賜った（公記）。

青地元珍（あおぢ　もとたか）　近江

永禄三年（一五六〇）～寛永十年（一六三三）九月二十九日。

千世寿、内匠助、四郎左衛門尉。諱は「光綱」とも。「元珍」を「もとたか」と訓むのは、『朝倉家禄軍談』による。

茂綱の子。父の戦死後の元亀元年（一五七〇）十月六日、領知および与力・家来等を安堵される（青地文書）。翌年十二月、佐久間信盛に新与力として付属された（吉田文書）。それ以後、天正元年（一五七三）七月槙島攻め、同四年五月天王寺定番、といった戦歴が『公記』等に見えるが、いずれも佐久間の麾下としての参陣のようである。従って、同八年の佐久間父子追放までは、大体佐久間を主将とする大坂攻めに加わっていたのであろう。

佐久間追放後は、近江衆として信長の旗本部将。同九年九月の伊賀攻めのほか、安土での爆竹《さぎっちょう》の人数にも名を連ねている（公記）。

本能寺の変後、信孝に仕え、その滅亡後蒲生氏郷・秀行の下に客寓。さらに前田利長に仕える（加賀藩史稿）。

寛永十年（一六三三）九月二十九日没（加賀藩史稿・青地系図帳）。

青地与右衛門（あおぢ　よえもん）　近江

生没年不詳。

相撲取り。栗太郡の青地氏の一族か。元亀元年（一五七〇）三月三日の近江常楽寺における相撲会で活躍し、信長の家臣の列に加えられる。天正六年（一五七八）八月十五日の安土での相撲会の時は、堀秀政・蒲生賦秀（氏郷）ら信長の有力直臣に混じって奉行を務めている（公記）。当時の身分は馬廻であろう。

同七年四月十七日、常陸の多賀谷重経より信長に贈られた駿馬を調教し、賞されている。この頃から厩のことを委ねられたらしく、同九年二月二十八日の馬揃えでは、「御厩別当」として、駿馬を引かせる奉行を務めている（公記）。その後の消息については明らかでない。

青柳勘太郎（あおやぎ　かんたろう）

？～天正十年（一五八二）六月二日。

信長か信忠の馬廻だろう。天正十年（一五八二）六月二日、本能寺の変の時、明智軍と戦って討死した（阿弥陀寺過去帳）。

青山小助（あおやま　こすけ）→青山宗勝（あおやま　むねかつ）

青山新七（あおやま　しんしち）　尾張

生没年不詳。

『武功夜話』では小助の父、『阿波国古文書』所収青山系図には諱は「昌起」、「秀昌」（宗勝のこと）の弟とある。しかし、両方とも信の限りではない。

尾張の土豪、野伏の出と『太閤記』にある。永禄九年（一五六六）、蜂須賀正勝らとともに秀吉の美濃攻めに協力したという。『武功夜話』では蜂須賀党の頭衆の一人とされ、この時の活躍は墨俣《すのまた》城築城の話として詳しく語られている。さらに同書では、稲葉山城攻めの時の手柄についても述べられている。

その後は信長の馬廻か。天正三年（一五七五）五月二十日、鳶ケ巣山砦攻撃の酒井忠次に検使として添えられた信長馬廻の中にその名が見られる。だが、『公記』には「青山新七息」、『池田本』には「青山新七父子」と記載が異なっている。『阿波国古文書』所収系図には、この時に戦死したとある。

本能寺の変の後の『分限帳』には、トキノ島四百貫文を知行、そのほか二千貫文の地の代官を務めている「青山新七」が見られる。鳶ケ巣での戦死が事実だとしたら、これは息男であろう。

青山助一（あおやま　すけいち）　尾張

生没年不詳

尾張の青山氏の一族だろう。天正七年（一五七九）の安土城建築の時、小川祐忠・堀田佐内とともに瓦奉行を務めている（安土日記）。

青山忠元（あおやま　ただもと）　尾張

生没年不詳。

虎、伊賀守。

宗勝の子。父の宗勝は早くから丹羽長秀に仕えているが、子の忠元は父より離れ、小姓として信長に仕えた。天正六年（一五七八）元旦、年賀の礼に出仕した重臣たちに信長が盃を振舞った時、矢部家定・大津長昌らとともに酌を務めている。また、同八年の大坂開城の時には、誓紙を見届ける検使として、天王寺に遣わされている（公記）。

本能寺の変の後、丹羽長秀の下で近習の役を務めている姿が見られる（兼見）。父の伝手で丹羽家臣になったのであろう。しかし、長秀死後の丹羽家の内紛により、父とともに秀吉に転仕したようである。同十六年の聚楽第行幸の時、秀吉前駆の衆の一人（聚楽行幸記）。同十八年の小田原の役には、父の代理として従軍、秀次の下にあって六百人を率いている（伊達家文書）。

慶長五年（一六〇〇）の戦役では西軍に属し、大聖寺《だいしょうじ》城籠城を目論んだが、味方の敗戦により父とともに除封された（丹羽歴代年譜付録）。

青山藤六（あおやま　とうろく）　尾張

生没年不詳。

信長の足軽。天文二十一年（一五五二）四月十七日、尾張赤塚で信長が山口教継父子と戦った時、従軍している（公記）。

青山虎（あおやま　とら）　→青山忠元（あおやま　ただもと）

青山宗勝（あおやま　むねかつ）　尾張

生没年不詳。

小助、小介、助兵衛、修理亮。諱は「虎」とも。

『太閤記』に見られる「青山小助」は尾張の土豪で、永禄九年（一五六六）、秀吉が木曾川に要害（墨俣城）を築く時に活躍し、信長より賞されている。『武功夜話』では、蜂須賀党の頭衆の一人新七の子として、より詳しく彼の活躍ぶりについて語っている。

また、文書には、元亀元年（一五七〇）から天正三年（一五七五）頃にかけて「青山小介」という人物が見られるが、彼は丹羽長秀の代官として指出《さしだし》を催促したり、徳政を迫ったり、明らかに丹羽家の奉行としての姿を見せている（橋本左右神社文書・竜安寺文書）。彼は、後の丹羽氏の老臣青山宗勝と同一人であろう。なお、『長命寺文書』によれば、彼の諱は「虎」である。

『丹羽歴代年譜付録』には、「此宗勝ハ秀吉公木下藤吉郎ノ時至テ別懇ノ由也」とあり、『太閤記』にある「小助」の事跡を仄めかしている。『太閤記』の「小助」、文書にある「小介虎」、後の宗勝、いずれも同一人と考えてよかろう。『武功夜話』には、その後、稲葉山攻城戦に従軍、信長の上洛後、姉川の戦いにも参加したとある。秀吉ないし長秀に従っていたことを思えば、あえて否定することはない。

本能寺の変後、丹羽長秀の下で山崎の戦い、賤ケ岳の戦いに戦功をあげる。長秀没後の丹羽家の内紛の中で秀吉に転仕、丸岡城主として三万五千石を領す（丹羽歴代年譜付録）。九州陣、さらに朝鮮攻めにも従軍（当代記・太閤記）。慶長五年（一六〇〇）の戦役では西軍に属し、大聖寺城籠城を企図したが、味方の敗戦により除封された（丹羽歴代年譜付録）。

その後の経歴は不明だが、『阿波国古文書』所収青山系図中に宗勝と同じ経歴を持つ「秀昌」（伊賀守、小助）という人物が載っており、それには慶長十一年（一六〇六）一月十一日没とある。

青山与三（あおやま　よぞう）　尾張

天文十一年（一五四二）？～慶長十七年（一六一二）六月二十九日？

与三郎か。『青山家々譜』（加能越文庫）では諱は「吉次」、与三右衛門尉の子としている。その名乗りと活躍の時期より推して、信長若年の頃の老臣、青山与三右衛門の子というのは正しいであろう。信長の近臣で、天正七年（一五七九）六月二十日、信長より伊丹在番衆へ向けて、鶴・鷹を下賜する使として派遣されている（公記）。『青山家々譜』では、鷹匠頭として信長に仕えるという。

本能寺の変後、前田利家に仕える。利家と佐々成政との戦いの中で活躍している（賀越登記・青山家々譜）。

『青山家々譜』によれば、慶長十七年（一六一二）六月晦日没、七十一歳という。

青山与三右衛門（あおやま　よそうえもん）　尾張

？～天文十三年（一五四四）九月二十二日。

（天文二年）八月十一日付、妙興寺納所宛て書状の署名は、「余三左衛門尉」になっている（妙興寺文書）。年代がややずれるが、同一人であろう。

また、諱については、（同六年）八月六日付の、毛利小三郎に宛てた織田信秀及び「秀勝」の書状により、信秀の使者が「青山秀勝」という人物であることがわかる（毛利文書）。与三右衛門と信秀との密接な関係に鑑みて、同一人の可能性が高いと思われる。

信秀の重臣。『公記』によれば、信長に那古野城が譲られた時、その補佐として付けられた四家老の一人とされている。席次は林秀貞・平手政秀に次ぎ三番目。しかし彼は、天文十三年（一五四四）九月の稲葉山城攻めの時に戦死している。谷宗牧の『東国紀行』によると、その時はまだ信長に那古野城は譲られてはいないようなので、『公記』の記事はそのままには受け入れられない。『公記』には、同十五年、信長元服の時に相伴したという記載もあるが、これも太田牛一の誤りであろう。

同二十一年三月の信秀の葬儀の時、信長に随従した者の中に「青山」が見られるが、当然これは別人、あるいは誤りであろう（公記）。

赤井忠家（あかい　ただいえ）　丹波

天文十八年（一五四九）～慶長十年（一六〇五）四月二十九日。

芦田五郎・市郎兵衛。法名宗円。

丹波の豪族。家清の子。家清は、丹波に勢力を振るった国人だが、弘治元年（一五五五）、守護代内藤との甲良《こうら》合戦で負傷し、その時の傷により二年後死去、息男の忠家が跡を継ぐ。しかし、幼少なので、叔父の荻野（赤井）直正が丹波奥三郡の国政を執行した（寛永伝ほか）。

信長の近畿制圧に際し、永禄十三年（一五七〇）三月、直正とともに信長に降り、本領を安堵される（『寛永伝』所収文書）。信長麾下の時代には、羽柴秀吉より、松尾社領の天田郡雀部《ささべ》荘押領停止を申し渡されたりしている（東文書）。

元亀二年（一五七一）十一月、但馬の山名韶熙《あきひろ》の丹波攻撃を受けたが、叔父の直正とともに逆襲して但馬に侵入、竹田城を攻略した（丹南町史）。山名は信長に助けを求め、その後信長との関係は悪化した。

同四年になって信長と将軍義昭との対立が顕著になると、将軍方の立場を鮮明にする。一月、叔父の直正が将軍の味方として京都に出陣するとの風説も流れた（顕如書）。そして天正三年（一五七五）六月、明智光秀の丹波攻めを受けることになる。

光秀の丹波攻撃に対して抵抗、しばしば苦しめたが、同七年八月九日、ついに黒井城は陥落する。忠家は、城を逃れたらしく、同月二十四日付で光秀が忠家の探索と成敗を命じた書がある（富永文書）。さらに、残党が国領城に拠って屈せず、長岡藤孝が、ようやく九月二十二日にこれを落とした（雨森文書、船越昌「丹波黒井城と赤井党」所収）。『寛永伝』によると、忠家は、遠江二俣まで逃亡したという。

その後、秀吉に仕え、馬廻。文禄二年（一五九三）九月二日、播磨美嚢《みの》郡の中で千石の地を宛行われる（重修譜）。関ケ原の戦いでは東軍。功により、大和十市郡にて千石加増。戦前にすでに与えられていた地と合わせて、十市郡内で二千石を知行したらしい（重修譜）。

慶長十年（一六〇五）四月二十九日、伏見にて没、五十七歳（赤井家譜）。

赤井直正（あかい　なおまさ）　丹波

享禄二年（一五二九）?～天正六年（一五七八）三月九日。

才丸。荻野悪右衛門尉。

丹波の豪族。赤井時家の二男。少年の時、荻野氏の養子として迎え入れられ、一族の盟主となる。そして、謀反を企てた外叔父荻野秋清を討ち取って黒井城を奪い、以後、悪右衛門尉と称するという（赤井家譜・丹波戦国史ほか）。

兄家清は、弘治三年（一五五七）二月、甲良合戦の時の傷がもとで死去し、その子忠家が赤井家を継いだが、幼少につき、その補佐役となって、丹波奥三郡の政務を行った（寛永伝ほか）。

その後、永禄元年（一五五八）から天田郡の荒木氏、同郡横山城の塩見氏を討ち滅ぼす。さらに、同八年、福知山の戦いで内藤貞勝を破って、丹波随一の実力者にのし上がった（多聞院・言継・船越昌「丹波黒井城と赤井党」）。

同十一年、信長の上洛後間もなく義昭・信長に降ったものと思われる（年代記）。同十三年三月、家督忠家が、信長より安堵状を受けている（『寛永伝』所収文書）。細川昭元（信良）より義昭への出仕を促されているのは、その翌年であろうか（赤井文書、『丹波戦国史』所収）。この頃しばしば但馬に出兵し、山名韶熙と戦っている（吉川家文書）。

元亀四年（一五七三）一月、信長と将軍義昭との抗争が表面化すると、義昭方に付く。そして、直正が義昭方として京に出陣するとの風説が流れたが、これは実現しなかった（顕如書）。しかし、この頃から、次第に反信長の姿勢を示しはじめ、敗れて毛利寄寓の身となった義昭より、この年七月に幕府再興の助力を求められている（赤井文書）。天正二年（一五七四）二月には、武田氏との通信も見られる（赤井文書）。だが、その間と思われる（天正元年カ）八月五日付で、秀吉より赤井五郎助（忠家カ）宛てに、松尾社領、天田郡雀部荘の押領停止を申し渡されているのを見ると、はっきりした反信長の態度ではなかったらしい（東文書）。

信長に対して、はっきり反抗の姿勢を見せたのは、天正三年頃である。丹波制圧のため派遣された明智光秀に対し、抵抗の姿勢を見せたのである。光秀が丹波に攻め込んだ時、直正は但馬竹田城を攻撃していたが、光秀軍に追われて居城黒井に籠ったが持ちこたえ（吉川家文書）。黒井城を光秀軍に包囲されるが持ちこたえ、同四年一月、波多野秀治の援を得て、逆に光秀軍を撃破した（兼見）。

毛利氏と結びつつその後も敢闘して、信長軍の攻撃に耐えてきたが、同六年三月九日、黒井城中にて没した。五十歳という（兼見・赤井家譜）。

その後、黒井城は、同七年八月九日陥落。城主忠家は、遠江に逃亡したという（公記・富永文書）。

直正がこれほどの力を振るったのは、赤井党がかなり早期より生野銀山の採掘権を掌握しており、それによる経済力が彼らの軍事力を支えていたからといわれる（船越昌前掲論文）。加えて、赤井党を率いた直正の統率力も無視できない。『甲陽軍鑑』は、「名高キ武士」として、長宗我部元親・松永久秀・徳川家康らと一緒に、しかも直正をその筆頭に挙げているのである。

赤川景弘（あかがわ　かげひろ）　尾張

生没年不詳。

三郎右衛門尉。通称「通盛《みちもり》」。

『甫庵』には矢島六人衆の一人とあるが不詳。信長の若年の頃よりの近臣である。

天文年間末から永禄年間初頭と思われる、七月二十五日付、熱田社惣検校ら宛て、東脇・大瀬古の礼銭の処置を指示した、佐久間信盛・村井貞勝・島田秀順といった織田家の代表的家臣との連署状がある（田島氏文書）。かなり高い地位にあった、と見做してよいであろう。しかし、その後、信頼できる史料にその名を表すことはない。

『熱田加藤家史』には、永禄六年（一五六三）、加藤弥三郎らが結託して信長側近の「坂井道盛」を斬って出奔したしたと書かれている。『寛永伝』には、信長や周囲から「通盛」という仇名で呼ばれた「赤川三郎右衛門」（坂井成利の父）が載っている。また、『太閤記』に、岡田長門守の臣赤川惣左衛門という人物があり、坂井下総守の弟と書かれている。加藤弥三郎らに討たれた「坂井道盛」を赤川三郎右衛門尉景弘に当てはめて間違いなかろう。

赤川彦右衛門（あかがわ　ひこえもん）　尾張

生没年不詳。

『公記』巻首に、小豆坂の戦いに奮戦した記事が見える。景弘の同族と思われるが、あるいは、景弘その人なのかも知れない。

赤川平七（あかがわ　へいしち）　尾張

生没年不詳。

景弘の同族か。信長の足軽として、天文二十一年（一五五二）四月十七日の赤塚の戦いに従軍、敵に生け捕られるという（公記）。

赤川弥十郎（あかがわ　やじゅうろう）　尾張

生没年不詳。

永禄五年（一五六二）十月九日、長田久琢とともに、佐久間信盛より五百疋ずつ加増されている（浅井文書）。他の事跡は不明である。

赤木忠房（あかぎ　ただふさ）　備中

生没年不詳。

蔵人丞。

備中塩田の人。天正五年（一五七七）十二月五日、信長より判物を受け、幕下に属して左用城を攻略した功を褒されている（赤木文書）。だが、この文書には疑問がある。同十年五月には毛利方に付いて、高松城の守備に加わっている（赤木文書）。

その後は、毛利氏の家臣として、川上郡内で、千四百四十四石余の知行地を保った（水野恭一郎「備中国赤木家文書について」）。

赤座小法師（あかざ　こぼうし）　↓赤座吉家（あかざ　よしいえ）

赤座七郎右衛門（あかざ　しちろうえもん）　美濃

?～天正十年（一五八二）六月二日。

諱は「永兼」と伝わっているが、確かめられない。入道号は紹意。

越前新渡の領主赤座筑前守の二男、と『織田系図』にあるが、詳しいことは不明。ほぼ確かなことは、美濃に来て斎藤氏に仕え、その後、弟助六郎とともに信長に仕えた、ということである（当代記・武家事紀）。『織田系図』では、妻を岩倉城主織田信安の娘としているが、両家の格を考えると疑問である。

『武家事紀』には、天文・永禄の頃、下方左近将監（貞清）・岡田助右衛門尉（重善）・戸田半右衛門（勝成）とともに武名をうたわれた、とある。しかし、下方・岡田は、信秀時代からの織田家の臣であり、同列に並べるのは不適当と思われる。

永禄十二年（一五六九）一月、本圀寺にて、三好三人衆らと戦う（公記）。その後は、信長馬廻として、天正元年（一五七三）八月の朝倉攻めなどに従軍（甫庵）。信忠の家督相続に伴ってこれに属したらしく、同七年七月十九日、前田玄以らとともに、信忠より遣わされ、井戸将元を誅殺している（公記）。

同十年、信忠軍の武田攻めに参加。四月三日、恵林寺焼き討ちの奉行を務める。六月二日、信忠とともに二条御所で討死した（公記）。

茶の造詣が深かったらしく、津田宗及の茶会にしばしば出席しているが、天正三年五月十三日以後は、「入道紹意」と記されている（宗及記）。

赤座助六郎（あかざ　すけろくろう）　美濃

?～天正十年（一五八二）六月二日。

七郎右衛門（永兼）の弟。姓は「桑原」とも。

初めは、斎藤氏の臣だったが兄とともに信長に降る（当代記）。永禄十二年（一五六九）一月、兄たちとともに本圀寺に籠り、三好三人衆らと戦った（公記）。

本能寺の変の時、二条御所で討死、と『甫庵』にある。『公記』では、代わりに「桑原助六」を載せている。また、『公記』天正十年（一五八二）三月十四日条に、武田勝頼の首級を信長のもとへ持参した信忠の使、「桑原介六」が見られる。いずれも赤座助六郎と同一人であろう。『宗及記』天正五年四月三日、同六年一月二十一日条に、「赤座助六」が見られるから、彼は、天正六年以後、美濃の旧族桑原氏を継いだものと思われる。そして、信長馬廻より信忠所属に転じたのではなかろうか。

赤座永兼（あかざ　ながかね）→赤座七郎右衛門（あかざ　しちろうえもん）

赤座吉家（あかざ　よしいえ）　越前

？〜慶長十一年（一六〇六）三月五日。

小法師、久兵衛尉、備後守。諱は、「直保」とも。

越前今庄の人。天正元年（一五七三）八月、信長に本領を安堵されている（古案）。それまでは朝倉氏に仕え、新たに信長に降ったものであろう。さらに、同三年十一月二十五日、越前内で所領が宛行われた（古案）。当時は、「赤座小法師」と呼ばれている。天正三年以後であろう、五月二十二日付けで、慈眼寺に五カ条の制札を下している（福井県今庄町誌）。

後、秀吉に仕え、今庄にて二万石。関ケ原の戦い後、除封されて、前田利長の家臣となった。

慶長十一年（一六〇六）三月五日、大門川で溺死（加賀藩史稿・松任町史）。

赤沢某（あかざわ）　尾張

生没年不詳。

天正二年（一五七四）十月八日、信長より、養父右近の知行阿蘇原の内、夫銭十貫文を安堵された（百花潭大沢家蔵品展観目録）。

赤沢右近（あかざわ　うこん）　尾張

生没年不詳。

元亀三年（一五七二）十一月十二日、信長より、蘇原郷高頭千五十貫文の地等を宛行われている（徳川美術館文書）。

赤羽新之丞（あかば　しんのじょう）　伊勢

生没年不詳。

伊勢度会《わたらい》郡の人。北畠信雄に属す。天正四年（一五七六）夏、大将に任じられて、熊野山を攻撃。しかし、援軍として度会郡梅谷の長島城に入った加藤甚五郎が、熊野侍の反撃で城を落とされると、心変わりして熊野方に寝返った。その後、大内山但馬守に討たれたという（勢州軍記）。

赤林掃部介（あかばやし　かもんのすけ）　尾張

生没年不詳。

赤林氏は尾張の豪族。信雄に仕えた赤林掃部は、本能寺の変後の天正十年（一五八二）年八月五日、都合四十二貫文余の地を安堵されている（愛知県史資料編⑫）。『分限帳』には、高田郷内五十貫文を知行している赤林掃部、その他赤林甚右衛門・同弥七郎が見られる。

また、父も同じく「掃部介」（孫七郎信継）を称しており、萱津《かやつ》の戦いで戦死したという（尾張群書系図部集）。

赤堀肥前守（あかほり　ひぜんのかみ）　伊勢

生没年不詳。

北伊勢三重郡の人。北方諸侍の一人として、『勢州兵乱記』に見える。永禄年間、波瀬御所に攻められた「赤堀」は、神戸楽三の二男というから、『伊勢国司御一族家諸侍幷寺社記』の赤堀治部少輔と同じであろう。

赤堀氏は、永禄十一年（一五六八）二月の信長の伊勢攻めに際し、信長に降る。後、北伊勢押さえとして置かれた滝川一益の与力となったという（勢州軍記）。

天正元年（一五七三）十月、長島一揆討伐のため、北伊勢に出陣した信長にあらためて人質を出して来礼している（公記）。

赤松氏満（あかまつ　うじみつ）→石野氏満（いしの　うじみつ）

赤松広秀（あかまつ　ひろひで）　播磨

永禄五年（一五六二）〜慶長五年（一六〇〇）十一月二十八日。

本姓は赤松だが、天正五年（一五七七）頃より「斎村」を姓とする。弥三郎、左京大夫、左兵衛督。諱は「広英」「広道」、後「政広」。

播磨竜野城主。守護赤松氏の支流で、政秀の子（赤松氏族譜）。天正三年（一五七五）十月二十日、同じ播磨の小寺・別所とともに上洛して、信長に謁見する。翌年十一月にも、また信長を訪問し、太刀等を贈った（広瀬文書・公記）。当時十五歳である。

以後信長方として働く。同七年一月二十八日、信長より、毛利との戦いの功を褒されている（『武家事紀』所収文書）。播磨には、同五年十月より、羽柴秀吉が派遣されており、結局は、その軍事指揮下に置かれて行った。さらに、同八年に蜂須賀正勝が竜野城主となると、広秀はその配下に置かれることになる。

本能寺の変の後、そのまま秀吉に属し、賤ケ岳の戦い、小牧陣に従軍（柴田合戦記・浅野家文書）。同十三年五月二十日には、四国への渡海を命じられている（黒田文書）。但馬竹田城に移されたのは、天正十三年閏八月のことであろうか（四国御発向并北国御動座記）。『武家事紀』によれば、秀吉の赤母衣《ほろ》衆の一人に選ばれるという。小田原陣の時は、後備として駿河に駐屯している（伊達家文書）。

文禄元年（一五九二）、朝鮮に出陣、八百の兵を指揮する（萩藩閥閲録）。釜山城の守備の一人（浅野家文書）。同三年帰朝して、伏見城の工事を分担する。当時、二万二千石（当代記）。慶長三年（一五九八）、秀吉の形見として金子五枚を受けている（太閤記）。

同五年の擾乱の時、西軍に属したが、関ケ原の戦いの後、東軍に降る。しかし、家康の命により、十一月二十八日、自害させられた（赤松氏族譜）。

赤見左衛門佐（あかみ　さえもんのすけ）

？〜天正二年（一五七四）九月二十九日。

赤見氏は織田氏の支族で、丹羽郡大赤見城主といわれる（尾張群書系図部集）。左衛門佐は、天正二年（一五七四）、長島攻めに従軍し、九月二十九日、討死したという（当代記・甫庵）。

秋田城介（あきた　じょうのすけ）　→織田信忠（おだ　のぶただ）

秋山家慶（あきやま　いえよし）　大和

生没年不詳。

次郎、右近大夫、右近将監。

宗丹入道の子で遠江守の弟、滝川一益の婿という（勢州軍記）。兄の北畠に対する謀反の後、家督を継ぐ（勢州軍記・勢州録）。

宇陀三人衆の一人。竜王山城城主。秋山氏は、北畠氏の与力であったが、後に被官になるという（勢州軍記）。

春日社領大和宇賀志荘等を押領するが、北畠信雄に諭され、天正三年（一五七五）十一月一日、これを還付する（続南行雑録）。同七年九月の信雄の伊賀攻めに従軍。敗れて退却の時、殿《しんがり》を務めるという（勢州軍記）。

同十年六月、本能寺の変後の混乱の時に、伊賀の一揆鎮圧のために派遣され、一宮を攻め落とす。同十二年の信雄・秀吉の争いの時、信雄を離れて、秀吉に味方。以後、秀吉麾下となり、松島を与えられた蒲生賦秀（氏郷）に属する（勢州軍記）。同十二年九月付けの秀吉知行割目録によれば、秋山・沢・芳野三家合わせて、一万三千石にすぎない（樋田清砂氏文書）。

慶長五年（一六〇〇）の争乱の時は、東軍として、福島正則の組に属し、岐阜攻めに参加した（藤堂文書）。その功績により十市郡内に地を宛行われたものの、大坂の陣には豊臣方に付いて籠城、落城と同時に滅亡したと推測される（奈良県史⑪）。

秋山右近大夫（あきやま　うこんのだいぶ）

→秋山家慶（あきやま　いえよし）

秋山善右衛門尉（あきやま　ぜんえもんのじょう）　美濃

生没年不詳。

（永禄元年＝一五五八）十一月二十三日、信長から大鷹を所望されている（新見文書）。その他の事跡については不明である。

芥川某（あくたがわ）　摂津

生没年不詳。

摂津の芥川氏。信長入京後、これに従う。それまでは、三好氏の麾下だったものと思われる。天正元年（一五七三）六月十八日、下京より礼銭八十六匁を受けている（朝河文書）。その後、摂津衆として、摂津の一職《いっしき》支配者荒木村重の麾下に属したのであろう。

　村重が信長に背くと、これを離れ、有岡攻めに従軍。同六年十二月、美濃三人衆とともに刀根山《とねやま》に在番。翌年四月には、河原砦の定番を務めている（公記）。

　これらの記事には、名を欠いているが、このころの芥川氏には、「孫十郎」「美作守清正」が見られる（言継・両家記・鹿王院文書）。このどちらかであろう。

明智掃部（あけち　かもん）
　生没年不詳。
　明智光秀の臣。天正八年（一五八〇）十二月十日、明智半左衛門らとともに、津田宗及の茶会に出席。光秀の徳政令を奉じた書状がある（思文閣墨蹟資料目録）。
　光秀の没後も生き残り、同十年八月三日の同会にも出席している（宗及記）。

明智左馬助（あけち　さまのすけ）→明智秀満（あけち　ひでみつ）

明智次右衛門（あけち　じえもん）　美濃？

　?～天正十年（一五八二）六月。

　『系図纂要』では、『明智軍記』に倣って諱を「光忠」とし、光秀の叔父光久の子、そして光秀の婿としているが、もちろん確証はない。光秀に仕え、丹波征服戦に活躍（細川家記）。光秀の謀反の時、相談を受けた老臣の一人（公記）。本能寺を攻めた時、先鋒を務める（惟任謀反記）。

　山崎の戦いの後、自害するという（系図纂要）。

明智少兵衛（あけち　しょうべえ）→三沢秀次（みさわ　ひでつぐ）

明智半左衛門（あけち　はんざえもん）→猪飼野秀貞（いかいの　ひでさだ）

明智秀満（あけち　ひでみつ）

　?～天正十年（一五八二）六月十四日。

　三宅弥平次。流布書には、「明智左馬助光春」とある。『明智軍記』『系図纂要』などでは、光秀の従兄弟とするが、これは誤りで、三宅姓だったのが、光秀の娘婿になって明智姓を名乗ったものであろう。職人の子という説もある。

　光秀第一の重臣で、丹波福知山城主。福知山城主としては、天正九年（一五八一）十月六日、光秀の判形に合わせて、天寧寺の諸役を免除するなどの事績が見られる（天寧寺文書）。この書には、「明智弥平次秀満」と署名している。

　本能寺攻撃の時は先鋒を務め、その後、安土城守備として置かれたが、山崎の戦いの敗報を受け、城を出て坂本城に入る（公記・惟任謀反記）。安土城を後にする際、天主に火を放ったともいわれているが、確証はない。また、坂本入城の時、堀秀政の軍を避け、単騎湖水を渡った、との記載が『川角』にあり、「左馬助湖水渡り」の言い伝えを生んだが、正しくは舟で渡ったものらしい。坂本城に入った秀満は光秀の妻子を殺して自害した（惟任謀反記ほか）。

　一度は坂本で、もう一度は福知山で、津田宗及らを茶会でもてなしたことがあり、文化人としての一面ものぞかれる（宗及記）。

明智孫十郎（あけち　まごじゅうろう）
　?～天正十年（一五八二）六月二日。
　初名杉生三右衛門（実成坊過去帳、『完全検証信長襲殺』所収）。
　光秀の臣。本能寺攻撃の時、先鋒を務めたが、次に襲った二条御所で、信忠に討たれたという（惟任謀反記）。

明智光秀（あけち　みつひで）　美濃
　永正十三年（一五一六）?～天正十年（一五八二）六月十三日。
　十兵衛尉。号は咲庵（西教寺文書）。天正三年七月三日より「惟任《これとう》日向守」。

〔出自と初舞台〕
　出自については、土岐氏の流れで美濃明智城城主の子という。明智城城主の血筋はともかく、『隆佐記』に「美濃国住人とき（土岐）の随分衆也」とあるから、土岐氏の庶流であることは確かであろう。『兼見』によると、親類が美濃にいる様子である。

そして、美濃出身であるとすると、恵那郡明智とも無関係ではないであろう。ただ、たとえ名門の出であるにしても没落した身の上で、『当代記』にある「一僕の者、朝夕の飲食さへ乏かりし身」というのが真実に近いのではなかろうか。宣教師フロイスも、「元は低い身分の人物」と紹介している（耶蘇通信）。

『永禄六年諸役人付』を見ると、「足軽衆」の中に「明智」の名が見出だせる。これはおそらく光秀であろう。しかし、この史料は、長節子氏の研究によると、その記事のある後半部分は永禄十年（一五六七）頃の義昭の臣ということであり（「所謂『永禄六年諸役人付』について」）、光秀が義輝時代からの幕臣だった証拠にはならない。とはいうものの、後の光秀の京都での活躍ぶりを見ると、一時的にしろ幕府と関係を持っていたと考えるのが自然である。因みに、この「足軽」というのはただの歩卒というわけではなく、将軍の旗本というべき役の意味である。

『細川家記』などには、朝倉義景に仕えた後、信長に転仕とあるが、信長に仕える前に越前の朝倉氏の下にいたこと、そこで義昭や細川藤孝らと知り合ったということは概ね正しいと思われる。

では、光秀が信長に仕えた時期はいつ頃なのであろうか。永禄七年九月十五日付で、光秀が丹羽長秀とともに常在寺に寄進した寺領の全納等を許した連署状の写しがあり（常在寺文書）、奥野高廣氏は、これを光秀発給文書の初見として扱っている（同氏「明智光秀の初舞台」）。しかし、この文書の署名が「日向守光秀」になっていることといい、この一通のみが突出して早期に出現していることといい、大いに疑問がある。

『公記』にも、信長の入京までは光秀の名は全く現れず、これについては、著者太田牛一が故意に光秀の名を削ったものとも思われない。『細川家記』などに載っている、義昭上洛の仲介をしたという話を信用するとしても、光秀が信長に仕えたのは、永禄十一年の信長上洛の直前だったのではなかろうか。

確かな光秀の初舞台は、永禄十一年十一月十五日、細川藤孝らとともに連歌会に連なっている場面である（土田将夫『続細川幽斎の研究』所収史料）。また、戦さにおける光秀の初見は、翌年一月五日、三好三人衆らと六条本圀寺で戦った時である（公記）。この時、本圀寺に籠って将軍義昭を守った人々は、幕臣細川藤賢・野村越中守のほか、津田左馬允・同左近ら尾張衆、赤座七郎右衛門・森弥五八ら美濃衆、山県源内・宇野弥七ら若狭衆といった種々雑多な集団である（公記）。この中にあって光秀の立場は、幕臣だったのか、美濃衆だったのか明確ではない。

〔義昭・信長両方に仕えて〕

以後も光秀は、京に残って政務に携わっている。組んで仕事をしている者は、村井貞勝・木下秀吉・丹羽長秀・中川重政・武井夕庵といった信長の家臣たちのほか、朝山日乗と一緒のこともある。特に秀吉・長秀・重政と四人でチームを組んで、政務にあたっていることが多い。もう一つ、佐久間信盛・柴田勝家・蜂屋頼隆・森可成・坂井政尚の五人チームがある。佐久間たちのチームは、永禄十二年四月中旬で仕事を終えており、光秀たちのチームが引き継いで京都・畿内の政務にあたった様子である。ともかく、光秀が彼ら信長の有力部将と同等に扱われていることが注目される。光秀を含む四人のチームの活躍の中でも特に目を引くものは、禁裏御領所である丹波山国荘に対する、丹波国人宇津頼重の違乱を停止させていることである（立入家所持記・立入文書）。

このように、光秀が入京後の信長に臣従していることは明らかだが、一方、彼は幕臣の性格も合わせ持っていた。

（永禄十二年）十一月二十日付で、光秀は本願寺光佐（顕如）からの書状を受けたが、この書の中で光秀は、本願寺が阿波の三好党への合力・助言は一切していない旨、弁明を受け、さらに将軍義昭に取り成すことを頼まれている（顕如書）。

また、翌年一月二十三日、光秀は日乗と連名で、信長より五カ条から成る条書を受けている（成貴堂文庫文書）。この文書は、御内書には必ず信長の副状を付けることなど、義昭に対する信長の要求を列記したもので、義昭自身が袖に黒印を捺して承認している。こうした内容の文書が、日乗と光秀に宛てられているということは、光秀も日乗と同じく、信長と義昭との間で中立を保てる立場にあったということであろう。

元亀元年（一五七〇）四月十日付で、東寺の禅識が幕府奉行衆に宛てた訴状によると、光秀はそれ以前に、将軍より下久世荘一職《いっしき》を宛行われていたらしい（東寺百合文書）。また、後述するが、北山城の諸士が光秀に従っていたことも、将軍の任命によるものであろう。

このような光秀の幕臣としての性格は、元亀二年中期頃まで見られる。（元亀二年）七月五日、幕臣上野秀政と連名で、信長より山城大住荘の農民の押妨停止の命を受けたり（曇華院文書）、（同年）七月三十日、三好為三に宛てた義昭の安堵状に副状を発給したりという活動がある（狩野文書）。同三年四月に、信長軍と将軍の軍が共々河内に出陣した時、『年代記』では、まだ光秀を「公方衆」の中に入れている。

〔信長の部将としての光秀〕

信長・義昭双方に仕えていた形の光秀だが、軍事活動では早くから信長の臣に混じって何ら遜色なく行動している。そして、次第に義昭を離れ、信長の家臣としての性格を強くして行くのである。

元亀元年四月、光秀は信長の越前攻めに従軍した。この時の戦いは、浅井長政の突然の離反により、信長は急遽軍を返すことになるが、退却の時、光秀は、秀吉らとともに金ケ崎城に残された（武家雲箋）。そして、その後すぐに命を受けて、丹羽長秀とともに若狭石山城の武藤友益の人質を徴し、武藤の城を破却している（公記）。

六月、江北出陣に従軍、二十八日の姉川の戦いに参加。八月の野田・福島攻めにも従軍した（松平記ほか）。九月、信長は、朝倉・浅井軍進出の報に接して急遽帰京。叡山の麓に陣を布いた。穴太《あのう》の砦に入ったメンバーの中に、光秀の名が見える（公記）。その後、十二月の和睦に至るまで、光秀は、新たに築いた勝軍城に置かれていた（兼見）。

『兼見』元亀二年一月二十一日条によると、吉田兼和は、志賀に光秀を見舞っている。志賀（宇佐山）城は、前年より森可成が守将を務めていたのだが、九月に朝倉・浅井軍に攻められて敗死している。その後間もなく、可成の代りとして光秀がそこに置かれたのであろう。姉川の戦い後、江北横山に木下秀吉が、翌元亀二年二月、開城後の佐和山に丹羽長秀が入れられ、ここに

明智光秀（宇佐山）—佐久間信盛（永原）
—柴田勝家（長光寺）—中川重政（安土）
—丹羽長秀（佐和山）—木下秀吉（横山）

という、湖の南から東にかけての諸将の配置が整うのである。

〔元亀年間頃の光秀の地域支配、地侍支配〕

元亀二年九月十二日、信長は叡山を焼討ちした。後世の本には、光秀が信長に焼討ちを止めるよう諫言したとあるが、その直前の九月二日付で、甲賀郡の和田秀純に宛てた光秀書状を見ると、光秀は叡山攻撃のために積極的に動いている（和田文書）。

そして、この焼討ち後、光秀たち信長の部将の勢力が近江において大きく飛躍する。つまり、叡山・日吉社の旧領は、ことごとく光秀・信盛ら湖の南に配置した諸将に与えられたのである。この時の光秀への宛行いに関しては、諸史料に次の通りの記載がある。

①「（元亀二年）十二月（中略）。明智坂本ニ城ヲカマヘ、山領ヲ知行ス。山上ノ木マテキリ取」（年代記）。

②「去て志賀郡明智十兵衛に下され、坂本に在地候なり」（公記）。

③「（光秀に対して）信長は後に丹波丹後の二国を領せしめ、又比叡山の大学の全収入をも与えた。此収入は他の一国の半に超

えた」（耶蘇年報）。

光秀は、この年十月に廬山寺《ろさんじ》領を、十一月頃三門跡領を、いずれも山門領と称して押領しているから、この宛行いは叡山焼討ちの直後に行われた様子である（廬山寺文書・言継）。

この時点で志賀郡の一職《いつしき》支配権が光秀に委ねられたと考えるのは飛躍だが、堅田衆ら志賀郡の土豪たち、それに高島郡打下《うちおろし》の林員清が与力として光秀に付属させられたらしい。栗太郡勢多の山岡景隆の弟である景佐・景猶《かげなお》も、本拠が志賀郡にあるだけに、光秀の与力となったと思われる。同三年七月二十四日、囲舟《かこいぶね》で海津浦・塩津浦・与語の入海などを攻撃した時、光秀には猪飼野《いかいの》甚介（昇貞）・馬場孫次郎・居初《いそめ》又次郎の堅田衆、林員清、それに山岡景猶が従っている（公記）。

与力といえば、堅田衆たちよりも早く、北山城の山本対馬守・渡辺宮内少輔ら、それに志賀郡山中の磯谷《いそがい》久次も光秀に従属していたらしい。これは将軍義昭の命によるものであろう。同三年十一月十五日、磯谷の息男千代寿の元服の式があり、光秀がこれに「彦四郎」と命名している（兼見）。翌年二月、磯谷・山本・渡辺が義昭に応じて立った時、「対㆓明智㆒別心」と『兼見』に書かれている。この頃、愛宕《おたぎ》郡高野の蓮養坊も、知行について、吉田兼和・細川藤孝を通じて光秀に頼っているから、光秀は山城愛宕郡辺りの支配を義昭から任されていたのではなかろうか（兼見）。

〔信長と義昭との対立の中で〕

元亀二年の終り頃、義昭との間に何か齟齬をきたしたらしい。光秀は、一度は致仕《ちじ》して剃髪する意志を固めた。十二月二十日付で、将軍近臣の曾我助乗に、取成しの労を感謝している（古簡雑纂）。

この年の終り頃といえば、ちょうど信長による叡山旧領の宛行いと志賀郡支配の委任があった前後である。それらの事実が、義昭とのトラブルの原因をなすものか、あるいはその結果ゆえのことなのかは即断できないが、因果関係はありそうである。この時点で信長と義昭との対立は、かなり進んでいる。この時を境に、光秀は、信長の臣として専念することを決めた様子である。

元亀四年二月、ついに将軍義昭は信長と衝突。光秀は、二月二十日、柴田勝家・丹羽長秀・蜂屋頼隆とともに、義昭側近の光浄院暹慶《せんけい》（山岡景友）らが籠る石山城を攻める。二十六日、これを攻略。続いて今堅田攻め。光秀は囲舟で海上より攻撃して、これを落とした（公記）。

三月二十五日、信長は岐阜を出陣（公記）。光秀も坂本を出て、三十日、賀茂に陣を布いた（兼見）。四月二日、命を受けて、賀茂界隈を放火している（元亀四年記）。

七月、二度目の衝突の時、諸将とともに槇島攻めに従軍（公記）。義昭が降伏した後、山城に戻って、義昭与党の山本対馬守を静原山に攻める。一緒に反抗していた磯谷・渡辺はすでに降参していた（公記・兼見）。信長は、岐阜への帰陣の途、朝倉方として反抗していた高島郡木戸・田中城を攻略させるが、この両城は光秀に与えられた（公記）。光秀の支配圏は志賀郡だけでなく、高島郡内に伸びたわけである。

〔越前攻めと戦後の処置〕

将軍義昭を追放した信長は、八月、江北に出陣。朝倉・浅井軍と対陣する。『公記』に載った先手の諸将の中には、光秀の名がない。しかし、織田軍が越前へ攻め入って朝倉氏を滅亡させた後、同年八月二十八日付で織田大明神社（剣神社）に社領を安堵したのは、一益・秀吉と光秀の三人であり（辻川家文書）、やはりこの一連の戦いに参加していたものと思われる。この三人は九月のうちに、橘屋三郎五郎に諸役を免除したのをはじめ、国衆や寺院に安堵状を発給している（橘文書・滝谷寺文書ほか）。

越前には、朝倉旧臣桂田長俊（前波吉継）が「守護代」として置かれただけでなく、信長の家臣が残り、実務に携わった。津田元嘉・木下祐久、それに光秀の三人と『朝倉記』『武家事紀』は記している。これは勿論誤りで、当の光秀は十月に静原山城を攻め、その後は河内に出陣している（公記・大雲山誌稿）。

しかし、光秀が越前仕置に関わったということは間違いではない。なんとなれば、この後翌年一月まで越前に置かれたのは、津田・木下ともう一人、この後光秀の老臣として活躍する三沢（明智）少兵衛なのである（橋本文書）。一益・秀吉・光秀の支配体制はそのままで、津田は一益の、木下は秀吉の、少兵衛は光秀の代官として現地の実務に当ったという形のようである。彼らは、翌年一月の騒動の中、越前を逃れた（朝倉記）。

〔天下（京都）所司代の補佐として〕

天正元年（一五七三）七月の将軍追放直後に、村井貞勝が京都所司代に任命され、洛中の行政、禁裏との連絡等を任される体制が成立した（公記）。だが、この後少なくとも二年間は、貞勝単独ではなく、光秀もまた一緒に京都の行政に励んでいるのである。光秀の関係している京都とその近辺の行政について、将軍追放以後に限り、史料に表れたものを拾ってみよう。

①天正元年十一月二十二日、実相院門跡に、岩倉の門跡領を安堵する（単独）（前田家文書）。

②同年十二月十六日、策彦周良《さくげんしゅうりょう》に、妙智院の直務を確認する（貞勝と）。同時に、西院の小作に妙智院への納入を命じる（妙智院文書）。

③同年十二月二十六日以前、寂光院・三千院の知行を安堵する（貞勝と）（来迎院文書）。

④同二年十二月二十一日、賀茂社に、社領を安堵する（貞勝と）（賀茂別雷神社文書）。

⑤同三年二月十三日、清涼寺に禁制を掲げる（貞勝と）（清涼寺文書）。

⑥（同三年）七月七日、壬生朝芳に所領を安堵する（貞勝・塙直政と）（宮内庁書陵部文書）。

⑦同年同月十四日、高倉永相に、地子銭を安堵する（単独）（高倉家旧蔵文書）。

このうち①などは、光秀が北山城の支配者なので、彼が担当したものであろう。⑦については、七月十日付、百姓宛ての貞勝判物が別にあり、二人で仕事を分担した様子である（高倉家旧蔵文書）。⑥のように公家の所領安堵を行う時は、山城守護として南山城を担当している直政が一緒なのは当然であろう。

一方、貞勝が単独で発した文書は、天正三年末までに限ると、沢野井左馬助や長国寺などに宛てた数点しか見られない（沢野井文書ほか）。この時期、光秀は、「天下（京都）所司代」村井貞勝にほとんど遜色ない権限を持って、京都とその近辺の政務を担当させられていたのである。

そもそも光秀と貞勝が組んで京の政務を行うのは、この時期が最初ではない。信長上洛から幾許もない永禄十二年前後に幾点かの二人の連署状が見られる（吉田文書・法金剛院文書・離宮八幡宮文書ほか）。天正元年に貞勝が天下（京都）所司代になった時、この組合せが復活したわけである。それは、光秀の経歴と実務能力が認められてのことであろう。

しかし、光秀は、天正三年六月より丹波経略の任務を帯びることとなり、この組合せはほどなく解消する。同年十一月六日から七日にかけて、信長が廷臣や寺社に広く所領を宛行った時も、その実務には貞勝・直政のほか武井夕庵・松井友閑があたり、光秀は外されている（若林書林文書）。

〔畿内中心の活躍〕

天正二年一月十一日、松永久秀の開け退いた多聞山城に、光秀は城番として入れ置かれた（多聞院）。この務めは一カ月交替だったらしく、二月中旬に長岡藤孝と代っている（天正二年春日祭遂行）。この間の一月二十四日、多聞山城にて連歌興行を主催、二十六日には中坊主催の連歌会にも出席している（連歌集徳善院等百韻外）。

この頃、信長の命により、息男を筒井順慶の嗣子とすること、娘二人を長岡（細川）忠興と津田（織田）信澄に嫁せしめることを約束したというが（細川家記）、筒井との縁組の方は実行されなかった。

同年七月、信長は大軍を率いて伊勢長島

を攻めた。かつての失敗を顧みて、信長はこの陣では焦らずに兵糧攻めを行い、九月二十九日、各砦を攻略した（公記）。光秀はこの陣には従軍せず、摂津中島・伊丹攻めの予備軍の形で、鳥羽近辺に在陣している（細川家文書）。

　七月二十七日付の光秀書状に対する、二十九日付の信長の返書があるが、その書中で信長は、摂津方面の作戦について指示しつつ、光秀の報告に対して、「書中具《つぶさ》ニ候へハ、見る心地ニ候」と褒めたたえている（細川家文書）。光秀の几帳面さが窺われる史料である。この後、佐久間信盛が長島の陣より援軍として派遣され、光秀は一緒に河内で三好の兵や一揆軍と戦った（細川家文書・年代記）。

　翌三年四月、またも河内に出陣して高屋城を攻める。三好康長はついに信長に降った（兼見・公記）。

　五月、信長は部将のほとんどを率いて三河へ出陣し、二十一日、長篠の戦いで武田軍を撃ち破る。だが、光秀はこの戦いにも参加せず、畿内にとどまっていた（兼見）。光秀は畿内方面担当という形がほぼ定着していたのか、あるいは、翌月指令される丹波攻めの準備のためかも知れない。

　宿敵武田を完膚なきまで打ちのめした信長は、七月三日、官位昇進の勅諚を辞退。代わりに主立った家臣に官位を賜ることを願い出、勅許された。光秀はこの時、「惟《これ》任《とう》」の姓を受け、「日向守」に任じられている（公記ほか）。以後、「惟任日向守」として文書・記録等に表れる。

　なお、この時の叙目《じもく》は、塙直政の「備中守」、村井貞勝の「長門守」、羽柴秀吉の「筑前守」、そして光秀の「日向守」とすべて未征服の西国である。また、光秀の「惟任」、丹羽長秀の「惟住《これずみ》」、直政の「原田」、簗田《やなだ》広正の「別喜《べつき》」、いずれも九州の名族とされる姓である。東方の武田に決定的な打撃を与えた後、信長の目は西方に向けられた結果である、ととらえても考え過ぎではなかろう。

〔丹波攻めのはじまり〕

　信長の家臣としての明智光秀の経歴において、最も輝かしい功績は、丹波の経略である。それは、天正三年六月七日付で、信長が丹波の豪族川勝継氏に光秀の丹波派遣を伝えたところからはじまる（古文書）。丹波の士の中でも、川勝氏のほか、小畠左馬助・片岡藤五郎らは、すでに信長に忠誠を誓っており、光秀は、彼らを与力として丹波経略の第一歩を踏み出したのであろう（小畠文書・新免文書）。当初の敵は、丹波守護代家の内藤氏と有力国人の宇津氏であった（古文書・小畠文書）。

　内藤氏も宇津氏も、元亀四年二月、将軍義昭の動員に応じて上京している（年代記）。義昭追放後の動静は明らかではないが、天正三年三月二十二日、船井・桑田二郡の地侍の支配権が細川（長岡）藤孝に与えられながらも、それが執行されなかったらしいのは、内藤・宇津たちが藤孝に従わなかったからであろう（細川家文書）。そして、この光秀の丹波攻めとなったものと思われる。

　天正三年六月に丹波攻めの命を受けたとはいっても、光秀が丹波に赴くのは、同年九月である（公記）。その間の八月、彼は越前の一向一揆討伐戦に従軍している。この時は、秀吉とともに府中で一揆勢千五百を討ち、さらに加賀にまで進軍した（公記・泉文書）。越前において丹波攻めの命を受けた光秀は、九月十四日までには坂本に戻っている（兼見）。

　光秀がいざ丹波に出陣してみると、最大の敵は、当初考えられていた内藤・宇津ではなく、奥丹波三郡を支配する赤井氏であった。赤井氏は、当主忠家の叔父荻野（赤井）直正を中心として、丹波国衆の多数を従えていた。光秀は但馬竹田城に出張していた直正を攻め、さらに退却する直正を追って、その本拠地丹波黒井城を攻囲している（吉川家文書）。十一月中に早くも「丹波国衆過半無㆓残所㆒惟日（光秀）一味候」と但馬の八木豊信に言わしめるほどの成果であった（吉川家文書）。

　しかし、翌四年一月、それまで光秀に従

っていた八上《やがみ》城の波多野秀治が背き、そのため光秀は敗れて一旦坂本に退陣を余儀なくされた（兼見）。これで丹波は長期戦の様相を呈し、信長も一気にここを平定することを諦め、対毛利の作戦の中で、辛抱強く取り組む姿勢に切り換えた。

〔土佐長宗我部氏との交渉〕

丹波攻め以前であろう、光秀は土佐の長宗我部元親が款《よしみ》を通じて来たのを信長に仲介した。元親の妻で嗣子弥三郎（信親）の母である女性は、光秀の老臣斎藤利三の義理の妹にあたるといい（長曾我部系図ほか）、その縁で元親は信長家臣の中でも光秀を頼ったのであろう。天正三年十月二十六日、信長は元親の通信に応じ、その長子弥三郎に「信親」の諱を与えている（土佐国蠹簡集・元親記）。

この後も光秀は、信長と元親との間の仲介役を務めている。例えば同八年六月二十六日、元親が信長に贈品した時、光秀が執奏役を務めたし（公記）、同年十二月二十五日、信長は、四国の戦いについて光秀より元親に指示をさせている（土佐国蠹簡集）。

天正十年、信長は長宗我部討伐の軍を送るが、この軍の主将に信長の三男信孝が任命され、補佐として丹羽長秀たちが任じられたことが、光秀謀反の一因だとする説がある。その人事ばかりでなく、信長と長宗我部との間に立った光秀の苦労などそれまでの経緯を思えば、信長の行為は光秀の体面を無視したものと言える。謀反の一因としては有力なものといえよう。

〔遊撃軍団として〕

担当の丹波には、天正四年二月十八日、再び下向したが、兵を置いてじきに引き上げたらしい（兼見）。三月から四月にかけては京都に居て、報恩寺を修理して二条晴良邸にするための普請奉行を務めている（言経）。

四月十四日、原田（塙）直政・荒木村重・長岡（細川）藤孝らとともに大坂攻めを命じられて出陣。守口・森河内に陣を布いた（公記）。五月三日、天王寺にいた直政は、三津寺を攻めて討死。光秀は佐久間信栄らとともに天王寺城に移っていたが、一揆勢にここを攻められ、危機に陥った（公記・当代記）。この時は、信長自身急遽救援に駆けつけ、難を逃れることができた。

この戦いを機に、信長は大坂の本願寺の力を見直し、天王寺城に佐久間信盛を置いて、本格的に大坂攻めを行うことになる。光秀は、この陣中で病を発し、直ちに帰京。曲直瀬《まなせ》道三の治療を受けたり、吉田兼和に祈念してもらったりしている。二十六日には信長の使者の見舞いを受けた（兼見）。七月十四日、坂本に兼和の見舞いを受けているのは、まだ病が本復していなかったからであろう（兼見）。

翌五年二月、光秀は雑賀《さいか》攻めに従軍した。そして三月、鈴木孫一らを屈服させた後も佐野の砦に残し置かれた（公記）。（同年）八月一日付、淡輪《たんのわ》大和守・徹斎宛て万見重元書状を見ると、光秀はしばらく雑賀方面に置かれていたらしい（淡輪文書）。

九月に上洛。じきに信忠に従って松永攻め。十月一日、長岡父子とともに松永与党の大和片岡城を落とした（公記・兼見）。十日には信貴山《しぎさん》城攻めに参加。久秀を自害せしめた。

松永討伐戦が終ると、すぐに丹波へ向かう。前年二月以来の丹波攻めであった。二十九日、籾井城を攻めている（兼見）。さらに十月には、藤孝の助力を得て内藤氏の亀山城を攻め、開城させた（細川家記）。

〔丹波攻めの本格化と荒木村重の謀反〕

天正六年三月、光秀はまた丹波出陣の命令を受けた。長岡藤孝に宛てた信長朱印状によると、出陣は三月二十日である（細川家文書）。九日に藤孝が坂本に光秀を訪問しているのは、その打合せのためであろうか（兼見）。この時は、滝川一益・丹羽長秀も一緒に出陣し、波多野氏の居城八上を攻囲した（細川家譜）。

まだ光秀は丹波攻めに専念できない。四月には大坂攻めの命が下り、その月四日には信忠に従って大坂近辺の作毛を薙いだ（公記・細川家文書）。この時は、八上《やがみ》城には明智次右衛門らの兵を残して置いていた（細川家記）。

大坂より帰陣するや、すぐに丹波へ戻る。同月十日、光秀に一益・長秀を加えた軍は、荒木山城守の細工所《さいくしょ》城を攻め、即日これを落とした（公記）。二十六日帰陣した光秀は、休息の間もなく二十九日には播磨への援軍として派遣される。六月、神吉《かんき》城攻めに参加。七月二十日に同城は落ちた（公記・多聞院）。

このあたり、まさに八面六臂の活躍振りであり、光秀には席の暖まる暇さえなかった。神吉城攻略の後、九月の丹波出陣までの一カ月余りが、光秀にとって束の間の休息期間だったであろう。この間に、娘お玉が長岡（細川）忠興に嫁している（細川家記）。

九月十一日、また丹波へ出陣（兼見）。この時は、小山・高山・馬堀の各城を落としたという（細川家記）。

この年十月下旬、荒木村重が信長に背いた。光秀の娘の一人は村重の嫡子村次に嫁いでいる。その縁もあるからであろう、光秀は、松井友閑・万見重元とともに、村重糾問の使として有岡城へ派遣された（公記）。『細川家文書』によれば、友閑・重元の糾問の後、光秀が単独で遣わされたようである。さらに友閑・秀吉と三人で最後の説得を試みている（公記）。

結局村重は、光秀らの説得に応じなかった。信長は十一月九日、自ら出陣。光秀もこれに従った（公記）。村重は光秀の娘を離縁し、光秀のもとへ送り返してきた。この娘は、後に光秀の臣明智秀満に再嫁する（陰徳記）。

信長は、有岡城の周辺に多数の付城を築き、諸将を入れ置いて、蟻の這い出る隙もない包囲体制を作った。だが、光秀はこの陣に止まってはいられない。十二月、秀吉の援軍として播磨三田《さんだ》城攻め、続いて丹波八上城へ赴く（公記）。

〔八上城の攻略〕

光秀の八上城攻めは持久戦で、兵を攻囲陣に残しながら、自身はあちこちに飛び回っていた。この時は居城坂本で年を越したらしく、一月七、八日、坂本で茶会を催している（宗及記・宗久抜書）。そのまま二月下旬まで坂本にいたらしい（兼見・言経）。光秀にしては、久し振りのくつろいだ時だったであろう。

次の丹波出陣は、二月二十八日。光秀はまず亀山に入った（兼見）。三月十六日には、多紀《たき》郡の陣中に兼和の使者を迎えている（兼見）。四月四日、丹後の和田弥十郎に書し、八上城の落去の近いこと、攻略後、丹後へ向かうことなどを述べている（下条文書）。

五月五日、波多野宗長父子が自殺し、支城の氷上《ひがみ》城が落ちた。氷上城攻めについては、光秀軍だけでなく、羽柴秀長も但馬より応援した、と言われるが、それは疑問である（高柳光寿『明智光秀』）。氷上落城後、いよいよ光秀は波多野秀治の籠る八上城攻めに専念する（兼見）。

八上城が落ちたのは、六月一日のことであった。秀治兄弟三人は、六日に洛中を引き回された挙句、安土城へ送られ、そこで信長の命により磔刑にされた（兼見・公記）。

八上城攻略について、光秀が攻めあぐんだ末、母親を人質として城内に入れ、ようやく開城させた、という説は、後世の書『総見記』の捏造であり、誤りである。八上城内ではすでに兵糧が尽きて、餓死者が出ている有様であり、万策尽きて光秀の誘降に応じた、というのが正しいであろう（公記・兼見）。六月二十二日の時点では、光秀は坂本に居るから、捕虜にした波多野兄弟を伴って凱旋したのであろう（兼見）。

〔丹波・丹波の平定〕

最も抵抗の激しかった波多野氏はようやく滅ぼしたが、丹波にはまだ宇津城の宇津氏、黒井城の赤井氏が敵として残っている。また、丹後でも、守護家の一色氏が抵抗していた。

同年七月、光秀はまた丹波に出陣する。今度の標的は宇津城であった。十九日、宇津頼重は城を捨てて遁走。光秀はなおも休まず、その勢いで鬼ガ城を攻めている（公記）。この二十四日、丹波にある御料所山国荘を回復した功により、禁中より馬・鎧・香袋を賜っている（御湯殿）。宇津頼重といえば、永禄四年頃より山国荘を違乱し、何度にもわたる勅命を無視し続けた男である（御湯殿ほか）。光秀が宇津を滅ぼしたことによって、禁中の長年の念願がかなったわけである。

　同じ七月中というが、光秀は長岡藤孝とともに丹後に入り、一色氏の弓木城を攻めて、これを降した（細川家記）。続いて丹波黒井城に赤井忠家を攻める。赤井氏を支えてきた荻野直正は、すでに前年三月に没しており、赤井氏にはかつての力はなかった。八月九日、黒井城は陥落。忠家は行方をくらました。光秀は忠家の捜索を命じる一方、氷上郡の寺庵・町人・名主の還住《げんじゅう》を促している（富永文書）。信長からは、丹波における長年の働きに対して、名誉比類なし、との感状を受けた（公記）。

　これで、丹波・丹後の平定は概ね完了したが、光秀はなおも丹波にとどまり、国領城を攻略するなど、残る小敵を従えて行った。十月十二日には、加伊原の陣中に吉田兼見の見舞いを受けている（兼見）。

　十月二十四日、光秀は安土に凱旋。信長に丹波・丹後平定の報告を行った（公記）。初めて丹波へ派遣されてから四年余り。粉骨砕身の末、ようやく両国の平定が成ったのである。翌年八月の佐久間父子譴責状中で、信長は「丹波国日向守働き、天下の面目をほどこし候」と、真っ先に褒め上げているほどの功績であった（公記）。

〔丹波国主、近畿管領として〕

　大功成って、光秀は、この天正七年の暮を居城坂本で過ごした。一月九日には茶会を催している（兼見・宗及記）。だが、同八年二月十三日付で、丹波天寧寺《てんねいじ》の旧規を認めて、軍勢の陣取りなどを禁止しているから、また丹波に赴いたのであろう（天寧寺文書）。まだ彼の軍は多く丹波に駐まっていたらしい。その後、帰陣し、閏三月には坂本城を修築している（兼見）。

　同八年四月六日、光秀は山城賀茂荘の小土豪たちに判物を下して、出頭のないことを叱り、請米・夫役等を催促している（南行雑録）。賀茂荘は信長直轄領で、光秀が代官だったらしい、と奥野高廣氏は述べているが（信長文書）、代官というわけでなく、同四年の塙直政討死後、南山城の国侍の支配が光秀に委ねられていたものと思われる。

　長岡藤孝に丹後が与えられたのは、同八年八月早々である（兼見・細川家記）。光秀は、七月に丹波宮田市場の条規を定めたり、八月十三日以前、藤孝の丹後入国の様子を信長に報告したりしているから、それより早く丹波を与えられて入国していたのであろう（丹波志・細川家文書）。そして、藤孝の宮津城普請の相談を受けたり、丹後の国人吉原西雲の誅殺に関与していること等から、藤孝より上位の広域支配権を持っていたものと推測される（細川家文書）。

　同年九月二十五日、光秀は滝川一益とともに大和に入った。大和の諸寺や国人らに指出《さしだし》を徴発するためである（多聞院）。これは、この年八月、大和の一部に支配権を持っていた佐久間信盛が追放されたのを契機としている。

　それにしても、この時の奉行として、信長の側近ではなく、一軍の指揮官の地位にある二人が揃って派遣されたというのも、信長のなみなみならぬ決意を感じさせる。長らく興福寺を守護として戴き、国衆たちが勝手に動いてきた大和を武断的支配によって押しつぶそうというのであろう。また、光秀に関しては、間接的ながらも大和を管掌している立場であり、この時こうした任務に携わるのは当然ともいえる。

　二十六日、二人は、大和中の寺社・国衆らにことごとく指出を提出することを命令。これに逆らえず、興福寺は二人宛てに起請文を差出した（多聞院）。他の寺社・国衆も同様だったであろう。

　二人は、十一月二日に大和を離れるまで厳しく指出を徴した。不正があったためだろう、戒重《かいじゅう》某・岡弥次郎ら四人が殺された。多聞院英俊は、「地獄ノ苦モ同ナラン」とおびえた毎日を送っていた（多聞院）。この指出は、仁和寺のように、大和に所領を持っている者にも及んでいる（山科家古文書）。

丹波一国の主、亀山城主とはいうものの、光秀は依然として坂本の本拠地を離れていない（兼見・多聞院ほか）。新領丹波のほか、近江志賀郡の支配は継続していたであろうし、京を挟む北山城と南山城の国衆に対する支配権も維持していたようである。

しかも、丹後の長岡藤孝、天正八年より大和の一職《いっしき》支配を委ねられた筒井順慶、いずれも『惟任謀反記』あるいは『多聞院』に、「惟任合躰の侍」、「一手ノ衆」と表現されているように、軍事活動に関しては光秀の指揮下にあった。禁裏、公家衆との接触も頻繁であり、村井貞勝を「天下（京都）所司代」とするならば、光秀は「近畿管領《かんれい》」とでも呼ぶのが適当であろう（高柳光壽『明智光秀』）。その広域にわたる軍事指揮権は、中国における羽柴秀吉、北陸における柴田勝家に拮抗するものである。

翌九年一月二十三日、光秀は馬揃えの準備を命じられ、信長麾下の諸将にまず触状を発した（士林証文・公記・隆佐記ほか）。馬揃えには越前衆や連枝衆も参加したのにかかわらず、信長の光秀に命じた範囲は、畿内のほか丹後・若狭といった近国である。「近畿管領」として畿内とその近辺へのよびかけを担当したのであろう（士林証文）。

〔本能寺の変前の光秀〕

天正九年二月二十八日に盛大に行われた馬揃えでは、光秀は大和衆と上山城衆を率いて行進した（公記）。馬揃えの後、光秀は新領国の丹波に入ったらしい。四月十二日には宮津で長岡忠興の振舞いを受け、藤孝や（里村）紹巴と連歌に興じている（宗及記）。さらに、宇津城の井戸の工事を行っている（兼見）。

この年六月二日、光秀は軍規を定めた（御霊神社文書）。これは十八カ条から成るもので、先鋒や協力部隊の行動のこと、部隊間の連絡のこと、さらには兵糧米の支給、軍役の基準、罰則に至るまで細々と定めてある。丹波の国衆を麾下に置き、大軍団の統率者になったのを機会として、軍規の成文化を図ったのであろう。

この文書の末尾に、自分は沈淪していたのを信長に召出されて莫大な兵を預けられた。それゆえ武功を無駄にしたくないのでこの軍規を定めた旨、記している。奇しくも本能寺の変のちょうど一年前だが、この頃は、光秀の心に反意はなかったと見てよいであろう。

この後しばらくは丹波の経営に腐心していた様子である。光秀と藤孝は、この年八月までには、丹波・丹後で新領土の検地を行っている（細川家文書）。

八月、秀吉の囲んでいる鳥取城の後巻《うしろまき》きとして毛利軍が出陣する、との報が届いた。信長は、光秀をはじめ藤孝や摂津の池田恒興らに出陣の用意を命じた（公記）。光秀と藤孝は、まず兵糧船を鳥取包囲軍へ向けている（公記・沢田義厚氏文書）。

光秀自身の因幡出陣は、この時はなかった。八月十四日にはまだ亀山に居て、津田宗及と月見をしつつ連歌会を催しているが、十九日には大和に赴き、郡山城の普請を見回っている（宗及記・多聞院）。

天正十年元旦、光秀は安土に出仕（宗及記）。そのまましばらく坂本にとどまったのか、二十日に兼和の訪を受けている（兼見）。二十五、二十八日には、津田宗及らを招いて坂本で茶会を催した（宗及記）。

二月三日、信忠軍の先鋒が甲信へ向け出陣。信長は自らの出陣を決め、その時の諸将の動きについて、二月九日付で命を下した。光秀は信長に従って甲信へ出陣する交《きょう》名《みょう》の中に加えられている（公記）。

安土出陣は三月五日。「日向守殊更多人数、奇麗之由」と『兼見（別本）』にある。だが、この陣は、信忠の手で武田氏は討伐されてしまい、光秀らの戦う機会はなかった。信長は富士山を観賞しつつ東海道回りで悠々と帰陣。四月二十一日に安土に戻った。光秀も信長と行を共にした（公記）。

五月十五日、家康が礼のため安土を訪れ

た。光秀はこの日より三日間、彼を饗応すべく精を出した（公記）。しかし、この時、秀吉が水攻めにしている備中高松城救援のため毛利の大軍が出陣との報が入り、信長は急遽光秀・長岡藤孝・池田恒興らに秀吉加勢を命令した。光秀は家康の饗応役を解かれ、十七日に坂本に帰城した（公記）。

光秀が坂本を発して亀山に入ったのは、五月二十六日（公記）。次の日、光秀は愛宕山に参詣。ここで二、三度籤《くじ》を引いたという（公記）。続いて紹巴たち連歌師を交え、西坊にて連歌会を催した。この時光秀が「ときは今あめが下知る（『池田本』では「下なる」）五月かな」との発句《ほっく》を詠じたということは、よく知られている。翌二十八日、光秀は亀山に帰った（公記）。

〔本能寺の変〕

六月一日夜、光秀は全軍を率いて亀山城を出陣した。『惟任謀反記』には二万余、『川角』には一万三千ほどとある。後者の方が正しい数値に近いであろう。全体には信長の閲兵のためと称していたが、明智秀満・斎藤利三ら五人の老臣にだけは本能寺襲撃の意思を告げていたという（公記・川角ほか）。しかし、諸卒たちは、出陣の目的が不明だったといわれる（本城惣右衛門覚書）。

小姓衆や小者たち七、八十人だけしかいなかった本能寺は簡単に落ち、信長は自害した。すぐに光秀は信忠のいる妙覚寺に向かった。信忠は村井貞勝の勧めで二条御所に移り、防戦の構えを作った（公記）。だが、従う兵はわずか五百。京都の各所に宿泊していた信長の馬廻たちが次々と駆けつけたが、それでも千五百にすぎなかったという（惟任謀反記）。光秀が二条御所を落として信忠をも自害せしめたのは、「辰の剋」即ち午前八時頃のことであった（公記・耶蘇年報）。

事終って、光秀は洛中の落人狩りを命じた。二条御所を脱出した織田長益などは、その網を潜り抜けた一人である。その日のうちに光秀は近江へ下った。勢多の山岡兄弟が勢多橋を焼き落すなどの抵抗を見せたが、山本山の阿閉《あつじ》貞征父子、山崎の山崎秀家、若狭の武田元明、それに京極高次などは光秀に降り、四日には概ね近江を鎮圧した（兼見）。だが、日野の蒲生賢秀は、信長の妾や子を保護し、光秀の勧誘に応じなかった（公記ほか）。

五日、光秀は安土城を占領し、信長の蓄えた財宝を臣下たちに分け与えた（兼見・耶蘇年報）。七日、禁中より物を賜る。勅使は吉田兼和であった（兼見・日々記）。八日上洛、九日廷臣の出迎えを受け、禁裏や誠仁親王に銀を献上。そして、その日のうちに下鳥羽へ出陣した（兼見・日々記）。だが、もうこの日には、秀吉は姫路を出発していたのである（荻野由之氏文書）。

〔光秀謀反の動機について〕

光秀の突然の謀反の動機については、昔より色々な説が唱えられてきた。主な説をまとめてみると、次のようになる。

①待遇上の不満、怨恨

これをさらに分類すると、次のように分かれる。

ア、主君信長に対する信頼感の欠如
イ、しばしば行われた侮辱による怨恨（太閤記・川角ほか）
ウ、八上《やがみ》城攻めに際して、母を見殺しにされた怨恨（総見記）
エ、所領没収、出雲・石見国替えに対する不満（明智軍記）
オ、信長家臣としての将来に対する不安

②政策上の対立

①との違いは公的な対立ということである。具体的には次の対立がよくあげられている。

ア、平姓でありながら、将軍任官を求めている信長に対し、源氏土岐氏の立場から許しがたかった。
イ、信長の自己神格化は天に背く行為として容認できなかった。

③精神的理由

光秀ないし光秀・信長二人の精神に理由を求める見方である。

ア、性格の不一致
イ、光秀の精神疾患

イは、変当時光秀がノイローゼかそれに

近い状態になっていたというもので、アとはかなり違うが、一応同じ精神的理由として括っておく。

④野望

野望説は、一九五八年、高柳光壽氏がそれまで主流だった怨恨説を批判して唱えてから、有力説として見られるようになった。まだ下剋上の風潮は終っていなかったという認識である。

だが、こうした動機論とは別に、光秀は何者かに踊らされていた、変の陰には黒幕がいた、という説が一九九〇年代より盛んに唱えられるようになってくる。初めは大衆誌の間だったが、そのうちに学術誌にもそうしたテーマの論文が紙面を飾り、ついには研究家の手によって何冊かの単行本まで発刊されるに至る。主な関与・黒幕説をまとめると次の通りである。

①朝廷関与（黒幕）説
②足利義昭関与（黒幕）説
③本願寺教如関与（黒幕）説
④羽柴秀吉関与（黒幕）説
⑤イエズス会を中心とする南欧勢力関与説

その他、書かれたものを網羅するならば、単に読者に阿ったとしか思われないものまで様々ある。中には一次史料を読み込んで論を構築したものもあるけれど、結局はどの関与・黒幕説も、強引なこじつけが目立ち、十分な説得力を持たないまま結局は消えていった。

さて、謀反の動機としては、このような経過を経て再び単独説が有力になって行ったわけだが、あらゆる俗説を排して、当時の光秀の境遇についてまとめると、次の通りになるであろう。

①光秀と信長とは性格的にもかなり異なっており、年々独裁色を強めつつあった信長への不満が鬱積していた。

②光秀は、一応「近畿管領」ともいうべき高い地位にいたものの、将来の発展性はなく、三年間ほど重要な役割から遠ざけられた状態だった。

③その中でも、信長の四国政策転換が、これまで対長宗我部氏を担当していた光秀に大きな打撃を与えた。しかも、四国攻めの総帥の地位からもはずされてしまった。光秀が絶望感に陥ったことも肯ける。

光秀の老臣の斎藤利三は、長宗我部元親室の義理の兄である。しかも利三は、かつて主君だった稲葉一鉄が信長に働きかけることにより、信長が利三を強引に稲葉の下に戻そうとしていたともいわれる（稲葉家譜）。利三が、この両方の理由から、主君の光秀を扇動して謀反を起させた可能性がある。謀反のタイミングが、まさに四国遠征軍が渡海する直前だったことも、無視できないであろう。

もう一つ考慮に入れなければならないことは、光秀の年齢である。五十五歳とされることが多いけれど、これは、百年以上後に書かれた『明智軍記』の説にすぎない。もっと信頼度の高い『当代記』を見ると、その付記の部分に「六十七歳」と書かれている。その記事のほうを信用すべきであろう。

六十七歳という老齢でありながら、『耶蘇年報』によると、その長男はわずか十三歳だったという。しかも、前述した通り、将来への展望は暗い。一年前の佐久間信盛・林秀貞たちの追放も頭をよぎり、光秀は、いよいよ絶望感に苛まれた、と考えられよう。

〔**光秀の謀反決意の時期**〕

では、光秀が謀反を決意したのは、いつ頃のことなのだろうか。これに関しても、『惟任謀反記』や『豊鑑』のように、光秀は生来の謀反人とするものからいろいろとある。近代以降でも、説はまちまちである。

謀反のちょうど一年前に定めた軍規の末尾に彼が述べている文言（御霊神社文書）を見ると、彼には全くそうした意思はなさそうである。また、謀反のわずか五カ月前にあたる一月七日、光秀は信長自筆の書を恭しく掲げて茶会を催している（宗及記）。謀反の計画を具体化させたのは、それより後だったろうと思われる。

近年、『阿波国古文書』中より五月二十

八日付の伯耆国人福屋彦太郎宛ての光秀書状が見付かり、その内容から、光秀は謀反の三日前まで中国出陣を予定していたことが判明した（桐野作人『だれが信長を殺したのか』）。謀反を考えたのはかなり前からだったにせよ、それが決意となったのは、行動を起す直前のことだったと考えてよかろう。信長が上洛することになり、堺に移るはずだった信忠が京都にとどまることを知って、にわかに謀反の意志が固まったのではなかろうか。

〔**光秀の誤算とその死**〕

光秀にとって、大きな誤算が二つあった。その一つは、備中高松城に釘付けになっていたはずの羽柴秀吉が、信じられない速さで畿内へ戻ってきたことである。そしてもう一つは、与力であり、姻族である長岡藤孝・筒井順慶が自分に味方しなかったことである。天下人の城である安土城を占領し、勅使を受けたのにもかかわらず、近江と若狭の国人レベルの者しか駆け付けなかったのである。

十日、光秀は河内に出兵し、自らも洞ケ峠に陣して、順慶の参陣を待ったが空しかった。十一日、下鳥羽に戻り、秀吉らとの戦いに備えて、淀城を修復している（兼見・日々記）。

十三日の山崎の戦いでは、戦いの前にしてすでに光秀方は劣勢だった。決戦は申刻（午後四時）頃より始まり、夜に至る前に決着がついた（兼見）。光秀方の完敗であった。

光秀は退却して勝竜寺城に入ったが、暗夜に乗じて坂本へ向かうべく城を抜け出した。従う者は溝尾庄兵衛（三沢秀次カ）ら五、六人だったという（惟任謀反記・太閤記）。だが、途中で土民の襲撃を受けて深手を負い、その場で自害した。最期の地は、『太閤記』等には小栗栖というが、一次史料には醍醐あるいは山科とある。光秀の享年については、五十五歳、五十七歳と伝わっているが、先に述べた通り、六十七歳というのが有力である。

坂本には妻や二人の子がいた。妻は妻木氏の出という。嫡男は十五郎光慶。十三歳と伝わるから、娘ばかりが続いた後、ようやく生れた男子だったようである（細川家文書・当代記・耶蘇年報）。

部将明智秀満が安土より坂本城に入ったが、堀秀政軍に囲まれ、光秀の妻子を刺し殺して城に火を放ち、自らも自害した（惟任謀反記・川角ほか）。明智一族はこうして滅亡したが、他家に嫁いだ娘たちには累は及ばず、光秀の血を後世に伝えた。

上松蔵人（あげまつ　くらんど）　信濃

生没年不詳。

木曾義昌の弟。天正十年（一五八二）二月一日、兄義昌が信長に降った時、人質として信長のもとへ送られた（公記）。

安居景健（あご　かげたけ）　→朝倉景健（あさくら　かげたけ）

安居三河守（あご　みかわのかみ）　越前

生没年不詳。

信長の朝倉討伐の後の、天正元年（一五七三）九月六日、信長より本領を安堵された（横尾文書）。それまでは、朝倉氏の麾下だったのであろう。

浅井充秀（あさい　あつひで）　尾張

?～文禄四年（一五九五）七月?

源五郎、又左衛門。

（天文二十一年＝一五五二カ）七月二十八日付で、信長より、竹二十本の贈呈に対する礼書を受けている「浅井源五郎」がいる（熱田浅井文書）。

『浅井系図』（『張州雑志』所収）には、藤次郎安親の子充秀（源五郎、又左衛門）が載っており、同一人と思われる。

『浅井系図』によると、充秀は文禄四年（一五九五）七月に没するという。

浅井井広（あさい　いひろ）　尾張

?～天正十年（一五八二）六月二日。

清蔵。『妙興寺文書』によると、諱は「井広」。

新八郎信広の弟という（尾張群書系図部集）。兄と同じく馬廻か。天正九年（一五八一）八月二十五日、同族の吉兵衛とともに、妙興寺耕雲庵から西住の西の堀の管理を請負っている（妙興寺文書）。

本能寺の変の時、二条御所にて討死した（公記）。

浅井吉兵衛（あさい　きちべえ）　尾張

生没年不詳。

苅安賀の浅井氏の一族だろう。天正九年（一五八一）八月二十五日、浅井井広とともに、妙興寺耕雲庵から西住の西の堀の管理を請負っている（妙興寺文書）。

浅井四郎左衛門（あさい　しろうざえもん）　尾張

?〜天正四年（一五七六）八月十二日?

備中守。

『浅井系図』（張州雑志）によると、熱田の人で孫八郎の子である。また、娘は千秋季忠室で、季忠の戦死後、その忘れ形見の季信を育てたというから、四郎左衛門と備中守とは同一人であろう（熱田大宮司系譜）。天文年間か、盆踊りに参加して黒鬼の役を務めている姿が『公記』巻首に見られる。

永禄九年（一五六六）十二月、信長より七貫二百文を宛行われている（尾張国寺社領文書）。翌年八月には、尾張を訪れた連歌師（里村）紹巴をもてなしている（富士見道記）。

天正四年（一五七六）八月十二日没という（浅井系図）。

子も同じく四郎左衛門尉。信雄に仕え、天正十年七月、所領安堵を受けている（熱田大宮司家記録之写）。

浅井新八郎（あさい　しんぱちろう）　→浅井信広

浅井清蔵（あさい　せいぞう）　→浅井井広

浅井田宮丸（あさい　たみやまる）　尾張

永禄十二年（一五六九）?〜天正十二年（一五八四）三月三日。

信広の子。母は毛利長秀（秀頼）の妹（兼見）。『重修譜』では、諱は「長時」、苅《かり》安賀《やすが》と号すという。だが、苅安賀は、居住地が通称となったものであろう。天正十年（一五八二）八月付けで、八剣社《やつるぎしゃ》に釣灯籠を寄進した旨の文書があり、それには「新八郎政高」の署名がある。しかし、父と同じく「新八郎」と称した証はなく、「政高」の諱ともども疑問である。

天正九年（一五八一）、父の死とともに苅安賀の本領を継承し、信忠の麾下に組み込まれたものと思われる。

本能寺の変後、尾張を領した信雄に仕え、その老臣であったが、天正十二年三月三日（二月中ともいう）、長島城において、同じく老臣であった津川義冬・岡田重孝とともに誘殺された（宗及記・勢州軍記ほか）。秀吉に通じた嫌疑という。『重修譜』には、十六歳とあるが、幼名で伝わるところをみると、ほぼ正しいであろう。

浅井信広（あさい　のぶひろ）

?〜天正九年（一五八一）五月二十四日。

新八郎。諱は「政澄」のほか、「政貞」「政高」「賢政」と伝わるが、文書によれば「信広」である。

『重修譜』では、浅井長政の従兄弟とするが、誤りで、尾張の浅井氏であろう。備中守（四郎左衛門）の子とする説があるが、備中守は熱田の人なので、疑問である。

尾張中島郡苅安賀に居住し、信長に仕える（重修譜ほか）。永禄年中、母衣《ほろ》衆選定の時、赤母衣衆の一人に選ばれた（高木文書）。同十一年（一五六八）九月、信長上洛の途、佐久間信盛・木下秀吉・丹羽長秀とともに箕作《みつくり》城を攻め、これを落とす（公記）。だが、新八郎の身分は馬廻だから、三部将の目付か連絡役が任務だったのであろうと思われる。

以後、浅井攻め、長島攻めなど、信長に従って諸所に転戦。馬廻ながらも、前田利家・佐々成政らと同じく小部隊の指揮官といったところであろう。有力部将と一緒に行動がしばしば見られる。

天正元年（一五七三）後期頃から信忠の尾張・美濃支配が進むと、尾張衆としてその麾下に組みこまれたらしく、同六年六月、播磨に築いた砦の警固の将として、信忠の指揮に従っている。

同九年五月二十四日に没するという（尾陽雑記）。室は、毛利長秀（秀頼）の妹。子の田宮丸は、後、老臣として信雄に仕えた。

浅井備中守（あさい　びっちゅうのかみ）　↓浅井四郎左衛門（あさい　しろうざえもん）

浅井政澄（あさい　まさずみ）　↓浅井信広（あさい　のぶひろ）

浅井道忠（あさい　みちただ）　三河

生没年不詳。

六介・六之助。初名は「忠久」。

水野信元に従う（重修譜）。天正十年（一五八二）四月、東国より凱旋する途中の信長のため、小栗吉忠とともに天竜川に舟橋をかけ、賞として信長より禄を与えられた（公記）。

水野忠重の臣を経て、後、家康に直仕したか。天正十五年、奉行として三河に「拾二座」の税をかけたため、庶民が苦しんだ、との記事が『当代記』に見える。

浅井盛家（あさい　もりいえ）　尾張

生没年不詳。

四郎三郎。

熱田の浅井氏か。元亀二年（一五七一）八月四日、熱田の加藤景隆に書を発し、欠所地給付に対する礼銭を受取った旨を述べている（西加藤家文書）。

朝倉近江守（あさくら　おうみのかみ）　↓勝蓮華近江守（しょうれんげ　おうみのかみ）

朝倉大炊助（あさくら　おおいのすけ）　↓溝江長逸（みぞえ　ながゆき）

朝倉景鏡（あさくら　かげあきら）　越前

？〜天正二年（一五七四）四月十五日。

孫八郎、式部大輔。改姓改名して「土橋《どばし》信鏡《のぶあきら》」。

朝倉義景の従兄弟で重臣。永禄九年（一五六六）頃からは、大野郡の支配を委ねられている（金沢市立図書館文書ほか）。同十年、越前亡命中の義秋（義昭）より式部大輔に補される（朝倉家記）。同十一年五月十七日、関白二条晴良を越前に迎え、義景は、義昭ともども自邸に招いて宴会を催すが、その時の義昭に謁見した順序は、一に景鏡、二に景健、三に景尚と、『朝倉義景亭御成記』等に記載されている。即ち、義景の家臣の中でも最高の地位にあったのである。

信長との抗争の時も、しばしば近江に出陣。元亀元年（一五七〇）の宇佐山攻撃・堅田攻撃にも従軍している（歴代古案・浅井三代記）。九月に朝倉軍が京都に攻め込んだ時には、義景に代って各所に禁制を掲げている（知恩院文書・成就院文書ほか）。同三年八月には、大将として宮部城を攻めた（朝倉記）。

しかし、天正元年（一五七三）八月、信長軍に攻めこまれた時、義景の大野落ちを受け入れたものの、二十日、急に裏切って、義景を自害に追いこんだ（小川文書・公記）。そして、義景の首級を信長に持参して赦され、大野郡を安堵された（公記・朝倉記）。

同年十一月、上洛して信長に饗され、本領を安堵されるが、この時、姓を「土橋」と改められたという（朝倉記）。同二年以後の発給文書では、署名を「信鏡」としており、土橋姓と一緒に信長の一字を賜ったものと思われる（桜井文書・石徹白文書）。十二月八日には、（里村）紹巴らを招いて連歌会を催している（連歌合集）。

同年二月十八日及び四月四日、桜井平右衛門に所領安堵状を発行するなど、大野郡においては、なおもかなりの権限を保っていたようである（桜井文書）。しかし、この年一月に蜂起した一向一揆の攻撃を防ぎきれず、同年四月十五日、平泉寺で殺された（朝倉記）。

朝倉景健（あさくら　かげたけ）　越前

？〜天正三年（一五七五）八月十六日。

孫三郎。信長に降参後、改姓して「安《あ》居《ご》」。

朝倉義景の一族で家臣。景隆（景高）の末子という（朝倉記）。一方『当代記』には、義景の甥で婿とある。朝倉義景の家臣の中では景鏡に次ぐ地位にあった。越前安居城主。

対信長の戦いでは、しばしば近江に出陣。特に元亀元年（一五七〇）の姉川の戦いの時には、義景の代理として、一万余の軍の総大将を務めた。京都侵攻の時には、景《かげ》鏡《あきら》と同様京都内の各所に禁制を掲げている（離宮八幡宮文書ほか）。

だが、主家滅亡直前に信長に降伏（本願寺文書）。天正元年（一五七三）十一月、上洛して信長に謁し、本領を安堵され、姓を「安居」と改められたという（朝倉記）。しかし、（同二年）七月二十日付の信長の書状の宛名には、依然として「朝倉孫三郎」が用いられている（法雲寺文書）。

同二年一月、一向一揆が蜂起すると、これに接近。北庄に居た木下祐久・津田元嘉ら信長の奉行衆との間を斡旋して、彼らを無事上京させた。そして、二月には、一揆に加担して富田長繁を攻め、これを滅ぼした（朝倉記）。

翌年八月、信長の越前攻めの時、一揆の指導者下間《しもつま》頼照・同頼俊らの首級を土産として信長に降参したが赦されず、捕らえられて斬られた（高橋源一郎氏文書・公記・朝倉記）。

朝倉景胤（あさくら　かげたね）　越前

?〜天正三年（一五七五）八月。

三郎。

朝倉義景の臣。玄蕃助景連の長男。朝倉氏滅亡の時、信長に降る。その後は概ね景健と行動を共にし、越前国内に一向一揆が起ると、それに加担する。

天正三年（一五七五）八月の信長の越前討伐に際し、一揆とともに信長軍と戦い、斬られた（朝倉記・高橋源一郎氏文書）。

朝倉景綱（あさくら　かげつな）　越前

生没年不詳。

兵庫助。

朝倉義景の臣。孫十郎（兵庫助）景延の子という。その通りだとすると、義景とは又従兄弟にあたる。越前織田城主。天正元年（一五七三）の主家滅亡の時、信長に降参した（本願寺文書）。

翌年の一向一揆蜂起に際し、織田荘の米を砦に入れ、城に籠ってこれに対抗。しかし最後、七里《しちり》頼周の攻撃に耐えかね、五月下旬、妻子を連れて舟で敦賀郡へ逃れたという（朝倉記・立石区有文書）。

藤井譲治氏は、（天正二年）五月二十日付け羽柴秀吉書状（立石区有文書）にある「篠河兵庫」に同一人の可能性を示唆している（同氏「天正二年五月二〇日付羽柴秀吉書状をめぐって」）。

朝倉景盛（あさくら　かげもり）　越前

?〜天正二年二月?

出雲守。諱は初め「景亮」。

朝倉義景の臣。左近助の子という。

永禄十一年（一五六八）五月、朝倉義景亭で義昭に謁見した時、朝倉同名衆の中に見られる（朝倉義景亭御成記）。当時は、「景亮」。

天正元年（一五七三）八月、主家滅亡の時、信長に降参した（本願寺文書）。その年十一月、景鏡《かげあきら》・景健らとともに上洛して、信長に謁見している（朝倉記）。翌年二月、一揆と結んだ富田長繁と戦う（朝倉記）。その戦いで滅びた可能性が高いが、明らかではない。

朝倉景泰（あさくら　かげやす）　越前

生没年不詳。

七郎。信長に降参後、姓は「織田」。

景珖の子か。天正元年（一五七三）の主家滅亡の時、信長に降ったのであろう。同年十一月、景鏡・景健らとともに、上洛して信長に謁す。そしてこの時、「織田」を称するよう命じられたという（朝倉記）。その後の消息については明らかではない。

朝倉景嘉（あさくら　かげよし）

生没年不詳。

修理亮。法名宗闇。

朝倉氏の旧臣。天正二年（一五七四）三月七日、越前洞雲寺に寺領を寄進しているが、それには「宗闇」と署名している（洞雲寺文書）。

朝倉駿河守（あさくら　するがのかみ）→向景乙（むかい　かげおと）

朝倉宗闇（あさくら　そうぎん）→朝倉景嘉（あさくら　かげよし）

朝倉兵庫助（あさくら　ひょうごのすけ）→朝倉景綱（あさくら　かげつな）

朝倉与三（あさくら　よぞう）　越前

生没年不詳。

正確には与三郎か。朝倉氏の一族。景健と行を共にし、一向一揆に加担したか。天正三年（一五七五）八月、信長軍の柴田勝家・丹羽長秀に砦を落とされている（高橋源一郎氏文書）。

だが、この後逃れて、宮増丸ら三人兄弟で生き延びたらしい。(同六年ヵ)十二月七日、弟宮増丸が、武田信景を通じて、当時毛利氏の食客になっていた足利義昭に、兄与三に朝倉の名跡を継承させるよう、請求している(吉川家文書)。

朝野意泉(あさの　いせん)　美濃

生没年不詳。

十郎左衛門の子。「意泉」は幼名らしい。永禄十一年(一五六八)八月十八日、父とともに、立政寺に畠地を寄進している(立政寺文書)。

朝野十郎左衛門(あさの　じゅうろうざえもん)　美濃

生没年不詳。

『立政寺文書』付箋によると、彦二郎吉光の子。意泉の父である。永禄十一年(一五六八)八月十八日、子意泉とともに、立政寺に畠地を寄進している(立政寺文書)。

浅野長勝(あさの　ながかつ)　尾張

?～天正三年(一五七五)九月十日?

又右衛門尉。

豊臣秀吉正室杉原氏(高台院)の養父。弓衆として信長に仕えた(公記)。その後、信長の命により秀吉に属すという(浅野系図)。

天正三年(一五七五)九月十日没という(重修譜)。しかし、『高野山過去帳』には、「浅野又右衛門　永禄十二年三月廿日」、また、『祖父物語』には、箕作《みつくり》城攻め(永禄十一年九月)で戦死とある。確かなことはわからない。長吉(長政)が、娘婿として跡を嗣いだ。

浅野長政(あさの　ながまさ)　↓浅野長吉

浅野長吉(あさの　ながよし)　尾張

天文十六年(一五四七)～慶長十六年(一六一一)四月七日。

弥兵衛尉、弾正少弼。諱は後に「長政」だが、改名したのは秀吉死後のことである。

安井弥兵衛重継の長男で、浅野長勝の婿養子になる。初め弓衆として信長に直仕。後、秀吉に属す(重修譜)。

天正元年(一五七三)十二月、近江北郡の地であろう、秀吉より百二十石を与えられているが、それを皮切りにどんどん加増され、同九年三月十八日の加増で、播磨揖《いっ》東《とう》郡にて五千六百石になる(浅野家文書)。秀吉から次々と宛行いをうける彼の姿は、もう歴然とした秀吉の家臣である。秀吉家中での地位も上がり、この間、種々の奉行を務めている。

本能寺の変後、北伊勢攻め、小牧陣、九州陣などに従軍(古文書纂・浅野家文書・当代記)。天正十五年九月五日、若狭一国を預けられ、小浜城主(浅野家文書)。同十八年の小田原陣の時は、鉢形城攻め、岩槻城攻めなどに活躍。小田原開城後の同年八月、陸奥へ出動して徹底した検地を行った(浅野家文書)。

文禄二年(一五九三)十一月二十日、子幸長《よしなが》と一緒だが、甲斐一国二十二万五千石を与えられ(内一万石は蔵入地)、伊達政宗・南部信直・宇都宮国綱・那須資晴・成田氏長を与力とする(浅野家文書)。

同元年から始まる朝鮮陣では、石田三成らとともに渡海して兵糧・普請など諸事に携わった(浅野家文書・重修譜)。秀吉晩年の五奉行の一人。秀吉の死の直前の慶長三年(一五九八)八月四日には、筑前の蔵入地十八万六千石余の代官をも命じられている(浅野家文書)。

関ケ原の戦いの時は子幸長とともに東軍。幸長は戦功により紀伊三十七万四千石の大大名になる。長政は概ね江戸にあって、徳川将軍との交流を任務として晩年を過ごした(重修譜)。

慶長十六年(一六一一)四月七日、六十五歳で没(重修譜)。

朝日孫八郎(あさひ　まごはちろう)　尾張

?～永禄十二年(一五六九)九月八日。

信長の馬廻(公記・武家事紀)。知多郡大野荘の朝日氏の出だろう(張州雑志)。

永禄十二年(一五六九)八月の大河内《おかわち》城攻めに従軍。九月八日、池田恒興に従って夜攻めに参加し、討死した(公記)。「此者死去ノ後、信長馬廻ノ武士、勇功ノカセキ軽クナレルトイハレタルホトノ勇士也」と

『武家事紀』にある。

浅見対馬守（あさみ　つしまのかみ）　近江

生没年不詳。

次郎。

対馬守貞則の子。浅井長政の臣。尾上城を本拠とするという（浅井三代記）。長政の小谷籠城の時、小谷山の焼尾丸を守って信長軍に抵抗。しかし、天正元年（一五七三）八月、降参し、信長軍を焼尾丸に引き入れた（公記）。その後、信長に所領を没収され、柴田勝家に属したという（浄信寺文書）。

朝山日乗（あさやま　にちじょう）　出雲

?～天正五年（一五七七）九月十五日

日乗上人。朝山は、「浅山」とも書く。また、晩年は「典斎」と称している。

〔出自と名乗りについて〕

出雲の人で、尼子氏に仕えていたが、これに背き、毛利氏のもとに逃れたと伝わる。その後、僧になって上洛。禁裏と繋がりを持ち、荒廃した御所の修理を念願としたという（耶蘇通信・太閤記）。その後、内裏に取り入って信任を得、「日乗上人」の号も後奈良天皇より与えられたものといわれる（朝山系図）。

良質史料における日乗の初見は、『厳助《げんじょ》往年記《おうねんき》』弘治二年（一五五六）五月条、日乗の献言によって禁中小御所で仁王経百部の読誦《どじょう》が行われたという記事である。この中で厳助は、「日乗上人ト云買子《まいす》」と蔑み、そんな男が禁裏を動かしたことを「奇代事」と評している。

ところで、「朝山」を日乗の字《あざな》とし、「ちょうざん」と読む説もある。確かに文書にも、「日乗朝山」あるいは「日乗上人朝山」と署名したものがある（法隆寺文書・陽明文庫文書）。

だが、『言継』に載った名乗りは「朝山日乗」だし、また、同書には「朝山宗左衛門」という弟が登場している。おそらくは、日乗の姓は朝山であり、これを字にも用いたものと思われる。

〔畿内の動乱の中で〕

三好長慶が没した後の畿内は、将軍義輝が殺され、次には三好三人衆と松永久秀との争いの場となる。毛利氏と親密だった日乗は、毛利元就を動かして久秀を援助する。そして永禄十年（一五六七）、三人衆方に捕えられ、摂津の牢に繋がれた。だが、翌年になって勅命が三人衆に下され、日乗は釈放された（耶蘇通信）。四月十六日、日乗はお礼のため参内し、物を献上している（御湯殿・言継）。

信長の入京まで、日乗の後ろ盾は正親町《おおぎまち》天皇であった。

〔信長上洛後の日乗〕

永禄十一年九月、信長が上洛すると、早速内裏より信長との仲介者として起用され、信長との接触が始まった。信長より山城西院にて三千貫文の地を与えられたと『太閤記』にあるが疑問。確かなことは、同十二年七月頃、伊勢にて千石を与えられたことである（言継）。

しかし、禁裏との繋がりは相変わらずだし、また、同年一月には吉川元春に対して将軍への馳走を依頼するなど、幕臣のような面さえものぞかせている（吉川家文書）。禁裏・将軍、そして信長という三つの権力の間で奔走しているのが、当時の日乗なのである。

〔皇居の修理〕

日乗は、禁裏に出入りするようになってから、荒廃した皇居を修理することを念願としていたという（太閤記）。信長の上洛と近畿平定によって、その念願がかなえられる時が来た。

同十二年、信長は皇居の修理の必要を悟り、日乗に費用の見積もりを命じた。四月十六日、日乗は番匠にそれを計上させた（言継）。早速皇居内に瓦焼き、檜皮作りの作業所が設けられ、日乗は修理の準備に忙殺された。この年のうちに二度岐阜に下っているのは、信長との打ち合わせのためであろう（御湯殿・言継）。

翌十三年（元亀元年）一月五日、手斧《ちょうな》始めがあって禁裏修理は開始された。二月二日より、信長の奉行衆の筆頭格である村井貞勝が日乗に添えられて修理奉行に加わった（御湯殿・公記）。法隆寺より「修理米」と称して徴発している二人の連署状も見られる（法隆寺文書）。

　連日工事が続き、紫宸殿の屋根・東門・北門・唐門・四足門などが生れ変わって行った。元亀二年（一五七一）四月、常御所の屋根の修理で大体この工事は終了する（御湯殿）。

　皇居の修理が概ね終了したこの元亀二年は、正親町天皇の生母栄子の五十回忌の年であった。日乗は九月、その法要のための資を丹波に徴発している（晴豊公記）。

　こうした日乗の活躍を見ると、彼が勤皇家であったことについてはどこからも異論は出ないであろう。

〔毛利氏への外交僧として〕

　日乗が信長より知行を受け、信長の命令を受ける立場にあったことは前述した。皇居の修理も信長の意思を受けたものだが、そのほか毛利氏との交渉にしばしば起用されたことも特筆される。

　（永禄十二年）八月十九日付で、毛利元就とその家中に対し、信長の毛利氏への入魂の意思等を伝えた長文の書状がその最初のものだが（益田家什書）、以後天正元年（一五七三）に至るまで毛利氏との交渉に務めている姿が見られる（毛利家文書・小早川家文書ほか）。かつて毛利氏の庇護を受け、以来毛利氏との繋がりの深かった日乗であることを考えれば、この人選は当然であろう。

　毛利家の使僧安国寺恵瓊《えけい》とは必然的に交渉の場を持ったが、（天正元年）十二月十二日付書状の中で恵瓊は、「日乗はしり舞異見者、昔之周公旦《しゅうこうたん》、大公望なとのことくに候」、「今度之調も、悉皆彼仁（日乗）馳走ニて候」と日乗の外交的手腕に対し絶賛の言葉を発している（吉川家文書）。

〔将軍義昭と信長との対立の中で〕

　将軍義昭と信長との仲は、早くも永禄十二年内に亀裂が生じた。同十三年（元亀元年）一月二十三日、信長は天下の政務を自分に任せること等を要求した、五カ条より成る条書を発した。内容からいって将軍義昭に宛てたものであり、義昭が袖判を押して承認しているが、宛名そのものは明智光秀と日乗になっている（成簣堂文庫文書）。

　光秀は当時、信長に仕えると同時に義昭からも扶持を受けているという二面の性格を持った武将、そして日乗も、先に述べた通り、禁裏・将軍・信長の三者に従って活動する政僧である。将軍と信長の間で中立を保つ立場にいる二人が条書の証人として選ばれたのであろう。

　その後、将軍義昭と信長との間は悪化の一途をたどった。元亀四年（天正元年）二月、信長はなんとか義昭を宥めようとし、人質と誓紙を義昭宛てに送った。その時の使は、島田秀満と村井貞勝だったが、日乗もそれに添えられている（公記）。

　日乗らの努力も空しく、この年七月の最後の争いの後、義昭は追放される。だが、日乗は結局義昭を見捨てたらしく、以後も信長の下で働いている（御湯殿ほか）。

〔キリスト教と日乗〕

　日乗はキリスト教宣教師にとって最も憎むべき敵であった。『耶蘇通信』に書かれた宣教師フロイスの日乗評を見よう。

　「日本のアンテキリスト」「肉体に宿りたるルシフェル（悪魔）」「庶民の欺瞞者」。

　まさに最悪の表現である。確かに日乗にとってキリスト教は憎むべき異端の教えだったらしく、その弾圧に異常な執念を燃やしている。永禄十二年四月、信長の面前でフロイス及びイルマンのロレンソと問答を行い、敗れて理性を失い、二人に乱暴を働いたという。そして、信長にキリスト教禁止を求めて拒絶されると、将軍義昭にそれを依頼、またも拒絶にあうと今度は禁裏の許可を受けて堺・五畿内の宣教師追放を公布した（耶蘇通信）。キリスト教のよき理解者である和田惟政ともしばしば衝突し、これを陥れたという（耶蘇通信）。

　日乗がキリスト教排撃論者であるということは確かであろうが、フロイスの記述はいくらか割引いた方がよかろう。フロイスを暗殺しようとしたとか、禁裏と繋がりを持ったのをよいことに、ただの布片を禁裏より賜った金欄と詐称して高く売り付け、儲けた金で山口に寺を建てたとか、こうした話はただの中傷と思われる。「学問なき愚人」と評しているのもうなずけない。日乗は永禄十一年七月十日、近衛前久邸にて山科言継らに対して法華経の講釈をしているのだから、それなりの教養はあったはずである（言継）。

〔**晩年と死**〕

最後は将軍義昭から離れたと思われる日乗だが、義昭追放後はその活動が乏しくなる。とはいうものの、信長及び朝廷との接触は依然として続き、それなりの役割は果していた様子である。天正元年（一五七三）十二月二十一日、国人宇津氏に横領されている御料所丹波山国荘に入部するよう信長より命じられている（御湯殿）。同三年三月二十八日には、信長養女の輿入れの警固役を村井貞勝とともに務めている（宣教卿記）。その三日前の二十五日には、信長の意向により「典斎」という斎号で呼ばれることを強いられている（御湯殿・宣教卿記）。しかし、以前に比べると、日の当る立場からはずされていることは確かである。

その終見は、同四年二月二十六日、信長の動静を公家に伝えている姿である（言継）。没年月日は同五年九月十五日という（朝山系図・知恩院石造板碑、『京都古銘聚記』所収）。

晩年は目立たぬ存在にすぎなかったが、信長政権初期を振り返ると、禁裏との接触、将軍との調停、毛利氏との交渉などに果した日乗の役割は、大きく評価せねばならないであろう。

安食定政（あじき　さだまさ）　尾張

生没年不詳。

弥太郎。

信長の馬廻だろう。永禄三年（一五六〇）の桶狭間の戦いの時、敵の首級を信長に持参したことが『公記』に見える。

本能寺の変の後、丹羽長秀に仕えた様子である。天正十二年（一五八四）七月二日、長秀奉行人として、太田一吉らと連名で、越前橘屋三郎左衛門に対して、前年の地子銭・臨時諸役の免除を確認した事跡が見られる（橘栄一郎家文書）。

芦田五郎（あしだ　ごろう）→赤井忠家（あかい　ただいえ）

東馬二郎（あずま　うまじろう）→（ひがし　うまのじろう）

東秀隆（あずま　ひでたか）→（ひがし　ひでたか）

麻生三五（あそう　さんご）→佐々宇三五（さそう　さんご）

安宅清康（あたぎ　きよやす）　淡路

生没年不詳。

河内守。諱は「貴康」とも。

淡路洲本・由良城主。冬康の二男で、信康の弟という。天正九年（一五八一）十一月、羽柴秀吉・池田元助の軍に攻められ、降参した（公記）。『太閤記』によれば、この後、元助に同道して安土へ行き、信長に所領を安堵されたという。

安宅貴康（あたぎ　たかやす）→安宅清康（あたぎ　きよやす）

安宅信康（あたぎ　のぶやす）　淡路

生没年不詳。

甚太郎、甚五郎、神太郎、神五郎。

淡路水軍の将。冬康の子。永禄七年（一五六四）五月、父冬康が、伯父三好長慶に誘殺された後、安宅家を嗣ぐ。洲本・由良城主。初めは、淡路衆を率いて長慶の養子義継に従い、摂津・和泉などに転戦（両家記）。永禄末年頃には、堺南庄に支配権を有していたらしい（宗久書・朝尾直弘「織豊期の堺代官」）。義継の信長投降後は、これと離れて三好三人衆と行を共にし、元亀元年（一五七〇）八月、伊丹近辺に出陣して伊丹衆と戦う。さらに福島城に籠って信長に対抗した（公記・両家記）。年齢については『阿州将裔記』に、元亀元年当時十五歳とある。確証はないが、かなり若かったことは確かである。

同三年十一月、将軍義昭に降り、信長からも赦されている（古簡雑纂）。義昭と信長の対立の時、義昭を離れたか。天正四年（一五七六）五月、信長より、毛利氏の本願寺援助を阻止するよう命じられている

(伊藤氏文書)。その後、毛利氏よりしばしば勧誘されるが応ぜず、逆に毛利方軍船と戦ったりしている(細川家文書・釈文書)。同八年(『信長文書』では同七年にしている)、小西行長とともに、毛利方水軍を打ち破った「安宅」も信康であろう(蜂須賀文書写)。

同九年十一月、羽柴秀吉・池田元助の軍が淡路を平定するが、この時の安宅氏は、信康の弟の河内守清康の代だったという(太閤記ほか)。しかし、翌年九月五日、信康と見られる「安宅神五郎」が、秀吉から阿波の地の宛行いを受けている。さらに同十二年七月四日付けの「安宅甚五郎」宛て秀吉判物も見られる(豊国社祠官萩原家文書)。清康派と争いになり、一時的に淡路を逐われていたのだろうか。

足立清右衛門(あだち　せいえもん)　尾張

生没年不詳。

元亀三年(一五七二)十一月二十四日、信長より尾張西御堂方反銭十貫文、金子五両の請取状を受けた(氷室氏文書)。

なお、『太閤記』に、天正十二年(一五八四)十月、秀吉より信雄への和睦の使として派遣された「足立清左衛門」、また、『分限帳』にも二百貫文の知行を受けている「足立清左衛門」が見えるが、いずれも同一人であろう。また、『公記』に、天文二十一年(一五五二)八月の萱津《かやつ》の戦いで討死した者として、「足立清六」が載っているが、これは一族だと思われる。

阿閉貞大(あつじ　さだおき)　→(あつじ　さだひろ)

阿閉貞大(あつじ　さだひろ)　近江

?〜天正十年(一五八二)六月。

孫五郎、万五郎。

元浅井氏の臣。近江浅井郡山本山城主である阿閉貞征の子。父貞征と子貞大とを混同した本が多いので、注意を要する。

浅井長政に従い、姉川の戦いなどに参加してきたが、浅井氏の晩期には、当主長政の感状に副状を発給するほどの地位にいた(小江神社文書・南部文書)。

父とともに山本山城を守備していたが、天正元年(一五七三)八月八日、信長に降り、すぐに朝倉軍攻撃の先手衆を務めた(公記)。

浅井氏滅亡後、山本山城と所領は安堵されたが、父子ともに、江北に封じられた羽柴秀吉の与力にされたようである。同時に、伊香郡における勢力も後退を余儀なくされたらしい。(同三年)十月十七日、貞大は、信長側近の菅屋長頼に対し、竹生島にある扶持の過半を秀吉に取られたことを訴えている(竹生島文書)。

秀吉の中国攻めには従わず、近江に残留。同六年八月十五日の、安土における相撲会の時、信長馬廻たちに混じって奉行を務めているのを見ると、信長の旗本になったようである(公記)。同七年二月十四日、下野佐野より進上された葦毛馬を賜った(安土日記)。同九年五月、竹生島惣山中に北脇下野内十八石を寄進している(竹生島文書)。この間、同三年八月の越前攻め、同九年九月の伊賀攻めに参陣(公記)。

だが、本能寺の変の後、明智光秀に加担し、山崎の戦いに参加。敗戦後、秀吉に捕われ、殺された(浅野家文書)。『惟任謀反記』によると、磔刑にされたという。

阿閉貞征(あつじ　さだゆき)　近江

?〜天正十年(一五八二)六月。

淡路守。

元浅井長政の臣。近江浅井郡山本山城主。「阿閉」は、「アベ」「アトジ」とも読まれているが、『豊鑑』に「安土」という字があてられており、「アツジ」とするのが正しいと思われる。

永禄年中は、浅井軍の部将として諸所に転戦。元亀年間も、山本山城を守備して信長に抗戦した(公記・浅井三代記)。だが、天正元年(一五七三)八月八日、子の貞大とともに信長に降参、すぐに朝倉攻めの先手を務めた(公記)。

『浅井三代記』では、その功により、伊《い》香《か》一郡を与えられたというが、江北三郡は羽柴秀吉の一職《いっしき》支配が認められており、阿閉は、伊香・浅井郡内の本領や浅井郡菅浦の地などを安堵されたにすぎなかったのであろう（菅浦文書）。そして、秀吉の与力の立場になったものと思われる。『渡辺勘兵衛武功覚書』には、「太閤様御旗本」とある。

一職《いっしき》支配者秀吉の圧迫が次第に募ってきたか、天正三年九月十六日、竹生島の寺領の押領のかどで信長に訴えられ、（同年）十月十七日、子貞大が、竹生島の扶持の過半を秀吉に取られたためである旨、菅屋長頼に対して弁明している（石田文書・竹生島文書）。

天正五年より秀吉は播磨に赴き、以後、中国攻めの旗頭となるが、阿閉は秀吉と行を共にせず、近江に残留。信長の旗本に組み入れられたらしい。同六年十一月より始まる有岡城攻めには、信長に従って参加した様子である。同九年九月の伊賀攻め、そして、同九年、十年一月十五日の爆竹《さぎっちょう》でも、近江衆としてまとまって行動している（公記・渡辺勘兵衛武功覚書）。同十年三月の武田攻めの時も、信長に随従する（公記）。

だが、本能寺の変の後、明智光秀に加担して、変報を受けるやいち早く秀吉の長浜城を占領する（豊鑑）。その後、山崎の戦いに参加して敗戦（太閤記）。秀吉方に捕われ、一族とともに殺された（浅野家文書）。『惟任謀反記』によると、磔刑にされたという。

安土孫吉（あづち　まごきち）

?～天正十年（一五八二）六月二日。

信長あるいは信忠の小姓か。本能寺の変の時、明智軍と戦って討死した（阿弥陀寺過去帳）。

渥美刑部丞（あつみ　ぎょうぶのじょう）　美濃？

生没年不詳。

赤母衣《ほろ》衆追加の一人として『高木文書』の母衣衆の交名《きょうみょう》中にある。そして、この史料の末尾には「右渥美刑部丞入道曾干出之」とあり、この交名の作成者であることがわかる。

他の史料には、この人物は全く表れず、母衣衆の地位にあった者にしてははなはだ不自然である。『高木文書』にある他の母衣衆については、信じてもよさそうだが、この渥美刑部丞に関しては、自己宣伝と思われなくもない。ただ、信長の家臣であったという一事に関しては、信じてもよいであろう。

跡部秀次（あとべ　ひでつぐ）　尾張？

生没年不詳。

信長の奉行人。某年十月六日、奥村秀正（直俊）らと連名で法隆寺寺家に対し、家銭銀子百五十枚の納入を催促している（法隆寺文書）。

姉小路良頼（あねがこうじ　よしより）　→三木良頼（みつき　よしより）

姉小路自綱（あねがこうじ　よりつな）　→三木自綱（みつき　よりつな）

安部二右衛門（あべ　にえもん）　摂津

生没年不詳。

仁右衛門とも書く。『重修譜』には、「良成」とあるが、確かではない。

摂津大矢田城主として、荒木村重に属す（公記）。村重の謀反の時、これに従わず、天正六年（一五七八）十二月一日、柴山監物とともに、古屋野にて信長に謁見す（公記）。この時、父と叔父が村重から離れることに反対したので、謀略によって二人を捕え、再び信長に訪礼。その功により、摂津川辺郡を与えられた（公記）。

荒木討伐戦の間は、居城大矢田の在番（公記）。同八年以後は、摂津の大将とされた池田恒興に軍事的に従属したか。同九年八月十三日、信長より中国出陣の用意を命じられ、九月、恒興らとともに、鳥取攻めの秀吉の援軍として派遣される（公記・蜂須賀文書写）。

山崎の戦いでは、高山右近・中川清秀と同じく、秀吉方として参陣したと思われるが、明記した史料はない。

同十年九月三日、津田宗及の茶会の出席者にその名が見られるが（宗及記）、それ以後の事跡については明らかでない。

荒尾善次（あらお　よしつぐ）　尾張

永正五年（一五〇八）～天正十八年（一五九〇）十二月十三日。

小太郎、作右衛門、美作守。閑斎と号す。

荒尾氏は、知多郡木田城の城主。荒尾村を領す（尾張志）。だが、善次は、同じ知多郡の豪族の佐治左馬允宗貞の子（または弟）で、荒尾空善の婿養子に入ったという（藩士家譜・尾張群書系図部集）。今川義元との戦いで籠城三カ年に及び、度々戦功を顕すにより、信長より三十貫文の地を宛行われたと『重修譜』は伝える。後、縁により池田氏に仕える（藩士家譜・張州府志）。

その後の事跡については伝わらない。

天正十八年（一五九〇）十二月十三日没、八十三歳という（重修譜）。

その娘は、信長の異父兄安房守（秀俊カ）に嫁し、安房守の死後、池田恒興に再嫁。元助・輝政ら四男を生んだ（重修譜・織田系図）。また、水野信元の娘を後妻にするという（重修譜・張州府志ほか）。

荒尾善久（あらお　よしひさ）　尾張

天文八年（一五三九）～元亀三年（一五七二）十二月二十二日。

小太郎、美作守。

善次の長男。父を継いで知多郡木田城主。信長に仕え、六万石の地を領すという（藩士家譜）。元亀三年（一五七二）十二月、家康の援兵として派遣され、三方原で討死。三十四歳という（寛永伝）。

跡職は、翌年九月七日、信長の命により、甥の池田古新（輝政）に譲渡された（池田文書）。

荒川喜右衛門（あらかわ　きえもん）　尾張

生没年不詳。

信長の足軽。天文二十一年（一五五二）四月十七日の赤塚の戦いに従軍した（公記）。

荒川治部少輔（あらかわ　じぶのしょう）

生没年不詳。

元幕府の奉公衆か。永禄十一年（一五六八）二月十三日、山科言継が富田御所足利義栄《よしひで》を訪れた時、申次ぎを務めている（言継）。義栄死後は京都に戻って義昭に仕えたか。

信長と義昭との対立の中、義昭には従わなかったらしい。義昭追放後の天正元年（一五七三）十一月二十八日、信長より七カ所、都合九十七貫文余の知行を安堵されている（加納定利氏文書）。

荒川新八郎（あらかわ　しんぱちろう）　尾張

?～天正二年（一五七四）九月二十九日。

諱は「頼季」とあるが、信用できない。

古くからの信長の臣。弘治二年（一五五六）一月、柴田勝家とともに、酒井忠次らの守る福谷城を攻撃する、と『家忠日記増補』にある。

永禄十二年（一五六九）八月の大河内《おかわち》城攻めの時の『公記』の記事、「尺限廻《さくきわ》番衆」の中にその名が見えるから、身分は馬廻。小部隊の指揮官といったところであろうか。

天正二年（一五七四）、長島攻めに従軍。九月二十九日の最後の戦いの時、討死したと伝わる（甫庵・武家事紀）。『武家事紀』によれば、兜の前立に「運ハ在レ天、死ハ定」と記していたという。

荒川与十郎（あらかわ　よじゅうろう）　尾張

?～天文二十一年（一五五二）四月十七日。

信長の足軽。喜右衛門の一族か。天文二十一年（一五五二）四月十七日の赤塚の戦いに従軍して、討死した（公記）。

荒川頼季（あらかわ　よりすえ）　→荒川新八郎（あらかわ　しんぱちろう）

荒木氏綱（あらき　うじつな）　丹波

生没年不詳。

山城守。

丹波細工所城主。祖先は、天田郡荒木村の住人という（丹波人物志）。

天正六年（一五七八）四月、明智光秀・滝川一益に居城を攻められ、降参（公記）。降伏後は、光秀の麾下とされた様子で、佐和山城に入れ置かれたと、『武家事紀』にある。しかし、佐和山は丹羽長秀の居城だから、坂本の誤りと思われる。

『太閤記』によると、同十年の光秀の謀反の時、息男二人が明智秀満に従い、大津の戦いで討死したという。『武家事紀』にも、勢多で父子四人が討死したとある。また、信の薄い史料ではあるが『新撰豊臣実録』には、氏綱が、秀満の計らいで、坂本城を脱出した旨の記載がある。

荒木越後守（あらき　えちごのかみ）　摂津
生没年不詳。
荒木村重の臣。天正七年（一五七九）六月四日、村重より毛利の出陣催促の使として遣わされた（萩藩閥閲録）。

荒木越中守（あらき　えっちゅうのかみ）　摂津
?〜天正九年（一五八一）三月六日
荒木村重の一族で家臣。村重の謀反に従い、その妻は、天正七年（一五七九）十二月に荒木一族として処刑された（公記）。
越中守本人は、『高野山過去帳』によれば、同九年三月六日没という。妻を捨てて有岡を脱出し、生き延びたのであろう。

荒木久左衛門（あらき　きゅうざえもん）→池田重成（いけだ　しげなり）

荒木五郎左衛門（あらき　ごろうざえもん）摂津
?〜天正七年（一五七九）十二月十三日。
荒木村重の臣。荒木一族成敗の時、一度逐電したが、妻を案じて戻り、妻の助命を請うたが許されず、夫婦一緒に処刑されたという（公記）。

荒木重堅（あらき　しげかた）　摂津
?〜慶長五年（一六〇〇）十月十三日。
平太夫、木下備中守。
初め、荒木村重の小姓。『荒木略記』によると、摂津三田《さんだ》城主という。村重の摂津統治中は、その奉行として活躍している（滝安寺文書・播磨網干文書）。この頃は「荒木平大夫重堅」と署名している（滝安寺文書）。
村重謀反の時、これに従わず、秀吉に転仕したらしい。その後、秀吉に従い、天正六年（一五七八）以後、播磨の宇野民部攻め、伯耆羽衣石《うえいし》救援、備中冠城攻め、鳥取城攻めなど、中国方面で活躍（公記・惟任謀反記・石見吉川家文書）。同十年、宮部継潤・亀井茲矩・磯部兵部大夫・垣屋隠岐守とともに、秀吉より因幡に分封された（萩藩閥閲録）。同十一年八月十八日、因幡口にて毛利の将草刈重継と戦っている（萩藩閥閲録）。
秀吉政権の下でも、秀吉子飼いの大名たちに混じって活躍。この当時は「木下平大夫」。同十五年七月二十七日、従五位下に叙され（御湯殿）、以後は「木下備中守」。九州の役、小田原陣と歴戦。文禄の役で八百五十人を率いて、名護屋まで出陣している。当時二万石（太閤記・当代記ほか）。
関ケ原の戦いでは、西軍に加担して大津攻城に参加。戦後の十月十三日、摂津一心寺で自害したという（高野山過去帳）。

荒木新丞（あらき　しんのじょう）　摂津
永禄四年（一五六一）〜天正七年（一五七九）十二月十六日。
元清の二男。渡辺四郎の弟。荒木村重に仕える。荒木一類として、有岡開城後の天正七年（一五七九）十二月十六日、京都六条河原で処刑された。十九歳という（公記）。

荒木村重（あらき　むらしげ）　摂津
天文四年（一五三五）〜天正十四年（一五八六）五月四日。
十次郎、弥助、信濃守、摂津守。庵号は筆庵《ひつあん》。法名は道薫《どうくん》。

〔摂津池田氏の臣として〕
村重の父は義村と伝わるが、定かではない。村重は、摂津の土豪として、池田勝正に属していた。池田氏に従いながら、摂津の所々を押領して勢力を広げ、将軍奉公衆の一員になったと『武家事紀』等にあるが、村重が幕府奉公衆になったかどうかについては明らかではない。
永禄十一年（一五六八）九月、信長は義昭を奉じて入京。村重の主池田勝正は、三好三人衆方として池田城に籠り、これに対抗したが、攻められて間もなく降参した（公記）。義昭が将軍位に就くと、勝正は、和田惟政・伊丹忠親（親興）と並んで摂津の守護とされた（両家記）。村重の名はまだ史料に出てこないが、おそらく勝正に忠実に従っていたのであろう。
翌十二年一月、本圀寺が三好三人衆らに襲われた時、勝正に従って出陣、将軍を救った（公記ほか）。元亀元年（一五七〇）四月、勝正は越前攻めに参加しているが、村重もそれに従軍したかも知れない。

〔池田家の指導者として〕
その年六月十九日、池田家の内訌から勝

正は池田豊後守と同周防守を殺し、自身は大坂へ出奔した（言継・両家記）。勝正の弟知正が立てられて池田家の当主となったが、彼を含む池田一族には、もう家中を統率する力はなかった。勝正出奔直後と思われる、六月二十四日付、湯山年寄中宛ての池田一族たちの連署書状があるが、村重は「池田信濃守村重」と名乗ってこの連署に加わっている（中之坊文書）。力量が認められて、池田一族に加えられたのであろう。

　永禄十二年頃の今井宗久の書簡でも池田家の重臣の列に加えられている（宗久書）。また、元亀二年（一五七一）二月五日に、石成友通らとともに、津田宗及の茶会に出席している（宗及記）。これらには、旧称の「荒木弥介」で書かれている。

　この八月、村重を実質的統率者とする池田氏は、摂津守護の一人和田惟政と対立。この頃摂津は、三好三人衆が反撃の機会をうかがっており、幕府軍や松永久秀が出陣するなど、複雑な様相を呈している。そのような中にあって、池田氏は三好三人衆に肩入れしていたらしい。そのような不穏な情勢の中で、八月二十八日に郡山の戦いがあり、村重率いる池田軍は、和田軍を打ち破り、敵将惟政を討死させた（尋憲記・年代記ほか）。

〔信長への服属〕

　天正元年（一五七三）になって、義昭と信長との対立の深まる中、信長方につく。二月下旬の時点で信長方としての旗幟を鮮明にしている（細川家文書）。

　この三月、和田惟長（惟政の子）の高槻城内で反乱が起った。和田氏の臣高山飛騨守・右近父子が主惟長を襲い、城から追い出したのである（耶蘇通信・兼見）。村重と高山父子は以前から懇意であり、この反乱の背後には村重の策動があったらしい（耶蘇通信・年代記）。

　信長が軍勢を率いて京都へ向かった三月二十九日、村重は、細川藤孝とともに逢坂に信長を迎え、忠節を誓った。信長の喜びは一方ならず、郷義弘の刀が村重に下賜された（公記）。

　この時は、一時的に和が成立したが、その後村重は、逐一京都の状況を信長に報告していたらしい（東京国立博物館文書）。七月の義昭・信長の最後の衝突の時は、勿論信長軍に加わり、槇島城を攻める（公記）。将軍義昭は十八日に追放された。

　この義昭・信長の対立に際して、村重の形ばかりの主であった池田知正は義昭方に属した。そして義昭の敗北とともに没落した。かつての摂津の三守護の内、和田・池田の二氏は没落、残るは伊丹忠親のみというのが、当時の摂津の情勢であった。

〔摂津の一職支配者〕

　こうした状態の摂津を見て、信長としては村重を一職《いっしき》支配者とし、一元的に支配体制の中に組みこもうという意図があったのであろう。義昭追放、池田氏没落の後は、摂津のかなりの部分の支配権を村重に委ねた様子である。

　天正二年三月、村重は信長の命により、法華寺内に長遠寺の建立を始め、巽《たつみ》市場の人々に堀構を掘らせている。それに伴い、法華寺・本興寺に禁制を掲げた（長遠寺文書・本興寺文書）。

　その三月二十七日、信長は東大寺の名香蘭奢待を切り取る。村重は、佐久間・柴田・塙・丹羽・蜂屋などの譜代の重臣に混じって、その奉行を務めている（公記）。このあたり、村重に対する信長の信頼は絶大である。こうした信長の信頼に応えるべく村重も活躍する。七月二十日、中島まで出陣し、大坂の本願寺の一揆勢と激戦、これを打ち破った（徳富猪一郎氏文書・多聞院・年代記）。

　同年十一月、村重は、摂津に一人だけ残っていた守護の伊丹忠親を伊丹城に攻め、十五日、これを落とした（年代記）。忠親が反信長の姿勢を取り続けたというわけではないが、彼のような旧体制の遺物を一掃することは、信長の意図にかなっていた。村重は信長の許しによって、伊丹を有岡と改名し、新たにここを居城とした。そしてこの時、信長より摂津の一職支配権を委ねられた（公記）。

　摂津の全域を委ねられた（ただし、本願寺領域を除く）村重は、以後、摂津のみならず、その西方にも活動を展開する。同三年九月、播磨奥郡に働き、播磨国衆の人質を徴発することを命じられた（公記）。村重は命令通りに小寺政職らの人質を徴し、信長の与党備前の浦上宗景の居城天神山に兵糧を入れ、十月上旬に摂津に帰陣した（米田氏文書・細川家文書）。

〔摂津守任官〕

　天正三年十一月二十六日、村重は、箕面《みのお》寺《でら》衆徒宛てに条書を下した（滝安寺文書）。この文書には、はっきり「摂津守村重」と署名している。

　「摂津守」の名乗りについては、九月二十五日付北但宛て、十二月二十三日付石伊宛て書状に、「荒摂」あるいは「摂村重」と見え、『伊丹史料叢書』は、疑問を挟みつつこれらを天正二年に比定しているが、その根拠は薄そうである。（天正三年）八月十七日付、村井貞勝宛て信長書状中には、まだ「荒木信濃守」とあるから、これらの年代比定は無理と思われる（泉文書）。

　また、九月十一日付、中村左衛門九郎他一名宛て書状には「荒摂津守村重」の署名がある（服部天神文書）。内容から推して、天正三年のものかと思われる。そうすると、村重の摂津守任官は、同年九月頃であったようである。

〔大坂攻めの一翼を担って〕

　天正四年四月、村重は大坂攻めのため出陣した（公記）。一緒に大坂を囲んだ指揮官は、長岡（細川）藤孝・惟任《これとう》（明智）光秀・原田（塙）直政である（公記）。

　この内、村重は前述の通り摂津の一職支配者、直政は山城守護に加えて前年三月より大和守護を兼務、藤孝は山城西岡の一職支配者。前年三月の藤孝の丹波二郡支配は空手形に終ったようだが、摂津から右回りに村重—藤孝—直政による大坂攻囲体制が整っている。

　この五月三日、塙直政は三津寺砦攻撃に失敗して戦死。信長自身の出陣となった。この時、村重は、先陣の命令を拒否、木津口の押さえを買って出たという（公記）。

　その後の大坂攻めは、天王寺城に入れられた佐久間信盛が主将となるが、村重も摂津支配者であるだけに度々大坂について信長に注進したらしく、六月四日付、十六日付、十八日付で、対毛利水軍の作戦を練ること等の指示を受けている（古簡雑纂・佐藤行信氏文書・釈文書）。

〔一時的な中国方面担当者〕

　摂津を支配する村重の任務は、対大坂にとどまらない。同年九月には浦上宗景の居城構築のため派遣され（花房文書）、また、翌年二月には雑賀攻めに加わっている（公記）。

　同五年五月十四日、播磨の小寺政職が、毛利軍と同国英賀《あが》に戦ってこれを破った時、五月十六日付信長書状で、忠節について小寺に申し聞かせるよう命じられている（黒田文書）。羽柴秀吉が播磨平定の任務を帯びて入国するのは、この年十月。それまでの一時期、村重が播磨国衆と信長とのパイプ役を果していたのである。

　同六年元旦、信長は嗣子信忠以下十二人を招いて茶会を催したが、村重もその人数に入っている（公記）。また、この頃の村重を評したキリスト教宣教師フランシスコあるいはフロイスの書簡中には、「信長部下の大身の一人」、「収入及び所領多く甚だ強勢なる異教徒」と評されている（耶蘇通信）。

　摂津一国の一職支配者だから、柴田勝家ら信長重臣の当時の支配圏と比べても、勝るとも劣らない勢力と言えよう。

〔中国方面軍の補佐〕

　天正五年十月、播磨平定の命を受けて秀吉が入国する。播磨国衆支配を秀吉に引継ぎした形で、この年十二月から翌年三月まで、村重は小休止を得る。この間、何度も茶会を催しただけでなく、津田宗及の茶会にも頻繁に出席している様子が『宗及記』に見える。

　同六年四月、村重は久々に戦場に出る。秀吉と同陣の上月《こうづき》城の後巻《うしろま》きである。二将とも高倉山に陣を張って毛利軍に対したが、上月城救援の手立てはなく、空しく日々を送った（公記）。五月になって、応援の諸将が播磨に出陣するが、結局上月城は見捨てられ、七月に落城した。客将尼子勝久は自害、参謀山中鹿介は護送途中で殺された。

　六月二十六日には、秀吉とともに高倉山より書写山に移陣、神吉《かんき》城攻めに加わる。七月十六日、西の丸を落とし、守将神吉藤大夫の降を受けてこれを赦免した（公記）。

　秀吉が播磨に入った後の村重の立場は、秀吉の補佐といったものであり、以前よりその地位は下がっていると見做さざるを得ない。

〔村重の謀反〕

　村重の謀反が表われたのは、天正六年十月である。『公記』によれば、二十一日に村重逆心の噂が信長の耳に届き、信長は松井友閑・明智光秀・万見重元を糾問使として派遣、村重は事実無根の旨弁明する。しかし、安土出仕の命には従わなかったという。十一月三日、信長は上洛し、ここで再び、説得の使として光秀・秀吉・友閑を派遣するが、村重の反意はすでに固まっており、説得に応じなかった。

　村重の謀反の原因としてこれまで書かれてきたことをまとめると、次の三つに分かれる。

①村重に過失があり、そのため信長の疑いを受けたこと。

ア、本願寺攻めの時、村重の臣が密かに本願寺に兵糧を売ったこと（陰徳太平記・武功夜話ほか）。

イ、神吉城落城の時、勝手に神吉藤大夫を助命したこと（武功夜話）。

②明智光秀が自分の謀反計画の中で、邪魔になる村重を背かせて葬り去ろうとしたこと（陰徳太平記ほか）。

③信長に従っているよりも毛利氏についた方が自分を生かせるとふんで、一か八かの賭にでたということ（徳富蘇峰『近世日本国民史』）。

　では、村重が謀反を決意したのは、いつ頃のことなのであろうか。『隆佐記』などには、事実無根なことを弁明のため安土に赴く途中、立ち寄った茨木で中川清秀に謀反を勧められたと書かれている。他の書でも、信長に疑われ、追い詰められて謀反に踏み切ったように書かれているものが多い。しかし、謀反の噂の流れる前に発せられた、天正六年十月十七日付の、村重とその子村次宛て本願寺光佐起請文《きしょうもん》があることは、その説を一気に覆すであろう。この中で光佐は、村重の新知行については、毛利氏に庇護されている将軍義昭に従うよう述べている（京都大学文書）。

　また、信頼の限りではないが、『陰徳記』には、上月城後巻き中の同年六月二十一日、村重・秀吉軍が能見川《のみかわ》で毛利軍と戦った時、横合いから攻撃する好機があったのに、みすみす逃してしまったことが書かれており、この時すでに村重が毛利氏に通じていたとしている。

　さらに次の事実がある。同じく上月城救援の陣のことである。同年五月晦日付の吉川元長の西禅寺以徹長老宛て書状には、上月城攻めのこと、織田軍の後巻きとして村重や秀吉が出陣したこと等の記事に合わせて、次の狂歌を載せている。「あらき（荒木）弓はりまのかたへおしよせて、いるもいられす引モひかれす」（吉川家文書）。すでに毛利氏に内通している村重の立場を皮肉った歌と解釈するのは無理ではなく、むしろ自然であろう。

　村重の謀反の意図は、かなり早い時期にあった。しばらくの内は織田・毛利の二股をかけていたのであろう。謀反の原因は、一般に言われている、過失を信長に疑われたというものではない。おそらく大坂方面軍司令官の地位を佐久間信盛に奪われ、さらに中国方面軍の司令官も羽柴秀吉に奪われ、自分の将来に失望したことが、謀反の素因となっているのではなかろうか。従って、原因としては、上にあげた内、③が最も真相に近いのではないかと思われる。

〔有岡城籠城〕

　信長自身が指揮をとる織田軍のために、

有岡城は十一月十日より攻囲された。そして、その月のうちに高槻城の高山重友、茨木城の中川清秀が信長に降伏した（公記ほか）。一時は朝廷に、毛利及び本願寺との講和の斡旋を依頼した信長だったが、ここに来てその依頼を取り下げた（隆佐記）。勝算が見えたわけである。重友・清秀に続いて安部二右衛門・芝山監物も降り、有岡城はたちまちのうちに孤立した（公記ほか）。

しかし、有岡城は、その後一年近くも織田軍の攻撃に耐え抜くのである。十二月八日、信長は馬廻たちに攻撃をかけさせるが失敗、万見重元や水野忠分《ただちか》らを討死させた（公記・家忠）。信長もこれ以後は無理な力攻めを避け、大軍で隙間なく包囲して兵糧攻めに入る。しかし、その包囲網をどのようにかいくぐったのであろうか、本願寺から兵糧が運び入れられた形跡がある（萩藩閥閲録）。

村重にとって頼みにしている毛利軍の救援は遅々として進まない。翌七年一月九日、武田勝頼が毛利氏に対し、東西両方からの信長軍挟撃と有岡の救援を提案しているが（毛利文書・川上文書）、武田自身ももはや信長分国を突っ切って有岡に馳せ付ける余力はなく、毛利もまた、摂津どころか播磨の別所救援すらままならぬ状態である。次第に追い詰められた村重は、五月二十七日と六月四日、毛利氏の将桂元将に宛てて毛利軍の救援を催促している（萩藩閥閲録）。

〔村重の有岡城脱出と一族の処刑〕

同年九月二日、夜陰にまぎれて村重は、五、六人の伴のみを連れて有岡城を脱出し、尼崎城に移った（公記ほか）。後世の評では、村重はここから船で毛利氏のもとへ逃れようと考え、妻子を捨てて自身が助かるために脱出したものと決めつけられている。だが、真相はそうではない。村重は、このままでは有岡城が落ちるのは時間の問題と判断し、桂元将の援軍が詰めている尼崎に行き、毛利氏と折衝しようとしたのである。その証拠には、村重はすぐに西へ向かって逃れたりせず、この後半年余りも尼崎に籠城するのである。

だが、結果的には、村重は一族郎党すべてを裏切ることになる。十月十五日、城内の足軽大将たちが謀反。有岡城は滝川一益の攻撃を受けてはだか城になり、ついに十一月十九日に開城した（公記・兼見）。一族の荒木久左衛門は、村重の降伏と尼崎・花隈《はなくま》開城を条件に有岡城の者たちを助命するという約束を信長より取り付け、早速尼崎へ向かう。しかし村重は、この説得に応じなかった（公記）。十二月十三日から十六日にかけて、村重の妻をはじめ一族三十七人は京都六条河原で斬殺、さらに郎党ら五百余人が尼崎郊外で焼殺された（公記・兼見）。

一族郎党を惨殺されながらも、村重と嫡男村次は尼崎・花隈を守ってさらに抵抗した。長岡藤孝・池田恒興らが摂津に残って城攻めにあたっている（細川家文書・公記）。村重が尼崎より船で毛利氏のもとへ逃れたのは、同八年三月。一族荒木元清の守る花隈城が落ちたのは、七月になってからであった（寛永伝・池田氏家譜集成）。

〔村重の余生〕

毛利氏の庇護の下に、村重は備後尾道に住んでいたらしい（宗及記）。本能寺の変後、再び畿内に戻り、天正十一年一月から二月にかけて、津田宗及たちの茶会に頻繁に顔を見せており、この頃は「道薫《どうくん》」と号している（宗及記）。

秀吉に召し出されたのは、いつのことかはっきりしないが、同年九月十六日、秀吉の茶会に招かれているのが、史料に見る限り、両者の久々の接触である（宗及記）。（同年）十月二十七日付、光源院宛て書状では、「筆庵道薫」と署名している（光源院文書）。

『重修譜』によれば、同十三年頃、摂津・和泉に所領を持っていたというが、家臣はどれだけいたものか皆目わからない。生活は茶人としてのそれであった。茶人としては、利休の高弟の一人であった（茶人大系図）。

また、自身は帰依しなかったものの、キリスト教に大いに好意を示し、摂津の支配者時代、領内での布教に助力したという

（耶蘇通信）。

天正十四年（一五八六）五月四日、堺にて没。五十二歳であった（茶家系図詳本）。子女はことごとく処刑されたが、嫡男村次のほかに一人、二歳だった息子のみ乳母に抱かれて城から逃れることができた。その子こそ、浮世絵の元祖といわれる岩佐又兵衛だという（岩佐家系図）。

荒木村次（あらき　むらつぐ）　摂津

生没年不詳。

新五郎。

村重の長男。尼崎城主。妻は明智光秀の娘。

天正六年（一五七八）九月三十日、信長が堺の津田宗及邸を訪問した時、信長側近たちに混じって「御供衆」に名を連ねている（宗及記）。また、父村重が信長に対して謀反を企て、本願寺と結んだ際の、天正六年十月十七日付の顕如からの起請文は、村重及び村次の二人宛てになっている（京都大学文書）。荒木家継嗣として、広く認められた存在だったのであろう。

信長軍との抗戦の時は、一貫して尼崎城を守備。同七年九月二日、有岡を脱出した父を迎え入れた（公記）。

謀反後間もなく妻を離別して、光秀のもとへ帰す。彼女はその後、明智秀満に再嫁した（陰徳記）。

尼崎落城の時、父とともに逃亡したが、本能寺の変後、秀吉に仕える（重修譜）。同十一年四月、秀吉に従って賤ケ岳の戦いに参加するが、ここで負傷、歩行不能になったという（重修譜）。

その後の事跡については詳らかでなく、某年三十八歳で没した旨、『重修譜』に記されるのみである。

荒木元清（あらき　もときよ）　摂津

天文五年（一五三六）～慶長十五年（一六一〇）五月二十三日。

志摩守、入道号は安志。

荒木村重の一族。『荒木略記』では、美作守の子で、村重の従兄弟という。また、花隈城に住し、一万八千石を領すと『重修譜』にある。

天正六年（一五七八）、村重に従って信長に謀反。十一月、居城花隈を滝川一益・丹羽長秀軍に囲まれるが防戦する（公記）。花隈は、有岡開城後も持ちこたえ、同八年七月になって池田恒興がようやく攻略する（甫庵ほか）。元清は、船で毛利を頼って逃れた（萩藩閥閲録）。籠城のさなかの同七年三月、乃美少輔四郎・下野守と連署で、長田官社の破壊を禁じる判物を発給している（大中文書）。

本能寺の変後、村重とともに秀吉に召し出され、これに仕える。以後、入道して「安志」と称すという（荒木略記）。

後、秀次に仕えたか、文禄四年（一五九五）七月、秀次事件に連座の罪により遠流。秀吉没後、京に帰る（天正事録・重修譜）。

慶長十五年（一六一〇）五月二十三日没、七十五歳という（重修譜）。

元清は、馬術に長け、荒木流馬術の祖とされている（重修譜）。

荒木山城守（あらき　やましろのかみ）　→荒木氏綱（あらき　うじつな）

あら鹿（あらしか）　近江

生没年不詳。

相撲取り。天正六年（一五七八）二月二十九日、安土での相撲会に参加。撰《えり》相撲二十三人の内に選ばれる。同年八月十五日の安土相撲会では、賞として百石及び私宅を賜った。同八年五月十七日の相撲会でも賞を受けている（公記）。

有沢小太郎（ありさわ　こたろう）　越中

生没年不詳。

越中婦負《ねい》郡有沢村の人。土肥《どひ》政繁の臣。有沢氏の宗家図書助《ずしょのすけ》との関係は明らかではない。天正六年（一五七八）五月十六日、菅屋長頼より書を受け、信長の越中出馬計画を伝えられている（土肥家記）。同八年、越中における国衆の工作を申し出、（同年）七月一日、信長より褒されている（古案）。

有沢図書助（ありさわ　ずしょのすけ）　越中

生没年不詳。

幼名は小法師。

越中の土肥政繁の臣。婦負郡の人。永禄

十年（一五六七）七月二十九日、政繁より跡目相続を許されている（有沢文書）。土肥氏を介して上杉謙信に従う。

天正五年（一五七七）頃より越中は上杉・織田の勢力の接点となり、その中にあって有沢氏の態度も揺れ動いてきた。同六年（一五七八）三月に謙信が死ぬと、有沢氏は主政繁から離れて信長に通じた（『土肥家記』所収文書）。

天正九年二月二十日、越中の支配者となった佐々成政より、新川郡内にて五百俵の地を宛行われている。同年十月十三日、さらに高野の内にて五百俵の地を加増された（有沢文書）。

旧主土肥政繁は、図書助を通じて一旦は信長に降る。しかし、織田・上杉の間にあって、常に揺れ動いていた。本能寺の変後の同十年八月三日、政繁より忠節を褒されて、高野の内本郷一円を宛行われているから、土肥氏との主従関係は復活したのであろう（有沢文書）。また、同年九月四日、上杉景勝より小出の地の防衛を命じられているから、土肥氏と一緒に再び上杉氏に属した様子である。

賤ケ岳の戦いに際しては、斎藤信利を通じて秀吉方への誘いを受けたが、動かなかったらしい（加能越古文叢）。

同十二年八月二十九日、景勝より高野本郷十五カ村を、同十三年二月十九日、政繁より島村一円など五百俵の地を宛行われている（有沢文書）。

有馬則頼（ありま　のりより）　摂津

天文二年（一五三三）～慶長七年（一六〇二）七月二十八日。

中務少輔、中務入道、中務法印、兵部卿法印、刑部卿法印。

摂津有馬の人。重則の子。秀吉に仕える以前は、荒木村重の麾下であったのが、村重の没落により秀吉に所属したものであろうか。天正十年（一五八二）八月二十八日、秀吉より播磨美嚢《みの》郡の地三千二百六十石を宛行われている（有馬文書）。播磨三木淡河《おうご》城に住すという（重修譜）。

秀吉政権下で九州陣などに従軍。文禄の役の時渡海。文禄三年（一五九四）当時、一万石（当代記）。その後、秀吉お咄衆（太閤記）。

慶長五年（一六〇〇）、家康の上杉攻めに従軍。そのまま関ケ原の戦いに参加。戦後、有馬郡の内にて二万石を与えられ、三《さん》田《だ》城に住す（寛永伝）。

同七年七月二十八日、三田にて没、七十歳という（重修譜）。

粟屋右京亮（あわや　うきょうのすけ）　若狭

生没年不詳。

『若狭国志』は諱を「元隆」としているが、確かではない。

勝久の一族か。若狭武田氏の臣。宮川保を領すという（若狭国志）。

弘治三年（一五五七）十一月二十五日付の、楊井《やない》隠岐守宛ての若狭国人たちの連署状に名を連ねている（紀伊続風土記）。信長の上洛後は、他の若狭衆と一緒に降ったものと思われるが、元亀元年（一五七〇）十月、信長に反抗的な武田信方に味方して山県氏のがらがら城を攻撃している（言継）。おそらくその後、討伐を受けて没落したか、殺害されたのであろう。跡職は、逸見昌経に与えられた（公記）。

粟屋勝久（あわや　かつひさ）　若狭

生没年不詳。

越中守。

若狭武田氏の臣。『若狭守護代記』では、武田家四老の一人とする。三方郡佐柿国吉城主。

永禄四年（一五六一）六月、逸見昌経らとともに主武田義統に背き、松永長頼と謀って、これを攻める。そして、武田赴援の朝倉軍と戦い、敗退した（御湯殿・厳助往年記）。その後、同六年から十二年までの間、佐柿・国吉城に籠って度重なる朝倉軍の攻撃に耐えたと『粟屋勝久戦功記』にある。朝倉氏との戦いの中で、信長に通じた様子である（福井県史）。

若狭では守護武田氏の威令は衰えており、粟屋・逸見・熊谷・内藤らの諸氏が蟠踞した形であった。その中で、同十二年六月五日、小浜に着いた（里村）紹巴《じょうは》に薪炭を贈っている様子が見られる（紹巴天橋立紀行）。

　元亀元年（一五七〇）には信長に服属しており、四月二十三日、佐柿にて、越前出陣の途の信長に宿を提供している（公記）。天正三年（一五七五）七月一日、主筋の武田元明をはじめとする若狭衆とともに、京の相国寺に出仕して信長に礼。同年八月には、信長の越前攻めに従い、海上より攻撃する人数の中にその名が見える（公記）。

　同九年二月二十八日の馬揃えの時は、若狭の支配者となっていた丹羽長秀の下でこれに参加している（公記・士林証文）。

　本能寺の変後も長秀に仕えるが、間もなく死去。子は、長秀が死んで丹羽家減封の時浪人。後、稲葉典通に仕えて重臣の列に連なった（丹羽歴代年譜付録）。

粟屋小次郎（あわや　こじろう）　若狭
　生没年不詳。
　勝久の一族であろう。永禄十二年（一五六九）六月十五日、旅行中の（里村）紹巴に、和田にて宿を提供している。この事実のほかにも、紹巴との親交が見られる（紹巴天橋立紀行）。
　粟屋一族まとまっての行動であろうか、元亀元年（一五七〇）十一月には、すでに信長に味方している（本郷文書）。

粟屋弥四郎（あわや　やしろう）　若狭
　生没年不詳。
　勝久の一族であろう。勝久らとともに信長に従ったらしく、天正三年（一五七五）八月の越前攻めの時、勝久ら若狭衆と一緒に海上より攻撃している（公記）。
　後、秀吉に仕え馬廻。文禄元年（一五九二）七月、名護屋城三の丸番衆の中に名を連ねている（太閤記）。

安西某（あんざい）　尾張
　生没年不詳。
　信長馬廻か。天正九年（一五八一）九月八日、賀藤与十郎・猪子某らとともに信長より特別に知行を与えられた（公記）。

安藤右衛門佐（あんどう　うえもんのすけ）　美濃
　?～元亀元年（一五七〇）十一月二十六日。
　守就の二男（兼見）。元亀元年（一五七〇）六月二十八日、父とともに姉川の戦いに従軍して奮戦（甫庵）。
　同年十一月、堅田衆猪飼野《いかいの》甚介（昇貞）らの降参を仲介し、共に堅田城を守備（公記）。だが、二十六日、朝倉軍の攻撃を受け、討死した（朝倉記）。

安藤定治（あんどう　さだはる）　美濃
　?～天正十年（一五八二）六月八日。

　伊賀平左衛門尉。各系図に見られる「尚就」と同一人であろう。

　（永禄九年＝一五六六）閏八月十八日、斎藤竜興の老臣、日禰野弘就・竹腰尚光・氏家直元と四人の連名で、武田方へ信長の近況を報じた書状があり、それには「伊賀平左衛門尉定治」と署名されている（中島文書）。日禰野ら三人とは、安藤守就（伊賀守・日向守）が連署するのが、それまでの例であり、平左衛門尉定治は、守就の代理として、この文書の発給人に名を連ねているのである。

　また、某年八月五日付で、伊藤宗十郎に、信長の意思通り尾張・美濃の商人司を安堵した伊賀平左衛門尉定治書状も見られ（寛延旧家集）、彼が信長の下でそれなりに力を持った人物であることが知られる。

　『池田本』を見ると、「伊賀守」とは別に、「平左衛門」がしばしば登場し、しかも、同じ戦いにおいて二人の名が交名《きょうみょう》中に見られるところもあり、平左衛門尉＝伊賀守守就ではないことは明らかである。

　『池田本』では、永禄十二年の大河内《おかわち》攻めより天正七年（一五七九）の有岡攻めに至る、多くの戦いに名を連ねているが、『公記』では、そのうちのほとんどが伊賀守（守就）の事跡として書かれ、平左衛門は三カ所しか登場していない。こうした戦歴のほか、天正五年三月晦日の津田宗及茶会にもその名が見える（宗及記）。

　同八年八月、「安藤伊賀父子」追放と『公記』にあるが、子とは、この平左衛門尉定治であろう。因みに、守就の嫡男については、系図・家譜などには、諱は「尚就」「範俊」、通称、受領名は太郎左衛門・伊賀守で記されている。

「尚就」は、この二年後の同十年六月、本能寺の変に乗じ、父とともに旧領地北方に砦を構えて、旧領回復をねらったが、同月八日、稲葉一鉄らと戦い、討死している（重修譜・稲葉家譜）。

安藤三郎兵衛（あんどう　さぶろべえ）　美濃

生没年不詳。

北方《きたがた》城主、伊賀守守就の一族か。天文二十四年（一五五五）四月十八日、井水についての契約（福田氏文書）、さらに永禄九年（一五六六）二月十一日、井水掟を定めている（守屋文書）。

安藤七郎（あんどう　しちろう）　美濃

生没年不詳。

伊賀七郎。諱は、「守重」と伝わる。『立政寺文書』の付箋によると、伊賀守守就の弟で、子孫は土佐高知に住す、という。だが、『稲葉家譜』では、「七郎」を道足（守就）の子とし、道足の弟として「十蔵」を載せ、二人とも道足と一緒に討死、としている。『美濃明細記』も守就の子で、室は山内一豊の姉。それ故子孫は土佐で生きた、としている。

『公記』中には、天正七年（一五七九）四月、平左衛門らとともに、有岡の付城賀茂岸の定番を務めている姿だけ見られる。

安藤道足（あんどう　どうそく）　→安藤守就

安藤尚就（あんどう　ひさなり）　→安藤定治（あんどう　さだはる）

安藤守就（あんどう　もりなり）　美濃

?～天正十年（一五八二）六月八日。

日向守、伊賀守。入道号道足《どうそく》。斎号無用斎。姓は「伊賀」ともいう。

北方（合渡）城に居し、斎藤氏に仕える。天文二十三年（一五五四）一月、信長が水野信元救援に赴く時、斎藤道三よりの援兵として、那古野城の留守を務めた（公記）。

義竜の代になってからも、斎藤氏の重臣に列しており、多数残っている斎藤家老臣の連署状には、必ず名を連ねている（立政寺文書・安藤文書ほか）。

永禄七年（一五六四）二月六日、女婿竹中重治の稲葉山城乗っ取りに加担。この企てを成功させた。翌二月七日には、立政寺宛てに禁制を発給している（立政寺文書）。

信長に降ったのは、同十年八月。稲葉良通（一鉄）・氏家直元（卜全）も一緒に降り、以後この三人は、「美濃三人衆」と呼ばれる。美濃三人衆の投降を機に、信長は稲葉山城を急襲、斎藤竜興を逐った（公記ほか）。

三人衆の分限は、ほぼ同程度で、いくらか安藤が少身だったという（美濃明細記）。与力として、高木貞久とその一族などが付属していた。

翌十一年九月、信長の上洛に従軍。同十二年八月の伊勢大河内《おかわち》城攻めにも参加した（公記）。

元亀元年（一五七〇）六月、江北攻めにも従軍。氏家とともに、砦に入れ置かれる（岩淵文書）。その月二十八日の姉川の戦いでは、三人衆で一軍を形成、敢闘した（公記）。同年九月二十五日よりの叡山攻囲陣にも加わっている（公記）。

同二年五月の長島攻撃の時、退却軍の殿《しんがり》を務めた氏家卜全は討死するが、守就もそれに加わって負傷したという（当代記）。

同三年四月、三人衆して交野《かたの》城後巻きにも参加した（公記）。

信長と義昭との対立の中、信長重臣と義昭側近とが起請文《きしょうもん》を交換するが、元亀四年四月二十七日付の信長側の起請文には、林秀貞・佐久間信盛・柴田勝家・滝川一益と並んで、「濃州三人衆」が署名している（和簡礼経）。上洛以来この頃までの間、佐久間・柴田ら尾張の部将たちと肩を並べるほどの力を持って、信長軍団の一翼を担っていたのが、美濃三人衆なのである。

同年七月、槙嶋城攻め、八月、越前朝倉攻めに参加（公記）。天正二年（一五七四）七月の長島攻め、同三年八月の一向一揆殲滅戦にも従軍している（公記）。さらに、同四年五月、信長が急遽天王寺表へ出陣して、石山本願寺軍と戦った時も、三人衆はいち早く駆け付けて戦っている（公記）。

この間の天正三年十一月、織田家督が信長の嫡子信忠に譲られ、美濃の将士はことごとく信忠に付けられるが、三人衆はそのまま信長直属の立場を維持したらしい。

同五年八月、柴田の下に属して加賀に出陣。同六年五月、播磨出陣。この時は、信忠の下で神吉《かんき》城攻めに加わっている。同年十一月、有岡攻囲戦にも参加（公記）。いずれも三人衆まとまっての行動である。

同八年八月十七日、先に佐久間父子を追放処分にした信長は、京において、林秀貞・丹羽氏勝、及び安藤父子の追放を発表した（公記）。

安藤父子の追放の理由については、『公記』には具体的な記述がないが、『甫庵』及び『当代記』に、先年武田信玄に内通した罪による、と記されている。信玄が西上の軍を起した時、それに内通したというのであろう。郡上郡の遠藤氏が盛んに信玄と通信していたことを思えば（遠藤家旧記ほか）、ありうることである。しかし、もう八年も以前のことであり、言いがかりのように思えなくもない。

天正十年六月、本能寺の変の混乱に乗じて旧城北方に拠ったが、稲葉一鉄父子に攻められ、六月八日討死した（稲葉家譜・美濃明細記）。『稲葉家譜』によれば、没年は八十歳という。高齢であったことは、確かであろう。守就を討ったのは、加納悦右衛門といい、翌年十一月十三日付で一鉄よりその戦功を賞されている（加納文書）。そして、守就父子没後の六月十一日、稲葉父子は汾陽寺に対し、守就の預け物について探索している（汾陽寺文書）。

なお、同時期の書状に現れる「平左衛門尉定治」は、長男で、共に追放され、共に討死した息男、つまり系図類に「尚就」として登場する人物であろう。二男は右衛門佐（兼見）、七郎は弟（立政寺文書付箋）あるいは子という。竹中重治室のほか、遠藤慶隆に嫁した娘もいる（重修譜）。

アンリケ　→結城忠正（ゆうき　ただまさ）

い

飯田某（いいだ）

生没年不詳。

信長の奉行衆か。永禄十一年（一五六八）十月、山科言継の信長との対面を取り持ち、その旧領還付に努めるなどの行動が見られる（言継）。

同十二年七月十三日に、島田秀満・坂井利貞・塙直政とともに、言継より扇子を贈られているのを見ると、織田家内でかなりの地位と思われる。あるいは、弘治三年（一五五七）四月九日に、信長より宛行いを受けている飯田弥兵衛（宅重）なのかも知れない。

「飯田」は、言継と深い関係を持っていたらしく、同十二年七月中、言継を訪れたり、知行分の替え地について相談を受けたりしている（言継）。

飯田宅重（いいだ　いえしげ）　尾張

生没年不詳。

弥兵衛。法名慶庵。

海東郡砂子を本拠とした豪族である。弘治三年（一五五七）四月九日、信長より一族飯田彦太郎の跡職や買得の地を宛行われた（弘文荘古文書目録）。

その後しばらくの経歴は伝わらないが、山科言継と親しかった信長の吏僚「飯田」は、宅重かも知れない（言継）。

本能寺の変の後、信雄に仕える。その後、天正十二年（一五八四）、家康が蟹江城救援に出陣した時、案内役を務めた功により、召されて家康に仕えたという（寛永伝）。さらに『寛政譜』には、海東郡にて三百石を賜ったとある。しかし、天正十年の時点で、養子の宅次が飯田家を継いでいる様子であること、尾張は信雄の領国であることから、これらの記事は疑問である。

『寛永伝』等に、某年、六十二歳で没とあるが、その死は天正十年以前なのではなかろうか。

飯田宅次（いいだ　いえつぐ）　尾張

弘治元年（一五五五）～元和三年（一六一七）一月。

源一郎。法名慶雲。

実は山田左衛門尉の子。飯田宅重の養子となる。天正十年（一五八二）八月十三日、信雄より本領の安堵及び加増を受けている（弘文荘古文書目録）。同十一年の知行高は百五十貫文だったが、翌年は知行地替えにより百二十貫文に減らされている（分限帳）。しかし、同十四年七月二十三日には、砂子で三百貫文の宛行いを受けている（安土城考古博物館文書）。

信雄の改易後は、秀吉、家康と転仕。元和三年（一六一七）正月没（士林泝洄）。『寛永伝』には六十三歳とあるから、その生れは弘治元年（一五五五）であろう。

飯田半兵衛尉（いいだ　はんべえのじょう）　尾張

生没年不詳。

信長より、北畠家に入れられた茶筅（信雄）に付けられる（柏原織田家臣系譜）。（天正十年）十月五日、家康より、三河にある織田領の返還を求められている（水月明鑑）。後、浪人し、京都で病没という（吉備温故秘録）。

飯沼勘平（いいぬま　かんぺい）　→飯沼長継

飯沼長継（いいぬま　ながつぐ）　美濃

？～天正十一年（一五八三）？

勘平。剃髪号常念。

美濃池尻城主。初め斎藤氏の臣であったが、後、信長に仕える。氏家卜全の与力だったらしい（甫庵）。戦歴は、『池田本』によると、永禄十二年（一五六九）大河内《おかわち》城攻め、元亀二年（一五七一）長島攻め、天正元年（一五七三）槙島城攻め、朝倉攻め、同二年長島攻め、同五年雑賀攻め、同六年神吉城攻め、と多く見られるが、そのすべてが氏家と一緒の行動であり、両者の関係は肯定できる（公記ほか）。これらの戦いのうち、元亀二年五月の長島攻めの時は、氏家卜全の殿《しんがり》軍に属して一揆たちに立ち向かい善戦、敢闘したことが伝えられている（甫庵）。

天正十一年、信孝への内通の容疑により秀吉に殺されたとも（美濃明細記）、それ以前に長島で戦死したともいう（武家事紀）。

子も同じく勘平。関ケ原の戦いで敢闘、討死した（尾濃葉栗見聞集）。

飯尾定宗（いいのお　さだむね）　尾張

？～永禄三年（一五六〇）五月十九日。

近江守、侍従。

『織田系図』では、敏定の子で信秀の伯父としているが、『重修譜』には、敏定の孫で信秀の従兄弟となっている。信秀・定宗を敏定の直系とすること自体間違いなのだが、定宗は、信秀と同年代の人、つまり従兄弟とするほうが可能性は高いだろう。織田一族であることは、信じてよい。

飯尾氏の養子となり、尾張奥田城主。弘治二年（一五五六）六月二十六日、守山攻めに従軍する（公記）。

永禄三年（一五六〇）五月、子尚清（信宗）・織田秀敏とともに、今川に備えて鷲津山の砦に置かれるが、同月十九日、今川軍に攻められ、討死した（公記）。

『重修譜』に、室町将軍の直臣として相伴衆に加えられた、とあるが、これは、幕臣の飯尾氏の誰かとの混同であろう。

飯尾重宗（いいのお　しげむね）尾張
天文九年（一五四〇）～元和二年（一六一六）七月四日。

彦三郎、左馬助。剃髪号草庵、土伯。

定宗の二男。『織田系図』には「敏宗」とある。

信忠に仕える。天正十年（一五八二）本能寺の変で信忠が死んだ後、剃髪して草庵または土伯と称す、という。

元和二年（一六一六）七月四日、加賀にて没、七十七歳と伝わる（重修譜）。

飯尾敏成（いいのお　としなり）尾張
？～天正十年（一五八二）六月二日。
毛介、茂助。「敏成」は『重修譜』による。
尚清の長男。馬廻か。本能寺の変の時、二条御所にて討死した（公記・阿弥陀寺過去帳）。

飯尾信宗（いいのお　のぶむね）→飯尾尚清

飯尾尚清（いいのお　ひさきよ）尾張
享禄元年（一五二八）～天正十九年（一五九一）二月二十二日。

茂助、隠岐守、出羽守、侍従。諱は系図類には「信宗」とあるが、『沢野井文書』によれば「尚清」である。

定宗の子。弘治二年（一五五六）六月二十六日、父とともに守山城攻めに従軍。永禄三年（一五六〇）五月の桶狭間の戦いの時は、父や織田秀敏とともに鷲津山の砦を守備した（公記）。今川軍に攻められて父は討死するが、尚清は生還した。以後も信長の馬廻。永禄年間に選抜された赤母衣《ほろ》衆に名を連ねている（高木文書）。

天正二年（一五七四）七月の長島攻めなどに従軍（公記）。馬廻として戦闘に参加する姿も見られるが、どちらかというと吏僚としての活躍の方が多い。即ち、天正二年十一月七日付で、金森長近とともに禁裏御料所山科七郷に諸役を免除（沢野井文書）、同五年四月大坂への付城を構築、同七年四月十二日、猪子高就とともに三木表の砦普請の検使として出張（公記）といった仕事である。

本能寺の変後は、信雄に仕えて、二千二百貫文の地を知行（分限帳）。同十九年（一五九一）二月二十二日没。娘は長谷川秀一の室という（重修譜）。

飯羽間右衛門尉（いいばさま　うえもんのじょう）→遠山友信（とおやま　とものぶ）

伊賀伊賀守（いが　いがのかみ）→安藤守就（あんどう　もりなり）

伊賀平左衛門尉（いが　へいざえもんのじょう）→安藤定治（あんどう　さだはる）

猪飼甚介（いかい　じんすけ）→猪飼野昇貞（いかいの　のぶさだ）

猪飼野佐渡守（いかいの　さどのかみ）近江
生没年不詳。

『寛永伝』では「正光」とある。

近江志賀郡堅田の人。後、「猪飼」姓となる。『猪飼家系譜之図』（高島幸次「近江堅田の土豪猪飼氏について」所収）によると、甚介定尚（昇貞）の父である。同書は諱を「宣尚」としているが、信用できない。

永禄十二年（一五六九）四月、同族の孫右衛門尉とともに、信長より志賀郡の木場役を安堵されている（高須文書）。

前記系図には、妻は信長の臣野村越中の娘とあるが、これは疑わしい。


猪飼野昇貞（いかいの　のぶさだ）近江
？～天正十年（一五八二）六月十三日？

甚介。法名紹鎮。諱は「正勝」あるいは「定尚」とも伝わるが、『大徳寺文書』には「昇貞」とある。姓は後に「猪飼」。

近江志賀郡堅田の土豪。『猪飼家系譜之図』（高島幸次「近江堅田の土豪猪飼氏について」所収）によると、佐渡守宣尚の子である。

永禄十二年（一五六九）四月に、父佐渡守が信長より、志賀郡の木場役を安堵されているから、猪飼野氏は、信長の上洛の時、一応これに通じたのであろう（高須文書）。だが、立場は微妙だったらしい。

元亀元年（一五七〇）十一月、同じ堅田衆の居初《いそめ》・馬場氏とともに、はっきりと信長方になり、信長の部将坂井政尚を堅田に入れる（公記）。ところが、同月二十六日、朝倉・浅井軍の攻撃を受け、政尚は戦死。

昇貞は舟に乗って、辛うじて信長陣所へ逃れたという（公記・当代記）。

それ以後は、坂本城と志賀郡の一職《いっしき》支配を委ねられた明智光秀の軍事指揮下に置かれたらしい。同三年七月二十四日の湖上作戦の時も、猪飼野氏ら堅田衆は、光秀と行動を共にしている（公記）。

しかし、彼の活動を追うと、その一方で、かなりの独立性も保っていたことがうかがわれる。即ち、天正元年（一五七三）六月十二日、沖島の礼銭徴収に関して異議を唱えていること（島村沖島共有文書）、同四年、信長の直接の命によって、大船を早舟十艘に作り直したこと（公記）。また、いずれも天正初年のことと思われるが、六月十九日付で、羽柴秀吉より客人の竹生島参詣のための舟の調達を頼まれたこと、八月一日付で、丹羽長秀より諸浦の漁についての信長の命を伝達されたことなど、光秀を仲介しないところで指令を受けている（白土文書・堅田小番城共有文書）。光秀麾下とはいうものの、実質上、船奉行として琵琶湖の水運と漁業を統轄していた様子である（下坂守「湖上水運の再編」）。

そして、信長は、猪飼野氏のそうした力を利用し、志賀郡の在地支配を確立させようと考えていたらしい（新行紀一「石山合戦期の湖西一向一揆」）。天正年間であろうが、昇貞は、朽木元綱・猪飼野左膳と並んで、高島郡の「御蔵所代官」を務めている（最勝寺文書＝高島氏前掲論文所収）。某年十月十五日付で、堀秀政・万見重元を介して、信長より何らかの権益を保障されている証も見られる（江州堅田漁村史料）。単に堅田衆として、光秀軍団に所属させられただけの立場ではなかったのである。

だが、天正十年四月二十二日付の、昇貞下代による伊崎立場の猟場米請取状を終見として、彼の名は史料より消えている。高島幸次氏の推測によると、山崎の戦いに光秀方として参戦し、討死したものらしいという（「近江堅田の土豪猪飼氏の近世的変貌」）。

猪飼野秀貞（いかいの　ひでさだ）　近江

弘治元年（一五五五）～文禄五年（一五九六）六月二十一日。

明智半左衛門。諱は「政俊」「政利」とも伝わるが、『大徳寺文書』によれば「秀貞」である。

甚介昇貞の子。明智光秀より姓を賜り、「明智半左衛門」と称す。

天正八年（一五八〇）二月四日、津田宗及の茶会に出席。『宗及記』には「明知半左衛門」とあるが、「片田之いか井事也」と傍記されている。

茶会といえば、そのほか、同年十二月十日、明智掃部らとともに宗及の茶会に出席。また、自らも、宗及らを招き、堅田にて茶会を催している（宗及記）。

同十年の本能寺の変に際しては、父と袂を分かって光秀に従わなかったらしい。山崎の戦い後、近江に逃れた斎藤利三を捕縛している（兼見）。

父昇貞はその後消息を絶つが、秀貞は丹羽長秀の臣として生き延びる（丹羽歴代年譜付録）。さらにその後、家康に仕え、遠江・駿河にて四百九十石の知行を与えられている（重修譜）。その後、同十九年五月十七日、武蔵広木郷にて五百石。名護屋陣に供奉。文禄五年（一五九六）六月二十一日、四十二歳で没という（重修譜）。

猪飼野孫右衛門（いかいの　まごえもん）　近江

生没年不詳。

近江志賀郡の人。『猪飼家系譜之図』（高島幸次「近江堅田の土豪猪飼氏について」所収）には、甚介定尚（昇貞）の大叔父に孫左衛門尉という人物がいるが、この人であろうか。

永禄十二年（一五六九）四月、同族の佐渡守とともに、志賀郡の木場役を信長より安堵されている（高須文書）。

伊木忠次（いぎ　ただつぐ）

天文十二年（一五四三）～慶長八年（一六〇三）十一月十七日。

清兵衛、豊後守。初名は香川長兵衛。初め信長に仕え、美濃侵略に戦功。各務《かがみ》郡伊木山城を与えられ、姓を「伊木」と改めたという。後、池田恒興に仕え、老臣となる。天正八年（一五八〇）、花隈《はなくま》城攻めに従軍し活躍した（甫庵）。同十二年、秀吉と信雄との対立が深まる中、主恒興に、秀吉方に付くよう勧めたという。小牧の戦いが始まると、恒興に従って岩崎城攻めに加わる（太閤記）。同年四月、長久手の戦いで、主恒興が戦死するが、その年六月十日、不破広綱より竹鼻城を受け取っている（宇野）。戦後の同十三年十一月三日、秀吉より不破広綱分など五千五百八十三貫文を宛行われた（伊木文書）。

同十四年三月十四日、輝政の意を受けてか、美濃の住人小辻善次郎に、諸役沙汰について伝達している（長谷川文書）。同十七年十一月、美濃葉栗郡内十一カ所、都合五千石を、秀吉より直接宛行われている（伊木文書）。これを見ると、池田氏の臣でありながら、秀吉と直接繋がっていることがうかがわれる。

関ケ原の戦いの時は、輝政に従い、岐阜城攻めに活躍した。

慶長八年（一六〇三）十一月十七日没、六十一歳（岡山大学池田家文庫奉公書）。

生地太郎左衛門（いくぢ　たろうざえもん）　紀伊

生没年不詳。

（天正十年＝一五八二）一月四日、信長より高野山攻めに松山新介を派遣したことを伝えられ、馳走するよう命じられている（紀伊続風土記）。

生熊左介（いくま　さすけ）

生没年不詳。

生野銀山の代官。佐兵衛尉の一族であろう。天正九年（一五八一）二月十六日、羽柴秀吉より正月分の納銀五十枚の請取状を受けている（藤本文書）。

生熊佐兵衛尉（いくま　さひょうえのじょう）

生没年不詳。

佐兵衛佐とも。

信長の代官。但馬生野《いくの》銀山の奉行を務める。生野の代官を務めていて、生野銀山を発見したという（但馬金銀山旧記）。

『但馬金銀山旧記』には、永禄十一年（一五六八）より天正十年（一五八二）まで十四年間、生野銀山代官として在職したとあるが、永禄十一年では早すぎる。銀山発見の事跡ともども疑わしいとせねばならない。

本能寺の変後は、秀吉に仕えたという。

池上五郎右衛門（いけがみ　ごろうえもん）

生没年不詳。

大工棟梁。元亀三年三月、京都に信長邸を建設した時、大工棟梁としてその任務にたずさわっている（公記）。

池田和泉（いけだ　いずみ）　摂津

?～天正七年（一五七九）十一月十九日。

摂津池田氏の一族か。荒木村重に仕え、その謀反に参加。天正七年（一五七九）十一月、有岡を開城して荒木久左衛門らが村重説得のため尼崎へ赴く間、有岡に残された女房たちの警固役を務める。だが、尼崎より返事のないのに絶望し、鉄砲で自害した（公記）。

池田景雄（いけだ　かげかつ）　近江

享禄元年（一五二八）?～慶長二年（一五九七）十一月三十日?

孫次郎、伊予守。諱は「秀雄」ともある。

甲賀郡池田の出身らしいが、蒲生郡小井城に居住したといい、大体の活躍地は蒲生郡である。

初めは六角氏の臣。永禄六年（一五六三）十月、後藤賢豊が六角義弼に討たれた時、観音寺を立ち退いて在所に籠った一人である。その後制定された『六角氏式目』の起請文《きしょうもん》に名を連ねている。

信長の上洛に際して、すぐに六角氏から離反、信長に降った（言継）。元亀年間頃は、蒲生郡辺りを支配していた柴田勝家の与力になっていたと思われる。そして、天正三年（一五七五）九月の勝家の越前移封以後は、佐久間信盛の麾下になったらしい。同四年五月、信盛に従って、大坂への付城天王寺に入城している（公記）。

同六～七年、信盛の子信栄を招いて茶会を催している様子が、『宗及記』だけで二度見られる。公私とも佐久間父子と繋がりを持っていた様子である。同八年三月二十八日、信長より青毛の馬を拝領した（公記）。

同年八月の佐久間父子追放後は、他の近江衆とともに、信長の旗本部将とされたものと思われる。同九年及び十年、一月十五日の爆竹《さぎっちょう》の時には、近江衆でまとまって参加した中にその名が見える（公記）。

しかし、本能寺の変後、光秀に降ったらしく、山崎の戦いには光秀方として参陣している（太閤記）。そして、その年（天正十年）十月には、早くも秀吉麾下に属している（相州文書）。このあたりの経緯については詳らかでない。

同十一年四月、信雄や他の近江衆とともに伊勢峰城を攻略（柴田合戦記）。翌年の小牧陣の時も秀吉方に付き、三月、伊勢に出陣。その後、小牧まで従軍（浅野家文書・金沢市立図書館文書）。同十八年、小田原陣にも従軍した（駿河志料）。

文禄三年（一五九四）、伏見城の工事を分担した当時、七万石（当代記）。同四年、伊予今治に移され、二万石。何かあっての左遷であろうか。同年七月十三日、福島正則・福原長尭とともに、秀次切腹の検使として高野山に派遣された（太閤記）。

慶長二年（一五九七）、朝鮮へ出陣。十一月晦日、七十歳で客死したという（聚楽武鑑）。

池田勝之介（いけだ　かつのすけ）　尾張

生没年不詳。

通称より推して、恒興の一族であろう。

永禄六年（一五六三）十一月、信長より、扶持分の内、大坊分・禰《ね》宜《ぎ》分を欠所として申し付けられている（備藩国臣古証文）。

池田勝正（いけだ　かつまさ）　摂津

?～天正六年（一五七八）?

八郎三郎、筑後守、民部少輔。諱は「勝政」とも書く。

摂津の豪族。長正の長男。父長正の代から三好長慶に仕える。永禄六年（一五六三）六月、父の死去に伴い、家を継いだ（池田氏家譜集成）。当時、八郎三郎と称す。同十二年三月より筑後守となる（滝安寺文書）。

摂津池田城を根拠に、摂津内に勢力を振るい、三好家の内部分裂の後は、三好三人衆方に付き、松永久秀や松永方の伊丹貞親と何度も戦っている（多聞院・両家記ほか）。

同十一年、上洛した信長の軍に攻められて抵抗したが、敵せず十月二日に開城し、赦免された（言継・公記）。

その後、将軍直臣の立場で、伊丹忠親（親興）・和田惟政とともに摂津の三守護とされる（両家記）。因みに『両家記』には、当時の領地は二万石とある。

翌年一月の三好三人衆による本圀寺攻撃の時は、後巻《うしろま》きとして出勢。西岡表にこれを迎え討ったが敗北し、池田城に籠った（上杉家文書・両家記）。

この後、西方の作戦に用いられた様子で、同年八月、尾張勢とともに、但馬の山名攻め及び播磨の諸城の攻略のため出陣。十月には、義昭の命を奉じて、赤松支援のため播磨の浦上宗景の属城を攻め落としている（益田家什書・両家記）。

元亀元年（一五七〇）四月の越前攻めにも従軍。信長が退却する時、木下秀吉・明智光秀とともに、金ケ崎城に残し置かれた（武家雲箋）。

同年六月、同族たちと不和になり、十九日、池田豊後守・同周防守を誅殺し、自らは大坂へ出奔した。勝正出奔後、残された家臣は再び三人衆方に通じたという（言継・両家記）。

出奔直後の同月二十六日、三好義継に伴われて上洛（言継）。あるいは、この時義昭に謁して、幕臣の地位を保ったのであろうか。この後の八月、野田・福島攻めに従軍したり、翌年八月、池田への付城原田に入れられたりしている（足利季世記・元亀二年記）。

だが、同月の和田惟政との戦いや、翌年四月の河内表出陣に見える「池田」は、弟知正を中心とする池田城の勢力を指し、勝正の事跡ではなかろう。天正二年（一五七四）四月二日、本願寺に「池田カツマサ」が加担した旨、『年代記』に記されたのが、勝正の終見である。『池田氏家譜集成』所収系図によれば、天正六年（一五七八）に没したという。

池田紀伊守（いけだ　きいのかみ）　→池田元助（いけだ　もとすけ）

池田重成（いけだ　しげなり）　摂津

?～慶長八年（一六〇三）

荒木久左衛門尉、備後守。

池田勝正の部将。池田氏の一族であろう。永禄十二年（一五六九）十～十一月、荒木村重らとともに池田家重臣に名を連ねている（今井書）。元亀元年（一五七〇）六月の勝正出奔後は、村重と行動を共にする。将軍追放後、村重に従い、その老臣となる。摂津豊島郡の内、二千七百八十余石を領すという（寛永伝）。

天正六年（一五七八）の村重の謀反に際しては、それに従い翌年九月、村重が有岡城を脱出して尼崎に移るにより、その留守を守った（隆佐記）。

その後、攻撃軍と交渉。一族、老臣を人質として残し、尼崎へ赴いて村重を説得したが、失敗。有岡に戻らず、淡路岩屋へ逃れた。残された息子の自念は、十二月に処刑される（公記・隆佐記）。

信長の死後、秀吉に召出され、仕える。小牧陣・九州陣に従軍（浅野家文書・当代記）。文禄四年（一五九五）十一月現在、丹波船井郡和知谷に領地を持っている（野間桝太郎家文書）。慶長四年（一五九九）閏三月三日、豊臣大老の連名で、摂津・近江の内、二千八石を宛行われている（浅野家文書・毛利家文書）。

同五年、上杉討伐に従軍。関ケ原の戦い後、加増を受け、五千石を知行。同八年没（寛永伝）。

池田勝入（いけだ　しょうにゅう）　→池田恒興（いけだ　つねおき）

池田清貪（いけだ　せいとん）　摂津

生没年不詳。

山城守。清貪は斎号で、法名は「一狐」だったらしく、「清貪斎一狐」と称している。『公記』に「せいひん」とあるのは、太田牛一の誤読であろう。『宗及記』には、「せいとん」と記されている。なお、諱については所見がなく不明。

摂津池田氏の一族で、将軍の直臣だが、それよりも茶人としての活躍が顕著である。『宗及記』に表われる行動を追うと、繁雑になるので省略する。

永禄十二年（一五六九）一月、三好三人衆の攻撃に際しては、本圀寺後巻きとして出陣。信長より手柄を賞された（公記）。

将軍義昭と信長の対立の中で、天正元年（一五七三）四月二十七、二十八日、双方の重臣同士の間において誓書の交換がなされたが、清貪は、一色藤長ら将軍の重臣中に名を連ねている（和簡礼経・座右抄）。

義昭追放後も、悠々茶会を催したり、津田宗及の茶会に出席したりしているから、信長から罪を追及されなかったらしい。茶道具の名物を多く所持しており、その内、瓢簞の炭入れを信長に進呈している（宗及記）。

その後の動向については、詳らかではない。

池田丹後守（いけだ　たんごのかみ）　→池田教正（いけだ　のりまさ）

池田恒興（いけだ　つねおき）　尾張

天文五年（一五三六）～天正十二年（一五八四）四月九日。

〔名について〕

勝三郎、入道号勝入《しょうにゅう》。諱は「経興」とも書く。俗に「信輝」と伝えられるが、文書には「信輝」と署名したものはない。初め恒興、後、信輝と書いた本もあるが、天正十二年（一五八四）三月、即ち死去の前月に出された西円寺宛て禁制にも、「恒興」と署名している（西円寺文書）。

また、受領名「紀伊守」を名乗っていたといわれ、記録を見ても、『多聞院』『蓮成院記録』『家忠』に明らかに恒興と思われる「池田紀伊守」が登場している。しかし、「紀伊守」は、天正十一年頃、長男の元助が称している（大宝寺文書・立政寺文書・崇福寺文書ほか）。一方、恒興は、天正十年六月二十七日現在、依然として「勝三郎」（堀家文書并系図・塚本文書）、十一年五月よりは、入道号「勝入」を称している（瑞竜寺文書）。上記の記録が、恒興と元助とを混同している、としか解釈がつかない。

〔出身地について〕

摂津の池田氏と同族で摂津出身（武家事紀・池田氏家譜集成）、近江出身（太閤記）、美濃池田荘出身（土岐斎藤軍記）など、出身地については様々に伝わるが、母（養徳院）が信長の乳母であり、信長より二歳年少であることを思えば、恒興の出生地は、やはり尾張であろう。因みに『塩尻』には、愛知郡荒子村の生れとある。父は、恒利というが、その事跡については全く伝わらない（重修譜ほか）。

尾張内の所領については不明だが、海東郡一色村の左介という者が、与力として付属していた、と『公記』にあり、恒興の所領も海東郡にあったものと推測される。

〔初舞台について〕

幼時から信秀に従ったとされ、その下にあって星崎攻め。信長の下で、萱津《かやつ》の戦い、稲生《いのう》の戦い、浮野の戦い、桶狭間の戦いに参加して高名。この間、信勝（信行）誅殺の手柄もあった、と伝える史料もある（池田家譜・池田家履歴略記）。だが、良質の史料のみに拠れば、永禄四年（一五六一）五月二十三日の軽海《かるみ》の戦いで、敵将稲葉又右衛門を佐々成政と二人で討ち取った、という『公記』の記事が初見である。

文書による初見は、同六年十一月、信長より大坊分などの欠所地を与えられた判物である。さらに翌月には、知行分、家来買得分を安堵されている（林原美術館文書）。

なお、『池田家譜』によれば、永禄九年に木田城に移り、荒尾谷三千貫を領有したという。

〔信長上洛後の活躍について〕

永禄十一年九月の信長の上洛の時、従軍したと思われるが、確証はない。翌年八月、大河内《おかわち》城攻めに参加。九月八日、稲葉良通・丹羽長秀とともに夜攻めを敢行するが失敗、大勢の臣を討死させた（公記）。

元亀元年（一五七〇）四月、越前攻めに従軍（甫庵）。六月、小谷攻め、さらにその二十八日、姉川の戦いにも加わる。この戦いでは、丹羽長秀とともに家康軍の加勢となり、朝倉軍と戦った（津田文書）。

これらの戦いの時の恒興の様子を見ると、しばしば信長の本隊と離れて戦っており、同じ小部隊指揮官といっても、佐々成政ら馬廻よりは大身だったようである。

なお、元亀元年、犬山城とその周辺の地一万貫を与えられた、と『池田家譜』『池田家履歴略記』にある。『太閤記』にも同様の記事があるから、これは事実なのかも知れない。

〔信忠軍団の一員として〕

天正元年（一五七三）七月、信長は槙島城を攻めて、将軍義昭を逐った。この時の戦いにも、恒興は従軍している（公記）。

この後、尾張の支配権が信忠に譲与され、尾張と東美濃とを基盤とする信忠軍団が形成された。恒興は、その一員として付属させられたらしい。

翌二年二月、武田軍に囲まれた明智城の後巻《うしろま》きとして、信長は信忠を伴って自ら出陣するが、明智城は内部の裏切りのため開城してしまった。信長は、明智城の押さえとして、神篦《こうの》に河尻秀隆、小里《おり》に恒興を配置して帰陣した（公記）。

その年七月、恒興は、信忠の下で長島攻めに従軍するが、それを除くと、以後五カ年近くの間、東美濃で働いていたものと思われる。武田の押さえが主要任務である信忠軍団の最前線を、秀隆とともに形づくっていたのである。

『池田本』は、彼のこの立場を否定した形で、天正三年八月の越前攻め、同四年五月の天王寺救援、同五年二月の雑賀《さいか》攻めに交名《きょうみょう》を載せ、逆に、先に記した小里城番手の記事を外しているが、藩祖恒興の功績を誇大化するため、故意に書き直させたものらしい。

〔摂津の支配者として〕

天正六年十一月、約五年振りに東美濃を離れた恒興は、有岡城攻めに加わった。子の元助・照政（輝政）を連れて、初めは倉橋郷、後、川端砦の定番を務めている（公記）。

有岡は、翌七年十一月に開城。だが、荒木村重自身の籠った尼崎城と荒木志摩守の花隈《はなくま》城は頑強に抵抗した。恒興は花隈城を攻め、同八年七月二日、ついにこれを攻略した（池田氏家譜集成）。

　これに先立つ六月、旧荒木の臣で帰参した、中西新八郎・星野左衛門・宮脇又兵衛・隠岐土佐守・山脇勘左衛門の五人を、与力として付属されている（公記）。

　花隈城を落として荒木の残党を摂津より一掃した後、恒興は信長より摂津の地を与えられた（寛永伝ほか）。この時拝領した地については詳らかではないが、かつて村重が領有した地の一部であろう。

　『当代記』には、「摂津一国」拝領した、とあたかも恒興に摂津の一職《いつしき》支配が委ねられたかのように書かれているが、一方、『耶蘇年報』には、天正九年頃の摂津を、「多数の領主の分領する所」としている。

　摂津には、荒木を離れて信長に降った、中川清秀・高山重友・安部二右衛門・塩河長満らがおり、恒興の得た所領が摂津の大きな部分を占めたとは思えないが、摂津全体の軍事指揮権は、持たされたのではなかろうか。それは、同九年八月十三日、信長が諸将に中国攻めの用意を命じた時の『公記』の記事に、「摂津国にて池田勝三郎大将として、高山右近、中川瀬兵衛、安部二右衛門、塩河吉大夫等へ先仰出だされ」とあることから推測される。この一カ所だけに拠る論証だが、中川・高山ら荒木の与力にすぎなかった国衆と、譜代の部将恒興とでは、同列ではなかったように思われる。

　居城については、『寛永伝』などに大坂とあるが誤りで、天正九年正月二十三日付、明智光秀宛て信長朱印状に「池田、是ハ子共両人、親（恒興）ハ伊丹城之留守居たるへく候」とあることから、伊丹が正しい（士林証文）。

　（同年）九月七日付で信長は、塩河・安部とともに恒興も鳥取へ援軍として遣わす旨、蜂須賀正勝に答えているが（蜂須賀文書）、結局、恒興の中国出陣は実現しなかった。

　翌十年の武田攻めには、広く畿内の諸将も動員された。二月九日付の信長条書では、二人の息子を出陣させ、恒興自身は摂津の留守を務めるよう命じられている（公記）。

　武田討伐を終え、信長が安土に凱旋して間もなくの五月、中国の毛利氏を攻めている羽柴秀吉の援軍を命じられる（公記）。この時の中国援軍の顔ぶれは、ほかに明智光秀・細川藤孝・塩河・高山・中川らであり、高柳光寿氏が、恒興を光秀の与力として扱っているのは、ここから出た説と思われる（同氏『明智光秀』『本能寺の戦・山崎の戦』）。しかし、これまでの事績より推して、恒興が光秀軍団として行動していないことは、明らかであろう。

〔本能寺の変、山崎の戦いにおいて〕

　中国援軍も、六月二日に突如として起った本能寺の変により、実現せずに終った。変の時、恒興父子はおそらく伊丹に居たのであろう。光秀よりの勧誘があったと思われるが、動かなかった。そして、秀吉の東上を待ち、尼崎で秀吉や信孝・長秀たちに会した（浅野家文書・太閤記）。この時の兵力を、『太閤記』は、秀吉二万、恒興五千と記しているが、数字はおよそ二倍に誇張されている。ただ、恒興軍が秀吉軍の四分の一程度だったことは、信じてもよいであろう。

　六月十三日の山崎の戦いでは、恒興は右翼部隊の主力となって、勝利に貢献した。戦後、信孝・秀吉・長秀らとともに入京（安養寺文書）。しかし、その後、近江・美濃における光秀残党の鎮圧の軍の中に名が見えないから、おそらく摂津に戻って、自領の動揺を押さえていたのではないかと思われる。

　恒興はその後、清須へ駆け付け、宿老の一人として二十七日の清須会議に席を連ねた。他の三人の宿老である、柴田勝家・羽柴秀吉・丹羽長秀に比べると、実力、経歴において見劣りがするが、信長の乳兄弟であることが、織田家臣団崩壊の中で、四つ目の席を占める理由となったものと思われる。

　当日、四人は、まず連名で近江坂田郡内

に織田家の台所入の地を定め、高山重友・蒲生賦秀（氏郷）に摂津・近江の地を宛行っている（堀家文書幷系図・塚本文書・本居宣長記念館文書）。この清須会議で、宿老及び弔合戦の参加者に所領が与えられたが、『太閤記』によると、池田父子は、大坂・尼崎・兵庫、十二万石を得たという。この後、恒興は大坂に移り、伊丹には元助、尼崎には照政（輝政）が入ったという『池田家譜』などの記載は正しいであろう。

〔秀吉への協力とその死〕

秀吉と柴田勝家との対立の中で、恒興は、急速に秀吉に接近する。しかし、両者の関係は対等ではなかった。

天正十年十月付で、恒興は摂津塚口神家に禁制を掲げているが、ほぼ同時と思われる同月十八日、秀吉もまた同所に禁制を発している（興正寺文書）。恒興の支配地に、秀吉の上級支配権が行使されている形である。

信長の葬儀も、秀吉の自己宣伝として終了。秀吉と勝家との決裂が決定的となっていったその十月二十八日、京都本圀寺で、秀吉・長秀・恒興による会談が行われた。「天下可レ被レ二相‐静一」ことを話し合ったというから、信孝・勝家に対する戦略についての相談ということであろう（蓮成院記録）。そして、十一月一日付けで徳川の老臣石川数正に宛てた秀吉書状に、「三介殿（信雄）を御代ニ相立」とあることから、織田家督を三法師から信雄に交代させる話合いだったものと思われる（真田宝物館文書）。

翌年四月の賤ケ岳の戦いには参加していない。だが、戦後の五月二十五日、美濃の大部分を与えられて大垣城主となる（多聞院・柴田合戦記）。岐阜城には、長男元助が入った。摂津二郡は安堵されたという（武家事紀・寛永伝）。

さらに、翌十二年三月、秀吉と信雄との対立の中でも秀吉に味方。尾張へ出陣して犬山城を攻略。四月六日、家康の留守をねらって、三河へ向けて進軍、九日、岩崎城を落とす。しかし、同日、長久手で家康軍の攻撃を受け、討死した。四十九歳。長男元助も同所で討死したが、二男照政（輝政）は生き延び、後、近世大名池田氏の基を築いた。この時、恒興が討死せず、戦いが秀吉方の勝利に終ったならば、秀吉より尾張一国が与えられる約束がなされている（池田家文庫文書）。

池田照政（いけだ　てるまさ）　尾張

永禄七年（一五六四）～慶長十八年（一六一三）一月二十五日。

幼名は古新《こしん》。三左衛門、侍従、右少将、参議。諱は後に「輝政」の字を使っている。

恒興の二男。元助の弟。母は元助と同じく荒尾善次の娘。天正元年（一五七三）九月七日、父より譲与された外叔父木田小太郎（荒尾善久）の跡職を、信長に安堵されている。当時十歳、まだ幼名の「古新」で呼ばれている（池田文書）。

父恒興の在所尾張海東郡で成長したのであろう。天正二年二月より、恒興は、信忠軍団の一員として、しばらく東美濃に駐在するが、照政はまだ幼少なので、尾張の在所にとどまっていたと思われる。

初めて史料に表れる戦歴は、天正六年十二月の有岡攻め。父や兄とともに、倉橋の砦に置かれている（公記）。当時十五歳、おそらくこれが初陣であろう。

翌年十一月、有岡は開城するが、荒木元清の籠る花隈《はなくま》城攻めのため、父子三人はその付城に残し置かれた（公記）。同八年閏三月二日、花隈城兵が逆に攻撃をしかけたが、兄弟の活躍によってこれを撃退した。この時の功により、信長から名馬を賜った（当代記）。花隈城は七月二日に開城（池田氏家譜集成）。父恒興は摂津の地を与えられて、摂津の軍事指揮官となった（公記）。

その後、同九年二月二十八日の馬揃えの時も、十年三月の甲信出陣の時も、父恒興は摂津に駐まり、元助・照政兄弟が参加している（公記・士林証文）。

本能寺の変の時は、父や兄と一緒に摂津にいたが、父恒興は、羽柴秀吉の東上を待って、山崎の戦いに参加。史料に所見はないが、照政も当然父と行動を共にしたであろう。

同十一年、賤ケ岳の戦いの後、美濃の大部分が恒興に与えられた時、池尻城主となる（池田家譜）。

同十二年、小牧陣に父や兄とともに尾張へ出張。四月九日、長久手の戦いで父と兄を失うが、照政は退却して生き延びることができた。父と兄の死により、池田家家督として、初めは大垣城、後、岐阜城に住す。天正十二年四月付で、美濃加納に楽市楽座等の制札三カ条を下しているが、これは、前年六月の元助のものと同意である（円徳寺文書）。

同十三年、雑賀《さいか》攻め、次いで、越中の佐々成政攻めに従軍（重修譜・川角）。同十五年、九州陣にも従軍。この頃、羽柴の姓と侍従の官を与えられ、「羽柴岐阜侍従」と称している（当代記）。さらに同十六年四月十五日の聚楽行幸の際、豊臣の姓を賜った（聚楽行幸記）。

同十八年、小田原陣に参加。その後の陸奥平定にも尽力した（伊達家文書ほか）。この年九月、岐阜より三河吉田に移封、十五万二千石を領す。他に在京料として、伊勢小栗栖《おぐるす》荘を与えられた（池田家譜）。

文禄元年（一五九二）、秀吉は朝鮮に出兵。輝政は、大船や大筒等の製造を命じられた（池田文書）。この戦いでは、日本にとどまり、兵糧米輸送などの任務に携わっている（池田家譜）。同三年十二月二十七日、家康の娘で北条氏直後室の督姫と婚姻、家康の婿になった（言経）。

慶長五年（一六〇〇）の戦役の時は、家康に従って上杉攻めに参加。先陣として、福島正則らとともに西上、岐阜城を攻略した。九月十五日、関ケ原での戦闘の時は、南宮山の毛利・吉川らの陣の押さえの役を務める。従って主戦場での活躍はなかった。

戦後の十月、播磨を与えられ、姫路城主。同八年一月、二男忠継に備前、同十五年二月には、三男忠雄に淡路が与えられた（池田家譜）。

官位の方も、同八年二月十二日に正四位下の少将、同十七年八月二十三日松平姓を受け、同年九月十七日、正三位参議に昇進した（池田家譜）。

同年九月十八日、官位昇進の礼のため、上京して参内。しかし、その後、病に倒れ、翌年一月二十五日、姫路にて没した。五十歳であった（池田家譜）。

池田知正（いけだ　ともまさ）　摂津

?〜慶長九年（一六〇四）三月十八日?

久左衛門尉、民部丞、備後守。諱は、「直正」とも。

長正の二男で、勝正の弟。元亀元年（一五七〇）六月、兄勝正が家中の紛争により出奔すると、荒木村重らに擁立されて池田家当主になる（荒木略記）。

三好三人衆方に属し、翌年八月二十八日、摂津郡山の戦いで、和田惟政を討ち取った（多聞・尋憲記ほか）。しかし、荒木たちの台頭を抑え切れず、家中で孤立して追放された（荒木略記）。

その後の履歴についてははっきりしないが、『池田氏家譜集成』所収の系図によれば、秀吉に仕え、さらに家康に従って、慶長五年（一六〇〇）の上杉攻めに参加したという。同系図には、慶長九年三月十八日没とある。

池田信輝（いけだ　のぶてる）　→池田恒興

池田教正（いけだ　のりまさ）　河内

?〜文禄四年（一五九五）七月?

丹後守。洗礼名シメオン。

三好長慶、後、義継の臣。信長入京以前は、松永久秀に付いて将軍義輝弑逆にも加わり、三好三人衆とも戦う（足利季世記）。

永禄十一年（一五六八）、信長入京に際して、義継・久秀とともに降参。同年暮、三人衆らが、京を目指して堺より進撃した時、和泉家原城でそれと戦う（多聞院）。

天正元年（一五七三）十一月十六日、義継に背き、攻撃軍の佐久間信盛を若江城に入れ、義継を死に至らしめた（公記）。

以後、一緒に義継に背いた多羅尾綱知・野間長前とともに若江城を預けられ、若江三人衆と呼ばれる。彼らは、若江城にあって、河内の北半国の支配を任されたらしい

(公記・耶蘇年報)。同二年四月十一日、栗山佐渡守に下河内内を宛行っているが、これには「丹後守教正」と署名している(栗山文書)。

河内・和泉は佐久間信盛の軍事指揮下にあり、彼ら若江三人衆も信盛軍団に組み込まれたものと思われる。同四年五月の本願寺との戦いで、先陣の信盛に従って働いている姿が『甫庵』にのぞかれる。

同八年から九年にかけては、教正は八尾に移っていたらしい。この頃、彼は、信長に北河内の共同支配の弊害を説き、領地を分割することを請願したという(耶蘇年報)。

同九年二月二十八日、河内の一員として馬揃えに参加。この時は蜂屋頼隆に統率されて行進した(公記・耶蘇年報)。

本能寺の変後は、池田恒興に従った様子で、同十二年四月九日の長久手の戦いの時、池田軍の先手を務めている姿が見られる(太閤記・耶蘇年報)。戦後、池田照政(輝政)の新領美濃に移ったという(耶蘇年報)。

後、豊臣秀次に仕え、文禄二年(一五九三)十二月、清洲奉行、木曾木材奉行を務める(駒井日記)。同四年の秀次事件の時、殉死したという(切支丹大名記)。

教正は、早くからキリスト教に帰依しており、京都の会堂の新築に努力したり、自分の新知を貧民救済に当てるなど、その方面の事績が『耶蘇通信』『耶蘇年報』などキリスト教関係の史料に頻見する。

また、若江三人衆すべてに言えることだが、茶道の造詣が深かったらしく、『宗及記』の自会記、他会記両方に、その名がしばしば見られる。

池田秀雄(いけだ　ひでお)　→池田景雄(いけだ　かげかつ)

池田元助(いけだ　もとすけ)　尾張

永禄二年(一五五九)?～天正十二年(一五八四)四月九日。

勝九郎、紀伊守。諱は「之助」とも伝わるが、「元助」の誤写であろう。

恒興の長男。父とともに信長に仕える。史料に見る限り、初めての参陣は天正六年(一五七八)十二月の有岡攻め。この時、父とともに倉橋郷の砦に入っている(公記)。

有岡城陥落後も摂津に残り、残党荒木元清の籠る花隈《はなくま》城を攻撃。七月二日、ついにこれを抜いた(池田氏家譜集成)。この戦いでの功により、信長より名馬を拝領している(当代記)。

同九年二月二十八日、弟照政(輝政)とともに馬揃えに参加。この時、父恒興は伊丹(有岡)の留守として止まり、参加しなかった(士林証文)。

この頃より、父恒興を離れて軍を率いることが多く、同年十一月の羽柴秀吉と一緒の淡路攻め、翌年三月の武田攻め、同五月の中国救援(予定)のいずれも、元助に池田軍の総指揮官の地位が与えられている(公記)。このあたりの事実を見ると、若年ながら、父以上の将才を信長に認められていたのかも知れない。

本能寺の変後、秀吉の東上を待ち、山崎の戦いに参加。戦後、父恒興は、南摂津の要地、大坂・尼崎・兵庫を与えられた。『太閤記』によると、十二万石という。この後、恒興は大坂に移り、伊丹には元助が入った(池田家譜ほか)。同年十二月二十八日、湯山薬師堂に寄進の事跡が見られる(余田文書)。

秀吉と信孝・柴田勝家との対立の中で、秀吉に味方。賤ケ岳の戦いの後、恒興が美濃に封じられると、元助は岐阜城主となる。美濃の領主としての実績が辿られるが、その中に多数、「池田紀伊守元助」の署名が見られる(善福寺文書ほか)。

翌年の小牧陣の時も秀吉方に加わり、四月九日、長久手で家康の軍と戦って、父子ともども討死した。享年については、『池田氏家譜集成』『寛永伝』などに二十六歳とある。しかし、『公記』天正八年閏三月二日条には、元助・照政(輝政)兄弟とも「年齢十五、六」という記事を載せている。照政と一、二歳違いで、没年時は二十二、三歳といったところが正しいのではなかろうか。

池田山城守(いけだ　やましろのかみ)　→池

田清貪（いけだ　せいとん）

池田之助（いけだ　ゆきすけ）→池田元助

池山信勝（いけやま　のぶかつ）　尾張

生没年不詳。

久左衛門。

永禄五年（一五六二）十一月、桑原家次・奥山秀倡・武田左吉とともに、尾張密蔵院領の川成承認の奉行を務めている（密蔵院文書）。信雄の奉行衆の一人で、百貫文の地を領している「池山四郎左衛門」は、一族であろうか（杉浦三郎兵衛氏文書・分限帳）。

飯河宮松（いこう　みやまつ）

?～天正十年（一五八二）六月二日。

信長の小姓。天正十年（一五八二）六月二日、本能寺で信長に殉じた（公記）。

生駒家長（いこま　いえなが）　尾張

?～慶長十二年（一六〇七）一月七日。

八右衛門。致仕号玄球。諱は、「昌利」ともある。

親重（親正の父）の義理の兄弟である蔵人家宗の子というから、親正とは従兄弟関係にあたる（生駒家譜）。そして、信長の実質上の正室と言われる信忠・信雄の母生駒氏（吉乃、久庵）の兄である。

丹羽郡小折《こおり》村に広大な屋敷を営み、灰と油の商いで栄えたと『武功夜話』にある。永禄三年（一五六〇）九月、信長より、諸荷物馬一匹の関税を免除されているから、商業を営んでいたことは事実であろう（生駒鐘氏文書）。

屋敷の中には、大勢の流浪の徒が居候しており、若い頃の秀吉もしばらく住みこんでいた、と『武功夜話』は伝えている。

商業を営みながらも、その半面生駒氏は、織田家の家臣であり、家長も信長の馬廻であった。浮野の戦い、小口の戦い、森部の戦いに従軍（生駒系譜）、元亀元年（一五七〇）四月、信長の越前攻めに従軍した時、信長に突きかかってきた敵から信長の身を守り、自らは負傷（阿波国古文書）、同年六月の竜ケ鼻退き口の時にも高名という（甫庵）。

本能寺の変後は、尾張の支配者になった信雄に仕える。（天正十一年＝一五八三）一月二十四日、埴原《はいばら》植安らとともに、清須近辺の検地を信雄に命じられているから、職掌は奉行衆であろう（生駒文書）。信雄からは、千三百貫文の地を受けている（分限帳）。その後、秀吉に従ったらしく、文禄年中、丹羽郡小折村・大山寺村・九日市場村にて、千九百五十四石を与えられている（愛知県丹羽郡誌）。文禄四年致仕、玄球と号す（生駒系譜）。

慶長十二年（一六〇七）一月七日没という（生駒系譜・尾張志）。

生駒一正（いこま　かずまさ）　美濃

弘治元年（一五五五）～慶長十五年（一六一〇）三月十八日。

三吉、讃岐守。諱は「正俊」とも伝わる。

親正の子。父とともに信長に仕える。天正五年（一五七七）二月、雑賀《さいか》攻めに従軍（生駒家譜）。同六年十二月、有岡城攻めにも参加、高槻城番衆の一人（公記）。秀吉に付属された父とは、事跡が異なっている。

だが、本能寺の変後は、秀吉の家臣の立場になる。天正十七年十二月二十五日、従五位下に叙される（御湯殿）。文禄元年（一五九二）三月朝鮮に渡海（生駒家譜）。同三年、伏見城普請を分担。当時六万一千石（当代記）。慶長の役に再び渡海して、南原《なんばら》城攻め、蔚山《うるさん》城赴援など転戦した（生駒家譜）。

関ケ原の戦いの時は、父とは逆に東軍に付き、戦後、父の本領讃岐にて十七万千八百石を得た。丸亀城主。後、高松城主（生駒家譜）。

慶長十五年（一六一〇）三月十八日没。五十六歳という（生駒家譜）。

生駒勝介（いこま　しょうすけ）　美濃

生没年不詳。

庄之助ともある。親重の弟である摂津守久通の長子というから、親正の従兄弟にあたる（生駒家譜）。

初め犬山の織田信清の臣、永禄元年（一五五八）七月、信清に従い、浮野の戦いに功という（甫庵）。

その後、信長に転仕したらしく、永禄年間に選抜された黒母衣《ほろ》衆に名を連ねる（高木文書）。同十二年八月、大河内《おかわち》攻めの時、「尺限廻《さくきわ》番衆」の中に名が見える（公記）。

生駒近清（いこま　ちかきよ）　美濃

生没年不詳。

市左衛門。諱は「吉一」ともある。

親重の二男で、親正の弟。信長に仕え、天正五年（一五七七）三月、雑賀《さいか》攻めに従軍（公記・生駒家譜）。

同年十一月十六日及び同七年四月十二日、薬師寺に対し、朱印状発給のことを伝えているが、これを見ると、信長の近習らしい（薬師寺文書）。

有岡城攻めにも従軍。高槻城、後、古屋野・池上の番衆を務めている（公記）。

生駒親重（いこま　ちかしげ）　美濃

?～元亀元年（一五七〇）八月十五日。

甚助、出羽守、出雲守。号は道寿。諱は「信正」「政久」とも。

美濃土田《どた》村の人。土田氏の子だが、生駒豊政の養子になるという（武功夜話・矢島生駒家譜）。さらに『武功夜話』によると、信長生母の兄であるという。

甥の信長に仕えたが、元亀元年（一五七〇）八月十五日没という（矢島生駒家譜・重修譜）。

生駒近規（いこま　ちかのり）　→生駒親正

生駒親正（いこま　ちかまさ）　美濃

天文四年（一五三五）?～慶長八年（一六〇三）二月十三日。

甚介、雅楽頭、左近大夫。諱は「政勝」「近正」「正成」「近親」「近規」「近則」と何度も改名しているが、「近規」と署名された文書が多い。

親重の子。美濃出身だが、永禄九年（一五六六）信長に属し、本領を安堵される（生駒家譜・生駒記）。

元亀元年（一五七〇）四月、越前金ケ崎の退口《のきぐち》の時、秀吉に付けられたという。その後は秀吉に従い、秀吉の任地播磨で活躍。天正六年（一五七八）一月二日、秀吉より、近江北郡山田郷にて二百六十石を加増され、都合一千石（生駒家宝簡集）。同九年九月には、淡路・阿波攻めの作戦に参加している（黒田家文書）。

本能寺の変後は、秀吉の下で、賤ケ岳の戦い、小牧陣に従軍。同十二年四月十二日、播磨神西《じんさい》郡南条郷にて、二千石を加増される（生駒家宝簡集）。

その後、秀吉の代表的家人として着々と加増。天正十三年六月三日、近江高島郡にて二万三千五百石（生駒家宝簡集）。同年七月十四日には、従五位下雅楽頭に叙任、豊臣の姓も受けた（生駒家譜・重修譜）。同十四年には、伊勢に封じられ神戸城主、次いで赤穂城六万石を与えられる（生駒家譜・重修譜）。

九州陣に従軍。讃岐丸亀城主となったのは、天正十五年八月（生駒家譜）。八月十日、讃岐にある蔵入地の代官をも任される（生駒家宝簡集）。その後も小田原陣、朝鮮攻めに参加（毛利家文書・浅野家文書ほか）。以後も加増が重なり、文禄四年（一五九五）七月、大坂留守料として五千石加増されて、都合十七万一千八百石（生駒家譜）。

関ケ原の戦いでは、病により代理に任せたとはいうものの、西軍に加担。だが戦後、家康に詫び、赦されている（生駒家譜）。すぐに子一正に家を譲り、蟄居。慶長八年（一六〇三）二月十三日、高松にて没。『生駒家譜』『重修譜』では七十八歳とあるが、『生駒記』『諸寺過去帳』などには六十九歳とある。とりあえず後者に従っておく。

生駒平左衛門（いこま　へいざえもん）　尾張

生没年不詳。

信長馬廻。永禄十二年（一五六九）八月、大河内城攻めに従軍し、「尺限廻番衆」の一人として『公記』に載っている。

生駒吉一（いこま　よしかず）　→生駒近清

石黒成綱（いしぐろ　しげつな）　越中

?～天正九年（一五八一）七月六日。

左近蔵人。諱は「成親」とも伝わる。

越中の国人で、礪波《となみ》郡木舟城主。父は大炊左衛門成観（石黒伝六蔵石黒家「由緒書」、久保尚文「越中石黒家について」所収）。石黒氏の惣領家は又次郎を通称とする家。成綱の家は傍流だが、天正年間には、礪波郡内に惣領家を凌ぐ力を振るっている（富山県史）。

上杉謙信に従っており、天正五年（一五七七）十二月の『上杉家中名字尽』（上杉家文書）に載せられている。同六年三月二十四日、上杉景勝より謙信の死を報じられ、遺品の太刀を賜った（富山県史）。景勝にも従ったが、間もなくこれを離れ、信長に通じた様子である。（同八年）八月二十四日、及び九月十四日、勝興寺領を違乱したことで、同寺より景勝に訴えられている（伊佐早文書）。一族の又次郎とも対立。また、瑞泉寺が成綱の逆意を景勝に訴えている書状も見られる（伊佐早文書）。

信長に通じながらも、態度は曖昧で、なおも上杉氏との内通を疑われていたらしい。同九年、信長より佐和山に出頭を命じられ、七月六日、途上の長浜に滞在のところ、信長の命を受けた丹羽長秀のため、一族もろとも誅殺された（公記）。

その後、木舟城は、織田軍に攻められて落城する。城には、上杉氏の将吉江宗信が居たようだから、誅殺されたのは必ずしも濡れ衣とはいえないだろう（上杉家古文書）。

石黒彦二郎（いしぐろ　ひこじろう）

?～天正十年（一五八二）六月二日。

信長の馬廻か。本能寺の変の時、二条御所にて討死した（公記）。

石河木工兵衛（いしこ　もくべえ）　美濃

?～永禄十一年（一五六八）二月二十二日。

諱は「光信」と伝わるが、確証はない。美濃鏡島に住し、斎藤道三に属す。後、信長に従う。永禄十一年（一五六八）二月二十二日、鏡島にて没するという（重修譜）。

石田伊予（いしだ　いよ）　摂津

生没年不詳。

荒木村重の麾下。天正二年（一五七四）か、十二月二十三日付で、村重の命を奉じ、観世彦右衛門尉領鳥飼の知行が無役である旨、在所に伝えた書状がある（法政大学能楽研究所文書）。

天正六年、村重の反乱に従い、中川清秀とともに茨木城に籠ったが、信長に通じた清秀のため城を追い出された（公記）。

石田孫左衛門（いしだ　まござえもん）

?～天正十年（一五八二）六月二日。

『阿弥陀寺過去帳』には、「まごゑもん」とある。信長馬廻か。本能寺の変の時、二条御所で討死（公記）。

石野氏満（いしの　うじみつ）　播磨

天文二十二年（一五五三）～慶長十一年（一六〇六）。

小六郎、和泉守、越後。法名宗英。姓は「赤松」とも。

赤松氏の支族、石野氏貞の長男というが、播磨守護家の赤松氏との血縁関係については不明である（寛永伝）。別所長治に仕え、天正六年（一五七八）、長治が信長に背いて三木城に籠った時、これに従って秀吉軍と戦う。三木城攻防戦で、敵将古田吉左衛門を射殺したという（寛永伝）。

三木落城後、秀吉に仕える。後、故あって前田利家に従う。小田原陣の時も利家に従い、八王子攻めに戦功（寛永伝）。

慶長十一年（一六〇六）、加賀にて没、五十四歳。妻は、有馬則頼の娘という（重修譜）。

石丸有定（いしまる　ありさだ）　伊勢

天文十六年（一五四七）～寛永八年（一六三一）十一月六日。

孫次郎。斎号半斎。剃髪号般西。

伊勢国司北畠氏の臣。有次の子（重修譜）。北畠具教に従い、長野氏との争いの時、軍を引率して活躍。織田信雄が北畠家に入ってからは、それに属した。『分限帳』によれば、南伊勢中村で三百貫文知行している。

天正十九年（一五九一）、信雄が所領を没収されて、秋田へ転住を命じられた時、これに従う。その後、文禄元年（一五九二）、家康に召し出され、采地五百石を受ける（重修譜）。

慶長三年（一五九八）、病により籠居。寛永八年（一六三一）十一月六日没。八十五歳という（重修譜）。

伊勢伊勢守（いせ　いせのかみ）　→伊勢貞為（いせ　さだため）

伊勢貞興（いせ　さだおき）　京都

永禄五年（一五六二）～天正十年（一五八二）六月十三日。

熊千代、小法師、三郎、与三郎。

貞良の二男、貞為の弟。幕府御供衆である。永禄十一年（一五六八）十月二十二日、義昭が将軍拝任の礼に参内の時、まだ七歳だったので御供衆に加わらず、祗候したとある（言継）。翌年より御供衆に加わる（言継）。

（元亀二年＝一五七一）十一月一日、信長より、政所から山城の段銭奉行を出したことを報じられており、また、同月九日、山科言継が、泉涌寺《せんにゅうじ》領について、秀吉より伊勢三郎（貞興）に訴えるよう指示されているから、これ以前より政所頭人を務めていたのであろう（本法寺文書・言継）。それにしても、当時わずか十歳のはずだから、あまりにも幼なすぎる。年代は不明だが、四月二十四日付で、誓願寺に戒光寺仏殿を寄進した事績もある（誓願寺文書）。信長の後援により、摂津氏に移っていた政所頭人職を、伊勢氏に復帰させたらしい（高梨真行「永禄政変後の室町幕府政所と摂津晴門・伊勢貞興の動向」）。

『寛永伝』には、病弱の兄貞為の名代として信長に仕えるとあるから、兄弟とも将軍追放後は信長に従ったのであろう。貞興は当然ながら幕府の役職を解かれ、明智光秀に付けられたらしい。『兼見』天正七年十二月二十五日条には、光秀の傍らに侍している貞興の姿が見られる。

その後、貞為より伊勢家の家督を譲られたという（重修譜）。同九年二月の馬揃えには、貞為が旧幕臣に混じって参加しているから（公記）、その後のことであろう。

天正十年（一五八二）、光秀に従い、山崎の戦いに参加。そこで敗死した（言経・太閤記）。『言継』の記載から数えると、僅か二十一歳。『伊勢系図』にも同様の没年が載っている。

また、『伊勢系図』には、妻は光秀の娘であったとある。

伊勢貞為（いせ　さだため）　京都

永禄二年（一五五九）～慶長十四年（一六〇九）五月二十三日。

虎福丸、兵庫頭、伊勢守。諱は初め「貞安」「貞景」。

貞良の長男。永禄五年（一五六二）九月に祖父（貞孝）及び父が討死した時、わずか四歳。若狭小浜に逃れ、その後家臣に養育されたという（伊勢系図）。

後、信長に仕えたと『伊勢系図』『重修譜』にあるが、弟貞興は幕府の御供衆であり、兄貞為もしばらくは幕臣であったものと思われる。『細川家記』に載った、元亀四年（一五七三）一月、細川藤孝の諫言三カ条を義昭に仲介した「伊勢伊勢守貞隆」なる人物は貞為であろう。

義昭と信長との対立の深まる中で義昭を見捨てず、同年七月、二条城に籠って信長に敵対。信長軍に攻められて降参した（公記）。以後信長に従った様子である。

天正九年（一五八一）一月十五日の爆竹《さぎっちょう》、同二月二十八日の馬揃えに参加。いずれも旧幕臣たちに混じって行進している（公記）。

その後、病により奉公を辞し、弟貞興を名代として京にて養生したという（重修譜）。後、秀吉にも仕えたことがあったが、慶長十四年（一六〇九）五月二十三日没。五十一歳という（重修譜）。

なお、『言継』に見える、富田御所義栄の臣「伊勢守」は別人であろう。

伊勢貞常（いせ　さだつね）　→伊勢貞知

伊勢貞知（いせ　さだとも）

?～寛永四年（一六二七）十二月九日。

因幡守。

『重修譜』にある貞倍《さだます》の子貞常（与十郎、伝五、因幡守）と同一人であろう。なんとなれば、貞倍が永禄十二年（一五六九）十月十五日に安堵された丹波桐野・河内等を、（天正三年）十一月一日、貞知が没収されているからである（伊勢文書・秋田藩文書）。

この時点では、必ずしも信長に従っていたとは言えないが、その後従属したらしい。

天正八年から九年にかけて、信長より豊薩和睦のため、大友及び島津に遣わされて活躍し、一時的には和睦に成功した（後編旧記雑録・大友家文書録ほか）。

『重修譜』には、貞常の事跡として、慶長十一年（一六〇六）九月五日、家康に拝謁、剃髪して因斎と称し、寛永四年（一六二七）十二月九日没とある。

伊勢貞倍（いせ　さだます）　京都

?〜元亀三年（一五七二）五月二十日。

左京亮、因幡守、因幡入道。

貞泰の長男。将軍義晴・義輝に仕える（重修譜）。

永禄十二年（一五六九）十月十五日、将軍下知状に任せて、信長より丹波桐野・河内等を安堵されている（伊勢文書）。

元亀三年（一五七二）五月二十日没という（重修譜）。

伊勢三郎（いせ　さぶろう）　→伊勢貞興（いせ　さだおき）

伊勢国司（いせこくし）　→北畠具教（きたばたけ　とものり）　→北畠具房（きたばたけ　ともふさ）

磯谷新介（いそがい　しんすけ）　近江

生没年不詳。

久次の一族か。天正七年（一五七九）二月二十三日、明智光秀に命じられ、逐電した吉田兼和の小姓を捜索している（兼見）。また、同年三月二十四日、兼和を訪れて、光秀の命を伝えている（兼見）。

光秀の下には、使者を務めている磯谷小四郎という人物もおり（兼見）、久次をはじめとする磯谷氏が、一族として所属していたものと思われる。

磯谷久次（いそがい　ひさつぐ）　近江

?〜天正六年（一五七八）二月。

新右衛門。

志賀郡山中の土豪。天文から弘治にかけて、『言継』の中に「磯谷新左衛門」という人物が見えるが、同一人であろう。身分は幕臣と思われるが、朝廷御倉職立入《たてり》宗継（隆佐）の舅であり、その関係から、禁中・公家との繋がりが強かった（立入家系譜）。また、地理的な至近性から、吉田社祠官吉田兼和とも親交が深かった（兼見）。

永禄五年（一五六二）十月尾張へ、同十年十一月美濃へ、宗継に随伴して信長のもとに出かけている（立入家系譜）。同八年十月十日には、宗継の預かっている倉庫を警固するよう勅命を受けている（御湯殿）。同十一年九月には、万里小路《までのこうじ》惟房の使として、近江進攻中の信長に謁し、上洛後の禁中警固を要請している（経元卿御教書案）。

このように久次は、禁裏のために働いているが、一方幕臣の身分を保っており、信長に臣従していながら幕臣でもあった明智光秀に所属した立場であったらしい。元亀三年（一五七二）十一月十五日、息男千世寿が元服して彦四郎と称したが、その時の烏帽子親は、光秀与力と思われる山岡景佐、命名者は、光秀本人であった（兼見）。

天正元年（一五七三）二月六日、山城の土豪山本・渡辺とともに義昭方に付いて、信長に反抗。これについて、『兼見』では「対二明智一別心」と記している。今堅田に兵を入れるが、光秀らに攻められ、二十九日に落とされた（公記）。一度は赦されたのか、同年五月現在、真如堂寺領についての何らかの権限を保っている（兼見）。

七月、義昭が再び挙兵した時、それに呼応して叡山山麓の一乗寺に籠るが、信長軍の進攻を見てすぐに退散し、紀伊の山中に逃亡した（公記）。

その後、しばらくは行方不明だったが、同六年二月、吉野山中で土民に殺され、首級を信長に持参された（公記）。

同十一年五月十八日、子彦四郎は秀吉より山中への還住《げんじゅう》を許されている（兼見）。

磯野員昌（いその　かずまさ）　近江

大永三年（一五二三）?〜天正十八年（一五九〇）九月十日?

善兵衛尉、丹波守。

浅井長政の臣。佐和山城主として今井氏などを指揮し、対六角の最前線に立つ（島記録ほか）。永禄八年（一五六五）一月十一日、多賀社の条規七カ条を定めている（多賀神社文書）。

永禄十一年（一五六八）九月、信長が上洛し、翌々年長政が信長から離れてからは、対信長の最前線になる。

元亀元年（一五七〇）六月二十八日、姉川の戦いで先陣を務めるという（浅井三代記）。敗戦の後、佐和山に戻り守備を固めるが、信長の江北進出は横山城まで達し、佐和山はその南に孤立する形となった。

姉川の戦いの後、すぐに信長は佐和山攻めを開始するが（公記）、員昌はそれに応じて、水源の確保のため手を打つなど、長期戦に備えている（島記録）。

佐和山籠城の間も、島宗朝・同新右衛門・雨森藤六らに対する感状が見られる（島記録）。翌二年二月、兵糧が尽きて、籠城の兵を小谷城に入れる約束で開城（島記録）、自らは高島郡新庄へ送られた（堅田村郷士文書・公記）。

その後の員昌は、高島郡にあって、信長麾下の立場で、かなりの権限を認められていた様子である。この当時、信長は、琵琶湖の南岸から東岸にかけて、明智光秀・佐久間信盛・柴田勝家・中川重政・丹羽長秀・木下秀吉といった宿将を配置し、可能な限りの防御線を布いていたが、員昌もその体制の一端を担い、高島郡一職《いっしき》を委ねられていたと思われるのである。

即ち、元亀二年七月五日、高島郡の豪族朽木元綱への新知宛行いについて信長からの指示を受け、また天正元年（一五七三）八月十六日、信長より多胡宗右衛門尉に新知を宛行うよう命じられている（記録御用所本古文書・田胡家由来書）。そのほか、同年二月二十八日、知行地は不明だが島秀淳に宛行い、同年七月一日、宝厳寺の坊舎・寺領を保証した信長朱印状に副状と、かなりの活躍が見られる（島記録・竹生島文書）。

高島郡は、この頃まだ朝倉氏の勢力が残っていたが、それにしても、降将に対する信長の異例の待遇と言えるであろう。この前後、信長の甥信澄を養子にしたというが、員昌の出奔以前より信澄は高島郡に居たのは確かであり（丹羽家譜伝・兼見）、信澄と同一人と思われる「信重」の発給文書から考えて、それは確かであろう（山本家文書ほか）。以後、忠実な信長部将として活動。天正三年八月の越前攻めにも従軍（公記）。竹生島・饗庭・善積荘などへの働きかけも見られる（竹生島文書ほか）。同四年中に、信澄への家督譲渡があったか、同年十二月十日付、翌年閏七月三日付の「信重」による権益承認の文書が見られる（山本家文書・増補高島郡誌）。

天正六年二月三日、信長に譴責されて、突然逐電する（公記）。譴責の理由については、詳らかでないが、家督を譲渡した信澄が関わっていたものだろうか。

磯野氏の発祥地である伊香郡高月に蟄居して、天正十八年九月十日没、六十八歳という（磯野太郎・磯野員彦『近江の磯野氏』）。

磯部小平次（いそべ　こへいじ）

生没年不詳。

村井貞勝の臣。天正七年（一五七九）六月九日、貞勝を訪れた山科言継より贈品を受けている（言継）。

磯辺遁斎（いそべ　とんさい）

生没年不詳。

磯部小平次と一族同士か。あるいは同一人か。天正十年（一五八二）一月十一日、吉田兼和が村井貞成を来訪した時、奏者を務めている（兼見）。

本能寺の変後、京都奉行となった前田玄以の下代を務めている姿が見られる（兼見）。

居初又次郎（いそめ　またじろう）　近江

生没年不詳。

堅田衆の一人。永禄十二年（一五六九）一月十九日、信長は堅田中宛てに五カ条の定書を発し、堅田衆の持っている旧来の特権を安堵した（堅田村旧郷士文書）。この文書は、居初家に伝わるという（高島幸次「近江堅田の土豪猪飼氏について」）。

だが、以後も織田、浅井との間にあって、必ずしも旗幟鮮明ではなかったらしい。元亀元年（一五七〇）十一月、猪飼野《いかいの》甚介（昇貞）・馬場孫二郎ら他の堅田衆とともに、あらためて信長に降る（公記）。しかし、その二十六日、朝倉・浅井軍に攻められ、守備軍の主将坂井政尚以下が討死した。居初も一緒に討死したと『甫庵』『浅井三代記』にあるが、何とか逃れたらしい。

　この年の末頃、志賀郡の支配権が明智光秀に委ねられると、居初ら堅田衆は、その軍事指揮下に入れられたようである。同三年七月二十四日、光秀や他の堅田衆らとともに、湖岸及び島に拠って蜂起した一揆の鎮圧に努めている（公記）。

伊丹新三（いたみ　しんぞう）
　?～天正十年（一五八二）六月二日。
『阿弥陀寺過去帳』には、「いたミしんひやうへ」と「いたミ新蔵兵衛」が載っているが、いずれも『惟任謀反記』に載った「伊丹新三」と同一人であろう。信長あるいは信忠の馬廻か。本能寺の変の時、二条御所で信忠とともに討死した（惟任謀反記）。

伊丹忠親（いたみ　ただちか）　摂津
　天文二十一年（一五五二）～慶長五年（一六〇〇）九月十五日。

　八郎、兵庫助、兵庫頭。諱は他に「正親」「親興」とも伝わる。

　『重修譜』をはじめ、「伊丹大和守貞親（親興）」と混同することが多い。貞親は、細川晴元の臣で、やはり摂津伊丹城主。晴元が三好長慶と対立した時も、晴元に忠誠を尽くしている。その活躍は、天文十六年頃から文書を通じてうかがわれる（西宮神社文書・本興寺文書）。彼が「親興」とも名乗ったことは、文書で確かめられるが、一方の忠親も不確かながら「親興」で通っている。別人であることは間違いないが、おそらく父子関係であろう。

　永禄十一年（一五六八）、信長の入京と同時に義昭に降り、摂津の三守護の一人として補任されたのは、忠親の方である。この時の領地は、池田勝正の二万石に対し、三万石であったと『両家記』にある。

　翌十二年一月、本圀寺救援のため伊丹を出陣する。『甫庵』に十八歳と明記されており、この年齢は『重修譜』などにある記載と一致する。

　元亀元年（一五七〇）七月、再び四国から渡海してきた三好軍と対陣。同年七月十二日付で、尼崎本興寺に禁制を掲げている（本興寺文書）。八月、信長に従い中島・天満森に着陣。十月十五日、信長より中島での勝利を祝されている（両家記・伊藤孝太郎氏文書・公記）。同三年四月、信長の将佐久間信盛・柴田勝家らとともに河内に出陣（兼見・年代記）。この時の敵は、三好義継・松永久秀であった。

　しかし、本願寺坊官下間正秀書状によれば、元亀三年四月頃には、三好義継に通じていた様子である（誓願寺文書）。その後の義昭と信長の対立の中で、義昭方に付こうとしたが、一旦和田惟長を通じて細川藤孝に説得されている（細川家文書）。しかし、結局は三好・松永との結び付きを堅持して義昭方に付く。そして、信長方に攻められ、天正元年（一五七三）三月七日、賀島城を開城した（細川家文書）。

　翌年、再び信長に反抗したものか、荒木村重に伊丹城を攻められ、十一月十五日開城した（年代記）。

　その後の消息はしばらく不明であったが、本能寺の変の後、秀吉に仕え馬廻となる（太閤記・重修譜）。文禄元年（一五九二）七月、名護屋番衆の中にその名が見える（太閤記）。

　秀吉の没後、黒田長政に属し、慶長五年（一六〇〇）、家康の上杉攻めに従軍。軍を返して関ケ原の戦いに参加。黒田軍の中で戦って討死した。四十九歳であった（重修譜）。

伊丹親興（いたみ　ちかおき）　→伊丹忠親

伊丹孫三郎（いたみ　まごさぶろう）　能登
　?～天正九年（一五八一）六月二十七日。
　能登畠山氏の老臣の一人。遊佐続光の二男。畠山氏滅亡後、おそらく上杉謙信に従ったのであろう。
　信長の勢力が能登を浸食するに及んで、父とともにこれに従う。しかし、天正九年（一五八一）六月二十七日、反逆の罪ということで、七尾城において、父や一族たちとともに、菅屋長頼の手によって殺された（公記）。

伊丹正親（いたみ　まさちか）→伊丹忠親（いたみ　ただちか）

一雲斎針阿弥（いちうんさい　はりあみ）

?〜天正十年（一五八二）六月二日。

『阿弥陀寺過去帳』には、「はりあミ」とある。阿弥号を持っているから、もともとは信長の同朋衆であろうが、実際には、使者、副状発給など側近の仕事に加えて、奉行衆のような役割をも務めている。だが、天正七年（一五七九）六月十九日付の、法隆寺宛て楠木長諳発給の書に副状を発しているところを見ると、同じ側近でも、長諳の方が地位は上のようである（法隆寺文書）。

天正六年一月十日、前関白近衛前久の所へ鶴の贈呈の使として派遣されているのが、良質史料上の初見である（公記）。

天正七年の頃は、法隆寺の東寺取次ぎを担当し、この頃激しくなった西寺からの圧迫より東寺を守ることに努めている（法隆寺文書、半田実「織田信長側近一雲斎針阿弥に関する一研究」）。

そのほか、箸尾為綱・興福寺大乗院・薬師寺など、大和の国衆や寺院との接触が見られる（松平氏文書・多聞院・薬師寺文書）。同九年十月、安土を訪れた興福寺別当大乗院尋憲の世話をしている姿が見られる（福智院家古文書）。さらに同年十二月十八日には、信長の使として高野表へ出向いている（宇野）。

本能寺の変の時、信長の側にあってこれに殉じた（宇野・公記ほか）。

市川大介（いちかわ　だいすけ）

生没年不詳。

信長の弓術の師として『公記』巻首にその名が見えるが、その事跡については明らかでない。

伊知地文大夫（いちぢ　ぶんだゆう）　河内

?〜天正十七年（一五八九）十一月?

洗礼名パウロ。

『池田本』には「豊大夫」とある。河内の宮崎氏の一族という（足利季世記）。元亀二年（一五七一）、草部菖蒲助《しょうぶのすけ》に乗っ取られた河内の烏帽子形城を攻め、城を取り戻したという（足利季世記）。

天正元年（一五七三）、将軍義昭や三好義継の滅亡とともに信長に属したらしい。同四年以後、佐久間信盛が大坂攻めの主将になると、その軍団に所属したものと思われる。同四年七月十三日、木津・川口で織田水軍が毛利水軍に敗戦した後、保田安政らとともに住吉浜の砦の定番として入れ置かれている（公記）。

「甚だ古いキリシタン」で、洗礼名はパウロ。高山重友とは姻戚関係にあったらしい。烏帽子形の領地だけでなく、堺にも居住していた様子である（松田毅一『近世初期日本関係南蛮史料の研究』）。

最後は小西行長に仕え、天草志貴の戦いで討死したと伝わる（武家事紀）。

一宮右衛門大夫（いちのみや　うえもんのだいぶ）　飛騨

?〜天正十四年（一五八六）?

三木自綱《みつきよりつな》の麾下で、飛騨一之宮城に居すという（飛騨国治乱記）。妻は自綱の娘で、自綱の三男綱広を養子にしたと『重修譜』にある。

天正十三年（一五八五）八月、金森長近の飛騨進攻に対し、三木秀綱に添えられて松倉籠城。落城後は益田《ました》郡内に蟄居。翌年、飛騨に入部した金森可重を一之宮に待ち伏せして襲い、討死したという（飛騨国治乱記）。

上杉謙信麾下に一宮左衛門大夫という者がおり、天正元年（一五七三）三月十二日、謙信より戦功を賞され、越中宮川下三郷の地を宛行われているが、同一人であろうか（池田文書）。

市橋九郎右衛門（いちはし　くろうえもん）→市橋長利（いちはし　ながとし）

市橋源八（いちはし　げんぱち）　美濃

生没年不詳。

美濃市橋氏の一族であろう。天正十年（一五八二）五月二十九日、信長の最後の上洛の時、安土城本丸留守衆として残された（公記）。

市橋為則（いちはし　ためのり）　美濃

生没年不詳。

主計頭。

美濃市橋氏の一族であろう。天正五年

(一五七七)四月八日、野間吉勝とともに、越前織田大明神社に剣大明神領の打渡目録を発行している(剣神社文書)。

市橋伝左衛門(いちはし　でんざえもん)　美濃

生没年不詳。

『公記』には、「市橋九郎右衛門」と「市橋伝左衛門」とが登場する。この両者を同一人物とする書が多いが、入り組んで登場すること、天正二年(一五七四、巻七)七月十三日条(長島攻め)に両者とも記載されていることなどから、別人とするべきであろう。

そして、『池田本』の「伝左衛門」が『公記』では「九郎右衛門」に変わっている所が二カ所あること、「伝左衛門」の方が早い時期から登場し、巻八以後は名が見えなくなることより考えて、「伝左衛門」が「九郎右衛門」の父と考えるのが自然に思われる。

だが、『市橋家譜』などでは、「九郎右衛門=長利」とし、その父は「壱岐守利尚」となっていて、「伝左衛門」は載っていない。これらの記載を信じるとすれば、「伝左衛門」と「九郎右衛門=長利」との父子関係は否定せざるを得ない。

因みに『武功夜話』を見てみると、「伝左衛門」は信長の側近として弘治二年(一五五六)の稲生《いのう》の戦いから現れているのに対し、「九郎右衛門」は美濃池田城主と書かれ、永禄八年(一五六五)頃より登場する。従って両者の間の血縁関係については記されていない。九月十五日付の「市橋伝左衛門尉」宛ての浅井長政書状(古文書纂、奥野高廣「織田信長と浅井長政との握手」所収)を見ると、「伝左衛門」は古い信長側近といった印象である。『武功夜話』にあるあたりが真実に近いのかも知れない。

「伝左衛門」について『公記』の記載に沿って記すと、天文年間、盆踊りに一役演じたのが初見。以後、天正元年七月槇島城攻め従軍、同二年長島攻め従軍と戦歴を重ねている。

市橋長利(いちはし　ながとし)　美濃

永正十年(一五一三)～天正十三年(一五八五)三月十三日。

九郎左衛門尉、九郎右衛門、壱岐守、下総守。斎号は一斎。法名は宗竹。

『寛永伝』『重修譜』『市橋家譜』など系譜類に載った「市橋長利」は、壱岐守・一斎のほか九郎左衛門尉とあるから、『公記』や信長関係の文書に頻見する「市橋九郎右衛門」に当るのであろう。ただ『市橋系図』には下総守のみ載っている。系図類によると、長利は、初め美濃青柳城に住し、後、福塚城に移ったという。

市橋氏は、美濃国主斎藤氏が没落するよりかなり早く信長に属していたらしく、(永禄六年=一五六三)四月二十四日、同じ美濃の高木貞久の信長降伏を仲介している(高木文書)。また、(同七年)七月二日には、稲葉一族である国枝古泰宛ての信長書状に副状を発している(国枝文書)。信長の美濃経略に重要な役割を果していることがうかがわれる。しかし、これらの文書には、単に「市橋」とあるのみで、市橋氏の誰なのかは特定できない。

信長入京後、「九郎右衛門」は、信長の近臣として活躍する。まず軍事面では、永禄十二年八月の大河内《おかわち》城攻め、元亀元年(一五七〇)六月の小谷城攻め及び姉川の戦い、その後の佐和山城攻めにも参加した(公記・南部文書)。以後も、元亀二年五月の長島攻め、翌三年小谷攻め、天正元年(一五七三)八月の浅井との最後の戦いにも参加(公記・浅井三代記)。身分は信長馬廻だが、小部隊の指揮官で、西美濃衆の中でも、三人衆に次ぐ存在であったようである。

天正三年十一月の、信忠の織田家督相続とともに、信忠家臣団に編入されたか。同六年六月、信忠の命により、播磨の砦の警固として置かれたが、同じ任務を負った者たちは、信忠家臣団の構成員と思われる顔触れである(公記)。

同八年、信長より米銭の債権を安堵された時は、「壱斎」と号している(源喜堂古文書目録)。

本能寺の変後、秀吉に属し、同十二年二月二十四日現在、河内交野《かたの》郡星田荘を領している(菊大路文書)。

『寛永伝』など系譜類によると、「長利」は、天正十三年三月十三日没、七十三歳とある。

市若(いちわか)

生没年不詳。

姓は不明。信長の小姓か。天正五年(一五七七)三月、信長の使として、雑賀《さいか》攻め最中の長岡藤孝・丹羽長秀・滝川一益・明智光秀の陣に遣わされた(細川家文書)。

同九年二月二十八日の馬揃えの時にも名が見え、この時は曲彔《きょくろく》持ちの奉行を務めている(公記)。

一色五郎(いっしき　ごろう)　→一色満信

一色左京大夫(いっしき　さきょうのたいふ)　→一色満信(いっしき　みつのぶ)　→一色義道(いっしき　よしみち)

一色満信(いっしき　みつのぶ)　丹後

?〜天正十年(一五八二)九月八日?

五郎、左京権大夫、左京大夫。諱は満信をはじめ「義俊」「義定」「義有」とあるが、いずれも確かではない。

義道の子という。天正七年(一五七九)、父の自害(病死ともいう)に伴って家督を継ぎ、丹後丹波・竹野・熊野郡を領し、弓木城主になる、と伝わる(一色軍記)。

同年七月、明智光秀・長岡藤孝に攻められるが、やがて藤孝の娘を娶るという約束で講和するという(一色軍記)。同九年二月二十八日、長岡兄弟とともに馬揃えに参加しているのが確かな史料における初見である(公記・士林証文)。

同年九月四日、丹後の知行の出目分を明智光秀に預け置かれたが、すぐに同月七日、そのうち二万石を渡された「一色」も、この満信なる人物であろう(細川家文書)。同十年二月九日、長岡兄弟とともに甲斐・信濃への出馬を、同年四月二十四日、今度は中国への出馬を命じられている(公記・細川家文書)。この経歴を見る限りでは、天正九年に丹後に入部した長岡藤孝に与力しながらも、旧守護家として別格の地位を保っているかのように思われる。

最後は、婿として宮部城に赴いたところを、長岡父子にだまし討ちにされたというが、その年月日については、天正十年二月二十二日、五月二十八日、九月八日などがあって確かではない。しかし、前出の四月二十四日付書状中の「一色」を満信とする限り、二月二十二日説はありえない。『細川忠興軍功記』など諸書によると、本能寺の変以後の事件のようであるから、九月八日説を採りたい。

一色義有(いっしき　よしあり)　→一色満信(いっしき　みつのぶ)

一色義道(いっしき　よしみち)　丹後

?〜天正七年(一五七九)一月?

式部大夫、左京大夫。諱の「義道」は「義通」とも書かれている。

義幸の子という。丹後の国主である。元亀元年(一五七〇)一月、信長より上洛を促されている「一色左京大夫」は義道であろう(宴乗)。同年と思われるが、二月二十六日以前、一色七郎の謀反を信長に注進するとともに黄金十両を進上している(新編会津風土記)。また、同年四月十四日、将軍邸完成の祝典に招かれ、能見物の席に連なっている(公記)。ここまでは、信長に従っているというよりも、幕臣としての行動であろう。

しかし、将軍追放後は信長に臣従したらしく、天正三年(一五七五)四月二十六日、上京して、長岡藤孝とともに信長に拝礼(宣教卿記)。同年八月の越前一揆討伐戦の時、丹後より船で出陣し、越前の浦々を攻撃している(公記)。その功によるものか、同年九月、信長よりあらためて丹後一国の支配権を安堵された(公記)。

同六年九月、信長に随従して堺へ赴き、九鬼嘉隆の大船を見物する。この時同道したのは、公家の近衛前久と旧管領家の細川信良であった(公記)。

だが、その後信長と決裂し、長岡藤孝の侵入を受けて、これと抗戦。同七年一月、敗れて八田城を退き、中山城の沼田勘解由（幸兵衛ともある）のもとに逃れたが、沼田の裏切りにあい、自害したという（一色軍記）。『細川家譜』には、丹後平定戦の途中で病死したと記されている。

井戸将元（いど　まさもと）　美濃？

?〜天正七年（一五七九）七月十九日。才介。

『汾陽寺文書』には「井戸才介将元」とある。『重修譜』『井戸氏系図』などでは、大和の井戸良弘と混同しているが、勿論別人だし、血縁関係もなさそうである。出身地については、尾張と思われるが、東美濃という説もある（梅田薫「信長の中濃作戦」）。

信長の馬廻として、元亀元年（一五七〇）九月の野田・福島攻めの時、佐々成政・福富秀勝・野々村正成らとともに出勢し、森口のあたりで本願寺の一揆勢と戦った記事が見られる（甫庵・当代記）。

天正三年（一五七五）の織田家督譲渡後も、引き続き信長の馬廻にとどまったらしい。ところが、同七年七月十九日、信長の命を受けた信忠によって殺された。信長の本拠が安土へ移転した後も、妻子を安土に移さず、他所を渡り歩いて奉公を怠った、という理由であった（公記）。

井戸良弘（いど　よしひろ）　大和

天文二年（一五三三）?〜慶長十七年（一六一二）一月五日？　若狭守、若狭入道。剃髪号は利菴、斎号は里夕斎と伝わる。

覚弘の子で、兄小殿之助良弘の跡を継いで添上《そうのかみ》郡内二万石を領し、井戸城主となるという（重修譜・井戸氏系図）。

妻は筒井順昭の娘、即ち順慶の姉といい、その縁により初めは順慶に従う（重修譜）。永禄三年（一五六〇）七月、畠山氏に味方したため、松永久秀に辰市《たつのいち》城を攻められ、順慶の救援を受けたこともあった（両家記）。

同十一年、順慶を離れて、入京した信長に降伏。久秀と手を携える形となった（多聞院）。しかし、その後、大和の進退を任された久秀と対立。何度も井戸城を攻められた末、元亀元年（一五七〇）三月二十七日、ついに陥落し、南方へ向かって逃れた（多聞院）。ここに至る前の同年二月二十二日には、人質として久秀に出していた八歳の娘が殺される、という悲劇もあった（宴乗・多聞院）。

松永久秀を敵とした良弘は、再び順慶に従って大和の諸所で久秀方と戦う（多聞院ほか）。そして、久秀が反信長の陣営に付くと、順慶は信長に降る。良弘も順慶と行を共にしたものと思われる。天正二年（一五七四）十二月、法隆寺東寺・西寺の争いの調停に協力している（法隆寺文書）。同三年三月、塙直政が大和守護に補されて赴任すると、順慶ともどもこれに服従。直政の老臣、塙安弘に接した行動が見られる（多聞院）。

しかし、翌四年五月直政が本願寺と戦って戦死し、その一族追放の命が下ると、いち早くその命を奉じて行動を起し、直政の臣であった丹羽二介・塙孫四郎を捕獲している（多聞院）。その功によるものであろうか、同年六月六日、信長より直政の居城であった山城槙島城を与えられた（公記）。『重修譜』には、領地は二万石とある。同九年九月の伊賀攻めに従軍しているが（多聞院）、これは、前年、大和一円の軍事統率権を与えられた順慶の指揮下で働いたのであろう。

二男治秀は、光秀の婿になったといい（井戸氏系図）、その縁により、本能寺で信長を弑した光秀に味方する。だが、山崎の戦いの後、秀吉に槙島城を攻められ、降伏。命は助けられたが、順慶に城を開け渡して吉野へ逃れた（多聞院）。その後、奈良に蟄居し、里夕斎と号すという（重修譜）。

天正十二年八月十五日、順慶の死去を機として秀吉より出仕を命じられる（多聞院）。その年十二月五日の、大坂における津田宗及の茶会に姿を見せている（宗及記）。

その後は、長岡（細川）忠興に属す（井戸氏系図）。慶長五年（一六〇〇）の戦役の時、丹後田辺城に籠って、細川藤孝に助力した（井戸氏系図・重修譜）。

同十七年一月五日没、八十歳という（寛

永伝)。だが、『井戸氏系図』には同十六年一月五日没、八十一歳とある。

伊藤実重（いとう　さねしげ）　伊勢?

生没年不詳。

豊右衛門尉。

奉行人。桑名の伊藤氏か。永禄十二年（一五六九）十二月十七日、落合長貞・伊藤実元とともに、信長の命を奉じて、山城阿弥陀寺寄進領の安堵の旨を伝えている（阿弥陀寺文書）。

『分限帳』に載った、北伊勢二カ所で都合千三百五十貫知行の「伊藤豊左衛門尉」は、同一人か子であろう。

伊藤実信（いとう　さねのぶ）　伊勢

天文十一年（一五四二）〜文禄元年（一五九二）。

三之丞。

実俊の子で、桑名城将を務めたという（重修譜）。『公記』にはただ一カ所、天正二年（一五七四）七月の長島攻めの時、滝川一益らとともに安宅船で一揆を攻撃したという記載があるのみである。『重修譜』には、その時の戦功により旧知を与えられるとある。

その後、秀吉の命によって羽柴秀勝に属し、文禄元年（一五九二）朝鮮に渡海。そこで客死。五十一歳という（重修譜）。

伊藤実元（いとう　さねもと）　伊勢?

生没年不詳。

右近丞。

奉行人。桑名の伊藤氏か。永禄十二年（一五六九）十二月十七日、落合長貞・伊藤実重とともに、信長の命を奉じて、山城阿弥陀寺寄進領の安堵の旨を伝えている（阿弥陀寺文書）。

伊藤二介（いとう　じすけ）

?〜天正三年（一五七五）四月八日。

『公記』に与三右（左）衛門の弟、『池田本』に加賀守の息男とある。両方共信用してもよいであろう。

天正三年（一五七五）四月八日、信長が河内高屋に三好康長を攻めた時、不動坂口での戦いで討死した（公記）。

伊東七蔵（いとう　しちぞう）　→伊東長久（いとう　ながひさ）

伊藤七郎左衛門（いとう　しちろうざえもん）　美濃

生没年不詳。

信長の臣だが、吉村安実の組下だったという（信長文書）。

天正二年（一五七四）十二月九日、安実らとともに、信長の朱印状を受け、領分内での鉄砲の使用を許されている（吉村文書）。

伊藤十右衛門（いとう　じゅうえもん）

生没年不詳。

『宗及記』の天正四年（一五七六）〜七年の記事の中に何度も名が見える。一緒に席に連なっている者は、富田一白・中川重政・村井専次。宗及を招いて茶会を催した時の相客は、牧村利貞。また、松井友閑の茶会に招かれたりしているから、信長の臣と考えてよいであろう。

同七年十月十四日の友閑の茶会の時からは「伊藤十右衛門入道」と見え、剃髪した様子である（宗及記）。

伊藤神六（いとう　しんろく）

?〜天正四年（一五七六）五月七日。

名は新六とも。

信長の馬廻。元亀元年（一五七〇）十一月九日、志賀の陣を見舞いに来た山科言継に酒を振る舞っている（言継）。同二年十二月十六日、言継の訪を受け、前年の振舞いを謝され、扇二本を贈呈された（言継）。

天正四年（一五七六）五月五日、信長が突然大坂へ出陣した時、従軍する。そして、五月七日の本願寺との戦いで討死した（太田牛一旧記）。『言継』に「神六」とあるのに対し、こちらには「新六」とあるが、同様に「馬廻」と明記されており、同一人であろう。

本能寺の変後信雄に仕え、天正十一年（一五八三）十一月三日、信雄の命を奉じて、甚目寺に寺領を与え（甚目寺文書）、『分限帳』によると、久地郷内で二百貫文を知行している「伊藤新六」がいる。子だろうか。

伊東祐忠（いとう　すけただ）　伊勢

生没年不詳。

伊勢神戸氏の臣。元亀二年（一五七一）一月、所領を安堵され、信孝に仕えた（神戸録）。

伊東清蔵（いとう　せいぞう）→伊東長久（いとう　ながひさ）

伊藤惣十郎（いとう　そうじゅうろう）

?～慶長十年（一六〇五）八月二日。

名は、「宗十郎」ともある。号は、安中。清須の商人。商人司として、尾張・美濃両国の商人を支配。

永禄九年（一五六六）四月十四日、信長より四カ所の所領を宛行われる（今井書店古書目録）。商人とはいいながら、信長とは主従関係にあったことがわかる。

元亀三年（一五七二）十二月二日、信長より「尾・濃両国之唐人方並呉服方商売司之儀」を申し付けられると同時に、「夷子《えびす》講《こう》之裁許」も容認された（寛延旧家集）。以後、柴田勝家・佐久間信盛・不破光治・浅井信広といった家臣からも、商人司の役や夷子講主催の権利を保障されている（寛延旧家集）。この権利は、新しく尾張に支配権を得た信忠からも追認を受けているが（今井書店古書目録）、近江には及ばなかった。天正二年（一五七四）七月八日付で、明智光秀より、坂本の商売役は同所の舟奉行・町人に管掌させることを伝えられている（寛延旧家集）。

慶長十年（一六〇五）八月二日没（黒田家臣御系譜草稿）。

伊東長久（いとう　ながひさ）　尾張

?～天正十二年（一五八四）八月?

七蔵、清蔵。姓は「堀江」とも称したという。諱は初め「祐之」。

七蔵と清蔵とを別人とする書があるが、二人の経歴から推して同一人であろう。武兵衛の弟で、信長に仕え、鑓三本の人数に数えられる（公記）。

尾張三本木村の戦いに功。この時、兜をつける隙がなく、編笠をかぶって戦ったので、以後信長より、「編笠清蔵」の異名で呼ばれたと伝わる（武家事紀）。永禄年間に選抜された母衣《ほろ》衆では、赤母衣衆の一人となる（高木文書）。

元亀元年（一五七〇）六月、小谷攻めに戦功。信長の一字を賜り、「祐之」より「長久」と改めるという（小川栄一氏文書）。

天正元年（一五七三）八月の小谷での最後の戦いの時、刀・脇差を紛失しながらも、無刀で三人を討ったという（武家事紀）。

その後、秀吉に従い、腰母衣衆、旗奉行（武家事紀）。同十二年四月、小牧の役に従軍（浅野家文書）。翌年八月、佐々成政攻めに出陣の途、金沢で病死したという（武家事紀）。『重修譜』に、同十一年、賤ケ岳の戦いに出張の途病死というのは誤りであろう。

伊藤彦作（いとう　ひこさく）

?～天正十年（一五八二）六月二日。

信長の小姓。天正十年（一五八二）六月二日、本能寺にて討死した（公記）。

伊藤彦兵衛（いとう　ひこべえ）

生没年不詳。

信長の馬廻。元亀元年（一五七〇）十一月九日、山科言継が志賀の陣を見舞った時、病気中で、言継の診察を受け、後日、丁香散を贈呈された。十二月四日、その礼のため言継を訪う（言継）。

言継とは、その後も入魂を重ねたか、翌年十二月十六日に贈品を受け、二十三日には返礼として木綿を贈っている（言継）。

伊東武兵衛（いとう　ぶへえ）　尾張

?～永禄十二年（一五六九）一月二十一日。

武兵衛は「夫兵衛」とも書く。

若狭守の子で、相模出身だが、尾張前田に移り、信長に召し出されて仕えるという（武家事紀）。『公記』にも、天文年間、七月十八日の盆踊りに一役を演じた記載がある。

永禄年間、黒母衣衆に選抜される（高木文書）。その後、故あって坂井迫盛（「通盛」＝赤川景弘ヵ）と言う人物を斬って織田家を逐電し、今川氏に仕えるという（武家事紀）。同十二年（一五六九）一月二十一日、掛川天王山の戦いで家康軍と戦い、椋原《むくはら》次右衛門に討たれた（松平記ほか）。

伊藤孫大夫（いとう　まごだゆう）

生没年不詳。

滝川一益の臣。天正六年（一五七八）九月二十日、犬飼助三・渡辺佐内とともに、一益の白舟に上乗りの功により、信長より賞として黄金及び服を与えられている（公記）。

本能寺の変後は、信雄の水軍の将となり、本知三百貫のほか、「安宅上乗ノ郷絶並船方御扶持」として、朝明《あさけ》郡大泉郷で千二百貫を領した（分限帳）。

伊藤与三左衛門（いとう　よそうざえもん）

?～天正六年（一五七八）四月十八日。

与三右衛門とも。信長の臣。加賀守の子。二介の兄。

秀吉に従って、但馬攻め。天正六年（一五七八）四月、宵田城を守備。四月十八日、垣屋豊続と戦って討死した（垣屋文書。萩藩閥閲録、山本浩樹「戦国期但馬国をめぐる諸勢力の動向」所収）。

石徹白長澄（いとしろ　ながずみ）　越前

生没年不詳。

彦右衛門尉。諱は「長澄」のほか、「長住」「種信」が文書に見られる。

石徹白氏は、代々白山権現の社人。『石徹白文書』を見れば、白山権現社人としての事績をたどることができる。元亀年間頃までは、朝倉氏・斎藤氏ら隣国の戦国大名との接触は見られず、小さいながらも独立した形で、越前大野郡の一部で活躍していた。

しかし、天正元年（一五七三）に朝倉氏が滅び、越前に信長の勢力が浸透した後は、越前大野郡支配者朝倉信鏡《のぶあきら》（景鏡）を介して、信長の威令が届くようになったようである。

これを契機として、権力争いの埒外に立つことは許されず、本能寺の変の後、飛騨国司三木《みつき》自綱と国人との争いにも巻き込まれた様子で、天正十二年九月二十三日、金森長近より、飛騨の情勢について尋ねられ、その後、同十三年九月三日には、動かずにいるよう注意を受けている（石徹白文書）。

『飛騨国治乱記』には、長近のもとへ逃れ、長近の飛騨攻めの時は先手を務めた、とあるが、その事実は確認できない。この年十月に三木氏は滅亡。おそらく石徹白氏は、秀吉から職と知行を安堵され、長近の飛騨入国後は、これに従うことになったのであろう。

慶長元年（一五九六）九月十九日、跡職を藤十郎に譲って隠居。その後、同十五年までの生存は確認できる（石徹白文書）。妻は、遠藤常慶の娘という（重修譜）。

稲生勘解由左衛門（いなお　かげゆざえもん）　伊勢

?～永禄十二年（一五六九）十二月。

伊勢奄芸《あんき》郡の住人。北方諸家の一つ（勢州軍記）。永禄十一年（一五六八）、信長と神戸氏との和睦に伴い、信長に従う（勢州軍記）。

翌年十二月、信長が北畠氏と講和し、南伊勢の城割りを行う時、案内者を務めたが、開城を拒否した曾原城の天花寺《てんげじ》のために射殺された（勢州軍記）。

稲田大炊助（いなだ　おおいのすけ）　尾張

生没年不詳。

尾張の土豪。野伏として『太閤記』に登場する。即ち永禄九年（一五六六）、秀吉の工作によって味方となり、これに進言して墨俣《すのまた》近辺に夜討ちをかけて、その賞として信長から領知五十貫を賜ったという。

『武功夜話』によると、寄木村の住人、岩倉の守護代家の老臣である稲田修理亮の嫡子で、前野宗康の婿ということになっている。そして、岩倉落城後は蜂須賀党に入り、その頭衆の一人。常に蜂須賀正勝の下にあって墨俣築城、稲葉山攻城、金ケ崎退陣に参加。秀吉の播磨平定戦まで従ったという。

子孫は近世大名蜂須賀家の老臣を務めた（蜂須賀分限帳）。

稲富一夢（いなとみ　いちむ）　→稲富祐直

稲富祐直（いなとみ　すけなお）　丹後

天文二十年（一五五一）～慶長十六年（一六一一）二月六日。

伊賀守。一夢理斎と号す。諱は「直家」ともある。

丹後田辺の人。砲術家として有名で、松平忠吉・浅野幸長らは彼の弟子である（浅野家文書）。

初めは一色満信の臣。弓木城城主だったが、城を去って処士となり、その後、長岡（細川）忠興に仕えるという（寛永伝）。

慶長五年（一六〇〇）七月、何故か、忠興夫人（ガラシャ）の護衛の役を放棄して逃亡。家康の裁断で助命され、後、松平忠吉、次いで徳川義直に仕える（重修譜）。

慶長十六年二月六日没、六十一歳という（寛永伝）。

稲葉市之丞（いなば　いちのじょう）　尾張

生没年不詳。

信長の臣である林市助の家老。市助病弱により、名代として信長に奉公したという（諸家系図纂・河野系図伝）。

稲葉一鉄（いなば　いってつ）→稲葉良通

稲葉刑部少輔（いなば　ぎょうぶのしょう）美濃

生没年不詳。

良通（一鉄）の兄通明の子（稲葉家譜）。

元亀元年（一五七〇）六月二十八日、姉川の戦いで奮戦（甫庵・稲葉家譜）。天正八年（一五八〇）閏三月、安土に屋敷地を賜っているから、信長の馬廻の身分であろう（公記）。同九年十月五日、信長より知行を宛行われている（公記）。

同十年四月、一族の稲葉彦六が北信濃飯山の陣を一揆に囲まれた時、一族して出動、これを救った（公記）。

本能寺の変後の信孝と秀吉との対立の中で、国主信孝を離れて秀吉に与した（勢州軍記）。

稲葉貞通（いなば　さだみち）　美濃

天文十五年（一五四六）～慶長八年（一六〇三）九月三日。

彦六、右京亮、郡上侍従。

安八《あはち》郡曾根城主稲葉良通（一鉄）の長男。斎藤竜興に仕えていたが、父とともに、永禄十年（一五六七）八月頃信長に内応した（公記）。

同十二年六月七日、信長より父一鉄の本知方・当知行分等を宛行われているから、父より分領されたのであろう（稲葉文書）。また、同日付のもう一つの信長朱印状で、氏家・安藤と、河西所々の春秋諸段銭と夫銭とを三分の一ずつ分けるよう命じられている（稲葉文書）。この二つの朱印状の宛名は「稲葉彦六」だが、貞通を指すことはまちがいない。天正十年（一五八二）六月に至っても、彼は「稲葉彦六貞通」と署名している（稲葉家譜）。

だが、史料にもう一人の「稲葉彦六」がいることについて触れておきたい。『池田本』を見ると、元亀元年（一五七〇）の時点で、貞通は「右京亮」と記され、「彦六」はその舎弟となっているのである。ただ、その弟「彦六」を系図類にある誰に比定すべきかは困難である。ともかく、『公記』『池田本』にその後しばしば登場する「彦六」は、貞通ではなく、その弟らしいのである。

父一鉄は、老齢に達していたが依然として第一線で活躍。貞通は、天正元年槙島攻め、朝倉攻め。同二年長島攻め、同五年雑《さい》賀《か》攻めと、諸所に転戦するが、すべて父と一緒の行動である（公記）。貞通が稲葉家の家督と曾根城を譲られたのは、同七年冬であるという（稲葉家譜）。同九年十月二日、信長より、前年追放された安藤守就の本領である河西城近辺の二千貫文の地を宛行われた（『稲葉家譜』所収文書）。

信長の死後は、美濃国主となった信孝に従わず、秀吉方に付く。同十一年一月、秀吉に従って伊勢峰城攻め。小牧陣の時も秀吉に従う（稲葉家譜）。

『太閤記』によると、同十三年七月十一日、秀吉の関白就任に際して任官したといい、「曾根侍従豊臣貞通」と書かれている。この記事に従い、貞通の侍従任官をこの時とする研究もある。

しかし、『稲葉家譜』に載った同十三年十月六日付の宣旨は子の典通宛てのものであり、貞通を従五位下侍従に任じた宣旨の日付は同十六年一月六日である。どういうわけか子の典通の方が先に侍従になっていたのである。従って、同十三年頃から表れる「羽柴曾根侍従」とは、典通のことである。同十六年四月、貞通は郡上郡八幡《はちまん》城に移される。その後登場する「郡上侍従」は貞通である（稲葉家譜）。

同十八年の小田原陣に参陣。この時は信雄の指揮の下に韮山《にらやま》城を攻めている（毛利家文書）。

朝鮮陣の時も、渡海して戦う。文禄三年（一五九四）春、伏見城の工事を分担。当時四万石という（当代記）。

慶長五年（一六〇〇）の戦役には西軍に属し、犬山城を救援。八月には典通とともに美濃口を防衛する（真田文書）。また、郡上八幡で、東軍の遠藤慶隆・金森可重と戦った（稲葉家譜）。しかし、その後、志を変じて東軍に内応する。

戦後、豊後臼杵《うすき》に移封され、五万六十余石。同八年九月三日京都にて没。五十八歳（稲葉家譜）。

稲葉重通（いなば　しげみち）　美濃

天文十年（一五四一）？〜慶長三年（一五九八）十月三日。

勘右衛門、兵庫頭。諱を「重執」と書いている文書もある。

良通（一鉄）の子。貞通の兄だが、庶子なので、別家となった。信長の晩年頃と思われる四月四日付の、堀秀政・長谷川秀一・菅屋長頼が皇大神宮御師《おんし》上部貞永に宛てた連署状を見ると、「稲勘右（重通）」は、訴訟について安心するよう、三人の上使の返事を上部に伝えている（伊勢古文書集）。

信長の生前から、伊勢内宮の遷宮に関与していたか、本能寺の変直後の（天正十年）六月二十八日、牧村秀光（利貞）とともに、遷宮の予定について内宮長官らに伝えている（皇大神宮造営及遷宮関係古文書）。そして、その後も遷宮の実務に関わっている。『稲葉家譜』によると、信長の下で一万五千石あるいは二万三千石の食邑を持っていたという。稲葉宗家を離れて、信長馬廻だったようである。

天正十年（一五八二）四月五日、稲葉一族に混じって一揆に囲まれた信濃飯山城を救援。これが『公記』に載った唯一の事跡である。

信長の死後は、父や弟貞通と行動を同じくし、賤ケ岳の戦いの時、秀吉方として美濃口に着陣（岐阜県古文書類纂）。小牧陣の時も秀吉に従軍（秋田文書）。この頃、河内狭山郷内の地を加増されたという（戦国人名辞典）。

同十三年七月十三日、従五位下兵庫頭に叙任（歴名土代・関白任官記）。同年八月、三木《みつき》氏滅亡後の飛騨の支配を一時的に委ねられたか（宇野）。

九州陣、小田原陣にも従軍（当代記・伊達家文書）。その間の同十六年、父の死により美濃清水城主、一万二千石（重修譜）。

朝鮮陣の時は、名護屋に在陣した（太閤記）。文禄三年（一五九四）、伏見城普請を分担（当代記）。

晩年は、秀吉のお咄衆（太閤記）。秀吉の死後間もない慶長三年（一五九八）十月三日に没した（稲葉家譜）。五十八歳という（御家系典）。

養子正成は、春日局の夫であり、その縁によって子孫は、江戸時代を通じて譜代大名並に扱われた。

稲葉土佐（いなば　とさ）　美濃

生没年不詳。

稲葉良通（一鉄）の臣。元亀元年（一五七〇）六月二十八日、姉川の戦いで奮戦（甫庵・浅井三代記）。天正元年（一五七三）八月の朝倉攻めにも従軍。朝倉義景の首級を得て、信長に持参したという（朝倉記）。

稲葉直政（いなば　なおまさ）　美濃

弘治元年（一五五五）〜寛永五年（一六二八）六月八日。

庄右衛門。庵号は少庵。

良通（一鉄）の三男とも四男ともいう。父や兄貞通とともに信長に仕える。その後、信忠に仕えた様子で、天正九年（一五八一）十一月二十五日、二百五十九貫文の采地を与えられている（稲葉家譜）。

信長・信忠の死後は、まず秀吉の馬廻。

同十四年九月二十一日、秀吉より采地千八百七十五貫文を受けている（稲葉家譜）。

その後、兄貞通の臣となり、土井出雲守の養子にされたが、やがて貞通のもとを去り、稲葉道通の所に遊事。後、故あって、陸奥会津に配流された（重修譜）。死没は寛永五年（一六二八）六月八日。七十四歳という（稲葉家譜）。

稲葉彦六（いなば　ひころく）　美濃

「彦六」は、良通以来、貞通、典通と継いできた稲葉家嫡男の称呼であり、永禄十二年（一五六九）六月七日付、信長朱印状（稲葉文書）の宛名の「稲葉彦六」は明らかに貞通を指している。

しかし、『公記』『池田本』に載った「彦六」は、貞通でも典通でもない。『池田本』元亀元年（一五七〇）五月六日条、近江守山にて一揆と戦った記事中には、貞通の「舎弟」とあるから、貞通の弟らしい。だがこの人物が、諸系図に載った、貞通の弟の誰に該当するのかは不明である。

『公記』に載った「彦六」の事跡を追うと、天正元年（一五七三）槙島攻め、朝倉攻め、同二年長島攻め、同三年越前攻め、同六年から七年にかけては、有岡攻めに参加している。

同十年、武田攻めに従軍。この時は他の稲葉一族と離れて、信忠の軍団に属していたらしい。四月五日、彼は森長可とともに北信濃を経略して、飯山に陣を張ったところを一揆勢に囲まれ、稲葉一族の赴援を得て、これを打ち破った。その後、他の稲葉一族は安土へ帰陣したのに対し、彦六のみは信忠本陣のある諏訪に戻っている（公記）。

こうして見ると、「彦六」の称呼が、典通に譲られる前に弟の一人に一時譲られていたように思われるが、文書の上では、天正十年六月に至っても「稲葉彦六貞通」が見え（『稲葉家譜』所収文書）、少なくとも信長在世中は、「稲葉彦六」は貞通を指している。太田牛一が貞通の弟の一人（直政が最も有力）の名を誤記したものと結論づけたい。

稲葉良弘（いなば　よしひろ）　美濃

?～元亀二年（一五七一）五月二十七日。

八郎次郎、刑部丞。

『稲葉家譜』によると、良通の長兄通勝の子。いずれも年次は不明だが、三通の文書が伝わっており、竜徳寺や真桑村等の百姓の保護に努めている姿が見られる（竜徳寺文書ほか）。そのうち、八月二十六日付の『竜徳寺文書』の署名は「稲葉八郎次郎良弘」、七月八日付の『堀部千氏文書』の署名は「稲葉刑部丞良弘」となっている。

元亀二年（一五七一）五月二十七日没という（稲葉家譜）。

稲葉良通（いなば　よしみち）　美濃

永正十二年（一五一五）～天正十六年（一五八八）十一月十九日。

六郎、彦四郎、彦六、右京亮、伊予守。入道号は一鉄。斎号は似斎・以平斎・洪圭斎。三品法印。諱は良通のほかに、「通以」「通朝」「貞通」「長通」が伝わっている（稲葉家譜）。だが、普通は、諱よりもむしろ、入道号の一鉄で知られている。

〔土岐氏、斎藤氏の家臣として〕

通則の六男。通貞（塩塵）は祖父である（稲葉家譜）。

大永五年（一五二五）八月、父と兄五人は、浅井氏と土岐氏との牧田合戦で、揃って討死。崇福寺に喝食として預けられていた良通が呼び戻され、祖父塩塵《えんじん》と叔父忠通の後見のもと、曾根城主として嗣立された（稲葉家譜）。

美濃守護土岐頼芸に仕えるが、その没落後は斎藤道三の家臣となる。以後、斎藤家の重臣の一人。三月十一日付で、土岐頼次に対し、本知還付を伝えた書状では、氏家直元（卜全）・安藤守就と名を連ねている（村山文書）。三月九日付で、土岐頼芸に道三との和を勧めた書状では、この三人に不破光治が加わっている（村山文書）。しかし、氏家・安藤に加え、日禰野弘就・竹腰尚光の四人による書、さらに日比野清実・長井衛安が加わった六人による書は、義竜・竜興時代に多数見られるが、それらの署名に加わってはいない（安藤文書・中島文書ほか）。

〔信長麾下の美濃三人衆として〕

氏家直元（卜全）・安藤守就とともに信長に降ったのは、永禄十年（一五六七）八月である（公記）。信長は即座に弱体となった稲葉山城を攻めて、美濃国主斎藤竜興を逐い、これを占領した。以来、稲葉・氏家・安藤は「美濃三人衆」と称され、信長軍の一翼を担うことになる。

永禄十一年九月の信長の上洛に従う（公記）。この頃は新参衆扱いだが、その後は、特に尾張衆と分けて扱われることはない。信長上洛後、将軍追放に至るまでの、良通の戦歴を追ってみよう。

①永禄十二年八月、伊勢大河内《おかわち》城攻めに従軍。九月八日、池田恒興・丹羽長秀と良通に夜討ちの命が下り、これを敢行するが失敗に終った（公記）。

②元亀元年（一五七〇）五月、近江の路次の守りのため守山に置かれ、攻撃してきた一揆勢を追い払った（公記）。

③同年六月、江北へ出陣、二十八日の姉川の戦いには三人衆がまとまって参加、敢闘した（南部文書・公記ほか）。

④同年九月、南方への出陣に従い、中川重政らとともに楼岸《ろうのきし》の砦を守る（公記）。軍を返して叡山を攻囲した時も、それに加わる。この時、叡山に中立を求める使として遣わされた（公記）。

⑤同二年五月、長島攻め。柴田勝家・氏家・安藤らとともに大田口より攻め込む（公記）。

⑥同三年四月、柴田・佐久間信盛・氏家・安藤らとともに交野《かたの》城後巻《うしろま》き（公記）。

⑦同年七月、柴田・氏家・安藤らと一緒に小谷城攻め（公記）。

信長と義昭との第一次衝突の後、信長重臣と義昭側近とが誓書を交換したが、信長方より出された、元亀四年四月二十七日付誓書には、林秀貞・佐久間信盛・柴田勝家・滝川一益とともに、「濃州三人衆」の署名がある（和簡礼経）。三人衆の力が、三人合力の形にしろ、信長譜代の有力部将と名を並べていることが注目される。

稲葉・氏家・安藤の美濃三人衆は、この署名からもわかる通り、一つのまとまった軍団として扱われることが多い。しかし、上にあげた彼の戦歴のうち、①②④は他の二人から離れて、一軍団として動いた例である。三人の中で稲葉だけは、こうした場面がしばしばある。三人衆の中で、最も信長の信頼を受けていた様子が、そこからうかがわれるのである。

〔将軍追放後の良通〕

元亀元年と思われる、八月二十八日付、大徳寺御納所宛て書状には、「一鉄」と署名されている（大徳寺文書）。これが入道号「一鉄」の初見である。

嫡子貞通は立派に成人しているけれど、良通は、隠居したわけではなく、依然として第一線で活躍している。即ち、天正元年（一五七三）七月、槙島攻めに従軍。槙島攻略後、北山城一乗寺の将軍与党渡辺昌をも降す（公記・兼見）。続いて八月、越前朝倉攻めにも従軍。三人衆して、平泉寺口まで朝倉義景を追い詰めた（公記）。

同二年七月、長島攻めに参加。この時は、氏家・安藤と別れて、柴田勝家らとともに大鳥居を攻めている（公記）。

同三年八月の越前一向一揆殲滅戦にも従軍。越前平定後、明智光秀・羽柴秀吉らとともに、加賀へ討ち入り、能美・江沼郡を平定した（公記）。

翌年五月の突然の大坂出陣に駆け付け、三人衆して第二陣に位置して戦う（公記）。五年二月雑賀《さいか》攻め、八月の勝家を主将とする加賀攻めにも参加。さらに同六年六月、播磨に出陣して、神吉《かんき》城攻めに加わっている（公記・家忠）。

同年十一月三日、信長上洛につき、信孝らとともに安土城留守居。しかし、『公記』の有岡出陣の交名《きょうみょう》にも名を載せている。その後の有岡在陣衆の交名の中に名が見えないから、安土城留守居のほうが正しいのだろうか（公記）。

〔信長の旗本部将として〕

天正三年十一月二十八日、織田家家督が信長より嫡男信忠に譲られ、東美濃衆は、信忠麾下に組み入れられた。さらに、同八年、三人衆の一人安藤守就父子が追放されて、美濃衆の大部分が信忠軍団に属した。

しかし、稲葉・氏家は、以前と変わらず信長直属の立場であったようである。この頃の信長旗本の中心を成したのは近江衆だが、西美濃衆の大身である彼らは、地縁とこれまでの実績により、信長直属の立場を守ったらしい。馬廻と違って安土居住を義務づけられているわけではなく、数万石の領地を治める大名でもある彼らは、信長の旗本部将といったところであろう。

稲葉の与力としては、堀池新之丞が見られ、その外、一族の国枝重元などが麾下として従っていたものと思われる。

天正七年冬、家督と曾根城を嫡子貞通に譲り、清水城に移った（稲葉家譜）。一鉄はすでに六十五歳であった。

〔本能寺の変後の良通〕

本能寺の変の時は、一鉄は清水城に居たらしい。変報が届くと、二年前に追放されていた安藤守就父子が、北方《きたがた》城に籠って旧領の回復をねらった。良通は貞通とともにこれを攻めて、安藤父子を殺した（汾陽寺文書・武家事紀）。動乱の中、貞通と連名で瑞竜寺・大竜寺に禁制を掲げている（瑞竜寺文書・大竜寺文書）。

清須会議後、美濃は信孝の支配下に置かれ、当然稲葉一族もそれに属す形になったと思われるが、信孝と秀吉との対立の中、秀吉方に付いた。同年十一月五日、新しく織田家家督になったばかりの信雄より、孫の徳千代の出仕を命じられている（稲葉文書）。これは、人質の意味であろう。両陣営の衝突後の天正十一年四月、信孝軍に領内を放火されている（太閤記）。

賤ケ岳の戦いの後、岐阜城主となった池田恒興と境界を争ったが、秀吉の仲介によって和解した（稲葉文書）。同十一年十一月十三日付で、良通は秀吉より、四万八十六貫文余の地を安堵されている（『稲葉家譜』所収文書）。『柴田合戦記』では、恒興を美濃の「守護」と呼んでいるが、稲葉一族はその麾下に属したわけではなさそうである。

同十二年、小牧陣でも秀吉方に付き、岩崎山の砦を守る（稲葉家譜）。だが、老齢のためか、その後の戦いには参加していない。ただ、五月二日に、秀吉から尾張小口の地の支配を命じられている姿が見られる（池原平十郎氏文書）。

翌年、秀吉の佐々成政攻めが行われると、それに応じて、北陸に近い大野郡の横蔵寺と華厳寺に禁制を掲げているのが、良通の最後の活躍であった（稲葉家譜）。同十四年九月二日付で、秀吉より美濃西方三カ所、都合六千四百四十七貫余の知行目録を受けているが、隠居分ということであろう（稲葉家譜）。

同十六年十一月十九日没、七十四歳（智勝院蔵稲葉一鉄画像賛・常在寺記録）。『臼杵稲葉家譜』には、重通・貞通・直政・方通の四子が載っているが、『公記』に頻見する「彦六」も良通の子である。女子は、国枝重光（重元）・丸毛兼利らに嫁している（重修譜）。

なお、稲葉一鉄の教養については、歌道・茶道等多方面にわたっており、その教養が信長の謀殺から命を救ったという逸話も伝わっている。しかし、確実なことで特筆されねばならないのは、医道に関する知識である。『稲葉文書』の中には、医道の覚書が多数伝わっているのである（宮本義己「稲葉一鉄の医道知識と薬方相伝」）。

犬飼助三（いぬかい　すけぞう）　伊勢

生没年不詳。

滝川一益の臣。天正六年（一五七八）九月三十日、一益の白舟上乗りにより、渡辺佐内・伊藤孫大夫とともに信長より黄金と服を賜っている（公記）。

犬飼孫三（いぬかい　まごぞう）

?～天正十年（一五八二）六月二日。

信長か信忠の馬廻であろう。本能寺の変の時、二条御所にて討死した（公記）。犬飼助三との関係は明らかでない。

犬山鉄斎（いぬやま　てっさい）　→織田信清（おだ　のぶきよ）

井上久八郎（いのうえ　きゅうはちろう）

生没年不詳。

柴田勝家の臣。天正三年（一五七五）八月、勝家に従い越前攻め（朝倉記）。

某年三月二十六日付書状で、織田荘の米を誤って徴収したため、柴田勝定より責められている（剣神社文書）。

井上清秀（いのうえ　きよひで）

天文二年（一五三三）～慶長九年（一六〇四）九月十四日。

半平、半右衛門。

『重修譜』によると、阿倍大蔵の子。大蔵のもとを去った妾が、井上清宗に嫁して生んだ子という。佐久間信盛とともに天王寺砦に入って、大坂攻めに参加しているから、佐久間の与力であろう。

佐久間追放後の天正九年（一五八一）一月だろうか、信長より家康への援兵として派遣され、大須賀康高に属して、遠江横須賀を守ったという（重修譜）。

慶長九年（一六〇四）九月十四日、横須賀にて没。七十二歳という（重修譜）。


井上種次（いのうえ　たねつぐ）　美濃
生没年不詳。

貞右衛門尉。

『立政寺文書』の付箋によると、山県郡春近村の住人で、小野伝介種正の弟、井上加賀右衛門の養子になるという。

元亀二年（一五七一）二月三日、甥の小野種孝とともに、立政寺に祠堂料を寄進している（立政寺文書）。

井上又蔵（いのうえ　またぞう）
？～天正十年（一五八二）六月二日。
信長か信忠の馬廻であろう。本能寺の変の時、二条御所にて討死した（公記）。

井口宗重（いのくち　むねしげ）　近江
生没年不詳。
助左衛門尉。
近江野洲《やす》郡乙窪《おちくぼ》の住人で、信長に仕えるという（寛永伝）。

猪子一時（いのこ　かずとき）　尾張
天文十一年（一五四二）～寛永三年（一六二六）二月二十八日。

内匠助、内匠頭、三左衛門、次左衛門。

『重修譜』には、諱「一時」、久左衛門の長男、兵介一俊（高就カ）の兄にしている。

初めは、犬山の織田信清に仕えていた。永禄元年（一五五八）七月十二日、浮野合戦で、岩倉軍と戦っている様子が『甫庵』に見える。当時はまだ信清の臣だったらしい。

その後、信長に仕え、赤母衣《ほろ》衆追加の一人（高木文書）。選抜された時、十八歳であったと『寛永伝』にある。

天正三年（一五七五）三月二十五日の津田宗及茶会に名が見える（宗及記）。同六年十二月、有岡攻めに従軍し、高槻城の番衆の一人（公記）。

本能寺の変の後、秀吉に仕え、同十三年九月一日、摂津太田郡粟生内で千石を宛行われる（古文書）。『重修譜』に、摂津太田、近江愛智《えち》、河内河内、伊勢河曲《かわわ》の四郡の内で、二千七百三十石余を与えられるというのは、それより後のことであろう。秀吉の黄母衣衆に列したともいう（重修譜）。

文禄四年（一五九五）四月十八日、伏見の自邸に関白秀次の訪問を受け、呉服・太刀等を賜った（駒井日記）。同五年九月二十日、秀吉より河曲郡で千石を加増されている（古文書）。この頃は、秀吉の御咄衆（太閤軍記）。

慶長五年（一六〇〇）の戦役では東軍に属し、九月十五日の戦闘にも参加。大坂両陣にも従軍。寛永三年（一六二六）二月二十八日武蔵にて没。八十五歳と伝わる（寛永伝）。

長子は、秀吉の近臣次左衛門一日《かずてる》である（寛永伝）。

猪子賀介（いのこ　がのすけ）　尾張
生没年不詳。

犬山の士という（甫庵）。兵介高就の弟としている系図もあるが、無理であろう。むしろ、一時との血縁の方が可能性が高い。

永禄元年（一五五八）七月十二日、浮野合戦で岩倉軍と戦ったことが『甫庵』に見えるが、この時は一時も共に戦っている。

同十二年八月、大河内《おかわち》攻めに従軍。「尺《さく》限《きわ》廻番衆」に名を連ねているから、信長の初期の馬廻であろう（公記）。

猪子外記入道（いのこ　げきにゅうどう）

生没年不詳。

信長の近臣であろう。元亀元年（一五七〇）四月、信長が越前へ遠征の時、島田秀満・佐藤三河守らとともに信長宿所（上京驢庵《ろあん》カ）の留守居を務め、二十九日に山科言継の来訪を受けた（言継）。

猪子高就（いのこ　たかなり）　美濃

?～天正十年（一五八二）六月二日。兵介。諱は「高然」とも書く。

信長の代表的近習である猪子兵介だが、『公記』巻首に斎藤道三の家臣として早くもその名が見える。『重修譜』には、猪子久左衛門の二男に兵助一俊という人物があり、久左衛門自身も兵助を称したという。しかし、久左衛門は織田信清に仕え、最後犬山で戦死したとある。斎藤道三家臣猪子兵介＝高就の父という図式は、これらの記述からでは成立しない。

信長に降った時については不明だが、永禄年間であることは間違いないであろう。元亀二年（一五七一）六月、逃亡中の高木貞久の臣たちの糾明や、水谷新兵衛の誅殺を、信長から命じられているから、この頃すでに近習として信長の信頼を得ていた様子である（猪子文書）。同年八月二十日、江北の余語・木本《きのもと》より退却の際、殿《しんがり》を務めた柴田勝家の様子を信長に報告したという（甫庵）。『武家事紀』には、この時の役割について「軍使」を務めたとある。

その後も軍の検使を務めることが多く、天正四年（一五七六）五月に河内天王寺、同七年四月に播磨三木表へ派遣されたのも、検使としての務めを命じられてのことである（公記）。

近習としてかなりの力を持っていたらしく、吉田兼和も彼に気を遣い、しばしば贈品している（兼見）。同八年にも、豊薩和睦の仲介後、近衛前久に対し自分の意思を伝えるなど、大きな役割を果している姿がのぞかれる（歴代亀鑑・後編薩摩旧記雑録）。

同年十二月には、福富《ふくずみ》秀勝らとともに高天神攻めの家康の陣見舞いのために出張（家忠）。同九年三月二十五日には、矢部家定とともに山城勝竜寺城に入り、丹後に移封された長岡（細川）藤孝の旧知行分を点検した（公記）。

同年九月八日、信長より知行を宛行われる（公記）。『甫庵』では、何に拠ったのか、この時の知行地を近江北郡としている。

この頃は、矢部家定と一緒の行動が多く、九月十日、二人で金蔵寺に臨時課役を免除（金蔵寺文書）、十一月四日には、一緒に禁中より練香《ねりこう》を賜っている（御湯殿）。天正四、五年であろうか、三月二十八日付で、矢部と連名で、秀吉へ発した書状があるが、それによると、秀吉が某一件について、猪子・矢部の二人の信長側近に依頼したらしい（東文書）。兵介たちの隠然たる力がそこからも垣間見られるのである。

本能寺の変の時、信忠とともに二条御所で戦い、討死した（公記）。『宇野』では京都で追腹とあるが、確かなことはわからない。

猪子兵介（いのこ　ひょうすけ）　→猪子高就

茨木佐渡守（いばらき　さどのかみ）　摂津

?～元亀二年（一五七一）八月二十八日。

諱は「重朝」とされているが、確かめられない。

摂津茨木城主。天文年間、細川晴元の管領代として活躍した茨木長隆の、子孫あるいは親族であろう（石清水文書）。

初めは三好長慶の麾下だったが、永禄十一年（一五六八）の信長の入京に際して、これに降伏。摂津三守護の一人とされた和田惟政の麾下とされる。翌年一月の三好三人衆の本圀寺攻めの時、将軍義昭を救援、桂川近辺にて三人衆の軍と戦った（公記）。

元亀元年（一五七〇）八月、信長の野田・福島攻めにも、援軍として出陣、中島天満森に着陣した（両家記）。翌二年八月二十八日、摂津郡山での戦いで、和田惟政とともに討死した（言継）。

茨木重朝（いばらき　しげとも）　→茨木佐渡守

今井宗久（いまい　そうきゅう）　和泉

永正十七年（一五二〇）～文禄二年（一

五九三）八月五日。

彦八郎、彦右衛門、大蔵卿法印。諱は「兼員」「久秀」。斎号は昨夢斎。寿林とも号す。

和泉堺の商人。父については不明。近江高島郡今井出身とも、大和の今井荘出身ともいう（永島福太郎「今井氏の石碑名并系図」『茶道古典全集』解題）。

青年期に堺へ出、納屋宗次の家に寄寓。後、独立して、納屋業のほか火薬・鉄砲の生産に関わり、納屋宗久あるいは薬屋宗久と呼ばれた。天文二十年（一五五一）十二月が、その名の初見である（宗及記）。『宗久書』によると、堺五ケ庄に知行地を持っている。

また、武野紹鷗《じょうおう》に茶湯を習い、その女婿となって後援を受けた。茶湯の方面でも、しばしば茶会を催すほどの力量を持ち、弘治元年（一五五五）紹鷗が没すると、秘蔵の名物紹鷗茄子《なす》茶入、玉澗《ぎょっかん》筆の波の絵などを譲り受けた（今井文書）。

自治都市堺は、三好長慶を中心とする畿内の争乱の中で、自立の立場を貫いて行ったが、宗久は長慶の弟実休（義賢）や松永久秀との親交があり、彼らを利用して、政商として活躍した（宗久書抜）。

永禄十一年（一五六八）九月、信長が上洛。久秀はいち早くこれに降伏。宗久も十月、芥川に信長を訪れ、松島の壺・紹鷗茄子を進上している（公記）。この行動は、身の安全を図るのもさることながら、この頃起っていた紹鷗の嫡子新五郎（宗瓦）との、紹鷗の遺産をめぐる争いを有利に導こう、との意図もあったといわれる。同年十二月、新五郎との訴訟は、信長の裁定により全面的勝訴となった（坪井文書）。

翌年、信長の堺への矢銭二万貫賦課に対して抗戦派を説得し、戦争を回避した。その功により、信長より摂津住吉郷にて二千二百石の采地を与えられたほか、山城・摂津内の蔵入地の代官に任命された（宗久書・重修譜）。併せて堺の代官にも任じられたようである（朝尾直弘「織豊期の堺代官」）。その職務の苦労については、坂口善保「織田信長の上洛と堺衆（中）」に綴られている。

また、この年、十河民部大夫の跡職と塩合物過料銭を、義昭・信長より宛行われた（宗久書）。さらに、元亀元年（一五七〇）四月、但馬の銀山へ派遣されて、山名韶熙《あきひろ》の押領を停めている（宗久書）。宗久は前年より、生野銀山に眼を付けた信長より、但馬の経営を委ねられたらしいという（永島福太郎「織田信長の但馬経略と今井宗久」）。

このように、宗久は、堺の町衆と信長とを結びつける太いパイプの役割を果しており、天正三年（一五七五）頃就任したと思われる堺代官松井友閑も、宗久に一目おきつつ堺の政務に携わっていた。

一方では、茶人として信長の茶頭を務め、公私にわたって信長と密接に繋がっていた。宗久は信長に名物「開山の蓋置」を進上したり、天正六年九月三十日、大船見物の信長の訪を受けて茶会を催したり、信長の歓心を買うことに努めている（公記・宗久書抜）。同十年六月一日、即ち本能寺の変の前日、堺来訪の家康に朝茶を振る舞っているのも、信長の意を受けてのことである（宇野）。

信長死後、秀吉にも茶頭として仕える。同十一年八月一日、秀吉より摂津欠郡五ケ庄内七カ所、二千二百石の地を安堵されている（今井文書）。

茶人としては、天正十二年十月十五日、大坂城中での秀吉茶会で、千利休・津田宗及とともに茶頭を務めた（宗久書抜）。この顔触れは、同十五年十月一日の北野大茶会の時も同様である。しかし、この時の茶席の序列は、利休・宗及の下位であり、信長在世中に比べるとその地位の低下は否めない（北野大茶湯之記）。

文禄二年（一五九三）八月五日、七十四歳で没した（『宗久書抜』註記）。子は宗薫。秀吉に仕え、お伽衆の一人であった。


今枝勘右衛門（いまえだ　かんえもん）　美濃？

生没年不詳。

信忠に仕えていたらしく、天正九年（一五八一）五月、信忠より所領を宛行われている（土佐国蠹簡集残篇）。

後、秀吉に仕え馬廻。同十一年八月一日、秀吉より河内古市郡臼井村三百四十石を宛行われ、十八年九月七日には、近江の内にて百石を加増されている（土佐国蠹簡集）。慶長五年（一六〇〇）、関ケ原の戦いで没落した（戦国人名辞典）。

公家衆・連歌師らと親交があり、歌会等に列席している（時慶卿記）。

今枝重直（いまえだ　しげなお）　美濃

天文二十三年（一五五四）～寛永四年（一六二七）十二月二十三日。

弥八、内記。諱は「定直」とも。

八郎左衛門の子（今枝系図）。斎藤道三に仕えた「今枝弥八」があり、天文六年（一五三七）八月一日、迫間口での戦功を賞されているのをはじめ、道三よりしばしば書状を受けているが、これは父の八郎左衛門であろう（金沢市立図書館文書）。

斎藤氏の没落後か、信長に仕える。元亀元年（一五七〇）の姉川の戦いおよび翌年の長島攻めの時、安藤守就の下で戦っている（甫庵・加賀藩史稿）。

重直は、その後信雄、次いで豊臣秀次に仕え、尾張で五千三百石を食む（分限帳・加賀藩史稿）。

秀次の死後、前田利長に仕え、七千石。寛永四年（一六二七）十二月二十三日没、七十四歳（今枝系図）。

今枝弥八（いまえだ　やはち）　→今枝重直

今枝六蔵（いまえだ　ろくぞう）　美濃

生没年不詳。

美濃の士で斎藤氏に仕えた今枝氏の一族であろう。永禄十二年（一五六九）六月二日、信長より尾張日置郷、美濃墨俣《すのまた》内四十貫文の地を宛行われている（土佐国蠹簡集残篇）。

今川孫二郎（いまがわ　まごじろう）

?～天正十年（一五八二）六月二日。

信長の小姓（甫庵）。本能寺の変の時、信長の傍らにあって討死した（公記）。

今村長信（いまむら　ながのぶ）　近江

生没年不詳。

天正六年（一五七八）九月、伊勢大神宮に、近江浅井郡青名郷にある二段の田地を寄進している（勢州社家文書）。

入江春景（いりえ　はるかげ）　摂津

?～永禄十二年（一五六九）四月十五日。

左近将監。諱は、「春継」「春慶」とも伝わる。

摂津高槻城主。駿河守春正の次男という（豊後岡藩中川氏諸氏系図）。永禄十一年（一五六八）十月三日、上洛した信長に降り、来礼して赦される（言継）。

翌年一月、三好三人衆らの本圀寺攻撃の時、三人衆方に寝返り、伊丹・池田の本圀寺救援を妨害した（甫庵）。そして、結局、同年四月十五日、信長に誅殺された（多聞院・両家記）。高槻城は接収され、和田惟政が入った。

年月は不明だが、摂津上牧の烏丸光康知行分を押妨したことがある（烏丸家文書）。

岩（いわ）

?～天正十年（一五八二）六月二日。

信長の中間衆。天正六年（一五七八）八月二十日、近江今堀などの地下人に、六角氏に加勢した事実がなかったことが判明した、ということを伝えている（日吉神社文書）。

同十年六月二日、本能寺で討死した中間衆「岩」がいるが、同一人かどうかは、明らかでない（公記）。

岩吉勝（いわ　よしかつ）

弥三。

元亀三年（一五七二）十二月二日、信長が伊藤惣十郎に尾張・美濃の商人司を命じた朱印状に添えて、十二月六日付で八人の奉行衆が連署した副状がある（寛延旧家集）。八人の顔触れには、信長の代表的奉行島田秀満をはじめとして、木下秀吉・丹羽長秀・塙直政といった錚々たる部将たちも名を連ねている。その中に、「岩弥三吉勝」という名がある。「岩」は「岩室」か「岩越」の省略形であろう。しかし、誰に該当するか不明である。

祝重正（いわい　しげまさ）　→（はふり　しげまさ）

岩越吉久（いわこし　よしひさ）

生没年不詳。

小兵衛。

菅屋長頼の臣。天正九年（一五八一）一月一日、長頼に従って、平定成った能登へ行き、国衆の温井《ぬくい》景隆・三宅長盛に早く出仕するよう促している（酒井文書）。一宮社（気多社《けたしゃ》）について担当したらしく、同年八月には、信長への礼を怠ったことを責めたり、社領違乱についての処理を指示したり、知行安堵を伝えたりしている（気多神社文書）。

また、（同年）十月十三日、長頼の使として一宮惣中に遣わされ、同月二十八日、一宮社務分の自免田の年貢について、相違ない旨を伝えている（気多神社文書）。

岩田正吉（いわた　まさよし）

生没年不詳。

清蔵。

中島郡一宮の人。天正八年（一五八〇）十月三十日、真清田《ますみだ》社に刀を寄進している（真清田神社文書）。

石成友通（いわなり　ともみち）

?～天正元年（一五七三）八月二日。

主税助。姓は「岩成」とも書く。三好政康・同長逸と三人合わせて「三好三人衆」と呼ばれる。

〔松永久秀との争い〕

三好長慶、義継に仕える。永禄八年（一五六五）五月十九日、松永久秀と相談し、将軍義輝を襲ってこれを殺した。

三好家当主義継は若輩のため、三人衆と久秀とで政務を行うが、その年秋の頃より三人衆と久秀との間に対立が生じ、三人衆は、飯盛城を襲って義継を奪い、これを高屋城に移して擁立した（両家記）。同年十二月には、三人衆して、東寺・大山崎に禁制を掲げている（東寺百合文書・離宮八幡宮文書）。

久秀は三好家中で孤立し、畠山高政を味方にする。同九年二月十七日、三人衆は、阿波衆を率いる三好康長の援を得て、河内上芝で畠山軍と戦い、これを打ち破った（両家記ほか）。三人衆の軍は、四月に大和に入り、久秀方と戦った（多聞院・永禄九年記）。三人衆はこの時、薬師寺に禁制を掲げている（薬師寺文書）。五月三十日には、堺へ逃げこんだ久秀を攻撃。だが、久秀はそこをも逃れた（両家記ほか）。

三人衆と久秀との争いは、当主義継を擁し、兵力にも勝る三人衆に有利に展開し、阿波から大軍を率いた篠原長房が六月に兵庫に上陸するに至って、小泉・淀・勝竜寺の山城諸城も三人衆方に降った（両家記）。友通はこの時、勝竜寺城に入ったらしい（永禄九年記）。友通は七月十四日、長逸とともに入京、京の政務にあたった（両家記・永禄九年記）。

その後も、細川藤賢の中島城・滝山城が降り、三人衆らの立てた阿波公方義栄は九月二十三日に越水城に入った。さらに十二月七日、富田荘普門寺に移っている（両家記）。十六日、三人衆は禁裏に御供米を献上（言継）、戦局はようやく落ち着き、義栄を将軍にして、幕府の実権を握ろうとする三人衆や篠原らの計画は、成就されるかに見えた。久秀は、この数カ月間全くなりをひそめている。

〔松永久秀の逆襲と信長の上洛〕

永禄十年二月十六日、擁立していた三好義継が突然出奔し、堺の久秀に保護を求めた（両家記）。四月、義継・久秀は堺を出て大和に赴き、信貴山《しぎさん》城に入る。そこより山城を放火、十一日に多聞山城に入城した。三人衆は奈良に出陣、これに対峙した（多聞院・両家記）。

再び三人衆対久秀の争いが続き、この後、大和を中心に、山城・河内で局地的な戦いが展開されるが、十月十日、東大寺内に三人衆が布陣していたところ、夜半に急襲され、敗退した。この戦いを境に久秀はやや勢力を回復。飯盛城の松山・安養寺、伏見城の津田らが久秀方となるが、三人衆は飯盛城を攻めて、十月二十一日これを開城させた（多聞院・両家記）。

こうした果てしない争いの中、信長が義昭を奉じて入京を企てているとの報を得、三人衆は近江に赴き、六角承禎に会って、対信長の共同作戦について話し合った（言継・両家記）。

九月、信長が大軍を率いて近江に入ると、六角氏は諸城を次々と落とされて没落。二十六日、信長は義昭とともに京に入った。友通はこの間、十日に坂本に下っているが、翌日京に戻り、勝竜寺城に籠った（言継）。

二十六日に、柴田勝家・蜂屋頼隆・森可成・坂井政尚の軍に勝竜寺城を攻められ、二、三日持ちこたえたらしいが、二十九日以前には城を退去している（言継・両家記・公記ほか）。義栄を擁して、篠原長房ら味方の将は阿波へ逃れたが、三人衆は堺にとどまったらしい（両家記）。敵であった久秀と義継は義昭・信長に降り、赦されたばかりか、久秀は大和の進退を任され、義継は河内の半国守護に任じられた（両家記）。義栄はその月のうちに病死している。

〔信長との抗争〕

同年十二月二十八日、三人衆は堺を出、義継方の家原城を攻撃。これを落とすと、京目指して進撃した（多聞院・両家記ほか）。一月五日、義昭の居館六条本圀寺を攻囲。六日、救援に駆け付けた義継や伊丹・池田らの軍を、三好康長の合力を得て打ち破った。しかし、伊丹軍の逆襲を受け、結局敗北。本圀寺を攻めた長逸・政康の軍も、将軍手回り衆の反撃を受けて退却。友通は北野松梅院に逃げこんだという（言継・両家記ほか）。

以後約一カ年半、三人衆は活動を停止している。阿波に逼塞していたらしい。元亀元年（一五七〇）七月二十一日、友通ら三人衆は細川六郎（信良）を奉じ、三好康長らとともに渡海、二十六日には河内で久秀の兵と衝突、二十七日に中島天満森に着陣した（言継・多聞院ほか）。さらに友通らは野田・福島に城砦を築き、ここを本拠とした（両家記）。八月十六日、三人衆らは、義継と畠山の兵の籠る河内古橋城を攻め、これを落とした（多聞院・両家記）。

二十日、信長は岐阜を出陣。二十五日には、淀川を越して枚方に着陣した（公記）。その時、三人衆は天王寺近辺に着陣して、久秀らの軍に対していた。その兵力は『多聞院』によると約一万、『尋憲記』には一万三千とある。かなりの大軍である。

信長出陣の報に、三人衆と細川六郎・三好康長、それに旧稲葉山城主斎藤竜興らを加えた南方軍は、陣払いして野田・福島城に籠った。信長は天王寺に進み、両城を攻めた。義継・久秀や和田・池田・伊丹ら公方衆たちも天満森に着陣して、両城を攻囲した。将軍義昭自身も出陣し、中島内堀の城に入った。およそ六万の包囲軍という（公記・両家記ほか）。

この間、三好政勝と香西《こうさい》越後が野田城を出て、信長方へ奔った（尋憲記・公記）。しかし、三人衆は動ぜず、城戸を固く閉じてひたすら籠城することを申し合わせた（両家記）。

籠城しながらも三人衆たちは、本願寺をはじめ朝倉・浅井との連絡は絶えず行っていた（歴代古案）。九月十二日夜、突然本願寺の一揆勢が蜂起して信長陣を襲撃。三人衆方はそれに呼応して堤防を切ったため、信長の陣は水浸しになったという（尋憲記・言継・両家記）。

二十日には、再び本願寺勢が出撃。この日の戦いで、幕臣の野村越中守が討死した（両家記）。一方、京都方面では、朝倉・浅井軍が坂本まで出動。二十日、宇佐山城を攻めて森可成らを討死させ、二十一日には醍醐・山科の辺りに放火した。その報に接して、ついに信長は南方の陣を払い、二十三日に京に戻った（公記ほか）。

十月一日、阿波の篠原長房が、細川真之を奉じて中島に着陣。その軍勢は二万余という（三浦講中文書・両家記）。阿波軍は、摂津瓦林城を破り、茨木城を降し、一旦は三人衆ともども上洛の気勢を示したが、義継や伊丹・和田らが河内・摂津を固めているため、それ以上は進めなかった（三浦講中文書・尋憲記・公記）。三人衆は、十一月七日、ようやく陣払いして堺に戻った（尋憲記）。

〔信長との和睦〕

この後十一月のうちに、久秀は三人衆に対し、信長との和睦を申し出たという(尋憲記)。翌二年二月五日、友通が荒木村重らとともに堺での津田宗及の茶会に出席しているということは、すでに義昭・信長との和睦が進行していることを示している(宗及記)。

だが、その直後より畿内は群雄割拠化した状態になる。そしてその中で、友通ら三人衆はこれまでの仇敵久秀と組んで行動している。

元亀二年五月三十日、三人衆は高屋城に畠山秋高を攻めた。次いで六月末には久秀とともに大和に入った。さらに七月、久秀に応じて高槻城に和田惟政を攻めようとし、摂津に入った(多聞院・尋憲記)。

『尋憲記』九月八日条に、義継が義昭に属したとの噂が書きとどめられ、また、同月九日条に、信長が高槻城を久秀に渡す条件で軍を返させたことが記されているから、義継・久秀と組んだ三人衆は、義昭に対しても信長に対しても、必ずしも敵対した形ではなかったものと思われる。このあたりが当時の畿内の情勢の複雑なところである。

この年十一月十五日、三人衆は、近衛前久に森口辺の地三千石を贈っている(宴乗)。翌三年一月二十六日、信長は、将軍下知状に任せて、友通に五カ所の地のほか、内野代官職、山城郡司職を宛行った(信長文書)。二月、友通は、義昭の淀城建築のため人夫の徴集を行っている(兼見)。三月二十四日には、京都で初めて信長に拝謁した(公記)。

友通は、兄の仇であるのにかかわらず、義昭に重用されたといわれ、淀城を預けられただけでなく、山城の諸所に様々な権益を有していた(細川家記)。この年のものと思われるが、九月二十日付で、信長の奉行武井夕庵と羽柴秀吉は、妙智院領の百姓に対し、友通の介在を排除して、安弘名を妙智院の直務とすることを伝えている(妙智院文書)。また、(同年)十一月二日、塙直政と羽柴秀吉は、賀茂社中の大徳寺領を大徳寺に安堵しているが、ここにも友通が介在していたらしい(大徳寺文書)。いつの事か不明だが、義昭が賀茂の地を没収して友通に与えたことについては、有名な信長の義昭宛て異見状に見える通りである(公記)。

〔信長と義昭との対立の中で〕

元亀四年(=天正元年)、信長と義昭との対立が深まるが、友通は両者の間にあって、微妙な立場だったらしい。二月二十三日の時点では、信長は友通について「連々無二表裏一仁之由聞及候」と評しているが、三月七日には、連絡がないため、信長はやや不安を持っている(細川家文書)。

結局、友通は義昭方に付いた。久秀・義継は、前年より信長にも義昭にも反抗していたが、ここに至って義昭に属した。

四月の信長の洛中放火の時は、じきに義昭との和睦が成ったので、友通らは京都に接近しながらも戦うことなく終った(耶蘇通信)。しかし、七月、義昭は再び槇島に拠って兵を挙げ、戦い敗れて十八日に追放された。友通は義昭に応じて番頭《ばんがしら》大炊頭《おおいのかみ》・諏訪飛騨守とともに淀城に籠ったが、秀吉の勧誘で番頭・諏訪は降伏してしまった(公記)。

七月二十七日、信長は、長岡(細川)藤孝と降将三淵《みつぶち》藤英に淀城を攻めさせる。友通が討死して淀城が陥落したのは、八月二日。討ったのは、藤孝の麾下の山城国衆下津権内一通であったという(公記・年代記)。

岩間八左衛門(いわま　はちざえもん)　伊勢

生没年不詳。

伊勢岩間党の一人。関盛信の麾下である。天正十一年(一五八三)一月、盛信父子が上洛した留守中謀反を起し、滝川一益に味方する(勢州軍記)。だが、すぐに亀山城を攻められ、城将佐治新介は三月三日に開城した(兼見)。

岩間は赦され、その後、一族をあげて秀吉の麾下となった。同十二年、秀吉が信雄と対立すると秀吉方に付き、三月、信雄方神戸与五郎の攻撃を亀山に受けたが、一族らわずか十三人で城を守り通したという(武家事紀)。

岩室勘右衛門(いわむろ　かんえもん)　↓加藤弥三郎(かとう　やさぶろう)

岩室小十蔵（いわむろ　こじゅうぞう）　尾張
生没年不詳。

長門守の子という（『美作古簡集』の矢吹正則の考証）。

天正二年（一五七四）一月六日、信長より美濃白金・尾張下津《おりつ》・松原・松葉の内の欠所地四十五貫文を宛行われているのが、史料における初見である（美作古簡集）。尾張の士だから、翌年十一月、織田家督が信忠に譲られた時、信忠の麾下になったものと思われる。

本能寺の変後は、尾張支配者となった信雄に仕えたらしく、同十年七月、信雄より所領安堵を受けている（美作古簡集）。『分限帳』にある中郷内百五十貫知行の「岩室十蔵」は、同一人であろう。

その後、播磨に移ったか、同十四年十二月十四日、勝茂（木下勝俊）より播磨で百二十石を宛行われている（美作古簡集）。

岩室長門守（いわむろ　ながとのかみ）　尾張
?～永禄四年（一五六一）六月?
信長の小姓（公記）。永禄年間、赤母衣《ほろ》衆の一人に選抜される（高木文書）。同三年（一五六〇）五月、桶狭間の戦いに従軍（公記）。翌四年六月、小口の戦いで討死したという（公記）。『高野山過去帳』では、彼の没年月日を永禄四年九月十九日としているが、そのまま信じるわけには行かない。

岩室坊（いわむろぼう）　紀伊
生没年不詳。
根来寺の僧。天正八年（一五八〇）二月二十八日、山崎へ赴き、信長に礼。馬と道服を与えられた（公記）。

う

上野豪為（うえの　ひでため）　京都
生没年不詳。

紀伊守。

幕臣。足利義昭に仕える。永禄十二年（一五六九）九月、義昭の使として肥後の相良義陽《よしてる》に遣わされ、殿料を課している（相良家文書）。

その後、次第に義昭の信を失い、苛酷に扱われるようになったという（公記）。それゆえ、義昭と信長との争いの中で義昭から離れたのであろうか。義昭追放後の天正元年（一五七三）十一月二十八日、信長より二百十石の買得分を安堵されている（五十川氏文書）。

上原右衛門少輔（うえはら　うえもんのしょう）　丹波
生没年不詳。
丹波の国人。その所領は、丹波何鹿《いかるが》郡西部だけでなく、丹後にも及んでいたようである。天正八年（一五八〇）か、十月十四日付で信長より朱印状を受け、所領を安堵されている（渡辺家蔵文書、大江町誌所収）。

上村六左衛門（うえむら　ろくざえもん）　尾張

?～天正十一年（一五八三）四月二十四日。

柴田勝家の臣。元は微賤の身であったが、勝家と同郷の誼《よしみ》で召出され、これに仕えて、二千石を与えられ、度々戦功を励ますという（太閤記）。

天正十一年（一五八三）四月二十四日、北荘落城に際し、末森殿（勝家の姉）母子を連れて城を脱出。だが、北荘炎上を見、二人を斬って自害したという（太閤記）。

魚住景固（うおずみ　かげかた）　越前

?～天正二年（一五七四）一月二十四日。

備後守。

朝倉義景の臣。魚住氏は代々朝倉氏の一乗谷奉行人である。景固は、永禄十一年（一五六八）五月十七日に、足利義昭が朝倉亭で饗応された時、「年寄衆」で「辻固ノ人数」に入っている（朝倉義景亭御成記）。

また、元亀二年（一五七一）五月二十六日、河合吉統・小泉吉道とともに、剣神社に年貢の進納を命じているのを初見として、一乗谷奉行人としての活躍が多く見られる（剣神社文書）。

朝倉氏の部将としても、対信長の戦いにしばしば出陣。天正元年（一五七三）七月、近江丁野《よおの》城の定番を務める（朝倉記）。しかし、同年八月、信長の越前進攻を見て、嫡男彦三郎を敦賀に遣わして信長に降った（本願寺文書・朝倉記）。そして十一月、信長より丹生《にゅう》郡の支配権を与えられたという（朝倉記）。

しかし、翌年、富田長繁が守護代桂田（前波）長俊を殺す。その後の一月二十四日、魚住父子も富田のために謀殺された（朝倉記）。

魚住勝七（うおずみ　しょうしち）　尾張

?～天正十年（一五八二）六月二日。

『張州雑志』に、春日井郡北野村出身で秀吉に仕えた「魚住庄七」が載っている。その庄七や隼人正の親族であろう。

信長の小姓（甫庵）。本能寺の変の時、信長とともに討死した（公記）。

魚住隼人正（うおずみ　はやとのかみ）　尾張

生没年不詳。

尾張春日井郡鹿田村の人。初め斯波氏の臣（張州雑志）。後、信長に仕え、馬廻。永禄三年（一五六〇）五月、桶狭間の戦いに従軍。首級を信長に持参したことが『公記』に載っている。同十一年、入京の時、摂津池田の攻城戦で敢闘したが、負傷する（公記）。

その後は信長の傍らにあって、取次ぎなどの任務に携わっていたらしい。天正三年（一五七五）八月から九月、越前へ下向した大乗院尋憲《じんけん》の世話役として、信長や大和守護原田（塙）直政との間を仲介している（越前国相越記）。

同八年四月、木下祐久とともに信長の使として、加賀の柴田勝家軍の様子を見届けるため派遣され、帰って信長に復命。信長より褒美を与えられた（公記）。

本能寺の変後も生存。前田利家に仕える（尾張志）。同十三年、秀吉が佐々成政を攻めた時、前田利久とともに金沢城の留守居を務めた。この時、九月十五日付で前田利家に宛てた書状中で、秀吉は、利久・隼人正について、「老而之武篇《おいてのぶへん》」と書いている（寸金雑録）。すでにかなりの年配だったようである。

鵜飼某（うがい）

生没年不詳。

信長の馬廻であろう。天正十年（一五八二）五月二十九日、信長最後の上洛の時、安土城二の丸番衆の一人として残された（公記）。

宇喜多忠家（うきた　ただいえ）　備前

?～慶長十四年（一六〇九）二月十五日。

治兵衛、七郎兵衛、七郎左衛門、出羽守。号は安心。

直家の異母弟。坂崎出羽守直盛の父である。永禄十年（一五六七）、明禅寺合戦で直家とともに戦った後、翌年備前御野《みの》郡富山城城主となる（妙善寺合戦記・備前軍記）。天正六年（一五七八）、播磨上月《こうづき》城攻めに従軍。翌七年、備前辛川にて小早川軍と戦い、これを破った（備前軍記）。しかし、同九年二月、麦飯山《むぎいやま》の戦いでは敗れた（萩藩閥閲録）。

直家の病没後、幼主秀家の後見役。直家の遺志を継いで、秀吉に従う。同十年四月二十五日、備中冠山《かんむりやま》城を攻略（萩藩閥閲録）。

本能寺の変後、そのまま秀吉に従い、同十二年十月十五日の秀吉茶会にも、宇喜多家の代表として出席（宗及記・宗久書抜）。

文禄元年（一五九二）、朝鮮の役の時は、軍の総帥秀家の後見役として渡海（備前軍記）。役後、分家の家督を嫡子左京亮詮家（直盛）に譲り、隠居して安心と号す。そして大坂に移住する（備前軍記ほか）。

慶長三年（一五九八）、秀吉の形見として吉次の刀を受ける（太閤記）。関ケ原の戦い後、赦されたが、同十四年二月十五日に没したという（三宅正乗「宇喜多氏一族の略譜」）。

宇喜多直家（うきた　なおいえ）　備前

?～天正十年（一五八二）一月?

八郎、三郎右衛門尉。和泉守。

〔家柄と少年期〕

宇喜多氏の本貫は備前児島という。直家の父は興家、祖父は浦上家の股肱の臣として、知勇兼備の名将といわれた能家である（宇喜多戦記・備前軍記ほか）。

天文三年（一五三四）、砥石山《といしやま》城を島村豊後守に攻められて能家が自害した時、直家は父興家とともに備後鞆《とも》津に逃れ、次いで備前福岡の豪商阿部善定に匿われ、さらに伯母に引き取られたという。その間、父興家は死去したが、成長した直家は、天神山城主浦上宗景に出仕、知行三百貫、足軽三十人を付けられて邑久《おく》郡乙子城主となった（備前軍記ほか）。

〔浦上氏の臣として〕

天文十八年三月、宗景の命を受けて、宇喜多大和を砥石山城に攻め、これを落として、祖父能家の旧居城を奪い返した（備前軍記）。その功により奈良部城将となる。弘治元年（一五五五）二月四日には、清平寺領の百姓に奈良部城の普請役を免除している（西大寺文書）。

永禄二年（一五五九）二月、砥石山城将島村豊後守と沼城将中山備中守を奈良部城に誘殺する（備前軍記）。主宗景の命とはいうものの、ここで祖父能家の仇を討った形となった。この後、上道《かみみち》郡沼城に移る（備前軍記）。

同四年六月には、松田氏麾下の竜の口城主税所《さいしょ》（撮所）元常を討ち、同城を奪取した（備前軍記）。

〔浦上氏からの独立と、備前の覇権の確立〕

永禄五～六年頃より、直家は主家浦上氏から独立の動きを見せ、主家とは関係なく、毛利氏麾下の立場である備中成羽の三村家親との対立を深めて行く。同八年五月二十四日、三村の軍が後藤勝元を美作三星城に囲むと、後巻《うしろまき》として出陣。三村軍と戦った（備前軍記）。そして、翌年二月五日、刺客を放って、美作興善寺の陣中で家親を暗殺した（備前軍記・毛利家日記）。五月、家親の遺臣三村五郎兵衛が沼城を攻めてきたが、これを撃破、五郎兵衛を敗死させた（備前軍記・陰徳太平記）。さらに同十年春、備前明禅寺城を包囲。ここで三村家親の子元親の軍と衝突、これを大いに破った（備前軍記・妙善寺合戦記）。

明禅寺合戦の勝利によって西備前の覇権は確立し、直家はその後、金川城の松田元輝、岡山城の金光宗高を滅ぼして、戦国大名として成長して行く。同十一年、毛利氏への対抗上尼子氏に合力し、十二年四月、毛利軍に攻められた（備前軍記）。

〔浦上氏との抗争と講和〕

元亀年間には、主家浦上氏と抗争。毛利氏を加えた三つ巴の争いとなった。元亀二年（一五七一）九月四日、宇喜多軍は佐井田表で毛利軍と戦っている（河口文書・黄微古簡集）。

すでに信長に擁されて将軍位にあった義昭、それに信長も、この争いの調停に努めている（吉川家文書・柳沢文書）。この和は同三年十月、一応成立（柳沢文書・萩藩閥閲録）。翌天正元年（一五七三）、直家は水陸の交通の便に恵まれた岡山城を増築して、秋にここに移転した（備前軍記）。この年十二月十二日、毛利氏の使僧安国寺恵瓊は、京都よりの帰途岡山に立ち寄り、直家と対面している（吉川家文書）。

織田・毛利の表面上の和平の中にあって、直家にとって珍しく平穏な時期であったが、毛利輝元は、信長との近い将来の衝突を想定しており、その際には、直家を先鋒として利用する予定を立てている（毛利文書）。一方の浦上宗景は信長に接近し、同年十一月、播磨のみならず備前・美作の安堵を受けている（吉川家文書）。

〔毛利—宇喜多ラインと織田—浦上ラインの抗争〕

天正二年（一五七四）三月、直家は浦上宗景と断交（原田文書）。ここに、備前・美作を舞台に、織田—浦上ラインと毛利—宇喜多ラインとの対立の形が明らかになった。四月十八日、備前鯉山で早速浦上との戦いがあり、直家の勝利に帰した（山田文書・河口文書ほか）。その後、六月三日高尾山、八月十五日美作佐良、翌三年一月二十二日多田山、三月十三日備前辛川、五月一日城山などにて浦上氏との戦闘があり、それぞれ勝敗があった（河口文書・牧文書・上利文書・作陽誌・三村文書・黄薇古簡集）。だがその後、信長は次第に浦上への支援を強め、荒木村重をして宗景を援助させている（細川家文書）。

宇喜多と浦上の抗争の中で、まだ背後の織田と毛利は動かなかったが、互いに来るべき軍事衝突の準備は怠らなかった。（天正四年）一月十五日、直家は毛利方として本願寺へ書し、安芸や播磨の情勢について報じている（円明院文書）。

織田と毛利の最初の衝突は、本願寺への兵糧搬入をめぐって、この年七月に大坂湾で繰り広げられ、毛利水軍の勝利に帰した（公記・上杉家文書ほか）。じきに直家は播磨に出兵して、織田方の上月《こうづき》城を攻略した（古今消息集）。同五年三月には、竜野まで出張している（萩藩閥閲録）。そして、この年八月、直家は浦上宗景の居城天神山を攻撃。ついに宗景を逐った（花房文書・天神山記）。

〔信長への投降〕

主家浦上氏を逐った直家は、毛利氏の東方の最前線の形で、播磨を舞台として織田軍に対抗する。信長は天正五年十月、羽柴秀吉を播磨に派遣し、上月・福岡野城を攻撃させた。直家は後巻きのため出陣したものの、秀吉軍に敗れ、福岡野が落ち、次いで十二月三日に上月城も奪回された（公記・下村文書・萩藩閥閲録）。

だが、同六年二月、三木城主別所長治が信長に離反。これに乗じて四月十八日、吉川元春・小早川隆景の軍が播磨へ出陣、上月城を囲んだ。直家もこの攻囲陣に加わった（公記・吉川家文書）。

七月五日、上月城は落城したが、この頃より直家は、病と称して自らは出陣しなかったという（吉川家譜）。この後間もなく信長に通じるのだが、その初見は、（天正七年）二月二十二日付、中島新左衛門宛て信長書状であり、その中で信長は直家の内通について、「本望之至」と喜びを表現している（備藩国臣古証文）。

〔信長麾下の将として〕

毛利方の最前線にあった直家は、今度は織田方の最前線を形づくることになる。天正七年三月には、毛利方の美作三星城を攻撃している（美作古簡集）。だが信長とて、長い間毛利方として播磨征圧を妨げてきた直家を、無条件で赦すつもりはなかったらしい。同年九月四日、秀吉が安土へ赴き、信長に直家赦免の朱印状を請うたが、信長はこれを叱りつけて追い返した（公記）。十月になって、信長はようやくその降を受け入れた。直家は十月三十日、代理として甥の基家を有岡攻めの信忠の陣へ遣わし、帰参の礼をさせている（公記）。

正式に信長の対毛利戦線の最前線に配置された直家だが、せっかく手に入れた備前・美作は、織田・毛利の争奪戦の場であった。同年十二月、属城忍山《しのぶやま》を吉川・小早川軍に攻められ、二十四日落城（吉川家譜）。同八年二月には、秀吉とともに美作祝山《いわいやま》城を攻撃。しかし、吉川軍のために、逆に寺畑城を攻略される（萩藩閥閲録・吉川家譜）。その後も、三月、美作信山城、四月、備中虎倉城などで毛利方との戦いがあった（萩藩閥閲録）。

　こうした中で、直家は、虎倉城主伊賀久隆を毒殺。そのため、遺子与三郎は毛利氏に寝返った（毛利家日記）。

　その後の戦線はしばらく美作に限られ、四月二十八日垪和《はが》城を攻撃、六月初旬灘で合戦、同月十五日祝山城を包囲、そのほかに沖溝城をも攻撃している（美作古簡集・萩藩閥閲録）。毛利方では、九月三日、毛利輝元自ら祝山救援のため、安芸吉田を出陣した（萩藩閥閲録・吉川家譜）。

　備前・備中・美作で奮戦を続ける直家だが、信長の評価は冷たい。（同年）八月二十九日付の蜂須賀正勝宛て書状では、虎倉城主の伊賀が毛利氏に降ったこと、十一月六日付同人宛て書状では、忍山城が毛利方に奪われたこと、いずれをも直家の油断によるものと断定している（蜂須賀文書写）。

　しかし、十一月六日付書状中にあるように、この頃の直家は「煩再発」していた。同九年二月、備前麦飯山《むぎいやま》の合戦の時は、弟忠家を代理として出陣させており、敗戦しただけでなく、養子基家を討死させている（萩藩閥閲録）。

〔**直家の病死**〕

　直家の病死が公表されたのは、天正十年一月九日という（備前軍記）。『高野山過去帳』では、その日を没年月日として採っている。だが、『備前軍記』では、すでに前年の二月十四日に五十三歳で没しており、一カ年近く喪を秘したことにしている。

　ところで、天正九年十二月三日付で、秀吉が中川清秀に対し、直家の備中の知行について語っているところを見れば、この頃はまだ生存していた様子である（武家雲箋）。天下制覇に邁進していたわけでもない直家の喪を、一カ年近くも秘密にする必要性は考えられない。その死没は天正十年の早々であろう。嫡子秀家はまだ僅か十歳であったが、一月二十一日、秀吉が家老の者たちを伴って安土に赴き、信長より無事相続を許された（公記）。

　秀家は、周知の通り、その後秀吉の養子として育ち、秀吉政権下において五大老に列する。直家と秀吉との間に、何らかの約束がなされていたのであろうか。『太閤記』には、直家を評して「義をうとんじ、欲深し」とあり、経歴を見ても「梟雄《きょうゆう》」と呼ぶにふさわしい人物だが、降ってからは、一貫して秀吉に尽くしている。二人の間には強い信頼感が芽生えていたのかも知れない。

宇喜多基家（うきた　もといえ）　備前

　永禄五年（一五六二）？～天正九年（一五八一）二月二十一日。

　与太郎。

　忠家の子、あるいは春家の子という。直家の養子となり、上道《かみみち》郡沼城を預かる（妙善寺合戦記）。直家に従って備前・美作で活躍。天正七年（一五七九）頃から直家が病気がちになると、忠家とともにその名代として宇喜多軍を率いた（萩藩閥閲録・備前軍記）。同年十月三十日には、やはり直家の名代として赦免の礼のため、摂津古屋野の信忠陣を訪れた（公記）。

　同九年二月、備前児島の麦飯山を占拠。しかし、毛利氏の将穂田《ほいだ》元清に攻められ、二十一日、討死した（萩藩閥閲録）。時に二十歳という（諸系図）。

雲林院出羽守（うじい　でわのかみ）　伊勢

　生没年不詳。

　慶次郎、慶四郎。諱は「祐基」とある。「雲林院大夫」「祐尊」とあるのも同一人であろう。

　北伊勢の豪族で、氏井城主として長野氏に属す。永禄十一年（一五六八）、信長の北伊勢制圧を機に、信長の麾下となる（勢州軍記）。長野氏を継いだ信長の弟信包に所属したらしい。しかし、その後信包と対立。天正八年（一五八〇）、子兵部少輔ともども信包に逐われたが、婿である矢部家定を頼って安土へ行き、微禄をもって、信長に直接仕えるようになる（勢州軍記）。

　以後は信長の馬廻か。同十年五月二十九日、信長最後の上洛の時、安土城二の丸番衆の一人として残し置かれた（公記）。

その後、同十二年、秀吉と信雄との対立の中で、秀吉に属している（金沢市立図書館文書）。

子兵部少輔は、滝川一益の婿であるといい、諸国を流浪した後、秀吉に仕えたという（勢州軍記）。

氏家定元（うじいえ　さだもと）→氏家行継（うじいえ　ゆきつぐ）

氏家直昌（うじいえ　なおまさ）→氏家直通（うじいえ　なおみち）

氏家直通（うじいえ　なおみち）　美濃

生没年不詳。

左京亮。諱は、天正初年頃「直重」「直昌」、後に「直通」。いずれも文書で確認される。

卜全直元の長男である。父に従い、永禄十年（一五六七）八月頃信長に降る。父の名に隠れて、交名《きょうみょう》に名を出さないが、上洛にも従ったであろう。同十二年一月、本圀寺救援、八月、大河内《おかわち》城攻めに参加（公記・甫庵）。

元亀二年（一五七一）五月、父の討死に伴って氏家家を継ぎ、大垣城主。元亀四年一月十一日、西脇久左衛門に七百貫文の地を宛行うなどの事跡が見られるが、これには「直重」と署名している（西尾富夫氏文書）。

以後、江北・畿内などにおける信長の軍事行動に概ね従軍する（公記ほか）。美濃衆の中でも、稲葉・氏家・安藤の「美濃三人衆」は、とりわけ信長家臣団中で重要な役割を演じ、将軍側近に宛てた起請文でも、信長の宿老たちと並んで、「濃州三人衆」と連署しているほどである（和簡礼経）。

天正元年（一五七三）八月、朝倉軍追撃戦の時、敦賀で旧主斎藤竜興を斬った（当代記）。その後、同二年長島攻め、三年長篠の戦い、越前一揆討伐戦、四年天王寺後詰、五年雑賀《さいか》攻め、加賀遠征、六年播磨神吉《かんき》城攻め、摂津有岡城攻めにも従軍（公記）。美濃衆として、尾張衆と並んで信長軍の中核を形成してきた。

美濃三人衆は、美濃衆の中でも大身として特別扱いされ、美濃が信忠に与えられた天正三年十一月以後でさえ、信長直属としてとどまった様子である。信長晩年の旗本を形づくっていたのは主として近江衆だが、より早い時期から信長に属していた美濃三人衆は、彼ら以上に信頼された存在だったであろう。

信長没後は、速やかに秀吉に属し、天正十一年一月、伊勢攻めに従軍（柴田合戦記）。同年十一月六日に近江浄信寺への寄進状があるが、その後の消息は絶えている（浄信寺文書）。間もなく没したらしい。

氏家直元（うじいえ　なおもと）　美濃

?～元亀二年（一五七一）五月十六日。

「桑原三河守」、常陸介。入道号卜全。

美濃三人衆の一人。大垣城主。『美濃明細記』には、三人衆はほぼ「同分限、氏家ハ少シ大身也」とある。また、『耶蘇年報』には、美濃国の三分の一を所有する、と書かれている（Buquxenとあるが、これは卜全のことであろう）。後者の史料には誇張があるものの、斎藤氏に仕えていた時も、信長の臣となった後も、美濃でかなりの力を保持していた大身である。

斎藤氏の家臣の時は、その奉行衆六人の一人。六人の顔触れは、直元のほかに、日比野清実・長井衛安・安藤（伊賀）守就・日禰野（延永）弘就・竹腰（成吉）尚光である。この六人は、永禄元年（一五五八）より三年までの間に、頻繁に連署書状を発給し、美濃の内政に務めている（安藤文書・立政寺文書ほか）。この六人が永禄九年までには四人になり、直元も桑原の姓より氏家に改め、常陸介を称している（尊経閣文庫文書・中島文書）。

同十年八月頃、稲葉・安藤とともに信長に降る。これ以後、入道号卜全と号す。

信長入京の時従軍。箕作《みつくり》城攻めには、新参の美濃衆が先鋒になると思われたのに、信長は馬廻だけで攻撃したと『公記』にある。この時点では新参だが、以後美濃衆は、尾張衆と待遇上差別されてはいない。

同十二年、大河内攻めに従軍。元亀元年（一五七〇）、江北出陣及び姉川の戦いにも参加（公記ほか）。美濃三人衆は、柴田勝家と軍事行動を共にすることが多いが、柴田との間に従属関係はなかった様子である。

同二年五月、長島の一揆討伐に参加。十六日、退却の時、勝家とともに殿《しんがり》軍を受け持ち、一揆勢と戦って討死した。『美濃国諸旧記』には五十九歳とある。大体それくらいであろうが、もちろんそのまま信じるべきではない。跡は長男左京亮直通（直重・直昌）が継いだ。

氏家卜全（うじいえ　ぼくぜん）　→氏家直元（うじいえ　なおもと）

氏家行継（うじいえ　ゆきつぐ）　美濃

天文十八年（一五四九）?～慶長五年（一六〇〇）十一月?

源六、志摩守。諱は「行継」のほか、「定元」「直元」「元政」「広定」ともある。この内、文書で確かめられるのは「定元」である。

卜全直元の三男。天正十年（一五八二）三月、信長に従って信濃に出陣している（公記）。本能寺の変後は、兄直通とともに秀吉に接近。賤ケ岳の戦いの時は秀吉方に付き、同十一年三月十一日、美濃口に着陣している（岐阜県古文書類纂）。

小牧陣の時も秀吉に属し、同十二年三月、秀次らとともに出陣。そのまま小牧へ進軍した（金沢市立図書館文書・浅野家文書）。

文禄の役には、名護屋在陣（太閤記）。同三年（一五九四）伏見城普請を分担、当時伊勢で一万五千石（当代記）。慶長三年（一五九八）、秀吉の形見として吉光の刀を受領した（太閤記）。

同五年の戦役には、西軍に属して失領。細川忠興に預けられる。『美濃国諸家系譜』には、同年十一月没というが、同九年閏八月十一日付忠興書状に、彼がなお生存していることが見えるという（戦国人名辞典）。

氏家行広（うじいえ　ゆきひろ）　美濃

天文十五年（一五四六）?～元和元年（一六一五）五月八日。

久右衛門尉、久左衛門、内膳正。荻野道《どう》喜《き》。

氏家直元の二男。兄直通、弟行継とともに信長に属していたであろうが、本能寺の変までの史料は見当らない。

天正十一年（一五八三）、美濃国主信孝を離れて秀吉に味方。三月十一日、美濃口に着陣（岐阜県古文書類纂）、四月には稲葉一鉄とともに信孝領を放火した（太閤記）。秀吉に居城大垣を渡して岐阜城攻めを援け、賤ケ岳の戦いにも参加したという（太閤記・武家事紀）。しかし、大垣は兄直通の居城であり、このあたりの記事は、直通と行広とを混同したものと思われる。

弟行継とともに、同十二年三月、小牧陣に参加（金沢市立図書館文書・浅野家文書）。同十六年三月十六日、従五位下に叙される。この時、内膳正に任じられた様子である（御湯殿）。

文禄の役の時は、名護屋に在陣（太閤記）。文禄三年（一五九四）伏見城普請を分担、当時伊勢桑名二万二千石（当代記）。『美濃国諸家系譜』では、天正十八年八月に加増されたものという。

慶長三年（一五九八）、秀吉の形見として国俊の刀を受領（太閤記）。同五年の戦役には西軍に属し、九月十六日、開城して一族離散したという（関ケ原御合戦当日記）。

その後荻野道喜と称し、放浪の末大坂に入城。元和元年（一六一五）五月八日、落城の時秀頼に殉じた。七十歳という（美濃国諸家系譜・土屋知貞私記）。

牛田某（うしだ）

生没年不詳。

信長の臣。天正五年（一五七七）六月一日、信長が秋田の安東愛季《ちかすえ》に鷹の贈呈に対する返礼をした時、その使者として派遣された（秋田家系図）。信長の臣の「牛田」としては「庄右衛門行正」という人物が『重修譜』に載っているが、その人物なのかは定かでない。

牛丸豊前守（うしまる　ぶぜんのかみ）　越中

生没年不詳。

飛騨の牛丸氏の一族かも知れない。上杉謙信の死後、信長に降ったのか、（天正九年＝一五八一）四月二十五日、辻堂城での籠城の功を、堀秀政より褒されている（秋田藩採集文書）。同史料中に「右近」と「六郎左衛門」という二人の子の名が見え、父と一緒に籠城している。

なお、上杉の将河田長親より、天正元年四月五日付で越中婦負《ねい》郡内の地を安堵され、また、九月二十五日付の書状を発給されている「牛丸備前守」という人物がいるが、同族であろう（秋田藩採集文書）。


碓井因幡守（うすい　いなばのかみ）　河内
生没年不詳。

定阿。

『観心寺文書』には「碓井因幡守定阿」とある。「定阿」の読みについては、『観心寺要録』（二）では、「サダクマ」としている。河内の宮崎氏の一類であるという（足利季世記）。畠山氏の臣として、元亀二年（一五七一）、草部菖蒲助に奪われた河内烏帽子形城を攻め、これを奪還した（足利季世記）。

畠山氏滅亡、さらに将軍追放以後は、信長との主従関係が成立したであろう。天正四年（一五七六）七月、木津川口の敗戦後、信長により、保田久六らとともに住吉浜の城の定番として入れ置かれている（公記）。

天正三年十一月二十五日、河内観心寺に宅地を寄進して、畠山秋高の冥福を祈っている姿が見られる（観心寺文書）。

碓井定阿（うすい　じょうあ）　→碓井因幡守（うすい　いなばのかみ）

宇津頼重（うつ　よりしげ）　丹波
生没年不詳。

右近大夫、左近大夫。

丹波桑田郡宇津荘を本拠とした国人。天文から弘治年間にかけて、守護代家内藤氏や松永長頼らと戦っている姿が見られる（親俊日記・厳助往年記）。

永禄年間、御料所小野荘・山国荘を違乱（御湯殿）。度重なる禁裏からの違乱停止の命令を無視し、三好長慶や松永久秀の命令にも耳を貸さなかった（御湯殿）。永禄十二年（一五六九）四月、今度は信長より山国荘を還付するよう命じられている（言継・御湯殿・立入文書）。

天正元年（一五七三）二月、丹波・摂津の国衆とともに、室町殿番役のため上洛（年代記）。これは、信長との決戦を決意した将軍義昭が動員をかけたのであろう。この時、御供衆に加えられている（細川家文書）。

将軍追放後は、一時信長に降ったか。しかし、天正五年十月には、反信長の立場に立っており、明智光秀の軍と戦っている。そして、この時の戦いで負傷したという（市原文書）。

同七年七月十九日、光秀軍の前に落城（公記・御湯殿）。だが、頼重は城より逃亡したらしく、信長は同月二十五日付で、丹羽長秀にその捜索を命じている（溝口文書）。その後捕獲されたか、逃げきったかについては明らかでない。

馬路五郎右衛門（うまじ　ごろうえもん）　伊勢
生没年不詳。
神戸氏の臣。元亀二年（一五七一）一月、所領安堵され、神戸氏の養子信孝に仕えたという（神戸録）。

馬乗勝介（うまのり　しょうすけ）　→矢代勝介（やしろ　しょうすけ）

浦上小次郎（うらがみ　こじろう）　備前
生没年不詳。
宗景の子。天正四年（一五七六）十一月十二日、父宗景とともに上洛、信長に伺候している（公記）。

浦上宗景（うらがみ　むねかげ）　備前
生没年不詳。

与次郎、内蔵助、遠江守。

浦上氏は、播磨・備前・美作三国守護赤松氏の臣。村宗の代に力を伸ばし、守護赤松義村を弑して、三国の実権を握った。宗景は村宗の二男である。

宗景の発給文書は天文末頃より見られる（東作誌・黄微古簡集）。『天神山記』によると、宗景は、初め播磨室津城に居たが、父村宗の死後、兄である政宗らと対立、備前和気《わけ》郡天神山城に移ってこれと戦うという。次いで、赤松氏・尼子氏とも戦って、三国にわたる支配権を得た（天神山記）。弘治～永禄年間、多数の宛行状が見られる（東作誌ほか）。

永禄十一年（一五六八）より毛利氏に属す、と『備前軍記』にあるが、この年九月には義昭が信長に奉じられて入京しており、翌年三月十二日、早くも新将軍に款《よしみ》を通じている（多聞院）。宗景としては、境界を接する毛利氏に従う一方、中央の新政権とも接触しておきたかったのであろう。

しかし、守護家赤松氏と争いを続けている宗景は、幕府の受け入れるところとはならなかったらしい。同年十月、将軍の命を奉じた摂津衆の攻撃を受け、信長も翌元亀元年（一五七〇）三月、播磨に出兵しているところを見ると、新政権の方からは敵として扱われていた様子である（両家記・信長文書）。

その後、毛利氏とも対立。のみならず家臣だった宇喜多直家が次第に力をつけて独立を策し、ついには三つ巴の争いとなった。元亀三年には、義昭も信長も、毛利・浦上・宇喜多三者の和平に尽力している（吉川家文書・柳沢文書ほか）。

三者の和が成ったのは、同年十月のことであった（萩藩閥閲録・柳沢文書ほか）。しかし、今度は東播磨の別所との対立が生じた。中央では義昭・信長の抗争が次第に深まってきて、ついに天正元年（一五七三）、軍事的衝突となった。その中で、義昭は三月二十二日付の御内書を聖護院道澄に送り、宗景が別所と和睦して、毛利軍と一緒に参陣することを望んでいる（徳富猪一郎氏文書）。

だが、結局宗景は、義昭を援けなかった。積極的に信長に協力したという証もないが、同年十一月、信長より備前・美作・播磨の三国を安堵された（吉川家文書・備前軍記）。これより信長麾下に属す。

宇喜多との対立は再び深まり、今度は織田―浦上ラインと毛利―宇喜多ラインとの抗争に発展する。信長に謁したのは、同三年十月を初見とし、二度ほど上洛している（吉川家文書・公記）。

しかし、当時、本願寺・武田をはじめとする反信長勢力との戦いで精一杯だった信長は、西国に手を打つ余裕がなかった。宇喜多との争いは次第に宗景が不利になり、ついに天正五年八月、天神山城を落とされ、小寺政職《まさもと》のもとに逃れた（花房文書・天神山記）。なお、天神山城陥落の時期については、天正三年説もある（寺尾克成「浦上宗景考」）。

天神山没落後、女婿である黒田孝高に寄食。黒田氏の移封に伴い、豊前小倉へ移り、慶長年中、八十余歳で没したという（天神山記・備前軍記・浦上元『備前浦上氏の研究』）。

浦野源八（うらの　げんぱち）

?～元亀元年（一五七〇）十一月二十六日。

信長の臣だが、坂井政尚に所属していたか。元亀元年（一五七〇）十一月二十六日、政尚に従って堅田で朝倉・浅井軍と戦い、討死した（公記・浅井三代記）。

上部貞永（うわべ　さだなが）　尾張

享禄二年（一五二九）～天正十九年（一五九一）五月五日。

宗次郎、孫大夫、二郎右衛門、越中守。「上部大夫」とも呼ばれる。

織田家の伊勢大神宮御師《おんし》。父は外宮《げくう》禰宜《ねぎ》永元（宇治山田史）。信長より、宇治・山田の奉行の役を任されている。天正二年（一五七四）十月一日、信長より尾張における檀那職を安堵。信忠の家督相続後同九年十二月十六日には、信忠より買得分の安堵を受けている（伊勢古文書集）。

これに先立つ八月一日、羽柴秀吉より近江国友の地を宛行われている。さらに同七年二月三日、秀吉より大神宮に百石の寄進を受けた（伊勢古文書集）。信長・信忠と主従関係を結んでいるとはいうものの、上部氏の織田家中における性格は特殊なものである。それにしても、秀吉麾下という立場は考えられない。貞永と秀吉が個人的に親しい関係にあった、ということであろうか。

天正九年、信長より両宮の遷宮の命令があり、六月二十八日、福井末則・平井長康、それに十人の禰宜が集まって相談した（『天正九年御遷宮日次』、稲本紀昭氏紹介史料）。遷宮の計画が具体化したのは、翌年一月二十五日である。信長直々に大宮司らに命令し、費用三千貫文を渡している。補佐は、先に相談している馬廻の平井長康であった（松木文書・外宮天正遷宮記・公記）。

しかし、本能寺の変が起って、遷宮計画は一旦中止の形になる。貞永は秀吉に仕える形となり、同十一年八月一日、秀吉より丹波船井郡山内荘内にて二百五十石を宛行われている（伊勢古文書集）。

同十二年三月七日、あらためて秀吉より遷宮の費用黄金二百五十枚を与えられ、遷宮奉行の仕事を継続することになった（慶光院文書）。そして同十三年十月十三日、めでたく正遷宮が挙行された。

その間の同十二年十二月四日、蒲生氏郷の臣町野左近とともに、山田三方に定書を下す（神宮文庫文書）。同十五年八月にも、二人は大神宮内の風紀についての秀吉の条書を受けている（上部古文書）。貞永と町田二人が、宇治・山田の町政を担当していたのだろう。

その後は、秀吉の大神宮御師の役職という形で、伊勢多気郡内にも知行地を持っている（先賢事蹟資料）。同十六年五月七日、従五位下右近大夫に叙任（常光寺文書）。

同十九年五月五日没、六十三歳という（先賢事蹟資料）。没直後の五月十一日、長子宗次郎（貞嘉）が秀吉より多気郡内八百二十石及び荒尾百八十石を安堵されている（伊勢古文書集）。

なお、同時期に「上部中右衛門」という人物がおり、これも貞永にあてはめられがちだが、別人と考えた方がよいであろう。

上部大夫（うわべ　たいふ）　→上部貞永（うわべ　さだなが）

え

江口正吉（えぐち　まさよし）　近江

?～慶長八年（一六〇三）。

三郎右衛門。

丹羽長秀の臣。天正十年（一五八二）、清須会議後の四宿老の合議体制の下で、長秀の京都奉行となる（丹羽家譜）。しかし、政務の跡は見られない。同十一年四月、長秀に従って舟で出陣、賤ケ岳城に入った（太閤記）。

賤ケ岳の戦いの後、長秀が越前に移封されると、その地で七千六百石を知行。後、若狭に移る（丹羽歴代年譜付録）。

長秀死後はその子長重に仕える。関ケ原の戦いの時は、長重に従い西軍。東軍の前田利長を加賀浅井畷《なわて》に破る（老人雑話）。戦後、主家没落に伴って結城秀康に仕え、一万石を領す（丹羽歴代年譜付録・老人雑話）。

武ばかりでなく、才も優れた者だったという（老人雑話）。

慶長八年（一六〇三）、京都にて没という（丹羽歴代年譜付録）。

江馬輝盛（えま　てるもり）　飛驒

?～天正十年（一五八二）十月二十七日。常陸介。

時盛の子で、飛騨高原諏訪城主。永禄・元亀・天正にかけて、飛騨は武田・上杉・織田の勢力の接点の位置にあり、江馬氏の態度も一貫せず、初め武田信玄、後、上杉謙信に属している。

永禄二年（一五五九）六月、武田軍の飛騨入国に際し、父とともに武田方に付いた。その後、越中新川郡にも勢力を伸ばし、中地山城を確保（江馬家後鑑録）。しかし、同四年三月、武田か上杉かの選択をめぐって父と対立。父と離れて三木良頼と組み、上杉方に付いた。父子間の抗争は、同年十月頃には輝盛の勝利となって一段落した（窪田粂次郎氏文書）。

しかし、同七年四月、武田の将山県昌景に高原郷を攻められて降参（岐阜県史）。その年七月には、上杉謙信の援助を受けて父時盛を攻撃する、という事実を見ると、武田・上杉といった大きな勢力に挟まれた小戦国大名の苦労がわかる。その中で輝盛はついに父時盛を殺して、父子の争いに最後の決着をつけた（江馬家後鑑録）。

飛騨では、国司を称する三木氏の力が江馬・小島・塩屋氏ら他の国衆を圧しており、時盛との争いの時も、三木氏の力に頼るところが大きかった。元亀三年（一五七二）、三木良頼の代理として、上杉軍に応じて越中に出陣、謙信と会見している（上杉文書・小島明二氏文書）。

だが、三木良頼がその年十一月に没すると、その子自綱は次第に上杉を離れて、新たに飛騨に勢力を伸ばしてきた信長に款《よしみ》を通じる。そうした国内情勢の中で、輝盛は上杉氏との関係を保持して行った。（天正三年＝一五七五）六月二十八日付で、輝盛は上杉の重臣直江景綱に宛てて、謙信の越中出馬を請うている（上杉家文書）。

しかし天正四年春、謙信に越中の属城中地山城を落とされたという『飛騨国治乱記』の記事や、同年十月十四日付で、謙信が江上左衛門尉に対し、輝盛と自分との和を仲介するよう命じているのを見ると、一時上杉氏と疎遠になった時もあったらしい（前田家文書）。だが、その後、輝盛は再び、織田―三木のラインにかまわず、親上杉氏の立場に戻った。（同五年）閏七月八日、謙信より、信長の加賀進行に備えるよう求められている（河上文書）。

信長の勢力は、天正年間着々と飛騨を制圧し、同六年九月には、部将斎藤利治らの軍が通過して越中へ抜けることができる状態だった。この頃、輝盛は信長に降ったのであろうか。『織田系図（群書類従本）』には同七年信長に降る、とあるが、前年に謙信が没して上杉氏が内紛状態だったのを考え合わせると、根拠なしとは言えない。山国である奥飛騨には、上杉にしても織田にしても、その威令は徹底せず、江馬氏もかなり独立性の強い立場を貫くことができ、その時の都合で面従腹背の姿勢をとることも可能だったのであろう。

それだけに飛騨の諸大名は、中央権力と無関係な次元で争うこともできた。中央では信長が倒れて、羽柴秀吉・柴田勝家の対立が深まっている同十年十月、輝盛は飛騨国内で三木自綱と衝突。二十六日、三木氏の与党である小島城を攻めたが、翌二十七日、三木・小島の連合軍と戦って討死した。四十八歳と伝わる。翌日、高原諏訪城も陥落した（岐阜県古文書類纂・飛騨国治乱記・江馬家後鑑録）。

江見九郎次郎（えみ　くろうじろう）　美作

生没年不詳。

『信長文書』では「為久」とされている。江見家は、一度断絶したのを、元亀二年（一五七一）十二月に後藤勝基が再興させたものという（美作古簡集注解）。また、九郎次郎の家は、土居城主で、土居江見氏と呼ばれたという（森俊弘「史料紹介『江見家記』翻刻と解説」）。

後藤氏に属し、初めは毛利氏に従っていたが、天正五年（一五七七）山中鹿介（幸盛）を介して信長に降る。九月二十七日付の返書で、信長より、羽柴秀吉の指示に従って出陣するよう命じられている（美作江見文書）。さらにその後、後藤元政（勝基の子）の信長服従、安土出頭を信長に仲介。十月二十日付の返書で許されている（美作古簡集）。

同年十月末、秀吉が播磨に入国し、中国攻めの任を担うが、江見氏はすぐにそれに属したのであろう。（翌年）一月、秀吉やその将蜂須賀正勝に、年賀の礼として太刀代百疋を贈っている（美作古簡集注解）。（同六年）三月十三日には、秀吉より江見荘等六カ所の知行覚を受けている（美作古簡集注解）。

同七年五月、三星城は宇喜多氏の攻撃によって落城、後藤氏は滅びるが（備前軍記）、その麾下であった九郎次郎のその後については詳らかでない。

江見為久（えみ　ためひさ）　→江見九郎次郎（えみ　くろうじろう）

遠藤胤俊（えんどう　たねとし）　美濃

天文十五年（一五四六）～元亀元年（一五七〇）十一月二十六日。

紀四郎、新右衛門、大隅守。

美濃郡上郡の人。胤縁《たねより》の長男。木越《きごえ》城主（岐阜県史）。『重修譜』によれば、父胤縁は永禄二年（一五五九）八月一日に東常尭に暗殺されたというから、若年ながらその跡を継いだのであろう（遠藤家旧記）。祖父胤好は存命中らしいから、彼が後見役となったのであろうか。

胤俊の叔父盛数が宗家の東氏を滅ぼして、その領地を奪う（郡上郡史）。胤俊も永禄年中に郡上郡西北の地を分かち与えられるという（重修譜）。同永禄二年八月十四日付で、盛数とともに、斎藤義竜より郡上郡の政事の裁決を命じられている（斎藤義竜書状）。斎藤氏の支配が、郡上郡まで届いていたわけである。

ところが、盛数が永禄五年十月に没すると、その継嗣盛枝が若年なのに乗じて、これを攻め、ほしいままに郡上郡を支配しようとしたという（遠藤家旧記）。

信長の稲葉山城攻略後、宗家とともにそれに従ったのであろう。元亀元年（一五七〇）五月二十五日、信長より江北作戦のため岐阜まで参陣するよう命じられている（武藤文書）。同年十一月、堅田陣の時参陣。二十六日、坂井政尚の指揮下で朝倉・浅井軍と戦い、討死した。二十五歳という（重修諸・遠藤家旧記）。

遠藤胤基（えんどう　たねもと）　美濃

天文十七年（一五四八）～文禄二年（一五九三）十一月二十三日。

新兵衛、大隅守。諱は別に「胤繁」。

胤縁《たねより》の二男で胤俊の弟。元亀元年（一五七〇）十一月、兄胤俊の討死後、その跡を継ぐ（遠藤家旧記）。木越城に住す。妻は宗家を継いだ叔父盛数の娘である。盛枝（盛数の子）の宗家と並んで「両遠藤」と称される。

両遠藤氏は、美濃斎藤氏の没落前後にすでに信長に降っており、兄胤俊も信長軍の部将として討死している。しかし、同三年五月頃より、胤基は家老の遠藤加賀守を介して、何度か武田信玄と款《よしみ》を通じている（安養寺文書・経聞坊文書ほか）。信玄がいよいよ西上の行動を起し、東美濃にも進出してきたのに応じて、織田と武田に二股をかけたのであろう。信玄から十一月十九日付書状中で、早く信長に敵対するよう促されているから、信長に対しては面従腹背の姿勢だったようである（古今消息集・遠藤家譜）。

結局、信玄の死去によりその企ては未然に終った。加賀守と信玄との通信は半年以上も続いていたが、幸いなことに信長の知るところとならなかったらしい。以後、これまで通り信長に従い、天正元年（一五七三）八月の朝倉攻めに従軍している（遠藤家旧記）。

本能寺の変後は、美濃国主になった信孝に属す。信孝が羽柴秀吉と対立を深めても、そのまま信孝に従う。同十一年閏一月、須原・洞戸城を攻略した功を信孝より褒されている。ところがその後、秀吉方の森長可に攻められ、降参した（武藤文書・遠藤家譜）。

秀吉の下で小牧陣に参加。『太閤記』には池田恒興と行を共にしたとあるから、美濃の大部分を与えられた恒興の麾下となったのであろうか。しかし、恒興戦死後の陣立書を見ると、両遠藤で六百の兵を率いて堀秀政の指揮下にいる（秋田文書）。

　同十六年春、木越城より犬地六千五百石に移封（遠藤家旧記）。小田原陣にも従軍しているが、両遠藤合わせてわずか四百の兵である（伊達家文書）。文禄の役の時、渡海。だが、文禄二年（一五九三）十一月二十三日、朝鮮より帰陣の時、長門国分寺で没した。四十六歳という（遠藤家旧記・重修譜）。

遠藤盛枝（えんどう　もりえだ）　美濃

　天文十九年（一五五〇）～寛永九年（一六三二）三月二十一日。

　三郎四郎、新六郎、六郎左衛門、左馬助、但馬守。剃髪号旦斎。諱は、「慶隆」で周知されているが、「慶隆」はずっと後のものであり、天正初年頃は「盛枝」と署名している。

　盛数の子。永禄五年（一五六二）十月、父の死に伴ってその跡を継ぎ、美濃郡上《ぐじょう》八幡《はちまん》城主。斎藤竜興に属す（遠藤家譜）。斎藤家の重臣安藤守就の娘と婚した（遠藤家旧記）。ところが、分家の胤俊が郡上郡の支配を目論んでおり、盛枝は胤俊のほか、同じく郡上郡に進出を企てている飛騨の三木《みつき》氏とも戦いを繰り返した（遠藤家旧記）。

　同十年八月頃であろう、信長に属して、郡上郡内の本領を安堵される（重修譜）。元亀元年（一五七〇）五月二十五日には、信長より岐阜参陣を命じられている（武藤文書）。当時の称呼は「新六郎」、参陣は江北出陣のためであろう。

　翌月、横山攻め、姉川の戦いに従軍。戦功により信長から感状を受けた（濃北一覧・遠藤家譜）。同年八月十二日、森可成より所領を安堵された（遠藤文書）。この時は「六郎左衛門」。当時可成は東美濃の将士を統率する権限を与えられていて、美濃北端に位置する遠藤氏もそれに属したのであろう。

　その年九月、可成は坂本で討死。今度は坂井政尚に属して堅田を守るが、十一月二十六日、朝倉・浅井軍に攻められて政尚は戦死。同族胤俊も同所で討死した。盛枝はかろうじて逃れたという（遠藤家旧記・遠藤家譜）。

　この後、盛枝を中心とする遠藤氏は、三河・東美濃に進出しつつある武田信玄に通じる。盛枝は同三年秋、家老遠藤新左衛門を甲斐に遣わし、その西上に期待する意を示した（遠藤家旧記）。信玄は、同族東家の家老遠藤加賀守を通じて、遠藤両家に、反信長の旗幟を鮮明にするようしばしば申し送っており、信玄与党の朝倉・浅井からも、加賀守宛てに款が通じられている（安養寺文書・古今消息集・鷲見栄造氏文書ほか）。

　遠藤氏がこのように反信長勢力と通じていた期間は、知りうる限りでも元亀三年五月から翌年二月までである。織田・武田に二股かけていて、結局は、信玄の死によって謀反は未然に終ったとはいうものの、信長にこの態度を悟られなかったのは奇跡的な幸運と言えよう。別心が知られて信長に攻められて降参、とする説もあるが、この後、両遠藤氏とも全く処罰を受けていないことを考えると、その説は承認できない。

　その後の信長の臣としての盛枝の活躍を追うと、同年八月越前攻めに従軍、同三年八月越前一揆討伐戦に参加。この時は、日禰野兄弟とともに穴間の城を落とすという（遠藤家旧記・遠藤家譜）。この頃は、「六郎左衛門尉盛枝」と名乗っている（てっぽうや文書）。

　同年十一月に信忠が美濃国主になると、それに属す。同十年二月の武田攻めにも従軍した（遠藤家譜・遠藤家旧記）。

　本能寺の変後は、美濃国主になった信孝に属す。信孝と秀吉との対立の中でも信孝を離れず、須原・洞戸城を攻略した（武藤文書・遠藤家譜ほか）。しかしその後、森長可らに郡上八幡城を攻められ、開城。秀吉に属すことになる（遠藤家譜・遠藤家旧記）。同十二年の小牧陣の時は、秀吉方の森長可に属して、尾張に出陣している（郡上郡史）。

　同十六年春、郡上より東美濃小原に移され、犬地の胤基と合せて一万五千石。内一千石は近江日野にあったという（遠藤家旧記・遠藤家譜）。郡上八幡時代は二万七千石と『遠藤家旧記』にある。数字の信憑性はともかく、大幅な減封だったらしい。

その後、秀吉に従い、小田原陣、九戸攻め、文禄の役で働く（浅野家文書・伊達家文書・太閤記ほか）。

文禄三年（一五九四）、伏見城普請を分担。当時、胤直（胤基の子）と合せて一万三千石と『当代記』にある。慶長三年（一五九八）、秀吉の形見として三原の腰刀を拝領（太閤記）。

同五年の戦役では東軍に属し、裏切って西軍に付いた胤直と戦い、また、旧城郡上八幡を攻撃。九月十五日の関ケ原での戦闘にも参加（遠藤家譜・金沢市立図書館文書）。その功によって、戦後、郡上八幡城に復帰、二万七千石に加増された（遠藤家譜）。内々には、すでに八月二十日、家康より郡上郡一円の知行を認められている（金沢市立図書館文書）。当時「左馬助」。同九年従五位下但馬守に叙任（遠藤家譜）。大坂両陣にも従軍する。

寛永九年（一六三二）三月二十一日没、八十三歳という（遠藤家譜）。

遠藤慶隆（えんどう　よしたか）→遠藤盛枝（えんどう　もりえだ）

お

種田亀（おいだ　かめ）　美濃
?～天正十年（一五八二）六月二日。
美濃の種田氏の内の誰かの子であろう。信長小々姓と『甫庵』にある。天正十年（一五八二）六月二日、本能寺にて討死した（公記）。

種田正隣（おいだ　まさちか）　美濃
?～天正十三年（一五八五）三月?

助之丞、信濃守。

正元の長男という（美濃国諸家系譜）。父正元は美濃三人衆の一人氏家氏の与力である（甫庵）。正隣も同様の立場だったのであろう。

元亀元年（一五七〇）九月、叡山攻囲陣に参加（公記）。翌年の、氏家卜全が討死した長島攻めにもおそらく従ったであろう。

天正元年（一五七三）七月、槇島攻め、八月、朝倉攻めに従軍。朝倉攻めの時は、美濃三人衆の下で平泉寺口に朝倉義景を探し求めている（池田本）。

本能寺の変後は、美濃国主となった信孝に従う。同十一年、信孝が滅亡した後は紀伊根来寺へ行き、同十三年三月、和泉千石堀城で秀吉軍と戦って討死したという（美濃国諸家系譜）。

『重修譜』に、堀秀重の婿で堀氏の臣になったという「助之丞」があるが、『美濃国諸家系譜』に見える、子の正状であろうか。

種田正元（おいだ　まさもと）　美濃
?～元亀二年（一五七一）五月十六日。

助之丞、信濃守。

美濃安八《あはち》郡道塚（三塚）村の人という（濃陽諸士伝記・美濃明細記）。氏家直元（卜全）に属す（甫庵）。

元亀二年（一五七一）五月十六日、長島攻めより退却の時、殿《しんがり》を務める氏家軍の中にあって、追撃してくる一揆勢と戦い、太田村で討死したという（濃陽諸士伝記）。

種田正安（おいだ　まさやす）　美濃
?～元亀二年（一五七一）五月十六日。

助六郎。

美濃今宿城主と『濃陽諸士伝記』にある。正元の二男という（美濃国諸家系譜）。美濃三人衆の一人氏家直元（卜全）に属す。

元亀二年（一五七一）五月、伊勢長島の一向一揆攻めに従軍。十六日の退却の時、父とともに卜全に従って殿軍中で奮戦したが、太田村で討死という（甫庵）。

大饗長左衛門（おおあえ　ちょうざえもん）→楠木正虎（くすのき　まさとら）

大井四郎（おおい　しろう）　越前

生没年不詳。

天正二年（一五七四）七月二十日、信長は一揆持ちの国になった越前の討伐を決意し、越前の専修寺や朝倉景健らに宛てた黒印状を発して忠節を促しているが、その宛名中に「大井四郎」の名が見られる（法雲寺文書）。国人で朝倉氏の旧臣であろう。

大岩重秀（おおいわ　しげひで）　近江

天文十九年（一五五〇）～慶長十七年（一六一二）九月十八日。

助左衛門。

重政の子であろう。元亀三年（一五七二）十二月、重政の死に伴って大岩家を継ぎ、天正三年（一五七五）九月二十日、石ケ滝より昼滝へ住居を移す（小椋記録）。

引き続き佐和山城主丹羽長秀の支配を受け、同二年閏十一月十一日、曲事《くせごと》をなした明蔵主らの捕縛を命じられたり、同五年二月二十一日、安土造築のための大鋸《おが》役を命じられたりしている（小椋記録）。

秀吉時代も中央政権下に組み入れられ、同十五年十一月二十五日には、近郷の代表として聚楽第に祗候、秀吉の奉行増田長盛より様々な命令を受けた（小椋記録）。同十九年三月の検地では十六石余。

慶長十七年（一六一二）九月十八日没。六十三歳（小椋記録）。

大岩重政（おおいわ　しげまさ）　近江

?～元亀三年（一五七二）十二月二十六日。

助左衛門。

大岩氏は、近江愛智《えち》郡の奥、君ケ畑・蛭谷・箕川・政所あたりを支配した豪族。石ケ滝に住す。享禄二年（一五二九）一月一日、助左衛門重信没と『小椋記録』にあるから、すぐにその跡を継いだのであろう。

ずっと六角氏に従っており、永禄十一年（一五六八）九月の信長の侵入による六角氏の観音寺城退去後も、なおも六角氏の指令を受けている（小椋記録）。

だが、丹羽長秀が佐和山城主になった直後の元亀二年（一五七一）二月二十八日、佐和山城に参上した。以後長秀の支配を受ける（小椋記録）。

同三年十二月二十六日没。跡は助左衛門重秀が継ぎ、石ケ滝より昼滝に移り住んだ（小椋記録）。

大喜多亀介（おおきた　かめすけ）　大和

?～天正三年（一五七五）七月二十六日。

奈良明王院の坊官。天正三年（一五七五）七月二十六日、大和守護原田（塙）直政の居城山城槇島に呼び出され、殺された（多聞院）。理由については詳らかでない。

大喜多兵庫助（おおきた　ひょうごのすけ）　大和

?～天正三年（一五七五）七月二十六日。

奈良明王院の坊官。天正三年（一五七五）七月二十六日、同族亀介とともに、大和守護原田（塙）直政に山城槇島に呼び出され、亀介ともども殺された（多聞院）。その理由については詳らかでない。

大河内具良（おおこうち　ともよし）→（おかわち　ともよし）

大沢次郎左衛門（おおさわ　じろうざえもん）　美濃

生没年不詳。

諱は「正秀」または「基康」「正重」と伝わる。

正信の子。初め斎藤氏の臣で、美濃鵜沼（宇留摩）城主。妻は斎藤道三の娘という（寛永伝）。

『太閤記』には、永禄九年（一五六六）十二月、秀吉の調停によって信長に降り、翌年一月五日、秀吉に同道して清須へ赴き、信長に殺されそうになるが、秀吉の策によって遁れた、との記載がある。しかし、『公記』によれば、同七年八月に信長は鵜沼城を攻略しており、『太閤記』の記事をそのまま信じることはできない。

因みに『武功夜話』に載った話では、永禄七年の五月頃、秀吉を介して降参。信長の赦免がなかなか出なかったので、秀吉は赦免が出るまで二日間鵜沼に滞在。それを見て、次郎左衛門はすっかり秀吉に心服したという。そして、帰参後は稲葉良通の誘降という功績をあげる。また、子の主水《もんど》も稲葉山攻めの時、一番鑓の手柄をたてたという。

だが、その後の信長の臣としての活躍については、『武功夜話』も含め史料に全く見ることができない。信長の死後の天正十年（一五八二）八月二十四日、江北の支配者となった柴田勝豊より、阿閉《あつじ》貞大の旧領と浅井郡の地を与えられている（士林証文）。

その後は秀吉次いで秀次に仕え、二千六百石を知行したという（寛永伝）。

秀次の自害後流浪。美濃に住し、後、小田原の万松院に寓居。某年七十六歳で没という（寛永伝）。

大沢基康（おおさわ　もとやす）→大沢次郎左衛門（おおさわ　じろうざえもん）

大島新八郎（おおしま　しんぱちろう）　美濃

生没年不詳。

大島光義の一族であろう。天正十年（一五八二）一月十日、信長より近江南郡小野の内百石を宛行われている（古文書）。

大島対馬守（おおしま　つしまのかみ）　丹後

生没年不詳。

丹後の土豪。加佐郡内の城主（佐藤圭「新出の秀吉書状と丹後矢野氏」）。天正三年（一五七五）八月の越前一揆討伐戦に参加。一色義道らとともに丹後より船で出陣、一揆勢を攻撃している（公記）。

同七年七月、一色満信に応じて由良城に籠るが、長岡（細川）藤孝に攻められ、人質を提出して降ったという（細川家記）。

大島光成（おおしま　みつなり）　美濃

永禄二年（一五五九）〜慶長十三年（一六〇八）十一月十六日。

次右衛門。諱は「光安」とも。

光義の長男。信長、次いで秀吉に仕える。関ケ原の戦いの時、家康に従う（重修譜）。

慶長九年（一六〇四）、父光義の遺領を継ぎ、七千五百石余を知行。同十三年十一月十六日没、五十歳という（重修譜）。

大島光政（おおしま　みつまさ）　美濃

永禄六年（一五六三）〜元和八年（一六二二）八月十二日。

茂兵衛。諱は「光吉」とも。

光義の二男。若年の時、栗山氏を継ぎ、美濃加茂郡に住すという（重修譜）。斎藤利治に属して諸所での戦いに功。後、丹羽長秀に属す（重修譜）。

天正十年（一五八二）六月五日、長秀が大坂城内で津田（織田）信澄を討った時、手柄をたてる。翌年、賤ケ岳の戦いでも、長秀に従い戦功をあげる（重修譜）。

長秀の死後か、秀吉に転仕して馬廻。九州陣に従軍。使番となって、文禄の役には朝鮮に渡海した。重なる戦功によって金の切裂指物を許された。文禄四年（一五九五）八月三日、美濃池田郡の内千石を加増（重修譜）。

関ケ原の戦いでは家康に従う。慶長九年（一六〇四）、父の遺領の内、摂津豊島、美濃池田・加茂・武儀《むぎ》郡にて四千七百十石余を分かち与えられる。大坂両陣にも従軍（重修譜）。

元和八年（一六二二）八月十二日没。六十歳という（重修譜）。

大島光義（おおしま　みつよし）　美濃

永正五年（一五〇八）〜慶長九年（一六〇四）八月二十三日。

甚六、鵜八、雲八。初名「光吉」。

美濃大島の人。幼少にして孤児となったが、十三歳の時、美濃国人との戦闘で敵を射殺したという（寛永伝）。射芸の腕が有名になり、『丹羽家譜伝』には「百発百中ノ妙ヲアラワス」とある。

斎藤一族の長井隼人正に属し、後、信長に仕えて弓大将になる。永禄十一年（一五六八）九月付で、信長から百貫文の地を与えられている（横山住雄「大島雲八文書」）。『重修譜』には、六百貫の地を与えられたとある。

元亀元年（一五七〇）、姉川の戦い、坂本の戦いにて戦功。その後も江北、越前、長篠の戦いに功。安土城矢窓の切事の奉行をも務めたという（丹羽家譜伝・重修譜）。

本能寺の変の時は安土にいたが、変報を得て、一揆と戦いつつ美濃へ帰る。その後、丹羽長秀に属し、賤ケ岳の戦いに参陣。その功により、八千石に加増という（丹羽歴代年譜付録)。

長秀の死後か、秀吉に転仕して弓大将(寛永伝)。天正十三年(一五八五)九月一日、近江の替地として摂津豊島《としま》郡太田郷三千五百三十五石の地を宛行われている(古文書)。

その後、秀次に付属される。秀次の命により、八坂の塔の五重の窓に矢十筋を射込んで見せたという(寛永伝)。

小田原陣、その後、名護屋に参陣(太閤記)。慶長三年(一五九八)二月八日、摂津豊島・武庫《むこ》、美濃席田《むしろた》、尾張愛知・中島郡の内一万千二百石を加増される(重修譜)。

同五年の戦役の時は東軍に属し、戦後、家康より真壺・大鷹を賜る。その後、美濃加茂・武儀・各務《かがみ》・席田・池田・大野、摂津豊島・武庫郡にて一万八千石を領す(寛永伝)。

同九年(一六〇四)八月二十三日没。九十七歳。終身の間、戦いに臨むこと五十三度、得た感状は四十一通にのぼったという(重修譜)。

太田牛一(おおた　うしかず)　尾張

大永七年(一五二七)~慶長十八年(一六一三)三月。

又助、和泉守。諱は「資房」ともあるが、これは不確か。元亀三年(一五七二)五月十一日付、(天正三年=一五七五)四月三日付、同九年三月二十八日付の文書に「太田又介信定」と署名しており、活躍期の長い期間「信定」を名乗っていたことは確かである(賀茂別雷神社文書・日吉神社文書)。

尾張春日井郡安食《あじき》村の人(『池田本』奥書)。信長研究の基本史料である『信長公記』の著者である。

自著の『公記』中、天文二十二年(一五五三)七月十八日の清須攻めのところに「太田又助」が登場するが、ここでは柴田勝家の足軽衆となっている。初めは勝家の臣だったらしいが、その後、信長に直仕し、弓三張の一人に数えられる。弓の技術を認められたものであろう。実際に、永禄七年(一五六四)の堂洞《どうぼら》城攻めの時、弓で大活躍し、信長より賞されている(公記)。

元亀元年(一五七〇)六月二十二日、江北より撤退の時、馬廻であったが殿軍《しんがり》の佐々成政に協力したと『甫庵』にある。武功の実績はそこまでで、その後は、内政面での活躍ばかりが見られる。

即ち、同三年五月十一日、上賀茂社に中村郷の年貢を催促(賀茂別雷神社文書)、天正二年五月五日、賀茂競馬の奉行の任務を執行(賀茂注進雑記)、翌三年四月、丹羽長秀の命で上賀茂社に徳政令への対処を通告(賀茂別雷神社文書)、同九年(一五八一)三月二十八日、成田重政とともに近江鯰江と中野郷との境界などの係争を裁定(日吉神社文書)。(同十年)六月二十二日には、上賀茂社雑掌に礼状を発するなどである(賀茂別雷神社文書)。

これらの事跡をながめると、信長の吏僚で代官の立場のように思われるが、染谷光廣氏によれば、信長上洛後は、彼は一貫して丹羽長秀の家臣で右筆だったという(同氏「『信長公記』未載の信長関係の事跡について」)。たしかに、一緒に仕事をしている成田重政は長秀の家臣だし、上賀茂社は、長秀の担当だったから、その説は肯定できるであろう。だが、信長直臣で長秀の与力という可能性もあろう。

本能寺の変を経て、その三年後には長秀も没する。牛一は、長秀の子長重に属したと思われるが、一時、加賀松任《まっとう》に蟄居したとも伝わる。おそらく、家臣の騒動によって丹羽家が減封されて、丹羽家を離れたのであろう。

その後、秀吉に招かれて、仕えることになったらしい。天正十七、十八年に秀吉の吏僚として、検地奉行や代官職を務めている(大賀茂中村郷御検地帳・平野荘郷記)。同十九年十月には、肥前名護屋城の山里書院の普請を担当している(太閤記)。

文禄元年(一五九二)、朝鮮侵略の開始に伴い弓大将として名護屋に在陣(太閤軍記)。同二年六月二十二日、明《みん》使饗応の役を担う(太閤記)。慶長三年(一五九八)三月の醍醐の花見の時、三の丸殿の御輿の添頭を務める（太閤記）。このあたり、秀吉の下でも側近として、各種の奉行職に励んでいる姿がのぞかれる。

秀吉の死後、その子秀頼に仕える。慶長十五年、池田輝政に自著『信長記』（池田家本）を書写して渡し、その直後、『今度之公家双紙』（猪熊物語）を著作。没年月は、富山の藤井氏蔵の『先祖由緒一類附帳』によれば、慶長十八年三月である。

なお、慶長六年以後のものと思われる、四月二十七日付坪内喜太郎宛て書状には「太田和泉牛一」と署名している（坪内文書）。「牛一」は、ずっと「ぎゅういち」と読むのが通例になっていたが、牛一の子孫が「牛」を通字としていることを考えると、「うしかず」と訓むほうが適切と思われる（太田系図）。

太田牛一（おおた　ぎゅういち）→（おおた　うしかず）

太田源三大夫（おおた　げんぞうだゆう）→松田定久（まつだ　さだひさ）

太田監物（おおた　けんもつ）　伊勢

生没年不詳。

神戸四百八十人衆の大将の一人。元亀二年（一五七一）一月、所領を安堵され、信孝に仕えるという（勢州兵乱記・神戸録）。

『分限帳』に、伊勢河曲《かわわ》郡若松南村を知行地とする「太田監物」があるが、同一人物であろう。

太田左馬助（おおた　さまのすけ）　美濃

生没年不詳。

西美濃の小土豪であろう。天正二年（一五七四）十二月九日付で、信長より、鉄砲を使って鶴・雁を追立てるよう指令されている（東京国立博物館文書）。同日付同意の朱印状が、高木貞久宛て、田中真吉《しんきち》等宛て、吉村安実等宛てと、他に三通伝わっている。

太田甚右衛門（おおた　じんえもん）　美濃

生没年不詳。

『甫庵』には「甚兵衛」とあるが、『当代記』には「甚右衛門」と載っている。美濃の最南端小稲葉城に住す。氏家氏の与力であろう。

ところが、元亀二年（一五七一）五月、伊勢長島の一揆攻めに従軍した時、背いて一揆に味方。そのため氏家卜全は討死した（甫庵・当代記）。

（同年）六月十三日、信長は猪子高就に、高木貞久の家臣で一揆に同調する者を尋ね出し、処分するよう命じているが（猪子文書）、この太田のように長島の一向一揆に通じていた者が多かったらしい。

太田丹後守（おおた　たんごのかみ）　伊勢

生没年不詳。

神戸四百八十人衆の大将の一人。元亀二年（一五七一）一月、所領安堵され、信孝に仕えた（勢州兵乱記・神戸録）。

その後、誓願寺に人足の世話をしている書状が見られる（誓願寺文書）。

太田信定（おおた　のぶさだ）→太田牛一

太田孫左衛門（おおた　まござえもん）　尾張？

生没年不詳。

簗田《やなだ》（別喜《べつき》）広正の臣（甫庵）。元亀元年（一五七〇）六月二十二日、小谷表からの撤退の時、広正らが殿《しんがり》軍を務めたが、広正の軍の中にあって浅井の兵を相手に活躍。信長より賞された（公記）。

太田垣輝延（おおたがき　てるのぶ）　但馬

生没年不詳

新左衛門尉、土佐守。

但馬の国人。代々守護代を務める家柄である。朝延の子。丹波の実力者荻野（赤井）直正は叔父にあたるという（陰徳太平記）。竹田城に居住し、守護山名氏に仕える。

永禄七年（一五六四）九月十日付の山本右兵衛尉宛ての感状があるから、それ以前に朝延に代わって太田垣家の当主となっていたのであろう（山本文書）。

（元亀元年＝一五七〇）四月十九日、他の国人とともに、信長より銀山の押領についてとがめられ、主山名韶熙《あきひろ》を疎略にしないよう命じられている（宗久書）。生野銀山は、守護山名氏が支配していたが、その後、太田垣氏が横領した様子である（宿南保『但馬の中世史』）。永禄十二年に信長が但馬に出兵した時より、太田垣などの但馬の有力国人は、義昭・信長政権に通じていたのであろう。

とはいうものの、中央政権の威令はなかなか但馬までは徹底せず、天正三年（一五七五）頃には、輝延はさかんに吉川元春と連絡をとっている（吉川家文書）。一時対立状態だった毛利氏と山名氏も和睦し（吉川家文書）、輝延も含めて但馬は信長の支配圏よりこぼれ落ちてしまった。

同三年秋より惟任《これとう》（明智）光秀による丹波攻めが開始され、荻野（赤井）直正を追った光秀に竹田を攻められる。次には、播磨平定を任務とした羽柴秀吉の攻撃を受け、ついに天正五年十一月、竹田城を退散（公記ほか）。その後、秀吉に従ってしばらく活躍したが、同九年頃にはその名は見えなくなる。宿南保氏は、その前に起った小代一揆を太田垣一族が主導して討伐されたのではないか、と推測している（同氏前掲書）。

大津長治（おおつ　ながはる）→大津長昌（おおつ　ながまさ）

大津長昌（おおつ　ながまさ）　尾張

?～天正七年（一五七九）三月十三日。

伝十郎。諱は初め「長治」、後に「長昌」。どちらも文書の裏付けがある。

信長の代表的側近。身分は馬廻。『高野山過去帳』によれば、尾張中島郡府中宮の住人というが、『淡海温故録』には、もとは近江坂田郡の大津氏の出とある。妻は丹羽長秀の娘という（重修譜）。

長昌の事跡を追うと、軍事面よりも内政面での活躍が多い。その初見は、信長入京直後の永禄十二年（一五六九）一月十九日、南禅寺の名主・百姓に対して、以前通り年貢・地子銭を同寺竜華院へ納入することを命じた折紙である（鹿王院文書）。同年に岐阜を来訪したルイス・フロイスは、彼を「若い貴人」と評している（フロイス日本史）。まだ二十歳前後の若者であったと思われる。同年、天竜寺意足軒周悦の世話に努めている（尊経閣文庫文書）。この頃は、「伝十郎長治」と署名している。

彼が戦場に臨んだことも数度あるが、検使としての務めが多い。即ち、天正四年（一五七六）五月、猪子高就とともに天王寺へ、同六年六月、播磨の神吉《かんき》城攻めの陣へといった具合である（公記）。

天王寺での検使の時は、大坂の一揆軍のため原田（塙）直政が討死、天王寺城が襲われて、一揆との戦闘を余儀なくされた（公記・当代記）。

同六年十月十五日、伊達氏の臣遠藤基信に書し、越中の征服を伝え、越後出勢を促しているあたり、外交面でもその能力を発揮している（斎藤報恩会博物館文書）。

摂津有岡城攻めの時、従軍。高槻城番衆に名を連ねているが、その顔触れから推して、やはり検使の役目を負って派遣されたものらしい（公記）。だが、この仕事が長昌の最後のものとなる。同七年三月十三日、高槻城中で俄に病死した（公記）。おそらく、まだようやく三十歳といった年齢だったのではなかろうか。『高野山過去帳』は、その没月日を十一月十日としているが、『公記』の方を採るべきであろう。

長昌は、信長側近として大きな力を振ってきた。例えば長昌死後の天正十年一月十五日の爆竹《さぎっちょう》の時、菅屋長頼・堀秀政・長谷川秀一・矢部家定が小姓・馬廻を率いる特別の地位を認められているが、長昌が存命していれば、当然この顔触れに名を連ねたであろう（公記）。

大塚新八郎（おおつか　しんぱちろう）　近江

生没年不詳。

相撲取り。天正六年（一五七八）二月二十九日、安土にて選ばれた二十三人の相撲取りの一人（公記）。

同年八月十五日の相撲会にも参加。信長より百石と私宅等を賜った（公記）。同九年四月二十一日、また安土での相撲会に参加。勝ち抜いて、信長よりさらに百石の知行を受けている（公記）。

大塚孫三（おおつか　まごぞう）

?～天正十年（一五八二）六月二日。

『甫庵』に、信長の「小々姓」として「大塚弥三」が載っているが、同一人であろう。天正十年（一五八二）六月二日、本能寺にて討死した（公記）。

大塚又一郎（おおつか　またいちろう）

?～天正十年（一五八二）六月二日。

『甫庵』には信長の馬廻とあるが、正しいであろう。妻は生駒親正の娘という（重修譜）。

天正六年（一五七八）の元旦、信長が重臣たちに盃を賜った時、矢部家定・大津長昌とともに酌を務めた（公記）。同年六月、矢部・大津・菅屋長頼ら信長の代表的側近たちとともに、播磨神吉《かんき》城攻めの検使として派遣されている（公記）。

同十年六月二日、本能寺にて討死した（公記）。

大西某（おおにし）

生没年不詳。

天正四年（一五七六）四月、安土城普請の時の石奉行の一人（公記）。他の事跡については伝わっていない。

大野弥五郎（おおの　やごろう）

生没年不詳。

相撲取り。天正八年（一五八〇）六月二十四日、安土における相撲会に参加。信長に召出された（公記）。

大橋源七郎（おおはし　げんしちろう）　尾張

生没年不詳。

「大橋氏系図」（張州雑志）にある、重一の子（重長の甥）源十郎正良に当てはまる人物か。

某年某月二十二日、滝川一益より鉄砲を集めるよう、命じられている（大橋文書）。

大橋重長（おおはし　しげなが）　尾張

生没年不詳。

太郎、清兵衛、入道号慶仁。

津島の豪族の大橋氏である。重一の子、あるいは弟という。妻は織田信秀の娘くらの方（張州雑志）。この婚姻は、信秀の津島懐柔政策の一環であろう。

大橋氏は、信長に仕え、馬廻として戦場でも活躍するが、重長の事跡は伝わっていない。

大橋長兵衛（おおはし　ちょうべえ）　尾張

生没年不詳。

『重修譜』には諱を「長将」、妻は堀田正道の娘とある。

津島の大橋一族の出である。父は重長（張州雑志）。母は織田信秀の娘くらの方か。

信長に仕え、馬廻（甫庵）。津島から離れ、美濃多芸《たぎ》郡高畠にも在所を持っている（大橋文書）。

元亀年間であろう、秀吉に従って近江横山に在城中、高畠の在所を塙直政らに違乱されたことがある。秀吉は違乱した者たちに書を送り、違乱を停めるよう諭している（大橋文書）。やはり留守中に、丸毛光兼（長照）に侵され、秀吉に面倒をかけたこともあった（大橋文書）。

信長馬廻の立場ながら、この当時は秀吉に加勢して江北で活躍しており、横山在城だけでなく、宮部の砦で浅井軍と戦っている姿も『甫庵』に見られる。

後、加藤光泰に仕え、その老臣となった（北藤録）。

大宮含忍斎（おおみや　がんにんさい）　伊勢

生没年不詳。

「含忍斎」の名は『甫庵』に見える。『勢州軍記』では「大宮入道」とある。伊勢阿坂城将。永禄十二年（一五六九）八月、木下秀吉を大将とする信長軍の攻撃を受け、降参し開城した（勢州軍記）。

大宮一族としては、そのほか含忍斎の子である太丞・九兵衛などが『勢州軍記』その他に見られる。

大宮入道（おおみや　にゅうどう）　→大宮含忍斎（おおみや　がんにんさい）

大森平左衛門尉（おおもり　へいざえもんのじょう）　尾張

生没年不詳。

守山近辺の大森の出身で、尾張知多郡郡代という（信長文書）。しかし、下村信博氏は、熱田の豪商で、荒尾屋の屋号を持つ大森一族の出と推測している（同氏「織田弾正忠家と尾張武士」）。

天文二十一年（一五五二）十月十二日、信長より、知多郡篠島の商人の守山への往来を保証するよう命じられている（古今消息集）。

大脇喜八（おおわき　きはち）　近江

?〜天正十年（一五八二）六月二日。

信長の馬廻か。近江蒲生郡大脇庄の出身という（淡海温故録）。本能寺の変の時、二条御所で信忠とともに討死した（公記）。

大脇七兵衛（おおわき　しちべえ）　尾張?

生没年不詳。

春日井郡下飯田村の出身で、忠左衛門の子という（士林泝洄続編）。

天正六年（一五七八）七月、播磨志方城攻めの時奮戦（甫庵）。当時は荒木村重に所属していたか。村重没落後、池田恒興に属したという（淡海温故録）。

大脇伝内（おおわき　でんない）

生没年不詳。

「塩屋伝内」と呼ばれている（言継）。安土宗論の当事者大脇伝介も『公記』に「塩売の身」と書かれている。安土宗論のほうは、『言経』にも「伝介」とあるので、同一人ではない。二人は近親関係なのではなかろうか。

岐阜にも安土にも住居を持っており、元来は商人だったとしても、信長との主従関係はあったらしい。今谷明氏は信長の馬廻としている（同氏『言継卿記』人名索引）。

永禄十二年（一五六九）七月十日、岐阜へ赴いた山科言継に宿を提供している（言継）。

岡国高（おか　くにたか）　大和

生没年不詳。

周防守。

大和葛下《かつらぎしも》郡岡城に拠った国人。興福寺一乗院方国民の一人という。松永久秀に属す。

（永禄十年）十二月一日付で、信長は山城・大和の国衆たちや興福寺に書を送り、近いうちに上洛することを伝え、久秀父子を見放さないよう求めている。その書状の一つが、大和の岡因幡守のところへも届いている（岡文書）。因幡守と国高との関係については詳らかではないが、近い親族であろう。

永禄十一年（一五六八）九月、信長が義昭を奉じて入京、久秀はすぐに出仕した。岡氏もそれに従って義昭に臣従し、信長に従属する形となったであろう。

その後の岡氏の行動は、常に久秀に左右されている。元亀二年（一五七一）早くも久秀の心は信長を離れ、遠く武田信玄に通じたが、その両者の媒介の役を務めたのが岡国高だったらしい。（同年）五月十二日上野の小幡信実より、また、同月十七日直接信玄より書を受け、久秀と信玄との協力体制への尽力を頼まれている（武州文書・荒尾文書）。

（同三年）三月二十日及び四月八日、今度は、信玄を頼って信長を除こうと企てている将軍義昭の側近より書を受け、将軍への忠節を繰り返し促されている（岡文書）。だが、この反信長の動きも、天正元年（一五七三）四月の信玄の死により挫折した。

久秀が多聞山城を開いて信長に降伏するのは、同年十二月二十六日。ところが（同年）九月十一日付で、信長が国高に贈品を謝した書状がある（集古文書）。久秀より一足先に信長に降っていたのであろうか。それでありながら、久秀父子が一応信長に従順であった翌年十一月、信長軍に本拠地の岡近辺を放火されている（多聞院）。このあたりが大和国衆の動向の複雑なところで、理解が困難である。

久秀は同五年八月、再び信長に背いた。この頃は、久秀にはほとんど大和における支配権は認められていなかったが、それでも信長は大和国衆の動向を懸念したのであろう、（同年）九月二十二日付で国高に対し、久秀の謀反に与しないよう申し送っている（集古文書）。

それにもかかわらず、国高は久秀に味方し、これと運命を共にしたという説もあるが、同八年十月二十二日に二千石を安堵された「岡」が『多聞院』に見えるから、久秀方に加わらず、生命を長らえたのではなかろうか。

興福寺一乗院坊官二条宴乗と交友関係があり、油煙を贈られたりしている（宴乗）。

岡崎三郎大夫（おかざき　さぶろうだゆう）　紀伊

生没年不詳。

雑賀《さいか》衆の一人。信長に反抗するが、天正五年（一五七七）三月、信長に雑賀を攻められ、鈴木孫一らとともに降参、赦免された（土橋文書・公記）。

小笠原貞慶（おがさわら　さだよし）　信濃

天文十五年（一五四六）～文禄四年（一五九五）五月十日。

小僧丸、喜三郎、右近大夫。

〔浪牢の若年時〕

長時の三男（寛永伝）。父長時は信濃守護で深志城主であったが、天文二十二年（一五五三）五月、桔梗原の戦いで武田信玄に敗れて没落。幼少の貞慶は父とともに越後へ、次いで京へ落ちのびた（享禄以来年代記・豊前豊津小笠原家譜）。

京では、当時中央を牛耳っていた三好長慶に頼る。永禄元年（一五五八）十一月十三日に元服するが、「貞慶」という諱は長慶の諱字を受けたものである。後、従五位下右近大夫に任官した（豊前豊津小笠原家譜）。

長慶の死後は三人衆と行動を共にし、信長上洛に際しては芥川城を立ち退く。翌年一月の六条合戦では三人衆の軍に混じって戦い、敗れた（豊前豊津小笠原家譜）。その後、父とともにまた上杉謙信のもとへ逃れたという。

〔信長の麾下となる〕

長い浪牢の末、貞慶は信長に属した。（天正三年＝一五七五）二月二十六日付の、貞慶宛て河尻秀隆書状があり、信・濃境目に事が起れば尽力すること、信濃占領のあかつきには貞慶を守護に復活させることなどが約束されている（書簡并証文集）。文面からこの書が貞慶への初めての通信であることがわかるから、貞慶の信長との連絡はこの直前だったらしい。この時は、貞慶はまだ上杉の庇護のもとに越後にいたのではなかろうか。

だが、（天正三年）十一月二十八日付で、信長が佐竹義宣・田村清顕・小山秀綱といった東国の大名たちに長篠の戦捷を報じた時、それぞれ貞慶が副状を発給している（飯野盛男氏文書・歴代古案・小林文書）。この間に信長のもとへ赴いたのであろうか。守護復帰など、第三者が見ると虚言にすぎないことが明らかだが、一縷の望みを託して信長に所属したのであろう。

一方信長にしてみれば、旧信濃守護の子を従えたことで、東国の大名を威圧するのにいくらかの効果はあったらしい。先の佐竹らに対する朱印状の副状もそうだが、（天正六年）十月十五日付で、信長側近の大津長昌が、伊達氏の重臣遠藤基信に越後への出勢を促した書にも、貞慶が副状を出している（斎藤報恩会博物館文書）。謙信の死後とはいえ、世話になった上杉氏を攻撃することに加担しているのである。

〔信長の下での活躍〕

父長時はまだ永らえていて、会津の芦名盛氏のもとに寄寓していた。同七年、貞慶は会津に赴き、父に会って、小笠原家の家宝及び家伝の文書を譲られたという（豊後豊津小笠原家譜）。

同八年頃には越中に赴き、上杉方となっていた国侍たちを説得して信長に帰属させる。（同年）閏三月二十三日付の柴田勝家書状で、その労を犒われている（書簡并証文集）。かつて上杉氏のもとにいたことのある貞慶にとって、越中の士たちにも知己が多かったのであろう。

当時武田氏の支配下にあった信濃への工作にも携わっている。天正九年五月二十二日、信濃和田の善勝坊に対し、馳走を謝するとともに、帰国のあかつきには本領を安堵する旨約束している（小笠原貞慶上書状）。父の信濃守護の地位を回復すること、これが貞慶の夢であり、信長の下で懸命に活躍しているのも、その夢実現のためである。同年十月十五日、信長が芦名氏の臣富田隆資に宛てて、越後の士の工作を頼んだ書にも副状を発給している（越佐史料）。

同十年三月の武田氏滅亡と信長による甲信の平定は、貞慶にとって長年の夢の実現されるべき機会であった。しかし、甲斐は勿論信濃の一部さえも、貞慶に分け与えられることはなかった。旧領の安曇《あずみ》・筑摩《つかま》両郡は、信長に降った功により木曾義昌に加増された。貞慶の無念や推して知るべきである。

〔旧領をめぐる争いと家康への帰属〕

この年六月二日、信長は本能寺で倒れた。信長の死により、たちまちのうちに信濃の信長勢力は没落する。この機会に、越後に居た貞慶の叔父小笠原貞種が、上杉軍の援を受けて木曾氏より深志城を奪った。貞慶は本能寺の変後、家康のもとにいたが、家康の求めに応じて信濃に入り、馳せつけた小笠原旧臣たちを率いて深志城を攻撃、七月十七日これを攻略して、ついに念願の深志入城を果した（二木家記・岩岡家記）。

三十年振りに旧地を復した、松本（深志）城主小笠原貞慶の活発な活動がここから始まる。天正十年から十一年にかけては、一つは旧臣たちと寺社への所領安堵及び寄進、もう一つは反貞慶の態度をとり続ける地侍の討伐に費やされる。

前者に関しては、十年八月三日の大甘久知への安堵状を皮切りに、数多くの安堵状・宛行状・寄進状が残っている（御証文集ほか）。後者については、九月より早速軍事行動を開始、青柳・日岐・麻績《おみ》等の城を攻めている。翌十一年二月には、離反した赤沢式部少輔を、その後、同じく古厩因幡守・塔原三河守を討った（御書集ほか）。

貞慶の安曇・筑摩郡支配に競合するのは、木曾義昌である。貞慶は、同十一年九月にこれを攻め、義昌の居城福島を落した。十月五日、家康よりその功を褒されている（譜牒余録）。これに先立つ三月、貞慶は甲斐に入っていた家康に拝謁しており（当代記）、旧守護の地位回復と言っても、所詮は家康の先勢としての動きであった。「家康御前一すし（筋）より外、当方ニハ覚悟無レ之」（御書集）というのが、当時の貞慶の立場だったのである。この年二月、貞慶は嫡子秀政を人質として家康のもとへ送っている（御書集）。

同十二年三月、家康が秀吉と断交して小牧陣が始まると、貞慶は家康方として、秀吉方の上杉氏の属城麻績・青柳を攻めた。さらにその後、木曾に侵入して木曾義昌を牽制した（重修譜・木曾考ほか）。

〔秀吉の直臣として〕

天正十三年十一月十三日、家康の重臣石川数正が突然家康のもとを去り、秀吉へ奔る、という事件が起った。貞慶は、数正の与力として、子秀政を預けていたが、秀政も数正と行を共にした（武江創業録）。この年十月十七日、秀吉が真田昌幸に対し、貞慶と相談して行動するよう命じているのを見ると、貞慶は、数正の出奔以前から秀吉に通じており、秀政の同行も想定内だったようである（真田家文書）。世の大勢を見て、秀吉に付く決心をしたのであろう。

貞慶は、今度は家康の敵となって、同年十二月、保科正直の守る高遠城を攻めている（保科文書）。秀吉と家康の和睦に伴い、同十五年三月、駿府で家康に謁し、今度は、秀吉の直臣の身分で家康に所属、という立場になる（上杉家文書）。

同十七年一月、子秀政に家督を譲るが、その後も家臣への宛行いなどの活動が見られる（御証文集・御書集ほか）。

同十八年の小田原陣では、前田利家の隊に加わり活動。戦後、秀政は下総古河城に移封され、家康の家臣団に組み入れられた（重修譜ほか）。

貞慶は、秀政に従って古河に移り、文禄四年（一五九五）五月十日、この地にて没した。五十歳という（寛永伝）。秀政には家康の長男信康の娘が嫁し、徳川譜代衆に加えられている。

なお、室町幕府奉公衆に「小笠原民部少輔」という者がおり、吉田兼和と深く親交を結んでいる。史料纂集本『兼見卿記』では、この人物を貞慶としているが、誤りであろう。

小笠原信嶺（おがさわら　のぶみね）　信濃

天文十六年（一五四七）〜慶長三年（一五九八）二月十九日。

十郎三郎。松尾掃部大夫。

信濃守護の小笠原氏とは遠戚関係にある。信貴の子で松尾城主（勝山小笠原家譜）。妻は信玄の弟信綱（信廉《のぶかど》）の娘という（重修譜）。

父信貴の代の永禄五年（一五六二）、信玄の援を受けて長姫《おさひめ》城を攻略しているから（伊那志略）、早くから信玄に属していたのであろう。信嶺の代になってからの元亀三年（一五七二）十月、信玄より三河長篠在城を命じられている（勝山小笠原文書）。

信玄の死後は勝頼に従う。天正元年（一五七三）七月六日、勝頼より長篠在城料として遠江井伊谷を宛行われた（勝山小笠原文書）。勝頼もこのように、信濃守護家の一族で南信濃に大きな勢力を持つ信嶺に気遣いを見せている。

武田氏の遠江・三河方面進攻の要であった信嶺だが、武田氏の衰亡を見てこれを見限り、天正十年二月、信忠の軍が侵入してくるとすぐに降参、織田先鋒軍の案内者として高遠城攻めに参加した（公記）。武田氏の滅亡後の三月二十日、上諏訪に赴いて信長に礼。旧領を安堵された（公記）。伊那郡は、毛利長秀が一職《いつしき》支配を委ねられたから（公記）、信嶺は、軍事的には彼に所属したのであろう。

本能寺の変後、すぐに家康に謁見してこれに所属。酒井忠次に属して高島城攻め。その後、甲斐新府で北条氏の将大道寺政繁と戦った。その功により、伊那郡の本領と松尾城を安堵される（勝山小笠原家譜）。同十二年一月二十日、下条頼安を誘殺するなど、支配力の強化に努めている（下条記）。

その後も家康の臣として長久手の戦いに参陣。小田原陣にも家康軍の先鋒として従軍。家康の関東移封に伴い武蔵児玉郡に移され、本庄城主、一万石を領す（勝山小笠原家譜）。

慶長三年（一五九八）二月十九日没。五十二歳という（勝山小笠原家譜）。娘婿の信之（酒井忠次三男）が跡を継いだ（寛永伝）。

岡島二蔵（おかじま　にぞう）

?～天正十年（一五八二）六月二日。

信長あるいは信忠の馬廻か。天正十年（一五八二）六月二日、本能寺の変の時、明智軍と戦って討死した（阿弥陀寺過去帳）。

岡田右近（おかだ　うこん）

生没年不詳。

『甫庵』の、天正六年（一五七八）七月、織田軍が播磨志方城を攻めた時の記事中にその名が見られる。また、『重修譜』では、岡田太郎右衛門利治の父を「右近将監義房」としている。両者同一人物で、実在していたものと見てよいであろう。

岡田左馬助（おかだ　さまのすけ）　伊勢

生没年不詳。

神戸氏の臣。元亀二年（一五七一）一月、所領安堵され、信孝に仕えた（神戸録）。

岡田重孝（おかだ　しげたか）　→岡田秀重（おかだ　ひでしげ）

岡田重善（おかだ　しげよし）　尾張

大永七年（一五二七）?～天正十一年（一五八三）三月二十六日?

助左衛門、助右衛門。諱は「重能」とも書く。

春日井郡小幡村の人（太閤記・張州府志）。信秀・信長に仕える。

天文十一年（一五四二）八月の小豆坂の戦いの時活躍し、七本鑓の一人に数えられた。そして永禄年間の初め頃、「最初鑓《はなやり》四度」とうたわれたという（甫庵・太閤記）。

天正元年（一五七三）八月の朝倉軍追撃戦の時、子秀重と一緒に活躍した（太閤記・当代記）。一貫して信長の馬廻だったらしい。

本能寺の変後、尾張の支配者になった信雄に仕え、星崎城に住す（重修譜）。同年のうちに没とも、翌十一年三月二十六日没ともいう（重修譜）。いずれにしても、同十二年には子秀重の代になっていたことは確かである。

小瀬甫庵と親しかったらしく、合戦の様子について彼に語ったという。そのため甫庵の彼に対する評価は高く、武勇ばかりでなく歌道にも精通、花車風流に身を労し、話の上手であった、と『太閤記』内で絶賛されている。

岡田秀重（おかだ　ひでしげ）　尾張

?～天正十二年（一五八四）三月三日。

助三郎、小三郎、長門守。諱は他に「重孝」「直孝」「直景」「吉冬」。

重善の長男。尾張星崎城主。父とともに信長の馬廻だったようで、天正元年（一五七三）八月の朝倉軍追撃戦の時、父子ともども活躍した（甫庵・当代記）。

本能寺の変後は、尾張の支配者となった信雄に仕え、星崎城に住す（重修譜）。賤ケ岳の戦いの時は、美濃で働いた様子である（吉村文書）。同十一年十二月二十三日、大坂の津田宗及邸での茶会で、秀吉と同席しているのを見ると、この頃すでに秀吉と親しかったか（宗及記）。

同十二年三月三日、信雄のため長島城に誘殺された（家忠・勢州軍記）。秀吉に内通の嫌疑によるという。

岡部忠右衛門（おかべ　ちゅうえもん）　伊勢

生没年不詳。

神戸氏の臣。元亀元年（一五七〇）一月、所領安堵され、信孝に仕えた（神戸録）。

岡部長左衛門（おかべ　ちょうざえもん）

生没年不詳。

天正四年（一五七六）十月二十九日、信長より近江御庄の内三十石を宛行われている（尾張文書通覧）。信長の馬廻だったことは間違いないが、事跡については、全く不明である。

岡部又右衛門（おかべ　またえもん）　→岡部以言（おかべ　もちとき）

岡部以言（おかべ　もちとき）　尾張

生没年不詳。

又右衛門尉。諱は、「吉方」とも伝わる。

大工棟梁。「大工又右衛門」と呼ばれている。出身地は熱田であろうか。

天正元年（一五七三）五月、信長に命じられて長さ三十間、幅七間という大船を建造。この船は同年七月、将軍義昭との戦いの時使われた（公記）。同三年五月十三日、今度は熱田社八剣宮《やつるぎみや》の造営を命じられた（公記）。

安土城建設の時は、天主造営の大工の棟梁を務めた。それらの功績により、子の以俊と一緒に小袖を拝領する（公記）。

本能寺の変後は尾張の支配者になった信雄に仕える。同十一年八月二十七日、信雄より中島郡赤池郷を、さらに九月十七日、熱田にて二百貫文の地を宛行われた（張州雑志・分限帳）。本能寺で討死との説があるが、誤りである。

小鴨元清（おがも　もときよ）　伯耆

生没年不詳。

左衛門尉、左衛門佐、左衛門督。剃髪号は元宅。姓は後に「南条」に戻る。

伯耆羽衣石《うえいし》城主南条元続の庶兄（南条氏系図）。小鴨氏を称した。伯耆岩倉城主。

父の南条宗勝とともに毛利氏に従い、元服の時も烏帽子親は毛利元就、諱に一字を賜ったという（南条氏系図）。

天正三年（一五七五）、父宗勝死没。元清ら一族は十月十四日、誓書を吉川元春・元長父子に納め、弟元続の南条家相続の許しを請うている（石見吉川家文書）。

しかし、信長の勢力が中国軍司令官羽柴秀吉を介して山陰にも及んでくるにあたって、元清・元続兄弟はこれに降る。同八年五月、吉川軍に岩倉城を攻められているから、それ以前に秀吉に降ったものと思われる（山田文書）。

その後も元続を助けて羽衣石城を守備。同九年二月には、またも吉川軍の攻撃を受けたが、これを退けている（石見吉川家文書）。秀吉軍は山陽方面で苦戦を重ねており、山陰方面でも鳥取城を攻略できずにいる時だけに、羽衣石・岩倉ともに敵地に取り残された形であった。実際に不安にかられた城中の者たちの多くが、城を抜け出て鳥取城へ逃れたという（石見吉川家譜）。同九年十月二十五日にようやく鳥取城が陥落した時、吉川軍に囲まれていたが、秀吉は羽衣石・岩倉を救うため軍を派遣している（公記）。

本能寺の変の後は、秀吉軍の主力が畿内に戻ったため、ほとんど孤立無援の状態となり、ついに吉川軍に羽衣石城を攻略される。元清は岩倉城を捨て、元続とともに京都に奔った（山田家古文書・陰徳記）。だが、秀吉の覇権が確立するに伴って、自然に毛利氏もこれに臣従。南条氏もこれまで通り秀吉に従って、間もなく旧領に戻った（光源院文書）。

　同十五年、九州陣に従軍。高城攻囲の時、島津軍の夜襲を撃退した（太閤記）。

　その後、病弱の弟元続に代わって南条軍を指揮。同十九年（もう少し後か）、元続の死とともにその遺跡を継いだ（重修譜）。

　文禄元年（一五九二）、名護屋に在陣（萩藩閥閲録）。朝鮮へも渡海して戦い、慶尚道・仁道県の領主の子を生捕るという手柄を立てた（毛利家文書・細川家記）。

　しかし、その後、甥元忠（元続の子）の家臣の讒言により失脚。小西行長に預けられ、入道して「元宅」と称すという（南条氏系図）。

　関ケ原の戦いの時、肥後宇土城で加藤清正と戦う。西軍が敗戦して、小西家が滅亡した後、清正に仕えたとも、浪牢して美作に居住したともいう（南条氏系図・羽衣石南条系図）。

岡本但馬守（おかもと　たじまのかみ）
生没年不詳。
　天正五年（一五七七）十一月、秀吉の麾下として播磨上月《こうづき》城攻めに活躍したらしい。同年十二月五日、その戦功を信長より褒されている（上房郡川西村誌）。

岡本良勝（おかもと　よしかつ）　尾張
　天文十二年（一五四三）～慶長五年（一六〇〇）九月十六日。

　平吉郎、太郎右衛門、下野守。

　下野守の子。岡本氏は熱田宮の神官家である。信長の三男信孝の母方の叔父にあたるという（勢州軍記）。

　信孝の母坂氏が、岡本の宿所で信孝を出産（勢州軍記）。その縁により、永禄十一年（一五六八）二月、神戸家に養子に入った信孝に補佐として付けられたという（武家事紀）。

　天正十年（一五八二）一月現在、信孝取次衆の一人。同年六月二日、即ち本能寺の変当日にも、本願寺の使平井越後を信孝に取次いでいる（宇野）。同年十月十八日付の秀吉の自己宣伝と信孝攻撃の文句で有名な長文の書状も、宛名は良勝と斎藤利尭になっている（金井文書）。信孝の股肱の臣と言ってよい。

　ところが最後良勝は、信孝と秀吉との対立の中で長年の主信孝に背き、秀吉に通じた（勢州軍記）。そして信孝の自害後、そのまま秀吉に従属した。

　九州の役、小田原陣、名護屋陣に従軍。朝鮮に渡海し、晋州城攻撃に参加（伊達家文書・浅野家文書ほか）。文禄三年（一五九四）、伏見城普請を分担、当時二万二千石、伊勢亀山城主（当代記）。同四年一月二十日、伊勢鈴鹿郡内を加増され、従五位下下野守と『戦国人名辞典』にあるが、天正十八年の小田原陣の時、すでに「下野守」になっている（伊達家文書）。また、鈴鹿郡内で、二十二カ村、都合一万五千二百三十石余を与えられたのは、文禄三年九月二十一日である（岡本文書）。慶長三年（一五九八）秀吉の形見として刀を受領した（太閤記）。

　同五年の戦役には西軍に与し、関ケ原の戦い敗戦の翌日、城を山岡景友に渡して降参。しかし赦されず、自害を命じられた。五十八歳という（諸系図）。

小河愛平（おがわ　あいへい）
?～天正十年（一五八二）六月二日。
　源四郎の親族か。信長の小姓（甫庵）。本能寺の変の時信長に殉じた（公記）。

小河源四郎（おがわ　げんしろう）
?～天正十年（一五八二）六月二日。
　信長の馬廻か。本能寺の変の時、二条御所にて信忠とともに討死した（公記）。

小川祐忠（おがわ　すけただ）　近江
生没年不詳。

　佐平次、孫一郎、土佐守。

　近江神崎郡小川の人。六角氏に従う。永禄十一年（一五六八）九月、六角氏は信長に攻められて没落するが、祐忠はその後も信長に抗戦。しかし、元亀二年（一五七一）九月一日、近接した志村の落城を見て信長に降参した（公記）。

　その後、天正元年（一五七三）の槙島攻めに従軍。同七年、安土城建築に際して、堀田佐内・青山助一とともに、瓦奉行を務めている（安土日記）。同九年及び十年一月十五日の爆竹《さぎっちょう》の時は、近江衆の中に名を連ねている（公記）。この頃は、他の近江衆とともに信長の旗本を形づくっていたのであろう。

本能寺の変の後、明智光秀方に付いて山崎の戦いに参加（太閤記）。敗戦後、柴田勝家に属し、勝家の甥の長浜城主勝豊の家老となった（武家事紀）。なぜ赦されたのかは不明である。

勝家・秀吉の対立の中で勝豊が秀吉方に寝返ると、祐忠もそれに従い、賤ケ岳の戦いでは勝家を敵として戦う（賤岳合戦記）。ほどなく勝豊が死ぬと、祐忠はそのまま秀吉に臣従した。

同十二年四月小牧陣に従軍（浅野家文書）。文禄元年（一五九二）、名護屋在陣（太閤記）。朝鮮に渡海したか。同三年、伏見城普請を分担、当時一万二千石（当代記）。

関ケ原の戦いでは西軍に属したが、戦いの最中寝返って大谷軍を急襲、平塚為広を討つ。しかし、戦後、賞にあずからず、かえって改易された。『武徳安民記』に「近比病死ス」とあるから、その後ほどなく没したのであろう。

小川長正（おがわ　ながまさ）　尾張

弘治元年（一五五五）～天正十年（一五八二）二月二十八日。

小伝次、久兵衛尉。

正吉の長男。信長の臣だが、北畠氏を継いだ信雄に付けられるという（寛永伝）。

天正四年（一五七六）十一月二十五日、信雄の命により、田丸城で北畠一族の大河内《おかわち》具良を討った（勢州軍記）。

同七年、滝川雄利とともに伊賀に出陣。この陣で、雄利の危機を救ったという（寛永伝）。

同十年（一五八二）二月二十八日没、二十八歳という（寛永伝）。

小川長保（おがわ　ながやす）　尾張

弘治三年（一五五七）～寛永二十年（一六四三）七月十七日。

新九郎。諱は、「久好」とも。

正吉の二男。天正十年（一五八二）二月、兄長正の死により、家を継ぐ。信雄に仕え、小牧陣の時は、伊勢にあって城々を守る。その間、信雄や老臣の土方雄久・岡本秀重から戦功を励まされている（真田家文書）。

講和後の天正十四年七月十日、信雄より尾張浮野郷等二カ所千三百二貫文余を与えられている（真田家文書）。

同十八年、信雄の左遷後、京都に蟄居したが、まもなく秀吉に招かれて、丹波の地三百五十石を与えられる（重修譜）。朝鮮の役の時、名護屋在陣（重修譜）。

秀吉の死後か、家康に出仕、継嗣秀忠に付けられ、上田陣に従う。その後、大坂両陣にも従軍。最後は各所で千五百石余を知行するという（重修譜）。

寛永二十年（一六四三）七月十七日没、八十七歳（重修譜）。

小川正吉（おがわ　まさよし）　尾張

大永四年（一五二四）～慶長十二年（一六〇七）四月九日。

新九郎、伯耆守。

正保の子。元来は岩倉城の織田伊勢守信安の臣。後、信長に転仕する。その後、信雄に仕える（寛永伝）。

慶長十二年（一六〇七）四月九日没、八十四歳という（寛永伝）。その間の事跡については、伝わらない。

大河内具良（おかわち　ともよし）　伊勢

？～天正四年（一五七六）十一月二十五日。

左中将。

母は北畠晴具の娘というから、北畠具教の甥にあたる。北畠一族だけに官位の昇進は目覚しく、元亀三年（一五七二）一月十三日、従五位下、天正元年（一五七三）二月十二日、左中将（歴名土代）。

天正四年十一月二十五日の北畠一族粛正の時、具教らと運命を共にした。『勢州軍記』によると、彼は剣の達人だったが、たまたま病に冒されて田丸城で伏せっていたところ、信雄の臣柘植三郎左衛門らに討たれたという。

『北畠御所討死法名』に「従五位下大河内相模守教道」という人物が載っているが、具良と同一人であろうか。

隠岐土佐守（おき　とさのかみ）　摂津

生没年不詳。

荒木村重の家臣。天正七年（一五七九）十月、攻城軍に降り、有岡城を開城に追い込んだ（公記）。翌年、池田恒興が摂津に入部するに及んで、その与力として付けられた（公記）。

荻野直正（おぎの　なおまさ）→赤井直正（あかい　なおまさ）

奥田忠高（おくだ　ただたか）

大永二年（一五二二）～慶長六年（一六〇一）四月十五日。

主税助、八郎右衛門、三郎右衛門、三河守。

諱の「忠高」は『重修譜』による。『公記』には「奥田三川」で登場する。

大和山辺《やまのべ》郡の豪族。松永久秀に属す。元亀三年（一五七二）四月、久秀と三好義継が交野《かたの》城を攻めた時、その付城に置かれた。だが、信長軍だけでなく公方衆も畠山氏救援に押し寄せたため、城を棄てて逐電した（公記）。

『重修譜』によれば、その後、信長に属したという。『織田系図』には、天正元年（一五七三）八月、浅井氏滅亡の際、信長に降った者として、「奥田三河守」が載せられている。同一人と考えてよいであろう。

信長の死後、秀吉に仕えたが、後、仕官を辞して大和畑に寓居（重修譜）。

慶長五年（一六〇〇）、山岡景友の仲介で家康に謁し、本領大和山辺郡と紀伊名草郡内にて二千八百石を与えられる。翌六年四月十五日没、八十歳という（重修譜）。

奥平貞能（おくだいら　さだよし）　三河

天文六年（一五三七）～慶長三年（一五九八）十二月十一日。

九八郎、監物、美作守。致仕号は牧庵。初名は「定能」。

三河山家三方衆《やまがさんぽうしゅう》の一人。作手《つくで》を領す。子貞昌（信昌）とともに家康の臣として知られているが、地理的に今川・武田の二大勢力の間にあり、永禄年間頃は、初め今川、その後武田に従い、天正元年になって初めて家康の臣として定着する。だが、遡って弘治年間頃、信長に属していたことがあったらしく、同二年（一五五六）八月四日、信長方として、三河雨山城にて今川方の菅沼定村と戦い、これを打破っている（奥平家譜）。

その後、今川麾下の家康の手に属して、永禄三年（一五六〇）五月の桶狭間の戦いの時、丸根砦を攻める。しばらく家康に従って、元亀元年（一五七〇）の越前遠征、姉川の戦いにも従軍したというが、その年のうちに武田信玄に属し、三方原では家康軍と矛を交える。信玄の死後、再び家康に従うようになった（奥平家譜）。

天正三年（一五七五）、子貞昌（信昌）が武田勝頼の軍に囲まれながら、長篠城を死守。この時、父の貞能は、織田・徳川軍を鳶ケ巣山に案内した（当代記）。

その後、家を信昌（貞昌）に譲って剃髪、牧庵と号し、伏見に住む。慶長三年（一五九八）十二月十一日、伏見にて没、六十二歳（奥平家譜）。

奥村直俊（おくむら　なおとし）

生没年不詳。

平六左衛門尉。諱はほかに「秀正」が文書にある。

信長の奉行人。初めは美濃斎藤氏の臣だったらしい（甫庵）。

某年十月六日、法隆寺寺家に対して、家銭銀子百五十枚の納入を命じた連署書状がある（法隆寺文書）。共に名を連ねている者は、志水長次・跡辺秀次・織田吉清であり、信長奉行人の中で、いずれもその地位は高くない。

永禄十二年（一五六九）一月の本圀寺合戦の時、高槻城より救援に向かい、一番首として賞されたと『甫庵』にある。戦い参加の記載はこれのみである。

直俊の名を頻繁に載せている史料は『宗及記』である。天正二年から同十一年にかけて、彼の名は自会記・他会記を問わず頻見する。井口友治氏は、佐久間信栄と同席することが多いことから、大坂方面軍司令官の佐久間の与力と推測している（同氏「十月六日法隆寺寺家宛志水・奥村・跡部・織田連署状『法隆寺文書』の年代比定について」）。佐久間与力として、大坂近辺に常駐して、市政に携わっていたのかも知れない。

　信長の死後、前田家に仕えるという（武家事紀）。


奥村秀倡（おくむら　ひでまさ）　尾張？

　生没年不詳。

　与右衛門尉。

　信長の奉行人。永禄五年（一五六二）十一月、桑原家次・池山信勝・武田佐吉と連名で、密蔵院領の川成承認の奉行を務めている（密蔵院文書）。やはり信長の奉行を務めている平六左衛門尉直俊（秀正）と同一人だろうか。

奥村秀正（おくむら　ひでまさ）　→奥村直俊

奥山重定（おくやま　しげさだ）　尾張
　生没年不詳。

　弥太郎、佐渡守。諱は他に「盛昭」「貞光」。

　佐久間大学盛重の子という。信長に仕え、後、丹羽長秀・長重に仕える（重修譜）。

　その後、秀吉に仕え、越前の内にて所領を与えられる。九州陣、小田原陣、名護屋陣に従軍している（当代記・伊達家文書・太閤記）。

小倉松寿（おぐら　まつじゅ）　近江
　？〜天正十年（一五八二）六月二日。

　松千代。

　近江愛智《えち》郡高野城主小倉右京亮と、後に信長の側室になる鍋との間に生れた子である。兄甚五郎ともども信長より本領を与えられるという（小倉婦人記事）。

　本能寺の変の時、町の中に宿泊していたが、変報を聞いて本能寺へ駆け入り、信長とともに討死した（公記）。『小倉婦人記事』には、十六歳とある。

小沢吉次（おざわ　よしつぐ）　→（こざわ　よしつぐ）

小沢六郎三郎（おざわ　ろくろうさぶろう）

　？〜天正十年（一五八二）六月二日。

　諱は「重宗」といい、信長に仕えて三千石を知行という（小沢七兵衛「小沢六郎三郎と当家」）。

　信長の奉行人。天正四年（一五七六）四月、安土築城の時、石奉行の一人（公記）。

　本能寺の変の時、町屋にいたが、変報を聞いて二条御所に駆け入り、奮戦して討死した（公記）。

小島兵部少輔（おじま　ひょうぶのしょう）
→小島民部少輔（おじま　みんぶのしょう）

小島民部少輔（おじま　みんぶのしょう）　伊勢
　？〜慶長十五年（一六一〇）？

　『勢州軍記』等伊勢関係の史料には、兵部少輔とある。織田信孝の異父兄。父は織田彦八という（加賀市史料）。

　神戸氏を継いだ信孝に仕える。元亀二年（一五七一）二月、神戸具盛没落後、神戸譜代の粛清が行われ、高岡城主山路弾正忠が討たれたが、彼は、信孝との関係からその跡の高岡城主にされた。さらに天正十年（一五八二）、本能寺の変後の清須会議で、信孝に美濃が与えられて岐阜城に移ると、神戸城に入れられ、北伊勢の守備を委任された（勢州軍記）。

　この年十二月、信孝は、秀吉・信雄の軍に攻められて降参。民部少輔も秀吉たちから書を受けて、近辺に築いた砦を破却するよう命じられている（小島文書）。翌年、再び挙兵した信孝は滅亡。民部少輔は、神戸城に籠っていたが、五月、林正武に攻められて開城した（勢州軍記ほか）。

　その後、前田利長に仕え、越中守山で千石を知行する。慶長十五年（一六一〇）に没という（加賀市史料）。

小瀬清長（おぜ　きよなが）　尾張
　？〜天正二年（一五七四）九月二十九日。
　三郎五郎。諱は「長清」とも。
　織田造酒佐《さけのすけ》の嫡男で菅屋長頼の兄。小瀬三右衛門尉の養子になるという（甫庵）。また、妹は信長の従兄弟信成の乳母であるともいう（当代記）。その縁で信成に仕え、春日井郡小幡郷にて五百貫を知行すると『甫庵』にある。

後、柴田勝家に三千貫で招かれるが辞退する、と『甫庵』は伝える。天正二年（一五七四）長島攻めに従軍。九月二十九日、主信成の討死を聞き、病身にもかかわらず出向いて、同じく討死したという（甫庵・織田系図）。

彼の事跡は『公記』等良質史料に伝わっていないが、上記の大体のことは信じてもよいと思われる。『浅野家諸士伝』中に、小瀬三右衛門の子「三郎次郎」という人物が載っており、長島合戦で討死とある。同一人であろう。

小瀬三右衛門（おぜ　さんえもん）　尾張

生没年不詳。

尾張矢島六人衆の一人。弘治元年（一五五五）、六人衆して坂井孫八郎を討つという（甫庵）。『浅野家諸士伝』中に、小瀬三郎次郎の父小瀬三右衛門が載っている。三郎次郎＝清長であり、その養父ということであろう。

尾関勝平（おぜき　かつひら）　尾張

生没年不詳。

孫次郎。法名浄居。尾関は、「尾塞」とも書く。

信長に仕える。本能寺の変後は、信雄に仕え、尾張内にて八十貫文の地を知行する（分限帳）。某年、八十三歳で没するという（寛永伝）。

織田安房守（おだ　あわのかみ）→織田秀俊（おだ　ひでとし）

織田右馬頭（おだ　うまのかみ）　尾張

生没年不詳。

『甫庵』にある人物。元亀三年（一五七二）、殿上人と北面の武士との争論に際して、北面の武士の方を贔屓して信長に言上。信長より狂歌に託してその態度を詰られ、恥じてほどなく没するという。

織田有楽斎（おだ　うらくさい）→織田長益（おだ　ながます）

織田越前守（おだ　えちぜんのかみ）　尾張

生没年不詳。

信長の馬廻。永禄年間、赤母衣《ほろ》衆の追加として選抜される（高木文書）。だが、それ以外の史料には全く登場しない。

織田越中守（おだ　えっちゅうのかみ）→中根信照（なかね　のぶてる）

織田甲斐守（おだ　かいのかみ）　尾張

?～元亀元年（一五七〇）十一月二十六日。

信長の馬廻か。元亀元年（一五七〇）十一月二十六日、堅田の戦いで、坂井政尚とともに討死した衆の中に名が見える（朝倉記）。

織田勘解由左衛門（おだ　かげゆざえもん）→織田広良（おだ　ひろよし）

織田勝長（おだ　かつなが）→織田信房（おだ　のぶふさ）

織田掃部助（おだ　かもんのすけ）→津田一安（つだ　かずやす）

織田勘七郎（おだ　かんしちろう）　尾張

?～天正十年（一五八二）六月二日。

姓は「津田」ともいう。連枝衆の一人だが、信長との血縁関係については不明。一説によると、大橋重長の子で、母が信秀の娘（くらの方）ゆえ連枝に連なるという（黒田剛司「津島歴史紀行」）。

天正九年（一五八一）二月二十八日の馬揃えでは、連枝衆の中にあって行進している。本能寺の変の時、二条御所で討死した（公記）。

織田久三郎（おだ　きゅうさぶろう）　尾張

?～天正二年（一五七四）九月二十九日。

尾張中荘北島の人という（高野山過去帳）。連枝衆の一人と思われるが、信長との関係等については明らかではない。『高野山過去帳』によると、天正二年（一五七四）九月二十九日没というから、長島攻めに従軍して討死したのであろう。

織田刑部大輔（おだ　ぎょうぶのたいふ）　尾張

各『織田系図』その他に、信次（信長叔父）の子で中川重政・津田盛月・木下雅楽助（織田薩摩守）三兄弟の父として載せられている人物である。しかし、重政らを信次の孫とするのは、年代的に無理である。信次の子というのが訛伝なのか、あるいは全く架空の人物なのかも知れない。

織田金左衛門（おだ　きんざえもん）→織田順元（おだ　のぶもと）

織田九郎次郎（おだ　くろうじろう）→津田元嘉（つだ　もとよし）

織田源十郎（おだ　げんじゅうろう）　尾張

生没年不詳。

『織田系図』には、信清の子「信益（源十郎・弁左衛門尉）」が載っている。しかし、『織田家雑録』をはじめ多くの書は、信益を勘解由左衛門（実は広良）と混同し、信清の弟としている。

『織田系図』が正しいとしても、『公記』に載った「源十郎」が信清の子かどうかはわからないが、天正十年（一五八二）五月二十九日、信長最後の上洛の時、安土城本丸の留守衆の一人として、その名が見られる。

ところが、『池田本』では、この名が「津田源二郎」となっている。「源二郎」といえば、同本の同九年二月二十八日、馬揃えの記事中にも、追筆で載せられており、比定困難な人物である。

織田源二郎（おだ　げんじろう）　尾張

『池田本』の天正九年（一五八一）二月二十八日条、馬揃えの記事中、連枝衆の末尾にその名が見える。ただし、原本を見ると明らかに後筆である。また、同書の同十年五月二十九日条、信長最後の上洛の時、安土城本丸の留守衆の筆頭に「津田源二郎殿」が書かれている。だが、この箇所は『公記』では「津田源十郎」に変化している。「源十郎」であるとすると、犬山城主織田信清の弟信益かも知れないが、やや無理がある。一方、長益（有楽斎、信長弟）の子長孝にあてはめる説もあるが、これも年代的に難しいであろう。

織田謙亭（おだ　けんてい）→織田左近将監（おだ　さこんのしょうげん）

織田玄蕃頭（おだ　げんばのかみ）

生没年不詳。

信雄の臣。一族であろうが、誰に該当するかは明らかでない。（天正十一年＝一五八三）十一月十八日、信雄より伊勢神宮への寄進について指示を受け、翌日、両宮神主に宛てて、その旨を伝えている（神宮文庫文書・国立歴史民俗博物館文書）。

織田玄蕃允（おだ　げんばのじょう）→織田秀敏（おだ　ひでとし）

織田小藤次（おだ　ことうじ）　尾張

?～天正十年（一五八二）六月二日。

姓は「津田」ともいう。信長の一族のようだが、信長との関係については不明。本能寺の変の時、二条御所で討死した（公記）。

織田造酒佐（おだ　さけのすけ）　尾張

?～永禄三年（一五六〇）?

造酒丞《さけのじょう》ともある。諱は、「信辰《のぶとき》」「信房」と伝わるが、確かではない。

尾張下郡の人。信秀の代より織田氏に仕える。もともと織田一族ではなく、祖父は岸蔵坊という者だったという（武家事紀）。また、信長の代表的側近となる菅屋長頼は、造酒佐の子である（甫庵ほか）。

天文十一年（一五四二）八月、小豆坂の戦いの時に活躍（公記）。『甫庵』によれば、七本槍の一人に選ばれたという。弘治二年（一五五六）八月、稲生《いのう》の戦いでは信長に従い、柴田勝家・林美作守の軍に対して奮戦した（公記）。

永禄三年（一五六〇）五月十九日、桶狭間の戦いに従軍（甫庵）。しかし、この戦いでの活躍については伝わらず、その後、名は途絶えている。おそらく、この戦いで討死したのであろう。

『太閤記』には、仁義の男、真忠の志篤く、戦いにおいても最初槍《はなやり》六度の勇者だったとある。

織田左近将監（おだ　さこんのしょうげん）　尾張

?～天正十年（一五八二）?

左近允。入道号は謙亭。

信長の一族であろうが、信長との関係については明らかではない。

永禄十二年（一五六九）一月、本圀寺合戦の時、尾張より出向して本圀寺の門前を固め、三好軍と戦った旨『甫庵』にあり、『公記』でも本圀寺籠城の人数の中に名を載せている。

元亀元年（一五七〇）十一月二十日、吉田兼和を訪れた「津田左近允」、同二年七月十一日に岐阜より上洛した「織田左近入道謙亭」が見られるが、いずれも同一人であろう（兼見・元亀二年記）。

『張州府志』には、春日井郡にある正眼寺で狼藉を働いた罪により、天正十年（一五八二）に誅殺されたと書かれている。

織田薩摩守（おだ　さつまのかみ）→木下雅楽助（きのした　うたのすけ）

織田左馬允（おだ　さまのじょう）→津田盛月（つだ　もりつき）

織田勝左衛門（おだ　しょうざえもん）　尾張

生没年不詳。

弘治二年（一五五六）八月二十四日の稲《いの》生《う》の戦いの時、信長に従軍。柴田・林の軍に対して奮戦したことが『公記』に見える。

織田周防（おだ　すおう）　尾張

生没年不詳。

連枝衆だが、信長との関係についてはわからない。天正九年（一五八一）二月二十八日の馬揃えの時、連枝衆の中にあって行進している（公記）。

織田駿河守（おだ　するがのかみ）→中川重政（なかがわ　しげまさ）

織田仙（おだ　せん）

？～天正二年（一五七四）九月二十九日。

仙は「仙千代」か。幼名であろう。姓は「津田」ともいう。信光の三男で信成・信昌の弟。信長の従兄弟にあたる（織田系図）。

天正二年（一五七四）長島攻めに従軍。九月二十九日の最後の戦闘の時、兄たちとともに討死した（甫庵ほか）。

織田善右衛門（おだ　ぜんえもん）　尾張

？～元亀元年（一五七〇）四月

『織田系図』に、刑部大輔の四男、中川重政らの弟として載っている。元亀元年（一五七〇）四月、越前金崎にて討死したという。

織田忠政（おだ　ただまさ）→中川重政（なかがわ　しげまさ）

織田達成（おだ　たつなり）→織田信勝（おだ　のぶかつ）

織田與康（おだ　ともやす）→織田広良（おだ　ひろよし）

織田長（おだ　なが）→菅屋長頼（すがや　ながより）

織田長利（おだ　ながとし）　尾張

？～天正十年（一五八二）六月二日。

又十郎。姓は「津田」を称す。

信秀の十一男とも十二男ともいう。信長の末弟。

元亀三年（一五七二）十二月六日、「津田又十郎」が信長に六十貫文の地を没収され、成田義金に宛行われている（阿波潮文庫）。この「又十郎」は長利であろう。

天正二年（一五七四）七月、長島攻めに従軍。連枝衆の中にその名が見える。同九年二月二十八日の馬揃えの時も、連枝衆の中にあって行進（公記）。

本能寺の変の時、二条御所にて討死（公記）。娘は信雄の後室となった（織田家雑録）。義母である未亡人に対して、信雄より八十二貫文が与えられている（分限帳）。

織田中根（おだ　なかね）　尾張　→中根信照（なかね　のぶてる）

織田長益（おだ　ながます）　尾張

天文十六年（一五四七）～元和七年（一六二一）十二月十三日。

源五郎、出雲守、武蔵守。斎号は有楽斎。信秀の十男あるいは十一男。信長の弟。有楽斎の斎号で、武将としてよりも茶人として周知されている。

信長入京の頃にはすでに成人していたはずだが、史料には見られない。その初見は、（天正三年＝一五七五）五月二日、信長より帰城の祝儀に対する返礼の書状を受けたものである（関戸守彦氏文書）。だが、その前後の長島攻めなどの戦いに従軍した記録はない。

天正九年二月二十八日の馬揃えの時は、連枝衆の一人として行進。同年と翌十年の一月十五日に行われた爆竹《さぎっちょう》の時も、一門衆として参加している（公記）。同十年二月の武田攻めには従軍。三月三日、武田の将馬場美濃守より信濃深志城を受け取っている（公記）。

本能寺の変の時、信忠に従って二条御所に籠るが、臣たちを欺いて脱出し、難を逃れたという（当代記・武家事紀）。すぐに秀吉に仕えて摂津島下郡味舌《ました》二千石を安堵された旨、『重修譜』に載っているが、同十二年五月、小牧陣の最中、信雄より吉藤の援軍として派遣されており、しばらくは信雄に従っていた様子である（不破文書）。『分限帳』にも、信雄から一万三千貫の知行を受けている様子が見られる。同十八年、信雄の改易に伴って、秀吉に仕えたのであろう。

同十三年七月十一日、従四位下侍従に叙任（織田系図・太閤記）。『桃山分限帳』によれば、慶長四～五年頃、摂津味舌一万五千石という。

関ケ原の戦いでは、東軍に付き、九月十五日の戦闘に参加。石田三成の臣蒲生喜内を討ち取ったという（関ケ原御合戦当日記）。大坂冬の陣の時には大坂城内に居たが、家康の間諜の役を果していたという（重修譜）。再戦の直前の四月、大坂城を退去する（譜牒余禄後編・駿府記）。その後は、京都にとどまっている（重修譜）。

元和七年（一六二一）十二月十三日、京都東山にて没、七十五歳（寛永伝）。

茶人としては、利休七哲の一人。その方面での活躍については、津田宗及たちの茶湯日記等に頻見する。

織田信家（おだ　のぶいえ）　尾張

?～天正十年（一五八二）三月二日?

『織田系図』にも『重修譜』にも、「信家」とあるだけで、称呼、官名は伝わっていない。岩倉の守護代信安の二男で、信賢の弟。

信安が兄信賢を差し置いて信家を嗣立しようとしたため、信賢らのために追放される。信家も父と同じく遊客の身になるという（織田系図・士林泝洄）。

後、信忠に仕え、天正十年（一五八二）二月、武田攻めに参加。高遠城攻めの時討死したという（織田系図・士林泝洄）。

織田信氏（おだ　のぶうじ）　尾張

?～天正十二年（一五八四）六月二日?

竹千代、角蔵。

信直の長男。母は信長の妹（小田井殿）。天正二年（一五七四）の長島攻めで、父信直戦死。翌年、父の戦死の賞として小田井三万六千貫を知行するという（織田系図・士林泝洄）。

同九年二月二十八日、馬揃えの時には、連枝衆の一人として行進（公記）。本能寺の変の後、信雄に属したが、同十二年六月二日に没という（織田系図）。なお、『士林泝洄』では、没年月日を同十三年六月三日としている。

織田信興（おだ　のぶおき）　尾張

?～元亀元年（一五七〇）十一月二十一日。

彦七郎。

信秀の七男という。信長の弟。伊勢長島の押さえとして、尾張小木江《こきえ》城を守る（公記）。

元亀元年（一五七〇）十一月二十一日、小木江城を長島の一揆軍に攻められ、自害した（公記）。

織田信勝（おだ　のぶかつ）　尾張

?～永禄元年（一五五八）十一月二日?

勘十郎、武蔵守。その他、『定光寺年代記』には「弾正忠」が載っている。諱は一般に「信行」で知られているが、文書で確かめられるのは、「信勝」の外に「達成」「信成」である。

信秀の三男あるいは四男。信長のすぐ下の弟である。母は信長と同じ正室の土田氏。少年の頃の兄信長は日頃から奇矯な振舞いが目立ち、父信秀の葬儀の時も、茶筅髪にて袴も着けず、仏前で抹香を投げかけるという態度をとったのに対し、信勝は折目高なる肩衣袴にて、形のごとく振る舞ったという『公記』の記事は有名である。

父に末盛城を譲られ、ここを本拠地にする。この時、老臣として柴田勝家・佐久間次右衛門らを添えられた（公記）。

天文二十二年（一五五三）五月、美濃白山社に仏像光背を、同年六月、熱田社に菅

原道真画像を寄進する（愛知県史資料編⑩）。同年より弘治三年にかけて、熱田の加藤順盛の諸権益と財産を保証する判物を盛んに発給している（加藤文書ほか）。一方の西加藤家には信長の判物が多数出されているのを見ると、信長・信勝の争いが熱田の加藤家に及んでいたのかもしれない。ともかくこの頃の信勝には、信長から独立しているかのような動きが見られる。

　弘治元年（一五五五）六月、弟秀孝が守山城主の信次の臣に射殺された時、即座に守山へ攻め懸け、町を放火した。信長はこの時、秀孝にも過失ありと見做して守山を放置し、出奔した信次をも敢えて追罰しなかった（公記）。このあたりにも、織田家当主である信長の意思に服していない信勝の姿が垣間見られる。

　同二年八月、信長の筆頭家老林秀貞までも信勝の擁立を策し、弟美作守や柴田勝家とともに信長に反抗。同月二十四日の稲生《いのう》の戦いとなる（公記）。この戦で信長は、美作守と勝家の軍を撃破、信勝は母や勝家を伴って清須へ赴き、信長の赦免を得た（公記）。

　しかし、永禄元年（一五五八）三月、竜泉城を築き、篠木三郷の押領を企てる（公記・定光寺年代記）。老臣勝家が信勝を離れて信長に接近、信勝に謀反の意ありと告げたため、同年十一月二日、清須に呼び寄せられ、謀殺された。

　この事件について、『享禄以来年代記』『織田家雑録』『重修譜』等は弘治三年の出来事とし、永禄元年説を採るのは『公記』だけである。『公記』巻首の中で明記されている年代は、ほとんど誤っているのだが、「武蔵守信成」と署名した弘治三年十一月二十五日付判物があり（加藤文書）、この「信成」が信勝であることはほぼ確かである以上、この事件に関しては『公記』の記載を信じるべきであろう。

織田信雄（おだ　のぶかつ）　尾張

　永禄元年（一五五八）～寛永七年（一六三〇）四月三十日。

　茶筅、左近衛権中将、三介。秀吉政権下で大納言、内大臣に任官。諱は「具豊」から「信意《のぶおき》」、「信勝」を経て「信雄」。晩年は入道して常真と号す。一時期北畠氏の養子となり、「北畠中将」、次に「北畠三介」と称している。

〔北畠氏の養嗣子〕

　信長の二男。母は信忠と同じ生駒氏（久庵）。永禄十二年（一五六九）、信長が大河内《おかわち》城を攻め、十月に和睦が成立した時、北畠家の養嗣子として大河内城に入った。この時の養父が具教か、その子具房かということは、諸書に分かれるところだが、北畠氏関係文書や『勢州軍記』によると、すでに北畠家督は具房に譲られていたようである。具教の婿になって、具房の継嗣を約束されたということであろう。具教の娘との婚姻については、『勢州軍記』などに元亀二年（一五七一）のこととしている。

　信雄の元服は元亀三年一月、一歳上の兄信忠、同年の弟信孝と一緒に岐阜で行われたと『勢州軍記』などにある。しかし、信忠について見ると、「勘九郎信重」の初見は翌年の七月。それまでは「奇妙」の幼名で呼ばれている。茶筅の最初の実名「具豊」の初見は天正元年（一五七三）十一月十五日（福島家文書）。信忠と同時だったかも知れないが、『勢州軍記』などの記載より一年以上後のようである。

〔北畠家の実権掌握〕

　天正元年十一月十五日、大神宮御師《おんし》福島家の跡職を北鍋次郎に継がせることを了承（福島家文書）。これは、九月二十二日の具教による宛行いを承認したものである。北畠家の当主は具房、後見役はその父具教なのだが、信長を背景にした信雄の力を、具教父子も無視できなかったのであろう。

　同二年二月三日、岐阜城での信長の茶会に参加、「御通」の役を務めているということは、岐阜の実父とは以前と変わらない繋がりを保っていたことが窺える（宗及記）。

　同年七月、伊勢長島攻めに参陣。伊勢衆を率いて海上より中洲を攻撃している（公記）。

〔北畠家の家督継承〕

北畠家の家督を譲られたのは、天正三年六月のことであった。この六月六日付で北畠家の奉行人山室房兼より北監物丞に宛てた書状では、すでに具教の隠居は決定している（福島家文書）。六月二十四日、信雄は大河内城を出て、田丸城に移った（多聞院・勢州軍記）。

　北畠家督となった信雄は、俄に活発な行動を見せる。この時期の活動を順を追って記してみよう。

①七月二十四日、伊勢国内に徳政令を発す（伊勢古文書集）。
②七月二十七日、瓜生《うりう》内記に所領を安堵（古案）。
③十月十八日、大神宮御師竜大夫に諸役を免除（伊勢古文書集）。
④十一月二日、山田三方衆に宮川橋賃を寄進（三日市大夫文書）。
⑤十一月三日、伊勢専修寺に末寺と門徒を安堵（専修寺文書）。
⑥十一月五日、麾下である大和の沢・秋山・芳野に、春日社領の大和宇賀志荘の還付を命令（続南行雑録）。
⑦十一月十四日、世義院先達坊に景正院などを寄進（山田三方会合記録）。
⑧十一月二十八日、延命寺の寺院・堂塔を安堵（延命寺文書）。
⑨十一月二十八日、旧により、泊瀬寺に諸役を免除（近長谷寺文書）。
⑩十二月七日、宇治六郷に徳政を免除（神宮徴古館農業館文書）。

　この間の八月、越前一向一揆討伐戦に従軍。残党狩りに精を出している（公記・寸金雑録・高橋源一郎氏文書）。

　官位の方も年を追って昇進。同二年には従五位下侍従、三年六月一日正五位下、十一月七日左近衛権中将になっている（歴名土代・重修譜）。

　同四年夏、熊野の攻略を意図し、赤羽新之丞を大将として出兵。加藤甚五郎に伊勢梅谷の長島城を預けたが、堀内《ほりのうち》氏善らに反撃され、三鬼城陥落、長島城も落され、赤羽まで裏切って敵方に付くという不祥事が起った（勢州軍記）。これは大事に至らなかったが、南伊勢を押さえる北畠当主信雄にとって気を揉ませる出来事であった。

〔北畠一族の粛清〕

　天正四年十一月二十五日、信長の意を受けた信雄は、突然北畠一族の粛清を決行した。

　まず岳父具教は、滝川雄利らの手により三瀬《みせ》城で殺された。その二男長野具藤、三男北畠親成、そのほか一族の大河内具良・坂内具義らは、田丸城に誘い出され、謀殺された。主だった者の内ではたった一人、前当主の北畠具房のみが命を助けられ、長島城に幽閉された（公卿補任・勢州軍記・北畠御所討死法名ほか）。

　さらに信雄は十二月、長らく補弼の臣として重用してきた津田一安を田丸城にて殺した（勢州軍記）。一安の誅殺については、信雄への謀反、あるいは権力に奢った故などと伝えられるが、真相は、北畠一族粛清に対する考え方に信雄とずれがあったということではなかろうか。翌年であろう、五月二十四日付で、信雄は信長より、一安の金子・銀子・米を埴原《はいばら》植安へ渡すよう命じられている（埴原文書）。

　北畠一族粛清を聞いて、具教の弟東門院は、還俗して北畠具親と称し、伊勢の諸士を糾合して森城などに立籠った（勢州軍記）。信雄は、同五年春、日置《へき》大膳亮らにこれを攻めさせ、追い払った。平定成った後、信雄は坂内《さかない》を城戸《きど》内蔵助に、三瀬を森清十郎に与えた（勢州軍記）。

〔兄信忠の下での戦歴〕

　天正五年二月、信雄は雑賀《さいか》攻めのため出陣した。一旦西近江で信長軍を待ち、同陣して南方へ下った。この陣では、兄信忠ら連枝衆と行動を共にしている（公記）。

　信忠に織田家督が譲渡されたのは、同三年十一月二十八日のことである。だが、それより二年ほど前より、信忠は尾張と美濃の一部の将士を麾下に置いて、信忠軍団を組織していた。そして、父信長はこの雑賀攻めの後、戦いの第一線にはほとんど登場しなくなる。だから信雄を含む諸将は、以後信忠の総指揮の下に働くことになる。信忠の下での信雄の戦歴を追ってみよう。
①同六年四月、大坂攻め（公記）。
②同年五月、播磨出陣。六月二十六日、志方城攻囲（公記）。
③同年十一月、有岡攻め。十二月、毛馬砦守備（公記）。
④同七年三月五日、有岡攻め。四月十二日、播磨出陣（公記）。

父に代って戦いの総指揮をとる信忠は別格として、伊勢の信雄・信孝・信包、近江の信澄ら連枝衆の軍団は、必要があれば父の命令でどこへでも応援に駆け付ける遊撃軍団であった。それらの中でも最も強力なのは、南伊勢と大和の一部の士を麾下とする信雄の軍だったのである。

〔信雄の伊賀攻め〕

天正七年九月、信雄は父に無断で伊賀に出兵。かえって敗れ、重臣柘植《つげ》三郎左衛門らを討死させた（公記ほか）。信長は九月二十二日付で、信雄宛てに譴責状を送り、その軽率な行動を戒め、父のみならず兄信忠にも忠節を尽くすよう命じている（公記・崇福寺文書）。

その後しばらく信雄は謹慎していたのであろうか。翌年まで活動が見られない。翌八年五月三日、信忠とともに安土へ赴き、安土邸の普請を命じているということは、すでに父の勘気は解けていたのであろう（公記）。この年に田丸城が家臣の放火で焼失し、信雄は細頸の地に築城。新城を松《まつが》島《しま》城と名付けた（勢州軍記ほか）。

信雄が恨みの伊賀を討伐したのは、同九年のことである。この年九月三日、伊賀攻めの総大将として出陣した。従う部将は、麾下の伊勢衆の外、滝川一益・丹羽長秀といった老臣たち、大和の筒井順慶、それに信長旗本である近江衆らが加わった（公記・兼見）。

これほどの大軍に攻められては、伊賀衆はひとたまりもなかった。同月十一日にはほぼ伊賀全域の城郭を攻略（公記）、ゲリラ戦に長じた伊賀衆だけに、残党狩りには日時を費やしたが、ひと月後には大体鎮圧された。十月、信長が巡視に来た時、信雄は座所を構築してこれをもてなしている（公記）。静謐成った伊賀は、四郡の内一郡が信包、三郡は信雄に与えられた（公記）。

〔連枝衆中、嗣子信忠に次ぐ地位〕

信長連枝衆それぞれの地位は、『公記』の天正九年二月二十八日条、馬揃えについて書かれた記事を見ると、明らかにされる。

この時、連枝衆として先頭をきったのは当然ながら信忠。尾張・美濃衆八十騎がそれに従った。続いて信雄、伊勢衆三十騎を引率。この後、信包十騎、信孝十騎、信澄十騎と続く。引率の騎馬数を記しているのはここまでで、次からは交名《きょうみょう》だけが並べられている。

当時、信忠・信雄・信包・信孝・信澄の五人が、連枝衆の中でも特別の地位を認められていたのであろう。そして信雄は、嫡子で織田家督の信忠に遠く及ばないのは当然としても、信包以下には大きく水をあける存在だったと言えるであろう。

同年七月二十五日、信忠・信孝とともに安土に赴き、父信長より北野藤四郎の脇差を受ける（公記）。信長の十一人の男子の中でも、この三人のみが特別の扱いを受けている。

同十年元旦にも安土に出仕。この時も信忠らと一緒であった（公記）。一月十五日の爆竹《さぎっちょう》にも、連枝衆として参加している（公記）。

その後二月、信忠は慌ただしく武田攻めに出陣。信長自身も三月に馬を出す。信雄の行動については、『公記』その他に記載がなく、甲信遠征の将としてその名が出ることもないが、四月付の信濃諏訪社宛て禁制が伝わっており、信雄がやはりこの遠征に加わっていたことを証明している（守矢文書）。ただし、信雄が父とともに信濃に入った時、武田氏は信忠軍によってすでに滅ぼされており、結局は戦闘に加わる機会はなかった。

〔本能寺の変に際して〕

天正十年六月二日、本能寺の変で信長・信忠共に倒れた。この時、信雄は伊勢松島の居城に居た。変報を受けるやすぐに軍を率いて伊賀を越し、近江甲賀郡土山に出た（安養寺文書・勢州軍記）。しかし、伊賀の国衆が不穏な動きを見せたため、それより西に軍を進ませることができなかった（勢州軍記）。蒲生郡日野には、信長の妾子が保護されているが、これを支援するのが関の山で、とても弔合戦などという余裕がなかった。この直前に催された信孝を将帥とする四国攻めに、信雄麾下の伊勢衆も多く動員されていたようであり、光秀と戦うには、兵力が不足していたのである。

同月十三日、山崎の戦いで、信孝・羽柴秀吉が信長の仇を討った。翌十四日、安土城に居た明智秀満は、城を出て坂本へ向かう。この直後、安土城は出火し、焼失する。『惟任謀反記』『太閤記』などでは、安土城の焼失は秀満が火をつけたものとしているが、『兼見』によると火災は十五日らしいこと、『耶蘇年報』にはっきり信雄が火を放ったと書かれていることから、信雄の仕業とする説が有力である。しかし、いかに狼狽していたとはいえ、信雄には安土城を焼く動機はない。近在の一揆の仕業ではないかとする説もあることだし（林屋辰三郎『日本の歴史』⑫）、断定は避けた方がよいであろう。

六月二十七日の清須会議で、織田家督は信忠の長男三法師と定められ、信雄には、尾張一国の支配権が与えられたにすぎなかった。信雄と信孝はずっと嗣立を争っており、会議が終ってからもしばらく軍を帰さないという有様であった（浅野家文書・多聞院）。織田家家督を望んでいた信雄にとって、尾張一国の加増では不服だったであろう。それでもすぐに清須城に本拠を移した。その後、坂井利貞・伏屋市兵衛・兼松正吉ら国侍、政秀寺など寺社への安堵・宛行いが見られる（坂井遺芳・兼松文書ほか）。

〔織田家家督とされて〕

清須会議が終って間もなくから、羽柴秀吉が京都を中心に躍動を始めた。そして信孝―柴田勝家ラインとの対立も深まって行った。そうした中で、信雄は、秀吉の手によって織田家家督に祭り上げられるのである。

同年十月二十八日、秀吉は、宿老である丹羽長秀・池田恒興と三人で、本圀寺で会議を行っている（蓮成院記録・兼見）。『蓮成院記録』には、「天下可レ被レ二相静一旨」の相談とある。そして、その三日後、秀吉は家康の老臣石川数正に宛てた書状で、次のように述べている。「（丹羽・池田と話合った結果）、三介殿（信雄）を御代ニ相立、馳走可レ申ニ大方相究候」（真田宝物館文書）。

信雄と秀吉とは、もともとは決して親密な間柄ではなかった。僅か半月前、秀吉が信長の葬礼を挙行した時も、信雄が中止させるために上洛するという噂が立ったほどである（晴豊公記）。しかし、秀吉にとって、主筋の信孝を敵に回した以上、信雄を立てるしかなかったのである。ただ、信雄が清須を居城とし、安土城の主は三法師と引き続き認められているから、信雄の織田家家督は、あくまでも一時的ということだったのであろう。『柴田合戦記』にも、「若君御幼少の間は、叔父織田三介信雄御名代となし」とある。

十二月、いよいよ秀吉は軍を動かした。まず長浜城に勝家の養子の勝豊を攻めて、これを降し、次いで岐阜城に信孝を攻撃した。信雄が十二月付で、立政寺・正福寺等に禁制を下しているということは、彼もこの軍事行動に加わったことを示している（立政寺文書・正福寺文書）。信孝は降伏して、抱えていた三法師を信雄に渡すが、この時、坪内利定・吉村氏吉ら美濃衆の一部が信雄に属した（坪内文書・吉村文書）。信雄が受取った三法師は、すぐに普請途中の安土城に入れられた（吉村文書）。信雄は、安土城には止まらず、尾張に戻った。

信雄は、翌年一月二十三日に安土に赴く（『武家事紀』所収文書）。早速、安土山下町に、預物・質物の処置に関する定書を下している（近江八幡市立資料館文書）。そして、閏一月四日、諸将たちの礼を受ける。秀吉が率先して礼を尽くしているのは、彼一流の演出であろう（多聞院・兼見）。

二月、秀吉は勝家の与党滝川一益を北伊勢に攻める。信雄は十日に出陣、秀吉と行動を共にした（吉村文書）。三月二日、亀山が開城、信雄はそこに入った（兼見・多聞院）。四月十七日には、滝川儀太夫の守る峰城を落とした（吉村文書・柴田合戦記）。

北近江では、四月二十一日に賤ケ岳の戦いがあり、秀吉方が大勝、勝家は自害に追い込まれた。信雄は、再び信孝を攻める。そして、五月二日、降服した信孝を尾張内海で切腹させた（柴田合戦記・豊鑑）。

一連の戦いが終って、信孝は滅亡し、一益も没落した。彼らに所属していた美濃・伊勢の士の多くは、信雄に付属された（勢州軍記ほか）。

〔織田家家督信雄の実力〕

織田家家督とはいっても、信雄には、秀吉をはじめとする信長旧臣の上に立つ権限は与えられなかった。賤ケ岳の戦い後の諸将に対する知行宛行いも、秀吉の手で行われた。信雄が、尾張・伊勢の自領以外で宛行い行為を行った例は見られない。

それでも、五月二十一日、信雄は前田玄以を京都奉行に任命している（古簡雑纂）。しかし、その判物中で彼は、「相㆓尋筑前守㆒、何も彼申次第可㆓相極㆒事」と申し送っている。また、（同年）六月十七日付の、新発田重家宛て佐々成政書状には、「上様（信長）御時不㆓相替㆒、天下被㆑成㆓御存知㆒候」としながらも、「羽柴筑前万端御指南申儀候」と報じている（石坂孫四郎氏文書）。

尾下成敏氏の研究では、天正十一年九月を豊臣政権の始期とし、十月以降、秀吉が信雄に臣礼をとった形跡はない、と述べている（同氏「清須会議後の政治過程」）。所詮、織田家家督信雄というのは、秀吉が政権を簒奪するための方便にすぎなかったのである。

〔秀吉との決裂〕

秀吉と組んで信孝・柴田を滅ぼした後、信雄は、領国内に関しては、活発な動きを見せている。即ち、瓜生内記・大工岡部又右衛門・吉村氏吉・津田清次・津田信糺への宛行い、寺社への寄進・禁制などが多く見られる（安国寺文書・吉村文書ほか）。そして、峰城を佐久間信栄に、長島城を天野周防守に、菰野《この》城を土方雄久に与えて北伊勢を固めた（勢州軍記）。

羽柴秀吉は同十一年九月、大坂に新城を築いて諸将に号令する根拠地とし、天下人としての実力を固めて行った。次第に主筋の信雄を等閑《なおざり》にする態度に出たのは、先に述べた通りである。信雄がなお織田家嫡流を誇っているならば、いずれは衝突せざるを得ない宿命にあった。信雄もその秀吉の意図を察して、同十一年の冬頃からは秀吉と離れている。

信雄にとって、秀吉と戦う場合、頼りにするべき味方は領地を接する徳川家康であった。同十二年二月、家康の使を清須に受けている（家忠日記増補・岩田氏覚書）。

秀吉は信長の老臣たちを味方に誘った。その動きを悟った信雄は、三月三日、老臣津川義冬・岡田重孝・浅井田宮丸の三人を謀反の罪で誅殺した（吉村文書・宗及記・勢州軍記ほか）。これは秀吉に対する宣戦布告でもあった。直後の三月七日、遠く四国の長宗我部氏の協力を要請している（香宗我部家伝証文）。美濃の池田恒興・森長可らにも誘いをかけたが、拒絶されたという（太閤記ほか）。

〔小牧陣と講和〕

天正十二年三月十三日、家康は清須城に入り、信雄軍と合流した（吉村文書・家忠ほか）。その後、家康とともに小牧山に出陣。四月九日、三河を急襲しようとした三好信吉（豊臣秀次）・池田恒興・森長可らの軍を、家康軍は長久手の戦いで打ち破った。その後、両軍にははかばかしい戦闘はなく、六月には秀吉は一旦退陣、信雄・家康も九月に清須に帰陣した（兼見・家忠ほか）。

十一月十五日、信雄は家康に相談することなく、桑名付近で秀吉に会い、勝手に講和を結んだ（宗国史・志賀慎太郎氏文書）。家康は講和については反対だったが、信雄は十二月十四日に浜松に赴き、援軍の労に感謝の意を表しつつこれを宥めている（家忠・当代記）。同十三年二月上洛。大坂へ赴いて秀吉に会い、厚いもてなしを受けた（多聞院・宗及記ほか）。

　同月二十六日、正三位権大納言に叙任する（兼見・言継）。秀吉の推挙のおかげだが、当の秀吉は、半月後の三月十日に正二位内大臣に昇進している（公卿補任・兼見）。秀吉の言う「位詰め」であろう。朝廷の権威を借りて主筋を追い抜き、「織田家の臣」という立場を払拭するのである。

　三月の秀吉の雑賀《さいか》攻めには、吉村氏吉ら麾下の士を従軍させている（吉村文書）。そして信雄自身は、ほぼ戦いの終った四月十七日、雑賀在陣の秀吉を見舞っている（宇野）。

　六月、秀吉は四国征伐の軍を起すが、信雄はこれにも兵を出している（因幡志）。この月入京し、更に大坂へ行っているのは、坂本で病気療養中の秀吉を見舞い、その後、病癒えて大坂に帰った秀吉を尋ねているのである（兼見）。

〔仲介者としての役割〕

　八月、秀吉は自ら出陣して越中の佐々成政を攻めた。信雄は、それに先立つ八月五日、成政に書状を送り、秀吉への降伏を勧めている（宮田作次郎氏文書）。かつては同盟を結んだ間柄でもあり、成政と気心の知れた信雄である。秀吉にとって利用価値があったのであろう。この陣には信雄を伴った。最後、成政の降を仲介したのは、やはり信雄であった（四国御発向并北国御動座記・宇野）。

　秀吉と家康の和睦についても、信雄はこの年十一月に織田長益らを遣わして家康を説得し、さらに翌十四年一月二十七日、自ら岡崎に赴いて家康に会った（宇野・当代記）。家康はすぐには承知しなかったが、信雄はさらに九月二十六日にも長益らを派遣して、上洛するよう勧めている（家忠）。この時の説得が功を奏して、十月に家康は上洛する。秀吉にとって、旧主信長の子というだけでも、信雄は利用価値のある人物であった。

　秀吉の後塵を拝する形だが、官位も順調に昇進。同十四年中に従二位、十五年八月八日正二位、十一月十九日には内大臣に任官している（公卿補任）。

　同十五年三月、秀吉に従って九州へ出陣。同年十月一日の北野大茶会に参加。十六年四月の聚楽行幸の時も、秀吉に供奉した。この頃ははっきりと秀吉との主従関係ができている。当時は「尾張内大臣」、あるいは略して「尾州内府」などと呼ばれている（聚楽行幸記ほか）。

　同十八年一月二十一日、六歳になる娘「小姫君」が、秀吉の養女として、家康の子秀忠に嫁した（多聞院・家忠）。この娘については、二、三歳の時から秀吉に養われていたという（多聞院）。だが、秀忠に嫁した後のことは明らかでない。おそらく早世したのであろう。佐々加賀守一義室となった信雄の娘とは別人のようである。

　この年の小田原陣にも、自ら一万三千を率いて従軍。韮山城攻めに参加した（伊達家文書・毛利家文書・小田原御陣）。長陣の末、北条の当主氏直は、七月五日、城を出て信雄陣を訪れた（小田原御陣ほか）。ここでも信雄は、敵将の降参を仲介する形となったのである。

〔追放〕

　小田原開城後の七月十三日、秀吉は、北条氏の領国だった関東八カ国を家康に与え、家康の旧領三河・遠江・駿河・甲斐・信濃を信雄に給付した。しかし、信雄は、先祖相伝の地尾張より出るのを好まず、秀吉にその意思を訴えた。これに対し秀吉は、その我儘勝手を詰り、信雄の所領没収の仕打ちに出た（当代記ほか）。

　信雄は下野那須に追放、佐竹義宣預けの身になった。捨扶持二万石だけを与えられたという（当代記ほか）。旧領尾張・伊勢の大部分は、秀吉の甥秀次に与えられた。

　天下人としての権威を見せることが秀吉にとって重大事とはいえ、あまりにもつれない仕打ちであった。おそらく秀吉は、信雄追放の口実を待っていたのであろう。天下が九割方平定されたこの時期には、もう信長の息男の利用価値はなくなり、かえって邪魔な存在になっていたのである。憶測をたくましくするならば、国替えを命じたこと自体、信雄の拒否を誘って追放の口実にするという、秀吉のプランの一環だったのかも知れない。

八月三日、京にある信雄邸が焼失した（御湯殿）。誰の仕業かはっきりしないが、信雄の追放と無関係ではなかろう。

追放された信雄は、剃髪して「常真」と号す（公家補任）。翌年、秋田へ、次いで伊予へ移住（当代記）。伊予へ出発する時、堺で家康の訪を受けている（三藐院記）。家康とは、追放の命が出た時、秀吉への執成しを頼んだ間柄で、信雄の最も信頼する友であった。

〔余生とその死〕

文禄元年（一五九二）の朝鮮出兵の時、秀吉に招かれて名護屋に赴く。『太閤記』によれば、千五百の兵を率いて在陣している。赦されて所領を与えられたのであろうか。同三年の伏見城普請の時は、子の秀雄が越前大野郡四万五千石を領している（当代記）。『武家事紀』に書かれている通り、召還されて大名に起用されたのは秀雄であり、父の信雄は隠居で後見役の立場なのであろう。

信雄自身は、その後、秀吉の「御咄の衆」として、以後、秀吉の傍らに侍した（太閤記）。大和内で一万七千石の扶持を受けていたという（戦国人名辞典）。

慶長五年（一六〇〇）の戦乱の時、信雄自身は曖昧な態度だったが、子の秀雄が西軍に与したため、戦後失領、大坂に蟄居する。大坂の陣が始まった時、秀頼より入城を勧められたが、これを拒否して京都嵯峨に逃亡する。家康は、彼のその行動を褒めている（本光国師日記）。豊臣氏が滅亡した後、家康より大和宇陀、上野甘楽《かんら》・多胡・碓氷《うすい》四郡の内にて、五万石を与えられ、宇陀郡内松山を居城とする。しかし任国に赴かず、なおも京都に住んでいた（重修譜）。

寛永七年（一六三〇）四月三十日没、七十三歳（寛永伝）。活躍期以上に長い余生であった。

〔信雄の性格〕

信雄の若い頃の性格については、キリスト教宣教師たちが観察したものが伝えられるが、人によってとらえ方が異なることが面白い。まずフロイスは、彼をどうしようもない愚鈍な人物とし（耶蘇通信）、それを受けて『日本西教史』でも、「痴愚」と評している。

ところが、一五七八年一月十四日付のフランシスコ書簡には、「彼（信雄）は意志甚だ強く、他の子息等よりも其父（信長）に似」ている、と書かれている（耶蘇通信）。一見矛盾した記述のようだが、わからなくもない。つまり、信雄の性格は、父と同じく果敢で、躊躇せずに行動するという長所を持ちながらも、軽率な面があって失敗が多かった、と解釈できるであろう。

『勢州軍記』には、伊賀河合にあった杉を誤って切った家臣を赦さず、追手を差し向けて誅殺したことが載っている。筆者の神戸良政は、人の命と植物とどちらが大切かと、厳しい批判を加えている。こういったところが信雄の性格だったのではなかろうか。

織田信包（おだ　のぶかね）　尾張

天文十二年（一五四三）?～慶長十九年（一六一四）七月十七日。

三十郎、上野介、民部大輔、左中将。「信包」は「信兼」とも書く。一時長野家に入って「長野信良」と称す（分部文書）。晩年は剃髪して老犬斎。

信秀の四男というが、弘治年間に没した秀俊（信時）・秀孝の方が年長のように思われる。六男であろうか。

永禄十一年（一五六八）二月、信長の北伊勢制圧後、長野藤定の娘を娶り、長野の名跡を継ぐ。長野家の当主具藤は追い出され、実父北畠具教を頼って南伊勢へ移ったという（勢州軍記）。そして信包は、工藤・雲林院《うじい》・分部・細野・中尾・川北ら北伊勢の豪族たちを麾下に置いた（勢州軍記）。

同十二年八月、大河内《おかわち》城攻めに従軍。十月の講和後、上野城に置かれた（公記）。『甫庵』には、五万石とある。その後、安《あ》濃津《のうつ》城に移るという（勢州軍記）。元亀二年（一五七一）二月、津三郷等の課役を免除した判物があるから、この頃安濃津を領有していたことは確かである（伊藤純太郎氏文書）。

兄信長に従い、浅井攻めに参加。天正元年（一五七三）の小谷落城の時、信長の妹お市と三人の女子を受け取るという（浅井三代記）。その後、長島攻め、越前一向一揆討伐戦に参陣（公記）。越前攻めの時は、信意《のぶおき》（信雄）と組んで、一揆の残党六百余を討取ったという（高橋源一郎氏文書）。

天正五年二月二日、逆心のかどで細野藤敦を誘殺しようとしたが、事前に察知した藤敦が出奔した、という事件もあった（勢州軍記）。同八年には、雲林院出羽守・兵部少輔父子を追放している（勢州軍記）。このように信包は、国衆の粛清を通じて、次第に北伊勢に強力な支配権力を植え付けて行った。

その前後の戦歴を追うと、同五年二月雑《さい》賀《か》攻め、六年四月大坂攻め、五月播磨出陣、十一月有岡攻め。いずれも織田家督として連枝衆を率いる信忠に従っている（公記）。

同九年二月二十八日の馬揃えでは、信忠・信雄に続く連枝衆の第三番目として、馬乗十騎を従えて行進（公記）。ここの記事ばかりでなく、『公記』に連枝衆の名が連なる時、信包は常に信雄の次、信孝の前に記されている。連枝衆の中で三番目の地位を保っていたと考えてよかろう。

同年九月、伊賀攻めに参加。この時は、総大将信雄の指揮に従った。山田郡の征服に努め、平定後、同郡を与えられる（公記ほか）。

同十年元旦、安土に出仕して信長に礼（公記）。武田攻めには参加しなかったらしい。本能寺の変の時は領国にいた様子だが、動くことができなかったようである。

その後、秀吉に属し、甥の信孝や柴田勝家と敵対。信包は、北伊勢で信孝与党の滝川一益と戦って、峰城を攻略した。賤ケ岳の戦い後の同十一年六月、秀吉より伊勢鹿《か》伏兎《ぶと》・稲生《いのう》を、さらに翌十二年六月、木造・小森・小山戸・上野を加増された（勢州軍記）。

同十三年七月十一日、侍従に任じられ、「津侍従」と称す。十四年三月二十二日、少将、十六年には従三位左近衛中将に任官する（御湯殿・織田家雑録）。

同十三年佐々攻めに従軍（四国御発向幷北国御動座記）、十八年小田原陣の時は信雄の下で韮山《にらやま》攻めに参加（毛利家文書）。文禄元年（一五九二）、名護屋に在陣（太閤記）。だが、同三年九月、伊勢の領知を没収され、近江二万石に移封された。ただちに剃髪して老犬斎と号す（鹿苑日録・重修譜）。その後は秀吉のお咄衆の一人（太閤記）。

慶長三年（一五九八）、丹波氷上郡柏原《かいばら》城三万六千石（重修譜）。『慶長四年諸侯分限帳』では四万石とある。

関ケ原の戦の時は西軍に与し、田辺城攻撃に参加したが、戦後領知を全うし、大坂で秀頼に近仕した。西軍というのは名目だけで、家康に通じていたのであろうか。

慶長十九年七月十七日、大坂城内で俄に没した。方広寺大仏供養のため、秀頼が上洛すべきか議論している最中、突然喀血して死んだ、と『諸家系図纂』に書かれている。変死だったようである。『寛永伝』その他には七十二歳、『東大寺雑事記』には六十七歳とある。前者の方が正しそうである。

織田信清（おだ　のぶきよ）　尾張

生没年不詳。

十郎、十郎左衛門尉、下野守。犬山銕斎《てっさい》と号す。法名は訃巌《ふげん》。浪々期以後の姓は、「津田」とも。

信長の叔父信康の子。妻は信秀の娘なので、信長の従兄弟であると同時に義兄弟でもある。

犬山城に住し、岩倉の守護代織田伊勢守に属すが、次第に自立。守護代からも信長からも離れた、独立した立場を保った。

信長と守護代家の信賢とが対立すると、信長に味方し、永禄元年（一五五八）七月十二日、岩倉城攻め及び浮野の戦いに参加した（甫庵）。後、再び信長と対立。最後犬山城を落とされて、甲斐に浪牢したという（愛知県丹羽郡誌）。

　犬山落城の時期については、永禄七年、同八年説があるが、八月五日付快川紹喜書状（大仙寺文書）により、八年が有力であろう。

織田信定（おだ　のぶさだ）　尾張

　弘治三年（一五五七）八月十一日付で、熱田の加藤順盛に屋敷を安堵した「信定」（加藤景美氏文書）、元亀三年（一五七二）三月及び三月二十九日付で、遍照院知事宛てに書状を発した「織田彦七信定」（大通寺文書）、さらに天正七年（一五七九）三月付で、信長の禁制通りに薬師寺に対し濫妨を禁じた「信定」（薬師寺文書）と、いくらか年代を離れつつ延べ三人の「信定」が文書に表れる。

　これらの「信定」について、信長の弟である彦七郎信興と同一人との説、あるいは信興の子とする説があるが、いずれも年齢的に無理であると思われる。おそらく一人ではあるまい。

織田信実（おだ　のぶざね）　尾張

　生没年不詳。

　四郎次郎。

　信秀の弟。信長の叔父の一人。諸系図で信光と信次との間に名を置いているが、『士林泝洄』などに長島で討死とあるのみで、事跡については何も伝わらない。早く没したのではなかろうか。

織田信重（おだ　のぶしげ）↓織田信澄（おだ　のぶずみ）↓織田信忠（おだ　のぶただ）

織田信澄（おだ　のぶずみ）　尾張

　永禄元年（一五五八）？～天正十年（一五八二）六月五日。

　坊丸、七兵衛。姓は「津田」を称す。諱については、文書には「信重」とあり、「信澄」の署名文書は見られない。

　信長が誅殺した、弟信勝（信行）の子。即ち、信長の甥である。妻は明智光秀の娘。

　父が誅殺された後、柴田勝家のもとで養育されたという（重修譜）。後、浅井の降将で高島郡新庄に封じられた磯野員昌の養嗣子とされるという。磯野の養子になると明記しているのは、『浅井三代記』『丹羽家譜伝』等といった後世の史料のみだが、磯野の出奔以前の天正四年一月現在、信澄は高島郡に居ることが『兼見』で確かめられるから、その説は信じられそうである。

　磯野とは関係なく、その後、信澄は信長側近、あるいは部将の一人として活躍する。天正二年（一五七四）二月三日、信長の茶会に出席し、「御通役」を務めているのがその初見である（宗及記）。同年三月二十七日、東大寺の蘭奢待切取りの時の奉行の一人（公記）。同三年十月二十五日、吉田兼和を馳走し、信長に取次ぐ（兼見）。武将としては同年八月、越前の一向一揆討伐戦に参加。柴田勝家・丹羽長秀とともに鳥羽城を破って、五、六百人の一揆を斬った（公記）。同四年一月には、丹波攻めの明智光秀を赴援している（兼見）。

　同四年頃より、信澄の高島郡での活動は活発化する。同年十二月十日、朽木の商人に朽木谷の材木の扱いについて指示（山本家文書）、同五年閏七月三日、横江崇善寺に屋敷を安堵（増補高島郡誌）。一方、磯野の発給文書は同三年九月二日付の饗庭荘百姓宛て書状が終見である。この頃、磯野から信澄へ高島郡の支配権が移ったのかも知れない。

　同六年二月、突然磯野が出奔する。遅くともこの時点で、信澄の高島郡支配は成立したわけである。居城は、新庄を離れ、大溝城に入った（公記）。『宗及記』同九年六月三日条では、高島郡北部の国人多胡《たご》左近兵衛を信澄の「御内衆」としている。また、天正九年九月八日付の今津地下人宛て判物では、若狭の塩を今津へも運ぶよう命じている（川原林文書）。こうした事例から見て、彼が高島郡全域の一職《いっしき》支配権を持っていた様子が窺える。

　その後、信忠に従い大坂、播磨、摂津等へ出陣。織田軍の遊撃軍団の一つとして活躍した（公記）。だが、その間、相撲会の奉行を務めたり、信長の津田宗及訪問に供奉《ぐぶ》したり、側近としての役割も引き続き務めている（公記・宗及記）。特に同七年五月二十七日の安土宗論の時は、警固担当の一人であった（公記）。

また、同八年八月、本願寺退城に際しては、大坂へ下向した（兼見）。この時は、検使を務めたのは矢部家定なので、信澄は警固の方面を受け持ったのであろうか。以後、大坂に常駐。キリスト教宣教師は、彼を「大坂の司令官」と呼んでいる（耶蘇年報）。

同九年二月二十八日の馬揃えでは、信忠・信雄・信包・信孝に続いて馬乗十騎を率いて行進（公記）。この五人が連枝衆の中でも特別扱いを受けており、信澄は、信長一門衆の中で五番目の存在であった。

同年五月十日、槇尾寺《まきのおでら》焼討ちを行った一人。九月には伊賀攻めに従軍。翌十年の武田攻めの時は、信忠に属さず、信長に従って後から出張したらしい（公記・兼見）。

五月、信孝を大将とする四国攻めの命が下り、信澄は老練の丹羽長秀・蜂屋頼隆と並び副将に任じられ、住吉に着陣した（公記・丹羽家譜）。徳川家康の接待を命じられて大坂に戻ったところ、本能寺の変が起る（公記）。

信澄は光秀の女婿ではあったが、この前後の行動を見ると、光秀との共謀はありえないし、光秀に助力しようとする素振りさえうかがえない。しかし、六月五日、疑心暗鬼にとらわれた信孝・長秀に大坂城千貫櫓を攻められて討死する。そして、首級は謀反人のレッテルを貼られ、堺の町外れに梟された（宗及記・耶蘇年報）。『勢州軍記』には二十五歳とある。

信澄の人柄について、『耶蘇年報』には、「甚だ勇敢だが惨酷」とあり、二人の罪人を馬に噛み殺させたことを伝えている。だが一方、『多聞院』では「一段逸物也」と評している。伯父信長に似た、行動力に富んだ人物だったのではなかろうか。

織田信孝（おだ　のぶたか）　尾張

永禄元年（一五五八）～天正十一年（一五八三）五月二日。

三七郎、侍従。

〔出生と生立ち〕

信長の三男。生母は坂《さか》氏。二男信雄より二十日ほど早く生れたが、生母の家の身分が低いため報告が遅れ、三男とされてしまったといわれる（神戸録・北畠物語）。だが、それは事実として確認できない。

永禄十一年（一五六八）二月、信長が北伊勢に出兵してその地の諸家を従わせた時、神戸具盛の養嗣子として入れられ、以後は「神戸三七郎」と称した（勢州軍記）。当時信孝は十一歳。幸田彦右衛門が傅役として、その他、岡本良勝・坂仙斎・三宅権右衛門・坂田縫殿助《ぬいのすけ》・山下三右衛門らが付けられた（勢州軍記）。

〔神戸家の当主として〕

元亀元年（一五七〇）頃から養父具盛と不和になり、翌二年一月、信長の命により具盛は隠居させられ、信孝が神戸家の当主になった（勢州軍記・神戸録）。同時に神戸家の侍の粛清が行われ、高岡城主山路弾正忠は切腹、その他百二十人の臣が追放された。引き続き神戸家に仕えた者は四百八十人。これらを神戸四百八十人衆と称したという。山路の跡の高岡城には、信孝の異父兄小島《おじま》民部少輔が入れ置かれた（勢州軍記・神戸録）。

信孝の元服は、元亀元年一月のことと『勢州軍記』『柏崎物語』などにある。兄信忠・信雄と一緒の元服だったという。だが、長兄信忠の文書における名乗りの変化から推して、その元服は天正元年（一五七三）七月頃だったと思われ、弟の信孝がそれより早いとは考え難い。加冠の役は柴田勝家が務めたという（川角）。

神戸家当主として、神戸家の家臣だけでなく関一族をも麾下に置いた信孝だが、関家の当主関盛信は信孝に好意を持たず、とかくこれを軽んずる傾向があったという（勢州軍記）。天正元年春、ついに盛信は信長の勘気を蒙り、蒲生賢秀に身柄を預けられた（勢州軍記ほか）。そして、盛信の居城だった亀山も信孝の領分とされた（神戸録・勢州軍記）。

〔遊撃軍団の軍団長として〕

天正二年七月、信孝は長島攻めに従軍し

た（公記）。時に信孝は十七歳。初陣はもっと早い機会にあったかも知れないが、確かな史料に見る限り、これが最初の参陣である。

長島討伐後は、その地に滝川一益が封じられて北伊勢四郡を支配することになり、伊勢は、北方より滝川・信孝・信包、それに天正三年より北畠氏の家督を継いだ信雄が分割支配する形となった。信孝の支配圏は河曲《かわわ》・鈴鹿の二郡、約五万石といわれる（当代記ほか）。伊勢に封じられた四人は、以後、いずれも有力な遊撃軍団として、信長の征服戦の中で重要な役割を果す。

天正三年五月四日、神戸十日市に条書を下す（高野家文書）。同年十一月二十一日、伊勢神宮に寄進（神領関係古文書）。以上のように、この前後、自領内の安定した政務がのぞかれる。

しばらく信孝の戦歴を追おう。同三年八月、越前一向一揆討伐戦に従軍。信雄・信包とともに残党狩りに活躍（公記・高橋源一郎氏文書）。同五年二月、雑賀《さいか》攻めに従軍。この陣では信忠・信雄・信包と一緒だが、すでに織田家督を継いで、織田軍総帥の地位を委ねられつつある長兄信忠の指揮下で活動した様子である（公記）。同六年四月にも、信忠に従って大坂表に出陣している（公記）。

同年五月、また信忠に従って、今度は播磨に出陣。六月二十七日の神吉《かんき》城攻めの時、信孝は、足軽と先を争って果敢な攻撃を見せたという（公記）。

同年十一月三日、有岡城攻めのため、信長自ら安土を出陣するが、信孝は安土城留守居として残された。しかし間もなく、信忠に従って出陣して高槻城攻囲に加わる（公記）。

有岡攻城戦は翌七年十一月まで続くが、その間のほとんどは信忠が総指揮を執り、信孝らはその下にあって有岡表のみならず播磨三木表へも出張した（公記）。この頃は信長が全軍を指揮する姿は絶え、信孝ら遊撃軍団は、信忠の指揮下で働くことが多い。

〔信長側近としての一面〕

天正八年六月二十九日、信孝は禁中より楮箋を賜る（御湯殿）。七月二十八日には、妙満寺の陣所に吉田兼和・水無瀬《みなせ》親具の訪問を受ける（兼見）。さらに十二月三日、また禁中より薫物を賜る（御湯殿）。

七月の在京は、新門跡本願寺光寿（教如）と石山退出の誓書を交わすため上京した信長に随行したものと思われる。この在京中の七月二十日、筒井順慶の猶子になるとの噂が立ったが、噂だけで終ったらしい（多聞院）。この年、六月、十二月にも上京しているが、その用件については不明である。だが、翌九年九月七日、禁中に袋を献上していることと合せ考え（御湯殿）、当時病気がちであった京都所司代村井貞勝の補佐的役割を一時的に担ったのかも知れない。

従兄弟である信澄は、連枝衆の一人で同じく遊撃軍団を率いる身分でありながら、側近としての性格も合せ持っている。信孝も信澄と同様に扱われていたと考えても不自然ではない。

〔連枝衆で四番目の地位〕

天正九年一月十五日の爆竹《さぎつちょう》、二月二十八日の馬揃え、ともに連枝衆の一人として参加（公記）。この頃、連枝衆の中で特別の地位を認められているのは五人、信長息男である信忠・信雄・信孝、弟信包、それに甥の信澄である。信忠は織田家督として別格だが、信孝の序列は、兄信雄に及ばないのは当然としても、叔父信包の次の第四番目にすぎない（公記）。

信雄とは同い年ながら待遇に著しい差があり、馬揃えの時引率した騎馬の数を見ても、信雄の三十騎に対し、信孝は僅か十騎である（公記）。官位の昇進を見ても、信孝は天正五年十一月にようやく従五位下侍従となるが、この時すでに信雄は従四位下左中将であった（重修譜ほか）。

信雄の母は信忠と同じく、信長の実質上の正室と言われる生駒氏。信孝の母坂氏との身分の差は大きい。しかし、信長が四男以下をほとんど顧みることすらしなかったのを思えば、信孝は特別に目をかけられていた息子と言ってよい。同九年七月二十五日、安土に呼ばれて名刀を与えられたのも、信忠・信雄・信孝の三人に限られている(公記)。

〔キリスト教の理解者として〕

決して高い地位にあったわけではないが、信長の遊撃軍団の一つを率いて活躍していた頃の信孝について、今一つ触れておかなければならないことは、彼がキリスト教に対して好意を示していたということである。

宣教師の書簡によれば、信孝は京都の会堂を訪れて、自領にパードレを招こうとしていると話したというし、さらに、自らキリシタンになろうと考えたこともあるという(耶蘇通信・耶蘇年報)。そうしたことから、信孝に対する宣教師たちの評判はすこぶるよい。

「前途有望の青年」「佐久間殿(信盛)の外には、五畿内に於て此の如く善き教育を受けた人を見たことがない」「思慮あり、諸人に対して礼儀正しく、又大なる勇士である」

これらはいずれも、ルイス・フロイスの言葉だが、最大の賛辞と言えるであろう(耶蘇通信)。信長の死後も、宣教師たちには、信孝が後継者になってほしいとの期待があった(耶蘇年報)。

だが、結局は、信孝は信長の後継者になれず、また、洗礼を受けることもなく終った。

〔四国方面軍司令官に就任〕

天正十年二月、信長は四国の長宗我部氏との戦いを開始し、三好康長を先鋒として渡海させた(公記・元親記)。三月の信長の甲信出張に信孝が従っていないのは、四国攻めの準備のためであろうか。

五月七日、信孝は朱印状によって讃岐一国を与えられ、四国の国人統制の心得について父より諭されている(寺尾菊子氏文書)。この文中に、康長に対して「成二君臣父母之思一、可二馳走一事」とある。『宇野』五月二十九日条には、「阿州三好山城守養子トシテ御渡海アリ」と書かれており、信孝が三好氏の継嗣として四国を治める、という形が予定されていたのは確かなようである。

いずれにしても、信孝は、この時点で四国方面軍総帥に抜擢されたわけである。連枝という特別の立場を離れた、一部将としての扱いである。父にその実力を認められたがゆえの人事といえよう。

五月二十五日、信孝は安土で信長に謁見、翌日か翌々日に出陣した様子である(神宮文庫文書)。そして、副将丹羽長秀・蜂屋頼隆とともに住吉に着陣した(多聞院・宇野)。もう一人の副将津田信澄は大坂城中に駐まっていた。総勢一万四千の軍といわれるが、それらの兵は、各地から集合した者たちであったという(耶蘇年報)。

〔本能寺の変から清須会議まで〕

六月二日、四国へ向けて、堺よりまさに出航しようとした時、本能寺の変報が届いた。寄せ集めの軍はたちまち混乱し、兵の大部分は逃亡してしまったという(耶蘇年報)。

ここで信孝は長秀と相談し、五日、大坂城千貫櫓を襲って信澄を討った(多聞院・宗及記ほか)。信澄が光秀の女婿であるためにそれに与した、との噂が立ったのは事実だが、信澄の行動を見ると事実無根のようである。信孝や長秀が疑心暗鬼にとらわれて信澄を討ったものと考えた方がよい。

六月十一日、羽柴秀吉が備中高松より軍を返して尼崎に着陣。信孝はこれに合流した(浅野家文書・太閤記)。そして十三日、信孝は山崎の戦いで光秀軍を破り、父の無念を晴らした。しかし、この時の兵力は、『太閤記』によれば、秀吉の二万に対して信孝は四千。数字はそれぞれ誇張されていると思われるが、秀吉軍の約五分の一という比率は信じてもよかろう。戦後の信孝は、京を経て美濃に入り、混乱の鎮静に努めている(兼見・蓮成院記録・立政寺文書ほか)。

二十七日、信長の後継者の決定と欠国の分配を議題として、清須会議が催されるが、信孝も信雄も会議の席からは外された。会議に参加した四人の宿老のうち、柴田勝家は「御覚え御利はつ」であるとして、信孝を信長に代わる天下人に推したと『川角』

に記されている。巷間にも、信忠の子三法師の成人までは信孝が天下の主となるだろう、との噂があったという（耶蘇年報）。本人もその気があったのか、ライバルの信雄と冷戦の状態であった（浅野家文書・多聞院）。

しかし、この時の会議で、織田家家督は信長の嫡孫の三法師と決定し、信孝は美濃一国の主、岐阜城主となるにとどまった。同月三十日より、早速美濃国主としての行動が見られる（敬念寺文書）。

因みに、僅か十カ月で終ったものの、信孝の美濃国主としての事跡を追ってみると、禁制・安堵・宛行・諸役免など、美濃の支配権確立のための積極的な動きが見られる。だが、その内容は、同十年七月付の呂久《ろく》の渡し舟の掟書といい、同年九月二日付の迫の内の開発を認めた判物といい、前国主信忠の施政を継承したものにすぎない（馬淵文書・長谷川文書）。

それよりも、この時期の信孝の行動で注目すべきことは、八月二十六日付で、木曾義昌に送った書状である（『木曾考』所収文書）。その中で信孝は、北条氏と甲斐・信濃の地をめぐって争っている家康に、援軍を送る予定であることを述べている。敵対してきた北条氏と戦って、東方の旧織田領を確保することが急務という考えがその書状よりうかがわれる。

〔秀吉との対立と滅亡〕

信孝は、自分が天下人に推されなかったことに不満だったであろうか。必ずしもそうとは思われない。弔合戦に功がなかったとはいえ、二男の信雄は健在である。自分は庶出の三男にすぎない。

それに、清須会議で選ばれたのが、「天下人」ではなく「織田家家督」であったとすれば、それは信忠の嫡男が継ぐのが当然のことである。父や兄の遺産として美濃という大国を得たことで満足しなければならない。

しかし、信孝にとって許せないのは、秀吉が弔合戦の功を最大限に利用して畿内を掌中に収め、のみならず同じ宿老である丹羽長秀・池田恒興を実質上麾下に置いて、信長の葬儀を営むなど、あたかも天下人の地位を継いだかのような行動を見せはじめたことであった。信孝は、不満分子の内最大の実力者柴田勝家と結び、秀吉に対抗する姿勢を露《あらわ》にした。そして信孝は、幼主三法師を岐阜城に抱え、秀吉の度々の要求にも応じなかった（金井文書・柴田合戦記）。

同年十二月、勝家が雪のため通路を阻まれているのを見越して、秀吉は長浜城を攻め、柴田勝豊を降した。次いで岐阜城を攻撃。信孝は抗しきれず、二十日、和を結び、三法師とともに母の坂氏を人質として秀吉に渡した（兼見・多聞院ほか）。この時、西美濃の稲葉・氏家も、東美濃の森長可も信孝を離れて秀吉に付いた（兼見ほか）。

しばらく小休止の期間があり、この間信孝は、養教寺や加納市場に掟書を発するなど、岐阜城主として治世に励んでいるが（養教寺文書・棚橋文書）、雪解けを待って勝家が江北に出陣すると、再びこれに通じて反秀吉の兵を挙げた。

四月十六日、秀吉は江北陣より美濃に入り、岐阜城を攻撃。賤ケ岳における佐久間盛政の進出の報を聞くや、馬を返して、一気に柴田軍を打ち破った。

盟友勝家が滅亡すると、信孝にはもはや秀吉に対抗する力はなく、岐阜を開城。五月二日、信孝は、兄信雄の命により、尾張内海の大御堂寺で切腹させられた。二十六歳（豊鑑・織田家雑録）。『川角』及び『勢州軍記』には、「むかしより主をうつみのうらなればむくいをまてやはしばちくぜん」という辞世の歌を載せている。歌の真偽はともかく、無念の最期だったことは想像するに足る。

織田信忠（おだ　のぶただ）　尾張

弘治三年（一五五七）～天正十年（一五八二）六月二日。

幼名奇妙。勘（管）九郎、出羽介、秋田城介、左近衛権中将。初名「信重」。

〔生い立ち〕

信長の長男。母は生駒家宗の娘（吉乃《きつの》、久庵）。信長入京前の永禄十年（一五六七）

十一月、当時友好関係にあった武田信玄の娘（松姫）と婚約するという（甲陽軍鑑・総見記）。当時信忠は僅か十一歳であった。

信長入京の時は、まだ年少なので岐阜に止まっていたであろう。確実な史料にその名が見えるのは、同十二年五月、信長が岐阜でルイス・フロイスらを饗応した時、十三歳であった信忠が父の傍らに祗候したという、『耶蘇通信』の記事である。

この年十一月から十二月にかけて、近江長命寺の諸役を免じたり、保護を加えたりしている（長命寺文書）。父信長が指示を与えて、佐久間家勝・丹羽長秀・坂井政尚・柴田勝家ら歴々の家臣に実務面を担当させたのであろう。この時点で帝王学を学ばせられつつあった。この事跡に含まれる、十一月二十九日付、丹羽長秀宛て書状が、信忠の初見文書である（長命寺文書）。

元亀二年（一五七一）六月十一日には、美濃崇福寺の諸役を免じている（崇福寺文書）。『耶蘇年報』によれば、信長は「Buquxen」の所領であった美濃の国の三分の一の西方の地を、十歳ないし十二歳の一子に与えた、とある。「Buquxen」は氏家卜全（直元）、「一子」は年齢にずれがあるけれど信忠以外には考えられない。元亀二年五月、卜全は長島で討死するが、その遺領の一部を信忠が得たという意味であろう。

〔元服と初陣〕

信忠の元服は元亀三年一月である、と『勢州軍記』等にある。しかし、『兼見』天正元年（一五七三）四月一日条、同年六月十八日付の『朝河文書』でも、まだ「奇妙」「御きミやう」と幼名で呼ばれている。諱の「信重」の名乗りは天正元年七月が初見である（大県神社文書）。因みに『公記』でも同年八月十二日条の江北出陣の記事のところから「奇妙」が「勘九郎」に変化している。この年信忠は十七歳。元服にはやや遅すぎるきらいはあるが、良質史料をたどる限り、この年六、七月頃ようやく元服した、と解釈せざるをえない。後に述べるように、この年七月、将軍追放、新体制成立という変化に伴って、元服したのではあるまいか。元服して「勘（菅）九郎信重」と名乗る。

信忠の初陣はそれより早く、元亀三年七月のことである。この月十九日、父とともに江北に出陣している。約六カ月間江北で戦場を体験した（公記）。

〔信忠軍団の形成〕

天正元年（一五七三）八月、江北攻めに参加。父信長は朝倉軍を追撃して越前に入ったが、信忠は浅井氏に備えて江北虎御前《とらごぜ》山《やま》に残留した（小川文書）。

将軍追放、朝倉・浅井討伐と続くこの時期、信忠が元服したらしいことは前に述べたが、同時に彼は、尾張と美濃の一部に支配権を委譲されたようである。この前後の時期の信忠の発給文書を掲げると、次の通りである。

①天正元年七月、尾張野田社の社家百姓に新儀の諸役の免除を含む定書を下す（大県神社文書）。
②同年九月六日、美濃の地侍延友《のぶとも》佐渡守に知行を安堵する（上原準一郎氏文書）。
③同年十一月、尾張曼陀羅寺に禁制を掲げる（曼陀羅寺文書）。
④二年一月、水野範直に鋳物師大工職を安堵する（鉄屋水野文書）。
⑤同年同月、伊藤惣十郎を尾張・美濃の商人司に任ずる（寛延旧家集）。
⑥同年同月、尾張雲興寺に禁制を下す（雲興寺文書）。
⑦（同年）三月一日、実相坊に津島社造営の筏の諸役免除する（張州雑志）。
⑧同年三月、一族である津田愛増に所領を安堵する（尊経閣文庫文書）。
⑨同年同月、伊藤惣十郎に所領を宛行う（今井書店古書目録）。
⑩同年四月、津島社に所領を安堵する（張州雑志）。
⑪同年同月、天王島藤兵衛らに大綱の使用を許可する（張州雑志）。
⑫同年八月十三日、津島観音坊に虚空蔵坊職寺領の先達職を安堵する（張州雑志）。
⑬同年閏十一月二十八日、服部某に河舟過

書を与える（古文書纂）。

信忠に譲与された権限の中には、②④⑤⑧⑨⑩⑫でわかる通り、たとえ全域ではないにしろ、尾張・美濃の諸士に対する安堵・宛行権も含まれている。後述するが、この時信忠は、尾張の一部及び東美濃の士の軍事統率権を委ねられたのである。

尾張と東美濃を統率する信忠の任務は、主として、この頃東美濃をうかがってきた武田氏に対する押さえであった。同二年二月、信忠は父とともに明智城赴援のため出陣した。しかし、明智城は敵の手に渡り、父子はやむなく神篦《こうの》に河尻秀隆、小里《おり》に池田恒興を残して岐阜に帰城した（公記）。

六月、今度は遠江高天神《たかてんじん》城救援のため出陣。やはり父と一緒の行動である。三河吉田まで行ったが、これまた不成功に終った（公記）。

同年七月、長島攻め。この戦いでは、信忠軍は市江口より進み、遊撃軍としての役割を務めた。この時信忠の下にいた将士は、『公記』によると次の通りである。

斎藤利治・簗田《やなだ》広正・森長可・坂井越中守・池田恒興・長谷川与次・山田三左衛門・梶原平次郎・和田定利・中島豊後守・関小十郎右衛門・佐藤秀方・市橋伝左衛門・塚本小大膳。

彼らは、いずれも尾張か東美濃に在地を持つ武士たちである。彼らの外、河尻秀隆も信忠麾下にあって、補弼《ほひつ》の臣ともいうべき重責を担っていたと思われるが、当時は岩村城の押さえとして東美濃で働いていたらしい。

長島攻めは、その後兵糧攻めに入り、膠着状態が続く。八月十三日、信忠が津島寺如観音坊に安堵状を発していることを見れば、途中で退陣して尾張に戻ったのかも知れない（張州雑志）。

同三年三月下旬、武田勝頼は三河足助口《あすけぐち》へ進出してきた。それに対し信忠は、尾張衆を率いて出陣（公記）。これが信忠の父より離れての初めての軍事行動であった（公記）。この時は間もなく帰陣したらしいが、出陣前の三月二十八日、出羽介に任官している（公卿補任）。

同年五月十三日、長篠城後詰のため父とともに出陣。二十一日、設楽原での遭遇戦の時も戦場に居た。しかし、鉄砲のみで大勢の決したこの戦いで、ほとんど動きはなかったものと思われる。

〔織田家家督の譲渡〕

長篠の戦いより帰陣後の六月一日、正五位下に叙される（公卿補任）。間もなく東美濃の岩村城攻めに向かう（公記・諸州古文書）。岩村城はほとんど信忠軍のみの力で十一月二十一日に開城させ、城将秋山虎繁らを岐阜へ送った。秋山らは、長良河原で信長のため磔刑にされた（公記）。

岩村攻城中の十一月七日、父信長が大納言兼右大将に任じられると同時に、信忠は不在のまま秋田城介を拝命した（公卿補任）。そして、この十一月二十八日、信忠は父より織田家督を譲られ、尾張・美濃二カ国と岐阜城を譲渡されたと『公記』にある。

この家督譲渡については、「一時的な処置」（奥野高廣『信長文書』）、「織田家を継承する地位を確約されたこと」（渡辺江美子「織田信忠考」）など、織田家の家長の地位がこの時から信忠に代わったということを認めていない見方もある。しかし、この年、武田氏に壊滅的な打撃を与え、かつ越前の一向一揆を討伐して、信長は天下平定に大きく前進している。長篠の戦いの後、越前討伐の前である七月三日、信長は老臣たちに西国の受領《ずりょう》名を請い勅許されるが、これを境に自身「上様」の称呼を通用させているのである（八月六日付の『立石区有文書』ほか）。織田氏をも含めた諸大名の上に立つ「天下人」が信長、その下で美濃・尾張を支配する分国大名織田氏の当主が信忠、という分担が行われたものと解釈したい。

もっとも尾張・美濃両国の主といっても、信忠は両国全域を支配したわけではない。まず尾張では、信長馬廻たちは翌年二月の安土築城に伴って尾張を離れ、安土に居を移して行ったものの、まだなお佐久間信盛の与力などが在地している。次に美濃でも、稲葉・氏家・安藤の美濃三人衆は、信長直属の立場を維持し、信忠から離れた軍団を形成している。岐阜城を本拠にして、織田家伝来の地尾張・美濃を支配しているといっても、まだ地域的完結は見ていなかったのである。

〔織田家督としての活躍〕

織田家の家督となった信忠は、早速尾張国内に、その威令を示している。家督譲渡から僅か四日後の十二月三日、祐福寺の寺領等を安堵（祐福寺文書）、その月、鳴海助右衛門に長良川木材の諸役を命令（大阪青山歴史文学博物館文書）、翌年二月には、坂井利貞ら奉行衆に尾張の道普請について指示を下している（坂井遺芳ほか）。

熱田神宮に対しても、天正四年一月十一日付で千秋季信に神職一円を宛行っており、その後、三月十三日には、安土普請のための麻を調達している（千秋文書）。その間の同四年一月五日には、従四位下に昇進した（公卿補任）。

四月三十日、信長上京のため、安土普請の総指揮を任される（公記）。信長はこの時、大坂攻めの軍を派遣しており、その軍の敗戦のため、五月五日、急拠自ら大坂へ出陣することになる（公記ほか）。信忠はその間も安土の留守を守ったのであろう。

この年八月四日、従四位上に昇進（公卿補任）。官位については、その後、同五年一月五日正四位下、十月十五日従三位左中将になる（公卿補任・兼見）。まさにトントン拍子の昇進である。

この頃の軍事行動も目覚ましいものがある。同五年二月、雑賀《さいか》攻め。この時は信長も同陣。信忠は連枝衆らを率いて、二十八日、中野城を落とした（公記）。そして三月には、主魁の鈴木重秀（雑賀孫市）たちを降伏せしめた（土橋文書）。

八月、松永久秀父子が背いて大和信貴山《しぎさん》城に拠ると、信忠は総大将として各将たちを率い、九月二十七日に出陣。先陣の明智光秀らは、十月一日に支城片岡を落とした（公記・兼見）。三日より信貴山城を囲む。久秀が自害して城が落ちたのは、十日のことであった（公記ほか）。その後上洛して三位中将に叙任されたのは前述の通りだが、この松永討伐の功に対する恩賞でもあった。

その後、直ちに岐阜に帰城したが、年末の十二月二十八日、安土へ上り、父に歳末を賀している。信長からは秘蔵の名物を与えられた（公記）。そのまま安土で越年。天正六年元旦に信長が重臣たちを招いて茶会を催した時、その筆頭として席に連なる（公記）。四日には、万見重元邸を借り、信忠主催で、暮に父より賜った名物の披露会が行われた（公記）。

一月二十九日、安土の弓衆福田与一邸が出火、焼失。これを機会に調査したところ、弓衆や馬廻に、妻子を尾張に残したままである者が多数いることが判明した。信長は信忠に命じて、それらの者の尾張の邸宅を放火させた（公記）。この荒療治によって、家督譲渡以後の原則、信長家臣は近江、信忠家臣は尾張・美濃を基盤とするという形が、より徹底したものと思われる。

〔織田軍の総帥として〕

天正六年四月九日、父信長は前年十一月に任官したばかりの右大臣の官を辞退した。その辞状の中で信長は、顕職は嫡男信忠に譲与したい旨を述べている（兼見・総見寺文書）。

信長が総大将を務めた軍事行動は、実質的には前年の雑賀攻めで終っている。十月の松永討伐は、信忠が諸軍を率いているし、この年四月の大坂出陣、そして五月の播磨出陣も、信雄ら連枝衆や佐久間信盛ら宿将たちを率いて総大将の役を担ったのは信忠であった（公記・兼見・金子文書）。この頃から信長に、すでに織田家家督となっている信忠を、軍事的にも表面に立てようという意図があったことがうかがわれる。しかし、この時点で信長が、中央の実権を信忠に譲るつもりはなかったであろうし、公家としての地位にしても全く未練がなかった、と言い切ることはできない。

播磨には、五月初旬から八月中旬まで在陣することになる。その間信忠は、神吉《かんき》城を苦戦の末落とし、また播磨の所々に砦を築くなど、播磨攻略を一歩進めている（公記）。

播磨の次は、北陸方面軍が苦戦を重ねている越中である。だが信忠自身は越中へは出馬しなかった。軍団の一員である斎藤利治を、飛驒経由で派遣した。利治は敢闘し、十月四日、太田保月岡野の戦いで上杉の将河田長親らの軍を打ち破った（公記）。信忠は利治の功を褒するとともに、毛利長秀・森長可・坂井越中守・佐藤秀方といった信忠軍団の四将を援軍として遣わした（黄微古簡集）。

この年十月、摂津一職《いつしき》に封ぜられていた荒木村重が信長に背いた。信長自身が十一月九日に出陣。信忠も同陣した（公記）。この有岡城攻囲戦は翌年十一月まで続くが、信長は、初めの一ヵ月余りと翌七年の三月から四月にかけて在陣しただけである。しかも後者の時は、連日放鷹や観光に費やし、軍事行動から遠ざかっている（公記）。信忠もほぼ父と行動を共にしており、常時攻囲陣に加わっていたわけではないが、戦いの総指揮は委ねられていた様子であった（公記ほか）。

攻囲が長引き、戦線も膠着状態となった天正七年四月、信忠自身は、連枝衆らを率いて播磨に戦場を移し、三木城を囲む。二十一日、足軽合戦があり、城方の者たち数十人を討ち取った。その後、三木に付城を築かせ、再び摂津に戻って能勢郡辺りの作毛を刈った。二十九日、古池田に居た信長に播磨の様子を報告し、許されて岐阜に帰陣している（公記）。

同年七月十九日、馬廻井戸将元を殺す。これは信長の命令である（公記）。八月二十日、まだ続いている有岡攻めに出陣。村重の移った尼崎城に付城を築き、高山右近・中川清秀を入れ置いた（公記）。信忠はそのまま十一月十九日の有岡開城まで攻囲陣に駐まった。この間、備前の宇喜多直家の名代基家の訪を受け、赦免を謝されたりしている（公記）。十二月、荒木一類を惨殺した時、雑人《ぞうにん》たちを家屋に押し込めて焼き殺す命令は信忠が下したという（備藩国臣古証文）。だがこれも、信長の指令を受けてのことである。

織田家家督といっても、天下人信長が健在である限り、独断専行する力は持てない。だが、戦場で諸将に号令する権限は、ほとんど信忠に委ねられていた様子である。

〔尾張・美濃における、支配圏の拡張〕

天正八年八月、老臣佐久間信盛が本願寺攻め怠慢の罪を問われて追放された。続いて、古くからの織田家家老林秀貞、美濃三人衆の一人安藤守就、尾張の国人丹羽氏勝も逐われた（公記ほか）。この事件、特に佐久間・安藤の追放によって、信忠の尾張・美濃における支配圏は一段と広がったのである。

尾張では、信長馬廻は安土居住が義務づけられて、知行地は残していながらも、その身は尾張から離れて行った。しかし、佐久間の与力たちは依然として尾張の地に居り、信忠支配の埒外に置かれていた。佐久間の追放によって、その与力だった水野守隆・同忠重、それに三河の高木清秀らが信忠に付けられたのである。同九年一月、信忠は高天神城攻めの応援のため出陣するが、守隆・忠重は早速それに従って、遠江横須賀城番手を務めている（公記）。

美濃でも、安藤の与力だった高木一族が信忠に属した。同年十一月、信忠はその所領を安堵している（高木文書）。

こうして信忠の支配圏は、尾張において全域、美濃では信長直属である稲葉・氏家の領分を除く美濃の大部分の範囲まで広がったのである。

〔父信長の勘気〕

天正八年〜九年は、織田軍総帥信忠にとって、比較的暇な期間であった。この時期のことで特筆すべきことは、先に述べた支配圏拡張のことと、父の勘気を受けたことであろう。

同九年二月二十八日の馬揃えは、大成功だった。信忠は連枝衆の筆頭として、馬上八十騎を率いて行進した。この数は、連枝衆の二番目の地位にいる信雄の三十騎に大きく差をつけている。同じく三番目以下の信包・信孝・信澄は、僅か十騎である（公記）。織田家家督、天下人の後継者信忠は連枝衆の中でも特別扱いだったのである。

　ところが、馬揃えの後、信忠は父信長の勘気に触れる。これまで見てきたように、父に従順な行動を通してきた信忠にしては意外なことである。その理由は、能楽を好み、自らも演じて悦に入っていたということで、怒った父にその道具を取り上げられてしまったのである（当代記）。

『勢州軍記』にも、信忠・信雄・信孝三兄弟とも舞楽を好み、伊勢松島で群衆を前にして演じて見せたことが載っている。著者神戸良政は、「凡舞楽者費㆓金銀㆒、忘㆓家業㆒、乱国之本也」と評している。信長にしてみれば、弟二人はともかく、天下人の後継者たる信忠が芸事にうつつを抜かすのは許せないことだったのであろう。

　しばらく信忠の行動が明らかでないのは、謹慎を命じられたものであろうか。七月十七日、信長より駿馬が信忠に贈られているということは、この直前に勘気を解かれたのであろう（公記）。そして二十五日に、信忠・信雄・信孝の三兄弟が安土に呼ばれ、父より脇差を与えられた（公記）。これは、信忠を中心に三人が協力するように、と誓わせられたものではなかろうか。

八月十二日より信忠は、尾張・美濃の士を呼び寄せ、長良河原で馬事に励んでいるが、これは、心を入れ替えた自分を麾下の者に示し、父にも認めてもらおうという企てかも知れない（公記）。

　この年九月、伊賀は信雄が諸将を率いて平定。十月、信忠は父に同道して伊賀国中を巡視した（公記）。翌年一月十五日の爆《さぎっ》竹《ちょう》には、やはり連枝衆の筆頭として参加している（公記）。一つの危機を経て、父子関係と信忠の地位は、また元に戻ったのであろう。

〔武田攻めの総帥〕

　天正十年二月一日、信濃木曾を押さえる木曾義昌が、苗木久兵衛（遠山友忠）を通じて信忠に降ってきた（公記）。すぐに信忠は父に報告。信長は、この機会をのがさず武田氏を討伐することを決意する。直ちに出陣の命が、信忠をはじめ諸将へ下され、さらに徳川家康・北条氏政へも協力依頼が出された（公記）。

　二月三日、信忠はまず先陣として森長可と団（梶原）忠正を出発させた。信忠自らの出陣は十二日であった。岩村を経由して信濃に入った（公記）。

　父信長は、若い信忠が血気にはやった行動をとりがちなことが心配だったのであろう。二月十五日付で、同陣している滝川一益に書し、「城介（信忠）事わかく候て、此時一人粉骨をも尽之、名を可取と思気色相見候間」、制御するように命じている（建勲神社文書）。

　信忠はそのまま鳥居峠に進み、十六日、敵将今福昌和と戦い、まずこれを打破った。続いて十七日、大島城を落とす（公記）。

　信長は、二度にわたり信忠の傅役の立場である河尻秀隆にも書を送って、自分の出陣まで信忠に進軍させないよう命じたが（徳川黎明会文書）、血気にはやる信忠はそのまま進んで、三月一日、武田勝頼の弟仁科盛信の籠る高遠城を囲んだ。激戦だったが、翌日の僅か一日の戦闘でこれを攻略。信忠は早速、盛信の首級を安土へ遣わした（公記）。

　信長が安土を出陣したのは、三月五日（兼見・公記）。七日には岐阜に逗留しているが、同日、信忠は上諏訪より甲府に入って武田一族の殲滅に取りかかり、それと平行して織田信房（勝長）・森長可・団忠正に上野をも平定させている（公記）。武田討伐はもう大詰めの段階になっていたのである。

　十一日、敵将武田勝頼は、田野《たの》で滝川一益の軍に囲まれて自害。信忠はその首級を受け取り、父のもとへ遣わした。この時点ですら、信長はまだ美濃岩村に止まっている（公記）。信忠は父の手を全く借りずに、大敵武田を滅ぼしたのであった。

〔旧武田氏領土の分割と信忠支配圏の拡張〕

信濃に入った信長は武田氏の滅亡を確認し、ここでその領土を分割して戦功のあった家臣たちに与えた。この宛行いは次の通りであった（公記）。

滝川一益、上野及び信濃二郡。

河尻秀隆、甲斐一国。ただし、穴山信君本知分は除き、その替地として信濃一郡。

森長可、信濃四郡。

毛利長秀、信濃一郡。

木曾義昌、木曾安堵のほか信濃二郡加増。

上記の者の内、河尻・森・毛利は、元来信忠軍団の将である。彼らはそれぞれ国持、郡持大名に昇進したのだが、信忠麾下から独立したわけではない。『耶蘇通信』に、信忠は武田氏の旧領四カ国を賜ったと書かれていることからわかる通り、彼らの上に信忠がより上級の支配権を持って君臨していたのである。

「東国の儀御取次」の役を命じられた滝川に対しては、信忠がどの程度介入できるのかは不明だが、これとても、支配圏を接している信忠を無視した行動は、実際上とれないであろう。それだけではなく、北陸を担当している柴田勝家にしても、東海にいる同盟者徳川家康にしても、東に向かって征服戦を続けた場合、必ず信忠の指揮権の下に属さざるを得ない立場だったはずである。

この時の宛行いにより信忠は、尾張・美濃以東の実質的支配権を委ねられたと考えてよいのではなかろうか。

〔天下人譲与の予定〕

信忠は、武田氏の残党討伐のためしばらく甲斐府中に駐まる。三月二十六日、追ってやって来た信長より戦功を賞され、梨地蒔の腰物を与えられた（公記）。そしてこの時、「天下の儀も御与奪」の意思を表明された、と『公記』にある。

信忠が織田家の家督となったのは、天正三年十一月のことである。それ以来、「天下人＝信長、織田家督＝信忠」といった分担のまま六年余り過ぎた。同五年の雑賀攻め以後は、戦いの総指揮も信忠に任せがちになっている。この武田攻めも、終始信忠の指揮によるものである。信長は近い将来、信忠を天下人として表に立て、東方のみならず日本全体の征服戦を彼に任せるつもりだったのではなかろうか。信忠を表に立てて自分を陰に置くという意向は、同六年四月九日、信長が右大臣の官を辞退した時の辞状に早くも現れている（兼見・総見寺文書）。

もちろん、織田家督、天下人、それに官位、すべての地位から離れてしまっても、織田家を、そして天下を動かす者は、やはり信長であろう。信長としては、何ものにも縛られない自由な立場から天下を動かそうという意図だったものと思われる。次代に現れる、秀吉の太閤、家康の大御所と同じ性質のものを信長が考えていたのではなかろうか。

〔本能寺の変〕

四月二日、信長は諏訪を出発、東海道経由で安土に戻ったが、信忠はしばらく残留した。安土に凱旋したのは、五月十四日であった（公記・宇野）。この間、甲斐恵林寺を焼討ちしたり、信濃飯山の一揆を討伐させたり、新しい征服地の整理に努めている（公記ほか）。

五月十九、二十日の家康歓待の席には連なっていたと思われるが、その後、二十一日、家康を伴って入京し、妙覚寺に入った（言経）。家康の案内がてら堺に移動する予定だったが、近々父が上洛するのを知り、家康を先発させて自らは京都にとどまった（小畠文書）。

二十九日、信長が上洛、本能寺に入る。翌六月一日、公家衆たちは早速訪問して礼を尽した（言経・兼見）。公家たちが去り、夜になってから、信忠や馬廻たちが本能寺を訪れた（惟任謀反記）。家臣たちも一緒に、しばし父子の歓談があったものと思われる。

二日早朝、光秀の本能寺襲撃の報に接し、信忠はすぐに救援に赴こうとしたが、村井貞勝に止められ、その勧めるまま妙覚寺を出て二条御所に籠った（公記）。京都の方々に散って宿泊していた信長馬廻たちも駆けつけ、人数はようやく一千余になったという（惟任謀反記）。ここで信忠は、二条御所の主誠仁《さねひと》親王を巻きぞえにすることを避けるため、これを禁裏に脱出させた（公記ほか）。

光秀軍が二条御所を囲むまで、少しの時間があった。反乱軍から逃れることは、決して不可能ではなかった。しかし信忠は、京を逃れきれず雑兵の手にかかった場合の無念さを語り、光秀軍との一戦の道を選んだと『公記』は伝えている。

やがて押し寄せてきた明智軍を相手に、信忠の兵は奮闘して、三度も明智軍を押し戻したという。信忠自身も、具足を身に付けて奮戦した（蓮成院記録・惟任謀反記）。しかし、兵力の違いはいかんともしがたかった。一時間ほどの戦いの末、従う者のほとんどは討死、信忠自身も切腹して果てた。介錯は鎌田新介が務めたという（公記）。享年二十六歳、『公卿補任』には二十八歳とあるが誤りであろう。

妻は塩河長満の娘。しかし、正室だったかどうかは不明。子には秀信（三法師）と秀則の二人がいたが、誰の腹なのかは詳らかでない。

織田信次（おだ　のぶつぐ）　尾張

?～天正二年（一五七四）九月二十九日。

孫十郎。右衛門尉の称呼については、別人との説もある。姓は「津田」とも。信秀の弟で信長の叔父。尾張守山城主。

天文二十四年（一五五五）七月六日（『定光寺年代記』による。『公記』は六月二十六日としているが、信長が春日井郡大森村の正法寺に掲げた禁制が同年七月付なので、七月六日が正しいようである）、家臣洲賀才蔵が誤って信長の弟秀孝を射殺。信次は取る物も取りあえず守山を逐電して、行方をくらました。守山はただちに信勝（信行）の攻撃を受けたが、信長は秀孝の非を認めて、信次の罪を追及しなかったという（公記）。

翌二年、信長に赦免され、再び守山城主となる。その後は一門衆の一人として信長に仕えたらしいが、詳しい事跡は不明である。

天正二年（一五七四）七月、伊勢長島攻めに従軍（公記）。九月二十九日の最後の戦いで、一揆軍のために討死した（甫庵・織田系図）。

『公記』天正九年二月二十八日の馬揃え、同十年二月十六日の武田攻めの記事中に、「織田孫十郎」という人物が載っているが、おそらく信次の子であろう。また、『織田系図』その他の系図類では、子を「刑部大輔」とし、中川重政・津田隼人正・木下雅楽頭の三兄弟の父としているが、年代的に無理で、これは明らかに誤りである。

織田信照（おだ　のぶてる）　→中根信照（なかね　のぶてる）

織田信時（おだ　のぶとき）　→織田秀俊（おだ　ひでとし）　→織田信直（おだ　のぶなお）

織田信直（おだ　のぶなお）　尾張

天文十五年（一五四六）?～天正二年（一五七四）九月二十九日。

又六郎、又八郎。諱は「信時」とも。

『織田系図（群書類従本）』では寛故の四男で信張の弟。だが、『系図纂要』及び『張州雑志』では信弘（信張）の子としている。後者のほうが信じられようか。

尾張小田井城に居すという（織田系図）。妻は信長の妹である（尾張志）。

天正二年（一五七四）七月の伊勢長島攻めに従軍。九月二十九日の戦いで戦死、二十九歳と伝わる（織田系図・士林泝洄・甫庵）。現名古屋市西区の願王寺に画像が伝えられている。

織田信成（おだ　のぶなり）　尾張

?～天正二年（一五七四）九月二十九日。

市介、東市佐。姓は「津田」とも。

信光の長男。信長の従兄弟にあたる。妻は信秀の娘なので、信長にとって義理の兄弟でもある。尾張小幡城主という（織田系図）。

那古屋城主として威を振るった父信光が天文二十三年（一五五四）に横死すると、そのままおとなしく信長に従ったのであろう。そのあたりの詳しい事実については明らかでない。

元亀二年（一五七一）五月、長島攻めに、天正元年（一五七三）七月、槇島攻めに、同年八月、江北及び越前攻めに従軍（池田本・甫庵）。同二年七月、伊勢長島攻めに従軍し、九月二十九日の戦いで討死した（甫庵・織田系図）。

なお、（弘治元年＝一五五五）十一月二十五日付の、加藤図書助（順盛）宛て、「武蔵守信成」の判物があるが、この人物は、信長の弟信勝（信行）らしい（加藤文書）。

織田信治（おだ　のぶはる）　尾張

天文十四年（一五四五）?～元亀元年（一五七〇）九月二十日。

九郎。

信長の弟。系図類では信秀の五男とするが、もう少し下、七男あたりらしい。尾張野夫《のぶ》城主という（重修譜）。

信長入京の時にはすでに成人していたはずだが、史料には全く所見なく、元亀元年（一五七〇）六月になって、『浅井三代記』に横山城攻めに参加の記事があるのみである。

同年九月、森可成とともに近江宇佐山城を守り、二十日、朝倉・浅井軍と戦って討死した（歴代古案・来迎寺要書・公記ほか）。二十六歳と伝わるが、確かではない。

なお、『織田系図』の中には、信治を抜いているものもあり、井口友治氏は、信長の弟ではなく妹婿である可能性を示唆している（同氏「織田系図の再検討」）。

織田信張（おだ　のぶはる）　尾張

大永七年（一五二七）～文禄三年（一五九四）九月二十二日。

又六郎、太郎左衛門尉、左兵衛佐。諱は『織田系図』に「寛廉」、『張州雑志』には「信弘」とある。姓は「津田」をも称す。

『織田系図』『士林泝洄』によれば藤左衛門尉寛故の子。妻は信康の娘。信長とは義理の従兄弟という関係である。春日井郡小田井城に住す。信長に仕え、信長より一字を与えられて、「寛廉」から「信張」に改めたという（織田系図）。

天文年間であろう、『公記』巻首、七月十八日の盆踊りの記事中に早くも登場している。だが、それ以後、信長入京後までの彼の事跡については明らかではない。

永禄十一年（一五六八）の上洛には従った様子で、（同年）十月二十日付の、大和三碓名主百姓宛て林秀貞との連署状が見られる（仁和寺史料・御経蔵）。『公記』元亀元年（一五七〇）九月二十五日条の叡山攻囲の記事、攻め衆の中にもその名が見える。

『織田系図』『士林泝洄』では、天正三年（一五七五）頃、和泉半国を領し岸和田城主となる、としているが、これはもう少し先のことである。しかも、岸和田城主の地位についても、和泉半国領有についても確実ではない。

同四年十一月二十一日、信長内大臣昇進の時供奉。従五位下左兵衛佐に叙任された（歴名土代・織田系図）。翌年一月二十六日、その礼として物を献上している（御湯殿）。

同五年二月、雑賀《さいか》攻めに従軍。二月二十日付の信張宛て信長朱印状によると、全軍か一部隊か詳らかではないが、信張は軍を司令する立場にいる（太田文書）。戦後、佐野砦定番として置かれる（公記）。

これ以後、信張は紀伊方面の軍政を担当したらしい。同年八月一日以前、雑賀衆が三緘《みからみ》を攻撃したことについて信長に注進している（淡輪文書）。また、（同九年）九月十一日付で信長が根来寺へ宛てた朱印状に、副状を発している（八代文書）。『織田系図』には、他国への出張を止め、紀泉両国の鎮定に努力し、紀伊にて数カ所の荘園を賜ったとあるが、概ね正しいであろう。

また、同十年一月現在、和泉岸和田城を本拠としていたことは確かである（宇野）。同月、鈴木孫一救援として出陣。土橋平次の息子を攻める（公記・宇野）。この頃、雑賀に退去した本願寺光佐（顕如）からしきりに音信を受けている（宇野）。

本能寺の変後は、蜂屋頼隆とともに紀伊の国衆の蜂起を鎮圧するという（織田系図）。

岸和田の城将は、蜂屋と一緒に務めていた様子だから、この記事はいちがいに否定はできない。

秀吉と信孝・柴田勝家との抗争の時は、秀吉方に属したのであろう。同十一年七月四日の本願寺への「筑前家中出頭面々」の中に名が見える（宇野）。

おそらくその後は、紀伊方面から離れて尾張の本領に戻り、信雄の家臣になったものと思われる。天正十二年三月～八月、信雄の臣としてさかんに土佐の香宗我部氏と連絡している姿が見られる（香宗我部家伝証文）（この人物を、『大日本史料』では「信純」としているが、「信張」の誤読である）。だが、『分限帳』にその名がないから、その間に信張の身に何かがあったらしい。

『織田系図』『士林泝洄』に、秀吉と信孝との対立の中で、信孝に属して所領没収、浅野長吉に預けられたという記事がある。信張が信孝を見捨てたことは前述の通りで、この記事は誤りだが、信雄に属した後、所領没収されるような過失があったのではなかろうか。

文禄三年（一五九四）九月二十二日、大津にて没、六十八歳という（織田系図ほか）。

織田信広（おだ　のぶひろ）　尾張

?～天文二年（一五七四）九月二十九日。三郎五郎、大隅守。姓は「津田」とも。

信長別腹の兄。天文十八年（一五四九）頃、早くも安祥城将を務めていること、娘が丹羽長重（元亀二年＝一五七二年生れ）の母であることなどから推して、信長より四～五歳は年長のようである。

信秀が健在で今川氏と三河をめぐって戦っていた時、安祥城の守備として入れ置かれる。しかし、天文十八年（一五四九）三月より今川の将太原崇孚《たいげんそうふ》の攻撃を受け、十一月九日、ついに落城。自身は捕虜になった。だが、ちょうどこの時織田方にあった松平竹千代（徳川家康）と交換されて尾張に戻る（松平記・創業記考異）。

織田家を継いだ異母弟信長に仕えていたが、弘治二年（一五五六）頃、美濃の斎藤義竜に通じて、清須城を乗っ取ろうとしたことがある（公記）。以後は、二心なく信長の下で働く。

庶出ではあっても信長の兄という肩書きは、公家や幕府に対して大きな重みがあったのであろう。入京後の永禄十二年（一五六九）から元亀元年（一五七〇）にかけて、京都に常駐して主に幕府との連絡に務めていた様子である（言継）。

軍事面でも活躍し、元亀元年九月二十五日の叡山攻囲の時、勝軍城に置かれている（公記）。その後東美濃に赴き、同三年十月には岩村城を守って武田軍と戦った（歴代古案）。

だが、これらの事績よりももっと顕著な活躍は、天正元年（一五七三）二月から四月、信長と将軍義昭が最初に衝突した時、信長の名代として義昭と和議を結んだことであろう（兼見・公記）。吉田社祠官吉田兼和とは親しく交わり、何度か行き来している（兼見）。

天正二年七月、伊勢長島攻めに従軍。九月二十九日の最後の戦いで、一揆勢のため討死した（公記・甫庵）。

織田信房（おだ　のぶふさ）　→織田造酒佐（おだ　さけのすけ）

織田信房（おだ　のぶふさ）　尾張

?～天正十年（一五八二）六月二日。坊丸、源三郎、津田源三郎。系図類では、諱は「勝長」とされているが、文書では「信房」である。

信長の子。諸系図では、例外なく五男としている。しかし、四男とされている秀勝は、天正十年（一五八二）当時十五歳（高野山過去帳）。その年に没した信房に、源三郎勝長という子（『藩士家譜』によると二歳）がいることは、諸系図とも一致しており、秀勝よりは年長だったものと思われる。現に『惟任謀反記』には、秀勝を信長の「第五男」と明記している。四男信房、五男秀勝というのが正しいのではなかろうか。

「お坊」と呼ばれていた幼時、東美濃岩村城の遠山景任《かげとう》の養子とされて、父のもとを離れた。ところが、岩村城は、元亀三年

（一五七二）十一月、武田の将秋山虎繁に落とされてしまう。秋山はお坊を甲斐の武田信玄のもとへ送った（松平記ほか）。

武田氏も勝頼の代になり、勢力の衰えと北条氏との対立から信長への歩み寄り政策へと転じた。そして、天正七年末頃より信長との和睦交渉が行われた。同八年初頭頃、佐竹氏の仲介によって、信房は尾張へと召還されたらしい。そして、しばらく織田・武田の和平交渉に携わっていた様子である（平山優「織田源三郎信房について」）。その後、安土に行って父信長と久々の対面をしたのは同九年十一月二十四日であった。犬山城の城主として入れ置かれた（公記）。天正九年十一月付の瑞泉寺宛て制札がある（『愛知県史』資料編⑪）。すぐに池田恒興の娘を娶るという（太閤記・織田系図）。

同十年二月、兄信忠に従い、武田攻めに赴く。三月三日、敵の立ち退いた高島城を受け取った（公記）。続いて、団忠正・森長可とともに上野に兵を遣わし、小幡ら国衆を降参させる。信長の凱旋の途、美濃垂井にて饗応（公記）。

このように有力な一門衆の一人になりつつあった信房だったが、同年六月二日、二条御所にて信忠とともに討死した（公記）。

遺子は、生母の縁で池田家に仕えた（藩士家譜）。

織田信昌（おだ　のぶまさ）　尾張

?〜天正二年（一五七四）八月二日?

四郎三郎。

信光の二男で、信成の弟。事跡は伝わらない。『織田系図』に、池田において討死とあるが、これは信長上洛直後の摂津池田攻めのことであろうか。『系図纂要』には、天正二年（一五七四）八月二日に、長島にて討死とある。

織田信益（おだ　のぶます）　→織田源十郎（おだ　げんじゅうろう）

織田信光（おだ　のぶみつ）　尾張

永正十二年（一五一五）?〜天文二十三年（一五五四）十一月二十六日。

孫三郎。

信秀の弟で信長の叔父。天文十一（一五四二）年八月、兄信秀に従い、小豆坂の戦いに活躍（公記・甫庵）。『天理本』には、当時二十八歳とある。それが凡そにしろ正しいとすると、『言継』天文二年七月十八日条に載った、当時十一歳の信秀弟の「織田虎千代」は、信光ではない。

信秀は、信光・信長父子の思いを成せ、と遺言して死んだと『織田系図』に書かれているが、真偽はともかく、信長が織田家を継いで間もなくの頃の、一番の後ろ盾であったことは確かである。信光は当時、守山城主であった。

同二十一年八月十六日、守山より出陣して信長軍と合流、萱津《かやつ》口で清須軍を打ち負かした（公記）。同二十三年一月、村木攻城戦にも参加。今川軍と戦っている（公記）。

同二十三年四月十九日、守護代家の老臣坂井大膳の頼みによって清須城に入り、織田彦五郎と並んで尾張の守護代にされた（公記）。だが、この時すでに信光と信長との間には、清須城乗っ取りと守護代生害の謀略が交わされており、事が成功したあかつきには、尾張半国（四郡）を二郡ずつに分割する約束が成っていたという（公記）。

計画通り、翌二十日、信光は彦五郎を自害させ、坂井大膳をも追い出して清須城を占拠、これを信長に渡して、自身は那古屋城に入った（公記）。二郡ずつどのように分けるのか、詳しいことはわからないが、『公記』に於多井川を境に、とあるから、今の庄内川で切ったものであろうか。『甫庵』には、那古屋城と河東を与えられるとある。大体愛知郡と知多郡あたりの支配を任されたのであろう。

だが、得意の絶頂もここまでで、半年後の十一月二十六日（『定光寺文書』では二十八日）、家臣坂井孫八郎のために暗殺された（公記・高野山過去帳）。

信光は信長にとって、強力な後ろ盾ではあったが、もし生き長らえていたとしたら、信長のその後の行動は著しく制約されたかも知れない。そうした意味では、信長にとって信光の死は幸運と言えるのであって、そこからこの暗殺の背後に信長がいる、という説も出ているわけである。だが、その事実は史料からは確かめることはできない。

織田順元（おだ　のぶもと）　尾張

生没年不詳。

金左衛門尉、対馬守。諱は「信元」とも書く。姓は「津田」とも称す。

順俊の子という（寛永伝）。

十六歳の時より信長に仕え、馬廻。元亀元年（一五七〇）、北近江攻めに従い、近江修理大夫に従軍を促す使者を務めている（士林証文）。六月二十二日、信長が小谷から退却する時、殿《しんがり》軍の佐々成政に協力して敵と戦った（甫庵）。

後、柴田勝家の家老となり、天正十一年、勝家の死後、溝口秀勝の麾下になる。そして、京都にて六十七歳で没という（重修譜）。

織田信盛（おだ　のぶもり）　尾張

生没年不詳。

源助。

佐久間信盛の家臣か与力であろう。（永禄五年＝一五六二カ）正月十三日、佐久間の意向を受けて、某に所領五百疋分を与えている（熱田浅井家文書）。

織田信行（おだ　のぶゆき）　→織田信勝

織田秀孝（おだ　ひでたか）　尾張

天文九年（一五四〇）頃～弘治元年（一五五五）六月二十六日。

喜六郎。

信秀の八男というが、『公記』に弘治元年（一五五五）当時十五、六歳とあるから、四男と伝えられる信包（天文十二年＝一五四三年生れ）より年長であろう。信広・秀俊（安房守）・信長・信勝（信行）に次いで五男あたりではないかと思われる。

弘治元年六月二十六日（『定光寺文書』では七月六日）、伴も連れずただ一騎で乗り駆けたところ、叔父信次の家臣洲賀才蔵が秀孝とは知らず矢を射かけ、それが当って死亡した（公記）。兄のうち信勝は怒って、即座に信次の出奔した後の守山城を攻めたが、信長は伴も付けずに一騎駆けした秀孝の過失を責め、比較的冷淡だったという（公記）。

織田秀敏（おだ　ひでとし）　尾張

?～永禄三年（一五六〇）五月十九日?

七郎、玄蕃允、玄蕃頭。内、文書で確かめられるのは「玄蕃允」である。姓は「津田」とも。

『重修譜』によると、敏定の五男、信長の祖父信貞（信定）の弟である。それに対して横山住雄氏は、信秀の叔父の豊後守の子としている（同氏「熱田加藤氏と臨済宗妙心寺派の発展」）。信長の一世代か二世代上の人物であることは、確かであろう。なお、「秀敏」の諱は文書の裏付けはない。

尾張岩倉に居住したという（寛永伝）。天文二十一年（一五五二）十月二十日、信長より中村三郷を安堵されている（尊経閣文庫文書）。

この頃のものと思われるが、六月二十二日付の、織田玄蕃允宛ての斎藤道三書状がある（熱田浅井文書）。これによると、先に玄蕃允は信長家中の不統一を道三に訴えた様子である。それに対して道三は、この書状の中で、玄蕃允に調停を進めるよう促し、若い信長を擁護する者の苦労を労っている。玄蕃允は一族の元老として、信長の後見役のような役割を果していたことがうかがわれる。

永禄三年（一五六〇）、今川軍に備えて鷲津の砦に置かれる（公記）。五月十九日、今川軍に攻められて落城。史料に明記されていないが討死したらしい。

織田秀俊（おだ　ひでとし）　尾張

?～弘治二年（一五五六）六月。

喜蔵、安房守。

弘治二年（一五五六）二月付、雲興寺宛ての「織田安房守秀俊」署名の禁制がある（雲興寺文書）。この人物が『公記』にある、信長の兄弟「安房守」であることは、ほぼ間違いないであろう。

『織田系図』『重修譜』など諸系図によると、「安房守」の諱は「信時」、信秀の五男ないし六男、即ち信長のかなり下の弟とされている。

だが、安房守は『公記』を見ても弘治年間から活躍しており、しかも前記系図が一女の父としながらも、天文十二年（一五四三）生れの信包より下の弟に置いているのは、明らかな矛盾である。

さて、『公記』の記事を引用すると、「織田三郎五郎（信広）と申すは、信長公の御腹かはりの御舎兄なり。其弟に安房守殿と申候て、利口なる人あり」とある。信長の弟と書かず、信広の弟としているのは、「安房守」が信広と同母で、しかも信長の弟ではなかったからではなかろうか。異母兄信広が信長より四～五歳は年長であったことは確かである。諸系図に載っている「信時」の本当の名は「安房守秀俊」であり、信広と同じく信長の異母兄であると結論づけたい。

『公記』によると、「安房守」は弘治元年、信次出奔後の守山城を預けられるが、坂井孫平次という少年と男色の関係となって彼を偏愛し、翌年六月、それを恨んだ家臣角田新五に攻められて切腹したという。

織田秀成（おだ　ひでなり）　尾張

?～天正二年（一五七四）九月二十九日。

半左衛門。姓は「津田」とも。

信長の弟。信秀の八男とも九男とも伝わる。天正二年（一五七四）七月、長島攻めに従軍（公記）。九月二十九日の最後の戦いで討死した（甫庵）。

織田広良（おだ　ひろよし）　尾張

?～永禄四年（一五六一）五月二十三日?

勘解由左衛門尉。系図類には、「與康」あるいは「玄信」とある。

『甫庵』によると、犬山の信清の弟というから、信長の従兄弟である。木曾川岸の九条の砦に置かれていたが、永禄四年（一五六一）五月、斎藤軍の攻撃を受ける。信長が救援に駆け付け、激戦になったが（軽海の戦い）、ついに斎藤家臣だった野々村正成に討たれたという。

永禄四年（一五六一）三月、剣光寺・黒田明神・法光寺白山宮に禁制を掲げた「広良」という人物がいる（剣光寺古文書・籠守勝手神社文書・白山神社文書）。『宝光寺古記録』（『木曾川町史』所収）には、「織田勘解由左衛門尉平広良」という人物が載っているから、これらの禁制の発給人は、信清の弟勘解由左衛門尉としてよかろう。

織田坊（おだ　ぼう）　→織田信房（おだ　のぶふさ）

織田孫十郎（おだ　まごじゅうろう）　尾張

生没年不詳。

姓は「津田」ともいう。

信次と同じ孫十郎なので、その子と思われるが、『織田系図』その他系図類には、信次の子としては刑部大輔一人を載せるだけである。しかし、どの系図も刑部大輔の子に中川重政兄弟を載せるといった無理な記載をしており、刑部大輔の存在自体が疑わしい。やはり孫十郎は信次の子なのではなかろうか。

孫十郎は、天正九年（一五八一）二月二十八日の馬揃えの時は、連枝衆の中にあって行進（公記）。同十年二月、武田攻めに従軍。十六日、木曾義昌の軍と一手になって鳥居峠を守備したことが『公記』に見える。

本能寺の変後は信雄に仕えたようで、『分限帳』に守山で九百貫知行したことが見えている。守山は信次の旧領であるだけに、ここからも「孫十郎」は信次の子らしく思われる。

織田正信（おだ　まさのぶ）　尾張

永禄十一年（一五六八）～慶長十八年（一六一三）五月二十日

赤千代、源次郎。住地より「小幡」と呼ばれる。

信成の長男。母は信長の妹（小幡殿）。尾張小幡城に住す（織田系図ほか）。源三郎を称した信長の弟信房（勝長）とは、『史料綜覧』などでは混同されているが、天正十年（一五八二）頃は「赤千代」とあるのが正信のことである。

天正十年二月、武田攻めに従軍。十六日、木曾義昌軍に加勢して鳥居峠に着陣した（池田本）。

本能寺の変後信雄に属す。母方の祖母養

徳院の養育を受けたという（藩士家譜）。同十三年の四国攻めには、信雄の命で参加した様子である（因幡志）。後、羽柴秀勝に仕える（織田系図）。

　その後、池田輝政に仕え、慶長六年（一六〇一）十一月三日、千二百石を宛行われている（藩士家譜）。さらに、その子忠雄にも仕える（織田系図・藩士家譜）。

　同十八年五月二十日、江戸にて没。四十六歳という（織田系図）。

織田造酒丞（おだ　みきのじょう）→織田造酒佐（おだ　さけのすけ）

織田吉清（おだ　よしきよ）　尾張
　生没年不詳。

　修理亮。

　信長の奉行人。一族かもしれないが、その扱いを受けておらず、奉行人としてもその地位は高くない。

　某年十月六日、志水長次・奥村直俊・跡辺秀次との連名で、法隆寺寺家に対し家銭銀子百五十枚の納入を命じている（法隆寺文書）。

織田与助（おだ　よすけ）　尾張
　?～天正七年（一五七九）七月十六日。
　右衛門の子。尾張落合の人という（高野山過去帳）。事跡については何も伝わらない。
　天正七年（一五七九）七月十六日没という（高野山過去帳）。

織田与八郎（おだ　よはちろう）→柘植与一（つげ　ともかず）

小武太郎三郎（おたけ　たろさぶろう）　越前
　生没年不詳。
　足羽三ケ庄の有力商人の小武氏。天正三年九月十一日、信長より石場荘の領地と祥雲寺の百姓の還住を命じられている（慶松勝三家文書）。

小武彦三郎（おたけ　ひこさぶろう）　越前
　生没年不詳。
　小武氏は、足羽三ケ庄の有力商人、慶松氏。越前一向一揆討伐戦後の天正元年（一五七三）十月八日、信長より本知十石余を安堵されている（岐阜県歴史資料館文書）。

越智家高（おち　いえたか）　大和
　天文十三年（一五四四）～元亀二年（一五七一）九月二十四日。

　民部少輔。前姓「楢原」。

　家広の弟である楢原某の子。高取城主。永禄年間、越智氏は松永久秀と戦い、高取城・貝吹城も奪われる（多聞院ほか）。だが、同十二年（一五六九）頃より家高は、久秀に従い、高取城を返還され、越智氏の家督となった（多聞院・岡本文書ほか）。しかし、叔父の家増は、その後もしばらく久秀と戦っている。その後、信長政権の下で、越智家は一本化するが、実権は家増が握っていたようである。

　元亀二年（一五七一）九月二十四日、殺害される。この事件の背後には、家増の暗躍があったらしい（多聞院）。

越智家秀（おち　いえひで）　大和
　?～天正十一年（一五八三）八月二十六日。

　彦七、玄蕃頭。

　布施氏の出で、天正二年（一五七四）、越智家増の後の家督を継いだ（多聞院）。

　信長に臣従し、同五年閏七月四日、信長の上洛を迎えるため安土へ向かっている（多聞院）。同年十一月十九日、行方不明になった信長秘蔵の鷹を見つけ出して進上、賞として旧領を回復された（公記）。同八年十月に行われた大和の指出《さしだし》では、一万二千石とある（多聞院）。

　この頃であろう、十二月一日付で信長の書状を受け、家臣中で信長に不義を企てた者を提出するよう命じられている（南行雑録）。信長政権の大和支配が着々と進んでいることがうかがわれる。同十年元旦、年頭の礼のため安土を訪れた（宗及記）。同年三月の武田攻めに従軍している（蓮成院）。

　本能寺の変後は秀吉に従ったらしく、同十一年五月二十日、高野山西門院某に信雄や秀吉との講和を勧めている（高野山文書）。

　同年八月二十六日、家臣のため殺害される。後ろで筒井順慶が糸を引いていたらしい（多聞院・宇野）。

越智家増（おち　いえます）　大和

?〜天正五年（一五七七）八月二十四日。

伊予守。前名「楢原家益」。

越智家栄の子か。一時楢原家に入るが、後、越智家に戻る。

畿内における、三好三人衆と松永久秀との争いの中で、三人衆方に付いたか、永禄九年（一五六六）一月十五日に貝吹城を回復。その後、戒重氏らと戦いを重ねた（多聞院）。この頃のものだろうが、岡某に飯岡の地を与える約束をしている書状が見られる（真田家文書）。大和でかなりな勢力を保持していたものと思われる。

その後もしばらくは久秀と争っており、永禄十二年四月には、久秀だけでなく三好義継・畠山高政の軍にも攻められている（多聞院）。同年十一月四日、ついに貝吹城を開城した（多聞院）。だが、その後、久秀の信長離反に伴って信長に従うようになったらしい。

元亀二年（一五七一）九月二十四日、越智家当主家高が遭害したが、その裏には家増があったという（多聞院）。その跡を継いで越智家家督。だが、ほどなく布施氏より迎えた家秀に家督を譲って隠居した様子である（多聞院ほか）。

天正五年（一五七七）八月二十四日没という（越智氏伝記）。


越智小十郎（おち　こじゅうろう）　尾張？

?〜天正十年（一五八二）六月二日。

大和の越智氏とは無関係。尾張田端城に住した越智氏の一族であろう。信長の馬廻か。本能寺の変の時、二条御所で討死した（公記）。

落合小八郎（おちあい　こはちろう）　近江
?〜天正十年（一五八二）六月二日。
信長の小姓（甫庵）。近江浅井郡出身という（淡海温故録）。天正十年（一五八二）六月二日、本能寺にて討死した（公記）。

落合親豊（おちあい　ちかとよ）　尾張
生没年不詳。

平兵衛丞。諱は「長貞」とも。

信長の奉行人だったが、後に村井貞勝に所属。その初見は（永禄十二年＝一五六九）十二月十七日、阿弥陀寺清玉上人に宛てて、阿弥陀寺寄進領安堵に対する信長の同意の旨を伝えた、伊藤実重・同実元との連署書状である。そして翌日、今度は同寺領の百姓に寺納を命じている（阿弥陀寺文書）。

その後は、京都所司代村井貞勝に所属させられたらしい。天正四年（一五七六）十月二十五日、貞勝を訪れた山科言継より贈品を受けた「落合」があり（言継）、さらに同七年六月九日、やはり貞勝を訪れた山科言経より香薷散を贈られた貞勝付属の士の中に「落合平兵衛」が見られる（言経）。また、某年八月七日付の徳大寺公維領に関する覚書中に見られる「落合」は、村井貞勝の「下代」とある（竜安寺文書）。貞勝に付属されて、京都とその近辺の行政を補佐しているうちに、次第に貞勝との従属関係が強まってきたのであろうか。

落合長貞（おちあい　ながさだ）　→落合親豊（おちあい　ちかとよ）

乙部源次郎（おとべ　げんじろう）　→進藤源次郎（しんどう　げんじろう）

小野種孝（おの　たねたか）　美濃
生没年不詳。
五郎兵衛。
『立政寺文書』付箋によれば、伝介種正の子。元亀二年（一五七一）二月三日、井上種次とともに、立政寺祠堂に寄進している（立政寺文書）。

小幡某（おばた）
天文二十四年（一五五五）五月八日、信長より「ちゆうけいし」法主分と寺領の領有を保証されている「をはた殿」がいる（初瀬川建治氏文書）。小幡の有力者のようであり、信長の従兄弟にあたる「信成」ではないかと思われる。

小幡赤千代（おばた　あかちよ）　→織田正信（おだ　まさのぶ）

小畠左馬助（おばた　さまのすけ）　丹波
生没年不詳。
左馬進ともある。
幼いながらも、元亀年間より丹波の国人小畠家の家督にあったものと思われる（小畠文書）。信長の統一戦が進む中、天正三年

(一五七五)六月十七日、朱印状を受け、丹波攻めのために派遣した明智光秀に協力するよう命じられている。光秀からは同月十九日、知行安堵され、働きによって新知を加増することを約束された(小畠文書)。

だが、同月十日付で信長が一族小畠助大夫に宛てた書によると、左馬助はまだ若年ゆえ、助大夫が船井郡支配を認められている様子である(小畠文書)。

以後、光秀による丹波の戦いの中で、これに従って働いたであろう。征服戦の進む天正五年八月七日、村三和泉守より知行請状を受けている事実は、家督としての実権を持っていることを示している(小畠文書)。

同七年二月六日付の明智伊勢千代丸及び小畠一族宛て光秀判物では、小畠一族の「越前守」が討死している(小畠文書)。小畠家の惣領として丹波諸城の攻略戦に参加し、丹波の本領も確保していたものと思われる。

丹波の平定成り、光秀に丹波一国が与えられた後は、その麾下に属したであろう。光秀が本能寺の変を起した後の行動については明らかでない。

小畠助大夫(おばた　すけだゆう)　丹波

生没年不詳。

左馬助の一族。天正三年(一五七五)六月十日付で信長より書を受け、小畠家家督左馬助が若年につき、船井郡内の二万石の領有を認められている(小畠文書)。左馬助の後見役を務めたらしい。

小幡信真(おばた　のぶざね)　上野

生没年不詳。

右衛門尉、上総介。斎号忠甫斎。諱は、「信貞」とも伝わるが、文書では「信真」。

上野小幡城主。重貞の子。父が武田氏に従って長篠の戦いで討死した跡を継ぎ、引き続き武田氏に仕える。

天正十年(一五八二)三月、織田信房(勝長)・森長可・団忠正の軍に上野を攻められ、武田氏の滅亡に先立って信長に降伏。その月の二十五日、甲府に赴き、信忠に臣従の礼を行う(公記)。

以後、上野一国を任された滝川一益に従属。本能寺の変後の六月十七日、一益に従って出陣。神流川《かんながわ》で北条氏の軍と戦った(甫庵)。

一益が上野を放棄するに及んで、北条氏に属すが、秀吉の小田原陣の時降参。同十八年三月、前田利家に従って八王子城を攻めている姿が見られる(寛永伝・太閤記)。

文禄元年(一五九二)、名護屋着陣。某年十一月二十日、五十二歳にて没という(寛永伝・干城録)。

小畑光通(おばた　みつとお)　摂津

?~天正四年(一五七六)七月十三日。

大隈守。

摂津尼崎の人。天正三年(一五七五)か、九月二十九日付で荒木重堅と連署で、小寺(黒田)孝高らに宛てて、浦上宗景への忠節を命じた書状が見られる(姫路市大覚寺文書)。荒木村重の意を受けた書のようである。

天正四年(一五七六)七月十三日、真鍋・沼間氏らとともに、織田方水軍として木津川口で毛利方水軍と戦い、敗死した(公記)。

『宗及記』(自会記)天正三年十一月二十二日条に、尼崎の人「小畠」が見られるが、同一人であろう。

小山田弥太郎(おやまだ　やたろう)

?~天正十年(一五八二)六月二日。

信長馬廻か。天正十年(一五八二)六月二日、二条御所にて信忠とともに討死した(惟任謀反記)。

小里光明(おり　みつあき)　美濃

天文五年(一五三六)~慶長六年(一六〇一)九月十二日。

助右衛門。姓は後に「和田」。

東美濃小里の人。父は出羽守光忠(譜牒余録)。遅くとも永禄十年(一五六七)の美濃平定までには信長に降っていたであろう。そして、天正二年(一五七四)頃、東濃衆として信忠軍団に組み入れられたものと思われる。

天正十年(一五八二)、本能寺の変後、美濃の国主になった信孝に仕える。信孝は、秀吉と不和になり、この年十二月に岐阜城を攻められて降参する。その直後の十二月二十一日、光明は、秀吉・丹羽長秀・池田恒興の三宿老から織田家家督になった信雄に来礼するよう命じられている(阿子田文書)。さらに翌々日、森長可からも催促されている(阿子田文書)。

ところが小里氏は、その後も信孝に忠節をつらぬいたらしい。同十一年閏一月十七日、信孝より秀吉方との戦いにおける戦功を褒されている(川辺氏旧記)。さらに同年四月二十二、二十三日付で、北近江の戦況を報じられている(川辺氏旧記)。

だが、結局、信孝は敗れて切腹。光明は小里を去って浜松へ行き、「和田」と改姓して家康に仕える。以後、三河小原に住した(譜牒余録・重修譜)。

同十二年、長久手の戦いに従軍。嫡男光直はここで負傷し、後に死んだ(重修譜)。同年六月十三日、家康より美濃の土岐・恵那郡の本領を安堵される(譜牒余録・重修譜)。だが、美濃は秀吉方にあり、家康と秀吉の講和以前なので、これは空約束にすぎない。

同十八年八月、家康の関東入国に従って、相模東郡岡田郷にて三百石知行。慶長五年(一六〇〇)の内乱の時、美濃明智城を攻め、これを落とす。同六年九月十二日没、六十六歳という(小里家譜)。

小里光次(おり　みつつぐ)　美濃

天文三年(一五三四)~元亀三年(一五七二)。

内作。

光忠の長男で光明の兄。信長に属す。元亀三年(一五七二)、美濃下村で武田軍と戦って討死した。三十九歳(小里家譜・譜牒余録)。

小里光久(おり　みつひさ)　美濃

永禄四年(一五六一)~天正十年(一五八二)六月二日。

彦太郎。

光次の子。東美濃衆として信忠に属したのであろう。馬廻だったか。天正十年(一五八二)六月二日、二条御所にて信忠とともに討死した。二十二歳(譜牒余録・小里家譜)。

下石頼重(おろし　よりしげ)　尾張

?~天正十年(一五八二)六月二日。

彦右衛門。

信長の馬廻(宇野)。しばしば奉行人をも務めている。

頼重の初見は、天正四年(一五七六)五月十四日に津田宗及茶会に出席したことである(宗及記)。年齢的には比較的若い信長側近であろう。

頼重の任務は、初めは北陸方面に限られている。同五年九月、柴田勝家を大将とする北陸派遣軍の観察のため派遣され(宮川文書)、翌六年九月には、能登の長連竜への使として出張している(長文書)。

北陸方面といえば、信長の代表的側近菅屋長頼も、主としてこの方面で活躍している。頼重はその補佐的役割を果していたらしい。

天正七年と思われるが、九月十日付の四通の『剣神社文書』がある。織田大明神社の再興を図ったもので、四通とも長頼と頼重との連署書状である。そのうち一通は府中三人衆(佐々成政・前田利家・不破光治)に対して、神領安堵の朱印状を保留していることを詰ったものだが、堂々と彼ら部将たちを責めているあたり、信長の権威を背景にした側近の力が垣間見られる。

この間の同六年十月、摂津の荒木村重が信長に背く。頼重もこの時は西方へ出張、古田重然・福富秀勝らとともに中川清秀を誘降した。そして、そのまま清秀が開けた茨木城の警固として入れ置かれた(公記)。

同九年(『信長文書』では七年にしている)一月頃には長岡藤孝への使、同年十二月には福富・野々村正成とともに中川清秀への使を務めている(細川家文書・武家雲箋)。

頼重の事跡を見ると、菅屋・福富・野々村といった信長の代表的側近と組んで仕事をすることが多く、彼らにほとんど拮抗する地位にあった様子である。

天正十年五月、信長の最後の上洛に従い、六月二日、二条御所で信忠とともに討死した(公記・惟任謀反記・宇野)。

か

戒重某（かいじゅう）　大和

?～天正八年（一五八〇）十月二十八日。

大和の国人。筒井順慶を通じた信長の支配に必ずしも従順ではなかった様子で、天正六年（一五七八）十月七日、大仏供料未進という理由で順慶に攻められている（多聞院）。

同八年九月より信長は、滝川一益と明智光秀を派遣して大和の検地を行うが、彼はその命に従わなかったのであろうか、金蔵院において殺害された（多聞院）。この時の指出《さしだし》では千五百石とあるが（多聞院）、それに不正があったのかも知れない。

鶏冠井孫六（かえでい　まごろく）　山城

生没年不詳。

山城の国人。永禄年間であろう、三好三人衆に味方して、革島郷を押領したことがある（革島家伝覚書）。

天正四年（一五七六）五月十九日、山科言継より薬を遣わされたことが『言継』に見える。また、同年七月十四日、言継より御方御所に献上された灯籠の梅の細工は、孫六の手によるものだという（言継）。

香川右衛門大夫（かがわ　うえもんのたいふ）　若狭

生没年不詳。

若狭武田氏の臣。「右衛門大夫」とあるのは『甫庵』など後世の史料に限られる。

鳥羽谷麻生野城主（若州観跡録）。武田義統や他の国衆と同様、元亀元年（一五七〇）頃までに信長に降ったか。天正三年（一五七五）八月の越前一向一揆討伐戦の時、粟屋・逸見ら他の国衆とともに海上より一揆を攻撃した（公記）。

本能寺の変の時、明智光秀に味方し、山崎の戦いの後、領地を没収されたという（若州観跡録）。

同十二年七月六日と八日、若狭粟屋浦・毛原浦・大樟浦の縄打目録を発行した検地奉行の一人に「香川久左衛門尉」が見られ（青木与右衛門家文書・北野七左衛門家文書）、また、『高野山過去帳』に天正十八年九月十三日没の「香川信濃守」があるが、どちらも一族であろう。

垣河某（かきかわ）

生没年不詳。

村井貞勝の臣。天正四年（一五七六）十月二十五日、貞勝を訪れた山科言継より贈品を受けている（言継）。

垣屋豊続（かきや　とよつぐ）　但馬

生没年不詳。

駿河守。

山名氏惣領家である但馬出石《いずし》城主山名韶《あき》熙《ひろ》の臣。垣屋氏は太田垣・八木・田結庄《たゆいしょう》氏と並んで、山名氏の四天王と称されていた。豊続は宗時の子という（宿南保「但馬山名氏と垣屋・太田垣両守護代家」）。城崎《きのさき》郡轟《とどろき》城主。

但馬山名氏は、一時毛利氏と対立関係にあったが、信長の勢力が丹波から但馬方面に伸びつつあった天正三年（一五七五）頃、因幡の山名豊国の斡旋で講和。その後、吉川元春とさかんに通信して入魂を重ねている（吉川家文書）。

同五年十一月、羽柴秀吉の軍が播磨より但馬に入り、たちまちのうちに太田垣の竹田城が降伏した（公記）。だが、轟の垣屋氏は、毛利方としてなおもしばらく抵抗を続けた。（天正八年）六月八日付で秀吉は、格別の待遇を以て誘っている（垣屋文書）。しかし、すぐには応じなかったらしい（田結庄文書）。

だが、やがて秀吉に降ったようである。降伏後は、豊岡城主になった宮部継潤の与力とされた。翌年の鳥取城攻めの時は、継潤の下で参加している（石見吉川家文書）。その後の動きについては、詳らかではない。

垣屋光成（かきや　みつなり）　但馬

?～天正十年（一五八二）二月二十三日?

平右衛門、播磨守。

垣屋氏は、但馬の山名惣領家にあって、四天王と称された家柄である。その垣屋家も三家ほどに分かれ、光成の家は豊続の家（駿河守家）とは遠縁にあたり、父は続貫であるという（宿南保「但馬山名氏と垣屋・太田垣両守護代家」）。

信長が義昭を報じて入京した後、但馬守護の山名韶熙《あきひろ》は新将軍と通じたのであろう。元亀元年（一五七〇）四月十九日、信長より但馬銀山の押領を咎められ、山名韶熙を疎略にしないよう命じられている（宗久書）。なお、この書は垣屋・太田垣・八木・田結《たゆい》庄《しょう》のいわゆる山名家四天王宛てになっているのだが、垣屋氏の代表として、豊続ではなく光成が当てられているということは、彼の方が垣屋の惣領家だったからであろう。

その後、天正五年（一五七七）十一月、羽柴秀吉軍が但馬に攻め込み、たちまち太田垣氏の竹田城を落とした（公記）。豊続が秀吉に降伏したのは、同八年になってからのようだが、光成のほうは、もっと早くから信長方として動いていた様子である（宿南保『但馬の中世史』）。

同八年五月、秀吉軍が鳥取城を囲んだ時、光成はその付城岩経（常）に置かれている（紀伊続風土記）。鳥取城攻略後、巨能郡（岩井郡）を拝領して、宮部継潤の指揮下に入れられた様子である（間島平治郎文書）。

しかし、それから間もなくの同十年二月二十三日に死没したという（但馬考）。

秀吉政権下の大名として九州陣、名護屋陣に従い、最後関ケ原の敗戦後自害する恒総（新五郎、隠岐守）は、光成の子であるという（宿南保「但馬山名氏と垣屋・太田垣両守護代家」）。

梶川一秀（かじかわ　かずひで）　尾張

天文七年（一五三八）？～天正六年（一五七八）十二月八日？。

七郎右衛門尉。

平九郎の二男で高秀の弟。信長に属して、尾張端成《はしなり》城に住すという（寛永伝・梶川系図）。

永禄三年（一五六〇）五月、今川軍進攻の時、兄高秀とともに中島城に入れられる。その時の功により、戦後、鳴海にて三百貫文の地を加増されるという（寛永伝・梶川系図）。

以後、信長馬廻。小部隊指揮官といったところか。信忠の尾張支配に伴って、その軍団に組み入れられたものと思われる。

天正六年（一五七八）、有岡攻めに従軍。十二月八日の総攻撃の時に討死したという（張州雑志）。『寛永伝』『梶川系図』では、その戦死を同七年九月とし、四十二歳という没年齢を載せている。可能性としては、『張州雑志』にあるほうが高いと思われる。

梶川吉蔵（かじかわ　きちぞう）　尾張

生没年不詳。

尾張の梶川一族であろうが、高秀たち一族との繋がりは不明である。本能寺の変の後、信雄に仕える。天正十年（一五八二）八月二日、信雄より島信重分百貫文の地を与えられている（徳川美術館文書）。『分限帳』では、二カ所、合わせて三百六十貫文の地を知行している。

梶川高秀（かじかわ　たかひで）　尾張

？～永禄十一年（一五六八）十月二日？

平左衛門尉。

平九郎（宗玄）の長男。初め丹羽郡楽田《がくでん》城に住したが、後、中島郡奥村に移るという（重修譜）。

永禄三年（一五六〇）五月、今川軍の進攻に備え、中島の砦に入れ置かれる（公記）。

同十一年十月二日、信長上洛直後の摂津池田城攻めの時、「水野金吾内」の「梶川平左衛門」が奮戦して討死した旨、『公記』に記載されている。「水野金吾」とは、二十五年も以前に没した水野忠政であり、かつて忠政に属していたという意味であろう。高秀の弟秀盛が水野信元に属していたことは『張州雑志』などに記されているから、高秀も忠政からその子信元に属したと考えるべきで、やはりこの「梶川平左衛門」は高秀のことと思われる。

しかし、犬山市の常福寺には、梶川高秀と同夫人の画像が現存する。このうち、高秀像といわれるものには、僧形の老年の男性が描かれ、雲山による天正六年二月の賛がある（愛知県史資料編⑪）。果たして像主は高秀で間違いないのであろうか。

梶川高盛（かじかわ　たかもり）　尾張
?～文禄五年（一五九六）三月二十六日?

弥三郎。諱は「正教」とも。

高秀の子。天正元年（一五七三）七月、槙島攻めに従軍。宇治川の一番乗りを果し、その功により信長から馬を賜るという（甫庵・寛永伝・老人雑話）。

初めは父高秀、叔父秀盛と同じく水野信元に属していたと思われるが、同三年十二月、信元が罪を負って自害した後は佐久間信盛の与力となったのであろう。同四年五月三日、天王寺砦で本願寺勢と戦ったが、その時の高盛を『甫庵』は「佐久間が与力」と記している。

同八年八月、佐久間父子追放により、信長に召し出され直仕する（池田本）。身分は当然馬廻であろう。

本能寺の変後は信雄に仕え、九百二十貫文を知行する（分限帳）。同十二年六月の蟹江城攻めに参加した（武家事紀）。

『尾張志』では、二宮村（現犬山市）常福寺蔵の梶川弥三郎画像にある文禄五年（一五九六）三月二十六日を没年月日としている。一方『寛永伝』などは、五十四歳という没年齢のみを記している。両方を信じるとすると、彼の生年は天文十二年（一五四三）になるが、それでは叔父の一秀とほとんど違わず、不自然さはまぬかれない。採用しないほうが無難である。

なお、高盛は、馬の良否を判断する目利きだったという（武家事紀）。

梶川秀盛（かじかわ　ひでもり）　尾張
生没年不詳。

五左衛門。

平九郎の三男で、高秀・一秀の弟。『張州雑志抄』『尾張志』によれば、横根村の人で水野信元に属すという。信元の死後、佐久間信盛の与力となった。

天正八年（一五八〇）八月に佐久間父子が追放された後、甥の高盛とともに信長に召し出され、直仕する（池田本）。

本能寺の変の後は信雄に仕え、千四百八十貫文の地を知行（分限帳）。その間の同十一年九月七日、延命寺に寺領を寄進している（延命寺文書）。同十八年の小田原陣の時、信雄の命により、旌旗のことを司るという（梶川系図）。

朝鮮の役で渡海。池田輝政に属して湯川籠城などの戦功があったが、某年その地で討死。六十歳だったという（寛永伝・梶川系図）。

加治田隼人佐（かじた　はやとのすけ）　尾張
生没年不詳。

尾張の土豪、野伏。『太閤記』によれば、永禄九年（一五六六）九月、稲田大炊助・蜂須賀正勝とともに、墨俣城《すのまた》を出て近辺の村を夜討ちし、信長より賞として領地五十貫文を賜るという。

賀島弥右衛門（かしま　やえもん）　尾張
?～天正十六年（一五八八）七月二十四日。

駿河賀島村の出身で、初め今川義元に仕え、後、信長に転仕するという（士林泝洄）。

永禄十年（一五六七）六月、信長より尾張で五カ所、都合四十貫文の地を与えられる（阿波国徳島賀島家文書）。さらに同年十一月、今度は美濃の地三十貫文を与えられている（阿波国徳島賀島家文書）。

天正十六年（一五八八）七月二十四日没（賀島氏家譜）。

同八年十月、賀島勘右衛門という人物が、信長より町並の諸役を免じられ、商売を許可されている（阿波国徳島賀島家文書）。弥右衛門もその一族であろう。一族が武士と商人に分かれたものと思われる。

柏原小鍋（かしわばら　こなべ）
?～天正十年（一五八二）六月二日。

鍋丸の弟。兄と同じく信長の小姓。天正十年（一五八二）六月二日、兄とともに本能寺にて討死した（阿弥陀寺過去帳）。

柏原鍋丸（かしわばら　なべまる）
?～天正十年（一五八二）六月二日。

弟とともに信長の小姓（甫庵）。天正十年

（一五八二）六月二日、兄弟して本能寺にて討死した（公記）。

梶原景久（かじわら　かげひさ）　尾張

生没年不詳。

平次郎、源左衛門尉。諱は、「景義」とも。

尾張羽黒城主という（尾張群書系図部集）。永禄十二年（一五六九）八月、伊勢大河内《おかわち》攻めに従軍。翌元亀元年八月には、野田・福島攻めに参加。続く叡山攻囲陣にも加わった（公記）。

天正二年（一五七四）七月の長島攻めの時は、信忠の陣営に加わっており、最後の戦いだった九月二十九日、善戦して負傷したという（公記・甫庵）。

同十年二月、信忠に従って武田攻めに参加。二月十六日の鳥居峠の戦いの時の、加勢の人数の中に名が見える（公記）。同じ武田攻めの時、森長可とともに先鋒を務めた「団平八忠正」は、「梶原平八郎」とも呼ばれており（徳川黎明会文書）、信長は彼を、長可と並べて「わかき者」と評している。通称の類似から推して、景久と忠正とは親子関係なのかも知れない。

梶原景義（かじわら　かげよし）　→梶原景久（かじわら　かげひさ）

梶原次右衛門（かじわら　じえもん）

生没年不詳。

信忠の馬廻。天正十年（一五八二）三月二日、信濃高遠城攻めで活躍する姿が『甫庵』に見られる。

梶原勝兵衛（かじわら　しょうべえ）　尾張

生没年不詳。

信長の馬廻（甫庵）。元亀三年（一五七二）十一月三日、虎御前山《とらごぜやま》より宮部まで築いた築地を浅井七郎に攻撃された時、富田長繁ら越前の降将らとともに、羽柴秀吉に加勢してこれと戦った（公記）。

梶原平右衛門（かじわら　へいえもん）　尾張？

生没年不詳。

信忠の臣。天正元年（一五七三）四月一日、京都に在陣している信忠を訪れた吉田兼和を取り次いでいる（兼見）。景久の一族であろう。

梶原平三兵衛（かじわら　へいぞべえ）　播磨

生没年不詳。

播磨高砂城主（釈文書）。天正六年（一五七八）三月、別所長治に誘われ、一緒に信長に反旗をひるがえす（別所長治記）。同年六月十八日、秀吉方の別所重棟に攻められている（釈文書）。『黒田家譜』によると、その年のうちに黒田孝高を介して秀吉に降るという。

梶原平八郎（かじわら　へいはちろう）　→団忠正（だん　ただまさ）

梶原又右衛門（かじわら　またえもん）　尾張

?～天正十年（一五八二）六月二日。

梶原松千代の家臣。本能寺の変を聞き、病臥の身を押して馳せつけようとする松千代を押しとどめ、代わって二条御所に駆けつけ、奮戦した末、討死したという（甫庵・阿弥陀寺過去帳）。

梶原松千代（かじわら　まつちよ）　尾張

元亀元年（一五七〇）～?

尾張羽黒の人。左衛門尉（景久カ）の子（甫庵）。

信長か信忠の小姓であろう。本能寺の変の時十三歳、病臥していたのにかかわらず、変報を聞いて二条御所へ馳せつけようとしたが、家臣の又右衛門が代わって駆けつけて討死した（甫庵）。その後の事跡は不明である。

春日源八郎（かすが　げんぱちろう）

?～天正十年（一五八二）六月二日。

信長あるいは信忠の馬廻であろう。本能寺の変の時、二条御所にて討死した（公記）。

加須屋真雄（かすや　さねかつ）　播磨

生没年不詳。

正之助、助右衛門尉、内膳正。諱は「数正」「武則」「宗重」「宗孝」「真安」とも。姓の加須屋は「糟屋」とも書く。

播磨加古川の人。玄蕃允則頼の子とも、兵庫助忠安の子ともいう。

羽柴秀吉の播磨入国に伴って自分の城を

提供し、天正六年（一五七八）二月、秀吉は加古川に人数を入れ置いた。当時、別所の与力とある（公記）。しかし、別所の謀反後も秀吉に従う。

本能寺の変後も、そのまま秀吉の臣となり、同十一年四月二十一日、賤ケ岳の戦いに功。七月一日、一番鑓を賞され、加古川郡内にて二千石、及び河内河内郡の内千石を与えられる（新編会津風土記）。

小牧陣、九州陣、小田原陣に従軍（浅野家文書・当代記・伊達家文書）。この間の天正十四年、方広寺大仏の作事奉行。同十九年、近江の検地奉行を務める一方、従五位下内膳正に叙任されている（太閤記・坂田郡志）。

朝鮮の役で渡海したが、文禄三年（一五九四）には帰国しており、伏見城の普請を分担している。時に一万五千石（当代記・浅野家文書）。

慶長五年（一六〇〇）の戦役には西軍に属し、伏見城攻めに参加。戦後失領（重修譜・石川忠総覚書）。その後、少録で幕府に登用されたという（戦国人名辞典）。没年などについては明らかではない。

糟屋武則（かすや　たけのり）→加須屋真雄（かすや　さねかつ）

片岡鵜右衛門（かたおか　うえもん）　山城

生没年不詳。

鵜右衛門は「宇右衛門」とも書く。山城八幡の人。

天正四年（一五七六）六月十二日、津田宗及らを招いて茶会を催している（宗及記）。同七年十二月、銀百五十枚と引替えに周光香爐を信長に献上した（公記）。茶人としては著名なのであろう。

片岡藤五郎（かたおか　とうごろう）　丹波

生没年不詳。

（天正三年＝一五七五）十月一日、信長より朱印状を受け、赤井直正討伐のため丹波に遣わした明智光秀に協力するよう命じられている（新免文書）。

片岡平兵衛（かたおか　へいべえ）　伊勢

生没年不詳。

神戸四百八十人衆の大将の一人（勢州軍記）。元亀二年（一五七一）一月、信長より所領安堵され、信孝に仕えるよう命じられた（神戸録）。

片岡弥太郎（かたおか　やたろう）　河内

生没年不詳。

（元亀三年＝一五七二）四月四日、柴田勝家らより、交野《かたの》城救援のための出陣が決まった旨を告げられ、それに応じて出陣することを促されている（根岸文書）。

『重修譜』には、井戸左馬助良弘（若狭守良弘の孫）の妻は、片岡弥太郎俊宣の娘とある。この人物であろうか。

桂田長俊（かつらだ　ながとし）→前波吉継（まえば　よしつぐ）

加藤家勝（かとう　いえかつ）　尾張

大永六年（一五二六）～慶長七年（一六〇二）九月十九日。

与三郎。初めは「家唯」。実父は不明。奥村家の婿養子となって、「奥村与三郎」と称すというが、その後、加藤延隆（全朔）の養子となる（張州雑志・熱田加藤氏系図）。

前田利家とは相婿の関係で親しく、利家が信長の勘気を蒙った時、家勝宅で蟄居していたという（張州雑志）。

本能寺の変後の天正十年（一五八二）九月一日、新しく尾張の支配者となった信雄より、徳政免除等の特権を受けている（田島家文書）。

慶長七年（一六〇二）九月十九日没、七十七歳（熱田加藤氏系図）。

加藤市左衛門（かとう　いちざえもん）　尾張

生没年不詳。

瀬戸の陶工の市左衛門景茂とは別人。熱田西加藤家の景延の弟である（尾張群書系図部集）。

信長に仕え、馬廻か。天正三年（一五七五）五月二十日、金森長近らとともに、家康の将酒井忠次の鳶ケ巣山攻撃に検使として添えられ、その翌日には、長篠城兵と一手になって、攻城の武田軍を撃破している（公記）。

加藤景隆（かとう　かげたか）　尾張

？～天正七年（一五七九）十月三日。

紀左衛門尉、隼人佐。諱は、「資景」ともある。

熱田の西加藤家の祖延隆（全朔）の長男（張州雑志）。

天文二十一年（一五五二）十二月二十日、父全朔とともに、信長より徳政・国役等を免除されている。弘治四年（一五五八）一月二十七日、商売のことや田畑・屋敷等を信長より安堵されている（西加藤家文書）。この頃は、信長・信勝兄弟対立の中で、東加藤家は信勝の、西加藤家は信長の保護を受けていたように思われる。

永禄六年（一五六三）十一月、全朔とともに領地を安堵され、様々な特権を保証された。元亀二年（一五七一）八月四日以前には、同族新右衛門の欠所を任された様子である（西加藤家文書）。

天正四年（一五七六）十二月十三日、長男景延と連名で、信忠より徳政・国役免除等、様々な特権を安堵されている（西加藤家文書）。竜珠寺の塔基陰刻によれば、天正七年十月三日、没したという。

加藤景利（かとう　かげとし）　尾張？

生没年不詳。

次左衛門。

元亀年間と思われるが、二月五日付で、長命寺に対し中間銭を柴田勝家に渡すよう命じている（長命寺文書）。奥野高廣氏は尾張の加藤氏の一族であるとしている（信長文書）。出身はそうかも知れないが、立場は勝家の代官だったらしい。天正三年（一五七五）八月二十日、勝家の折紙の副状を発し、徳珍保下郷内社領の税を免除している（村田孫左衛門文書）。

加藤景延（かとう　かげのぶ）　尾張

？～慶長四年（一五九九）七月五日。

喜左衛門、隼人佐。

熱田西加藤家の景隆（資景）の長男。父景隆の没する以前から、加藤家の運営に携わっている様子が見られる。即ち、元亀三年（一五七二）三月二十日、奥村吉次らから、同年十一月十一日、中尾盛秀らから葭《よし》野《の》を買収している（西加藤家文書）。また、天正五年（一五七七）九月三日には、中尾仙千代らに、葭野を担保にして米四俵を貸し付けている（西加藤家文書）。

同四年十二月十三日、父景隆と連名で、前年より尾張支配者になった信忠より、徳政・国役の免除等の特権を保障されている（西加藤家文書）。

慶長四年（一五九九）七月五日没するというが、清洲城主福島正則に殺された可能性もあるという（下村信博「戦国・織豊期尾張熱田加藤氏研究序説」）。

加藤景茂（かとう　かげもち）　尾張

生没年不詳。

市左衛門。

瀬戸の陶工。宗右衛門春永の子（張州雑志）。信長の馬廻で鳶ケ巣山攻撃に参加した加藤市左衛門とは別人である。

天正二年（一五七四）一月十二日、信長より、瀬戸焼の窯を瀬戸でのみ使用することを許可されている（加藤彦四郎氏文書）。

加藤景好（かとう　かげよし）　尾張

生没年不詳。

伝蔵。

熱田西加藤家の景隆（資景）の二男。景延の弟。元亀年間より父や兄から独立したような動きが見られる。即ち、元亀三年（一五七二）九月五日、亀井兵左衛門より荒野を買収（尾張国熱田領内売券借用状）、天正十一年（一五八三）六月十七日には、泉秀らから田地を買い取っている（尾張国熱田領内売券借用状）。

加藤喜助（かとう　きすけ）　尾張

生没年不詳。

天正二年（一五七四）一月六日、白金の旧領分を欠所とされ、岩村小十蔵に宛行われている（美作古簡集）。

賀藤次郎左衛門（かとう　じろうざえもん）　尾張

？～天正元年（一五七三）十月二十五日。

林秀貞の与力。弓の名手という（公記）。

天正元年（一五七三）十月の北伊勢攻めに従軍。帰陣の時長島の一揆勢に追撃され、これと戦って討死した（公記）。

加藤甚五郎（かとう　じんごろう）　伊勢

生没年不詳。

元は北畠氏の同朋衆で、仙阿弥といったという（勢州軍記）。

信雄に仕える。天正四年（一五七六）夏、伊勢度会《わたらい》郡梅谷長島城に入れ置かれ、赤羽新之丞の紀伊・熊野攻めの援軍を命じられた。進軍して三鬼まで攻め取ったが、その後熊野侍のため三鬼を奪回され、更に長島をも攻められて落城させられた（勢州軍記）。

加藤資景（かとう　すけかげ）　→加藤景隆

賀藤助丞（かとう　すけのじょう）　尾張

生没年不詳。

信長の足軽として、天文二十二年（一五五三）四月十七日、赤塚の戦いに従軍したことが『公記』に見える。

加藤全朔（かとう　ぜんさく）　→加藤延隆

加藤忠景（かとう　ただかげ）　尾張

?～天正十二年（一五八四）五月七日。

太郎右衛門。諱は「景常」とも。

信長に仕えたが、後、尾張長久手に住す（寛永伝）。天正十二年（一五八四）の小牧陣では信雄方に付き、長久手で戦死と『寛永伝』は伝えるが、五月七日、加賀井城を出て秀吉軍と戦い、討死したというのが正しい（京都大学文書・太閤記）。

加藤辰千代（かとう　たつちよ）　尾張

永禄十年（一五六七）～天正十年（一五八二）六月二日。

熱田の豪族加藤図書助《ずしょのすけ》順政の子（熱田加藤家史）。天正三年以降のものだが、十二月六日付で父順政に書し、尾張・美濃における諸役の免除を伝えている（熱田加藤家史）。信忠の側近で小姓であろう。

天正十年（一五八二）二月、武田攻めに従軍。高遠城攻撃の時、一番乗りの功を立て、信忠より紫母衣《ほろ》猩々皮《しょうじょうかわ》の陣羽織を賜るという（熱田加藤家史）。

同年六月二日、二条御所で信忠とともに討死した（公記）。『熱田加藤家史』には十六歳とある。

加藤延隆（かとう　のぶたか）　尾張

?～元亀二年（一五七一）七月四日。

隼人佐。入道号全朔。

熱田加藤家、分家の西加藤家の初代。父は景繁、兄は本家を継いだ図書助順光である（熱田加藤家史）。

天文八年（一五三九）三月二十日、信秀より田畑を安堵され、商売の特権を認められているのが見られる（西加藤家文書）。その後、同二十一年二月二十一日、信長の奉行人からも、日比野修理・彦左衛門が加藤氏の被官であることを認められている（西加藤家文書）。商人とはいっても、国人としてかなりの力を持っていたことがうかがわれる。

同年十二月二十日、信長より徳政・国役免除などを許された。さらに永禄六年（一五六三）十一月には、領知安堵のほか様々な特権を保証されている（西加家文書）。

元亀二年（一五七一）七月四日没（張州雑志）。室は、前田利家の姉あるいは姪というが、いずれにしても年代にずれを感じる。誤りであろう。

たいへんな連歌好きで、駿河旅行を延期してまで（里村）紹巴を熱田に招いたほどだという（富士見道記）。

加藤教明（かとう　のりあきら）　三河

生没年不詳。

孫次郎、三之丞。諱は「広明」「景喜」とも。

三河長良に住して徳川広忠に仕える（重修譜）。しかし、永禄五年（一五六二）、三河一向一揆に味方し、三河を離れるという（近江水口加藤家譜）。その後、将軍義昭に属し、同十二年一月の本圀寺合戦の時、三好三人衆の軍と戦う（甫庵・武家事紀）。

義昭追放後、信長と直接の主従関係を結んだかどうかについては不明。天正年間の初め頃、秀吉より矢島の内三百石を与えられた（近江水口加藤家譜）。

加藤嘉明の父である。

賀藤彦左衛門（かとう　ひこざえもん）　大和

生没年不詳。

天正八年（一五八〇）三月一日、鷹野に

興じている信長と郡山にて会し、馬を進上したことが『公記』に見える。

加藤兵庫頭（かとう　ひょうごのかみ）　尾張？

生没年不詳。

熱田加藤氏の一族であろうか。信長の馬廻らしい。天正十年（一五八二）五月二十九日、信長最後の上洛の時、安土本城留守衆を務めた一人である（公記）。

加藤武公（かとう　ぶこう）　→加藤吉忠

加藤元隆（かとう　もとたか）　尾張

生没年不詳。

左助、刑部。法名薫玄。

熱田西加藤家の延隆（全朔）の二男（張州雑志）。天文十九年（一五五〇）か、四月十日付で、信長より大瀬古の余五郎跡職の座の買得を承認されている（加藤家文書）。

同二十一年九月二十日付で、その無分別さについて父よりきつく叱責されている姿が見られる（西加藤家文書）。

加藤弥三郎（かとう　やさぶろう）　尾張

？〜元亀三年（一五七二）十二月二十二日。

別名「岩室勘右衛門」。

熱田加藤氏十三代順盛の二男、十四代順政の弟。信長に仕え、春日井郡篠木・柏井荘を領すという（熱田加藤家史）。

永禄三年（一五六〇）五月十九日、桶狭間の戦いに従軍したが、この時の弥三郎を『公記』では小姓衆としている。同四年の小口の戦いで討死した岩室長門守に似ているので、信長から「岩室勘右衛門」と呼ばれたという（熱田加藤氏系図）。

その後、赤母衣《ほろ》衆追加の一人に選抜される（高木文書）。同十二年八月の伊勢大河内《おかわち》城攻めに参加。「尺限《さくきわ》廻番衆」の一人として『池田本』に記されている。

その後、間もなくであろうが（『熱田加藤家史』では小牧在城時代）、同じ小姓衆の長谷川橋介・山口飛騨らとともに信長の勘気を蒙って織田家を出奔する。原因は「道盛」（赤川景弘カ）を斬ったためという（熱田加藤家史）。牢浪の末家康に仕え、三千貫文の地を与えられるというが、この禄は大きすぎよう（熱田加藤家史）。

元亀三年（一五七二）十二月二十二日、三方原の戦いに家康に従軍し、討死した（公記ほか）。

加藤吉忠（かとう　よしただ）　尾張

弘治元年（一五五五）〜慶長七年（一六〇二）。

又八郎、図書助。諱は、「光晴」「則秀」とあるが、一般には「武公」と呼ばれている。法名祐全。

順政の長男。父祖以来蓄積してきた熱田の経済面・行政面の勢力を維持する。天正十八年（一五九〇）と思われる、豊臣秀次の所領安堵によると、安堵分が九十二貫文、新規宛行い分が百三貫文余、合計百九十五貫文余である（小松寺文書）。

慶長七年（一六〇二）没。四十八歳。

加藤与十郎（かとう　よじゅうろう）

生没年不詳。

信長の近臣か。天正九年（一五八一）九月八日、万見重元らとともに、信長より知行を与えられている（公記）。知行地は近江北郡である、と『甫庵』に書かれている。

加藤順政（かとう　よりまさ）　尾張

天文四年（一五三五）〜慶長四年（一五九九）十月十五日。

又八郎、図書助。法名玉巌、道珠。諱は「吉郷」とも。

熱田加藤家十四代。順盛の長男。祖父順光より継いだ尾張における様々な利権を保持し、商人として活躍した。その半面、信長・信忠・信雄と代々の尾張領主に仕えている（熱田加藤家史）。

その間、熱田の地域で、大宮司千秋家と並ぶ勢力を持つようになる。小牧の戦いの直前の（天正十二年＝一五八四）三月十九日、西加藤家の景延と一緒に、家康から人質を徴収されている（西加藤家文書）。熱田の行政面でも力を振るっていたという（下村信博「戦国・織豊期尾張熱田加藤氏研究序説」）。

加藤順盛（かとう　よりもり）　尾張

関係文書は加藤家に多く伝わっている。

永正十一年（一五一四）～天正十六年（一五八八）一月二十六日。

又八郎、図書助。法名周室、順政。

熱田加藤家十三代。順光の長男。父順光の築いた豪族として、また商人としての勢力の保持に努める。

幼い日の家康を一時自邸で養育したことがある（熱田加藤家史）。この時、家臣山口孫八郎の家康に対する処置が織田信秀の怒りに触れ、山口一族は追放された。（天文二十三年＝一五五四）十月二十日、孫八郎の家族の赦免の依頼を、信長に受け入れられている（加藤景美氏文書）。

それ以前、信長が弟信勝と対立していた天文二十二年から弘治三年（一五五七）にかけて、信勝から諸権益や財産を保証する旨の判物を何度も受けている（加藤文書ほか）。一方、西加藤家は信長の判物のみを受けており、兄弟の対立が両加藤家にも波及していたのではないかと想像される。

永禄十年（一五六七）八月、旅の途中の（里村）紹巴を自宅で歓待しているが、港湾が屋敷に繋がり、舟が出入りしていたという（富士見道記）。

天正年間であろう、一月十六日、菅屋長頼より千秋四郎の息子と母の追放を報じられ、千秋氏の売却地について指令を受けている（熱田加藤家史）。また、同四年（一五七六）三月、信忠の命を受けて、熱田社の沽却した十四貫文の地を千秋季信に還付している（尾張寺社領文書）。

鹿取三郎左衛門（かとり　さぶろうざえもん）　美濃

生没年不詳。

飯沼勘平長継の叔父。元亀二年（一五七一）五月十六日、氏家卜全に従って伊勢長島より退却の時、長継の危急を救ったという（甫庵）。

金井淡路守（かない　あわじのかみ）→倉賀野家吉（くらがの　いえよし）

金森一為（かなもり　かずため）　美濃？

永禄三年（一五六〇）頃～天正七年（一五七九）四月一日。

甚七郎。

信忠の小姓。長近の一族か。天正七年（一五七九）四月一日、同じ信忠小姓の佐治新太郎と口論、刺殺された。新太郎もすぐに切腹。両人とも二十歳ほどだったという（公記）。

加藤大炊助という者に宛てた、十月十四日付の書状があり、それには「一為」と署名されている（松雲公採集遺編類纂）。

金森義入（かなもり　ぎにゅう）　美濃？

？～天正十年（一五八二）六月二日

「義入」は、「ぎにゅう」と読み、幼名であろう。『甫庵』には信長小々姓とある。

『公記』では本能寺で討死とあり、信長に殉じたことになっているが、一方『池田本』では、二条御所での討死の交名《きょうみょう》に入れている。小姓で二条御所において討死したとすれば、彼は信長付きではなく、信忠の臣ということになるであろう。

さて、金森長近の二男長則（忠二郎・甚三郎）は、幼時より信忠に仕え、本能寺の変の時二条御所にて討死、十九歳、と伝わっている（寛永伝・飛騨国治乱記）。『阿弥陀寺過去帳』には「かなもり忠二郎」が載っており、この「義入」と長則とは同一人のように思われる。

金森甚七郎（かなもり　じんしちろう）→金森一為（かなもり　かずため）

金森長近（かなもり　ながちか）　美濃

大永五年（一五二五）？～慶長十三年（一六〇八）八月十二日？

五郎八、飛騨守、兵部卿法印。入道号は素玄。初名「可近」

〔**出身地について**〕

生国は美濃という（重修譜）。押上森蔵氏の考証によると、美濃多治見郷大畑村に生れ、近江金森村に移るという（『金森氏雑考』）。父は、大畑七右衛門定近（金森采女）と『重修譜』は伝えている。

『公記』巻首に、上洛した信長が美濃の刺客にねらわれた話が載っており、この時、刺客と顔見知りの「金森」が刺客の宿を訪ねて信長の言葉を伝えている。この「金森」は長近以外には考えられず、美濃の士と知り合いなのは、長近が美濃出身だからであろう。美濃の斎藤道三に仕えた時期があったのではなかろうか。

〔信長馬廻として〕

先に述べた信長上洛は、永禄二年（一五五九）二月のことである。長近はすでにその頃信長に仕えていたのである。信長から諱字を与えられ、「可近」を「長近」に改めたという（重修譜）。

永禄八年の堂洞《どうほら》城攻めの時、城将岸勘解由左衛門へ誘降の使として派遣されたと『堂洞軍記』にある。事の真偽はともかく、美濃出身の長近が信長の美濃経略に活躍したであろうことは想像に難くない。

永禄年中選抜された母衣《ほろ》衆には、赤母衣衆の追加の一人となっている（高木文書）。だが、この頃目立った活動は史料に見当らない。馬廻衆の一人として信長自身の活動の陰に隠れてしまったのであろう。

元亀年間から長近の活発な動きが見られる。（元亀三年＝一五七二）十二月六日付の某宛て連署書状では、八人の信長の臣が名を連ねているが、長近は木下秀吉・丹羽長秀・塙直政・島田秀満ら信長の有力家臣と肩を並べている（寛延旧家集）。馬廻ながらも、秀吉ら部隊指揮官にさほど見劣りしない上級将校、小部隊指揮官といったところであろうか。

天正元年（一五七三）七月槙島攻め、八月越前攻め・小谷攻めに従軍。十一月には河内若江城攻めに参加（慈恩寺金森家過去帳）。翌年七月の長島攻めにも従軍（池田本）。同三年五月の長篠の戦いの時は、酒井忠次に添えられて鳶ケ巣山砦攻撃に参加、功をあげた（公記）。

〔越前衆の一人として〕

同年八月の越前一向一揆討伐戦では、別動隊として、原長頼とともに濃州口より討ち入り、大野郡を平定。戦後、大野郡の内三分の二を与えられた（公記）。九月中に称名寺に禁制を掲げたり、十二月八日以前、山中村の百姓を専修寺派門徒として罪を宥したり、同月二十六日、新儀の鍛冶座を停止して、釜等の行商を禁止するなど、早速大野郡内での活動が見られる（称名寺文書・鍛冶組合文書）。

「越前衆」の一人として、軍事的には柴田勝家に従属。同五年八月の加賀出陣など勝家の指揮に従っている（公記）。

「越前衆」と称される金森・原・佐々・前田・不破は、信長旗本としての性格も残しており、同六年から七年にかけての有岡攻め、七年四月の播磨出陣など、勝家と離れて行動することもあった（公記）。特に七年十二月、荒木一類の処刑の時は、「越前衆」たちがその奉行を務めている（公記・隆佐記）。

同九年二月二十八日の馬揃えでは、「越前衆」として勝家の引率の下に行進。しかし、越中小井手城が上杉軍に攻囲されるとの報に、勝家に従って急拠帰国した（公記）。

同十年二月三日、武田攻めの命令が出されるが、長近の役割は飛驒口より攻め入る軍の大将であった（公記）。『武家事紀』等には、天正九年に飛驒国拝領とあるが、まだ三木《みつき》氏・江馬氏ら飛驒衆を従えていた証はない。

〔本能寺の変後の長近〕

本能寺の変後の六月十四日付で出された、美濃の佐藤秀方宛て家康書状によると、長近は善後策について秀方と相談したらしい（金森文書）。勝家は、佐々・前田ら北陸の諸将を率いた越中の陣中で変報を受けたのだが、長近はこの越中攻めに参加せず、自領の大野郡にとどまっていたのであろう。六月十六日に京より飛脚を受けたという事実も、彼が自領にいたことを暗示している（安養寺文書）。しかし、『重修譜』にある、秀吉方として山崎の戦いに参加という記事は信じ難い。

勝家と秀吉との対立が深まる中、前田利家らとともに勝家の使として摂津に遣わされ、宝寺にて秀吉と対面（太閤記）。賤ケ岳の戦いの時は、佐久間盛政に属して秀吉方と戦う。敗戦後蟄居。後、赦される（太閤記・武家事紀）。この頃剃髪したか、同十一年十一月二十日付専福寺宛て判物には、「五八入長近」と署名している（専福寺文書）。

同十二年、秀吉方として小牧陣に従軍（浅野家文書）。この年九月二十三日、白山権現社人の石徹白《いとしろ》長澄に飛驒の情勢について報告させているのは、後の飛驒支配の準備と考えてよかろう（金森文書）。

〔飛驒一国の支配者として〕

天正十三年八月、秀吉に反抗を続けてきた佐々成政攻めに参加し、越中へ出張。成政降伏後、軍を率いて飛驒を攻める。十月には三木氏は降伏。当主自綱の命は助けられたが、嫡男秀綱以下一族の多くが秀吉の命によって殺された（四国御発向幷北国御動座記ほか）。飛驒拝領は翌十四年か。三万八千七百石という（重修譜）。高山城に居す。

九州陣、小田原陣などに従軍（寛永伝・伊達家文書）。文禄元年（一五九二）、名護屋に在陣（太閤記）。同三年、伏見城の普請を分担（当代記）。この頃は、秀吉のお咄衆という（太閤軍記）。秀吉の死後は家康に接近する。

慶長五年（一六〇〇）、家康に従って上杉攻めに参加。そのまま東軍に加わり、飛驒に帰国して濃州口を固める。戦後、功を賞され、美濃四郡の内二万石を加増。都合六万一千石という（佐藤金森由緒書・重修譜）。

同十三年八月十二日没、八十四歳（諸寺過去帳・佐藤金森由緒書）。『寛永伝』ではその没年を同十二年としている。

金森長則（かなもり　ながのり）　→金森義入（かなもり　ぎにゅう）

金松牛之介（かねまつ　うしのすけ）　尾張

生没年不詳。

犬山の織田信清の臣という（織田系図）。永禄元年（一五五八）七月、浮野の戦いで功をあげた（織田系図・甫庵）。

金松久左衛門（かねまつ　きゅうざえもん）　尾張？

?～永禄十二年（一五六九）九月八日。

信長馬廻か。永禄十二年（一五六九）八月の伊勢大河内《おかわち》城攻めに従軍。九月八日、丹羽長秀に属して夜攻めに参加。討死した（公記）。

兼松秀清（かねまつ　ひできよ）　尾張

?～慶長二年（一五九七）五月。

甚兵衛尉。

葉栗郡島村の人（張州府志ほか）。織田太郎左衛門（信張カ）に属し、度々戦功を顕すという（兼松系図）。

慶長二年（一五九七）五月没（兼松系図ほか）。又四郎正吉の父である。

兼松正吉（かねまつ　まさよし）　尾張

天文十一年（一五四二）～寛永四年（一六二七）九月五日。

又四郎、修理亮。兼松は「金松」とも書く。

秀清の子（寛永伝）。葉栗郡島村の人（張州府志）。信長の馬廻である。その経歴は『寛永伝』などの系譜類を除いても、『兼松文書』と『公記』で大体たどることができる。

永禄八年（一五六五）か、六月十日、佐々平太とともに五カ所都合三十貫文の地を宛行われている。さらに、同九年十一月、兼松弥四郎（秀吉）跡職を、同十年十一月、河野の内十貫文の地を宛行われた（兼松文書）。

戦いにおける活躍も顕著で、永禄十一年九月の信長上洛に従い、箕作《みつくり》城攻めに活躍（寛永伝）。元亀元年（一五七〇）九月十四日、南方出張の時、春日井堤で大坂の一揆軍に対して奮戦、毛利長秀（秀頼）に助力して大坂の士長末新七郎を討ち取った（公記）。天正元年（一五七三）八月の朝倉軍追撃の時には、朝倉氏の臣中村新兵衛を討ち取る。そのまま刀《と》根《ね》山《やま》攻めにも活躍。裸足で駆け回る姿を見た信長が足半《あしなか》を与えた話は有名である（公記）。

天正三年六月十一日、今度は美濃にて長森の内二百貫の地を宛行われる。（同年）五月一日付で、菅屋長行（長頼）より、知行給与につき早く出仕するよう促されているのは、この宛行いのことであろうか。さらに、同四年十月二十九日、近江にて林村等六カ所都合三十五石を宛行われる（兼松文書）。これで正吉の知行地は、尾張・美濃・近江にわたったわけである。信長の生え抜きの直臣だから、当然信長に従って安土に移転したであろう。近江での宛行いは、それゆえのことと思われる。

本能寺の変後は尾張に戻って信雄に仕えた。同十年十月一日、信雄より三カ所の跡職分を宛行われている（兼松文書）。『分限帳』には、島田郷三百六十貫を知行とある。同十二年の小牧陣では、信雄に従って一宮城の兵の加勢として活躍した（寛永伝）。

信雄没落後は秀吉に転仕し、黄母衣《ほろ》衆の一人に選抜されるという（寛永伝）。同十九年閏一月十六日、秀吉より美濃長瀬村にて五百石を宛行われている（兼松文書）。

その後、秀次に仕え、文禄二年（一五九三）十一月十七日、秀次より尾張庄名村、近江東上坂・大場・多羅尾村にて都合五百十石を与えられる（兼松文書）。

しかし、秀次の死により再び秀吉に直仕。同四年八月八日、秀吉より尾張丹羽郡薗村五百三十七石を宛行われる（兼松文書）。

慶長五年（一六〇〇）七月、家康の上杉攻めに従軍。そのまま東軍として岐阜城攻め、関ケ原での戦闘にも参加。戦後、松平忠吉に請われてこれに仕え、丹羽・葉栗郡にて四カ所、都合二千六百石を知行する（清洲分限帳）。その後、修理亮を称す（兼松文書）。

寛永四年（一六二七）九月五日没、八十六歳という（寛永伝）。

狩野又九郎（かのう　またくろう）　近江
?～天正十年（一五八二）六月二日。
信長の小姓（甫庵）。近江愛智郡の人（淡海温故録）。天正十年（一五八二）六月二日、本能寺にて討死した（公記）。

鹿伏菟宮内少輔（かぶと　くないのしょう）　伊勢
生没年不詳。
鈴鹿郡の人。関氏の支族。永禄年間には、宗家の関氏とともに六角氏に従っている（勢州軍記）。
永禄十一年（一五六八）、信長に降り、元亀元年（一五七〇）一月、信孝が神戸家の家督を継ぐと、これに属した（神戸録）。

鹿伏菟左京亮（かぶと　さきょうのすけ）　伊勢
生没年不詳。

『加太家系図』には「左京進定義」とある。

宮内少輔の孫（加太家系図）。天正二年（一五七四）、鹿伏兎家を継いだ（勢州軍記）。

同十一年、信孝方の滝川一益に味方したものの、一益の敗戦により信雄方となる。戦い終わり、秀吉の命によって信包に付属された（勢州軍記）。

鎌田五左衛門（かまた　ござえもん）

生没年不詳。

新介ともいう。

兄二人とともに信長に仕えたが、長兄助丞は稲生《いのう》の戦いで、次兄江次は喧嘩で命を絶ったという（武家事紀）。末弟の五左衛門はそのまま信長に仕えていたが、天正三年（一五七五）五月の長篠の戦いの時、軍令違反を犯して改易された。しかし、信忠が彼の力量を惜しみ、召し出して仕えさせたという（武家事紀）。

同十年六月二日、本能寺の変の時、二条御所で信忠を介錯した（公記）。その後、『当代記』には追腹とあるが、御所を逃れ去ったというのが真相らしい（甫庵・武家事紀）。

しばらく高野山で謹慎していたが、やがて福島正則に仕える。朝鮮の役で渡海。慶長二年（一五九七）八月の南原《なんばる》城攻撃の時、大戦功をあげたという（武家事紀）。そのまま朝鮮で客死したらしい（戦国人名辞典）。

亀井茲矩（かめい　これのり）　→亀井真矩

亀井真矩（かめい　さねのり）　出雲
弘治三年（一五五七）～慶長十七年（一六一二）一月二十六日。
新十郎、武蔵守、琉球守、台州守。諱は後に「茲矩《これのり》」。元来の姓は湯《ゆ》氏。
『寛永伝』には湯永綱《ゆのながつな》の子とある。出雲玉造の湯の住人。父祖代々尼子氏に属したが、永禄九年（一五六六）十一月に富田城は陥落して、尼子氏は滅亡。湯一族は他国に離反した（寛永伝）。

しかし、尼子氏の残党を糾合した山中鹿介が立つに及んでこれに属し、天正二年（一五七四）春、因幡八上城を攻略する（亀井家譜）。鹿介に見込まれ、その娘（亀井秀綱の外孫）と結婚、尼子の老臣亀井家を継ぐ（亀井家譜・寛永伝）。

擁立した尼子勝久や鹿介と一緒に、信長を頼って京に逃れ住んだのであろう。『亀井家譜』に、同五年十月、明智光秀に属して丹波籾井郷にて三千石与えられ、信貴山《しぎさん》城攻めに加わるとある。

同六年四月、上月《こうづき》城後巻《うしろま》きの羽柴秀吉の軍に属して播磨に出陣（亀井家譜）。結局上月城は救えず、勝久・鹿介は最期をとげる。鹿介と死別した茲矩は、以後、中国方面軍司令官の羽柴秀吉に属して、山陰方面で働くことになる。同八年十月六日、因幡曳田谷弓の河内支配を委ねられている（因幡民談記）。

天正九年には鳥取城攻めに従軍（亀井家譜）。九月頃には、伯耆に近い気多郡鹿野城将として、吉川軍に対する守備を固めている（亀井文書）。同月七日、信長より戦功を賞され、出雲の地の宛行いを約束された（亀井文書）。『亀井家譜』によると、鳥取落城後、鹿野城主として、気多郡にて一万三千八百石を知行したという。だが、これは同十七年の宛行いと混同したもので、この時は鹿野城近辺の宛行いを受け、宮部継潤の軍団に付属されたということのようである（間島平治郎文書）。

同十年頃、秀吉の、出雲以外の地でどこを望むか、との問いに対して、琉球と答えて将来の宛行いを約束され、以後「琉球守」と呼ばれた（亀井家譜）。なお、官途については、天正十五年以後は武蔵守、同二十年からは台州守、文禄二年（一五九三）二月二十三日からは再び武蔵守となっている（田中克行「亀井琉球守再考」）。

本能寺の変の時も、翌年の賤ケ岳の戦いの時も鹿野を動かず、毛利氏に備えていたらしい。（同十年）九月十二日及び十月十九日、秀吉より、鹿野城の守備を厳にするよう命じられている。また、（翌年）四月二十日付の秀吉書状では、伊勢攻め及び大垣出張を報じられている（亀井文書）。

同十五年の九州陣では、宮部継潤の組下として参加する（川角）。毛利氏と戦っていた時から、体制上継潤に従っていたのであろう。

同十七年十二月八日、加増あって、因幡気多郡内にて一万三千八百石（亀井文書）。同十八年小田原陣、文禄元年（一五九二）朝鮮の役に従軍（伊達家文書・太閤記）。帰朝して、同三年、伏見城普請を分担（当代記）。

慶長五年（一六〇〇）、関ケ原の戦いには東軍として参陣。戦後、家康より因幡・伯耆の平定を命じられ、因幡高草郡にて二万四千二百石を加増。都合三万八千石となる（重修譜）。

同十七年一月二十六日、鹿野にて没、五十六歳（亀井家譜）。

伯耆銀の発掘、シャムとの交通、朱印船貿易を行うなど、商人大名の性格を持っていた（塩文書ほか）。

蒲生氏郷（がもう　うじさと）　→蒲生賦秀

蒲生賢秀（がもう　かたひで）　近江

天文三年（一五三四）～天正十二年（一五八四）四月十七日。

藤太郎、右兵衛大夫、左兵衛大夫、左衛門大夫、下野守。

定秀の子。父祖以来蒲生郡日野城に住し、日野百二十八郷を領有。六角承禎に属す（近江日野町史）。永禄六年（一五六三）十月の観音寺騒動の時、承禎父子を日野に保護し、以来六角家中での発言力を高めた（氏郷記ほか）。

同十一年九月、信長が近江に進撃するに及んでいち早く降り、その軍に加わる（足利季世記）。翌十二年八月、伊勢大河内《おかわち》城攻めに従軍（公記）。

元亀元年（一五七〇）五月十五日、あらためて信長より知行安堵を受け、同時に十カ所都合五千五百十石と神崎郡市原四郷を宛行われた（蒲生文武記・氏郷記）。そして、ほぼ同時に賢秀は、蒲生郡長光寺城を預けられた柴田勝家の与力として付属された（氏郷記・勢州軍記）。

蒲生氏は、蒲生郡内に勢力を培っているだけでなく、北伊勢の豪族とも友好関係を保っており、神戸具盛・関盛信の妻は、いずれも賢秀の姉妹だったという（勢州軍記）。その縁で、具盛・盛信が信長によって追放された時は、身柄を預けられている（神戸録・勢州軍記）。

勝家の下にあって、主に近江の平定戦に参加。天正元年（一五七三）四月には、旧主六角義治を鯰江城に攻めている（公記）。同年の槙島攻め、朝倉追撃戦にも従軍（公記）。同三年九月、寄親勝家が越前に移封されるが、賢秀はそのまま近江にとどまり、以後独立した軍団を形成した。

天正四年の信長の安土移転により、馬廻衆たちは居住地を近江に移され、近江が信長軍団の本拠地となる。そうした中で、賢秀ら近江の在地領主たちは、信長の旗本として再編成されて行った。

同六年十一月有岡攻め、九年九月伊賀攻めに従軍（公記）。子賦秀（氏郷）の成長に従って徐々に役割を分担したのか、同九年、十年の一月十五日に行われた爆竹《さぎっちょう》の時は、賦秀が参加している（公記）。

同十年、本能寺の変の時は、安土城二の丸番衆の一人。変報を得て賢秀は、金銀財宝をそのままにすることを命じ、城を木村高重に任せると、信長の家族を連れて日野城へ退いて守備を固めた（公記）。

『兼見（別本）』の六月七日条に、光秀に対し「蒲生未罷出云々」とある。光秀の誘いが何度もあったらしいが、賢秀は断り通した。それよりも、吉田兼和がその日記に記載するほど、賢秀の動向を注目していることを重視すべきである。近江の国衆の中には、蒲生氏のほかにも光秀に降らなかった者がいたのだが、蒲生氏の動きが鍵を握っていたと言えるのである。

乱の鎮圧後は秀吉に属す。だが、その後は完全に氏郷の代であり、表立った活動はない。

同十二年四月十七日日野城にて没。五十一歳という（信楽院過去帳・摂取院過去帳）。

武勇と決断力に富んだ印象の蒲生賢秀だが、『老人雑話』には、「氏郷の父は頑愚にして、天性臆病の人なり」とある。表面に現れた姿は、幸運に支えられたものかも知れないが、それにしてもこの批評には納得が行かない。

蒲生教秀（がもう　のりひで）　→蒲生賦秀（がもう　ますひで）

蒲生賦秀（がもう　ますひで）　近江

弘治二年（一五五六）～文禄四年（一五九五）二月七日。

鶴千代、忠三郎、羽柴飛騨守、羽柴侍従、少将。諱は後に「教秀」、最後に「氏郷」。洗礼名レオン。

〔その少年期〕

近江日野城主蒲生賢秀の子。母はやはり六角氏の重臣である後藤但馬守（賢豊）の娘。

永禄十一年（一五六八）九月、父賢秀は信長に降り、鶴千代と名乗っていた氏郷（以下、煩雑さを避け「氏郷」で統一）を人質として出した（氏郷記）。翌年、十四歳の氏郷は、わずか九歳（あるいは十二歳）の信長の娘と婚姻。岐阜で元服して「忠三郎賦秀」と称した（武家事紀・氏郷記）。

この年八月、父とともに伊勢大河内《おかわち》城攻めに従軍。これが初陣であった（公記）。

元亀元年（一五七〇）五月十五日、父賢秀は信長より知行を安堵される（氏郷記・蒲生文武記）。この朱印状の宛名が賢秀と賦秀（氏郷）の連名になっていることは、氏郷が単に蒲生家の嗣子ではなく、信長の婿でもあるからであろう。

この所領安堵とほぼ同時に、信長の宿将柴田勝家が蒲生郡長光寺城に置かれ、江南守備の一翼を担うことになる。そして、蒲生父子は勝家の与力としてその軍団に組みこまれた。

これに先立つ四月の越前攻めに従軍。近江南郡で蠢動する六角氏ともしばしば対戦。信長より感状を受けている（杜本志賀文書）。天正元年（一五七三）七月の槙島攻め、さらに八月の越前攻め、小谷攻めにも従軍した（公記・氏郷記）。いずれも父と一緒の、勝家指揮下における活動である。同二年七月の長島攻め、翌三年五月の長篠の戦いにも従軍と『氏郷記』にある。

　天正三年九月、越前一向一揆討伐戦の後、勝家は越前に封じられ、やがて北陸方面軍の主将となる。父賢秀は在地を動かず、この時、勝家との与力関係は切れた。

〔父からの独立〕

　氏郷も二十歳を越した頃から、父と離れた行動が多くなる。天正六年八月十五日、安土での相撲会の奉行の一人。この時は、信長の所望により奉行衆たちも相撲を取った（公記）。

　同年十一月、摂津有岡攻めに従軍。丹羽長秀・蜂屋頼隆とともに塚口郷の砦を守っている。塚口の守備は翌年四月まで続いた（公記）。有岡は十一月に開城するが、一カ年余りにわたる攻城戦に最後まで携わっていたのは、滝川一益と丹羽長秀であった。氏郷もあるいは同じだったかも知れない。

　同九年九月、伊賀攻めに従軍。総大将は信雄だが、この戦いには近江衆はほとんど動員されている（公記）。この頃の近江衆は、信長の旗本を形づくっており、同年と翌十年の一月十五日に行われた爆竹の時にも、まとまって行動している（公記）。

　同十年三月、信長に従って甲信へ出張。だが、すでに武田氏の滅亡した後なので、戦闘には加わらなかった（公記）。信長凱旋後は、日野に帰城した様子である。

〔本能寺の変の時〕

　天正十年五月二十九日の信長最後の上洛の時、父賢秀は安土城二の丸の留守居を命じられた（公記）。六月二日、本能寺の変が勃発。変報を受けた賢秀は、すぐに信長の側室や子女たちを日野へ避難させた。この時氏郷は父の命を受けて、日野より腰越まで迎えとして出向した（公記）。

　六月五日、光秀より日野へ招降の誘いがあったが、蒲生父子はそれに応じなかった（兼見ほか）。この時の蒲生父子の態度が、その後の光秀の運命と天下の情勢に大きな影響を与えたと言える。

　山崎の戦いには参陣しなかったが、その間日野に籠城して信長の家族たちを保護する。九日常願寺に、さらに十日長命寺に禁制を下して、いざ出陣という時に備えている（『近江蒲生郡志』所収文書）。なお、これらの禁制が忠三郎（氏郷）だけの名で出されているということは、この頃すでに蒲生家の家督を譲られていたものと思われる。同年六月二十七日、即ち清須会議当日に一万石を加増している織田宿老連署状も、宛名は氏郷になっている（本居宣長記念館文書）。十二月二十九日、氏郷は日野町に、楽市楽座を含む十二カ条の条規を定めている（日野町立尋常高等小学校文書）。

〔秀吉の有力部将として〕

　羽柴秀吉と柴田勝家との対立の中で、秀吉方に付く。天正十一年二月、勝家方の滝川一益に属している伊勢亀山城を、次いで三月、峯城を攻め、これらを落とす（柴田合戦記・勢州軍記）。この年のうちに勝家は滅亡し、一益も秀吉に降る。

　同十二年、小牧陣にも従軍（浅野家文書）。そして六月、氏郷は先祖伝来の地日野から伊勢松島《まつがしま》城に移封された。南伊勢五郡十二万石という（氏郷記ほか）。しかし、北畠氏の臣木造長正らは新領主氏郷に従わず、七月より十月までの間、氏郷は諸所にて木造軍と戦った（勢州軍記・氏郷記ほか）。十一月、信雄と秀吉の和睦により、この木造合戦は終了する。

　その後、同十三年雑賀《さいか》攻め、越中攻め、十五年九州陣、十八年小田原陣に従軍（四国御発向并北国御動座記・当代記・毛利家文書）。官位はこの間、十一年飛驒守、十四年従四位下侍従。以後、「松ケ島侍従」と呼ばれた。十五年には「羽柴」の姓を与えられている。さらに、十六年四月の行幸を機に正四位下左近衛少将に叙任された（聚楽行幸記ほか）。

〔陸奥百万石の大守〕

　天正十八年七月、小田原開城。翌八月、氏郷は陸奥会津への転封を命じられた。陸奥会津輪の内、大沼・稲川・耶摩・山の郡・猪苗代・南の山の六郡と同じく仙道の内、白河・石川・岩瀬・安積・二本松の五郡、それに越後にて蒲原郡小川庄、都合四十二万石という（氏郷記）。同年九月五日、黒川（会津）城に入城した（会津旧事雑考）。この後、「会津少将」と呼ばれる。この年十一月五日、葛西・大崎の一揆鎮圧のため黒川城（会津若松城）を出陣。奥州の厳冬の中で活躍した（氏郷記）。

一方、一揆に通じたと見られる伊達政宗に対しても苦労を重ねた。十一月二十八日、政宗と誓約（伊達政宗記録事蹟考記）。ついに一揆を鎮めた。

同十九年二月、旧政宗領の陸奥田村・塩松・伊達・信夫・刈田の五郡、それに出羽長井上・下二郡を加増（信直記）。文禄三年（一五九四）の検地の打ち出し分を加えると、実に九十一万九千三百二十石（毛利家文書）。徳川家康、毛利輝元に次ぐ大封である。

同年六月、九戸《くのへ》一揆討伐のため再び出陣。九月になってこれを鎮定した（蒲生氏郷記ほか）。

〔**晩年の活躍と死**〕

文禄元年上洛。三千の兵を率いて名護屋に在陣（太閤記）。しかし、朝鮮渡海は免じられた。

翌年春、名護屋の陣中で下血（医学天正記）。八月、秀吉に供奉して京都に戻る。閏九月七日、二千石の地を加増された（駒井日記）。この年、娘を前田利家の二男利政に嫁せしめた。

十一月二十四日から帰国していたが、翌三年二月八日に会津若松を出発して上京（会津旧事雑考）。以後ずっと伏見にとどまっていたらしい。

秋頃より病状が進行。十月二十五日には伏見の邸に秀吉の見舞いを受け、その日、参議に任じられた（言経・晴豊）。以後「会津宰相」と呼ばれる（晴豊）。大勢の医師の手当の甲斐なく、同四年二月七日没。四十歳（言経・会津旧事雑考ほか）。

茶事においては、利休七哲の一人（茶人大系図）。『宗及記』等に、自ら茶会を催した記録がある。また、キリスト教に帰依し、レオンの洗礼名を受けている（耶蘇年報）。

川勝継氏（かわかつ　つぐうじ）　丹波

享禄四年（一五三一）～慶長七年（一六〇二）三月二十一日。

大膳亮、備後守、兵部大輔。

豊前守（光照）の子と『重修譜』にあるが、天文十八年（一五四九）現在、三好長慶方として丹波守護代の内藤備前守と戦っている川勝光隆の子ではなかろうか（稲継氏蔵古文書、『丹波戦国史』所収）。

丹波桑田・船井郡内を知行し、桑田郡今宮に住すという（重修譜）。初めは幕府奉公衆だったようだが、天正元年（一五七三）、将軍と信長の対立の時、信長に属したか。同年七月二十七日、長岡藤孝に従って淀城攻めに参加したという（細川家記）。

同三年、信長より明智光秀の丹波派遣について報じられ、忠節を促されている（古文書）。（翌年）一月二十九日、信長より丹波における戦功を褒されているから、信長麾下として、同じ丹波の国衆相手に戦ったのであろう（古文書）。丹波平定戦を通じて、光秀の与力とされたものと思われる。

本能寺の変の時、光秀に従わなかったらしく、同十年九月九日、子の秀氏が秀吉より何鹿《いかるが》郡内で三千五百三十五石を与えられている（古文書）。この頃はもう秀氏に家督を譲っていたのであろう。

以後も丹波に住し、秀吉次いで家康に仕える（重修譜）。慶長七年（一六〇二）三月二十一日没、七十二歳という（重修譜・川勝系図、『京都府北桑田郡志』所収）。

河北長郷（かわきた　ながさと）　→河北藤元

河北藤元（かわきた　ふじもと）　伊勢

生没年不詳。

二介、内匠助。諱は「長郷」とも。姓は「川北」とも書く。

伊勢長野氏の臣。細野藤敦・分部光嘉の弟。永禄十二年（一五六九）、光嘉らと謀って当主長野具藤を追い出し、信長の弟信包を長野家の家督として迎える（勢州軍記・

足利季世記)。そのまま信包に従ったらしく、(天正五年＝一五七七)十月十九日、光嘉らとともに、信長より信包への忠節を褒されている(分部文書)。

本能寺の変後も健在。同十三年十一月二十八日、目代今西橋五郎に、南郷服部村の内、春日社御供物餅田について指示を与えている(今西文書)。

川口宗勝(かわぐち　むねかつ)　尾張

天文十五年(一五四六)～慶長十七年(一六一二)三月四日。

辰千代丸、久助。

宗吉の子。母は信長の伯母、妻は福富秀勝の娘(重修譜)、津島の人で、水野信元に仕えるという(尾張志)。

『川口氏先祖書系図』には、永禄六年(一五六三)春、柴田勝家の先手に加わり、その翌年信長に仕え、武者大将になるとある。しかし、『太閤記』では、秀吉が墨俣《すのまた》に砦を作る時に募った野伏の中に、その名を載せている。どちらの記事も信用の限りではないが、尾張の土豪で、信長の尾張一国時代に麾下になったことだけは信じられそうである。

天正五年(一五七七)四月十五日、尾張沓掛城主一万三千石。本能寺の変後、秀吉の誘いを拒絶し信雄に属すという。『分限帳』には、中村郷内で百四十貫文を領している「河口久助」が見られる。

同十八年、信雄の没落により秀吉に属す(川口氏先祖書系図)。秀吉より、文禄三年(一五九四)二月二十四日尾張井口村九百三十石、同四年九月二十四日中島郡にて千三百六十石加増される(川口氏先祖書系図・駒井日記)。慶長三年(一五九八)二月八日現在、旧知と合わせて一万八百十四石余という(川口氏先祖書系図)。

同五年、西軍に属して伏見城攻めに参加。敗戦により高野山に上り、二階堂に蟄居。後、伊達政宗に預けられる。その後赦され、同十一年、下総にて二千五百石を知行(川口氏先祖書系図)。

同十七年三月四日没、六十七歳という(川口氏先祖書系図)。

川口宗吉(かわぐち　むねよし)　尾張

永正十七年(一五二〇)～天正十年(一五八二)四月十一日。

文助。諱は「宗治」とも。

宗定の子。妻は小島日向守信房の娘で、信長の伯母。「十人の沙汰人の内なり」として常に信長の座右に侍し、小豆坂、稲生《いのう》、浮野、桶狭間の戦いに功という。そして、黒母衣《ほろ》衆の一員として、永禄十二年(一五六九)の伊勢大河内《おかわち》城攻めに参加とある(川口氏先祖書系図)。諸所での戦歴はともかくとして、信長の母衣衆には、川口文助なる人物は見当らない。

天正十年(一五八二)四月十一日、六十三歳で没という(川口氏先祖書系図)。

川崎金右衛門(かわさき　きんえもん)

生没年不詳。

筑紫出身なので、信長から戯れに「筑紫川崎」と呼ばれたという(武家事紀)。

直訴して信長に仕えたというが、後、事あって平野甚右衛門・鎌田五左衛門とともに改易。最後、男色のことで、寵男に殉死したという(武家事紀)。

河崎将監(かわさき　しょうげん)　尾張

生没年不詳。

池田恒興の与力という(武家事紀)。某年五月二十四日、蟹江名代の軍役懈怠について、信長より指摘されている(『武家事紀』所収文書)。

『公記』に二条御所で討死した「河崎与介」、『川角』に信長の初期の臣「川崎(金右衛門)」、『甫庵』に、天正八年生田森で花隈勢と戦った「河崎忠三郎」、小豆坂の戦いで奮戦した「河崎伝助」が載っているが、縁者であろうか。

河崎与介(かわさき　よすけ)　尾張?

?～天正十年(一五八二)六月二日。

河崎将監の一族であろうか。信忠の馬廻か小姓。天正十年(一五八二)六月二日、二条御所にて討死した(公記)。

『分限帳』に載った「河崎与市」は一族であろうか。

革島一宣(かわしま　かずのぶ)　山城

永正六年（一五〇九）？〜天正九年（一五八一）五月十三日。

新五郎、左衛門大尉、越前守。姓は「河島」とも書く。諱は「長成」「就宣」ともある。

山城西岡十六党の一つである革島氏の第十八代。天文三年（一五三四）十二月、家督を継ぐという（革島系図）。同十二年一月二十四日、官宣旨により左衛門大尉に任じられる（革島文書）。

元亀元年（一五七〇）四月二十三日、信長に越前諸浦での参戦を申し出たことにより朱印状を受け、西岡革島の在所・勘解由左衛門分等を還付されている。追って四月二十八日には、幕府奉行衆より奉書が発給された（革島文書・革島系図）。

元亀三年九月三日付信長朱印状（革島文書）によれば、義昭上洛の時は、細川藤孝に与力しているというから、その後、何かの事故により所領を没収されていたのであろう。（元亀三年）九月二十八日、子秀存《ひであり》と連名で、あらためて信長より知行安堵を受けている（革島文書）。

天正元年（一五七三）七月十日、山城の内、桂川より西の地が長岡（細川）藤孝に与えられる（細川家文書）。革島荘など革島氏の知行地はその中に含まれるから、これより信長家臣団の中で正式に藤孝の与力として組織されたのであろう。ただ軍事的には、藤孝が幕府奉公衆であった時から従属していたと思われる。

同月二十七日、早速一族して藤孝に従い、淀城攻め（細川家記）。だが、同年八月二十六日、一族の革島内蔵助が子秀存に忠誠を誓っているのを見ると、信長麾下となって間もなく家督を秀存に譲ったらしい（革島文書）。

『重修譜』には某年七十三歳にて没、『革島系図』には天正九年五月十三日没とある。両方とも採用しても不自然さはない。

革島忠宣（かわしま　ただのぶ）　山城

?〜元和四年（一六一八）一月二十六日。

幼名虎松。刑部丞。入道号は閑斎。姓は「河島」とも書く。

山城西岡革島の土豪。一宣の二男で、革島氏第二十代という（革島系図）。

元亀元年（一五七〇）、父とともに越前へ出陣して戦功（革島系図）。天正元年（一五七三）二月十三日、近江木戸表での戦いにも功をあげ、明智光秀に褒されている（革島文書）。だが、『革島系図』によれば、左足に鉄砲玉を受けて負傷し、家臣に助けられたという。同十年、兄秀存の死によって家督を継ぐ（革島家伝覚書）。

元和四年（一六一八）一月二十六日没（革島系図）。

革島秀存（かわしま　ひでまさ）　山城

享禄元年（一五二八）？〜天正十年（一五八二）八月二十九日。

幼名は犬ボウ。市介。諱を「長俊」とする系図もある。姓は「河島」とも書く。

山城西岡革島の豪族。一宣の長男。妻は滝川一益の娘。革島氏第十九代という（革島系図・革島家伝覚書）。元亀元年（一五七〇）四月、父とともに越前に出陣して戦功（革島系図）。これにより革島氏は、一旦没収された西岡革島の在所等を還付された（革島文書）。

さらに（同三年）九月二十八日、父と連名で信長より知行安堵を受けている（革島文書）。同年十二月三日以前、松尾月読社領を宛行われたが、社領であることが判明するに及び、放状を発してこれを返還する（松尾月読社文書）。だが、天正五年頃と思われる、七月二十八日付、松尾在所名主百姓宛て滝川一益書状によると、その後、あらためて同地を与えられたらしい（革島文書）。

天正元年（一五七三）二月、将軍と信長との対立の中にあって、秀存は二十四日に明智光秀より書状を受けているが、それにもかかわらず在所を動いていない様子である（革島文書）。二月十一日付秀存宛て書状で、細川藤孝は、しばらく静観の意を表明しており、秀存もそれに従ったのであろうか。しかし、弟忠宣は十三日、近江木戸表の戦いに参加し、光秀より感状を受けている（革島文書）。三月一日には、柴田勝家より今堅田攻略の報を受けており、山城の土豪革島氏の動向が信長の諸将にかなりの関心を持たれていたことがわかる（革島文書）。その後、信長方となった藤孝に忠節の覚悟を訴え、三月九日付で藤孝からの誓書を受けている（革島文書）。ようやく踏ん切りがついたのであろう。一方、幕府方からは、同日付で任務の不履行を詰る書状を受けている（仁木宏「細川藤孝と革島秀存」）。

　この頃秀存は、父一宣より家督の相続を受けて、革島一族の長となったらしい。同年八月二十六日付で、一族の革島内蔵助より書を受け、忠誠を約束されている（革島文書）。

　この年七月十日に、山城の内、桂川以西の地が藤孝に与えられており（細川家文書）、革島氏は、与力としてその麾下に組みこまれる立場となった。これを契機に家督の譲渡が行われたのであろう。同年九月十四日、藤孝より、千代原と上野を秀存名義で宛行われている（革島文書・革島系図）。『革島伝記』には、本領革島南北と合わせて七千石とある。姻戚関係の滝川一益からも、天正四年二月十日、身上の斡旋の礼として三十石を贈られている（革島文書）。

　『重修譜』には「長俊」の諱で載せられており、天正十年没、五十五歳とある。『革島系図』『革島家伝覚書』には、没年齢はないが、没年月日を天正十年八月二十九日としている。そのまま採用しておきたい。

　天正十八年、伊達家に何度か通信している「河島市祐重信」は、子であろうか（伊達治家記録）。

河尻秀隆（かわじり　ひでたか）　尾張

　大永七年（一五二七）～天正十年（一五八二）六月十八日。

　与四郎、与兵衛尉、肥前守。諱は「鎮《しげ》吉《よし》」ともある。しかし、文書等信憑性の高い史料で確かめられるものは、称呼では「与兵衛尉」、諱では「秀隆」だけである。「鎮吉」は後世の書にあるだけなので論外。「肥前守」にしても、文書では『武徳編年集成』所収の写本一通に見られるだけである。子秀長が「肥前守」に任官しているから、おそらくそれと混同したものと思われる。初名の「与四郎」は『甫庵』『武家事紀』にあるが、確かとは言えない。

〔**出自と若い頃の戦歴**〕

　愛知郡岩崎村の出身という（張州府志）。早くから信秀に仕え、天文十一年（一五四二）八月の小豆坂の戦いの時、敵将を討取る戦功を顕す。当時十六歳という（甫庵・武家事紀）。

　秀隆を清須の守護代家の老臣「河尻与一」と同一人とする説があるが、これは無理であろう。しかし、『美濃国諸家系譜』中の「河尻氏系図」に、重遠（秀隆）が信長の命によって「河尻与一郎重俊」の跡を継いだ、という記事がある。同書は誤謬に満ちた史料だが、この記事に関しては注目に値する。少なくとも、秀隆が清須の老臣河尻与一の同族である可能性はかなり高いであろう。

　永禄元年（一五五八）か、十一月二日、信長が弟信勝（信行）を清須城に誘殺した時、命をうけて刀を振るったのが秀隆であったという（公記）。

　一貫して信長の馬廻の立場で活躍。同三年五月の桶狭間の戦いに従軍（甫庵）。同八年の美濃堂洞《どうほら》城攻めにもその名が見える（公記）。永禄年間の初め頃、母衣《ほろ》衆が選抜されるが、秀隆は黒母衣衆の筆頭に名を載せている（高木文書）。

〔**信長馬廻、小部隊指揮官として**〕

　永禄十一年九月の信長の上洛の時も、当然供奉《ぐぶ》したであろう。同十二年八月、伊勢大河内《おかわち》攻めに従軍。「尺限《さくきわ》廻番衆」を務める（公記）。この役目は、かつての母衣衆たちが務めている。

　元亀元年（一五七〇）六月二十八日、姉川の戦いの時は、佐和山の押さえとして彦根山に在陣。そのまま丹羽長秀らとともに佐和山城を攻める（武家事紀・公記）。九月には叡山攻囲戦に参加（公記）。佐和山攻めは概ね長秀に任せる形となる。

　佐和山が開城したのは翌年二月。長秀が入城し、犬上郡辺りの在地領主たちを麾下に置くことになる（公記ほか）。その年九月二十一日、秀隆と長秀は、その内の一人高宮左京亮を佐和山城に誘殺した。以前裏切って本願寺方に奔った罪のためという（公記）。その直後、秀隆・長秀の連名で、多賀社宛てに条規を下している（多賀神社文書）。この事件の直前の同年九月四日、高宮寺とその塔頭に竹木の保護を許可しているから（高宮寺文書）、当時、この界隈に何らかの権益を与えられていたのであろうか。

　馬廻とはいえ小部隊を指揮する秀隆は、方々への手伝いが多く腰が定まらない。同三年十月には、織田信広とともに東美濃の岩村城に置かれ、武田氏の将秋山虎繁と戦ってこれを撃退する（歴代古案）。しかし、十一月には岩村城は秋山に占拠されてしまった（古今消息集）。

　天正元年（一五七三）、信長は将軍義昭を追放、さらに越前・江北を攻めて朝倉・浅井を滅亡させた。この一連の戦いの時の交名《きょうみょう》の中に、秀隆の名はない。おそらく小部隊指揮官とはいえ馬廻にすぎないため、信長の名の中に省略されているのであろう。同年十一月、将軍党三好義継を攻めた時にはその名が見える（三壺聞書）。

〔信忠軍団の将として〕

　天正元年後半頃、対武田作戦の一環として信忠軍団が形成されると、秀隆はそれに所属させられる。同二年二月、東濃に出陣した信長は、帰陣の際、秀隆を神篦《こうの》城の城番として入れ置いた（公記）。以来秀隆は、同十年二月の武田攻めまで大体東濃に駐まっていたらしい。（同年）七月二十三日付及び八月七日付の、長島攻めの状況を伝える信長の書状を受けているのも、その証の一つである（玉証鑑・富田仙助氏文書）。従って、『公記』天正二年七月十三日条の長島攻めの交名中に彼の名があるのは誤りである。

　秀隆の上には、信長ではなく、尾張の一部と東濃の諸士を麾下に置き、武田氏の東濃進出を阻むことを任務とした信忠がいる。神篦城を守る秀隆は、小里《おり》城に置かれた池田恒興と並んで、信忠軍団の最前線を形づくっていたのである。東濃に駐まっている秀隆は、（同三年）二月二十六日、前信濃守護家の小笠原貞慶に通信し、今秋の信濃出兵の予定について告げている（書簡幷証文集）。

〔信忠の補佐役として〕

　天正三年五月、信忠の下にあって長篠の戦いに参加。この時のことについて『甫庵』には、信長が秀隆に兜を渡しながら、信忠に向かって、秀隆の下知に従って戦うよう命じたという話が載っている。事の真偽はともかく、秀隆が老練の武将として、信忠の補佐の役割を果していたであろうことがこの逸話を通じてうかがわれる。

　秀隆はその後もまた東濃の任務についた。当面の目標は、武田の将秋山の守る岩村城である。数カ月間、信忠軍による岩村攻城戦が続き、秀隆も同陣した。同年十一月十日、逆に秋山の方から水精山の信忠陣営に夜討ちをかけてきたが、秀隆らの活躍でこれを撃退した（公記）。そして、二十一日に秋山は降った。秋山は岐阜に送られて磔刑となり、岩村城にいた遠山一族は殲滅された。秀隆は秋山や遠山氏が滅びた後の岩村城に入れ置かれた（公記）。

　以後しばらくの秀隆の行動については、史料に見られない。武田氏は弱体化したとはいえ、まだ信濃の士はそれに従っている。引続き武田の押さえとして東美濃に駐まったのであろう。

　（同七年）十月二十七日付で、秀隆に宛てた信長黒印状がある（西尾三平氏文書）。その文面を見ると、秀隆はその頃、有岡城攻めの陣中にいたらしい。武田氏が対織田強硬策を改めるのも、この前後らしい（平山優「織田源三郎信房について」）。いくらか平穏になった東濃から離されて、摂津の陣に動員されたのであろう。

　同十年二月、信長は、いよいよ弱体化した武田氏と最後の決戦を決め、信忠軍を先発させた。秀隆はもちろんそれに従軍した。その軍の先鋒は森長可と団忠正であったが、秀隆は大体この二人に付いて行動している。

　信長はしきりに秀隆に書を送り、大将の

信忠、先鋒の長可・忠正が若さにまかせて軽挙妄動するのを秀隆が制御するよう、何度にもわたって命じている（徳川黎明会文書）。信忠軍は信長の心配をよそに、一気に進んで信濃飯田・大島城を攻略する。秀隆は一時大島城に入ったが、三月二日には寄手に加わって高遠城を落とした（公記）。

この武田攻めは、信忠軍団が滝川一益軍一つを付属されただけで完了した戦いである。武田氏の息の根を止めたのは信忠軍の功績と言ってよい。その信忠軍にあって、大将信忠の補弼を務めたのが秀隆であった。

〔甲斐一国の主、そして死〕

武田氏滅亡後、滝川一益と信忠軍団の諸将に占領地が分割され、秀隆には甲斐一国が与えられた。ただし、甲斐国内にある穴山信君の本知分は除き、その替地として信濃諏訪郡が秀隆のものとされた（公記）。当時発給された秀隆及び信君の文書をたどると、巨摩《こま》・八代両郡の半分ぐらいが信君の支配地だったらしい。信長は四月十日付で信君に書し、秀隆の地と入り組んでいる所は、二人で相談して処理するよう命じている（吉田助五郎氏文書）。

秀隆の居城は甲斐府中。ただし、武田氏代々が住んだ躑躅《つつじ》ケ崎の館は焼失していたので、鍛治曲輪《かじくるわ》をとりあえずの居館とした。天正十年四月十六日付の西郡半右衛門ほか宛て判物を皮切りに、同年五月九日付で西念寺領を安堵するなど、新領主としての活動が見られる（甲斐国古文書・西念寺文書ほか）。

本能寺の変は、秀隆ら東国の新領主の地位を根こそぎ覆した。変報を得た武田氏の残党が一揆を煽動。甲斐はたちまち混乱状態となる。甲斐の地に野心を持つ徳川家康は、家臣本多信俊を秀隆に遣わして上方に戻ることを勧めたが、秀隆はそれをきかず、かえって信俊を殺害した（当代記ほか）。

六月十八日、秀隆は一揆勢に襲われ、殺された。武田氏旧臣の指揮する一揆の背後には、家康がいたものと思われる。秀隆の享年は五十六歳という（美濃国諸家系譜ほか）。子秀長は秀吉に仕えた。

河西喜兵衛（かわにし　きへえ）　伊勢

生没年不詳。

姓の河西は「川西」とも書く。

神戸四百八十人衆の大将の一人（勢州軍記）。元亀二年（一五七一）一月、神戸具盛の隠居後、信孝に仕えた（神戸録ほか）。

河村久五郎（かわむら　きゅうごろう）→河村将昌（かわむら　まさよし）

河村九郎大夫（かわむら　くろうだゆう）→河村秀影（かわむら　ひでかげ）→河村秀綱（かわむら　ひでつな）→河村将昌（かわむら　まさよし）

河村助右衛門（かわむら　すけえもん）　尾張

?〜弘治二年（一五五六）八月二十四日。

信長に仕え、弘治二年（一五五六）八月二十四日の稲生《いのう》の戦いに従軍、討死した（甫庵）。

『寛延旧家集』に、井桁屋久助の先祖の信長家臣「河村助右衛門勝久」という者が現れるが、同一人だろうか。

河村秀影（かわむら　ひでかげ）　尾張

?〜永禄五年（一五六二）。

八郎、九郎大夫。後、伊之助。津島社禰《ね》宜《ぎ》なので、代々「津島九郎大夫」と呼ばれている。神職譲与後、伊之助を称したのか。一族の河村四郎秀清の子だが、津島社禰宜の慶満の養子になったという（張州雑志）。天文七年（一五三八）六月九日、信秀より神職相続を許されている（『張州雑志』所収文書）。

同二十二年五月二十日には、信長より借銭の返済を免じられている（『張州雑志』所収文書）。永禄五年に没という（張州雑志）。

河村秀綱（かわむら　ひでつな）　尾張

?〜天正二年（一五七四）。

勘左衛門、九郎大夫。

秀影の長男。津島社禰宜。永禄五年（一五六二）、父の死に伴い、神職を継ぐ（張州雑志）。

天正二年（一五七四）没。弟の将昌が神職と九郎大夫の称を継いだ（張州雑志）。

河村将昌（かわむら　まさよし）　尾張

?〜天正九年（一五八一）。

久五郎、九郎大夫。

津島社禰宜《ねぎ》家の河村氏。秀影の二男で、秀綱の弟。信長に仕え、永禄四年（一五六一）五月の森部の戦いに従軍。敵方の神戸甚助（将監）を討ち取るという手柄を立て、同月二十九日付で信長より感状を受けた（『張州雑志』所収文書・公記）。手柄により三千貫加増されたというが（張州雑志）、それは大きすぎよう。

兄の養子になり、天正二年、神職を継ぐ。同九年没という（張州雑志）。

河村吉盛（かわむら　よしもり）　近江

生没年不詳。

新左衛門尉。

近江南郡の土豪。元亀元年（一五七〇）十一月十七日、東《ひがし》秀隆らと連名で、信長への人質を進んで申し出た善妙の助右衛門尉を賞し、諸役を免除している（河原崎文書）。

河原崎家吉（かわらさき　いえよし）　近江

生没年不詳。

近江南郡の土豪。元亀元年（一五七〇）十一月十七日、東秀隆らと連名で、信長への人質を進んで申し出た善妙の助右衛門尉を賞し、諸役を免除している（河原崎文書）。

瓦園勘左衛門尉（かわらぞの　かんざえもんのじょう）　近江

生没年不詳。

旧六角氏の臣。蒲生郡弓削村を本貫とする。信長の上洛の時、降参したか。（永禄十二年＝一五六九）十二月十八日、丹羽長秀・中川重政の代官より安堵する旨の書状を受けている（橋本左右神社文書）。

河原村三郎次郎（かわらむら　さぶろうじろう）　山城

生没年不詳。

山城賀茂荘の小土豪。松永久秀滅亡後も出頭しなかったので、天正八年（一五八〇）四月六日、明智光秀より他の土豪ともども叱られ、一応知行安堵されるが、請米・夫役等解怠のないよう命じられている（南行雑録）。

菅六左衛門（かん　ろくざえもん）　近江

生没年不詳。

角川文庫『信長公記』人名注索引には、「秀政」とある。蒲生郡甲津畑《こうづばた》の人。甲津畑は、近江より伊勢三重郡へ抜ける千種《ちぐさ》越えの要所である。

元亀元年（一五七〇）五月十九日、岐阜帰城の途を一揆に遮られた信長が千種越えをした時、これを馳走したことが『公記』に見える。

神吉藤大夫（かんき　とうだゆう）　播磨

生没年不詳。

播磨神吉城城主神吉民部少輔の叔父だという（別所長治記）。

天正六年（一五七八）五月より織田軍に神吉城を攻撃される。藤大夫は西の丸を守備したが、佐久間信盛・荒木村重の攻撃を受けて降参。一命は助けられた（公記）。『別所長治記』によると、甥の城主民部少輔を討ち、頸を持参して赦されたという。

上林久茂（かんばやし　ひさもち）　山城

天文十一年（一五四二）～慶長十一年（一六〇六）六月七日。

掃部丞《かもんのじょう》、掃部助。剃髪号は久徳。

製茶師。加賀入道久重の長男。母は六角承禎の娘というが、疑わしい（重修譜）。

信長に仕える。天正二年（一五七四）十二月十八日、父久重とともに塙直政より、槇島における諸商人の荷物及び道路・宿の管掌を任せられている（上林文書）。本能寺の変の時、家康より三河への嚮導を命じられるという（重修譜）。

その後秀吉に仕え、天正十二年一月四日、秀吉より山城味木宇治大路の茶園を預けられた（青木氏魁集文書）。同十七年五月二十四日、秀吉より、運上金に対する請取状を受けている（上林文書）。

同年十一月十九日、秀吉より宇治郷の内にて茶園と田三百九十石を宛行われる。翌二十日、「宇治目録」を給付され、茶と米の運上を命じられている（重修譜・上林文書）。その後、家康より近江蒲生郡にて百石を加増されるという（重修譜）。

慶長五年（一六〇〇）の戦役に参加。石田三成の臣田辺惣兵衛を討ち取り、家康より賞された。その直後の九月二十一日、家康より宇治郷制禁の朱印状を下賜される（重修譜）。

同十一年六月七日没、六十五歳という（重修譜）。

神戸市介（かんべ　いちすけ）　尾張

?～永禄十二年（一五六九）九月八日。

信長の尾張一国時代からの臣。永禄十二年（一五六九）八月、伊勢大河内《おかわち》城攻めに従軍。九月八日、丹羽長秀に属して夜討ちに参加して討死した（公記）。

天文十一年（一五四二）八月の小豆坂の戦いに参加した者の中に、「神戸市左衛門」という人物がいる（公記）。父、さもなくば一族であろう。また、『甫庵』では、同じく大河内城攻めの時討死した者の一人として「神戸四方助《よものすけ》」を載せている。これも一族であろう。

神戸賀介（かんべ　がのすけ）　伊勢

?～天正十二年（一五八四）?

信長馬廻。永禄十二年（一五六九）八月、伊勢大河内城攻めに従軍。「尺限廻《さくきわ》番衆」の一人として『公記』に載せられている。

この時の「尺限廻番衆」の顔触れの中には、かつての母衣《ほろ》衆が多く含まれており、馬廻の中でも格上で、使番などを任務としていたものと思われる。

天正十二年（一五八四）、滝川一益に応じて蟹江城に籠城したが、徳川軍に攻められて討死したという（神戸家系譜）。

『織田系図（群書類従本）』には、元亀三年（一五七二）、信忠初陣の時、具足親を務めたとある。

神戸二郎作（かんべ　じろさく）

?～天正十年（一五八二）六月二日。

信長か信忠の馬廻。天正十年（一五八二）六月二日、二条御所にて討死した（公記）。

神戸具盛（かんべ　とももり）　伊勢

?～慶長五年（一六〇〇）十月二十六日。

蔵人大夫《くろうどのだいぶ》。諱は「友盛」とも書かれている。

伊勢神戸城主。長盛の二男で、永禄二年（一五五九）五月、兄利盛の死後神戸家を継ぐという（神戸録・勢州軍記）。妻は蒲生定秀の娘。

近江六角氏に従っていたが、永禄十一年（一五六八）二月、信長軍に攻められ、講和の時、信長の三男三七郎（信孝）を養子とした。すでに関盛信の子をもらい受ける約束があったのだが、信長に押し切られた形であったという（勢州軍記）。

元亀元年（一五七〇）頃から養子信孝と不和になり、翌二年一月、信長の命により隠居させられ、領地から離されて蒲生賢秀に預けられる（神戸録・勢州軍記ほか）。この時、検地が行われて神戸氏の家臣の領地が削られ、百二十人の士が流浪の身になったという（神戸録・勢州軍記ほか）。

天正十年（一五八二）、十二年ぶりに赦免されて沢城に復帰。五月、信孝の四国攻めの間、神戸城の留守居役を命じられている（勢州軍記）。同十一年五月、信孝の死後、信孝の未亡人が林与五郎の嫡子十歳に嫁す形になると、与五郎に神戸の姓を名乗ることを許した（勢州軍記）。

その前後より信雄に接近。翌十二年、信雄と秀吉との対立の中、沢城を落ち行き、信包を頼って安濃津へ赴く（勢州軍記）。

慶長五年（一六〇〇）十月二十六日、その地で没したという（神戸録）。

神戸信孝（かんべ　のぶたか）　→織田信孝（おだ　のぶたか）

神戸伯耆（かんべ　ほうき）　尾張

?～永禄十二年（一五六九）九月八日。

市介や賀介と同族であろう。永禄十二年（一五六九）八月の伊勢大河内城攻めに従軍。九月八日、丹羽長秀に属して夜討ちに参加。討死した（公記）。

き

菊池武勝（きくち　たけかつ）　越中

?～慶長十一年（一六〇六）十二月十一日?。

伊豆守、右衛門尉。入道後は「右衛門入道」。諱は「義勝」とも。また、屋代姓を名乗って「屋代右衛門尉」ともいう。

武包の子。永禄四年（一五六一）頃より氷見郡阿尾城主として上杉謙信に属していたが、謙信の死後、信長に属す（越登賀三州志・武家事紀）。天正八年（一五八〇）三月十六日、一族屋代十郎左衛門尉とともに、信長より越中氷見郡の内、屋代一家分と二十年来の新知行とを安堵された（加能越古文叢）。同年と思われるが、六月十五日付で、信長より馬の贈呈を謝されている（加能越古文叢）。

翌九年二月に、信長は征服途上にある越中の一職《いっしき》支配権を佐々成政に与える。武勝をも含めて屋代一族は成政の与力となった。

本能寺の変、賤ケ岳の戦いを経て、成政は反秀吉の立場で、能登の前田利家との抗争を繰り返した。武勝らは成政に従って戦った。

しかし、次第に秀吉の威勢が周囲を圧するに及んで、武勝らの態度も曖昧になる。（同十二年）十一月八日付で、武勝は利家から書状を受けるが、それによると、成政に人質を出したままで、まだ旗幟を鮮明にしておらず、利家がしきりに誘いをかけている段階である（松雲公遺編類纂）。利家に降ったのは、翌十三年五月（越登賀三州志）。六月二十四日、佐々方の神保氏張と氷見で戦っている（前田創業記・加越登記ほか）。七月四日付書状では利家より降参の条件等を提示され、七月二十八日付で起請文《きしょうもん》を発給されている（前田育徳会文書）。

その後、秀吉より一万石を安堵される。慶長十一年（一六〇六）十二月十一日没という（加賀藩史稿・網田樹夫「氷見阿尾城主菊池氏の研究」）。

木曾義昌（きそ　よしまさ）　信濃

天文九年（一五四〇）～文禄四年（一五九五）三月十三日。

伊予守、左馬頭。

義康の子。木曾氏は累代木曾の地を領す。義昌は、武田信玄の信濃領有に伴ってこれに属し、その娘を妻にする。武田氏の一部将の立場とはいえ、木曾の地にあってかなり独立した勢力を保っていた。

武田氏の東美濃経略の先陣として、東美濃の織田方の城を攻める。天正二年（一五七四）十二月十日、勝頼より美濃平定後、関にて千貫文の地を宛行うことを約束されている（国会図書館文書）。同三年十一月に、武田氏の最前線美濃岩村城が織田氏に奪い返されてからは、織田氏の分国と境を接する形となった。

同十年二月、東美濃の苗木久兵衛（遠山友忠）を通じて織田氏に降り、人質として弟の上松《あげまつ》蔵人を送った（上杉古文書・公記）。これを機会に信忠の武田討伐軍が出陣する。義昌はその軍に合流、同月十六日、鳥居峠で武田氏の将今福昌和の軍を破った（公記）。三月三日、馬場美濃守の開け退いた深志城に入れ置かれる（岩岡家記）。

三月二十日、信長に謁見して馬を進上。二十七日、木曾二郡（小林計一郎「木曾郡のこと」によると、大吉祖《おおきそ》庄・小吉祖庄らしい）を安堵されたばかりでなく安曇《あずみ》・筑《つか》摩《ま》二郡をも宛行われた（公記・古今消息集）。その後、信長へ音問し、五月十四日付で信長の返書を受け、仕置について油断のないよう命じられている（信濃史料）。

間もなく本能寺の変が勃発。変報を得て立ち上がった小笠原貞種らのために深志城を奪われた（寿斎記・岩岡家記）。しかし、神《かん》流川《ながわ》の戦いで北条氏に敗れた滝川一益の領内通過を快く許したことが『甫庵』に見える。（同年）八月二十六日付で信孝より書状を受け、東方作戦について語られているから（『木曾考』所蔵文書）、まだ織田氏とは繋がっていたのであろう。

その前後より、信濃に進出して来た徳川家康に接近。八月三十日、家康より本領安堵を受け、続いて九月十日には伊奈郡箕輪の地を加増された（古今消息集）。

だが、同じく家康の下にあって信濃の旧領回復を目指す小笠原貞慶と競合、諸所で戦い、同十一年九月には、一時ではあったが本拠木曾福島を奪われたりした。十月五日付の貞慶宛て書状で、家康は木曾攻めの功を褒しているから、義昌は家康の下を離れていたのであろう（譜牒余録）。

必然的に義昌は、畿内から美濃まで支配下に収めた羽柴秀吉に接近。小牧陣が始まると秀吉方として家康の兵と戦い、秀吉より感状を受けた（山村文書ほか）。

同十四年、秀吉と家康との間に和議が成立すると、義昌は、信濃の諸将の管轄を認められた家康の麾下に組み込まれた（上杉家文書）。同十一年以降の義昌の朱印状は多数見られるが（木曾考）、木曾の地の支配者としての木曾氏の姿は、この時をもって絶える。そして、同十八年、小田原陣後の家康の関東移封によって、父祖伝来の地木曾から引き離され、下総海上《うなかみ》郡阿知戸一万石に移封を強いられた（木曾殿伝記・木曾考）。木曾は米の生産こそ微少だが、森林資源や馬の飼育によって二郡に匹敵する価値を認められていただけに、これは実質上大幅な減封であった（小林計一郎前出論文）。

文禄四年（一五九五）三月十三日没、五十六歳（木曾考・木曾殿伝記・士林泝洄）。子義利が跡を継いだが間もなく改易、木曾氏は滅亡した（木曾考）。

北監物大夫（きた　けんもつのだいぶ）　伊勢

生没年不詳。

監物丞ともある。

伊勢大神宮御師《おんし》。天正元年（一五七三）、北畠具豊（信雄）に、皇大神宮御師福島左京亮の跡職を二男鍋次郎に継がせることを申請し、十一月十五日、了承された（福島家古文書）。

しかし、その後紆余曲折があったか。鍋次郎の福島家継承が信長より直接承認されるのは、同五年六月二十四日である（伊勢古文書集）。福島左京亮跡職について、他より継承権の訴えが二度あったという。最後信雄が、同八年二月二十三日、再び鍋次郎の継承を承認している（福島家古文書）。

同十二年七月三日、松島城主として伊勢に移封されたばかりの蒲生賦秀（氏郷）より、諸役を免除されている（来田文書）。

北畠親成（きたばたけ　ちかなり）　伊勢

永禄三年（一五六〇）?～天正四年（一五七六）十一月二十五日。

式部丸。

北畠具教の三男という。天正四年（一五七六）十一月二十五日、信雄のため、田丸城に誘殺された。僅か十七歳であったという（北畠御所討死法名）。

北畠具豊（きたばたけ　ともとよ）→織田信雄（おだ　のぶかつ）

北畠具教（きたばたけ　とものり）　伊勢

享禄元年（一五二八）～天正四年（一五七六）十一月二十五日。

美濃守、伊勢国司、中納言、多芸御所、三瀬御所。入道号不智。

伊勢国司晴具の子。父晴具は、参議兼近衛中将まで昇進したが、天文五年（一五三六）出家。代って具教が翌六年、従五位下侍従に叙任される（公卿補任）。父の出家と同時に伊勢国司家を継いだのであろう。

国司家の当主だけに官位の昇進は早い。同十四年中将、二十一年参議、二十三年従三位中納言、弘治三年（一五五七）には正三位に昇進している（公卿補任）。禁裏とも密に連絡を保ち、天文十七年より永禄年間に至るまでしきりに物を献上している（御湯殿）。

北畠氏の戦国大名としての版図は伊勢のおよそ南半分だが、その他大和宇陀郡をも勢力下に置き、秋山氏ら宇陀三人衆を麾下としていた。また、北伊勢の長野氏には二男次郎（具藤）を養嗣子として送りこみ、親戚関係を結んだ。『勢州軍記』によると、軍兵一万五千の大将だったという。

織田信長の伊勢経略は着々と進み、まず

永禄十年（一五六七）に北伊勢に兵を遣わして一部の豪族を誘降、続いて翌十一年二月、再び攻め入って神戸・長野氏らほとんどの豪族を従えてしまった（勢州軍記）。そして信長はこの年九月、足利義昭を奉じて上洛する。

具教は、この頃すでに北畠の家督を嫡子具房に譲っていたという（勢州軍記）。諸書に曖昧なところだが、麾下の者への指令等もこの前後には具房から発される例が多く見られる（沢氏古文書ほか）。永禄十年七月十七日付具房宛ての具教の書を見ると、久我家領木造荘へ算用の検使を遣わすよう指示しているから（久我家文書）、実権は握りながらも、当主の地位は具房に渡していたものと解釈できる。

同十二年八月、いよいよ信長は北畠氏討伐の軍を起す。形の上では隠居していた具教は、多気城から大河内《おかわち》城に移っていたが、その大河内城を信長軍に四方から包囲された（勢州軍記・公記）。戦いは約一カ月半続き、この間、織田軍の夜襲を撃退したこともあったが、最後兵糧が尽きかけ、大河内開城と信長の二男茶筅丸（信雄）を養嗣子とするという条件で和睦した（公記ほか）。

十月四日、大河内城を開け渡して、笠木に住む。その後、三瀬に移り「三瀬御所」と呼ばれた。元亀元年（一五七〇）一月下旬、信長より禁中修理、武家御用のため、上洛を促されている（宴乗）。講和して間もない具教は、おそらく従ったであろう。同年四月十四日の将軍邸落成祝の能会には出席している（公記）。

同年五月出家（公卿補任）。しかし、その後も、皇大神宮御師《おんし》福島左京亮の成敗、大湊の船舶についての指示等、南伊勢の支配者としての活動が見られる（福島家古文書ほか）。北畠家の当主はずっと以前より具房のはずだが、まだ当主の父として最終的な権限を保持していたのであろう。

しかし、天正三年（一五七五）六月、信長の圧力によって北畠の家督が具豊（信雄）に譲渡される（多聞院ほか）。その後は、徳政令、所領安堵、諸役免除など具豊の活発な活動が目立ち、具教の動きはパッタリと影を潜める。

無事伊勢国司家を自分の子に継がせた時、信長にとって具教とその一族は不用な存在になった。翌四年一月、具教は信長に歳首を賀したが、使者が信長に冷たく扱われたと『勢州軍記』に記されている。

天正四年十一月二十五日、信長の命を受けた信雄の粛清が行われ、北畠一族はことごとく誅殺された。具教も、三瀬において旧臣藤方刑部少輔の手にかかって生命を終えた。四十九歳であった（勢州軍記・北畠御所討死法名）。刑部少輔の父慶由入道は、わが子が主君を手にかけたことを怒り、間もなく身を投げて命を絶ったという（勢州軍記）。

具教は塚原卜伝に兵法を学び、一刀の至極を伝授されたほどの腕前だったと伝わる（勢州軍記）。

北畠具房（きたばたけ　ともふさ）　伊勢

？〜天正八年（一五八〇）？

右近将監、左中将、伊勢国司、大腹御所、坂内御所。「信意《のぶおき》」の諱を当てはめる書が多いが、「信意」は信雄の前名である。

具教の嫡男。肥満体だったようで「大腹御所」「フトリ御所」と呼ばれている。母は六角義賢（承禎）の娘。

永禄五年（一五六二）三月二十一日、登税主座に浄眼寺住持職を承認した判物が文書上の初見である。永禄六年に父具教より北畠家の家督を譲られたという（『三重県史』資料編近世1）。たしかに、その後、沢氏など麾下の者への安堵や指令が多く見られるし、同十年六月九日付、沢親満宛て具教判物中で、「本所」と呼ばれている（沢氏古文書ほか）。だが、依然として父が北畠家の実権を握っていた様子である。

同十二年八月、大河内城に信長軍の攻撃を受けるが、父とともに抗戦。十月、大河内城開け渡し及び信長の二男茶筅丸（信雄）を北畠家の養嗣子にするという条件で和睦した（公記ほか）。この時、茶筅丸が具教の養子になったのか、具房の養子になったのか諸書に分かれるが、具教の婿養子、具房の継嗣ということであろう。

和睦後、坂内《さかない》城に移る（公記）。この後の具房は、一応北畠家の当主とはいっても、父具教が健在であり、さらに信長を背後にした具豊（茶筅丸＝信雄）もいて、影の薄い存在であった。天正元年（一五七三）九月二十二日以前、父とともに福島左京亮跡職を北鍋次郎に継がせることを承認したが、これに関しても、十一月十五日付の具豊の了承を必要としている（福島家古文書）。

同三年六月、信雄が北畠氏の家督となるに及んで、父具教とともに三瀬《みせ》城に引退。同四年十一月二十五日の北畠一族粛清の時、何故か具房一人助命され滝川一益に預けられた（勢州軍記）。その後、長島で幽閉生活を送った後、名を「信雅」と改めて、京都に住んだという（勢州軍記）。

その没年は、『勢州軍記』等では同八年とするが、『多芸録』では慶長八年、五十二歳としている。

北畠信意（きたばたけ　のぶおき）→織田信雄（おだ　のぶかつ）

北畠信雄（きたばたけ　のぶかつ）→織田信雄（おだ　のぶかつ）

北若（きたわか）
生没年不詳。
信長の小人。天正九年（一五八一）二月二十八日、馬揃えの時、「御杖持」を務めた（公記）。

木津春熊（きづ　はるくま）　山城
生没年不詳。
信長に長篠の戦捷の祝いとして物を贈り、（天正三年）六月六日付の書状で謝されている（大阪城天守閣文書）。

狐崎吉次（きつねざき　よしつぐ）　紀伊
生没年不詳。

左衛門大夫。姓は、「島本」とも。

紀伊雑賀《さいか》の人。天正五年（一五七七）三月、信長軍の攻撃を受け、鈴木孫一らとともに対抗したが、最後は降参した。三月十五日付の信長書状で、他の六人とともに赦免されている（公記・土橋文書）。だが、完全に信長に服したわけでなく、引き続き本願寺に助力していた様子である。

同八年三月、信長と本願寺との講和の進む中、本願寺の態度に不満があったらしい。和を仲介している勅使に対して狼藉のあったことを本願寺より追及され、孫一らとともに弁明に努めている誓紙が見られる（本願寺文書）。

城戸十乗坊（きど　じゅうじょうぼう）　丹波
生没年不詳。
初め「佐野下総守」という。丹波和田城主。丹波一職《いっしき》支配者明智光秀の麾下だったであろう。
本能寺の変後は秀吉に従う。天正十五年（一五八七）三月、九州陣の時、丸茂兼利とともに門司城の番手として入れ置かれている（太閤記）。

木下雅楽助（きのした　うたのすけ）　尾張
？～天正十二年（一五八四）四月九日？

織田薩摩守、周防守。諱は「嘉俊」「忠頼」とあるが確定できない。

中川重政・津田盛月の弟。『織田系図』をはじめ系図類では、例外なく織田信次（信秀の弟、信長の叔父）の孫にしているが、年代的に無理である。

永禄三年（一五六〇）五月十九日、桶狭間の戦いに従軍して高名（公記）。同四年五月十三日、森部の戦いで長井新八郎を討ち取ったという（織田系図）。この頃、赤母衣《ほろ》衆の一人に選抜される（高木文書）。

信長入京後の同十二年八月、伊勢大河内《おかわち》城攻めに従軍。この時、「尺限廻《さくきわ》番衆」を務めている（公記）。この番衆の顔触れは、かつての母衣衆とよく似ており、使番のような役割がまだ続いていたらしい。だが、雅楽助は、この時の戦いで右股を負傷したという（織田系図）。

その後の消息については詳らかではないが、元亀三年八月、兄の重政と隼人正（盛月）の追放に連座したものと思われる。

後、三好信吉（豊臣秀次）に仕え、天正十二年（一五八四）四月九日、長久手の戦いで討死したという（武家事紀）。

木下小一郎（きのした　こいちろう）→羽柴長秀（はしば　ながひで）

木下助休（きのした　じょきゅう）→木下祐久（きのした　すけひさ）

木下助右衛門（きのした　すけえもん）

（永禄十二年）八月十九日付、毛利元就ほか宛て、朝山日乗書状案には、信長の軍勢が播磨に攻め込んで、戦ったことが報告されている（益田家什書）。その文書には、播磨へ遣わされた将として、木下助右衛門という人物が木下祐久・福島某と並べられている。誰に当てはめるべきか、単なる誤記なのかわからない。

木下祐久（きのした　すけひさ）尾張

?〜天正十二年（一五八四）四月九日。

助左衛門尉。入道号助休。

信長の直臣、奉行衆として活躍する人物である。果して彼が、一部で言われている通り、豊臣秀吉正室於禰（高台院）の父なのであろうか。

『木下家譜』には、於禰の父は杉原助左衛門定利（号道松）とあり、ほとんどの研究はこれを採用している。そして、この助左衛門定利と祐久とを同一人としている研究もある。だが、祐久には、「定利」という別名も、「道松」という別号も見られない。また、全幅の信頼を置ける史料ではないにしろ、『高台寺過去帳抜書』『木下家譜』に高台院（於禰）の父の没年月日は文禄二年（一五九三）二月六日という記事がある。木下祐久を於禰の父とするには、もっと明確な証が必要であろう。

祐久の奉行としての活躍は、信長入京後から顕著に表れる。即ち永禄十二年（一五六九）十一月〜十二月には、山城法金剛院の寺領安堵、元亀三年（一五七二）六月には、大徳寺の租税についての仕事をしている（法金剛院文書・大徳寺文書）。どうやら、木下秀吉の与力の身分であり、その代官の立場だった様子である。

天正元年（一五七三）八月、朝倉氏滅亡後の越前に、津田元嘉・三沢秀次とともに残され、守護代桂田長俊（前波吉継）を助けて政務を執り行う（西福寺文書・剣神社文書・朝倉記）。この時の三奉行は、それぞれ津田は滝川一益の代官、三沢は明智光秀の代官、そして木下は秀吉の代官の立場だったようである。彼らは翌年一月まで越前北庄に滞在していたが、一向一揆が蜂起して桂田を殺し、北庄を囲むに及んで、朝倉景健・景胤の斡旋で一時的和睦をし、京へ逃げ帰った（朝倉記）。

その後、祐久の名はしばらく史料に表れない。六年後の天正八年四月、魚住隼人正とともに、加賀の情勢を見届けるために派遣されたのが、彼の久々の登場である（公記）。この時、複命してからその労を犒われ、信長より服、柴田勝家より馬を与えられている（公記）。

本能寺の変後は秀吉に従い、賤ケ岳の戦いに参加。同十一年三月十一日、美濃口に着陣している様子が見える（岐阜県古文書類纂）。同十二年、小牧陣にも従軍。四月九日、長久手の戦いで、三好信吉（豊臣秀次）に属して戦い、敗戦して逃げる時、徳川軍の追撃を受けて討死した（皆川文書・太閤記）。

木下太郎（きのした　たろう）

生没年不詳。

信長の小姓か馬廻。天正七年（一五七九）一月、佐竹某と喧嘩し、信長に叱責されている（安土日記）。

木下備中守（きのした　びっちゅうのかみ）→荒木重堅（あらき　しげかた）

木下秀吉（きのした　ひでよし）→羽柴秀吉（はしば　ひでよし）

木下平太夫（きのした　へいだゆう）→荒木重堅（あらき　しげかた）

木下嘉俊（きのした　よしとし）→木下雅楽助（きのした　うたのすけ）

木全六郎三郎（きまた　ろくろうさぶろう）尾張

生没年不詳。

信長の若い頃の家臣。又二郎の子という（尾張群書系図部集）。

信長に従い、弘治二年（一五五六）八月二十四日、稲生《いのう》の戦いで山口又次郎を討ち取った（公記）。『張州府志』には、中島郡稲島村の人木全又右衛門という人物が載っている。おそらく一族であろう。

木村九十郎（きむら　くじゅうろう）

?～天正十年（一五八二）六月二日。

信長の馬廻か。天正十年（一五八二）六月二日、本能寺の変の時、明智軍と戦って討死した（阿弥陀寺過去帳）。

木村源五（きむら　げんご）　尾張

生没年不詳。

柴田勝家の家臣か。天文二十二年（一五五三）七月十八日の清須城攻めの時、柴田勝家の足軽衆の中にその名が見える（公記）。近江の国人出身の木村高重の子源五高次とは別人である。

木村十兵衛（きむら　じゅうべえ）　美濃

生没年不詳。

美濃吉村氏の一族らしい。（天正二年＝一五七四）二月一日、田中真吉・西松忠兵衛とともに、信長より今尾の高木貞久への協力を命じられている（高木文書）。

木村次郎左衛門尉（きむら　じろうざえもんのじょう）　→木村高重（きむら　たかしげ）

木村高重（きむら　たかしげ）　近江

?～天正十年（一五八二）六月五日?

左近大夫、次郎左衛門尉。

近江の国人。安土近辺の出身で、沙々貴《ささき》神社の神官の家柄だという（小島道裕氏「『安土町奉行』木村次郎左衛門尉について」）。初め、六角氏に仕える。信長に降ったのは、永禄十一年（一五六八）の上洛の時であろう。以後、信長の奉行衆として活躍している。

天正三年（一五七五）、山岡景隆とともに勢多大橋の建造を命じられ、七月十二日柱立が行われた（公記）。同年十月には、信長の右大将拝賀の式典のため、禁中に陣座を造ることを命じられている（公記）。

同四年に安土城建設が開始されるが、彼は天守を担当し、普請奉行として活躍した（公記）。同年十一月十一日付で、信長より近江の諸職人の統制を命じられる（河路左満太氏文書）。

城下が整備された同五年六月、信長は町中に宛てて掟書を発するが、その中で、町に譴責使を入れたりする時は、福富秀勝か木村高重に届けるよう命じている（近江八幡市文書）。安土城下町の奉行の姿である。

その後、信長より甲賀郡の竹木のこと、国中の畑役のこと等の命令を受けたり、野洲市場に国役・郡役を免除したりしており、小島道裕氏は、安土だけでなく、近江の都市の商工業者を統括する役に就いていたのではないか、としている（同氏前掲論文）。

同九年九月八日、信長より労を犒われ、小袖を拝領している。同時に恩賞にあずかった者は、画家狩野永徳、大工岡部又右衛門ら職人頭たち。高重もそれに混じっているのは、彼らを束ねる立場だったからであろう（公記）。

同十年五月二十九日、信長最後の上洛の時、二の丸番衆の一人（公記）。変が起り、同じく二の丸番衆だった蒲生賢秀が、女房衆らを連れて日野へ避難する際、安土城全体を高重に委ねた（公記）。その後の高重の消息は明らかではないが、光秀入城を拒んで百々橋《どどばし》で戦い、討死したと伝えられている（木村家譜、小島氏前掲論文所収）。

木村高次（きむら　たかつぐ）　近江

生没年不詳。

源五。

近江の国人。次郎左衛門尉高重の子。もと六角氏の家臣。信長に仕え、馬廻か。戦いよりも奉行として活躍した様子である。

天正六年（一五七八）八月十五日、安土での相撲会の奉行としてその名を載せている（公記）。同九年九月八日、信長が側近に賞を与えた時、小袖を賜っている（公記）。

木村藤兵衛（きむら　とうべえ）　近江

生没年不詳。

天正三年（一五七五）十月十一日、信長の意を奉じた堀秀政・万見重元より、近江坂田郡朝妻村にて五百石を宛行われている（国友共有文書）。

木村弥左衛門（きむら　やざえもん）　尾張

生没年不詳。

天正二年（一五七四）一月六日、尾張の地が信長より岩室小十蔵に宛行われたが、その地の中に「木村弥左衛門分」十貫文がある（美作古簡集）。場所は下津《おりづ》・松原とあるが、いつ欠所になったのかは明らかでない。

久徳左近兵衛尉（きゅうとく　さこんびょうえのじょう）　近江

生没年不詳。

『多賀町史』では、『久徳氏系図』（久徳共有文書）にある諱「宗重」を採用している。

近江犬上郡久徳の出身であろう。『多賀町史』に従えば、宗武の子で、兄実時の跡を継ぐという。元亀元年（一五七〇）六月に信長に降り、二十六日、その賞として、多賀荘・石灰荘・敏満寺領等にて三千石を宛行われている（集古文書）。

同年十二月二十七日、浅井方の高宮右京亮と戦い、勝利。翌年一月二日付で、信長よりその敢闘を褒されている（神田孝平氏文書）。これと同日付の書状が堀秀村宛てに発せられており、その文面から推測すると、当時、近江北郡では、木下秀吉―堀秀村―久徳といった三段階の指揮系統が形づくられていたらしい（神田孝平氏文書）。

天正元年（一五七三）七月、槙島攻めに従軍。八月十三日の朝倉軍追撃戦にも参加（公記）。翌年、堀秀村が改易されるから、その後は直接秀吉の下知を受ける立場になったであろう。しかし、同五年十月に秀吉が播磨に派遣されてからは、これと離れて独立した。同九年及び十年一月十五日の爆竹《さぎっちょう》には、近江衆の一人として参加（公記）。この頃は、他の近江衆と同じく信長の旗本部将であった。

本能寺の変の時の行動については詳らかでないが、『太閤記』の山崎の戦いの記事中に、明智方「久徳六左衛門尉」という者が載っている。『多賀町史』によれば、彼は一族の者だという。おそらく久徳氏は、明智光秀に味方したらしい。そして、命は助かったものの、所領は没収されたものと思われる。同十一年八月一日、赦免されて秀吉より旧領犬上郡多賀荘内三千石を宛行われている（集古文書）。以後の消息はわからない。

京極高次（きょうごく　たかつぐ）　近江

永禄六年（一五六三）～慶長十四年（一六〇九）五月三日。

小法師、小兵衛、若狭守、近江守。八幡山侍従、左少将。参議任官により「大津宰相」と呼ばれる。

高吉の長男。母は浅井久政の娘。近江半国守護京極氏の嫡流である。妻は浅井長政の娘。

京極氏は領国を浅井氏に奪われて没落していたが、元亀元年（一五七〇）、父に付き従って岐阜へ行き、信長より采地を与えられる（京極家譜）。

天正元年（一五七三）七月、槙島攻めに従軍と『公記』にあり、さらに、その時の恩賞として近江南郡奥島にて五千石を与えられたと『京極家譜』に載っているが、高次は当時十一歳であることを考えると疑問である。時期についてはそのまま信じるわけには行かないが、近江において所領を与えられたことは事実であろう。長じて信長の旗本となった様子である。

天正九年九月、伊賀攻めに従軍。丹羽長秀とともに名張郡を平定している（公記）。同九年、十年一月十五日の爆竹の時も、他の近江衆とともに参加した（公記）。

本能寺の変の時、明智光秀方に加わり長浜城を攻める（京極家譜）。山崎の戦いの後、坂田郡清滝寺に、次いで美濃今須に隠れ、その後越前に赴いて柴田勝家の下に寓居したという（京極家譜）。

同十二年、秀吉に赦免され、近江高島郡田中郷にて二千五百石を宛行われる（京極家譜）。同十四年加増され、高島郡にて五千石を領す。九州陣後、大溝城一万石（京極家譜）。小田原陣にも従軍（伊達家文書）。小田原陣後の国替えで、近江八幡山城二万八千石に加増。弟高知と朽木宣綱を与力とする（京極家譜）。同十三年に従五位上侍従に任官していたので、「八幡山侍従」と呼ばれる。文禄三年（一五九四）八月二日、八幡町の条規を定めている（八幡町共有文書）。

文禄元年、名護屋に在陣（太閤記）。同三年、伏見城普請を分担（当代記）。同四年、志賀郡大津城六万石に加増（京極家譜）。慶長元年（一五九六）従三位参議に昇進する

ので、それ以後「大津宰相」と呼ばれる（京極家譜）。

　同五年の戦役の時は、西軍諸将の催促により、大坂に人質を入れて北国に出陣。しかし、途中で東軍に寝返り、大津に籠城した。立花宗茂ら西軍に攻められ、九月十五日、即ち関ケ原の戦い当日開城、高野山に上った（京極家譜ほか）。

　だが、じきに家康に招かれ、若狭一国八万五千石を与えられ、小浜城主となる（京極家譜・当代記）。同六年、近江高島郡にて七千石を加増され、都合九万二千石余（京極家譜）。

　同十四年五月三日、小浜にて没した。四十七歳（京極家譜）。

く

九鬼嘉隆（くき　よしたか）　志摩
天文十一年（一五四二）～慶長五年（一六〇〇）十月十二日。

右馬允、大隅守。

　定隆の二男。志摩七人衆の一人として伊勢の北畠氏に属す（武家事紀）。兄浄隆《きよたか》の死後、その子澄隆《すみたか》が九鬼家を継いだが、幼少のため嘉隆が後見役となり波切城に住むという。その後、波切城没落。嘉隆は尾張に至って信長に臣従する（武家事紀・寛永伝）。

　永禄十二年（一五六九）八月、信長の伊勢大河内《おかわち》城攻めの時、船手の大将として志摩に渡り、七人衆を従属させ、磯辺七郷、賀茂五郷を支配して、鳥羽城に居住するという（武家事紀）。

　天正二年（一五七四）七月、伊勢長島攻めに従軍。信雄に属して大鳥居の砦を破る（公記・重修譜）。この頃は、信雄の与力の立場だったようである。天正五年以後だが、福島左京亮跡職について、左京亮の妾腹の子に継がせるよう、信雄に訴えたりしている（福島家古文書）。

　甥の澄隆は、天正二年十一月に死没。嘉隆が殺害したとの噂があり、迷惑している旨、麾下の越賀隆俊に述べている書状がある（米山文書）。澄隆の死により、名実ともに九鬼氏の家督になったのであろう。

　大坂の本願寺との苦戦の中で、水軍の強力化を図る信長は、同六年、嘉隆に大船の建造を命じた（公記）。この時点で嘉隆は、信長の水軍として、独立した軍団を率いる立場になったのであろう。

　大船六艘は六月に完成。嘉隆はそれらを率いて熊野浦経由で堺へ向かい、途中、行く手を阻もうとした大坂方雑賀《さいか》・淡輪《たんのわ》の軍船を鎧袖一触撃破してしまった（公記）。七月より大坂湾上を警固して毛利水軍に備える。九月三十日には、堺で信長に軍船を見物させ、賞を受けた（多聞院・公記）。十月十二日にも、木津において敵船を破って、信長より感状を受けている（大阪城天守閣文書）。

　十一月六日、瀬戸内海を上ってきた毛利方の軍船と遭遇し、木津河口にてこれを撃破する（公記）。その手柄により、志摩の七島、摂津の野田・福島にて七千石を加増され、都合三万五千石を領すという（重修譜）。

　同八年二月、池田恒興の摂津花隈《はなくま》城攻めにも海上より加勢。閏三月十一日、信長より書を受け、本願寺開城に伴う大坂への海上通路の警固を命じられている（南行雑録）。七月ついに花隈城は落ち、信雄の感状を得る一方、信長より賞を受けている（九鬼文書・重修譜）。

天正六年以来、堺に常駐していた様子で、本能寺の変の時も堺に居たらしい。その後は秀吉に従い、小牧陣の時は伊勢三河で家康・信雄方の軍と戦っている（寛永伝・常光寺年代記）。戦後、鳥羽城安堵。同十三年四月熊野攻め、十五年九州陣、十八年小田原陣、いずれも水軍を率いて活躍（小田原御陣・当代記ほか）。文禄元年（一五九二）、朝鮮渡海。船手の大将を承り、大船に秀吉より直々「日本丸」の名を賜るという（武家事紀・重修譜）。七月頃、朝鮮の勇将李舜臣と戦うなどの活躍を見せた（脇坂記・北島万次『朝鮮日々記・高麗日記』）。

同三年帰朝して伏見の普請を分担（当代記）。慶長二年（一五九七）、致仕《ちじ》して家を嫡男守隆に譲り、三万五千石の内五千石を隠栖料として保持する（重修譜）。

同五年の戦役では、石田三成に勧められて西軍に属す。子守隆は東軍。守隆より鳥羽城を奪ってこれに立籠り、稲葉道通らと戦ったが、関ケ原での西軍敗戦の報を受け、城より逐電する。志摩答志郡和具に潜居していたが、十月十二日、守隆宛ての遺書をしたため自害。五十九歳であった（重修譜）。

茶湯の造詣が深く、津田宗及の茶会にしばしば出席しているほか、宗及らを招いて幾度も茶会を催している（宗及記）。

久々利亀（くくり　かめ）

?～天正十年（一五八二）六月二日。

「亀丸」であろう。信長の小姓。天正十年（一五八二）六月二日、本能寺にて討死した（公記）。

日下部定好（くさかべ　さだよし）　尾張

天文十一年（一五四二）～元和二年（一六一六）八月三十日。

兵右衛門。諱は「吉定」とも。

定金の子。永禄年中、信長の下で美濃堤の普請奉行を務めたが、同職の木下秀吉だけが褒されたため、不満で信長の下を去り、家康に転仕したという（武家事紀）。

天正三年（一五七五）五月二十一日、長篠の戦いでは軍使を務める（武家事紀）。本能寺の変後の甲信の鎮圧の時、大須賀康高に副えられて活躍した（重修譜）。

慶長五年（一六〇〇）、秀忠に従って上田城攻め。この時、御旗奉行を務める。元和二年（一六一六）八月晦日、伏見にて没、七十五歳という（重修譜）。

櫛田源左衛門尉（くしだ　げんざえもんのじょう）　尾張

櫛田氏は、祖父江氏の家臣（張州雑志）。菅屋長頼と所領をめぐる争いがあったらしく、（天正七年）一月二十九日、祖父江秀重が菅屋に対して申状を発している（津島神社文書）。申状を見ると、源左衛門尉には、甚二郎・三平の二子がいたようである。

櫛田忠兵衛（くしだ　ちゅうべえ）　尾張

生没年不詳。

櫛田は「串田」とも書く。

祖父江秀重の臣で、菅屋長頼と所領相論を起した櫛田氏と同族であろう。天正十年（一五八二）五月二十九日、信長最後の上洛の時、安土城本丸の留守衆として置かれた一人（公記）。本能寺の変後、信雄に仕え、五十貫文を知行した（分限帳）。

楠十郎（くす　じゅうろう）　伊勢

永禄十二年（一五六九）?～天正十二年（一五八四）五月六日。

楠氏は伊勢北方諸家の一。三重郡楠木郷楠山城主（伊勢北郡諸士録）。『蒲生記』に「久須」の字が使われているから、姓は「くす」であろう。楠氏といえば、（元亀元年）九月七日付で、下間与四郎と連名で指令を送っている、門徒侍「楠七郎左衛門尉」が見られる（持光寺文書）。

楠氏は、永禄十年（一五六七）八月、信長軍に楠城を攻められ降参し、以後北伊勢に置かれた滝川一益の与力となるという（勢州軍記）。天正十一年（一五八三）に一益が没落した後、十郎は信雄に仕える。

同十二年の小牧陣の時、信雄に加賀井《かがのい》城の加勢として派遣されたが、秀吉軍に城を落とされ、生捕りにされた後、斬られた。十六歳だったという（京都大学文書・太閤記・勢州軍記）。

楠木長諳（くすのき　ちょうあん）→楠木正虎

楠木正辰（くすのき　まさとき）

生没年不詳。

甚四郎。号は不伝。

長諳（正虎）の子。父と同じく信長の側近。妻は山科言経室の妹（冷泉為満の妹）で、その縁で言経と親しく、天正十一年頃は毎日のように交流している（言経）。

楠流兵法学南木流の祖といわれる。

楠木正虎（くすのき　まさとら）

永正十七年（一五二〇）～慶長元年（一五九六）一月十一日。

前名「大饗《おおあえ》長左衛門尉」。河内守、式部卿法印。入道号長諳（長庵・長安・長晏）。

信長の側近で、右筆を務める。楠木正成の子孫と称し、朝敵とされていた正成の赦免を願い出、永禄二年（一五五九）十一月二十日、正親町《おおぎまち》天皇より勅免を得た（楠文書）。同年十二月十九日河内守任官、同六年二月二十三日従四位下に叙される（楠文書）。当時は松永久秀に右筆として仕えており、久秀の下での事跡らしいものもいくつか見られる（成就院文書・薬師寺文書ほか）。

信長に仕えたのは、信長と将軍義昭の対立の中で久秀が信長を離れた頃だろうか。天正元年頃を初見として、長諳筆になる信長の発給文書が多数見られるという（松下浩「織田信長の右筆に関する一考察」、染谷光廣「織田信長の右筆についての序説」）。同三年十一月六～七日、信長は公家・寺社宛ての宛行状を多数発給しているが、これも長諳の筆によると後筆で記されている（若林書林文書）。

信長右筆としては、他に武井夕庵がおり、長諳出仕以前と思われる人物だが、明院《みょういん》良政《りょうせい》もいた。彼らは右筆の仕事だけでなく各種の奉行をも務めていた。夕庵ほどではないにせよ、長諳も同様、側近としての仕事も行っている。

（天正六年）七月十五日付の和泉淡輪《たんのわ》氏宛て佐久間信栄書状によれば、淡輪氏よりの報告書は側近の長諳と万見重元が受け、それを信長に披露するのが慣例だったらしい（淡輪文書）。そのほか、同七年十二月には九州の大友氏との間に介在している姿も見られるし（大友家文庫録）、翌八年八月の佐久間父子追放の時には、松井友閑らとともに譴責使を務めている（公記）。

右筆とはいっても、長諳の場合もただの書記ではなく、信長の側近として、様々な役割を果していたことが知られるであろう。

また、次のような話も伝わっている。

中国方面軍の司令官となった羽柴秀吉の中国一円領知の要求を信長に伝えて許可を得た。しかし長諳は、調えた朱印状を保管しておき、秀吉の但馬における活躍を見てはじめて発給したという（甫庵・当代記）。中国一円領知の要求を信長が承知したということは信じ難く、作り話と思われるが、長諳の側近としての勢力が垣間見られる逸話である。

天正四年十一月十三日、法印に叙され、「式部卿法印」と称す（楠文書）。松井友閑の「宮内卿法印」、武井夕庵の「二位法印」は、前年七月の叙任だが、ここで長諳は彼ら二人に官位の面で追い付いたと言えるであろう。

（同七年）六月十九日、法隆寺東寺に朱印状筆耕料としての銀子の贈呈を感謝（法隆寺文書）。同九年十月、安土を訪れた興福寺大乗院尋憲の世話役を務める（福智院古文書）。同年十二月、その謝礼か、大乗院より炭を贈られている（多聞院）。このあたりに、大和の寺院との繋がりの深さが見られる。久秀の右筆を務めていた頃から培った繋がりであろう。

同九年二月二十八日の馬揃えに参加。夕庵・長雲・友閑とともに行進したが、『公記』では彼らを「坊主衆」と呼んでいる。どの顔も剃髪した信長側近である。

同年末から翌年にかけては、能登中井荘の禁裏御料所について活躍（真継文書・能登中居村三右衛門文書）。同十年五月十九日、安土摠見寺における家康もてなしの宴に参列（公記）。本能寺の変の前日付で、島井宗室に宛てた茶道具目録が存在する（『仙茶集』所収「御茶湯道具目録」）。この目録によって、信長が最後の上洛に持参した茶道具がわかる。

本能寺の変後は秀吉に従い、やはり右筆を務める。同十六年、秀吉の命により、短冊三枚を作成し、禁裏と院へ贈ったことが見える（聚楽行幸記）。信長の右筆時代と違って、文書を筆記することは少なく、和歌や記録の清書を主任務としていた様子であるという（桑田忠親『豊臣秀吉研究』）。自作・自筆の記録として『九州陣道記』が伝わっている。

それでも、天正二十年十二月十四日、安江村・太田村に米の供出を申し付け、文禄二年（一五九三）七月二十五日、天王右馬大夫に寄進地を安堵するなど、尾張に関してはいくつか政務の跡が見られる（張州雑志）。

慶長元年（一五九六）一月十一日没、七十七歳という（言経）。

朽木元綱（くつき　もとつな）　近江

天文十八年（一五四九）～寛永九年（一六三二）八月二十九日。

弥五郎、信濃守、河内守。斎号牧斎。

佐々木氏の一門。代々近江高島郡朽木谷を領す。晴綱の子。母は飛鳥井雅綱の娘。朽木氏は将軍家奉公衆とされており、元綱も義昭上洛直後の永禄十一年（一五六八）十月十四日、名字の地を安堵された（朽木文書）。

同年十二月十二日、浅井久政・長政父子より、高島郡内で千石の新知宛行いと守護不入の約束を含む起請文《きしょうもん》を受ける（朽木文書）。浅井氏麾下だが、その繋がりは浅く、浅井氏の力は朽木谷まではほとんど及んでいなかったのであろう。そのため、浅井氏が信長より離れた時、朽木氏はあっさりと信長に付いてしまう。

元亀元年（一五七〇）四月、信長が越前へ遠征している時、浅井長政が離反。信長はやむなく朽木越えで虎口を脱する。この時、元綱は信長を迎えて歓待、無事に京へ戻らせた（公記ほか）。これが信長との初めての接触であった。立場上は依然として将軍奉公衆であろうから、この時点では信長との主従関係はないが、この後次第に天下人信長の麾下として従属性を強めて行く。

同二年二月、浅井氏の宿将磯野員昌が佐和山を開城して信長に投降。信長は彼を高島郡新庄に封じた。その年七月五日、元綱は信長に須戸荘の請米を安堵されたが、その朱印状の文面に、新知については磯野に指示したとあり、元綱は体制上磯野の麾下に組み入れられたものと思われる（朽木文書）。天正六年（一五七八）二月、磯野が逐電した後は、新しく高島郡の支配を委ねられた津田（織田）信澄の下に付いた（織田家雑録）。

元綱は、信長家臣団の中では部将の与力にすぎなかったが、一応直臣である。久多荘は山城最北の山中だが、信長の直轄領であった。この地は高島郡に隣接しており、元綱はしばらくここの代官を務めていた。ところが、同七年四月、「非分」を行ったという理由でその職を免じられている（京都市史編纂通信）。

本能寺の変の後は秀吉に属し、同十二年、本領朽木谷を安堵されるという（戦国人名辞典）。同十八年小田原陣に従軍（伊達家文書）。文禄元年（一五九二）、名護屋に駐屯したが、渡海することはなかった（太閤記）。

同三年九月二十一日、伊勢安濃郡にて二千石の扶持を受ける（朽木文書）。同四年八月八日には、高島郡内九千二百石余を安堵。十月二十一日、高島郡にある秀吉直轄領の代官に任じられる（朽木家古文書）。

慶長五年（一六〇〇）の擾乱の時は、西軍に属して、八月、大谷吉継の北陸進撃に従ったが、九月十五日の関ケ原での戦闘最中東軍に寝返って、吉継の陣を攻撃した。戦後、高島郡朽木荘・針畑荘・三谷荘・本庄・広瀬荘・音羽荘、山城愛宕《おたぎ》郡久多荘等にて九千五百九十石を知行（重修譜）。

寛永九年（一六三二）八月二十九日、朽木にて没。八十四歳（重修譜）。

九藤源真（くとう　げんしん）　→九藤深宮

九藤深宮（くとう　しんきゅう）

生没年不詳。

新左衛門尉、肥前守。「源真」とも名乗っているが、「深宮」「源真」とも諱なのか号なのか明らかではない。

信長の側近。（天正六年）十月二十四日、松井友閑・万見重元とともに、法隆寺東寺に対し、段銭を西寺と折半して提出するよう命じている（法隆寺文書）。その後も法隆寺を担当したらしく、東寺及び西寺と連絡をとっている姿が見られる（法隆寺文書）。

天正三年八月の越前一向一揆討伐戦に従軍する。九月十七日、陣見舞いの吉田兼和（兼見）より菓子を贈られたり、兼和を訪ねて相談したり、二人の交友関係が見られる。

宮内卿法印（くないきょうほういん）→松井友閑（まつい　ゆうかん）

国枝加賀守（くにえだ　かがのかみ）　美濃

生没年不詳。

西美濃の人。大和守正助の子という（美濃明細記）。某年九月二十八日、稲葉一鉄より書状を受ける（原文書）。天正十五年（一五八七）九月二十六日、竜徳寺領の目録案を作成（竜徳寺文書）。その事跡については不明である。

国枝重元（くにえだ　しげもと）　美濃

?～天正十二年（一五八四）。

与三兵衛尉、三河守。諱は「重光」とも。

西美濃の人。古泰の兄。稲葉一鉄の女婿である。永禄四年（一五六一）十二月と天正元年（一五七三）十一月十三日の二度、竜徳寺に土地を寄進している姿が見られる（竜徳寺文書）。後者と同時に同族の国祐・重宗が寄進した時には、その寄進状に裏判を加えている。国枝一族の惣領だったのであろう。

天正十年四月五日、信濃飯山で一揆に囲まれた稲葉彦六を赴援、一揆鎮定後安土へ向け帰陣した「国枝」が『公記』に載っているが、重元であろうか。

国枝重泰（くにえだ　しげやす）　美濃

生没年不詳。

六右衛門尉。

重元の近親か。天正六年五月二十一日、竜徳寺に地を寄進している（竜徳寺文書）。

国枝古泰（くにえだ　ふるやす）　美濃

生没年不詳。

少兵衛尉。

西美濃の人。重元の弟。永禄四年（一五六一）十一月十日、池田の内徳蔭庵より竜徳寺への寄進を確認した判物、また、某年六月二十八日付で、竜徳寺に寄進地よりの未納について糾明することを約した書状が伝わっている（竜徳寺文書）。

某年七月二日、信長より越前に関する奔走について謝され、今後の忠節を励まされた書状がある（国枝文書）。『信長文書』及び『愛知県史　資料編⑪』では、これを永禄七年に比定しているが、稲葉氏の信長への投降以前とするのには無理があるのではなかろうか。

九里三郎左衛門（くのり　さぶろうざえもん）　近江

生没年不詳。

近江蒲生郡岡山城に拠った土豪（信長文書）。永田景弘の兄という（武家雲箋）。

初め六角氏に仕えるが、永禄十一年（一五六八）九月十四日、後藤高治らとともにこれを離れ、信長方に付いた（言継）。だが、その二年後の元亀元年（一五七〇）五月十七日、その所領が与力・家来も一緒に弟景弘に与えられている（武家雲箋）。なぜ所領を没収されたのか、奥野高廣氏は、浅井と六角に味方したものと解釈している（信長文書）。

なお、『言継』元亀二年十二月十一日条にある女房奉書の文中、御領所舟木荘を永田景弘・丹羽長秀・中川重政とともに押領している「九里八郎さえもん」は、「三郎さえもん」を山科言継が誤記したものではなかろうか。

熊（くま）

?～天正十年（一五八二）六月二日。

信長の中間衆。天正十年（一五八二）六月二日、本能寺にて討死した（公記）。

熊谷治部丞（くまがい　じぶのじょう）　若狭

生没年不詳。

若狭守護武田氏の老臣の熊谷氏であるこ

とは確かである。元亀元年（一五七〇）頃信長に属したのであろう。同二年と思われる八月十八日付の信長書状を受け、倉見荘の領知を保証されている（浜田勝次氏文書）。奥野高廣氏は、この治部丞を大膳亮直之に当てはめているが（信長文書）、その確証はない。

熊谷大膳亮（くまがい　だいぜんのすけ）↓熊谷直之（くまがい　なおゆき）

熊谷伝左衛門（くまがい　でんざえもん）　若狭

生没年不詳。

若狭守護武田氏の臣。若狭の熊谷氏には、後に豊臣秀次の臣となる大膳亮直之がいる。直之とこの伝左衛門とを同一人とする書が多い。しかし、後世の書ではあるものの『若州観跡録』『若狭守護代記』には、三方郡伊崎（大倉見《おぐらみ》）城主熊谷大膳と同郡気山城主熊谷伝左衛門とを分けている。ここでは、「伝左衛門」の事跡のみにしぼって記す。

同二年に比定される八月十八日付の、熊谷治部丞宛ての信長書状があるから、熊谷氏が信長に属したのは元亀元年（一五七〇）頃であろう。確実な史料における伝左衛門の初登場は、天正三年（一五七五）七月一日、武田元明に随従して上京、相国寺に信長を訪礼した『公記』の記事である。同年八月の越前一向一揆討伐戦では、元明とともに海上より参加している（公記）。

同九年二月二十八日の馬揃えにも若狭の「熊谷」が参加したことが確かめられるが、熊谷氏の誰かはわからない（士林証文）。この頃は、丹羽長秀がすでに若狭の大部分の実権を握っており、元明をも含めた若狭衆は長秀の下で行進した（公記）。

本能寺の変後、秀吉、次いで秀次に仕えた大膳亮直之の事跡は伝えられているが、伝左衛門については消息が絶えている。

熊谷直之（くまがい　なおゆき）　若狭

？～文禄四年（一五九五）七月十四日。

大膳亮。

若狭三方郡伊崎（大倉見）城主（若州観跡録）。守護武田氏の老臣。熊谷氏については、大膳亮のほかに「治部丞（治部大夫）」及び「伝左衛門」が信長の臣として活躍している（浜田勝次氏文書・公記）。これら二人と直之との関係については詳らかではない。多くの説ではすべて同一人として扱っているが、『若州観跡録』『若狭守護代記』などのように、「大膳」と「伝左衛門」とを分けて記しているものもあり、確言は避けるべきであろう。

武田元明に付いて信長に従属したと思われるが、史料に名が見られない。本能寺の変後秀吉に従っている（若州観跡録）。そして秀次に配属され、これに仕える（武家事紀）。秀次より西三河高橋郡内にて、九百五十石を宛行われている（氷見文書）。

文禄四年（一五九五）、秀次事件に連座。七月十四日、嵯峨二尊院で切腹した（二尊院過去帳・太閤記）。『川角』によれば、秀次が秀吉から譴責使を受けた時、秀次に謀反を勧めたという。

倉賀野家吉（くらがの　いえよし）　上野

？～天正十八年（一五九〇）七月二十七日。

淡路守。姓はもと「金井」。諱は「秀景」とも。

もとは上野倉賀野城主倉賀野直行に従い、「金井淡路守」と称す。永禄七年（一五六四）、倉賀野落城により倉賀野衆を率いて武田氏に属す（須賀文書）。この後、姓を「倉賀野」に改める。

天正十年（一五八二）三月、上野支配を委ねられた滝川一益に属す。同年五月、常陸の梶原政景より書を受けた様子で、一益が政景に礼を述べている（太田文書）。

本能寺の変後の神流川《かんながわ》の戦いでは、一益に従って北条軍と戦ったが敗戦。西上する一益より人質を返還された（甫庵）。

その後は北条氏に従い、（同年）十一月五日付で、小諸城の在番を命じられている（宇津木文書）。同十八年の小田原陣の時、小田原に籠城。開城後の七月二十七日に没したという（戦国人名事典）。

倉賀野秀景（くらがの　ひでかげ）↓倉賀

野家吉（くらがの　いえよし）　越前
生没年不詳。

鞍谷民部少輔（くらたに　みんぶのしょう）　越前
生没年不詳。
天正三年（一五七五）九月に、越前府中に封じられた佐々成政に従属したのであろうか。成政が越中に移った後の（天正九年）六月五日、（同十年）四月四日、六月五日、諏訪三郎兵衛と連名で、成政より越中攻略の様子について報じられている（佐野てる子家文書）。

栗栖備後（くりす　びんご）
?～天正十年（一五八二）六月二日。
信長か信忠の馬廻だろう。天正十年（一五八二）六月二日、本能寺の変の時、明智軍と戦って討死した（阿弥陀寺過去帳）。

栗村三郎大夫（くりむら　さぶろうだゆう）　紀伊
生没年不詳。
『公記』には「二郎大夫」とあるが、『土橋文書』『紀伊続風土記』には「三郎大夫」とある。後者が正しいであろう。
天正五年（一五七七）三月、信長軍の攻撃を受け応戦したが、鈴木孫一ら雑賀衆とともに信長に降り、赦免された（土橋文書）。

黒川盛治（くろかわ　もりはる）　近江
天文二十一年（一五五二）～元和三年（一六一七）十一月十七日。

与次郎、玄蕃助。

『重修譜』のみにその名が見られる。六角義治に仕え、後、信長に属したという。近江甲賀郡黒川・鮎河・山女原等の七村を知行する。

本能寺の変後、家康に属し、関ケ原の戦いにも参加。戦後、旧知八百石を与えられたという。

元和三年（一六一七）十一月十七日、六十六歳で没。

六角義治の臣の黒川六右衛門尉という者が、十一月三日付の義治書状（倉垣文書）を受けているが、一族であろう。

黒田次右衛門（くろだ　じえもん）　尾張
生没年不詳。
葉栗郡黒田の住人。富藤平市郎義安の子（御裳神社棟札）。永禄八年（一五六五）十一月十三日、浅野長吉・丹羽氏次とともに、御裳社の社殿を再興した（御裳神社棟札）。
『太閤記』によると出身は三河である。信長に召し出され、馬廻。『甫庵』『当代記』では赤母衣《ほろ》衆の一人にしているが、『高木文書』にはその名はない。永禄末年頃、追加として選抜されたのであろうか。

黒田如水（くろだ　じょすい）　→黒田孝高

黒田利高（くろだ　としたか）　播磨
生没年不詳。

小一郎、兵庫助。

小寺職隆《もとたか》の二男で孝高の弟。兄とともに信長に属す。

天正六年（一五七八）十一月、孝高が荒木村重の説得のため有岡城へ行き、そのまま幽閉された時、老臣たちは、孝高の子長政を守り立て、孝高の父職隆と叔父休夢、弟利高の命令に従うことを誓っている（黒田家文書）。

九州陣の後、孝高が豊前中津に封じられると、分知されて高盛城主となった（黒田家譜）。

黒田半平（くろだ　はんぺい）　尾張
生没年不詳。
信長の近臣。次右衛門の一族か。弘治二年（一五五六）八月二十四日、稲生《いのう》の戦いに従軍。敵将林美作守と一騎打ちを演じ、負傷したという（公記）。

黒田孝高（くろだ　よしたか）　播磨
天文十五年（一五四六）～慶長九年（一六〇四）三月二十日。
官兵衛、勘解由次官《かげゆのすけ》。如水軒円清と署名している。入道号は如水、円清。諱は、発給文書によると、初め「祐隆」、その後「孝隆」と名乗っている。姓は「黒田」から「小寺」、さらに「黒田」に戻る。キリスト教信者で洗礼名はドン・シメオン。
〔その出身と歴史の舞台への登場〕
姫路城主小寺職隆《もとたか》の長男。母は明石氏。
黒田氏はもともとは近江伊香郡黒田荘の出で、曾祖父高政の代に播磨に移ったという

（黒田家譜）。孝高の父職隆は、御着城主小寺政職に仕えて家老職にまでなっている。孝高の祖父重隆については、秘伝の目薬を売って産を築いたという言い伝えがある。

『寛永伝』によれば、十七歳の時に初陣し、その後も戦場に出、永禄十二年（一五六九）に小寺氏が赤松政秀と姫路で戦った時、活躍したという。

文書における初見は、同十年十二月二十三日付、「小寺官兵衛尉祐隆」と署名している判物（正明寺文書）。その後の同十三年三月十二日付のものには、「小官孝隆」と署名している（正明寺文書）。

〔信長への投降〕

孝高が初めて信長に会ったのは、天正三年（一五七五）七月、小寺政職の使として上京した時という（黒田家譜）。織田と毛利との衝突が予見される中での選択だったものと思われる。『重修譜』には、天正元年、京都で謁見したと書かれている。しかし、これはやや早すぎよう。

同三年九月、信長の命を受けた荒木村重は、播磨に入って国衆の人質を徴収した（公記）。この時、主小寺政職は正式に信長に降った。十月二十日、政職は上京、他の播磨国衆赤松広秀・別所長治らとともに信長に謁見している（公記）。

小寺家にあって家中を牛耳る孝高の存在は、次第に信長が認めるところとなったが、それでも信長にとっては陪臣格にすぎなかった。同五年五月十四日、小寺軍は、姫路近辺の英賀《あが》で毛利方の軍と戦ったが、それに対する信長の感状は政職宛てであり、孝高には、信長の意を受けた村重から書状が出されているにすぎない（黒田家文書）。

この天正五年の半ば頃までは、播磨のことは摂津の一職《いつしき》支配者荒木村重が担当していた様子だが、信長の頭の中には、早くから毛利氏との連絡役を務めていた羽柴秀吉を派遣するという計画があったらしい。（同五年）六月二十三日、秀吉は早くも孝高に通信している（黒田家文書）。

〔羽柴秀吉の入国と孝高〕

天正五年十月下旬、羽柴秀吉が播磨及び但馬平定の指揮官として播磨に下った。それに先立つ十月十五日、孝高は秀吉からの誓書を受け、「貴所御身上不レ可レ有二疎略一之事」などを約束されている（黒田家文書）。この頃は、信長も播磨における孝高の存在価値を十分認識していた様子で、九月六日付で孝高宛てに朱印状を発し、秀吉に協力するよう命じている（黒田家文書）。孝高は、その期待に応えるかのように、入国した秀吉に早速自分の居城だった姫路城を提供している（黒田家譜）。

孝高は、秀吉に密着し、十一月二十七日、秀吉与力竹中重治とともに宇喜多氏の属城福原城を攻め、これを落した。十二月五日付で信長より感状を受けている（公記・黒田家文書）。

ついでながら、『武功夜話』によれば、孝高が主小寺政職をさしおいて秀吉に取り入ったように書かれている。野心家である孝高のことを考えれば、そのような面もあったであろう。だが、秀吉の播磨入国の頃は、すでに小寺家の実権は孝高が握っており、その事実は、信長も秀吉も承知していたはずである。自分を顕示するためにことさら秀吉に取り入る必要があったとも思えない。

それ以上に秀吉の方から孝高の心を繋ぎ止めようとした動きの方が顕著である。入国以前の（同年）七月二十三日、秀吉は孝高に書し、「其方のき（義）ハ我らおとと（弟）の小一郎めとうせん（同然）に心やすく存候間」などと気安い言葉をかけている（黒田家文書）。そして、孝高の長男で安土に人質とされていた松千代（長政）と別所重棟の娘との婚約を仲介している。重棟は、別所宗家から独立して信長と繋がっていた播磨の実力者である。同年十二月十日、秀吉は両人宛てに書し、婚約が整ったならば、両人とも見放さないことを誓うなどさかんに気を遣っているのである（黒田家文書）。この二通の文書が自筆によるということも、秀吉一流の外交辞令として注目すべき事実であろう。

〔別所長治と荒木村重の謀反に際して〕

天正六年二月、東播磨に勢力を張る別所長治が信長に背いた。三月二十二日付で孝高は、別所の謀反にかかわらず忠節を尽くしていることを信長に褒され、戦功を励まされている（黒田家文書）。四月二日、毛利軍に雑賀衆も加わり、味方の別所重棟の砦を攻撃。孝高は、秀吉の命により出撃してこれを撃退した（黒田家文書）。

西と東の両面作戦を強いられることになった秀吉にとって、救いだったのは、備中の宇喜多直家が内通してきたことだった。『黒田家譜』によれば、直家を味方にしたのも孝高の功績だというが、どうであろうか。

しかし、この年十月、摂津の一職支配者荒木村重が信長に反旗を翻した。孝高の形の上の主である御着城主小寺政職も村重に応じた。村重とかねてから親交のあった孝高は、村重説得のため有岡城に乗り込むが、かえって囚われの身となってしまう（黒田家譜）。この時、孝高の重臣七名は孝高の父職隆に宛てて、主のいない間、職隆の命に従うべきことを誓約している（黒田家文書）。孝高は、有岡開城まで約一カ年、入牢生活を余儀なくされたという。救出されたのは、七年十一月である（黒田家譜）。

〔黒田姓への復帰〕

有岡城から救出された孝高は、再び秀吉に従って活躍する。そして、この頃から彼は「黒田」の姓を称する。

本来父職隆は黒田姓であり、それが小寺氏に仕えて家老にまで上り、一族に準じられて「小寺」の姓を賜ったものである。主家であった小寺氏が信長に背いて没落してしまった今、本姓の黒田氏に戻るのは、当然といえば当然であろう。

孝高の「黒田」姓の初見は、天正八年九月一日付の秀吉よりの判物である（黒田家文書）。この文書をもって孝高は、秀吉より揖東《いっとう》郡福井荘の地などを与えられており、孝高の一つの画期と言える。ただ、播磨衆に対しては、「小寺」の方が通りがよかったのか、同九年六月十八日付の肥田修理宛て判物など、「小寺官兵衛尉」と旧姓で署名したものもある（広峯神社文書）。

〔本能寺の変の時の孝高〕

孝高は、先に記した福井荘などの地を領知していたが、その知行は一万石と『黒田家譜』にあり、決して優遇されていたとはいえない。しかし、秀吉の謀将と諸書にある通り、秀吉の征服戦の中での活躍は顕著なものがあった。同九年十一月、秀吉が山陰方面で忙しい中、仙石秀久とともに淡路、さらに阿波にも攻め込んでいる（阿波国徴古雑・黒田家文書）。

その孝高が本能寺の変報に接したのは、秀吉に従って備中高松城を囲んでいる時であった。急ぎ高松を開城させて、秀吉は姫路に戻る。孝高も殿《しんがり》を務めつつそれに従った（黒田家譜）。『重修譜』には、高松城の水攻めも講和も退陣も、すべて孝高の策であったとある。しかし、とかく孝高の功績は大袈裟に語られがちなので、そのまま信じないほうがよい。

姫路城に戻った秀吉に対し、孝高が「目出たき事出で来たる」と祝し、「博奕」を勧めたことは有名である。その話の原典は『川角』であり、もちろんこれもそのまま信じられないが、秀吉と孝高の性格を考えると、ありそうな話である。

〔本能寺の変後の孝高〕

姫路城から秀吉とともに東上した孝高は、山崎の戦いに参加した。そして、秀吉の弟長秀（秀長）の指揮の下で山の手方面を受け持って戦った（浅野家文書）。だが、先鋒を務めた高山重友・中川清秀のようにこの戦いに顕著な活躍があったわけではなかった。

翌年、賤ケ岳の戦いにも従軍と『柴田合戦記』にあるが、当時孝高は、蜂須賀正勝とともに、毛利氏との境界の折衝に当っていたと思われ、この戦いへの参加は疑わしい（毛利家文書）。

毛利氏との話し合いは何度も繰り返され、孝高は、同十二年三月頃まで備中・美作方面にいることが多かった（毛利家文書）。こうした仕事は、孝高の得意としたところであろう。一緒に働いた正勝も意外と外交等の実務能力に長けた人物である。

　この間の同十一年十月二日、揖東郡内で三カ所、都合千石を加増されている（黒田家文書）。さらに十二年七月十八日、播磨宍粟《しそ》郡の一職を加増され、山崎城主となった（黒田家文書）。

〔四国攻め、九州攻めの時の活躍〕

　天正十三年の四国攻めの時は、まず諸将に先んじて淡路に派遣されている（郡文書）。続いて宇喜多軍の検使として四国に入った（四国御発向并北国御動座記ほか）。この遠征は、秀長が総指揮をとり、秀吉の出馬はなかったが、八月六日、長宗我部元親が秀長に降伏して四国制圧は成った。

　孝高は、九州攻めの時も先発する。同十四年四月十日、まず北九州の諸大名の人質を徴収。七月、毛利軍の検使として早くも九州へ向け出陣した（吉川家文書・毛利家文書・黒田家譜）。十月四日、豊前小倉城を攻略、続いて馬岳・時枝・宇佐城を降し、島津攻めに備えて、竜造寺氏と大友氏の和を斡旋する（吉川家文書ほか）。

　その後、十一月には小早川隆景らとともに豊前宇留津城・筑前障子岳城を、十二月には筑前香春岳城を攻略した（吉川家文書ほか）。豊前の陣中で越年、秀吉本隊の出張を待つが、このようにすでに北九州は、孝高を参謀とする毛利軍によって大方平定を終えていた。

　翌十五年三月一日、秀吉自ら出陣。孝高はその後も豊前・豊後を舞台に活躍した。五月八日、島津義久の降によってこの戦いは終了する。

　戦後の七月三日、豊前の京都《みやこ》・仲津・築《つい》城《き》・上毛《こうげ》・下毛郡及び宇佐郡の一部を与えられ、馬岳城主となる（『黒田家譜』所収文書）。後、中津川城に移る。九月二十四日、河内丹北郡内五百石の地を与えられるが、これは妻子堪忍料だという（黒田家譜）。

〔九州の擾乱に際して〕

　『重修譜』によると、天正十六年五月に従五位下勘解由次官《かげゆのすけ》に叙任とある。だが、『黒田家譜』はこの叙目《じもく》を同十四年とする。（天正十四年）八月十二日付秀吉書状（黒田家文書）の宛名に「黒田勘解由」とあるから、『黒田家譜』の方が正しいであろう。

　豊前に入部して間もなくの同十五年九月、佐々成政の封じられた肥後で地侍が蜂起。豊前の諸氏も孝高に反抗の姿勢を見せた。この騒動に関しては、単に肥後の一揆の飛び火というだけでなく、（同十五年）十一月十一日付、毛利吉成宛て羽柴秀長書状によれば、孝高の豊前の仕置きにも問題があったようである（吉川家文書）。孝高は、その拠点姫隈《ひぐま》城を攻めてこれを降し、さらに吉川経言（広家）らの援を得て、賀来・福島城をも攻略、これを鎮めた（吉川家文書・黒田家譜）。

　鬼ケ城の城井《きのい》鎮房はなかなか従わなかったが、孝高は息女を鎮房の妻にし、子長政に鎮房の娘を娶らせて、二重に婚姻を結び、同十七年五月二十日、中津城に礼に来た鎮房をだまし討ちにしたという（黒田家譜・川角）。この後は、九州は安穏な状態が続いた。

〔隠居と秀吉側近としての活躍〕

　天正十七年五月、領地を嫡子長政に譲り、隠居する（黒田家譜）。以後は領国経営に煩わされず、秀吉の側近としての活躍が顕著になる。

　同十八年の小田原陣にも従軍（伊達家文書）。この時は、北条氏政父子に和議の使として遣わされている（天正日記）。七月に小田原が開城されると、城請取りの使を務めた（川角）。この年、秀次より加増を受ける（黒田家文書）。

　文禄元年（一五九二）一月、秀吉は朝鮮に出兵。孝高は八月、使として京城へ赴いた。翌二年二月にも浅野長吉（長政）とともに渡海するなど、度々朝鮮と名護屋との間を往復している（黒田家譜ほか）。

　秀次事件直後の同四年八月二十一日、播磨の地千九百七十石余を加増されている（黒田家譜）。

　再征が始まって、慶長二年（一五九七）、再び朝鮮に渡海。三年、秀吉の死に際して帰朝した（黒田家譜）。

〔関ケ原の戦いから死まで〕

慶長五年の擾乱の時は、子長政は家康と行動を共にしたが、孝高は中津の留守居を務めた。そして九月十五日、旧領回復を目指す大友義統と石垣原に戦って、これを破り、義統を捕虜にした（黒田家譜）。中央ではまさに同日関ケ原で決戦が行われ、家康の覇権が確立したが、孝高は、その後も進んで安岐城・小倉城を落とし、北九州を平定してしまった（黒田家譜ほか）。

関ケ原の戦いの功により、長政は筑前福岡五十二万石余に封じられ、孝高も福岡に移る。同六年、家康より九州平定の軍功を賞されるが、仕官については固辞したという（黒田家譜）。

同九年三月二十日、伏見にて没。五十九歳（黒田家譜）。

キリシタン大名の一人であり、洗礼名をドン・シメオンといい、関ケ原の戦いで小西行長が処刑された後は、それに代って宣教師の保護にあたったという（切支丹大名記）。

桑原家次（くわばら　いえつぐ）　尾張

生没年不詳。

四郎右衛門尉。

信長の奉行。永禄五年（一五六二）十一月、奥村秀倡・池山信勝・武田左吉とともに、尾張密蔵院領の川成承認の奉行を務めている（密蔵院文書）。

桑原九蔵（くわばら　きゅうぞう）　尾張？

?〜天正十年（一五八二）六月二日。

信忠の馬廻であろう。吉蔵の弟（甫庵）。天正十年（一五八二）六月二日、二条御所にて討死した（甫庵）。

桑原源介（くわばら　げんすけ）　越前？

生没年不詳。

天正元年（一五七三）九月六日、信長より本知行分二十石を安堵されており、その時期から推して越前の人であろうと思われる（温故足徴抜粋）。

同三年八月、滝川一益・佐々成政とともに、大野郡宅良・三尾の河内に一揆を捜索している「桑原」が『朝倉記』に見える。同一人か一族であろう。

桑原甚助（くわばら　じんすけ）　尾張

?〜永禄三年五月十九日?

甚内、助十郎。武田氏の臣原美濃守の弟で、尾張に来て知多郡落合村に住し、信長に仕える。永禄三年（一五六〇）五月十九日、桶狭間の戦いの時、今川義元に肉薄したが、討死したという（張州雑志）。

桑原助六（くわばら　すけろく）　↓赤座助六郎（あかざ　すけろくろう）

桑原直元（くわばら　なおもと）　↓氏家直元（うじいえ　なおもと）

桑原平兵衛（くわばら　へいべえ）　美濃

?〜元亀元年（一五七〇）十一月二十六日。

美濃の氏家氏の「郎等」と『甫庵』にあるが、『言継』には、「氏家陸帯（常陸＝直元）弟」とある。一族であったことは確かであろう。

元亀元年（一五七〇）六月二十八日、姉川の戦いで奮戦した（甫庵・浅井三代記）。十一月には、近江堅田衆の信長への降を坂井政尚らとともに仲介（公記）。そのまま政尚や堅田衆とともに堅田を守ったが、二十六日、朝倉・浅井の軍に攻められ、討死した（朝倉記）。

桑原吉蔵（くわばら　よしぞう）　尾張？

?〜天正十年（一五八二）六月二日。

信忠の馬廻。九蔵の兄（甫庵）。天正十年（一五八二）三月二日、信忠のもとで信濃高遠城攻めに活躍（甫庵）。信忠の上洛に従い、六月二日、二条御所にて討死した（惟任謀反記・甫庵）。

桑部某（くわべ）　伊勢

生没年不詳。

桑部は「桑辺」とも書く。北伊勢の豪族。天正元年（一五七三）十月八日、人質を出して信長に来礼した（公記）。

け

毛屋猪介（けや　いのすけ）　越前

?～天正二年（一五七四）二月十三日?

朝倉氏の臣。富田長繁《とだ》の与力か。元亀三年（一五七二）八月九日、富田・戸田与次郎とともに信長に降る（公記）。同年十一月三日、浅井七郎が虎御前山より宮部まで築いた堤を壊しに出張したのに対し、木下秀吉らとともに防戦に努め高名（公記）。

天正元年（一五七三）十月、長島攻めに従軍。二十五日、信長の帰陣を追撃しようとする一揆軍と戦って、また高名をあげた（公記）。

この年、越前では、富田と守護代桂田長俊（前波吉継）との対立が深まる。ついに富田は、同二年一月、一乗谷を攻撃する。猪介は、先陣をきって桂田を倒したという（朝倉記）。しかし、その後、一向一揆のため二月十三日北庄を攻められ、討死したという（朝倉記）。

『公記』では、同三年八月十五日条の越前に攻め入る信長軍の交名《きょうみょう》中に、その名を載せている。どちらが正しいかは、判断し難い。

源浄院主玄（げんじょういん　しゅげん）→
滝川友足（たきがわ　ともたり）

こ

小池備後守（こいけ　びんごのかみ）　美濃

生没年不詳。

信長に召し出され、これに仕える、と『太閤記』にある。事跡は伝わらない。

小泉三郎兵衛（こいずみ　さぶろべえ）　山城

生没年不詳。

西岡の六人頭長の一人と『細川家記』にある。山城の小泉氏といえば、西院の小泉山城守秀清が天文から永禄年中に活躍し、さらにその継嗣らしい島介がいる（言継）。島介は、永禄十一年（一五六八）九月二十四日、居城の小泉城を自焼して三好三人衆方に加わったという（言継）。

三郎兵衛は西岡の人というから、やや地域はずれるが、西院の小泉氏の一族なのかも知れない。彼自身の事跡は伝わらない。

小市若（こいちわか）

生没年不詳。

信長の小人。市若の子か。天正九年（一五八一）二月二十八日の馬揃えの時、信長の行縢《むかばき》持ちを務めた（公記）。

孝恩寺宗顕（こうおんじ　そうせん）→長連竜（ちょう　つらたつ）

好斎一用（こうさい　いちよう）→坂井好斎（さかい　こうさい）

香西越後守（こうさい　えちごのかみ）　山城

?～天正三年（一五七五）四月十九日。

永禄三年（一五六〇）十月に山城炭山城で討死した、香西越後守元成の子であろう。元亀元年（一五七〇）八月、細川信元（信良）や三好三人衆らとともに、野田・福島に籠って信長に対抗。しかし、同月三十日、三好政勝とともに投降した（公記・尋憲記）。九月、信長の陣払いに従って上京、早速叡山攻囲陣に加わっている（公記）。

以後、信長方となった信元の居城の中島に居たらしい。同三年四月、同じく中島城に居た政勝とともに、信長に背いていた三好義継と勝手に講和する（年代記）。その後、義昭と信長との対立が深まる中、義昭の方に接近。義昭追放後、今度は本願寺に味方して信長に対抗した（耶蘇通信・年代記）。

天正三年（一五七五）四月、堺の近辺の新堀の出城に立籠ったが、信長軍に囲まれ、十九日、生捕りにされて信長に対面、そのまま誅殺された（公記）。

神崎中務丞（こうざき　なかつかさのじょう）　紀伊

生没年不詳。

紀伊名草郡神崎村の人という。（天正五年＝一五七七）五月十九日、信長より、雑賀攻めの時にすぐに味方したことを褒されている（紀伊続風土記）。

光浄院暹慶（こうじょういん　せんけい）→山岡景友（やまおか　かげとも）

幸田彦右衛門（こうだ　ひこえもん）　尾張

?～天正十一年（一五八三）四月十八日?

彦左衛門。諱は「孝之」と『神戸録』にある。

信長の三男信孝の乳母の子という（勢州軍記）。事実だとすると尾張の出身であろう。永禄十一年（一五六八）二月、神戸具盛の養子となった信孝に、補佐として付けられる（神戸録・勢州軍記）。以後、信孝の老臣として北伊勢に居住。天正九年（一五八一）の神戸氏旧臣の反乱の鎮圧軍の中に名が見える（神戸録）。

本能寺の変後、主信孝と羽柴秀吉との対立が深まり、秀吉方の稲葉・氏家が岐阜城に信孝を攻めた時、秀吉からの誘いを断り、戦って討死した。この時、母（信孝の乳母）は信孝の母（坂氏）とともに磔刑にされたという（勢州軍記）。

河野氏門（こうの　うじかど）　尾張

永禄元年（一五五八）～天正十年（一五八二）六月二日。

善四郎、藤三。

藤左衛門氏吉の長男（重修譜）。信長の馬廻か。天正十年（一五八二）六月二日、二条御所で討死した（公記）。『重修譜』には二十五歳とある。なお、『阿弥陀寺過去帳』には、父と同じ「かうのとうさう」の名で載せられている。

河野氏吉（こうの　うじよし）　尾張

大永七年（一五二七）～元和二年（一六一六）八月十七日。

藤三、藤左衛門。法名道永。姓の河野は「高野」とも書く。諱は「定次」とも。

身分は、信長の馬廻か。しかし、奉行衆、特に普請奉行として歴史に名を残している。坂井利貞・篠岡八右衛門・山口太郎兵衛と四人で組んで働くことが多い。しかも彼らは、信長ばかりでなく、代々の尾張支配者の下で道路等の普請に励んでいる。

天正二年（一五七四）閏十一月二十五日、四人は、信長より尾張国中の道路・橋・水道の整備を命じられ、翌年二月に完成させた（坂井遺芳・公記）。同三年十月八日、今度は尾張国中の橋の架設と道並木の普請を命じられた（坂井遺芳）。

四人のうちの坂井は、信長より近江で知行を与えられているから、身分・立場は、依然として信長馬廻なのであろう。河野たちも同様だったと思われる。しかし、彼らの仕事は、大体尾張・美濃に限られている。

同四年二月、前年十一月に織田家家督となった信忠より、道路の幅と並木について命を受けている（坂井遺芳）。この時は、坂井・篠岡との三人だけであった。同七年十一月十六日には、また四人して信忠より西美濃の道と橋の建設を命じられている（坂井遺芳）。

そのほか同十年五月、家康の安土出向に備え、道路と橋の修理を命じられたと『甫庵』にあり、この時は山口及び信長近臣の長坂助一と一緒に仕事にあたったという。

本能寺の変後は、新たに尾張支配者となった信雄が氏吉たちの主君となる。同十年七月十九日、早速信雄より尾張国中の道路・橋・並木の普請を命じられているが、奉行仲間の坂井・篠岡・山口いずれも健在で、宛名は四人になっている（坂井遺芳）。

篠岡と山口の二人は、この文書を終見として、『分限帳』にも名が見えないから、この後間もなく没したか、隠居したのであろう。利貞と氏吉は、信雄より同十一年十二月十四日に春日井原一円の代官職を、また、某年一月二十八日に道の普請を申し付けられている（坂井遺芳）。

同十一年八月二十九日、信雄より平野郷を宛行われている（酒井家文書）。信雄の下で氏吉の知行は、平野郷内七十貫文とある。坂井利貞も七十二貫文にすぎないから、彼ら奉行衆は、働きの割りには小身である（分限帳）。

信雄が天正十八年に没落した後は、秀吉に仕える。文禄二年（一五九三）閏九月十九日、坂井とともに津島内の都合八十石の地の代官を命じられていることをはじめ、今度は秀吉の奉行としての活躍が見られる（坂井遺芳）。この時期、逼塞中の常真（信雄）に雁を贈っている姿も見られる（坂井遺芳）。

関ケ原の戦い後、召されて家康に仕える。後、尾張支配者となった松平忠吉に仕え、四百石を知行（清洲分限帳）。

元和二年（一六一六）八月十七日没、九十歳という（重修譜）。

天文年間の話だが、織田家の人質の身となっていた松平竹千代（徳川家康）に、密かに百舌鳥《もず》を献上して慰めたという逸話がある（重修譜）。

なお、氏吉の通称は、初め「藤三」、天正七年頃より「藤左衛門」になるが、別人の「河野藤蔵」が『分限帳』さらに『清洲分限帳』に載っている。『重修譜』にはないが、『尾張群書系図部集』には、定次（氏吉）の子「通頼　藤三」が載せられている。

河野三吉（こうの　さんきち）　尾張？

？～永禄十二年（一五六九）九月八日。

信長の馬廻であろう。永禄十二年（一五六九）八月の伊勢大河内《おかわち》城攻めに従軍。九月八日、丹羽長秀に属して夜攻めに参加し、討死した（公記）。

河野藤左衛門（こうの　とうざえもん）　→河野氏吉（こうの　うじよし）

河野藤三（こうの　とうぞう）　→河野氏吉（こうの　うじよし）

肥高某（こえだか）

？～天正二年（一五七四）。

河内か和泉の人。天正二年（一五七四）七月十四日より以前、本願寺方との戦いで討死した（古案）。

国府市左衛門尉（こくふ　いちざえもんのじょう）　伊勢

？～天正十年（一五八二）六月？

佐渡守の一族。佐渡守は天正十年（一五八二）以前に死去。その子四郎次郎が幼少だったので、後見役となる（勢州軍記）。

だが、信孝が四国攻めのために大坂方面に着陣している時、関盛信に謀反を勧め、それが発覚して、山崎の戦いの後、信孝のために殺されたという（勢州軍記）。

国府佐渡守（こくふ　さどのかみ）　伊勢

？～天正十年（一五八二）頃。

北伊勢の豪族。神戸氏の与力（神戸録）。永禄年間、関盛信・神戸具盛に倣い、六角氏の一味となったが、同十一年（一五六八）二月、信長と神戸氏との和睦により信長に従う（勢州軍記）。元亀二年（一五七一）一月の具盛隠居後も、そのまま信孝に従ったのであろう。

天正十年（一五八二）かそれ以前に没し

たという（勢州軍記）。

国府四郎次郎（こくふ　しろうじろう）

生没年不詳。

佐渡守の子。天正十年（一五八二）頃、父佐渡守の死去に伴い家督を継いだが、幼少のため一族の市左衛門尉が後見役となった（勢州軍記）。

本能寺の変後、市左衛門尉は信孝に背いた罪により誅殺（勢州軍記）。だが、四郎次郎には累は及ばなかったらしい。

その後、滝川一益に従って神戸城攻めに加わるが、間もなく信雄方になって逆に滝川方を攻める（勢州軍記）。信雄と秀吉との争いの中でも、信雄方として戦う。しかし、同十二年四月、秀吉方に国府城を攻められ開城した（勢州軍記）。

小駒若（こまわか）

?～天正十年（一五八二）六月二日。

信長の小人。天正九年（一五八一）二月二十八日の馬揃えの時、行縢《むかばき》持ちを務める（公記）。

同十年六月二日、本能寺にて討死した（公記）。

小坂井某（こさかい）

生没年不詳。

尾張か美濃の人。永禄八年（一五六五）九月三日、中野一安とともに、鉄砲打ち許可の信長の命を坪内利定に下達している（坪内文書）。

小沢吉次（こざわ　よしつぐ）

生没年不詳。

越後守。

信孝の奉行人。十月一日付で、山城地蔵院に対し、矢部家定の裁決にもかかわらず松尾社領東分を押領したことを責める書状がある（東文書）。

天正十一年（一五八三）閏一月十六日、信孝より禁中への物献上の使者を務めている（御湯殿）。

木造具政（こつくり　ともまさ）

?～天正四年（一五七六）五月五日?　伊勢兵庫頭。

伊勢木造城主。北畠晴具の三男で、具教の弟。木造家の養子になるという（勢州軍記ほか）。天文二十二年（一五五三）三月左中将、同二十三年一月従四位下に叙任（歴名土代）。

永禄十二年（一五六九）五月、北畠氏を離れて信長方に付き、北畠氏の麾下の沢・秋山らに木造城を攻められる（勢州軍記）。これが同年八月の信長の大河内城攻めのきっかけとなった。この戦いの最後の段階で、信長と兄具教との和睦の仲介役を果したという（足利季世記）。

その後、庶子長正に家を譲り、戸木《へき》に住し、「戸木の御所」と呼ばれる（勢州軍記）。

天正四年（一五七六）没という（木造系図）。

木造具康（こつくり　ともやす）→木造長正（こつくり　ながまさ）

木造長正（こつくり　ながまさ）　伊勢

生没年不詳。

左衛門尉、左衛門佐、大膳大夫。諱は「具康」とも。また慶長五年頃は「長忠」を名乗っている（金沢市立図書館文書）。

伊勢木造城主。具政の庶子。北畠具教の甥にあたる。

永禄十二年（一五六九）、父に従い、北畠氏に背いて信長に属す（勢州軍記）。その後、具政より家督を譲られ、木造城主。父は戸木に移った（勢州軍記）。

天正二年（一五七四）七月、信雄の侍大将として、水軍を率いて長島攻めに参加している（公記）。

同十二年、信雄と秀吉の対立の中、伊勢松島の津川義冬が信雄に疑われて殺され、津川の臣が松島《まつがしま》に籠った時、長正はこれを攻めた（勢州軍記）。ところが七月、蒲生氏郷の軍に攻められ、その後九月まで戦いを繰り返す（長浜八幡神社文書・勢州軍記ほか）。

信雄と秀吉の和睦に伴い、同年十月下旬に開城して、長正は尾張に退いた（勢州軍記）。

同十八年、信雄没落の時、秀吉に召し出され、織田秀信の後見役を命じられて、二万五千石を知行する（勢州軍記）。

慶長五年（一六〇〇）、秀信に東軍加担を勧めたが成らず、岐阜城に東軍の攻撃を受け、八月二十三日開城。その後、福島正則に仕え、安芸広島にて二万石を知行。「木造大膳大夫」と名乗ったという（勢州軍記）。慶長十六年一月十六日付の、鈴木孫作宛ての宛行状があるが、これにも「木造大膳」と署名している（東作志）。

小寺政識（こでら　まさのり）　→小寺政職

小寺政職（こでら　まさもと）　播磨

?～天正十年（一五八二）?

藤兵衛・加賀守。諱は「政識《まさのり》」ともある。播磨御着《ごちゃく》城主。初め、赤松氏に属す。永禄十二年（一五六九）八月、織田軍に御着城を攻撃されるが、これを防ぎきる（益田家什書）。

天正三年（一五七五）七月、家臣の小寺（黒田）孝高を信長のもとへ派遣して款《よしみ》を通じる（黒田家譜）。そして、同年九月、信長の命を受けた荒木村重が播磨に入るに及んで、人質を提出して信長に降った（公記・米田氏文書）。同年十月二十日、赤松広秀・別所長治とともに上京して信長に拝謁する（公記・吉川家文書）。

同五年五月十四日には、毛利軍と播磨英《あ》賀《が》に戦い、これを破って信長に戦功を賞されている（黒田文書）。同年八月には、信長方として宇喜多直家と戦っていた浦上宗景が天神山城を退き、政職のもとに逃れて来た（天神山記・花房文書）。九月十二日付で政職は、信長より村重の派遣を報じられ、それに協力することを命じられている（花房文書）。

播磨で信長に忠実な動きを見せていた政職だが、家中は老臣小寺（黒田）孝高に牛耳られていた。同年十月、播磨平定の任務を帯びて羽柴秀吉が播磨に派遣されるが、孝高はそれ以前から秀吉に款を通じており、政職もそれに応じて秀吉の下知に従った。『武功夜話』によると、孝高には主家である政職を無視する態度がしばしば見られたというが、当時の力関係からいってその通りかも知れない。

同六年二月、東播磨を支配する別所長治が信長に離反し、続いて十月、村重が信長に背くと、政職もまた信長に反旗を翻した。そして同七年四月二十六日には、有岡攻めの総帥信忠に御着城の周りを放火されている（公記）。

有岡は七年十一月に開城。間もなく政職も御着城を捨てて出奔した。毛利氏を頼って中国に流浪。備後鞆《とも》に住んだという（黒田家譜）。

天正十年（一五八二）に没したと伝わる。子は、孝高の計らいで、秀吉に赦免されたという（黒田家譜）。

小寺孝高（こでら　よしたか）　→黒田孝高（くろだ　よしたか）

後藤高治（ごとう　たかはる）　近江

?～天正十七年（一五八九）?

喜三郎。諱は他に「高安」。「定豊」とする本もある。後に戸賀十兵衛尉と改める。

六角氏の臣。永禄六年（一五六三）、六角義治に謀殺され、観音寺騒動のもとを作った後藤但馬守（賢豊）の二男という。六角氏とは、騒動により対立状態だったが、その後、和睦して後藤氏の家督となった（武家事紀）。

同十一年九月、信長の進攻を受け、六角氏を離れて信長に属す（言継）。同十二年八月、伊勢大河内《おかわち》城攻めに従軍。元亀元年（一五七〇）九月には、叡山攻囲陣にも参加。天正元年（一五七三）七月の槇島城攻めの交名《きょうみょう》中にも、その名が見える（公記）。

同四年より信長の本拠は近江安土に移るが、それ以後は他の近江衆とともに信長の旗本を形づくっていたものと思われる。同六年八月十五日の安土相撲会では、奉行を務めている（公記）。同九年、十年一月十五日の爆竹《さぎっちょう》にも、他の近江衆と一緒に参加している（公記）。

本能寺の変後、近江を経略した光秀に味方し、山崎の戦いに参加する（太閤記）。光秀滅亡後は蒲生氏郷に仕え、天正十二年八月、伊勢佐田城攻めに従軍（勢州軍記）。後、名を戸賀十兵衛尉と改め、氏郷に従って九州陣に加わる（氏郷記）。

同十七年、京都にて病死。知行三千石は、

子千代寿が継いだという（氏郷記）。

後藤元政（ごとう　もとまさ）　美作

?～天正七年（一五七九）五月?

与四郎。諱は「元正」ともある。

美作三星《みつぼし》城主。勝基の子。浦上氏の麾下だが、勝基の代には美作の地に勢威を振るい、江見氏などを配下に置いていた。勝基の書簡は、元亀三年（一五七〇）まで見られるから、元政が家を継いだのは、それより後であろう（東作志）。天正四年（一五七六）十月十二日、江見秀道に地を宛行ったり、同六年七月、仏正院に寺領を安堵したりしている（東作志・美作古簡集）。

その後、同五年八月に浦上氏の天神山城が宇喜多直家に落され、美作の後藤氏の立場も危うくなると、江見氏を通じて信長へ働きかける。同年十月二十日付、江見九郎次郎宛て信長朱印状中で、信長より安土出頭を許されている（美作古簡集）。だが、実際に安土へ行ったかどうかは明らかではない。宇喜多が織田方になると、はっきり毛利方に付いたらしい。

だが、次第に直家の圧迫がつのり、七年四月、ついに宇喜多軍に三星城を囲まれる。抵抗したが、五月落城、元政は自害したという（備前軍記）。

小虎若（ことらわか）

?～天正十年（一五八二）六月二日。

信長の小人。中間衆虎若の子。天正十年（一五八二）六月二日、本能寺にて討死した（公記）。

小林家鷹（こばやし　いえたか）

享禄四年（一五三一）～慶長十七年（一六一二）八月十四日。

民部。諱は「家次」とも。

信長に仕えた鷹匠。鷹の道に鍛練し、信長の命により名を「家鷹」と改めたという（寛永伝）。

信長の死後、秀吉・秀頼に仕え、慶長十七年（一六一二）八月十四日没、八十二歳という（寛永伝）。

狛綱吉（こま　つなよし）　山城

?～慶長六年（一六〇一）九月十一日。

左京亮。

山城相楽《さがら》郡狛郷を本拠とする土豪。左馬進秀綱の子。元亀三年（一五七二）十一月、信長より狛郷の領知を安堵されている（古文書纂）。

同年と思われる、十一月二十八日付の柴田勝家書状で、延命寺に対し違乱のないよう命じられている（斎藤献氏文書）。延命寺については、（天正元年＝一五七三）一月十五日、信長より黒印状を受け、延命寺と家来四人を委任されている（古文書纂）。

この頃の知行地は、書立によると、当知行地として六カ所三百十一石余、狛郷内の同名与力蔵入分二百十八石、合計五百二十九石余となっており、前者に関しては、天正三年八月十一日付の指出《さしだし》、及び同五年七月十日付の信長安堵状がある（小林文書）。

同二年五月より南山城は、塙直政の支配下に入っているが、この年かその翌年であろう、十二月四日付で、直政の代官塙安弘よりの、神童子村の本知の安堵を確認した書状も見られる（小林文書）。

本能寺の変の後、居城を破却し、浪人になったという（小林文書）。おそらくは山城衆として明智光秀に加担したのであろう。

慶長六年（一六〇一）九月十一日没（狛氏系図、吉田ゆり子「中近世移行期の『武士』と村落」所収）。

小俣与吉（こまた　よきち）

?～天正十年（一五八二）六月二日。

信長の馬廻であろうか。天正十年（一五八二）六月二日、二条御所にて防戦、討死したことが『惟任謀反記』に見える。

惟住長秀（これずみ　ながひで）　→丹羽長秀（にわ　ながひで）

惟任光秀（これとう　みつひで）　→明智光秀（あけち　みつひで）

金蔵坊（こんぞうぼう）　大和

生没年不詳。

大和和邇《わに》の人。「和邇ノ金蔵坊」と呼ばれる。信長に従っていたが、天正元年（一五七三）二月十日、背いて松永久秀に与した（尋憲記）。その後の消息は不明。

近藤源兵衛（こんどう　げんべえ）　尾張

生没年不詳。

尾張松葉にある所領を欠所とされ、天正二年（一五七四）一月六日、それを岩室小十蔵に与えられた（美作古簡集）。

さ

雑賀孫市（さいか　まごいち）→鈴木重秀（すずき　しげひで）

斎藤五八（さいとう　ごはち）

?～永禄十二年（一五六九）九月八日。

信長馬廻か。永禄十二年（一五六九）八月の伊勢大河内《おかわち》城攻めに従軍。九月八日、丹羽長秀に属して夜攻めに参加、討死した（公記）。

斎藤新五郎（さいとう　しんごろう）→斎藤利治（さいとう　としはる）

斎藤利尭（さいとう　としたか）　美濃

生没年不詳。

玄蕃允、玄蕃助。

『重修譜』には道三の子、『勢州軍記』に稲葉一鉄の甥とある。一鉄の姉か妹が道三に嫁していることは『稲葉家譜』にも記されているから、両方正しいということであろう。

永禄年間には信長に降ったらしく、斎藤利治に加治田城の留守居を頼まれたりしている（堂洞軍記）。利治も同じく道三の子と思われる人物である。その後しばらくの動静は明らかでないが、天正三年（一五七五）一月十一日、信長より方県《かたがた》郡福光郷一円、その他を宛行われている（南陽堂楠林氏文書）。その後、美濃衆として、織田家家督で岐阜城主の信忠の家臣になった。

本能寺の変の時は、岐阜城の留守居だったと思われる。変報を受けるや、たちまちに城を占領してしまった。直後、美濃瑞竜寺・崇福寺・千手堂・西入寺に禁制を掲げている（瑞竜寺文書ほか）。山崎の戦いが終って、秀吉たちが美濃・尾張の回復に乗り出すと、すぐに岐阜城を開け渡す。その後、新しい美濃国主になった信孝の老臣となる。

信長の葬儀の直後の（天正十年）十月十八日、秀吉が信孝の背信を詰った有名な長文の書状（浅野家文書・金井文書）は、岡本良勝と利尭宛てになっている。信孝家臣の中でも、代表的存在だったのであろう。しかし、信孝と秀吉との対立の中で、稲葉一鉄に勧められて信孝から離れたという（武家事紀）。

同十一年五月、信孝が滅びてからは、誰にも仕えなかったといわれる（武家事紀）。

斎藤利治（さいとう　としはる）　美濃

?～天正十年（一五八二）六月二日。

新五郎。諱は、「長竜」などと伝わっているが、『竜福寺文書』『宇都江文書』により、「利治」が正しい。

『寛永伝』『武家事紀』などによると、斎藤道三の子で、義竜の弟にあたるという。

永禄十年（一五六七）十一月十五日及び十七日付の佐藤紀伊守（忠能）の竜福寺々領安堵の判物に、利治が裏判を加えているから、佐藤より高い地位にあったことが認められる（竜福寺文書）。道三の子というのは正しそうである。

だが、甥と思われる竜興を離れ、永禄七年八月には早くも信長方としての旗幟を鮮明にし、加治田城の佐藤紀伊守に加勢している。この時、加治田城で斎藤の将長井隼人の攻撃を却け、進んで関城を落したという（堂洞軍記）。

同八年と思われるが、十一月一日付で、信長より新知として武儀《むぎ》郡から加茂郡にかけての地十三カ所、都合二千百八十四貫文を宛行われている（備藩国臣古証文）。『堂洞《どうぼら》軍記』に、佐藤紀伊守の養子になったとあるのは信じ難いが、加治田城を譲られたのは確からしい。紀伊守の竜福寺宛て安堵状に裏判を加えているのは、先に記した通りである。

同十二年八月、伊勢大河内城攻めに従軍。翌年六月、小谷城攻めにも従軍、そのまま姉川の戦いに参加している（公記・南部文書）。その後、摂津野田・福島攻囲戦、河内交野《かたの》城後巻《うしろま》き、山城槙島城攻めに従軍する（公記）。

天正二年（一五七四）七月、伊勢長島攻めの時は、信忠の指揮下にあって参陣している（公記）。以後は信忠軍団に組み込まれた様子だが、利治及び森長可・毛利長秀らは、単なる信忠の馬廻ではなく、一軍を統率する部将の地位にあったらしい。

だが、信忠軍団も初めの頃は必ずしも固定したものではなく、臨機応変に動かされたようである。同五年八月、柴田勝家は、羽柴秀吉・滝川一益・丹羽長秀ら主立った部将を引率する地位を一時的に与えられ、加賀に出陣するが、利治もその軍に従っている（公記）。

同六年三月に上杉謙信が没すると、信長は越中の上杉方の勢力を制圧する策を立てた。そして、まず利治が越中に派遣されることとなった。

九月二十四日、飛騨経由で越中へ進出した利治は、津毛《つも》城を落とし、続いて十月四日、太田保月岡野での戦いで、上杉の将河田長親・椎名道之の軍を撃破した（公記）。直接の主信忠は、すぐに自軍団内の毛利長秀・坂井越中守・森長可・佐藤秀方を応援として派遣（黄微古簡集）。だが、寒さのため士気が喪失することを危惧した信長は、十月二十八日付で、利治に帰陣するよう命じている（黄微古簡集）。

北陸においてこれほどの活躍を見せた利治だが、その後しばらくの動きは明らかではない。信忠軍団にありながら、同十年二月からの武田攻めにも参加した様子はない。しかし、同九年八月十七日付で、長連竜が笠松但馬守に、能登井田中村の斎藤新五郎知行分を宛行った判物がある（笠松文書）。推測するに、同七年春以後、再び越中から能登まで動き、一時的にその方面に知行地を持ったのではなかろうか。

天正十年六月二日、利治は二条御所で明智光秀の軍と戦い、討死した（公記）。子は二人伝わっている。父と同じく新五郎を名乗った息子は、秀吉の馬廻となり、その後、織田秀信に仕えた（太閤記・堂洞軍記ほか）。もう一人の市郎左衛門は、池田輝政に見出されて池田家に仕えた（藩士家譜）。

斎藤利三（さいとう　としみつ）　美濃

?～天正十年（一五八二）六月十八日。

内蔵助。

伊豆守（利賢）の子。母は蜷川《にながわ》親順の娘というが、明智光秀の叔母あるいは妹という説もある。正室についても、稲葉氏というのが一般的だが、斎藤道三の娘という説もあるように、不確かである。同様に、その生い立ち、前半生については曖昧模糊としている。

おそらく美濃斎藤氏に仕え、稲葉良通に属したか。良通が信長に降った時、一緒に信長に仕える形になったものと思われる。

初めて良質史料に表れるのは、『公記』元亀元年（一五七〇）五月六日の記事である。辛うじて越前から逃れ帰った信長が岐皁に戻る時、その路次の警固のため、稲葉父子とともに守山に置かれた。この時は、蜂起した一揆を稲葉と一緒に鎮めた。まだ稲葉の与力の立場だったものと思われる。

ところが、その後間もなく、利三は良通のもとを離れ、明智光秀に仕えることになったという（稲葉家譜）。稲葉のもとを去る時、トラブルを起して、信長の逆鱗に触れたのだろうか。『当代記』には「信長勘当の者」とあり、光秀が内密に抱え置いたと書かれている。

しかし、天正八年（一五八〇）頃には、さかんに津田宗及関係の茶会に出席しているから、もう信長の赦しは得ていたのだろう（宗及記）。明智家の老臣の一人である。良質の史料では省略されているが、光秀の戦いのほとんどには従軍したものと思われる。

天正十年六月二日未明、明智軍の先鋒として本能寺を襲撃する（公記・本城惣右衛門覚書ほか）。十三日の山崎の戦いにも参加。敗戦の後、姿を隠したが、堅田で捕えられ、六条河原で磔に架けられた（言経・兼見ほか）。四十九歳、四十五歳など様々に伝えられる。

利三の義妹が長宗我部元親の正室であり、光秀が長年信長と長宗我部氏との橋渡しとして活躍してきた。ところが、信長の一方的約束破棄から四国討伐へと発展し、光秀・利三の面目が潰されるはめになった。それが本能寺の変の直接の原因であるという有力な説がある。

徳川三代将軍家光の乳母春日局の父である。

斎藤長竜（さいとう　ながたつ）　→斎藤利治

斎藤信利（さいとう　のぶとし）　越中

天文二十三年（一五五四）～慶長十五年（一六一〇）八月四日。

次郎右衛門尉。

利基の子という。新川郡城尾《じょうのお》城主（上杉家文書）。『重修譜』によれば、母は神保氏張の娘というが、年代的に疑問。妻は三木良頼の娘という。

『寛永伝』その他に武田信玄よりの書状が見られるから、武田氏の誘いも受けた様子だが、天正五年（一五七七）の『上杉家中名字尽』（上杉家文書）に載っているのを見ると、天正年間頃は上杉氏に属していたものと思われる。

上杉謙信の死後間もなく信長に通じたのであろう、同六年十月四日、織田の将斎藤利治に従って太田保月岡野の戦いで上杉軍と戦う。そして、格別の手柄ということで、十月十一日に信長より朱印状を受けた（斎藤清太郎氏文書）。

同九年二月、佐々成政に越中の一職《いっしき》支配権が与えられた。信利ら越中の国人たちは、この後は成政の支配の下に置かれる形になる。

この頃と思われるが、六月二十三日付、十二月二十七日付の信利宛て信長書状がある。いずれも信利からの贈品を謝したもので、信長の信用を繋ぎ止めようとしている信利の姿がのぞかれる（古文書）。

しかし、（同十年）二月十日付、直江兼続宛て黒金泰信書状を見ると、信利の弟五郎次郎が、前年の秋以来上杉氏と通じていたことが知られ、信利自身も揺れていることがうかがえる（上杉家文書）。そして本能寺の変後の十年七月五日、神保昌国とともに上杉に書し、越中の情報を伝え、越中回復の好機であることを伝えている（歴代古案）。密かに寝返っていたわけだが、結局信長はそれを知らずに終った。

羽柴秀吉・柴田勝家の対立の深まる中で、いち早く秀吉方に付き、同じ国衆の栃屋縫《ぬい》殿助《のすけ》・有沢図書助《ずしょのすけ》に対して、秀吉に応じるよう説得している（加能越古文叢）。

同十一年六月一日、同国本法寺に他宗諸寺を管掌させた判物がある（本法寺文書）。成政の越中支配は続いているが、信利は成政より離れて、国内に独立した力を培っていた様子である。成政との対立は、一時、城尾城を逐われるまでになるが（越登賀三州志）、ほどなく戻ったらしい。

小牧陣の時は、遠く家康に款《よしみ》を通じたらしい。長久手の戦い後の天正十二年六月十二日、家康より本領を安堵された（重修譜）。その後、秀吉方神保氏張に城尾城を落され、飛驒の三木《みつき》自綱を頼るが、家康に召されてこれに仕える（重修譜）。家康の下で、文禄元年（一五九二）二月一日、下総香取郡内にて千石、慶長七年（一六〇二）十月二日、近江坂田郡内にて五百石を宛行われる（重修譜）。

同十五年八月四日、伏見にて没、五十七歳という（寛永伝）。

斎藤豊左衛門（さいとう　ぶざえもん）　越中

生没年不詳。

信利の一族か。初め上杉氏に仕えており、某年九月四日、上杉景勝より書状を受けている（最上記追加）。その後、信長に従ったらしい。天正九年（一五八一）二月、佐々成政が越中の一職支配権を委ねられるが、同月二十日、成政より新川郡内で三百俵を宛行われている（最上記追加）。

斎藤六大夫（さいとう　ろくだゆう）

生没年不詳。

野々村正成の臣であろうか。天正十年（一五八二）二月に、信長は正成を検使として雑賀《さいか》へ派遣。この時、敵である千職坊《せんしきぼう》が砦を捨てて逃れたが、六大夫がそれを追いかけ、討ち取った。その功により、同月八日、信長より小袖と馬を賜った（公記）。

斎村広秀（さいむら　ひろひで）→赤松広秀（あかまつ　ひろひで）

斎村政広（さいむら　まさひろ）→赤松広秀（あかまつ　ひろひで）

坂井越中守（さかい　えっちゅうのかみ）　美濃

?～天正十年（一五八二）六月二日。

政尚の二男という（佐々系図）。『佐々系図』は良質の史料ではないが、政尚の子というのは正しいようである。父は元亀元年（一五七〇）十一月二十六日、堅田の戦いで討死、兄久蔵もそれに先立つ姉川の戦いで討死したという（甫庵ほか）。父の死後は彼が坂井家の家督となった。父が預けられていたと思われる、東美濃の明智城に置かれたのであろう。

『池田本』元亀三年四月十七日条の交野《かたの》城後巻《うしろまき》きの人数の中に、「坂井右近子」という者がいるが、これが後の越中守であろう。年齢については詳らかではないが、この頃はまだ少年だったようである。

信忠が尾張・東美濃の士を麾下に置いた信忠軍団を形成すると、それに所属する。天正二年（一五七四）の長島攻めでは、信忠の下で働いている（公記）。同六年十月四日、同じ信忠軍団の一員斎藤利治が、月岡野の戦いで上杉軍を破った後、毛利長秀・森長可・佐藤秀方とともに利治の加勢として派遣された（黄微古簡集）。

同十年二月の武田攻めにも従軍。四月三日、生捕りにされた飯羽間《いいばさま》右衛門尉（遠山友信）を引渡され、これを成敗した（公記）。遠山友信は、八年前の天正二年一月、裏切って明智城内で謀反を起し、坂井一族を殺戮した仇であった。

同年六月二日、本能寺の変の時、二条御所で信忠とともに討死した（公記）。

坂井喜左衛門（さかい　きざえもん）　尾張

生没年不詳。

織田信次の臣。角田新五とともに守山の「両長《りょうおとな》」。

弘治元年（一五五五）六月二十六日、主信次が誤って信長の弟秀孝を射殺せしめ、守山城を出奔した後、信長及び信勝の軍に攻められるが、これを防いだ。しかし、その後、別心して織田安房守（秀俊カ）を引入れ、落城させた（公記）。

坂井久蔵（さかい　きゅうぞう）　美濃

弘治元年（一五五五）?～元亀元年（一五七〇）六月二十八日。

諱は「尚恒」ともあるが、確かではない。政尚の長男（武家事紀）。永禄十一年（一五六八）九月、観音寺・箕作《みつくり》・和田山城攻めに戦功。信長に褒されると同時に、義昭からも感状を受けたという（甫庵・武家事紀）。

翌年一月の六条合戦後、勝竜寺・山崎あたりへ三好の残党を追撃（武家事紀）。元亀元年（一五七〇）六月二十八日、姉川の戦いに従軍、討死した。十六歳という（甫庵・

浅井三代記）。

坂井好斎（さかい　こうさい）

生没年不詳。

「好斎一用」で通っている。信長の側近である。

（永禄十一年＝一五六八）十二月十六日、松永久秀に対し今井宗久と武野新五郎との訴訟について報告（坪井鈴雄氏文書）。（同十二年）十一月四日、妙心寺領横地分名主百姓に対し、年貢等の保管を命令（退蔵寺文書）。前者は木下秀吉・中川重政・和田惟政との連署、後者は佐久間信盛・松井友閑との連署である。信長上洛直後は、秀吉・重政・信盛といった代表的部将もこうした奉行を務めていたのだが、それにしても、側近である好斎がそれに肩を並べる地位にいたことは注目されるべきである。

同年十一月十四日の山科言継への使、元亀元年（一五七〇）七月三日以前、今井宗久へ生野《いくの》銀山吹屋銭の納入の催促、いずれも武井夕庵と一緒の行動である（言継・宗久書）。

『言継』を見ると、元亀元年五月三日、信長を訪問した言継の取次ぎ、同月九日、勅使として訪れた言継に対し、信長の予定を伝えている。信長の秘書のような役割を務めていたことが知られる。

だが、これ以後は諸書に登場しない。死没したか隠居したのであろう。

坂井七郎左衛門（さかい　しちろうざえもん）
尾張

?～天正二年（一五七四）九月二十九日。

織田信次の臣。守山家家老の坂井喜左衛門の一族であろう。

弘治元年（一五五五）六月二十六日、信次が誤って信長の弟秀孝を射殺せしめ、守山城を出奔した後、老臣たちとともに城に立籠り、信長及び信勝の軍の攻撃を防いだ（公記）。信次が翌年赦され、織田一門衆としての地位に復すると、再びこれに仕えた様子である。

天正二年（一五七四）九月二十九日、伊勢長島で主信次が討死するが、『甫庵』『当代記』には、一緒に討死した者としてその名を載せている。

坂井利貞（さかい　としさだ）　尾張

?～慶長十三年（一六〇八）六月十三日。

文助あるいは文介、大膳亮。

身分は信長の馬廻だが、奉行衆、特に普請奉行としての活躍が顕著である。中島郡山崎村明島に住む（酒井家之系譜、下村信博「織田政権と尾張武士」所収）。

弘治元年（一五五五）十二月二十八日、信長より二カ所、都合十九貫文を、永禄十年十一月、旦の島の内二十貫文を宛行われている（坂井遺芳）。弘治三年（一五五七）九月一日現在の知行は、五十貫文という（酒井家之系譜）。この後の宛行いからもわかる通り、その活躍の割には身上は小さい。

永禄十一年の信長上洛後、元亀年間頃までは、信長側近の一人として働いている。山科言継とは個人的に親交が深かった様子で、言継が岐阜に下向した時には、しばしば宿所を訪ねてその世話をしたり、逆に信長に従って上洛した時には、言継を訪問したりしている（言継）。

天正年間からの利貞は、尾張・美濃国中の土木工事の奉行が主任務になる。最初は天正二年（一五七四）閏十一月二十五日、信長より尾張国中の道路・橋・水道の整備を命じられたことである（坂井遺芳）。この時一緒に命を受けたのは、篠岡八右衛門・河野氏吉・山口太郎兵衛。これ以後、この四人が組んで同様の仕事にあたることが多い。この時の仕事は、翌年二月に完成した（公記）。同三年十月八日、さらに四人は尾張国中の橋と道並木の建設を命じられる（坂井遺芳）。

この年十一月二十八日、信長は織田家家督と尾張・美濃の大部分の支配権を嫡子信忠に委ね、自身は翌年早々馬廻ともども安土へ移った。利貞たちの身分は、依然として信長の馬廻だったと思われるが、尾張・美濃の普請奉行の役割は、そのまま続いている。早速同四年二月、この時は篠岡・河野と三人で、信忠より尾張国中の道の幅と並木について命を受けている（坂井遺芳）。

信忠からは同七年十一月十六日にも、今度は四人揃って岐阜と西濃とを結ぶ道路と橋の建設を命じられている（坂井遺芳）。

天正四年十月二十九日、利貞は信長から直接宛行いをうけた。新知は近江の河南新村の内である（坂井遺芳）。信長馬廻は、原則として安土常駐が義務なのだが、彼らの場合はなかなか安土に居住する機会がなかったと思われる。

本能寺の変後は、新たに尾張支配者となった信雄に仕える。信雄の入国後間もない天正十年七月十九日、早速四人は信雄より尾張国中の道路・橋・並木の整備を命じられている。そして利貞は、同月二十四日、尾張の地六カ所都合百五貫五百文を安堵されている（坂井遺芳）。同十一年八月二十九日には、河野と一緒に平野郷で知行を受けている（酒井家文書）。『分限帳』によれば、利貞の知行地はその平野郷内七十二貫文となっている。子隼人が百二十貫文を知行しているから、以前よりの知行は譲ったのであろう。

この後も信雄より道路や堤の普請や築城の用具の調達を命じられたりしているが、四人のうち篠岡と山口の名は消え、利貞と河野の二人のみ活躍している（坂井遺芳・酒井文書）。

信雄は天正十八年七月、秀吉の怒りに触れて没落するが、以後も利貞と河野はこの旧主と接触を保っていたらしい。常真（信雄）から二人に宛てた雁の贈呈に対する礼状がある（坂井遺芳）。

信雄没落後の主君は、新しく尾張の支配者になった秀次だったようだが、秀吉とも直接の繋がりがあった。天正十八年八月三十日所領安堵、新知宛行いを受けているが、安堵は秀吉から、宛行いは秀次から成されている（坂井遺芳・酒井家之系譜）。秀吉からは、直轄地の代官、鷹場の奉行などの仕事を命じられているが、もう得意の普請奉行の仕事は見られない（坂井遺芳）。秀次事件の後の文禄四年（一五九五）八月八日、秀吉より海東郡一色村中三百八十石を宛行われている（坂井遺芳）。

その後、福島正則、松平忠吉と、清洲城主に歴仕する。慶長六年（一六〇一）五月一日、忠吉より三百八十石を安堵されている（酒井家之系譜）。

同十三年六月十三日没（酒井家之系譜）。

坂井利行（さかい　としゆき）　尾張

永禄二年（一五五九）～？

隼人、伊三郎。

文介（助）利貞の子。その初見は、『言継』永禄十二年（一五六九）七月二十六日条、岐阜来訪の山科言継より扇を贈呈されたことである。同年十一月十二日には、父の代理として、またも岐阜に下向した言継と会見している（言継）。当時十一歳のはずだが、早くも表立った活動をしている。

元亀二年（一五七一）十二月十五日、また岐阜に下向してきた言継を、他行した父の代わりに馳走する。さらに十七日、山口弥七郎らとともにこれを饗応した。当時十三歳と『言継』に記されている。

早くから頭角を顕していた隼人だが、その後しばらくの事跡は明らかでない。本能寺の変後は、父利貞とともに信雄に仕え、天正十一年（一五八三）八月十九日、日比野の内前野郷を宛行われている（坂井遺芳）。『分限帳』によると、日比野・小野にて百二十貫文の知行という。

信雄が没落した後は、新たに尾張の支配者になった豊臣秀次に仕える。文禄三年（一五九四）三月十九日、秀次の代理長尾常閑（三好吉房＝秀次の実父）から百石を宛行われている（坂井遺芳）。さらに秀次事件の後は、福島正則に仕え、関ケ原の戦い後、正則が安芸に国替えになると、そのまま従った。慶長六年（一六〇一）十一月七日、安芸国内で三百五十石の知行を与えられている（坂井遺芳）。

尾張の坂井家は、弟の久三郎利政が継いだ（酒井家之系譜、下村信博「織田政権と尾張武士」所収）。

坂井直政（さかい　なおまさ）　美濃

生没年不詳。

与右衛門尉。

斎藤氏の臣であったが、後、信長に仕える（甫庵）。永禄十二年（一五六九）一月四日、六条本圀寺が三好三人衆らに攻撃された時、高槻より本圀寺に入って、これと戦った（公記・丹羽家譜伝）。

　その後、丹羽長秀に仕え、天正十一年（一五八三）の賤ケ岳の戦いの時、長秀に従って舟で出陣。賤ケ岳城に入城した（太閤記）。長秀が越前に移封の時、八千石を知行（丹羽歴代年譜付録）。長秀の死後、その子長重に仕える。陪臣ながら、慶長三年（一五九八）四月十四日、秀吉から一万石の領知判物を受けた（丹羽家略伝）。

　同五年八月、動乱に際して、主長重が西軍に属したため前田氏と対立。加賀浅井畷《なわて》にて前田利長の軍を破った（武家事紀・老人雑話）。

坂井成利（さかい　なりとし）　尾張
　？～慶長五年（一六〇〇）。

　下総。法名浄清。

　赤川三郎右衛門景弘の子で、信長に仕える。後、信長の命で、「坂井」と改姓するという（寛永伝）。弟として「赤川惣左衛門尉」という者が『太閤記』中に見られるから、この記事は信じられるであろう。

　本能寺の変の後であろう、信雄に仕える。天正十二年（一五八四）三月、僚友岡田重孝が信雄に殺された時、重孝の子善同《よしあつ》に加勢して星崎城に籠城する。その後、退去して秀吉に仕え伊勢にて二千石を領す（太閤記・寛永伝）。

　慶長五年（一六〇〇）の擾乱の時、采地内にて一揆が起り、鎮圧のため出動したところ、矢に当って討死した（寛永伝）。

坂井隼人（さかい　はやと）　→坂井利行（さかい　としゆき）

坂井文助（さかい　ぶんすけ）　→坂井利貞（さかい　としさだ）

坂井孫平次（さかい　まごへいじ）　尾張
　生没年不詳。

　喜左衛門の子。父と同じく織田信次に仕える。

　弘治元年（一五五五）六月二十六日、信次が信長の弟秀孝を誤って射殺せしめて守山城を出奔した後、父たちとともに城に籠って信長・信勝（信行）の軍と戦う（公記）。

　その後、信次に代わって守山城主になった織田安房守（秀俊カ）に仕え、寵愛を受ける。それに不満の老臣角田新五が謀反を起して安房守を殺した（公記）。

坂井政尚（さかい　まさひさ）　美濃
　？～元亀元年（一五七〇）十一月二十六日。

　右近尉、右近将監。諱は「政重」ともある。

　『張州府志』『尾張志』等に丹羽郡楽田《がくでん》村の人とあるが、『御湯殿』元亀元年一月三日条には「みののさかいうこん」と載っている。美濃出身で初め斎藤氏に仕えるが、信長に召し出されてこれに転仕するという、『武家事紀』や『太閤記』の説が正しいようである。ただし、信長の美濃経略の途中で、東美濃の明智城主となった様子だから、『御湯殿』がそれを意味したものとも考えられる。いずれにしても、信長入京時には、すでに有力部将の一人になっているから、信長の臣となったのは、かなり早い時期であろう。

　永禄十一年（一五六八）九月、信長の入京に従軍。入京後の二十六日、柴田勝家・蜂屋頼隆・森可成とともに勝竜寺城に石成《いわなり》友通を攻める（言継・公記ほか）。

　この四人の部将はその後チームを組んで、京畿の政務に活躍する。四人の事跡を追ってみよう。
①永禄十一年十月十二日、洛中に禁制を下す（武家事紀・甫庵）。
②（同年）十一月五日、伏見荘名主・百姓に年貢・諸成物の納入について指示（尊経閣文庫文書）。
③（同十二年）一月二十四日、飛鳥井雅敦より本興寺の陣取り免除について頼まれる（本興寺文書）。
　この四人に佐久間信盛が加わったチームの活躍も多数見られる。
④同十一年十月一日、富田林院（興正寺）に禁制判物を下す（京都大学文書）。

⑤（同十二年カ）二月一日、敵方を援けた金剛寺を責め、罰として兵糧米を賦課する（南行雑録）。
⑥同年二月十一日、堺接収の奉行を務める（宗及記）。
⑦（同年カ）二月十六日、本興寺に軍勢が駐ることを禁じる（本興寺文書）（『大日本史料』はこの文書を元亀元年に比定している）。
⑧（同年）三月二日、多田院に矢銭を免除する（多田院文書）。
⑨（同年）四月一日、堺に用脚を催促する（岡本良一氏文書）。

彼ら五人は、同十二年四月半ばにチームを解消して、別の四人のチームに政務を引き継ぐ。別の四人とは、丹羽長秀・木下秀吉・中川重政・明智光秀という顔触れである。二つのチームの九人と、当時伊勢方面で働いていたであろう滝川一益を加えたあたりが、この頃の信長軍の代表的部将と判断してよかろう。

政尚のその後の戦歴を追って見よう。永禄十二年八月、伊勢大河内《おかわち》城攻めに従軍（公記）。その後のことと思われるが、木下秀吉とともに、但馬に出陣。翌年まで在陣して、但馬を支配しようとし、失敗したという（永島福太郎「織田信長の但馬経略と今井宗久」）。

元亀元年（一五七〇）四月の越前攻めにも従軍したか、この時、幕府奉公衆一色藤長より丹後衆の出陣について連絡を受けている（武家雲箋）。六月、小谷城攻めに参加。雲雀《ひばり》山に上り、町を焼き払っている（公記）。同月二十八日の姉川の戦いでは織田軍の先鋒を務め、勝利に大きく貢献したという（南部文書・甫庵）。

同年十一月二十五日、近江堅田へ遣わされ、猪飼野甚介（昇貞）・馬場孫次郎・居《い》初《そめ》又次郎ら堅田衆を味方につけ、越前へ通じる通路を固めた（公記・歴代古案）。しかし、翌二十六日、朝倉・浅井軍が堅田に攻めかかる。政尚も奮戦したが、ついに討死した（公記）。千人ほどが一緒に戦死したという激戦であった（公記・尋憲記・中山家記）。

長男久蔵は姉川の戦いで討死しているので、二男の越中守が坂井家を継いだ。『池田本』巻五（元亀三年）に載った、交野《かたの》城後巻《うしろま》きの人数の中に、「坂井右近子」というのが見えるが、これは少年時代の越中守であろう。

逆川甚五郎（さかがわ　じんごろう）

?～天正十年（一五八二）六月二日。

『阿弥陀寺過去帳』には甚六とある。信忠の馬廻か。天正十年（一五八二）六月二日、二条御所にて討死した（公記）。

坂口縫殿助（さかぐち　ぬいのすけ）　尾張?

?～元亀元年（一五七〇）十一月二十六日。

永禄十一年（一五六八）二月、信長が北伊勢を制圧し、神戸家に三男信孝を養嗣子として入れた時、岡本良勝とともに信孝に付属された（勢州軍記）。しかし、その後、神戸家を離れて、再び信長に直属。元亀元年（一五七〇）十一月二十六日、堅田にて、坂井政尚らとともに朝倉・浅井の軍と戦って討死した（勢州四家記）。

坂内具義（さかない　ともよし）

?～天正四年（一五七六）十一月二十五日。

兵庫頭、四位中将。

『勢州軍記』では具教の婿とある。天正二年（一五七四）七月、信雄に従って、水軍の武者大将として長島攻めに参加した（公記）。

同四年十一月二十五日、北畠一族粛清の時、田丸城で遭害した。十九歳という（北畠御所討死法名）。

遺児亀寿（亀千代）は逃れ、大叔父北畠具親を頼って、この後しばらく策動している（坂内文書）。

坂内御所（さかないごしょ）　→北畠具房（きたばたけ　ともふさ）

佐久間家勝（さくま　いえかつ）　尾張

生没年不詳。

与六郎、美作守。諱は「政明」「盛明」とも伝わるが、文書で確かめられるのは、「家勝」である（長命寺文書）。

尾張五器所《ごきそ》城主（寛永伝・断家譜）。『尾張群

書系図部集』では、盛明の子で、信盛の従兄弟としている。

信長に仕える。永禄七年（一五六四）十二月、同信盛らとともに、御器所八所社の社殿を修理している（御器所八幡宮棟札）。同十二年か、十一月二十六日付で、長命寺物中に対し、寄妙（信忠）の許可通り諸役を免除する旨を告げている（長命寺文書）。戦場に働く武将ではなく、政務を担当する吏僚の性格が強い。

天正五年（一五七七）八月、松永久秀・久通父子が再び信長に背いた時、その質子を家勝が預っていたが、信長の命により京へ送る。質子は十二、三歳の男子二人であったが、親への遺言を書かず、家勝に礼状をしたため、六条河原で斬られたという（公記）。

ところで、この『公記』の記事には、「永原の佐久間与六郎」とある。近江永原は、ずっと佐久間信盛の居城だったはずなので、その下にあって城代を務めていたのであろうか。信盛父子が追放になった後は、信長に直属したであろう。

同十年五月二十九日、信長最後の上洛の時、安土二の丸番衆の一人（公記）。本能寺の変後の消息は不明である。

佐久間五平次（さくま　ごへいじ）　尾張

生没年不詳。

佐久間信盛の一族か。佐久間父子に従っていたが、天正八年（一五八〇）八月、父子が追放された後、信長に召し出され、直臣となった（池田本）。

本能寺の変の後、信雄に仕え、八百五十貫文の知行を受けている（分限帳）。

佐久間権平（さくま　ごんぺえ）　尾張

生没年不詳。

尾張の佐久間一族だろうが、信盛たちとの関係は不明。元亀年中、川名太平寺を開くという（尾張徇行記）。天正三年（一五七五）九月、その太平寺に涅槃《ねはん》像を寄進している（青木忠夫「中世の御器所における佐久間氏の史料・遺物について」）。他の事跡は不明である。

佐久間才四郎（さくま　さいしろう）　↓佐久間三四郎（さくま　さんしろう）

佐久間三四郎（さくま　さんしろう）　尾張

生没年不詳。

佐久間信盛の一族であろうが、関係については不明。天正三年（一五七五）十二月一日、同四年八月四日、同五年五月十二日、十月二十四日、同六年一月七日、同七年一月二十一日、いずれも津田宗及の茶会に出席している（宗及記）。同席の者は、若江三人衆・水野守隆ら。信盛を主将とする石山本願寺攻めの軍に参加していたものと思われる。

『尋憲記』にある、天正二年一月、福富秀勝・毛利長秀とともに多聞山城番手を務めた「佐久間才四郎」は、同一人であろうか。

佐久間次右衛門（さくま　じえもん）　尾張

生没年不詳。

信勝（信行）の老臣。信勝が末盛城を譲られた時、これに付属された。天文二十一年（一五五二）三月の信秀の葬儀の時も、信勝に供奉して参列している（公記）。

この次右衛門を右衛門尉信盛と同一人とする説もあるが、『公記』に二度登場するから誤記とは考えられず、別人であろう。

佐久間大学助（さくま　だいがくのすけ）　↓佐久間盛重（さくま　もりしげ）

佐久間信直（さくま　のぶなお）　尾張

天文七年（一五三八）～慶長四年（一五九九）十一月二十三日。

左京亮。諱は「信辰《のぶとき》」とも伝わるが、文書で確かめられるのは「信直」である（円福寺文書ほか）。剃髪号は休斎。

信盛の弟。山崎城主という（張州雑志）。永禄三年（一五六〇）五月、桶狭間の戦いの時は、兄信盛とともに善照寺の砦を守った（公記）。信長入京後の同十二年八月には、伊勢大河内《おかわち》城攻めに従軍（池田本）。

ところで、桶狭間の戦い後の清須同盟で、三河加茂郡高橋荘は、織田領に組み入れられたという。そして、その地域の支配は、佐久間信直が担当したとされている（刈谷市史）。『公記』首巻には「高橋郡」と記され、加茂郡から独立した称呼が見られる。信直の高橋荘支配の跡を見ると、時期は下るが、天正四年九月五日付で、猿投神社領に人夫を免除した判物が見られる（猿投神社文書）。ただ、水野信元滅亡後のものなので、これだけではその支配がずっと続いたという証にはならない。

兄信盛や甥信栄は茶湯好きで、しばしば津田宗及の茶会に出席しているが、信直の名も、天正五年（一五七七）二月十日、同年十二月十一日の二度見える（宗及記）。同八年八月の佐久間父子追放の時は、無事ではなかったであろう。

だが、同十二年には信雄に召されていたらしく、前田与十郎とともに伊勢蟹江城を守備している。『寛永伝』によれば、その後、裏切った与十郎に城内で対抗、城に放火しようとして、城を出されたという。

後に関東入国後の家康に仕え、榊原康政の居城上野館林の留守居を務める（寛永伝）。

慶長四年（一五九九）十一月二十三日、館林にて没。六十二歳という（重修譜）。

佐久間信栄（さくま　のぶひで）　尾張

弘治二年（一五五六）〜寛永八年（一六三一）四月二十七日。

甚九郎、駿河守。斎号不干斎。法名宗岩。諱は「定栄」と自署した文書もあるが、一般にいう「正勝」に関しては、文書の裏付けがない。

〔少年時代の信栄〕

信長の宿老佐久間信盛の長男。『池田本』には、永禄十二年（一五六九）の伊勢大河内城攻めの交名《きょうみょう》中に初めてその名が見える。当時十四歳だからやや早すぎるが、あるいは父に伴われて初陣したのであろうか。『寛永伝』では、元亀元年（一五七〇）の越前攻め、野田・福島城攻めにも従軍とある。

文書での初見は、（元亀元年）十二月七日付、片岡左衛門尉宛て日比野長吉書状である。佐久間の臣長吉が、片岡の主御牧摂津守の狭山郷違乱を停止するよう求め、「信栄も不ㇾ存㆓疎意㆒候」と申し送っている（石清水文書）。

また、（元亀三年）二月八日には、武井夕庵が近江観音寺に対し、医者の派遣にあたって、夫丸・馬の協力を信栄に依頼するよう指示している（観音寺文書）。まだ少年のはずの信栄だが、その存在が父信盛の七光りだけでなく、彼自身の力量によって十分に認められていることが知られる。

〔父信盛の補佐としての活躍〕

父信盛は、信長の代表的部将として諸所に転戦するのに忙しいため、信栄はそうした父の補佐役として父と戦場を共にすることが多く、時には父の軍の分隊長として支隊を指揮している。例えば、天正元年（一五七三）九月頃、信盛は江北より江南へ移陣して六角承禎の籠る甲賀郡石部城を攻めるが、攻城が長引いたまま伊勢・河内などへの転戦を余儀なくされる。（同二年）三月五日付で信長より石部城攻めの指示を受けたり、同年五月、金森町に禁制を掲げているのを見ると、信栄は父の不在中ずっと石部城攻囲を続けていたらしい（山中文書・善立寺文書）。

同年七月長島攻めに従軍、九月河内出陣、同三年八月越前攻めに従軍。すべて父と一緒の行動であるが、越前の一揆残党探索などは父と別々に動いている様子である（高橋源一郎氏文書）。

同四年四月、石山本願寺攻めのため出陣。五月三日、塙直政に三津寺攻撃の命が下された時、信栄は明智光秀と合流して直政の開けた天王寺砦に入った（公記）。直政の軍は一揆勢のため敗退。勝ちに乗じた敵勢は天王寺砦に押し寄せる。信栄らは必死に防戦するが、苦しい戦いとなる。危ういところ、父信盛を先陣とする信長自らの救援軍のため危機を脱した（公記・年代記・当代記ほか）。

〔石山本願寺攻めの副主将として〕

戦後、父とともに引き続き天王寺城を固め、石山本願寺攻めを任される。主将は父信盛だが、その補佐として、共に七カ国にわたる与力を引率する重責を担った（公記ほか）。本願寺が出勢してきて戦いになった場面は全くなかったが、天王寺城に在番しながら、包囲作戦に携わっている。

だが、佐久間父子は、大坂攻囲戦に専念しているわけではなく、天正五年二月の雑賀攻め、八月には雑賀表の作毛薙ぎ捨て、十月信貴山《しぎさん》城攻め、同六年の播磨攻めにも駆り出されている（公記）。これらの戦いには父子ともども参加することもあるが、父のみ出陣して、信栄が天王寺の留守居役を務めることもある。例えば雑賀攻め、播磨攻めの時などは父信盛だけが参陣したらしい（宗及記・耶蘇通信）。

この間、松永退治の褒賞を某に約したり（織田長繁氏文書）、和泉の真鍋氏に九鬼水軍の案内を命じたり（源喜堂古文書目録）、河内下里郷や富田林に禁制を掲げたり（金剛寺文書・興正寺文書）、和泉衆の淡輪《たんのわ》一族と連絡をとったり（淡輪文書）、やはり和泉衆の寺田・松浦に用木・船などを申付けたり等の活動が見られる（佐藤行信氏文書）。

〔信栄と茶湯〕

本願寺攻囲にしろ、委任された国内の政務にしろ、決しておろそかにしていたとは思えないが、信栄は、こと茶湯に関しては、その何倍も熱心である。

信栄が天王寺城に入った天正四年から追放される同八年まで、茶会の開催、茶会への出席、いちいちあげると枚挙に暇がない。それほど茶湯に熱中していた様子である。しかも、雑賀攻め、松永攻め、播磨攻め、有岡攻めなど、同僚の将士、時には父信盛が敵と戦っている最中、茶会を催して客と団欒の時を過ごしていたのも事実である（宗及記）。

同八年閏三月、信長は禁裏を動かして、ようやく本願寺を屈服させるが、その後も信栄の茶湯への傾倒は止まっていない（宗及記）。同年八月に父とともに譴責状を受けて追放されるが、その状中に「甚九郎覚悟条々書並候へハ筆にも墨にも述かたき事」とある。茶湯に耽溺していた信栄の行状を見れば、信長の非難も理由なしとしない（公記）。

追放後は高野山、さらに熊野に居住。不干斎定栄《じようえい》と号している（南行雑録）。父信盛は同地において翌年七月二十四日死没した（高野春秋所載野見聞記）。一人になった信栄は、同年十一月、某社宛ての願文を書き、帰参がかなうよう神頼みをしている（寒川家文書、小山誉城「佐久間信盛・定栄父子と寒川氏」所収）。

同十年一月、一年半振りに赦免され、信忠付きとされる。十六日に岐阜で信忠に拝謁している（公記）。

〔長い余生〕

本能寺の変後、信雄に属す。小牧陣が開始される前の天正十二年三月二十一日、紀伊の在地領主を信雄方に誘っている姿が見られる（譜牒余録、小山氏前掲論文所収）。しかし、いざ戦いとなると、もう従来の勢いはなかったのか、尾張蟹江城守備の時、留守中に城を敵方に奪われるという失態を演じた（家忠・多聞院）。

その後秀吉に仕えるが、合戦に従軍した形跡は全くない。身分は秀吉の御咄の衆。年齢的には三十歳そこそこの若さだが、すでに隠居扱いだったらしい。茶会にはやはり時々出席しているが、天正十六年十一月二十一日に、千宗易・今井宗久を招いて開催した茶会の中で、宗久に「サクマ不干老」と記されているのは面白い（宗久書抜）。

慶長三年（一五九八）、秀吉の死んだ時、形見として金子十枚を受けている（太閤記）。

秀吉死後の消息ははっきりしないが、関ケ原の戦いの時、弟で養子の信実を家康に従わせて、自らは京都紫野に隠遁する。大坂の陣の後、秀忠に召されて御咄の衆。武蔵児玉・横見郡内で三千石の采地を賜ったという（重修譜）。

寛永八年（一六三一）四月二十七日、七十六歳で没（重修譜）。

佐久間信盛（さくま　のぶもり）　尾張

?～天正九年（一五八一）七月二十四日。

半羽介、右衛門尉。法名定盛。他に斎号として夢斎が伝わる。初期の通称半羽介については、『田島氏文書』『伊勢古文書集』中に発給文書があるが、いずれも原本は伝わっていない。そのため、これを「出羽介」の誤りとする説がある。しかし、『尾張循行記』に収めた『田島文書』中に、「ハバノスケ」とわざわざ振り仮名を書いているところを見ると、写し違いではなさそうである。

〔出自と若い頃の活躍〕

尾張愛知郡山崎の佐久間氏の出。柴田勝家と並ぶ信長の古くからの部将で老臣である。父は信晴と『重修譜』にあるが、不明。五器所《ごきそ》の佐久間家勝とは従兄弟同士ともいわれるが（尾張群書系図部集）、確かではない。家勝のみならず、大勢の佐久間一族との関係については明らかでない。

年次ははっきりしないが、天文末年頃と思われる七月二十五日付で、熱田社惣検校らに宛てた赤川景広・村井貞勝・島田秀順との連署書状が文書における初見である（田島氏文書）。先述の通り、これには「佐久間半羽介」と署名している。

信長の弟信勝（信行）付きとなった勝家と違い、信盛は一貫して信長に仕えた。弘治元年（一五五五）信次の出奔した守山城に安房守（秀俊カ）を入れるよう信長に建言して容れられる。その功により、安房守より下飯田村内百石を賜ったという（公記）。

永禄三年（一五六〇）五月の桶狭間の戦いの時は、善照寺の砦に置かれ、両軍の決戦には加わらなかった（公記）。その直後の六月十日、伊勢神宮の御師《おんし》福井勘右衛門に戦捷の祝儀について謝し、戦いの結果を報告している（伊勢古文書集）。

同十年五月、徳川信康に嫁す信長の娘（五徳）に供奉《ぐぶ》して岡崎に赴いたという（家忠日記増補）。

〔上洛前後の活躍〕

信長の上洛の準備期間、信盛の活躍は著しい。文書を通じて伝わるのは、大和の国衆との連絡である。永禄九年八月以前、信長は早くも流浪中の義秋（義昭）と連絡を持ち、義秋を奉じて上洛する意思を伝えている（『多聞院日記』所収文書）。この年と思われるが（奥野高廣氏は『信長文書』で永禄十一年に比定）、八月二十一日付で、信長は大和の国衆柳生宗厳に書し、忠節を促している。信盛は八月二十八日付で副状を発し、その中で信長の上洛の延引を伝え、弁解している（柳生文書）。

柳生氏に対しては、その後も信盛は時々通信し、信長の意思をその都度伝えている。同十年十二月には、柳生のみならず同じ大和国衆の岡因幡守や興福寺衆徒とも通信している（柳生文書・岡文書）。

同十一年九月、いよいよ信長は上洛の途につく。それに従った信盛は、九月十二日、木下秀吉・丹羽長秀とともに箕作《みつくり》城を攻撃、即日これを落とした（公記）。

入京後、細川藤孝・和田惟政といった公方衆とともに京より大和へ遣わされ、松永久秀を援けて大和の諸城を攻撃。十一月には京に戻ったが、信長の帰陣後も村井貞勝・丹羽長秀・明院良政・木下秀吉とともに京に残され、政務に携わった（多聞院）。

一度は帰国したが、翌年一月には信長とともに再び上洛したのであろう。二月一日、金剛寺に兵糧米賦課、続いて十一日、堺の接収に活躍している（南行雑録・宗及記）。堺接収の時の顔触れは、信盛の外に、柴田勝家・坂井政尚・森可成・蜂屋頼隆、そのほか公方衆であった。彼ら五人はそのまま京畿に駐まったらしく、三月二日、多田院に矢銭免除、四月一日、堺に用脚の催促をしている（多田院文書・岡本良一氏文書）。この時は、閏五月まで京畿に居たらしい（古簡雑纂・耶蘇通信）。

八月、伊勢大河内《おかわち》城攻めに従軍（公記）。戦後、信長とともに上京し、またしばらく京に残されて所務にあたった様子である（退蔵院文書）。元亀元年（一五七〇）四月の越前攻めには参加せず、京を守ると『佐久間軍記』にあるが、これは本当かも知れない。

〔近江野洲郡・栗太郡の支配者〕

信長が越前から辛くも退陣し、京を経て岐阜に帰陣する途中の元亀元年五月、信盛は近江野洲郡の永原城に入れ置かれた。同時に配置されたのは、宇佐山（志賀）の森可成、長光寺の柴田勝家、安土の中川重政である（公記）。浅井氏に呼応して信長の岐阜・京都間の通路を阻もうとする、六角氏に備えた布陣である。

六月四日、長光寺の勝家とともに六角軍と野洲河原落窪にて戦い、これを打ち破った（公記・『栗太志』所収文書ほか）。この時の戦功により、勝家と並んで三万貫を加増されたと『甫庵』等にあるが、三万貫は多すぎて信憑性が薄い。

新たに近江を本拠とした信盛は、当時の信長の近江を中心とする悪戦苦闘の中で堅実な働きを見せている。同年同月の江北攻めに従軍（公記）。姉川の戦いにも当然参加したであろう。『甫庵』では、江北攻めの時の兵力を信盛七千、勝家五千としている。両方とも多すぎると思われるが、信盛の兵力が勝家のそれに勝るとも劣らないことがわかるであろう。

同年九月、叡山攻囲。信長の命により、叡山に対し、味方、さもなくば中立すべきことを求め、拒絶されたという（甫庵・足利季世記）。

同二年五月、長島攻め。八月二十六日、三宅・金森《かねがもり》を攻撃（堅田本福寺旧記）、九月一日、近江新村城を攻略（公記）。そして、その九月上旬には、摂津に出陣している松永久秀と軍撤収の交渉にあたっている（尋憲記）。

この月十二日に叡山焼討ちがあり、これについて、信盛が信長に思い止どまるよう諫めた旨『甫庵』や『佐久間軍記』等にあるが、これは訛伝であって、この時は信盛はまだ摂津に居たものと思われる。十一月には秀吉とともに京に遣わされ、将軍の警固を務めている（宴乗）。

同年十二月、野洲・栗太郡・蒲生郡桐原に散っている六角家臣の旧領、及び叡山・日吉社領を宛行われ、「新与力」として進藤・青地・山岡を付属された（吉田文書）。新与力のうち進藤に関しては、文中に、勢多川を境にその家臣を明智光秀と分けると書かれている。また山岡は、景隆・景佐・景猶《かげなお》の三兄弟のうち、景隆のみ信盛与力で、他の二人は光秀に付属されたらしい。野洲郡の永原らは、これ以前より信盛に属していたのであろう。この後、野洲・栗太両郡は、信盛が一職《いっしき》支配の形で全面的に支配権を信長より委ねられたようである（谷口克広「元亀年間における信長の近江支配体制について」）。

翌三年一月から三月にかけて、甲賀郡に逼塞している六角氏の残党に味方せぬよう、近江南郡の地侍たちから起請文《きしょうもん》を取っている（福正寺文書・勝部神社文書ほか）。六角氏に関しては、その後の七月、信盛は残党の籠る金森・三宅城を攻めて、これを攻略（年代記）。次第に追い詰めて行き、ついに天正二年（一五七四）四月の石部城攻略によって最後の息の根を止めた（公記）。

〔信長と義昭との対立の中で〕

元亀三年から翌天正元年にかけて、信盛の日々は畿内を中心とする戦いに明け暮れる。

まず元亀三年四月には、公方衆たちと一緒に河内に出陣して交野《かたの》城の後巻き《うしろまき》（根岸文書・兼見卿記ほか）。十八日、勝家と並んでその戦功を褒されている（寸金雑録）。七月、金森・三宅城を攻略後、すぐに江北にも働き、小谷の町を破壊した（公記）。

十一月、家康からの要請により遠江に派遣され、三方原の戦いに加わる。しかし敗戦。同僚の平手汎秀《ひろひで》を討死させた（公記ほか）。

翌元亀四年四月、信長と義昭との最初の衝突の時、信長の異母兄信広に従って和睦の使を務める（兼見）。和談が成立するや、すぐに近江に帰国。勝家らとともに鯰江城に六角義治を攻めている（公記）。

四月二十七、二十八日、義昭側近と信長重臣との間に誓書の交換が行われたが、起請文に署名した信長側の顔触れは、林秀貞・柴田勝家・滝川一益と美濃三人衆、それに信盛である。一方、義昭側の起請文の宛名は、塙直政・滝川一益に信盛であった（和簡礼経・座右抄）。義昭側のものの宛名は畿内を担当していた者として選んでいるようだが、信長側の発給人は、当時信長の下で重きをなしていた者と判断してよいであろう。

信盛はさらに五月二十一日及び二十八日、義昭側近一色藤長に対し、御内書による将軍の意思表示を求めている（東京国立博物館文書）。このあたり、戦場に働く武将にとどまらない信盛の真価が垣間見られる。

努力空しく二度目の衝突となった七月、信盛は信長軍の槙島攻めに参加する（公記）。降伏後の義昭を秀吉とともに若江へ送ったという（甫庵）。

〔将軍与党の討伐と近江平定戦〕

将軍追放後の天正元年（一五七三）八月、信長は江北に馬を進める。信盛はもちろんこれに従った。その十三日、朝倉軍の退却を先陣の部将たちが見過ごして、信長の叱責を買った時、信盛一人これに抗弁し、信長の怒りに油を注いだという（公記）。続く小谷攻めには参加せずに江南に働いて甲賀郡菩提寺城を抜き、さらに石部城に六角承禎を攻めている（古証文・年代記）。

九月下旬の伊勢長島攻めにも従軍。諸将とともに西別所・白山を攻略している（公記）。十一月には、今度は河内に出陣し、若江城に三好義継を攻撃。若江三人衆が降ったため、城内へ攻め込み、義継を自害せしめた（公記・年代記）。

十二月二十六日、しばらくの間信長に背いていた松永久秀が降るが、この仲介の労は信盛がとったと『甫庵』にある。これに先立つ十一月二十九日、信盛は信長より、久秀が降ったら多聞山城を没収するなどの条件で赦免するよう、指示されており、仲介したのは事実と思われる（大阪銀装文明堂文書）。そしてこの後、久秀は信盛の麾下に属したらしい。ただし久秀は間もなく剃髪し（多聞院）、武将として復帰するのは同四年五月、信盛が大坂攻めの主将として天王寺城に入ってからである（公記）。

〔東奔西走の日々〕

翌天正二年四月、六角承禎はようやく石部城を退散。その跡には信盛の兵が入れ置かれた（公記）。六月、武田勝頼の高天神《たかてんじん》城攻めの報に信長父子が出陣した時、信盛も従軍して浜松まで軍を進めた（年代記）。七月の長島攻めにも従軍する（公記）。

しかし、信盛は、長島攻め途中の九月九日上洛、その後の十四日、東寺に陣取り及び兵士の寄宿を禁止、十六日河内に出陣、十八日には明智光秀・長岡（細川）藤孝とともに飯盛で三好軍や一揆勢と戦ってこれを撃破、十九日萱振《かやふり》砦攻略、高屋城近辺放火、と一連の行動が確かめられる（年代記・東寺文書・細川家文書）。長島陣が兵糧攻めに入ったところで、攻囲陣を抜けて、畿内へ派遣されたのであろう。まさに東奔西走の活躍である。

天正三年の戦歴をたどっても、信盛の動きはおさまらない。四月高屋城攻め、五月長篠の戦い。その後、三河加茂郡を平定し、信忠が行っている岩村城攻めにも一時的に加わった様子である（野崎達三氏文書）。さらに八月越前一向一揆討伐戦に参加と、その行動範囲は広きにわたっている。この年十二月、水野信元が誅殺された後、その旧領緒川・刈屋を与えられ、水野の家臣を付属させられた（『公記』所収信長譴責状）。なお、水野信元の誅殺は信盛の讒言によると伝えられるが、確かなことはわからない。

この年十一月二十八日、信忠への織田家督及び岐阜城の譲渡があり、信長は新城安土建築の間、信盛邸に身を寄せたのであった（公記）。この後、尾張は美濃とともに信忠に譲られた形になるが、尾張には信盛の権限も信忠と共存しているのである。天正四年一月十日付で、信長は千秋季信に熱田社の神職一円を宛行うが、翌日、信忠だけでなく、信盛からもその副状が出されているのは、その現れである（千秋文書・尾張寺社領文書）。

それだけでなく、信盛の支配圏は、永禄四年の清須同盟以後、三河加茂郡高橋荘にまで達していたという説がある（刈谷市史など）。確かに、天正四年九月五日付の、猿投寺社に人夫役を免除した佐久間信直判物から、その事実がうかがえる（猿投神社文書）。しかし、この文書が水野信元滅亡の後であることを考えると、永禄年代からの支配と断定するのはやや飛躍と思われる。

〔本願寺攻めの総司令官として〕

天正三年、信長は本願寺攻囲の体制を作る。西より摂津の荒木村重、山城西岡の長岡藤孝、南山城・大和の塙（原田）直政という顔触れであり、彼らは翌四年四月、軍を出して本願寺を囲んだ。ところが、五月三日、直政は本願寺の一揆勢と戦って討死、攻囲陣の中心である天王寺城が一揆勢に逆に攻められるという危機に陥った。この時、信長は自ら出陣、信盛もその軍に従って一揆勢を打ち破った（公記ほか）。

この戦いで本願寺の侮れない力を知った信長は、本願寺対策を変更する。信盛を天王寺城に入れて本願寺攻めの主将とし、多くの与力を付属させて攻囲の要となし、さらに十カ所の付城を築くなど徹底した包囲戦術に出たのである（公記）。

この時、信盛に従って天王寺城に入った者は、『公記』によると、近江衆である進藤賢盛・池田景雄・山岡景宗・青地元珍、尾張の水野守隆、それに大和の松永父子である。そのほか、三河の高木清秀、尾張の梶川高盛・島信重・同一正・水野忠重、近江の永原重康、大和の箸尾為綱、河内の若江三人衆（池田教正・野間長前・多羅尾綱知）、和泉の松浦肥前守・寺田生家・真鍋貞友・宮崎鎌大夫・沼間任世ら、紀伊の保田知宗などが信盛の指揮下で働いていたものと思われる。七カ国に及ぶ大軍団である（『公記』所収信長譴責状）。

しかし、同年七月十三日、毛利水軍が大坂湾に現れ、和泉の水軍は惨敗。真鍋貞友・宮崎鎌大夫は討死した（公記・毛利家文書ほか）。陸上に関しては蟻の這い出る隙もない包囲陣を布いても、水軍が弱体では毛利と本願寺との連絡を妨げることができず、笊で水を掬うような有様であった。それを悟った信長は、九鬼嘉隆に命じて、水軍の強力化に努める。二年後、九鬼の大船軍団が完成した。（天正六年）九月二日、和泉の真鍋に対して、九鬼水軍の案内をするよう命令している（源喜堂古文書目録）。

大坂方面軍主将として信盛は、天正四年八月二十日木津川沿岸の作毛を伐採、翌五年二月雑賀《さいか》攻め、十月信貴山《しぎさん》城攻め、同六年五月より播磨攻めに加わるなど、大坂のみならず周囲の本願寺与党との戦いに年月を費やした（細川家文書・公記ほか）。

同六年十月、摂津の荒木村重が謀反との噂が流れた。信盛は村重の説得の使、さらに村重麾下の高山重友説得の使をも務めた（隆佐記・公記）。村重の謀反は現実となり、信盛の担当する大坂攻めは困難を極めた。しかも、播磨など近国での戦いに駆り出されることが多かった。

このように信盛のこの頃の戦歴をたどると、一見八面六臂の活躍に思われるが、肝心の大坂との戦いは全くなかった。積極的に攻城戦に出ることもなかったし、本願寺から出勢することもなかった。ただ大坂の地を包囲するだけで年月が過ぎて行ったのである。そして、『宗及記』を見ると、津田宗及の茶会に出席したり、宗及を招いて茶会を催したり、その方面での活発な動きがのぞかれる。信長よりの譴責状の中で、信盛父子は大坂攻めの怠慢を責められているが、茶湯を頻繁に楽しんでいたことは事実である。特に天正七年は、これといった戦いに参加していないのに、茶会での活動の多かった年であった（宗及記）。

〔追放、そして死〕

天正八年三月、信長は朝廷を動かして本願寺との講和を成立させる。信盛は三月一日、勅使の目付という任務を帯びて大坂へ赴いた（公記）。さらに閏三月には、本願寺側の誓紙の検使として再び大坂へ遣わされた（公記）。大坂には光佐の子光寿が開城に反対して残留していただけに、松井友閑とともにその後しばらく大坂退城の実務を担当した（本願寺文書・公記）。八月二日、ようやく光寿が大坂を開け退くが、この時友閑とともに、その退城を検使する勅使に添えられている（公記）。

大坂退城が完了した八月二十五日、信長より譴責状が信盛と信栄宛てに発せられ、父子は高野山へ追放された（公記・聖藩文庫蔵『古文之写』）。その理由の第一は大坂攻めの怠慢だが、そのほか、付属された水野信元の旧臣を追い払ったこと、信長に口答えをしたことなど、細々と列挙されている（公記）。

　命令通り高野山に入ったものの、そこにも居られず、間もなく熊野の奥に移る。信長からは一人も伴をしないよう厳命が下ったため、父子はたった二人、徒歩で山を上ったという（公記・小田栄一氏文書）。入道して夢斎定盛《じょうせい》と称す（南行雑録）。

　九月十五日、金剛峯寺小坂坊に金子九枚・八両等を預け、死後、定灯・石塔等を建立することを依頼しているが、二十五日には、同所に対し、罪赦されて帰国のあかつきには二百石寄進することを約束している（南行雑録）。わずかにしろ将来に赦免の期待を持っていた様子である。

　だが、突然の環境の変化と追放の衝撃が、若くもない身にひびいたか、病にかかり、翌九年七月二十四日、十津川にて没した（『高野春秋』所載野見聞記）。『寛永伝』では、没年を同十年と誤りながらも、その年齢を五十五歳としている。信用の限りではないが、大体それぐらいだったであろう。

　子信栄は十年一月十六日、赦されて再び信長に仕えたが、もうかつての威勢はなかった。

佐久間不干斎（さくま　ふかんさい）→佐久間信栄（さくま　のぶひで）

佐久間兵大夫（さくま　へいだゆう）

　?～天正十年（一五八二）六月二日。

　佐久間一族の者か。信長か信忠の馬廻だろう。天正十年（一五八二）六月二日、本能寺の変の時、明智軍と戦って討死した（阿弥陀寺過去帳）。

佐久間正勝（さくま　まさかつ）→佐久間信栄（さくま　のぶひで）

佐久間盛重（さくま　もりしげ）　尾張

　?～永禄三年（一五六〇）五月十八日。

　大学助。諱は「盛重」で知られているが、文書等の裏付けはない。

　信秀の時代からの織田家の臣である。信長を離れ、信勝（信行）付きにされたらしく、天文二十年（一五五一）三月の信秀の葬儀の時は、信勝に供奉《ぐぶ》している（公記）。

　その後、信長、信勝（信行）の対立の中で信長方に奔ったのであろうか、弘治二年（一五五六）八月、信勝方柴田・林に備えて、名塚の砦に置かれている。そして、二十四日の稲生《いのう》の戦いに参加。橋本十蔵を討ち取ったという（公記）。

　永禄三年（一五六〇）五月、今川軍の進攻に備え丸根砦に置かれたが、十八日、今川軍の攻撃を受け、落城、討死した（公記ほか）。信長の尾張一国時代の一方の大将であった。

　娘は新庄直頼・佐久間盛政に嫁いだという（重修譜）。

佐久間盛次（さくま　もりつぐ）　尾張

　生没年不詳。

　久六郎、久右衛門尉。

　佐久間盛政兄弟の父。系図類では、信盛の従兄弟とするものが多いが、確かではない。妻は柴田勝家の姉妹である。尾張愛知郡に住し、後、犬山城主になると『重修譜』『断家譜』などにはあるが、『公記』などの良質史料には、その事跡が伝わっていない。

　良質の史料ではないが『佐久間軍記』には、弘治二年（一五五六）八月の稲生の戦い、永禄十一年（一五六八）九月の箕作《みつくり》城攻め、勝竜寺城攻め、元亀元年（一五七〇）九月の野田・福島城攻めに参加した旨の記載がある。だが他史料では、このうち箕作城攻撃について『甫庵』に載っているのみである。

　その後、佐久間信盛の軍団に属したのであろうか。『当代記』の天正四年（一五七六）五月三日条、佐久間信栄（信盛の子）らが天王寺城で本願寺の一揆勢と戦っている中に、「佐久間久右衛門」の名が見られる。

佐久間盛政（さくま　もりまさ）　尾張

　天文二十三年（一五五四）～天正十一年（一五八三）五月十二日。

　理助、玄蕃允、玄蕃助。

尾張五器所《ごきそ》の佐久間氏。父は久右衛門尉

盛次。多くの佐久間氏系図は、盛次を信盛の従兄弟としているが、確かではない。母は柴田勝家の姉妹。その縁で外叔父勝家とは、あたかも父子関係のような密接な繋がりをもって活躍する。

確かな史料における初見は、天正四年（一五七六）年の加賀の一向一揆討伐戦。この時、五月二十三日付で高田専修寺に誓紙を求めている。前日付の勝家判物の副状である（法雲寺文書）。

加賀は、同三年九月に簗田《やなだ》（別喜《べつき》）広正に与えられていたが、その平定戦失敗後は勝家の手に委ねられた（当代記）。盛政は勝家軍の先鋒として加賀平定に力を尽くす。

同五年八月、勝家を総大将とし、滝川一益・丹羽長秀らも参加した大がかりな加賀出陣があったが、急遽西上した上杉謙信に手取川で大敗した。謙信が引き上げた後、盛政は、上杉軍に備えて御幸塚《ごこうづか》の砦に置かれた（公記・歴代古案）。その後、越中をもうかがっており、（同八年）閏三月には、上杉の将河田長親帰属の工作の面々に加わっている（『上杉家記』所収「読史堂文書」）。

同九年二月の馬揃えの時は、佐々成政とともに在国。味方主力の留守中、上杉方の一揆がふとうげの砦を占領した。盛政はこれを攻め、砦を奪還した（公記）。

盛政は尾山（金沢）を居城としており、勝家より加賀一円を任されていたのであろう。同年九月十二日、後藤弥右衛門尉に加賀の石川・河北両郡にわたる地を宛行っている（後藤文書）。同十年には勝家らとともに越中に入り、三月、神保長住が一揆に奪われた富山城を奪回した（公記）。

本能寺の変報に接したのは、魚津城を落とし、次の進撃に備えていた時であった（上杉年譜ほか）。勝家指揮の北陸方面軍は魚津方面の陣から撤退。勝家は近江経由で清須へ赴いたが、盛政は石動山《いするぎやま》攻めの応援を前田利家より頼まれ、北陸に駐まった。六月（七月ともいう）二十六日、敵の籠る荒山を攻め、敵将温井《ぬくい》景隆・三宅長盛を討った（金沢市立図書館文書・温故足徴・太閤記ほか）。

（同年）八月十六日、某に書し、越中に残る敵を討果す覚悟を述べている（温故足徴）。確かに越中は征服途上の国だが、その間、畿内方面では羽柴秀吉が着々と勢力を植え付けていることを意識していないのであろうか。

叔父勝家と秀吉の対立の深まる中、勝家の無二の臣としてこれを補佐。同十一年三月三日出陣して江北に着陣する（古今消息集）。

秀吉の岐阜出張の隙をねらった盛政は、四月二十日、勝家軍の主力部隊を率いて大岩山砦の中川清秀を急襲、これを攻略した。しかし、急遽大垣より軍を返してきた秀吉軍に攻撃されて大敗、総敗軍となった（柴田合戦記ほか）。

越前の山中に潜んでいたが捕えられ、五月十二日、洛中引回しの上、槙島で斬られた（兼見・寛永伝）。二十四歳という書もあるが、それでは弟たちの年齢より下になってしまう。『重修譜』などのいう三十歳というのが正しいであろう。

佐久間安政（さくま　やすまさ）　→保田安政（やすだ　やすまさ）

佐久間弥太郎（さくま　やたろう）　尾張

生没年不詳。

『尾張群書系図部集』では、諱は「盛経」、信盛の伯父としている。一族であることは、確かである。信長の馬廻であろう。永禄三年（一五六〇）五月十九日、桶狭間の戦いで功（公記）。同十二年八月、伊勢大河内《おかわち》城攻めの時、「尺限《さくきわ》廻番衆」を務めた（公記）。

桜井豊後守（さくらい　ぶんごのかみ）　丹後

生没年不詳。

『甫庵』や『細川家記』には「豊前守」とある。丹後竹野神社の神主家。加佐郡内の城主。天正三年（一五七五）八月、一色義道に従って、船で越前攻めに参加している（公記・甫庵）。

同七年、一色に従って信長に反抗、熊野城に籠る。しかし、長岡（細川）藤孝・惟《これ》任《とう》（明智）光秀の攻撃を受け、人質を出して降参した（細川家記）。

桜井正次（さくらい　まさつぐ）　越前

生没年不詳。

平右衛門尉。

白山神社御師《おし》の家。その一方、朝倉氏に仕える。

永禄八年（一五六五）七月十三日に長谷川七郎衛門尉らより、同九年二月二十九日に三浦氏満より書を受け、白山参詣の時は桜井坊を宿坊とする、という契約を成している（桜井文書）。また、同八年七月十三日には、長谷川らより、道者に違乱しないことを約束されている（桜井文書）。

某年三月二十日付の朝倉義景書状では、奉行に対する馳走を謝されている（桜井文書）。おそらく朝倉氏の保護下にあったものと思われる。

朝倉氏滅亡後は、信長の支配下となったが、旧朝倉重臣の土橋信鏡《どばしのぶあきら》（朝倉景鏡）が直接の支配者だった様子で、天正二年（一五七四）二月十八日、桜井平左衛門跡の二宮内山中六カ村を、四月四日、大野郡佐々希兵庫助領地内百石を宛行われている（桜井文書）。

白山神社社人石徹白《いとしろ》氏とも繋りは深く、天正二年七月晦日付で起請文《きしょうもん》を受けたり、同十四年七月二十日、田畠の譲渡を受けたりしている（桜井文書）。

同三年には、息男平四郎が、信鏡の使として上京の途、石徹白近辺で殺害されるという事件があり、これに関しては信鏡のみならず信長自身も乗り出し、下手人の成敗について指示している（桜井文書・石徹白文書）。

桜木伝七（さくらぎ　でんしち）

?～天正十年（一五八二）六月二日。

信忠の馬廻か。天正十年（一五八二）六月二日、二条御所にて討死の交名《きょうみょう》の中に見られる（公記）。

篠岡八右衛門（ささおか　はちえもん）　尾張

生没年不詳。

信長の馬廻。武功よりも、坂井利貞・河野氏吉・山口太郎兵衛と同じく、普請奉行としての事跡によって知られている。この四人は、天正二年（一五七四）閏十一月二十五日、信長より尾張国中の道路・橋・水道の整備を命じられている（坂井遺芳）。この仕事は翌年二月に完成した（公記）。同三年十月八日、四人はまた信長より、尾張国中の橋と道並木の建設を命じられている（坂井遺芳）。

同年十一月二十八日に、信忠に織田家督と尾張・美濃両国の譲与があり、それ以後は、尾張・美濃の土木については、信忠が八右衛門たちに命令する形になる。同四年二月、早速信忠より尾張国中の道の幅と並木についての命、同七年十一月十六日、美濃西方の山中より岐阜までの本道と橋の建設についての命を受けている（坂井遺芳）。前者の時は坂井・河野と三人、後者の時は、山口を加えた四人での仕事であった。

本能寺の変後の天正十年七月十九日、四人して、新たに尾張支配者となった信雄より、尾張国中の道・橋・並木の普請について申し付けられているが（坂井遺芳）、この文書を終見として彼の名は史料から消えている。間もなく没したのであろうか。『分限帳』には、四十五貫文を知行する「篠岡子」が載っている。

篠川兵庫頭（ささかわ　ひょうごのかみ）　尾張?

?～天正十年（一五八二）六月二日。

姓は「佐々川」とも書く。信忠の馬廻か。天正十年（一五八二）六月二日、二条御所にて討死した（公記・惟任謀反記）。（天正二年）五月二十日付、丹後・若狭舟手人数宛て秀吉書状の中に、立石浦の住人「篠河兵庫」という人物が出てくるが（立石区有文書）、別人であろう。

佐々木蔵人（ささき　くらんど）　越前

生没年不詳。

天正元年（一五七三）十月八日、信長より本知七石を安堵されている（称名寺文書）。

佐々木隼人佐（ささき　はやとのすけ）　伊勢

生没年不詳。

神戸四百八十人衆の大将の一人。元亀二年（一五七一）一月、所領を安堵され、信孝に従った（神戸録・勢州軍記）。

篠山景助（ささやま　かげすけ）　近江

生没年不詳。

代々近江甲賀郡鳥居野村を領した土豪。景助の代になり信長に仕える。某年、五十歳にて没という（重修譜）。

佐治新太郎（さじ　しんたろう）　尾張

永禄三年（一五六〇）頃～天正七年（一五七九）四月一日。

尾張の佐治氏の出であろう。信忠の小姓。天正七年（一五七九）四月一日、同じ小姓の金森甚七郎と口論の末これを斬り、自分も切腹した。二十歳ほどであったという（公記）。

佐治為興（さじ　ためおき）　→佐治信方（さじ　のぶかた）

佐治為貞（さじ　ためさだ）　尾張

生没年不詳。

左馬允、上野介。諱は、「為平」「信氏」ともある。

知多郡大野城主。信方（為興）の父（佐治系図）。

知多郡の佐治氏は、十六世紀前半頃、大野を中心として内海から羽豆崎への西海岸を押さえ、刈屋・緒川を中心に東海及び成波・常滑の交通路を押さえた水野氏と二大勢力を保っていたという（知多市誌）。

『東国紀行』に、天文十三年（一五四四）閏十一月、東へ下向中の谷宗牧が大野に赴いた時、佐治左馬允より朝食に招かれた旨の記載がある。そして、その使は息男の八郎であったという。年代から推して、この「佐治左馬允」は為貞の父、「八郎」が為貞であると考えられる。しかし、『張州雑志』では、為貞の父為縄の没年を天文元年にしており、断定はできない。

この佐治氏が信長に従ったのは、永禄三年（一五六〇）頃だったものと思われる。同年十二月付、信長の大野東竜寺宛て禁制は、この頃信長の勢力が大野まで届いていたことを物語っている（東竜寺回答書）。おそらく桶狭間の戦い後、信長に完全に服従したのではなかろうか。

子の八郎信方は、信長の妹お犬を娶った。彼は、おそらく天正二年（一五七四）九月の長島攻めの時に討死した（「斉年寺位牌」、『張州雑志』所収）。

為貞の没年月日は、天文十六年六月十七日と『張州雑志』にある。（天正二年＝一五七四）六月五日付で、信長が「佐治左馬允」に、遠江出陣の兵の兵糧を商人の船で運ぶよう命じた朱印状が伝わっているが、この「左馬允」は信方なのであろうか（反町文書）。

佐治信方（さじ　のぶかた）　尾張

?～天正二年（一五七四）九月二十九日?

八郎。初名「為興」、後、信長の一字を受けて「信方」と改名するというが、「為興」「信方」とも文書の裏付けはない。

知多郡大野の人。左馬允為貞の子（織田系図・佐治系図）。

父為貞は、大野を中心に知多半島の西海岸を押さえ、独立した力を保っていたが、永禄三年（一五六〇）頃から、尾張の大部分を勢力下に収めた信長に従うようになったらしい。その後、信方は、信長の妹お犬を娶って織田家と姻戚関係を結んだ（織田系図・織田家雑録ほか）。

信長の部将としての戦歴は乏しい。『公記』には、元亀元年（一五七〇）九月二十五日、叡山攻囲陣に参加している姿がのぞかれるのみである。

その死没年月日についても、二通り伝わる。『佐治系図』や『張州雑志』所収「斉年寺位牌」では、天正二年（一五七四）九月二十九日、長島攻めの時に討死（『佐治系図』は二十八日）。だが、『大野東竜寺古過去帳』（『知多市誌』所収）には、元亀二年五月に長島で没とある。前者を信じるべきであろうか。しかし確言はできない。没年齢については、『佐治系図』『大野東竜寺古過去帳』両方とも二十二歳とする。だが、これは年少すぎるのではなかろうか。

未亡人となった織田氏（お犬）は、天正三年十一月十日、兄信長より下京地子銭を宛行われているが（竜安寺文書）、翌四年、細川信良（昭元）に再嫁した（織田家雑録ほか）。

佐治美作守（さじ　みまさかのかみ）　近江

生没年不詳。

近江甲賀郡の人。永禄十一年（一五六八）の追筆のある四月二十七日付の信長朱印状で、近江蒲生郡市子荘等五カ所を安堵された（佐治家乗）。この書にある信長署名は「尾張守」であり、ほかに永禄十一年四月二十七日付の永原重康宛て条書もあるだけに（護国寺文書）、「永禄十一年」というのは信じられるであろう。信長上洛以前に降っていた近江国衆の一人である。だが、その後の事跡は伝わらない。

佐々宇三五（さそう　さんご）　近江
生没年不詳。
姓は「麻生」ともある。
近江後藤氏の臣。相撲取り。天正六年（一五七八）二月二十九日の安土相撲会に参加。二十三人の撰《えり》相撲の人数に入る。同年八月十五日の会にも参加し、賞として、信長より百石及び私宅を賜った。同八年六月二十四日の会にも参加して、賞されている（公記）。

佐竹宗実（さたけ　むねざね）　山城
?～天正十八年（一五九〇）九月二十三日。

出羽守。

愛宕《おたぎ》郡高野の地侍。吉田社神主の吉田兼見とは姻戚関係。信長に仕え、明智光秀の麾下。しかし、光秀とは「二十日銭」等の利権をめぐって争い、柴田勝家や長岡（細川）藤孝を頼ったこともある（武家手鑑）。

光秀の下では、（天正六年＝一五七八）十一月十三日、摂津への出陣を命じられたり（尊経閣古文書纂）、同七年五月、丹波八上《やがみ》城攻撃に参加したりしている（兼見）。

本能寺の変では、何らかの役割を果したと思われるが、明らかではない。『兼見』七月二十日条には、蜂須賀正勝の尽力によって助命されたので、山崎の陣に行って秀吉に礼を行う旨書かれている。同年十月、丹羽長秀に仕え、三百石を扶助される（兼見）。

その後、東山真如堂に隠居し、天正十八年（一五九〇）九月二十三日没（染谷光廣「織田政権と足利義昭の奉公衆・奉行衆との関係について」）。

佐々清蔵（さっさ　せいぞう）　尾張
永禄三年（一五六〇）?～天正十年（一五八二）六月二日。

隼人正の子という（浅野清「福智院家文書と佐々成政辞世・生誕年」）。

信忠の小姓（甫庵）。天正十年（一五八二）、武田攻めに従軍。三月二日の高遠城攻めの時高名をあげた（池田本）。本能寺の変の時、二条御所で討死した（公記）。没年齢は、十九歳説、二十三歳説があるが、父隼人の没年（永禄三年）より鑑みて、後者が妥当という（浅野氏前掲論文）。

『分限帳』にある「佐々清蔵」は子であろう。

佐々長穐（さっさ　ながあき）　尾張
生没年不詳。

権左衛門尉。諱は「長秋」とも書く。

一兵衛尉良則（主知）の子（栗原修「上杉・織田間の外交交渉について」）。成政らの弟という説もあるが、誤りであろう。成政の家系との関係は、詳らかではない。

永禄年間から元亀初年にかけて、上杉氏との外交を担当していた「佐々」は、父良則である（栗原氏前掲論文）。長穐も、父と同じく対上杉氏外交を担当しており、次の活躍が見られる。
①（元亀元年＝一五七〇）七月二十七日、信長が謙信に対して、越甲の和睦を勧める書状に副状を発給（保坂潤治氏文書）。
②（元亀二年）十月二十二日、信長より謙信への隼贈呈の使として越後へ派遣される（堀江滝三郎氏文書）。
③天正二年（一五七四）九月、謙信への年頭の礼のため、越後へ派遣される（上杉家文書）。
天正三年（一五七五）八月、越前の一向一揆討伐戦に従軍。この時信長軍は越前平定の勢いを駆って加賀まで攻め込むが、その後、長穐は別喜《べっき》（簗田《やなだ》）広正らとともに、そのまま加賀に駐まった（公記）。この時点で、加賀は能美・江沼二郡が信長の支配下に置かれ、長穐や広正は、檜屋《ひのや》・大聖寺《だいしょうじ》

城を拠点にして加賀全域の平定に乗り出す。

『当代記』によると、加賀一国は広正に与えられたという。つまり、加賀方面の軍の主将は広正、一緒に加賀に置かれた長穐をはじめ堀江景忠・島一正たちは、広正の与力の立場ということであろう。

翌四年になっても加賀の平定は進まず、主将広正は尾張に召還された（当代記）。だが、長穐はその後も加賀に駐まり、加賀・越中への作戦を担当し続ける。（同五年）九月一日、信長が加賀の水越左馬助に宛てた書状に副状を発給している（歴代古案）。

同六年三月上杉謙信が死ぬと、加賀・越中における織田軍の行動は活発化する。同年四月、長穐は、越中での地位回復のため信長に頼った神保長住とともに、越中へ進攻した（公記）。その月晦日、越中の若林助左衛門尉に宛てた書状によれば、長穐は、上杉氏の重臣で越中方面へ出張していた河田長親を誘降しようとしている（上杉家文書）。

越中の神保のほか、能登の長好連（連竜）も失地回復を信長に頼ってきた。（同年）十一月十一日、長穐は信長より、長への援軍を来春派遣の予定であるとの朱印状を受けた（長家文書）。その後、（同七年）七月十一日には、信長の好連宛て朱印状に副状を発給している（加能越古文叢）。

元亀初年より十年余、佐々長穐の活躍の舞台は加賀・能登・越中に限られる。それだけに、その方面での活躍は目覚ましいものがある。しかし、加賀は別喜広正失脚後、柴田勝家に委ねられ、天正九年には、越中は佐々成政に、能登は前田利家に、それぞれ一職《いつしき》支配権が与えられた。これまで活躍してきた長穐は無視された形で、北陸方面では何らの恩賞にもあずかった形跡がない。

もともと長穐は小身であり、部隊を指揮して戦闘に加わるといった性格の家臣ではなかった。その実務能力を買われて上杉氏をはじめとする北陸の大名との外交に携わったが、その任務が終るとまた信長側近の立場に戻ったのであろう。

先に記した七月十一日付副状の後、長穐の名はしばらく史料から消える。本能寺の変の後、信雄に仕え、尾張青山郷で三百五十貫文を知行している（分限帳）。

佐々成政（さっさ　なりまさ）　尾張

?～天正十六年（一五八八）閏五月十四日。

内蔵助、陸奥守、侍従。入道号道閑。

〔出生について〕

尾張春日井郡比良村の人（張州府志ほか）。父については、『系図纂要』などは盛政、『諸系譜』（国会図書館蔵）は成宗とあるが、その他にも諸説があって明確なことはわからない。ただ、『公記』首巻に見える比良城主佐々蔵人佐という人物が父の候補者として注目される。

兄弟についても、問題がある。隼人正・孫介について、『武家事紀』等は二人とも兄としているのに対し、『武功夜話』では隼人正、成政、孫介の順としている。比較的信用できる史料である『公記』巻首、小豆坂の戦いの記事中に、隼人正・孫介の二人だけを載せているから、『武家事紀』等の順の方が正しいのではなかろうか。

成政の生年についてはいろいろな説がある。しかも、驚くべきことに二十年以上の幅をもって伝えられている。天正十六年（一五八八）に没した時の年齢の記載を次に紹介する。

①五十歳説（天文八年＝一五三九年生）（野史）。

②五十三歳説（天文五年＝一五三六年生）（系図纂要）。

③七十三歳説（永正十三年＝一五一六年生）（諸寺過去帳・武徳編年集成・武家事紀）。

佐々成政研究家の浅野清氏は、②を最有力としている（同氏「福智院文書と佐々成政辞世・生誕年」ほか）。彼の活躍期から見て、最も無理のない年齢である。しかし、史料の性質から見ると、③の信憑性が高い。『武家事紀』及び『武功夜話』に、天文十一年（一五四二）八月の小豆坂の戦いで功をあげた旨の記載があり、それを信じるとすれば、①②は年齢的に無理である。③では活躍期が老年すぎるきらいがあり、それに、信の限りではないにしろ、『天理本信長記』や『甫庵』の小豆坂の戦いの記事中に、兄（?）の孫介を十七歳としており、こちらにも疑問がある。

〔天文から永禄年間頃までの活躍〕

先に書いた通り、『武家事紀』『武功夜話』には、天文十一年八月の小豆坂の戦いからその名を載せているが、『公記』には、隼人正・孫介の二兄弟を載せるのみで、成政の名はない。『武功夜話』には、そのほか同十三年（同書では十六年）九月の稲葉山城攻めにも従軍した旨の記載がある。

ところで『武功夜話』には、成政三兄弟は、初め岩倉の守護代織田信安に属していたとある。信秀が岩倉の助勢を受けたわけではない小豆坂の戦いに参加という記事と合致しないが、比良の位置から見て、一時的に岩倉に属した可能性はある。いずれにしても、天文年中頃の佐々一族は、必ずしも信長に忠実な臣下ではなかったらしい。『公記』には比良城主佐々蔵人佐（成政らの父か）が病と称して出仕せず、信長暗殺を企んだという記事がある。

弘治二年（一五五六）八月二十四日、織田家が二つに分かれて戦った稲生《いのう》の戦いの時、佐々一族は信長方につく。この戦いで兄弟の孫介が討死した（公記）。成政は敵将角田新五を討ち取る手柄をたてたと『甫庵』『武家事紀』にあるが、『公記』によると、角田を討ったのは松浦亀介という者となっており、誤りである。

永禄三年（一五六〇）五月の桶狭間の戦いにも従軍。この戦いで、兄隼人正が討死（公記）。その後、成政は佐々一族の統率者になった。翌四年五月二十三日の軽海《かるみ》の戦いでは、池田恒興と二人で、敵将稲葉又右衛門を討取ったという（公記）。比良城を本拠地とする在地領主だが、信長軍団内における身分は馬廻、小部隊指揮官といったところである。

永禄年間初め頃と思われるが、信長は「戦功之衆廿人」を母衣《ほろ》衆として選定した。成政は黒母衣衆の一人として名を連ねている（当代記・高木文書）。

〔小部隊の指揮官として〕

永禄十一年九月、信長は足利義昭を奉じて上洛した。成政も馬廻として、それに従ったと思われる。翌十二年八月、伊勢大河内《おかわち》城攻めに従軍。この時、かつての母衣衆たちは、「尺限《さくきわ》廻番衆」として任務についているが、成政は柴田勝家らとともに、東に陣を構える軍に属している（公記）。身分は馬廻ながらも、以後、部隊を率いて活動する姿が多く見られるようになる。

元亀元年（一五七〇）六月、江北出陣にも従軍。二十二日、小谷から竜ケ鼻まで陣を移す時、簗田《やなだ》広正・中条家忠とともに殿《しんがり》軍を務めた（公記）。『当代記』では彼ら三人を「小身之衆」と呼んでいる。三部隊集って殿軍を務められる程度の部隊の指揮官であったわけである。

同年八月の南方陣にも従軍。大坂の川向いの川口の砦に置かれるが、十三日、本願寺が信長の敵となって兵を出した時、春日井堤にてこれと戦い、負傷した（公記）。

朝倉・浅井京都進出の報に接して、信長は急遽軍を返す。成政もそれに従い、二十五日の叡山包囲陣に参加している（公記）。この後、菅屋長頼とともに朝倉軍に一戦を誘う使として派遣された、と『甫庵』にあるが、『公記』には、菅屋の名を載せるのみである。

天正元年（一五七三）八月、信長に従い江北に出陣。浅井応援のため出張してきた朝倉軍と対峙。十三日夜、朝倉軍撤退の時、部将たちは油断して気付かなかったが、信長自身は成政ら馬廻を率いて追撃した（公記・当代記）。この追撃戦が朝倉氏を滅ぼす決定打となった。

その後、同年十一月の若江城攻め、翌年七月の長島攻めにも従軍（前田家譜・三壺聞書・公記）。同三年五月の長篠の戦いの時は、前田利家らとともに鉄砲奉行を務めた（公記）。

〔府中三人衆の一人〕

天正三年八月、越前一向一揆討伐戦に参加。その平定後、前田利家・不破光治と一緒に越前二郡を与えられた（公記ほか）。小丸城を居城とする。彼ら三人は以後「府中三人衆」と呼ばれる。二郡の知行も相給だったらしい。

彼ら三人の立場は、信長掟書（『公記』所収）にある通り「柴田目付」であり、越前八郡に封じられた柴田勝家に必ずしも従属するものではなかったが、軍事行動に関しては勝家の指揮下に置かれており、戦いを重ねるごとに勝家への従属性を増して行った様子である。

成政らに与えられた二郡というのは、当時の十二郡のうちのどこを指すのか明確でない。彼ら三人の連名の領地支配の跡が、今南西・南条・丹生《にゅう》三郡にわたっているからである。おそらく厳正に郡境を切ったものではなかったのであろう。いずれにしても、彼らの支配地の政務については勝家の干渉はなく、三人で一緒に行っている。彼らの支配地内における、三人揃っての政務の跡をたどってみよう。

①同三年九月二十三日、信長より織田大明神（剣神社）領を除く寺庵領社領の没収を命じられる（松雲公採集遺編類纂）。

②同年十月二日、高瀬村宝円寺の保護を指令する（宝円寺文書）。

③同年十月十二日、大滝神郷紙座に諸役を免じる（大滝神社文書）。

④同年十二月二日、慈眼寺に霊供米を安堵する（慈眼寺文書）。

⑤同年十二月二十日、織田大明神社領を安堵する（剣神社文書）。

これらのほか、成政単独の発給文書としては、天正四年七月二十三日付の、国衆諏訪三郎に宛てた、百五十石の知行の打渡状が見られる（佐野家文書）。国衆に関しては、三人それぞれに分けられて配属させられたのであろう。

〔「越前衆」としての活動〕

柴田勝家をはじめ、佐々・前田・不破の府中三人衆、それに大野郡に封じられた金森長近・原政茂は、「越前衆」と呼ばれる。天正四年中ごろより、彼らは勝家の指揮の下に北陸方面軍を形成し、加賀の一向一揆や上杉軍と戦うことを主要任務とする。

天正五年八月、成政らは勝家の指揮の下に加賀を攻めた。この陣には、滝川一益・羽柴秀吉・丹羽長秀なども一時的に参加して、勝家の下知に従った（公記）。この時は上杉謙信自身が出陣してきて、九月二十三日、加賀手取川での戦いで勝家軍は大敗、逃げ帰った（歴代古案・北越軍記）。

この後、謙信が死んで、上杉家に内紛が起ると、北陸方面軍もいくらか余裕ができ、司令官の勝家だけを北陸に残して、他の越前衆は他所に応援に出かけたりしている（公記ほか）。

同六年十月、荒木村重が有岡城に籠って信長に背く。成政ら越前衆は急遽呼ばれ、信忠の指揮の下に有岡攻めに加わる（公記）。有岡攻めは長期戦になり、年を越しても彼らは摂津に在陣した。そして四月には、今度は播磨に出張。丹羽長秀とともに、淡河《おうごう》城を攻めている（公記）。

摂津・播磨の陣から解放されたのは、四月三十日。成政ら越前衆は約半年振りに越前に帰国した（公記）。しかし、この年十二月、越前衆はまた上京。荒木一類の処刑の奉行を務めている（公記・隆佐記）。

〔越中攻めと越中一国の拝領〕

天正八年九月より、成政は北陸方面軍から軍を分かって、越中方面を受け持つ（北国鎮定書札類）。その月三日、越中本住院に禁制を掲げている（こまさらへ）。

越中では、同六年頃より、守護代家の神保長住が信長を後ろ盾にして平定戦に携わっていたが、遅々として進捗しなかった。成政が入国すると同時に、その長住や一族の神保氏張、それに謙信の死後信長に通じていた菊池武勝と屋代一族、二宮長恒などがその指揮下に付いたらしい。

翌九年二月、信長より正式に越中一国が成政に与えられた。居城は富山である。越前の領地は、すぐに収公されたらしい（楠瀬勝「佐々成政の越中への分封をめぐって」（一））。同月二十日、成政は早速、斎藤豊左衛門及び有沢図書助《ずしょのすけ》に新川郡の地を宛行っている

（最上記追加・有沢家文書）。

この月二十八日に行われた馬揃えには、勝家以下越前衆も挙って参加したが、成政と佐久間盛政だけは、それぞれ越中と加賀に駐まっていた。だが成政は、馬揃えの終った三月六日に、神保長住ら越中衆を連れて上洛。さらに十二日、安土へ行き信長に礼。鎧・轡《くつわ》・鞍などを進上、信長からは馬を賜った（公記）。

この北陸方面軍が手薄な隙をついて、上杉景勝が越中・加賀へ進出。成政が兵を入れ置いた小出城も攻撃された（公記）。ただ一人残った盛政は果敢に上杉軍に向かい、その進撃を阻んだ。十五日、勝家たちは急ぎ帰国、成政もそれと前後して越中に戻った（公記）。

二十四日、成政は神通川を越す。上杉軍は小出包囲陣を解いて退却した（公記）。この戦いの時であろう、成政は、牛丸右近兄弟の辻ケ堂籠城の功について、信長側近の堀秀政に報じている（秋田藩採集文書）。

成政はその後も東へ進み、六月三日、上杉方の拠点魚津城の支城である小津城を攻略した（佐野文書）。八月二十日には弓庄城に土肥政繁を攻める（最上記追加）。この攻撃は失敗したが、間もなく政繁は信長に降った。九月にはさらに瑞泉寺佐運をも攻めている（歴代古案）。

越中一国の一職《いっしき》支配者とはいっても、まだ征服の途中であり、国衆たちも織田・上杉両勢力の間で揺れ動いている有様である。その中で成政は、同年八月三日、礪波《となみ》郡の埴生《はにゅう》社に領地を寄進（護国八幡宮文書）、十月十三日、有沢図書助に高野の地を宛行うなど（有沢文書）、国主として国衆・寺社の支配に努めている。

同十年三月、上杉方の策動で越中の一揆が蜂起。小島・唐人《かろうと》といった国人を大将に勢いを増し、十一日には神保長住が留守していた富山城を占領した。成政は、勝家・利家らとともに富山城を囲んでこれを奪回しようとした（公記）。この時の陣中で、成政は勝家と争論したらしい。三月二十四日付利家書状には、成政は「散々ニて乱かハしき体」であったと書かれている（前田育徳会文書）。争論の原因はよくわからないが、意のままに行かない越中の征服戦に、二人とも苛々していたのであろうか。それでも富山は間もなく陥落した。

〔本能寺の変後の成政〕

富山城を奪回した後、成政は勝家らとともに魚津城を攻め、六月三日に攻略した（佐野氏旧蔵文書）。いよいよ越後進撃が目前になり、魚津の陣で次の行動に備えていた時、京都の変報が届いた。勝家・成政らはすぐに攻囲陣を解いて退却した。そして、成政を越中に、利家と佐久間盛政を能登に残して、勝家は近江経由で弔合戦に向かった（中村不能斎文書・小川武右衛門氏文書）。だが、勝家が近江に駐まっているうちに、羽柴秀吉が山崎で主の仇を討ってしまった。越中にとどまった成政は十日、上杉方の湯原国信と戦って敗れたが、上杉軍に越中を蹂躙されることはなかった（伊佐早文書）。

この後、勝家は二十七日の清須会議に出席して、織田家の継嗣、欠国の分配などについて秀吉らと協議するが、会議は弔合戦の功労者秀吉の思うがままに進んだ。勝家は、織田家家臣の最有力者でありながら、近江北郡に新領を得るにとどまった。そして、この後、京都を中心に秀吉が急速に力を伸ばし、勝家との軋轢《あつれき》も大きくなって行った。

そうした中央の権力争いを尻目に、成政の越中平定は着々と進んだ。六月二十四日、二十五日、新川郡本郷及び蓮花寺に禁制（岡崎卯一氏文書・蓮華寺文書）、七月二十日、諏訪三郎兵衛に、砺波郡・婦負《ねい》郡にわたる七百俵の地の宛行い（佐野家文書）、九月二十五日には、埴生社に再び地を寄進している（護国八幡宮文書）。そして、翌十一年二月から三月頃には、越中全域の平定が成ったようである（照顕寺文書・内閣文庫文書）。

〔秀吉への反抗〕

本能寺の変後も成政は、これまでの協力関係から、引き続き勝家の麾下にあったが、同十一年四月、勝家が秀吉と賤ケ岳で戦った時は、上杉方の押さえとして越中にいたため、戦いに加わらなかった。勝家滅亡後、金沢に出向いて秀吉に謁し、上杉氏の取次役を委ねられた（前田創業記・佐々木信綱氏文書）。そのまま越中に在国。小池弥七郎・佐々定能・槻尾甚助・林助右衛門尉・石塚資久らに知行を宛行い、主従関係を固めている（小池春夫氏文書ほか）。

　この年暮に上京したか、翌十二年一月四日の大坂での津田宗及の茶会に出席（宗及記）。十二日には、参内して物を献上している（兼見）。

　同十二年、秀吉と信雄との対立が深まると、一時は秀吉と同盟したが、その後敵対。八月二十八日、突然秀吉方の前田利家の加賀朝日山の砦を襲撃した。九月九日には能登末盛城を囲むが、赴援した前田父子と戦って敗れた。だが、この後、加賀鳥越城を攻略している（奥村氏文書・利家夜話ほか）。

　一方、東方に関しては、新発田《しばた》重家と結びながら、依然として上杉氏を敵にしており、上杉の将須田満親に攻められるなど、東西両面作戦を強いられながらも、よく敢闘した（青木文書ほか）。

　十二月、成政は決死の覚悟で富山を出発。厳冬深雪の佐良峠を越し、信濃経由で二十五日に浜松に至り、家康に面謁した。しかし、秀吉との和議の進んでいる時期であり、家康からは期待していた返事は聞けなかった。次いで成政は三河吉良に赴き、信雄に謁したが、こちらはすでに秀吉との和睦を成立させていた（家忠・宇野・太閤記）。

　空しく越中に戻った成政は、引き続き前田利家との戦いを続ける。しかし、同十三年五月、ついに加賀より撤退。前田軍に越中国内を放火されるなど、戦局は振るわなくなった（加越登記・利家夜話）。

　八月八日、秀吉は成政を討伐するため京を出陣。成政は木船・守山・増山などで抵抗したが、ことごとく敗れ、二十六日、僧形に身をやつして秀吉本陣を訪れ、降伏した。そして生命を助けられたのみならず、新川郡を保つことを許された（北徴遺文・徴古文書・宇野ほか）。

〔肥後統治の失敗と切腹〕

　秀吉の臣下となった成政は、天正十五年の九州陣に従軍した（当代記ほか）。九州平定後、肥後一国を与えられ、隈本在城。相良長毎《ながつね》ら肥後衆を麾下に置いた。

　入国後間もなく、国中に指出《さしだし》を徴し、それに応じない隈部親永を攻め、八月七日、これを降した（黒田文書・太閤記）。しかし、この強引なやり方は肥後の地侍の反感を買ってしまった。国内のあちこちで国衆を中心とする一揆が蜂起。隈本城を囲まれた（太閤記ほか）。

　小早川隆景・黒田孝高らの救援により、十一月になってこの反乱は鎮定されるが、秀吉の怒りを買い、所領没収。秀吉に謝罪するため大坂へ向かったが、尼崎に止められ、幽居の身となる。そして、翌十六年閏五月十四日、秀吉の命により自害した。没年齢について、五十歳から七十三歳説まであることは冒頭に述べた通りである。

　秀吉に降伏後、羽柴の姓を与えられ、陸奥守、侍従に任官しており、九州陣の時は、「羽柴陸奥侍従」と呼ばれている（当代記）。

佐々主知（さっさ　ぬしとも）→佐々良則（さっさ　よしのり）

佐々隼人正（さっさ　はやとのかみ）　尾張

　?〜永禄三年（一五六〇）五月十九日。

　諱は、系図類に「成次」「成吉」「政次」「勝道」などとあるが、どれも信用の限りではない。

　孫介・成政の兄で、信秀の代から織田家に仕える（武家事紀）。天文十一年（一五四二）八月、孫介とともに、小豆坂の戦いに従軍、戦功をあげた（公記）。

　永禄三年（一五六〇）五月十九日、桶狭間の戦いの時、信長の攻撃に先んじて、千秋季忠とともに今川前衛軍に突撃、討死した（公記）。『尾張群書系図部集』などに三十八歳とあるが、信の限りではない。

　その後に現れる「佐々隼人（佐）」は、息子であろう。

　四月七日付の、佐々隼人祐（正）宛てで家臣への馳走を謝した斎藤道三の書状があり（『賤の小手巻』所収）、横山住雄氏はこれを天文二十三年のものとして紹介している（「斎藤道三の手紙と佐々氏」）。

佐々隼人佑（さっさ　はやとのすけ）　尾張

生没年不詳。

成政の兄隼人正（成次・政次）の子か。永禄十二年（一五六九）八月、伊勢大河内《おかわち》城攻めに従軍（公記）。清須会議直後の天正十年（一五八二）七月十四日に、信雄より所領安堵を受けている（竹内文平氏文書）。だが、『分限帳』には名が見えない。

佐々平太（さっさ　へいた）　尾張

生没年不詳。

信長の馬廻か。永禄十一年（一五六八）以前と思われるが、六月十日付で、兼松正吉とともに、尾張河野島など都合三十貫文を与えられている（兼松文書）。そのほか美濃にも八十貫文の所領があったことが知られ、それは、天正五年（一五七七）十一月、弟弥三郎に宛行われている（横井氏文書）。

佐々孫介（さっさ　まごすけ）　尾張

大永六年（一五二六）？～弘治二年（一五五六）八月二十四日。

諱を「成経」とする書があるが、信用はできない。『武家事紀』等では隼人正の弟で成政の兄とするが、『武功夜話』では、隼人正・成政二人の弟としている。

信秀の代から織田家に仕え、天文十一年（一五四二）八月、三兄弟して三河小豆坂の戦いに従軍、戦功をあげた（公記）。『天理本信長記』及び『甫庵』には、当時十七歳とある。

弘治元年（一五五五）から二年の頃、織田信光を殺した坂井孫八郎を矢島六人衆が討った、という記事が『甫庵』に見えるが、その六人衆の中に「佐々孫助」という名が見える。同一人と考えてよいものであろうか。

弘治二年八月二十四日、稲生《いのう》の戦いに信長の武者大将として従軍。討死した（公記）。『尾張群書系図部集』等に三十一歳とあるのは、『甫庵』に倣ったものと思われる。

信雄に仕え、その後秀吉に従っている「佐々孫助」がいるが（分限帳・坂井遺芳）、これは子であろう。

閏正月二日付、小松寺一乗院宛ての、犬を預ける旨の佐々孫介発給の書状がある（小松寺文書、浅野清編著『佐々成政関係文書』所収）。天文二十二年（一五五三）のもので、成政の兄弟の孫介と思われる。

佐々弥三郎（さっさ　やさぶろう）　尾張

生没年不詳。

平太の弟。信長、次いで信忠の馬廻になったか。元亀元年（一五七〇）七月、信長より美濃佐波・田島にて都合五十貫文の知行を宛行われた（横井氏文書）。天正五年（一五七七）十一月、今度は美濃の支配者信忠から佐波・田島及び兄平太の知行分、都合百二十貫文の地を宛行われている（横井氏文書）。

本能寺の変後は信雄に仕え、山南北にて三百貫文の地を知行している（分限帳）。

慶長五年（一六〇〇）八月、使番として出張し、岐阜に戻って東軍の様子を織田秀信に報告している姿が『土岐斎藤軍記』に見える。

佐々良則（さっさ　よしのり）　尾張

生没年不詳。

一兵衛尉。諱は「主知」ともあり、「良則」「主知」、いずれも文書で確かめられる。

信長の家臣。早くから側近としての活動が見られる。永禄年間と思われるが、七月十五日付、柴田勝家・丹羽長秀と連名の、寂光院分領安堵の奉行を務めている書状が見られる（尾張徇行記）。これには、「主知」と署名している。勝家・長秀と肩を並べているあたり、かなりの地位にあったと想像できる。

その後の良則の活動は、対上杉氏の外交に絞られる。次のような事跡が見られる。

①（永禄七年＝一五六四）九月九日、信長が上杉氏の老臣直江景綱へ書状を発した時、副状を発給（歴代古案）。

②（同十一年）六月二十五日、信長が、直江に宛てて、上杉・武田の和睦を勧める書状に副状（歴代古案）。

③（元亀二年）九月十一日、上杉氏の老臣

河田長親に宛て、越中周辺の情報の連絡を依頼する（河田文書）。

　老練の吏僚だったらしく、永禄十二年七月から八月、岐阜を来訪した山科言継の世話をしている姿が見られる（言継）。

　対上杉氏外交は、彼が第一線を退いた後は、子権左衛門尉長親が引き継いだ。

佐藤和泉守（さとう　いずみのかみ）　伊勢
　生没年不詳。
　神戸氏の臣。元亀二年（一五七一）一月、所領安堵され、信孝に仕えるという（神戸録）。

佐藤右近右衛門（さとう　うこんえもん）　美濃
　?～永禄八年（一五六五）八月二十五日?

　紀伊守（忠能）の子。美濃加治田に住し、斎藤氏に仕える。

　永禄八年（一五六五）、父とともに丹羽長秀を通じて信長に降る。同年七月十日付で、信長より美濃三郡の反銭・夫銭の召し置きを許されている（備藩国臣古証文）。

　その直後、斎藤氏の将長井道利に攻められるが、信長が救援して敵城堂洞《どうほら》を攻撃。佐藤父子は加治田城を出て、攻城戦に参加している（公記・堂洞軍記）。

　八月二十五日、斎藤新五郎とともに加治田城西大手口を守るが、長井軍に攻撃されて討死した、と『堂洞軍記』にある。

佐藤紀伊守（さとう　きいのかみ）　→佐藤忠能

佐藤忠能（さとう　ただよし）　美濃
　?～天正六年（一五七八）三月二十九日?

　紀伊守。「忠能」だけでなく、「三省」という署名もある（竜福寺文書）。両方とも諱ではなく、法名の可能性がある。

　美濃加治田城主。斎藤氏に仕える。

　永禄八年（一五六五）、丹羽長秀を通じて信長に降る。斎藤氏の将長井道利に攻められるが、信長が救援に赴いて、九月二十八日、敵城堂洞を攻める。佐藤父子もこれに従軍した（公記・堂洞軍記）。堂洞城攻略の後、信長は加治田城に入り、息男右近右衛門の所に宿泊している（公記）。だが、斎藤氏を裏切った時、人質として出していた娘を串刺しにされたという（堂洞軍記）。

　この年八月に右近右衛門が討死した後、斎藤利治を養子にしたというが、それは疑問である。しかし、加治田城を利治に譲って、剃髪したというのは事実のようである。

　永禄十年から十一年にかけて、竜福寺への寄進・安堵・宛行いの判物が四通伝わっており、これらには「紀伊守入道忠能」の署名があるが、その中の同十年十一月十五日付のものには「斎藤新五郎利治」の裏判がある（竜福寺文書）。

　天正六年（一五七八）三月二十九日没、竜福寺に葬られるという（堂洞軍記）。

佐藤信則（さとう　のぶのり）　美濃
　明応四年（一四九五）～天正五年（一五七七）
　三河守。
　加茂郡揖深《いぶか》城に居住する。信長に仕え、多くの戦いに従軍して功。天正五年（一五七七）、八十三歳で没という（寛永伝）。

佐藤秀信（さとう　ひでのぶ）　美濃
　?～元亀元年（一五七〇）七月二十七日。

　六左衛門尉。諱は「正秋」「清信」などが伝わっている。武儀《むぎ》郡上有知《こうずち》村鉈尾山《なたおやま》城主として斎藤氏に仕える（佐藤金森由緒書）。

　永禄六年（一五六三）、保寧寺（後の以安寺）を建てるという。上有知八幡神社も、秀信の建立という（高林玄宝『美濃市と金森長近公』）。信長に降ったのは斎藤氏滅亡の時か。

　息男秀方も「六左衛門尉」を称するので、その後の父と子との事跡がとかく混同しやすい。同十二年八月の大河内《おかわち》城攻め、元亀元年（一五七〇）六月の小谷城攻めに従ったのは、子の秀方の方であろうか（池田本）。

　元亀元年七月二十七日没という（常在寺記録）。

佐藤秀方（さとう　ひでまさ）　美濃
　?～文禄三年（一五九四）七月二十日。
　六左衛門尉、隠岐守。諱は、「方秀」とも。
　秀信の子。武儀郡上有知村鉈尾山城主。

『佐藤金森由緒書』には、知行高は五千貫とあり、知行地として、居城のある上有知・尾山・松森・志摩・生櫛・志津野などが載っている。

　父秀信も「六左衛門尉」を称するが、『常在寺記録』によると、彼は元亀元年（一五七〇）七月二十七日没というから、『公記』に載せられた「佐藤六左衛門尉」の事跡のうち、元亀元年九月の石山本願寺の付城川口配置、叡山攻囲陣、天正二年（一五七四）七月の長島攻め、同三年五月の三河鳶ケ巣山攻撃は、秀方のものということになる。あるいは、永禄十二年（一五六九）八月の伊勢大河内城攻め、元亀元年六月の小谷城攻めにある「佐藤六左衛門」も秀方なのかも知れない。

　天正二年頃信忠軍団が形成されると、それに組み入れられ、同六年十月には、越中で奮闘している斎藤利治の赴援のため派遣された（黄微古簡集）。

　本能寺の変に際しては、日禰野弘就・金森長近と去就について相談、家康に款《よしみ》を通じたらしく、（天正十年）六月十四日付で、家康より近況を伝える書状を受けている（金森文書）。

　羽柴秀吉と柴田勝家との対立の中では、秀吉に味方し、同十一年閏一月、鉈尾山城を安堵。二万五千石という（高林玄宝『美濃市と金森長近公』）。そして、信孝方の郡上郡郡上城主遠藤盛枝を攻め、これを降した（遠藤家譜）。

　同十二年の小牧陣に、秀吉方として内窪山砦を守る（高林氏前掲書）。同十三年三月、秀次に従い、根来攻めに参加（太閤記）。同年閏八月、三木《みつき》（姉小路）氏滅亡後の飛騨に封じられる（四国御発向幷北国御動座記）。

　その後、従五位下隠岐守に叙任。小田原陣、名護屋陣に従軍（伊達家文書・太閤記）。

　文禄二年（一五九三）隠居。当時、上有知・関で一万八千石と河内金田の二万石を領すという。同三年七月二十日没（常在寺記録・佐藤金森由緒書）。


佐藤三河入道（さとう　みかわにゅうどう）　美濃？

　生没年不詳。

　信長の近臣。信長越前出張中の元亀元年（一五七〇）四月二十九日、山科言継が京都の信長宿所（上京驢庵《ろあん》）を訪れた時、島田秀満・猪子外記入道らとともに留守居としており、言継と雑談している（言継）。

佐藤六左衛門（さとう　ろくざえもん）→佐藤秀信（さとう　ひでのぶ）→佐藤秀方（さとう　ひでまさ）

猿荻甚太郎（さろおぎ　じんたろう）
　生没年不詳。
　信忠の馬廻か。信忠に従い、東美濃岩村城攻めに参加していたが、天正三年（一五七五）十一月十日、敵方の夜討ちに際し、河尻秀隆や毛利長秀とともに防戦、これを追い払った（公記）。

沢実仲（さわ　さねなか）　近江
　？～天正十一年（一五八三）二月。
　兵助、源三郎。諱は「真俊」とも。また、『寛永伝』には「真正」、法名道慶とある。
　頼実の子。信長に仕え、天正二年（一五七四）十一月二十四日、近江神崎郡御園内神田の采地を宛行われる。同十一年二月没という（重修譜）。

沢房満（さわ　ふさみつ）　大和
　生没年不詳。

　源五郎、兵部大輔。

　沢氏は、大和宇陀三人衆（沢・秋山・芳《ほう》野《の》）の一人として伊那佐村の沢城に拠り、北畠氏に従う（沢氏古文書・奈良県宇陀郡史料）。永禄年間であろうが、北畠具房からの書状が多数見られる。宇陀郡の権益を認めた書、大和支配を進めている松永久秀の動きを報じるよう命じた書、さらに秋山の権益の押領や在陣義務を怠ったことへの叱責の書簡もある（沢氏古文書）。北畠氏の保護を受けて存続する小領主の様子がわかる。

　永禄十二年（一五六九）十月、北畠氏は、大河内城を開いて信長に屈服する形になる。その直後の同年十一月十五日、具房よりこれまでの沢氏の権益を安堵されている（沢氏古文書）。体制に変化がないことを示したのであろう。

天正三年（一五七五）六月より、信長の二男信雄が北畠家の家督となる。同年、同じ宇陀三人衆の秋山家慶とともに、春日若宮拝殿領の宇陀郡宇賀志荘等を押領し、十一月一日付で、信長が信雄に叱責を促している（小川文書・南行雑録）。新しい北畠家家督の信雄に従う形になったのである。

天正四年（一五七六）十一月、信長は北畠氏を滅ぼすが、その後の（天正五年）閏七月九日、信長より赦免を受け、身上及び知行を安堵されている（沢氏古文書）。同七年九月の、信雄の伊賀出兵にも、参加している（勢州軍記）。

同十年六月、本能寺の変後、伊賀で動乱が起った時、秋山らとともに、信雄よりその鎮圧のため派遣され、一宮城を攻略した（勢州軍記）。

同十二年、小牧陣を前に秀吉の麾下に属し、後、宇陀三人衆すべて伊勢松島城主蒲生氏郷の与力になった（勢州軍記）。しかし、同十二年四月十七日付、（青巌寺宛て）連署状では、秋山家慶と署名しているのは、「満康」である。代替りがあったのであろう。

同年九月付の羽柴秀吉知行割目録によれば、宇多三人衆合わせて、一万三千石とある（松坂雑集）。

沢頼実（さわ　よりざね）　近江

?～天正十年（一五八二）八月。

与助、兵助。諱は「真正」とも。六角氏に従っていたが、永禄十一年（一五六八）、信長上洛の時からこれに従う。

同年十二月十六日、神崎郡御園の内神田郷の所務職として、米六十四石、小物成十二貫文を宛行われた（中村不能斎文書）。また、某年一月二十一日には、信長より預け置かれた鷹の返納を催促されている（中村不能斎文書）。

天正十年（一五八二）八月没という（重修譜）。

沢井雄重（さわい　かつしげ）　→沢井吉長

沢井吉長（さわい　よしなが）　尾張

?～慶長十三年（一六〇八）四月四日。

左衛門尉、左衛門督、修理亮。諱は、後に「雄重」。他に「政長」が伝わる。

葉栗郡黒田村の出身（張州府志）。元政の子。永禄十年（一五六七）、岐阜城攻めに従軍して戦功（木曽川町史）。同十二年、北畠氏に入った茶筅丸（信雄）の傅役となり、父と合わせて四千四百貫文を知行する（沢井家文書）。天正三年（一五七五）十二月十七日付、伊勢神宮御師《おんし》竜大夫宛て津田一安との連署状（竜大夫文書）、某年五月二十九日付の大湊老分中宛て書状があり（大湊由緒書）、伊勢における政務の跡がうかがえる。

天正四年十一月、信長の意を受けた信雄は、北畠氏を滅ぼす。さらに翌月、長らく輔弼の老臣だった津田一安をも討った（勢州軍記）。吉長は、一安とは縁戚関係にあったので、信雄の下を離れ、信忠に転仕したという（士林泝洄）。

同十年、本能寺の変の後、尾張に戻り、再び信雄に仕える。黒田城主。『分限帳』によると、一万貫文の地を知行している。

同十一年二月に、剣光寺及び黒田天神社に掲げた禁制の署名は、依然として「吉長」だから（剣光寺文書・籠守勝手神社文書）、信雄の諱字を賜って「雄重」を名乗るのは、もっと後であろう。同十四年七月二十一日、信雄より一万五千四百六十五貫文の地を宛行われる（沢井家文書）。

信雄の没落後は、尾張の支配者となった豊臣秀次に仕え、その没後は、秀頼の直臣となる（加藤益幹「織豊期の黒田城主について」）。

慶長五年（一六〇〇）の戦乱の時、福島正則の軍に属して、岐阜城攻めに功（士林泝洄・加藤氏前掲論文）。戦後、尾張に封じられた松平忠吉に仕え、三千石を知行（清洲分限帳・士林泝洄）。

慶長十三年（一六〇八）四月四日に没した（尾張志）。

佐脇藤右衛門（さわき　とうえもん）　尾張

生没年不詳。

『富山藩士由緒書』（越中資料集成2）では、諱を「興世」としている。

信長初期の臣。信長出陣の時には、清須城の留守居役を務めるのが常であったが、弘治年間、信長の庶兄信広が美濃の斎藤義竜に通じて謀反を企て、信長出陣中の城内に入ろうとした時、城門を閉じて拒絶し、未然に防いだという（公記）。

前田利昌の子藤八郎良之（利家の弟）を養子とした。

佐脇良之（さわき　よしゆき）　尾張
?～元亀三年（一五七二）十二月二十二日。

藤八郎。

前田利昌の五男で、利家の弟。佐脇藤右衛門の養嗣子となる（重修譜ほか）。

永禄元年（一五五八）七月十二日、浮野の戦いに従軍し、林弥七郎を討ち取る（公記）。同三年五月十九日の桶狭間の戦いにも従軍。この頃も「御小姓衆」に入れられている（公記）。

この前後、黒・赤の母衣《ほろ》衆が選抜されたが、兄利家とともに赤母衣衆に名を連ねている（高木文書）。信長上洛後の同十二年八月、伊勢大河内《おかわち》城攻めに従軍し、他の母衣衆の多くとともに「尺限廻《さくきわ》番衆」を務めている（公記）。

その後、同じ小姓衆出身の長谷川橋介・山口飛騨守・加藤弥三郎とともども信長の勘気を蒙って追放され、浜松の家康の下に身を寄せる（熱田加藤家史ほか）。

元亀三年（一五七二）十二月二十二日、家康に従って三方原の戦いに参陣。他の三人と一緒に討死した（公記）。

佐渡民部大輔（さわたり　みんぶのたいふ）
?～天正二年（一五七四）九月二十九日。
信長に仕え、天正二年（一五七四）七月、伊勢長島攻めに従軍。九月二十九日の最後の戦いの時、討死した（甫庵・当代記）。

三箇頼照（さんか　よりてる）　河内
?～文禄四年（一五九五）七月十三日。

備後守。姓は初め「白井」。「三箇」は、「三ケ」と書かれている。洗礼名サンチョ。

河内三箇城主として三好氏に仕える。初め白井備後守と称し、二千余人の家臣を持っていたという。畿内で最も古いキリシタンの一人である（耶蘇通信・耶蘇年報）。父の名は明らかではないが、やはりキリシタンで洗礼名をサンゼスといい、三好長慶の秘書役を務めていたと伝わる（切支丹大名記）。

キリスト教関係の史料には、元亀年間より天正十年（一五八二）までの事跡が頻見するが、常に宣教師の保護者であり、自らも熱心なキリシタンで、領内には千五百人（『耶蘇年報』による。『耶蘇通信』には四千人とある）ものキリシタンが居たという。そして頼照は、孤児・寡婦を保護することに努めたという。

三好義継滅亡後も三箇に居たから、若江三人衆に属していたのであろう。そして、河内は佐久間信盛の支配下にあったらしいから、信長とは、信盛を介して繋がっていたのであろう。天正五年頃、三人衆の一人でキリスト教を憎悪する多羅尾綱知の讒言により、信長に殺されるところだったが、信盛の執成しで一命を助かり、所領も安堵されたという（耶蘇通信）。

本能寺の変後、明智光秀に河内一国と馬一頭分の黄金を約束されて味方となったが、山崎の戦いで光秀が敗れると、居城三箇を捨てて逃亡した（耶蘇年報）。

その後秀次に仕えたらしく、二年後の長久手の戦いに従軍している（水野勝成覚書）。天正二十年六月付の秀次陣立書にも名を連ねている（前田家文書）。その間、秀吉の宣教師追放令が出され、キリスト教徒は迫害の時代に入るが、彼は変わらず活動を続けたという（耶蘇年報）。

文禄四年（一五九五）、秀次事件に連座、七月十三日切腹。妻も自害するという（天正事録）。フロイスの書簡では、一五六七年現在約五十歳とあるから、相当な高齢だったであろう。なお、この時切腹した「白井備後守」を別人とする説もある。

子頼運（孫三郎、伯耆守、マンショ。一五五四年生れ）は筒井定次の臣になったという（切支丹大名記）。

三松軒（さんしょうけん）　→津川義近（つがわ　よしちか）

し

椎名駿河守（しいな　するがのかみ）　越中

生没年不詳。

上杉氏の将椎名道之の一族か。天正六年（一五七八）十二月十日、信長より、松倉落城次第太田保を宛行うことを約束されている（諸旧記抜萃）。

塩河勘十郎（しおかわ　かんじゅうろう）　摂津

生没年不詳。

姓は「塩川」とも書く。

摂津多田の人。伯耆守長満の一族であろうが、関係については不明。天正七年（一五七九）三月十四日、鷹狩りの途中の信長の来訪を受け、一献進上したことが『公記』に見える。

同九年二月二十八日の馬揃えには、一族の橘大夫とともに、摂津衆として参加した様子である（士林証文）。

塩河橘大夫（しおかわ　きつだゆう）　摂津

?～慶長二年（一五九七）十月二十一日。

塩河は「塩川」、橘大夫は「吉大夫」とも書く。

摂津多田の人。伯耆守長満との関係については明らかではないが、一族であることは間違いない。しかも、近い関係であろう。長満の子は、養子の辰千代と実子の愛蔵だけだったというから（高代寺日記）、弟か甥あたりであろうか。

天正九年（一五八一）一月二十三日付、明智光秀宛て信長朱印状によると、二月二十八日予定の馬揃えへの参加を催促されているから、当日は摂津衆として、丹羽長秀に従って行進したのであろう（士林証文・公記）。

同年八月、信長より中国出陣の用意を命じられたが、この時の『公記』の文は、「摂津国にて池田勝三郎（恒興）大将として」とあるから、以下に続く高山右近・中川清秀・安部二右衛門・塩河橘大夫は、軍事上恒興の下に置かれたものであろう。

翌十年五月、光秀・恒興らとともに、実際に中国へ出陣するよう命じられたが、本能寺の変のため実現しなかった（公記）。

慶長二年（一五九七）十月二十一日没（吉備温故秘録）。

塩川仲延（しおかわ　なかのぶ）　摂津

生没年不詳。

山城入道。

塩川は「塩河」と同じで、長満の一族であろう。元亀元年（一五七〇）十二月二十七日、多田院に一段の田地を寄進している（多田神社文書）。

塩河長満（しおかわ　ながみつ）　摂津

天文七年（一五三八）～天正十四年（一五八六）十月五日。

姓は「塩川」とも書く。伯耆守。諱は「国満」とされることがあるが、伯耆守国満は大永から天文年間の人である（長遠寺文書・多田神社文書）。天正八年八月六日付の安堵状には、「伯耆守長満」と署名している（善福寺文書）。

摂津多田の人。塩河党を率いて摂津内に勢力を張る。永禄十一年（一五六八）、上洛した信長に従う。摂津の三守護と同じ幕臣の身分であろう。同十三年一月、信長より、禁裏修理、武家御用、天下静謐のため上洛するよう促された（宴乗）。同年八月、野田・福島攻囲戦の時、信長に応じて中島天満森に着陣しているから、信長の指示に忠実だったのであろう（両家記）。

しかし、『尋憲記』の天正元年（一五七三）二月十五日条に、信長に背き、松永久秀に与した「シヲカワ」が載っている。将軍義昭と信長との対立の中で、初めは将軍方に属したのであろう。だが、以後も活躍しているのを見ると、間もなく信長に降ったものと思われる。

同三年七月一日、若狭衆や播磨の別所たちが上京して信長を相国寺に訪れた時、一緒に訪礼。信長より馬を賜った（公記）。この前年十一月より荒木村重が摂津の一職《いっしき》支配者になっているから、塩河党もその麾下となっていたのであろう。

同六年、村重が信長に背くと、これを離れ、十二月には有岡城攻めに参加、古池田の砦を守っている（公記）。以来、有岡開城までずっと攻囲戦に加わっていた。この間、同七年四月二十一日には、稲葉彦六陣を襲った有岡城兵と戦って、これを撃退（池田本）。その後、安藤定治とともに賀茂岸砦の定番を務め、四月二十八日付で、信長より覚書五カ条を受け、戦いの心得を諭されている（中山寺文書）。『信長文書』では、この文書を天正四年に比定しているが、誤りであろう）。九月十二日には、高山右近とともに尼崎の付城七松の砦に移った（公記）。

有岡は同年十月十九日に開城するが、その直後の十月二十三日、村重が代官をしていた木代内八幡善法寺領の代官に任命された（石清水文書）。

村重はまだ尼崎・花隈《はなくま》を保って反抗を止めず、長満は、同八年二月二十七日、津田信澄・丹羽長秀とともに花隈表に付城の構築を命じられて再び出陣。これは三月三日に完成し、帰陣した（公記）。この付城には、池田恒興父子が入れ置かれ、以後の始末は彼らに委ねられた（公記・池田氏家譜集成）。

同年九月十七日、同じ摂津衆の能勢頼道を多田に誘殺した（重修譜）。能勢が信長の召出しに応じなかったためという。信長の命令であろう。

同九年八月、他の摂津衆とともに中国出陣の用意を命じられる。この時の『公記』の記事は、「摂津国にて池田勝三郎（恒興）大将として」とあり、その後に摂津衆が並べられているから、軍事的には恒興に従ったものと思われる。その九月、早速鳥取城攻めの援軍を派遣している（蜂須賀文書写）。

翌十年五月、また中国方面への援助を命じられる。この時といい前年の時といい、『公記』には「塩河吉（橘）大夫」の名が載っている。長満の病気か何かで、橘大夫の代将としての出番が多かったのであろう。

この時の中国発向は、本能寺の変勃発のため未然に終った。変後、長満ら摂津衆は、秀吉へ書状を発して畿内の様子を注進、弔合戦の先鋒を望んだ。九日、秀吉軍と合流、十三日の山崎の戦いでは先鋒の中にあって活躍した（川角）。

秀吉の下で、長満たち塩河党がどのような待遇を受けたかについては、定かではない。だが、天正十四年六月より長満は重病となり、十月五日に没したという。四十九歳であった（高代寺日記）。長満には、実子の愛蔵のほかに養子の辰千代がいて継嗣を争ったが、結局、愛蔵が跡を継いだという（高代寺日記）。その直後の冬のうちに、塩河家は取り潰しとなったという（多田雪霜談、松田亮「織田信忠の内室寿々」）。


塩田若狭守（しおだ　わかさのかみ）　阿波？

生没年不詳。

三好氏の臣。元亀元年（一五七〇）七月、三好三人衆らとともに阿波より渡海して、中島・天満森に着陣し、野田・福島の砦に籠った（両家記）。しかし、八月三十日、三好政勝・香西《こうざい》越後守とともに信長に降参した（尋憲記）。

『両家記』に見える、三好氏の臣塩田采《うね》女正《めのかみ》は、一族であろう。

塩屋伝内（しおや　でんない）　→大脇伝内（おおわき　でんない）

式部卿法印（しきぶのきょうほういん）　→楠木正虎（くすのき　まさとら）

信濃兵部丞（しなの　ひょうぶのじょう）　京都
生没年不詳。

諱は「治昆」と文書にあるが、何と読むのであろうか。

久我家の代表的奉行人。永禄十一年（一五六八）十一月四日、他の久我家奉行人とともに、久我家の領所を私曲なく所務することを誓っている姿が見られる（久我家文書）。

元亀三年（一五七二）十月、久我宗入（晴通）の意を受けて、細川藤孝の臣松井康之に対し、故竹内季治の跡職を藤孝に与えられることを告げ、その返書として、藤孝より、久我家に対して疎意なきことを誓われている（久我家文書）。

　天正元年（一五七三）五月二十八日以前、義昭・信長の対立の中で、松田頼隆とともに、信長の真意について義昭に伝えている（東京国立博物館文書）。最後、義昭から離れたのであろう。義昭追放後の同年十一月二十八日、信長より二十八貫文の領知を安堵された（国立国会図書館文書）。

　同十年九月二十四日、烏丸《からすま》光康の茶会に出席しているのを見ると（宗及記）、信長の死後も、久我家の侍として無事に務めを続けたのであろう。

斯波義銀（しば　よしかね）　→津川義近（つがわ　よしちか）

芝崎孫三（しばざき　まごぞう）
　生没年不詳。
　柴田勝家の足軽。天文二十三年（一五五四）七月十八日、勝家に従って清須城攻めに参加している（公記）。

柴田勝家（しばた　かついえ）　尾張
　大永二年（一五二二）?～天正十一年（一五八三）四月二十四日。
　権六、修理亮。

〔信勝付きの家老として〕

　『張州府志』によれば、愛知郡上社《かみやしろ》村の出身という。父の名は、「勝義」など様々伝えられてはいるが、確かなものはない。ということは、その武功によって一代で名をあげた武将ということである。しかし、信秀時代よりその地位はかなり高い。初めは信長より離され、勘十郎信勝（信行）付きの家老とされた。天文二十一年（一五五二）三月の信秀の葬儀の時も、信勝に随行して焼香している（公記）。

　同年八月の萱津《かやつ》の戦いには、叔父信光が信長に協力したが、信勝も一緒に軍を出したのであろう。勝家は、中条家忠とともに二人で坂井甚介を討つという功をあげている（公記）。

　同二十二年七月十八日、織田彦五郎を清須城に攻める。去る十二日に斯波義統が討たれた弔合戦だが、勝家軍は主力として、多くの敵を討ち取る活躍を見せた（公記）。

　弘治元年（一五五五）六月、信長の弟の一人秀孝が、誤って叔父信次の家臣に射殺された時、信勝は仇討ちのため信次出奔後の守山城を攻める。勝家は津々木蔵人と両大将として出陣している（公記）。

　同二年八月、勝家は、信長の筆頭家老林秀貞と語らい、信勝の擁立を画策。秀貞の弟美作守とともに、稲生《いのう》で信長と対戦した。『公記』に載ったこの時の兵力を見ると、林の七百に対して勝家は一千。信勝の代理として、信勝直属の兵をも引率したのであろう。

〔信長に転仕〕

　稲生の戦いで信長に敗れた勝家は、信長の力量をあらためて見直すことになる。敗戦後、信勝に随行して清須へ行き、信長に降参。赦されてこれまで通り信勝の家老を務める（公記）。しかし、信勝は津々木蔵人を重用し、勝家を軽んじたため、勝家の心は信勝を離れて行く（公記）。

　勝家は信長の下へ行き、信勝に再び謀反の意思がある旨言上した。信長はその言を信じ、病と偽って信勝を清須城に招き、誅殺した。永禄元年（一五五八）十一月二日のことであった（公記）。勝家は、以後直接信長に仕え、これまで通り重用される。

　勝家の初見文書は、七月十五日付の、尾張寂光院宛て、丹羽長秀・佐々主知との連署書状である（尾張徇行記）。勝家が長秀と名を連ねていること、すでに「修理亮」と称していることから、永禄初年のものと思われる。この時は、寂光院領安堵の奉行を務めている。

　同三年五月の桶狭間の戦いの際は、史料にその名が見られない。二年前の浮野の戦い、前年の岩倉城攻めを含めて、勝家の名はしばらく史料の上から絶えている。あるいは信長に遠ざけられていたのかも知れない。同四年五月の軽海《かるみ》の戦いには、久々に活躍の様子がのぞかれる（甫庵）。

〔京畿の奉行の一人〕
　永禄十一年九月、信長の上洛に従軍。二十九日、森可成《いわなり》・坂井政尚・蜂屋頼隆とともに、石成友通の籠る勝竜寺城を落す（公記ほか）。

その後勝家は、しばらく京畿の政務にたずさわるが、先の勝竜寺攻めの顔触れ、即ち森・坂井・蜂屋と組んで事に当る場面が多い（『武家事紀』所収文書・天竜寺周悦文書・本興寺文書）。また、この顔触れに佐久間信盛が加わったケースも、翌年以降しばしば見られる（南行雑録・多田院文書・本興寺文書ほか）。同十二年二月十一日、信長は堺の接収を命じ、将軍直臣とともに自分の家臣をも派遣するが、この時の上使衆の顔触れは、公方衆を除くと、やはり佐久間・柴田・森・坂井・蜂屋の五人である（宗及記）。

この時期、京畿の政務にたずさわった者としては、この五人のほかに明智光秀・木下秀吉・丹羽長秀・中川重政がある。こちらも四人で一つのチームをつくり、連署状をさかんに発給している（立入家所持記・立入文書・曇華院殿古文書ほか）。勝家らの五人チームが永禄十二年四月半ばで役割を終え、明智らのチームに任務を引き継いだものと思われる。これら二つのチームを構成している九人、それに加えて当時京を離れて伊勢で活躍していた滝川一益の計十人が、この頃の信長の部将として特別の地位にあった、と言うことができるであろう。

〔近江長光寺城々主として〕

永禄十二年八月、伊勢大河内《おかわち》城攻めに従軍。森可成らとともに、四方から城を包囲した織田軍の一方を担当した（公記）。

元亀元年（一五七〇）四月、越前攻めに従軍。浅井氏の離反のため信長はこの遠征に失敗し、辛くも京に帰陣する。五月、信長は、宇佐山（志賀）に森可成、永原に佐久間信盛、長光寺に柴田勝家、安土に中川重政を配置した（公記）。これは、江南に蠢動している六角氏に加えて、江北の浅井氏も敵となった今、岐阜と京との通路を確保する必要にせまられ、思いきった作戦に踏み切ったものであろう。

この後、同年六月二十八日の姉川の戦いの後、横山に木下秀吉、翌年二月に佐和山に丹羽長秀を置き、湖の東から南へかけての地を固める、という体制が整うのである。

勝家が長光寺城に入って間もない六月四日、江南で機をうかがっていた六角承禎は、野洲河原に兵を出したが、勝家は信盛と協力してこれを破った（『栗太志』所収文書・士林証文ほか）。この功により、勝家・信盛とも三万貫の地を加増されたと『甫庵』などにあるが、数値が大きすぎて信じられない。

六角氏との戦いといえば、長光寺城を囲まれて水源を断たれ、瓶を割って必死の覚悟を示して城を出陣、敵を打ち破ったという「瓶割り柴田」の話は有名だが、これは作り話にすぎない。ただ、『武家事紀』に、この六月の事として同様の話を載せているところを見ると、この伝説はかなり早くから作られたものらしい。

〔元亀年間の戦いの日々〕

野洲川表での戦いで六角軍を破った勝家は、同月二十一日の小谷城攻めにも従軍、二十八日にあった姉川の戦いにも参加した（公記・浅井三代記ほか）。八月には、野田・福島攻めに従軍。朝倉・浅井軍の江南進出の報により、九月二十一日、明智光秀らとともに二条御所守備のため京都に遣わされたが、翌日また、南方の陣に戻っている（言継）。信長自身は二十三日に退陣。その時、勝家は、和田惟政とともに殿《しんがり》を務めた（公記）。軍を返した信長は叡山に朝倉・浅井軍を囲む。勝家は、美濃三人衆とともに下坂本の田中に陣を張った（公記）。

朝倉・浅井とは、将軍義昭を動かして、この十二月に和睦。この時人質交換が行われ、両方から重臣の子を提出する。織田方からは、勝家の子が朝倉へ渡された（言継・尋憲記）。勝家の子というのは、後の権六であろうか。

同二年五月、今度は伊勢長島へ出陣。この戦いは信長軍の完敗に終り、またも勝家が殿を務めて退陣する。しかし、敵の執拗な追撃にあって負傷。交代した氏家卜全は逃げ切れずに討死してしまった（公記）。

この年八月、また江北で戦い、さらに神崎郡にある志村城を攻める（公記・浅井三代記）。

翌三年四月、信長は、三好・松永軍に攻められている河内交野《かたの》城を救うため、勝家と信盛の軍を派遣した（兼見・公記ほか）。この戦いは公方衆も一緒だったが、主力はもちろん二人の軍である。四月十八日付で、二人は、将軍義昭から戦功を褒されている（寸金雑録）。

七月、またも信長の小谷城攻めに従軍。この戦いには、朝倉軍も越前より出張しており、九月まで信長自身が江北に駐まった大がかりなものになるが、虎御前《とらごぜ》山砦建設、前波吉継らの降参など、戦局を大きく前進させた戦いとなった（公記）。勝家もこの間、江北のあちこちで戦い、浅井の兵に陣所を焼かれたこともあった（島記録）。

〔江南の分封支配〕

元亀元年五月より、信長の主立った部将が湖の周囲に配置されたことは、先に触れた通りである。彼ら将たちは、近接した地の在地領主を与力として自分の軍団に組み込み、近辺に新しい知行地を得て、次第に固定化された体制を形づくるようになる。

まず勝家が長光寺に置かれると同時に、蒲生郡一帯に勢力を張る蒲生賢秀が与力となった（氏郷記ほか）。翌年九月の叡山焼討ち後、叡山や日吉社の旧領や六角旧臣の領分が江南に配置された将たちに分け与えられた時、勝家にも得珍保《とくちんのほ》などの蒲生郡内の地が宛行われたものと思われる（滋賀県史）。

だが、担当区域を接する安土の中川重政とは、お互いの権益に関してとかく衝突しがちであった。長命寺の中間銭をめぐって両者が争ったことも、一連の『長命寺文書』でたどることができる。『武家事紀』にも、野洲郡内の「ミシヤウブン」三千石の地について、勝家・重政の双方に朱印状が下されて、争いになったことが記されている。野洲郡は蒲生郡の誤りであろうが、ありそうなことである。この争いの末、同三年八月、重政の弟津田隼人正（盛月）が勝家の代官を斬り、重政兄弟は改易になったという（武家事紀）。

重政没落後、その与力であった永田景弘らが勝家に付属され（島村沖島共有文書）、近江における勝家の支配圏もより広がったものと推測される。

〔信長・義昭の対立の中で〕

天正元年（一五七三）が明けると、信長と将軍義昭との対立が露になってきた。二月、将軍側近の光浄院暹慶《せんけい》（山岡景友）らが石山と今堅田に籠って兵をあげた。勝家は、丹羽長秀・明智光秀・蜂屋頼隆とともに攻めて、これらを落した（公記）。

三月二十九日、信長に従って入京。四月三日、洛外を放火する。この時は、司令官として、明智光秀・細川藤孝・荒木村重・蜂屋頼隆らを指揮している（耶蘇通信・兼見）。後に信長とその家臣たちは、下京より、放火をまぬかれた礼銭を進上されるが、その額を見ると、他の臣に比べて、勝家の受けたものが圧倒的に大きいことが注目される（朝河文書）。

宣教師フロイスはこの頃の勝家について、「信長の重立ちたる将軍二人中の一人」と紹介しているが（耶蘇通信）、「重立ちたる将軍二人」とは、勝家と佐久間信盛のことであろう。勝家・信盛は、信長宿将の中でも一段上の地位にあったと考えられるからである。

信長・義昭の一回目の衝突は、和睦の形をもって終ったが、京よりの帰途、信長は、勝家・信盛らに六角義治の籠る鯰江城を攻めさせ、それに一味したとして、百済寺に放火させた（公記）。

四月二十七日、信長重臣は連名で、義昭の側近七人に宛てて起請文《きしょうもん》を提出。これに署名したのは、勝家のほか、林秀貞・佐久間信盛・美濃三人衆・滝川一益である。一方、翌二十八日に義昭側近が信長重臣に宛てた起請文の方は、塙直政・滝川一益・佐久間信盛の三人宛てになっている（和簡礼経）。義昭方からの書の宛名の三人は、当時畿内方面を担当していた者に限られているので、勝家の名がないのであろう。

七月三日、義昭は再び挙兵。二条城には三淵《みつぶち》藤英を置き、自らは槙島城に籠った。勝家は二条城の攻囲陣に加わる。最後まで抵抗した藤英も、勝家の扱いにより十二日に退城した（兼見）。この城攻めに先立って、勝家は下京中に、陣取り、新儀諸役の免除を伝えている（京都饅頭屋町文書）。続いて信長軍は槙島城を攻め、十八日、義昭を降した（公記ほか）。

〔朝倉・浅井との最後の戦い〕

天正元年という年は、信長にとって最も忙しい年だったが、勝家にとっても同様であった。将軍義昭との戦いについては先に触れたが、これを追放した後の八月、信長は大軍を率いて江北へ出陣。勝家ももちろん従軍し、朝倉・浅井軍に対峙した。十三日、朝倉軍は江北より退陣。これを勝家ら諸将は気付かず、信長は馬廻を指揮して自ら追撃する。勝家らはここで信長より厳しく叱責された（公記）。

信長軍はそのまま越前へ攻め込み、ついに朝倉氏を滅ぼした。後、越前が勝家の本拠地になるが、この時は朝倉旧臣で信長に降った者に寛大な処置がとられ、「守護代」として前波吉継（桂田長俊）に越前全域支配が委ねられたのをはじめ、ほとんどの者が旧領を安堵された（公記・朝倉記）。

信長は続いて江北に戻り、小谷城を攻める。勝家の参加も『前田家譜』に見える。浅井氏もここで滅亡。浅井氏旧領は羽柴秀吉に委ねられた（公記）。

信長は素早く戦後の処置を済ますや、すぐに佐和山に戻り、勝家に六角義治の籠る鯰江城攻撃を命じる。九月四日、勝家はこれを攻め、間もなく攻略した（公記）。

長らく信長を苦しめた朝倉・浅井を滅ぼした後も、信長は休息しない。帰陣後間もない九月下旬には、北伊勢に軍を進めている。勝家ももちろん従軍し、滝川一益とともに坂井城・深谷部城を攻略した（公記）。だが、長島の息の根を止めることは、翌年に持ち越される。

〔多聞山城定番〕

この年十一月、若江城攻めに参加したらしく、下水分社に禁制を下している（喜志宮文書）。十二月、将軍方として抵抗していた松永久秀が降った。そして二十六日、多聞山城が開け渡された（尋憲記・宴乗）。多聞山城には、翌年一月十一日より明智光秀が、二月より長岡（細川）藤孝が、そして三月九日より勝家が入って城番を務めている（尋憲記・多聞院ほか）。この後しばらくの間、勝家の活躍の場は主として畿内に移る。

多聞山に入城した勝家は、翌十日、興福寺等へ使を遣わして奈良中の成敗を命令するなど、早速活動を開始した（多聞院）。十七日には、かつて松永方だった十市遠長を伴って上京し、信長への降を仲介している（多聞院）。

二十七日の信長の蘭奢待切り取りの時は、多数の臣が奉行を務めたが、多聞山城番在勤中の勝家もその奉行に名を連ねている（公記）。

五月十六日、勝家は柳生宗厳父子に通信し、信長の下国を伝えているが、予定されている高天神城救援には参加せず、残し置かれる旨のことを記している（柳生文書）。多聞山城番はまだ続いていたのであろう。

この年七月、信長は恨み重なる長島を大軍で囲む。まだ多聞山城に駐まっていたであろう勝家も動員され、大鳥居砦を攻めている（公記）。長島攻略後の十一月、河内に出陣して本願寺と高屋城の三好康長を牽制（金剛寺文書・高野山文書）。（同年）同月七日、山科郷に諸役を免除し、内裏御番の忠勤を命ず（沢野井文書）。同三年四月、本願寺及び高屋城攻めに従軍、康長を降した（公記）。五月十二日、十市遠長へ使を遣わして、長柄城引渡しを求めている（多聞院）。

これらの事跡を見てみると、勝家は、一年余りもの間、多聞山城を本拠として、大和・河内方面を担当していたものと思われる。

〔越前八郡の主、北庄城主〕

天正三年八月、信長は一揆持ちの国になった越前に、大軍を率いて乱入。たちまちのうちに国全域を平定した。勝家も従軍し、諸所で一揆たちを切り捨てるなど残党狩りに精を出している（公記・高橋源一郎氏文書）。

平定成った越前には、まず勝家が八郡の

支配を任されて北庄城主、前田利家・佐々成政・不破光治が二郡支配で府中に、大野郡三分の二は金森長近、三分の一は原政茂、敦賀郡は武藤舜秀と、新たな支配体制が作られた。この中の前田・佐々・不破は府中三人衆と呼ばれ、勝家の目付という役を命じられている（公記）。

以後の彼らの活動を見ると、前田・佐々・不破・金森・原は勝家軍団に属して、北陸での戦闘を主任務にしている。この翌年あたりより、加賀の一向一揆、そして上杉氏に対する、いわゆる北陸方面軍が編成され、勝家がその総帥の地位に就くのである。従って、『武家事紀』などに、勝家について「北陸道ノ惣轄」といった表現がなされているのは、誤りではない。

越前八郡の主、北庄城主となった勝家は、九月早々から翌年にかけて、領主としての活発な動きを見せる。寺社・地侍に対する所領安堵、諸役免、禁制はもちろんだが、注目されるのは、織田寺（剣神社）・北山五村・新郷・竜沢寺・荒居郷に掟書を下し、百姓の還住《げんじゅう》を命じていることである（剣神社文書ほか）。また、法雲寺が専修寺派であることを承認した判物もある（法雲寺文書）。一向宗門徒である百姓たちと戦った後だけに、その始末に心を砕いた跡がうかがわれる。

同四年三月三日、勝家は越前国中に対して掟書七カ条を発した（大連文書）。人足徴発のこと、小物成のこと、反銭のことなど、いちいち指示を加えたその中に、「御朱印面々被官人、当方江奉公停止事」とあることが注目される。越前に在地している者は、府中三人衆をはじめほとんどが勝家の軍団に属しているのだが、信長より直接朱印状を受けている者と勝家との主従関係については、むしろ勝家の方でこれを否定しているのである。部将間の支配関係を軍事面だけにとどめようという信長の意図が読み取れる。

〔加賀をめぐる戦い〕

勝家らが越前に封じられるとほぼ同時に、加賀も未征服のまま別喜《べつき》（簗田《やなだ》）広正に一国を委ねられた（当代記）。だが、翌天正四年になっても加賀の平定は進まず、広正は尾張に召還されてしまった。その後勝家は加賀平定の任務を負う（越登賀三州志・当代記）。勝家は早速入国して一向一揆軍と戦っている（甫庵）。

同五年になって、信長は本格的な加賀討伐戦に踏み切る。敵は一向一揆のみならず、越中より進出してきた上杉謙信でもあった。八月、滝川一益・丹羽長秀・羽柴秀吉、その他諸将の軍が越前へ派遣された。そして勝家を総大将として加賀に進攻した（公記）。勝家が歴々の宿将たちの上に立つのは、天正元年の京都放火の時以来二度目である。

しかし、この軍はすぐに足並みが乱れた。勝家の指揮下にいる秀吉が勝家と意見が合わず、勝手に帰陣してしまったのである（公記）。その後、織田軍はともかく加賀を北上したものの、敵中なので情報も得られない状態だった（宮川文書）。そして、その挙句、九月二十三日、進出してきた謙信の軍のため手取川で大敗。何一つ得るものもなく退却してしまった（歴代古案・北越軍記）。それでも勝家は、謙信が深追いしてこないのを見、御幸塚《ごこうづか》・大聖寺《だいしょうじ》に砦を築き、甥の佐久間盛政に自分の兵を付けて入れ置き、反撃の拠点を作った後、越前に帰陣している（公記）。

〔加賀の平定と能登・越中への進出〕

天正六年より、能登の畠山氏の旧臣長連竜が、七尾城回復を目指してしきりに信長の援助を請う。信長は出陣を約束しながらも、その都度延引、連竜はせっかく奪った穴水城も放棄してしまう（長家文書・長家家譜）。勝家も、九月二十二日付で連竜の功を褒し、信長出馬の意向を伝えて、連竜の心を繋ぎ留めることに腐心している（長家文書）。

信長自身の北陸出馬は実現しなかったが、この年十月四日、斎藤利治の軍が飛騨経由で越中に入り、上杉方河田長親・椎名道之らの軍を月岡野にて破る（公記）。北陸平定はこの後どんどん進行した。

同七年八月、勝家は加賀に軍を進め、諸

所を放火して引き上げている（公記）。さらに翌八年閏三月、加賀奥郡まで進攻。越中境に兵を出す一方、能登へも進撃し、連竜とともに末森城を攻めている（公記・書簡幷証文集）。

この閏三月、信長と本願寺との和睦が成立。同月十一日付で、加賀での戦闘中止を命じた信長朱印状が届く（南行雑録）。しかし、その後の加賀の戦局は、かえって激しさを増すのである。勝家の軍は、北陸の一向一揆の司令塔だった金沢御坊を滅亡させ、そのままの勢いで加賀の北部まで進んだ。そして、本願寺の指令に従わずに反抗を続ける一揆勢を打ち破り、ようやく加賀の一向一揆を殲滅した。十一月、勝家は、若林長門や鈴木義明ら首魁の首を安土へ送った。信長はこれらを梟首している（公記）。

越中には、旧信濃守護の嫡流で、信長に帰属していた小笠原貞慶が同八年頃より入国し、越中の地侍たちの画策に奔走していた。（同年）閏三月二十三日、勝家は貞慶に書して、その労を犒っている（書簡幷証文集）。そして翌日には、すでに降っている越中国人山田修理亮・若林宗右衛門に通信し、上杉の将河田長親を帰属させるよう促している（読史堂古文書）。

同年四月、信長の使木下祐久・魚住隼人正の来訪を受け、加賀・能登の平定を伝えている（公記）。だが、この時点では、加賀はともかく能登はまだ平定の途中である。能登に関しては、この年八月までに末森城の土肥《どひ》親真や守護家の旧臣温井《ぬくい》・三宅が降ったが、旧勢力はまだまだ国内に蟠居していた（気多神社文書・加能越古文叢・長文書ほか）。

〔伊達氏との外交〕

五月三日付で勝家が、伊達輝宗の老臣遠藤基信に加賀のみならず越中・能登をも平定したことを伝えた書状がある（建勲神社文書）。『史料綜覧』『富山県史』などはこの文書を天正六年に比定しているが、『伊達家治家記録』にある通り、同九年とするのが妥当であろう。越中・能登はまだ征服の途中だが、誇張を加えることによって、信長の勢力を誇示することに努めている様がうかがわれる。

信長と伊達氏との接触は、同三年十月より見られるが（公記・斎藤報恩会文書）、勝家が通信したのは、この書状が初見である。この後、遠藤より書を受け、九月十九日付で返報を発するなど、対伊達氏外交の一端を勝家が担いつつあった様子が見られる（伊達家治家記録）。

〔越中平定戦〕

天正九年二月二十三日、勝家は、養子の柴田勝豊・同勝政らを率いて上京した。二十八日に予定されている馬揃えに参加するためだが、この時、信長に黄金や茶道具を進上している（耶蘇年報・公記）。

この頃の勝家について、宣教師フロイスは次のように語っている。彼（勝家）は、越前においては緋の服を着、馬も緋で覆っているが、馬揃えでは信長がその服装をするので、それを禁じられたこと。また、越前・加賀の「王」のごとき人であると（耶蘇年報）。表現に不適当なものはあるにせよ、勝家の織田家中での威勢をよく表した言葉である。

この馬揃え参加に際して、勝家は、佐々成政・佐久間盛政を留守として駐めたが、成政は三月六日、神保長住ら越中衆を連れて上洛した。織田軍の手薄になったのを突いて、上杉景勝が越中に進出して小井手城を攻撃。その報を受けて、勝家らは急遽帰国した（公記）。

天正九年中に、佐々成政が越中に、前田利家が能登に封じられる（公記・加能越古文叢ほか）。このうち能登は大体の平定が終っていたが、越中はまだ上杉と競合している状態で、成政を勝家たちが助けて平定戦を続けていた。

越中の戦線も少しずつ前進したが、同十年三月には上杉の煽動によって、国人小島職鎮らが一揆を糾合し、神保長住が留守居を務める富山城を攻略するという事件があった。勝家らはすぐに富山城を攻め、これを奪い返した（公記）。

この時の陣営で、勝家と成政との間に争

論があったらしい。同席した前田利家は自分の臣への書の中で、「散々ニて乱かハしき体候」と述べている（前田育徳会文書）。勇猛ながらも時に冷静さを欠くという点、そして部下・同僚の人心収攬が今一歩という点。勝家にはこうした欠点があったのであろう。

　こうしたトラブルはあったけれど、その後勝家ら北陸方面軍は富山湾伝いに進軍し、魚津城を囲んだ。

〔本能寺の変に際して〕

　魚津城が陥落したのは六月三日。あとは、東南に位置する松倉城を抜き、越後へ進軍するばかりである。魚津の陣で、次の作戦の準備をしているところへ本能寺の変報が届く。勝家は諸将に、魚津の陣から退却することを命じた（前田家譜ほか）。

　しかし、勝家が弔合戦の軍を進めるには時日を要した。彼が北庄を出陣する以前に山崎の戦いがあり、主の仇討ちの功は羽柴秀吉のものとなった。越中はもちろん、能登においても一揆の蜂起があり、すぐさま大軍を出張させることは不可能だったのである。

　六月二十七日、勝家は、秀吉・丹羽長秀・池田恒興と清須で会談した。『川角』には、勝家が大名・小名たちを招集したとあるが、『浅野家文書』などより推すと、この時会合したのは「宿老」とされた四人だけであり、誤りである。美濃・尾張の混乱を鎮めて、先に清須に入っていた秀吉が、自分を含めた三人を「宿老」として選定し、勝家の到着を待って会議を催したというのが真相であろう。

　会議の席で勝家は、信長の三男信孝を天下人の後継者として推した、と『川角』にあるが、これも確かではない。後に勝家と信孝とが結んだことからの憶測と思われる。

　『川角』に書かれたように、勝家の意見が会議の席上でことごとく潰されたかどうかはわからないが、この会議の主導権を秀吉が握っていたことは確かである。欠国の分配に関しても、秀吉が山城・丹波全域に河内の一部を得たのに対し、勝家は秀吉の旧領の近江北郡を加えるにとどまった（浅野家文書・多聞院ほか）。四人の宿老の一人として、天下の政務を行うにしても、長秀・恒興を籠絡した秀吉がすべてを取り仕切っている。輪番に出すと決定された京都奉行も、勝家の臣が務めたという形跡はない。

　この清須会議で秀吉の独走を許すことにより、勝家は織田家家臣筆頭の地位から転落したのであった。

〔秀吉との対立〕

　九月三日、勝家は、丹羽長秀からの書に応えて、長文の書状を送っている（徳川記念財団文書）。内容は、信雄・信孝の境界争いのことと幼主三法師の今後の居所についてのことである。秀吉が畿内を中心に着々と勢力を植えつけている最中なのに、三法師の移転の体裁にこだわるなど、いささか間延びのした印象である。長秀はまだ公平な立場で動いている様子だし、勝家のほうも秀吉への敵意など感じられない。

　しかし、その後の一カ月の間に、勝家・秀吉の間は、かなり険悪になる。十月六日、勝家は書を堀秀政に送り、秀吉が清須会議での決定に違反していることを責めている。そして内輪の争いを止め、北条氏に当ることが信長旧臣の今なすべきことである、と主張している（南行雑録）。

　これらの文書を見る限り、勝家が信長に代わって天下に号令しようなどという野心はのぞかれない。それのみか、「羽筑（秀吉）、勝家間之元来無等閑候」「我人間柄悪候共、此般ハ入魂仕」の文言は、彼が平和裡に織田家の存続を願っていたことを感じさせる。この勝家を後に立ち上がらせたのは、秀吉の台頭に最も不満を持っていた信孝だったのであろう。

　十月十五日、秀吉は大徳寺で信長の葬儀を大々的に執り行った。信孝・勝家に対する挑発だが、勝家は表立った非難は避け、前田利家らを遣わして、十一月二日、一旦秀吉と講和を結んだ（柴田合戦記・太閤記）。講和しながらも、この時には、秀吉との一戦が避けられないものであることを、勝家は覚悟していたであろう。雪に閉ざされた北陸のことを考えて、時間かせぎをしようとしたのだが、秀吉の方は勝家との約束など守るつもりはさらさらなかった。

　勝家の軍が北陸から出られないのを見越して、早くも秀吉は、軍事行動に出た。十二月に勝家の養子柴田勝豊の守る長浜城を攻撃して、これを落し、さらに信孝を岐阜城に囲んだのである（柴田合戦記）。

　勝家も手をこまぬいていたわけではなかった。十二月十一日、家康に贈品して款《よしみ》を通じ、さらに翌年二月十三日には、吉川元春に通信して将軍義昭の京都復帰を承諾している（家忠・吉川家文書）。

〔賤ケ岳の戦いと敗死〕

　秀吉軍に岐阜城を囲まれた信孝は、天正十年十二月二十日保護していた幼主三法師を渡して降伏。勝家は遠く毛利氏たちに款を通じるのみで、自らは積雪のため動くに動けなかった。長浜城・岐阜城と味方が敗戦するのを、遠くから見守るほかなかったのである。

　雪解けを待って、勝家はいよいよ行動を開始する。翌十一年二月二十八日、北庄より先発隊を出陣させる。自らも残雪を割りながら北近江に入り、内中尾山に本陣を布いた（古証文・徳山毛利文書ほか）。

　この間、甲賀出身の臣山中長俊に命じて伊賀衆を動かそうとしたり、真木島昭光に書して、義昭を通じて毛利の出兵を頼むよう画策している（家忠・兼見・多聞院・古証文）。勝家の与党は、旧北陸方面軍のみ。それに対して秀吉は、傍輩であった丹羽長秀・堀秀政をはじめ畿内方面の諸士をも味方にしている。兵力差は歴然としており、勝家はどうしても毛利氏あるいは家康の助力が欲しかったのであろう。

　結局、彼らをはっきりと味方に付けられないまま、勝家は秀吉軍と江北に対峙した。北伊勢では滝川一益が、一月から反秀吉を掲げて挙兵しており、岐阜では信孝が勝家の動きに応じて再び兵を挙げた。秀吉が岐阜方面へ赴いた四月二十日、佐久間盛政に主力部隊を預けて大岩山の中川清秀を攻撃させる。ところが翌二十一日、急遽軍を返した秀吉軍に敗れて、盛政軍は退却。勝家の本隊も共に崩れて敗走した（柴田合戦記ほか）。

　勝家は居城北庄に逃れたが、追撃した秀吉軍に包囲された。二十四日、勝家は自害。没年齢については、五十四、五十七、五十八、六十二歳と諸説があるが、フロイスの証言などから、六十二歳が最も有力である（耶蘇年報）。

　なお、後室として、信長の妹市（小谷の方）を娶っていたが、彼女も夫勝家と運命を共にした。市との婚姻の時期については、清須会議後というのが一般的だが、実のところ小谷落城後のいつなのか、正確なことは不明である。

柴田勝定（しばた　かつさだ）　尾張

　生没年不詳。

　源左衛門尉。次左衛門尉ともあるが、これは改称したのではなく、「源」を読み違えたものであろう。諱は、後に「安定」という（専修寺文書）。また、柴田勝全と同一人とする書もあるが、花押も異なるし、別人と思われる。後、佐渡とも称すという。

　柴田勝家の臣。元亀四年（一五七三）六月十二日、佐久間勝政とともに琵琶湖沖島に礼銭を徴している（島村沖島共有文書）。また、同月十八日、下京より、四月に放火をまぬかれた礼銭として、銀二百十五匁を受けている（朝河文書）。

　勝家との血縁関係は明らかではないが、同姓といい、勝家の甥勝政と名を並べていることといい、さらにその活躍の様子といい、勝家の臣の中でもかなりの地位であったはずである。天正二年（一五七四）と思われる、十一月二十三日付、硯屋与三右衛門入道宛て書状によると、勝家と自分への樽の贈呈を謝している（金剛寺文書）。

　同三年九月、勝家が越前に封じられてからも、西蓮寺への還住催促、称名寺への下間頼照討取りの褒賞、織田大明神社（剣神社）より申状を受けるなど、勝家の奉行としての活躍を続けている（西蓮寺文書・称名寺文書・剣神社文書）。同七年五月、勝家の留守中、北庄城代を務め、一揆に囲まれた丸岡城を救援したという（武家事紀）。

その後、明智光秀に仕えたらしく、『太閤記』の山崎の戦いの記載中、明智軍の先鋒「柴田源左衛門尉」が見られる。また、『重修譜』にも、明智の臣として名が見える。信憑性の低い史料ではあるが、『明智軍記』には、天正七年に勝家の勘気に触れて出奔、光秀に転仕、丹波柏原城を預けられる、とある。そのような経緯があったのかも知れない。

山崎の敗戦後、堀秀政に属すという（堀直敬『堀家の歴史』）。確かに、（天正十七年カ）九月十五日付で、越前の慈智院に宛てた書状があり（専修寺文書）、秀政の下で活躍している様子である。秀政の子秀治の代になって、越後にて一万三千石。しかし、老臣の堀直政と争いになって改易となり、以後、浪人したという（堀氏前掲書）。

柴田勝豊（しばた　かつとよ）　尾張

？～天正十一年（一五八三）四月十六日。伊介、伊賀守。

柴田勝家の老臣である吉田次兵衛の子。母は勝家の姉。その縁により勝家の養子となる。

天正三年（一五七五）八月、越前一向一揆討伐戦に参陣。九月十一日、信長より豊原城を与えられている（越前国相越記）。越前が平定されて、養父勝家に八郡が委ねられると、丸岡城主となる。『武家事紀』には四万五千石とある。

文書における初見は、同元年六月十八日、下京より礼銭として銀五百十五匁を受けたこと。ここには「柴田おい」とある（朝河文書）。同年四月に勝家が司令官として洛外を焼いた時、放火をまぬかれたことへの礼だが、その時、勝家に従って京で働いたのであろう。

（同四年）十二月、上杉氏の対策について信長より指示を受ける（竹川信太郎氏旧蔵文書）。（同六年）八月十六日の信忠書状によれば、勝豊は加賀出陣を控えている（北徴遺文）。同じ勝家の甥でも、佐久間盛政に比べると、戦場での活躍が目立たない勝豊だが、養子となっているだけに、信長や信忠から、勝家身内としてそれなりの扱いを受けている。

同九年二月、馬揃えのため上洛。二十四日、勝家は、養子としている勝豊と勝政（盛政の弟）を連れて信長に訪礼している（公記）。もっともこの時は、ライバル盛政は留守を守っており、上洛していない。

同十年、本能寺の変後の清須会議で、勝家は、秀吉の旧領であった北近江を獲得。この地を勝豊に渡し、長浜城に入れ置いた。八月二十四日付の、徳政条規、大沢次郎左衛門尉への宛行状、竹生島宛て寄進状など、勝豊の北近江における活躍が見られる（菅浦文書・士林証文・竹生島文書）。

勝家と秀吉との対立が深まる中、前田利家らとともに和平のための使として、摂津宝寺の秀吉のもとへ派遣される。長浜に戻ったのは十一月九日という（太閤記）。しかし、十二月には、近江に兵を集結させた秀吉の攻撃を長浜城に受ける（兼見・多聞院）。

勝豊は、勝家の養子ではあるものの、勝家に実子権六が生れて嗣子としての資格を失い、さらに同じ甥の佐久間盛政が重用されるようになると、とかく勝家に疎んじられがちになっていた。そのため、さしたる抵抗もなく秀吉に降り、長浜を開城したという（柴田合戦記・太閤記・耶蘇年報）。

勝豊はすでに病んでいた様子で、開城後病が重くなり、京都で療養生活に入る。それでも、与力の大金藤八・山路将監を代理として秀吉に加勢させているから、単に秀吉に降ったというだけではなく、勝家を裏切ったわけである（上野五左衛門氏文書・柴田合戦記）。養父勝家に対して含むところがあったという『柴田合戦記』などの記載は、本当なのであろう。それにしても、そういう人物に北近江全域を任せ、長浜城に入れ置いたのは、勝家の大失策だったと言える。

療養中の勝豊は、秀吉の与党である丹羽長秀の使の見舞いを受けたり、秀吉が遣わした曲直瀬《まなせ》正慶の診察を受けたりしている

(上野五左衛門氏文書・『諸家感状録』所収文書)。

だが、勝豊の病勢は次第につのり、賤ケ岳の戦いの前の四月十六日、京都で没した(重修譜)。死没の地は東福寺という(武家事紀)。

柴田宮内少輔(しばた　くないのしょう)

柴田勝家の臣。(天正五年＝一五七七)閏七月十日、信長側近菅屋長行(長頼)より、織田大明神社(剣神社)への宛行いについて指示を受け、同月二十日、同社領の再検地免除を伝えられている(剣神社文書)。ここで注目されるのは、後者の書状の宛名が勝家との連名だということである。

この宮内少輔を、『信長文書』では、源左衛門尉勝定と同一人としているが、その根拠については明らかにしていない。だが、『柴田系図』や『朝倉記』では宮内少輔は勝家の息とある。勝家との連名のこと等を考えると、『福井県史』のように勝政(佐久間盛政の弟、勝家養子)とすることが最も妥当のように思われる。

柴田道楽(しばた　どうらく)　尾張

生没年不詳。

春日井郡桜佐の人。勝家との関係については不明。元亀四年(一五七三)二月、尾張密蔵院へ二十俵を寄進している(密蔵院文書)。

柴田弥左衛門尉(しばた　やざえもんのじょう)　尾張

生没年不詳。

信長の奉行衆の一人。天正四年(一五七六)八月十九日、鳴海助右衛門尉とともに、蛇溝村より請文を出されている(蛇溝村共有文書、八日市市史所収)。

柴山源内(しばやま　げんない)　→柴山監物

柴山監物(しばやま　けんもつ)　摂津

生没年不詳。

源内。諱については「俊一」「宗綱」が伝わるが、確かではない。なお、姓は「芝山」とも書く。

角川文庫『信長公記』人名注索引では、『尾張志』に拠って尾張の芝山氏としているが、誤り。摂津の柴山氏である。

摂津衆として荒木村重の麾下で、天正六年(一五七八)十月、村重が謀反を起した時、初めはそれに従ったが、十二月一日、安部二右衛門とともに信長に降る(公記)。

本能寺の変後は秀吉に仕え、馬廻。小田原陣に従軍している(伊達家文書)。

当時の高名な茶人で、利休の七哲の一人(茶人大系図)。津田宗及の茶会にもしばしば出席している(宗及記)。

芝山次大夫(しばやま　じだゆう)　尾張?

生没年不詳。

尾張の芝山氏であろう。信長の弓衆。天正六年(一五七八)十二月、有岡攻めに従軍。八日、平井長康・中野一安とともに、火矢で有岡城下を放火している(公記)。

柴山長次郎(しばやま　ちょうじろう)　加賀

生没年不詳。

加賀の国人。天正五年(一五七七)五月三日、信長より忠節の覚悟を褒され、手柄次第で所領を安堵し、加増もすることを約束されている(柴山文書)。さらに(同年)八月十日、加賀に進攻した柴田勝家より、山中氏の勧誘に成功すれば本領を安堵する旨、申し渡されている(柴山文書)。

新開一右衛門(しびらき　いちえもん)　越前

生没年不詳。

朝倉氏の臣。元亀三年(一五七二)、魚住景固ら朝倉氏奉行人より、越前河和田の所領を安堵されている(片岡文書)。

天正元年(一五七三)八月の朝倉氏滅亡とともに、信長に従ったか。同五年四月七日、信長の朱印状に基づいて、柴田勝家より二百石の知行を安堵されている(片岡文書)。

慶長二年(一五九七)五月二十九日、堀秀治より町役を免じられている「新開市右衛門」は、同一人か子であろう(片岡文書)。

島一正(しま　かずまさ)　美濃

天文十七年(一五四八)～寛永三年(一六二六)六月六日。

弥左衛門。

織田信正(信定の子というが、疑問)の

二男で、又左衛門信重の弟という（重修譜）。しかし、信長の家臣としての地位は低く、織田一族であったとしても遠縁にすぎないであろう。

　美濃島村に住し、信長に仕える。簗田《やなだ》広正の家臣と『武家事紀』にあるが、与力であろう。元亀元年（一五七〇）六月二十二日、小谷より退却の時、広正に従い殿《しんがり》軍にあって戦功をあげた（甫庵）。天正三年（一五七五）八月、広正に従って加賀に進攻。檜屋《ひのや》・大聖寺《だいしょうじ》の砦を守る（当代記）。

　広正は、加賀平定戦に失敗して尾張に蟄居。その後、島兄弟は佐久間信盛の与力になったらしい。同八年八月、佐久間父子追放の直後、兄弟ともに信長に召し出され、直接仕えることになった（池田本）。

　本能寺の変後しばらくの消息は不明だが、『太閤記』には、文禄二年（一五九三）六月八日、朝鮮の陣で、長谷川秀一の臣として、兄とともに評定に参加している姿が見られる。

　慶長八年（一六〇三）、召されて家康に仕え、使番。丹波船井郡にて千五百六十石を知行する。大坂両陣に従軍。寛永三年（一六二六）六月六日没、七十九歳という（重修譜）。

　天正九年九月十六日付、越前の彦兵衛・弥兵衛より小五郎に宛てた米取極《とりきめ》証文の中に、「島弥左右衛門」という人物があるが、別人であろう（加藤源内家文書）。

島信重（しま　のぶしげ）　美濃

　生没年不詳。

　勘右衛門・又左衛門尉。

　織田信正（信定の子というが、疑問）の長男で、弥左衛門一正の兄という（重修譜）。弟一正と同じく簗田広正の与力だったものと思われる。そして、広正が加賀平定戦に失敗して尾張に蟄居した後は、佐久間信盛の与力に転じたのであろう。

　天正六年（一五七八）十一月十三日、佐久間信栄らを招き、茶会を催している。そのほか、津田宗及の茶会にもしばしば出席している（宗及記）。佐久間父子に従って大坂攻めに参加しているのであろうが、茶湯の方も佐久間父子と同じく熱心である。

　同八年八月、佐久間父子追放直後、弟弥左衛門とともに信長に召し出された（池田本）。おそらく馬廻として直接信長に仕えることになったのであろう。

　本能寺の変後は秀吉に仕えたという（重修譜）。変直後の天正十年八月二日、信雄が梶川吉蔵に、「島又左衛門尉分」百貫文を与えている（徳川美術館文書）。やはり、尾張を離れて、秀吉の下に行ったのであろう。『太閤記』の文禄二年（一五九三）六月八日、朝鮮における軍評定の記事の中には、長谷川秀一の臣として登場している。

島田秀満（しまだ　ひでみつ）　尾張

　生没年不詳。

　所之助、弥右衛門尉、但馬守。諱は初め「秀順」。

〔信長上洛以前の活躍〕

　信長の奉行衆としての島田の活躍は、天文年間より見える。その事績を追って行こう。

①（天文末年ヵ）七月二十五日、熱田社物検校らに、礼銭についての紛争の処置を指示する（佐久間信盛らと）（田島氏文書）。

②弘治二年（一五五六）八月、信長の母に末盛城へ招かれ、信勝の信長への降参の意思を伝えられる（村井貞勝と）（公記）。

③（永禄六年＝一五六三）九月十五日、水野藤九郎より信長への鷹の贈呈の取次ぎ（古今消息集）。

④同十年八月、美濃三人衆の人質受取りの使（村井と）（公記）。

⑤同十一年七月、義昭迎えの使（村井らと）（公記）。

　②④⑤などは、とても若輩者には任せられない大切な仕事である。上洛前より、村井貞勝と島田とが、信長の奉行衆の中でも一段上の地位にいた様子である。

〔信長上洛後の活躍〕

　信長は永禄十一年九月に上洛。翌月、義昭を将軍位に就ける。仮の将軍御所は六条本圀寺であったが、翌年早々に三好三人衆らの攻撃を受けて危うい事態が起ったので、信長は将軍邸の建設を急がせた。二月に早速建設が始まる。大工奉行は村井貞勝と島田であった（公記）。普請奉行といえば、元亀三年（一五七二）三月より始まる信長の京都宿所建設の奉行も村井・島田の二人であった（公記・兼見）。

京の行政面における島田の仕事をいちいち追っていては、枚挙に暇がない。特に目立つものは、元亀二年九月、明智光秀らとともに公武用途の米を畿内の諸寺社に徴したこと。さらに十月、禁裏賄料として、利息三割で京中に米を貸付けたことである（阿弥陀寺文書・京都上京文書・元亀二年御供米之記）。

そのほか、北野天満宮の竹木伐採の禁止、妙心寺の夫役免除、寺領安堵事務、諸商人への命令伝達など、頻繁に文書を発行している（兼見・北野天満宮史料・妙心寺文書ほか）。信長上洛後も、やはり村井と島田の二人が、大勢いる信長の吏僚の中で特別の地位にいた様子である。

〔名乗りの変化について〕

冒頭に記したように、彼は、初めは「島田所之助秀順」で登場する。信長の上洛後もこの名乗りは変っていない。ところがその翌年のものと思われる、三月二十三日付の北野社領十一カ村の百姓宛て書状には、「弥右衛門尉秀順」と署名している（北野神社文書）。その後、同年八月十八日まではこの名乗りが続いている（円福寺文書・言継）。「島田但馬守」の初見は、『言継』永禄十二年十一月十二日条である。同年か翌年と思われる、十一月二十六日付の法金剛院宛て書状には、「但馬守秀満」とあり、諱も「秀順」から「秀満」に変わったことがわかる（法金剛院文書）。おそらく、但馬守任官と同時に諱も改めたのではなかろうか。以後、彼は「島田但馬守秀満」を最終的な名乗りとする。

〔信長と義昭との対立に際して〕

元亀年間、信長と将軍義昭との争いが次第に表面化してくる。元亀三年九月、信長は十七カ条の異見状を義昭に提出、その失政を詰った（公記・尋憲記ほか）。この後、いつのことか明記されていないが、『公記』に、朝山日乗・島田・村井の三人が、信長からの使として義昭へ遣わされ、人質と誓書を進上した旨の記載がある。

そうした信長の譲歩にもかかわらず、義昭との決裂は決定的となった。義昭側近の光浄院暹慶《せんけい》（山岡景友）らは石山・今堅田で挙兵、信長は柴田勝家らにこれを攻めさせる一方、使を義昭に遣わして折衝させた。この時の使が松井友閑と島田秀満であった（兼見）。この役は、本来塙直政が務めるはずだったのが、眼病のため、急遽島田と友閑が駆り出されたということである（細川家文書）。

義昭は、信長の提案を蹴ったため、島田らの努力は実を結ばなかった。三月八日、島田らは帰国。信長と義昭の武力衝突となる。同月二十九日、信長は入京、島田もそれに従った。四月一日、陣を訪れた吉田兼和を信長・信忠に取り次いでいる（兼見）。

〔終見まで〕

天正元年七月の将軍義昭追放直後、これまで一緒に多くの仕事をしてきた村井貞勝が京都所司代の大役に就く。その一方、島田の活躍は以前ほど見られなくなる。松永久秀が多聞山城を退去した後の、天正二年四月二十五日、信長の命に従って、東大寺八幡宮社人と大仏寺人の諸役を免除しているのが、目立つ程度である（薬師院文書）。

この年七月、信長が総力をあげて長島を攻撃した時、島田は家老の林秀貞とともに囲舟《かこいぶね》に乗って攻撃に参加している（公記）。島田にしてみれば、珍しい戦場での活動である。おそらく、戦闘よりも、舟の調達など奉行の仕事を担当したのであろう。

信長の尾張一国時代から、代表的吏僚として大切な役割を果してきた島田秀満だが、『兼見』天正三年四月十一日条に載ったのを終見として、史料に登場しなくなる。活躍期の長さ、地位の高さから推測して、もうかなりの年配だったと思われるから、その後間もなく死没したのではなかろうか。

息男があり、元亀三年十月に病を発して吉田兼和から祓鎮札を受け、二年後の三月六日に父ととも吉田社に参詣している姿が見られる（兼見）。しかし、その息子がその後どのようになったか、全くわからない。

島田秀順（しまだ　ひでより）　→島田秀満

島田弥右衛門尉（しまだ　やえもんのじょう）
→島田秀満（しまだ　ひでみつ）

島本左衛門大夫（しまもと　さえもんだゆう）
→狐崎吉次（きつねざき　よしつぐ）

清水某（しみず）　尾張？

　生没年不詳。

　信長の臣。元亀二年（一五七一）十二月、山科言継が御料所のことで岐阜に下向した時、その十七日に、坂井隼人らとともに言継を振る舞っている（言継）。志水長次のことかと思われるが確証はない。

志水権内（しみず　ごんない）　→下津一通（しもづ　かずみち）

清水左京亮（しみず　さきょうのすけ）　尾張
　生没年不詳。
　緒川の人なので、水野信元の臣であろうか。永禄十年（一五六七）七月八日、尾張に立ち寄った（里村）紹巴を招いて、連歌会を催している（富士見道記）。

志水長次（しみず　ながつぐ）　尾張
　生没年不詳。

　悪兵衛尉。

　『尾張志』に、古渡《ふるわたり》村の住人「志水又右衛門家勝」という者が載っているが、その同族であろうか。

　信長の奉行衆だが、その地位は高くない。某年十月六日、奥村秀正・跡辺秀次・織田吉清と四人連名で、法隆寺に家銭銀子百五十枚の納入を命じている（法隆寺文書）。

下方九郎左衛門（しもかた　くろうざえもん）　尾張
　生没年不詳。
　左近貞清の嫡男（吉備温故秘録）。永禄三年（一五六〇）五月十九日、桶狭間の戦いの時、今川義元の鞭・ゆがけを持った同朋衆を生捕りにし、信長に賞された（公記）。その後、二十五、六歳の若さで病死したという（吉備温故秘録）。子孫は岡山池田家に仕えた（岡山藩家中諸士家譜五音寄）。

下方源左衛門（しもかた　げんざえもん）　尾張？

　生没年不詳。

　『甫庵』の天正六年（一五七八）七月、播磨志方城攻めの時に、戦っている記事がある。左近貞清の一族であろうか。


下方貞清（しもかた　さだきよ）　尾張
　大永七年（一五二七）？～慶長十一年（一六〇六）七月四日。

　弥三郎、左近将監。

　父は貞経（士林泝洄）。信秀の代からの臣である。尾張春日井郡上野城主（張州雑志）。小豆坂の戦いで戦功（甫庵・武家事紀）。小豆坂の戦いは、天文十一年（一五四二）と同十七年の二度あるが、『下方貞清墓碑銘』では、後者の時としている。『天理本信長記』『甫庵』等には当時十六歳とあり、『張州雑志』等にある大永七年生れという記事と合せ考えると、前者を採って年齢が合致する。

　同二十一年八月の萱津《かやつ》の戦いでも活躍するという（甫庵・下方貞清墓碑銘）。赤母衣《ほろ》衆に選定されたともいうが、『高木文書』の渥美刑部丞入道曾干の書出しにその名はない。誤りであろう。だが、その武功は母衣《は》衆にも劣らなかったらしく、永禄初年頃、「最初鑓《なやり》六度」とうたわれた勇者であった、と『太閤記』にある。永禄三年（一五六〇）の桶狭間の戦い、同十二年の大河内《おかわち》城攻めにも活躍したという（士林泝洄）。

　ずっと信長の馬廻。小部隊指揮官といったところであろう。馬廻が大活躍した、天正元年（一五七三）八月十三日の朝倉軍追撃戦にも参加している（当代記・甫庵）。

　本能寺の変後は信雄に仕え、長野郷内にて二百二十貫文を知行（分限帳）。関ケ原の戦い後は、さらに松平忠吉に従い、五百五十六石の知行を受けている（清洲分限帳）。

　慶長十一年（一六〇六）七月四日、清洲にて没（下方貞清墓碑銘ほか）。『甫庵』及び『張州雑志抄』の記事に従えば、八十歳ということになる。

　妻は、加藤順盛の娘（張州雑志）。九郎左

衛門及び弥三郎貞弘は子である。また、『多田神社文書』中に、「下方市左衛門尉貞広」の書状があるが、『士林泝洄』にある貞清の従兄弟市左衛門正弘であろうか。

下方貞弘（しもかた　さだひろ）　尾張
天文二十三年（一五五四）～天正十年（一五八二）六月二日。
弥三郎。
左近貞清の子（張州雑志・士林泝洄）。少年の頃より信忠に近習として仕えたという（士林泝洄）。（天正五年＝一五七七ヵ）三月十三日付、千秋季信宛て信忠書状によれば、麻の調達の奉行を命じられている（千秋文書）。
天正十年二月、信忠に従い、信濃出陣。高遠城攻めなどで手柄を立てたという（士林泝洄）。
同年五月、信忠に随従して入京、六月二日、二条御所にて討死した（公記ほか）。二十九歳。

下津一通（しもづ　かずみち）　山城
?～天正五年（一五七七）十月一日。
姓の下津は「志水」とも書く。権内。
長岡（細川）藤孝の臣。元来は西岡六人の頭長の一人で、藤孝が天正元年（一五七三）七月、西岡の地の一職《いつしき》支配を委ねられた時から、これに従うという（細川家記）。
同年八月二日、藤孝の淀城攻めに従って、敵将石成《いわなり》友通を討ち取り、信長より直々に賞され、道服を賜った（公記）。
同五年二月、藤孝に従い雑賀《さいか》攻め。節所での戦いに一番鑓の手柄を立て、またも信長に召されて褒された（公記）。
同年九月、松永攻めに従軍。十月一日、片岡城攻めで討死した（細川家記）。

下津権内（しもづ　ごんない）　→下津一通（しもづ　かずみち）

下津屋某（しもづや）　山城
生没年不詳。
山城の国人。元亀元年（一五七〇）十月二十四日、木下秀吉に降参して、志賀の信長陣に来礼している（言継）。

下山甲斐守（しもやま　かいのかみ）　伊賀
生没年不詳。
伊賀名張郡の人。天正七年（一五七九）九月、信雄に降り、伊賀攻撃を勧める。そして、信雄の伊賀出兵に参加したが、敵に生捕られたという（勢州軍記）。

住阿弥（じゅうあみ）
?～天正六年（一五七八）十月二日。
『兼見』には「重伝」の名で載っている。
信長の同朋衆。天正六年（一五七八）十月二日、「さい女」とともに信長に成敗された。『兼見』によると、信長の留守中に女房衆が外出して遊覧したことが理由だという。

ジュスト　→高山重友（たかやま　しげとも）

荘市助（しょう　いちすけ）　備中
生没年不詳。
姓の「荘」は「庄」とも書く。
備中猿掛城主荘駿河守の一族であろう。毛利氏に従っていたのが、秀吉に降る。天正九年（一五八一）九月二十七日、信長より書を受け、秀吉に対して忠節を励むよう命じられている（備中荘家文書）。

荘駿河守（しょう　するがのかみ）　備中
生没年不詳。
備中猿掛城主。一時備中から備前・美作まで勢力を伸ばした三村家親の長男は、猿掛城主の養子となり、庄（荘）元祐と名乗ったという（妙善寺合戦記・毛利家日記）。彼は永禄十年の明禅寺の戦いで討死した。駿河守は、その継嗣であろう。
毛利氏に猿掛城を奪われ、秀吉に頼って信長に降る。（天正十年＝一五八二）一月十日、秀吉を通じて信長の朱印状を受けた（黄微古簡集）。前年九月二十七日に信長より朱印状を受けている庄（荘）市助は、一族であろう（備中荘家文書）。

城内次郎左衛門（じょうない　じろうざえもん）　伊勢
生没年不詳。
神戸四百八十人衆の一人。元亀二年（一五七一）一月、神戸の家督を継いだ信孝に仕えた（勢州軍記）。

荘村安芸（しょうむら　あき）　山城
生没年不詳。

山城木津城主。『多聞院』天正三年（一五七五）八月九日条に、越前一向一揆討伐戦に従軍した記事がある。前年五月より、南山城は塙直政が守護として支配しているから（年代記ほか）、この軍事行動は、直政の下におけるものであろう。同書によると、九月八日帰陣、十三日に多聞院英俊の帰国の見舞いを受けている。

この後、直政に反抗。木津城を攻められ、同四年三月二日落城。宝来へ落ち、家臣たちも四方へ散ってしまった（多聞院）。

勝蓮華近江守（しょうれんげ　おうみのかみ）越前

生没年不詳。

朝倉義景の臣。一族であろう。朝倉近江守とも称す。主家の滅亡直前の、天正元年（一五七三）八月二十日、信長に降参した（本願寺文書）。だが、信長の下での事跡については不明である。

白井勝胤（しらい　かつたね）若狭

生没年不詳。

民部少輔。

光胤の子。永禄元年（一五五八）頃白井家を継ぐ。若狭加茂村に住し、守護武田氏に仕え、粟屋勝久の与力（若州観跡録・福井県史）。守護武田義統からの安堵状・宛行状・感状などが『白井家文書』に多く残っている。それによると、所領は遠敷《おにゅう》郡加茂荘ばかりでなく、三方郡、さらに丹後加佐郡内にもあった様子である。

永禄八年、丹波の赤井時家・荻野直正の押領を受けて、この年一月、二月に丹後に出兵している（白井家文書）。（同九年ヵ）十一月三日、義統に戦功を賞されて、新知の宛行いを受けている（白井家文書）。

しかし、同十一年の信長上洛後は、若狭の国衆も、そのままではおられなかった様子である。同年十二月十八日、幕府奉行人より、加茂荘において賀茂社の権益を侵したことを叱責されている（白井家文書）。この権益は、翌年三月四日付、幕府奉行人の安堵状によって、加茂荘本家分代官職として承認された（早稲田大学図書館文書）。

天正元年（一五七三）より、若狭には、丹羽長秀を通じて信長の権力が深く浸透してくる。同二年閏十一月十三日には長秀から、同五年十二月五日には丹羽の臣溝口秀勝から、加茂荘内の義務の遂行を求められている。一方、丹羽の歓心を買うためか、しきりに贈品している姿も垣間見られる（白井家文書）。

まだ白井たち若狭国人の直接の主君は武田元明（義統の子）であり、同三年七月一日、元明に従って相国寺滞在の信長に礼を行っている（公記）。

同年八月、他の若狭衆と軍団を組んで、越前一向一揆討伐戦に参加。海上より攻撃している（公記）。

次第に権益が削られて行く状況に不満だったのか、本能寺の変後は、若狭衆はほとんど明智光秀に味方する。白井も同様で、結局没落したという（若州観跡録）。

白井備後守（しらい　びんごのかみ）→三箇頼照（さんか　よりてる）

白井政胤（しらい　まさたね）若狭

生没年不詳。

孫七郎。

勝胤の子だろう。若狭加茂村に住す。加茂荘の代官。天正二年十月十五日付で、粟屋一族からの金子と銀子並びに米の請取状がある（白井家文書）。同年閏十一月十九日、丹羽長秀より代官職を安堵されている（白井家文書）。

白井民部少輔（しらい　みんぶのしょう）→白井勝胤（しらい　かつたね）

神忠政（じん　ただまさ）

弘治二年（一五五六）～天正十年（一五八二）十一月十五日。

藤右衛門、阿波守。

妻は西尾吉次の娘。永禄九年（一五六六）、十一歳で信長に仕えるという（寛永伝）。そのまま信じるとすると、尾張か美濃の出身ということであろう。

天正十年（一五八二）十一月十五日没、二十七歳という（重修譜）。

針阿弥（しんあみ）→一雲斎針阿弥（いちうんさい　はりあみ）

新七（しんしち）
生没年不詳。
信長に仕えた職人頭。天正九年（一五八一）九月八日、これまでの奉仕の賞として、信長より小袖を下賜された（公記）。

新庄直頼（しんじょう　なおより）　近江
天文七年（一五三八）～慶長十七年（一六一二）十二月十九日。

新三郎、駿河守、宮内卿法印。

直昌の長男。近江坂田郡朝妻城に住す。直昌は、六角氏に従っており、天文十八年（一五四九）六月二十三日、摂津江口の戦いで討死した（寛永伝）。幼くして跡を継いだ直頼も、引き続き六角氏に従う。浅井氏に属したのは、早くとも永禄三年（一五六〇）十二月以降であるという（北村圭弘「常陸麻生藩祖・新庄直頼の前半生」）。

元亀元年（一五七〇）六月の姉川の戦いでは、浅井氏に属して戦ったと『浅井三代記』にあるが、良質史料からはその事実は見出せない。しかし、合戦後、浅井氏の南方の拠点佐和山が同二年二月に開城し、朝妻城も丹羽長秀に攻められて開城するというのは、確かなことかも知れない（浅井三代記・丹羽家譜伝）。姉川の戦いの直前、和泉神社に吊灯籠を寄進しており、これは現在も存在している（北村氏前掲論文）。

織田軍制下では、坂田郡に広く支配圏を保持していた堀秀村に属したか。しかし、堀が天正二年（一五七四）に改易された後は、江北の一職《いっしき》支配者羽柴秀吉に直属したらしい。

本能寺の変後は、次第に秀吉の家臣化していったようで、賤ケ岳の戦いの時も出陣、坂本城を守ったという（新庄家譜・新庄系図）。その後、山崎城主、さらに大津城主になったという（新庄家譜）。天正十九年現在、一万二千石。この頃は秀吉馬廻（聚楽行幸記ほか）。

文禄三年（一五九四）十月、それまでの大津より大和宇陀城に移る。さらに翌四年、摂津高槻城主となり、三万石（新庄系図・新庄家譜）。当時は、秀吉のお咄衆（太閤軍記）。

慶長五年（一六〇〇）の戦役の時は西軍に属し、戦後、蒲生秀行に預けられる。だが、同九年一月十五日、家康に召されて、常陸・下野・河内の内にて三万三百石を与えられ、常陸行方《なめかた》郡麻生に住す（新庄家譜）。

同十七年十二月十九日没、七十五歳という（新庄家譜）。妻は佐久間大学盛重の娘とも、前田慶次（利太）の娘ともいうが、確かではない。

『唐崎松記』に、「文武世にすぐれ、五常もをのづから備わりたる人」と賛辞が載っている。

神藤右衛門（しんどう　うえもん）
生没年不詳。
信長の近臣か。天正九年（一五八一）七月二十一日、秋田の安東愛季《なるすえ》より信長に贈られた品を取次いだ（公記）。
本能寺の変後、信雄に仕え、百五十貫文を知行している（分限帳）。

進藤賢盛（しんどう　かたもり）　近江
生没年不詳。

山城守。

近江栗太郡を中心に、志賀郡にかけて勢力を張った豪族。六角氏に仕え、後藤氏と並んで六角の「両藤」と称せられたという。永禄十年（一五六七）四月制定の『六角氏式目』にも連署している重臣であった。六角氏麾下時代は、浅井氏としばしば戦っているが、観音寺騒動の時には主家に反抗しており、また、同十年六月には延暦寺内部の争いに加わって一乗寺を放火したりしている（言継）。強い勢力がありながら、六角氏に対し必ずしも忠実ではなかった様子である。

同十一年九月、信長進攻と同時に、六角氏を離れて信長に属す（言継）。同十二年八月、伊勢大河内《おかわち》城攻めに従軍（公記）。叡山焼討ち後の元亀二年（一五七一）十二月、野洲・栗太両郡を任された佐久間信盛の与力として付属される。ただし、家臣のうち志賀郡在地の者は、賢盛と別れて、志賀郡支配の明智光秀に付けられた（吉田文書）。

その後も信盛に従い、天正元年（一五七三）七～八月、槙島攻め、朝倉軍追撃戦に従軍。同四年五月には信盛の麾下にあって大坂攻めに参加、天王寺の砦に置かれている（公記）。

佐久間追放後、近江が信長の本拠地となり、近江衆たちが信長の旗本となるに及んで、その有力なメンバーの一人となる。同九年、十年の一月十五日に行われた爆竹《さぎっちょう》、同九年九月の伊賀攻め、いずれも近江衆がまとまった行動をとっているが、常にそれに加わっている（公記）。

本能寺の変後は、信雄に接近したか。（同十一年）二月二十七日付、丹羽長秀の秀吉宛て書状中に、信雄の北伊勢出陣に従軍する旨、記されている（上野文書）。しかし、信雄と秀吉との対立の中では、秀吉に味方したらしい。同十二年四月、蒲生賦秀（氏郷）とともに峰城を攻撃している姿が『勢州軍記』に見える。

進藤源次郎（しんどう　げんじろう）

生没年不詳。

乙部政直の子。信長の叔母を娶る。信長に仕えていたが、某日、その命に背くことがあり、信長の弟信包の指示に従って、進藤に改姓するという（寛永伝）。

神野源六郎（じんの　げんろくろう）　美濃

生没年不詳。

吉村安実の組下か（信長文書）。天正二年（一五七四）十二月九日、伊藤七郎左衛門・吉村安実とともに、信長より領内にて鶴・雁を鉄砲で逐うよう命じられている（吉村文書）。

新開一右衛門（しんびらき　いちえもん）↓（しびらき　いちえもん）

神保氏張（じんぼ　うじはる）　越中

大永八年（一五二八）～文禄元年（一五九二）八月五日。

清十郎、宗五郎、安芸守。諱は「氏晴」とも書く。

礪波《となみ》郡守山城に住す。『太閤記』には「元越中守」、『武家事紀』には「後改二越中守一」とあるが、これは越中守護代家の長住との混同であり、二人はもちろん別人である。二人の関係というよりも、氏張と守護代家との関係については明らかでないが、嫡流と庶流の関係、遠縁と考えるのが自然であろう。

『重修譜』には、能登・越中守護畠山左衛門佐義隆の二男で、神保越中守氏純の養子になった、とある。しかし、それは信じられない。横沢信生氏は、神保豊前守氏重の子で、守護代家の庶流という考えである（同氏「神保氏張の父について」）。それに対して久保尚文氏は、氏張は能登の反畠山義綱方勢力によって越中へ送られた人物と見ている（同氏『越中中世史の研究』）。

妻は織田信秀の娘で、信長の姉。これについては『重修譜』『織田系図』など諸書で一致しているが、越中の神保氏と尾張の織田氏とが早くから接触があったとは思われないから、天正年間になって、信長によって政略的に結びつけられたものであろうか。

主家畠山氏が衰え、上杉謙信が越中に進出すると、これに従う。天正五年（一五七七）と思われる、二月十日付、吉江喜四郎宛て書状でも、謙信の加賀出兵に従う旨返答している（直海文書）。そして、同年十二月の『上杉家中名字尽』（上杉家文書）にも、上杉氏の家臣としてその名を載せている。

翌六年三月、謙信が没すると、信長に款《よしみ》を通じたのであろう。（同年）十一月十一日、信長より長好連（連竜）への援助を命じられている（長家文書）。その後は信長与党として、北陸方面軍司令官の柴田勝家の指揮に従ったものと思われる。

越中は、織田・上杉両勢力の接点にあり、ずっと不安定だったが、その中で、同七年四月十六日、射水《いみず》郡海津村の地を伊勢大神宮へ寄進したり、同年十一月十六日、海老坂藤兵衛に知行を安堵したりしている（徴古館所蔵文書・上坂家文書）。越中西部の下地支配権を保っていたのであろう。

同九年二月、越中の一職《いっしき》支配権が、未征服のまま佐々成政に与えられると、長住とともにその与力になり、以後成政に協力して越中平定に努めた（公記・武家事紀）。

本能寺の変後の同十年六月、射水郡手崎

町に、同十三年二月、同郡黒川専福寺に禁制を掲げているが、これは、同十年三月に失脚した長住の禁制発給権を継承したものと言われている（高岡徹『越中中部における戦国史の展開』）。

本能寺の変後も成政に従っており、小牧陣の時も、反秀吉方として行動している。即ち、同十二年九月には、荒山・勝山に前田利家の兵の攻撃を受けてこれと戦い、翌十三年六月には、利家・菊池武勝軍と戦っている（加越登記）。この間、越中各地への制札・禁制発給などの活躍が見られるが、（同十二年）十一月十四日付の成政書状に添状を発するなど、次第に成政への属性を強めているのが注目される（勝興寺文書）。子清十郎は成政の婿であったという（加越登記・武家事紀）。

成政が秀吉に屈し、肥後に転封されると、これに従って肥後に移る。肥後国衆の一揆が蜂起すると、隈本城の留守居を務めていたが城を出て戦う（太閤記・武家事紀）。

成政の切腹後は家康に仕え、下総香取郡に二千石の知行地を与えられる（重修譜）。文禄元年（一五九二）八月五日没。六十五歳という（重修譜）。

神保長国（じんぼ　ながくに）　越中

生没年不詳。

総三郎。

久保尚文氏は、長職の三男で、長住の弟としている（同氏「神保氏」『戦国大名系譜人名事典』）。しかし、高岡徹氏は、神保氏傍流の者という見解である（同氏『越中中部における戦国史の展開』）。

元亀三年（一五七二）十月二十八日付で、専福寺宛ての諸役免除の判物があり（専福寺文書）、この文書から高岡氏は、この時期に火宮城に居て反上杉氏の立場であったと推測としている（同氏前掲書）。

この四年余り後の天正五年（一五七七）二月二十五日、彼は、清水寺成就院に、婦《ね》負《い》郡倉垣内五十俵の地を寄進している（成就院文書）。ここから、高岡氏は、天正四年からの謙信による越中進攻によって長国は京都に逃れたこと、かつては婦負郡倉垣荘あたりまで支配していたことを推測している（高岡氏前掲書）。

神保長住（じんぼ　ながずみ）　越中

生没年不詳。

越中守。

越中で一時勢力を振るった守護代神保長職の子と思われる。永禄年間、神保氏は、新川郡に勢力を張る椎名氏との争いが続き、それに上杉氏と武田氏がからんで、家中でも二派に分かれて対立する有様であった。長住は上杉に頼ろうとする父長職と立場を異にしたらしい（富山県史）。（永禄十一年＝一五六八）七月二十九日付の上杉輝虎（謙信）宛て信長書状中に、「神保父子間、及二鉾楯一之旨候」とあるのは、長職と長住の争いを指しているのであろう（志賀慎太郎氏文書）。結局、長住は父との争いに敗れて、京都に浪牢するはめに陥ったという（富山県史）。

父長職は、元亀二年（一五七一）十二月二日までは生存していたことが確かめられるが（聞名寺文書）、その後幾許もなく死没したものと思われる。そして、神保一族は同四年三月頃から反上杉氏の態度をとるようになった（池田文書）。

それにもかかわらず謙信は、越中の平定をほぼ完成するが、天正六年（一五七八）三月に死没する。信長はこの好機に越中の併呑を企てた。同年四月七日、長住は二条城に呼ばれて信長より黄金等を与えられ、その後、佐々長穐《ながあき》を添えられて、飛騨経由で越中へ派遣された（公記・上杉家文書）。（同年）六月二十三日以前にして、すでに国の過半を平定した、と信長に注進している（長家古文書類纂）。誇張があるにしても、その年の五月十七日、二宮長恒に安堵状、同年、八月六日、小谷六右衛門に宛行状を発しているから、かなりの成果はあったのであろう（渡辺謙一郎氏文書・御領分所々古城跡聞書）。

九月、越中への援軍として斎藤利治が派遣されると、新川郡津毛《つも》城より椎名・河田の上杉軍が退散。長住はここに兵を入れた（公記）。十月四日、利治の軍は月岡野の戦いで上杉軍を撃破。長住は利治より越中の人質を渡された（公記）。

斎藤利治たち援軍は、厳冬に至る以前、信長の命により撤退したが、長住は越中に駐まり、十一月十一日には能登の長好連（連竜）への援軍を命じられている（備藩国臣古証文・長家文書）。

この後、（同七年）五月二十日付、室牧物百姓宛て安堵状、同八年十月二十一日付、清金宛て宛行状が見られる（御領分所々古城跡聞書・性宗寺文書）。先にあげた安堵状・宛行状と合わせ考え、長住は、婦負《ねい》郡の知行宛行権を信長より認められていたものと思われる。同七年十月及び翌年四月、長住は二度にわたって信長へ馬を贈り、感謝の意を示している（公記）。

同八年八月、新庄城を攻め、松倉城下まで放火した（富山県史）。そして九月、北陸方面軍に属している佐々成政が越中に攻め込むことによって、越中の戦線は大きく前進する。しかし、翌九年二月、成政に越中の一職《いつしき》支配権を与えられると、長住・氏張ら神保一族は、成政の与力の立場で働くことになる（北国鎮定書札類）。それでも長住が、同年十月九日婦負郡蓮華寺に、十一月十二日射水郡放生津八幡領町に、それぞれ制札を下しているのを見ると、婦負・射水両郡の禁制権は保持していたものと思われる（蓮華寺文書・大西常代子氏文書）。

同九年二月、馬揃えのため上洛。三月十二日、国衆を率いて安土へ行き、信長に礼。またまた馬を進上した（公記）。十五日、さらに信長を訪礼。しかし、その留守中、上杉軍の越中進攻があり、四月二十日、成政とともに越中に戻り、上杉軍に囲まれている小出城を赴援した（伊佐早文書）。（同年）九月六日付書状で、勝家より、明春の信長出陣を報じられ、国人唐人《かろうど》清房の誘降と越中の平定の推進を命じられている（川辺氏旧記）。

同十年に入っても越中は不安定で、三月になって小島職鎮ら上杉方になっている神保氏の旧臣が蜂起した。富山城では、長住が留守を守っていたが、十一日、ついに守り切れず、富山城は占領され、長住は幽閉されてしまった（古今消息集・公記）。小島たちは、柴田勝家ら富山赴援の軍に間もなく鎮圧されるが、長住は信長の怒りを買い、失脚した。

本能寺の変後一年余り過ぎた同十一年八月二十一日、伊勢大神宮に越中への帰還を祈願している長住の姿が見られる（伊勢古文書集）。だが、結局、彼の越中帰還の夢は実現せずに終った。

新六（しんろく）

?～天正十年（一五八二）六月二日。

信長の中間衆。天正十年（一五八二）六月二日、本能寺にて討死した（公記）。

す

吹田村氏（すいた　むらうじ）　摂津

永禄三年（一五六〇）頃～天正七年（一五七九）十二月十六日。

荒木村重の弟（公記）。『荒木系図』には吹田七郎という人物が載っているが、これは村重の叔父になっている。妻は吹田因幡の娘というから（公記）、親族の吹田氏の婿養子になったのであろう。

天正六年（一五七八）十月、兄村重の謀反に加担。村重が有岡城を脱出した後、有岡の年寄衆が尼崎にいる村重の説得に赴いている間、女たちの警固として有岡城に残った（公記）。

村重が降参を拒否し、一族の者が極刑に処せられることが決まると、同七年十二月十二日、京都へ上らせられ、十六日、六条河原で斬られた。二十歳ほどであったという（公記）。

菅屋角蔵（すがや　かくぞう）　尾張

?～天正十年（一五八二）六月二日。

『甫庵』に長頼の子とある。信長の小姓。天正十年（一五八二）六月二日、本能寺で討死した（公記・惟任謀反記）。『永禄以来事始』には、十四歳とある。

菅屋勝次郎（すがや　しょうじろう）　尾張

?～天正十年（一五八二）六月二日。

信長の馬廻であろう。天正十年（一五八二）六月二日、二条御所にて討死した（公記）。『当代記』に、菅屋長頼「親子三人」が二条御所にて討死の旨記されている。勝次郎も角蔵と同じく長頼の子であろう。

菅屋四郎右衛門（すがや　しろうえもん）

尾張?

生没年不詳。

信長の近習か。元亀二年（一五七一）十二月、信長は岐阜に御料所の違乱停止を求める勅使山科言継の訪を受け、その十九日、山口又左衛門尉と菅屋四郎右衛門尉を善処させるため京へ遣わしている（言継）。

菅屋長（すがや　なが）→菅屋長頼（すがや　ながより）

菅屋長行（すがや　ながゆき）→菅屋長頼

菅屋長頼（すがや　ながより）　尾張

?～天正十年（一五八二）六月二日。

幼名は長《なが》。九右衛門尉、玖右衛門尉。諱は「長行」を名乗った時期がある。なお、「菅屋」は「すげのや」とも読まれている。

〔**出自と歴史の舞台への登場**〕

織田造酒佐《さけのすけ》（信房、信辰）の二男という（甫庵・永禄以来事始）。『三河物語』に長頼のことを「小田（織田）九右衛門」と記している。また、『兼見』には「菅屋御長」とある。信憑性の薄い書ではあるが、『総見記』には「織田御長丸」という人物が登場する。

こうして見ると、『言継』の永禄十二年（一五六九）三月十六日条に見える「織田同名長」、二月十七日付の秀吉書状（大橋文書）の宛名の一人である「御長」、いずれも菅屋長頼のことと思われる。そして、長頼が織田姓を名乗っていたことを考えると、造酒佐の子というのも信じてもよいのではなかろうか。ただし、造酒佐は織田姓を賜ったのであって、織田一族ではないらしい。

早くから信長の傍らに侍したと思われるが、確かな史料に見えるのは、「織田同名長」と書かれた、『言継』の永禄十二年三月十六日条が最初である。この時は、山科家の知行地の目録を委ねられている。『兼見』でも元亀年間頃は「菅屋御長」と幼名で書かれているけれど、本能寺で死んだ菅屋角蔵と同勝次郎は息子らしいから、成人には達していたはずである。

〔**若年時の活躍**〕

『公記』における長頼の初見は、永禄十二年八月の伊勢大河内《おかわち》城攻めである。この時は、「尺限《さくきわ》廻番衆」に名を連ねている。この時の「尺限廻番衆」の顔触れは、かつての母衣《ほろ》衆が大半を占めており、馬廻とは別の任務を負っているのだが、母衣衆ではないはずの長頼もそれに加わっているのである。その理由については明らかではないが、馬廻の中では一段上位にいたことだけは認めてよかろう。

元亀元年（一五七〇）六月には江北、九月には志賀陣に従軍（公記・浅井三代記）。身分は馬廻だが、将軍義昭への使を務めたり、志賀陣中に来訪の言継を取次いだりしているから、信長の傍らに侍していたのであろう（言継）。十月二十日、信長が朝倉・浅井に一戦を誘った時は、使として朝倉陣へ派遣された（公記）。

同年八月二十四日、本能寺宿泊の信長に礼参した吉田兼和（兼見）から二十疋贈られている。この時奏者を務めた塙直政も同じ二十疋であり、長頼の信長側近としての力が知られる（兼見）。

〔**各種奉行としての活躍**〕

長頼は、その生涯を通じ、信長の代表的側近としての活躍を本分とする。元亀年間から天正初年にかけては、将軍との抗争、朝倉・浅井との何度にもわたる戦いなど、信長軍の各将は席の暖まる間もなかったのだが、長頼に関しては、戦いの交名《きょうみょう》に名を連ねることもなく、戦場での活躍も記録されていない。従軍しながらも、戦闘中は信長の傍らに侍していることが多かったのであろう。しかし、この間も各種の奉行として政務に携わる姿は頻繁にのぞかれる。

次の通りである。

①元亀二年六月、白山中居神社境内に禁制を掲げる（石徹白文書）。同時に、白山別山権現への鰐口寄進の奉行を務める（信長文書）。

②天正元年（一五七三）九月、杉谷善住坊を糾明し、鋸《のこぎり》引きの刑に処す（祝《はふり》重正と）（公記）。

③同二年三月、東大寺蘭奢待切取りの奉行を務める（柴田勝家・佐久間信盛らと）（公記）。

④（同年）七月二十日、高田専修寺に通信。朝倉旧臣たちの知行の執行について担当する（法雲寺文書）。

⑤（同三年）五月一日、兼松正吉に、知行給与につき早く出仕するよう促す（兼松文書）。

⑥（同年）五月三日、美濃安養寺に、信長朱印状に任せ寺領を安堵する（安養寺文書）（ただし、『岐阜県史』ではこの文書は疑わしいという）。

⑦（同年）八月二十五日、九月五日、高田専修寺派門徒の還住を促す（法雲寺文書）。

⑧同年九月、安養寺に禁制を掲げる（安養寺文書）。

⑨（同年）十月十七日、近江の阿《あ》閉《つじ》貞大より、秀吉の違乱についての訴えを受ける（竹生島文書）。

戦場での活躍は見られないにしろ、信長側近として、また、政務担当者として大きな力を持っている長頼の姿がのぞかれるであろう。『武家事紀』には、「菅谷（屋）尤信長ニ近侍シ、四方ニ使シ、軍事ヲ執シ告」と評されている。

〔織田大明神社（剣神社）の担当として〕

越前丹生《にゅう》郡にある織田大明神社（剣神社）は、織田一族の氏神として、織田氏が越前にいた時から深い関わりがあった様子だが、信長の版図が越前まで広がるに及んで、信長の厚い保護を受けるようになった。

長頼が同社に関係したのは、天正四年頃からである。同五年のものと思われるが、佐々成政・前田利家・不破光治のいわゆる府中三人衆に宛てた書状で、長頼は社領内の夫役懈怠《けたい》について対処するよう求めた後、「拙子申次之寺候間」と述べている（剣神社文書）。大きな寺社については、担当者が定められるのが普通だが、織田大明神社のことは長頼が担当することになったわけである。

これ以後、長頼は織田大明神社をめぐって、越前の諸士に指示を与えたり、社領の百姓の年貢・夫役の滞納を責めたりしているが（剣神社文書）、思惑通りに進まなかったのか、大明神社は大破に及んだ。（天正七年）七月十三日付の、中憲和尚宛て正蔵主書状によると、長頼は、安土に滞在していた千手院より大明神社の様子を聞いていたという（剣神社文書）。

信長はここで決断し、長頼に下石《おろし》頼重を添えて、大明神社の立直しを図る。付箋通り天正七年と思われるが、九月十日付で長頼は、頼重と連名で、まず同社に対し過分の社領を与えられながらも社屋等が大破していることを叱り、次に社領の百姓に対して年貢の不納を責め、さらに社宛ての朱印状を押さえている府中三人衆を詰っている。そして、神主・僧侶の借銭・借米を帳消しにするという命令を下している（剣神社文書）。

〔長頼の諱の変化について〕

長頼が元亀年間まで幼名の「御長」（長）で呼ばれていたことについては、先に述べた。その後、「九右衛門尉長頼」と名乗る。「九右衛門（尉）」の文書における初見は、（元亀元年）十一月一日付の氏家卜全宛て信長書状（池田文書）。「長頼」の初見は、元亀二年六月付白山中居神社宛て禁制である（石徹白文書）。

しかし、これが（天正二年）七月二十日を初見として「玖右衛門尉長行」に変化する（法雲寺文書）。そして、（同五年）十月二十八日を「長行」の終見とし（気多神社文書）、（同六年）五月十六日には元の「長頼」に戻っている（『土肥家記』所収文書）。以後は「九右衛門尉長頼」から変ることはない。

長頼→長行→長頼の変化をたどったが、その中で唯一の例外は（天正三年）五月三日付の『安養寺文書』であり、これには

「菅屋九右衛門尉長頼」と署名されている。しかし、この文書が疑わしいものであることは、先に触れた通りである。

そして、初期の「長頼」時代の花押は検出できないが、「長行」時代と後期の「長頼」時代とは、はっきりと花押が使い分けられている。

また、「玖」の字への変化については、こだわる必要はないかも知れないが、この字が用いられているのは「長行」の時のみである。

〔天正六年から八年頃までの活躍〕

天正四年頃より長頼が、越前織田大明神社について担当していたことは前述した。織田大明神社の再興の役目も含めて、様々な仕事をこなしていたのが、天正六年から八年にかけてである。では、この時期の長頼の活躍をまとめてみよう。

①同六年一月、弓衆福田与一宅の失火をきっかけに、馬廻たちの多くが妻子を本領に残していることが判明。信長の命を受けて、その者たちを調査する（公記）。

②同年六月、神吉《かんき》城攻めの検使の一人として、播磨へ出張する（公記）。

③同年十一月、信長の有岡出陣に従う。十二月八日、鉄砲衆を指揮して、有岡城を攻める（堀秀政・万見重元とともに）（公記）。

④同七年五月、信長の命を受けて、浄土宗と日蓮宗の争いを仲裁。二十七日の安土宗論の時は、浄厳院の警固（秀政・矢部家定らと）（公記）。さらに、敗れた日蓮宗側から詫証文を受ける（秀政・長谷川秀一と）（言経）。

⑤同八年閏三月、伴天連屋敷の造営の奉行を務める（秀政・秀一と）（公記）。

③は長頼には珍しい軍事行動である。この時は、信長の馬廻や弓衆が城に肉薄し、万見重元が戦死している。これは例外として、やはり長頼の活躍の場は各種の奉行としての仕事といえよう。

〔能登・越中方面の政務担当〕

天正八年頃より長頼は、能登・越中方面の政務の担当者となった様子である。

越中といえば、同六年と思われる五月十六日付の書状で、長頼は越中国人有沢小太郎に、信長の越中出馬計画について報じているが（『土肥家記』所収文書）、当時の越中は、まだ上杉氏の勢力下にあり、信長の越中進出はもっと先のことである。

同八年八月二十三日、能登の一宮である気多社に、羽咋《はくい》郡内の土肥親真分を安堵したのが、能登・越中における長頼の活動の初見である（気多神社文書）。続いて九月一日には、長連竜に鹿島半郡を宛行った朱印状に副状を発給（加能越古文叢）。十月十三日、土肥親真に対し、一宮に違乱のないよう命じ、同時に一宮に、社頭修理・建立に精を出すよう促している（気多神社文書）。

同九年一月一日には、畠山氏の旧臣温井《ぬくい》景隆・三宅長盛に、急ぎ安土に出仕するよう、家臣の岩越吉久に促させている（酒井文書）。

こうした度重なる活動を見ると、長頼は能登へ派遣されたのか、と思わせるが、温井・三宅への岩越の書の日付と同じ一月一日に、安土馬場の普請に携わっているから（公記）。岩越を代りに派遣して、自分は在安土のまま指示を与えているのであろう。それほど長頼は多忙だったのである。

〔七尾城代として〕

天正九年三月二十八日、長頼は、七尾城代として能登に派遣された（公記）。以後五カ月間ほど、長頼の安土・京畿方面での活動は見られないから、ずっと能登あるいは越中に駐まっていたのであろう。

翌月の二十八日、長頼は、上杉の重臣須田満親・上条《じょうじょう》宜順・山崎秀仙に書し、佐々成政らの不在中の小出城急襲を詰り、上杉方の表裏ある態度を責めている（伊佐早文書）。上杉とは戦いだけでなく、外交も進めていたのであろう。そして、長頼は対上杉外交も任務の一つだったようである。

一方、越中・能登の国衆たちを鎮撫することも、長頼の大きな任務である。五月五日、寺崎氏の越中願皆寺城を攻略（上杉古文書）。六月二十七日、七尾城にて、遊佐続光ら旧畠山の臣の主立った者三人を殺害

(公記)、七月二十三日、長連竜の知行を安堵(長文書)、同月二十七日、気多《けた》神社の社務職を安堵(気多神社文書)。そして、能登・越中の城々を破却した(公記)。

北陸では、柴田勝家を中心とする北陸方面軍が軍政を布いており、特に越中はこの年二月に佐々成政に一職《いっしき》支配権が与えられているはずである。しかし、「上使」として派遣された長頼は、その上に立つ権限を持ち得た様子である。

越中・能登の城々を破却し終った長頼は、安土に戻って信長に報告した。『公記』の記事の配列から推して、八月中のことであろうか。九月七日には、鳥取攻めの援軍派遣を報せる信長書状に副状を発しているから、この時までに安土に帰ったことは確実である(蜂須賀文書写)。

〔馬廻指揮官〕

平定の完了した能登は、一職前田利家に与えられるが、十月二日付で信長は利家に書し、府中の跡職は長頼に与えること、来年より所務を渡すこと、近日中に引継ぎのため長頼を越前へ遣わすことを報じている(加能越古文叢)。近習、身分的には一介の馬廻から分国大名、部隊指揮官への昇格が約束されたのだが、長頼はその後もそのまま信長の傍らに侍して活動を続け、結局越前領主の姿は実現せずに終った。

同十年一月十五日、安土の馬場で爆竹《さぎっちょう》が行われるが、この時長頼は、馬廻・小姓衆を引率している。引率者の顔触れは、長頼のほかに堀秀政・長谷川秀一・矢部家定であり、この年四月二日、甲斐台ケ原にて馬廻の着到を付け、北条氏より贈られた雉を分配したのは、この四人に福富秀勝を加えた顔触れである(公記)。この当時、この五人が、馬廻の中でも特別な地位を与えられ、馬廻衆を統率する立場だったのであろう。

二月、木曾義昌が信長に通じ、人質として弟の上松蔵人《あげまつくらんど》を提出してきた。長頼はこの人質を預けられた(公記・徳川黎明会文書)。信長に従って信濃上諏訪に着陣した三月二十日、出仕した義昌の申次を務めている(公記)。帰陣後の五月十四日、義昌の音問に応えた信長黒印状に副状を発したのも長頼であった(信濃史料)。

〔二条御所での討死〕

天正十年五月二十日、摠見寺における、家康歓迎の能楽会に参列。その後の家康の饗応も、丹羽長秀らとともに執り行う(公記)。

五月二十日、二十七日と、長連竜に書状を発しており(加能越古文叢)、信長の北陸方面担当のスポークスマンとしての役割は続いているようである。この二十七日付の書状が、長頼文書の終見となる。

五月二十九日の信長の上洛に従う。他の馬廻がそうであったと同じく、町内に宿をとったのであろう。

六月二日未明の変の時、本能寺に駆け込むことはできず、信忠の籠った二条御所に馳せつけた。ここで長頼は、明智軍と戦って討死した(公記ほか)。『当代記』には、長頼の「親子三人」が討死したとある。長頼と同じく二条御所で死んだ菅屋勝次郎、それに本能寺で信長に殉じた菅屋角蔵が二人の子であろう。角蔵に関しては、『甫庵』にはっきりと長頼の「子息」と書かれている。

杉原兵部丞(すぎのはら　ひょうぶのじょう)　河内

?～天正四年(一五七六)七月十三日。

河内の宮崎一族で、宮崎鎌大夫・鹿目介兄弟のおじという。天正四年(一五七六)七月十三日、木津川口での戦いで、毛利の軍船と戦い、討死した(甫庵)。

杉の坊(すぎのぼう)　紀伊

生没年不詳。

根来寺の僧。天正五年(一五七七)二月初め、雑賀の三緘《みからみ》衆とともに信長に味方し、当地の様子を伝えて応援を求める(細川家文書・公記)。信長はすぐにそれに応じて、雑賀《さいか》出陣となった。十七日、香庄の信長本陣を訪礼。そのまま雑賀攻めの案内を命じられた(公記)。

戦後、織田信張とともに、佐野砦の定番

として置かれる（公記）。紀伊方面は、この後信長が担当するので、杉の坊らはその麾下になったのであろう（織田系図）。

同十年九月二十四日、本願寺より根来寺惣分へ遣わされた使者を仲介している（宇野）。

杉原家次（すぎわら　いえつぐ）　尾張

享禄四年（一五三一）～天正十二年（一五八四）九月九日。

七郎左衛門尉。姓は「木下」をも称す。家利の子。秀吉室高台院寧子の母の兄というが、伝えられる年齢から推して、母の弟というのが正しいであろう。姻戚の秀吉に付属され、次第に属性を強めてその老臣となる。

初めて活躍が見えるのは、但馬の生野銀山の代官としての姿である（生野銀山旧記）。天正五年（一五七七）まで務めたという。

秀吉が近江長浜より播磨へと動くのに従い、寺社や下地の支配に活躍している。天正八年一月、三木城攻略後、そこに入れられるという（杉原系図ほか）。同九年一月十一日、秀吉より、但馬に働く長秀（秀長）へ兵糧米を輸送するよう命じられている（森川勘一郎氏文書）。

その後、因幡鳥取攻め、備中冠《かんむり》城・高松城攻めに従軍。秀吉が本能寺の変を聞き軍を返した時、高松に残った（太閤記）。

同十年八月、桑原貞也が罷免された後、浅野長吉とともに京都奉行に就任した（兼見・立入文書）。以後、京・山城内に多数の禁制や安堵状を発給している（光明寺文書・勝持寺文書ほか）。

十月十五日の信長の葬礼の時も奉行を務める（太閤記ほか）。賤ケ岳の戦いの時は、坂本城の留守居を務めていて、戦闘には参加しなかった（信松院文書）。

同十一年八月一日、近江志賀郡比叡辻・戸津、高島郡川上荘等四十五カ所、神崎郡山上庄等八カ所、都合三万二千百石を与えられ、ほかに志賀郡等二万六百六十石の台所入の代官を命じられて、近江坂本城主兼丹波福知山城主（浅野家文書）。

同十二年九月九日没、五十四歳（杉原系図・寛永伝ほか）。

杉原まん（すぎわら　まん）

?～天正十年（一五八二）六月二日。

信長か信忠の小姓。天正十年（一五八二）六月二日、本能寺の変の時、明智軍と戦って討死した（阿弥陀寺過去帳）。

鈴木伊直（すずき　これなお）　三河

?～元和四年（一六一八）十一月十四日。

久右衛門。

『重修譜』と『断家譜』にその名が見える。信長に仕え、元亀年間、小谷攻めで軍功という。

天正十二年（一五八四）三月十九日、美濃可児郡にて千貫の地を知行。その後家康に仕え、小田原陣従軍後、下総千葉郡内にて千石、後、本領三河足助にて二千石を知行（重修譜）。

大坂の陣にも従軍。元和四年（一六一八）十一月十四日没という（重修譜）。

鈴木重秀（すずき　しげひで）　紀伊

生没年不詳。

孫一、孫市。孫三郎。普通「雑賀《さいか》孫市」で通っている。諱は「重朝」「重元」「持久」などと伝わっているが、文書では「重秀」。

紀伊平井の人。「雑賀孫一」の父佐大夫は雑賀城に住み、七万石相当の地を領すという（紀伊続風土記）。

永禄十一年（一五六八）の信長上洛以来、三好三人衆や本願寺と結んで、執拗に抵抗した「雑賀孫一」は、天正四年（一五七六）五月の戦いで討死し、京都で獄門にかけられたことは、『宣教卿記』に明記されている。しかし、その後も、雑賀の領袖「鈴木孫一重秀」は登場する。別人説もあるが、鈴木眞哉氏は、討死というのは信長が意識的に虚報を流したものとしている（同氏『紀州雑賀衆鈴木一族』）。

同五年三月、信長軍の雑賀攻撃にあい、降伏。赦免され、六人の雑賀衆とともに信長に誓紙を提出している（土橋文書・公記）。

しかし、八月一日の時点では、すでに信長に背き、紀伊三緘の信長与党を襲っている

（淡輪文書）。

その後も本願寺方の立場を貫いており、同八年、信長と本願寺との和談が進むと、三月二十日付で本願寺へ書し、万事光佐（顕如）次第に行動することを誓っている（本願寺文書）。

信長・本願寺の和平成立後は、信長に従う。同十年一月二十三日、雑賀党の内紛から土橋《つちはし》若大夫（胤継）を殺した。信長は孫一を擁護し、二十七日に援軍として織田信張を派遣。二月八日、孫一は信張軍とともに土橋の砦を落とし、その勢いで湊表まで平定した（宇野・公記）。五月、信長に金十枚を進上して忠誠を誓っている（本願寺文書）。信長の軍事体制上は、紀伊方面担当の信張の下に付けられたのであろう。

本能寺の変の時、一旦岸和田に移っているのは、信長という後盾を失い、雑賀内に不穏な空気が出るのを恐れたためであろうか（宇野）。だが、これを契機に、雑賀は再び中央政権から独立した形になる。

同十三年三月、秀吉軍に攻められて降伏。初め秀長に属したが、その後秀吉に直仕し、鉄砲頭を務めるという（戦国人名辞典）。

その後、小田原陣の陣立書に「鈴木孫一」、名護屋の在陣衆に「鈴木孫一郎」が見える（伊達家文書・太閤記）。鈴木氏は、孫一重秀はすでに没しており、これらは子の孫三郎重朝であるという（鈴木氏前掲書）。だが、『太閤記』の記述には、別に「鈴木孫三郎」もある。因みに、名護屋陣の時、孫三郎が引率している百人は、皆銃士であろうか（太閤記）。

慶長五年（一六〇〇）の戦役の時、西軍に属して伏見城攻撃に参加し、敵の主将鳥居元忠を討取ったのは、重朝であろう（石川忠総留書・士林泝洄）。

関ケ原の戦い後、浪人。陸奥へ行き、伊達政宗の下に寄食。同十一年七月、家康に三千石で起用され、その後、水戸の頼房付きに転じたという経歴も、重朝のものであろう（紀伊国旧家地士覚書）。

鈴木孫一（すずき　まごいち）　→鈴木重秀

薄田与五郎（すすきだ　よごろう）

?〜天正十年（一五八二）六月二日。

『芸藩輯要　藩士家系録』には、高直の子で、諱は「景宗」とある。

信長の小姓（甫庵）。天正十年（一五八二）六月二日、本能寺にて討死した（公記）。

鈴村主馬（すずむら　かずま）

?〜永禄十二年（一五六九）九月八日。

『池田本』に、「カヅマ」と振仮名がある。

信長の馬廻か。永禄十二年（一五六九）八月、伊勢大河内《おかわち》城攻めに従軍。九月八日、丹羽長秀に属して夜討ちに参加、討死した（公記）。

鷲見藤三郎（すみ　とうざぶろう）　美濃

生没年不詳。

長島一向一揆討伐戦の時か、十九日付の書状で、信長より伊勢での戦功を褒されている（鷲見文書）。

墨田信俊（すみだ　のぶとし）　尾張

生没年不詳。

与八郎。

永禄五年（一五六二）十二月二十日、同才三郎信久とともに、宝生院（真福寺）に土地を寄進している（真福寺文書）。

墨田信久（すみだ　のぶひさ）　尾張

生没年不詳。

才三。

永禄五年（一五六二）十二月二十日、同与八郎信俊とともに、宝生院（真福寺）に土地を寄進している（真福寺文書）。

諏訪三郎兵衛（すわ　さぶろべえ）　越前

生没年不詳。

単に「三郎」ともいう。

越前の国人だから、朝倉氏に従っていたのであろう。『朝倉亭御成記』に、「諏訪神左衛門尉」という武士が載っている。一族であろうか。天正三年（一五七五）八月、信長の越前攻め以前に忠節を誓い、同月六日、十四日の二度にわたって朱印状を受け、本領を安堵されるとともに、新知をも宛行われた（水島文書・佐野文書）。

さらに同四年七月二十三日、堪忍分として佐々成政より南条郡柚屋にて百五十石を宛行われている（佐野文書）。同三年九月、佐々・前田・不破の三人が府中に封じられた後、佐々の与力になったのであろう。（同九年）六月五日、（十年）四月十四日及び六月五日、成政より書状を受け、越中の平定戦について報じられている（佐野文書）。この頃、成政に従って越中へ行き、某城の城番を務めていた様子が文書より読み取れる。

本能寺の変後の同十年七月二十日、成政より越中にて都合七百俵の地を宛行われている（佐野文書）。

成政が秀吉に降伏した後、前田氏に仕える。同十四年九月五日、前田利勝（利長）より越中にて八百俵の地を宛行われている（佐野文書）。

諏訪十郎（すわ　じゅうろう）　伊勢

生没年不詳。

伊勢三重郡の人。楠本郷に居住する。永禄十一年（一五六八）か、信長に降参。南方進撃の案内者となった（伊勢国誌）。

諏訪飛騨守（すわ　ひだのかみ）　山城？

？～天正十年（一五八二）六月十三日。

『細川家記』では、諱を「盛直」としている。諏訪氏は幕府奉行衆の家である。

天正元年（一五七三）七月、将軍義昭方として、石成《いわなり》友通に従って淀城に籠るが、信長軍の攻撃を受け、八月二日、番頭《ばんがしら》大炊頭とともに降参した（公記）。

以後、明智光秀の麾下にあったのであろうか。同十年六月十三日、山崎の戦いに光秀に従って参戦、敗死した（太閤記）。

せ

関加平次（せき　かへいじ）　尾張

生没年不詳。

加平次は「可平次」とも書く。系図類では、諱を「長尚」「盛清」としている。

『重修譜』等系図によると、十郎右衛門の二男で小十郎右衛門の弟になっている。

『重修譜』に信忠に仕えるとある通り、天正三年（一五七五）十一月、織田家家督継承後の信忠に属したらしい。

同十年の武田攻めに従軍。三月十一日、信忠の使として、武田勝頼の首級を信長に持参した（公記）。『甫庵』には、その賞として馬と金百両を賜ったとある。

『重修譜』によると、後、故あって自害するという。

関小十郎右衛門（せき　こじゅうろうえもん）　尾張

天文二十一年（一五五二）～天正十二年（一五八四）四月九日。

諱は「成政」「共成」のほか、「長安」とも伝わる。このうち「長安」は、『真清田神社文書』にあるが、文書自体やや疑わしいので採用しない。

十郎右衛門（成重）の子。中島郡一宮城主。松本勝二氏の調査によると、伊勢の関氏とは遠縁関係という（同氏『関氏と一宮城』）。隣接する苅安賀《かりやすか》の浅井信広とは、しばしば境界を争ったといわれる（寛永伝）。

森長可の妹を娶り、その縁で長可に属したという（張州府志・寛永伝）。しかし、長可は美濃兼山城主であり、信長の下では、軍団は地縁による編成が原則であることを思えば、森に所属というのはやや疑わしい。ただ、天正元年（一五七三）頃より形成されて行った信忠軍団には、長可ともども所属させられていた様子で、同二年七月の長島攻めの時は、両者とも信忠の軍に名を連ねている（公記）。

その後の事跡については、良質の史料にはしばらく見えないが、『関系図』には、長篠の戦い、有岡城攻め、三木城攻めの検使、伊賀攻めの目付、恵林寺焼討ちの奉行、と多くの活躍が載せられている。『寛永伝』には、天正十年の武田攻めの時、長可に属して参加のことのみある。このうち、恵林寺焼討ちの奉行を務めたことは『公記』にも載っている。ただし、これには「十郎右衛門」とあり、そのまま信じるとすると、彼の父の事跡である。

ところで、同二年五月付で、信長より賜った蘭奢待の少分を真清田社に寄進した旨の文書がある（真清田神社文書）。信長が東大寺の名香蘭奢待を切取ったのは、この年の三月。時期としては適当だが、文書の文面等にやや疑問がある。

本能寺の変後は、尾張の支配者になった信雄に従ったのであろう。同十二年一月十三日、信雄の家老津川義冬とともに、大坂の津田宗及邸での茶会に出席している（宗及記）。

ところが、信雄と秀吉との対立が表面化すると、彼は秀吉方に付く。同年四月九日の長久手の戦いには、長可に属して参加。徳川軍と戦って討死した。三十三歳と伝わる（尾張志・重修譜）。『関系図』によれば、死没当時の知行は三千貫あったという。

関十郎右衛門（せき　じゅうろうえもん）　尾張

生没年不詳。

諱は「成重」「長重」、法名浄蓮と『寛永伝』にある。

小十郎右衛門の父。中島郡一宮の人。真清田神社の神主という（尾張群書系図部集）。信長に仕えるが、同じ信長の臣である苅安賀の浅井氏と、境界をめぐってしばしば争ったという（張州府志・尾張志）。

良質史料にはたった一カ所、『公記』の天正十年（一五八二）四月三日条、信忠が恵林寺を焼討ちした時、その奉行に名を連ねているのみである。これとても、その子小十郎右衛門の誤記なのかも知れない。

関四郎（せき　しろう）　伊勢

?～天正二年（一五七四）八月七日?

諱を「盛忠」とする書もある。

盛信の長子。父とともに信長に従う。天正二年（一五七四）八月、信長に背いて出奔した樋口直房を討ち、同月二十五日付で羽柴秀吉よりその功を褒されている（関文書）。

『重修譜』には、同五年七月七日、長島にて戦死、『勢州軍記』などには、同二年、やはり長島で戦死とある。同二年七月から始まる長島攻めに、途中から参加したと考えられないこともないが、疑問が残る。『瑞光寺文書』には、天正二年八月七日、関城にて没とある。戦死ではなく、居城に戻っての死ということだが、樋口討伐の感状の時点では死んでいたということであろうか。いずれにしても疑問の死である。

関宗一（せき　そういち）　→関盛信（せき　もりのぶ）

関長安（せき　ながやす）　→関小十郎右衛門（せき　こじゅうろうえもん）

関万鉄斎（せき　まんてつさい）　→関盛信（せき　もりのぶ）

関盛信（せき　もりのぶ）　伊勢

?～文禄二年（一五九三）六月二十八日。

中務大輔、安芸守。斎号は万鉄斎、入道号は宗一。諱の盛信は「盛宣」とも書く。

伊勢鈴鹿郡亀山城主。下野守の子（勢州軍記）。関氏は平清盛の後胤で、代々関谷地頭の家という。『重修譜』には、妻は神戸友（具）盛の妹、後妻は蒲生定秀の娘とあるが、具盛の婿というのは、年代的に無理なようである。蒲生定秀の婿ということは『勢州軍記』等にもある。

永禄年間の関氏は、姻戚蒲生氏との関係で近江六角氏に従い、国司北畠氏及び長野（工藤）氏と対立。長野氏とはしばしば戦いを交えた（勢州軍記）。同十一年（一五六八）二月、信長の北伊勢侵略にあって、神戸氏をはじめ北伊勢の諸家がことごとく信長に属する中、独り六角氏との関係を断たなかった。だが、結局は信長に従い、同十二年八月の大河内《おかわち》攻めに協力した（勢州軍記ほか）。

元亀二年（一五七一）一月、神戸具盛が隠居させられ、信長の三男信孝が神戸家を継ぐが、関一族は信孝に好意を寄せなかったという（神戸録・勢州軍記）。天正元年（一五七三）春、盛信は信長の勘気を蒙り、蒲生賢秀に預けられた（勢州軍記ほか）。『勢州軍記』には、しばらく六角氏に通じて敵対したためとあるが、嘘ではないにしろ、でっち上げの理由である。真相は信孝への反発が原因なのであろう。

しかし、翌二年八月二十二日付信長朱印状で、逐電した樋口直房を討ち取ったことを褒されていることなどを見ると、行動が束縛されていたのではない様子である（関文書）。『勢州軍記』には、赦されて亀山に還ったのは、天正十年五月の、信孝に四国征伐の命が下った時としているから、一つの手柄で復帰できたものではないらしい。

信孝の四国征伐には従軍の命が下るが、本能寺の変で渡海なく終る。変後、秀吉に款《よしみ》を通じて信孝に背き、同十一年一月、姫路に秀吉を訪ねる。その留守中、岩間党の岩間八左衛門が滝川一益に通じて謀反を起すが、帰国してこれを鎮圧した（勢州軍記ほか）。

続く秀吉と信雄の争いの中でも、秀吉に味方して丹陵城を死守（関文書ほか）。峰城攻めにも参加した（勢州軍記）。戦後、松島《まつがしま》に蒲生賦秀（氏郷）が置かれると、その与力となる（勢州軍記ほか）。

文禄二年（一五九三）六月二十八日没（重修譜）。

天正年間、古小野を通っていた東海道を南に付け替え、関地蔵堂の南から分れていた伊勢別街道を関の東木戸から分岐し、関駅の繁栄を図ったという（原田好雄「勢州丹陵城の歴史」）。

世木政棟（せぎ　まさむね）

生没年不詳。

弥左衛門。

信秀の代より織田家に仕え、城代などを務める（萩藩閥閲録）。後、信長の馬廻か。天正十年（一五八二）五月二十九日、信長最後の上洛の時、安土城本丸の留守衆の一人であった（公記）。

世木弥左衛門（せぎ　やざえもん）　→世木政棟（せぎ　まさむね）

夕庵（せきあん）　→武井夕庵（たけい　せきあん）

仙石秀久（せんごく　ひでひさ）　美濃

天文二十年（一五五一）～慶長十九年（一六一四）五月六日。

阿勝、孫次郎、権兵衛、越前守。姓は「千石」とも書く。諱は「秀康」「盛長」とも。

久盛の子。美濃本巣郡中村に住み、永禄七年（一五六四）から信長に仕える。後、木下秀吉に付属される（仙石家譜）。以後、ずっと秀吉とともに活動する。

天正二年（一五七四）、近江野洲郡内で千石を与えられ、その後、同六年四千石加増、八年には淡路洲本城主五万石、と『仙石家譜』にあるが、この記事の洲本城主は早すぎる。文書では、（天正七年）十一月十七日、摂津道場河原に町人たちの還住を命じている書状が初見である（道場河原町文書）。

天正九年、秀吉は、淡路から阿波侵攻作戦を行う。その九月、秀久は、黒田孝高らとその作戦に参加している（黒田家文書）。十一月、羽柴秀吉と池田元助とが淡路を平定。黒田と一緒に代将として洲本城に入れ置かれた（公記・黒田家文書）。役割は、四国に向けた押さえであろう。

本能寺の変後、秀吉と柴田勝家たちとの対立の中、一旦畿内に戻ったようで、同十一年二月の北伊勢攻めに参陣している（古文書纂）。

洲本城主になったのは賤ケ岳の戦い後である。しかも、それを伝える『柴田合戦記』に、「岩屋間島兵衛尉（氏勝）」とあるから、淡路の全域の支配ではなかったらしい。淡路における秀久の発給文書の初見は、同十二年十一月十四日付、某宛て、諸役免に関する判物であり（山本文書）、あとはすべて同十三年以降のものである。

同十三年六月、四国攻めに参加。戦後、讃岐一国を与えられ、高松城主（仙石家譜）。だが、淡路の支配は依然として続いており、同十四年二月十三日付、広田甚六宛ての宛行状がある（広田文書）。

同十四年八月、先発隊として九州に渡海。十二月十三日、豊後戸次川《べつきがわ》での戦いで島津家久に敗れて秀吉の怒りを買い、所領没収、高野山に入って謹慎の憂き目にあった（仙石家譜ほか）。

小田原陣の時は、家康に従って戦い、秀吉に召し還されて、信濃小諸城主五万石として復活（仙石家譜）。その後、名護屋陣にも従軍。慶長五年（一六〇〇）には、秀忠に従って上杉攻め、軍を返す時の上田城攻めに参加する（仙石家譜）。

同十九年五月六日没、六十四歳（仙石家譜）。

千職坊（せんしきぼう）→根来寺千職坊（ねごろでら　せんしきぼう）

千秋季忠（せんしゅう　すえただ）　尾張

天文三年（一五三四）～永禄三年（一五六〇）五月十九日。

四郎、加賀守。

熱田大宮司千秋季光の子。兄季直の跡の大宮司職を継ぐ。神官でありながら信長に仕え、知多郡羽豆崎《はずざき》城主。戦場でも活躍する（熱田大宮司系譜、『張州雑志抄』所収）。

永禄三年（一五六〇）五月十九日、桶狭間の戦いの前哨戦で、佐々隼人正とともに今川前衛隊を攻撃、敗れて討死した。二十七歳という（公記・千秋家譜）。

千秋季信（せんしゅう　すえのぶ）　尾張

永禄三年（一五六〇）～慶長十七年（一六一二）十一月。

喜七郎、紀伊守。

千秋家は代々熱田社大宮司の家である。しかし、神職だけにとどまらず、織田氏に仕え、馬廻として戦場でも活躍した。

季忠の子。季忠は大宮司ながらも知多郡羽豆崎城主として信長に従い、永禄三年（一五六〇）、桶狭間の戦いで討死した（公記・千秋家譜）。当時母親の胎内にあった季信は、生後母の実家熱田浅井家で育てられ、十五歳になった時、信長に初めて拝謁したという（千秋家譜）。

天正四年（一五七六）一月十日、信長より沽却地も含めて、神職一円を宛行われたが、翌日、信忠からも同様の宛行状を受けている（千秋文書）。前年十一月に織田家家督が信忠に譲渡され、尾張の直接の支配権も信忠に移ったのだが、まだ信忠には十分の権威が備わっていないため、父信長の朱印状が先立って発給されたのであろう。

さらに同年三月十三日、安土城普請のため、神主に対して麻の調達の命、賀藤（加藤）父子より還付された四貫文の地の保証、いずれも季信に宛てたものだが、これらは信忠よりなされている（尾張寺社領文書）。

本能寺の変後は、新たに尾張の支配者となった信雄に仕える（分限帳）。同十一年八月二十八日、母たあと一緒に、信雄より野並郷の地三百五十貫文を与えられている（熱田大宮司家記録之写）。

信雄が秀吉と対立して、家康に援助を求めると、家康の力が尾張にも及んできた。季信は同十二年三月、家康に人質を提出（熱田加藤家史）。同月二十三日には、家康より三河の所領の替地として、愛知郡野並郷三百貫の地を宛行われている（熱田大宮司由緒書）。これは、信雄より前年に与えられた地とは別なのであろう。
その後の季信の活動については詳らかではない。没年月は慶長十七年（一六一二）十一月という（熱田大宮司由緒書）。五十三歳。

善祥坊（ぜんしょうぼう）→宮部継潤（みやべ　けいじゅん）

セン兵衛（せんびょうえ）　美濃
生没年不詳。
『耶蘇年報』にセンビョー殿（Senbeo-dono）とある。美濃にて一万俵の収入のある人という。天正十年（一五八二）、イルマンを招き、数日説教を聞き、妻子を含む一族三十七人がキリシタンになったという。日本の史料の中の誰にあたるかは不明である。

千福式部少輔（せんぷく　しきぶのしょう）　越前
生没年不詳。
越前南条郡千福町の豪族。（天正二年＝一五七四）一月二十二日、信長より、府中近辺の一揆蜂起の注進に対する返状を受けたが、その中で、息男又三郎が一揆と対戦して活躍したことを褒されている（千福文書）。

千福遠江守（せんぷく　とおとうみのかみ）　越前
生没年不詳。
越前南条郡千福町の豪族の千福氏であろう。某年六月七日付信長書状で贈品を謝されているが、文中に「遠路」とあるから、この頃は越前に居たのであろう。だが、天正八～九年と思われる、八月九日付柴田勝家宛て堀秀政書状によると、彼は安土へ召されて留守居役を務めている（千福文書）。越前の出身者としては珍しいが、信長の馬廻か吏僚である。
天正十年（一五八二）五月二十九日、信長最後の上洛の時、安土城二の丸番衆の一人（公記）。これより以前に、出羽仙北の豪族小野寺輝道と連絡をとったらしい。変の後の八月一日付で、信長への礼が遅れたことを弁解する書状を受取っている（千福文書）。やはり、側近の姿である。
同年六月、変報を聞いて、伊勢の信雄の下に逃れる。擾乱の治まった後の八月十四日と十五日、信雄は丹羽長秀及び堀秀政に書し、千福の近江還住を頼んでいる（千福文書）。以後は、この文面にある通り、新主三法師（秀信）に仕えた様子である。

千福又三郎（せんぷく　またさぶろう）　越前
生没年不詳。
越前南条郡の千福氏。式部少輔の子。天正二年（一五七四）一月十六日、府中近辺の一揆との戦いの功を信長より褒されている（千福文書）。

そ

副田小十郎（そえだ　こじゅうろう）
生没年不詳。
佐久間信盛の臣。天正六年（一五七八）七月、播磨神吉《かんき》城攻めに従軍。十六日の攻撃の時、城将神吉民部少輔を討ち取ったという（甫庵）。
同七年十二月十四日の津田宗及の茶会、同八年二月四日の水落宗恵の茶会の出席者の中に、その名が見える（宗及記）。

十河存保（そごう　まさやす）　阿波
天文二十三年（一五五四）～天正十四年（一五八六）十二月十二日。
孫六郎、隼人佐、隼人正、阿波守、民部大輔。諱は初め「義堅」。「存保」の訓み方については、『長元記』に「正安」、『十河物語』に「政泰」の字が用いられているから、「まさやす」であろう。「三好」の姓でも登場し、「三好三郎」と呼ばれたこともある。
三好実休（義賢）の子。十河一存の養子となる。三好三人衆と組んで、元亀元年（一五七〇）八月、野田・福島に籠って信長と戦う（公記ほか）。だが、天正元年（一五七三）四月、信長に降参。信長は、若江城を直ちに存保が攻略すれば、河内半国と摂津闕郡を与えることを約束した（山崎文書）。しかし、若江城は同年十一月、佐久間信盛の手によって攻略されたから、この約束は履行されなかった。

同五年三月、兄三好長治は長宗我部方に寝返った細川真之と戦って敗死。その後は、存保が阿波三好氏の宗主として立てられる。以後、「三好」の姓で史料に表れることが多い。

信長の命と思われるが、その後、堺より四国に渡海。同六年一月三日、阿波勝瑞《しょうずい》城に入る。しばらく阿波平定に努めるが、同八年一月三日、一宮成助のため勝瑞城を出奔、讃岐に移る（三好家成立之事）。翌九年、勝瑞城を回復し、逆に一宮城に一宮成助を攻撃した（昔阿波物語）。

同十年五月、信長の三男信孝に四国方面軍が付けられ、いよいよ大規模な四国討伐が開始されることになった。先鋒の三好康長は先んじて四国に渡り、一宮・蛮山両城を落した（元親記）。

この時本能寺の変報が届き、康長は占領地を捨てて本国河内に帰った。存保は勝瑞城に止まったが、長宗我部元親の軍に攻められて、九月二十一日開城。讃岐虎丸城に退いた（元親記ほか）。

その後は秀吉に款《よしみ》を通じたらしく、『柴田合戦記』には、同十一年八月の時点で、存保を「秀吉幕下」と書かれている。信雄が秀吉と対立すると、長宗我部氏を味方に誘ったので、自然に存保は秀吉方に組み込まれる。

同十二年六月、元親は阿波から讃岐へ出張。十河・虎丸両城は陥落した（香宗我部家伝証文）。存保がどこまで逃れたかははっきりしないが、同年十月十六日付で、秀吉が浅野長吉に、播磨飾磨《しかま》津において十河方に兵糧を渡すよう命じているから、まだ讃岐に止まっていたようである（中村市右衛門氏文書）。

翌十三年、秀吉の弟秀長による四国討伐があり、八月、元親は降伏する。閏八月、存保は讃岐の地を回復し、讃岐支配を任された仙石秀久の与力になるよう命じられた。三万石という（四国御発向幷北国御動座記・長元物語）。

同十四年十二月、秀久に従って、九州攻めの先発軍として出陣。十二日、戸次川の戦いで島津軍と戦って討死した（十河物語・太閤記ほか）。三十三歳であった（三好系図）。

外峯四郎左衛門（そとみね　しろうざえもん）
→津田盛月（つだ　もりつき）

祖父江金法師（そぶえ　きんぼうし）

天文十九年（一五五〇）十一月一日、信秀より書を受け、大膳亮跡職を宛行われた（氷室和子氏文書）。『祖父江氏家譜』（『張州雑志』所収）には、五郎右衛門尉秀重と同一人とあるが、それについては疑問がある。

祖父江秀重（そぶえ　ひでしげ）　尾張

大永四年（一五二四）～天正十三年（一五八五）十月。

五郎右衛門尉。

九八郎秀時の子。母は大叔父にあたる大膳亮秀治の娘という（祖父江家譜、『張州雑志』所収）。祖父江氏は代々津島社の神職。後に姓を氷室に改め、後代に継いでいる（張州雑志）。

天文十九年（一五五〇）十一月一日、祖父江金法師に大膳亮跡職を宛行った、信秀判物がある（氷室和子氏文書）。『祖父江家譜』には、金法師を五郎右衛門尉の幼名としており、大膳亮跡職を賜ったとの記載もあるが、この前年の十一月二十八日、五郎右衛門尉名で信秀より玉野外七カ所の代官を申し付けられた判物があるのを見ると（氷室和子氏文書）、金法師と五郎右衛門尉秀重とが同一人であると断定することがためらわれる。

五郎右衛門尉秀重は、信秀・信長に仕え、諸所の代官を務める。即ち、天文十八年十一月二十八日、信秀より玉野外七カ所の代官を命じられたのは、前述の通りである。信長の代になって、元亀三年（一五七二）十一月二十四日には、西御堂の代官をも申し付けられている（氷室和子氏文書）。

自領の方も、元亀元年六月十七日、信長より四カ所、計百九十貫を宛行われる（氷室和子氏文書）。この所領をめぐってであろうか、翌年八月、安藤某と競望になり、信長の糾明を待ってから申し付ける旨、通達されている（張州雑志）。また、天正五年（一五七七）八月八日、信長より領知・家来及び買得分等を安堵されている（張州雑志）。

天正三年（一五七五）一月二十四日、十一カ郷の堤の修築を促されている（氷室和子氏文書）。同七年一月二十九日には、菅屋長頼と櫛田源左衛門尉父子との所領の争相論について、菅屋に返答している（津島神社文書）。信長家臣としての任務は、代官職だけでなく、普請奉行、相論調停事務などに携わっており（氷室和子氏文書）、また、稲沢地区の治水灌漑の責任者でもあった（新修稲沢市史）。

吏僚としての活躍ばかり知られている五郎右衛門尉だが、『祖父江家譜』によると、永禄七年（一五六四）六月より天正二年七月の長島攻めまで約十年間、二百騎を率いて五妙表の砦に在番したという。しかしこの間、尾張の直轄領の代官を務めていたことは明らかであり、この記述は疑わざるを得ない。

同十年五月二十九日、信長最後の上洛の時、安土城二の丸の番衆を務めた（公記）。

本能寺の変後は、尾張の支配者になった信雄に仕える。同十一年八月晦日付で、西島郷など三カ所を宛行われている（氷室光太夫家文書）。『分限帳』の時点では、千貫文の地を知行している。代官としての仕事も相変わらずで、同年中と思われるが、杉浦猪助とともに、八筆都合九百六十八貫文の地を任されている（氷室光太夫家文書）。この後も、秀吉・家康・土方雄久・津田盛月よりの五郎右衛門尉宛ての書が見られる（張州雑志）。

天正十三年十月、六十二歳で没という（祖父江家譜）。

祖父江秀盛（そぶえ　ひでもり）　尾張

?〜永禄十二年（一五六九）八月?

孫三郎、豊後。

内藤主計《かずえ》の二男だったが、祖父江大膳亮秀治の養子の形で、その跡を襲う。しかし、色に溺れて信秀の勘気を蒙り、伊勢に蟄居するという（祖父江家譜、『張州雑志』所収）。

信長の代になって赦免され、五郎右衛門尉秀重の後見役を務めたが、永禄十二年（一五六九）八月の大河内《おかわち》攻めに従軍し、討死したという（祖父江家譜）。

祖父江孫丸（そぶえ　まごまる）　尾張

?〜天正十年（一五八二）六月二日。

五郎右衛門尉秀重の二男という（祖父江家譜、『張州雑志』所収）。信長の小姓。天正十年（一五八二）六月二日、本能寺にて討死した（公記）。

た

大唐（たいとう）　近江

生没年不詳。

「大唐」の字は『安土日記』による。

相撲取り。元亀元年（一五七〇）三月三日、近江常楽寺における相撲会に参加。天正六年（一五七八）二月二十九日の安土での相撲会では、選抜された二十三人の相撲取りの一人。同年八月十五日には、安土での相撲会でよい相撲を取り、信長より百石と私宅を賜った（公記）。

信長の「小人」として仕え、同九年二月二十八日の馬揃えには、「御長刀《なぎなた》持」として行進している（安土日記・公記）。同年四月二十一日の安土相撲会にも参加し、褒されている（公記）。

大東某（だいとう）　伊勢

生没年不詳。

伊勢の豪族。天正二年（一五七四）七月十五日、信雄に従って、武者大将として長島攻めに参加している（公記）。

平三郎左衛門尉（たいら　さぶろうざえもんのじょう）　大和

諱は「芳知」とある。

永島福太郎氏によれば、畠山氏の大和宇智郡代官で、同郡大沢村の住人とのことである（奥野高廣「織田軍団の中央政権構想」）。

天正元年（一五七三）末、信長に降るという（奥野氏前掲論文・興山寺文書）。五月四日付で信長より、端午の帷の贈呈を謝されている（鎌田善弘氏文書、奥野氏前掲論文所収）。

（天正九年）八月二十五日、信長より朱印状を受け、高野山攻めのために参陣した忠節を賞されている（渡辺富美子氏文書、小和田哲男「信長の高野山攻めに関する新史料」所収）。

田内某（たうち）　和泉

生没年不詳。

天正六年（一五七八）六月、和泉の豪族沼《ぬ》間《ま》・真鍋とともに、海上作戦に携わっている（釈文書）。

多賀貞能（たが　さだよし）　近江

?～天正十五年（一五八七）四月二十日

新左衛門尉、伊予守。『老人雑話』中の信濃守も同一人か。諱は、「常則」で通っているが、文書には「貞能」とある（多賀文書）。

近江犬上郡の豪族。初め浅井氏に仕える。『公記』によれば、元亀元年（一五七〇）九月二十五日には、穴太《あのう》の砦に置かれて朝倉・浅井との対陣に参加しているから、浅井長政が信長から離れた後も引続き信長に従ったものであろう。

この年から翌年にかけて、琵琶湖の沿岸に信長の宿将が配置されて、近江の支配体制が整い、近江の国人たちは彼ら宿将たちの与力とされる。多賀の場合は、地縁からいうと、丹羽長秀の与力になったかと思われるが、その証はない。

同三年四月、河内交野《かたの》城後巻《うしろまき》き、天正元年（一五七三）七月、槇島攻め、同年八月、朝倉追撃戦、同九年九月、伊賀攻めに従軍（公記）。伊賀攻めの頃は、近江衆として、信長の旗本部将の一人。同九年、十年の一月十五日に行われた爆竹《さぎっちょう》にも、近江衆の一人として参加している（公記）。

同十年三月、武田攻めにも従軍。信長旗本の立場だから、この時は戦う機会はなかったと思われるが、甲信平定後、労を犒われ、丹羽長秀・堀秀政とともに草津での休養を許された（公記）。

本能寺の変後、明智光秀に応じ、蒲生賢秀を勧誘したが、断られたという（勢州軍記）。そのまま光秀方として山崎の戦いに参加する（太閤記）。戦いの後、何ゆえか秀吉から全く咎めを受けなかった。『老人雑話』によると、味方の敗戦を見て早々と戦場を離脱し、秀吉に降参。かえって判断を褒められ、賞を受けたという。

一時的に堀秀政に付属させられたか。同年八月二十一日、秀政より隠居分の所領八百石を定められている（多賀文書）。その後であろう、秀吉に仕える（重修譜）。

同十二年、小牧陣に従軍（浅野家文書ほか）。その後、秀長に転仕。大和に移り、高市《たけち》郡にて二千石（重修譜）。

津田宗及の茶会にも、時々出席している（宗及記）。

『重修譜』には天正十七年没とあるが、『多聞』の天正十五年五月七日条には、「去月廿日於西国多賀新左衛門尉病死丁ト云々」と載っている。これを採るべきであろう。

多賀常則（たが　つねのり）　→多賀貞能

高木右近大夫（たかぎ　うこんのだいぶ）　尾張

弘治三年（一五五七）～慶長十六年（一六一一）二月六日

童名小法師。助六。諱は「由政」と伝わる。

左吉の子。信長に仕え小姓。後、信雄に仕えて小姓頭。その後、蒲生氏郷、加藤清正に転仕するという（重修譜）。

慶長十六年（一六一一）二月六日没。五十五歳（吉備温故秘録）。

高木清秀（たかぎ　きよひで）　三河

大永六年（一五二六）～慶長十五年（一六一〇）七月十三日。

善次郎、主水助《もんどのすけ》、主水正。

宣光の子。水野信元に属し、尾張緒川に

住す、と『寛永伝』にあるが、元来、三河の出身である（太閤記）。

若年の頃、信元の下を去って織田信秀に属し、天文十七年（一五四八）の小豆坂の戦いで高名という（寛永伝）。その後、再び信元に属し、刈屋の戦い、石瀬《いしがせ》の戦い、姉川の戦い、長島攻め、長篠の戦いなどに従軍。特に石瀬の戦いでは大功を立てたという（武家事紀・寛永伝）。

三河に所領を持つだけに、家康の支配も受けたのであろう。この間の永禄七年（一五六四）六月、家康から三河大岡領の名田の諸公事の免除を受けた（士林泝洄・重修譜）。

天正三年（一五七五）十二月に信元が誅殺された後、佐久間信盛に付属される（寛永伝・武家事紀）。同四年より信盛は大坂攻めを担当するが、清秀はそれに従って天王寺城に入り、しばしば大坂の一揆軍と戦ったと『武家事紀』にある。同八年八月の佐久間父子譴責状中に、信盛が三河にも与力を持っていたことが書かれているが、この清秀を指すのであろう（公記）。信盛に従って、対大坂だけでなく、松永攻め、有岡攻めにも活躍したという（寛永伝）。

佐久間父子追放後の清秀の処遇については詳らかではないが、おそらく尾張の水野忠重などと同じく、信忠に属したものと思われる。しかし、その頃の行動は全く伝わっていない。

本能寺の変後の同十年十月二十四日、甲斐新府にて家康に謁して、これと主従関係を結び、尾張・三河・遠江にて采地千石を与えられたという（重修譜・武家事紀）。

家康に従い、小牧陣、長久手における戦闘、小田原陣に参加。同十八年八月、武蔵・上総・相模にて五千石を知行（寛永伝）。

文禄三年（一五九四）致仕《ちし》して隠居の身になったが、慶長五年（一六〇〇）の戦乱の時、下野小山へ伺候して秀忠より羽織を賜ったという（武徳安民記・士林泝洄）。

慶長十五年七月十三日没、八十五歳という（寛永伝）。

高木小左衛門（たかぎ　こざえもん）　三河

生没年不詳。

清秀の一族であろう。信長に召出され、仕えた（太閤記）。『寛永伝』に、重正の三男「高木小左衛門正次」という人物が載っており、家康の命により松平因幡守康元に属す、とあるが、同一人であろうか。

高木左吉（たかぎ　さきち）　尾張

生没年不詳。

小法師。剃髪号道斎。

河合某の子。高木義清の養子となるという（重修譜）。初めは犬山の織田信清に仕えた（甫庵・織田系図）。

その後、信長に仕え、永禄元年（一五五八）七月の浮野の戦いで活躍（甫庵）。元亀元年（一五七〇）六月二十二日、小谷より退陣の時、殿《しんがり》軍の佐々成政に協力したという（甫庵）。一貫して信長の馬廻であった。天正元年（一五七三）八月十三日、信長が馬廻だけを率いて朝倉軍を追撃した時にも活躍している（当代記・甫庵）。

『武家事紀』には、武田左吉と並べて「両左吉」と称されたとあるが、武田の方は奉行衆なのに対し、高木左吉にはそのような実績はなく、この話は疑わしい。

本能寺の変後は丹羽長秀に、その死後は蒲生氏郷に属した（太閤記・重修譜）。

高木貞家（たかぎ　さだいえ）　美濃

天文十四年（一五四五）～永禄十一年（一五六八）五月二十二日。

彦七郎。

貞久の長男。信長に仕える。永禄十一年（一五六八）五月二十二日、美濃今尾城で戦死、二十四歳という（重修譜）。

高木貞利（たかぎ　さだとし）　美濃

天文二十年（一五五一）～慶長八年（一六〇三）八月二十四日。

彦六郎、権右衛門。

貞久の二男。美濃今尾城に住し、信長に仕える。長篠の戦い、播磨神吉《かんき》城攻めに従軍（重修譜）。

本能寺の変後、家康と通じるが、秀吉からも勧誘され、人質提出を促されている（市田靖氏文書・西尾英吉氏文書）。

天正十二年（一五八四）、小牧陣の時も

秀吉の誘いを受けるが、結局は信雄に付き、五月二十一日、高木一族合わせて一万貫を宛行われた（市田靖氏文書・東高木文書）。その後は駒野城を守備したのか、信雄より防御について指示を受けている（東高木文書）。八月には、信雄より援軍を派遣された（法泉寺文書）。

　同年十月二十六日、信雄より伊勢朝明《あさけ》郡にて三カ所、四百十貫文を宛行われ、同十四年七月二十三日には、さらに伊勢桑名郡にて七百八十四貫文余を宛行われた（市田靖氏文書・分限帳）。

　同十八年八月、信雄の所領没収に伴い、一族とともに甲斐国主加藤光泰のもとに寓居（重修譜）。翌十九年十一月、光泰より、一族して八千三百四十俵の知行目録を受けている（東高木文書）。

　文禄年中、召されて家康に仕え、上総天《あま》羽《は》・周淮《すず》郡の内にて千石を賜る。慶長五年（一六〇〇）、上杉攻めに従軍して活躍。翌年加増され、美濃石津郡にて都合二千石を知行、多羅郷に住す（重修譜）。

　同八年八月二十四日、多羅郷内にて没、五十三歳という（重修譜）。

高木貞俊（たかぎ　さだとし）　美濃

　永禄六年（一五六三）～正保二年（一六四五）五月十六日。

　彦太郎、次郎兵衛、四郎左衛門。剃髪号好春。

貞家の子だが、祖父貞久の養子となる。信長に仕え、天正六年（一五七八）七月、播磨神吉《かんき》城攻めの時、一族とともに城に乗り入れて高名。当時十六歳という（重修譜）。

　小牧陣の時は、一族あげて信雄に従い、同十二年五月二十一日、貞利・貞秀・貞友・貞俊の四人連名で、信雄より一万貫を宛行われた（東高木文書）。駒野城を一族で守備し、八月には信雄より援軍を受けている（法泉寺文書）。戦いの間、秀吉軍の動静を逐一信雄・家康に報告したという（重修譜）。

　戦後の同十三年十一月四日、信雄より美濃石津郡安田城を与えられ、さらに同郡内にて、九百十七貫文余の地を宛行われた（重修譜）。

　同十八年の小田原陣には、土方雄久（雄良）に属して参加。信雄没落後は、一族とともに甲斐の加藤光泰のもとに寓居する（重修譜）。翌年十一月、一族して光泰より八千三百四十俵の知行目録を受けている（東高木文書）。

　慶長二年（一五九七）、召されて家康に仕え、上総望陀《もうだ》郡にて六十石を与えられる。翌年、武蔵荏原郡・相模鎌倉郡にて五百石を加増される（重修譜）。

　同五年の戦役の時は、上杉攻めからの西上に従軍。美濃多芸口《たぎぐち》を放火。東軍のために活躍した（重修譜）。

　翌年五百石を加増。美濃石津郡にて都合千石余を知行、多羅郡に住す（重修譜）。

　寛永十二年（一六三五）致仕《ちじ》。正保二年（一六四五）五月十六日、多羅郡にて八十三歳で没という（重修譜）。

高木貞友（たかぎ　さだとも）　美濃

　永禄七年（一五六四）～万治二年（一六五九）四月十七日。

　彦助、彦之助、藤兵衛。

　貞久の五男。一族とともに信長に仕える。天正三年（一五七五）の長篠の戦いに従軍、戦功と『重修譜』にあるが、同書に載った没年から逆算すると、当時十二歳であり、疑わしい。『重修譜』には、同六年七月、神吉城攻めで活躍したことも載っている。

　本能寺の変後、美濃支配者となった信孝に仕える。信孝の死後、父貞久とともに駒野に閑居。父の隠居（『寛永伝』『重修譜』では死去）により家督を譲られ、駒野城主となる。

　同十二年、秀吉と信雄との対立が顕著になると、一族して秀吉の誘いを断り、信雄方に付く（寛永伝）。同年五月二十一日、貞利・貞俊・貞秀と一緒に、信雄より一万貫を宛行われた（東高木文書）。小牧陣を通じて駒野城を守備し、信雄と常に連絡をとっている（東高木文書・重修譜）。同十四年、信雄より駒野・馬沢郷、計八百六十貫の地を宛行われた（東高木文書）。

　小田原陣には、土方雄久（雄良）に属し

て従軍。戦後、信雄没落に伴い、一族とともに甲斐の加藤光泰のもとに寓居する（重修譜）。同十九年十一月、父貞久、兄弟の貞利・貞秀貞俊とともに、光泰より八千三百四十俵の知行目録を受けている（東高木文書）。文禄元年（一五九二）、光泰に属して朝鮮に渡海。戦功をあげ、光泰より賞されている（東高木文書）。

慶長二年（一五九七）、召されて家康に仕え、上総望陀郡にて六十石余の采地を賜る。同三年加増され、五百石を知行（重修譜）。

同五年には上杉攻めに従軍したが、上方の変報により急遽美濃へ返し、多芸口を放火する（重修譜）。戦後、五百石を加増され、美濃石津郡にて千石余を知行、多羅郡に住す。大坂陣にも参陣している（重修譜）。

万治二年（一六五九）四月十七日没、九十六歳（重修譜）。

高木貞久（たかぎ　さだひさ）　美濃

?～文禄元年（一五九二）三月三日?

丞介、彦左衛門。剃髪号無楽。

樋口氏の子だが、高木貞次の養子となり、美濃駒野城に住して斎藤道三に仕え、斎藤家の重臣安藤守就に従属するという（重修譜）。弘治二年（一五五六）九月二十日、斎藤義竜より庭田・西駒野等六カ所を安堵される（東高木文書）。

信長に降ったのは、寄親安藤守就より早いであろうか、四月二十四日付で貞久は信長の書状を受けているが、この文書を、『信長文書』では永禄六年（一五六三）に比定している。降を仲介したのは市橋長利らしい（高木文書）。同十年十一月、信長より知行を安堵されている（高木文書）。

知行地が伊勢長島に近いだけに、家臣の中には一向一揆に同調する者もいたらしい、（元亀二年）六月十三日、信長は猪子高就に対し、貞久の家臣の糾明と、場合によっては貞久もろとも成敗することを命じている（猪子文書）。

長島の殲滅をねらう信長は、次には貞久に今尾を守らせ、天正二年（一五七四）二月一日、周囲の土豪である田中真吉《しんきち》ら吉村一族に、貞久への協力を命じている（高木文書）。

同八年八月、安藤守就の追放により、高木一族は信忠直接の支配を受けることになる。同年十一月、信忠より所領宛行いを受ける（東高木文書）。『重修譜』には、五百四十二貫文余とある。さらに翌九年十一月十日、またも信忠より加増。今尾城とその周辺にて九十七貫文余という（東高木文書・重修譜）。

本能寺の変後の（天正十年）六月十九日、秀吉より長文の書状を受け、山崎の戦いや光秀一族滅亡について報じられている（東高木文書）。最後の条中に、見放さないことを約束した後、「御子息何とやらん承候」とあるのは、高木一族から秀吉方に人質が送られたのであろう。

その後、清須会議で美濃の支配者となった信孝に属し、同年七月二十五日、かつて信忠より与えられた知行を安堵される（東高木文書）。

信孝と秀吉との対立の中で、十二月十七日、秀吉より出頭と人質の提出を求められているが（西尾英吉氏文書）、果してそれに従ったであろうか。信孝の死後、駒野城に隠居、家督は五男貞友に譲られたという（重修譜）。

同十一年中に没したと『寛永伝』等にあるが、同十二年三月一日、文禄元年三月三日との説もある（尾張群書系図部集）。天正十九年十一月十二日、高木一族が加藤光泰より八千三百四十俵を宛行われた時、貞利の領知の内五百五十六俵を隠居分として与えられているから、それまでは存命していたことは確実である（東高木文書）。従って、没年は文禄元年というのが正しいようである。

高木貞秀（たかぎ　さだひで）　美濃

生没年不詳。

勝兵衛。

貞久の三男。信忠に従う（重修譜）。

一族とともに小牧陣では信雄方に付き、天正十二年（一五八四）五月二十一日、貞利・貞俊・貞友とともに信雄より一万貫を宛行われた（東高木文書）。さらに同年十月二十六日、貞利とともに伊勢朝明《あさけ》郡にて三カ所、都合四百十貫文を宛行われる（市田靖氏文書）。『分限帳』には、「河ハラノ郷」三百五十貫知行の「高木将兵衛」が見られる。
　同十八年、信雄没落により、一族とともに甲斐加藤光泰の下に寓居（重修譜）。翌十九年十一月、光泰より一族合わせて八千三百四十俵の知行目録を与えられている（東高木文書）。
　慶長二年（一五九七）、召されて家康に仕え、上総望陀《もうだ》郡にて六十石余の地を賜る。翌三年加増され、武蔵荏原郡にて五百石を知行（重修譜）。
　後、勘気を蒙り、家康の下を去って、前田利長に仕えるという（重修譜）。

高木彦太郎（たかぎ　ひこたろう）
　?～天正十年（一五八二）六月二日。
　信長あるいは信忠の馬廻か。本能寺の変の時、明智軍と戦って討死した（阿弥陀寺過去帳）。

高木孫太郎（たかぎ　まごたろう）
　?～天正十年（一五八二）六月二日。
　信長あるいは信忠の馬廻か。本能寺の変の時、明智軍と戦って討死した（阿弥陀寺過去帳）。

高木光秀（たかぎ　みつひで）　三河
　永禄二年（一五五九）～天正二年（一五七四）十月一日。
　善次郎。
　清秀の長男。天正二年（一五七四）七月の伊勢長島攻めに従軍。九月二十九日の戦いで負傷。翌日、その傷のため没。十六歳（重修譜・士林泝洄）。

高瀬左近将監（たかせ　さこんのしょうげん）　伊勢
　生没年不詳。
　神戸四百八十人衆の大将の一人。元亀二年（一五七一）一月、所領安堵され、信孝に仕えた（勢州軍記・神戸録）。

高田雅楽助（たかだ　うたのすけ）　伊勢
　生没年不詳。
　神戸四百八十人衆の大将の一人。元亀二年（一五七一）一月、所領安堵され、信孝に仕えた（勢州軍記・神戸録）。

高田久介（たかだ　きゅうすけ）
　生没年不詳。
　村井貞勝の臣。禁中修理中の元亀元年（一五七〇）八月二十五日、奉行の貞勝出陣中、留守居として京都に残され、山科言継の訪問を受けている（言継）。

高田孫右衛門（たかだ　まごえもん）　伊勢
　生没年不詳。
　神戸四百八十人衆の大将の一人。元亀二年（一五七一）一月、信長の命で高岡城主山路弾正（種常）を誅殺。所領安堵され、神戸氏の家督を継いだ信孝に仕えた（勢州軍記・神戸録）。

高野瀬秀隆（たかのせ　ひでたか）　近江
　?～天正二年（一五七四）四月十一日。
　備前守。
　肥田城主。浅井氏に従うが、天正元年（一五七三）、浅井氏の滅亡後は信長に仕える。柴田勝家に付属させられる。朝倉氏滅亡後、越前に所領を与えられたか。しかし、翌年四月十一日、越前安居《あご》にて自害に追い込まれる（崇徳寺文書・松下浩「織田政権と愛知川」）。

高橋虎松（たかはし　とらまつ）
　?～天正十年（一五八二）六月二日。
　『高橋伸和家文書』には、「家春」の諱で載っている。
　信長の小姓。天正七年（一五七九）一月二十三日、安土にある旧長谷川秀一邸を与えられて移っている（安土日記）。同九年十月五日、信長より知行を与えられた（公記）。翌十年五月二十九日、信長の上洛に従い、六月二日、本能寺にて討死した（公記・惟任謀反記・祖父物語）。

高橋藤丸（たかはし　ふじまる）
　?～天正十年（一五八二）六月二日。
　『高橋伸和家文書』には、「勝春」の諱で載っている。
　信忠の小姓（高橋伸和家文書）。虎松の弟。天正十年（一五八二）六月二日、二条御所にて討死した（公記）。

高畠三右衛門（たかばたけ　さんえもん）　尾張

生没年不詳。

信長の初期の臣。身分は明らかではないが、馬廻か。弘治二年（一五五六）八月二十四日の稲生《いのう》の戦いに従軍。敵の富野左京進を討ち取った（公記）。


高宮右京亮（たかみや　うきょうのすけ）　近江
?～元亀二年（一五七一）九月二十一日。『多賀町史』掲載の系図では、諱は「宗存」。豊宗の子としている。

犬上郡高宮の豪族であろう。初め浅井氏に属す。信長に降ったのはいつのことか不明。『浅井三代記』の元亀元年（一五七〇）六月の姉川の戦いの記事中に、「高宮三河守」という人物が浅井方として戦っているのが見える。『多賀町史』掲載の系図中の右京亮（宗存）の伯父秀宗を指すと思われるが、そのまま信じるのは危険である。だが、前後の事情から見て、高宮氏が信長方となったのは、姉川の戦い直後の佐和山城攻めあたりであろう。

同年九月には、野田・福島攻めに従って、川口の砦に置かれている（公記）。しかし、ここで信長を裏切り、本願寺へ駆け込んだという（公記）。同年十二月、やはり浅井方に戻っており、二十七日、信長方久徳左近兵衛尉と戦い、敗れている（神田孝平氏文書）。

その後またも信長に降ったらしいが、翌二年九月二十一日、佐和山城に呼び寄せられ、一族もろとも誅殺された（公記）。同月二十五日、粛清の当事者である丹羽長秀と河尻秀隆は、多賀社に対して、高宮家からの預り物について調べることを告げている（多賀神社文書）。生き残りの一族は、また浅井方に戻ったのであろう。（同三年）十月三日、浅井長政は島秀安らに対し、高宮衆と相談して守備するよう命じている（島記録）。

高山右近（たかやま　うこん）　→高山重友

高山重友（たかやま　しげとも）

天文十二年（一五五三）?～元和元年（一六一五）二月五日。

彦五郎、右近大夫、右近允、右近助、大蔵少輔。号は南坊、等伯。諱は「重友」のほかに「長房」「友祥」と伝わるが、文書の裏付のあるのは「重友」だけである。洗礼名はドン・ジュスト。これには「寿須」「寿子」の字が当てられている。

〔キリシタン大名、高山右近の登場まで〕

飛騨守（友照）の子。父飛騨守は初め松永久秀に属したが、その後、和田惟政に従い、永禄十一年（一五六八）九月に上洛した信長を迎えた（耶蘇通信）。そして、摂津の三守護の一人に補された惟政に所属した。重友も父と行を共にしたであろう。

元亀二年（一五七一）八月、惟政が摂津郡山の戦いで討死すると、その子惟長に従う。しかし、将軍義昭と信長との対立の中で、自分たちの去就をめぐって惟長と争いになる。天正元年（一五七三）三月、重友は主惟長と格闘して、各々負傷したという（耶蘇通信）。惟長は高槻城を出て伏見城に移り、そこで死去したというが、確かではない（兼見）。

父飛騨守とともに、主のいなくなった高槻城を占領。信長に降った荒木村重に従う。高槻城の占拠の裏には、村重の策謀があったようである。

同二年三月十三日、摂津本山寺に禁制を掲げている（本山寺文書）。七月二十日には、村重とともに中島で本願寺の兵と戦い、これを撃破した（年代記）。この年十一月、村重が有岡城主となり、摂津一職《いっしき》を委ねられると、父飛騨守は正式に高槻城主として認められたらしい。同四年、飛騨守の隠居により、重友が高槻城主になる（耶蘇通信）。

重友は熱心なキリシタン大名として有名であるが、これは、永禄六年五月に早々とキリスト教に改宗したという父飛騨守の影響である。飛騨守は、天正五年九月十九日付のフロイスの書簡の中で「都地方の柱」と言われるほど、宣教師たちに信頼されていた（耶蘇通信）。幸い寄親の村重がキリスト教に理解を示していたため、摂津内で積極的に布教活動に努め、宣教師たちの世話にも励んでいたのである（耶蘇通信）。

〔荒木村重の謀反に際して〕

天正六年十月、重友の寄親だった村重が突然信長に背いた。重友もそれに従って高槻城に籠った（公記）。

十一月、信長は自ら大軍を率いて摂津に入ると、まず高槻城の重友と茨木城の中川清秀の誘降を策した。そして重友が熱心なキリシタンであることに注目した信長は、彼を説得するにあたって宣教師を使の羽柴秀吉・松井友閑に同道させた。この時、信長は宣教師に対し、誘降に成功すれば布教を援助するが、失敗したならば弾圧する、という苛酷な条件を言い渡したという（公記）。

重友はその条件に屈して降伏。十一月十六日、郡山の信長本陣を訪れて拝謁した。信長は大いに喜び、重友に小袖・馬を下賜、追って金子二十枚を与えている（公記）。だが、父飛驒守はまだ高槻開城に反対の態度をくずさず、また、有岡城には子や姉妹を人質として差し出しており、重友にとって苦しい選択であった（耶蘇通信）。それでも降参後は、意を決して有岡攻城戦に加わっている（公記）。

村重が有岡城を脱出して尼崎城に移ると、信忠に従って尼崎城攻め。付城七松の砦に置かれた（公記）。有岡城は一年間持ちこたえた末、同七年十一月に開城。村重の一族は郎等ともども処刑された。重友の父飛驒守は捕らえられ、越前に追いやられる（公記）。しかし、重友はその後優遇され、同八年閏三月には、安土に屋敷地を賜っている（公記）。

〔信長の部将としての活躍〕

天正九年二月二十八日の馬揃えに参加。この時は、摂津衆として丹羽長秀の下で行進したのであろう（士林証文・耶蘇年報・公記）。

高槻での布教の援助活動はますます活発で、城内にパードレたちの家を建設、経費をも負担した。高槻近辺二万五千人の人口の内、一万八千人がキリシタンになったという。また、セミナリヨを建てさせ、家臣の子弟を入学させた（耶蘇年報）。

同年八月十三日、信長より中国出陣の準備を命じられる。これについて記した『公記』の記事には、「摂津国にて池田勝三郎（恒興）大将として」という文言がある。村重に代って池田恒興が高山・中川ら摂津の国衆の軍事指揮権を持ったものともとらえられるが、この記事以外にそれを裏付ける史料はない。

その翌日の十四日、信長の使として、早速鳥取城を囲んでいる羽柴秀吉のもとへ遣わされる。この時、攻城の様子を観察して復命することを命じられている（公記）。九月下旬に戻って、信長に様子をつぶさに報告した（公記・甫庵）。

同十年三月、信長に従って甲信に出陣。帰国して間もない五月、今度は中国出陣を命じられた（公記）。しかし、出陣の用意をしているうちに、六月二日、本能寺の変が起る。

〔秀吉の臣として〕

本能寺の変の報に接しても、重友は単独では動くことができない。だが、備中高松城を攻めていた羽柴秀吉が、予想外の速さで東上してきた。重友は尼崎で秀吉軍と合流する（太閤記）。

六月十三日の山崎の戦いでは、中川清秀とともに先手として戦功をあげた（浅野家文書・太閤記ほか）。二十七日の清須会議によって、摂津能勢郡にて三千石、近江にて千石を与えられている（塚本文書）。

その後、急速に秀吉に接近。翌十一年の賤ケ岳の戦いの時も、秀吉方として岩崎の砦を守るが、四月二十日、敵将佐久間盛政が大岩山に中川清秀を襲った時、戦わずして陣を放棄し、周囲の非難と秀吉の疑いを受けた（黄微古簡集・余吾庄合戦覚書）。そして、柴田滅亡後の五月十六日、柴田に通じたとの理由から、秀吉軍に高槻城を攻められた（多聞院）。しかし、間もなく疑いが解けたのか、その後も変わらぬ待遇を受けている。

同十二年、小牧陣には、秀吉方として従軍（浅野家文書）。同十三年、雑賀《さいか》攻め、四国攻めに従軍（太閤記・四国御発向并北国御動座記）。この年閏八月、播磨明石城六万石に移封される（四国御発向并北国御動座記）。同十五年には九州陣にも参加した。『当代記』には、「高山大蔵少輔」とある。

〔伴天連追放令の後〕

同十五年五月に島津氏を降伏させ、帰陣の途長崎に立ち寄った秀吉は、その地で突然伴天連《ばてれん》追放令を発した。秀吉の迫害の対象は、外国人伴天連と熱心なキリシタン大名である重友に置かれており、重友はここで、大名としての栄華かキリスト教の信仰かの二者択一を迫られることになった。

結局重友は、大名の地位を捨てることを決意し、多くの家臣に別れを告げて領所から去った。同じキリシタン大名の小西行長によってしばらく小豆島に匿われる。翌年行長が肥後に移封になると、前田利家が重友を引き取った。この頃、剃髪し、南坊等伯と称す（海老沢有道『高山右近』ほか）。

同十八年の小田原陣には、前田氏の麾下として従軍。慶長五年（一六〇〇）の関ケ原の戦いの時も、利家の継嗣利長に従って加賀で働く。同十年には、金沢に南蛮寺を建立している。加賀でも熱心に布教活動を行っていたのである（海老沢氏前掲書）。

江戸幕府を開いた徳川家康も、キリスト教に対しては苛酷であった。慶長十九年、キリシタン禁教の令を出す。それは秀吉の追放令より徹底したものであった。

重友は、九月二十四日、妻ジュリアら百余人の教徒とともにルソンへ追放された。翌元和元年（一六一五）二月五日、マニラで病没したという。六十三歳前後であったことは確かである（海老沢氏前掲書）。

信教を貫いたキリシタン大名として著名だが、一方、茶人としても名高く、利休七哲の一人に数えられている（茶人大系図）。

高山ジュスト（たかやま　じゅすと）→高山重友（たかやま　しげとも）

高山ダリヨ（たかやま　だりよ）→高山飛騨守（たかやま　ひだのかみ）

高山長房（たかやま　ながふさ）→高山重友（たかやま　しげとも）

高山飛騨守（たかやま　ひだのかみ）　大和

？〜文禄四年（一五九五）。

図書。諱は「友照」とあるが、文書の裏付はない。洗礼名ダリヨ、これは「大慮」とも書かれている。

右近重友の父。初め松永久秀に属し、大和沢城に住す（耶蘇通信）。永禄六年（一五六三）五月、ロレンソの教義を聞き、キリシタンに転向、久秀の弾圧にもめげず活動したという（耶蘇通信）。和田惟政とも親交あり、惟政に勧めて一緒に説教を聞くなどして、彼をキリスト教の理解者たらしめた（耶蘇通信）。

永禄十一年九月、信長上洛の時、惟政に随従。以来、将軍義昭の股肱の臣で摂津守護の一人となった惟政を通じて、宣教師の便宜を計らった（耶蘇通信）。

元亀二年（一五七一）八月、惟政は郡山の戦いで討死。その跡を継いだ惟長とは、将軍義昭と信長の確執の中で対立し、殺されそうになったが、荒木村重に援けを請い、逆に惟長を高槻城から逐った（耶蘇通信・兼見）。この時、京都を舞台とする動乱を懸念し、フロイスに高槻への避難を勧めたという（耶蘇通信）。

天正二年（一五七四）十一月、村重が摂津一職《いっしき》の支配権を得るに及んで、その麾下となり、正式に高槻城主。早速領内にキリスト教を広めることに努力した（耶蘇通信）。

もうこの頃は五十歳を越え、また多病ということで、子重友に家督を譲り隠居するが、その後も高槻に会堂を建て、パードレ・イルマンの宿所も造営した（耶蘇通信）。同四年には、京都の会堂の新築にも協力。キリスト教の「都地方の柱」と呼ばれている（耶蘇通信）。

同六年十月、村重が信長に謀反。初めは村重をとどめたというが、及ばずそれに従う。しかし、重友は説得されて信長に降り、ここに父子は袂を分かった（公記ほか）。

有岡落城後、越前の柴田勝家に預けられる（隆佐記・公記）。だが、流された越前にあっても布教活動は止めず、同九年四月には越前を訪れたフロイスを歓待。国主勝家に、北庄内に聖堂建設の地の譲与を約束させ、また、自費で自宅付近の地を買い入れたという（耶蘇年報）。

文禄四年（一五九五）、京都で没という（耶蘇年報）。

滝川伊予守（たきがわ　いよのかみ）　↓滝川一益

滝川一益（たきがわ　かずます）　近江

大永五年（一五二五）～天正十四年（一五八六）九月九日。

久助、左近尉、左近将監、伊予守。剃髪号入庵。

〔出身地と歴史の舞台への登場〕

近江甲賀郡の出身といわれる。一益が近江甲賀郡の出身であることは、五月二十六日付、大原奉行中宛て書状の署名に「大原滝川一益」とあることから確かであろう（石田善人「甲賀郡中惣と大原同名中惣について」）。その他、『勢州軍記』等複数の史料にも明記されている。だが、甲賀出身ということで甲賀忍者の家とする説があるが、これは飛躍であろう。

幼年より鉄砲を鍛練し、所々を遊歴して勇名を顕したと『重修譜』にあるが、信長に仕えたのはかなり早く、天文年間と思われる。『公記』巻首の盆踊りの記事に早くも登場しているからである。だから、近江出身とはいっても、尾張出身の譜代の臣と比べ、信長との関係の深さにおいて何ら遜色はない。

永禄四年（一五六一）、織田・徳川同盟の時、信長より家康の老臣石川数正のもとへ派遣され、和談を進めたという（重修譜）。

なお、一益の称呼・官名については、文書では一貫して「左近（尉・将監）」の官名が用いられ、他は見られない。「久助」は、『重修譜』の外『太閤記』にもある。「伊予守」については後述する。

〔北伊勢の担当者として〕

信長の臣としての一益の出世は早い。尾張出身の柴田勝家や佐久間信盛らと並んで、永禄年間にして一軍の将となっている。

永禄十年春、大将として北伊勢に派遣され、在地の諸士を帰服させて彼らを麾下とし、伊勢の押さえとして置かれた（勢州軍記ほか）。同年四月十八日付、大福田寺宛ての、奉行人による禁制高札が見られる（大福田寺文書）。

翌年二月の信長自身軍を率いての北伊勢攻めにも、当然活躍したであろう。北伊勢制圧後のものと思われる、二十五日付、長野家重臣十人宛ての一益書状が見られ、彼ら伊勢の有力者を統制している（別所文書）。

九月、信長は義昭を擁して上洛の途につくが、一益はそのまま北伊勢に置かれて、これには従軍しなかったらしい。

翌十二年五月、木造具政が信長に通じると、これに乗じて出陣。しかし、北畠軍と戦って敗れたという（足利季世記）。続く信長の総力をあげての北畠攻めに備え、七月には伊賀の仁木長政を味方にした（新津秀三郎氏文書）。八月には、信長軍八万余が大河内《おかわち》城を囲む。一益は支城阿坂に兵を入れ、攻城戦に参加した（公記）。兵糧攻めの中で、一益は、多芸谷《たげたに》の国司の館等を焼き払っている（公記）。十月四日、大河内城は開城し、一益は津田一安とともに城を受け取った（公記）。

戦後、一益は、安濃津《あのうつ》・渋見・木造の三城を守備することを命じられる（公記）。この時、北伊勢五郡を宛行われたとする書もあるが、それは誤りである。

〔畿内での活躍〕

北伊勢を担当している一益だが、元亀三年（一五七二）頃からは、他の諸将とともに畿内でも活躍している。まず、（同年）四月四日、柴田勝家らとともに河内の片岡弥太郎の出陣を催促（根岸文書）。（同年）九月二十八日、山城の革島一宣・秀存の安堵状に副状（革島文書）。革島の安堵に関しては、革島を与力としている細川藤孝に対し、その違乱を詰っている（革島文書）。

天正元年（一五七三）になって、信長と将軍義昭との対立の中で、信長の老臣の一人として活躍。第一次衝突の後の四月二十七、二十八日、義昭側近と信長老臣との間で起請文《きしょうもん》が交わされるが、両方に一益は名を連ねている（和簡礼経）。義昭側近からの誓書の宛名は、塙直政・滝川一益・佐久間信盛の三人だけだが、これは、この三人が信長の老臣であるのみならず、当時畿内方面を担当していたからであろう。七月の槙島攻めの交名《きょうみょう》に一益の名がないのは、京都に駐まっていたからであろうか（公記）。

　八月の江北出陣には参加。先手衆の中に名を連ねている。だがこの時は、他の部将ともども朝倉軍の追撃に後れをとり、信長に叱責されている（公記）。

　朝倉滅亡後、信長は、織田大明神社（剣神社）などの寺社の所領、安居《あご》三河守ら国衆の所領、橘屋三郎五郎の諸役免などを安堵するが、これらの実務は、明智光秀・羽柴秀吉と一益の三人が主として担当している（剣神社文書・横尾勇之助氏文書・橘文書ほか）。三人が越前を離れた後は、木下祐久・津田元嘉・三沢秀次が代わるが、木下は秀吉の、三沢は光秀の、そして津田は一益の代官である（井口友治「三将による越前支配について」）。

〔**北伊勢五郡の支配者**〕

　同年九月、信長はまた北伊勢攻めの軍を催す。一益もそれに従軍し、勝家とともに坂井城を攻略、さらに深谷城を陥し、長島の付城矢田城に置かれた（公記）。

　翌二年七月、長島攻めに参加。信雄らとともに、安宅船《あたけぶね》で海上より攻撃した（公記）。九月二十九日、長島は壊滅。その後、北伊勢五郡を与えられ、長島城に入った（甫庵・当代記ほか）。

　北伊勢五郡の支配者となった一益の、支配地における国侍や寺社の支配を見てみよう。

①天正二年十一月二日、高田喜兵衛尉に臨時の課役を免じる（伊勢古文書集）。
②同三年二月二十四日、樋口源四郎に所領安堵（阿波国古文書）。
③同三年十二月、興正寺に境内の地を安堵（興正寺文書）。

　こうした事跡が見られるのは、天正二年以後のことであり、一益に北伊勢五郡が与えられたのは、やはり長島討伐後と考えるべきであろう。それでもこの時点で、数郡の支配を委ねられた信長家臣は、譜代の者に限ると、一益のほかには次の面々だけである。

　柴田勝家（近江中郡）、佐久間信盛（近江南郡）、羽柴秀吉（近江北郡）、明智光秀（近江志賀郡と北山城）、丹羽長秀（若狭）、塙直政（南山城）。

〔**遊撃軍団を率いての活躍**〕

　北伊勢五郡の武士を率いる一益は、以後、静謐成った北伊勢を離れて、有力な遊撃軍団の軍団長として所々に活躍する。

　天正三年五月の長篠の戦いに従軍。同年八月の越前一向一揆討伐戦にも参加（公記）。越前では、戦後の残党狩りにも精を出している（寸金雑録・高橋源一郎氏文書ほか）。同四年四月には、安土城石垣建設に参加し、羽柴秀吉・丹羽長秀とともに一万人を指揮して、蛇石《じゃいし》を山へ引き上げている（公記）。

　同年五月、信長自ら陣頭に立った大坂出陣に従う。翌五年二月の雑賀《さいか》攻め、八月の柴田勝家を総大将とする加賀攻めにも参加。同六年には、四月、信忠の下で大坂攻め、続いて、長秀・光秀とともに丹波の園部城攻め、さらには播磨上月《こうづき》城救援、神吉《かんき》城攻め、と席の暖まる間もない（公記）。有力な遊撃軍団とはいえ、その戦場は北陸から丹波・播磨まで広がっている。

　また、一益は、伊勢を本拠地とするだけに、大船一艘を持っており、この船は、犬飼助三・渡辺佐内・伊藤孫大夫ら一益の麾下の者が操作している。この大船は、一益が播磨で働いていた六月二十六日、九鬼嘉隆の六艘の大船とともに淡輪《たんのわ》海上で、本願寺方の水軍を粉砕した（公記）。そして、九月三十日には、堺で信長の上覧を受け、犬飼らは褒賞を与えられた（公記）。一益所有の船だが、その指揮は犬飼らに任され、一益自身はそれに携わってはいない。

　遊撃軍団を率いて諸所に転戦している一益だが、行政面での担当地域も北伊勢に限られてはいない。山城西岡の革島とは、元亀年間から接触があったが、西岡の地一職《いっしき》が長岡（細川）藤孝に与えられた後も、一益は革島に関係している。即ち、天正四年二月十日付で、革島一存は、「身上」の斡旋を謝して一益に三十石を贈っているし、同五年頃の七月二十八日、一益は松室某の在所の名主・百姓に対し、出奔した松室らを許容しないよう命じている（革島文書）。また、（天正五年）閏七月九日付の、大和の沢某への安堵状に副状を発給している（沢氏古文書）。

〔有岡城攻め〕

天正六年十月、摂津の一職支配者荒木村重が信長に背いた。今度は一益は摂津で活躍する。十一月九日、信長自身摂津へ向け出陣。一益ら諸将もこれに従い、芥川・茨木あたりに陣を布いた（公記）。

有岡在陣は長期にわたり、一益は、塚口、食満、古屋野と持ち場を変え、この間、一の谷あたりを放火するなど、攻囲軍の主力として活躍した（公記）。同七年六月二十日、長秀ら五人とともに信長より鷂《はいたか》などを賜り、在陣の労を犒われた。さらに九月十六日には、長秀と二人、馬を賜っている。同月二十七日には、信長直々の陣見舞いを受けた（公記）。

十月、一益は、有岡の将の一人中西新八郎を味方にする。中西は四人の足軽大将と語らい、城中で謀反を起す。一益らはそれに乗じて攻めこみ、ついに十一月十九日、開城させた（公記）。

その後も有岡攻城戦の後始末が続き、一益は摂津に駐まる。即ち、十二月九日、禅昌寺に寺領を安堵（禅昌寺文書）。同月十二日には、丹羽長秀・蜂屋頼隆とともに、荒木の重臣の妻子の処刑を命じられた。一益はこれらの処分について、同日付で、播磨に在陣している羽柴秀吉に通報している（公記・黄微古簡集）。

〔北条氏の取次ぎ役と大和の検地奉行〕

天正八年三月九日、北条氏よりの使者が安土に着き、鷹や馬を信長に贈呈した（公記）。十日には、その使者が信長に拝謁。その後、勧められて京見物に出かけるが、この時の取次ぎ、案内などは一益が受け持った。『公記』には、「公儀御執奏」の役と記されている。翌九年六月五日にも、北条氏より信長へ馬が贈られるが、その取次ぎも一益であった（公記）。

さらに、同年十月末、下野の皆川広照の使が来訪。取次ぎは側近の堀秀政であったが、一益は、無事帰国させるための馳走を命じられている（公記）。その翌年、一益は上野厩橋に置かれ、「関東八州の御警固」として、北条氏との交渉を受け持たされるが、その伏線はいくらか前からあったのである。

八年九月二十五日、一益は、明智光秀とともに大和に下向した。大和国中の指出《さしだし》を徴するためである（多聞院）。二人は十一月二日まで駐まり、厳しく寺社・国人たちに指出目録を出させた（多聞院・春日神社文書・法隆寺文書ほか）。多聞院英俊は、「地獄ノ苦モ同ナラン」と怯えている。実際、指出に虚偽があったのであろう、戒重《かいじゅう》某・岡弥二郎ら四人が殺された（多聞院）。

〔伊賀攻めの応援〕

天正九年の時点では、信長の版図は東西に広く伸びていたが、その中にあって、伊賀だけは未征服の地として残っていた。同七年の九月、信雄は伊賀に兵を出して敗北しており、以後も国衆たちの跳梁を許していた。

九年九月、信長はその伊賀に兵を出した。総帥は信雄。彼にとっては二年前の雪辱戦である。従う軍は主に信長の旗本、蒲生・山岡ら近江衆である。その中にあって、一益・長秀の代表的遊撃軍団と、地縁から大和の筒井順慶が参加している（公記・多聞院）。

砦で固められた山国とはいっても、これほどの大軍に攻められては、ひとたまりもなかった。旬日を出ぬうちに伊賀はおおよそ平定された（公記）。地侍の田屋という者が、降参の手土産として信長に山桜の壺を進上するが、一益はこれを信長より賜った（公記）。

伊賀の陣では、一益は大体、近江衆を引率する堀秀政と行を共にし、一緒に阿閇《あべ》郡を平定した（公記）。戦い終って、伊賀の見回りに来た信長を、十月十日、一宮にて歓待している（公記）。

〔副主将格としての武田攻め〕

天正十年二月一日、木曾義昌が信長に通じた（上杉古文書・公記）。信長はこれを機会にすぐに武田攻めの軍を起した。総帥は信忠。従う将は、河尻秀隆・森長可・毛利長秀・団忠正・水野守隆・水野忠重、即ち信忠軍団の面々である。その軍に一益も付属された。（前年）十月十三日、一益は奥三河の奥平信光に書し、三河と信濃国境の砦について相談したいので、来訪するようにとの指示を与えている（『武家事紀』所収文書）。北条氏のみならず、東国の事を任されていた様子であり、当然の人事といえよう。

二月三日、先鋒の森と団は早くも信濃へ向けて出陣した（公記）。一益の出陣は十二日、信忠やその軍団の河尻たちと一緒の行動であった（公記）。

二月十五日付で信長は、進軍中の一益に書を遣わし、大将の信忠が若さからとかく血気にはやりがちなため、それを制御するように命じている（建勲神社文書）。同様の信長の命は、信忠の補弼というべき地位にある河尻秀隆にも発せられている（徳川黎明会文書）。一益・秀隆、老練の二人が、この武田攻めの中核と見做されていたのであろう。自軍団を率いて主将信忠を支える一益は、この戦いの副主将格であったと言ってよい。

信長は、三月五日に安土を出陣（公記・兼見ほか）。自らの軍で武田勝頼を討つつもりであったが、信忠・一益の軍は予定よりはるかにスムーズに進軍。高遠城で抵抗らしい抵抗を受けただけで、勝頼を甲斐田野《たの》に追い詰めた。そして、三月十一日、一益は勝頼の首級をあげた（公記ほか）。

同月二十一日、上諏訪の信長本陣に、北条氏政より戦捷を賀して物が届けられた。一益は、この時も取次ぎを務めている（公記）。

〔関東八州の警固の役〕

甲斐・信濃の静謐成った三月二十三日、一益は、信長より上野一国と信濃小県《ちいさがた》・佐久二郡を与えられる（公記）。『公記』には、「関東八州の御警固」及び「東国の儀御取次」の役を仰せつかったとある。『伊達家治家記録』ではこの役を「東国奉行」、『甫庵』や『武家事紀』など後世の史料では「関東管領」と呼んでいる。

後世「関東管領」と呼ばれているこの一益の役割は、一に上野を中心に関東の大名たちを信長の下に組織すること、二に当時同盟者であった北条氏との外交に努め、さらにはこれを従属させること、三に伊達氏・芦名氏など奥羽の大名をも従わせることである。一益この年五十八歳、「年罷寄り、遠国へ遣はされ候事、痛思食され候といへども」「老後の覚に上野に在国仕り」と『公記』にある。かつての傑将も、寄る年波には勝てず、この役割は重荷だったのかも知れない。

任地に入った後、宇治あたりに居たと思われる、三国一太郎五郎という茶人に宛てた書状がある（畑柳平氏文書）。これには、「存知より候はぬ地獄へおち候」と嘆き、褒美として名物の珠光《じゅこう》小茄子《こなす》を期待していたのに、東国へと追いやられたことを悔やんでいる。本心かどうかわからないが、出世と重職にも喜び切れない心境がうかがわれる。

平定終った甲斐に入った信長は、その後、富士遊覧がてら帰国するという計画を立てる。四月二日、一益は信長を台ケ原に迎え、歓待している（公記）。

四月四日以前だが、一益は下野の宇都宮国綱に出兵を催促（宇都宮家文書）、また、信長から四月八日付で、常陸の太田道誉父子に、一益と相談して行動するように、との要求があった（太田文書）。同日、上野真田昌幸に黒印状を発しているが、一益はこれに副状を出している（長国寺殿御事蹟稿）。関東の大名たちを組織し、信長に従わせるという任務の一つは、早くも着手されたのである。

『甫庵』では、四月十一日に信長より十五カ条の東国法度を受けたとされる。『公記』に甲信の国掟が載っているから、その事実はあったかも知れないが、『甫庵』に載った条書そのものは、明らかに甫庵の創作である。

一益は、まず箕輪《みのわ》城に入り、次いで厩橋城に移って、ここを居城とした。上野の国人である、倉賀野・内藤・小幡・由良・安《あん》中《なか》・北条《きたじょう》・木部・長尾・高山・和田、それに武蔵の深谷・成田・上田らが出仕した。そのほか、沼田の真田昌幸も城を開けて従った（北条五代記・北条記）。

陸奥では群雄割拠の中、伊達氏と芦名氏が台頭していたが、五月二十九日、芦名の将金上盛備は、一益に織田・芦名の盟約に違反しないよう求めている（坂田文書）。また、同じ頃、一益は伊達輝宗よりの音信に応え、厩橋に出頭するよう促している（伊達治家記録）。こうして「東国奉行」の役は、着々と進んだ。

この時期、越中の柴田勝家らに呼応して、上杉に対して兵を出し、三国峠で敗れたと書いている書もあるが（北国太平記・越登賀三州志）、果してそんな余裕があったであろうか。

〔長島への帰還〕

六月二日の本能寺の変の報は、九日に厩橋に届いたという（石川忠総留書）。『北条五代記』『甫庵』等多くの書は、一益が上州衆に京都の変を明かして忠誠を求め、彼らの感動を得た、とあるが、六月十二日付で、小泉城将富岡六郎四郎へ発した書状によると、「無二別条一之由候」と言って、変を秘しているから、それは誤りである（富岡文書）。

北条氏政もまた、六月十一日付で一益に変の真否を問い、疑心無用と誓ったけれど（高橋一雄氏文書）、京都の変の確報を得て、俄に敵対行動をとるようになった。十八日、一益は倉賀野へ出陣。神流川《かんながわ》にて北条氏邦の軍を破った。しかし翌日、北条氏直と再び一戦に及んだ時、上州衆に戦意なく、一益は旗本のみを率いて戦い、大敗した（石川忠総留書・北条五代記）。

敗れた一益は、箕輪から信濃小諸に入り、ここで小諸城を芦田（依田）信蕃《のぶしげ》に渡し、木曾経由で本領長島に帰った（甫庵・木曾考ほか）。

六月二十七日には、信長の重臣たちによる清須会議が催されている。『甫庵』『木曾考』には、一益の長島への帰還は七月一日とある。信用できる記載ではないが、いろいろな事情を考え合わせると、一益は会議に間に合わなかったものと思われる。

僅かな期間とはいえ、関東・奥羽方面を担当し、柴田勝家・明智光秀・羽柴秀吉と並んで旗頭（方面軍司令官）の地位にいた一益である。間に合ったなら、当然会議のメンバーに連なっていたであろう。だが、会議に遅れてメンバーからはずれたゆえに、一益は、新たに決められた織田家宿老の列からも漏れてしまった。

しかも、会議の結果、欠国の分配にあずかったのは、信長の子のほか、四人の宿老と弔合戦の参加者のみであった（浅野家文書・多聞院）。『太閤記』に、一益も五万石加増とあるが、疑問である。

〔秀吉との争いと降伏〕

（天正十年）八月十一日付、丹羽長秀宛て秀吉書状によると、一益は長秀に所領のことで、不満を申し立てたらしい。しかし、秀吉はこれをにべもなくはねつけている（専光寺文書）。一益はこの後、秀吉に対して危惧の念を持つ柴田勝家に急速に近付く。

十二月、一益は、信孝の臣小島民部少輔に砦を築かせた（小島文書）。明らかに反秀吉としての行動である。

翌十一年一月、岩間党の謀反に乗じて、一益は伊勢亀山に入城、ここを佐治新介に守らせた。さらに峰城を攻略して滝川益重を置いた。二月に秀吉の攻撃を受けるが、一益はもちこたえた（『武家事紀』所収文書・柴田合戦記・勢州軍記）。

しかし、四月二十一日の賤ケ岳の戦いで、盟友勝家は敗れて自殺、五月二日には信孝も自刃して果てた。それでも一益は、秀吉に降服しなかった。長島城を開いて秀吉に降ったのは、七月になってからである。七月六日には、降服の証として朝山の絵を秀吉に進上している（宗及記）。なお、この時は剃髪しており、「滝川入道」と記されている。「入庵」と号した（『寛永伝』所収文書）。北伊勢の所領はもちろん没収。『武家事紀』には、近江南郡で五千石を与えられたとあるが、定かではない。

翌年小牧陣が起ると、一益は秀吉に起用されて尾張へ赴き、蟹江城の前田与十郎らを説いて味方とし、自分も蟹江城の守備に加わる。しかし、六月、家康の攻撃を受け、七月三日に開城、伊勢に退いた（多聞院・池田文書ほか）。

七月十二日、秀吉より一益に三千石、子一時に一万二千石の地が与えられた。これは、起用される際の約束であった（『寛永伝』所収文書）。

その後は活躍の場がなく、天正十四年九月九日、越前五分一にて没。六十二歳であった（寛永伝・勢州軍記）。

〔「滝川伊予守」について〕

一益の官名については、文書の署名及び宛名、それに『公記』にもすべて「左近（尉・将監）」となっているが、『勢州四家記』『三河物語』『木造記』など後世の書には、「伊予守」で登場することがある。

これを単純な誤記とするのは早計で、『宇野』や『言継』といった一次史料にも「滝川伊予守」は登場するのである。このうち『言継』にあるのは、天正四年六月八日、山科言継の信長訪問の時奏者を務め、同月二十四日、興福寺別当職をめぐる争いに関し、丹羽長秀とともに上洛している人物で、これが一益であることは、ほとんど疑いない。

また、同三年十二月二十八日、勅願寺である伊勢金剛寺を欠所処分にした「滝川伊予守」の違乱を、勅命によって停止したという事実もある（京都御所東山御文庫記録）。これも一益である可能性が非常に高いであろう。

案ずるに、一益は、天正三年七月三日の信長家臣の叙目《じもく》に際して、「伊予守」に任官したのではなかろうか。しかし、左近将監の官はそのままで兼官の形をとり、朝廷を離れた所では依然として「左近将監」で通していた、という推測は無理であろうか。

滝川雄利（たきがわ　かつとし）　→滝川友足（たきがわ　ともたり）

滝川友足（たきがわ　ともたり）　伊勢

天文十二年（一五四三）～慶長十五年（一六一〇）二月二十六日。

源浄院主玄。三郎兵衛、下総守、兵部少輔、刑部卿法印。剃髪号一路。羽柴の姓を賜り「羽柴下総守」と称す。「友足」は「友忠」とも読まれている。諱は後に、「一盛」「勝雅」「雄親」「雅利」「雄利」。一般には「雄利」で知られている。

木造具康（具政の養父）の子という（木造系図）。初めは僧で、伊勢源浄院に入り、主玄と称す。

永禄十二年（一五六九）、信長の伊勢進攻を前にして、義兄弟の木造具政に勧めて、北畠氏より離れて信長に属させた。続いて八月、信長軍の阿坂城攻めを嚮導。その後、還俗して「滝川三郎兵衛」と改める（勢州軍記）。滝川一益の養子となったのであろうか。

北畠家に入った信雄に仕え、柘植三郎右衛門尉と並んで家老となる（勢州四家記）。天正四年（一五七六）十一月二十五日、北畠一族粛清の時、三瀬にて北畠具教を討ち、その後、反抗してきた小山戸等の一揆を鎮圧した（勢州軍記）。

同九年九月の、信雄を総大将とする伊賀攻めの時は、加太口よりの大将として、伊勢衆を引率する（公記）。『宇野』には、同十年一月現在の国司（信雄）の取次衆の一人として名が見えるが、単なる側近ではなく、部将として一軍を任せ得る存在であった。

本能寺の変の前後の消息は明らかではないが、信雄の老臣として主と行動を共にしていたのであろう。翌十一年二月、伊賀で北畠具親の催した一揆を鎮圧。『勢州兵乱記』には「大剛之者也」と評されている。

信雄と秀吉との対立の中で、秀吉から誘われるが応ぜず、同十二年三月、松島《まつがしま》城を守り、秀吉軍の攻囲を受ける（池田文書）。四月開城、尾張へ去ったが、その後、四日市西城に籠城した（勢州兵乱記）。五月五日には、信雄の命で吉藤の援軍として派遣されている（不破文書）。

信雄・秀吉和睦後、神戸城に置かれ、北伊勢の支配を委ねられる（勢州軍記）。この頃から次第に秀吉に接近。同十三年十一月二十八日及び十四年九月二十六日、家康の上洛を促す使として、織田長益・土方雄久とともに浜松へ派遣された（家忠）。また、秀吉の妹朝日姫が家康のもとに輿入れする時、これに供奉した（家忠）。

『分限帳』によると、三万八千三百七十貫文を知行。信雄家中では図抜けた待遇を受けている。

九州陣・小田原陣に従軍（太閤記）。小田原陣の時、陣中に敵の主将北条氏直の訪問を受け、その降を仲介した（小田原御陣）。

信雄没落後、秀吉に仕え、同十八年七月、伊勢神戸城二万石。その後、従五位下下総守に叙任。羽柴の姓を受けたと『重修譜』にある。

名護屋陣にも従軍（太閤記）。文禄三年（一五九四）、伏見城普請分担の時、二万七千石（当代記）。同四年一月二十日、伊勢員弁《いなべ》郡内五千石を加増された（浅草文庫古文書）。

同年秀次事件に連座したが、叱責で済んだという。当時秀吉のお咄の衆（太閤軍記）。

慶長五年（一六〇〇）の戦役には西軍に属し、神戸城に籠る。敗戦により所領没収（重修譜）。

翌六年、家康に召出され、常陸片野二万石を知行する（重修譜）。入道し、刑部卿法印一路と号す。

同十五年二月二十六日没、六十八歳（寛永伝）。

滝川入庵（たきがわ　にゅうあん）　→滝川一益（たきがわ　かずます）

滝川彦右衛門（たきがわ　ひこえもん）　尾張？

生没年不詳。

信長に仕え、「近習」という（公記）。身分は、小姓ないし馬廻である。滝川一益との関係については不明である。

永禄十二年（一五六九）八月、伊勢大河内《おかわち》攻めに従軍、「尺限廻《さくきわ》番衆」の一人（公記）。元亀元年（一五七〇）四月、越前攻めに従軍。山田左衛門尉とともに引壇《ひきだ》城を破却した（公記）。

同三年十一月三日、秀吉に従い、虎御前《とらごぜ》山《やま》より宮部へかけての築地破却をねらった浅井七郎の兵と戦い高名。それ以前の小谷での戦いに手柄がなく、信長に勘当されており、この時の功で復帰がかない、その上褒されたという（公記）。

天正元年（一五七三）八月、大嵩《おおづく》城攻囲に参加したと『浅井三代記』にあるが、その後の消息は明らかでない。

滝川孫平（たきがわ　まごへい）

？〜天正十年（一五八二）六月二日。

信長あるいは信忠の馬廻か。天正十年（一五八二）六月二日、本能寺の変の時、明智軍と戦って討死した（阿弥陀寺過去帳）。

滝川益重（たきがわ　ますしげ）　尾張？

生没年不詳。

儀太夫。諱は「益氏」とも伝わる。

一益の甥にあたる。おじ一益に従う。天正十年（一五八二）武田攻めの時、一益に従い甲斐に進攻。三月十一日、田野《たの》に武田勝頼を囲み、自害に至らしめた（公記）。

一益の上野・信濃拝領に伴って、上野内に領地を得たか。しかし、間もなく本能寺の変が起る。六月十八日、神流川《かんながわ》の戦いに従軍。北条軍と戦ったが、翌日、重ねての戦いに滝川軍は敗退、伊勢長島へ撤退した（甫庵ほか）。

一益が秀吉と対立した時、伊勢峰城に籠った。同十一年二月、秀吉軍の攻撃を受け、四月十七日開城（吉村文書・柴田合戦記）。

その後、秀吉に召し出され、領地を与えられたという（武家事紀）。秀吉の兵として、その後、小牧陣に従軍（浅野家文書）。同十四年五月、旭姫輿入れの時、供奉《ぐぶ》して浜松に至った（家忠）。同十五年、九州陣にも従軍する（当代記）。

同十二年から十三年にかけて、津田宗及

の茶会にしばしば出席しているが、相伴の客は、いつも津田盛月と松下之綱である。親交が深かったのであろう（宗及記）。

滝山伝三郎（たきやま　でんざぶろう）　尾張

?～永禄元年（一五五八）三月七日。

信長の臣。永禄元年（一五五八）、三河品野城攻めに従軍。三月七日の戦いで、高木広正に討たれたという（重修譜）。『松平記』『寛永伝』に「滝山伝三」、『松平系図』に「滝山伝蔵」とあるが、同一人であろう。

武井夕庵（たけい　せきあん）　美濃

生没年不詳。

肥後守、肥後入道。二位法印。号は爾云《じうん》、妙云。

〔信長の右筆として仕えるまで〕

初め美濃斎藤氏に仕える。十一月二日付、立政寺宛て書状（立政寺文書）の付箋には、郡上郡の城主で、土岐頼芸より斎藤道三、義竜、竜興に仕える、とある。年不詳の五月二十日付、汾陽寺宛て道三書状、同じく一月二十三日付、宮本坊宛て竜興書状に副状を発給しており、道三から竜興まで仕えたということは、文書で立証される（汾陽寺文書・武家手鑑）。従って、『甫庵』『武家事紀』に、永禄三年（一五六〇）五月、桶狭間の戦いに際して、信長の命により熱田神宮に願文を納めた、とあるのは誤りである。信長に仕えたのは、早くとも、斎藤氏が竜興の代になって衰退してからのことであろう。松下浩氏によれば、永禄八年十二月五日付の細川藤孝宛て信長書状（東京大学史料編纂所所蔵）が、夕庵の筆跡の初見であるという（松下氏「織田信長の右筆に関する一考察」）。

宣教師フロイスの書簡には、夕庵のことを「信長の書記」とある（耶蘇通信）。実際には、各種の奉行としての活躍の方が顕著なのだが、彼の本来の仕事は、信長の傍らにあって、その意を汲みながら文書を作成すること、また、着到や戦功を記録することだったのである。元亀元年（一五七〇）六月、姉川の戦いを前にして、合戦の備えについて書き付けたり、戦後、軍忠を記録したり、また、同三年十一月三日、宮部での戦いの功労者を記録したりの様子が『甫庵』に載っている。

〔各種奉行としての活躍〕

夕庵の事績の中でも最も目覚ましいのは、各種奉行としての活動である。それをいちいち挙げると枚挙に暇がないが、主なものだけを拾ってみよう。

①（永禄十二年）七月八日、広隆寺に領知を安堵（広隆寺文書）。

②（元亀元年）三月二十八日、九月十五日、九月十七日、十月十七日、（元亀二年）七月二十日、曇華院《どんげいん》領山城大住荘についての指示（木下秀吉と）（曇華院文書）。

③（元亀元年）七月三日、生野《いくの》銀山の吹屋銭納入を、今井宗久に催促（宗久書）。

④（元亀三年）三月二十一日、金蔵寺に寺領安堵を伝達（金蔵寺文書）。

⑤（同年）九月二十日、妙智院領内に、年貢等を妙智院へ納入することを命令（妙智院文書）。

⑥天正二年（一五七四）三月二十七日、東大寺の蘭奢待切取りの時の奉行を務める（佐久間信盛・柴田勝家らと）（公記）。

⑦同年八月七日、安楽寿院での陣取りを免除する（安楽寿院文書）。

⑧同三年九月、越前の陣中見舞いより帰京の吉田兼和らに、途中での宿泊、馳走の命令書を発行（兼見）。

⑨同年十一月七日、公家、寺社への宛行いを執行する（松井友閑、村井貞勝・塙直政と）（若林書林文書）。

⑩同八年三月十日、北条の使者に対し、信長の関東安堵の意向を伝える（佐久間信盛・滝川一益と）（公記）。

〔奏者、外交の仕事〕

夕庵は、各種の奉行としても上記の通り活躍しているが、彼の任務で特徴的なものは、それよりも信長側近として、奏者の役割、そして外交に携わったことであろう。

山科言継は、永禄十二年七月、十一月、元亀二年十二月、勅使として岐阜に下向するが、信長との交渉についての相談を行う相手は夕庵であり、言継は岐阜滞在の間、夕庵とはしきりに連絡をとっている（言継）。

吉田社祠官吉田兼和（兼見）にしても興福寺大乗院の尋憲にしても同様であった（兼見・尋憲記）。

外交面では、まず武田信玄との交渉がある。（永禄十二年）五月二十三日、及び（元亀三年）一月二十八日、信玄の書を受け、信長への執り成しを依頼されている（神田孝平氏文書・『武家事紀』所収文書）。

夕庵にとって、頻繁に交渉を重ねたのは、武田氏よりも吉川元春と小早川隆景であった。吉川・小早川への信長書状に副状を発するのは、必ず夕庵であり、連絡をとって交渉するのは、夕庵と羽柴秀吉の二人であった（吉川家文書・小早川家文書）。

天正三年頃には、尼子氏の復興を目指す山中鹿介をめぐって、織田と毛利に衝突の兆しが見えてきており、（同年）三月四日付、夕庵・秀吉の吉川元春宛て連署書状では、元春よりの詰問に対して弁明している（吉川家文書）。

〔夕庵の地位〕

武井夕庵は、現代風に言うと、信長の第一秘書といったところであろう。天正五〜六年頃からは、堀秀政・万見重元・森成利（乱）といった若い秘書たちが成長し、夕庵の出番は少なくなるが、信長家臣としては、特別の地位を認められていた。

天正三年七月三日の叙目《じもく》では、明智光秀・羽柴秀吉・丹羽長秀・塙直政・簗田《やなだ》広正といった信長の主立った部将たちに混じって任官し、「二位法印」となっている（公記ほか）。

同六年元旦、在安土の主立った家臣たちが信長より朝の茶を賜ったが、『公記』に載った顔触れの順は、織田家当主信忠の次に夕庵を置き、その次に家宰林秀貞、その後に諸将の名を記している。信長に近侍しながら、家中で高い地位を認められた夕庵の姿が臨まれる。

〔その晩年〕

天正九年二月二十八日の馬揃えの時は、「坊主衆」の中に入って、山姥《やまんば》の扮装で参加。乗馬したが、すでに七十余歳の老齢だったので、危うい感じだったという（当代記）。

翌十年五月二十日、家康の安土来訪により、摠見寺において能楽が張行されるが、この時も「坊主衆」として参列している（公記）。これが信長の臣として史料に表れる終見となっている。

本能寺の変後は、夕庵のような吏僚は当然ながら無力の存在になってしまい、歴史の表面には現れなくなる。『言経』天正十三年一月二十三日条に、来訪した山科言経を歓待したという記事があるが、もうかなりな老齢でもあり、その後、さほど長くは生きなかったであろう。

子の十左衛門は浅野幸長に仕え、紀伊日高郡・有田郡の代官を務めるという（浅野家諸士伝）。

〔夕庵の信長側近としての逸話〕

『甫庵』『当代記』等には、前記した夕庵の事跡のほかに、信長のブレーンとしての逸話がいくつか載っている。

①元亀二年九月、信長が叡山焼討ちを断行しようとした時、佐久間信盛とともに、それを思い止まらせようとしたこと（甫庵）。

②天正四年頃、越前・加賀で大勢の農民を殺した信長に対して、その非を説き、古書を引用して君子の道について諫言したこと（甫庵）。

③天正六年一月、宮中の節会《せちえ》・礼楽の保護を信長に勧めたこと（甫庵）。

④同年十月頃、武士として茶道に身を入れると、武道が廃れることを信長に諫言したこと（当代記）。

⑤戦いに明け暮れるため、家中で礼儀がおろそかになったので、信長に諫言して礼法を糺したこと（武家事紀）。

これらの話が事実であったかどうかは不明だが、その立場、年齢、教養などから、信長に対して最も諫言できる人物であったということは、間違いなかろう。

竹尾源七（たけお　げんしち）

生没年不詳。

職人頭で、安土築城に従事し、天正九年（一五八一）九月八日、信長より小袖を賜った（公記）。

多芸御所（たけごしょ）→北畠具教（きたばたけ　とものり）

武田喜太郎（たけだ　きたろう）→武田貞吉（たけだ　さだよし）

武田左吉（たけだ　さきち）　尾張？

生没年不詳。

左吉は「佐吉」とも書く。信長に仕え、奉行衆。高木左吉と「両左吉」と並び称されたと『武家事紀』にあるが、高木は馬廻、武田は吏僚であることを思えば、疑問である。また、『岡山藩家中諸士家譜五音寄』によれば、生国は甲斐。若年時、今川氏に仕えるという。

永禄五年（一五六二）十一月、桑原家次・奥山秀倡・池山信勝とともに、尾張密蔵院領の川成承認の奉行を務めたのが活躍の初見である（密蔵院文書）。天正二年（一五七四）一月二十三日、津田宗及の茶会に出席。塙直政の紹介という（宗及記）。同六年十二月、有岡攻めの時、高槻番衆の一人。大津長昌の指揮下のようである（公記）。

同五年頃の五月十四日付で、林高兵衛尉・長坂助一と連名で、信長側近堀秀政より狛綱吉領の押領について責められた書状があるから、もうこの頃、三人で山城の直轄領代官を務めていたのであろう（小林文書）。同七年十二月十二日、左吉・林・長坂の山城の代官は、石清水八幡宮造営を命じられた。この役目はしばらく続き、翌年五月二十六日、無事正遷宮を済ますことよって任務を終えた（公記）。

本能寺の変後は信雄に仕え、志田見郷内にて、九百貫文の地と九百五十貫文の地、二カ所を知行する（分限帳）。その後の消息については明らかではない。

妻は、加藤順盛の娘（張州雑志）。子がなく、土方彦三郎（下方弥三郎の誤りだろう）の弟を養子とした（武家事紀）。

武田貞吉（たけだ　さだよし）　尾張

？～天正十年（一五八二）六月二日。

喜太郎。

下方貞清の子で、弥三郎の弟（甫庵・士林泝洄）。武田左吉の養子となる。信長の小姓であったが、天正十年（一五八二）六月二日、本能寺で討死した（公記）。

武田孫犬（たけだ　そんけん）→武田元明（たけだ　もとあき）

武田元明（たけだ　もとあき）　若狭

？～天正十年（一五八二）七月十九日。

幼名孫犬、孫八郎。

若狭守護武田義統の子。母は将軍義晴の娘。京極高吉の娘を妻とする。若狭小浜城主。

父義統は永禄十年（一五六七）四月八日没。それに伴い、若狭守護家を継ぐ。永禄十三年（一五七〇）一月二十三日の信長触状中で、「武田孫犬丸」が上洛を促されている（宴乗）。（同年）四月十六日、木下秀吉ら信長の重臣四人は、武田氏の臣である三十六人衆に対し、忠節次第所領を安堵するので、「孫犬殿」に忠節を励むよう、申し送っている（豊臣秀吉等連署書状）。幼名で呼ばれているのを見ると、まだ年少だったのであろう。

『若狭国志』等に、永禄十一年（一五六八）、朝倉軍が小浜を攻め、幼主元明を拉致して越前へ連れ去ったとある。だが、そうした事実はともかく、先の信長や家臣の書から判断すると、その時期については誤りであろう。

越前に移された元明は、天正元年（一五七三）八月の朝倉滅亡を機会に若狭に戻ったという（粟屋勝久戦功記・武田氏略系図ほか）。同二年一月十五日に元服して、「孫八郎」と称すると『甲斐信濃源氏綱要』にある。信用できる史料ではないが、元服は大体この頃であろうか。

同三年七月一日、逸見・粟屋・熊谷・山県・内藤らを伴い、相国寺を訪れて信長に礼（公記）。『池田本』には、逸見以下を「家老之衆」と呼んでいる。同五年一月十四日にも、信長に訪礼している（公記）。

だが、若狭で丹羽長秀の支配が固まるにつれ、元明は次第に彼ら家臣と同列の立場で、その下に組み入れられて行く。同九年の馬揃えに際しては、一月二十三日付の明智光秀宛て朱印状中に、若狭の参加予定者として、元明は、内藤・熊谷・粟屋・逸見・山県と並記されている（士林証文）。二月二十八日の馬揃えの時は、若狭衆は丹羽長秀の組に属して行進した（公記）。元明も一緒だったであろう。

同年四月十六日、死去した逸見昌経の遺領の内、三千石を信長より与えられる（公記）。他の所領については所見なく、明らかではない。

本能寺の変が起ると光秀に与し、近江で活動。乱の治まった後の七月十九日、秀吉のため近江海津にて殺された（高野山過去帳）。『若狭国志』には二十一歳、『若州観跡録』には三十一歳とある。その中間と思われるが、前者の方に近いであろうか。

妻は、京極高吉の娘。評判の美人で、秀吉が彼女を得るために元明を死なせた、と『若狭国志』等に書かれているほどである。後の秀吉の妾松の丸殿である。

竹中重虎（たけなか　しげとら）　→竹中重治（たけなか　しげはる）

竹中重矩（たけなか　しげのり）　美濃

天文十五年（一五四六）～天正十年（一五八二）六月六日。

久作、彦作。諱は「重隆」とも。

重元の子で、半兵衛重治の弟（重修譜）。妻は中川重政の妹という（織田系図）。永禄年間からであろう、信長に仕える。

元亀元年（一五七〇）六月二十八日、姉川の戦いにて、敵将遠藤喜右衛門を討ち取る（公記）。この頃は信長馬廻。

天正七年（一五七九）六月十三日、兄重治は播磨の陣中で病死。重矩は馬廻より引き抜かれ、同月二十二日、秀吉与力として播磨に遣わされた（公記）。これは一時的な処置だったらしい。同十年三月、重矩は、信長に従って信濃に出陣している（公記）。また信長馬廻に戻ったのであろう。領地は、美濃不破郡あたりだったようである。

本能寺の変直後、領地不破郡於佐村で郷士の一揆が起り、六月六日、それと戦って討死した。三十七歳という（武家事紀・寛永伝）。

竹中重治（たけなか　しげはる）　美濃

天文十三年（一五四四）～天正七年（一五七九）六月十三日。

半兵衛尉。諱は初め「重虎」。

重元の子。斎藤竜興に仕える。妻は安藤守就の娘。不破郡岩手山（菩提山）城主。父重元は早く死没したようで（『重修譜』では永禄三年二月七日）、若くして竹中家当主となる。

永禄七年（一五六四）二月六日、一夜のうちに稲葉山城を奪う。城内で活動した者は、弟重矩ら僅か十六人だったというが、岳父の安藤が軍を率いて稲葉山城を取り囲んだというから、二人の共謀のクーデターである。『太閤記』『寛永伝』等各書は、この後、信長より城を引渡すよう大利をもって誘われるが、主君竜興に警告することだけがこの企ての目的だったと答えて誘いに応ぜず、じきに竜興に城を返したという。

しかし、同年七月二十九日に宝林坊に禁制を掲げているから（敬念寺文書）、しばらくは稲葉山城を保っていたものと思われる。これは、斎藤家の内紛によるクーデターであり、重治の個人的な企てではなかろう。それにしても、竜興帰城後、謀反人である安藤や竹中が無事に存続しているのを見ると、斎藤家の求心力がかなり低下していると言わざるをえない。

稲葉山城を返還した後、再び竜興に仕えたと思われるが、『重修譜』等は、斎藤家に戻らずに近江へ行き、浅井氏に仕えたという。

信長に所属したのは、竜興没落の同十年頃であろう。秀吉の与力として付属された。同十一年九月、信長の上洛に従い、秀吉に属して近江箕作《みつくり》城攻撃に参加している様子が『甫庵』に見える。『武功夜話』には、しばらく隠棲していたところ、元亀元年（一五七〇）六月、秀吉の要請によって腰を上げ、その軍師となったと書かれているが、殊更に重治の価値を高めようという意図の創作であろう。

元亀元年六月、江北の有力者堀秀村の老

臣樋口直房を説得して味方としたという。このことは、『武功夜話』のみならず『甫庵』『浅井三代記』『竹中家譜』にもそのようにあるから事実かも知れない。

姉川の戦いの後、秀吉が横山城に置かれると、それに従って籠城。翌二年五月六日、浅井氏の将浅井井規が箕浦表で堀・樋口と戦い、秀吉が援けた時、横山城の守備を任された（公記）。

同三年一月にも、秀吉の岐阜出張の時の留守居を務める。その間に横山城を浅井軍に攻められるが、留守隊主将としてこれを防いだという（柏崎物語）。

天正五年（一五七七）十月、秀吉が播磨に入国すると、それに従う。同年十一月二十七日、小寺（黒田）孝高とともに、宇喜多氏の属城福岡野を攻撃する（公記）。同六年五月二十四日、秀吉の使として、信長に備前八幡山城の降伏を報じ、賞として銀子百両を賜った（公記）。

その後も秀吉に従って摂津・播磨・備前で活躍。しかし病を得て一旦京都で療養。再び戦場に戻ったが、病勢はつのり、同七年六月十三日、三木城攻めの陣中で没した。三十六歳という（豊鑑・重修譜ほか）。

後世の本は、重治を秀吉の「軍師」として扱っているが、それは誤りである。

竹中彦八郎（たけなか　ひこはちろう）　美濃

永禄八年（一五六五）?～天正十年（一五八二）六月二日。

重元の四男で半兵衛重治の弟というが、『寛永伝』は、その生年を父の五年後にするという矛盾を犯している。信忠に仕える（重修譜）。

天正十年（一五八二）六月二日、二条御所にて討死した。十八歳という（公記・寛永伝）。

建部周光（たけべ　しゅうこう）　越前

生没年不詳。

天正三年（一五七五）六月、信長より越前南条郡河野村五カ所の地を宛行われている（福井県南条郡誌）。

建部寿徳（たけべ　じゅとく）　近江

天文六年（一五三七）～慶長十二年（一六〇七）九月二十日。

内匠頭《たくみのかみ》。諱は「高光」と伝わる。

初め六角氏に仕えるが、後、信長に仕え、近江守山にて五百石の地を知行するという（重修譜）。元亀元年（一五七〇）に安土に置かれた中川重政の与力だったのであろうか。同二年頃、重政の代官として常楽寺にあり、柴田勝家の代官と紛争を起したこともあったという（武家事紀）。

本能寺の変後は秀吉に仕え、若狭郡代、摂津尼崎郡代を務める（寛永伝）。九州陣の時、兵糧調達、名護屋陣の時、普請の奉行を務めた（太閤記）。慶長三年（一五九八）七月には、越前大味浦の検地奉行も務めた（刀禰康隆家文書）。

同十二年九月二十日、尼崎にて没、七十一歳という（重修譜）。

建部秀明（たけべ　ひであきら）　近江

?～天正四年（一五七六）。

源八郎。

六角氏の臣。六角氏没落後信長に仕え、天正四年（一五七六）、本願寺攻めに従軍して、討死したという（重修譜）。

竹屋源七（たけや　げんしち）

生没年不詳。

職人頭か。天正九年（一五八一）九月八日、狩野永徳らとともに、信長より小袖を賜った（公記）。

本能寺の変後は信雄に仕え、稲葉郷にて百貫文の知行を受けている（分限帳）。

イエズス会の一五九六年度年報には、尾張出身で日本刀の鑑定に秀でた「レアン・タケヤ」という人物が載っている。源七と同一人であろうか（イエズス会日本報告集）。

多胡宇右衛門（たご　うえもん）　→多胡宗右衛門（たご　そうえもん）

多胡左近兵衛（たご　さこんのひょうえ）　近江

生没年不詳。

『朝倉記』には「氏久」の諱が載っているが確かではない。近江高島郡の多胡氏であろう。

朝倉義景に属し、天正元年（一五七三）、

信長の上洛について報じたり、若狭三方郡の宝仙坊の裏切りを注進したり、朝倉氏の情報網を務めている姿が『朝倉記』に見える。

朝倉氏滅亡後は信長に従い、高島郡の支配者となった津田（織田）信澄に所属したらしい。同九年六月三日、津田宗及の茶会に出席しているが、その時、「七兵衛様（信澄）御内衆」と記載されている（宗及記）。

多胡宗右衛門（たご　そうえもん）　近江

生没年不詳。

宗右衛門は「惣右衛門」とも書く。「宇右衛門」とする書もあるが、読み違えであろう。

近江高島郡の人。朝倉義景に属す。朝倉氏と通じた武田氏の臣穴山信君に贈品したらしく、（元亀四年＝一五七三）一月二日付で、信君より贈品の礼と三方原の戦いの報告を受けている（尊経閣文庫文書）。

（同年）三月十八日、義景よりの書で、十条坊城への赴援を褒され、さらに、四月七日、西近江の守備を堅固にするよう命じられている（尊経閣文庫文書）。

同年八月信長に降ったらしく、同月十六日、信長より本知と与力等を安堵されている（田胡家由来書）。この書中に、新知については、高島郡に封じられた磯野員昌より申し付ける旨の記載があり、多胡氏は磯野の与力の立場とされたのではないかと思われる。

多田某（ただ）　摂津

生没年不詳。

摂津の土豪。永禄十一年（一五六八）、池田・伊丹ら他の摂津衆とともに信長に降る（織田系図）。

その後、信長と義昭との対立の中で、義昭方に付いたか。『尋憲記』天正元年（一五七三）二月十五日条に、多田が松永久秀に与したという記載がある。

しかし、久秀の降伏とともに赦されたのであろうか。その後信長に仕えた様子で、同十年二月九日付信長朱印状により、甲信出陣を命じられている（公記）。

田中真吉（たなか　しんきち）　美濃

生没年不詳。

吉村氏の一族か。（天正二年＝一五七四）二月一日、他の吉村一族とともに、信長より、今尾城を守る高木貞久に協力するよう命じられている（高木文書）。同年十二月九日、また信長より、領分で鉄砲を使って鳥を追い立てることを命じられた（池田文書）。

六月四日付の、近辺の知行宛行いを約した氏家直通よりの書状があるから、氏家氏に与力として従属していたのかも知れない（池田文書）。

本能寺の変後も、美濃に土着。天正十年十月二十一日、信孝より美濃にて九カ所、都合六百四十貫余、同十七年十一月、池田輝政より美濃の地四カ所、都合六百石宛行われている（田中幸七文書）。

田中遠江守（たなか　とおとうみのかみ）　和泉

?～天正四年（一五七六）七月十三日。

和泉の国人。天正四年（一五七六）から大坂方面軍司令官になった佐久間信盛の指揮下になったのだろう。同年五月十三日、真鍋貞友とともに、佐久間信盛より本願寺との戦いの戦功を励まされている（田中家文書）。

七月十三日、毛利水軍との戦いに敗れて、戦死した（泉大津市史）。

田辺九郎次郎（たなべ　くろうじろう）　伊勢

生没年不詳。

北伊勢の豪族。天正元年（一五七三）十月八日、人質を出して信長に降参した（公記）。

田辺与左衛門（たなべ　よざえもん）　近江

生没年不詳。

田辺は「田那部」とも書く。晩年は剃髪して、与左衛門入道。

もと浅井氏麾下の田那部氏であろう。天正三年（一五七五）十一月十七日、信長より近江黒田北方内四百石を宛行われる（田辺文書）。

後、秀吉馬廻となり、同十九年九月二十一日、所領であった丹波氷上郡檜蔵村内百五十石の替地を宛行われている（田辺文書）。文禄元年（一五九二）、名護屋陣に従軍。本丸番衆に名を連ねている（太閤記）。

谷衛好（たにの　もりよし）　美濃

享禄三年（一五三〇）～天正七年（一五七九）九月十日。

大膳大夫、大膳亮。姓は「谷野」とも書く。

初め斎藤氏に仕え、天文年間、長井道利に従って朝気堀の戦いに功をあげたという（寛永伝）。

後、信長に仕える（重修譜）。信長家臣として、秀吉に付属された。天正三年（一五七五）五月、秀吉に従い、長篠の戦いに参加。武田軍の移動に従って軍を移すよう、秀吉に進言したという（太閤記）。翌四年五月の本願寺との戦いの時も、秀吉に従って参陣したらしく、同月二十三日、信長より木津・難波における戦功を褒されている（谷城址文書）。

その後、秀吉の播磨入国に従う。播磨の地六千石を知行するという（重修譜）。三木城攻めに参加し、付城の賀状坂の砦を守るが、同七年九月十日、毛利軍の加わった城兵に砦を襲われ、討死した。五十歳と伝わる（播磨別所記・寛永伝ほか）。

秀吉はその死を哀れみ、賀状坂の山中に衛好を葬って、一株の松を植え、これを墓標としたという（重修譜）。

種村彦次郎（たねむら　ひこじろう）　近江

？～天正十年（一五八二）六月二日。

近江神崎郡の出身で六角氏旧臣の種村氏（淡海温故録）。転仕した後、信忠の馬廻になったのであろう。天正十年（一五八二）六月二日、二条御所にて討死した（公記）。

田丸直息（たまる　なおおき）　伊勢

天文十二年（一五四三）～慶長十四年（一六〇九）三月七日。

侍従、右中将、中務少輔、中務大輔。諱は「具直」「具康」「忠昌」「直昌」「具安」ともいった。姓は「玉丸」とも書く。

北畠氏の一族。累代伊勢田丸城主。妻は北畠具教の娘という（重修譜）。『重修譜』には、元亀二年（一五七一）右中将に任ずとあるが、文書では晩年まで「中務少輔《なかつかさのしょう》」ないし「中務大輔」となっている。中将の後、中務大輔ということであろうか。

天正二年（一五七四）七月、信雄に従い、北畠軍の武者大将として水軍を率い、長島攻めに参加（公記）。同三年六月、信雄が北畠の家督を継いで田丸を居城と定めるにあたって、田丸城を立ち退き、岩出城に移る（勢州軍記）。同四年十一月二十五日の北畠一族粛清の時には赦免された（勢州軍記）。（天正十年）十二月二十六日、信雄より清須帰還を報じられているところを見ると、信雄に仕えていたのであろう（大西源一氏収集写真帳）。

同十二年、信雄・秀吉の対立の中で、秀吉方に付く。小牧陣の後、秀吉に所領を安堵され、松島《まつがしま》城主となった蒲生賦秀（氏郷）の与力とされた（勢州軍記）。

この前後、同十一年から十五年にかけて、知行宛行状・寄進状が多く見られることから、大体度会《わたらい》郡の東部を支配していた様子である（北村文書ほか）。なお、当時は、「中務少輔」、諱は「直息」を名乗っている。

同十八年、氏郷の陸奥会津移封に従う。蒲生氏の与力から家臣化していった様子である。氏郷の子秀行の代の文禄四年（一五九五）六月二十一日、秀吉より陸奥田村郡赤沼川南一円、八千五百石余を加増され、都合五万五百石余。守山城主（田丸文書）。

慶長元年（一五九六）十二月十三日、従五位下中務大輔に叙任、豊臣の姓を受ける。この頃の諱は「直昌」（田丸文書）。同三年八月四日、蒲生氏を離れて秀吉に直仕し、信濃川中島・更科郡・高井郡・埴科郡の内、計四万石知行。川中島松城主（田丸文書）。

秀吉死後の同五年二月一日、家康より美濃恵那・土岐・可児《かに》郡内四万石への移動を命じられた（田丸文書）。同年二月二十七日、豊臣氏の奉行の長束正家・増田長盛・前田玄以より、旧領川中島の蔵米を、新領主森忠政へ渡すよう命じられている（田丸文書）。

同年五月十六日には、美濃巨渓寺に寺領を宛行い、また、永保寺の年貢を免除している（永保寺文書）。岩村城に居すという（重修譜）。

同年の戦乱では西軍に与し、妻木貞徳と戦う（重修譜）。戦後失領。十一月越後へ追放（重修譜）。七年赦免されて旧主蒲生秀行のもとへ行き、慶長十四年三月七日に没した。六十七歳という（田丸辻郎『戦国武将岩村城主田丸直昌と北畠・田丸氏の歴史』）。

田丸直昌（たまる　なおまさ）→田丸直息（たまる　なおおき）

多羅尾玄蕃（たらお　げんば）　河内

生没年不詳。

『宗及記』に名の見える人物。若江の人らしいから、若江三人衆の一人である多羅尾氏の一族であろう。

天正八年（一五八〇）五月二十一日、若江にて佐久間信栄らを客として茶会を催し、また、同月二十八日、翌九年一月二十日には、津田宗及の茶会に出席している（宗及記）。

多羅尾綱知（たらお　つなとも）　河内

生没年不詳。

常陸介、右近。

三好氏に仕え、河内の守護代（両家記）。永禄九年（一五六六）六月、松永久秀に与して淀城に籠るが、三好三人衆方に攻められて、退城（両家記）。同十一年九月の信長上洛の時は、三好義継に従って信長に降ったのであろう。

天正元年（一五七三）、主義継が佐久間信盛ら信長軍の攻撃を受けると、義継に背いて佐久間軍を若江城に入れ、義継を自害に追いやった（公記）。その後、若江城を預けられ野間長前・池田教正と並んで「若江三人衆」と呼ばれた。

同四年五月、本願寺との戦いの時は、信盛に属して戦う（甫庵）。同六年九月三十日、三人衆して信長の津田宗及訪問に供奉《ぐぶ》する（宗及記）。同年十一月四日、三人衆して信長より、万見重元・堀秀政の河内派遣を告げられている（山本丈二氏文書）。

若江三人衆は、同格の立場で若江城と河内北部の支配を委ねられ、足並みの揃った活動を見せているが、軍事的には佐久間信盛に属していたらしい。信盛が天正八年八月に追放された後は、信長直属になったものと思われる。

同九年一月二十三日付、信長朱印状にある馬揃え参加予定者の中に、河内衆の一員として、池田・野間とともに「多羅尾父子三人」と見える（士林証文）。

津田宗及の日記にしばしば登場する茶人だが、一方、『耶蘇通信』では「キリシタンの大敵」とされ、キリシタン大名三箇頼照を讒言したという記事を載せている。

多羅尾常陸介（たらお　ひたちのすけ）→多羅尾綱知（たらお　つなとも）

多羅尾光俊（たらお　みつとし）　近江

永正十一年（一五一四）～慶長十四年（一六〇九）二月四日。

四郎兵衛、四郎右衛門。入道号道賀。光吉の子。近江甲賀郡信楽《しがらき》の小川に住す（重修譜・宇野）。

六角氏滅亡後であろうか、信長に属す。天正二年（一五七四）一月、信長の側近である福富秀勝・毛利長秀とともに多聞城番手を務めているから、近臣として信頼されていたのであろう（尋憲記）。

本能寺の変後、堺より伊賀越えをする家康を柘植《つげ》まで嚮導するという（重修譜）。

同十一年八月一日、秀吉より山城和束内千石を与えられ、浅野長吉（長政）の与力（浅野家文書）。翌年、秀吉と信雄・家康の対立の中では、家康から誘われた様子で、同十二年三月二十三日付で所領安堵、さらに、同年八月二十四日付で、子光雅に山城の地の宛行いを約された家康判物がある（古文書・譜牒余録後編）。だが、結局は家康に付かなかったようである。

文禄四年（一五九五）、秀次事件に連座し、所領没収され、信楽に蟄居する（重修譜）。

慶長十四年（一六〇九）二月四日没、九十六歳という（重修譜）。

多羅尾光太（たらお　みつもと）　近江

天文二十一年（一五五二）～正保四年（一六四七）一月二十一日。

彦一、彦市・久右衛門、左京進。

　光俊の二男。信長に仕え、天正九年（一五八一）九月、伊賀攻めに従軍。本領の信楽口《しがらき》より伊賀へ攻め入った（公記）。本能寺の変後、堺より伊賀越えの家康を嚮導した（重修譜）。

　文禄四年（一五九五）、父とともに秀次事件に連座して蟄居。慶長元年（一五九六）、召されて家康に仕え、近江甲賀郡にて千五百石（重修譜）。

　同五年には、家康の上杉討伐に従軍。関ケ原での戦いにも参陣。大坂両陣にも参陣（重修譜）。

　正保四年（一六四七）一月二十一日、九十六歳にて没という（重修譜）。

ダリヨ　→高山飛騨守（たかやま　ひだのかみ）

捶水某（たるみ）　伊勢
　生没年不詳。
　天正二年（一五七四）七月、長島攻めに参加。信雄に従い、武者大将として水軍を指揮している（公記）。

団忠正（だん　ただまさ）　尾張
　？～天正十年（一五八二）六月二日。

　平八郎。諱は「景春」「忠直」ともあるが、文書で確かめられるのは「忠正」である。梶原氏の出らしく、「梶原平八郎」とも呼ばれている（徳川黎明会文書）。

　信長の馬廻から信忠の側近へと転じたらしい。良質史料での初見は、天正六年（一五七八）四月二十日、村井専次宅での夕飯の会に、信長に随従して出席したことである（宗及記）。当時は、まだ信長の近臣だったようである。

　だが、同八年七月二十五日、信忠を訪ねた吉田兼和を取り次いでいる姿が見られる（兼見）。信忠付属の立場に変ったのであろう。同年十一月二十七日、日比野弥次郎らに書し、陣夫銭についての棚橋彦一郎の違乱に関して指示を与えている（日比野文書）。文中に「任二御朱印一之旨」の語句が見られるけれど、尾張を舞台とする訴訟のようであり、信忠側近としての仕事と見てよかろう。

　同十年二月、森長可とともに、信忠の先鋒として信濃に出陣。高遠城攻め、上野平定など、諸軍に先んじて活躍した（公記）。甲信平定後の三月二十九日、功により美濃岩村城を与えられた（公記）。さらに、四月五日、信濃飯山で一揆に囲まれた稲葉彦六を赴援。この時も、信忠の命によって動いている（公記）。

　同年六月二日、二条御所で、信忠とともに討死した（公記）。


淡輪徹斎（たんのわ　てっさい）　和泉
　生没年不詳。

　徹斎は斎号であろう。諱は不明である。

　和泉淡輪城に拠った国人。天正四年（一五七六）か、六月十六日付の信長より荒木村重に宛てた黒印状中で、毛利水軍への対処を命じられている（佐藤行信氏文書）。しかし、この年七月十三日、織田水軍は木津川口で毛利水軍に撃破される。

　（同五年）八月一日以前、雑賀《さいか》衆の敵対行動について、万見重元に注進。また、（同六年）七月十五日以前、佐久間信栄に九鬼嘉隆の軍船到着について報告（淡輪文書）。（同八年）閏三月十一日には、信長は佐久間信盛に、大坂近辺の通行の自由について淡輪らに伝えるよう命じている（南行雑録）。

　これらの事実より、淡輪氏は、大坂攻めの主将佐久間信盛の与力であり、在地淡輪にいて大坂と雑賀を見張る役割を果していたことがうかがわれる。

　本能寺の変後は秀吉に従い、中村一氏に属した（淡輪文書）。

淡輪大和守（たんのわ　やまとのかみ）　和泉
　生没年不詳。
　徹斎との間柄については、明らかではない。『佐藤行信氏文書』に「淡輪両人」とあり、これが徹斎と大和守を指すとすると、二人は親子ではなさそうである。
　徹斎とともに、万見重元に対して、雑賀衆の敵対行動を注進。八月一日付で、重元より守備を厳にするよう命じられている（淡輪文書）。また、（同六年）七月十五日以前、佐久間信栄に、九鬼嘉隆の軍船の到着について報じている（淡輪文書）。

ち

近松豊前（ちかまつ　ぶぜん）　尾張？

?〜永禄十二年（一五六九）九月八日。

信長の馬廻。永禄十二年（一五六九）八月、伊勢大河内《おかわち》城攻めに従軍。九月八日、丹羽長秀に属して夜攻めに参加、討死した（公記・足利季世記）。

千種三郎左衛門（ちぐさ　さぶろうざえもん）　伊勢

?〜天正十二年（一五八四）五月七日。

六角氏の臣である後藤但馬守（賢豊）の弟で、千種家の養子になるという。伊勢三重郡千種城に拠り、北方諸家の一。千人の大将と『勢州軍記』にある。

六角氏に与力していたが、永禄十一年（一五六八）二月、信長の北伊勢平定と同時にこれに従う（勢州軍記）。天正元年（一五七三）十月、人質を出して信長に来礼（公記）。翌年より北伊勢五郡の支配を任された滝川一益に所属した（勢州軍記）。

本能寺の変以後は、信雄に従ったのであろう。同十二年五月、信雄の命で加賀井城に加勢として入れ置かれたが、同月七日、城より出て秀吉軍と戦い、討死した（勢州軍記・太閤記）。

この戦いを報じた、五月九日付の毛利輝元宛て秀吉書状（京都大学文書）中には、討死した者の一人として「千草常陸介」が載っているが、三郎右衛門と同一人であろうか。

『分限帳』には、三重郡千草郷内九百五十貫文を知行する「千草」が載っている。一族で継嗣であろう。

千草如元（ちぐさ　にょげん）　伊勢

生没年不詳。

卜斎。

三重郡の千種氏か。天正四年（一五七六）五月、皇太神宮祭主大中臣慶忠に、三重郡黒田領家米成半分を寄進している（国立歴史民俗博物館文書、稲本紀昭「神戸信孝の四国出兵と北伊勢国人」所収）。

中条家忠（ちゅうじょう　いえただ）　尾張

生没年不詳。

小一郎、将監。

尾張春日井郡の人。信長の馬廻。初め信長の叔父信光に仕えるという（太閤記）。天文二十一年（一五五二）八月十六日、萱津《かやつ》の戦いに従軍。柴田勝家とともに坂井甚介を討ち取った（公記）。

その後、浮野の戦い、桶狭間の戦いにも参加。信長上洛後、伊勢大河内城攻め、小谷攻めにも従軍。元亀元年（一五七〇）六月二十二日、小谷より退却の時、簗田《やなだ》広正・佐々成政と三人で、殿《しんがり》軍を受け持った（公記）。この時、『当代記』は、彼ら三人を「小身之衆」と呼んでいる。身分は馬廻、小部隊の指揮官といったところであろう。

その後も、姉川の戦い、長島攻めなどに従軍したが、天正五年（一五七七）三月、雑賀攻めに参加したことが『公記』にあるのを最後に、その名は絶えている。

中条又兵衛（ちゅうじょう　またべえ）　尾張？

生没年不詳。

将監家忠の一族であろう。永禄十二年（一五六九）八月、伊勢大河内城攻めに従軍。元亀元年（一五七〇）六月二十二日、小谷より退却の時、殿軍の家忠の下にあって、八相山の下橋で高名をあげた（公記）。

長連竜（ちょう　つらたつ）　能登

天文十五年（一五四六）～元和五年（一六一九）二月三日。

万松、恕庵、宗顒《そうせん》、孝恩寺、九郎左衛門尉。諱は初め「好連」。

能登の国侍で、守護畠山家重臣の長氏である。続連の五男。初め池崎孝恩寺の僧で、宗顒と称する。

天正四年（一五七六）十月より始まる上杉謙信の能登侵略に対し、父や兄たちとともに対抗。一度は能登新崎で上杉軍を破ったものの、最後、天正五年九月十五日、同輩の遊佐続光・温井《ぬくい》景隆らの裏切りにより父や兄たちは殺され、七尾城は謙信に開城する。連竜は、ちょうど信長へ援兵依頼の使として七尾を離れており、一人生き残った（長家家譜）。その後、しばらく越中の神保氏張の庇護を受けたという（長家家譜）。

その後、連竜はしきりに信長に音信。その力で七尾城に復帰しようとする。信長は（同六年）五月十二日と六月二十三日、秋に出馬する旨申し送っている（長家家譜）。

八月十四日、上杉氏の属城能登穴水を攻撃、陥落させ、そこを対上杉の拠点とする（長家家譜）。しかし、信長軍の来援はまだ得られず、十一月には穴水を放棄して越中の神保氏張を頼り、またしきりに信長に援助を求めている（長家文書・長家家譜）。だが、信長の来援の約束は、来春、来秋と次第に延引する。もともと信長には自身出馬の意思などはなく、連竜を繋ぎ止めるための空約束だったのであろう。

しかし、その信長も越中には兵を出した。同年九月、斎藤利治を飛騨経由で越中に派遣したのである。利治は少ない兵力をもって、十月四日、月岡野の戦いで上杉軍を破り、上杉の進出を阻止した。連竜は、その後、（同七年）七月、十月、信長に能登・越中の様子について報じているが（長家家譜）、そのうち能登の地を徐々に回復したのか、同八年一月十一日、小林図書助《ずしょのすけ》の戦功を賞して、同国珠洲《すず》郡九里等を宛行っている（小林文書）。

同年閏三月、能登飯山に着陣。柴田勝家に呼応して所々を放火（公記）。続いて温井景隆の兵を飯山に破り、木越城を、次いでついに七尾城を落とした。その後も温井と交戦。五月に菱脇の戦いで勝利し、六月頃には羽咋郡から鹿島郡を制圧した（長家家譜・長家文書）。九月一日、信長より戦功を賞され、鹿島半郡と福光城を与えられる（長家家譜・長家文書）。

その後、同九年三月、信長近臣の菅屋長頼が七尾城代として派遣され、能登の整備にあたる。畠山旧臣の遊佐続光らは連竜が誅殺したが、これも長頼の責任においてである（加能越古文叢・公記）。

この年八月、能登は前田利家に一職《いっしき》支配が委ねられ（加能越古文書）、連竜はその与力の立場になった。信長の能登支配の体制が整ったのである。まだ能登国内には、上杉氏に臣従している同族長景連らの対抗勢力があったが、連竜は同十年五月二十二日、これを棚木城に攻めて景連を討った（長家家譜・長家文書）。

本能寺の変後は、利家に従って行動。石動山《いするぎやま》の戦いに従軍（太閤記）。七尾時代の仇温井景隆・三宅長盛を討った。賤ケ岳の戦いの後、加賀小山へ赴き、秀吉に降参。知行を安堵され、そのまま利家に付属される（川角）。『太閤記』には、利家の「侍大将」という表現がある。利家との主従関係はより強まったのであろう。

その後、利家に従って、同十二年から十三年にかけての対佐々成政の戦いで活躍する（寸金雑録・前田家譜ほか）。

慶長五年（一六〇〇）の動乱の時も、利長に従い東軍。浅井畷《なわて》で丹羽長重軍と戦った（老人雑話）。同十一年隠居（長氏系図）。元和五年（一六一九）二月三日、七十四歳で没という（長氏系図）。

長好連（ちょう　よしつら）　→長連竜（ちょう　つらたつ）

長諳（ちょうあん）　→楠木正虎（くすのき　まさとら）

長雲（ちょううん）　→長雲軒妙相（ちょううんけん　みょうそう）

長雲軒妙相（ちょううんけん　みょうそう）

生没年不詳。

姓については不明、ふつう「長雲」で史料に登場する。聖藩文庫蔵『古文之写』に収められた佐久間父子譴責状写には「竹岡長雲」とあり、「竹岡」という姓であったように思われる。

信長に仕え、「坊主衆」の一人（公記）。同じ坊主衆としては、武井夕庵・松井友閑・楠木長諳が名を連ねており、右筆・奏者・奉行などに携わる法体《ほったい》の側近を指すのであろう。

天正三年（一五七五）七月六日、信長に供奉《ぐぶ》して妙顕寺で能見物。同九年二月二十八日の馬揃えには、「坊主衆」として、夕庵・友閑・長諳とともに行進。同十年五月二十日、摠見寺における家康饗応の宴にも連なっている（公記）。

こうした活動に加えて、（同七年）九月十八日、河内安見新七郎に、枚方の鋳物師への夫役賦課の免除を命令（真継文書、馬部隆弘「牧・交野一揆の解体と織田政権」所収）、（同九年）冬、長諳とともに、能登中井釜村の禁裏御料所の直務安堵について伝えるなど、奉行としての事績も見られる（能登中居村三右衛門文書）。

チワンケ（Chuanque）

『耶蘇年報』に載っている人物。信忠の傅役で執政という。天正十年（一五八二）当時七十歳の老人。国内随一の思慮知識を有する者とある。

キリスト教の説教を聞いて感激、安土で洗礼を受け、その後イルマンを招いて説教を依頼し、自宅を仮の聖堂にあてたという。

当てはまる人物は林秀貞あたりかと思われるが、彼にはそうした足跡をたどれない。音から判断すると、長雲軒妙相が最も近いかと思われるが、確証はない。

つ

塚本小大膳（つかもと　こだいぜん）　美濃？

生没年不詳。

『張州府志』『尾張志』には海西郡赤目村の人とあるが、『太閤記』には美濃の出身と書かれている。信長の馬廻、後、信忠に仕える。

永禄十二年（一五六九）八月、伊勢大河内《おかわち》城攻め、元亀元年（一五七〇）六月小谷城攻め、九月野田・福島攻め、さらに翌年叡山攻囲陣参加と、信長の統一戦初期の戦いに転戦する（公記）。

元亀年間と思われる、二月十七日付書状で、木下秀吉より、大橋長兵衛在所の美濃多芸《たぎ》郡高畠への違乱を停止するよう求められている（大橋文書）。高畠を欠所処分にしたのは、そこに住んでいる大橋の家臣が一揆を企てたという理由からであり、信長の側近としての務めだったのであろう。

その後も伊勢長島攻め、江北陣、朝倉攻めに従軍（公記ほか）。天正二年（一五七四）の長島攻めの時は、信忠の指揮下にあって、一江口に着陣（公記）。以後、信忠軍団の一員として、東美濃で活躍する。

同三年、信忠の岩村城攻めに従い、十一月、守将秋山虎繁たちの降参を仲介した（公記）。同六年六月、播磨方面の砦の警固、同十年二月、信忠の武田攻めに従軍（公記）。

信忠軍団の有力メンバーの一人だが、甲信平定後の知行割りにはその名はなく、本能寺の変の時、さらにその後の消息についても明らかではない。

『分限帳』に、上田郷の内百三十貫文知行の「塚本石見」という人物が載っているが、その身上の小ささから見て、小大膳とは別人であろう。一族だろうか。

津川義近（つがわ　よしちか）　尾張

天文九年（一五四〇）～慶長五年（一六〇〇）。

幼名岩竜丸。右衛門尉。入道号三松、三松軒。

尾張守護斯波義統の子義銀と同一人である。天文二十三年（一五五四）七月十二日、若侍たちを連れて川狩りに出かけた留守に、老臣坂井大膳らが謀反を起して、父義統を殺した。義銀は信長に保護を求め、後、清須城を返還される（公記）。

しかし、永禄四年（一五六一）、吉良・石橋氏とともに海西郡の服部左京助や今川氏に通じ、信長の打倒を謀ったことが露見して、尾張を追放された（公記）。

信長政権の下ではその名は表れないが、秀吉の時代になって復活。天正十一年（一五八三）六月二十三日、前田玄以より所領内の人足を安堵されている（天正十一年折紙跡書）。

その後、秀吉に仕える。同十三年一月十日、大坂における津田宗及の茶会に出席しているが、その名は、「ふゑい（武衛）三松様」と記されている（宗及記）。力はないながらも、旧守護家として特別扱いされているのである。同十七年一月二日、大坂城での秀吉の茶会にも招かれている（後編薩藩旧記雑録）。

（同十八年）一月二十二日、伊達政宗に書して上京を勧告する（伊達家文書）。小田原陣に供奉《ぐぶ》し、七月の開城に際して、弟の蜂屋謙入とともに秀吉に北条氏政の助命を進言。これが秀吉の怒りに触れ、追放された（浅野家文書）。

しかし、同二十年一月十一日、秀吉より伊勢鈴鹿郡内で千五百三石を宛行われているのを見ると、間もなく赦されたのだろう（島本文書）。文禄三年（一五九四）三月、秀吉の名護屋出陣に従っており、さらに六月二十八日の名護屋における遊興に参加している（太閤軍記・太閤記）。

慶長五年（一六〇〇）没、六十一歳（織田家雑録・武衛系図ほか）。弟として蜂屋大膳大夫（謙入）・津川義冬があるが、そのほか、信長の臣毛利長秀（秀頼）をも弟とする説がある（『系図纂要』別掲系図）。

津川義冬（つがわ　よしふゆ）　尾張

?～天正十二年（一五八四）三月三日。

源三郎、玄蕃允。

義近の弟ということは『兼見』にもあるから、尾張守護義統の子ということは確かである。信雄に仕え、北畠具教の娘（信雄室の姉）を妻にするという（織田家雑録・重修譜）。

天正十年（一五八二）、本能寺の変の後、松島《まつがしま》城を預けられ、南方の奉行とされる（勢州軍記）。同十二年一月十三日、大坂での津田宗及茶会に、関小十郎右衛門とともに出席している（宗及記）。

それから間もなく秀吉と信雄の対立が深まり、その中で、秀吉より書を受け、味方に誘われたという（川角）。そして、三月三日、他の老臣浅井田宮丸・岡田重孝とともに、信雄のため長島城に誘殺された（吉村文書・家忠ほか）。

築山俊方（つきやま　としかた）　山城

生没年不詳。

弥十郎。

山城西岡十六党の一人。天正元年（一五七三）、西岡の支配を任された長岡（細川）藤孝に属す（細川家記）。

同年八月二日、淀城攻撃に従軍。下津権内を助けて敵の主将石成《いわなり》友通を討ち、その功により藤孝より蔵米三十石を与えられた。

この後も藤孝に忠実に働き、度々賞されたという（細川家記）。

筑紫川崎（つくし　かわさき）→川崎金右衛門（かわさき　きんえもん）

柘植玄蕃頭（つげ　げんばのかみ）　尾張

生没年不詳。

信長の一族柘植与一《ともかず》との関係については不明。永禄三年（一五六〇）五月の桶狭間の戦いの時、丹下砦の守将の一人であった（公記）。

柘植実治（つげ　さねはる）　尾張？

生没年不詳。

市左衛門尉。

柴田勝家の奉行。元亀二、三年と思われる、二月二日付書状で、近江長命寺の中間銭をめぐっての勝家と中川重政との争いについて、勝家に朱印状が下っていることを長命寺に告げている（長命寺文書）。

柘植三郎右衛門（つげ　さぶろうざえもん）　伊勢

？～天正七年（一五七九）九月。

初め木造《こづくり》具政の臣。伊賀の人ともいう（武家事紀）。永禄十二年（一五六九）五月、源浄院（滝川雄利）とともに具政を説いて、北畠より離れて信長に属せしめた。そのため、人質となっていた息男を、北畠具教に殺されたという（勢州軍記）。

同年八月の信長の北畠攻めの時、源浄院とともに信長軍を嚮導し、大河内《おかわち》城攻めには信長軍に加わる。この時矢文を大河内城へ射入れ、講和を促したと伝わる（足利季世記・諸家系図纂）。

信長の二男信雄が北畠氏の嗣子として入るに及んで、滝川雄利とともにこれに付属させられ、老臣となる。天正四年（一五七六）十一月二十五日の北畠一族粛清の時、信雄の命を受けて三瀬《みせ》に出動、具教を討った（勢州軍記）。また、この事件の後起った小山戸の一揆に対しても、雄利らとともに出陣して鎮める（勢州軍記）。

このように三郎右衛門は、滝川雄利と並んで信雄の臣の両翼であったが、同七年九月、信雄が信長に無断で伊賀に軍を出した時、大将として出陣。伊賀の一揆に囲まれて、討死した（公記・勢州軍記ほか）。

柘植与一（つげ　ともかず）　尾張

天文十年（一五四一）～慶長十四年（一六〇九）七月二十日。

与八郎、左京亮、大炊助。織田一族なので、姓は「織田」あるいは「津田」とも称す。『織田系図』など諸書には、諱として「与一」と載っているが、あるいは通称が誤り伝えられたのかも知れない。『士林泝洄』には「某　通称与市」とある。

『織田系図』などでは与次郎信康の六男、即ち信長の従兄弟、『尾張葉栗見聞集』では信長の従兄弟である勘解由左衛門信益の六男となっている。年齢的にみると、前者の方が正しそうである。兄（あるいは伯父）十郎左衛門尉信清の後の犬山城主（太閤記・尾濃葉栗見聞集）。

永禄三年（一五六〇）の桶狭間の戦いの時、従者なしで参加し、負傷したという（織田系図）。当時犬山の信清から義絶の身だったという（織田系図）。だが、その後、信清没落によって、犬山城主になるから、早目に信長に従属していたのであろう。

天正五年（一五七七）四月三日の津田宗及茶会には、「織田与八」という名で見える（宗及記）。同七年七月十九日、信忠の命により、岐阜にて井戸将元を討った（公記）。この時は、尾張・美濃支配を委ねられた信忠に属していたのであろう。そして、連枝といった特別の地位ではなく、信忠の側近だったらしい。

この頃は、「織田」あるいは「津田」を称しており、「柘植」を姓としたのは、本能寺の変後、秀吉に従ってからのようである。

同十二年、小牧陣に従軍。この頃は「柘植与八」で表れている（浅野家文書）。同十三年七月十一日、秀吉の関白就任とともに「左京亮」に任じられる。「大炊助」に任じられるという書もあるが、天正十八年の小田原陣の陣立書（伊達家文書）及び『駒井日記』の文禄二年（一五九三）閏九月十三日条にも「左京」とある。

九州陣、小田原陣にも従軍。この頃は秀吉の馬廻（伊達家文書）。文禄二年閏九月十三日、百石を加増された（駒井日記）。

同四年、秀次事件の時、秀次より黄金で誘われながらも、謀反に加担することを拒否したというが（織田系図）、事件自体の真相からして不明なので、信じるわけには行かない。秀吉の晩年はお咄の衆に列す（太閤記）。

秀吉の遺子秀頼の側に仕えたのか、慶長五年（一六〇〇）、関ケ原の戦いが終ると、大野治長とともに、秀頼の使として家康の陣所を訪れ、謝罪したという（武家事紀）。

同十四年七月二十日没、六十九歳という（織田系図）。

柘植与一（つげ　よいち）→（つげ　ともかず）

津島九郎大夫（つしま　くろうだゆう）→河村秀影（かわむら　ひでかげ）→河村秀綱（かわむら　ひでつな）→河村将昌（かわむら　まさよし）

津島天王神主（つしま　てんおうかんぬし）→氷室広長（ひむろ　ひろなが）

津田愛増（つだ　あいぞう）

生没年不詳。

玄蕃允の孫。天正二年（一五七四）三月、信忠より祖父玄蕃允の跡職の知行・被官・家来などを安堵された（尊経閣文庫文書）。この玄蕃允は、『公記』や『浅井文書』などに見える、信長の大叔父織田玄蕃允（秀敏）であろう。それならば、信長とは又従兄弟の関係である。

津田一安（つだ　かずやす）

?～天正四年（一五七六）十二月十五日　尾張

掃部助。

『織田系図』の中に、筑後守寛貞《とおさだ》の子「掃部助忠寛《ただとお》」がある。事跡が載っていないから、同一人かどうかは判断できないが、信長から見て、このぐらいの遠縁であろう。全く連枝扱いはされていない。『張州雑志』等、尾張関係の地誌には、日置村の城主織田丹波守常寛《つねとお》の子とある。「丹波守」は、『言継』や谷宗牧の『東国紀行』に、守護斯波氏の家臣として登場する。このうちの『言継』天文二年（一五三三）八月十八日条に、丹波守の子「竹満丸」七歳という幼児が載っている。彼が後の津田一安である可能性もある。

永禄十二年（一五六九）五月、武田信玄との交渉のため、信長の使として甲府まで遣わされる（神田孝平氏文書）。『甲陽軍鑑』によれば、一安はかつて信長に勘当されて尾張を出、十一年もの間甲府に滞在した経験があるという。そのため、尾張に戻ってから信長の対武田氏外交に用いられたという。

だが、一安の活躍の舞台は、その後、畿内方面と伊勢方面へ向けられる。まず永禄十一年二月、信長が北伊勢の諸氏を麾下に置いた時、南伊勢への押さえとして安濃津《あのうつ》城に入れられた（勢州軍記）。同十二年八月、大河内城攻めに従軍。九月、和談の使として北畠具教と談合した（勢州軍記）。同じ頃、今井宗久の書簡にしばしば登場することは、畿内方面でも活躍していることを示している（今井書）。

北畠氏の大河内開城後、北畠氏の養子に入った信雄の補佐として、大河内城に入れ置かれる（公記）。同年十一月六日、信長より近江愛智《えち》・神崎郡にて、三千五百十石を宛行われた（土佐国蠹簡集残編）。近江に所領を持ったものの、この後も、活躍の場は主に伊勢であり、元亀年間近江を分封支配した宿将の列からははずれている。

天正元年（一五七三）九月から十一月にかけては、今川氏真の茶道具を返還する命の執行に務め、伊勢大湊にしきりに指示を与えている様子がうかがえる（大湊町振興会文書・賜芦文庫文書）。信雄の補弼として、この船運の要所大湊を掌握していたのであろう。

このほか伊勢における事跡としては、同三年七月二十一日、伊勢外宮一神主に、同月二十四日、外宮御師《おんし》北監物大夫（安親）に徳政免除を許可している奉書が見られる（松木文書・伊勢古文書集）。

同三年八月には、越前の一向一揆討伐戦に従軍。滝川一益とともに、白山大滝近辺の残党狩りを行った（松井文書）。信雄と離れて行動しているということは、信雄の臣ではなく、信長に直属していたからであろう。

天正四年十一月二十五日、信雄は北畠一族を粛清する。この指令は信長より出ている。翌月十五日、一安は、信雄に田丸城に招かれ、そこで誅殺された（勢州軍記）。親族、与力たちも討たれるか、あるいは追放になったという。

長らく信雄の補弼として活躍した一安だが、何ゆえ誅殺されねばならなかったのであろうか。『勢州軍記』には、一安が勢南の奉行として威を振るい我を通したゆえとある。しかし、時期的に見て、北畠氏粛清と無関係とは思われない。『勢州四家記』には、一安が北畠氏の親族を養子にしていたとあるから、北畠氏粛清をめぐって信雄と対立があったのではなかろうか。そして、翌年と思われる、五月二十四日付、信雄宛て信長書状では、信長が一安所持の金子・銀子・米を埴原植安へ渡すよう命じているから、一安の誅殺は、信長の意思であったことがわかる（埴原文書）。

『分限帳』に、「津田掃部助」が載っているが、おそらく一安の子で、本能寺の変の後、召し出されたのであろう。彼は後秀吉に仕え、馬廻になっている（太閤記）。

津田勝長（つだ　かつなが）→織田信房（おだ　のぶふさ）

津田掃部助（つだ　かもんのすけ）→津田一安（つだ　かずやす）

津田勘七郎（つだ　かんしちろう）→織田勘七郎（おだ　かんしちろう）

津田清幽（つだ　きよふか）　尾張

生没年不詳。

仙者、喜太郎。

『断家譜』では、織田信氏の二男とする。『寛永伝』には、伊賀守の孫、父は仙侍者とある。

初め信長に仕えるが、十八歳の時浪人し、岡崎に赴いて家康に仕えるという。約十年後、再び信長に仕えるが、本能寺の変後、また流浪（重修譜）。

慶長初年頃か、堺の政所石田正澄に属し、慶長五年（一六〇〇）の動乱の時、佐和山城で東軍の攻撃を防ぐ。佐和山落城後、召されて家康に仕える（重修譜）。

某年、九十歳で没という（重修譜）。

津田国千世（つだ　くにちよ）　尾張

生没年不詳。

（永禄十二年＝一五六九）五月二十三日付で武田信玄より武井夕庵と連名で書を受け、掛川城を攻略した徳川家康が、北条氏と和睦して今川氏真を放免したことを訴えられ、信長の対処を求められている（神田孝平氏文書）。

信長の一族であろうが、側近の役割を果していたものと思われる。

津田小藤次（つだ　ことうじ）→織田小藤次（おだ　ことうじ）

津田左近允（つだ　さこんのじょう）→織田左近将監（おだ　さこんのしょうげん）

津田左馬允（つだ　さまのじょう）→津田盛月（つだ　もりつき）

津田重久（つだ　しげひさ）　山城

天文十八年（一五四九）～寛永十一年（一六三四）十二月二十六日。

与三郎、遠江守。

山城伏見の出身。若年時は、室町幕府・三好家・細川家・三淵家に転仕するという（津田重久戦功記）。その後、明智光秀に仕え、丹波攻め、松永攻め等に功（津田重久戦功記）。

天正十年（一五八二）六月、光秀に従い、本能寺襲撃、山崎の戦いに加わる（太閤記・津田重久戦功記）。その後、浪人を経て前田家に仕える（津田重久戦功記）。

寛永十一年（一六三四）十二月二十六日没、八十六歳（津田家系図）。

津田甚三郎（つだ　じんざぶろう）　尾張

生没年不詳。

織田玄蕃允（秀敏）やその孫津田愛増の親族。浅井攻めの最中、虎御前山《とらごぜやま》の陣にて信長に勘当され、領知を没収される（尊経閣文庫文書）。天正二年（一五七四）三月、没収地の一部が津田愛増に渡された（尊経閣文庫文書）。

津田盛月（つだ　せいげつ）→（つだ　もり

つき）

津田仙（つだ　せん）→織田仙（おだ　せん）

津田東市佐（つだ　とういちのすけ）→織田信成（おだ　のぶなり）

津田信清（つだ　のぶきよ）→織田信清（おだ　のぶきよ）

津田信澄（つだ　のぶずみ）→織田信澄（おだ　のぶずみ）

津田信糺（つだ　のぶただ）　尾張

生没年不詳。
国、勝三郎。

信勝（信行）の二男という（阿波国古文書）。信雄に仕え、天正十一年（一五八三）十月十一日、二百貫文、同十四年七月二十二日、四百六十五貫文扶助を受けている（阿波国古文書）。『分限帳』では、南伊勢で二百貫文の知行が見出せる。

津田信次（つだ　のぶつぐ）→織田信次（おだ　のぶつぐ）

津田信成（つだ　のぶなり）→織田信成（おだ　のぶなり）

津田信張（つだ　のぶはる）→織田信張（おだ　のぶはる）

津田信広（つだ　のぶひろ）→織田信広（おだ　のぶひろ）

津田順元（つだ　のぶもと）→織田順元（おだ　のぶもと）

津田隼人正（つだ　はやとのかみ）→津田盛月（つだ　もりつき）

津田秀敏（つだ　ひでとし）→織田秀敏（おだ　ひでとし）

津田秀成（つだ　ひでなり）→織田秀成（おだ　ひでなり）

津田秀政（つだ　ひでまさ）　尾張

天文十五年（一五四六）～寛永十二年（一六三五）一月二十九日。小平次。致仕《ちじ》号興庵。初名「正秀」。

織田玄蕃允（秀敏）の孫で、津田秀重の子。妻は、滝川一益の娘という（重修譜）。信長に仕え、命により滝川一益に属し、天正十一年（一五八三）、上野松坂城を預かるという。一益の没落により浪人した（重修譜）。

その後、信雄に仕えたようで、伊勢三重郡高角郷にて、八百貫文の知行を受けている（分限帳）。

後、秀吉に仕え、馬廻。文禄元年（一五九二）七月、肥前名護屋城本丸番衆の中にその名が見える（太閤記）。

慶長五年（一六〇〇）、家康の上杉攻めに従い、関ケ原の戦い後、三千石を与えられ、計四千十石余（重修譜）。その後、西尾吉次とともに、国々の地図と租税の員数を調べる。大坂両陣に従軍（重修譜）。

寛永十二年（一六三五）一月二十九日没。九十歳という（重修譜）。

津田坊（つだ　ぼう）→織田信澄（おだ　のぶずみ）

津田孫十郎（つだ　まごじゅうろう）→織田孫十郎（おだ　まごじゅうろう）

津田又六郎（つだ　またろくろう）→織田信直（おだ　のぶなお）

津田元嘉（つだ　もとよし）　尾張

？～天正十年（一五八二）六月二日。九郎次郎、九郎左衛門尉。諱は「元秀」ともある。

『因府録』には、元定の長男で、弟として元親・元勝・元継が載っている。『織田系図』にも「元秀」とあり、妻は信長の妹としている。

信長の奉行衆である。天正元年（一五七三）八月、朝倉氏滅亡後、羽柴秀吉・明智光秀・滝川一益の三将が越前の仕置きを行うが、彼らが帰国した後は、木下祐久・三沢秀次・それに元嘉が北庄に駐め置かれて、越前の政務を行っている（橋本文書・朝倉記ほか）。この前後の経歴から見て、木下は秀吉の、三沢は光秀の代官のようである。そして元嘉は、『因府録』によると、兄弟みな一益に従属する経歴を持っており、やはり一益の代官の立場だったらしい（井口友治「三将による越前支配について」）。

この時、朝倉旧臣の前波吉継（桂田長俊）が守護代に任じられているが、三将の代官の三人が信長朱印状に基づいて越前の政務を執行している。即ち、九月二十九日、岩井西泉坊に十六石五斗を安堵（中道院文書）、十一月十二日、三人の連名で、橋本三郎左衛門尉に年貢・諸公事収納を認可したことなどが見える（橋本文書）。

こうした政務のほか、守護代前波や朝倉旧臣たちの監視という役割もあったと思われるが、前波の守護代としての事跡は、史料の上で全く表れていない。

翌年一月、越前で一向一揆が蜂起、居城北庄を囲まれる。だが、朝倉景健・同景胤の斡旋で一時和睦し、どうにか上方へ帰ることができたという（朝倉記）。

その後しばらく諸書に登場しないが、武田討伐後の同十年四月三日、甲斐恵林寺焼討ちの奉行を務めたことが『公記』に見える。この頃は、信忠の直臣になっていたのであろう。

同年六月二日、本能寺の変の時、二条御所で信忠とともに討死した（公記）。

津田盛月（つだ　もりつき）　尾張

天文三年（一五三四）～文禄二年（一五九三）。

初め織田左馬允。後、四郎左衛門尉、隼人正。文書には「津田四郎左衛門尉盛月」とあるから、「盛月」は諱であろう。やや不自然ながら、「もりつき」と訓むのであろうか。諱はほかに、不確かながら「忠辰」「信重」「信勝」も伝わっている。一時「外峯」姓を名乗ったという（武家事紀）。中川重政の弟で、木下雅楽助の兄。彼ら兄弟は、信長の叔父信次の孫と多くの系図は伝えているが、年代的に疑問である。妻は織田勝左衛門尉の娘という（織田系図）。

信長に仕え、天文二十一年（一五五二）の萱津《かやつ》の戦いで、敵の坂井弥五郎を討つという（織田系図）。弘治二年（一五五六）の稲生《いのう》の戦いでも、柴田勝家軍の鎌田勘之丞を討った（公記）。永禄五年（一五六二）の軽海《かるみ》の戦いにも参加している（甫庵）。この頃選抜されたらしい母衣《ほろ》衆では、兄の重政と並び黒母衣衆の一員となっている（高木文書）。

同十一年の信長上洛後、本圀寺に置かれて、将軍義昭を護衛。翌年早々に攻め寄せた三好三人衆の軍と戦った（公記）。

元亀元年（一五七〇）五月、兄中川重政が安土城に置かれると、それを補佐して在城（池田本）。ところが重政と長光寺城主柴田勝家との領地が入り組んでおり、とかく抗争が起りがちであった（長命寺文書ほか）。『武家事紀』によると、元亀三年八月、「ミシャウブン」という地をめぐっての争いが昂じて、盛月は勝家の代官を斬り、兄ともども改易になったという。

後、秀吉に召されて姫路に至り、名を「外峯四郎左衛門尉」と改めて、これに仕える。備中宿毛塚《すくもづか》城攻めの時、力戦したという（武家事紀）。ところが、その所在が信長に知られ、危うく切腹を命じられるところ、本能寺の変の勃発により救われたと『武家事紀』にある。

天正十一年（一五八三）から十二年にかけて、頻繁に津田宗及の茶会に出席しているが、この頃は「津田四郎左衛門尉」を名乗っている（宗及記）。

同十二年、小牧陣従軍（浅野家文書）。この時は、伊勢神戸城を防衛。富田一白とともに、秀吉の使として家康に遣わされ、和を求めた（家忠）。講和と並行して、家康と秀吉の妹旭姫との縁談の取りまとめに当ったのは、蜂須賀正勝と津田盛月だったという（川角）。

同十五年三月、九州陣にも従軍。この時は「津田隼人正」と称している（当代記）。

同十七年より、北条氏直に上洛を促すなど、関東方面のことに活躍（家忠・太閤記）。同年七月には、富田一白とともに、上野沼田城を北条氏に渡す検使を務めている（法雲寺文書・家忠）。

『兼見』天正十九年八月六日条によると、当時五十八歳、このところ乱心状態が続いているとある。

文禄二年（一五九三）、伏見にて没という（織田系図）。

津田与三郎（つだ　よさぶろう）　→津田重久（つだ　しげひさ）

津田与八郎（つだ　よはちろう）　→柘植与

一（つげ　ともかず）

津田利右衛門（つだ　りえもん）

生没年不詳。

信長の臣で、山城当尾の代官。天正五年（一五七七）五月十日、信長の命を受けて、去年の指出《さしだし》以外の隠田を丈量した（森文書）。

（天正七年）五月四日、法隆寺東寺と西寺との争いに際して、西寺に加担して東寺に押し入ったとして、同月二十一日に東寺より一雲斎針阿弥に訴えられている（法隆寺文書、金子拓「法隆寺東寺・西寺相論と織田信長」所収）。

土橋重治（つちばし　しげはる）→土橋春継（つちばし　はるつぐ）

土橋胤継（つちばし　たねつぐ）　紀伊

?～天正十年（一五八二）一月二十三日以前。

平次、若大夫。諱は「守重」ともあるが、文書では「胤継」。

雑賀《さいか》粟村城主。土橋家は、根来寺泉職坊を掌握し、杉の坊を持つ津田監物家と並ぶ家柄だったといわれる（紀伊国旧家地士覚書）。本願寺に味方するものの、その実は浄土宗徒だったらしい（小山靖憲「雑賀衆と根来衆」）。

鈴木孫市重秀とともに、石山本願寺に助力。信長を敵としていたが、天正五年（一五七七）三月の信長の雑賀攻めにあい降参。同月十五日、重秀らと連名で、信長への忠誠を誓わされた（公記・土橋文書）。

しかし、その後も、本願寺に味方して、信長に反抗。同八年四月の顕如の大坂退城によって、ようやく信長と和睦した。同年六月十五日付で、長男春継と連名で、佐久間信盛・松井友閑たちに宛てて起請文を提出している（『新編真宗大系』所収文書）。

同じ雑賀衆ながら鈴木重秀と確執があり、同十年一月二十三日以前、孫市のため殺害された（宇野）。直接の理由は、前年、土橋・鈴木両家の確執から、胤継が重秀の継父を殺したことへの遺恨であるという（公記・宇野）。

重秀は、内々信長の上意を得て事を挙行したので、土橋一族の方が謀反人とされ、織田信張の攻撃を受けたが、五人の息子たちがしばらく居城に籠って戦った（公記）。

土橋春継（つちばし　はるつぐ）　紀伊

生没年不詳。

平之丞、平尉。諱は「重治」ともあるが、文書では「春継」。

紀伊名草郡の土豪で、雑賀衆の一人。若大夫胤継の長男。弟として、平次・泉職坊快厳・威福院・くす千代がいる（宇野）。本願寺に籠って信長に反抗。天正七年（一五七九）九月十日には、播磨まで派遣されて、三木城に兵糧を入れている（播磨別所記・別所長治記）。

同八年閏三月、顕如が大坂を開城すると、信長に降る。同年六月十五日、父胤継と連名で、佐久間信盛ら信長の奉行に起請文を提出している（『新編真宗大系』所収文書）。

同十年一月二十三日以前、胤継が鈴木孫市重秀に殺されると、一族して居城に籠り、しばらく織田信張の軍と戦ったが、ついに敗れて、舟で土佐まで逃れた（公記・宇野）。

同十年六月、本能寺の変の後、すぐに雑賀《さいか》に戻り、光秀と連絡をとったらしい。六月十二日付の光秀の返報で、作戦を指示されている（森文書）。

その後、秀吉に招請されたが、仇である孫市も招かれたので、断ったという（紀伊続風土記・土橋伝記抜書之写）。紀伊鷺森に移った後の本願寺とも引き続き懇意で、同十年九月二十四日、本願寺より根来寺への礼を取次いでいる（宇野）。

同十三年三月、秀吉の雑賀攻めにあい、砦を落とされ、二十四日、舟でまたも土佐へ逃れた（宇野・小早川家文書）。

その後、北条氏政に仕える。小田原陣の後浪人したが、その後、毛利氏に仕えるという（戦国人名事典）。最後まで信長・秀吉とは相容れなかった人物である。

土橋平次（つちばし　へいじ）→土橋胤継

土橋守重（つちばし　もりしげ）→土橋胤継

筒井順慶（つつい　じゅんけい）　大和

天文十八年（一五四九）～天正十二年

（一五八四）八月十一日。

幼名藤勝丸。六郎。還俗名藤四郎藤政。陽舜坊法印。

〔幼主藤勝丸〕

父は順昭。筒井家は代々興福寺一乗院方の衆徒である。順昭の曾祖父順永より、官《かん》符《ぶ》衆徒《しゅと》に任じられ、棟梁として衆徒を取り締まる地位にあったという。本貫は、添《そうの》下《しも》郡筒井と考えられる（大和志料ほか）。

父順昭は、天文十五年（一五四六）十月、貝吹山城に越智氏を破り、大和で大きな勢力を培ったが、同十八年四月、四五人の供衆を連れて比叡山に入り、そこで家督を藤勝丸（順慶）に譲った（多聞院）。翌年六月二十日、筒井城で順昭は没した。僅か二十八歳であったという（多聞院・増補筒井家記）。筒井家家督を譲られた天文十八年、順慶は当歳（一説二歳）の乳飲み子であった。後見者として叔父順政が付いたらしい。「天文二十年（異筆）」十一月九日、興福寺に、杉本荘等の外護職請文を藤勝丸名で発しているのが、順慶文書の初見である（春日神社文書）。

〔松永久秀との抗争〕

永禄初年頃より、三好長慶の下で松永久秀が力を伸ばし、永禄二年（一五五九）八月、大和信貴山《しぎさん》城を修築してこれに居し、大和支配に乗り出した。同六年より多武峯《とうのみね》を攻撃、大和国衆の多くは松永に従った（足利季世記・年代記ほか）。

こうした中、筒井氏の支柱であった順政は没する。永禄七年三月五日のことという（筒井補系）。少年の順慶に、名実ともに筒井氏の存亡が委ねられる形となった。

順慶は、久秀入国以後、ずっとこれとの戦いに日を送ってきたが、同八年十一月十八日、筒井城を落とされ、布施へ出奔した。以後、諸所で松永軍と戦っているが、同九年六月八日、ようやく筒井城を回復した（多聞院）。

久秀との戦いの中、同年九月二十八日、得度し、「陽舜坊順慶」と名乗った。まだ十八歳であった（多聞院）。

久秀は、同八年十二月頃より三好三人衆と対立し、争うようになる。順慶は、久秀とは不倶戴天の敵であるがゆえに、三人衆に与し、同九年二月四日、早くも久秀と戦闘を開始した（多聞院・永禄九年記）。さらに同十年四月二十四日、天満山・大乗院山で三人衆とともに久秀方と戦い、六月、多聞山城に迫った（多聞院）。

十月十日の奇襲で久秀は、大仏殿もろとも三人衆を打ち破ることができたが、その勝利も一時的なもので、四国より三好康長が進軍してくると、同十一年六月信貴山城を落とされ、さらに九月、康長・順慶の軍に多聞山城を包囲された（多聞院・両家記）。

〔信長の敵としての順慶〕

三好康長・三人衆と結んだ順慶が、久秀を追い詰めていた大和の状勢も、この年九月の信長の上洛によって一変する。久秀は、早いことに前々年秋頃より信長と通じており（柳生文書）、信長が義昭を奉じて入京するや、すぐに馳せ付け、忠誠を誓った。順慶は奈良の陣を解いて引退した（多聞院）。

大和の進退は、信長の奉じた足利義昭より久秀に一任され、久秀の子久通は、すぐに逆襲に出て、十月六日、筒井城を攻めた（多聞院）。八日、筒井城は開城。さらに信長軍二万が大和に入り、順慶方の属城は次々と落とされた（多聞院・両家記）。順慶は、宇陀郡の秋山のもとへ逃れたという（重編応仁記）。

これ以後一カ年余り、順慶は逼塞状態であったが、翌十二年十二月十日、麾下の者五百ばかりが十市《とおち》城に入ったという記事が『多聞院』に見える。しかし、それからもしばらく順慶は動かなかった。その間の元亀元年（一五七〇）六月、久秀は、十市・福住・郡山城を次々と攻めている（多聞院）。

同年七月二十七日、順慶は五百ほどの兵を率いて、十市城に入城した（多聞院）。そして八月二十日、古市表を放火、いよいよ活動を開始した（尋憲記・多聞院）。しかし、二十三日、久秀の臣竹内秀勝と戦って敗れ、高樋へ逃れた（多聞院）。

だが、順慶自身が動いたことは、大和の

国衆たちに大きな影響を与えた。十月、山前甚五郎ら国衆たちが順慶に味方し、順慶は、井戸良弘らを率いて倉荘に入った（尋憲記）。

〔将軍義昭の庇護を受けて〕

元亀二年より、久秀は将軍義昭や信長より離れた行動をとり始める。密かに武田信玄に款《よしみ》を通じ、和田惟政や畠山秋高との戦いを始めた（武州文書・多聞院）。この時点で将軍義昭は、久秀を見限って順慶擁護の態度に出た。

元亀二年六月十二日、義昭は、九条氏の息女を養女として順慶に娶らせた（多聞院）。七月には、三淵《みつぶち》藤英ら将軍奉公衆が順慶を赴援した（尋憲記）。この時は、奈良をめぐって戦いが行われており、順慶は八月二日、辰市に砦を築き、四日、それを攻撃してきた松永久秀・三好義継の兵と大安寺付近で戦って、打ち破った（多聞院・尋憲記・興福寺略年代記）。六日、順慶は、敵の首級を京に送っている（多聞院）。

この勝利によって順慶は、筒井城をはじめ田中・川合・高田など多くの城を回復した。その後も順慶の活動は活発になり、山田・タチカラ・奈良などを侵している（多聞院・尋憲記）。そして、多聞山城の付城を構築した（賀茂郷文書）。十二月に十市城を囲んでいるが、五千の兵を率いており、布施・万歳・楢原・井戸・窪庄・番条・楊本・福智堂らがこれに従っている（尋憲記）。

同三年も久秀との戦いを続けるが、戦いの舞台は奈良界隈に縮小され、久秀は次第に追い詰められて、大和では多聞山城を残すのみとなった。順慶は、五月、奈良中に金銀を徴発したりしており、すでに奈良市街が勢力圏に入っていることが知られる（尋憲記・多聞院）。

〔信長への密着〕

中央では、将軍義昭と信長との争いが表面化し、久秀は天正元年（一五七三）二月、義昭と結んで反信長戦線に加わる。そして、摂津中島城を落すなど勢力の挽回に努める（年代記・尋憲記）。順慶は、久秀への対抗上信長に接近した。

七月、義昭が追放され、十一月に義継が滅ぼされると、久秀は観念して信長に降った。久秀が表舞台から姿を消し、大和において長らく続いた筒井・松永の争いはここに終結した。順慶は同二年正月、岐阜へ下って信長に歳首を賀している（多聞院）。この時、明智光秀の子を、継嗣のない順慶の養嗣子とすることを命じられたという（細川家記）。この縁組は実現しなかったようだが、順慶は三月二十三日、母を京に人質として送り、信長への服従の意を示した（多聞院）。

二月、再び岐阜へ赴き、また、三月には、上洛する信長を迎えるため、大和国衆らを率いて京に上っている（多聞院）。三月二十三日には、人質として妻を京へ送り、二十七日には、蘭奢待切取りのため下向した信長を多聞山城で饗応している（多聞院）。四月には、再び敵対してきた本願寺攻撃のため、河内へ出陣した（多聞院）。このあたり、信長に大和支配を認めてもらおうと躍起になっている順慶の姿が臨まれる。

だが、この年七月、箸尾為綱が離反し、順慶は十市遠長と盟を結ぶ。同三年一月には、属城の長井城が古市に攻略され、筒井城まで攻撃された（多聞院）。こうした状勢を見ると、未だ大和の掌握にはほど遠かったのであろう。

『多聞院』同三年二月二十七日条によると、順慶は信長の娘か妹と結婚している。だが、『織田系図』その他の史料には、順慶室となった女性は見当らない。他家の娘を信長養女として輿入れさせた、ということであろうか。この婚姻が事実であるとすると、四年前に結婚した義昭の養女（九条氏）は、すでに死没したか離縁されていたのであろうか。

〔塙直政の下で〕

信長との繋がりを深め、大和平定に努力を重ねてきた順慶だが、この段階では大和の支配は容認されなかった。同三年三月二十三日、山城守護の塙直政が大和守護兼任を命じられ、順慶ら国衆の指揮権を委ねられたのである（多聞院）。

この年五月の長篠の戦いには、順慶は出陣しなかったが、配下の五十余人の鉄砲衆を岐阜へ派遣した（多聞院）。彼らは、おそらく守護直政の下に付けられて、長篠の戦いの鉄砲隊の一翼を担ったのであろう。同年八月の越前一向一揆討伐戦には、順慶も従軍したようだが、特に目立った働きは記録されていない（多聞院）。

こうした戦いには、大和衆は直政の下に動員されている。直政は、過失のあった奈良明王院坊官を誅殺したり、多聞山城・十市城を巡見したり、大和における国衆支配を次第に強めて行った（多聞院）。

そうした中で、信長と本願寺の和が破れ、同四年四月、信長は荒木村重・惟任《これとう》（明智）光秀・長岡（細川）藤孝・原田（塙）直政の軍を大坂に派遣した。順慶ら大和衆は当然直政の軍に属した（公記ほか）。

五月三日、直政は三津寺を攻撃。順慶らもそれに従った。しかし、本願寺軍の反撃を受けて直政は討死、順慶の兵も多数戦死者を出した（公記・多聞院ほか）。この戦いは、信長自身の出陣によってようやく勝利を得るという苦戦であった。

守護塙直政の戦死により、大和の支配の形態は変わる。この直後の五月十日、「和州一国一円筒井順慶可レ有二存知一」との信長の命が伝えられたという（多聞院）。しかし、この命令によって順慶が直政に代わり大和一円の支配権を得たというわけではない。箸尾為綱や戒重《かいじゅう》はまだ順慶と対立しているし、松永久秀父子などは、ほぼ同時に編成された佐久間信盛の軍団に属したようである。そして、明智光秀がより上級の支配権を持って、順慶ら大和衆を押さえていた様子なのである。大和の寺社や奈良の町衆に対する支配権が順慶に与えられたものと解釈すべきであろうか。

〔信長の部将として〕

権限については不明なところがあるにせよ、大和の支配権を委ねられた順慶は、以後、信長の一部将として、各地での戦争に動員される。しかも、この前後は、畿内・近国での戦いが多く、順慶は席の暖まる暇さえない。天正五年から七年までの戦歴を並べてみよう。

①天正五年二月、雑賀《さいか》攻めに従軍（公記ほか）。
②同年八月、雑賀党押さえのため、和泉久米田に出陣（島田文書）。
③同年十月、松永攻めに従軍（公記）。
④同年同月、光秀に代わり、河内森河内城を守備（信長文書）。
⑤同六年四月、播磨出陣（多聞院・松雲公採集遺編類纂）。
⑥同年六月、播磨神吉《かんき》城攻めに参加（公記）。
⑦同年八月、光秀を応援し、丹波攻め（多聞院）。
⑧同年十月、大和国人戒重氏を攻める（多聞院）。
⑨同年十一月、有岡城攻めに従軍（多聞院）。
⑩同年十二月、佐久間・明智とともに、播磨出陣。三木城攻めに参加（公記）。

同六年九月三十日、九鬼嘉隆の大船見物のため堺へ下向した信長が、津田宗及邸を訪れた時、「御供衆」を務める。この時の「御供衆」は、万見重元や大津長昌・矢部家定といった信長側近のほか、三好康長・若江三人衆ら畿内衆も含まれている（宗及記）。

〔大和における事績〕

天正四年五月に、信長から順慶に与えられた権限は、大和一円の支配権ではなかったにしろ、この時期、順慶の大和内の寺社支配が随所に見られる。

同七年六月、法隆寺の西寺・東寺の争いに際し、信長より西寺の坊舎破壊の命を受ける。だが、順慶はこれを遅延し、段銭を両寺に分けて課している（法隆寺文書）。結局は順慶の処置の通りに落ち着いた様子である（法隆寺文書）。

また、ほとんど同時に、順慶は、興福寺に対しても、罪科のある寺僧の処罰を命じている（多聞院）。こうしたことは、興福寺に限ったことではない。順慶は、大和の寺社に対する検断権を握っていたようである。

同八年閏三月十七日、鉄砲鋳造のため、奈良中の釣鐘を徴発した（多聞院）。このあたりは、すでに興福寺衆徒としての顔はなく、信長麾下の一部将の姿である。

この年、信長と本願寺との最終的和睦が成立し、四月九日顕如が、八月二日になって教如が石山の地を去った。教如の退城に先立って、順慶は、信長より軍の集結を命じられている（和田信夫氏文書）。

〔大和の一円支配者〕

教如の石山退去の直後、それまで本願寺攻めの総大将だった佐久間信盛が任務怠慢を責められて追放された。この事件は、大和の国と順慶の身に大きな影響を与える。

八月中に摂津・河内・大和の諸城破却の命が下り、大和では、郡山城を残して他の城をことごとく破却することになった。順慶は命を奉じ、十九日、自ら筒井城を壊した（多聞院）。

九月には、明智光秀・滝川一益が大和に乗り込み、国衆や寺社より指出《さしだし》を徴した（多聞院）。これは、多聞院英俊が怯えるほど苛酷に実行され、戒重某・岡弥二郎ら国衆が不正を咎められて誅殺されるほどであった（多聞院）。

しかし、二人が大和を離れた後、順慶は一つのみ残った郡山城に入城を命じられ、大和の「国中一円筒井存知」との朱印状を受けた（多聞院）。そして、これまで佐久間に属していたと思われる箸尾為綱も順慶与力としてその麾下に付いた（多聞院）。いよいよ順慶は、大和の一職《いっしき》支配者として位置づけられたのであった。十一月二十四日、順慶は、以前裏切って松永久秀に与したという理由で、辰巳父子を殺している（多聞院）。

だが、同九年六月十五日以前、信長より大和国内の吐田村の宛行いを受けているという事実は、大和国衆の軍事統率権や検断権を持ちながらも、知行宛行権までは委ねられていなかったことの証であろう（多聞院）。

〔近畿管領明智光秀への軍事的従属〕

天正九年二月二十八日、信長は京都で馬揃えを行う。明智光秀はその中で、上山城・大和衆を率いて行進した（公記）。『多聞院』によれば、順慶はこの十二日に上京しているから、この大和衆の中に含まれているのであろう。この馬揃えの時の隊の編成は、必ずしも信長軍の編成と一致しないが、後述する通り、順慶の上に光秀の軍事指揮権があったことは確かである。

同年九月、信雄を総大将とする伊賀攻めに従軍。大和衆を率いて大和口より伊賀に侵入している（公記）。十月半ばまで在陣したが、この間、大和境へ逃げ入った残党を切捨てるなどの活躍が見られる（公記・多聞院）。この戦いには、隣国ゆえ動員されたのであろう。

同十年二月九日、信長は畿内とその近辺の諸将に甲信攻めの命を発したが、順慶には、高野山押さえの人数を少々残し、自ら大和の兵を率いて出陣するよう命じている（公記）。郡山出陣は三月三日（多聞院）。光秀は五日に出陣するが、順慶は「（光秀と）一手ノ衆ノ間、今日出了」と『多聞院』にある。

天正四年五月に塙直政が戦死した後、順慶が大和のほとんどの国衆の統率権を与えられながらも、なおその上に光秀の支配権があったらしいことは『多聞院』などにうかがわれるが、同八年十一月、箸尾らも付属され、「国中一円筒井存知」（多聞院）となってからも、光秀に対する軍事的従属性は継続していた様子である。光秀は丹後の長岡（細川）藤孝をも軍事的に従属させ、丹波・丹後・山城・大和の諸侍の上に立つ、「近畿管領」とも言うべき地位にあった。

甲信攻めは、すでに信忠の手で武田氏が滅亡した後だったので、信長に従っていた順慶らは、何ら戦闘に加わることがなかった。だが、帰陣後の五月、今度は中国攻めの援軍を命じられた（多聞院）。これも光秀と一緒の軍事行動である。

〔本能寺の変に際して〕

天正十年六月二日の朝、順慶は上京している（多聞院）。彼はこの途中で本能寺の変を知り、すぐに大和に戻った。間もなく光秀からの誘いがあったであろう。四日、順慶は大和衆の一部を光秀の応援に出したが、次日、彼らは山城より戻ってきた（多聞院）。順慶が呼び返したのである。順慶は堺在陣の信孝方に付くか、との噂の中、また光秀へ援兵を出した（多聞院）。

しかし、順慶は、九日、その兵をまたも呼び返した（多聞院）。七日夜に早くも羽柴秀吉が姫路城に入った、との情報を得たからであろう。

ここまできて順慶は、ようやく態度を決めた。十日には、光秀の使として藤田伝五が来て誘ったが、これを断り、すぐに誓書を秀吉に発した（多聞院）。そして十一日、国衆たちを郡山に集めて、血判の起請文をとった（多聞院）。

十三日、信孝は順慶に書して、上山城口出兵を促している（古文書類纂）。秀吉と丹羽長秀も、連名で順慶に出陣を促している（藤堂家文書）。文面より推して、これは山崎の戦いが始まる前のものらしい。しかし、順慶が山崎での遭遇戦に参加したということは良質の史料には見えず、戦いの最中は郡山で傍観していたらしい。一応反光秀方の決意をしながらも、これまでの光秀との繋がりを考え、積極的にこれと戦うことを躊躇していたのかも知れない。有名な洞ケ峠での日和見の話は虚構にすぎないが、光秀と秀吉との対決に際して、順慶が最後の最後までためらっていたことは事実である。

信孝や秀吉からの手紙に促されてか、十四日、光秀の与党井戸良弘の槙島城を受け取るため兵を向け、自身は十五日に上京している（多聞院）。秀吉らに醍醐で合流した順慶は、秀吉より、しばらくの間形勢を傍観していた態度について叱責された（多聞院）。それでも順慶は、六月二十七日の清須会議で、大和一円の支配権を安堵された。

〔秀吉への接近〕

同年七月十一日、順慶は、養嗣子である小泉四郎（筒井定次）を秀吉へ質として送った（多聞院）。八月に播磨へ赴いているのは、姫路にいる秀吉の臣と何か連絡でもあったのであろうか（蓮成院記録）。その後も、九月二十六日、十月二十三日と、山崎城に居る秀吉を訪れ、その命令により、伊賀・近江へ兵を出している（多聞院）。秀吉と柴田勝家・神戸信孝との対立の中、はっきりと秀吉方に付いたのである。

十二月七日、近江へ向け出陣。長浜開城後、美濃へ進み、岐阜城攻めに加わる（多聞院・柴田合戦記ほか）。翌十一年一月二十九日、またも近江へ出陣。今度は近江より伊勢へ進み、滝川益重の籠る峰城攻めに参加した（多聞院）。

その後帰国したが、勝家が江北に出陣すると、秀吉に請われて四月九日に出陣。しかし、戦況は膠着状態ということで、十四日に帰国した（多聞院）。秀吉にとって、順慶の率いる大和衆は、予備軍といった扱いだったようである。そのため順慶は、四月二十一日の賤ケ岳の戦いには参加しなかった。だが、五月、伊賀に出陣し、北畠具親を中心として蜂起している一揆軍と戦っている（多聞院）。

〔秀吉政権の中での死〕

秀吉政権の固まる中でも、順慶の大和一国の支配権は安堵された。同十一年十一月十三日、春日社の造営のため、大和中に段銭を課し、また、十二月、徳政令を出すなどの活動が見られる（東大寺文書・多聞院）。

しかし、十二月二十九日、福住ら順慶の家臣であるはずの十一人は、秀吉の介入によって新知行を与えられている（多聞院）。また、同十二年二月二日、秀吉より、伊賀の木材を奈良で売買することを禁止する命令が出された（多聞院）。このように、順慶を遥かに凌駕する秀吉の上級支配権が、順慶の上に重くのしかかってきたのである。

秀吉と信雄とが不和になると、順慶は秀吉方に付き、その命を奉じて、宇陀郡の沢・秋山らの人質を徴発（金沢市立図書館文書）。次いで三月十三日、大和衆を率いて近江に出陣（多聞院）。さらに、羽柴秀長に従って伊勢松島《まつがしま》城を攻略した（亀子文書・多聞院ほか）。その後、尾張へ向かっている（西山文書・亀子文書)。

七月七日、養子小泉四郎を再び人質として大坂へ送る(多聞院)。この頃は、順慶はすでに健康を害しており、「以外煩、不㆑食」(多聞院)という状態であった。興福寺では祈禱が繰り返され、堺より医者も呼ばれたが、ついに八月十一日その生を終えた(春日社司祐国記ほか)。三十七歳という書もあるが、三十六歳というのが正しいであろう。小泉四郎が筒井定次となってその跡を継いだが、早くも翌年、伊賀への移封を命じられた。

津々木蔵人(つづき　くらんど)　尾張

生没年不詳。

『尾張志』には、「都筑」で載っている。

信勝(信行)の臣。天文二十四年(一五五五)六月二十六日、柴田勝家とともに大将として守山城を攻める(公記)。

弘治二年(一五五六)八月、稲生《いのう》での敗戦後、勝家とともに信勝に供奉《ぐぶ》して信長に礼(公記)。このあたりの行動を見ると、信勝の老臣である。しかし、「勘十郎殿(信勝)御若衆」と『公記』にあるから、若年だったのであろう。

信勝の寵愛を受けて奢り、勝家をないがしろにし、そのため勝家は、信長の下に奔ったという(公記)。

その後は史料に見えない。信勝の誅殺に際して、殺されたか出奔したのであろう。

堤源介(つつみ　げんすけ)　伊勢

生没年不詳。

宇治山田の人。永禄十二年(一五六九)十月五日、伊勢大河内《おかわち》城攻めの和睦後、帰途についた信長に宿を提供した(公記)。

恒河久蔵(つねかわ　きゅうぞう)　→恒河長政

恒河長政(つねかわ　ながまさ)　尾張

生没年不詳。

久蔵。姓は「恒川」とも書く。

津島の人。恒河家は、津島「四家」の一。海西郡平尾村の地頭と『張州雑志』にあるから、そこにも領地を持っていたのであろう。永禄元年(一五五八)九月十五日、信長より北方の内、興雲寺領十貫文及び堀之内公文名二十貫文を与えられた(生駒家宝簡集)。

同四年五月十四日、森部の戦いに従軍。日比野清実を討ち取った(公記)。

子久左衛門は、信忠に仕え、天正十年(一五八二)の高遠城攻めに高名。本能寺の変の後、柴田勝家に仕え、最後、浅野家の家臣になるという(浅野家諸士伝)。

角田石見守(つのだ　いわみのかみ)　尾張

生没年不詳。

矢島六人衆の一人で、弘治元年(一五五五)か、六人衆して坂井孫八郎を討取ったという(甫庵)。

角田勝頼(つのだ　かつより)　尾張

生没年不詳。

新介。

信長の初期の奉行衆か。天文二十一年(一五五二)二月二十一日、林信勝・同頼安とともに、加藤全朔(延隆)に対し、日比野修理・同彦左衛門が加藤家の被官であることを認めている(加藤文書)。

角田小市郎(つのだ　こいちろう)　尾張

生没年不詳。

犬山の人。織田信清の臣であろう。永禄元年(一五五八)七月十二日、浮野の戦いで、岩倉城の兵と戦っている様子が『甫庵』『織田系図』に見える。

角田新五(つのだ　しんご)　尾張

?〜弘治二年(一五五六)八月二十四日。

織田信次の臣。天文二十四年(一五五五)六月、信次が、誤って信長の弟秀孝を射殺せしめ、守山城を出奔した時、籠城して信長・信勝(信行)軍と戦う(公記)。その後、新たに守山城を与えられた織田安房守(秀俊カ)に付けられ、坂井喜左衛門と並んで「両長《りょうおとな》」となる(公記)。

ところが、安房守は、喜左衛門の子孫平次を寵愛、新五をないがしろにしたため、翌年、新五は謀反を起して安房守を討ち、守山城を占領した(公記)。

その年八月二十四日、稲生の戦いで信長方の士松浦亀介に討たれる、と『公記』にあるから、最後は信勝の下に奔ったのであろう。

椿井定房（つばい　さだふさ）　山城

享禄二年（一五二九）～元和元年（一六一五）三月二十三日。

勝千代丸、一郎、三河守。初名は「政定」。

相楽《さがら》郡椿井村の人。政勝の子。初め義昭に仕える。永禄十一年（一五六八）九月、義昭より近江伊香郡にて数十カ村を与えられる（重修譜）。

その後、信長に仕える。天正十二年（一五八四）、信雄に属し、四月九日の長久手の戦いに戦功。賞として、信雄より尾張中島郡にて百貫文の地を与えられる（重修譜）。

元和元年（一六一五）三月二十三日、八十七歳で没という（重修譜）。

椿井政長（つばい　まさなが）　山城

天文十七年（一五四八）？～寛永八年（一六三一）一月二十日。

島之助、喜右衛門、致仕《ちじ》号梅庵。

政吉の子。相楽郡椿井城に住す。（永禄十年＝一五六七）十二月一日付で信長より書状を受け、味方に誘われる（寛永伝）。これは、日付より推して、興福寺や大和の国衆に宛てたものと同意であろう。そして、上洛後の信長に仕える（寛永伝）。

天正十二年（一五八四）の小牧陣の時、信雄方に付き椿井城を守備したが、戦い終了後、城を開けて椿井を去り、閑居するという（重修譜）。

寛永八年（一六三一）一月二十日、京都にて没、八十四歳と『重修譜』にはあるが、それでは、父政吉（慶長七年没、六十三歳）との年齢差は僅か八歳になってしまう。政吉の生没年の方に不信がありそうである。

坪内家定（つぼうち　いえさだ）　美濃

永禄七年（一五六四）～慶安元年（一六四八）十月二十四日。

源太郎、惣兵衛、玄蕃。

利定の子。美濃の人。信長に仕える。天正十年（一五八二）二月、信忠に従い、武田攻めに参加。三月一日の信濃高遠城攻めに戦功。五日、父子ともども信忠より感状を受けた（坪内文書・寛永伝）。

同十二年の小牧陣の時は、信雄に付き、滝川雄利の松島《まつがしま》城を応援した（重修譜）。同十八年、小田原陣の後、前野長康とともに陸奥に赴き、制法を定めた（寛永伝）。

朝鮮の役の時、渡海。関ケ原の戦いでは、井伊直政に属して戦功。慶長十五年（一六一〇）、父の遺跡を継ぐ（重修譜）。

慶安元年（一六四八）十月二十四日、八十五歳で没という（坪内氏系図ほか）。

坪内勝定（つぼうち　かつさだ）　美濃

永正十三年（一五一六）～慶長十四年（一六〇九）一月十日。

藤七郎、玄蕃尉。

惣兵衛の子（寛永伝）。『武功夜話』では惣兵衛の弟としている。さらに『武功夜話』では妻は生駒家長の妹であるという。

美濃松倉城に住す。美濃・尾張の境目にあって、微妙な立場が続いたと思われるが、結局は信長に従う。『武功夜話』によれば、永禄七年（一五六四）、美濃宇留間（鵜沼）攻めに功という。

永禄八年十一月三日、父惣兵衛、子利定と合わせて、信長より六百八十七貫文の地を安堵され、さらに三百貫文の地を宛行われている（坪内文書）。この事実より推測すると、坪内一族はそれまで犬山の織田信清に属しており、犬山城の落城に伴って新たに信長に臣従したのではなかろうか。

その後は、子の利定の時代になっており、勝定の確かな事跡は伝わっていない。慶長十四年（一六〇九）一月十日、九十四歳で没という（坪内氏系図ほか）。

坪内源衛門（つぼうち　げんえもん）　美濃

生没年不詳。

勝定らの一族であろう。

天正十年（一五八二）二月八日、信忠より焔硝を焼くことを命じられている（坪内文書）。

坪内惣兵衛（つぼうち　そうべえ）　美濃

生没年不詳。

諱については、『重修譜』の「今の系譜」には「兼光」、『武功夜話』には「為定」とある。

勝定の父（寛永伝）。『武功夜話』には勝定の兄とある。松倉城に住す。『武功夜話』には、川並衆に属し、蜂須賀正勝に従って活躍したり、前野忠勝の娘を娶って前野姓を称したりしている坪内惣兵衛が描かれているが、どこまで信じられるであろうか。

『武功夜話』には、天文十六年（一五四七）の稲葉山城攻め従軍より登場しているが、実際には坪内一族は、松倉という美濃斎藤、尾張織田の接点、しかも、清須よりも岩倉・犬山に近い位置にあって、微妙な立場を続けていたものと思われる。永禄八年（一五六五）十一月三日、宗（惣）兵衛・勝定・利定の三代に宛てた信長の安堵状・宛行状が見られる（坪内文書）。さらに同年十二月、加納村の一職《いつしき》進退及び小物成と欠所の給人を給与されている（坪内文書）。

ここから推測すると、それまで犬山の織田信清に従っていたのが、犬山城の落城により、新たに信長に臣従したものと思われる。

当時にしてかなりの老齢と思われ、その後の事跡については伝わらない。

坪内為定（つぼうち　ためさだ）　→坪内惣兵衛（つぼうち　そうべえ）

坪内利定（つぼうち　としさだ）　美濃

天文八年（一五三九）～慶長十五年（一六一〇）二月十三日。

喜太郎、玄蕃頭。

勝定の子、惣兵衛の孫（寛永伝）。『武功夜話』では、惣兵衛・勝定・利定を三兄弟としている。しかし、惣兵衛から利定までを同一世代に置くのは無理ではなかろうか。

松倉城に住す。早くから信長に仕え、永禄三年（一五六〇）五月十九日、桶狭間の戦いに功という（寛永伝）。だが、坪内氏は、おそらく永禄年間前期頃は、まだ美濃斎藤氏、岩倉守護代家、犬山の織田信清などの間で、去就が定まらなかったものと思われる。

同八年（一五六五）九月三日、信長より、分国内において鹿・鳥を鉄砲で撃つことを許された（坪内文書）。さらに同年十一月三日には、祖父惣兵衛・父勝定と連名で、信長より六百八十七貫文の地を安堵、三百貫文の地を宛行われている（坪内文書）。この年の犬山落城に伴い、一族して新たに信長に臣従したものと思われる。

この信長の宛行いに先立つ（同年）八月二十三日、木下秀吉より百石の地を宛行われており、さらに信長の宛行いの前日の十一月二日、やはり秀吉から六百二十二貫文の地の宛行状を受けている（坪内文書）。これらは信長の宛行状の副状であろうが、それを発給する役を秀吉が務めているということは、秀吉が坪内氏を麾下に置くことを信長に認められたからではなかろうか。

同十年の稲葉山城攻めの時には、松倉城を信長に提供して、案内者を務めるという（重修譜）。さらに、同十一年九月の信長上洛の時、元亀元年（一五七〇）四月の越前天《て》筒山《づつやま》攻め、その後の小谷城攻め、同年九月の野田・福島攻めなどに戦功という（重修譜）。

横山城攻めの時、鉄砲により戦功というが、その後、天正六年（一五七八）に、秀吉に属して播磨高倉城を攻めた時も、二百八十人の鉄砲隊を指揮したという（寛永伝）。同九年五月七日、信長より足軽百人を付けられ、同年十二月二日、信忠より鹿や鳥の狩猟を許されている（坪内文書）。こうした事実より考えると、当時の坪内氏は、信忠軍団に属していながらも、鉄砲隊指揮者という特殊な任務を持っていたため、臨機応変に動かされるという性格だったようである。

同十年二月、信忠に従い武田攻め。この時も鉄砲隊を率い、信濃高遠城攻めで戦功。三月五日、信忠よりその功を褒されている（坪内文書）。このころ、二千八十七貫文の地を宛行われたという（重修譜）。

秀吉と信孝との対立に際しては、位置的に微妙な立場だったが、結局秀吉方の信雄に所属する。同十一年一月二十二日、信雄より河野島にて千貫文を加増されている（坪内文書）。続く秀吉と信雄との対立の中にあっては、秀吉に味方。同十二年四月九日、森長可に属して長久手の戦いに参加した（寛永伝）。

同十八年、家康に召されてこれに仕え、上総山口村、武蔵伊奈木嶺郷にて二千石を宛行われる。慶長五年（一六〇〇）上杉攻めに従軍。九月十五日の関ケ原での戦闘には、鉄砲隊を率いて井伊直政の軍に属し、戦功。尾張葉栗・美濃各務郡にて六千五百三十石余を与えられ、本拠松倉城に住す（重修譜）。

同十五年二月十三日没、七十二歳という（寛永伝）。

妻木貞徳（つまき　さだのり）　美濃

天文十三年（一五四四）～元和四年（一六一八）二月十三日。

源二郎、伝兵衛。致仕《ちじ》号伝入。諱は「貞行」とも。

広忠の子。明智光秀の妻の従兄弟という（寛永伝）。美濃妻木村の領主。信長に仕え、馬廻（寛永伝）。

本能寺の変後、采地を子頼忠に譲って隠居。だが、慶長五年（一六〇〇）の動乱の時、東軍として参陣、西軍の田丸具安と戦った（重修譜）。

元和四年没、七十五歳という（寛永伝）。

妻木藤右衛門尉（つまき　とうえもんのじょう）　→妻木広忠（つまき　ひろただ）

妻木広忠（つまき　ひろただ）　美濃

永正十一年（一五一四）～天正十年（一五八二）六月十八日。

源二郎、藤右衛門尉。

美濃妻木城に拠った豪族。『寛永伝』には明智光秀の伯父とある。これは、光秀室の伯父ということであろう。美濃制圧後の信長に仕えるか。

妻木八幡神社の永禄二年（一五五九）棟札には、「大檀那藤右衛門尉源広忠」とあるという（横山住雄「土岐明智氏と妻木氏の系譜補正」）。また、瀬戸の定光寺に天正七年（一五七九）二月十五日に祠堂米十二俵を施入した、「明智藤右衛門入道」が見える（定光寺施入帳）。二十年のずれがあるが二人は同一人であろう。

本能寺の変後の天正十年（一五八二）六月十八日、近江坂本西教寺にて自害。六十九歳という（寛永伝）。

て

寺井源左衛門（てらい　げんざえもん）　若狭

生没年不詳。

若狭守護武田氏の臣。名田荘窪谷山城に拠るという（若州観跡録）。

天正三年（一五七五）八月十五日、海上より越前の一揆を攻撃する人数の中に見える（公記）。

天正十年六月、本能寺の変後、明智光秀に味方し、没落したという（若州観跡録）。

寺崎喜六郎（てらさき　きろくろう）　越中

永禄八年（一五六五）～天正九年（一五八一）七月十七日

越中願海寺城主の民部左衛門尉盛永の子。信長軍の越中進攻により、父とともにこれに従ったが、天正九年（一五八一）六月、父と一緒に佐和山城に招かれ、七月十七日、信長の命により切腹。十七歳と『公記』にある。だが、同年と思われる五月六日付、能登国衆安部政吉らの樋口兼続宛て書状によれば、父盛永は能登で菅屋長頼に誘殺され、喜六郎は、菅屋の兵を願海寺城に入れた臣小野大学助らを手討ちにしたという（上杉古文書）。

願海寺城はじきに開城した様子なので、その後、佐和山城に送られて、切腹を命じられたということであろう。その時父と一緒だったかどうかについては、この通り二説に分かれている。

寺崎盛永（てらさき　もりなが）　越中

?〜天正九年（一五八一）七月十七日?

民部左衛門尉。

越中願海寺城に拠った土豪。上杉氏に従属する。（元亀三年＝一五七二）六月十八日、鰺坂長実へ戦い敗れたことを伝えた書状がある（上杉家文書）。しばらくは上杉氏に属していた様子で、天正五年（一五七七）十二月二十三日付の『上杉家家中名字尽』（上杉家文書）にも、その名が載っている。

だが、謙信が死んで、信長の勢力が越中に及ぶと、上杉氏を離れて信長に協力する。（天正六年）十一月十一日以前、長連竜の援助を命じた信長朱印状を受けている（長家文書）。

その後、密かに上杉方に復帰したらしい。（同九年）五月六日付、能登国衆安部政吉らの上杉老臣樋口兼続宛て書状によると、七尾城代菅屋長頼に招かれて、能登で切腹に追い込まれたとある（上杉古文書）。しかし、『公記』には、同九年六月、息喜六郎とともに佐和山に呼び出され、幽閉、七月十七日、佐和山にて切腹を命じられたとある。文書のほうを信じるのが常道ではあるが、この場合、外部の者の誤聞ということも考えられる。『公記』の記事を無視はできまい。

寺沢広政（てらさわ　ひろまさ）　尾張

大永五年（一五二五）〜慶長元年（一五九六）一月十四日。

藤右衛門、越中守、庄右衛門。諱は「広正」とも書く。

信長に従い、秀吉に所属される。江北より播磨へ本拠を移した秀吉に従い、播磨で活躍。天正十年（一五八二）八月十四日現在、播磨伊保庄に所領を持っている（曾禰文書）。

同年三月、播磨姫路惣社大明神領を検地。十月、姫路の留守居を務めている（相州文書）。

同十四年、従五位下越中守に叙任（寛永伝）。同十六年四月十四日の行幸の時、秀吉の前駆の衆を務めている（聚楽行幸記）。

慶長元年（一五九六）一月十四日没、七十二歳という（寛永伝）。

寺沢弥九郎（てらさわ　やくろう）　尾張

?〜永禄十二年（一五六九）九月八日。

信長の臣。馬廻か。永禄十二年（一五六九）八月、伊勢大河内《おかわち》城攻めに従軍。九月八日、丹羽長秀に従って夜攻めに参加、失敗して討死した（公記）。

寺田善右衛門（てらだ　ぜんえもん）　近江

?〜天正十年（一五八二）六月二日。

信長の近臣。近江坂田郡の出身という（淡海温故録）。天正五年（一五七七）十二月二十八日、信長の使として信忠に八種の名物を持参する。同九年七月十七日、また信長の使として信忠に雲雀毛《ひばりげ》の馬を譲渡する（公記）。

同十年六月二日、二条御所にて討死した（公記）。

寺田生家（てらだ　なりいえ）　和泉

?〜天正十三年（一五八五）七月。

又右衛門尉。

元亀年間、和泉岸和田城主。寺田村を領す。松浦《まつら》肥前守の麾下。堺の住人正知の子で、松浦安大夫（宗清）の兄という（岸和田藩志）。

将軍追放の頃よりであろうか、信長に仕える。天正三年（一五七五）三月二十四日、定岸の地の番頭を定めた判物があるが、それには「寺田又右衛門尉生家」と署名している（松浦文書類）。和泉の士は、専ら本願寺と雑賀《さいか》方面へ向けられており、（天正四年）七月九日には、沼間《ぬま》任世・松浦安大夫とともに、信長より大坂付近の作毛の刈取りを命じられている（富田仙助氏文書）。

同月十三日、木津川口で毛利方水軍との海戦に参加、敗れて逃れた（甫庵）。この頃より大坂方面軍司令官佐久間信盛の麾下とされたのであろう。（同六年）八月十四日、佐久間父子より用木・船などの準備を命じられている（佐藤行信氏文書）。

同九年一月二十三日の時点で、和泉の一員として馬揃えの人数にあげられているから（士林証文）、二月二十八日に行われた馬揃えには参加したのであろう。この時和泉衆を率いたのは蜂屋頼隆だが、蜂屋と与力関係にあったかどうかについては明らかではない。あるいは、紀伊方面を担当していた織田（津田）信張に所属していたのかも知れない。

同年三月五日、信長の命により、松尾寺・槙尾寺を破却し、寺領を没収、和泉国中に指出《さしだし》を徴した（天正九年松尾寺破滅記）。

同十年一月、鈴木重秀（孫市）と土橋一族との争いに信長が介入した時、土橋攻めの軍に参加し、泉職坊を討った（宇野）。この時の織田軍の大将は信張である（公記）。

本能寺の変後、秀吉に属し、同十一年頃より岸和田城主となった中村一氏に属している。同十三年三月、雑賀攻めに従軍して戦功をあげる（真鍋真入斎書付）。

同年六月の羽柴秀長を主将とする四国攻めにも従軍して阿波に出陣。七月、勝瑞城攻撃に参加し、討死した（岸和田藩志）。

寺田又右衛門（てらだ　またえもん）→寺田生家（てらだ　なりいえ）

寺本橘大夫（てらもと　きつだゆう）丹波

生没年不詳。

丹波の土豪。天正八年（一五八〇）か、一月十三日付で、明智光秀より、来秋の西国陣に備えて、国役を開作するよう命じられている（吉田文書）。

天王右馬大夫（てんおう　うまのだいぶ）→堀田紀之重（ほった　きのしげ）

と

藤九郎（とうくろう）

?～天正十年（一五八二）六月二日。

信長の中間衆。天正十年（一五八二）六月二日、本能寺にて討死した（公記）。

道家吉十郎（どうけ　きちじゅうろう）尾張?

?～天正十年（一五八二）六月二日。

信忠の馬廻か。天正十年（一五八二）六月二日、二条御所にて討死した（池田本）。清十郎か助十郎の子であろう。

道家助十郎（どうけ　すけじゅうろう）尾張

?～元亀元年（一五七〇）九月十九日。

尾張守山の人。清十郎の弟（公記）。かつて兄とともに東美濃神篦《こうの》にて高名、信長より指物の白布に「天下一の勇士なり」と自筆されたという（公記）。信長の馬廻である。

元亀元年（一五七〇）九月十九日、森可成とともに、坂本にて朝倉・浅井軍と戦い、敗死した（公記）。

道家清十郎（どうけ　せいじゅうろう）尾張

?～元亀元年（一五七〇）九月十九日。

『武家事紀』には美濃の人とあるが、『公

記』にははっきりと尾張守山の住人とある。年代は不明だが、弟助十郎とともに、東美濃神篦にて武田軍と戦って高名をあげ、信長より指物の白布に「天下一の勇士なり」と自筆で書かれたという（公記）。信長の馬廻である。

元亀元年（一五七〇）八月、野田・福島攻めに従軍し、九月十四日、春日井堤にて大坂の兵と戦う（池田本）。その後、森可成とともに宇佐山城に籠り、十九日、朝倉・浅井軍と坂本で戦って討死した（公記）。

藤堂嘉房（とうどう　よしふさ）　近江

天文十二年（一五四三）～慶長八年（一六〇三）二月六日。

九郎左衛門、勝兵衛。諱は「良家」「良隆」とも。

多賀氏の出で、藤堂良隆の婿養子になるという（重修譜）。信長に仕えて、兄である多賀信濃守賢長（貞能カ）に属し、後、丹羽長秀に属すという（重修譜）。

本能寺の変の後、秀吉に仕え、秀長に付属されて五千石を宛行われる（重修譜）。その後、致仕《ちじ》し、家を二男忠蔵に譲り、秀吉より隠居料二千石を与えられたが、主秀保が死んで主家が断絶すると、藤堂高虎に仕える（戦国人名辞典）。

慶長八年（一六〇三）二月六日、六十一歳で没という（重修譜）。

藤八（とうはち）

?～天正十年（一五八二）六月二日。

信長の中間衆。天正十年（一五八二）六月二日、本能寺にて討死（公記）。

永禄十一年（一五六八）二月、信長より名田を安堵された「藤八」と同一人であろうか（中村林一氏文書）。

十市遠勝（とおち　とおかつ）　大和

?～永禄十二年（一五六九）十月二十四日。

兵部少輔。諱は、初め「藤勝」、後「遠成」とも。

遠忠の継嗣。同じく兵部少輔を称しているから、子であろうか。山辺郡竜王山城主。遠忠は、天文十四年（一五四五）三月に没するから、その跡を継いだようである（多聞院）。

大和国内で筒井氏たち他の国衆と争いを重ねる。次いで、松永久秀を中心とする三好氏の勢力が大和に侵入し、それと争う形になる（多聞院）。永禄五年（一五六二）三月五日、畠山高政に加勢して、三好義賢（実休）を久米田の戦いで打ち破った（春日大社文書、朝倉弘『奈良県史⑪大和武士』所収）。

その後、三好三人衆と松永との争いの中で、三人衆に接近し、松永与党と戦いを続ける（多聞院）。同十一年九月に信長が上洛。松永は降参して、大和一国進退を許されたので、遠勝は信長の敵の立場になる。

同年十一月、松永久通の軍勢に拠点の大西城を攻められ、ついに降参する（多聞院）。信長に謁見して臣従した証はないが、この後は、義昭・信長政権下に属する形になったであろう。

しかし、翌十二年十月二十四日に没した（多聞院）。この後『多聞院』等に頻繁に表れる「十市後家」という女性は、遠勝の室である。

十市遠長（とおち　とおなが）　大和

生没年不詳。

常陸介。

遠勝との関係については明らかではない。『奈良県磯城郡誌』でも一族とするだけで、子とはしていない。遠勝の未亡人と争いを繰り返しているから、やはり子ではあるまい。

遠勝の代、永禄十一年（一五六八）十一月に、松永久秀に降る（多聞院）。間もなく遠勝は没し、遠長が十市氏を代表する形になる。元亀二年（一五七一）一月二日、多聞院英俊より嘉礼の音信を受けている「十市」は、遠長であろう（多聞院）。

松永と筒井との抗争の中で引き続き松永に与し、同年八月四日、筒井の与党箸尾・越智に在所十市郷の城を攻められている（尋憲記）。十二月二十一日には、筒井順慶らの軍五千に十市城を囲まれ、抗戦（尋憲記）。だが、翌年一月には、箸尾との和睦が成立した（多聞院）。

遠勝の未亡人「十市後室」との争いも続き、元亀三年（一五七二）三月二十八日にようやく和睦が整う（多聞院）。十市氏は、後室方と遠長方とに割れていた様子である。

この年松永久秀は信長に離反するが、遠長は、これを機会に久秀と離れたらしい。しかし、大和衆の争いは止まず、天正二年（一五七四）二月、遠長は九条城を攻め、これを攻略（多聞院）。次に内膳城を攻めて藤田左近を討っている（多聞院）。

この年三月、柴田勝家が多聞山城定番として大和に入るとこれを歓待。勝家に同伴して上洛し、信長に拝謁している（多聞院）。信長の命であろう、七月二十二日、筒井順慶と入魂の誓いを交わす（多聞院）。十二月には岐阜へ赴き、信長との関係を深めている（多聞院）。

同三年四月、信長の河内出陣に従軍（多聞院）。二十七日には、十市郷を、大和守護塙直政・松永久通と三人で、三分の一ずつ分ち与えられた（多聞院）。

経緯は不明だが、同年十一月、信長に敵対の形となり、十市城を松永久通に囲まれている。その背後には、信長の意を受けた塙直政がいたらしい。翌四年三月五日、再び久通に攻められ、二十一日開城。遠長は河内へ奔った。翌日、大和守護塙直政は、十市城を巡見している（多聞院）。

その後の遠長の消息はしばらく途絶えているが、約五年を経た同八年十一月二十九日には、奈良に居た様子である（多聞院）。同十年三月、信長に赦されたのであろう。同十年三月、甲信攻めに従軍している（蓮成院記録）。

同十三年閏八月、羽柴秀長が大和を与えられて郡山城に入ってからは、これに仕えたらしい。

秀長没後は、その養子秀保に仕え、その死後は秀吉に直属し、旧領を安堵される（武徳編年集成）。その後の経歴については詳らかではない。

十市常陸介（とおち　ひたちのすけ）　→十市遠長（とおち　とおなが）

遠山景任（とおやま　かげとう）　美濃

？～元亀三年（一五七二）八月？

左衛門尉。

岩村城主。妻は織田信貞（信定）の娘で、信長には叔母にあたる。東美濃に広く根付いた遠山一族の中では、岩村遠山氏は宗家格であった。

信濃に勢力を伸ばしてきた武田信玄と友好を深める一方、美濃侵略を進めている信長とも結び、その叔母を正室とする。永禄九～十年頃か、左近助（直廉）と連名で信玄より書状を受け、戦いへの協力を請われている（尊経閣文庫文書、『武家事紀』所収）。

一方では、ほぼ同期と思われる八月七日付の信長書状（左近助と連名宛て）を受けており（後撰芸葉）、また、信長の四男のお坊（後の信房）を養子として迎えている。

信長と信玄との決裂、武田軍の東美濃侵略を前にして、元亀三年（一五七二）八月、病死するという（歴代古案ほか）。

遠山景行（とおやま　かげゆき）　美濃

永正六年（一五〇九）～元亀三年（一五七二）十二月二十八日？

惣四郎、民部、相模守。諱は「友治」とも。

明智城の遠山氏。信長に属す。元亀三年（一五七二）十二月二十八日、美濃上村にて秋山虎繁と戦い、討死した。六十四歳という（寛永伝）。

だが、『恵那郡史』では、遠山民部の諱を「友治」とし、何に拠ったか、天正二年（一五七四）二月、明智城で武田軍と戦い討死、としている。

遠山河内守（とおやま　かわちのかみ）

生没年不詳。

信長の馬廻か。『甫庵』にその名が見える。永禄三年（一五六〇）五月十九日、桶狭間の戦いに参加したという。

遠山佐渡守（とおやま　さどのかみ）　美濃

生没年不詳。

東美濃の遠山一族。延友佐渡守と同一人か（三宅唯美「遠山佐渡守と鶴ケ城主延友佐渡守」）。

（天正十年）十二月二十一日、子の半左衛門とともに、羽柴秀吉・丹羽長秀・池田恒興三宿老連名の書状を受け、織田家家督になった信雄に訪礼するよう求められている（上原孝夫氏文書）。

同十二年、小牧の戦いでは、家康に味方。三月、明知城を夜討ちし、同月二十三日付の書状で家康に褒されている（神宮文庫文書）。ところが、同年十月に半左衛門が討死（神宮文庫文書）。同月十八日付の書状で、家康より悼辞を受けている（神宮文庫文書）。その後、間もなく没するという（譜牒余録）。

遠山新九郎（とおやま　しんくろう）

生没年不詳。

東美濃の遠山氏の一族のようである（美濃国諸家系譜）。信長の馬廻であろう。天正七年（一五七九）一月二十三日、万見重元の死去に伴う安土の馬廻・小姓宅の移動の中で、旧高橋虎松宅を与えられた（安土日記）。

同十年五月二十九日、信長最後の上洛の時、安土城本丸の留守衆の一人として残された（公記）。

遠山甚太郎（とおやま　じんたろう）

生没年不詳。

信長の馬廻か。『甫庵』永禄三年（一五六〇）五月十九日の桶狭間の戦いの記事にその名が見える。

遠山友勝（とおやま　ともかつ）　美濃

生没年不詳。

右衛門佐。法名嘉雲。

『寛永伝』等には友忠の父とある。もと飯場城城主。信長に属す。苗木城主の遠山左近（直廉）病死により、信長の命を受けて苗木城に移り、城主となった（寛永伝ほか）。

遠山友重（とおやま　ともしげ）　美濃

生没年不詳。

次郎五郎。

友忠の二男。母は信長の姪。父とともに阿手羅城に住す。某年、武田軍に城を攻められ、討死。十九歳という（寛永伝）。

遠山友忠（とおやま　ともただ）　美濃

生没年不詳。

久兵衛尉。「苗木久兵衛」とも呼ばれる。

友勝の子。早くから信長に従っていた様子で、元亀元年（一五七〇）九月の叡山攻囲の交名《きょうみょう》に名を連ねている（公記）。父友勝を助けて、東美濃の守備を任務にしていたのであろう。居城は、初め飯場城だったが、元亀三年、苗木城主の直廉が死んで友勝が苗木に移ると、友忠も阿手羅城へ移る。次いで父友勝病死によりその跡を継ぎ、苗木城主になったという（重修譜）。妻は信長の姪というが、誰の子かはっきりしない。

東濃衆だから、天正元年（一五七三）後期頃からは、直接には信忠の支配下に置かれていたのであろう。同十年二月一日、木曾義昌の降を信忠に取り次ぐ（公記）。次いで信忠の武田攻めに参加。同月十六日、木曾の兵とともに、鳥居峠で武田軍今福筑前守と戦った（公記）。

同十一年、秀吉と信雄・家康との対立が深まる中、秀吉より森長可の麾下に入るよう命じられるが、これを拒否。長可に苗木城を攻められて開城した。そして、浜松へ赴いて家康に従い、菅沼定利に所属させられたという（重修譜・譜牒余録）。しかし、家康に属したのはもっと後のことと思われる。同十三年十二月十二日付、下条牛千世宛ての秀吉の宛行状に、「遠山久兵衛」が秀吉の使を務めたことが見えるからである（内閣文庫文書）。

以後の経歴については詳らかでない。

遠山友信（とおやま　とものぶ）　美濃

?〜天正十年（一五八二）三月。

右衛門佐。『公記』に見える「飯羽間（飯場）右衛門尉」は、この人物であろう。友忠の長男。飯場城に住す。

天正二年（一五七四）一月、明知城内で謀反を起して武田軍に開城、同十年三月、信長に誅殺された（公記・寛永伝）。

遠山友治（とおやま　ともはる）　→遠山景行

遠山友政（とおやま　ともまさ）　美濃

弘治二年（一五五六）〜元和五年（一六一九）十二月十九日。

三郎兵衛。父と同じく「苗木久兵衛」と称す。

友忠の三男。信長より木曾路押さえのため、父とともに阿手羅城を守るが、その後、祖父友勝病死により父とともに苗木城に移るという（寛永伝）。

天正十一年（一五八三）、森長可の圧迫を受けて浜松へ行き、家康に仕えると『寛永伝』にあるが、同十三年十二月に「遠山久兵衛」が秀吉の使を務めているから（内閣文庫文書）、家康に仕えたのはもっと先のことであろう。小田原陣後、榊原康政に属して、上野館林に住す（寛永伝）。

慶長五年（一六〇〇）の戦乱の時は、旧地東濃にて活躍。苗木・岩村城を攻略し、その功によって本領に復帰。恵那・賀茂郡内にて一万五百石余を知行、苗木城に住す（寛永伝）。

元和五年（一六一九）十二月十九日、六十四歳で没という（重修譜・木曾考）。

遠山直廉（とおやま　なおかど）　美濃

?〜元亀三年（一五七二）五月?

左近佐。「苗木勘太郎」と呼ばれる。

苗木城主。岩村城主の遠山景任の弟という（岐阜県史）。妻は信秀の娘、信長の妹という（重修譜・織田系図）。兄の景任と同様に武田信玄とは友好的な関係を維持する。一方、信長とも姻戚関係を結ぶなど、両雄の間にあって無事に過ごした。永禄九〜十年頃か、岩村の左衛門尉（景任）と連名で、信玄より書状を受け、戦いへの協力を請われている（尊経閣文庫文書、『武家事紀』所収）。しかし、一方では、ほぼ同時期、やはり連名で信長からも書状を受けている（後撰芸葉）。元亀三年（一五七二）になって、両雄の間が微妙になる中、病死した（歴代古案ほか）。子がないため、一族の友勝が信長の命によって苗木城に入った（寛永伝ほか）。

遠山半左衛門（とおやま　はんざえもん）　美濃

?〜天正十二年（一五八四）十月。

東美濃の遠山一族。佐渡守の子。（天正十年＝一五八二）十二月二十一日、父佐渡守とともに、羽柴秀吉・丹羽長秀・池田恒興の三宿老より書状を受け、織田家家督になった信雄に訪礼するよう求められている（上原孝夫氏文書）。

同十二年、小牧の戦いが始まると、家康に味方し、明知城を夜討ち。同月二十三日付の家康書状で、その功を褒されている（神宮文庫文書）。以後も石川数正の軍に属して東美濃で秀吉方と戦うが、十月、討死した（神宮文庫文書）。

戸賀十兵衛（とが　じゅうべえ）　→後藤高治（ごとう　たかはる）

徳善院（とくぜんいん）　→前田玄以（まえだ　げんい）

徳山貞兼（とくやま　さだかね）　美濃

?〜天正五年（一五七七）七月十日。

次郎右衛門尉。

美濃揖斐《いび》郡の徳山氏。則秀（秀現）の従兄弟である（徳山家系図、横山住雄「徳山家文書の伝来と新出徳山家文書の紹介」所収）。（永禄七年＝一五六四）六月二十一日、信長より忠節を褒されている（徳山家記録）。天正元年（一五七三）九月十八日、朝倉氏滅亡後の越前で、六百石の宛行いを受けている（徳山家系図）。（同年ヵ）十二月二十三日、越前代官の一人木下祐久は、徳山の下代に書状を発し、徳山知行と称して織田大明神領を違乱することを停止している（剣神社文書）。

天正五年（一五七七）七月十日没（徳山家系図）。

徳山貞政（とくやま　さだまさ）　美濃

?〜慶長十年（一六〇五）二月七日。

次郎右衛門尉。

貞兼の子。天正五年（一五七七）父の跡を継ぐ。天正六年四月二十七日、佐々成政から三カ所都合六百俵（石ヵ）の地を安堵されている（徳山家系図、横山住雄「徳山家文書の伝来と新出徳山家文書の紹介」所収）。父の死に伴い、佐々の家臣か与力にされたものと思われる。

慶長十年（一六〇五）二月七日没（徳山家系図）。

徳山則秀（とくやま　のりひで）　美濃

天文十三年（一五四四）〜慶長十一年（一六〇六）十一月二十二日。

孫三郎、五兵衛、二位法印。入道号秀現、法名昌琢。『重修譜』等には、諱は「則秀」、入道号「秀現」とある。しかし、文書では、天正年間より「則秀」「秀現」両方を諱として名乗っている。他に、『長命寺文書』中に、「秀規」の諱が見える。

美濃大野郡徳山の出身。兵庫介の子。貞兼とは従兄弟同士（徳山家系図、横山住雄「徳山家文書の伝来と新出徳山家文書の紹介」所収）。

天正三年（一五七五）八月、柴田勝家に従い、越前一向一揆討伐戦に参加（朝倉記）。以後、勝家の与力として、これに従属する。

同八年には、能登の温井《ぬくい》景隆・三宅長盛が信長に降伏するに際し、「能州監察使」として信長より派遣された（加能越古文叢）。

勝家に従って北陸で働く。次第に勝家への従属性が強まったか、同十一年一月の時点で、本願寺は、彼を勝家の取次衆の一人に数えている（宇野）。加賀小松城を領し、この頃十二万石という（川角）。だが、これは大きすぎよう。

同年四月の賤ケ岳の戦いの時は、佐久間盛政の先鋒として大岩山砦を攻撃（太閤記）。敗戦後、前田利家を介して秀吉に降参。その後、丹羽長秀に仕えたが、長秀の子長重が減封の時、秀吉に召出され、一万石。利家の与力とされた（丹羽歴代年譜付録・賀越登記）。この前後、末森城の後詰などで佐々成政と戦っている（武家事紀）。

慶長五年（一六〇〇）一月、召されて家康に仕え、旧地美濃徳山にて五千石を与えられる（重修譜）。後、入道して「秀現」を法名とし、法眼の位を受ける。同十年四月、二位法印に叙される（重修譜）。

同十一年十一月二十二日没。六十三歳（寛永伝）。

徳山秀現（とくやま　ひであき）　→徳山則秀（とくやま　のりひで）

土蔵四郎兵衛（とくら　しろべえ）　尾張

?～慶長九年（一六〇四）。

姓は「土倉」とも書く。海西郡戸倉村の人で、犬山の織田信清に仕えるという（尾張志）。信清が信長と組んで岩倉軍と戦った、永禄元年（一五五八）七月十二日の浮野の戦いで、敵将前田左馬允を討ち取る手柄を立てた（甫庵・織田系図）。

その後、池田恒興の臣となり、同四年五月二十三日、軽海《かるみ》の戦いの時、負傷した恒興を救う。同十二年八月の伊勢大河内《おかわち》城攻めにも、恒興の先鋒として戦っている（甫庵・勢州軍記）。

本能寺の変後も池田家に仕え、老臣。天正十二年（一五八四）四月、長久手の戦いで主君池田恒興父子が討死した直後には、秀吉から慰めの書状を受けている。また、信雄との和睦についてもいろいろと報告されている（土倉家文書）。

徳若（とくわか）

生没年不詳。

信長の側近か。天正五年（一五七七）と思われる三月十五日付書状中で、信長は、長岡（細川）藤孝・丹羽長秀・滝川一益・明智光秀に対して「今日の趣（雑賀《さいか》攻めの様子ヵ）」を徳若に伝えるよう命じている（細川家文書）。

十月二十五日付の堀田弥右衛門宛て、木下秀吉書状中にも「徳若」が現れるが（張州雑志）、同一人かどうかはわからない。

戸田勝成（とだ　かつしげ）　尾張

?～慶長五年（一六〇〇）九月十五日。

半右衛門尉、武蔵守。諱は「重政」「勝重」とも。

勝隆の弟。信長の馬廻。元亀元年（一五七〇）六月二十二日、小谷攻めより退却の時、殿《しんがり》軍を受け持った佐々成政に協力した、と『甫庵』にある。天正元年（一五七三）八月十三日、信長が馬廻を率いて朝倉軍を追撃した時、それに加わった一人（甫庵・当代記）。

山崎の戦い、賤ケ岳の戦いで功というが、この頃はすでに丹羽長秀に付属していたらしい（丹羽歴代年譜付録）。長秀の越前移封に伴い、松岡城主（丹羽歴代年譜付録）。

長秀の死後、秀吉に仕え、九州陣、小田原陣、名護屋陣に従軍（当代記・伊達家文書・太閤記）。秀吉死後の慶長四年（一五九九）頃、一万石を加増され、計二万石を知行。越前安居《あご》城主（慶長四年諸侯分限帳）。

同五年の戦役には西軍に応じ、兵五百で北国口を防衛（慶長見聞書・真田文書）。九月十五日、関ケ原での戦闘に参加。織田長孝の臣に討たれた（丹羽歴代年譜付録）。

『武家事紀』には、天文・永禄の頃、下方左近（貞清）・岡田助右衛門（重善）・赤座七郎右衛門と並んで武名を謳われた、とある。

戸田宗二郎（とだ　そうじろう）　尾張

生没年不詳。

信長の足軽。天文二十二年（一五五三）四月十七日の赤塚での戦いに従軍した（公記）。

富田長繁（とだ　ながしげ）　越前

天文二十年（一五五一）？～天正二年（一五七四）二月十八日。

弥六郎。諱は「長秀」ともあるが、文書では「長繁」。姓は「とんだ」とも。

出雲の生れだが、越前に来て朝倉義景に仕えるという（昔日北華）。小泉義博氏は、同じ「弥六」の通称から「吉順」の子と推測している（同氏「富田長繁」）。

元亀元年（一五七〇）四月、信長の越前進攻に対して、千余騎を率いて出陣した旨、『朝倉記』に見える。しかし、同三年八月、前波吉継らとともに信長に降る（公記）。同年十一月三日、浅井七郎が、虎御前山《とらごぜやま》より宮部まで築いた築地を攻撃した時、木下秀吉を応援して戦う（公記）。

天正元年（一五七三）八月、朝倉氏滅亡の後、前波吉継改め桂田長俊が越前守護代に任じられるが、長繁も信長より府中城を与えられ、そこに住した（朝倉記ほか）。同年十月、信長が伊勢長島を攻めた時、従軍して、戦功をあげたという（朝倉記）。

長繁は、朝倉氏滅亡後の越前守護の地位を望んでいて、守護代となった桂田への妬みがあったという。しかも、桂田は長繁の知行分を略奪しようとし、たちまち両者は不和になったと『朝倉記』にある。最初から長繁が守護を望んだというのは考え難いが、桂田の支配に強引さがあったことは確かかも知れない。十二月十四日、長繁が宝円寺に兵士の陣取り等を禁止しているのは、この頃すでに長繁が戦闘の用意を進めていることの証であろう（宝円寺文書）。

翌年一月十九日、長繁は桂田を攻めて、これを殺し、次いで朝倉の旧臣魚住景固父子をも謀殺した（朝倉記）。しかし、信長に対してはあくまでも忠誠の意を示し、弟を人質に差し出して、越前守護の地位を要請したという（朝倉記）。この戦いの最中の一月二十九日、慈眼寺・月窓寺に禁制を掲げている（慈眼寺文書）。

だが、この擾乱を機として、越前の一向一揆が蜂起。二月、一揆勢に居城府中を囲まれ、対抗して戦ったものの、十八日、ついに討死した。二十四歳と伝わる（朝倉記）。

戸田与次郎（とだ　よじろう）　越前

生没年不詳。

朝倉義景に仕えていたが、元亀三年（一五七二）八月、富田《とだ》長繁・毛屋猪介《いのすけ》とともに信長に降った（公記・浅井三代記）。

その後、天正三年（一五七五）八月の、越前一向一揆討伐戦の織田軍の交名《きょうみょう》の中にその名が見える（池田本）。誤りでないとすると、富田の乱を経て生き残ったのであろう。

栃屋縫右衛門（とちや　ぬいえもん）　越中

生没年不詳。

信長の勢力が越中に伸びつつあった（天正八年＝一五八〇）七月一日、信長より宛行いを約されている（古案）。

本能寺の変後、柴田勝家と羽柴秀吉との対立が深まる中、去就を決め兼ねたらしく、（同十一年）三月二十九日付で、斎藤信利より近江・越前の状況を報じられ、秀吉に与するよう説かれている（加能越古文叢）。

百々安信（どど　やすのぶ）　近江

天文十七年（一五四八）？～慶長十四年（一六〇九）？。

三郎左衛門尉、越前守。諱は「安行」「綱家」とも。

京極秀綱の長男と『百々家系図』にある。秀綱は高清を指しているのかも知れないが、それでも年代的に合致しない。

近江百々館の主である。佐和山城との至近性から、元亀元年（一五七〇）七月より始まる佐和山攻めには、付城として自分の館を信長に提供（公記）。おそらくは、佐和山攻城の主将丹羽長秀に属したものと思われる。

　信用の限りではないが、『百々家系図』には、山崎の戦いに戦功があり、近江にて六千石の知行及び代官領五千石を支配する、とある。

　後、岐阜城主織田秀信の老臣。天正二十年（一五九二）一月十五日付で、説田孫六宛てに森部等の堤の修理について指示した判物があり、これには、「百々三郎左衛門尉安信」の署名がある（林周教氏文書）。文禄二年（一五九三）三月、秀信の名護屋陣見舞いに供奉《ぐぶ》（太閤記）。

　慶長五年（一六〇〇）の動乱の時は、秀信に対し東軍に属するよう勧めたが、拒否されたという（百々家系図・土岐斎藤軍記）。八月十二日付の市橋村藪田宛て禁制判物が見られ、これには「百々越前守安信」と署名している（円福寺文書）。八月二十二日、岐阜開城、東軍に和を乞う。

　その後、山内一豊に仕え、土佐にて七千石を知行する。没年月日は、百々家の諸系図によっても、慶長十二年十二月二十二日、六十二歳、同十四年、丹波篠山の城普請の最中、病死、六十二歳、と分かれる通り、確かではない。

土橋信鏡（どばし　のぶあきら）→朝倉景鏡（あさくら　かげあきら）

土肥助次郎（どひ　すけじろう）　尾張

天文二十二年（一五五三）～寛永六年（一六二九）三月二十三日。

　後、周防と称す。

　尾張愛知郡の豪族という（信長文書）。孫左衛門尉の子（井口友治「佐々に睦まじき馬廻土肥助次郎」）。信長の馬廻。元亀元年（一五七〇）六月二十二日、小谷表より退陣の時、殿《しんがり》軍を受持った佐々成政に協力した（甫庵）。

　同年七月、美濃西本荘の内五十貫文を宛行われる（土肥文書）。同年八月には、野田・福島攻めに従軍。九月十四日、敵対してきた本願寺の兵と戦う（当代記）。天正元年（一五七三）八月十三日、朝倉軍追撃戦に参加（当代記）。

　同十年五月七日、信長より、春日勝蔵給所及び買得分八十五貫文の地を与えられている（土肥文書）。

　本能寺の変後、池田恒興に仕え、小牧・長久手の戦いに参陣。恒興戦死後、輝政に仕え、次第に加増されて最後、五千石を知行（吉備温故秘録）。

　姫路城代を務めたが、寛永六年（一六二九）三月二十三日没、七十七歳（吉備温故秘録）。

土肥親真（どひ　ちかざね）　能登

？～天正十一年（一五八三）四月二十一日。

但馬守。

　能登末森城に拠った国人領主。元来は越中の人で、弓庄《ゆみのしょう》の土肥政繁とは遠縁らしい。能登守護畠山氏に仕える。後、上杉氏に属す。天正五年（一五七七）十二月二十三日現在の『上杉家家中名字尽』（上杉家文書）にも載っている。

　謙信死後の同八年閏三月九日、まだ上杉方として、柴田勝家に末森城を攻められている（公記）。だが、同年八月には信長に降っており、同八年八月二十三日付一宮惣中宛て菅屋長頼判物によると、羽咋《はくい》郡の知行を没収されながらも、それについて了承を求められている（気多神社文書）。従って、七月十七日付の親真宛て上杉景勝書状（温故足徴）を、『史料綜覧』『越佐史料』が天正九年に比定しているのは誤りである。

　信長に降った親真は、（同年）十月十三日付で、長頼から気多社の宰領を命じられている（気多神社文書）。そして彼はその月、信長に礼のため安土へ下った。信長はこれに大坂見物を勧め、十月十二日付で、大坂を守る丹羽長秀・蜂屋頼隆に接待を命じている（東美太郎氏文書）。なお、『信長文書』がこの文書を天正九年に比定しているのは、誤りである。

　親真は知行地の一部を没収されながらも、なおも居城末森近辺を中心に羽咋郡内に領地を保ったのであろう。同九年九月三日、気多社に社務分を寄進した文書が見られる（気多神社文書）。

天正十一年四月の賤ケ岳の戦いで討死。末盛城は、前田家の老臣奥村永福に与えられた（奥村因幡守覚書）。

土肥孫左衛門（どひ　まござえもん）　尾張

生没年不詳。

信秀の代からの織田家の臣。天文十一年（一五四二）八月十日、小豆坂の戦いで奮戦。弘治元年（一五五五）、織田信光を討った坂井孫八郎の誅殺に加わったという（甫庵）。

土肥政繁（どひ　まさしげ）　越中

?〜天正十八年（一五九〇）?

四郎、美作守。

越中新川郡弓庄城に拠った国人。近隣に威を振るい、永禄年間より有沢氏などの土豪を麾下に置いていた（有沢文書）。上杉氏の勢力が越中に伸びるとこれに属す。天正元年（一五七三）頃は、上杉氏に従って活躍している（吉江文書）。

天正六年三月謙信が死んで、越中の士が次々と上杉氏を離れる中、政繁もまた信長に通じたらしい（土肥家記）。しかし、織田・上杉の間で依然として揺れていた様子で、再び上杉方になったのか、同九年八月二十日、佐々成政に弓庄城を攻められている（最上記追加）。

十年になってから、またも信長に降ったのであろうか。人質に出していた子を、上杉景勝のため殺されている（有沢文書）。信長に降った以上は、当然越中の一職《いつしき》支配者佐々成政に麾下に属したのであろう。

しかし、本能寺の変直後、また織田氏を離れ、成政と戦っている。一旦離れていた有沢図書助《ずしょのすけ》に同年八月三日付で高野内本郷一円を宛行っているのは、本能寺の変で織田勢力が後退を余儀なくされたのに乗じて、旧勢力を回復したからであろう（有沢文書）。

成政との争いは続き、同十一年二月、その属城太田城を落す（温故足徴）。だが、四月には逆に成政軍に弓庄城を攻められる。この時、頼みにした上杉軍の来援がなかったという（越登加三州志）。

その後、上杉氏・成政・秀吉三者の和睦が成立すると、城を出、越後に移る。しかし、景勝の政繁に対する態度は冷たく、与えられた扶助は僅かのものだったという。それでも、翌十二年十月の越中境城攻めには先鋒に起用された（越登加三州志）。

越後能生に住み、同十八年、病死したと伝わる（越登加三州志）。

富田一白（とみた　いっぱく）　→（とみた　かずあき）

富田一白（とみた　かずあき）　近江

?〜慶長四年（一五九九）十月二十八日。

平右衛門尉、左近将監。致仕号水西。諱は「信広」「長家」とも。文書には「左近将監一白」と見えるから、「一白」は諱らしい。「かずあき」とでも訓むのであろうか。『重修諸』に倣って諱を「知信」とされることが多いが、「知信」は一白の長子知高の初名である（富田文書）。

助知の子。若年より信長に仕え、馬廻と『重修譜』にあるが、『富田文書』によると、さらに以前は室町将軍に仕えたらしい。

天正四年（一五七六）から八年にかけて、しばしば津田宗及の茶会に出席しており、また、宗及らを招いて茶会を催したこともある。同席の顔触れは、牧村利貞・下石《おろし》頼重ら、やはり信長の馬廻である（宗及記）。同六年四月二十日の、妙覚寺における信忠の茶会にも出席している（宗及記）。

（天正九年）十月十五日、信長から書状を受け、越後侵略に備えて、上杉の臣を内通させることを命じられている（越佐史料）。北陸方面を担当していたのであろうか。

本能寺の変後は、早いうちに秀吉との繋がりを深めたか、同十年十一月二日、摂津宝寺にいる秀吉を、柴田勝家の使前田利家らが訪問した時、取次ぎを務めたことが『太閤記』に見える。同月二十八日、山崎における秀吉の茶会に出席。翌年十一月十一日の、京都福島屋での秀吉の茶会にも顔を見せている（宗及記）。

同十二年、小牧陣の時、伊勢神戸城を防

衛。十一月には、秀吉の和睦の使として信雄へ遣わされた（家忠）。さらに同十四年五月、秀吉の妹旭姫の家康への輿入れに供奉して浜松に赴く（家忠）。

同十五年、九州陣に従軍（当代記）。東方大名との外交を受持ったか、同十六年から十八年にかけて、伊達氏・白河氏への書簡が多く見られる（伊達家文書・白川文書）。北条氏に対しても、同十七年七月、津田盛月とともに上野沼田城引渡しの使を務めたり、十一月、上洛を促したりしている（法雲寺文書・家忠）。

天下統一後の同十八年九月七日、上山城・近江・美濃で一万六十五石を加増され、都合二万百六十五石余（富田文書）。翌十九年閏一月十六日、美濃池田郡内八百十石余を加増。同年四月二十六日には、近江蒲生郡内にて九千百七石余を加増された（富田文書）。

文禄元年（一五九二）、朝鮮へ渡海（重修譜）。同三年伏見城普請を分担。当時五万石（当代記）。以後も同四年五月十六日、伊勢奄芸《あんき》郡白子村内二千石、慶長二年（一五九七）一月七日、安濃《あのう》郡内三万石の加増をうけ、安濃津《あのうつ》城主（富田文書）。

文禄四年七月の秀次事件の時は、詰問の使の一人（太閤記・川角）。晩年は秀吉の御咄衆（太閤軍記）。

慶長四年（一五九九）隠居し、同年十月二十八日没（富田文書）。子の知信（知高）は、慶長十三年九月十五日、伊予宇和郡十万千九百石余に封じられた（富田文書）。

富田三蔵（とみた　さんぞう）　尾張？

生没年不詳。

堺の政所衆なので、松井友閑の臣か。天正九年（一五八一）七月十七日、及び十年二月十二日、津田宗及茶会に出席している（宗及記）。

富田清左衛門（とみた　せいざえもん）　尾張？

生没年不詳。

松井友閑の「私之取次」と『宇野』にあるから、友閑の臣であろう。堺の政所衆の一人と思われる。天正三年（一五七五）から十年にかけて、しばしば津田宗及の茶会に出席している（宗及記）。

後、秀吉に仕え、馬廻。文禄元年（一五九二）、名護屋城で宿直を務めている（高橋義彦氏文書）。

天正三年四月二十五日の宗及の茶会に出席している「富田清兵衛」は、同一人であろうか（宗及記）。

富田対馬守（とみた　つしまのかみ）

生没年不詳。

剃髪後、「対馬入道」と称す。天正三年から九年にかけて、津田宗及の茶会の出席者の中にその名が見える（宗及記）。

富田知信（とみた　とものぶ）　→富田一白（とみた　かずあき）

富田長繁（とみた　ながしげ）　→（とだ　ながしげ）

富野左京進（とみの　さきょうのしん）　尾張

?〜弘治二年（一五五六）八月二十四日。

信勝（信行）の臣。弘治二年（一五五六）の稲生《いのう》の戦いに参加。信長方の高畠三右衛門のために討たれた（公記・織田系図）。

伴正林（とも　しょうりん）　近江

永禄四年（一五六一）頃〜天正十年（一五八二）六月二日。

甲賀郡の人。相撲取り。天正七年（一五七九）八月六日、七日の安土での相撲会に参加し、連日活躍。信長より百石等の賞を与えられ、新たに家臣の列に加えられた。当時十八、九歳という（公記）。

以後、信長の御厩番か。同十年（一五八二）六月二日、本能寺にて討死した（公記）。

鳥屋尾定恒（とやのお　さだつね）　伊勢

生没年不詳。

与四郎。

北畠氏の臣。大湊の奉行を務めるか。（天正元年）十月十六日、北畠具房の奉行より大船の運行が遅れていることを詰問され、同日、大湊町衆に厳しく催促している（大湊町振興会文書）。

鳥屋尾満栄（とやのお　みつひで）　伊勢

生没年不詳。

石見守。姓は「鳥屋野尾」とも書く。

北畠氏の臣。『勢州軍記』に「国司之執権」であり、「文武を得、智略深く、万ず私を捨て人を立つ。無双の執事也」とある。北畠家の股肱の臣ということであろう。

元亀三年（一五七二）四月六日、国司の奉行衆山室房兼より伊勢山田世古堂の知行を安堵されている（榎倉文書）。

大湊の支配権を持っていたらしく、天正元年（一五七三）十月頃、さかんに大湊衆に命令を下している（大湊由緒書・大湊文書・賜芦文庫文書）。

同二年七月、水軍を率いて、信雄の指揮の下に長島攻めに参加（公記）。同三年六月、信雄が北畠の家督を継ぐと、これに付属させられた（勢州軍記）。

北畠氏は、天正四年十一月に滅ぼされるが、それ以後の消息は不明である。

豊島源左衛門（とよしま　げんざえもん）　越前？

生没年不詳。

越前の土豪であろう。朝倉氏滅亡後の天正元年（一五七三）九月二十二日、信長より本知方十六石を安堵されている（古案）。

豊島十郎（とよしま　じゅうろう）

生没年不詳。

信長の臣。永禄十二年（一五六九）七月十五日、坂井利貞と連れ立って、岐阜滞在中の山科言継を訪問している（言継）。

豊瀬与十郎（とよせ　よじゅうろう）　美濃

生没年不詳。

元亀元年（一五七〇）六月二十八日、姉川の戦いで浅井軍と戦っている様子が『甫庵』『浅井三代記』に見える。

豊臣秀長（とよとみ　ひでなが）　→羽柴長秀（はしば　ながひで）

豊臣秀吉（とよとみ　ひでよし）　→羽柴秀吉（はしば　ひでよし）

虎若（とらわか）

？～天正十年（一五八二）六月二日。

信長の中間衆。天正十年（一五八二）六月二日、子の小虎若ともども本能寺にて討死した（公記）。

な

内藤勝介（ないとう　かつすけ）　→（ないとう　しょうすけ）

内藤五郎左衛門（ないとう　ごろうざえもん）　→内藤貞弘（ないとう　さだひろ）

内藤貞弘（ないとう　さだひろ）　丹波

生没年不詳。

五郎。

丹波守護代家の内藤氏の支流であろう。上洛後の義昭に従う。永禄十二年（一五六九）一月、本圀寺に籠り、伊丹軍に加勢して三好三人衆の軍と戦う（甫庵・足利季世記）。

岡御所領丹波佐伯南北両荘を違乱したが、同年四月二日、正式に信長より同地の代官に任じられる（言継）。その直後の四月四日、曇華院《どんげいん》に対し、請米八十石に定めたことを報じ、十一月定納のことを命じている（曇華院文書）。

『紹巴天橋立紀行』の永禄十二年閏五月二十六日、及び七月十一日条に、津々見の人「内藤五郎左衛門尉」という人物が登場するが、同一人であろう。

内藤佐渡守（ないとう　さどのかみ）　若狭

生没年不詳。

若狭守護武田氏の臣。遠敷《おにゅう》郡阿賀里・堤・杉山・加福禄・玉木、三方郡日向・丹生・竹波の八カ村を領すという（若狭国志）。

天正七年（一五七九）四月二十三日、諸借物について、丹生浦《にゅうのうら》の百姓に指示を与えている（丹生浦共有文書）。

そのほか、某年十月十七日付の、内藤佐渡守宛て武田元光書状が伝わっているが（丹生浦共有文書）、この「内藤佐渡守」は、『言継』大永七年（一五二七）二月十三日条に、元光の臣として出ている人物と同じで、父祖であろう。


内藤重政（ないとう　しげまさ）　若狭
生没年不詳。

筑前守。諱は「勝行」とも。

若狭守護武田元光の孫というから、武田義統の従兄弟である。遠敷郡天ケ城城主。西津荘・甲崎・阿納尻・羽賀・奈胡・熊野・次吉を領すという。武田氏に仕え、四老の一人（若州観跡録・若狭国志）。

元亀年間には信長に服属したか。天正三年（一五七五）七月一日、武田元明や他の若狭衆とともに、京都相国寺に信長を訪礼している（公記）。同年八月の越前一向一揆討伐戦に参加。海上より攻撃する若狭衆に名を連ねている（公記・重修譜）。

同九年二月二十八日の馬揃えに参加。若狭衆を率いた丹羽長秀の下で行進したものと思われる（公記・士林証文）。

本能寺の変の後、明智光秀に味方し、没落したか（若州観跡録）。

内藤下総守（ないとう　しもうさのかみ）　若狭
?～元亀二年（一五七一）六月十七日。
若狭守護武田氏の臣。遠敷郡遠敷山城主（若狭守護代記）。その事跡については伝わっていない。
元亀二年（一五七一）六月十七日に没という（高野山過去帳）。

内藤如安（ないとう　じょあん）　丹波
天文十九年（一五五〇）頃～寛永三年（一六二六）。

如安（如庵）＝ジョアンは、洗礼名。片岡瑠美子氏は、受領名飛驒守、庵号徳庵のほか、諱「忠俊」まで推定している（同氏『キリシタン時代の女子修道会』）。

内藤備前守（松永長頼）の子。丹波八木城主と伝わっているが、違うらしい（松田毅一「丹波八木城と内藤如安について」）。八木城主は、国貞の息子千勝（貞勝）であり、如安は父と同様、執政の立場だったようである。永禄八年（一五六五）八月二日、父長頼は福知山の戦いで討死。その後、如安は、八木城を守りつつ、丹波の諸城を攻略して、漸次勢力を増したという（耶蘇通信）。

永禄八年春にフロイスより洗礼を受け、ジョアンと称す。丹波で貧困者たちに施しを行ったという（耶蘇通信）。熱心なキリシタンであった。

元亀四年（一五七三）、将軍義昭と信長の対立が深まると義昭方に付き、同年三月、丹波の兵二千ほどを率いて上京した（耶蘇通信）。そして、槙島城に移ろうとする義昭を懸命に説得したという（耶蘇通信）。

同年七月、義昭が追放されると、如安も失脚し、山口へと赴く。さらに天正四年（一五七六）秋以後、義昭の居る備後鞆《とも》に移住したらしい（松田氏前掲論文）。

秀吉の代になって召し出され、小西行長に仕え、行長に従って、朝鮮へも渡海する。関ケ原の戦い以後、浪人。同じキリシタン大名の高山重友の斡旋で、前田氏に仕える。

慶長十九年（一六一四）の禁教令によって、マニラへと追放。妻と四人の子たちが同行した。寛永三年（一六二六）当地にて客死した（松田氏前掲論文）。

妹のジュリア内藤も、敬虔なクリスチャンとして、布教や人々の福祉に貢献したという（『キリシタン時代の女子修道会』）。

内藤勝介（ないとう　しょうすけ）　尾張
生没年不詳。
勝介は「庄助」ともあるから、「しょうすけ」と読むのであろう。
古渡村の人（尾張志）。織田家譜代の臣。
天文二年（一五三三）八月十三日、信秀より清須滞在の飛鳥井雅綱・山科言継のもとへ遣わされた「内藤」は、勝介かも知れない（言継）。『公記』巻首には、信長が幼時、父信秀より那古屋城を与えられた時、付属させられた「四長」の一人、林秀貞・平手政秀・青山与三右衛門に次ぐ「四長」として登場する。

天文十一年（一五四二）八月の小豆坂の戦いで高名をあげる。信長元服の時、相伴の列に連なる。信秀の葬儀の時も、信長に供奉する（公記）。

同二十一年四月十七日の赤塚での戦いにおける、信長の「御さき手あしがる衆」の中に、「内藤勝介」の名が見える（公記）。「あしがる衆」といっても、所属の兵という意味のようだから、同じ宿老の内藤のことと考えてよいであろう。それにしても、重臣といった姿ではない。

だが、その後は『公記』から彼の名は消える。『浅井三代記』には、永禄年間、織田・浅井の同盟のため奔走、お市の方の輿入れに供奉、義昭迎えの使、元亀年間、浅井攻めに従軍、天正元年（一五七三）三月、東濃で武田軍と戦闘などの記載がある。義昭迎えの使については『武家事紀』にも載っているが、これだけの功績がありながら『公記』に載っていないことが疑問である。信長の「四長」内藤勝介は、早くに没していたのではなかろうか。いや、「四長」の一人というのさえ疑問に思われる。

内藤備前守（ないとう　びぜんのかみ）　丹波

生没年不詳。

最後の丹波守護代といわれる内藤備前守国貞は、天文二十二年（一五五三）、八木城の戦いで討死した。その跡は、一子千勝（貞勝）が継いで八木城主、娘婿の備前守（松永長頼）がその後見役になったという（今谷明「松永久秀は悪人か」）。

しかし、松永長頼改め内藤備前守も、永禄八年（一五六五）八月二日の福知山の戦いで討死した（多聞院・言継）。その後に現れる「内藤備前守」は、成人した千勝（貞勝）であろうか。

その備前守は、入京後の義昭に従う。元亀二年（一五七一）十二月二十八日、禁中で、山科言継・武井夕庵と晩餐を共にしている（言継）。

義昭と信長との対立が深まる中の天正元年（一五七三）二月及び三月、二千もの兵を率いて将軍方として上京した「内藤」は、長頼の子如安《じょあん》であろう（年代記・耶蘇通信）。しかし、八木城主備前守の意思も同様に将軍方だったと思われる。

その後、信長からさかんに誘われており、一旦は味方になる決心をして灰方・中島を勧誘したというが（細川家文書）、結局、最後は義昭方に付いたらしい。四月五日及び十一日、天竜寺より礼物を受けた事実が見られるが（臨川寺文書）、その後の消息は詳らかではない。

だが、二年後の同三年、明智光秀が丹波に派遣される際、「内藤・宇津」を討伐するため、とあるから、丹波で健在だったのであろう（古文書・小畠文書）。同五年五月一日現在、八木城主の地位を保っているが（野間桝太郎家文書、『和知町史史料集（一）』所収）、最後は光秀に屈服したものと思われる。

内藤飛騨守（ないとう　ひだのかみ）　→内藤如安

苗木久兵衛（なえき　きゅうべえ）　→遠山友忠（とおやま　ともただ）

中井忠蔵（なかい　ちゅうぞう）　美濃

生没年不詳。

永禄十二年（一五六九）七月二十日、信長より美濃江口南島・権島の内にて、五十貫文の地を宛行われている（中村林一氏文書）。

長井新太郎（ながい　しんたろう）　美濃？

？～天正十年（一五八二）六月二日。

忠左衛門の子。信忠の馬廻か。天正十年（一五八二）六月二日、二条御所にて討死した（公記・吉備温故秘録）。

長井利重（ながい　とししげ）　美濃？

生没年不詳。

雅楽助《うたのすけ》、雅楽頭《うたのかみ》。剃髪後、雅楽入道、米遊。諱は「長賀」とも。

美濃の長井氏。『士林泝洄』では隼人佐秀之の子としている。信長に従い、元亀元年（一五七〇）九月二十五日、叡山攻囲陣に従軍（公記）。天正三年（一五七五）三月十三日には、信長より、桑原から穂積に至る舟荷と馬の諸役に対する郷質を禁じられている（下郷共済会文書）。

同四年七月二十二日及び五年一月十六日の津田宗及の茶会に出席。七月二十二日には「長井雅楽介米遊」、一月十六日には「長井雅楽入道」と記されている（宗及記）。

長江半丞（ながえ　はんのじょう）　尾張

生没年不詳。

尾張の土豪で野伏という。永禄九年（一五六六）、秀吉が彼を信長の味方にしようと努力したことが『太閤記』に見える。

子孫は蜂須賀氏に仕えた（阿波国古文書）。

中尾源太郎（なかお　げんたろう）

?～天正十年（一五八二）六月二日。

信長の側近か。天正八年（一五八〇）一月、信長よりの使として、三木表在陣の秀吉へ遣わされた（甫庵）。また、年月は不明だが、頂妙寺の勧進に応えて二貫文を寄進している姿が見られる（頂妙寺文書）。

本能寺の変の時、町屋にいたが、変報を聞いて本能寺へ駆け込み、討死したという（甫庵・惟任謀反記）。子主馬之助は、結城秀康に仕えた（士林泝洄続編）。

中尾新左衛門（なかお　しんざえもん）　伊勢

生没年不詳。

長野氏の麾下であったが、永禄十一年（一五六八）、長野具藤追放、信長の弟信良（信包）の長野家襲封により、信良に従う（勢州軍記）。天正五年（一五七七）十月十九日、信長より信良への忠節について褒されている（分部文書）。

後、秀吉に属し、伊勢の所領は安堵されたか。慶長五年（一六〇〇）の戦乱の時に没落した（勢陽雑記）。

長岡忠興（ながおか　ただおき）→細川忠興（ほそかわ　ただおき）

長岡藤孝（ながおか　ふじたか）→細川藤孝（ほそかわ　ふじたか）

中川清秀（なかがわ　きよひで）　摂津

天文十一年（一五四二）～天正十一年（一五八三）四月二十日。

虎之助、瀬兵衛尉。

佐渡守重清の長男で、生地は山城だが摂津で成人したという（中川氏年譜）。初め池田勝正に仕える。

元亀元年（一五七〇）六月、勝正は池田一族の内紛から池田城を出奔。その月二十四日と思われるが、湯山年寄中宛ての池田一族の書状がある（中之坊文書）。それには、池田一族に混じって清秀や荒木村重が署名している。摂津の土豪ながら、池田家中で台頭してきた様子が知られる。

同二年八月二十八日、池田知正・荒木村重に与して、摂津郡山で和田惟政と戦う。この戦いで、惟政の首級をあげたのは清秀だったともいわれる（池田氏家譜集成・寛永伝）。

将軍義昭と信長との対立の中で、村重と同じく信長方に付く。天正元年（一五七三）四月二日には、柴田勝家の指揮下に属して洛外に放火した（耶蘇通信）。同二年四月には、長岡藤孝とともに河内へ派遣され、高屋口にて遊佐信教を討ったという（重修譜）。

このように信長の下で活躍する清秀だが、摂津においては村重の勢力が急速に伸び、同年十一月、村重が伊丹城から伊丹忠親を逐って、信長より摂津の一職《いっしき》支配を任されると（年代記・公記）、清秀はその麾下に甘んじることとなった。それでも茨木城を委ねられ、旧領と合わせて四万四百石を知行と『重修譜』『武家事紀』にある。

同六年十月、村重は信長に対して謀反。清秀はこれに従う。一説によると、村重が弁明のため安土へ赴こうとし、途中茨木城に寄ったところ、清秀よりとどめられ、謀反を勧められたという（隆佐記）。しかし、村重の謀反の意図は、もっと早くに固まっていたことは明らかなので、これは訛伝にすぎない。

村重の部将石田伊予・渡辺勘大夫とともに茨木城を守ったが、十一月二十四日、石田・渡辺を城より逐い、信長に降参（公記・隆佐記ほか）。信長を訪礼し、黄金三十枚を受けた（公記）。

逆に有岡攻城軍に加わり、原田郷の砦と中島城とを受け持つ。以後、田中砦、七松砦と持ち場は移るが、一貫して有岡城攻めに従事した（公記ほか）。この間、信長より慰問の書状を受けたり、秀吉から兄弟の契りを誓われ、本知のほか河内と摂津某郡での宛行いを献策することを約されたりしている（信長文書）。村重の謀反及び有岡攻めで、最も大きな役割を果したのが清秀だったであろう。同八年、信長と本願寺との和睦が整うと、尼崎の荒木与党の退城に伴う矢留のこと、及び付城の守備を命じられている（信長文書）。

同九年二月二十八日の馬揃えに参加。この時は、摂津衆として、丹羽長秀の組に属して行進したらしいが、長秀との関係は一時的なものである（士林証文・公記）。

同年八月、信長より、命令次第中国に出陣するよう準備を命じられる。この時の『公記』の記事は、「摂津国にて池田勝三郎（恒興）大将として」とあるから、池田恒興の指揮下に入れられたものであろうか。

ところで、この年十二月三日以前、清秀は信長より西国にて二カ国を与える旨の朱印状を受けたという（伊藤本文書）。たかだか摂津の一部の支配者にすぎない清秀に対して厚遇すぎるが、文書自体には疑問はない。小国二カ国の約束なのか、単なる励ましなのか、理解に苦しむところである。

同十年二月九日、武田攻め従軍を命じられ、三月、信長に従って信濃へ出陣（公記）。続いて五月には、中国出陣を命じられた（公記・天正記）。しかし、出陣に至らないうちに本能寺の変が勃発。変報を聞くや、すぐに秀吉に通信したらしい（梅林寺文書）。

備中高松より東上する秀吉に合流して、山崎の戦いで奮戦（川角ほか）。戦後、一時京都の鎮圧に協力したが、間もなく摂津に戻った様子である（安養寺文書）。

秀吉と柴田勝家との対立の中で、秀吉に味方。翌十一年三月、勝家の出陣に応じて秀吉が軍を出す。清秀も三好信吉（のち豊臣秀次）とともに美濃口に着陣した（岐阜県古文書類纂）。その後、大岩山の砦を守る。

四月二十日早朝、敵将佐久間盛政の軍が南下、突然大岩山を襲う。清秀は僅か一千の兵を指揮して対抗したが、ついに討死し、大岩山は落ちた。四十二歳であったという（中川氏年譜・寛永伝）。大岩山落城、清秀討死の報を受けて、秀吉の大垣大返しが始まる。

中川金右衛門（なかがわ　きんえもん）　尾張

生没年不詳。

信長馬廻。永禄三年（一五六〇）五月十九日、桶狭間の戦いに従軍して手柄を立てる。

同十二年八月、伊勢大河内《おかわち》攻めに従軍。「尺限《さくきわ》廻番衆」に名を連ねている（公記）。

中川定成（なかがわ　さだなり）　尾張

生没年不詳。

勘右衛門尉。

信雄の臣。天正十年（一五八二）、尾張の国主になった信雄より犬山城主とされる（太閤記）。同年九月、丹羽郡の瑞泉寺に禁制を掲げている（瑞泉寺文書）。

翌十一年、賤ケ岳の戦いの後、信雄より信孝に遣わされ、自殺を勧めるという（武家事紀）。同年に行われた尾張検地で奉行を務める（加藤益幹「織田信雄の尾張・伊勢支配」）。同十二年三月、小牧陣が起ると、伊勢の峰城の守備として置かれる（太閤記）。

同十三年六月、信雄に従い上京。信雄の供をして大坂へ行き、六月十二日に催された津田宗及の茶会に出席している（宗及記）。『分限帳』によれば、一万二千八百八十貫文の大身であった。

中川重政（なかがわ　しげまさ）　尾張

生没年不詳。

八郎右衛門尉。前名は織田駿河守忠政といったという（高木文書）。

〔出自と若年時〕

『織田系図』など系図類では、例外なく織田信次の孫としている。父については、『織田系図』では「刑部大輔」、『寛永伝』では「駿河守」という官名を載せている。だが、重政にしても弟の津田隼人正（盛月）にしても、永禄年間からの活躍が見られ、信次の孫とすることは、年代的に無理である。「刑部大輔」という人物にしても、他の史料には全く所見がない。ただ織田氏の血筋ということは、『高木文書』所収「渥美刑部入道曾干書出」に、前名「織田駿河守」とあることや、弟が「津田」姓を名乗ることより、信じてもよいであろう。

信長の馬廻として、永禄年中に選抜された黒母衣《ほろ》衆に名を連ねている（高木文書）。次弟左馬允（隼人正、盛月）、三弟薩摩守（木下雅楽助）も、それぞれ黒母衣衆・赤母衣衆に選抜されている（高木文書）。

〔京畿の所務担当者の一人〕

永禄十一年（一五六八）九月の信長上洛後、畿内方面の所務などの仕事に携わっているが、その跡を追ってみよう。

①（永禄十一年）十二月十六日、松永久秀に、今井宗久と武野新五郎（宗瓦）との訴訟の結果について報じる（木下秀吉・坂井好斎・和田惟政と）（坪井鈴雄氏文書）。

②（同十二年）四月十六日、立入宗継（隆佐）に、禁裏御料所山国荘の直務の相違なき旨を伝える（秀吉・丹羽長秀・明智光秀と）（立入家所持記）。

③（同年）同月同日、若狭広野孫三郎に対し、武田三十六人衆の忠節次第で所領を安堵する旨伝える（秀吉・長秀・光秀と）（信長文書）。

④（同年）同月同日、若狭梶又左衛門に対し、武田三十六人衆の忠節次第で所領を安堵する旨伝える（秀吉・長秀・光秀と）（大阪青山短期大学文書）。

⑤（同年）同月同日、若狭某（菊池カ）治部助に対し、武田三十六人衆の忠節次第で所領を安堵する旨伝える（秀吉・長秀・光秀と）（神明神社文書）。

⑥（同年）同月十八日、丹波宇津頼重に、山国荘の違乱を止めるよう命じる（長秀・秀吉・光秀と）（立入文書）。

⑦同年八月十一日、本圀寺学道中への知行進納を認める（長秀と）（本圀寺文書）。

⑧（同年）十月二十日、某に宛てて、信長が不承知のことを告げ、指令書を志賀郡へ送ることを命じる（森可成・惟政と）（反町文書）。

⑨同年十二月十八日、河守・林村名主百姓に、物成の支給と洲・河成の免について伝える（長秀と）（橋本左右神社文書）。

⑩同十三年三月二十二日、山城大住荘三カ村名主百姓に、以前通り年貢・所当を曇華《どんげ》院《いん》へ納めるよう命じる（秀吉・長秀・光秀と）（曇華院殿古文書）。

すべて連署状だが、木下秀吉・明智光秀・丹羽長秀と四人でチームを組むことが多い。この頃、このチームと別に、柴田勝家・佐久間信盛・坂井政尚・森可成・蜂屋頼隆の五人のチームがあり、やはり京畿の所務等に当っている。発給年月日を比較してみると、永禄十二年四月の中頃、柴田たちのチームから中川たちのチームへと任務が引き継がれたようである。二つのチームの九人に加え、伊勢に固定されていたらしい滝川一益を加えた十人が、当時の信長家臣の中で特別の地位だったと判断してよいであろう。

〔近江の分封支配者〕

永禄十二年八月、伊勢大河内城攻めに従軍。『公記』には「尺限廻《さくきわ》番衆」の一人として載っている。すでに老臣たちと名を連ねて政務に携わっている重政だが、軍事面ではまだ馬廻にすぎなかったのであろう。

だが、重政は、元亀元年（一五七〇）には、部隊指揮官の地位に昇進する。この年五月、信長は、六角氏の残党に備えるため、宿老級の部将を琵琶湖の南岸に配置した。その顔触れは、森可成（宇佐山）・佐久間信盛（永原）・柴田勝家（長光寺）、そして安土の重政であった（公記）。この顔触れは、その後、変更、追加され、湖の南から東にかけて、明智光秀（坂本）・佐久間信盛（永原）・柴田勝家（長光寺）・中川重政（安土）・丹羽長秀（佐和山）・木下秀吉（横山）という体制が、翌二年二月に完成する。『池田本』には、弟津田隼人正（盛月）も一緒に安土に置かれたとあるが、事実であろう。

近江に置かれた彼ら宿将たちには、近江の在地領主たちが与力として付属された。重政には永田景弘・建部寿徳らが付いたものと思われる（永田文書・武家事紀）。

信長の部将に昇格した重政の事跡を追うと、同元年八月、野田・福島陣に参加、翌二年九月、佐久間・柴田・丹羽とともに神崎郡新村城を攻略。同三年三月には、明智・丹羽とともに攻略後の志賀郡木戸・田中城に入れ置かれている（公記）。

〔勝家との所領争いと没落〕

元亀二年九月の叡山焼討ち後、没収された叡山領及び日吉社領は、信盛・光秀に与えられている（吉田文書・年代記・公記ほか）。この年十二月、御料所舟木荘が長秀・重政に押領されたことで、勅使山科言継が岐阜に下向している（言継）。時期的に見て、山門領と称しての押領と思われるから、重政や長秀も、加増の恩典に浴したのであろう。

しかし、重政と勝家との知行地及び権益は複雑に入り組んでいたらしい。元亀三年と思われるが、長命寺の中間銭をめぐって重政と勝家との間に争いが起っているのは、その表れである（長命寺文書）。この争いは大事に至らなかったようだが、結局は勝家との領地争いが重政没落の因をなした。

『武家事紀』津軽本の傍証では、元亀三年八月のこととしているが、津田隼人正が勝家の代官を斬り、兄弟ともども改易されたという。重政の名は、（元亀三年）六月二十七日付、沖島宛て信長朱印状（島村沖島共有文書）を終見として、その後見えなくなっており、『武家事紀』にある時期も一応肯定できる。

改易後は、剃髪して「土玄」と号して家康のもとに蟄居し、同年十二月の三方原の戦いに出陣したという（武家事紀）。一年後、信長に召還されたと『武家事紀』にあり、天正七年（一五七九）十月二十一日、二十二日の津田宗及の茶会に名が見える（宗及記）。しかし、かつての地位に戻ることは許されず、戦いに参加した形跡も全くない。

本能寺の変後、信雄に仕えたか。小牧陣の時、犬山城に入れ置かれたが、池田恒興に攻略されたと『武家事紀』に記されている。

前田利家の婿で老臣だった中川光重（宗半）は、子である。

中川駿河守（なかがわ　するがのかみ）　丹波

生没年不詳。

織田駿河守改め中川八郎右衛門尉重政と同一人とする説があるが、別人である。天正八年（一五八〇）一月二十八日、羽柴秀吉より軍役を定められている（中川文書）。丹波の一職《いつしき》支配権が明智光秀に与えられたのは、同年七月頃だから、隣国播磨と但馬を治めている秀吉がとりあえず指示を与えたものであろう。

中川秀政（なかがわ　ひでまさ）　摂津

永禄十二年（一五六九）～文禄二年（一五九三）十月二十四日。

藤兵衛、右衛門大夫。

清秀の長男。父の荒木攻めの功により、信長の娘（鶴姫）を娶る（重修譜）。

天正九年（一五八一）二月二十八日、父とともに摂津衆として馬揃えに参加（士林証文）。同十一年四月の父の戦死により、家を継ぎ、茨木城六万石。秀吉に仕える。

小牧陣、雑賀《さいか》攻め、四国攻めに従軍（浅野家文書・四国御発向幷北国御動座記ほか）。同十三年閏八月、一万石加増され、播磨三木城主（四国御発向幷北国御動座記）。九州陣、小田原陣にも従軍（当代記・伊達家文書）。

文禄元年（一五九二）朝鮮に渡海。翌二年十月二十四日、その地で客死した。二十五歳という（中川氏年譜）。

長坂助一郎（ながさか　すけいちろう）

生没年不詳。

信長の近臣。武田佐吉・林高兵衛尉とともに、山城の信長直轄領の代官を務めるが、天正五年（一五七七）頃か、五月十四日付で、堀秀政より、狛綱吉領を押領したことを責められている（小林文書）。

この三人の代官は、同七年十二月十二日、石清水八幡宮の造営を命じられている（公記）。八幡宮の工事は順調に進み、同八年五月二十六日、正遷宮が挙行された（公記）。

同十年五月、家康の上洛に備えて、道・橋の普請奉行に任じられた（甫庵・家忠日記増補）。

長沢市介（ながさわ　いちすけ）　山城

?〜天正元年（一五七三）三月二十六日。

大原野神社社務。天正元年（一五七三）、将軍義昭と信長との対立が深まる中で、信長方に付いたため、三月二十六日、義昭のため殺された（年代記）。

中島勘解由左衛門（なかじま　かげゆざえもん）　伊勢

生没年不詳。

北伊勢の豪族。天正元年（一五七三）十月八日、信長に人質を提出している（公記）。

中島将監（なかじま　しょうげん）　伊勢

生没年不詳。

伊勢白山城主。天正元年（一五七三）十月、北伊勢の豪族たちが人質を出して信長に来礼する中、出頭しなかったので、佐久間信盛・丹羽長秀・羽柴秀吉・蜂屋頼隆の攻撃を受け、ついに降参。信長に従った（公記）。

中島勝太（なかじま　しょうた）　尾張

生没年不詳。

犬山の家老中島豊後守の次に交名《きょうみょう》があるから、その子であろう（池田本）。

永禄十二年（一五六九）八月、伊勢大河内《おかわち》攻めに従軍（池田本）。天正六年（一五七八）六月、信忠の命により、播磨の路次の警固を務める（公記）。尾張衆だから、信忠軍団の一員だったのであろう。

中島隆重（なかじま　たかしげ）　播磨

生没年不詳。

吉衛門尉。

天正六年（一五七八）三月十五日、秀吉より本領を安堵されている（美作古簡集）。

中島豊後守（なかじま　ぶんごのかみ）　尾張

生没年不詳。

犬山の織田信清の家老で、小口城主（公記）。和田定利とともに丹羽長秀を通じて信長に降り、信長の犬山城攻めに助力した（公記）。

永禄十二年（一五六九）八月、伊勢大河内城攻め、元亀二年（一五七一）五月、伊勢長島攻めに従軍（公記）。天正二年（一五七四）七月の長島攻めの時は、信忠の指揮下に入り、市江口に着陣（公記）。尾張衆として信忠軍団に組み込まれていたのであろう。

中島勝太は子で継嗣と思われる。

中島主水正（なかじま　もんどのかみ）　尾張

生没年不詳。

犬山の織田信清の臣という（甫庵・織田系図）。妻は堀秀重の娘（重修譜）。

永禄元年（一五五八）七月の浮野の戦いは、主信清が信長に助力した戦いだが、この時、追撃してきた岩倉軍と戦った（甫庵・織田系図）。

永禄年間に選抜された黒母衣《ほろ》衆の一人として、『当代記』のみならず『武家事紀』にも名を載せているが、『武家事紀』の記事の元本である『高木文書』の「渥美刑部丞入道曾干書出」には名がない。ともかく、犬山落城後は信長に従ったのであろう。

中島与五郎（なかじま　よごろう）　尾張?

生没年不詳。

信長に仕えていたが、永禄五年（一五六二）、信長が長女徳姫を家康の長男信康に娶せた時、命により姫に同行。そのまま家康に転仕したという（寛永伝）。

長洲兵庫（ながす　ひょうご）　山城

生没年不詳。

西岡十六党の一。天正元年（一五七三）七月二十七日、長岡（細川）藤孝に従い、淀城攻めに参加した（細川家記）。

永田景弘（ながた　かげひろ）　近江

生没年不詳。

刑部少輔。諱は「正貞」ともある。

近江蒲生郡永田の人。六角氏に属す。永禄六年（一五六三）十月の観音寺騒動の時、六角父子を攻撃した一人である（長享年後畿内兵乱記）。同十年四月十八日付で、六角氏式目の起請文《きしょうもん》に連署している。連署の中に、「永田備中入道賢弘」という人物がいるが、景弘の父であろうか。

同十一年九月の信長の進攻に際して、後藤高治ら六人とともに六角氏を離れて信長に降る（言継）。翌十二年八月、伊勢大河内《おかわち》城攻めに従軍（公記）。（元亀元年＝一五七〇）五月十七日、信長より兄九里《くのり》三郎左衛門の跡職を与えられ、本領も安堵された（武家雲箋）。

（同年）十二月二日、岡山表での戦いの功を信長より褒されている（永田文書）。この頃は、安土城に置かれた中川重政と与力関係にあったらしい。同書状中に、重政から指示がある旨記されている。小谷城攻撃にも参加。（同三年）三月三日付で信長より江北出陣と砦の構築を命じられている（『武家事紀』所収文書）。

同年八月頃と思われる重政の没落により、長光寺城主柴田勝家の指揮下になった様子である。同四年六月十二日、勝家の臣柴田勝定・佐久間勝政より、沖島に礼米を徴収されている（島村沖島共有文書）。沖島も永田の支配範囲だったのであろう。

その前後、江北浅井攻め、槙島攻めに従軍。朝倉追撃戦にも加わった（公記・武家雲箋）。

天正六年（一五七八）八月十五日、安土における相撲会の奉行の一人。強力で有名なので、これまた強力で巨体の持ち主阿閉《あつじ》貞大と取らせられ、見事に勝利したという（公記）。

同七年、有岡攻めにも従軍。古屋野・池上の砦の番手を務める（公記）。同八年三月二十八日、放鷹中の信長より葦毛の馬を与えられた（公記）。同九年九月、伊賀攻めに従軍して滝川一益らとともに阿閉《あべ》郡を平定（公記）。同九年、十年の爆竹《さぎっちょう》にも、他の近江衆とともに参加している（公記）。この頃は、近江衆で信長の旗本を形づくっていたのであろう。

本能寺の変後は、秀吉に従った様子で、同十一年二月の信雄の北伊勢出陣に同陣を命じられている（上野五左衛門氏文書）。その後の事跡については不明である。

永田貞行（ながた　さだゆき）　近江

生没年不詳。

孫次郎。

景弘の子。信長に仕えるが、後、家康に仕え、家康の関東入国後、武蔵多摩郡・下総葛飾郡の内にて四百石を与えられた（重修譜）。

某年四十余歳で没という（重修譜）。

長田久琢（ながた　ひさあきら）　尾張

大永七年（一五二七）～慶長十七年（一六一二）十月二十九日。

弥右衛門尉、弥左衛門尉。法名宗祐。諱は「久勝」とも。

永禄五年（一五六二）十月九日、赤川弥十郎とともに、佐久間信盛より五百疋ずつ加増を受けている（浅井文書）。佐久間の与力だったのであろう。同六年十一月、信長より新儀の諸役と持分買得分を安堵された（小川文書）。その後、尾張支配を任された信忠に従う。

本能寺の変の後は、信雄の臣。知多郡で千五貫文を知行する（分限帳）。信雄没落の後、家康に召し出され、秀忠に仕える（重修譜）。上総・下総にて三千五百石を知行する（重修譜）。

慶長十七年（一六一二）十月二十九日没。八十六歳（重修譜）。

長田孫五郎（ながた　まごごろう）　尾張

生没年不詳。

信忠の家臣。天正九年（一五八一）五月、所領を安堵され、新儀の諸役を免除されている（真田宝物館文書）。他の事跡については不明である。

永田正貞（ながた　まささだ）　→永田景弘

長田弥右衛門（ながた　やえもん）　→長田久琢（ながた　ひさあきら）

中西権兵衛（なかにし　ごんべえ）

?～慶長十七年（一六一二）十月二十六日。

信長の小姓か馬廻であろう。天正七年（一五七九）、森成利（蘭丸）とともに、有岡攻め陣中の塩河長満へ褒賞の使として遣わされた（公記）。

同八年閏三月、旗本たちとともに、安土城下に屋敷地を与えられた（公記）。

慶長十七年（一六一二）十月二十六日没

（瑞林院過去帳）。

中西新八郎（なかにし　しんぱちろう）　摂津

生没年不詳。

荒木村重の臣。主村重の謀反に従い、有岡城で抗戦したが天正七年（一五七九）十月、佐治新介に説得されて城内の足軽大将らを謀反させ、落城に導く。その功により罪を赦され、同八年より摂津を与えられた池田恒興の与力とされた（公記）。

中根市之丞（なかね　いちのじょう）　尾張

?～天正十年（一五八二）六月二日。

信長の弟中根越中守（信照）の子。本能寺の変で討死した（織田家雑録）。

中根信照（なかね　のぶてる）　尾張

天文十五年（一五四六）～慶長十五年（一六一〇）十月十八日。

越中守、平右衛門。織田中根。大橋和泉守定永。諱は「忠実」ともある。

『公記』や文書には「織田中根」で登場するが、「中根」は姓であり、正しくは「中根越中守」である。諱については、『織田家雑録』などに「信照」とあるが、確かではない。

信長の弟。母は、信広と同じく、中根七郎左衛門康友の娘という（勢州録）。母の実家中根家の養子となる。養父は『重修譜』には、遠江二俣城主中根和泉守忠貞とあるが、信照は信長の連枝衆としてずっと尾張にいた様子であり、誤りであろう。『尾張志』には、沓掛城に住すとある。簗田《やなだ》広正の没後に沓掛に入れられたのであろうか。

天正九年（一五八一）二月二十八日の馬揃えの時は、連枝衆の中で行進（公記）。本能寺の変後は、尾張の支配者となった信雄に仕えた様子で、『分限帳』に沓掛二千貫を領している「中根殿」が見られる。

同十二年、小牧陣では信雄に従って尾張奥城を守るが、五月、秀吉方に城を落されて捕虜になった（京都大学文書）。生命は助けられたようなので、講和の後は再び信雄に仕えたのであろう。『勢州録』には、後に大橋和泉守定永と称したとある。

慶長十五年（一六一〇）十月十八日没、六十五歳（中根氏族譜）。

『尾州府志』には信照を評して、「天性魯鈍ノ人ナリ」とある。

中野一安（なかの　かずやす）　尾張

大永七年（一五二七）?～慶長三年（一五九八）十二月二十九日。

権一、又兵衛尉。

『張州雑志』には、「中野又兵衛重吉」の宅は田島にある旨の記載がある。しかし、「中野重吉」は、通称七蔵で家康の臣（寛永伝）。『天竜寺周悦文書』に「中野又兵衛尉一安」の署名がある。

信秀の代からの織田家の臣。天文十一年（一五四二）八月十日、小豆坂の戦いで奮戦、七本槍の一人に数えられるという（公記・甫庵）。『甫庵』には、当時僅か十七歳、童名「そち（卒）」と呼ばれていたとある（『張州雑志』等では十六歳、『尾張志』では「槌（ツチ）」）。

以後、信長側近で馬廻。弓の上手で、平井久右衛門とともに弓衆の指揮にあたった（公記）。元亀元年（一五七〇）八月、野田・福島攻めに従軍。九月十四日、本願寺が敵対して天満森へ兵を出した時、春日井堤にて、弓でこれと戦う（公記）。

江北の浅井攻めにも従軍。同三年十一月三日、虎御前山《とらごぜやま》から宮部へ続いた築地を破壊するため、浅井七郎が攻撃してきた時、木下秀吉を助けて戦った（公記）。

天正六年（一五七八）十一月には、有岡攻城戦に参加。十二月八日の一斉攻撃の時、平井及び芝山次大夫と三人で弓衆を指揮。火矢で有岡の町を放火した（公記）。同九年二月二十八日の馬揃えには、百人の弓衆を平井とともに二手に分けて引率している（公記）。

同八年八月、佐久間信盛追放の時、楠木長諳・松井友閑とともに譴責使を務めた。中野又兵衛といえば弓衆としての武功ばかりが目立つが、こうした信長側近としての仕事もこなしていたことが注目される。

本能寺の変後、信雄に仕え、高針郷にて六百貫文を知行している（分限帳）。信雄改易後か、秀吉に仕え、秀次に付属される

（張州雑志）。秀次の死後、一時浪人するが、再び秀吉に仕えて弓頭、三千貫文を賜るという（張州雑志・尾張群書系図部集）。

慶長三年（一五九八）十二月二十九日、田島にて没（尾張志ほか）。七十二歳か。

妻は今川氏豊（義元の弟）の娘という（張州府志ほか）。しかし、家格の違いを考えると疑問である。

中野重吉（なかの　しげよし）→中野一安（なかの　かずやす）

長野左京進（ながの　さきょうのしん）　伊勢
生没年不詳。

北畠氏の臣。左京亮ともあるが、分部左京亮光嘉とは別人。

永禄十二年（一五六九）、大河内《おかわち》城に籠城。九月八日の信長軍の夜討ちに対し、反撃して高名をあげた（勢州軍記）。

その後、北畠家を継いだ信雄に従い、天正四年（一五七六）十一月の北畠一族粛清の時、三瀬《みせ》にて具教を討つという（勢州軍記）。続いて起った小山戸の一揆に対しても、滝川雄利・柘植《つげ》三郎左衛門尉らとともに鎮圧（勢州軍記）。信雄老臣である彼らと遜色ない地位にいたらしい。

同七年九月、信雄の命で、柘植とともに伊賀に出陣して敗戦した（勢州軍記）。

小牧陣の時は信雄を離れて秀吉方に付く。戦後、信包の臣となり八幡山に築城するが、その後、家所《いえどころ》修理亮と争い、討たれたという（勢州軍記）。

長野具藤（ながの　ともふじ）　伊勢
永禄元年（一五五八）?～天正四年（一五七六）十一月二十五日。

次郎。長野御所と呼ばれる。

北畠具教の二男だが、長野藤定の養嗣子となる。永禄五年（一五六二）五月、藤定の死去に伴い家督を継ぐ（勢州軍記）。

北畠氏の幕下に属し、六角氏に付いた関氏と対立。三重郡塩浜で戦って、敗北したこともあった（勢州軍記）。

同十一年二月、信長が北伊勢に侵入した時、一族の細野藤敦は支城に籠って応戦したが、その弟分部光嘉らは信長に降参。具藤を安濃津城より逐って、信長の弟信良（信包）を長野の主として迎えた。具藤は、父を頼って南伊勢へ逃れたという（勢州軍記）。

以後は、父や北畠一族とともに南伊勢に住す。しかし、天正四年（一五七六）の北畠氏粛清の時、田丸城にて遭害。『北畠御所討死法名』には十九歳とある。

長野信良（ながの　のぶよし）→織田信包（おだ　のぶかね）

永原伊豆守（ながはら　いずのかみ）　近江
生没年不詳。
近江野洲郡の永原氏の一族。実治・重治の実父という（野洲郡史）。某年五月三日、信長より書を受け、贈品を謝されている（永原文書）。

永原実治（ながはら　さねはる）　近江
永禄四年（一五六一）?～天正十年（一五八二）六月十三日。

飛驒介。

近江野洲郡の永原一族。伊豆守の子。信長の下で活躍する越前守重康との関係については定かではない。安芸守実賢の養子となる（永原氏由緒、『野洲郡史』所収）。

信長に仕え、千石を知行。本能寺の変の後、明智光秀に従い、天正十年（一五八二）六月十三日、山崎の戦いに従軍して討死。二十二歳という（永原氏由緒）。六月二十五日、信孝より弟辰千代（重治）に遺領千石が加増された（永原氏文書）。

元亀元年（一五七〇）と思われる、五月八日付で、信長の書状を受け、忠節を励まされている「永原飛驒守」は、年齢から推して別人であろう（榊原文書）。


永原重康（ながはら　しげやす）　近江
生没年不詳。

越前守、筑前守。諱は「重虎」とも。

近江野洲郡永原に本拠を置いた永原氏の一族。越前守重興の子であろうか。六角氏に仕える。一族のうち、惣領と思われる大炊助らは六角氏と行を共にしたが、越前守は信長に降り、これに仕えた（野洲郡史）。

諱は、永禄四年（一五六一）七月二十七日付、安芸守重澄との連署状に「越前守重康」とある(禅林寺文書)。『公記』には、一貫して「筑前守」とあるが、これは別人とは考えられず、太田牛一の記憶違いであろう。

永禄十一年四月二十七日付で、信長より入魂のこと、知行方のことを約束されており、信長が上洛の動きを起す前より六角氏を見限っていた様子である(護国寺文書)。同年九月に信長が近江に進攻すると、後藤たちとともに信長に味方した(言継)。

翌十二年八月大河内城攻め、天正元年(一五七三)七月、槇島城攻めに従軍。同年八月十三日の朝倉追撃戦にも参加した(公記)。

本拠永原城には、元亀元年(一五七〇)五月より信長の宿将佐久間信盛が置かれたから、重康ら永原一族は他所に移住させられていたのであろう。ただし、地縁により信盛の与力になっていたものと思われる。

同二年九月十二日、叡山焼討ちの時、内陣に参籠していた大蔵卿行丸ら四人を助けたという(日吉神社兵乱記)。

しかし、天正元年以後、重康の消息は途絶える。同九年及び十年の一月十五日の爆竹《さぎっちょう》には、近江の在地領主が信長旗本として参加しているが、永原の名は見当らない(公記)。この間に過失があって追放されたのであろうか。それとも、『言継』天正四年十月八日条に、「江州永原煩之間」とあるから、そのまま死没してしまったのかも知れない。

永原飛驒守(ながはら　ひだのかみ)　近江

生没年不詳。

近江野洲郡永原を本拠とする永原氏の一族であろう。内容から推して元亀元年(一五七〇)と思われるが、五月八日付で信長から書状を受け、忠節を励まされている(榊原文書)。永原飛驒介実治は『永原氏由緒』(『野洲郡史』所収)によると当時十歳にすぎず、同一人ではありえない。

長深某(ながふけ)　伊勢

?~天正十二年(一五八四)五月七日。

北伊勢員弁《いなべ》郡の豪族。天正元年(一五七三)十月八日、長島攻めの信長の陣に出向き、人質を提出した(公記)。

北畠氏を継いだ信雄に仕え、同十二年、小牧陣の時もこれに従い、尾張加賀野井城に籠る。五月七日、秀吉軍の攻撃を受け、落城して討死した(京都大学文書)。

中村一氏(なかむら　かずうじ)　尾張

?~慶長五年(一六〇〇)七月。

孫平次、式部少輔。

秀吉に仕えるというが、初めは堀尾可晴と同じく信長の臣で秀吉の与力といった立場だったのであろう。秀吉の長浜時代、二百石を知行するという(武家事紀)。

天正五年(一五七七)十月、秀吉が播磨へ派遣されると、これに従う。同十年六月、中国大返しの時、先手として東上、山崎の戦いで、鉄砲大将を務め活躍するという(川角・武家事紀)。

翌十一年二月、秀次に従って伊勢亀山城攻め、次いで江北へも従軍し、賤ケ岳の戦いにも参加した(柴田合戦記・中村一氏記)。

同年八月の諸将への宛行いの時、和泉に知行地を得、岸和田城主になり、根来・雑賀への押さえを任務とするという(紀州御発向記ほか)。だが、『宇野』によると、同年七月四日の時点ですでに岸和田に置かれており、「岸和田城主」と呼ばれている。賤ケ岳の戦い直後の宛行いで岸和田を得たのであろう。

同十二年、小牧陣が始まってからも岸和田を動かず、しばしば根来・雑賀《さいか》衆と戦う(中村一氏記ほか)。三月二十二日には、数万もの一揆勢と戦い、これを撃退した(多聞院・兼見ほか)。翌十三年三月の秀吉の雑賀攻めの時は、仙石秀久・九鬼嘉隆とともに水軍を率い、熊野の辺りまで征服した(紀州御発向記)。

同年五月八日、近江甲賀郡を与えられ、水口城へ移る。六万石という(宇野・真鍋真入斎書付)。七月十一日、秀吉の関白任官に際し、従五位下式部少輔、諸太夫に任じられる(歴名土代・関白任官記)。八月、秀吉に従い佐々攻め。立山方面へ出陣。閏八月、近江に封じられた秀次の老臣として付属された

（四国御発向并北国御動座記）。

同十五年の九州陣の時は、京都の留守役。秀吉近臣の木下吉種より、九州の戦況を報じられている（古文書類纂）。

同十八年、小田原陣に従軍。秀次に従って山中城攻めに参加。攻略後、秀吉より戦功を褒されたという（川角・太閤記）。関東平定後の七月、駿河一国を拝領、府中城主（太閤記・川角）。

朝鮮陣では、名護屋へ参陣したが、渡海することはなかった。文禄三年（一五九四）、伏見城普請を分担。当時十四万五千石（当代記）。秀吉政権の三人の「中老」の一人といわれる。

慶長五年（一六〇〇）の戦乱の時は東軍に加担したが、間もなく発病して、弟の一栄を代理として派遣。決戦前の七月に没した（中村一氏記・関ケ原軍記大成）。

中村良政（なかむら　よしまさ）

生没年不詳。

隼人佐。

村井貞勝の臣。貞勝に仕えて京都に在住。天正四年（一五七六）七月十二日、高倉中御門の地子銭棄破を止めてほしいとの、大戸七郎左衛門の請願を山科言継に取り次いでいる（言継）。

本能寺の変後、秀吉の京都奉行杉原家次の下で働いている姿が見られる（座田文書、伊藤真昭「秀吉関白任官と所司代の成立」所収）。

中山勝時（なかやま　かつとき）　尾張

?～天正十年（一五八二）六月二日?

五郎左衛門、民部大輔、刑部大輔。

『張州雑志』や『尾張志』には知多郡岩滑村の人とあるが、『寛永伝』には柳部荘の人とある。水野忠政の婿。忠政とその子信元に仕え、後、信長に転仕する（重修譜）。

永禄三年（一五六〇）、家康が尾張に出馬の時、訪ねて火縄を贈ったという（重修譜）。

尾張衆として、その後、信忠に属したのであろう。天正十年（一五八二）六月二日、二条御所にて討死したという（張州雑志・尾張志）。

那古屋勝泰（なごや　かつやす）　尾張

生没年不詳。

弥五郎。

那古屋荘の那古屋氏。清須に住すと『公記』にあるから、守護斯波氏か守護代織田彦五郎に属したのであろう。家臣は三百人ほどいたというから、かなりの大身である（公記）。

十六、七歳の頃、簗田《やなだ》弥次右衛門と男色の契りを結び、天文二十一年（一五五二）頃か、二人で信長に通じ、清須の老臣たちを信長方に引入れようと画策した（公記）。その後の消息については明らかでない。

天文十一年八月の小豆坂の戦いの時、清須衆ながらも信秀に従って戦いに参加し、討死した「那古屋弥五郎」が『公記』に載っているが、父であろう。

また、『円福寺文書』中に「那古屋弥五郎」発給の書状が数通伝わっており、そのうち一月十日付のものには「那古屋弥五郎勝泰」と署名されている。おそらく子と思われるほうの弥五郎であろう。

那古屋弥五郎（なごや　やごろう）　↓那古屋勝泰（なごや　かつやす）

並河掃部（なびか　かもん）　丹波

生没年不詳。

『言経』には「ナヒカ」とルビがある。兵庫介。『安永三年小浜藩家臣由緒書』（『小浜市史』所収）では、諱は「宗隆」とある。

丹波の土豪として、天正八年（一五八〇）から丹波の一職《いつしき》支配を委ねられた明智光秀に属したのであろう。天正十年六月十三日、光秀に従って山崎の戦いに参加した、と『太閤記』にある。

鍋山顕綱（なべやま　あきつな）　飛騨

?～天正十一年（一五八三）一月。

右衛門督、豊後守。本姓は三木《みつき》氏。

三木（姉小路）自綱の弟。飛騨鍋山城を奪い、鍋山氏の名跡を継ぐ（飛騨国治乱記）。

天正十一年（一五八三）一月、謀反の疑いをかけられ、鍋山城にて、兄自綱の刺客荒川甚平に殺されたという（飛騨国治乱記ほか）。

鯰江貞利（なまずえ　さだとし）　近江

?～天正五年（一五七七）九月二十三日。

又八郎。

六角氏の臣である鯰江一族。貞景の長男（鯰江系図、『近江愛智郡志』所収）。

天正五年（一五七七）、柴田勝家に属して加賀に働き、九月二十三日、手取川の戦いで討死した（鯰江系図）。

鯰江秀国（なまずえ　ひでくに）　近江

?～天正二年（一五七四）七月十六日。

又一郎。

六角氏の臣である鯰江一族。貞景の弟（鯰江三吉家系図、『近江愛智郡志』所収）。元亀元年（一五七〇）三月三日、常楽寺における相撲会で取り勝ち、賞として太刀・脇差を信長より賜った上、家臣に加えられた（公記）。

天正二年（一五七四）七月、長島攻めに従軍。同月十六日の戦いで討死したという（鯰江三吉家系図）。

並河掃部（なみかわ　かもん）　→（なびかかもん）

奈良清六（なら　せいろく）

生没年不詳。

佐久間信盛の与力。天正四年（一五七六）五月三日、天王寺にて、本願寺の寄手と戦っている（甫庵）。

楢原右衛門尉（ならはら　うえもんのじょう）

→楢原遠政（ならはら　とおまさ）

楢原遠政（ならはら　とおまさ）　大和

永正十五年（一五一八）～天正十一年（一五八三）閏一月十六日。

右衛門尉。

父は、十市遠治の弟源良房。楢原家を継ぐという（多聞院）。

永禄十一年（一五六八）の信長上洛、畿内平定の時は、筒井順慶ら国衆とともに反抗し、松永・佐久間の軍に居城を攻められている（多聞院）。しかし、その後、信長に従った様子である。

一向宗徒だったのであろうか。翌年七月十六日、一向宗道場を建立しようとして、破却されている様子が見られる（多聞院）。

天正十年（一五八二）三月の武田攻めには、筒井たち大和国衆と一緒に従軍している「楢原」が見えるが（蓮成院）、これは、子とみなされる又一あるいは新二郎であろうか。

信長の晩年と思われるが、六月二十日付で、信長より糒《ほしいい》の贈呈を謝されている（高橋義彦氏文書）。

同十一年閏一月十六日没、六十六歳（多聞院）。

成田重政（なりた　しげまさ）　尾張

大永四年（一五二四）～天正十五年（一五八七）十一月二十日。

与左衛門、弥左衛門。諱は「義金」とも。だが、文書では「重政」。

愛知郡星崎城主。信長の臣だが佐久間信盛に付属（成田家記）。元亀三年（一五七二）十二月六日、信長より尾張の内六十貫文の地を宛行われた（阿波潮文書）。

天正九年（一五八一）三月二十八日、太田信定（牛一）とともに、近江鯰江郷と中野郷との境界の草刈りをめぐる争いを裁定している（日吉神社文書）。

本能寺の変・賤ケ岳の戦いの後、丹羽長秀の家臣となり、越前勝山城主、三万五千石（成田家記）。

天正十五年（一五八七）十一月二十日没、六十四歳（成田家記）。

成田長重（なりた　ながしげ）　尾張

生没年不詳。

杉。杉〇〇であろうが、不明である。

信長の奉行衆。元亀三年（一五七二）十二月、信長が伊藤惣十郎に尾張・美濃の商人司を命じた時、十二月六日付で副状を出した八人の奉行の一人である（寛延旧家集）。

鳴海助右衛門（なるみ　すけえもん）　尾張

生没年不詳。

愛知郡鳴海村の人（張州府志・尾張志）。信長の直臣。尾張が信忠に委任されてからは、信忠に仕える。天正三年（一五七五）十二月、信忠より、長良川木材の諸役を命じられている（大阪青山歴史文学博物館文書）。

だが、同四年八月十九日には、柴田弥左衛門尉とともに、蛇溝村の村民より請文を受けているから、安土城の建設を機に信長の奉行の立場に戻ったものと思われる（蛇溝町共有文書、八日町市史所収)。

天正十年(一五八二)五月二十九日、信長最後の上洛の時、安土城二の丸番衆の一人として置かれた(公記)。

南条元清(なんじょう　もときよ)　→小鴨元清(おがも　もときよ)

南条元続(なんじょう　もとつぐ)　伯耆

?～文禄二年(一五九三)頃

又四郎、勘兵衛、伯耆守。諱は「光明」ともあるが、文書で確かめられるのは、「元続」のほか「直秀」である。

伯耆羽衣石《うえし》城主。宗勝の子。小鴨元清は庶兄である。初め毛利氏に仕え、吉川元春に属す。天正三年(一五七五)十月、宗勝の死に伴い、南条家を継ぐ。同年十月十四日付で、兄元清及び家臣たちが吉川元春・元長に、元続の家督安堵を請願しており、元続自身からも誓書を提出している(吉川家文書)。

同七年、毛利氏に背いて信長に降り、九月一日、伯耆堤城を攻略する(吉川家譜)。以後、羽衣石城に籠って、吉川軍の攻撃に対抗した。しかし、鳥取城が毛利方として健在で、因幡の大半が毛利氏の支配下にある段階では、西方に孤立する形であり、その立場を反映してか、同八年六月頃までは元続の態度も微妙であった(吉川家文書ほか)。

同八年八月十三日、鳥取落城後の九年十月二十六日と何度も吉川軍に囲まれ、その間、兵糧が尽きて、蜂須賀家政が兵糧を運び入れるということもあった(吉川家譜・公記・蜂須賀彦右衛門覚書)。羽衣石城からは、多くの兵が抜け出して行ったという(萩藩閥閲録ほか)。

しかし、秀吉軍の侵略が次第に西方へ及ぶと、息を吹き返した形で、これに協力して因幡気多《けた》郡の毛利方の城を攻撃している(細川家文書・沢田義厚氏文書)。

本能寺の変後も秀吉に従い、引き続き伯耆に置かれたが、西方が手薄になった隙に吉川軍に攻められて、羽衣石城を捨てて京都へ奔った(山田家古文書・陰徳記)。だが、秀吉政権が固まった同十二年、秀吉よりあらためて伯耆三郡を与えられ、また羽衣石城主に返り咲く(光源院文書)。四万石とも六万石ともいう。

同十五年の九州陣には、宮部継潤の組下として参加(当代記・川角)。継潤との従属関係は、同九年に継潤が鳥取城に入って以来のものらしい。

同年七月二十七日、従五位下に叙される(御湯殿)。次いで伯耆守。同十八年の小田原陣にも兵を出している(伊達家文書)。

『聚楽武鑑』によると、同十九年七月十七日没、四十三歳とあり、『羽衣石南条系図』にも同十九年没と記されている。しかし、文禄二年に比定される、二月五日付の「南条伯耆」宛て秀吉書状があるから(松村文書)、その没年は、もう少し後であろう。そして、(同年)四月十八日付の秀吉奉行衆連署状(毛利家文書)の宛名が元清になっていることと合わせ考え、元続の死没はこの間ではないかと思われる。

に

二位法印（にいのほういん）→武井夕庵（たけい　せきあん）

牲川治部丞（にえかわ　じぶのじょう）　紀伊

生没年不詳。

諱を「義次」とする書もある。牲川は「贄川」とも書く。

伊都郡胡麻生の人。畠山氏に仕えるが、その滅亡後、信長に従う。天正九年（一五八一）の高野山攻撃に参加。翌年一月四日、信長より、高野山攻めに松山新介（重治）を派遣したことを伝えられ、馳走を命じられている（紀伊続風土記）。

仁木長政（にき　ながまさ）　伊賀

生没年不詳。

四郎、左京大夫。

伊賀守護の仁木氏は、いろいろな史料に見えるものの、もう守護としての求心力は乏しくなっている様子である。そうした情勢の中で、守護家の一族として仁木左京大夫長政の存在が知られる。

彼は、天文十年（一五四二）十一月、左京大夫に任官（大館常興日記）。稲本紀昭氏は、まだこの頃彼は守護に在職していたと推測している（同氏「伊賀国守護と仁木氏」）。永禄十一年（一五六八）三月十七日、伊賀来訪の吉田兼右に新城の地鎮を依頼（兼右卿記）、『永禄六年諸役人附』に「外様衆」として登場（「丹波」と誤られているが）、天正二年（一五七四）十一月二日付の高倉神社棟札にも「仁木殿長政」が記されている（上野市高倉神社所蔵）。

（永禄十二年）七月、信長の北畠攻めに先んじて、滝川一益を通じて信長に降った「仁木」（新津秀三郎氏文書）、天正元年九月四日付の綸旨を受けて、泉涌寺舎利殿再建の資金の奉加を求められた「仁木」（壬生家四巻之日記）、いずれも長政と見てよかろう。天正八年十二月十三日、伊賀の地で、吉田兼和に在京を依頼している仁木政親は、長政の子のようである（兼見卿記別記、稲本氏前掲論文所収）。

しかし、石田善人氏の研究によれば、「伊賀惣国一揆掟書」は永禄五年以前に成立しているということだから（同氏「甲賀郡中惣と伊賀惣国一揆」）、長政が伊賀を強力に支配していたわけではなかろう。

この後、伊賀惣国の中で、次第に孤立して行ったか。伊賀国衆の一揆を押さえ切れなかったようである。信長の版図の中央に位置しながら、伊賀は独立した体制を維持していた。そして、天正九年（一五八一）九月の信雄による伊賀攻めにより、伊賀はようやく信長の下に属した。

仁木長頼（にき　ながより）　伊賀

生没年不詳。

刑部大輔。

伊賀守護仁木氏の一族であろう。（永禄八年）七月十八日、和田惟政に書状を送って、足利義昭の奈良脱出について相談に乗っている（和田家文書）。義昭が興福寺一乗院を脱出するのは七月二十八日のことである。その企ての一員であった。

仁木友梅（にき　ゆうばい）　伊賀

生没年不詳。

友梅軒ともある。長政の弟か。伊賀守護家仁木氏の一族である。

伊賀は、天正九年（一五八一）信長によって平定されるが、その後、取り立てられて平楽寺城に入れられた（勢州軍記）。翌年、本能寺の変が起って国人たちが蜂起し、早飛脚を立てて信雄に注進し、加勢を求めている（勢州軍記）。

その後、『多聞院』に頻見する「有梅軒」「祐梅軒」「梅軒」等を、久保文武氏は、仁木友梅と判断。医をもって余生を送ったとしている（同氏「伊賀守護（並伊賀仁木）編年表」）。

西馬二郎（にし　うまじろう）

『公記』に載った、天正六年（一五七八）二月二十九日、及び同年八月十五日の安土相撲会に参加している「東馬二郎」というのは、東《ひがし》親実と西馬二郎が誤って合体したものらしい。『安土日記』には、「御小人馬二郎」とある。

西尾光教（にしお　みつのり）　美濃

天文十二年（一五四三）～元和元年（一六一五）十一月十九日。

小六郎、与三右衛門、与三左衛門、豊後守。

美濃野口の人という。曾根城、後、野口城に住す。兵庫頭信光の子と『寛永伝』にあるが、『東大寺領美濃国古文書』にある「西尾兵庫助直教」が父かも知れない。

初め斎藤氏に仕え、氏家卜全に属す。妻は卜全の妹という（寛永伝）。永禄三年（一五六〇）、卜全に従って八幡で浅井・朝倉軍と戦って功をあげ、卜全より感状を受けるという（寛永伝）。

後、信長に仕え二万石を知行し、信長の美濃攻めの時、戦功をあげ、賞として名馬を与えられるというが（重修譜）、二万石はやや大きすぎるようである。

元亀二年（一五七一）五月、長島攻めに従軍。卜全の殿《しんがり》軍に属して退却したが、この時の戦いで寄親卜全を失う（公記・甫庵）。だが、同年八月十六日、信長より多芸郡役の徴収を安堵された（大野多根氏文書）。以後も氏家直通に属したのであろう。

本能寺の変が起った時、明智光秀より当日付の書状を受け、氏家を誘降することを頼まれている（『武家事紀』所収文書）。だが、光秀には味方しなかったようである。変後、美濃は信孝の支配下になるが、西尾は秀吉に通じ、引き続き野口村を領有した。

天正十六年（一五八八）、稲葉貞通が郡上八幡城へ移転するに伴い、曾根城に移る。同年、従五位下豊後守に叙任（重修譜）。一時秀次に付属される（武家事紀）。文禄三年（一五九四）、伏見城普請を分担。当時二万石（当代記）。

慶長五年（一六〇〇）、上杉攻めに従軍。上方の変を聞き西上、岐阜城攻めに参加。戦後一万石加増。美濃大野・本巣・加茂・安八郡にて三万石。揖斐《いび》城に居す（重修譜）。

元和元年（一六一五）十一月十九日没、七十三歳という（寛永伝）。

西尾義次（にしお　よしつぐ）　尾張

享禄三年（一五三〇）～慶長十一年（一六〇六）八月二十六日。

小三郎、小左衛門、隠岐守。諱は後に「吉次」という。

東条左兵衛佐持広の子（西尾家譜）。尾張西条の人。信長に仕え、三千石を知行するという（重修譜）。その後、加増されたか、天正二年（一五七四）、美濃厚見郡上奈良・藪田村にて五千石知行と『西尾家譜』にある。

同三年五月、長篠の戦いに従軍。四年四月、安土築城の石奉行を務める（公記）。信長側近の身分だが、早くから家康とも懇意だった様子で、天正七年十月、有岡城攻め末期の有様について家康に報告している（谷井文書）。

同八年十二月、猪子高就・福富秀勝・長谷川秀一とともに、信長よりの検使として、高天神城攻めの家康の陣を見回る（家忠）。更に同九年十一月、三河吉良に出張。翌十年二月まで三河に駐まったらしい（家忠）。この時、信長の命を奉じて、兵糧八千俵を浜松に入れた（公記・西尾家譜）。武田攻めの準備である。三月にも三河へ出張し、松平家忠の饗応を受けている（家忠）。

『家忠』には、「安土西尾殿」と書かれ、先の高天神城攻めの検使の顔触れから推して、家康と密接ながらも、まだ信長の側近だったことは間違いない。信長側近として、（天正九年カ）十一月十七日付で、石川数正・松平真乗に某両人の押領を信長へ訴えることを約束するなど、信長と家康側とのパイプ役を果している（松平乗承家蔵古文書）。

この後、上京した家康の堺遊覧の世話役を務める（西尾家譜）。その途、本能寺の変が勃発し、伊賀越えで逃れる家康に同行する。この直後より家康に属したらしい。（同年）十二月十二日付の秀吉宛て家康書状に、副状を発していることは、はっきりと家康に臣従していることを示している（益田孝氏文書）。

同十二年、小牧陣に従軍。四月九日の長久手での戦闘にも参加した（西尾家譜）。

尾張出身で、長く信長に仕えた義次は、家康にしても利用価値があったのであろう。小牧陣中、美濃竹鼻城の不破広綱としきりに連絡をとったのも義次である（不破文書）。

同十四年、家康に供奉《ぐぶ》して大坂に赴き、秀吉より「吉」の諱字を与えられ、これまでの「義次」から「吉次」と改めた（重修譜）。

小田原陣に従軍。家康の関東入国により、武蔵足立郡にて五千石を領す（西尾家譜）。

文禄元年（一五九二）、名護屋に従軍。以後、大体家康の傍らにあって仕えるのを常としていた（西尾家譜）。

秀吉死後の慶長四年（一五九九）十月三日、従五位下隠岐守に叙任（西尾家譜）。同五年、上杉攻めに従軍。西上の時は家康と行を共にした様子で、東軍諸侍の書を受け、また、家康書状に副状を発している（不破文書ほか）。

同七年、美濃にて七千石加増され、都合一万二千石（西尾家譜）。

同十一年八月二十六日、伏見にて没、七十七歳という（西尾家譜）。

西川慶順（にしかわ　けいじゅん）　近江

?～天正五年（一五七七）一月二十九日。上人。

近江芦浦観音寺住職。観音寺は、代々六角氏の代官を務める。慶順は前住職秀範の甥という関係で、その跡を継ぐ（重修譜）。

近江を平定した信長に従う。天正五年（一五七七）一月二十九日寂す（重修譜）。

西川賢珍（にしかわ　けんちん）　近江

?～天正十七年（一五八九）二月一日。上人。

近江芦浦観音寺住職。慶順の甥。その縁で慶順の跡を継ぐ。

信長に仕え、後、秀吉に従う。天正十七年（一五八九）二月一日寂（重修譜）。

西川貞則（にしかわ　さだのり）　美濃

永正十三年（一五一六）～永禄十一年（一五六八）九月。

仁右衛門。

信長に仕え、美濃大野村を知行。永禄十一年（一五六八）九月、近江高宮にて討死というから、信長上洛戦の時の犠牲者であろう。戦死の時、五十三歳という（重修譜）。

西松忠兵衛（にしまつ　ちゅうべえ）　美濃

生没年不詳。

吉村氏の一族。（天正二年＝一五七四）二月一日、木村十兵衛・田中真吉《しんきち》とともに、信長より、美濃今尾を守る高木貞久への協力を命じられた（高木文書）。

日乗朝山（にちじょう　ちょうざん）　↓朝山日乗（あさやま　にちじょう）

二宮長恒（にのみや　ながつね）　越中

生没年不詳。

余五郎、左衛門大夫。

新川郡上熊野城に拠った国人。神保氏に属し、永禄十二年（一五六九）十一月十五日、神保長職より宛行いを受けている（渡辺謙一郎氏文書）。

長職は上杉謙信に従ったので、長恒も上杉方として行動する。長職の死後、神保氏は謙信に敵対するようになるが、長恒は謙信を離れなかった。謙信は不安定な越中の中で、二宮氏を梃子《てこ》として状勢の打開を策したのであろうか。（元亀四年＝一五七三）三月十二日、長恒に婦負《ねい》郡宮川下三郷を宛行い、翌天正二年（一五七四）九月二十六日、知行安堵。そして同年、「長」の諱字を長恒に与えるなど懐柔に努めている（池田文書・狩野文書）。

天正六年、信長を後ろ盾として神保長住が越中に戻り、国衆を従えて行く。同年五月十七日、長恒も、長住の知行安堵を受けている（渡辺謙一郎氏文書）。しかし長恒は、一方では、同年七月八日付で上杉景勝の安堵状をも得ているのである（渡辺謙一郎氏文書）（この文書については、『信長文書』も『史料綜覧』も『志賀慎太郎氏文書』とし、発給人を信長としているが、『新潟県史』に従っておきたい）。上杉・織田両勢力の接点である越中の国人として、一つの鍵を握る存在だったのであろう。

その後、織田方の力が次第に上杉方を圧

迫。同九年二月、佐々成政に越中の一職《いっしき》支配権が与えられる。長恒はおそらくこれに従ったと思われるが、歴史の表面には現れなくなった。

丹羽氏勝（にわ　うじかつ）　尾張

大永三年（一五二三）～慶長二年（一五九七）十一月二十二日。

勘四郎、勘助、源六郎、右近大夫。

氏識《うじさと》の子。尾張岩崎城主。信秀の代から織田氏に従う。だが、『三草丹羽家譜』によると、家督を継いだのは永禄八年（一五六五）六月の氏識の死後という。また、後妻として信秀の娘（信長の妹）を娶ると『三草丹羽家譜』にあるが、明らかではない。

天文二十四年（一五五五）六月、信長の叔父信次が、信長の弟秀孝を誤殺して守山城を逃亡した後、氏勝の臣たちが守山城を赴援し、信次の臣たちとともに籠城して、信長・信勝（信行）の軍と戦った（公記）。この行動を見ると、当時は信長ではなく信次に属していたものと思われる。

その後、旧信次家臣である角田源五は、新しい守山城主織田安房守（秀俊カ）を殺した。氏勝は角田に加担したという（公記）。後、守山城には信次が戻るが、信長の一元的支配が進んだのか、氏勝は信長に直属したようである。

永禄十一年（一五六八）九月の信長の上洛戦、翌年八月の伊勢大河内《おかわち》城攻めに従軍。元亀元年（一五七〇）の姉川の戦い、野田・福島攻め、叡山攻囲陣にも参加（公記・三草丹羽家譜）。小部隊指揮官として、信長の馬廻を固めていたのであろう。

天正元年（一五七三）頃より、尾張・東美濃を基盤とする信忠軍団が形づくられて行ったが、氏勝はその後も、同三年八月の越前一向一揆討伐戦、五年二月の雑賀《さいか》攻めに、信忠と離れた形で従軍しているから、信長の旗本として安土に移住したものと思われる（池田本・公記）。なお、子氏次は尾張に残り、信忠に属したらしい。

同八年四月二十四日、近江伊庭山にて普請の最中、鷹狩りの途の信長が通りかかり、家臣が誤って大石をその近くに落すという事故があった（公記）。同年八月十七日、林秀貞・安藤守就とともに追放。理由は、先年（信長の尾張一国時代であろう）信長に逆らったということだが、先の事件も影響していたのかも知れない（公記）。

その後、家康に仕え、慶長二年（一五九七）十一月二十二日没、七十五歳という（寛永伝・三草丹羽家譜）。

丹羽氏清（にわ　うじきよ）　尾張

文明十七年（一四八五）？～永禄二年（一五五九）十一月二十一日？

若狭守。

氏勝の祖父。初め織田信秀、その後、松平清康、再び信秀に属す。岩崎城を築き、そこに住す。岩崎城は信秀が築き、氏清はただ占拠したのみとの見方もある（武田茂敬「戦国期丹羽氏の覚書」）。七千石の地を領有したという（三草丹羽家譜）。大永三年（一五二五）九月、本郷村白山神社を修造する（尾張志）。晩年は信長に仕えたか。

永禄二年（一五五九）十一月二十一日没、七十五歳というが、没年あるいは没年齢に誤りがあるようである（丹羽氏次家譜・尾張志ほか）。

丹羽氏識（にわ　うじさと）　尾張

明応六年（一四九七）？～永禄八年（一五六五）六月十九日。

右近大夫。『士林泝洄』には、諱は「氏識」とある。

氏清の子。ただし、伝えられている生年に誤りがあるようである。

岩崎城主として信長に従うが、一族の丹羽氏秀との争いの時、信長が氏秀を庇護したので、城を捨てて三河へ行き、家康に仕え、三河内に封地を与えられるという（重修譜）。その後、家康と信長との同盟成立によって尾張に戻り、岩崎城主に復して信長に従属する（重修譜）。

永禄八年（一五六五）六月十九日没、六十九歳という（重修譜）。

丹羽氏次（にわ　うじつぐ）　尾張

天文十九年（一五五〇）？～慶長六年

（一六〇一）三月十九日。

勘助、源六郎。

氏勝の子と各系図にあるが、『尾張志』は、市岡勘解由盛吉の子で、氏勝の養子であるという。愛知郡岩崎城に住し、信長に仕える。永禄十二年（一五六九）八月、伊勢大河内城攻めに従軍（池田本）。天正八年（一五八〇）八月、父氏勝が追放されるが、累は氏次に及ばなかったようである。

同十年二月、信忠の武田攻めに従軍。十六日、降将木曾義昌の軍と一手になって、信濃の鳥居峠に着陣している。この軍の顔触れは、織田長益ら連枝衆と塚本小大膳ら信忠の属将たちであり、氏次も尾張衆として信忠軍団に組み入れられていたものと思われる（公記）。

本能寺の変後は、信雄に仕える。『寛永伝』『三草丹羽家譜』等には、同十一年春、信雄の勘気を蒙り、そのもとを去って家康に属したとある。確かに、翌十二年四月九日の長久手の戦いでは、家康の指揮の下で活躍している（太閤記ほか）。

その後、再び信雄に仕えるという。（天正十二年）五月十四日、信雄より脇田普請のため派遣されているから、長久手の戦い直後に信雄の下に戻ったのであろう（吉村文書）。信雄の臣として七千石を知行という（三草丹羽家譜）。『分限帳』にもその名があり、六千貫の地を領した大身であることがわかる。

同十八年、信雄没落の後、新たに尾張の支配者となった秀次に仕える（三草丹羽家譜・前田家文書）。文禄四年（一五九五）の秀次事件の後は秀吉に直接仕え、尾張にて五千石知行という（戦国人名辞典）。

慶長五年（一六〇〇）、家康の上杉攻めに従軍。石田三成挙兵の報により尾張に戻り、居城岩崎を守備する。九月十五日の関ケ原の戦いにも、東軍として参加した。戦後、三河賀茂郡伊保荘一万石に加増（三草丹羽家譜）。

同六年三月十九日没。『丹羽氏次家譜』には五十三歳とあるが、『三草丹羽家譜』『寛永伝』等は五十二歳としている。後者を採用しておく。

天正十三年、安昌寺を建立したという（張州府志）。

丹羽小四郎（にわ　こしろう）　尾張？

？～天正四年（一五七六）五月三日。

塙直政の老臣。天正四年（一五七六）四月、直政に従い、本願寺攻めに参加。五月三日、三津寺攻めの時、直政とともに討死した（公記）。

その直後の塙一類探索の際、丹羽二介という人物が捕縛されているが、小四郎の一族であろう（多聞院）。

丹羽伝次（にわ　でんじ）　→丹羽玄政（にわ　はるまさ）

丹羽長秀（にわ　ながひで）　尾張

天文四年（一五三五）～天正十三年（一五八五）四月十六日。

万千代、五郎左衛門尉。賜姓されて「惟《これ》住《ずみ》」。

〔信長尾張一国時代からの重臣〕

長政の長男。愛知郡児玉村に住す（丹羽家譜・張州雑志ほか）。児玉の丹羽氏は斯波氏の家臣だったというが、大永五年（一五二五）二月付、楞厳寺《りょうがんじ》宛て水野近守判物中に、「丹羽五郎左衛門尉」があり、長秀の父か祖父は水野氏に仕えていたのではないかと思われる（楞厳寺文書）。

祖父または父は、織田家に転仕したか、長秀は十五歳より信長に仕えるという（丹羽家譜）。長じて、信長の庶兄信広の娘を妻とする（丹羽家譜ほか）。

天文二十一年（一五五二）八月の萱津《かやつ》の戦い、永禄三年（一五六〇）五月の桶狭間の戦いに従軍。永禄五年五月、一万貫を加増されるという（丹羽家譜）。だが、これは大きすぎよう。

確かな史料における初見は、永禄初年頃と思われる、七月十五日付の尾張寂光院宛ての連署書状だが、これでは、柴田勝家・佐々主知とともに寺領安堵の奉行を務めている（尾張徇行記）。発給年の明らかなものでは、永禄六年閏十二月九日、笠覆寺に観音堂修理田を安堵した判物である。続いて翌七年十二月二十七日、同じ笠覆寺に寺領を安堵している（笠覆寺文書）。このように、信長尾張一国時代から長秀は織田家中で文武両面において重きをなしていた。

信長は犬山の織田信清を追い詰めつつ、美濃の侵略も進めて行ったが、長秀は、その過程で犬山の老臣和田新介・中島豊後、美濃の佐藤忠能の降を仲介するという手柄を立てた（公記）。永禄七年、美濃猿喰《さるばみ》城攻め、堂洞《どうぼら》城攻めでも活躍している（公記）。

同十一年九月、信長の上洛戦に従軍。佐久間信盛・木下秀吉とともに、六角氏の箕《み》作《つくり》城を攻略した（公記）。信長の尾張一国時代から、信長軍の部隊指揮官の一人であった。

〔上洛後の京畿での活躍〕

信長の上洛直後、長秀は明院良政とともに禁中へ使し、物を献上した（御湯殿）。信長が京より岐阜に戻った時も、佐久間信盛・木下秀吉・村井貞勝・明院とともに京に残された（多聞院）。だが、長秀は京にずっと駐まっていたのではなかった。十月から十一月にかけて、貞勝と組んで近江の占領地の指出《さしだし》を徴している（橋本左右神社文書・長命寺文書・堅田村旧郷士文書）。

十一月に一旦下国したらしいが、翌十二年一月、再び上京。畿内の行政に携わる。それらを列記してみよう。

①（永禄十二年）一月十日、遍照心院に、寄宿免除の朱印状に別儀ないことを伝える（単独）（大通寺文書）。
②同年三月三日、誓願寺泰翁上人宛ての、知行安堵の朱印状に副状を発給（単独）（誓願寺文書）。
③同年三月十七日、三井寺花光坊に、買得の田地を安堵（単独）（荻野由之氏文書）。
④（同年）四月十六日、立入宗継に、禁裏御料所山国荘の直務相違なき旨を伝える（木下秀吉・中川重政・明智光秀と）（立入宗継文書）。
⑤（同年）四月十六日、若狭広野孫三郎に、武田義統への忠節次第で所領を安堵する旨、伝える（秀吉・重政・光秀と）（信長文書）。
⑥（同年）四月十六日、若狭梶又左衛門に、武田義統への忠節次第で所領を安堵する旨、伝える（秀吉・重政・光秀と）（大阪青山短期大学文書）。
⑦（同年）四月十六日、若狭某（菊池カ）治郎助に、武田義統への忠節次第で所領を安堵する旨、伝える（秀吉・重政・光秀と）（福井県史資料編）。
⑧（同年）四月十八日、宇津頼重に、禁裏御料所山国荘の違乱を止めるよう命じる（秀吉・重政・光秀と）（立入文書）。
⑨同年四月、名物召し置きの奉行を務める（松井友閑と）（公記）。
⑩（同年）八月八日、池田勝正に、堺五カ荘の押領を止めるよう指示する（単独）（宗久書）。（同年）十一月十一日、再び勝正に指示する（宗久書）。
⑪同年八月十一日、本圀寺学道中の知行進納を認める（重政と）（本圀寺文書）。
⑫同十三年三月二十二日、山城大住荘三カ村名主・百姓に、以前通り年貢等を曇華院《どんげいん》へ納めるよう命じる（秀吉・重政・光秀と）（曇華院殿古文書）。
⑬同年三月、堺において名物を収集する奉行を務める（友閑と）（公記）。
⑭（同年）四月二十日、渡辺太郎左衛門尉の愛宕《おたぎ》山供料外畑村の下司職に対する不法を禁止する（単独）（愛宕山尾崎坊文書）。
⑮（同年）五月二十五日、鉄砲調達の奉行を務める（塙直政と）（武藤文書）。

永禄十二年四月中旬よりしばらくの間、秀吉・光秀・重政との四人のチームができていた様子だが、長秀の場合は、単独での活躍も多いことが知られるであろう。

〔江北陣から佐和山攻めへ〕

永禄十二年八月、伊勢大河内《おかわち》攻めに従軍。九月八日、信長の命により、稲葉良通（一鉄）・池田恒興とともに夜討ちをかけて失敗した（公記）。

元亀元年（一五七〇）四月二十日、信長は越前へ向け出陣するが、同日、丹波渡辺太郎左衛門尉に書状を発しているところを見ると、京都に止まったのであろうか（愛宕山尾崎坊文書）。だが、越前より急遽退却して京に戻った信長に命じられて、明智光秀とともに若狭へ赴き、武藤友益の人質を徴し、居城を破却した（公記）。

この時、若狭で将軍奉公衆一色藤長に会い、出陣を止め、合わせて若狭のことを相談している（武家雲箋）。後に長秀が若狭を支配する伏線が、この時に張られていると言える。五月六日、長秀は京に戻り、そのことについて復命している（公記）。

元亀元年六月、江北陣に従軍。二十一日には、柴田勝家・佐久間信盛・蜂屋頼隆・木下秀吉とともに小谷近辺を放火した（公記）。二十八日の姉川の戦いの時は、恒興とともに家康加勢となり、朝倉軍と戦った（津田文書）。

戦後、磯野員昌の守る佐和山城攻めを担当。付城として百々《どど》屋敷を築き、そこに入った（公記）。八月の南方出陣には、佐和山攻めの長秀と横山守備の秀吉は参加しなかったらしい。彼ら二人は、信長が南方より帰陣して叡山を取巻いた時、志賀まで駆けつけた。路次、一揆に襲われたが、これを斬り捨てての行軍であった（公記）。十一月十六日、命を受けて、勢多に舟橋をかける奉行を務めている（公記）。

佐和山城攻めには、初め長秀のほか河尻秀隆・水野信元・市橋長利も参加しているが、そのうちに長秀が専任となったらしい（公記）。志賀陣より戻った長秀は、再びその任務に精を出す。

佐和山城主磯野員昌は、度重なる説得によりようやく翌二年二月に開城する。そして高島郡新庄へ移った。長秀は彼の護送のための舟百艘を調達している（堅田村旧郷士文書）。

〔佐和山城主として〕

磯野の立退いた佐和山城には、長秀が「城代」として入れ置かれた（公記）。だが間もなく領有を許され、佐和山城主となる。『甫庵』には近辺五万貫の所領を与えられたとあるが、近辺の領有は当然としても、五万貫は多すぎよう。『当代記』付記には五万石とある。それぐらいであろうか。

そして、この時より犬上郡辺りの在地領主たちを与力として麾下に置いた。この時、長秀の与力とされた者は、高宮右京亮・大岩重政ら（小椋記録ほか）。建部寿徳も、元亀三年八月と思われる中川重政追放後、長秀に属したらしい。また、石崎高俊は、坂田郡の在ながら長秀に付属されたようである（中川文書）。

同二年八月二十八日、信長は江南の平定のため、江北へ移陣。この時、佐和山に一泊した。長秀は九月一日、佐久間・柴田・中川重政とともに神崎郡志村城を攻め、攻略している（公記）。

同年九月二十一日、河尻秀隆とともに、高宮右京亮を佐和山に誘殺する。そして、すぐに多賀社の条規を定め、混乱を防いでいる（公記・多賀神社文書）。河尻は当時信長旗本であり、目付の役と思われるから、この粛清の当事者は長秀であろう。

（同年）十月十九日、愛智《えち》郡政所谷七カ村に、炭商売を許可（小椋記録）。この地は大岩重政の領分で、長秀の支配地である。

（同年）八月二十三日、上賀茂社に貴布禰谷山の領有を認めているのは、支配地外の活動である。これについては、（同年）十二月十四日、木下秀吉に対し、「賀茂之儀、拙者申次之条」とことわっている（賀茂別雷神社文書）。即ち、長秀ら諸将が近江支配を分割した後も、入京直後の京都における政務の分担が生きているのである。賀茂荘に関しては、天正年間になってからも、信長の書に副状を発したり、賀茂社への寄進を促すなどの活動が見られる（賀茂別雷神社文書）。

同三年三月、志賀郡に出陣。光秀・重政とともに木戸・田中を攻め、付城に入る（公記）。同年四月の河内交野《かたの》城救援戦に加わったかどうかは不明だが、それに先立つ四月八日、秀吉・勝家・信盛と四人で、伏見物中に対し、船を狐川へ下すことを命じている（三雲文書）。

同年七月、江北へ出陣。勝家・信盛とともに小谷の町を破る。さらに、高山の奥にある大吉寺を攻め、僧俗ともども斬り捨てた（公記）。

〔天正元年の一連の戦いに際して〕

天正元年（一五七三）になって、信長と将軍義昭との対立が深まり、将軍側近光浄院暹慶《せんけい》（山岡景友）らが石山・今堅田に立て籠る。長秀は、勝家・光秀・蜂屋頼隆とともにその討伐を命じられ、二月二十六日石山を、二十九日今堅田を攻略した（公記）。

続いて三月末の京都出陣にも従軍。三月二十九日に聖護院の陣所を訪れた吉田兼和より、百疋を贈られている（兼見）。四月三日、四日の洛中洛外の放火にも参加した（朝河文書）。

講和して信長が帰陣した後、長秀は、信盛・勝家らとともに六角残党の籠る鯰江城を攻める。この時、六角方を密かに支援していた百済寺も焼き払われた（公記）。

五月十五日、信長は佐和山に出向き、大工ら職人たちを召し寄せ、大船の建造を命じた。この船は七月五日に完成するが、長秀は奉行として働いたらしい（公記・甫庵）。七月に義昭が槙島に籠って信長に再度反抗した時、信長はこの船に乗って一気に坂本口へ駆け付けた（公記）。

長秀は槙島城攻めに従軍。将軍追放後、江北陣にも従軍。八月十三日、朝倉軍の退却を見逃し、諸将とともに信長の叱責を受けた（公記）。そのまま越前へ進軍。朝倉義景自殺後、捜し出された義景の母と嫡男を預けられ、これらを殺した（公記）。

朝倉・浅井を滅ぼし、帰陣すると、すかさず北伊勢攻めの命が下った。長秀は出陣し、信盛・秀吉らとともに西別所に籠る一揆を打ち破った。そして、さらに中島将監の守る白山城を攻略した（公記）。

十一月には信盛とともに若江城攻めに派遣され、貝塚砦を落とした（細川家記ほか）。

〔若狭支配のはじまり〕

朝倉・浅井滅亡の直後と思われるが、長秀は天正元年九月付で、若狭長源寺と遠《お》敷《にゅう》郡滝村に禁制を掲げている（長源寺文書・若狭彦姫神社文書）。これは、朝倉滅亡後の若狭の混乱を鎮めるために出向したのであろう。『丹羽家譜』などでは、長秀の若狭支配は元亀元年に始まるとあるが、確かな史料ではこの二通の文書が長秀の若狭での権力行使の初見である。そして、天正元年十二月十三日、若狭の御料所についての勅命を受けたり、翌二年二月二十一日、西福寺に寺領を安堵していることは、若狭の支配権が長秀の手に握られたことの明確な証であろう（御湯殿・西福寺文書）。

天正二年一月、越前の守護代として置かれた前波吉継（桂田長俊）が殺され、越前は混乱の場となった。長秀は秀吉とともに敦賀まで出陣したが、間もなく軍を返した。この出陣に「若狭衆」も参加しているが、彼らは長秀が指揮したのであろう（公記）。同年閏十一月十九日、国人白井政胤に賀茂荘領家分代官職を安堵（白井文書）、同年閏十一月二十二日、若狭遠敷郡の鉄屋《かねや》に若狭の鉄屋職を安堵（金屋鋳物師文書）と、立て続けに長秀の政務の跡が見られる。

初めのうちは、守護武田氏の若狭国衆支配権がある程度は認められていたと思われるが、次第に長秀の力が浸透し、武田氏もその下に組み入れられて行くのである。

なお、若狭支配が進んでも、長秀の居城は近江佐和山のまま移動しなかったものと思われる。同二年閏十一月十一日、近江犬上郡にて、罪科人明蔵主の捕縛を命じていること、さらに天正四年以後、三月二日付で多賀社に神事の執行を安堵したことは、長秀が佐和山を保持していたことの証であろう（小椋記録・多賀神社文書）。

〔軍事・政事両面での活躍（軍事面）〕

丹羽長秀という人物は、早くから信長軍団の中で五指に入れられているほどの部将だが、政務の面でも軍事面での活躍と同じぐらいの功績が見られる。まず、天正二年以後八年までの軍事行動を並べてみよう。

①天正二年七月、長島攻め従軍（公記ほか）。
②同三年四月、高屋・大坂攻めに従軍（公記）。
③同年五月、長篠の戦いに従軍（公記ほか）。
④同年八月、越前一向一揆討伐戦に従軍（公記ほか）。勝家とともに鳥羽城を破る（高橋

源一郎氏文書）。
⑤同四年五月、大坂攻めに従軍（公記）。
⑥同五年二月、雑賀《さいか》攻めに従軍。三月一日、光秀・一益らとともに鈴木孫一居城を攻める。戦後、信盛・光秀・秀吉らとともに佐野砦に残し置かれる（公記）。
⑦同年八月、勝家に従って加賀へ出陣（公記ほか）。手取川の戦いで上杉軍に敗れる（歴代古案ほか）。
⑧同年十月、大和信貴山《しぎさん》攻めに参加（公記）。戦後もしばらく大和に駐まり、十一月十八日付で薬師寺内の陣取り・濫妨・狼藉を禁じている（薬師寺文書）。
⑨同六年三月、光秀の援軍として丹波出陣（細川家記ほか）。
⑩同年四月、信忠に従い大坂表出陣（公記）。
⑪同年同月、光秀・一益とともに丹波出陣、園部城を攻略（公記）。
⑫同年同月二十九日、播磨出陣。六月二十七日、志方城攻撃。その後、諸将とともに神吉城攻め、七月十六日、落す（公記）。
⑬同年十一月、有岡城攻め従軍。一益とともに花隈城攻め。一谷を放火（公記）。
⑭同七年四月十日、秀吉の援軍として播磨出陣。同月末、再び有岡攻めに参加。塚口郷の砦に置かれる（公記）。
⑮同八年二月、兵庫・花隈への付城を築く（津田信澄・塩河長満と）（公記）。

第一に言えることは、長秀が多方面、信長の催したほとんどの戦いに動員されていることである。第二には、彼が単独で敵に当った戦いはなく、どれも信長軍の一翼を担うにすぎないということであろう。ただ、有岡城攻めに関しては、最後の段階で活躍したのは長秀と一益の軍であった。しかし、開城に直接の手柄のあったのは一益の方であり、長秀はここでも手伝いにすぎない形で戦いを終了している（公記）。

長秀は有力な遊撃軍団を率いてはいたが、まだ柴田勝家・佐久間信盛・明智光秀・羽柴秀吉のような方面軍軍団長ではなく、また、戦いにおいて主力部隊を構成するほどの軍団は持っていなかったのである。

〔軍事・政務両面での活躍（政務面）〕

遊撃軍軍団長としての軍事上の活躍よりも、長秀の功績で目を引くのは、安土城普請の総奉行を務めたことであろう。

それも含めて、政務面での彼の活躍振りを追ってみよう。

①天正二年三月二十七日、東大寺の蘭奢待切取りの奉行（信盛・勝家らとともに）（公記）。
②同三年四月一日、公家衆の本領還付の奉行を務める（村井貞勝と）（公記・竜安寺文書）。
③同四年一月、安土城普請の総奉行を命じられる（公記）。二月二十四日、信長は安土に移転（兼見）。四月には石垣建設に取りかかる（公記）。大体年内には長秀の役割は済んでいたものと思われる。安土普請の慰労として、長秀は名物の市絵《いちのえ》を頂戴した（公記）。
④同七年十一月二十二日、誠仁《さねひと》親王の二条新邸行啓の時、奉行を務める（貞勝・光秀と）（公記）。
⑤同年十二月、荒木の重臣の妻子の徴収を命じられる（一益・蜂屋頼隆と）（公記）。
⑥同八年、安土城下に家臣やキリスト教宣教師の宅地の造営を命じられる。五月七日、完成する（公記）。

信長の部将は、多かれ少なかれこうした政務に携わっている。だが、②③④⑥のような重職をこなす者は限られている。部将としての活躍では勝家・秀吉らに及ばない長秀も、政務の面では彼らよりずっと目立った仕事をしているのである。

〔長秀の地位〕

柴田勝家が北陸方面、佐久間信盛が大坂方面、明智光秀が丹波、羽柴秀吉が播磨と、それぞれ方面軍の指揮官となって行く中で、長秀は後れをとっている。だが、織田家中における地位は、必ずしも戦場での活躍ばかりによるのではない。信長の統一事業の進む中で、長秀がどの程度の地位にいたのか、検討してみよう。

天正三年七月三日、信長は官位昇進の勅諚をいただいたが、これを辞退。代りに老臣たちを任官させることを請い、勅許された（公記）。この時任官・賜姓された者は、『公記』の記事のほか文書・日記によって考察すると、次の通りである。

武井夕庵（二位法印）・松井友閑（宮内卿法印）・村井貞勝（長門守）・羽柴秀吉（筑前守）・明智光秀（惟任《これとう》日向守）・塙直政（原田備中守）・簗田《やなだ》広正（別喜《べつき》右近大夫）。

そのほか確かではないが、滝川一益も伊予守に任官したようである（言継ほか）。織田家臣の両翼である柴田勝家と佐久間信盛は、すでに修理亮、右衛門尉だから、この叙目の対象からは外されたのであろう。

こうした中で、長秀は、「惟住《これずみ》」の姓は賜ったものの、受領名にはあずからず、依然として「五郎左衛門尉」のままである。この時点で、長秀は、秀吉・光秀・直政・広正に抜かれていると考えてもよいであろう。尾張一国時代には五指に入る地位を与えられていた長秀だが、秀吉ら後進にその後の功績の点で及ばなかったのであろう。実力主義の信長の、冷徹な評価と言ってよい。

とはいっても、長秀が織田家の重臣の一人であり、軍事面で目立った活躍はないながらも、代表的遊撃軍の軍団長として重宝されていたことは確かだし、安土城の普請奉行を任されるほど信長の信頼を得ていたと言うことはできよう。同六年元旦、主立った家臣十二人が安土城内での茶会に出席しているが、長秀がそのメンバーに名を連ねていることはもちろんである（公記）。

〔若狭支配の進捗と馬揃え〕

前述の通り、長秀の若狭支配が始まったのは天正元年の朝倉氏滅亡後らしい。初めの頃は、武田元明の守護権もある程度は認められていたらしいが、年月を経るに従って、長秀の国衆及び下地支配が進んで行った様子である。

同六年十一月、長秀は有岡攻めに従軍するが、その在陣中、度々若狭羽賀寺安堵を求める勅使を受け、十二月十七日、これに応じて、安堵の旨を観修寺《かじゅうじ》晴豊に伝えている（羽賀寺文書）。また、同七年四月二十三日付で、丹生浦《にゅうのうら》の榜示について命を下している判物も見られる（丹生浦共有文書）。

同九年一月二十三日付で、信長が光秀に宛てて、馬揃えの触れを命じた朱印状によると、武田元明をはじめ内藤・熊谷・粟屋・逸見・山県が馬揃え参加を命じられ、「是ハ五郎左衛門尉可㆓申遣候㆒」とある（士林証文）。そして馬揃え当日の二月二十八日、長秀は、若狭衆のほか、摂津衆、西岡の革島を率いて行進している（公記）。

摂津衆や革島は、一時的に付けられたにすぎないが、武田ら若狭衆は、普段より長秀の支配下にあったのであろう。この時期には長秀は、若狭の一職《いっしき》支配を委ねられていたのではなかろうか。

因みに、光秀宛て信長朱印状の発せられた、同九年一月二十三日当時、長秀は大坂にいる（士林証文）。その後も大坂に常駐したのは津田信澄だが、石山開城後しばらくの間は、長秀と蜂屋頼隆も大坂で後始末業務に携わっていたらしい。ついでに言うと、『信長文書』で天正九年に比定されている、十月十二日付の長秀・頼隆宛て信長朱印状（東美太郎氏文書）は、同八年のものであろう。

〔四国方面軍副将まで〕

天正九年二月の馬揃え以後、翌十年五月に四国遠征を命じられるまでの長秀の行動を追って行こう。

九年五月十日、指出《さしだし》に応ぜぬ和泉槙尾寺《まきのおでら》を焼払う。この時、事を決行したメンバーは、長秀のほか、津田信澄・蜂屋頼隆・堀秀政・松井友閑である（公記）。秀政は検使として信長から遣わされた側近、友閑は堺奉行、他の三人は大坂在番の者と考えられる。まだ長秀は大坂に駐まっていたらしい。

だが、同年六月十一日、越中の寺崎父子を佐和山城に預けられた時は、すでに帰国していたのであろう（公記）（寺崎盛永は、同年五月頃能登で自害ともいう）。七月には、同じ越中の石黒成親誅殺の命が長秀に下ったが、石黒は事情を察して長浜より上らず、長秀は長浜まで出向いてこれを討った（公記）。

同年九月、信雄を主将として伊賀平定軍が催される。当時最有力の遊撃軍団だった長秀軍と滝川一益軍は、これに参加した（公記）。長秀は若狭衆を率いて、筒井順慶・蒲生賦秀（氏郷）とともに名張郡を平定した（公記）。

翌十年三月には、信長に従って甲信へ出陣（公記）。しかし、武田氏滅亡後だったので、活躍の場はなかった。四月三日、暇を賜って草津での湯治に出かけた。同月二十一日、甲斐より帰陣の信長を、佐和山に茶屋を建ててもてなしているが、その間僅かに休息を許されたのであろう（公記）。

同年五月、長秀は、信孝に添えられて四国討伐に出陣することを命じられた。彼は二十日、安土高雲寺で家康振舞いの役を果した後、大坂で重ねて馳走することを命じられ、二十一日、大坂へ向かった（公記）。軍を集結させたのは、その後のことであろう。

この四国攻めについて、長秀を実質上の総司令官とし、ここで長秀が勝家・秀吉らと同じ方面軍軍団長（司令官）に昇進したとする説が多い。しかし、同十年五月七日付、信孝宛て信長朱印状によれば、讃岐一国を信孝が与えられている（寺尾菊子氏文書）。それに対して、長秀が四国の地に封じられることを載せた史料はない。後世の書だけしかないが、四国討伐軍について書かれた史料は、『丹羽家譜』も含めて、いずれも長秀・頼隆・信澄を副将として並記している。長秀は、遊撃軍を率いて信孝の四国方面軍を応援するという、これまで通りの立場にすぎなかったのである。

〔本能寺の変後〕

六月二日早朝、本能寺の変が勃発した時、長秀は堺に在陣していた（惟任謀反記）。ところが返報が届くと、信孝や長秀ら四国討伐軍の兵は、過半が逃亡してしまったという（勢州軍記）。それでも長秀は信孝と語らって、五日、大坂千貫櫓に光秀の女婿である信澄を攻めてこれを殺し、光秀に対抗の気勢を示した（多聞院ほか）。

変後、方面軍司令官の中で最も近い位置にいた秀吉との連絡が繰り返されていたであろう。秀吉は急遽東上。長秀は十一日、尼崎でそれに合流した（太閤記）。

十三日、山崎の戦いに参加。『太閤記』に載った兵力は、大体二倍に水増ししていると思われるが、秀吉軍の二万に対し、長秀軍は僅か三千である。戦捷後、信孝・秀吉らとともに洛中を鎮め、続いて近江に入り、光秀方に占領されていた佐和山城を復した（惟任謀反記）。美濃の鎮定は秀吉らと一緒であり、関惣中などへの禁制が見られる（梅竜寺文書・善行寺文書ほか）。

二十七日、勝家・秀吉・池田恒興とともに清須会議に参加する。『川角』には、ことごとに秀吉の意見に賛同する長秀の姿が描かれているが、会議前にしてすでに秀吉と黙約があったのかも知れない。この会議の結果、長秀は、従前の若狭に加えて、近江高島・志賀二郡を得た（浅野家文書・太閤記ほか）。そして会議参加の四人の顔触れは、そのまま「天下之政道」（惟任謀反記）を行うことになった。

〔秀吉の下風に立って〕

しかし、この後の長秀と秀吉との立場は、実質上対等ではなかった。例えば、（同年）七月十八日付で、毛利輝元は長秀と蜂須賀正勝に物を贈って戦捷を賀しているが、両方の書状を見ると、太刀一腰・銀子百枚の贈品のみならず、文面も一字一句の違いすらない（毛利氏四代実録考証・蜂須賀文書）。秀吉の麾下である正勝と同等に見られているのである。また、毛利氏に関しては、八月四日、長秀は吉川元春に通信し、秀吉に款《よしみ》を通じるよう勧めている（吉川家文書）。

八月十一日付の、長秀宛て秀吉書状を見ると、二人の実質上の地位の違いがはっきりする。その文面によると、滝川一益の訴え、信雄・信孝の領分の境界の争いなど、長秀はすべて秀吉にお伺いを立てて、裁定を仰いでいるのである。そして、安土城普請を急ぎ、織田家当主三法師を早く安土に移らせるよう命令されている（専光寺文書）。それでも長秀は、秀吉と勝家の間に立って、平和裏に事を進めようという動きも見せている。同年九月三日付の長秀宛て勝家書状によれば、信雄と信孝の領域争いや新主三法師の安土移徙について、長秀から勝家に相談したようである（徳川記念財団文書）。しかし、秀吉・勝家の間がより険悪になって行くと、もう長秀の出番はなくなる。

十月十五日に秀吉が信長の葬礼を行うとには、長秀は反対だったようである（蓮成院記録）。当日、自身は参列せず、代理として青山宗勝ら三人を遣わしている（兼見）。しかし、それが実行されてしまうと、長秀はひたすら秀吉に恭順の態度をとる。同月二十八日、長秀は上京して、秀吉・恒興と会談した（蓮成院記録・兼見）。何が話し合われたかというと、信雄を織田家の臨時家督に据えるということであった。こうした秀吉の専横にも、長秀は従うしかなくなっていたのである。

「宿老」の肩書きを持つ長秀は、秀吉の独裁の隠れ蓑になり、秀吉にとって利用しがいのある人物だったであろう。秀吉と信孝・勝家がついに衝突したこの年十二月、美濃から江北にかけて、多数の秀吉の禁制が見られるが、すべて長秀と連名の形をとっているのである（福蔵坊文書・大安養神社文書ほか）。

長秀は、秀吉に従い、十二月に美濃に出陣する。翌年二月、海津口・敦賀口で勝家を牽制（太閤記）。従って、四月二十一日の賤ケ岳の戦いには加わらなかった。

戦後、勝家の旧領である越前一国と加賀能美・江沼二郡を与えられる。各書に百二十三万石とあるが、それは大きすぎよう。せいぜいその半分の六十万石余といったところであろう。越前府中に居す（丹羽家譜）。四月中、まだ鎮まっていない越前国内に、多数の禁制を発行している（法興寺文書・大連文書ほか）。

同十二年三月頃より「越前守」を称す（金沢市立図書館文書）。同十三年四月十六日没、五十一歳（寛永伝ほか）。病魔に冒され、最後は自ら腹を切って果てたと伝わる。

丹羽玄政（にわ　はるまさ）　尾張

?～天正四年（一五七六）五月三日。

伝次。

塙直政の臣。（元亀三年＝一五七二）六月二十日、木下祐久・蜂須賀正勝らとともに、大徳寺より上使銭を徴収している（大徳寺文書）。この顔触れは、直政と木下秀吉の代官たちであろう。

その後は、直政に従って山城の政務に励んでおり、天正四年（一五七六）三月、木津の給人への礼のため上洛している（多聞院）。

同年四月、直政に従って本願寺攻めに参加。五月三日の戦いで直政とともに討死した（松雲公採集遺編類纂）。

ぬ

温井景隆（ぬくい　かげたか）　能登

?～天正十年（一五八二）六月二十六日?

兵庫助、備中守、備前守。兵庫助を称するのは永禄年中まで。元亀年中以後は備中守。

能登畠山氏の臣。続宗の子であろう。三宅長盛の兄。温井氏は畠山七人衆の中でも、特に有力な名族。しかし弘治元年（一五五五）、祖父総貞が畠山義綱に殺されると、一族とともに加賀に亡命。永禄九年、義綱追放後、能登に帰国。幼少の義慶《よしのり》（義隆）に仕えた。そして、再び畠山氏の年寄衆に列する（長家家譜・戦国大名家臣団事典）。

畠山氏を擁して上杉謙信に対抗。（永禄十一年）三月二十六日、広済寺と坪坂伯耆入道に対し、謙信の帰陣を報じて、軍を引くよう促している（松雲公採集遺編類纂）。（元亀三年）九月四日、坪坂伯耆入道に対し、越中の様子を伝えているが、遠く武田信玄の動静にも通じているようである（寸金雑録）。

だが、天正四年（一五七六）初期までには、謙信に降っている。（同年）二月二十日、上杉の臣色部惣四郎らに書して、謙信の出馬を求めている（歴代古案）。信長軍の加賀進攻に対応した行動である。だが結局は、主家を裏切り、謙信の七尾城攻略に手を貸すことになる（歴代古案）。

　同五年九月の畠山氏滅亡とともに、謙信の家臣に組み入れられて行ったらしく、同年十二月の『上杉家家中名字尽』（上杉家文書）にその名を連ねている。

　その後、謙信の死を契機として次第に上杉氏を離れ、同七年には、弟三宅長盛らとともに、七尾城代である上杉の将鰺坂長実を逐った（加能越古文書）。七年八月十三日付で、景隆と長盛が気多社に社務領を返付しているのは、羽咋《はくい》郡辺りを確保していたことの証であろう（気多神社文書）。

　だが、能登には、旧領回復を目指す畠山氏の旧臣長連竜が信長軍を背景として進出しており、次にはこれとの抗争となる。同八年閏三月能登飯山で、六月菱脇寺にて連竜と戦って、景隆方は敗れた（長家家譜）。

　この連竜との争いの最中から、景隆らは信長に降を申し出ており、（同年）五月十日付で、信長は連竜に対し、景隆と講和する時、落度のないよう注意している（長家文書）。一族を討たれた連竜の怨恨を心配しているのであろう。七月、景隆らは正式に信長に降り、赦免された（前田家譜・長家家譜）。

　この年から翌年にかけて、景隆・長盛兄弟は、信長だけでなく、能登を担当した側近の菅屋長頼、その代官の岩越吉久に対しても、歳末・年甫の贈品をし、忠誠を誓っている。二月には、北陸方面軍司令官柴田勝家にも贈品している（中谷藤作氏文書・酒井文書ほか）。

　ところが、同九年三月、七尾城代として赴任した菅屋長頼は、旧勢力の鎮圧にあたる。六月二十七日、遊佐一族など、かつて畠山氏の老臣だった者三人が誅殺された。それを見て、景隆・長盛兄弟は七尾城を逐電、越後の上杉景勝のもとへ奔った（公記）。

　同十年五月九日、景勝より本領を安堵された景隆は、上杉の越中・能登回復作戦の先手とされる（『上杉年譜』所収文書）。本能寺の変後、長盛とともに越中へ渡海。石動山《いするぎやま》に拠り、荒山に砦を築いた（前田家年譜ほか）。だが、六月二十六日、前田利家・佐久間盛政の攻撃を受け、防戦かなわず討死した（金沢市立図書館文書・荒山合戦記ほか）。なお、石動山・荒山の戦いは七月下旬との説もある。

布目某（ぬのめ）
　生没年不詳。
　村井貞勝の臣。天正四年（一五七六）三月六日、禁中にて女房舞が催された時、村井助左衛門とともに警固役を務めた（言継）。

沼間伊賀守（ぬま　いがのかみ）　和泉
?～天正四年（一五七六）七月十三日。伝内。

　姓は「沼」とも書く。

　任世の従兄弟で、妻は任世《にんせい》の娘という（寛永伝）。星野恒「和泉国三拾六士及在役士伝」には、沼木積馬場村に采地を持つとある。

　足利義昭上洛に際してこれに属し、義昭追放後は信長に仕えたものと思われる。大坂攻めの主将佐久間信盛の麾下に属したものと思われる。

　天正四年（一五七六）七月十三日、木津川口での海戦に参加。討死した（公記・上杉家文書）。

沼間越中守（ぬま　えっちゅうのかみ）　和泉
?～天正四年（一五七六）七月十三日。
　一族の長と思われる任世との関係については不明。
　天正四年（一五七六）七月十三日、木津川口での海戦に参加し、討死した（上杉家文書）。あるいは、「越後守」（義清）の誤りかも知れない。

沼間大隅守（ぬま　おおすみのかみ）　和泉
　生没年不詳。

　姓は「沼」とも書く。

　任世の一族。日根郡鳥取・箱作村に采地を持つという（星野恒「和泉国三拾六士及在役士伝」）。

　将軍義昭追放後、信長に従い、天正四年

（一五七六）七月十三日の木津川口での海戦に参加（公記）。戦いは惨敗に終ったが、討死の交名《きょうみょう》の中にはないから、生き残ったのであろう。

沼間清成（ぬま　きよなり）　→沼間任世

沼間伝内（ぬま　でんない）　和泉

?〜天正四年（一五七六）七月十三日。

姓は「沼」とも書く。

任世《にんせい》の一族。おそらく伊賀守の子であろう。天正四年（一五七六）五月、真鍋貞友とともに、海上の警固として、住吉浜手の砦に置かれた。同年七月十三日、毛利水軍と木津川口で戦い、敗死した（公記）。

沼間任世（ぬま　にんせい）　和泉

生没年不詳。

越後守、兵庫亮。姓は「沼」とも書く。

『重修譜』では、諱を「清成」とし、「任世」を入道号としている。「清成」は文書では確かめられないが、天正五年（一五七七）四月十七日現在ですでに剃髪し、「越後入道」と呼ばれているから、「任世」は入道号と考えて間違いないであろう（養教寺文書）。

和泉大鳥郡綾井城に住す（寛永伝）。星野恒「和泉国三拾六士及在役士伝」には、「和泉半国之触頭」とある。（天正四年）七月九日付で、大坂付近の作毛の刈取りを命じた信長書状は、任世と寺田又左衛門尉（生家）・松浦安大夫・佐野在番衆宛てになっている（富田仙助氏文書）。和泉の諸士の中では、沼間氏は、寺田氏と同列、そして任世がその沼間氏を代表していたことがわかる。

また、この書状中に「猶佐久間（信盛）可レ申候也」とあることは、和泉衆は大坂攻め主将佐久間信盛の指揮下にあったことがうかがえる。『公記』にある佐久間父子譴責状中の和泉の与力とは、守護代の松浦以下、沼間・寺田らを指しているのであろう。

この書状を受けた直後の七月十三日、木津川口の海戦があり、沼間一族も参加した。その結果、戦いは惨敗に終り、一族では子越後守（義清）をはじめ伊賀守・伝内らが討死した（公記・上杉家文書）。

一族の多くを失いながらも、任世は引続き信盛に従って大坂攻めに携わり、翌五年四月頃、住吉城を普請している（養教寺文書）。松浦・沼間・寺田、それに淡輪《たんのわ》を加えた和泉衆の任務は、大坂湾を制して本願寺と毛利氏との連絡を断つことであった。（同六年）六月十八日付の荒木村重宛て信長黒印状などに、彼らが海上警固に努めている様がのぞかれる（釈文書）。

同九年二月二十八日の馬揃えには参加した様子だが、和泉衆として蜂屋頼隆の下で行進したのであろう（士林証文・公記）。なお、堺の津田宗及の茶会には、二度その名が見える（宗及記）。

沼間孫兵衛（ぬま　まごべえ）　和泉？

?〜天正十年（一五八二）六月二日。

『阿弥陀寺過去帳』には、「ぬま孫兵衛」とあるが、和泉の沼間氏の一族だろう。信長か信忠の馬廻。天正十年（一五八二）六月二日、本能寺の変の時、明智軍と戦って、討死した（阿弥陀寺過去帳）。

沼間義清（ぬま　よしきよ）　和泉

?〜天正四年（一五七六）七月十三日。

越後守。姓は「沼」とも書く。

任世の子。信長に属し、和泉綾井城に住す（重修譜）。天正四年（一五七六）七月十三日の木津川口での戦いで討死した（重修譜・甫庵）。

ね

根尾市助（ねお　いちすけ）　美濃

生没年不詳。

本巣郡根尾谷の豪族。右京亮との関係については、明らかではない。元亀年間と思われるが、右京亮・内膳亮とともに、十二月十三日付で信長から朱印状を受け、越前はじめ北国と大坂を結ぶ通路を留めるよう命じられている（岐阜県歴史資料館文書、佐藤圭「北国・大坂通路留を命じた信長朱印状」所収）。天正二年（一五七四）五月二十六日、同族右京亮・五郎兵衛とともに、信長より越前大野郡小山七郷及び公文跡職を宛行われた（根尾宗四郎氏文書）。（同年）六月九日、やはり右京亮・五郎兵衛とともに、越前の一揆が蜂起すれば防衛に努めるよう、信長より命じられている（高尾宗豊氏文書）。

根尾右京亮（ねお　うきょうのすけ）　美濃

天文三年（一五三四）～天正十年（一五八二）六月二日。

初め、中山九郎。諱は「朝次」。

本巣郡根尾谷の豪族。根尾氏の惣領と思われる。根尾宗四郎氏所蔵の『藤原氏系図（根尾氏系図）』によれば、諱は「朝次」、前姓は中山。天文十三年（一五四四）、織田信秀より五十貫文を賜ったという（佐藤圭「北国・大坂通路留を命じた信長朱印状」）。

信長からの文書が次の通り五通伝わっている。いずれも宛名は、市助・内膳亮・五郎兵衛・伝次郎といった一族の者と連名になっている（佐藤氏前掲論文）。

①（元亀年間カ）十二月十三日付、越前・北国から大坂への通路を留めるよう命じられる（岐阜県歴史博物館文書、佐藤氏前掲論文所収）。

②天正二年（一五七四）五月二十六日付、越前大野郡小山七郷及び公文跡職を宛行われる（根尾宗四郎氏文書）。

③（同年）六月九日付、越前の一揆が蜂起すれば、防衛に努めるよう命じられる（高尾宗豊氏文書）。

④（天正四年以後）六月七日付、巣鷹の贈呈を謝される（『徳山氏系図』所収文書）。

⑤六月十六日付、巣鷹の贈呈を謝される（大阪府立中之島図書館蔵『飛州志』所収文書）。

④の「猶金森可申候」の文言より、佐藤圭氏は、越前大野郡三分の二を与えられた金森長近に付属されたと推測している（佐藤氏前掲論文）。

天正十年六月二日、本能寺にて討死という（藤原氏系図・佐藤氏前掲論文）。

根来寺千職坊（ねごろでら　せんしきぼう）　紀伊

?～天正十年（一五八二）二月。

土橋《つちはし》胤継の子で、春継らの弟。天正十年（一五八二）一月、父が鈴木重秀（孫一）に殺されたため、兄とともに土橋の砦に立籠って重秀と戦ったが、二月上旬、野々村正成の軍に攻められ、殺された（公記・宇野）。そして、首級は安土に晒されたという（公記）。

天正八年六月付で、杉坊《すぎのぼう》照算と連名で、佐久間信盛・松井友閑らに起請文《きしょうもん》を提出している「千職坊快厳」は、同一人であろう（本願寺文書）。

の

野口某（のぐち）　摂津

?〜天正四年（一五七六）七月十三日。

摂津花隈《はなくま》の人。天正四年（一五七六）七月十三日、和泉の真鍋貞友や沼間一族らとともに、木津川口に毛利方の軍船を迎え撃ち、敗死した（公記）。

能勢頼次（のせ　よりつぐ）　摂津

永禄五年（一五六二）〜寛永三年（一六二六）一月十八日。

竹童丸、助十郎、惣右衛門、伊予守、摂津守。

頼幸の三男、頼道・頼郡の弟（重修譜）。天正八年（一五八〇）、兄頼道が同じ摂津衆の塩河長満に謀殺されると、為楽山城・丸山城に籠って塩河氏に対抗した。しかし、かなわずして翌年、本拠地を捨てて流浪する。

同十九年、能勢に帰郷し、布留大明神社を再興したと伝わる（能勢物語、能勢町史所収）。

慶長五年（一六〇〇）、上杉攻めに従軍、関ケ原での戦闘にも参加。戦後、加増され、摂津能勢郡にて三千石を知行。ほかに郡内六千八百石余の地を預けられる（重修譜）。

大坂の陣にも参陣。寛永三年（一六二六）一月十八日没、六十五歳という（重修譜）。

能勢頼郡（のせ　よりひろ）　摂津

?〜天正六年（一五七八）六月二十六日。

兵右衛門。

頼幸の二男。明智光秀に属し、天正六年（一五七八）六月二十六日、神吉《かんき》城攻めの時、討死という（重修譜）。

能勢頼道（のせ　よりみち）　摂津

?〜天正八年（一五八〇）九月十七日。

十郎、十郎兵衛。

摂津能勢郡の人。頼幸の長男。頼郡・頼次の兄。将軍義輝に仕える（重修譜）。

天正二年（一五七四）十一月、伊丹忠親が追放され、荒木村重が有岡（伊丹）城に入って摂津の一職《いっしき》支配者となる。能勢氏はそのまま能勢に在住して荒木体制に組込まれた（荒木略記ほか）。地黄城主。

信長の命に従わないため、同八年九月十七日、同じ摂津衆の塩河長満に欺かれ、多田荘にて謀殺されたという（重修譜）。

野々村正成（ののむら　まさなり）　美濃?

?〜天正十年（一五八二）六月二日。

三十郎。諱は「幸久」「幸政」とも伝わるが、文書では「正成」。

『尾張志』等には、海東郡津島村の人とあるが、美濃出身というのが正しいであろう。初め斎藤氏に仕え、永禄四年（一五六一）五月二十三日の軽海《かるみ》の戦いに従軍。織田方の織田勘解由左衛門尉（広良）を討ち取ったという（甫庵）。

その後、信長に仕え、馬廻。黒母衣《ほろ》衆に追加として加わっている（高木文書）。元亀元年（一五七〇）八月、野田・福島攻めに従軍。九月十四日、敵対してきた本願寺の兵と戦った（甫庵・当代記）。同二年五月の長島攻めにも従軍。信長の退却の命を諸軍に伝えたと『甫庵』にある。事実であるとすると使番としての役割である。

天正三年（一五七五）五月二十一日、長篠の戦いでは、佐々成政・前田利家・福富秀勝・塙直政とともに鉄砲隊を指揮（公記）。同六年十一月、有岡城攻めにも従軍。中川清秀の降を信長に仲介した。その後、茨木城番手として置かれている（公記）。

馬廻ではあるが、吏僚の役も兼ね、特に最後の二、三年は後者の性質が強い。共に仕事をする者は、長谷川秀一・福富秀勝ら、やはり信長の馬廻で、吏僚の役割をも務める者たちである。その活躍振りを追ってみよう。

①天正四年十月十日、近江全勝寺領安堵の使（秀一と）（浄厳寺文書）。

②同七年二月四日、吉田兼和と連絡（秀勝と）（兼見）。

③同八年十一月十八日、近江観音寺安堵の

朱印状に副状を発す（秀一と）（観音寺文書）。④同九年十二月三日、中川清秀へ朱印状を伝達する使（秀勝と）（武家雲箋）。⑤同年同月五日、近江野尻郷のつもたせを成敗（秀一と）（公記）。

秀一と一緒に仕事をすることが多いが、この二人は、信長直轄領である野尻郷の代官、さらに佐久間信盛追放後、栗太・野洲郡の代官を務めていた（安治区有文書・深谷幸治「織田政権期近江の代官支配について」）。同九年四月十三日には、二人に「過分に」知行が与えられている（公記）。

同十年になってからも、近習としての仕事が続く。即ち、二月には紀伊方面へ赴き、土橋《つちはし》攻めの検使を務める（公記）。この時、鷺森にいる顕如や、雑賀《さいか》在陣中の津田（織田）信張・根来寺・粉河寺《こかわでら》へ朱印状を伝達している（宇野）。

同年五月二十九日、信長の上洛に従う。六月二日、変報により二条御所に駆け込んだが、光秀軍と戦って討死した（宇野）。信の限りではないが、『野々村氏略系図』には四十八歳とある。

なお、やはり信長の臣として活躍し、最後、佐々成政に属して、末盛の戦いで討死する野々村主水正《もんどのかみ》は別人である。

野々村又右衛門（ののむら　またえもん）　美濃？

生没年不詳。

正成の一族か。信長の馬廻。永禄十二年（一五六九）七月十九日、二十七日、岐阜を来訪した山科言継と接触している（言継）。

天正十年（一五八二）五月二十九日、信長最後の上洛の時、安土城本丸留守衆の一人（公記）。

本能寺の変後、信雄に仕え、五十貫文を知行している（分限帳）。

野々村主水正（ののむら　もんどのかみ）　美濃？

？～天正十二年（一五八四）九月十一日。主水助《もんどのすけ》。入道号宗玄。

『尾張志』『張州府志』には、尾張海東郡津島の人とあるが、正成の一族で、美濃出身と考えた方がよかろう。三十郎正成と混同されることがあるが、別人である。

永禄十二年（一五六九）八月、伊勢大河内《おかわち》城攻めに従軍。「尺限廻《さくきわ》番衆」に名を連ねている（公記）。元亀元年（一五七〇）六月二十二日、小谷城攻めより退却の時、殿《しんがり》軍の佐々成政に協力したという（甫庵）。

天正五年（一五七七）から六年にかけて、四度津田宗及の茶会に名を見せているが、そこでは、「野々村主水入道宗玄」とある（宗及記）。すでに剃髪していたのである。同八年閏三月、安土に屋敷地を与えられた（公記）。

本能寺の変後は、同僚だった佐々成政に属し、同十二年九月、前田利家の能登末盛城を攻め、ここで討死した（前田育徳会文書・太閤記）。

乃不九郎（のぶ　くろう）　尾張

？～元和元年（一六一五）五月八日？

『織田家雑録』のみに載った人物。信長の従兄弟で、妻は信長の妹というが、誰の子かは記されていない。最後淀殿に仕え、大坂落城の時に逃れる途中、石垣から落ちて死ぬという。

縁者として考えられる者は、まず信長の弟で野夫城主だった九郎信治、次に信長の妹（野夫殿）の夫である津田九郎次郎元嘉。彼らの子、つまり信長の甥である可能性はある。

延友佐渡守（のぶとも　さどのかみ）　美濃

生没年不詳。

東美濃の人。神篦《こうの》城（鶴ケ城）を居城とする。信長に従い、岩村城攻めの武田軍の将秋山虎繁と戦う。結局岩村城は秋山の占拠するところとなったが、元亀三年（一五七二）十一月十五日、その忠功を賞され、信長より土岐郡日吉郷・釜戸本郷を給付された（上原準一郎氏文書）。

この知行地は、翌天正元年（一五七三）九月六日、信忠からも承認されている（上原準一郎氏文書）。東濃衆として、早目に信忠に属したのであろう。

三宅唯美氏は、遠山佐渡守と同一人の可

能性を示唆している（同氏「遠山佐渡守と鶴ケ城主延友佐渡守」）。

延永弘就（のぶなが　ひろなり）　→日禰野弘就（ひねの　ひろなり）

野間長前（のま　ながさき）　河内

生没年不詳。

左吉、左橘兵衛尉。諱は長前のほか、「康久」も文書で確かめられる。

右兵衛の子（重修譜）。初め三好長慶に、その死後は養子義継に仕える。

永禄十一年（一五六八）九月、義昭上洛に際し、義継はこれに服し、河内半国守護に補される（足利季世記）。野間もその重臣として新将軍義昭に従う。

（同十二年）二月一日付で金剛寺に兵糧米を賦課した連署書状（南行雑録）、（同年）二月十六日付で本興寺境内、門前に軍の駐屯を禁じた連署書状（本興寺文書）、（同年）三月二日付で多田院の矢銭を免除した連署書状（多田院文書）、いずれも佐久間信盛・柴田勝家ら信長の重臣たちと名を連ねている。長前は三好義継の臣であり、信長の臣である彼らとは、幕府の陪臣ということで、形の上では同格なのである。

主義継は、元亀三年（一五七二）頃より、将軍方として信長に対抗していたが、将軍追放後の天正元年（一五七三）十一月、若江城に佐久間信盛の攻撃を受けた。ここで長前は多羅尾綱知・池田教正とともに義継に背き、佐久間軍を城内に引入れ、義継を自害に至らしめた。そして、その後の若江城は、野間ら三人に預けられ、彼らは「若江三人衆」と呼ばれるようになった（公記・耶蘇通信ほか）。

若江三人衆は主に大坂攻めを担当し、体制上は佐久間信盛に属していたと思われる（耶蘇通信ほか）。寄親の佐久間父子も与力の野間たちも、共通して茶湯好きで、茶会に精を出している姿が目立つ（宗及記）。

同八年八月の佐久間父子追放後も、若江三人衆はそのまま残り、同九年二月二十八日の馬揃えにも参加した。河内衆はこの時、蜂屋頼隆の組に属して行進しているが（士林証文・公記）、それは一時的なものであろう。

池田教正の義兄弟と『耶蘇年報』にある。姻戚関係にあったらしい。

野間孫兵衛（のま　まごべえ）

生没年不詳。

村井貞勝の臣。元亀元年（一五七〇）六月十六日、貞勝を訪れた山科言継より香需散を贈られた。八月二十五日、九月四日、九月十三日、禁中作事の工事現場に、言継の訪問を受けている（言継）。

野間康久（のま　やすひさ）　→野間長前

野間吉勝（のま　よしかつ）

生没年不詳。

久左衛門尉

天正五年（一五七七）四月八日、市橋為則とともに、剣大明神領の打渡目録を発行している（剣神社文書）。

野間与兵衛（のま　よへえ）　河内

生没年不詳。

長前の子か。（天正九年）一月二十三日付で、明智光秀に馬揃えの触れを命じた書状中に、長前とともに名を載せている（板原美代子氏文書、『戦乱の中の岸和田城』所収）。

野間六蔵（のま　ろくぞう）

生没年不詳。

村井貞勝の臣。元亀元年（一五七〇）八月二十五日、九月十三日、禁中作事の現場に、山科言継の訪問を受けている（言継）。

野村越中守（のむら　えっちゅうのかみ）

？～元亀元年（一五七〇）九月二十日。

諱は「定常」とあるが、確かではない。

斎藤氏の家臣として、『浅井三代記』『江濃記』などに登場する「野村越中守」は別人であろう。『永禄六年諸役人付』の「足軽衆」の中にその名が見える。

活躍の初見は、永禄十二年（一五六九）一月四日、新将軍義昭を擁して本圀寺に立籠り、三好三人衆らと戦ったことである（公記）。身分は将軍の直臣であろうが、この戦いの功により、急遽上洛した信長から褒美を受けている（池田本）。

元亀元年（一五七〇）八月、信長の野田・福島攻めに従軍。九月二十日、春日井

堤にて本願寺の兵と戦って討死した（公記・尋憲記）。『尋憲記』には、「将軍足カル」とあるから、身分は一貫して幕臣だったのであろう。

野村直隆（のむら　なおたか）　近江

生没年不詳。

藤左衛門、肥後守。入道。

浅井郡国友村に住し、浅井氏に仕える。元亀元年（一五七〇）五月より横山城に入れ置かれ、信長軍の攻囲を受ける（公記・浅井三代記）。姉川の戦い後、開城。小谷城に退いた（浅井三代記）。翌年には国友の砦を守り、宮部継潤らと戦った（浅井三代記・武家事紀）。

信長に降ったのは、主家浅井氏滅亡の時であろう。後、秀吉に仕え、鉄砲頭。国友城二万石（戦国人名辞典）。小田原陣には、銃士を率いて従軍。名護屋陣の時も、弓・鉄砲衆の中にある（伊達家文書・萩藩閥閲録）。

秀吉の死後は秀頼に仕え、慶長五年（一六〇〇）の戦乱の時は西軍に与して、伏見城攻めに参加したという（武家事紀）。

野辺正則（のんべ　まさのり）　遠江？

？～天正二年（一五七四）六月二十二日。

平蔵、越後。

生れは遠江野辺荘という。信長に仕える。天正二年（一五七四）六月二十二日、遠江馬伏塚で討死（寛永伝）。

遠江を在地として信長に使えたということが、よくわからない。『寛永伝』『重修譜』の記事に誤りがあるのではなかろうか。

は

拝江某（はいがい）　伊勢

生没年不詳。

「羽井加井」とも書かれている。桑名郡香取郷を本拠とする幕府奉公衆（稲本紀昭「神戸信孝の四国出兵と北伊勢国人」）。（天正三年＝一五七五）一月三十日、世古氏・大多和氏とともに、信長より、長島復旧工事の石運びの宿を拒否したため、叱責されている（妙光寺文書）。

埴原植安（はいばら　うえやす）　尾張

？～慶長三年（一五九八）七月二十三日。

次郎右衛門尉、加賀守。諱は、初め「常安」。

永禄十年（一五六七）十一月、信長より岩滝内にて二十貫文の地を宛行われた（埴原文書）。その後、主に財政面で活躍したようである（新修稲沢市史）。

尾張在住の吏僚として、織田家家督譲渡後は、信忠の指揮にも従うようになる。天正三年（一五七五）四月、信忠より津島天王葺師大工職の相続について命を受けている（埴原家文書）。また、天正五年であろう、五月に、津田一安の持っていた金子・銀子・米を預けられている（塙原文書）。この命令は、信長より出ている。

本能寺の変後は信雄に仕え、光音寺郷にて五百貫文を知行する。養子の次郎右衛門寿安は、それとは別に二百七十貫文を受けている（分限帳）。以後、信雄の下で、様々な政務をこなしている姿が見られる（塙原家文書・新修稲沢市史）。

天正十八年、信雄の改易後は、岡崎殿（五徳）に随従して丹羽郡小折村に移住する。慶長三年（一五九八）七月二十三日、その地で没したという（滝喜義「織田上総介の隠し子を育てた塙原加賀守常安」）。

『太閤記』に、信濃塙原出身で、巡礼として諸国を巡っているうちに信長に召出され、後、清須城代を務めたという「塙原」が載っている。また、『祖父物語』には、塙原加賀守を指して「甲州ノ順礼ナリ」とある。信濃と甲斐の違いはあるにせよ、植安がこうした身分の出であったことは信じられそうである。

馬術に優れる一方、能書家でもあったという（新修稲沢市史）。

塙原新右衛門（はいばら　しんえもん）

生没年不詳。

植安との関係は不詳。信長の側近か。（永禄元年＝一五五八）十一月二十三日付の、秋山善右衛門尉宛ての信長書状に副状を発している（新見文書）。また、元亀元年（一五七〇）十一月十六日、村井新四郎とともに勢多の舟橋の警固を命じられている（公記）。

その後、いつのことか不明だが、信長に名馬を進上する。この馬は天正六年（一五七八）十一月十六日、降参してきた高山重友に信長より与えられた（公記）。

塙原常安（はいばら　つねやす）→塙原植安（はいばら　うえやす）

塙原寿安（はいばら　ひさやす）　尾張

生没年不詳。

次郎右衛門、法名徧線《らいせん》。

平手政秀の子だが、塙原植安の養子となる。父とともに信長、後、信忠に仕えたものと思われる。

本能寺の変の後、信雄に仕え、父とは別に二百七十貫文を知行（分限帳）。信雄の改易後は秀吉に仕えた（新修稲沢市史）。

馬術では、屋代左近将曹（矢代勝介ヵ）の高弟という（加藤光泰貞泰軍功記）。

萩原修理進（はぎわら　しゅりのしん）

生没年不詳。

信長の臣。永禄十二年（一五六九）五月二十三日、大蔵卿局で細川藤賢らと参会した（言継）。

箸尾宮内少輔（はしお　くないのしょう）　大和

生没年不詳。

箸尾氏は大和の国人である。その歴代に関しては、いずれも「宮内少輔」を称し、『多聞院』『尋憲記』等にも諱が書かれていることがない。永禄年間～慶長年間の約四十年の間には、「為綱」「為賀」「高春」、三人の「箸尾宮内少輔」が現れるが、それらが同一人なのか（『大和人物志』は、「為綱」と「高春」を別人としている）、また、別人だとすると、どこで別れるのか判然としない。とりあえず「宮内少輔」として括って、その事跡を記してみる。

十六世紀中期より現れる為綱は、箸尾城を本拠とする。初め筒井氏の麾下。妻は筒井順昭の娘、順慶の妹であるという（重修譜ほか）。筒井氏と松永久秀との抗争の中で、筒井方として久秀と戦う。一時敵方に奪われていた箸尾城を回復し、永禄二年（一五五九）七月十五日入城した（続南行雑録）。この記事には、「為綱」と明記してある。またも居城を奪われたのか、その後、伴堂・金剛寺城に移ったが、同五年七月十六日、再び箸尾城を築き、これに拠った（続南行雑録）。

しかし、同十一年九月、義昭が信長に擁されて上洛し、久秀に大和切り取り次第が許されると、それに属したらしい。同年十月一日、義昭の命により高田城を攻撃している。元亀元年（一五七〇）七月二十九日には、細井戸城を攻め、落とした（多聞院）。

同二年六月六日、久秀に応じて出陣することを約束しているが、その直後背いて、陣を抜けた（信貴山文書・多聞院・尋憲記）。その後、七月から八月にかけて、川合の付城・十市・森屋城などを攻撃（多聞院・尋憲記）。この間、十市とも講和し、越智・岡・高田とともに順慶に協力したものと思われる（多聞院ほか）。

同三年頃から、久秀が反信長の姿勢を明確にし、順慶が信長の信を得ると、箸尾も信長麾下に入る形となった。天正二年（一五七四）三月八日、順慶に従い上洛（多聞院）。しかしその後、順慶との対立が生じ、しばしば戦いを交えている（多聞院）。

同六年一月にも順慶と戦っているが、その後、和睦したらしい（多聞院）。ようやく信長軍団の一員として組み入れられ、本願寺攻めに参加。佐久間信盛の軍団に属したようである。同七年九月二十九日、天王寺表の戦いに参加。箸尾衆の新堂・吉田が討死したと『多聞院』にある。

同八年の信盛追放後、大和では順慶が一《いっ》職《しき》支配を任され、箸尾はその与力とする、という信長の命が下った（多聞院）。翌年八月二十七日、箸尾は順慶の養女布施氏と結婚している（多聞院）。この頃の書状では「箸尾宮内少輔為賀」と名乗っているのが見られ（五師職方日記抄、松雲公採集遺編類纂記録部所収）、箸尾氏の代が代わっているのではないかと思われる。いずれにしても、筒井氏との姻戚関係は継続している。同十年元旦、安土に赴き、信長に歳首を賀した（宗及記）。その年三月の甲信出陣には、順慶に従って参陣している（蓮成院）。

同十二年八月、順慶が死去し、翌十三年、その嗣子定次が伊賀転封になった。箸尾は、新たに大和に封じられた羽柴秀長に転仕した。文禄三年（一五九四）、秀長の継嗣秀保が横死した後は秀吉に直仕（武徳編年集成）。大和広瀬郡内二万石、箸尾城主（慶長四年諸侯分限帳）。ここには「宮内少輔高春」とある。

慶長五年（一六〇〇）の動乱には、西軍に与して失領。大坂の陣には、筒井の旧臣を糾合して大坂に入城したという（大和志料）。

箸尾高春（はしお　たかはる）　→箸尾宮内少輔（はしお　くないのしょう）

箸尾為綱（はしお　ためつな）　→箸尾宮内少輔（はしお　くないのしょう）

羽柴長秀（はしば　ながひで）　尾張

天文九年（一五四〇）～天正十九年（一五九一）一月二十二日。

小竹、小一郎、美濃守、大和大納言。諱は後に「秀長」。その後「豊臣」姓。

〔実父について〕

秀吉の弟だが、普通竹阿弥の子で、異父弟とされている。『太閤素性記』には、父から「竹」の字を譲られて、幼名を「小竹」といったとある。

しかし、桑田忠親氏の研究では、秀吉の実父木下弥右衛門の没年月日は天文十二年（一五四三）一月二日。長秀の生年月日は同九年三月二日であるという。そして、その事実に基づき、氏は、秀吉・長秀兄弟は同父同母であった、という説をまとめている（同氏『豊臣秀吉研究』）。

〔秀吉の片腕としての初舞台〕

『武功夜話』には、少壮時代より兄秀吉の片腕となって、蜂須賀正勝や前野長康を指揮し、諸所で活躍する長秀の姿が詳しく描かれている。『公記』に初めて登場するのは、天正二年（一五七四）七月の長島攻めの時。信長の直接指揮下にあって早尾口より進む軍の中に、丹羽長秀や信長馬廻衆らと並んで「木下小一郎」の名があり、篠橋砦より出勢した一揆と戦っている。そして、この長島攻めの交名《きょうみょう》には、秀吉はない。

ところで『武功夜話』には、この長島攻めの時、秀吉は越前一揆押さえとして出陣したため参加することができず、代理として長秀を派遣した、と書かれている。この部分に関しては、『公記』の記事と符合する。『武功夜話』も、部分的には貴重な記事を載せているといえよう。

〔但馬を中心とする活躍〕

天正五年十月、兄秀吉に播磨鎮圧の命が下る。秀吉は同月二十三日に京を出陣。入国するや播磨国中の人質を徴し、次いで但馬に入って竹田城など諸城を攻略した（公記）。長秀は竹田城に入れ置かれ、平定した但馬二郡を管掌した。以後、長秀は、秀吉より但馬方面の鎮圧を分担したらしい（公記ほか）。

長秀の活動は、但馬だけにとどまらない。播磨三木城の別所長治が離反するにあたって、秀吉を赴援。同六年十月、別所軍と戦っている（播磨別所記）。さらに翌年三月、播磨淡河《おうご》城を攻めて敗れ、軍を引いたという（別所長治記）。

同七年には、明智光秀が担当している丹波にも出陣し、僅か二十日余で三郡七城を抑え、七月に福知山城を光秀に渡したと『武功夜話』にある。しかし、これについては、裏付ける史料がなく、単に秀吉軍の活躍振りを誇張したもののようである。

同八年一月、別所との最後の戦いに参加。十七日、長治らの切腹により別所氏は滅亡した。その四月、長秀は大田垣城を拠点として但馬平定戦を続行。ついに但馬全域を平定した（公記）。六月二十五日、国侍浅間与三右衛門に浅間郷を、十月十八日、上坂八郎兵衛尉に但馬の地三百石を宛行うなどの活動がその後に見られる（加藤文書・上坂文書）。但馬における秀吉の所領宛行状が全く見られないのと併せ考え、宛行権を含む但馬の支配権が長秀に委ねられていたものと思われる。

〔山陰の進攻と高松攻城〕

但馬平定が成った後の天正八年五月、秀吉とともに因幡に侵入。鳥取城・鹿野城を攻める（細川家文書・武功夜話）。秀吉は、山陰方面を長秀に担当させながらも、時々その方面へ自ら出向いている。この時の戦いの後、鳥取城主山名豊国が単身降伏してきたが、吉川経家が城将として入り、鳥取城は落ちなかった（石見吉川家文書ほか）。

長秀は、その後も因幡・伯耆に働き、同九年六月、再度鳥取城を攻める。七月より秀吉も加わり、海上より長岡（細川）藤孝軍の応援もあったが、実質上、この攻城戦の総大将は長秀であった。十月二十五日、ついに城将吉川経家の自害で鳥取は開城した（石見吉川家文書・公記ほか）。

同十年の正月、秀吉に従って安土に上り、信長に礼。しばらく安土に逗留したという（武功夜話）。二月三日、信忠が武田攻めの兵を発し、三月五日には信長自身が大軍を催して甲信に入るが、秀吉に対しては、毛利氏との戦いに専念することが求められ、出陣の命令はなかった。その後秀吉は播磨に戻ったようだが、長秀も勿論同道したであろう。

四月、秀吉に従い、備中出陣、高松城を囲む。本能寺の変報を得ての中国大返しの時は殿《しんがり》軍の大将を務めたという（武功夜話）。

六月十三日、山崎の戦いに参加。天王山占拠軍の大将を務めるという（浅野家文書）。戦後、兄を離れて一旦丹波・但馬方面に戻ったのであろう。同十年六月付で、丹波佐治市場に禁制を下している（小島文書）。

〔播磨・但馬の支配者〕

神戸信孝・柴田勝家との対立が深まる中、秀吉は十月十五日、大徳寺で盛大に信長の葬儀を執行うが、この時長秀は警固の大将を務めている（惟任謀反記）。十二月には、北方への押さえとして佐和山城に置かれた（小早川家文書）。さらに二月、伊勢へ出陣、峰城を攻める（柴田合戦記・太閤記）。三月、江北へ出陣、田上山に陣を張り、秀吉の不在中指揮をとった。そして、四月二十一日の賤ケ岳の戦いに、柴田軍と戦った（柴田合戦記）。

八月一日、秀吉は新たに諸将に国郡を分配する。『柴田合戦記』によると、長秀は、「播磨但馬守護」で姫路に居城となっている。秀吉自身の領国だった播磨も委ねられたのである。

そして同記事中に、三木城前野長康、竜野城蜂須賀正勝、広瀬城神子田《みこだ》正治、竹田城桑山重晴、木崎《きのさき》（城崎）城木下秀定、出石《いずし》城青木一矩が載っている。しかし、播磨では依然として秀吉が宛行権などの領国支配権を掌握しており、前野・蜂須賀・神子田など播磨の城主も、長秀の麾下とはいえなかったようである（小竹文生「但馬・播磨領有期の羽柴秀長」）。同年十月七日、家臣小堀正次をして、播磨清水寺に寺領を安堵せしめている（清水寺文書）。

〔小牧陣から四国征伐まで〕

天正十二年、秀吉と信雄との対立が起ると、三月、近江守山に置かれ、伊勢の動向に備えた（金沢市立図書館文書）。その後、伊勢に進攻。松島《まつがしま》城を落とし、次いで尾張に入って秀吉軍に合流した（亀子文書・松井家譜ほか）。十一月十五日、秀吉と信雄との間に和議が成立するが、長秀はそれまで美濃・近江近辺に駐まり、臨戦態勢を解かなかった（村松譪氏文書・秋田文書）。

翌十三年三月、雑賀《さいか》攻めに出動。翌月平定成ると、紀伊岡山（和歌山）に入れられ、和泉・紀伊二国を与えられた（紀州御発向記・紀伊続風土記）。

その余韻もさめぬうち、今度は四国討伐を命じられ、五月八日、和泉・紀伊の船を徴発している（高山公実録）。四国には六月十六日に渡海（多聞院ほか）。秀吉の渡海を待たず、讃岐・阿波の諸城を攻略した。そして、病後の秀吉自らの出陣をとどめ、八月六日には、ついに長宗我部元親を降伏させた（土佐国蠹簡集ほか）。

この四国攻めの軍は、長秀のほかに甥の秀次、宇喜多秀家、毛利と、四軍に分かれていたが、総大将として全軍を指揮したのは長秀であった。この功により、帰陣後の閏八月十八日、大和一国を加増され、九月三日、郡山城に入った（多聞院ほか）。早速その月のうちに、多武峯《とうのみね》妙楽寺・法隆寺・興福寺に命令を発している（多聞院・願泉寺文書ほか）。

〔姓・諱・称呼と官位について〕

ここで長秀の姓、諱、官位などの変化についてまとめてみよう。

兄秀吉が「羽柴」に改姓したのは、天正元年七月頃だが、長秀もほどなく「木下」姓より「羽柴」姓に変ったようで、天正三年十一月十一日には「羽（柴）小一郎長秀」と署名している（高時村文書）。

諱はずっと「長秀」であり、同十二年六月十日に至ってもまだ「長秀」（石川文書）、同年九月十二日になって初めて「秀長」で登場する（西順寺文書、小竹文生「羽柴秀長文書の基礎的研究」）。

称呼も、しばらくは「小一郎」が続く。「美濃守」に任官したのは、賤ケ岳の戦い以後だったらしい。その文書における初見は（同十一年）五月十九日であり、ここには「羽柴美濃守長秀」と署名している（東文書）。

同十三年、四国平定の大功を立てた秀長（以後「秀長」とする）は、帰国早々の九月四日、従三位中将に任じられた（多聞院）。さらに十月四日、参議に昇進する（多聞院）（下村效氏は、「天正文録慶長年間の公家成・諸大夫成一覧」で、中将・参議とも十月六日としている）。

兄秀吉は、同十三年七月十一日に関白職に就いており、その引きによって秀長の官位は順調に昇進する。同十四年十一月五日権中納言、十五年八月八日従二位権大納言といったぐあいである（御湯殿、下村氏前出論文）。

〔大和における政治〕

大和郡山城主として、大和・和泉・紀伊の三カ国を管掌する秀長だが、寺社勢力の根付いている大和の政治には、ことのほか気を配っている。そして、それらの勢力を押し潰すことを目標に、次々と新政策を執行しているのである。大和における秀長の政治について、箇条書きにまとめてみよう。

①天正十三年閏八月二十五日、多武峰の武器を徴収する（多聞院）。

②天正十四年六月、興福寺の指出《さしだし》が同八年のものと八千石相違していることを責め、厳しく糾明する（多聞院）。

③同年八月二十八日、熊野一揆討伐のため出陣。その後、これを鎮圧した（多聞院）。

④同年十月九日、大和国中に京枡を用いるよう、命令を下す（多聞院）。

⑤同十五年一月十六日、奈良・郡山の諸公

事と座を廃止する命令を下す。その後、鉄・魚・塩の三座を除き、認める（多聞院）。

⑥同年八月二十日、奈良における味噌・酒・材木などの商売を停止、郡山で売買することを命じる。九月十日、この禁令を解く（多聞院）。

⑦同十六年四月、多武峯寺にあった大織冠像を郡山に移す（多聞院）。

⑧同十五～十六年、郡山城だけでなく、春日社殿の修理を行う（多聞院）。

　中世的な権威を否定して行くのが、信長以来の基本的政策である。特に古い権威の多く残存する大和において、秀長は飴と鞭とを噛み合わせた巧みな政策で国衆や寺社の反抗を抑えながら、それを成し遂げて行ったのである。

〔最後の軍事行動、九州陣〕

　天正十五年二月十日、秀長は九州に向けて出陣する（多聞院）。九州にはすでに前年より黒田孝高を検使とする毛利軍が出向していたが、秀吉自身の出陣は三月一日になってからである。ここでも秀長は兄に先んじて出陣することになる。『当代記』によると、率いた兵力は一万五千五百という。

　秀長は、秀吉の到着を待たず諸将を統率し、九州での諸将の役割も分担した（九州御動座記）。三月二十九日、日向縣城を、次いで高城を攻略。根白坂の戦いで島津軍を破った（九州御動座記・後編薩藩旧記雑録ほか）。四月二十一日、島津義久は秀長に頼って降る。秀長は五月三日、これを秀吉に伝えた。義久は五月八日、秀吉のもとに出向いて正式に降参した（九州御動座記・後編薩藩旧記雑録ほか）。この九州陣も、実際には秀長の下に島津軍との戦闘が行われ、九州征服に至ったものであった。

〔闘病の日、そして死〕

　秀長は、天正十五年の終り頃より病むことが多くなった。自分の寿命を悟ったのであろうか、翌十六年一月、甥の秀保を養嗣子とした（多聞院）。それでも、この年四月の聚楽行幸の時は供奉《ぐぶ》して、兄の栄光に助力している（聚楽行幸記）。

　同十七年頃より、病は進んだ様子である。十一月には、摂津有馬温泉で療養、十二月七日と翌十八年三月二十二日には、勅使勧修寺晴豊の見舞いを受けた（御湯殿ほか）。

　十八年四月十六日、春日社に参籠したのも、病の平癒を願ってのゆえであろう（多聞院）。十月四日には、春日社と興福寺に旧領を還付して、病の平癒を祈らしめた。興福寺では、三カ月の読経が行われた（多聞院）。十月十九日には、兄秀吉が諸大名を伴って郡山に見舞いに訪れた。そしてその後、諸社に秀長の病平癒の祈禱を命じた（多聞院）。しかし、その年七月に終った小田原陣も、その後の奥州鎮圧も、秀長は参陣できなかった。

　秀長の死は、天正十九年一月二十二日であった。五十二歳（多聞院ほか）。養子秀保がその跡を継ぎ、大和中納言と称した。

〔秀長の人物〕

　秀長は冷静沈着、寛仁大度の人物で、人望も厚く、兄の代理をよく務め、兄の天下統一事業を助力して重要な役割を果した。秀長がいなければ、秀吉軍の機動力はかなり減退したであろう。

　ただ、秀長の欠点は、蓄財に熱心で、ややもすれば人々のそしりを買いがちであったことである。『川角』には、九州陣の時、自分の領地より兵糧米を送りつけながら、諸将に給付せず、売ろうとしたことが載っている。また、もっと信憑性の高い話として、『多聞院』に、天正十六年十二月、紀伊雑賀《さいか》の代官に材木二万本を大坂で売らせ、その代金を着服していたことが書かれている。この時、代官は曲事として誅殺され、秀長は秀吉の不興を蒙って、翌年の年頭の礼を許されなかった。秀長が没した時、郡山城には、金子五万六千枚余残され、銀子は二間四方の部屋に満杯になっていたという（多聞院）。

　だが、秀長の、兄秀吉の補弼としての軍事、政務にわたる功績は、先に見たように大きなものである。その秀長の早い死が、桃山時代を短期に終らせたと言ってよいであろう。

羽柴秀長（はしば　ひでなが）→羽柴長秀（はしば　ながひで）

羽柴秀吉（はしば　ひでよし）　尾張　天文六年（一五三七）～慶長三年（一五九八）八月十八日。

木下藤吉郎、羽柴藤吉郎を経て、羽柴筑前守。参議、権大納言、内大臣、太政大臣、関白、太閤。姓は後に「豊臣」。

〔秀吉の出自〕

『太閤素性記』によると、尾張中中村の出身。これは正しいであろう。生年月日については、次の三説がある。

①天文五年一月一日説（太閤素性記・明良洪範）。

②天文五年六月十五日説（祖父物語）。

③天文六年二月六日説。（関白任官記・豊鑑・当代記）。

『公卿補任』に載った年齢から生年を数えると、天文五年の生れ、没年齢六十三歳となる。しかし、その他の史料の性質から見ると、③の説が最も有力であると判断せざるをえない。これに関する桑田忠親氏の論述でも、新たに『桜井文書』の天正十八年現在五十四歳という記述に基づいて、天文六年誕生説を採っている（同氏『豊臣秀吉研究』）。『関白任官記』の、二月六日という月日も、特に作為は感じられないから、信じてもよいのではなかろうか。

父は木下弥右衛門、母はなかという。父弥右衛門の身分については、名主クラスの百姓とも、一介の土民ともいわれるが、織田信秀の鉄砲足軽（鉄砲というのは誤り。槍か弓足軽であろう）であったと『太閤素性記』にあるから、ある程度安定した身分の百姓だったのであろう。

だが、「木下」の姓は、弥右衛門の代から名乗っていたかどうかは不明である。一説によると、結婚後、妻おねの実家の姓を借りたとも言われる。だが、おねの実家の姓は「杉原」であるし、秀吉が信長に仕えて数年後まで姓がなかったというのも疑問である。経緯については明らかでないが、結婚以前に「木下」姓を持っていたものと思われる。

〔信長に仕えるまで〕

秀吉の幼名を「日吉丸」というのは、母が日輪の懐中に入る夢を見て秀吉を身籠ったという、『太閤記』の作者小瀬甫庵の捏造である。『太閤素性記』は、幼名を「猿」とする。しかし、同書には、秀吉の容貌が猿に似ていたことをさかんに強調しており、仇名は「猿」だったかも知れないが、正式の幼名ではないようである。

さて、天文十二年（一五四三）一月二日、秀吉が七歳の時、父の弥右衛門が没した（木下系図）。母のなかは、信秀の同朋衆だった竹阿弥と再婚する。秀吉は、八歳の時に寺に小僧として入れられたが、また家に戻り、同二十年、実父弥右衛門の遺した永楽銭一貫文を持って家を出て、針売り、草履売りをしながら放浪したという（太閤記・太閤素性記）。

『太閤素性記』には、秀吉は放浪の末、遠江の曳馬で今川氏の臣松下加兵衛（之綱とされるが、実はその父か）に出会って、これに仕えたとある。初め草履取りから次第に引き上げられて納戸役にまでなったが、先輩たちの妬みを買い、十八歳の時そこを去ったという。

松下のもとを去った秀吉は、一旦故郷に帰り、知人で信長の小人頭をしていた一若という者の紹介で、信長の草履取りに雇われたという（太閤素性記）。

秀吉が、何時どのような形で信長に仕えたか、ということに関しては、確かな文献がないが、この『太閤素性記』の説の方が、信長に直訴して仕えたなどという『太閤記』の説よりも説得力がある。また、『太閤記』にある永禄元年（一五五八）信長に仕えるというのも、やや遅すぎる感じである。

〔トントン拍子の出世〕

永禄三年五月の桶狭間の戦いには、おそらく足軽組頭程度の地位で参陣していたであろうが、史料には見えない。翌年八月、浅野長勝の養女になっていたおね（高台院、杉原氏）と結婚した。秀吉は二十五歳、おねは十四歳であった（桑田氏前掲書）。

　信長の下で出世して行く過程での秀吉の活躍振りについては、『太閤記』に詳しい。清須城の塀の修理の奉行にはじまって、薪奉行としても才能を発揮、また、合戦の練習の時、信長にその将器を認められたことなど、いろいろ載っている。こうした逸話の真偽は確かめようがないが、小者の地位より精勤し、次第に信長に認められて、急速に出世して行ったことは、間違いないであろう。

　文書における秀吉の初見は、永禄八年と思われる、八月二十三日付の、坪内利定に宛て百石の地の宛行いを報じた書状である（坪内文書）。年記載のあるものでは、永禄八年十一月二日付の、同人宛て信長宛行状の副状がある（坪内文書）。そのほか、年代不明だが、同十一年の上洛以前であることは確かな六月十日付の、丹羽長秀・島田秀順・村井貞勝・明院良政と連名で、佐々平太・兼松正吉に三十貫の地の給与を奉じた文書がある（兼松文書）。出世を重ねた秀吉が、信長上洛以前にして、すでに長秀ら宿老クラスの家臣と肩を並べていることが注目される。

　秀吉が信長の将として確固たる地位を築く契機となったのは、墨俣《すのまた》築城の手柄だと言われる。尾張の土豪の蜂須賀正勝らを動員した秀吉が、木曾川の対岸の墨俣の地に砦を築いたということは、『武功夜話』に詳しく語られている。『武功夜話』とともに発見された本（前野家文書）の中に、その時の秀吉らの活躍を記した『永禄州俣記』というものもある。『太閤記』にも、場所こそ明記していないながらも、砦建設の仕事を秀吉の大きな手柄として記述している。そして、これらの書は、この出来事を永禄九年九月とすることで一致している。

　だが、『公記』によれば、同四年五月の時点で、信長が墨俣城を対美濃の前線基地としており、疑問が残る。秀吉が行ったのは、単に墨俣城砦の修理だったのであろうか。それとも別の場所の砦建設だったのであろうか。いずれにしても、前出の坪内利定宛て文書や、鵜殿の大沢次郎左衛門誘降の件に表れているように、秀吉が信長の美濃侵略に大きな役割を果したことまでは、信じてもよいであろう。

　同十年八月、信長は、念願の稲葉山城攻略を成功させる。この時の戦いでも秀吉は、目覚しい手柄を立てたと『武功夜話』や俗書に書かれている。しかし、稲葉山城攻めに関する良質史料は乏しいので、裏付けることは難しい。

〔上洛後における、京畿での活躍〕

　永禄十一年九月、信長は上洛のため出陣する。この頃の秀吉は、すでに一部隊指揮官になっている。九月十二日、彼は、佐久間信盛・丹羽長秀とともに六角氏の箕作《みつくり》城を攻め、即日これを落した（公記）。

　京に入った秀吉は、十月十八日、信長の命を奉じ、明院良政《みょういんりょうせい》とともに妙心寺大心院領を安堵している（妙心寺大心院文書）。同月二十六日に信長は帰陣したが、秀吉は、佐久間・村井・丹羽・明院とともに京都に残された（多聞院）。

　その後、いったん岐阜に戻ったと思われるが、翌年一月に信長に従って上京し、しばらくの間京畿の政務に携わった。その活躍振りを追って見よう。

①（永禄十一年）十二月十六日、松永久秀に宛てて、今井宗久と武野新五郎（宗瓦）との訴訟が全面的に宗久の勝訴となったことを伝える（中川重政・坂井一用・和田惟政と）（坪井鈴雄氏文書）。

②（同十二年）四月十四日、賀茂荘中に、年四百石の運上と百人宛ての軍役を課す（明智光秀と）（賀茂郷文書）。

③（同年）四月十六日、若狭広野孫三郎に、武田義統への忠節の上は、所領を安堵する旨伝える（丹羽長秀・中川重政・明智光秀と）（信長文書）。

④（同年）四月十六日、立入宗継に、禁裏御料所丹波山国荘の直務の相違なき旨を伝える（丹羽・中川・明智と）（立入宗継文書）。

（同年）四月十八日、丹波宇津頼重に、山国荘の違乱を止めるよう命じる（丹羽・中川・明智と）（立入文書）。

⑤（同年）五月十七日、広隆寺に、太秦《うずまさ》の寺領の相違なき旨を伝える（単独）（広隆寺文書）。

　この後秀吉は、五月下旬頃、いったん尾張に戻った様子である（耶蘇通信）。

　いったん尾張に帰った秀吉だが、何度も尾張・美濃と京都との間を往復していたのであろう。その後も京畿での活躍が多く見られる。

〔京畿での政務（元亀元年六月まで）〕

⑥（同年）閏五月二十五日、東寺領名主百姓に、年貢及び諸公事を東寺に納めることを命じる（単独）（東寺文書）。（同年）同月二十六日、東寺雑掌に、東寺領と境内の所務を命じる（単独）（東寺文書）。

⑦（同年）九月十六日以前、河内牧郷に、今井宗久領であることを確認する折紙を発給する（坂井政尚と）（宗久書）。

⑧（同年）十月九日、芝薬師阿弥陀寺に、兵士の寄宿を免除する（細川藤孝・明院と）（阿弥陀寺文書）。

⑨（同年）十一月十九日、妙心寺無明院名主百姓に、これまで通りに無明院に年貢・諸成物を納めるよう命じる（単独）（退蔵院文書）。

⑩（同年カ）十一月二十三日、木津春松に、光照院領山城相楽荘の年貢滞納を止めるよう命じる（坂井と）（武家事紀所収文書）。

⑪同十三年三月二十二日、山城大住荘三カ村の名主百姓に、以前通り曇華院《どんげいん》に年貢・所当を納めるよう命じる（丹羽・中川・明智と）（曇華院文書）。（同年）三月二十八日、大住荘名主百姓に、曇華院直務に異議を唱える者を注進するよう命じる（武井夕庵と）（曇華院文書）。

　入京以後の文書では、丹羽長秀・中川重政・明智光秀と四人でチームを組んでいることが目につく。一方では、柴田勝家・佐久間信盛・森可成・坂井政尚・蜂屋頼隆の五人のチームもあり、永禄十二年四月半ばに柴田たちのチームから秀吉たちのチームにバトンタッチされたようである。彼ら九人は、当時の織田軍団を代表する部将たちである。上洛間もなくの頃は、このような有力部将が京畿の政務にも携わっていたことがうかがわれる。

〔京畿の政務（元亀元年七月～天正元年七月）〕

　秀吉は、元亀元年（一五七〇）六月末頃、対浅井の最前線横山城に入れ置かれるが、戦いの合間、しばしば京へ出張して、相変わらず京畿の政務にも励んでいた。

⑫同年八月十九日、東寺領上久世名主百姓に、年貢・諸公事の東寺への納入を命じる（単独）（東寺百合文書）。

⑬（同年）十一月十一日、立入宗継に、買得分の田畑の徳政を免除する（単独）（立入文書）。（同年）十一月十五日、摂津本興寺に、徳政を免除する（単独）（本興寺文書）。（同年）十一月二十五日、賀茂郷惣中に、徳政を免除する（単独）（賀茂別雷神社文書）。（同年）十二月二日、広隆寺に徳政を免除する（単独）（広隆寺文書）。

⑭同年十二月十一日、使者を吉田兼和に遣わし、蓮光院の田地訴訟について弁明する（兼見）。

⑮（元亀二年＝一五七一）七月二十日、大住荘名主百姓に、曇華院への年貢納入を命じる（武井と）（曇華院文書）。

⑯（同年）十二月十四日、丹羽長秀より、貴船山を賀茂社に安堵したことを報じられる（賀茂別雷神社文書）。

⑰（同年）十二月二十二日、賀茂社に対し、去年の徳政免除の旨が守られていないことを詰る（単独）（賀茂別雷神社文書）。

⑱（同年）十二月二十三日、山城狭山郷名主百姓に、石清水八幡宮領として、年貢・諸成物を抱え置くよう命じる（単独）（石清水文書）。

⑲（元亀元～三年頃）二月二日、幕府奉公衆に、光源院仏事料を催促する（単独）（光源院文書）。

⑳同三年四月、信長の賀茂惣宛てに徳政免除を確認した朱印状に副状を発する（単独）（賀茂別雷神社文書）。

㉑（同年）六月二十三日、大徳寺のことで、松井友閑より指示を受ける（大徳寺文書）。

（同年）六月二十五日、大徳寺領賀茂社境内のことで、友閑から指示を受ける（真珠庵文書）。
㉒（同年）九月二十日、妙智院領百姓に、年貢・諸公事を妙智院へ納めることを命じる（夕庵と）（妙智院文書）。
㉓（同年）十一月二日、大徳寺に対し、大徳寺領について疎意なく扱うことを誓う（塙直政と）（大徳寺文書）。
㉔（同年カ）十二月二日、幕臣沼田弥七郎に対し、一揆に徳政免除の下知状を発給したことを責める（単独）（雑録）。
㉕同年十二月三日、松尾社家に、松尾社領からの年貢社納を確認する（単独）（松尾月読社文書）。（同年）十二月二十五日、松尾社に、上野秀政の放状を持たせたことを伝える（松尾月読社文書）。
㉖（同年）十二月六日、諸商人について、朱印状に任せて申付けることを命じる（宛先不明、丹羽・塙・島田秀順らと）（寛延旧家集）。
㉗天正元年（一五七三）七月十四日、信長居館の候補地吉田山を検分する（柴田・丹羽・滝川らと）（兼見）。
㉘（同年カ）七月二十日、大山崎に縄を徴発する（単独）（離宮八幡宮文書）。

〔横山城将まで〕

　上洛後の秀吉の戦歴を追って行こう。永禄十二年八月、伊勢大河内《おかわち》城攻めに従軍。単独で大河内の支城阿坂を攻め、これを落すという功を立てた（公記）。大河内開城は十月三日。秀吉は帰陣後、またも京都に入って京畿の政務に携わっているのは、先に見た通りである。

　翌元亀元年四月、越前攻めに従軍。この時、浅井長政が信長に離反。信長は危うく朽木越えで京に退陣するが、秀吉は金ケ崎城に残って殿《しんがり》軍を務めた（公記）。「金ケ崎の退き口」として有名だが、実は明智光秀や池田勝正も一緒に金ケ崎に残されたらしい（武家雲箋）。

　信長は、朝倉氏に先んじて浅井氏を討つことを目論み、坂田郡の堀秀村を誘降し、六月二十一日に江北へ出陣した。『浅井三代記』には、秀村を降したのは秀吉であると記されているが、この六月四日の時点で、秀吉は江北の砦に置かれているから、それは事実かも知れない（岩淵文書）。

　信長軍に合流した秀吉は、柴田勝家・佐久間信盛らとともに小谷城近辺を放火。二十八日の姉川の戦いにも参加した（公記ほか）。そして、戦後開城した横山城の定番として入れ置かれた（公記）。横山は、対浅井の最前線で、敵地に深く入り込んだ位置にある。

　横山城将としての所領については検出されないが、堀・樋口・久徳ら在地領主に対する支配権を与えられており、同年七月二十五日には、竹生島宝厳寺の臨時課役の免除を、樋口直房と二人で行っている（竹生島文書）。

〔横山城将としての活躍〕

　元亀元年（一五七〇）八月、信長は野田・福島攻めのため、大坂方面に出陣する。ところが、本願寺が敵になっただけでなく、留守をねらった朝倉・浅井軍が山科方面まで進出してきた。信長は急遽軍を返して、九月二十五日、叡山に敵軍を囲んだ。この一連の戦いには、秀吉は参加していない。だが、十月、佐和山攻城中の丹羽長秀とともに坂本へ馳せつけ、二人して志賀郡から江南にかけて働き、一揆たちを斬捨てている（公記・保阪潤治氏文書・本願寺文書）。

　秀吉は、元亀元年六月以来、浅井氏の滅亡まで三カ年余り横山に在城して、対浅井の第一線に立つ。その間の同二年五月六日、鎌刃城を攻撃した浅井軍を撃退、同三年十一月三日、出勢した浅井軍を追返すなどして、浅井氏の失地回復を許さなかった（公記・松下文書）。信長自身が江北に出陣した、元亀二年八月、三年三月、同年七月にも、浅井軍との戦いに活躍している（公記ほか）。元亀三年九月、小谷城の真向いの虎御前山《とらごぜやま》に砦が築かれると、そこの定番として入れ置かれた（公記）。

　同二年十月頃、それまで浅井氏の麾下だった宮部継潤を降した（浅井三代記）。継潤はこの後、秀吉の有力な与力として、中国での戦いでは目覚ましい活躍を見せる。

江北でこれほどの活躍をしながらも、秀吉は、しばしば京へ赴いて、京畿の政務に携わっていたことは、先に記した通りである。まさしく八面六臂の活躍と言えるであろう。

〔江北浅井跡の一職支配者、長浜城主〕

天正元年（一五七三）七月、槙島城攻めに従軍。降伏した将軍義昭を若江城まで護送する役をも果した（公記）。次いで、将軍方である淀城の将、番頭《ばんがしら》大炊頭と諏訪飛驒守を降す。城内で孤立した石成《いわなり》友通は、長岡（細川）藤孝らに攻撃されて討たれた（公記ほか）。

八月八日、伊香郡山本山城の阿閉《あつじ》貞征父子が降伏する（公記）。『浅井三代記』によると、その降を仲介したのは秀吉であるという。おそらく正しいであろう。信長はすぐに江北へ出陣。朝倉軍も南下して、両軍の対陣となった。

十三日、夜陰にまぎれて朝倉軍が退陣した時、秀吉ら部将たちはそれを追撃するのが遅れ、信長より強く叱責された（公記）。そのまま越前に入った信長軍は朝倉氏を滅ぼし、次いで小谷城を囲む。秀吉は京極郭を占領、浅井久政の首級を挙げるなど、この浅井との最後の戦いにおいても目覚ましい働きを見せた（公記ほか）。

浅井氏滅亡後、秀吉は、「江北浅井跡一《いっ》職《しき》進退」を任された（公記）。おおよそ浅井・伊香・坂田三郡がそれにあたる。堀・樋口・宮部・阿閉ら、秀吉の与力になっていた者の所領はその範囲に含まれるが、同じく与力だったらしい久徳左近兵衛尉の本領は犬上郡だから、秀吉の支配は、犬上郡の一部にも及んでいたと言える。

居城はひとまず小谷としたが、間もなく今浜（長浜）に新たに築城を始めた。内陸の小谷よりも水運の便のよい今浜を選んだのである。今浜を「長浜」と改めてこれに移るのは、天正三年八月以後である（公記）。

〔秀吉の姓と官位〕

近江北郡の地の一職支配者になった秀吉だが、この頃から「羽柴」の姓を称している。姓、称呼、官位がかなりめまぐるしく変化する秀吉なので、その変化の時期を整理してみよう。

①木下藤吉郎。初見文書から称した姓と称呼。発給文書の終見は、天正二年五月十七日の広隆寺宛て書状（広隆寺文書）。だが、その後、同四年六月四日付の、今井秀形宛て浅井長政判物中に、「木下」がある（中村不能斎採集文書）。次に述べる通り秀吉は、天正元年から「羽柴」姓なのだが、その後も旧姓「木下」が通用していたのみならず、自分でも用いていたことがわかる。

②羽柴藤吉郎。文書における初見は、（元亀四年）七月二十日付の、大山崎惣中宛ての書状（離宮八幡宮文書）。筑前守任官後も、秀吉は自署にすら「藤吉郎」を用いることがあり、終見を探っても意味がない。

なお、「羽柴」の姓は、丹羽長秀と柴田勝家の姓の一字を採ったものと言われるが、竹中重治の子重門の著書である『豊鑑』にもその通り書かれているから、事実なのであろう。

③羽柴筑前守。文書における初見は、天正三年七月二十六日付、宮田喜八郎宛て判物である（市立長浜城歴史博物館文書）。

同年七月三日、信長は官位昇進を辞退し、代わりに主だった家臣に官を賜ることを願い出、勅許された。『公記』に載った任官の家臣は、次の通りである。松井友閑（宮内卿法印）・武井夕庵（二位法印）・明智光秀（惟任《これとう》日向守）・簗田《やなだ》広正（別喜《べつき》右近大夫）・丹羽長秀（惟住《これずみ》）。

このほかにも、塙直政が原田備中守、村井貞勝が長門守になったことは、文書・日記で確かめられる（多聞院・御湯殿ほか）。秀吉もこの機会に筑前守に任官したのではないであろうか。

以後は、少将にはじまって、参議、権大納言、内大臣、太政大臣、関白と昇進し、太閤に至る。その間、姓も「豊臣」に改めている。これらについては、列記するにとどめよう。

④従五位下、左近衛権少将。天正十年十月三日叙任（関白任官記・公卿補任・木下家文書）。しかし、この叙任の事実はなく、翌年従四位下参議に叙任した時に、遡って叙任の形をとったもののようである。

⑤従四位下、参議。同十一年五月二十二日叙任（関白任官記・木下家文書）。

⑥従三位、権大納言。同十二年十一月二十二日叙任（関白任官記・公卿補任・木下家文書）。

⑦正二位、内大臣。同十三年三月十日叙任（関白任官記・公卿補任・木下家文書）。

⑧従一位、関白任官。同年七月十一日（関白任官記・公卿補任・木下家文書）。

⑨太政大臣任官。同十四年十二月十九日（公卿補任）。

⑩関白を辞す（太閤）。同十九年十二月十八日（公卿補任・晴豊・言経）。

〔越前の押さえとしての働き〕

越前の朝倉氏が滅びた直後の、天正元年八月末から九月にかけて、秀吉は明智光秀・滝川一益と組んで、暫定的に越前の政務に携わっている。その跡を列記してみよう。

①八月二十八日、寺家に織田大明神領を安堵（辻川文書・剣神社文書）。

②八月、寺社宛てに織田大明神社領を安堵（剣神社文書）。

③九月五日、橘屋三郎五郎に諸役免除（橘文書）。

④九月六日、朝倉旧臣安居三河守に本知を安堵（横尾勇之助氏文書）。

⑤九月九日、宝慶寺に寺領を安堵（宝慶寺文書）。

⑥九月十八日、徳山貞兼に六百石を宛行う（徳山氏系図）。

⑦九月十九日、滝谷寺に寺領を安堵（滝谷寺文書）。

以上七点は、いずれも三人による連署状である。

信長軍が帰陣した後の越前には、朝倉氏の旧臣前波吉継（桂田長俊）が守護代として置かれたが、これは国衆掌握のための暫定的処置であろう。実務の執行者として、津田元嘉・木下祐久・三沢秀次が北庄に駐められた。津田は一益の、木下は秀吉の、三沢は光秀の代官である。その一方、近江北郡及び若狭に新たに封じられた秀吉と丹羽長秀とが、軍事的に越前を押さえる役割を命じられていたらしい。

越前より帰陣、小谷城に移るやいなや、今度は北伊勢に出陣する。秀吉らの活躍により、西別所・深谷部の一向一揆は壊滅、白山の中島将監も降参してきた。しかし、一揆の中心長島は攻略するに至らず、信長は約一カ月在陣した末、十月二十五日に軍を納めた（公記）。

翌二年一月、越前では懸念された事態が発生した。守護代前波が有力国衆の富田長繁に殺され、それに乗じて一向一揆が蜂起。たちまちにして混乱状態になった。秀吉と長秀らは敦賀まで出陣するが、すでに手の付けられる状態ではなく、そのまま軍を返した（公記）。越前の平定は、翌三年八月に持ち越される。

同二年七月二十日付で信長は、高田専修寺や越前国侍宛てに黒印状を発し、越前出馬の際の忠節を確認しているが、秀吉がその副状を発給している（法雲寺文書）。この前後、秀吉は敦賀郡辺りを固め、越前の一揆軍の南下を防いでいた様子である（関文書・国友共有文書）。

なお、この七月から九月にかけては、最後の長島攻めがあったが、『武功夜話』に、「されども御大将筑前守様、越前一揆擾乱に付き敦賀口へ御発向に付き参陣仕らず、御舎弟様代将として（長島へ）参陣なり」とある。これは、『公記』の交名《きょうみょう》の中に秀吉がなく、長秀（秀長）が載っていることと符合する。『武功夜話』は、このように注目すべき記事を含んでいることもある。

〔新領江北における政務〕

江北の地の支配権を与えられたとはいえ、慌ただしく軍事行動が続いたせいか、秀吉のその地における治政が見られるのは、天正二年一月になってからである。同五年十月に播磨入国するまでの秀吉の江北の治政を追ってみよう。

①（天正二年）一月二十三日、竹生島に、浅井氏の預け置いた材木を徴収する（竹生島文書）。
②同年二月十八日、竜厳寺に、同年二月二十日、長浜八幡宮に、九月十一日、竹生島に、同四年十月二十二日、長浜知善院に地を寄進する（総持寺文書・長浜八幡神社文書・竹生島文書・知善院文書）。
③同年三月十九日、百姓の条規五カ条を定める（雨森文書）。三月二十二日、在所掟三カ条を定める（雨森文書）。
④同年三月二十六日、野村と三田村との井水の争いを裁定する（三田共有文書）。
⑤（同年）六月八日、下八木郷地下人に、今浜城普請の人足を務めることを命じる（下八木共有文書）。
⑥同年八月、国友藤二郎に百石を宛行い、鉄砲鍛冶を保証する（国友共有文書）。同年十月二十九日、藤二郎に、国友河原方代官職を申し付ける（国友共有文書）。
⑦同三年八月七日、長浜の畳指に諸役を免除する（島崎与志雄氏文書）。
⑧同四年二月十八日、大原観音寺に扶持米を宛行い、茶屋を命じる（観音寺文書）。（同年）二月二十六日、野瀬太郎左衛門尉に、茶の請主をして茶園の修理に努めさせるよう命じる（堀文書）。
⑨同年十月十五日、医王寺に寺領を寄進する（徳勝寺文書）。

同二年中に、新領における秀吉の政治は大体安定した様子である。（同三年）十月十七日付で、阿閉貞大が信長の側近菅屋長頼に宛てて、竹生島にある扶持の過半を秀吉に押領されたと訴えていることは、秀吉の力が支配圏内で強まってきたことを示している（竹生島文書）。

〔播磨入国までの戦歴〕

天正三年五月、長篠の戦いに従軍する（公記）。この戦いでは、特に秀吉の活躍はなかった。

同年八月、越前一向一揆討伐戦。秀吉はこの戦いで、光秀とともに府中を攻略するなど、目立った活躍をした（公記）。八月十七日付で、信長が村井貞勝に宛てた書状中に、「府中町ハ死かい計にて一円あき所なく候」（泉文書）とある殺戮は、主として秀吉・光秀によって行われたものである。

彼ら二人は休むことなく加賀へも乱入。ここでも一揆たちと戦った（公記）。秀吉は、九月十六日には府中に戻っていた様子で、吉田兼和の陣見舞いを受けている（兼見）。

同四年五月、本願寺攻めに従軍。五年二月、雑賀《さいか》攻めに従軍。この雑賀陣では、光秀・長秀とともにしばらく佐野砦に残されている（公記）。

同年八月、柴田勝家を総大将とする加賀平定軍に加わる。しかし、その陣中で勝家と衝突し、勝手に帰陣してしまい、信長の怒りを買った（公記）。だが、八月二十六日には、津田宗及の茶会に出席しているから、信長の怒りは間もなく解けたのであろう（宗及記）。

十月には、信忠に従って、松永久秀の信《し》貴山《ぎさん》城攻撃に参加。十日、久秀は自裁した（公記ほか）。

近江北郡の在地領主のほかに、竹中重治ら美濃の士を与力とした秀吉の軍団は、少なく見積もっても四〜五千の兵力を保持していたであろう。だが、彼はまだ有力ではあるが遊撃軍団の司令官にすぎず、柴田勝家・佐久間信盛のように一方面を任された存在ではなかった。それがこの後、単独で播磨方面に派遣されることになるのである。

〔対毛利氏担当として〕

秀吉は、早くから毛利氏との外交を担当していた。その最初は、（永禄十三年）三月十八日付で、彼が小早川隆景に宛てて、信長が毛利氏に入魂《じっこん》であることを述べた書状である。この書の中で秀吉は、「拙子可二申次一之由候間、……乍二若輩一相応之儀示二預、不レ可二疎意一候」と挨拶している（小早川文書）。

次には（元亀二年）四月十一日付で、小早川宛ての信長書状に副状を発したこと。この段階では、すでに秀吉の対毛利氏担当は定まっていたと考えてよい。ただもう一人、この書状に秀吉と連署している武井夕庵もまた、対毛利氏担当だったようである(小早川家文書)。

表面は友好的だった信長と毛利氏との関係は、将軍義昭が信長に逐われて毛利氏を煽るところから微妙になった。秀吉は、(天正元年)九月七日、小早川隆景に但馬出兵を伝える一方、毛利輝元宛てに、義昭の帰洛を信長が許容している旨を伝え、それを世話することを申し出ている(小早川家文書・毛利家文書)。次いで北伊勢出陣中の(同年)十月十二日、また隆景に書して、朝倉・浅井滅亡を告げ、用があれば自分に言い付けるよう求めている(小早川文書)。

当然ながら信長は、中国をも含む全国統一を目標としている。従って、遅かれ早かれいつかは両者が衝突することは避けられない宿命にあった。

毛利氏と戦って京に逃れていた山中鹿介を信長は庇護した。鹿介は、尼子勝久を奉じて天正二年九月に鳥取城を奪う(集古文書)。この行動に信長の支援があることを毛利氏は察知し、両者の間はこの頃から決して平穏ではなくなってきた。(同三年)三月四日付で、秀吉と夕庵は吉川元春の詰問に答えているが、鹿介のことについては言葉を濁している(吉川家文書)。(同年)四月七日、隆景宛ての書状でも、播磨英賀《あが》についての質問に関しては、二人は返答を保留している(小早川文書)。

同四年になっても、形ばかりは信長と毛利氏との交際は続き、秀吉は相変らず奏者として副状を発給したりしているが、(同年)四月一日付で小早川隆景に年頭の賀を謝した書状が最後になる(小早川家文書)。この年五月より信長は本格的な本願寺攻めに入るが、七月十三日、毛利方軍船が本願寺へ兵糧を運び入れ、これを阻止しようとした織田方水軍を撃破したのである(毛利家文書・公記ほか)。

信長は本願寺を孤立させる方策を練る一方、対毛利氏との戦いを計画する。その先鋒を務める者は、これまでの毛利氏との関係からいって秀吉をおいて他にはなかった。

〔秀吉の播磨入国〕
秀吉が播磨の平定の命をおびて入国したのは、天正五年十月二十三日である(公記・兼見)。小寺(黒田)孝高の姫路城に入り、すぐに国中の人質を徴した(公記・黒田家譜)。

秀吉の播磨派遣については、もっと早くから信長の心中で計画されていたと思われる。表面に表れている事実だけを見ても、(同年)九月二十七日付で、信長は美作の江見九郎次郎に答書して、「万端羽柴申次第、可レ抽二忠節一候事専一候也」と述べている(美作江見文書)。姫路の小寺孝高とは、秀吉は六月にはすでに通信している(黒田文書)。

播磨では敵対する者もなく、十一月十日頃までに国衆を従わせ、次いで但馬に出陣。岩洲城・竹田城を落として、竹田城に弟長秀(秀長)を入れ置いた(公記)。また播磨に軍を返して、佐用郡の上月《こうづき》・福原城を囲む。後巻《うしろまき》きに出張してきた宇喜多軍を破ってこの二城を落とし、上月城には客将尼子勝久・山中鹿介を入れた(公記)。十二月になって竜野に戻り、そこから上京。信長は放鷹のため留守だったが、乙御前《おとごぜ》の釜を褒美として下賜された(公記)。

同六年の正月は、秀吉は安土に居た。忙中の束の間の閑であった。元旦、信長の茶会に参加。四日には、信長に譲渡された名物の披露の会に出席している(公記)。

秀吉が播磨に戻ったのは、同六年二月である。すぐに加古川城に兵を入れ、自らは書写山に砦を築いて、そこに入った(公記)。西播磨をうかがう毛利・宇喜多に対する備えである。

ところが間もなく、東播磨に大きな勢力を張る三木城の別所長治が、毛利氏に通じて離反した。別所氏は、国内に与党と支城を多く持っており、いったん平定が完了したかに見えた播磨はたちまちに混乱の場となった。ここに秀吉は、東西両方に敵を持つ形となったのである。

〔三木城攻めの開始〕
三木城攻撃は、天正六年の三月下旬より開始される(播磨別所記・黒田文書)。四月に入って支城野口を落したが、毛利・宇喜多軍が播磨に入り、上月城を取り巻いた。秀吉と摂津の一職《いつしき》支配者荒木村重が救援しようとしたが手が出ず、信忠が諸将を率いて、五月一日、秀吉応援のため播磨に出陣してきた（播磨別所記・公記）。

信忠軍は大窪に居陣。すぐに敵城神吉《かんき》・志方両城を攻めた（公記）。秀吉・村重の上月城後巻きは、日々を空費するばかりであった。秀吉はついに上洛して信長の指示を受ける。信長は上月城を見捨て、信忠に加勢して神吉・志方城を攻めることを命令した（公記）。こうして上月は落城。尼子勝久・山中鹿介はあえない最期を遂げた。

一方、秀吉・村重の加わった神吉城攻めは熾烈さを増し、七月二十日攻略。志方城も間もなく陥落した。秀吉は両城を預けられた（公記）。

八月、信忠は諸将とともに帰陣。秀吉はほとんど独力で播磨の陣を務めることになる。すぐに平山に砦を構えて三木城を囲んだ（播磨別所記ほか）。

十月二十二日、城主別所長治の弟治定らの出撃、翌年九月十日、三木城救援の毛利軍・本願寺軍に城兵が加わって秀吉の部将谷衛好を攻め殺すという戦いもあったが（伯耆志・播磨別所記）、秀吉は無理攻めをせず、城内の食糧が尽きるのを気長に待った。同六年十月十五日には、付城内で茶会を催したりしている（宗及記）。

〔荒木村重の謀反にあたって〕

三木城攻めの最中の天正六年十月、摂津の一職支配者荒木村重が信長に背いた。秀吉は、命により三木攻めの陣を離れて村重を説得したが効果なく、ついに十一月九日の信長出陣となる（公記）。秀吉は佐久間信盛らとともに、高槻の高山重友を説得し、これを味方とすることに成功した（公記）。

秀吉は、初めは諸将とともに有岡城攻めに加わったが、彼には三木城攻めという本来の任務がある。十二月には、佐久間・明智らの協力を得て、別所氏の味方である摂津有馬郡の三田《さんだ》城に付城を築いたり、三木への付城に兵糧・弾薬を補給するなど、三木攻囲戦の方に戻った（公記）。

三木攻囲戦は、それからも一カ年余り続くが、備前・美作の宇喜多直家が、同六年後半頃より秀吉に款《よしみ》を通じてきた。力を得た秀吉は、丹生山・海蔵寺など三木の支城を攻略して、次第に三木城を孤立させて行った（播磨別所記ほか）。

有岡・三木の二城は比較的近いため、有岡城攻めの総帥信忠とそれに従っている諸将は有岡城攻めの傍ら三木城攻めをも応援する。同七年四月には彼らだけでなく、越前衆の佐々成政や前田利家らも駆けつけた（公記）。

同年九月四日、秀吉は安土へ上り、宇喜多直家の赦免の朱印状を請う。ところが、信長の意思を確かめず、勝手に降を認めたことを責められ、追い返された（公記）。だが、この直後の九月十日に、三木城兵と毛利軍の攻撃を退けたことを信長に褒され、秀吉の失策も帳消しになり、直家は十月になって正式に信長より降を容認された（淡輪文書・公記）。

〔三木城攻略と西方への進出〕

同七年十月頃より三木城の四方に付城を築き、攻城戦は大詰めに入る。摂津では、十一月十九日、ついに有岡開城。十二月には、荒木一類の残酷な処刑が行われた（公記ほか）。翌八年一月六日、秀吉は、三木城に近接して築かれていた宮ノ上の砦を占領。次いで十一日、鷹ノ尾の郭を乗っ取り、三木を本丸一つの裸城とした（公記・播磨別所記）。

この時点で秀吉は、城主長治、その弟友之、叔父吉親三人の切腹に替えて城兵を助命することを申し送る。長治はこれを承諾し、十七日に切腹して、ようやく三木は開城となった（公記・別所長治記）。

別所氏が背いてから約二年、特に村重が摂津で信長に謀反してからの一カ年余りは、秀吉は西播磨に孤立した形であった。だが、信忠や諸将の応援もあって、どうにか播磨主要部の平定は成ったのである。

辛苦の末播磨を平定した秀吉は、じきに

美作に入り、宇喜多氏の兵とともに祝山《いわいやま》城を攻める。毛利方では吉川元春が救援に駆けつけ、次には備前・美作に場所を移して織田・毛利の直接対決となった（萩藩閥閲録・吉川家譜）。

だが、戦いは大きな動きはなく、秀吉は兵を残していったん長浜に帰って休息。二月十九日には、津田宗及らを招いて茶会を催している（宗及記）。これから訪れる大敵毛利氏との対決を控えて、束の間の休息であった。

秀吉が再び播磨に入ったのは、閏三月二日である（紀伊続風土記）。四月二十四日、宇野民部の宍粟《しそう》郡長水山城を攻めている（公記）。これを落すのは六月五日だが、その間の五月中に因幡・但馬に禁制を掲げているところを見ると（因幡民談記・豊岡市史）、秀吉は山陰方面へもめまぐるしく動いていたことがわかる。

この月二十一日、秀吉は鳥取城を囲む（細川家文書）。鳥取の城主は山名豊国である。豊国は降ったのでそのまま鳥取城を預け、その勢いで鹿野城を攻撃、伯耆との境目まで軍を進めた（石見吉川家文書・公記）。

この天正八年の鳥取城攻めについては、『公記』等に書かれておらず、前掲の『細川家文書』（六月一日付、秀吉宛て信長書状）も、『信長文書』では天正九年に比定されている。因みに『武功夜話』では、この事実を明記している。

但馬は、四月より弟長秀が入って概ね平定しており、宇野を滅ぼすことによって、播磨・但馬の二カ国の平定が大体完了したと言ってよい（公記）。伯耆羽衣石《うえいし》の南条元続は前年頃から秀吉に通じており、その援助を得て、八月頃には秀吉の兵は伯耆にも出張している（蜂須賀文書写）。鳥取城、さらに鹿野城を得て、秀吉は因幡・東伯耆まで所属させたわけである。

しかし、いったん秀吉に降ったとはいっても、鳥取城の老臣たちの心は毛利氏から離れなかった。九月、山名豊国は十数人の小姓のみを連れて城を出奔するのである（石見吉川家文書）。こうして再び鳥取城は、敵方になってしまった。

〔播磨・但馬の支配〕

天正八年四月、秀吉は姫路城の修築に取りかかった。この普請は翌年三月五日頃までには大体終了した（富田仙助氏文書・異本塔寺長帳）。この八月、佐久間らの追放を機に織田軍団の再編がなされた時、正式に播磨と但馬二国が秀吉に与えられたのであろう。家臣・与力や播磨の寺院への宛行状が、この年九月一日以降に集中しているからである。

因幡・伯耆陣より帰った九月一日、黒田（小寺）孝高へ、九月十九日、片桐貞隆・加藤清正・平塚三郎兵衛へ、九月二十一日、一柳直末へ、それぞれ播磨の地を与えたほか（黒田文書・成貴堂古文書・片桐文書・紀伊徳川文書・伊予小松一柳文書）、仙石秀久に命じて、播磨国内を検地させている（大山寺文書）。また、十月二十八日、竜野町の条規を定めている（姫路紀要ほか）。

また、但馬に関しては、弟長秀が支配権を振るっている（上坂文書ほか）。信長から直接委ねられたものか、秀吉の代官としての立場なのかは、はっきりしない。同九年二月十六日、秀吉が生野銀山の代官生熊左介に一月分の納銀請取状を与えているのを見ると（藤本文書）、生野銀山の管理権は直接秀吉のもとに置かれていた様子である。

播磨拝領とともに、長浜は秀吉の手を離れ、堀秀政に与えられたと、『武家事紀』及び『寛永伝』に書かれている。しかし、秀吉は、その後も長浜城を確保し、長浜の商人の権益の承認や江北における宛行いも見られるから（鈴木文書）、これは将来の約束であって、すぐに長浜城と江北の知行地を収公されたわけではなさそうである。

〔鳥取城攻略〕

鳥取城は、城主山名豊国が出奔した後、その老臣たちが毛利方として守備していたが、天正九年二月、毛利氏から吉川経家が城将として派遣され、その指揮の下に秀吉軍に抵抗した（石見吉川家文書）。

二度目の鳥取城攻めのため、秀吉は前年

のうちに作毛を刈り取らせ、米の買い占めもさせていたという。そして、天正九年の前半は、のんびりと姫路で日を送っている。鳥取城攻めは七月頃から、と決めていたものと思われる。

六月二十五日、秀吉は姫路を出陣、七月十二日に鳥取表に到着、いよいよ本格的な鳥取攻城戦にとりかかった（公記・石見吉川家文書）。従う兵は二万余と『公記』にある。

信長は、明智光秀・長岡（細川）藤孝にも鳥取城攻めの応援を命じ、兵糧舟が秀吉陣へ向けられた。藤孝の臣松井康之は、水軍を率いて毛利水軍と戦っている（細川家文書）。

鳥取が開城したのは十月二十五日。城将吉川経家の切腹に代えて、城兵の生命が助けられた。秀吉はここに城代として宮部継潤を入れ置いた（石見吉川家文書・公記ほか）。

鳥取城を攻略するや否や、秀吉は西へ進み、伯耆に入る。味方南条元続が吉川軍に攻囲されているのを救うためである。秀吉はしばらく在陣した末、蜂須賀正勝を残して、十一月八日、姫路に帰陣した（公記）。

姫路に帰陣した秀吉を待っていたのは、淡路出陣の命であった。淡路・阿波へは、すでに九月から黒田孝高・生駒親正・仙石秀久らの軍を割いて作戦を開始していた（黒田家文書）。秀吉自身は、十一月十七日、池田元助とともに淡路に渡って岩屋城を攻略。二十日に帰陣した（公記）。

淡路の「物主」は未定と『公記』にあるが、鳥取落城直前の十月二十三日、岩屋船の分国中の廻漕を許し、公事を免じているのは秀吉である（佐伯文書）。とりあえずは、播磨支配者の秀吉に、淡路の政務も任されていたのであろう。

十二月、秀吉は安土に上り、信長に鳥取城攻略等を復命した。この時、歳暮の祝儀として小袖二百着を進上したという。信長は秀吉の功を賞し、感状に添えて茶湯道具十二種を下賜した。破格の賞与である（公記）。秀吉は、二十二日、また姫路に戻った（公記）。

〔本能寺の変直前の秀吉〕

天正十年一月早々に、宇喜多直家が没した。『備前軍記』等には、没年月日は前年の二月十四日で一カ年近く喪を秘したとあるが、信用できない。秀吉は、一月二十一日、宇喜多の家老を伴って安土へ赴き、嫡子秀家の相続の許可を受けた（公記）。こうした面倒見のよさこそ、秀吉が周囲の者を引き付けた魅力の一つであった。この頃、備中の荘駿河守が投降したが、秀吉はすぐに信長に朱印状の発給を願い出、許されている（黄微古簡集）。

二月から三月にかけての武田攻めの時は、中国方面に専念するよう命じられ、参加していない。三月十五日、姫路を出陣した秀吉は、備中に入り、冠山城を攻めた（惟任謀反記）。

冠山・宮路山・河屋城を次々と攻略した後、清水宗治の守る高松城を囲んだ（亀井文書・萩藩閥閲録ほか）。秀吉は支城を攻めながら、高松城の周囲に堤を築かせており、本城高松を囲んだ時には、すでに堤は完成していた（太閤記）。

秀吉軍高松城包囲の報に、毛利氏は総力をあげて救援に乗り出す。毛利輝元自ら、吉川・小早川の軍を率いて出陣した。こうなれば、秀吉軍単独でこれと対決するのは困難である。信長に救援を求める使を発する。信長は、明智光秀の近畿を中心とする軍、池田恒興の摂津の軍などに出陣の準備を命じる（公記）。そして自らも、中国・四国作戦の進行を見届けるため上洛したところで、本能寺の変に倒れたのであった。

〔山崎の戦いから賤ケ岳の戦いまで〕

本能寺の変報は、六月四日未明に秀吉のもとに届いた（浅野家文書）。秀吉はそれを毛利氏に秘しながら、四日、宗治の切腹、高松開城の条件で講和を結んだ（当代記・惟任謀反記ほか）。このあたりの手腕は実に見事である。

宗治の切腹を見届けた後、六日に秀吉は軍を動かした。姫路で休息をとった後、九日に出陣して、十一日に尼崎に着いた。十三日に富田に至るまでに、神戸信孝・丹羽長秀・池田恒興らが合流した（浅野家文書ほか)。そして十三日、山崎の戦いで光秀軍を打ち破り、主信長の無念を晴らした。

近江・美濃・尾張の擾乱を諸将とともに鎮めた秀吉は、六月二十七日、清須会議に臨む。この会議は、自他ともに認める織田家宿老柴田勝家、丹羽長秀・秀吉に、信長の乳兄弟である池田恒興を加えた四人のメンバーで行われたものである（浅野家文書）。メンバーの選定権は自然に秀吉が握る形になり、勝家の到着を待って開催されたものらしい。従って、宿老格ながらこの日に間に合わなかったと思われる滝川一益は、メンバーからはずされた。

この会議の場で秀吉は、弔合戦の功を背景に駆引きの妙を発揮、一つ目の議題である信長の継嗣に満二歳の三法師（秀信）をすえ、二つ目の議題である遺領の配分においても、山城・丹波に河内の大部分を取るなど、畿内の地を抑えることに成功した（浅野家文書・多聞院・川角ほか）。会議を前にして秀吉は、会議のメンバーの長秀・恒興をすでに自家薬籠中の物にしていたからである。

会議後、この四人がそのまま「行二天下之政道一」（惟任謀反記）ことになったが、長秀・恒興は、秀吉の味方どころか実質上配下といった立場になっており、勝家一人が孤立する形であった。勝家との確執は日に日に増し、勝家は、織田家の将来を懸念する信孝と結び付いて行った。十月十五日、大徳寺で故信長の葬儀を大々的に執り行った時、秀吉はすでに勝家ら反秀吉方を相手取って勝てる自信を培い終えていた。

ただ一つ、秀吉が克服せねばならない課題は、信孝という主家筋の者を敵に回すことである。秀吉は、十月二十八日に長秀・恒興と語らって、信雄を臨時の織田家家督にすえることを決めた（蓮成院記録・兼見）。

十一月、秀吉は、勝家と講和を結ぶ。しかし、十二月には、北国の勝家が積雪のため出陣できないのを見越して、まず勝家方の長浜城を降し、次いで信孝を岐阜城に囲んで、幼主三法師を奪った（柴田合戦記ほか）。

勝家は三月、ようやく江北へ進軍。秀吉軍も出陣し、江北の地で対陣が続く。四月二十一日の賤ケ岳の戦いで、勝家はもろくも敗軍。秀吉はこれを追って、二十四日、北庄城で勝家を滅ぼした。

〔日本の統一〕

ライバル柴田勝家を破り、自他共に認める信長の後継者にのし上がった秀吉のその後については、簡略に事跡を追うにとどめる。

翌十二年より小牧陣。四月九日の長久手の戦いでは秀吉軍は不覚をとるが、結局十一月に信雄と講和、十四年十月になってついに家康をも臣従させる。

この間の十三年中には、雑賀《さいか》を攻めて、紀伊を平定。長宗我部氏が大部分を席巻していた四国も平定。八月には、ただ一人秀吉に従わなかった、かつての同僚佐々成政をも臣従させた。

十四年十二月、九州討伐を発令。まず先鋒軍を派遣し、翌十五年三月一日には自ら出陣する（多聞院・当代記ほか）。五月、島津義久は降伏し、九州も秀吉の威令に服した。毛利氏・上杉氏も戦わずして秀吉の軍門に降っており、残すは関東の北条氏と奥羽の群雄のみである。

北条氏に対しては、同十六年から上洛を促しているが、満足する返答は得られなかった。十八年二月、先陣を出陣させ、自らも三月一日に出陣する（御湯殿・小田原御陣）。二十六万の大軍だったという（太閤記）。長期攻囲戦の結果、七月、ついに小田原開城。秀吉は北条氏政・氏照に切腹させた。

伊達氏ら奥羽の大名たちは、すでにこの時点で降っていたが、秀吉は残る者たちの討伐のため、会津黒川まで本陣を進める。こうして、天正十八年のうちに、全国の統一が成ったのであった。

〔絶頂期とその死〕

この間、官位の方も驚異的に昇進するが、それについては前述した。元関白近衛前久の猶子となって関白の位に就いたのが天正十三年七月十一日、太政大臣になったのが同十四年十二月十九日である。同十九年十二月十八日、関白を養子秀次に譲ってから死に至る約七カ年は、「太閤」と呼ばれた。

関白を辞した秀吉は、大陸征服戦に専念しようとする。文禄元年（一五九二）一月五日、諸大名に出陣命令が下された（黒田文書）。秀吉自身も三月二十六日に京を出陣して、名護屋に陣を張る（多聞院・太閤軍記ほか）。しかし、七年間続いたこの侵略戦争も、結局何ら得るところなく終った。秀吉自身幾度か自らの渡海を計画したが、その都度家臣あるいは禁裏から押しとどめられた。

この侵略戦争といい、文禄四年七月に起った秀次事件といい、晩年の秀吉には、狂気に冒されたのではないかと思われる行動が見られる。五十歳代後半より、無意識のうちに失禁することもあったという（駒井日記）。若い頃の苦労がたたって、老いるのが早かったのであろうか。

慶長三年（一五九八）三月十五日の醍醐寺三宝院における花見が、秀吉の最後の歓楽であった。六月頃より病はいよいよ進み、床を離れられなくなった。その死は八月十八日、伏見城中である。僅か六歳の嫡子秀頼のこと、朝鮮で苦闘している軍兵のことを気にかけながらの最期であった。初めに述べた通り、その没年齢は六十二歳である。

橋本一巴（はしもと　いっぱ）

生没年不詳。

信長の鉄砲の師と『公記』にある。後、信長の臣となったのであろう、永禄元年（一五五八）七月十二日、浮野の戦いに従軍し、林弥七郎を倒した（公記）。

橋本三郎左衛門（はしもと　さぶろうざえもん）　越前

生没年不詳。

越前南条郡の人。天正元年（一五七三）十月八日、越前を制圧した信長より、本知六石を安堵され、続く十一月十二日、越前に残された代官木下祐久らより、朱印状に任せて年貢・諸公事の収納を許されている（橋本文書）。

橋本道一（はしもと　みちかず）　尾張

?～慶長元年（一五九六）二月十五日。

伊賀守。

中島郡三宅村の人（尾張志）。正常の子。信忠に仕え、片原一色に在城（尾張群書系図部集）。後、信雄に仕え、七百三十貫文の地を知行。ほかに代官地と鉄砲衆の分五千貫文の地を預かる（分限帳）。小牧陣でも、主に吉村氏吉たちと組んで活躍している（吉村文書）。

信雄改易の後、秀吉に仕える。文禄元年（一五九二）肥前名護屋に駐屯、弓・鉄砲衆の一人として百五十人を率いている（太閤記）。

慶長元年（一五九六）二月十五日、名護屋にて没するという（尾張志）。

長谷川嘉竹（はせがわ　かちく）　→長谷川丹波守（はせがわ　たんばのかみ）

長谷川橋介（はせがわ　きょうすけ）　尾張

?～元亀三年（一五七二）十二月二十二日。

『張州雑志』所収系図によると、丹波守の弟で、別称右近とある。

永禄三年（一五六〇）五月十九日の桶狭間の戦いの時は、信長小姓として『公記』にあるが、その二年前の永禄元年、信長の命により信長の弟信勝（信行）を討ったことが『甫庵』『織田系図』に載っている。信勝を討取ったのは河尻秀隆と青貝某（河尻青貝という一人の人物か）であったと『公記』にあるから、それは誤りであろう。

だが、さらに以前の天文二十二年（一五五三）四月十七日の赤塚の戦いの、『公記』に載った交名《きょうみょう》に、それらしい名が見える。小姓とはいっても、かなり古くからの信長の家臣だったらしい。

永禄年間選抜された赤母衣《ほろ》衆に名を連ねる（高木文書）。信長上洛後の同十二年八月の伊勢大河内《おかわち》城攻めには、「尺限《さくきわ》廻番衆」の一人（池田本）。この時のメンバーは旧母衣衆が中心になっている。

しかし、その後、佐脇良之らとともに信長の勘気を蒙って追放され、家康の下に居住する。そして、元亀三年（一五七二）十二月二十二日、三方原の戦いに従軍。佐脇らとともに討死した（公記）。

　子の四郎左衛門は、長谷川秀一に仕えるという（士林泝洄）。

長谷川源二郎（はせがわ　げんじろう）
　?～天正十年（一五八二）六月二日。
　信長又は信忠の馬廻か。天正十年（一五八二）六月二日、本能寺の変の時、明智軍と戦って討死した（阿弥陀寺過去帳）。

長谷川重成（はせがわ　しげなり）　美濃
　?～慶長八年（一六〇三）六月十八日。

　甚兵衛。

　越中守の二男。初め斎藤氏に仕えるが、後、信長の家臣となる（寛永伝）。天正三年（一五七五）六月十一日、旧領美濃長森の二百貫文の地が兼松正吉に与えられているが（兼松文書）、没収されたのか、それとも単に移封なのか明らかでない。後、秀吉に仕え千五百石、黄母衣《ほろ》衆（吉備温故秘録・寛永伝）。

　文禄元年（一五九二）七月、名護屋城本丸広間の番衆の一人（太閤記）。慶長五年（一六〇〇）上杉討伐に従い、そのまま関ケ原での戦闘に参加。その後、徳川氏に仕える（吉備温故秘録）。

　同八年六月十八日没（重修譜）。


長谷川宗仁（はせがわ　そうにん）　京都
　天文八年（一五三九）～慶長十一年（一六〇六）二月九日。

　源三郎、刑部卿、法眼。宗仁は「宗任」とも書く。

　信長の奉行衆を務めているが、茶人であり、画師でもある。

　出身は京都で有力町衆だった長谷川宗味の一族と思われる（熊倉功夫「信長と茶の湯」）。

　永禄十二年（一五六九）から元亀元年（一五七〇）にかけて、堺の今井宗久と組んで、但馬の生野銀山支配を目論み、信長を動かして山名韶熙《あきひろ》の帰国に尽力する（宗久書・永島福太郎「織田信長の但馬経略と今井宗久」）。宗仁は、韶熙の入国に同行したらしく、（元亀）元年一月六日付で宗久から労いの書を受けている（宗久書）。同年四月十九日、宗久とともに、銀山の押領を止める使として信長より派遣されている（宗久書）。

　天正元年（一五七三）六月十八日、下京より銀子や米を徴収しているが、この時、信長の臣たちに混じって活動している（朝河文書）。次第に信長の家臣化して行った様子である。

　同年八月二十四日、信長の命により、朝倉義景の首級を京へ送り、獄門にかけた（公記）。同六年元旦に行われた信長の茶会には、織田家家督信忠、家宰林秀貞や主立った臣のみが参加を許されているが、宗仁もその中に加わっている。そして、四日に行われた万見邸における名物披露の会にも招かれている（公記）。

　同十年三月の武田攻めの時も信長に随従。武田勝頼の首級を京都に晒すことを命じられた（公記）。

　本能寺の変の時は、その報をすぐに秀吉に伝えたという（太閤記・黒田家譜ほか）。その後、秀吉に仕え、同十七年十月一日、豊臣氏直轄領伏見の代官となる（日用集）。名護屋築城の時は、数奇屋・旅館の作事奉行（萩藩閥閲録・太閤記）。文禄二年（一五九三）五月二十三日、明使の饗応。慶長三年（一五九八）三月十五日の醍醐の花見の時も、秀吉の傍らに侍した（太閤記）。この間、天正十五年二月、従五位下に叙され、後、刑部卿になるという（寛永伝）。

　慶長五年の戦乱の時は西軍に属し、田辺城攻撃に参加したが、戦後赦されたらしく、家康に仕え、北政所の番を命じられている（重修譜）。

　同十一年二月九日没、六十八歳という（寛永伝）。

　茶人であるだけに、今井宗久とは入魂、津田宗及の日記にもしばしば登場している（宗及記）。武野紹鷗の弟子でもあった（茶人大系図）。画師としても、狩野光信と一緒に名護屋城本丸の障壁画を手がけている（肥前名護屋城旧記）。また、天正九年十一月三日の松井友閑邸での茶会では、宗仁の絵が床の間に飾られている様も見られる（宗及記）。

　天正十九年九月の、秀吉のフィリピン攻略の企ての時、原田孫四郎の進言を仲介する役割を果している（辻善之助『増訂海外交通史話』）。

長谷川竹（はせがわ　たけ）→長谷川秀一

長谷川丹波守（はせがわ　たんばのかみ）　尾張

?～慶長五年（一六〇〇）四月二十日?

与次。号は可竹、嘉竹。

『張州雑志』所収の系図によれば、丹波守＝嘉竹という。また、長谷川与次も同一人であるという（宮島新一『肖像画の視線』）。

初めは信長の馬廻か。戦場で働く姿がずっと見られる。まず、永禄十二年（一五六九）八月、伊勢大河内《おかわち》城攻めに従軍。元亀元年（一五七〇）八月の野田・福島攻め、さらに軍を返しての叡山攻囲戦にも参加した。同二年五月の長島攻めにも従軍している（公記）。

尾張・美濃の一部が信忠の支配下に置かれるようになると、それに属する。天正二年（一五七四）七月の長島攻めでは、信忠の指揮下にいる（公記）。

同六年元旦、安土にて信長より茶を賜った十一人の家臣に連なる。さらに、四日の万見邸での名物披露の会にも参加している（公記）。他の顔触れは、有力な部将や吏僚たちばかりであり、丹波守がその中に連なっているということは、信長にかなり重んじられていたわけである。

同九年、信長が秀吉のために茶会を催した時も相伴する（太閤記）。十年の武田攻めの時も、信忠の下で活動。三月十六日、武田信豊の首級を信長に持参した。四月三日には、恵林寺焼討ちの奉行を務めている（公記・当代記）。

本能寺の変後は、前田玄以とともに、初め幼主三法師の守役（太閤記）。後、秀吉に仕える。変を境に剃髪したか、同十三年一月十日、大坂での津田宗及茶会に出席した時は「長谷川嘉竹」、十四日の茶会では「長谷川与次入道」と記されている（宗及記）。

越前に所領があったらしく、文禄四年（一五九五）四月十一日、越前西光寺に新屋敷を寄進している（西光寺文書）。西光寺との繋がりは強かったらしく、西光寺よりしばしば贈品を受けている（西光寺文書）。

慶長三年（一五九八）、秀吉の形見として「しつかけ」を受けている（太閤記）。『長谷川系図幷旧記』によると、同五年四月二十日に没という。

信長の側近長谷川秀一は子であるという。

長谷川橋介（はせがわ　はしすけ）→（はせがわ　きょうすけ）

長谷川秀一（はせがわ　ひでかず）　尾張

?～文禄三年（一五九四）二月?

竹、藤五郎、羽柴東郷侍従。

葉栗郡北方の人（張州府志）。丹波守（与次・嘉竹）の子という（武家事紀ほか）。若年より信長に仕え、小姓を務める（太閤記ほか）。

文書における初見は、天正三年（一五七五）と思われる一月三十日付の信長書状（妙光寺文書）。これによると秀一は、長島城復旧工事の石運びの宿を手配している。

ほぼ同時期と思われる十月十日、近江金勝寺の安土移転に伴い、信長より寺領没収を命じられているが、この時の仕事は野々村正成と一緒である（浄厳寺文書）。

同六年六月、播磨神吉《かんき》城攻めの時、大津長昌・矢部家定・菅屋長頼・万見重元ら信長の奉行衆の多数が検使として派遣されるが、秀一もその一人であった（公記）。この後、高槻城城番の一人（安土日記）。

この年十二月八日の有岡城総攻撃戦で万見が戦死したので、翌年一月二十三日に、安土の側近の邸宅の入れ替えが行われた。旧万見邸は秀一に譲られ、旧秀一邸には高橋虎松が入った（安土日記）。この事実を見ると、同じ信長小姓でも、万見のほうが秀一より上席だったのであろう。

翌七年二月、信長上洛の時は、矢部とともに先んじて京都に入り、御迎え不要のことを伝えている（兼見）。

同年五月二十七日の安土宗論の時は、浄厳寺内の警固の一人。負けとされた日蓮宗側よりの詫証文の宛名も、菅屋・堀秀政・秀一の三人になっている（公記・言経）。

同八年十二月、猪子高就・福富秀勝・西

尾吉次と四人で、高天神城攻囲中の家康陣へ遣わされる。彼らは三日間ほど陣場を見回り、二十二日に帰国した（家忠）。

秀一ら信長側近は、副状発給、取次ぎなどの仕事のほか、こうした検使の役や造営奉行なども務めている。造営奉行の仕事としては、同八年閏三月、伴天連《ばてれん》屋敷地造営の奉行、同九年一月一日、安土の馬場建設の奉行などの事績が見られる。どちらも菅屋・堀と一緒の仕事であった（公記）。

この年四月十三日、野々村正成とともに特別に知行を与えられる。十二月五日には、同じく野々村とともに、近江野洲郡野尻郷のつつもたせを成敗しているが、二人は組んでこの信長直轄領の代官を務めていたのである（公記）。この二人は、佐久間信盛追放後の近江栗太・野洲郡の代官をも務めている（深谷幸治「織豊政権期近江の代官支配」）。

同十年一月十五日の爆竹《さぎっちょう》の時には、菅屋・堀・矢部とともに馬廻・小姓衆を引率している。三月には甲信出張に従軍し、四月二日、台ケ原において、馬廻衆の着到を付けながら、北条氏より贈られた雉を分配している。この時の奉行衆は、秀一のほか、菅屋・矢部・福富・堀である（公記）。この頃、この五人が馬廻衆を統率する特別の地位にあったのではなかろうか。ただ、秀一は馬廻指揮官とはいっても、信長の下では、戦場での活躍は全く見られない。

甲信遠征は、すでに信忠の手で武田氏が滅ぼされた後なので、この時もほとんど活躍の場はなかった。四月三日、命により武田の旧臣秋山万可・同摂津守の成敗を行ったぐらいである（公記）。

安土に凱旋して、信長は家康の訪問を受ける。秀一は五月十九日、摠見寺における家康歓待の宴に出席。翌二十日、丹羽長秀・堀・菅屋とともに高雲寺での家康の振舞いを命じられた（公記）。更に二十一日、家康が安土より上洛し大坂・堺を見物するについて、その案内者として付けられた（公記・宇野）。六月一日には、堺の津田宗及の茶会に、家康や穴山梅雪とともに出席している（宗及記）。

翌二日、本能寺の変報は、その日のうちに堺に届いた。秀一は家康・梅雪とともに宇治田原を越して三河へ向かう。梅雪は途中で一揆のため殺されるが、秀一は家康とともに無事熱田まで逃れた（公記）。

本能寺の変後、しばらく消息が不明だが、九月十八日に秀吉に同道して吉田社を訪れているから、それまでには京に戻っていたのであろう（兼見）。秀吉と柴田勝家の対立の中では秀吉方に付き、伊勢峰城攻めに当っている（柴田合戦記）。同十一年中に、近江肥田城主（太閤記）。この年十月二十三日、羽柴秀長・堀秀政とともに大坂の津田宗及邸での茶会に出席しているが、その時は「藤五郎」と称している（宗及記）。それまでは、一次史料ではずっと「竹」であった。

同十二年の小牧陣に従軍。二千三百の兵を率いているから、かなり大身である（浅野家文書）。三月には、伊勢方面に派遣される（金沢市立図書館文書）。

同十三年閏八月、越前東郷城主。十五万石と『四国御発向并北国御動座記』にあるが、これは与力領を含んでのことであろう、『当代記』には十万石とある。同十四年一月十四日、昇殿。四月九日、四位昇進か（御湯殿・下村效「天正文禄慶長年間の公家成・諸大夫成一覧」）。

同十五年二月、九州陣に従軍。この時は「羽柴東郷侍従」と呼ばれている（当代記）。

同十八年、小田原陣に従軍し、山中城攻めに参加。三千人を率いる有力部将である（伊達家文書・毛利家文書）。

文禄元年（一五九二）、朝鮮へ出動。普州城攻撃に参加。『太閤記』によれば、この時指揮した兵力は五千という。かなりの大軍である。

そのまま朝鮮陣に駐まり、同三年二月、その地で病を得て没したという（聚楽武鑑ほか）。生年については、『長谷川系図并旧記』には永禄五年の生れとあるが、その活躍期に鑑みて余りに若すぎよう。そこまでは若くないにしても、まだ三十代の後半ぐらいだったのではなかろうか。また、死没は帰朝後ともいわれる。『当代記』の伏見城普請（文禄三年一月）の交名《きょうみょう》に載っているから、その方が正しいかも知れない。

長谷川宗仁（はせがわ　むねひと）→（はせがわ　そうにん）

長谷川与次（はせがわ　よじ）→長谷川丹波守（はせがわ　たんばのかみ）

畠山秋高（はたけやま　あきたか）　河内

天文十四年（一五四五）？～天正元年（一五七三）六月二十五日。

二郎、小二郎、上総介、尾張守、左京大夫、左衛門督。初名「政頼」。「昭高」の字を書かれることが多いが、文書では「秋高」。

政国の三男、高政の弟とするのが一般的だが、子とするものもある。河内守護、高屋城主。

永禄十二年（一五六九）秋、兄高政の隠遁に伴い、守護代の遊佐信教や安見宗房によって立てられ、高屋城主となると『足利季世記』にある。しかし、弓倉弘年氏によれば、秋高は永禄八年に家督を継いで河内守護になっており、高政は幕政に関与することを専らとしている。すなわち、兄弟で任務の分担がなされたものと述べている（同氏「戦国期河内守護家と守護代家の確執」）。そうであるとすると、上洛した足利義昭と信長に降参して河内半国の守護を許されたのは、秋高ということになる。

永禄十三年一月、将軍後見役の信長より、禁中修理、武家御用、天下静謐のためと称して上洛を促されている（宴乗）。四月十四日、上京して将軍邸落成祝の能楽を参観（公記）。八月二日、義昭より、摂津方面守備のため、兵を紀伊・和泉・根来寺に募るよう命じられた（細川家文書）。

三好三人衆らの軍が野田・福島城に籠ると、信長軍に呼応して出陣、中島天満森に進む。信長が朝倉・浅井の進出の報を受けて退陣した後も、高屋城を堅固に守って、三人衆らの進撃を拒んだ（公記・両家記・尋憲記）。

その後、もう一人の河内守護三好義継や大和守護松永久秀と対立する。義継・久秀は、三人衆や阿波の篠原長房と講和し、遠く武田信玄とも結んで、義昭・信長の中央政権から離反して行った（武州文書ほか）。元亀二年（一五七一）五月から六月にかけて、義継・久秀それに三人衆の軍が高屋城を攻めた（多聞院・尋憲記・信貴山文書）。この紛争の中で将軍義昭は畠山に加担、七月、兵を出して高屋城を救援させた（尋憲記）。

同年十一月、またも義継・久秀・阿波衆に高屋城を攻められる（宴乗）。この戦いは翌年にまで持越され、ついに信長も畠山応援に踏み切り、同三年四月、安見宗房の籠る交野《かたの》城への救援軍として、佐久間信盛・柴田勝家らの軍を派遣した（公記ほか）。

しかしこの間、畠山家内部で、秋高と老臣遊佐信教との対立が顕著になり、同三年閏一月四日、信教による秋高暗殺未遂という事件も発生した（多聞院）。この時、信教は高屋城を出奔したはずだが、後にまた城に入っているところを見ると、じきに赦されたのであろうか（相州古文書）。

天正元年（一五七三）、義昭と信長との対立が激化すると、義昭方に参陣する（顕如書）。ここで信長の後ろ盾を失った。

同年六月二十五日、信教のため、高屋城内で殺される（観心寺文書・高野山過去帳）。死没年については元亀三年、天正二年説もあるが、前記のことから元亀三年説の誤りは明らか、天正二年四月二日に三好康長が高屋城入城という『年代記』の記事から、天正二年説も困難であろう。『高野山過去帳』には、二十九歳と没年齢も記されている。

畠山高政（はたけやま　たかまさ）　河内

大永七年（一五二七）～天正四年（一五七六）十月十五日。

二郎、次郎四郎、修理亮、紀伊守、播磨守、尾張守。号は一空。

多くの系図類は、政国（播磨守）の子としているが、森田恭二氏によれば、晴熙（播磨守）の子であるという（同氏『河内守護畠山氏の研究』）。天文二十一年（一五五二）九月に畠山家家督を継ぐ（天文日記）。

高政が家督を継ぐ前年に守護代として勢

力を振るった遊佐長教は暗殺されて、安見宗房が権力を握っていた（天文日記・長享年後畿内兵乱記）。同二十二年八月、三好長慶が入京した時、安見とともに将軍義輝を擁して近江へ逃れた（重修譜）。しかし、その後、安見と対立。永禄元年（一五五八）十一月三十日、その専横な振舞いを怒って堺に出奔した（両家記ほか）。しばらく紀伊に蟄居。翌二年八月、安見を逐った長慶に迎えられ、再び高屋城に戻った（両家記ほか）。

その後、しばらくの間長慶と結び、河内の国政も自ら執行しているが、間もなく離反、同三年八月十六日、三好方の軍と河内石川郷で、九月九日、三好方の伊丹貞親（親興）と河内東河原で戦い、いずれも敗れた。高政は十月、長慶に降参、またも堺に出奔した（両家記ほか）。

同四年七月、六角義賢（承禎）が反三好の兵を挙げて山城に出陣すると、これに応じて和泉岸和田に着陣（公卿補任・両家記）。八月、九月には、河内金剛寺及び富田中村に禁制を掲げている（金剛寺文書・興正寺文書）。

俄然勢いを得た高政は、根来寺衆徒たちと結び、同年十一月二十四日岸和田で、十二月二十五日河内三箇城で、翌年三月五日和泉久米田で三好軍と戦い、善戦。久米田の戦いでは長慶の弟義賢（実休）を敗死させた（年代記・両家記ほか）。

高屋城を回復して入城。攻勢に転じ、五月には長慶の居城飯盛を囲んだ。しかし、五月二十日、教興寺での戦いで敗れ、今度は紀伊に出奔した（年代記・続南行雑録）。

長慶が死んだ翌年の永禄八年五月、家宰松永久秀と三好三人衆が将軍義輝を襲殺した。六月二十四日、高政は上杉輝虎に書し、幕府の再興に力を貸すよう求めている（河田文書）。弓倉弘年氏の研究によれば、永禄八年に高政は家督を弟秋高に譲っており、自らは後見役を務めつつ幕府の外交などに携わっていたという（同氏「戦国期河内守護家と守護代家の確執」）。上杉氏との連絡も、そうした立場の現れであろうか。

長慶死して、家宰松永久秀と三好三人衆との対立が起ると松永方に付き、同九年二月、根来寺衆徒とともに和泉遠里・小野に出陣。十七日、河内上芝にて三好軍と戦い、敗れてまたまた堺へ逃れた（言継・多聞院ほか）。久秀も敗れて同じく堺に退き、五月三十日、三好軍が堺を攻撃した（言継・多聞院・永禄九年記）。

その後も三好軍との抗争が続くが、三人衆に擁立されていた三好家当主義継が久秀方に奔り、また、同十年十月十日の東大寺での戦いで久秀方が勝利を収めることにより、久秀・高政方は息を吹き返した（多聞院ほか）。

同十一年九月、義昭が信長に供奉されて上洛すると、高政は、義継・久秀とともに直ちにこれに降参。十月三日、芥川に赴いて義昭と信長に拝謁した（言継）。そして義昭より、あらためて河内半国の守護に補され、高屋城を安堵された（両家記・足利季世記）。畠山家家督が秋高だとすると、河内守護と畠山家家督を分離したのかもしれない。ともかく、以後、将軍の臣として、大和平定戦などに出陣する。

しかし、同十二年秋、遊佐信教・安見宗房と対立。遊佐の誅殺を図ったが事前に露見し、逆に遊佐・安見より攻撃されようとしたところで、家を捨てて紀伊岩室城へ出奔した（足利季世記）。その後は、歴史の表より消えている。

天正四年（一五七六）十月十五日没、五十歳という（重修譜・高野山過去帳）。晩年は、キリスト教に帰依した（切支丹大名記）。

畑田加賀守（はただ　かがのかみ）　若狭

生没年不詳。

『甫庵』『織田系図』に載っている「畑田修理亮」と同一人のようだが、『若狭守護代記』に「畑田加賀守、同修理亮」と並べられているから、父子なのかも知れない。武田氏の臣。三方郡能登野城主という（若狭観跡録）。

信長に降ったのは、他の若狭衆と同じく天正元年（一五七三）までのことであろう。同三年七月一日、武田元明や他の若狭衆とともに相国寺を訪れ、信長に礼（公記）。同年八月の越前一向一揆討伐戦に時は、海上より攻撃する若狭衆の中にその名が見える(公記)。


波多野秀尚（はたの　ひでなお）　丹波
?～天正七年（一五七九）六月八日。

遠江守。諱は「秀直」とも書く。

晴通の二男で、秀治の弟。いったん信長に従ったものの、天正四年（一五七六）一月、兄とともに離反する。

八上《やがみ》城を明智光秀に何度も攻められ、ついに同七年六月一日、開城。同月八日、秀治とともに安土に護送され、磔刑に処せられた(公記)。


波多野秀治（はたの　ひではる）　丹波
?～天正七年（一五七九）六月八日。

右衛門大夫。

丹波多紀郡八上城主。晴通の長男。本家の伯父元秀の養子になって宗家を継ぐ(波多野系図)。

永禄三年（一五六〇）一月二十七日、正親町天皇即位式に際し、毛利元就を説いて費用を献上させ、上京して守備の役に就くという(丹波氷上郡志)。八上城は、松永久秀の弟長頼に奪われていたが、同九年二月に奪回した(両家記)。ただし、これらの事跡は、先代の元秀のものかもしれない。

同十一年九月、義昭・信長が上洛すると、これに従う(足利季世記)。(元亀元年＝一五七〇)十一月二十四日、信長より太刀及び馬の贈呈を謝されている(信長文書)。後、義昭・信長の対立が表面化すると、信長方に属す。だが、特に信長方として動いたわけではない。

天正三年（一五七五）、丹波の奥三郡を支配する赤井氏の信長離反により、丹波は明智光秀軍の侵略するところとなる。秀治を中心とする波多野一族は、初め光秀に従ったものの同四年一月これに背き、逆に光秀の陣営を襲った(兼見)。爾来三年半、光秀は赤井・波多野を敵として、丹波の経略に腐心することになる。

光秀は、他に大坂・摂津・播磨などに転戦し、必ずしも丹波経略に専念したわけではないが、この間に次々と波多野の属城を落し、同七年二月からは、丹波にずっと在陣してその平定を急いだ。(同年)二月晦日付で、秀治は、兵庫屋惣兵衛という商人に徳政を免除しているが(大阪城天守閣文書)、包囲の中で果して実効があったのであろうか。

五月五日、一族の波多野宗長父子の守る氷上城が落城。そして八上城も六月一日に落城した(小畠文書・久下文書)。なお、『総見記』に、光秀が母親を人質に出して和睦し、油断させて波多野兄弟を捕縛したと書かれているが、これは虚説にすぎない。

捕縛された波多野兄弟は、京都を引回しの末、安土へ護送。八日、磔刑に処せられた(兼見・公記)。

波多野宗貞（はたの　むねさだ）　丹波
?～天正七年（一五七九）五月五日?
丹波の波多野氏支流。宗長の子(波多野氏系図、『丹波氷上郡志』所収)。氷上城に居す。天正四年（一五七六）一月、宗家秀治が明智光秀に背いてその陣営を襲う(兼見)。
その後、父とともに氷上城を守って光秀の軍と戦ったが、同七年五月五日落城、自害したという(細川家譜)。

波多野宗長（はたの　むねなが）　丹波
?～天正七年（一五七九）五月五日?
丹波の波多野氏支流。氷上城主。宗家秀治の信長離反に従い、氷上城を子宗貞とともに守備。明智光秀の攻撃に耐えていたが、天正七年（一五七九）五月五日、ついに落城、自害したという(細川家譜)。

波多野弥三（はたの　やぞう）
?～永禄十二年（一五六九）九月八日。
信長の馬廻。永禄十二年（一五六九）八月の伊勢大河内《おかわち》城攻めに従軍。九月八日、池田恒興に従い、夜討ちに参加したが、失敗して討死した(公記)。

蜂須賀家政（はちすか　いえまさ）　尾張
永禄元年（一五五八）～寛永十五年（一六三八）十二月三十日。
小六、彦右衛門尉、阿波守。致仕《ちじ》号蓬庵、宗一。
正勝の子。信長に仕える。父正勝とともに

に秀吉に属し、秀吉が播磨方面に派遣されるとこれに従う。天正八年（一五八〇）六月五日、宍粟《しそう》郡の宇野民部を荒木重堅とともに追撃した時、敵を大いに打破り、高名を得た（公記）。

秀吉の進攻が山陰方面まで伸びると、その方面でも活躍。孤立した味方、南条元続の伯耆羽衣石《うえいし》城に兵糧を搬入することに成功する（蜂須賀彦右衛門覚書・寛永伝）。同九年十一月には、荒木重堅とともに伯耆に出陣してきた吉川軍の押さえとして置かれ、敵陣馬之山近辺を放火した（公記・太閤記）。この伯耆での活躍に対して、「（信長が）御感候」と『池田本』にある。

同十年、本能寺の変により東上する秀吉に従い、山崎の戦いに参加。賤ケ岳の戦いにも従軍。同十二年三月には岸和田城を救援して一揆軍を破り、播磨佐用郡内にて三千石を与えられた（蜂須賀氏家譜）。

同十三年、四国攻めに従軍。平定後の閏八月、阿波一国十七万三千石、徳島城主（蜂須賀氏家譜）。だが、まだ父正勝は健在だから、正確には城主は正勝か。同十四年一月二日、従五位下阿波守に叙任（蜂須賀氏家譜）。この年五月に正勝が没し、家を継ぐ。

同十五年の九州陣の時は、すでに前年十一月のうちに豊後へ派遣されている。九州では、肥後の一揆鎮圧後の十六年四月から五月にかけて、検地を行っている（吉川家文書）。

同十八年、小田原陣に従軍。韮山《にらやま》城攻めに参加（伊達家文書・毛利家文書）。文禄元年（一五九二）、名護屋在陣。渡海して軍功をあげた（太閤記・寛永伝）。

慶長五年（一六〇〇）の戦乱の時は西軍に属し、八月、兵二千を率いて北国口を防衛（真田文書）。しかし、子至鎮《よししげ》が東軍だったので、敗戦後致仕《ちじ》のみで済んだ。落飾して蓬庵と号す（蜂須賀氏家譜）。

寛永十五年（一六三八）十二月晦日没、八十一歳（蜂須賀氏家譜）。

蜂須賀正勝（はちすか　まさかつ）　尾張

大永六年（一五二六）～天正十四年（一五八六）五月二十二日。

小六、彦右衛門尉、修理大夫。

父は正利と『蜂須賀氏家譜』等にある。尾張海東郡蜂須賀村の土豪である。初め犬山城主織田信清、次いで岩倉城主織田信賢、その後、斎藤道三に属し、道三と義竜との戦いに加わったという（蜂須賀彦右衛門覚書・寛永伝）。

『寛永伝』によれば、信長に仕えたのは永禄三年（一五六〇）。すぐに桶狭間の戦いに参加し、功をあげたという。だが、『太閤記』には、同九年九月、秀吉の画策によって味方になり、墨俣《すのまた》近辺を夜討ちして、信長に五十貫の賞を賜ったとある。『武功夜話』には「蜂須賀党」と呼ばれる独立した集団を作っていたとあるが、このあたりが真実に近いのかも知れない。

信長上洛の時も、秀吉に属して箕作《みつくり》城攻めに参加。元亀元年（一五七〇）越前天筒山《てづつやま》城攻め、近江横山城攻めに従軍（甫庵・蜂須賀彦右衛門覚書）。『武功夜話』には、信長の直臣となるのを敬遠し、秀吉の家臣となったように書かれているが、後に述べる通り、信長の臣で秀吉の与力というのが、正しい正勝の立場だったようである。

（同年）十二月二十七日、秀吉より、米と段銭を樋口直房へ渡すよう命じられているのが、文書おける正勝の初見である（徳川国順氏文書）。この文書には「はちひこえ」とあり、すでに「彦右衛門」を称していたことがわかる。

元亀三年頃、木下祐久とともに、大徳寺に対し、上使銭徴収のこと、指出《さしだし》銭のことなどについて命令している（大徳寺文書）。この頃、大徳寺については、秀吉と塙直政が担当しており、正勝は秀吉の代官としての活躍なのであろう。同じ頃、大徳寺だけでなく松尾社領、光源院領のことにも携わっている（松尾月読社文書・光源院文書）。

この間の元亀二年五月、長島攻めに従軍。ここで弟正元を失ったという（蜂須賀彦右衛門覚書）。

天正元年（一五七三）には、秀吉より長浜にて領知を加増されたと『寛永伝』にある。

同五年十月の秀吉の播磨入国に従い、その後の中国方面進攻には終始大きな役割を果す。（同六年）一月十八日付の、美作江見九郎次郎宛て秀吉書状に副状を発しているが、信長が直接発給した美作草刈三郎左衛門宛て朱印状にも、同じく副状を出しているから、まだ信長直臣という立場は変っていない（古文書・草刈家証文）。

同六年十月、荒木村重の謀反が起った時、荒木方だった安部二右衛門・柴山監物の投降を仲介したのも正勝であった（公記）。同七年以後だが、信長より旧領尾張海東郡の地を加増されたという（重修譜）。

その後も、秀吉に従って播磨で働き、三木城攻めに参加。三木攻略後は羽柴長秀（秀長）に従って山陰で働くことが多いが、戦闘に関しては子家政に任せがちになる。それよりも、同九年頃、山陰での戦いについていちいち信長に注進して、信長の指示を受けており、秀吉に密着した立場にありながらも、目付役を務めていたのではないかとも思われる（蜂須賀文書写）。

苦戦を重ねながらも、秀吉は山陽方面で備中・美作まで進攻。宇喜多直家や淡路の安宅《あたぎ》信康が味方になるが、彼らの降を取次いだのは正勝であったという（太閤記）。この頃は、このような秀吉の側近ないし参謀といった仕事が多い。

同十年六月四日、本能寺の変報に接した秀吉は、急ぎ毛利氏と講和を結ぶが、この時、正勝が毛利氏の使僧安国寺恵瓊と相談して講和にこぎつけたという（太閤軍記）。高松城主清水宗治切腹の時も検使を務める（太閤記ほか）。

中国大返しに従い、山崎の戦いには、秀吉馬廻として参加（川角）。その後は、完全に秀吉の家臣の立場となった。

変に伴う擾乱が収拾した後、毛利氏との境界線が問題になるが、この時も、正勝は黒田孝高とともに出向いて実務に精を出した（毛利家文書）。同九年から播磨竜野城主だが（蜂須賀氏家譜）、そうした地理的関係もあるにせよ、この毛利氏との折衝は同十二年まで続き、その都度正勝が駆り出されている（毛利家文書）。

同十一年四月の賤ケ岳の戦いの時は、一応参陣したが、遊軍なので戦闘には加わらなかった。しかし、戦後、佐久間盛政の家臣の籠る加賀村山城へ遣わされ、これを開城させた（川角）。この年、丹波・河内にて五千石を加増されるという（蜂須賀氏家譜）。

五十歳を越し、長男の家政も立派に成人したからであろう、本能寺の変前後より正勝の戦場における働きは極端に少なくなる。同十二年の小牧陣の時も、蜂須賀軍を率いたのは家政であった（浅野家文書）。翌年の四国陣には従軍しているが、宇喜多秀家の下に付けられているから、幼少の秀家の補佐を務めたのであろう（四国御発向并北国御動座記）。

四国平定後、阿波一国十七万三千石の主となる。徳島城主。だが、すでに実質上の当主は家政だったであろう。

同十四年五月二十二日、大坂にて没。六十一歳であった（重修譜・諸寺過去帳）。

蜂須賀正元（はちすか　まさもと）　尾張

?～元亀二年（一五七一）五月十六日。

七内。

正勝の弟。元亀二年（一五七一）五月、兄とともに伊勢長島攻めに従軍。十六日の退却の時であろう、一揆軍と戦って討死した（蜂須賀彦右衛門覚書・重修譜）。

蜂須賀又十郎（はちすか　またじゅうろう）　尾張

生没年不詳。

『太閤記』に載った人物だが、尾張の土豪で野伏とあるから、正勝の一族であろう。永禄九年頃、秀吉が彼を味方に付けるため画策したという。

蜂屋般若介（はちや　はんにゃのすけ）　尾張

?～永禄十二年（一五六九）?

信長の初期の臣。天文二十二年（一五五三）四月十七日の赤塚での戦いに、足軽衆として従軍している（公記）。

永禄十二年（一五六九）、伊勢大河内《おかわち》城攻めの時討死したと『美濃明細記』にあるが、確かなことはわからない。

蜂屋栄勝（はちや　よしかつ）　尾張

?〜弘治二年（一五五六）八月二十四日。

市左衛門。初名「頼年」。

無津志村の出身で、信長に仕え、弘治二年（一五五六）の稲生《いのう》の戦いに従軍して討死したという（寛永伝）。

蜂屋頼隆（はちや　よりたか）　美濃?

?〜天正十七年（一五八九）九月二十五日。

兵庫頭、出羽守。侍従。

〔**出身地と信長への出仕について**〕

信長の古くからの家臣だが、美濃出身という。加茂郡蜂屋の出身であろうか。信長の上洛中だから永禄二年（一五五九）二月のことと思われるが、『公記』に次のような記事がある。

清須の丹羽兵蔵という者が、斎藤義竜の放った刺客が京に入るところを見つけ、信長に注進しようとする。その時、取次ぎとして金森か蜂屋と指名している。金森は長近、蜂屋は頼隆であることは間違いなかろう。蜂屋も金森と同じく美濃出身で、かつて斎藤氏に仕えた経歴があったから指名されたのではなかろうか。

美濃出身であったにしても、斎藤氏から信長に転仕したのは、かなり早い時期だったようである。

〔**上洛後の活躍**〕

永禄年間に選抜された母衣《ほろ》衆の中で、頼隆は黒母衣衆の追加に名を連ねている（高木文書）。ここまでは、馬廻にすぎない。

だが、同十一年九月、信長の上洛時には、早くも部将の一人として一隊を指揮している。入京直後の九月二十八日、柴田勝家・森可成・坂井政尚とともに山城勝竜寺城を攻撃、城将石成《いわなり》友通を逐った（公記）。

勝竜寺城を攻めたこの四将は、その後もしばらくチームを組んで、京畿の政務に携わる。その跡を追って見よう。

①永禄十一年十月十二日、某所に禁制を掲げる（『武家事紀』所収文書）。

②（同年）十一月五日、伏見荘瑞祐首座知行分の名主百姓に、年貢・諸成物を周悦首座に納めるよう命じる（尊経閣文庫文書）。

③（同十二年）一月二十四日、飛鳥井雅敦より、本興寺に陣取り等をしないことを頼まれる（本興寺文書）。

このほか、この四人のチームは、上洛途、信長の命を奉じて、近江の民の還住を促したという記事が『甫庵』にある。『武家事紀』では、この四人が「江州仕置ノ政務」を命じられたとしている。だが、四人の大体の活躍の場は畿内である。

また、この四人に佐久間信盛が加わった五人での仕事も見られる。

④同十一年十月一日、富田林院（興正寺）に下された制札を確認する（京都大学文書）。

⑤（同十二年ヵ）二月一日、金剛寺が三好三人衆に味方したことを責め、罰として兵糧米千石を賦課する（守護の臣とともに）（南行雑録）。

⑥同年二月十一日、堺接収の上使を務める（和田惟政や守護の臣とともに）（宗及記）。

⑦（同年ヵ）二月十六日、本興寺境内、門前に禁制を掲げる（守護の臣とともに）（本興寺文書）。

⑧（同年）三月二日、多田院の矢銭を免除する（和田や守護の臣とともに）（多田院文書）。

⑨（同年）四月一日、堺両庄に用脚の難渋を責める（岡本良一氏文書）。

頼隆の属していたチームと別にもう一つ、丹羽長秀・木下秀吉・明智光秀・中川重政の四人のチームもあり、これまた活発に京畿の政務を執り行っている。まず蜂屋たちのチームが京畿の政務に携わり、永禄十二年四月中頃に丹羽たちのチームにバトンタッチしたようである。両チームの九人に当時伊勢にいたと思われる滝川一益を加えたあたりが、この頃の信長の代表的部将と言えるであろう。

〔**諸所の戦場での活躍**〕

信長上洛前後にして宿将の地位に上ったかに見える頼隆だが、それ以後、天正七年（一五七九）に至るまでの、戦場での活躍振りを見てみよう。

①永禄十二年八月、伊勢大河内《おかわち》城攻めに従軍（公記）。この時、旧母衣衆は、後に部隊指揮官になる中川重政・塙直政をも含め、「尺限《さくきわ》廻番衆」に名を連ねているが、頼隆は攻囲の将の一人であり、出世競争で一歩リードした感がある。

②元亀元年（一五七〇）六月、江北出陣に従軍（公記）。二十八日の姉川の戦いにも参加したと思われるが、史料にその名がない。

③同三年四月、交野《かたの》城後巻《うしろまき》きに参加（公記）。

④同年七月、江北出陣に従軍。柴田・佐久間らとともに小谷の町を破る（公記）。

⑤同四年二月、柴田らとともに今堅田・石山城を攻撃、落す（公記）。

⑥同年三月二十九日の信長の京出陣に従い、四月二日、洛外放火に参加（兼見・耶蘇通信）。

⑦同年七月、槇島城攻撃戦に従軍（公記）。

⑧同年八月、越前朝倉攻めに従軍（公記）。八月十三日夜、諸将は朝倉軍の退却を見逃し、信長は馬廻ばかりを率いて朝倉軍を追撃する。この時、諸将は信長から強い叱責を受けたが、頼隆もその将の一人であった（公記）。

⑨同年九月、北伊勢出陣に従軍（公記）。

⑩天正二年（一五七四）七月、伊勢長島攻めに従軍（公記）。

⑪同三年八月、越前一向一揆討伐戦に従軍（公記・朝倉記）。

⑫同四年五月、石山本願寺攻めに従軍（公記）。

⑬同五年二月、雑賀《さいか》攻めに従軍（公記）。

⑭同六年四月、信忠に従い、大坂近辺に出陣（公記）。

⑮同年五月、播磨出陣。神吉《かんき》城攻めに参加（公記）。

⑯同年十一月、有岡城攻囲戦に参加（公記）。この戦いでは長期にわたり塚口郷の砦に置かれる。翌七年六月、信長よりその労を犒われて、鶴・鷹を賜っている（公記）。

〔元亀年間から天正初年頃の頼隆の地位〕

永禄末年にして、信長の主だった部将十人に名を連ねた頼隆だが、その後の出世は遅かった。

元亀元年から二年にかけて、信長は琵琶湖の南岸から東岸の位置に宿将級の部将を配置する。その顔触れは次の通りである。

森可成（宇佐山）、その戦死後、明智光秀（宇佐山、後坂本）、佐久間信盛（永原）・柴田勝家（長光寺）・中川重政（安土）・丹羽長秀（佐和山）・木下秀吉（横山）。

頼隆が天正五年頃、愛智《えち》郡肥田城主であったことは確かだが（公記）、そこに封じられたのがいつのことかは不明である。それほど早い時期ではないらしいから、頼隆は彼らに地位の上で一歩先んじられたと言ってよいであろう。

もちろん織田家中で老臣として重んじられたのは、彼らばかりではない。戦場で働く部将に限っても、伊勢に置かれた滝川、天正年間の初頭に目覚ましい出世をとげる塙直政・簗田《やなだ》広正・荒木村重等がいる。また、家宰の林秀貞、吏僚の村井貞勝・松井友閑・武井夕庵たちも高い地位を認められていた。

しかし、上洛後の数カ月を除いては、頼隆が政務に携わったという例も少ない。元亀二年十月三日、幕府の禁制に並行して大和薬師寺に禁制を掲げたこと（薬師寺文書）、天正二年三月二十七日、東大寺蘭奢待切取りの奉行に名を連ねたこと（公記）。目につくのはそれぐらいである。このあたりも、部将でありながら京畿の政務にも長らく携わっていた秀吉や光秀、安土築城の総奉行を務めた長秀などと比較できないところである。

同僚がどんどん地位と勢力を高めて行く中で、頼隆はさして大きくもない遊撃軍を抱えた一部隊指揮官としてとどまっていたのである。

〔和泉支配者、岸和田城主〕

頼隆の地位がいく分か上昇の兆しを見せるのは、天正八年八月の佐久間父子追放の後である。佐久間の持っていた権限の一部である和泉の支配権が頼隆に与えられたらしい。

まず頼隆は、長秀・津田信澄とともに本

願寺の開け退いた大坂に移る。後始末と信長分国としての整理が任務であろう。同年十一月二十六日、大坂の邸宅に津田宗及の見舞いを受けている（宗及記）。この直前に大坂に派遣されたのであろうか。翌年一月二十三日付で信長が光秀宛てに馬揃えの触れを命じた時点でも、長秀・頼隆は在大坂である（士林証文）。一五八一年四月十四日付のフロイス書簡中に、大坂に三人の信長部将が居て、その一人が津田信澄であることが述べられているが、他の二人は長秀と頼隆であろう（耶蘇通信）。

　この間の同九年二月二十八日、頼隆は京都における馬揃えに参加した。この時の隊の構成は、一番丹羽長秀、二番頼隆、三番明智光秀、四番村井貞成。その後に連枝衆、馬廻、柴田勝家ら越前衆が続いた。頼隆に従って行進した者は、河内衆・和泉衆・根来寺の大ケ塚・佐野衆であった（公記）。

　この時の軍編成は一時的なものだが、この後、頼隆が和泉内に居て和泉を支配していたことは確かだから、和泉衆に関してはすでに麾下に置いていたものと思われる。

　同年五月十日、信長の命により和泉の槙尾寺《まきのおでら》を焼払う。この時一緒に行動したのは、大坂に居た信澄・長秀、堺代官松井友閑、信長より遣わされた検使の堀秀政であった（公記）。頼隆は、大坂を離れていたと思われるが、和泉の支配者という立場で参加したのであろう。一五八四年一月二十日付のフロイス書簡には、「信長が蜂屋殿と称する貴族に与えた和泉国」とある（耶蘇年報）。

　同年と思われる（『信長文書』は同六年に比定）、六月十日付の頼隆宛ての信長朱印状がある。堺に常駐している九鬼嘉隆の兵糧を補給するようとの命令である（宮部文書）。和泉を担当していた者として、こうした世話も任務の一つだったのであろう。

　（同九年）七月五日付で、頼隆は顕如より書状を受け、岸和田城入城を祝されている（東照寺文書）。そして、翌年六月二日にも岸和田城に居ることが『宇野』に明記されている。しかし、その間の天正十年一月二十二日の時点で、岸和田城に紀伊方面を担当している織田（津田）信張が居ることが、やはり『宇野』に記されている。二人が岸和田城に居たということは、不自然ではあるけれど、そのように解釈せざるをえない。

〔四国討伐軍副将〕

天正十年三月、信長に従って甲信へ出陣。しかし、信忠の手で武田氏が滅亡した後なので、戦闘には加わらないで終った（公記）。

　同年五月、信長の三男神戸信孝を総大将として、四国討伐の軍が催される。若い信孝を補佐する副将として、老練の丹羽長秀、そして頼隆・津田信澄が付けられた。

　一般に四国攻めの実質上の主将は長秀であるとされているが、それは正しくない。主将信孝には讃岐一国が与えられて、平定後の広域支配権が約束されているし（寺尾菊子氏文書）、長秀・頼隆・信澄はその一時的補佐にすぎないのである。『丹羽家譜』ですらも三人を並記し、「之れ（信孝）に副たらしむ」という表現をとっている。

　彼らは、大坂・住吉・堺に集結して、渡海の機会を待っていた。だが、渡海に至らぬうちに本能寺の変が勃発したのであった。当日頼隆は岸和田に居た（宇野）。

〔秀吉に従って〕

本能寺の変直後の六月五日、信孝・長秀は共謀して、大坂で光秀の女婿信澄を攻め殺したが、頼隆はこれに関与しなかったようである。その後の頼隆の動きについては、不思議なぐらい史料に見られないが、秀吉に合流して山崎の戦いに加わったものと思われる。

　戦後の清須会議で、頼隆には三万石加増されたと『太閤記』にあるが、そのあたりは詳らかではない。七月十五日、久し振りに岸和田に帰城している（宇野）。

　秀吉と勝家との対立の中で秀吉に味方。岐阜城攻めに加わっている（柴田合戦記）。賤ケ岳の戦い後、和泉から越前敦賀郡に移された。五万石というから特に加増とは言えない（多聞院）。むしろその存在は小さくなったと言ったほうがよい。

同十一年五月、西福寺に宛てた禁制では、「出羽守」と署名しているから（西福寺文書）、移封を機に受領名を受けたのであろう。後、侍従に任じられ、「敦賀侍従」と呼ばれる。

同十三年八月の佐々成政攻め、同十五年の九州陣に従軍。この時は、「羽柴」の姓を与えられている（当代記）。

同十七年九月二十五日没。崇福寺蔵『蜂屋頼隆画像賛』（近江愛智郡誌）には、没年齢は五十六歳とある。大体それぐらいであろうが信用の限りではない。継嗣なく、家は断絶となった。

服部一忠（はっとり　かずただ）　尾張

?～文禄四年（一五九五）七月。

小平太、采女正《うねめのかみ》。諱は他に「春安」。「一忠」とともに文書で確認できる。

尾張津島村の人とも、丹羽郡大赤見村の人ともいう（尾張志）。おそらく『張州雑志』にある通り、津島の服部氏であろう。父は平左衛門（康信）という（張州雑志）。信長に仕え、馬廻。

永禄三年（一五六〇）五月十九日の桶狭間の戦いの時、今川義元に肉薄して負傷する。義元の首級は毛利良勝が得た（公記）。このような顕著な手柄を立てながらも、その後信長に重用された形跡はなく、事跡も伝わっていない。

本能寺の変後は秀吉に仕え、黄母衣《ほろ》衆になる（太閤記）。天正十二年（一五八四）、小牧陣に従軍。尾張二重堀撤退の時、敢闘した（武家事紀）。

同十三年七月十三日、従五位下采女正に叙任（張州雑志）。同十八年、小田原陣に従軍（伊達家文書）。同十九年加増され、伊勢一志郡にて三万五千石、松坂城主（勢陽五鈴遺響ほか）。尾張・北伊勢支配者の秀次に付属される。この年から文禄三年（一五九四）にかけて、多数の寄進状などが見られる（浄眼寺文書ほか）。

文禄元年、名護屋在陣。後、渡海して京城へ出動する（太閤記）。

その後帰朝。同四年七月、秀次事件に連座ということで、上杉景勝に預けられ、切腹させられた（太閤記ほか）。

服部久左衛門（はっとり　きゅうざえもん）　尾張

生没年不詳。

津島天王社御師。（永禄四年）六月二日、服部康信より、森部の戦いで得た長井甲斐守所持の笛を寄進されている（張州雑志）。

服部小藤太（はっとり　ことうた）　尾張

?～天正十年（一五八二）六月二日。

平左衛門（康信）の子で、小平太の弟という（張州雑志）。信長の馬廻であろう。

永禄三年（一五六〇）の桶狭間の戦いで、今川義元に一番槍を付けたのは、小平太ではなく小藤太という説がある（天理本信長記）。

永禄九年（一五六六）十一月、信長より判物を受け、新儀の諸役や諸棟別銭を免除されている（張州雑志）。弟ながら服部家の家督を相続したと『張州雑志』にある。

その後しばらくの事跡は伝わらないが、天正十年六月二日の本能寺の変の時、二条御所で信忠に殉じた（公記）。

後に信雄に仕えた、同名「服部小藤太」は子であろう（分限帳）。

服部小平太（はっとり　こへいた）　→服部一忠（はっとり　かずただ）

服部権大夫（はっとり　ごんだゆう）　尾張

生没年不詳。

海西郡荷之上《にのえ》村の人。津島の服部氏の一族であろう（張州雑志）。信長に仕え、後、家康に仕えるという（尾張志）。

服部春安（はっとり　はるやす）　→服部一忠（はっとり　かずただ）

服部平左衛門（はっとり　へいざえもん）　→服部康信（はっとり　やすのぶ）

服部弥五八（はっとり　やごはち）

生没年不詳。

『甫庵』の天正六年（一五七八）七月、播磨志方城攻めの織田軍の中にその名が見える。他の史料には見当らない。

服部康信（はっとり　やすのぶ）　尾張

生没年不詳。

平左衛門。

津島の人。海東郡服部の地頭という（張州雑志）。小平太・小藤太の父とされる人物であろう。
永禄四年（一五六一）五月十四日、信長に従って森部の戦いに参加。敵の長井甲斐守を討ち取った（公記）。（同年）六月二日付で、一族で津島天王社御師の服部久左衛門に書し、奪い取った長井の笛を信長より与えられたので、天王社に寄進することを伝えている（張州雑志）。

服部弥六郎（はっとり　やろくろう）　尾張
生没年不詳。
津島の服部氏か。天文二十二年（一五五三）十一月二十二日、信長より買得地の権利を保証されている（信長文書）。

服部六兵衛（はっとり　ろくべえ）
?～天正十年（一五八二）六月二日。
村井貞勝の臣。天正七年（一五七九）六月十八日、山科言継より香需散一包を贈られている（言継）。同年十二月二十三日付で、石原又太郎という者が御公物の履行を誓った請文を受けている（九条家文書）。
同十年六月二日、貞勝とともに、二条御所にて討死した（公記）。

花井右衛門尉兵衛（はない　うえもんのじょうびょうえ）　尾張
生没年不詳。
愛知郡星崎の花井氏の一族であろう。天文二十四年（一五五五）二月五日、一雲軒とともに、信長より、星崎・根土の今川方へ寝返った者の所領を欠所とするので、調査するよう命じられている（徳川美術館文書）。『分限帳』に、二百貫文を知行して信雄に仕える「花井右衛門」が載っているが、本人ないし子であろう。

花井勝重（はない　かつしげ）　尾張
生没年不詳。
勝七。
愛知郡星崎の花井氏の一族か。永禄七年（一五六四）一月十日、円福寺に足袋の贈呈を謝している（円福寺文書）。

花井勘八郎（はない　かんぱちろう）　尾張
生没年不詳。
尾張知多郡堀ノ内（寺本）城主。播磨守の子で、佐治八郎信方の妹婿という（尾張志・張州雑志）。

花井伝右衛門（はない　でんえもん）　尾張
生没年不詳。
田右衛門とも書く。
信長の臣。奉行衆か。元亀元年（一五七〇）四月三日、信長の使として、禁裏に米五十石を献上した（継芥記）。
子も同じく伝（田）右衛門。信長の小姓として仕えたが、元亀元年六月二十八日、姉川の戦いで戦死した（寛延旧家集）。

花井政勝（はない　まさかつ）　尾張
?～永禄五年（一五六二）二月二十五日。
三河守。
沢井元行の子で、吉長（雄重）の叔父にあたる。星崎城主花井河内守の養子になるという（士林泝洄）。娘は沢井雄重の妻（士林泝洄）。天文二十四年（一五五五）十月一日、信長より四カ所、都合二百七十八貫文の地を宛行われた（妙心寺光国院文書）。
永禄五年（一五六二）二月二十五日没（高野山過去帳）。

花井三河守（はない　みかわのかみ）　→花井政勝（はない　まさかつ）

馬場孫次郎（ばば　まごじろう）　近江
生没年不詳。
堅田衆の一人。元亀元年（一五七〇）十一月、同じ堅田衆の猪飼野《いかいの》甚介（昇貞）・居初《いそめ》又次郎とともに、坂井政尚を介して信長に降った（公記）。
その直後の同月二十六日、堅田で浅井・朝倉軍との戦闘があった。『甫庵』『浅井三代記』には、坂井と一緒に討死したように書かれているが、誤りで、なんとか逃れたらしい。同三年七月二十四日、明智光秀の指揮で、湖岸の一揆を舟で攻撃した軍の中にも、「馬場孫次郎」が見える（公記）。

波々伯部（ははかべ）　→泊々部某（ほうかべ）

祝重正（はふり　しげまさ）　尾張
生没年不詳。
弥三郎。「重正」のほか「吉勝」は、文書で確かめられる。その他、『張州雑志』所収の「祝弥三郎定勝」発給文書があるが、同一人かどうかについては不詳である。

信長の側近。古くからの家臣で、『公記』巻首に載った、天文年間と思われる盆踊りの記事中に名が見える。

天正元年（一五七三）九月十日、信長を狙撃した杉谷善住坊の尋問にあたる（公記）。こうした身近な仕事のほか、陸奥の伊達氏との外交も担当したようで、同年十月下旬、伊達輝宗より贈品を受けている（伊達家治家記録）。

同六年六月には、神吉《かんき》城攻めの検使の一人として、播磨に派遣される。同九年十月五日、他の側近とともに、信長より知行を与えられた（公記）。

本能寺の変後は、信雄に仕え、尾張稲葉郷にて五百五十貫文を知行（分限帳）。信雄没落後であろうか、秀吉に仕える。『太閤記』の文禄二年（一五九三）四月九日条にある、名護屋での能楽会では、狂言を演じている姿が見られる。

浜田与右衛門（はまだ　よえもん）　伊勢

生没年不詳。

伊勢北方諸家の一（勢州軍記）。信雄に属す。天正十二年（一五八四）五月二日、小牧陣に際し、加賀井城の加勢として入れ置かれた（太閤記）。

林員清（はやし　かずきよ）　近江

?～天正三年（一五七五）九月二日。

与次左衛門尉。

高島郡打下《うちおろし》の土豪。堅田衆と同じく琵琶湖の水運を握っていた様子である（長命寺文書ほか）。地縁から考えて、おそらく浅井氏か朝倉氏に属していたものと思われる。信長上洛後幾許もなくこれに従ったと思われるが、高島郡内にはまだ朝倉氏の勢力が残っており、不安定な状態だったであろう。

元亀二年（一五七一）二月、佐和山城将磯野員昌が信長に降り、高島郡新庄へ送られることになったが、二月十七日付で丹羽長秀は、堅田衆にその護送を頼んでいる。その文中に、「林与次左衛門尉方儀、当所衆無二心元一可レ被レ存候歟」とあり、そのため、磯野より一札を林へ遣わさせる、と書かれている（堅田村旧郷士文書）。まだ浅井氏と絶縁していなかった様子がうかがえる。

同三年頃には、はっきりと信長方になったようで、六月二十七日付で、信長より、堅田衆とともに湖岸の放火作戦を命じられている（島村沖島文書）。この作戦であろう、七月二十四日、海津浦・塩津浦・与語等を囲舟《かこいぶね》で放火した（公記）。『公記』に載ったこの時の交名《きょうみょう》には明智光秀も含まれているから、指揮は彼がとったのであろう。

天正元年（一五七三）であろうか、二月八日には、打下を浅井軍に攻められ、これと戦った（『伊藤家古記録』所収文書）。同年七月二十六日、信長は舟で高島郡に渡り郡内の浅井与党を攻撃するが、この時、員清の打下に着陣している（公記）。

このように完全に信長麾下になったと思われる員清だが、同三年九月二日、越前一向一揆討伐戦後の北庄の普請場において誅殺された。『公記』には、志賀の陣の時、朝倉・浅井に内応したため、とあるが、五年も前のことであり、もともと員清の立場自体が微妙だった時期である。樋口直房・高宮右京亮の誅殺、堀秀村の追放、磯野員昌の逐電と同様、信長の近江掌握構想の犠牲と見てよいであろう。

林高兵衛（はやし　こうべえ）

生没年不詳。

信長の奉行衆。天正七年（一五七九）現在、武田佐吉・長坂助一とともに山城の代官を務めていた（公記）。同五年頃であろう、五月十四日付で、信長側近堀秀政より、三人の代官が狛秀綱領を押領したことを咎められた書状がある（小林文書）。

同七年十二月十二日、武田・長坂とともに、石清水八幡宮造営を命じられ、翌年竣工。五月二十六日、正遷宮を挙行した（公記）。

林新次郎（はやし　しんじろう）　尾張

?～天正元年（一五七三）十月二十五日。

系図には「通政」「光時」の諱が用いられているが、信用できない。

『武家事紀』や『諸家系図纂』などの系図類には「新三郎」とあるが、『公記』は「新次郎」としているから、これに従うべきであろう。また、『諸家系図纂』には、通忠の子で、佐渡守通勝（秀貞）の女婿とあり、『越智姓系図』には、通勝の従兄弟とある。しかし、『公記』には、信長の「一長」と記されているから、筆頭家老である秀貞の実子ではないにしても、その継嗣ではあったらしい。

元亀元年（一五七〇）六月、江北出陣に従軍、同年九月の本願寺との戦いにも名が見える（甫庵・浅井三代記）。

天正元年（一五七三）九月の伊勢長島攻めに従軍。十月二十五日、退却の時殿《しんがり》を務め、一揆軍のため討死した（公記）。

『武家事紀』では「鎗林」と称された勇士としているが、「一長」の家柄である以上、一隊の指揮官のはずであり、誰かとの混同であろう。

また、『寛延旧家集』には、両替町の平田惣助の先祖が美濃本巣城主の「林新三郎」で、天正元年九月に長島で戦死、子宗次郎は長久手の戦いに従軍、後、平田村に引退すると載っている。新次郎（新三郎）の戦死、秀貞の追放を経て、かつての織田家家老林氏の没落ということであろうか。

林信勝（はやし　のぶかつ）　尾張

生没年不詳。

源左衛門。

林秀貞の一族か。早期の信長の奉行衆らしい。天文二十一年（一五五二）二月二十一日、林頼安・角田勝頼とともに命を受けて、熱田の加藤全朔の被官改めを行った（加藤文書）。

林秀貞（はやし　ひでさだ）　尾張

?～天正八年十月十五日。

新五郎、佐渡守。諱は「通勝」として広く知られているが、『言継』天文二年（一五三三）七月二十七日条に「林新五郎秀貞」と書かれ、十一月五日付の『尊経閣文庫文書』に「林佐渡守秀貞」、七月三日付の『宇都江文書』に「秀貞」と署名がある通り、「秀貞」が正しい。

父は八郎左衛門。この人物は、『言継』に秀貞の父と明記されている。

信長の幼年時、父信秀は信長に那古屋城を譲って、自らは古渡城に移ったが、その時、信長には四人の者が家老として付けられた。秀貞は「一長《いちおとな》」と呼ばれ、その筆頭であった（公記）。

同十五年の信長元服の時、及び信秀の葬儀の時、信長に相伴。同二十三年、信長が清須城を奪い、これに移った後は、那古屋城を預けられた（公記・武家事紀）。

信長付きの家老でありながら、若い頃の信長の行動に不満を持ち、これを除いて弟の信勝（信行）を立てることを計画。この企てに弟美作守や信勝付きの部将の柴田勝家らが同調した。弘治二年（一五五六）、反信長の旗幟を鮮明にし、八月二十四日、稲生《いのう》の戦いで信長と戦う。この戦いで、美作守は戦死し、林・柴田軍は大敗した（公記）。

戦後、信長に赦され、依然として老臣の地位にとどまる。しかし、軍を率いる機会は稀で、織田家の執事といった立場だったらしい。

永禄十一年（一五六八）九月の信長上洛には従軍し、京近辺で政務を行う。同年と思われる十月二十日付、大和三碓名主百姓宛ての津田信張との連署状が見られる（仁和寺史料・御経蔵）。また、十一月五日付で、天竜寺周悦に伏見荘の瑞祐首座の跡職の知行を認める書状を発給している（尊経閣文庫文書）。

元亀三年（一五七二）十二月二十二日三方原の戦いの時は、信長の臣の中で、尾張に基盤を持つ佐久間信盛・平手汎秀・水野信元が加勢したが、『校訂松平記』にはもう一人「林」をあげている。しかし、秀貞自身がこの戦いに参加したかどうかについては疑わしい。継嗣と思われる新次郎なのかも知れない。

天正元年（一五七三）、信長と将軍義昭との対立が深まって、三月、ついに衝突。その後、一時和睦した時、双方の重臣たちが起請文《きしょうもん》を交換した。この時起請した信長重臣は、秀貞を筆頭に、佐久間信盛・柴田勝家、それに美濃三人衆と滝川一益であった（和簡礼経）。（天正二年）七月三日、上杉の老臣直江景綱に書し、武田氏対策について相談している姿が見られる（宇都江文書）。あまり表面には現れない存在になったとはいっても、織田家家老の地位は保っており、外交面などでは出番があった様子である。

同二年の伊勢長島攻めの時は、囲舟《かこいぶね》に乗って従軍。信包や島田秀順とともに加路戸島を攻めている様子が『公記』に見える。同六年六月の播磨神吉《かんき》城攻めにも、信忠に従って出陣した事跡も見える（公記）。しかし、もうかなりな高齢であるはずの秀貞が戦場に赴いたのは、軍監のような任務からであって、部隊指揮というわけではなかろう。

山科言継や中山孝親ら公家が信長を訪れた時、奏者を務めたことも多く史料に載っており、この頃は、外交のほかにこうした側近のような仕事が本分だったのであろう（言継・孝親公記）。

同三年十一月二十八日、織田家の家督が信忠に譲られてからは、秀貞は尾張衆として信忠に付属させられたものと思われ、以後は織田家家宰と言うべき立場で信忠を補佐したのではなかろうか。

天正年間頃には、あまり活躍が見られない秀貞だが、古くからの老臣であるだけに、その地位はやはり格別だったらしい。同六年元旦に、信長が主立った家臣に茶を振舞った時、その家臣のメンバーの上位に名を連ねている（公記）。同七年一月二十五日には、村井貞勝とともに完成したばかりの安土城天主の見物を許された。そして翌日、松井友閑邸での茶会に相伴している（安土日記）。

同八年八月、秀貞は突然遠国へ追放された。理由はかつて信勝を嗣立しようとした罪によるという（公記）。二十四年も以前のことを持ち出したのは単なるこじつけであり、信長としては、遺物然とした秀貞が目障りだったのであろう。

その後、「南部但馬（勝利）」と改名して京都に住み、同年十月十五日に没したという（寛永伝・重修譜・士林泝洄）。

林通勝（はやし　みちかつ）→林秀貞（はやし　ひでさだ）

林美作守（はやし　みまさかのかみ）　尾張

？～弘治二年（一五五六）八月二十四日。秀貞の弟。信長に仕えたが、信長の行動に不満で、天文二十三年（一五五四）、兄とともに本拠の荒子に引退するという（公記）。

弘治二年（一五五六）、柴田勝家と語らい信長の弟信勝（信行）を立てようとし、一度は信長暗殺を計画したが、これは秀貞に止められたという（公記）。

八月二十四日、勝家とともに稲生《いのう》で信長の軍と戦い、敗死。信長自ら美作守を討ち取ったという（公記）。この時信長に逆らった者のうち、美作守はこうして死んだが、秀貞と勝家は戦後赦されて、以後信長の老臣として活躍した。

原長頼（はら　ながより）→原政茂（はら　まさしげ）

原政茂（はら　まさしげ）　美濃

？～慶長五年（一六〇〇）十月十三日。九兵衛尉、彦次郎、隠岐守。諱は「長頼」「信政」「房親」「胤房」「可房」「高豊」「勝胤」「勝根」といろいろ伝わっている。

美濃土岐氏の流れで、頼房の子という。本巣郡花木城主と伝わる（美濃明細記）。初め斎藤氏、後、信長に属す。

信長に属してしばらくの経歴については詳らかではない。その活躍が見られるのは天正三年（一五七五）になってからである。この年八月の越前一向一揆討伐戦で、政茂は金森長近とともに濃州口から越前に侵入、一揆軍と戦った（公記）。戦後、柴田勝家に越前八郡が与えられた時、大野郡の三分の一を与えられ、勝山城主。勝家の与力となる（公記・武家事紀ほか）。

大野郡に対しては、戦いの前の天正三年六月六日付で、池田荘に忠節を促した信長朱印状に副状を発しており、征服前にすでに結び付きがあったらしい（誠照寺文書）。郡三分の一の支配者になってからは、同年十二月、郡中の鍛治座に特権を与えるなどの活躍が見られる（てっぽうや文書）。

勝家を指揮官とする「越前衆」の一人だが、必ずしも勝家に従って北陸のみで働いていたわけではない。同六年十一月には、信忠の下で有岡城攻めを応援、さらに翌年四月には、播磨へ出張している。これらの行動は、前田利家・佐々成政・不破光治・金森長近ら他の越前衆と一緒である（公記）。

四月三十日、摂津池田に帰陣し、信長より暇を賜って帰国、本来の部署に戻る。しかし、彼ら越前衆は十二月に再び京都に呼び出され、荒木一類の処刑の奉行役を命じられた（公記）。このあたり、勝家を総指揮官とする北陸方面軍は、勝家直接指揮下の軍以外は遊撃軍の性格を持っていた様子である。

同九年二月二十八日の馬揃えにも、越前衆の一員として参加。しかし、上杉軍小井手城攻撃の報に接し、勝家らとともに急遽帰国した（公記）。

『公記』同十年三月十九日条、信長に従って信濃上諏訪に着陣している軍勢の中に、政茂や不破直光の名が見える。この頃、越前衆の中でも不破・金森・原は、必ずしも北陸ばかりで働いているわけではなさそうである。

本能寺の変後、そのまま勝家の麾下にとどまり、賤ケ岳の戦いでは佐久間盛政に従って敢闘、退却の時、殿《しんがり》を務めたという（太閤記）。だが、勝家・盛政の死後は前田利家に属した（賀越登記）。

利家が佐々成政と戦った時、徳山則秀とともに末森城救援の後詰（武家事紀）。その後、秀吉に仕え、伊勢にて三万石知行か。小田原陣後、三河へ移領（戦国人名辞典）。文禄三年（一五九四）伏見城普請の当時やはり三万石。この時、すでに「隠岐守」に任官している（当代記）。慶長二年（一五九七）十二月当時、三河の方々を領していたという（戦国人名辞典）。

秀吉死後、美濃太田山城に移る。同五年（一六〇〇）の戦乱では西軍に属し、伊勢長島城を圧迫、高須城を救援するなど活動（慶長見聞書ほか）。しかし、敗戦となって、十月十三日、自害した（諸寺過去帳）。

原田直政（はらだ　なおまさ）→塙直政（ばん　なおまさ）

原田与助（はらだ　よすけ）　尾張？

生没年不詳。

佐久間信盛の与力。永禄十一年（一五六八）九月、信長の上洛戦に従軍。十二日、信盛に従って近江箕作《みつくり》城を攻撃した（甫庵）。

天正四年（一五七六）十二月三十日と同五年五月二十五日の二回、津田宗及の茶会に出席しているが、いずれも同じ信盛の与力島信重と一緒である（宗及記）。

塙小七郎（ばん　こしちろう）　尾張

?～天正四年（一五七六）五月三日。

塙（原田）直政の弟だという（太田牛一旧記）。天正三年（一五七五）三月、直政が大和守護に補されると、代官の形で直政の本拠山城槙島を拠点として、南山城・大和の国衆を支配した（多聞院）。

しばしば多聞院英俊らより贈品を受け、訴訟についても受け付けている（多聞院）。

同四年五月三日、直政に従って大坂の兵と摂津三津寺に戦い、敗戦の中で討死した（公記）。

伴十左衛門尉（ばん　じゅうざえもんのじょう）　尾張

生没年不詳。

『言継』天文二年（一五三三）七月条に見える「伴九郎兵衛兼久」の一族であろうか。

信長の馬廻か。永禄三年（一五六〇）五月、今川義元の進攻に備えて、水野帯刀《たてわき》らとともに丹下の砦に入れ置かれた（公記）。

伴太郎左衛門（ばん　たろうざえもん）　近江

?～天正十年（一五八二）六月二日。

信長の近臣。近江甲賀二十一家の伴氏のようである（淡海温故録）。天正十年（一五八二）六月二日、本能寺にて討死した（公記）。

塙伝三郎（ばん　でんざぶろう）　尾張？

?～天正十年（一五八二）六月二日。

塙（原田）直政の一族かも知れないが、直政とは離れて行動している。

天正三年（一五七五）信忠の美濃岩村城攻めに参加。十一月二十一日、塚本小大膳が秋山虎繁の降参を仲介した時、目付としてこれに付けられた（公記）。同十年六月二日、二条御所にて討死した（公記）。

子は信雄に仕え、三十貫を知行している（分限帳）。

塙直政（ばん　なおまさ）　?～天正四年（一五七六）五月三日

九郎左衛門尉。賜姓、任官されて「原田備中守」。諱は初め「正勝」。『重修譜』では「重友」としているが、文書では確かめられない。姓の「塙」は『重修譜』では「はなわ」と訓んでいるが、『年代記』『多聞院』に「ハン」、『言継』に「伴」とあるから、「ばん」と読むのが正しいのであろう。

〔信長の馬廻として〕

尾張春日井郡比良村の人で、大野木村を領すという（張州雑志・重修譜）。永禄年間選抜された母衣《ほろ》衆の内、赤母衣追加の一人（高木文書）。

（同十二年＝一五六九）四月十六日、大津長治（長昌）とともに一色藤長に宛てて、天竜寺周悦首座の馳走を請うたのが、文書における初見で、この時は「塙九郎左衛門尉正勝」と署名している（尊経閣文庫文書）。

同十一年九月の信長上洛に従ったと思われるが、その名は史料には見えない。おそらく馬廻として省略されているのであろう。同十二年八月、伊勢大河内《おかわち》城攻めに従軍。他の旧母衣衆と同じく「尺限《さくきわ》廻番衆」を務めている（公記）。まだ馬廻の身分で、小部隊の指揮官といったところであろうか。

〔元亀年間の活躍〕

永禄年間末から元亀年間にかけての直政は、部将というよりも信長の吏僚といった性格が強い。その活躍振りを見てみよう。

①（永禄十二年）四月十六日、一色藤長に、天竜寺周悦首座への馳走を請う（大津長治と）（尊経閣文庫文書）。

②（元亀元年＝一五七〇）五月二十五日以前、鉄砲調達の奉行を命じられる（丹羽長秀と）（武藤文書）。

③同年八月二十四日、信長を訪れた吉田兼和を取次ぐ（兼見）。

④同年十一月二十六日、兼和の訪問を受ける。翌日、信長の言を兼和に伝える（兼見）。

⑤（元亀二年カ）二月十七日、木下秀吉より、大橋長兵衛の在所の違乱を止めるよう頼まれる（菅屋長頼・市橋長利・塚本小大膳と）（大橋文書）。

⑥（同年）九月晦日、阿弥陀寺領に、一円に反別一升宛ての段銭を課す（明智光秀・島田秀満・松田秀雄と）（阿弥陀寺文書）。

⑦（同年）十月十五日、禁裏賄料として、利息三割で米を京中に貸付ける（光秀・秀満・秀雄と）（京都上京文書）。

⑧同三年三月十二日、妙覚寺に信長を訪れた兼和より、「ユカケ」二具を贈られる（兼見）。

⑨（同年）五月二十三日、石清水八幡宮祠官田中長清の家人清水甚介に対し、八幡宮領狭山郷を糾明の末申付けることを約束する（田中家文書）。

⑩（同年）六月、大徳寺領賀茂境内のことについて、松井友閑より指令を受ける（大徳寺文書・真珠庵文書）。（同年）十一月二日、大徳寺領について、疎意なく扱うことを誓う（秀吉と）（大徳寺文書）。

⑪（同年）十二月六日、諸商人について、朱印状に任せて申付けることを命じる（秀吉・長秀・秀満ら七人と）（寛延旧家集）。

元亀年間の直政は、このように京・山城の行政担当の一人であった。この頃にしてすでに、秀吉・長秀といった部将ないし島田秀満のような代表的吏僚と肩を並べていることが注目される。

〔信長と将軍義昭の対立に際して〕

元亀四年（＝天正元年）になって、信長と将軍義昭との対立が深まる中、二月には、信長の使として義昭のもとに派遣された。再び調停に赴こうという時、眼病にかかり、その役割は松井友閑と島田秀満とに代えられた（細川家文書）。

眼病は間もなく癒え、三月七日には、村井貞勝とともに、人質となる信長の子に付添って上京した（細川家文書）。

ついに信長と義昭が衝突した三月末、直政は東寺に書状を発し、東寺での陣取り・乱妨の禁止を約束している（東寺文書）。

この第一次の軍事衝突が収まった四月二十八日、義昭の側近八人は信長の部将宛てに起請文《きしょうもん》を提出した。前日二十七日の信長方からの起請文に対するものだが、信長方のものは林秀貞・佐久間信盛・柴田勝家・美濃三人衆・滝川一益が署名しているのに対し、将軍方のものの宛名は、直政・滝川一益・佐久間信盛の三人になっている（和簡礼経）。京畿の行政に関して責任ある三人にしぼったものであろう。

〔元亀年間の軍事行動について〕

元亀年間、京畿の政務に活発に携わっている直政だが、その軍事行動についてはほとんど史料に所見がない。姉川の戦いについて見ても、その名は史料に伝わっていない。身分的には馬廻だから、信長本隊の中に省略されているのであろう。

天正元年（一五七三）七月の槇島攻めの時も、『公記』に載った多くの部将の中に名がない。しかし、『兼見』七月二十日条によれば、吉田兼和は五ケ庄にある信長本陣に見舞いに行き、その時、直政に鮎を贈っている。やはり信長の旗本として参陣していたのである。

同年八月の朝倉・浅井攻めの時も、『公記』『当代記』などに、先手の部将、馬廻など多数の交名《きょうみょう》が伝わるのにもかかわらず、直政は載っていない。おそらくこの時も信長本陣にいたのであろうが、同月十三日、朝倉軍を追撃した信長馬廻の交名中には見当らない（当代記ほか）。

この頃の直政は、馬廻、小部隊指揮官にすぎないし、また戦場での目立った活躍は何一つ伝えられていないのである。

〔山城守護への足跡〕

将軍を追放し、朝倉・浅井氏を滅ぼした後も、直政の畿内ないし近国での活動は続く。それを列記してみよう。

①（天正元年）九月二十日、十月二十五日、伊勢大湊に対し、伊豆より着岸する大船について指示する（大湊由緒書・伊勢市大湊支所文書）。

②同年十月六日以前、越前西福寺領を欠所処分にする（西福寺文書）。

③同二年二月一日、岐阜に赴いた津田宗及に対して、信長からの命令を伝達する（宗及記）。

④同年三月二十七日、東大寺蘭奢待切取りの奉行を務める（柴田勝家・佐久間信盛らと）（公記）。この時は、直政はすでに二十一日に奈良に下っている（多聞院）。準備のためであろうか。

①～④、すべて吏僚としての活動である。そのあたりは、元亀年間と相違はない。だが、①②のようなかなり重要な任務を単独で行っているあたりに、直政の地位の上昇がうかがえるであろう。

〔山城守護としての事績〕

天正二年五月、直政は「山城ノ守護」に任じられ、槇島城に入れられた（年代記）。直政が山城の地を支配した証は、何点かの史料によって確かめられる。それは次の通りである。

①天正二年七月十九日、興福寺に木津の坊領の注進状の指出《さしだし》を命じる（多聞院）。

②（同年）十二月四日、山城土豪狛秀綱に、神童子《じんどうじ》村の本知を安堵する（小林文書）。

③（同年）同月十八日、上林《かんばやし》久重・久茂に、諸商人、荷物の運搬と宿の管掌を任せる（上林文書）。

④（同三年）八月十四日以前、石清水八幡宮領狭山郷の安堵について、信長より指示を受ける（古蹟文徴）。

⑤（同年）十二月二十八日、青蓮院門跡に対し、末寺多武峯の本領を安堵することを報じた信長黒印状に副状を発する（青蓮院文書）。

⑥同四年三月二日、荘村某を木津城に攻め、これを攻略する（多聞院）。

「守護」の職権が地侍支配中心であることは後に述べるが、まず直政の支配の及ぶ範囲が山城全域ではなく、大体宇治川以南の南山城に限られていることがわかるであろう。だから、その範囲内の国人たち、荘村安芸・狛秀綱、それに上林一族などがその麾下に付いたものと思われる。

〔山城の分割支配について〕

（天正三年）七月七日付で、直政・村井貞勝・明智光秀が壬生朝芳に、野中郷内の畑の領有を認めている（宮内庁書陵部文書）。また、信長が天正三年十一月六日、七日に、廷臣に所領を宛行い、寺社に地を寄進した時、その実務は、直政・貞勝・松井友閑・武井夕庵で行っている（若林書林文書）。この時点では、光秀は丹波で働いているので加わらなかったのであろう。また、この仕事に携わっている友閑・夕庵は、信長の秘書的吏僚である。

つまり、山城の地に関しては、まず洛中は貞勝が京都所司代として治め、また、北部は元亀年間より光秀が支配権を継続しており、直政は南部を受持つことになったのであろう。公家たちの山城の所領に関して、直政・光秀・貞勝の三人が携わっているのは、このような分担が成立っていたからである。

この三人ばかりでなく、天正元年七月、長岡（細川）藤孝が桂川以西の一職《いっしき》支配権を委ねられている（細川家文書）。彼と「山城ノ守護」直政との間には、縦の関係はなく、つまるところ、山城の地は、藤孝をも含めた四人が地域的に分割して支配していたと思われるのである。

彼ら四人は、地域を分担しながら、必要に応じて協力し合うという体制がつくられていたらしい。

〔大和守護の兼務〕

直政は天正三年三月二十三日、大和守護の兼務を命じられた（多聞院）。大和の行政については、これまでも、有力国人筒井順慶に指示を与えたり、法隆寺東寺と西寺の争いに干渉するなど、関りを見せていたが（古文書纂・古文書集・多聞院・法隆寺文書）、ここで正式に大和の支配者の地位が与えられたわけである。

この前日の三月二十二日、信長は長岡藤孝宛てに朱印状を発し、大坂との戦いに備え、丹波の船井・桑田二郡の地侍を引率することを命じている（細川家文書）。時期の一致より推して、直政の「大和守護」も国衆の支配権の付与であり、やはり対大坂の戦略の一環と見做すことができる。遡って、前年の南山城の「守護」も、国衆支配がその任務の主要部分だったのであろう。

大和守護といっても、直政の所領は十市郷の三分の一しか検出できない（多聞院）。だが、彼は大和国衆の大部分を軍事指揮下に置いていた。明らかなのは、筒井順慶、井戸良弘・古市・吐山ら。松永久通も、天正四年五月三日の戦いの時、直政軍の中に名が見えるし、直政としばしば接触していることが『多聞院』に載っているから、父久秀から離れて直政麾下とされたものと思われる。箸尾に関しては、後に佐久間信盛の与力になったことは確かだが、直政の大和守護時代は、完全には信長の支配に服してはいない状態であり、その所属は不明である。

〔河内の暫定的支配者〕

天正三年四月、信長の命を受けて、直政は高屋城など河内国中の城を破却している（公記）。河内については、翌年佐久間信盛が支配権を与えられるまでは、暫定的に若江三人衆が信長に直属しているといった状態であり、隣国担当の直政が随時命令を執行していたらしい。その後の直政の河内支配の例をあげると、次の通りである。

①（同年）十月二十七日、朱印状に基づき、金剛寺の寺領を安堵（南行雑録）。
②（同年カ）十一月二十二日、金剛寺の諸役を免除（金剛寺文書）。
③（同四年）三月十一日、河内国内に徳政令を発す（金剛寺文書）。

国の全権を委ねられた強力な支配ではないにせよ、南山城から大和・河内まで及ぶ直政の支配権は、この時点では、柴田勝家ら宿老たちと比べても、勝るとも劣らないほどのものだったであろう。

〔長篠の戦いの鉄砲奉行〕

天正三年五月二十一日の長篠の戦いで、

直政は、佐々成政・前田利家・野々村正成・福富秀勝と並んで鉄砲奉行を務めたことが、『公記』に載っている。つい前年まで成政・利家らと同格の馬廻にすぎなかった直政だが、今や三カ国にわたる国衆の統率者である。単に信長旗本にあって鉄砲隊を指揮したとは考え難い。

『多聞院』同年五月十七日条、また、（同年）五月二十一日付の長岡藤孝宛て信長書状（細川家文書）を見ると、筒井順慶・長岡藤孝よりこの戦いに向けて鉄砲隊が派遣されている。この畿内の鉄砲隊の指揮を直政がとったのではなかろうか。

直政の任務は、先に述べた通り、大坂の本願寺の攻囲の一部を担うことである。任務から外れた東国での戦闘には、手勢だけしか出陣させていないはずである。その手勢で畿内の鉄砲隊の指揮を受持ったわけであろう。ただ、筒井の鉄砲は五十余というから、直政指揮の鉄砲隊は織田軍全体から見ると僅かのものだったらしい（多聞院）。

〔原田備中守直政〕

長篠での戦捷の後の同年七月三日、信長は官位昇進の勅諚を辞退し、代わりに主立った家臣に官位を賜ることを願い出、勅許された。この時、任官、賜姓などの栄誉に浴した者は、『公記』によると次の五人である。

松井友閑（宮内卿法印）・武井夕庵（二位法印）・明智光秀（惟任《これとう》日向守）・簗《やな》田《だ》広正（別喜《べつき》右近大夫）・丹羽長秀（惟住《これずみ》）。

しかし、文書・日記を見ると、この時を境に羽柴秀吉は藤吉郎から「筑前守」になっているし、村井貞勝も民部少輔から「長門守」に変っている。直政に関しても、『多聞院』では、六月二十五日の「塙九」が七月十九日には「原田備中守」と変化している。さらに、同年と思われる七月七日付の壬生朝芳宛て、光秀・貞勝との連署状に、早くも「原田備中守直政」が用いられている（宮内庁書陵部文書）。

賜姓、任官は単に形式にすぎないけれど、この時の叙目《じもく》に関しては、『公記』にある通り「御家老の御衆」に限られているのであって、当時の直政の地位が織田家中でも十指に入るものであることがうかがわれる。

〔越前一向一揆討伐戦〕

同年八月、信長は越前一向一揆討伐に向かう。直政もこれに従軍した。十五日、一揆の頭目の内の阿波賀兄弟を殺害。その後、赤谷などで一揆の残党狩りに精を出した（公記・松井文書ほか）。

興福寺大乗院の尋憲は、越前にある大乗院領を安堵してもらう目的で、大和からはるばる越前へ赴いた。その時の日記が、『越前国相越記』（山田竜治家文書）として『尋憲記』と別に伝わっている。

この日記によると、尋憲は信長との対面後、大和守護である直政の陣に挨拶に寄り、宿泊している。尋憲の居る前で、直政は二百人余りの農民の首を刎ねはじめた。尋憲は肝をつぶし、父の二十五回忌の命日にあたることを理由に、残った農民の命乞いをして許されたという。直政についてだけではなく、越前一向一揆の殲滅戦がいかに激しかったかがわかる史料である。

九月には吉田社祠官吉田兼和も陣見舞いに訪れ、この時直政は、柴田勝家・佐久間信栄らとともに贈品を受けている（兼見）。

〔大和守護としての事績〕

大和の寺社や国衆を従えた、「守護」原田直政の事績について追ってみよう。

①天正三年六月二十四日、多聞山城を修築する（多聞院）。

②同年七月十九日、松永久通と十市《とおち》後室との婚姻を延引させる（多聞院）。

③同年七月二十六日、奈良明王院坊官である大喜多亀介・同兵庫介を、槙島城に誘殺する（多聞院）。

④（同年）十一月七日、松井友閑が法隆寺学侶の訴えに対し、「殊和州之儀、原備（直政）次第候之条、可レ得二其意一由」と答えている（法隆寺文書）。大和では、事の裁定を直接信長に依頼する者もあったであろうが、まず直政の意向に従うべきであることが確認されている。信長の直政に対する信頼を物語る史料であろう。

⑤同四年二月十日、筒井順慶・松永久通とともに興福寺の薪能を観賞する（多聞院）。
⑥同年三月十七日、多聞山城を巡見する（多聞院）。
⑦同年同月二十一日、十市遠長を逐い、翌日、十市平城を巡見する（多聞院）。

興福寺をはじめとする大寺社、離合集散ただならぬ国衆たちが蟠踞する特殊地帯の大和を、徐々に鎮圧して行く直政の姿が臨まれるであろう。

〔本願寺攻め出陣〕

天正四年四月、信長は石山本願寺攻めを指令した。すでに前年に作られていた本願寺攻囲網、摂津の荒木村重、山城西岡の長岡（細川）藤孝、南山城・大和の直政に、惟任（明智）光秀を加えた四将がこれに応じて出陣した。直政は、本願寺の南に位置する天王寺の砦を修築し、そこに入った（公記）。

本願寺は、楼岸《ろうのきし》より木津に至る海岸線に砦を構え、大坂湾の制海権を握っているだけに、海上よりの補給が容易な有様であった。信長は、この補給線を断ち切るべく、楼岸から木津までの中間点にある三津寺攻撃を決意、直政と、前年投降したばかりの三好康長に攻撃の命令を下した。直政は天王寺を出陣し、代わりに佐久間信栄の援軍がここに入った（公記）。

この時の直政に関して、『甫庵』『当代記』等には、信長の覚えが悪いため天王寺より出され、それを憤って討死を覚悟したと書かれている。だが、直政が本願寺攻囲網の主力を担っていることを思えば、この人選は自然であろう。

〔その戦死〕

五月三日、直政は大和・山城衆を指揮して三津寺を攻撃。先鋒は和泉・根来寺衆を率いた三好康長が務めた。それに対して本願寺方は、楼岸より一万ばかりの兵と数千挺の鉄砲をもって対抗した（公記）。

戦い後間もなく先鋒の三好軍が崩れ立ち、直政はしばらく支えたものの自軍の崩れを抑え切れず、ついに混乱の中で討死した（公記・多聞院ほか）。直政の代官として、山城・大和で威を振るった塙安弘・同小七郎も、ここで斃れた（公記）。

直政戦死後、その郎党に対する信長の処置は冷酷であった。直政の腹心丹羽二介・塙孫四郎は、罪人として捕縛された（多聞院）。十五日、新たに大和の支配を委ねられた筒井順慶より、直政の一類の者よりの預り物の提出、寄宿厳禁の触れが国内に回った（多聞院）。

直政は、最後の戦いの時、重大な過失を犯したのであろうか。そうではあるまい。おそらく敗北そのものが、信長の言う罪なのであろう。相手の指揮官は長袖であり、戦闘員はたかが一揆勢にすぎない。この段階では、信長は本願寺の戦闘力をまだ十分には理解していないだけに、こうした判断を下して直政の罪をあげつらったわけである。この後本願寺攻めに手を焼いて、はじめて己の誤りに気付いたであろうが。

『重修譜』によると、直政の後妻は柴田勝家の娘。一子の名は安友。彼は、信長から離れ、本能寺の変後は佐々成政・豊臣秀吉・田中吉政へと転仕。最後は江戸に出て、医を生業《なりわい》としたという。

塙正勝（ばん　まさかつ）　→塙直政（ばん　なおまさ）

伴盛兼（ばん　もりかね）　伊勢

天文十六年（一五四七）～天正十二年（一五八四）四月九日。

五郎兵衛、若狭守。

信長に属し、伊勢亀山城に住す。本能寺の変後、家康の伊賀越えに協力（重修譜）。

その後家康に仕え、六百貫の采地を賜ったが、天正十二年（一五八四）四月九日、長久手の戦いで戦死、三十八歳という（重修譜）。

塙安弘（ばん　やすひろ）　尾張

?～天正四年（一五七六）五月三日。

喜三郎。

直政の伯父であるという（太田牛一旧記）。

初め、直政と並んで信長の馬廻。元亀元年（一五七〇）六月二十二日、小谷より退却の信長軍の殿《しんがり》軍を務めた佐々成政に協力している（甫庵）。

（天正元年＝一五七三）十一月六日以前、越前西福寺より欠所処分に対する訴えを起され、これを滝川一益に打診している（西福寺文書）。

天正二年五月、直政が南山城の守護に任じられると、これに従う。（同年）十二月四日、南山城の国衆の狛綱吉に、神童子《じんどうじ》村の本知の安堵を確認している（小林文書）。

翌三年三月に、直政は大和守護を兼任する。安弘は、直政の代理の立場で、長柄城の見回りを行うなどして、大和・南山城で力を振るい、多聞院英俊からも贈品を受けている（多聞院）。

津田宗及の茶会にも、二度その名が見える。天正元年十二月一日の会には、信長馬廻である松岡九郎次郎と相伴している（宗及記）。その後直政の家臣になったというわけではなく、信長の直臣の身分のままで直政に付属されていたのではないかと思われる。

同四年四月、直政に従って大坂攻めに参加。五月三日の戦いで、直政とともに討死した（公記・多聞院）。

番頭大炊頭（ばんがしら　おおいのかみ）　山城

生没年不詳。

大炊介。諱は「義元」と伝わる。

もと三好氏の臣。永禄八年（一五六五）五月の将軍義輝弑逆に加わったが、義昭上洛後はこれに従い、兄の仇であるのにかかわらず重んじられる（細川家記）。

天正元年（一五七三）七月、義昭方として、石成《いわなり》友通とともに淀城に籠って信長に対抗。しかし、羽柴秀吉の誘いに乗って寝返り、淀城は落城。石成は討たれた（公記）。

ひ

東馬二郎（ひがし　うまのじろう）

相撲取り。天正六年（一五七八）二月二十九日の安土での相撲会に参加。二十三人の撰《えり》相撲の人数に入る。同年八月十五日の安土相撲会にも参加。賞として、信長より百石及び私宅を賜ったと『公記』に記載されている。

東家に伝わっていた由緒書及び過去帳によると、親実と馬二郎の二人が表彰受け、親実は東姓、馬二郎は西姓を賜ったという（福尾猛市郎「近世初頭における都市商業と商人の性格」）。従って、「東馬二郎」という名は、東親実と西馬二郎二人が合わせられたのであろう。

福尾氏前掲論文によると、親実は、後に秀吉のもとで近江代官を務め、豊浦村の村落結合の中心人物だった。一方、西家は常楽寺に居住し、信長から賜った絵や扇を所持していたという。

東秀隆（ひがし　ひでたか）　近江

生没年不詳。

新左衛門尉。

信長の江南制圧とともに臣従したか。他の国人と一緒に、元亀元年（一五七〇）十一月十七日、信長の人質となることを申し出た善妙の助右衛門尉を賞し、諸役を免除している（河原崎文書）。

日置大膳亮（ひき　だいぜんのすけ）　伊勢

生没年不詳。

北畠氏の臣。細頸《ほそくび》城を守るが、永禄十二年（一五六九）信長の伊勢進攻の噂を聞き、大河内《おかわち》城に入る（勢州軍記）。

信雄が北畠氏を継ぐと、これに従う。天正四年（一五七六）十一月の北畠氏粛清の時は、田丸城で凶刃を振るった。さらに同年十二月、信雄に命じられて津田一安の誅殺を執行する（勢州軍記）。

某年七月二十日付で、小川長保たちとともに信雄より検地を命じられている書状が見られる（真田文書）。

疋田助右衛門（ひきた　すけえもん）　伊勢

生没年不詳。

神戸四百八十人衆の大将の一人。元亀二年（一五七一）一月、所領を安堵され、新たに神戸氏の家督となった信孝に仕えた（神戸録・勢州四家記）。

樋口直房（ひぐち　なおふさ）　近江

?～天正二年（一五七四）八月。

三郎兵衛尉。

近江坂田郡の人。郡内の豪族堀氏の家老。同郡長比《たけくらべ》城に居す。堀氏は浅井氏に属していたので、直房もこれに従う。永禄年間、主堀遠江守が没し、幼少の秀村が跡を継ぐと、家老として堀家の実権を握る。

元亀元年（一五七〇）六月、秀村を擁して信長に降る（公記）。堀氏は坂田郡の約半分を支配し、野村・下坂・田那部・島・久徳氏らを麾下としており（島記録ほか）、この堀・樋口の投降により、信長は敵地深く前線を進めることができた。この直後、姉川という敵地に深く入り込んだ位置で戦うことができたのも、その結果である。

同年七月二十五日、竹生島に寺領の臨時課役を免除した判物があるが、同日付の木下秀吉判物と同意にしてほぼ同文である（竹生島文書）。堀・樋口は、横山城将になった秀吉に付属されたものと思われるが、寄親である秀吉に遜色ない力を持っていたらしい。『当代記』にも、堀秀村は秀吉の「同心（与力の意味）」だが、秀吉の五万石に対して秀村は十万石の大身だったと書かれている。そして、その秀村を操っているのが直房だったのである。

（同二年）二月二十五日、信長より、小谷付城建築のための資材を丹羽長秀から受け取るよう命じられているが、この書状の宛名は、秀吉と直房の連名である（織田文書）。同元年九月十九日には、野村孫太郎に石塚寿光庵領等の知行を承認（清水文書）。同二年三月二十二日、秀村の島秀親宛ての宛行状に副状を発給（島記録）。このように、坂田郡内にて威を振るった。

同二年五月六日、秀村の居城鎌刃が浅井七郎に攻められた時、秀吉の救援を受け、箕浦表でこれを打ち破った（公記）。天正元年（一五七三）八月の浅井氏との最後の戦いにも従軍。秀吉に従い丁野山《よおのやま》の砦を攻略、馬上山の砦を守備したという（浅井三代記）。

しかし、まず既得権を容認し、その後これを削減したり取り潰したりするのが、信長のやり方である。堀・樋口も次第に信長に疎んじられて行ったらしい。同二年、越前一向一揆防御のため、秀吉の指揮の下に木芽峠に置かれていたが、八月、一揆と勝手に和睦し、砦を捨てて退散。近江甲賀へ逃れようとしたところ、秀吉の討手に追われ、最後、関盛信に殺害された（公記・関文書）。

彦一（ひこいち）

?～天正十年（一五八二）六月二日。

信長の中間衆。天正十年（一五八二）六月二日、本能寺にて討死した（公記）。

久松定員（ひさまつ　さだかず）　尾張

?～天正五年（一五七七）七月十九日?

弥九郎。諱は「信俊」ともある。

俊勝の長男。尾張知多郡阿古居荘を領し、信長に仕える（重修譜）。

天正三年（四年以後の誤り）、佐久間信盛とともに天王寺にあり、と『重修譜』にあるが、信盛の与力としてその軍団に属し、大坂攻めに加わったのであろう。

しかし、その前の同三年（一五七五）十二月に起った水野信元誅殺の事件に連座した罪ということで、同五年七月十九日、信長の命により、大坂の陣中で自害させられた（張州雑志・重修譜）。『記年録』には、信元事件の直後の死としている。だが、大坂の陣中でというのが確かならば、同四年以降のことである。

土方雄久（ひじかた　かつひさ）→土方雄良

土方雄良（ひじかた　かつよし）

天文二十二年（一五五三）～慶長十三年（一六〇八）十一月十二日。尾張

彦三郎、彦左衛門、勘兵衛、河内守。諱は後に「雄久」。

彦三郎信治（久治）の子（伊勢菰野土方家譜）。『公記』には、弘治二年（一五五六）四月二十日、長良合戦の援軍として討死した者の中に「土方彦三郎」が記されている。これが雄良の父とされる信治であろう。しかし、『尾張群書系図部集』では、志水又右衛門家勝の子で、久治（信治）の養子としている。

永禄十二年（一五六九）十月、信長が二男信雄を北畠氏の養嗣子として入れた時、それに付けられ、近臣となる（武家事紀・勢州軍記）。

天正四年（一五七六）十一月二十五日の北畠一族粛清の時、信雄の命を受けて、田丸城における長野具藤らの殺害に加わった（勢州軍記）。その功により、信長より伊勢薦野の地を与えられたという（伊勢国誌）。だが、雄久が薦野城主となったのは、賤ケ岳の戦いの後と『勢州軍記』にある。

同十二年三月六日、信雄の三家老誅殺に加担（川角・勢州軍記）。信雄と秀吉の和睦後、功により犬山城四万五千石と『土方雄久家譜』などにあるが、『分限帳』にも、十六カ所にわたる計九千貫文を越す知行地が書出されており、この数字はそれほど誇張されてはいない。

同十三年十一月及び十四年九月、織田長益らとともに信雄より派遣されて、家康に上洛を勧めた（家忠）。

同十八年、小田原陣に従軍。夜討ちしてきた北条氏房の軍と戦い、追い返した（寛永伝）。

信雄没落後は秀吉に仕え、越中新川郡野々市にて一万石（伊勢菰野土方家譜）。次いで能登石崎に移領。文禄三年（一五九四）、伏見城普請を分担の時、二万二千石（当代記）。慶長元年（一五九六）、近江栗太郡にて二千石を加増（伊勢菰野土方家譜）。

同四年十月、家康暗殺未遂の容疑で常陸太田へ追放されるが、翌年の擾乱の時、召されて家康に従う（土方雄久家譜）。戦後、秀忠に近侍し、同九年以後は、下総田子にて一万五千石を知行（伊勢菰野土方家譜）。

同十三年十一月十二日没、五十六歳という（土方雄久家譜）。

土方次郎兵衛（ひじかた　じろべえ）尾張

?～天正十年（一五八二）六月二日。

尾張衆として信忠に仕える。天正十年（一五八二）六月二日の本能寺の変の時、信忠に従って在京していたが、柳原に居て、二条御所での戦闘に間に合わず、信忠らの死を聞き、追腹を切ったという（公記）。

土方信治（ひじかた　のぶはる）尾張

天文五年（一五三六）～弘治二年（一五五六）四月二十日?

彦三郎、刑部少輔。諱は「久治」とも。信長の臣。弘治二年（一五五六）四月二十日、斎藤道三・義竜父子が長良川で戦った時、信長の道三救援に従軍し、義竜軍と戦って討死した「土方彦三郎」が『公記』にあるが、これは『伊勢菰野土方家譜』等にある土方雄良の父（養父ともいう）信治と同一人であろう。『伊勢菰野土方家譜』には二十一歳とある。

ただし、同書では、その戦死を、同年八月二十四日の稲生《いのう》の戦いの日としている。

ひし屋（ひしや）近江

生没年不詳。

近江の相撲取り。天正六年（一五七八）八月十五日、安土での相撲会に参加。よい

相撲を取り、信長より百石及び私宅を賜った（公記）。

その後信長の臣となり、同九年二月二十八日の馬揃えの時、「御長刀《なぎなた》持」を務めている（公記）。

肥田玄蕃允（ひだ　げんばのじょう）　美濃

生没年不詳。

諱は「直勝」「忠政」と伝わる。

土岐氏の一族で、美濃米田城主。妻は金森長近の娘という（重修譜）。

いつのことか不明だが、武田信玄との戦いの時、森可成とともに先駆けを務めると『公記』にある。森可成の与力として付属されていたのであろうか。

元亀元年（一五七〇）九月、可成や織田信治とともに、信長の南方陣の間、宇佐山城を守る。二十日、朝倉・浅井軍の攻撃を受けて可成・信治は敗死したが、玄蕃允は武藤五郎右衛門・肥田彦左衛門とともに宇佐山城を死守した（甫庵ほか）。

本能寺の変後であろう、秀吉に属すというが（寛永伝）、その後の事跡については、詳らかでない。

十二月十三日付の善恵寺宛ての寄進状があるが、これには、「肥田玄蕃」と署名している（善恵寺文書）。

肥田彦左衛門（ひだ　ひこざえもん）　美濃

生没年不詳。

玄蕃允の一族。元亀元年（一五七〇）九月、信長の南方陣の最中、一族の玄蕃允・武藤五郎右衛門とともに宇佐山城を守る。二十日、朝倉・浅井軍に襲われ、森可成・織田信治らは討死したが、城を堅固に守備し、朝倉・浅井軍の攻撃に耐えた（公記）。

飛驒国司（ひだこくし）　→三木良頼（みつき　よしより）　→三木自綱（みつき　よりつな）

日近定直（ひちか　さだなお）　三河？

生没年不詳。

信長に属し、弘治二年（一五五六）五月二十四日、今川方の栗生将監を三河秦梨子城に攻めたが、敗北した（伊藤本文書・奥平家譜）。

尾藤源内（びとう　げんない）　尾張

？～元亀元年（一五七〇）九月二十日。

諱は「重吉」とある（新編一宮市史）。

三ツ井重吉城主という（新編一宮市史）。元亀元年（一五七〇）九月二十日、森可成に従い、宇佐山城外にて朝倉・浅井軍と戦い、討死した（公記）。

秀吉の家臣尾藤知宣の父である。

尾藤又八（びとう　またはち）　尾張

？～元亀元年（一五七〇）九月二十日。

諱は「重房」とある（新編一宮市史）。

源内の弟。元亀元年（一五七〇）九月二十日、兄とともに森可成に従い、宇佐山城外にて朝倉・浅井軍と戦って、討死した（公記）。

一柳直高（ひとつやなぎ　なおたか）　美濃

享禄二年（一五二九）～天正八年（一五八〇）七月二日？

又右衛門。

宣高の子。直末・直盛の父である（寛永伝）。父の遺領美濃厚見郡西野村を領す。初め斎藤義竜に仕えたが、後、信長に仕える（重修譜）。

天正八年（一五八〇）七月二日没、五十二歳という（寛永伝・一柳系図）。『常在寺記録』では没年月日を七月十日としている。

日禰野雄就（ひねの　かつなり）　→日禰野弘就（ひねの　ひろなり）

日禰野勘右衛門（ひねの　かんえもん）　→日禰野盛（ひねの　もり）

日禰野五右衛門（ひねの　ごえもん）　美濃

生没年不詳。

弘就の一族。信長の馬廻であろう。天正八年（一五八〇）閏三月、安土城下に屋敷地を与えられた（公記）。

後、秀次の馬廻となる（前田家文書）。

日禰野半左衛門（ひねの　はんざえもん）　美濃

生没年不詳。

弘就の一族。信長の馬廻であろう。天正八年（一五八〇）閏三月、安土城下に屋敷地を与えられた（公記）。

日禰野弘就（ひねの　ひろなり）　美濃

？～慶長七年（一六〇二）五月二十八日。

徳太郎、備前守、備中守、治部卿法印。法名空石。諱は「雄就《かつなり》」も文書で確かめられる。姓は斎藤氏の臣時代、一色氏家臣の姓「延永《のぶなが》」をも名乗っている。なお、日禰野は「日根野」とも書く。

もともとは、和泉の日根野氏の出身。九郎左衛門の子という。美濃に移り、斎藤氏の臣として、道三・義竜・竜興三代に仕える（寛永伝）。美濃本田城主（『立政寺文書』付箋）。

弘治二年（一五五六）、義竜の命を受けて、その二人の弟を稲葉山城で斬殺したという（公記）。当時二十六歳と『太閤記』にある。大体そのぐらいかと思われるが、信用の限りではない。

永禄元年（一五五八）から九年にかけて、伊賀（安藤）守就・氏家（桑原）直元・成吉（竹腰）尚光との四人、あるいはこれに日比野清実・長井衛安を加えた六人の連署で発給した文書が多数伝わっている（安藤文書・中島文書ほか）。斎藤氏の執政という顕著な地位にいたものと思われる。そして弘就は、初めのうちは日禰野姓だが、同九年頃は「延永」姓を使っている（中島文書）。

同十年八月、斎藤竜興は稲葉山を没落。弘就は弟盛就とともに関東へ下ったと『太閤記』にあるが、間もなくその名は今川の将の中に見出だされる。即ち、同十一年十二月掛川城で、翌年一月天王山で徳川軍と戦っている（小倉文書・松平記ほか）。

今川氏没落後の弘就の立場については複雑である。永禄末か元亀初年の頃と思われる、近江の土豪今井秀形に入魂《じっこん》を求めた書状がある（島記録）。また、元亀元年（一五七〇）から三年頃、伊勢大神宮御師《おんし》の福島大夫に宛てた書状を見ると、その頃は日禰野兄弟は近江に上っていたらしい（伊勢古文書集ほか）。『浅井三代記』には、浅井長政の麾下として働いている弟盛就の姿が描かれている。

同三年冬には近江を去り、伊勢長島門徒に加担して、岐阜の近くの新砦を守備したことがわかる（顕如書）。（天正元年＝一五七三）九月十四日、弟盛就が伊勢の福島新四郎に宛てた書状があるが、それによると、日禰野兄弟はまだ反信長方であり、弘就が長島へ赴いたことが記されている（伊勢古文書集）。

翌二年九月二十九日をもって、長島は信長により全滅させられるが、日禰野兄弟が信長に降ったのは、それから間もなくであろうか。斎藤氏没落以来まる七カ年、その間、諸所で活動しながらも、ずっと反信長の立場だけは変らなかった弘就だが、ようやく信長の軍門に降ったわけである。いつ頃からか不明だが、近江南郡の下一色の際、平松という所に在所と城を持ち、住んでいたという（島記録）。

信長に降ってからの身分は馬廻（島記録）。天正三年八月の越前一向一揆討伐戦の時、遠藤の軍とともに美濃郡上郡より攻め込んだという（遠藤家旧記）。同六年十一月、有岡攻めに従軍（公記）。同八年閏三月、弟盛就ら日禰野一族は、安土に屋敷地を与えられている（公記）。一族全員、馬廻になったようである。

本能寺の変の時は在京していたが、戦闘には加わらなかったらしい。光秀近畿制圧の時点で、美濃佐藤秀方に去就について相談した様子である（金森文書）。そして結局は秀吉方に付き、山崎の戦いの後、美濃の遠藤秀繕に京都の状勢を伝えている（安養寺文書）。

同十一年五月、池田恒興とともに美濃瑞竜寺に禁制判物を発しているのを見ると、賤ケ岳の戦い後、秀吉より新たに美濃の旧地を与えられたのであろう（瑞竜寺文書）。同十二年三月、秀吉の命により伊勢出陣、続いて小牧陣に従軍（金沢私立図書館文書・浅野家文書）。父子・兄弟七人が参陣したという（日根野系図）。五月一日、尾張二重堀撤退の時、弟盛就とともに敢闘した（武家事紀ほか）。

同十三年七月、四国攻めに従軍。秀次の下で脇城攻めに参加（四国御発向并北国御動座記）。その後、秀吉の怒りに触れて一時浪人したが、同十八年、再び仕える（戦国人名辞典）。朝鮮陣の時、秀吉の使として渡海するという（老人雑話）。

同二十年六月二十八日、家臣の宮部久右衛門尉に尾張の地三百石を宛行っているから（宮部文書）、尾張にも知行地を持っていたのであろう。文禄四年（一五九五）八月八日、伊勢のほか、尾張・三河の内にて一万六千石を与えられる（紀伊国古文書）。秀次事件による移封であろう。慶長二年（一五九七）六月二十日現在、その領所は尾張上奈良村・下奈良村、三河竹内村・小山田村・長井村にわたっている（宮部文書）。

同五年の関ケ原の戦いでは、西軍に属したか。戦後、減封されている（廣田浩治「戦国・近世日根野氏の実像をさぐる」）。

同七年五月二十八日、没という（重修譜）。

日根野孫次郎（ひねの　まごじろう）　和泉
生没年不詳。
和泉日根野の住人（信長文書）。永禄年間に三好氏に仕えている日根野孫七郎の継嗣であろう。天正四年（一五七六）五月の天王寺の戦いで、塙直政に従って、本願寺と戦ったものと思われる。この戦いで負傷して療養していたが、六月十八日付で、堀秀政より傷が癒え次第上洛するよう命じられている（日根文書）。同族の日禰野弘就からも六月二十日付で快癒を祝されている（歴史館いずみさの所蔵文書、廣田浩治「日根野氏関係文書および佐久間信盛・信栄連署状」所収）。さらに十二月十三日付で、同じく秀政より、軍忠を信長に報告したことを伝えられている（日根文書）。
その後、秀吉の時代になって、和泉の所領は没収され、同族の日禰野盛に仕える。天正十四年五月二十九日付で近江の地三百石、同十九年二月二日付で、某所五百石の宛行いを受けている（歴史館いずみさの所蔵文書、廣田氏前掲論文所収）。

日禰野盛（ひねの　もり）　美濃
生没年不詳。

勘右衛門尉、玄蕃。

弘就の一族。もともとは和泉の日根野氏である。信長の臣。馬廻であろう。天正八年（一五八〇）閏三月、安土城下に屋敷地を与えられた（公記）。

秀吉の時代になって、これに仕えたのであろう。天正十四年、同十九年に、同族の孫次郎に知行地を与えている（歴史館いずみさの所蔵文書、廣田浩治「日根野氏関係文書および佐久間信盛・信栄連署状」所収）。

『御湯殿』天正十六年三月十八日条、従五位下に叙された者の中に「日根野勘左衛門」がいるが、同一人であろうか。


日禰野盛就（ひねの　もりなり）　美濃
?～天正十三年（一五八五）八月五日。

弥次右衛門、常陸介。諱は「弘継」「重之」「弘隆」なども伝わっているが、『敬念寺文書』『光沢寺文書』には「盛」とあり、「盛就」が最も確かである。姓の日禰野は「日根野」とも書く。

弘就の弟だが、『太閤記』には異母弟とある。兄弘就と一緒に斎藤氏に仕え、永禄四年（一五六一）の森部の戦いの時、魁《さきがけ》の武功を顕したという（日根野系図）。

斎藤氏滅亡後、兄とともに関東へ下り、今川氏に仕え、永禄十二年（一五六九）一月、天王山を守って徳川軍と戦う（太閤記・小倉文書）。

その後、西上し、今井秀形・島秀安に款《よしみ》を通じているが（島記録）、間もなく浅井長政に属したらしい。弘就・盛就兄弟の伊勢大神宮御師《おんし》家の福島氏への通信が見られるが、ずっと反信長の立場を保ちながら、近江に居た様子である（神宮文庫文書・伊勢古文書集）。『浅井三代記』によると、元亀三年（一五七二）四月、浅井の将海津対馬守に添えられ、高島郡伊黒城を攻めるという。

その後、近江を去って本願寺に属したか。伊勢長島に入城したらしい（伊勢古文書集）。天正二年（一五七四）の長島滅亡の後、信長に降ったのであろうか。

同六年十一月、信忠に従い、有岡城攻め（公記）。同八年閏三月、安土に屋敷地を与えられる（公記）。信長の馬廻になったのであろう。

本能寺の変後は秀吉に仕え、小牧陣に従軍（浅野家文書）。尾張二重堀撤退の時、敢闘したという（武家事紀ほか）。同十三年七月、四国攻めの時も従軍した（四国御発向并北国御動座記）。

同年八月五日没という（常在寺記録）。

日禰野弥次右衛門（ひねの　やじえもん）

↓日禰野盛就（ひねの　もりなり）

日禰野六郎左衛門（ひねの　ろくろうざえもん）　美濃

生没年不詳。

弘就の一族であろう。信長の馬廻か。天正八年閏三月、安土城下に屋敷地を与えられた（公記）。

日比野三郎右衛門（ひびの　さぶろうえもん）　尾張？

生没年不詳。

尾張の日比野氏であろう。柴田勝家の代官か。元亀年間か、二月十七日付で、勝家より、山論を起している近江蒲生郡の村民を、信長の帰陣まで止めて置くように、と命令されている（橋本左右神社文書）。

日比野修理（ひびの　しゅり）　尾張

生没年不詳。

加藤全朔（延隆）の被官。天文二十一年（一五五二）二月二十一日、加藤氏の被官として承認されている（加藤文書）。

日比野彦左衛門（ひびの　ひこざえもん）　尾張

生没年不詳。

加藤全朔（延隆）の被官。天文二十一年（一五五二）二月二十一日、加藤氏の被官として承認されている（加藤文書）。

日比野孫一（ひびの　まごいち）　尾張

生没年不詳。

信長に仕え、永禄九年（一五六六）七月、持ち分の葉栗郡門真の雉墳方の田畑の得分等を安堵され、国役を免除された（中村林一氏文書）。

天正八年（一五八〇）十一月二十七日、団忠正より棚橋彦一郎の陣夫銭違乱に関して指示を受けている（日比野文書）。この頃は近江に居たらしい。信長の奉行衆の一人であろうか。

日比野弥次郎（ひびの　やじろう）　尾張

生没年不詳。

孫一の一族であろう。天正八年（一五八〇）十一月二十七日、孫一とともに団忠正より、棚橋彦一郎の陣夫銭違乱に関して指示を受けている（日比野文書）。

日比野六大夫（ひびの　ろくだゆう）　尾張

生没年不詳。

尾張の土豪で野伏と『太閤記』にある。永禄九年（一五六六）頃、秀吉が彼らを味方につけようと奔走したという。

『武功夜話』にも、蜂須賀党の頭衆の一人として登場し、稲葉山城攻め、鵜沼（宇留間）城攻めから、元亀元年（一五七〇）四月の金ケ崎退陣にも活躍している姿が載せられている。

氷室広長（ひむろ　ひろなが）　尾張。

生没年不詳。

兵部少輔。津島社神主なので、「津島天王神主」と呼ばれる。また、紀氏なので「紀広長」とも書かれている。父は長吉（氷室氏系図、『張州雑志』所収）。海東郡所々及び丹羽郡東野村の地頭という（尾張志）。

天文九年（一五四〇）、借銭が積って社家を退出した様子であり、同年十二月付判物で信秀より、借銭・質物破棄するので早く戻るよう促されている（張州雑志）。

同二十二年十二月には、信長より借銭・質物の免除を受けている（張州雑志）。また、元亀二年（一五七一）十月には、信長より借銭の年賦返済を許されている（張州雑志）。

某年九月一日付で、信長より津島牛頭天王造営のための尾張中の勧進を許された書状もある（張州雑志）。

『東国紀行』天文十三年十一月条に登場し、谷宗牧に「源氏物語」の一部を贈った「祇園神主兵部少輔」は彼であろう。

平井久右衛門（ひらい　きゅうえもん）　↓

平井長康（ひらい　ながやす）

平井太右衛門（ひらい　たえもん）　尾張

生没年不詳。

信長の奉行衆か。ただし、地位は低そうである。某年十月二十日付で、犬丸とともに、熱田滝之坊領を調査した上で渡すよう命じられている（張州雑志）。

平井長康（ひらい　ながやす）　尾張

生没年不詳。

久右衛門尉。

信長の馬廻。弓衆（公記）。『武家事紀』所収の「渥美刑部丞入道曾干」の書出しには、黒母衣《ほろ》衆の一人に平手（平井の誤りであろう）久右衛門の名があるが、その原本である『高木文書』には名がない。

永禄初年頃から、一貫して弓衆として信長の傍らにあったらしい。同四年（一五六一）四月か、信長が三河梅ケ坪城を攻めた時、弓で手柄を立てて敵からも賞賛され、信長から賞を受けている（公記）。

天正六年（一五七八）十二月八日、有岡城に対し信長軍が攻撃をしかけた時、中野一安・芝山次大夫とともに三手に分かれて火矢を射入れた（公記）。同九年二月二十八日の馬揃えの時も、百人の弓衆を中野と二手に分けて引率した（公記）。

弓衆の統率者である一方、奉行衆としても活躍。同九年、伊勢大神宮御師上部貞永の補佐として、伊勢神宮の遷宮を奉行することを命じられ、同年六月二十八日、自邸にて禰宜《ねぎ》衆と会合を開いている（稲本紀昭「国立公文書館所蔵『天正九年御遷宮日次』『慶長十三年遷宮日次』」）。同十年二月三日、その費用として、信長の意を受けた信忠より三千貫文を渡された（公記・外宮天正遷宮記）。

その後、本能寺の変があって作事は延引、大神宮の遷宮が行われたのは、秀吉政権下の同十三年十月であった。だが、その頃の平井長康の消息については明らかでない。

平尾久助（ひらお　きゅうすけ）

？～天正十年（一五八二）六月二日。

『甫庵』には、信長馬廻とある。天正十年（一五八二）六月二日、本能寺にて討死した（公記）。

平岡某（ひらおか）

生没年不詳。

信長の臣。天正七年（一五七九）三月二日、猪子高就とともに吉田兼和に使し、料紙・美濃柿を贈った（兼見）。『重修譜』に該当者を求めると、頼俊・頼勝あたりが同一人の可能性がある。

平古種吉（ひらこ　たねよし）　尾張

？～天正十年（一五八二）六月二日。

弥伝次。姓は「平子」とも書く。

元亀三年（一五七二）五月十一日以前、太田信定（牛一）とともに中村郷の未納年貢の始末をした（賀茂別雷神社文書）。また、年代不明の十一月二十日付の島田秀満書状で、他の二人とともに、天竜寺周悦首座領の田畠に理不尽な催促はせぬよう注意されている（尊経閣文庫文書）。

その名は『宗及記』にも見え、ここでは菅屋長頼の使として、宗及の茶会に出席している。

以上より推して、信長奉行衆だが、菅屋の下で働いていることからわかる通り、その地位は高くなかったようである。

天正十年（一五八二）六月二日、本能寺の変の時、明智軍と戦って討死した（阿弥陀寺過去帳）。

平田三位（ひらた　さんみ）　尾張

？～天正十一年（一五八三）一月六日？

春日井郡平田村の人か。平田村の密厳寺の中興開山と伝わっている（張州雑志）。信長の年少時代の兵法の師として、『公記』にその名が見える。だが、その他の事跡については不明である。

天正十一年（一五八三）一月六日寂という（張州雑志）。

平手勝秀（ひらて　かつひで）　尾張

助次郎。

政秀の子。天文二年（一五三三）七月に尾張を訪れた飛鳥井雅綱の蹴鞠の門弟になり、一緒に興じている姿が『言継』に見られる。門弟になったことといい、礼として言継より葛袴を贈られていることといい、すでに成人していると思われる。別項の「五郎右衛門」と同一人であろうか。

平手監物（ひらて　けんもつ）　尾張

大永七年（一五二七）？～天正二年（一五七四）九月？

政秀の二男。天文二年（一五三三）七月二十日、尾張に下向した山科言継を政秀邸で歓待した時、七歳になる政秀の二男が太鼓を打ったというが、これは幼い日の監物の姿であろう（言継）。

信長の尾張一国時代から従っていたはずだが、その当時の活躍については明らかでない。

元亀元年（一五七〇）八月、野田・福島攻めに従軍。他の尾張衆とともに川口の砦に入れ置かれた（公記）。その後、叡山攻囲にも従い、これも大体尾張衆たちと一緒だが、香取屋敷に入れ置かれている（公記）。

天正二年（一五七四）九月か、伊勢長島の戦いで討死という（武家事紀）。

平手五郎右衛門（ひらて　ごろうえもん）　尾張

?～天正二年（一五七四）九月?

政秀の長男。『笠覆寺文書』にある「長政」と同一人とする説もあるが（角川文庫『信長公記』人名注索引）、長政の称呼は「孫右衛門」であり、今一つ傍証が必要であろう。『平手家牒譜』（滝喜義「信長と平手政秀」所収）では、五郎右衛門の諱を「政利」とし、政秀の弟で養子としている。

『公記』では、父政秀の生前のこととして、五郎右衛門所蔵の駿馬を信長が所望したが断り、主従不和になった話を載せ、これを政秀切腹の遠因であるかのような書き方をしている。

その後、しばらくの間の消息は不明だが、天正二年九月か、伊勢長島の戦いで討死したという（武家事紀）。

『言継』の天文二年（一五三三）七月から八月条に、政秀の子の「助次郎勝秀」という人物が登場する。五郎右衛門と同一人ではないか思われる。

平手内膳（ひらて　ないぜん）　尾張

生没年不詳。

信長の初期の臣。天文年中か、七月十八日の盆踊りに一役を買った様子が『公記』巻首に見える。

平手長政（ひらて　ながまさ）　尾張

生没年不詳。

孫右衛門。『南行雑録』には、昨雲斎とある。

『笠覆寺文書』中に、七月二十五日付の林秀貞との連署書状がある。家老クラスの人物と思われるが、これを角川文庫本『信長公記』人名注索引のように政秀の長男五郎右衛門に当てはめるには、今一つ傍証が必要であろう。

平手汎秀（ひらて　ひろひで）　尾張

?～元亀三年（一五七二）十二月二十二日。

甚左衛門、甚右衛門。

政秀の三男とも、孫ともいう。没年時十九歳という説もあるだけに（利家夜話）、孫というのが正しいかも知れない。因みに『平手家牒譜』（滝喜義「信長と平手政秀」所収）でも、政秀の子久秀の子としている。ただし、この系図自体、汎秀の母を加藤清正の姉とするなど、荒唐無稽な記事があり、信用できない。

信長一国時代の活躍については、全く伝わっていない。元亀元年（一五七〇）八月、野田・福島攻めに従軍。同監物や他の尾張衆とともに、川口の砦に入れ置かれた（公記）。

同三年十一月、武田信玄の進攻を聞き、家康が信長に援軍を請うと、信長は佐久間信盛・水野信元とともに汎秀を派遣した。十二月二十二日、三方原の戦いに参加。一番合戦で討死した（公記ほか）。前日に家康から屈辱を受け、猪突猛進して討死したという（利家夜話）。

平手政秀（ひらて　まさひで）　尾張

明応元年（一四九二）～天文二十二年（一五五三）閏一月十三日。

狛千代丸、監物、中務丞、中務大輔。初名「清秀」とも。

信秀の家老だったが、信長の幼少時、これに付けられ、林秀貞に次ぐ「二長《におとな》」。主に財政面について担当した（公記）。

信長誕生以前の天文二年（一五三三）七月、尾張に下向した山科言継は政秀邸で歓待され、「種々造作驚レ目候了、数奇之座敷一段也」と絶賛している。田舎の戦国大名の家老に過ぎないが、かなりの財力を持っていたことがわかる（言継）。同九年五月から六月、伊勢豊受大神宮仮殿造営のための寄進に尽力（外宮天文引付）、同十二年五月には、信秀の名代として上洛している（御湯殿・証如上人日記）。

信長の家老になってからは、常に信長を補佐。信長の元服の時も、当然ながら相伴。天文十七年頃か、信長と道三の娘（濃姫、帰蝶）の婚姻のため奔走した（公記）。

清須の織田彦五郎の老臣坂井大膳たちと和睦の時も、政秀が活躍する。『公記』には、この時、政秀が古今集の古歌を書き添えて風雅振りを発揮したという逸話を載せ、「か様に平手中務は借染《かりそめ》にも物毎に花奢《きやしや》なる仁にて候し」と評している。これ以前の天文十三年十一月、連歌師宗牧を那古屋に迎えて世話した時も、細かい気配りを示し、宗牧に「生得の数奇の様なれば」と評されている（東国紀行）。

しかし、この政秀は、同二十二年閏一月十三日、突然切腹して果てた。六十二歳という（公記・高野山過去帳）。切腹の原因については、『公記』に信長の不真面目な行動を諌めるためとあるが、同書のその記事の前に、信長と政秀の長子五郎右衛門が駿馬をめぐって不和になったという記事を載せている。いろいろなことが重なった上での諌死であったものと思われる。

平野勘右衛門（ひらの　かんえもん）

?～天正十年（一五八二）六月二日。

信忠の臣。天正十年（一五八二）二月一日、信忠の使として、信長に木曾義昌の降を伝える（公記）。

同年六月二日、二条御所にて信忠とともに討死した（公記）。

平野甚右衛門（ひらの　じんえもん）　尾張

生没年不詳。

初め「津島小法師」と称すという（武家事紀）。

津島の人で、信長に直訴して仕えた、と『武家事紀』にあり、「ちょっぽり甚右衛門」と呼ばれたという。同書に筑紫《かいでん》川崎（川崎金右衛門）とともに「匹夫ノ魁殿ヲトクル勇士」とある。

元亀元年（一五七〇）六月二十二日、小谷より退却の時、殿《しんがり》軍の佐々成政に協力する（甫庵）。このように軍功も目覚ましかったが、しばしば軍令を破り、ついに、川崎や鎌田五左衛門とともに改易になるという（武家事紀）。

改易後は佐々成政に仕えたと『張州府志』にあるが、上杉謙信に仕えたという『武家事紀』の方が正しそうである。謙信の死後の御館の乱の時、妻子を殺して景虎方に付いて戦い、結局敗戦。生捕りにされたが、赦されて景勝に仕えるという（武家事紀）。しかし、『上杉年譜』には、御館から逃れる途中、景勝の軍と戦って討死した「平野次右衛門」という人物が載っている。同一人である可能性が高い。

ところが『越登賀三州志』及び『昔日北華』では、加賀の一向一揆に投じ、天正八年（一五八〇）、柴田勝家の軍と戦って討死したことになっている。

正確な事跡は不明だが、反骨精神の旺盛な人物だったように思われる。

平野新左衛門（ひらの　しんざえもん）

?～天正十年（一五八二）六月二日。

信忠の馬廻か。天正十年（一五八二）六月二日、二条御所にて討死した（公記）。

平野土佐守（ひらの　とさのかみ）　近江

?～天正十年（一五八二）六月二日?

『尾張志』には海東郡津島の人とあるが、実は近江の国人である。信長に降ったのは永禄十一年（一五六八）の上洛以後であろうが、詳しいことは不明である。

天正元年（一五七三）七月、槙島城攻めに従軍。同三年八月の越前一向一揆討伐戦にも参加。一揆の残党の殲滅のため活躍している（高橋源一郎氏文書）。

近江衆として、信長の晩年には、その旗本を構成していたであろう。同九年、十年の一月十五日の爆竹《さぎっちょう》にも参加している（公記）。

本能寺の変の時、二条御所で討死したという（張州雑志）。

平野長治（ひらの　ながはる）　尾張

?～慶長十一年（一六〇六）四月十一日。

大炊頭《おおいのかみ》、右京進。

長泰・長重兄弟の父。尾張津島に住し、

信長に仕えるという（重修譜）。

秀吉に付属され、本能寺の変後の天正十年（一五八二）十月二十一日、秀吉より、小出秀政・寺沢広政らとともに姫路城の留守居を神妙に務めるよう命じられている（相州文書）。

三男長泰は父と同じく秀吉に付属、四男長重は信長の直臣であったが、本能寺の変後、父や兄と一緒に秀吉に仕えた。

慶長十一年（一六〇六）四月十一日没。

平松助十郎（ひらまつ　すけじゅうろう）

生没年不詳。

信長の馬廻か。天正八年（一五八〇）閏三月、信長より安土城下に屋敷地を与えられた（公記）。

比留正元（ひる　まさもと）　丹波

?～天正五年（一五七七）。

与十郎。

『重修譜』だけに載っている人物。信長に仕え、丹波笹郷を領し、天正五年（一五七七）没という。

広瀬兵庫助（ひろせ　ひょうごのすけ）　近江？

生没年不詳。

近江の国衆か。信長に仕えた時の事跡については不明だが、本能寺の変直後の天正十年（一五八二）六月十九日、秀吉及び養子秀勝より、近江高山・甲津原・伊香郡杉野の三カ所、都合五百石を宛行われている（甲津原共有文書）。

広野孫三郎（ひろの　まごさぶろう）　若狭

生没年不詳。

若狭武田氏の臣。（永禄十二年＝一五六九）四月十六日付で、木下秀吉・丹羽長秀・中川重政・明智光秀の連署状を受け、武田義統に忠節を尽せば所領を安堵することを約束されている（信長文書）。

広葉（ひろは）

生没年不詳。

信長の鷹匠。天正六年（一五七八）七月二十三日、信忠の使として信長に鷹を進上、信長より服を賜った（公記）。

ふ

武衛三松（ぶえい　さんしょう）　→津川義近（つがわ　よしちか）

深尾二郎兵衛（ふかお　じろべえ）　美濃

生没年不詳。

美濃山県郡の豪族（信長文書）。永禄十一年（一五六八）七月、信長より九筆、都合三百貫八百文の地を宛行われた（深尾文書）。

深尾又次郎（ふかお　またじろう）　近江

生没年不詳。

近江の相撲取り。元亀元年（一五七〇）三月三日、常楽寺における相撲会に参加、信長より服を賜った（公記）。その後度々催された安土での相撲会には、その名は見えない。

福富秀勝（ふくずみ　ひでかつ）　尾張

?～天正十年（一五八二）六月二日。

平左衛門尉。諱を「定次」としている書もあるが、文書では確認できない。

『宇野』に「福住」、『兼見』に「福角」、『隆佐記』に「ふくずみ」、『家忠』に「ふくつみ」とあるから、「ふくずみ」と発音するのだろう。また、『薬師寺文書』に、

「福平左秀勝」とあるから、正確な諱は「秀勝」である。妻は、朝倉九郎左衛門尉景紀（義景の叔父）の娘という（兼見）。

『張州府志』には、愛知郡岩塚村の人とある。『甫庵』では、永禄四年（一五六一）五月の軽海《かるみ》の戦いの時からその名が見える。永禄年間に選ばれた母衣《ほろ》衆のうち、赤母衣衆追加の一人（高木文書）。

信長の尾張一国時代から本能寺の変に至るまで、一貫して信長の馬廻である。同十二年八月、伊勢大河内《おかわち》城攻めに従軍。他の旧母衣衆と同じく「尺限《さくきわ》廻番衆」を務めている（公記）。

元亀元年（一五七〇）四月、越前攻めに従軍（言継）。同年八月には南方陣に参加、守口近辺で大坂の一揆勢と戦う（甫庵・足利季世記）。

信長の馬廻だから、信長自身が出馬した戦いにはほとんど参加したと思われるが、彼らが目覚ましい働きをしたのは、天正元年（一五七三）八月十三日の朝倉軍追撃戦である。この時は、同陣した各部将たちが油断して朝倉軍の退陣を見逃し、信長は馬廻だけを率いて追撃した。部将たちは信長より厳しく叱責されることになる（公記・当代記）。

同年十二月二十六日、佐久間信盛・毛利長秀とともに多聞山城請取りの奉行となり、翌年一月には同城の定番を務める（尋憲記）。

同三年五月、長篠の戦いにも従軍。二十一日の設楽原での戦闘の時、鉄砲奉行を務めた一人である（公記）。

同五年二月から三月にかけて、雑賀《さいか》攻めを行った後、信長自身が全軍を指揮する姿は絶える。有岡城攻めにしろ、戦場には居るものの、軍の指揮は実質上信忠に任されていた様子である（公記ほか）。馬廻である秀勝も、雑賀攻め従軍の後は、戦いの場から遠ざかりがちになる。

同六年十一月、有岡城攻めに従軍し、茨木城、田中の砦、尼崎の付城七松の砦に置かれるが、戦闘よりも検使としての役割が主なようであった（公記）。有岡城攻めでは、むしろ茨木城の中川清秀の降に尽力したことが高く評価される。翌七年六月二十日には、信長より在陣の労を犒われて、鶴・鷹を与えられた（公記）。

秀勝の事跡を追うと、次第に馬廻よりも吏僚の性格が濃くなって行く。同五年六月の信長の安土山下町宛て掟書中に、町内に譴責使を入れたり、打入りなどの時は、秀勝と木村高重に届けるよう定められている（近江八幡市文書）。安土の町奉行格だったのであろうか。同年九月、松永久秀父子謀反の時は、その人質を成敗する奉行を務めている（公記・兼見）。

検使や奉行としての活躍の中で目立つのは、同八年十二月、猪子高就・長谷川秀一・西尾吉次とともに、高天神城を攻囲している家康の陣に遣わされたことである。彼らは馬伏塚の家康陣所を見回り、二日後に帰国した（家忠）。翌年三月には、菅屋長頼とともに能登へ遣わされて、国内の整理に当ったというが（前田創業記）、確かなことはわからない。

信長側近としての副状発給は、元亀年間から見られるが、そのほかに、天正九年十二月三日以前、下石《おろし》頼重とともに、中川清秀に対し、西国二カ国宛行いの朱印状を伝達している（武家雲箋）。

同十年三月、信長に従い、甲信へ出陣。しかし、すでに信忠軍によって武田氏が滅亡した後なので、戦闘の機会はなかった（公記）。

四月二日、甲斐台ケ原着陣の時、北条氏より雉が贈られるが、この時秀勝は、菅屋長頼・矢部家定・長谷川秀一・堀秀政とともに馬廻を召集、着到を記録し、この雉を分配した（公記）。この五人が、馬廻の中でも引率者としての地位にあったものと思われる。秀勝以外の四人は、同年一月十五日の爆竹《さぎっちょう》の時にも馬廻・小姓衆を引率した有様が『公記』に見られる。この時秀勝は、何らかの事情により参加できなかったのであろう。

同年五月の信長最後の上洛に供奉《ぐぶ》。京都市内に宿泊していたが、本能寺の変報を聞いて、信忠の居る二条御所に駆け付け、同所で討死した（公記・宇野）。

『分限帳』に「福富平兵衛」、また、『太閤記』の名護屋従軍の兵に「福富平左衛門」という人物が載っているが、子であろうか。

福田孫八郎（ふくだ　まごはちろう）　播磨？

生没年不詳。

天正五年（一五七七）十一月二十六日の佐用表での戦いで功。同年十二月五日付で、岡本但馬守と連名で信長より感状を受けた（上房郡川西村誌）。

福田三河守（ふくだ　みかわのかみ）

生没年不詳。

信長馬廻であろう。天正三年（一五七五）五月、丸毛光兼とともに、長篠城救援の途の信長より三河牛窪城警固として入れ置かれた（公記）。

同年八月十六日、越前に出陣した信長より今城の守備を命じられる。同五年三月には雑賀《さいか》攻めに従軍。根来口より進軍の一人（公記）。

同十年五月二十九日、信長最後の上洛の時、安土城二の丸の留守を任された一人であった（公記）。その後の事跡は不明。

福田与一（ふくだ　よいち）　尾張

生没年不詳。

信長の弓衆の一人。天正六年（一五七八）一月二十九日、安土の家より出火。これを機会に信長が調査させると、尾張に妻子を残してきている馬廻・弓衆が百二十人もいたので、折檻を加える。さらに信忠に命じて彼らの尾張にある家を放火せしめた（公記）。

福地某（ふくち）　伊賀

生没年不詳。

伊賀柘植《つげ》の住人。天正九年（一五八一）信雄に降参。赦免されて、同年九月の伊賀攻めの時、案内者を務めた（公記・勢州軍記）。

福本掃部入道（ふくもと　かもんにゅうどう）

生没年不詳。

出身地については不明。某年十二月二十日、信長より帰参を褒されている（岡本直衛氏文書）。

藤江九蔵（ふじえ　きゅうぞう）　尾張

生没年不詳。

天文二十三年（一五五四）当時足軽衆という。同年七月十八日、柴田勝家に従って清須城攻めに参加している（公記）。

藤懸永勝（ふじかけ　ながかつ）　尾張

弘治三年（一五五七）？〜元和三年（一六一七）六月五日。

三蔵、三河守、美作守。

織田氏の末流で、織田右馬允永継の子という（重修譜）。『系図纂要』では、もっと近い関係で、信長の又従兄弟にしている。二歳の時、父に別れて外祖父藤懸善右衛門に養われ、永禄十年（一五六七）、十一歳の時から信長に仕えるという（重修譜）。その年齢を信じるとすると、信長の妹お市が浅井長政に嫁した時随従という『浅井三代記』の記載は誤りであろう。さらに『浅井三代記』には、浅井氏滅亡の時、お市の供をして織田陣営に赴くとある。

本能寺の変後のいつからか不明だが、秀吉の養子お次秀勝に仕え、丹波にて六千石を知行する（重修譜）。天正十三年（一五八五）十二月、秀勝の死に伴い秀吉に転仕（重修譜）。

同十二年小牧陣に従軍。この時は「藤懸三蔵」とある（浅野家文書）。だが、同十八年の小田原陣に従軍の時は「藤懸三河」とあり（伊達家文書）、この間、従五位下三河守に叙任されたらしい。

文禄元年（一五九二）、朝鮮へも出陣（太閤記）。慶長五年（一六〇〇）現在、丹波何鹿《いかるが》郡上林一万五千石（戦国人名辞典）。

同年の擾乱には西軍に与し、田辺城攻めに参加。戦後、除封はまぬかれたが、所領は削減されたらしい（戦国人名辞典）。

その後、家康に仕え、元和三年（一六一七）六月五日、京都にて没、六十一歳という（寛永伝）。

藤方具俊（ふじかた　ともとし）　伊勢

享禄三年（一五三〇）〜慶長二年（一五九七）。

刑部大夫・刑部少輔。諱は「朝成」とも。

伊勢国司北畠具教の臣。侍従某の子で陸田城主と『寛永伝』にあるが、『勢州軍記』には、父の名を「藤方入道慶田」としている。

信長の二男信雄が北畠家を継ぐとこれに属し、天正四年（一五七六）十一月二十五日、信雄の命を奉じて三瀬《みせ》にて具教を討った。父藤方入道は息子の不忠を嘆き、身を投げて死んだという（勢州軍記）。

信雄の臣としての事跡として、某年七月二十日付で、小川長保らとともに、信雄に検地を命じられている書状が見られる（真田文書）。

後、秀吉に属し、伊勢鈴鹿郡庄野にて千石の地を与えられる（重修譜）。

慶長二年（一五九七）、六十八歳で没という（寛永伝）。

藤本九兵衛（ふじもと　きゅうべえ）

?～天正十年（一五八二）六月二日。

信長か信忠の馬廻であろう。天正十年（一五八二）六月二日、本能寺の変の時、明智軍と戦って討死した（阿弥陀寺過去帳）。

布施公保（ふせ　きみやす）　近江

生没年不詳。

藤九郎。

蒲生郡布施の住人。六角氏の重臣布施淡路守（淡路入道）公雄の子かも知れない。もしそうであるとすると、永禄九年（一五六六）、公雄が六角氏に背いているから（山中文書）、その後、没落の憂き目にあったのであろう。公保の登場は、蒲生賢秀の臣としての姿である（公記ほか）。妻は賢秀の娘という（当代記）。

元亀元年（一五七〇）五月十九日、千草越えで岐阜へ向かう信長を馳走した（公記）。浅井氏の離反にあって、信長が越前から逃げ帰った後のことである。

天正六年（一五七八）八月十五日に行われた安土相撲会の奉行の一人。この時は、奉行衆の相撲もあり、公保も出場した（公記）。

信長に見込まれ、同八年閏三月十六日、信長の直臣、馬廻に昇格。安土に屋敷地を与えられた（公記）。

同十年六月、本能寺の変が起ると、明智光秀に味方。多賀貞能とともに光秀の使して、蒲生賢秀を誘ったが断られた（勢州軍記）。山崎の戦いで光秀が敗北すると、浪人となった（当代記）。以後の消息は不明。

布施五介（ふせ　ごすけ）　近江

生没年不詳。

布施公保の与力。一族か。天正八年（一五八〇）五月十七日、安土における相撲会でよい相撲を取って、信長より百石の知行を与えられた（公記）。

布施三河守（ふせ　みかわのかみ）　近江

生没年不詳。

公雄の一族であろう。六角氏に仕えていたが、その没落後か、信長に転仕する。天正四年（一五七六）、六角家に伝わる節のない矢《や》篦《の》を信長に進上した（公記）。

伏屋市兵衛（ふせや　いちべえ）　尾張

生没年不詳。

尾張葉栗郡伏屋の住人。信長、後信忠に仕える。天正九年（一五八一）二月十日付で、信忠より河野方請取分、小新国領名田方を宛行われた判物がある（伏屋文書）。ただし、『岐阜県史』では、この文書は真偽研究の余地ありとしている。

本能寺の変後は、尾張衆として信雄に属した。同十年八月九日、信雄より都合九十六貫文の地を安堵される一方、十一日には、信孝より四カ所、都合二百二十八貫文の地を宛行われている（伏屋文書）。信孝から与えられた新知は、美濃の内であろうが、信雄・信孝の対立は早くも始まっており、双方が彼を麾下に置こうと努めていたことがうかがえる。

同十二年、小牧陣の時は、信雄を離れて秀吉に属し、伏屋の防衛を命じられた（尾濃葉栗見聞集）。その前後の同年六月十二日、先に池田照政（輝政）より宛行われた百二十貫の地を、秀吉より承認されている（伏屋文書）。

後、小早川氏の老臣から幕臣となった平岡頼勝が葉栗郡を知行すると、これに仕えた（尾濃葉栗見聞集）。

舟坂弥次右衛門（ふなさか　やじえもん）　飛騨
　生没年不詳。

三木《みつき》（姉小路）自綱の臣。年代は不明だが、高原合戦の功を褒した自綱の感状がある（舟坂文書）。天正四年（一五七六）三月五日、見佐島彦九郎より無心の返礼として山を提出することを約束されているが、この書には自綱が証判している（舟坂文書）。

　同十三年二月には、死没したか、あるいは隠居したのであろう。二月十五日付で、舟坂又左衛門がその跡職を三木秀綱より安堵されている（舟坂文書）。継嗣の又左衛門はおそらく子であろう。

　又左衛門といえば、同十四年、金森長近が飛騨入部の時、下原郷福来村にて、舟坂又右衛門という者に狙撃されたという記事が『飛騨国治乱記』に載っている。事実かどうかは不明だが、この人物は又左衛門と同一人ではなかろうか。

古江加兵衛（ふるえ　かへえ）　美濃
　生没年不詳。
信長の馬廻であろうか。元亀元年（一五七〇）六月二十八日、姉川の戦いで奮戦した（甫庵・浅井三代記）。
　某年十二月二十七日付で、不破光治より、小村喜左衛門尉と連名で書状を受けている（正伝寺文書）。

古川久介（ふるかわ　きゅうすけ）
　?～永禄十二年（一五六九）九月八日。
信長の馬廻か。永禄十二年（一五六九）八月、伊勢大河内《おかわち》城攻めに従軍。九月八日、丹羽長秀に属して夜討ちに参加、討死した（公記）。

古田織部正（ふるた　おりべのかみ）　→古田重然

古田重然（ふるた　しげなり）　摂津？

　天文十三年（一五四四）～元和元年（一六一五）六月十一日。

左介、織部正。初名「景安」。

出身地については、美濃という説もあるが訛伝であろう。『言継』元亀二年三月三日条では、山口秀景と並んで「武家足軽衆」として登場している。重定の子で、中川清秀とは従兄弟の関係という（断家譜）。

信長に仕え、天正二年（一五七四）十一月に摂津の一職《いっしき》支配者となった荒木村重の与力となる。

　同六年の村重の謀反の時、いち早く村重から離れたのであろう。十一月二十四日、清秀の信長への降参に尽力した。その後、福富秀勝とともに茨木城の警固役として入れ置かれる（公記）。一カ年に近い有岡攻城戦にずっと参加。清秀と組んで、初め原田郷、七年四月頃には田中の砦を守備している（公記）。

　本能寺の変後は秀吉に仕え、馬廻（太閤記ほか）。小牧陣従軍。この頃はまだ「左介」を称しているが、小田原陣の時は「古田おりへ」となっている（浅野家文書・伊達家文書）。その間の九州陣にも従軍（当代記）。同十六年二月、丹波氷上郡新町を領していた（戦国人名辞典）。天正末年から文禄年間にかけて、美濃にも知行地を持っていたようである（妙応寺文書）。

　文禄元年（一五九二）七月、名護屋城に駐屯（太閤記）。秀吉の晩年には、お咄衆の一人（太閤記）。

　関ケ原の戦いでは東軍に付き加増を受けたが、大坂落城後の元和元年（一六一五）六月十一日、豊臣秀頼に通じたという罪により、家康より切腹を命じられた（断家譜）。

　武将としてよりも茶人として有名。津田宗及・今井宗久の日記にもしばしば登場（宗及記・宗久書抜）。二代将軍秀忠の茶の師匠でもあった（茶人大系図）。

不破大炊助（ふわ　おおいのすけ）　美濃
　生没年不詳。
天正二年（一五七四）十二月九日、田中真吉《しんきち》とともに、信長より、鉄砲にて鳥を追い立てるよう命じられている（池田文書）。

不破直光（ふわ　なおみつ）　美濃
　?～慶長三年（一五九八）八月十五日。
彦三。諱は「勝光」とも。
光治の子。父とともに美濃斎藤氏に仕える。信長に従ったのは、美濃三人衆と同じく斎藤氏の没落直前か。

信長の臣として上洛戦にも従ったであろうが、史料には所見がない。翌永禄十二年（一五六九）八月、伊勢大河内城攻めに従軍。その後、元亀元年（一五七〇）江北小谷城攻め、叡山攻囲戦、天正元年（一五七三）七月の槇島城攻め、越前攻め、若江城攻めなど各所に転戦（公記）。同二年一月、越前の擾乱の波及を防ぐため羽柴秀吉らとともに敦賀まで出陣。七月には伊勢長島攻めに従軍した（公記）。この時点では、信長の馬廻である。

同三年八月、越前の一向一揆討伐戦に参加。越前平定後、佐々成政・前田利家とともに越前二郡を与えられた（公記）。だが、『公記』所収の、柴田勝家の目付役を命じた書は、佐々・前田に父の不破光治の三人宛てになっている。おそらく父子合わせての人事だったのであろう。

以後、越前竜門寺城に住し、佐々・前田とは越前二郡の政務など一緒に活動することが多いが、これが父光治の場合と子直光の場合とがある。年次を追って列記してみよう。

①天正三年九月二十三日、寺社領ことに織田大明神領の扱いについて信長から注意を受ける（光治・佐々・前田）（松雲公採集遺編類纂）。

②同年十月二日、宝円寺に保護を約束し、堂舎を再興しようとする（光治・佐々・前田）（宝円寺文書）。

③同年十月十二日、大滝神郷紙屋衆に諸役を免除する（光治・佐々・前田）（大滝神社文書）。

④同年十二月二日、慈眼寺に供米二十一石を安堵する（光治・佐々・前田）（慈眼寺文書）。

⑤（同年カ）十二月二十日、織田社（剣神社）に寺社領の安堵を伝える（光治・佐々・前田）（剣神社文書）。

⑥同年十二月二十日、織田社社僧・神人に、朱印状に基づき寺社領を安堵する（直光・佐々・前田）（剣神社文書）。

⑦（同五年カ）二月十六日、菅屋長頼より、織田社領の平等村、下河原村への夫役の催促を頼まれる（光治・佐々・前田）（剣神社文書）。

⑧（同七年カ）九月十日、下石《おろし》頼重・菅屋長頼より、織田社領の押領について詰られる（直光・佐々・前田）（剣神社文書）。

佐々・前田・不破は「府中三人衆」と呼ばれ、このように三人して政務にあたっているが、不破の場合、光治・直光親子で参加していたのである。

直光は、天正六年十一月、有岡攻めに従軍する。佐々成政と前田利家も一緒であった（公記）。彼らは柴田勝家を旗頭とする北陸方面軍に属していたが、この時は摂津・播磨の情勢容易ならぬため、急遽援軍として動員されたのであった。

同九年二月二十八日の馬揃えにも「越前衆」の一員として参加（池田本）。『公記』は父光治が参加としている。同年九月の伊賀攻めにも従軍。しかし、それについて記した『公記』の記事の途中で、「彦三（直光）」が「河内守（光治）」に変化している。

このように、父光治の事跡と子直光の事跡とが混同していることがままある。『公記』の同十年三月の記事にしても、三月十三日付で直光は、柴田・佐々・前田と連名で信長よりの返書を受けているが、一方、三月十九日に信長に従って上諏訪に着陣した交名《きょうみょう》の中にも直光の名がある。そして、直光は四月二十一日、安土へ凱旋の途の信長を美濃今須の本領で饗応、とされている。

ところで、『加能越文庫』所収の家譜によれば、光治は天正八年十二月十四日に没したという。その通りだとすると、同九年以降の事跡は、すべて直光のものということになる。同九年以降にも「不破河内守」を登場させている史料には、『公記』『柴田合戦記』といった良質史料も含まれる。直光は、父と同じ「河内守」を称したことはないから、太田牛一・大村由己の誤りということになろう。『加能越文庫』の信憑性も合わせて、あらためて検討する必要がありそうである。

本能寺の変の後、勝家と秀吉との対立が

深まる中、直光は利家・金森長近とともに、和平の使として勝家より秀吉へ遣わされた。十一月二日、摂津宝寺にて秀吉と会見する（柴田合戦記・太閤記）。だが、この仕事も結局は二人の衝突を回避させるには至らなかった。

翌年の賤ケ岳の戦いの時は、佐久間盛政軍の先鋒として、四月二十日、中川清秀の守る大岩山砦を攻略する（太閤記）。しかし、最後は敗戦して降伏。その後は利家に属す。

利家と佐々成政との争いの中で利家の部将として活躍。同十二年九月、末森城救援軍の先手（末森記）。同十三年八月、越中へ攻め込んで戦った（太閤記・賀越登記）。同年九月十一日、その功により、秀吉より直々に褒されているが（寸金雑録）、この頃は完全に利家の家臣の身分であった。

慶長三年（一五九八）八月十五日没（加能越文庫「不破家先祖由来」）。

『医学天正記』によると、天正六年（一五七八）当時二十余歳。「肥満上実之人」であったという。

不破光治（ふわ　みつはる）　美濃

?〜天正八年（一五八〇）十二月十四日?

河内守、太郎左衛門尉。

〔信長に従属するまで〕

文書のほとんどには「河内守光治」で登場するが、一点「太郎左衛門尉光治」と署名したものがある（瑞雲寺文書）。また、『瑞雲寺文書』中に「不破河内守良治」署名の書状があるが、この「良治」が光治と同一人かどうかについては明らかではない。

美濃安八《あはち》郡西保《にしのほ》城主という。斎藤氏に仕え、五千貫文の地を領すという。『戦国大名家臣団事典』（新人物往来社）の「斎藤氏」の項には、「四家老」と言った場合、稲葉・氏家・安藤のいわゆる美濃三人衆に不破を加えたものとあるが、三人衆に比べると不破の分限はかなり小さいようであり、当時よりそうした表現があったかどうか疑問である。

文書における初見は、永禄元年（一五五八）八月九日付の、瑞雲寺に宛てて陽雲寺の竹木伐採を禁じた判物で、これには「不破河内守光治」と署名している（瑞雲寺文書）。三月九日付の、土岐頼芸に斎藤道三との和を勧めた連署書状（村山文書）の方がずっと以前のようだが、この書には疑問がある。

信長に降った時期については明らかではないが、美濃三人衆とほぼ同じの永禄十年頃と考えられる。『浅井三代記』には、織田・浅井の和を成就させ、お市の輿入れの時、それに添えられて小谷城へ行った旨の記載があるが、これは無理であろう。

〔信長の馬廻として〕

降参後の光治は、信長に早々と用いられている。即ち、永禄十一年（一五六八）七月、村井貞勝・島田秀順（秀満）といった譜代の家臣と一緒に義昭の迎えの使として越前へ遣わされているのである。朝倉氏と特別の関係があったのであろうか。そして、信長の上洛戦に従軍。江南の平定の成った九月十四日、立政寺に駐まっている義昭の迎えのため、陣中より派遣されている（公記）。

同十二年八月の伊勢大河内《おかわち》城攻め、元亀元年（一五七〇）六月の小谷城攻めに参陣（公記）。史料上の記載はないが、姉川の戦いにも参加したであろう。

同年九月叡山攻囲、翌二年九月伊勢長島攻め、三年四月河内交野《かたの》城後巻《うしろま》き、天正元年（一五七三）槙島城攻め、八月の越前・江北出陣にも従軍（公記）。美濃三人衆と同様、信長の統一戦の中にあって、全く外様の扱いを受けずに活躍している。

だが、三人衆が部将としてそれぞれ部隊の引率を任されていたのに対して、光治は小部隊の指揮官として信長の旗本を固めるのが任務であり、尾張衆内に例をとるならば、佐々成政・簗《やな》田広正・前田利家のような、小部隊指揮官、馬廻と同様の扱いであったと思われる。

天正二年一月、越前守護代として置かれた前波吉継（桂田長俊）が殺され、越前が混乱状態に陥った時、羽柴秀吉・丹羽長秀らとともに敦賀まで出陣、一揆の勢力が近江方面まで波及することを防いでいる（公記）。これが信長旗本の立場から離れた最初の行動である。

同年七月、伊勢長島攻めに加わったと『公記』にあるが、長島攻囲中の同年九月十六日付で、武藤舜秀とともに西福寺宛てに寄進状を発給しており（西福寺文書）、戦局の見えたところで敦賀郡に戻ったものと思われる。

〔**越前移封、府中三人衆の一人**〕

天正三年八月、越前一向一揆討伐戦に従軍（公記）。戦後の九月、佐々成政・前田利家と三人、府中に置かれて二郡を委ねられ、柴田勝家の目付の役を命じられた（公記）。以後、彼らは「府中三人衆」と呼ばれる。

しかし、『公記』では、目付を命じた書簡の宛名は佐々・前田と並べて光治になっているのに、宛行いの記事では子の直光としている。三人衆が越前二郡の政務に当っている文書は多数伝わっているが、直光が佐々・前田と名を連ねたものもある。二郡の知行は相給知行だが、不破氏に関しては、父子ともども宛行われたものらしい。相給知行であっても居城は分かれており、前田は府中城、佐々は小丸城、そして不破は竜門寺城であった。

ともあれ、以後の光治の基本任務は、「越前衆」として柴田勝家に協力して北陸の平定を行うことであった。そして、「目付」とはいうものの、戦いにおいては勝家の指揮下に属して活動していた。同五年八月の勝家を総大将とする加賀平定軍にも、光治は滝川・羽柴・丹羽などの歴々の部将たちに混じって参加している（公記）。

だが、光治ら府中三人衆は、必ずしも北陸に固定されたわけではなかった。同五年二月の雑賀《さいか》攻めの軍の中に、光治の名が見える（公記）。また、同六年十一月から始まる有岡城攻めには、不破・佐々・前田の三人衆が総動員されて応援した。彼らは翌年四月三十日に帰国を許されるまで、摂津あるいは播磨で働いている（公記）。そして、有岡が開城し、十二月に荒木一類の処刑が行われた時、三人衆はまたも駆り出され、警固の奉行を務めている（公記）。

〔**光治と直光**〕

ところで、『公記』では、この有岡攻めから荒木一類の処刑に至るまでの記事中で、「不破河内」と記さず、単に「不破」と表示している。「不破河内」は、同六年十一月三日、有岡攻めのため信長が上洛する時、安土城の留守居として留め置かれた（公記）。案ずるに、天正六年頃より、「越前衆」の一員として諸所において活動していたのは、子の直光の方なのではなかろうか。同九年二月に、馬揃えのため上洛し、終了後、越中小井出城救援のため急遽帰国した越前衆の「不破」については、『公記』には「不破河内守」とあるけれど、『池田本』には「不破彦三」とあり、やはり直光だと思われる（公記）。

同年九月の伊賀攻めの時の記事では、出陣の交名《きょうみょう》は「不破彦三」、阿閉郡占拠の交名は「不破河内」と混乱している。混乱といえば、翌年にあたる『公記』巻十五の記事ではもっとひどく、同じ三月から四月に、武田攻め→凱旋といった信長近辺と、柴田勝家を中心とする北陸方面軍の双方に「不破彦三」が現れている。

ところで、『加能越文庫』所収の「不破家先祖由来」によると、光治は天正八年十二月十四日に没したという。それを信じるならば、それ以後に登場する「不破」はすべて直光ということになろう。

しかし、『柴田合戦記』の天正十一年四月の秀吉に降伏の記事にも「不破河内守」が見える。子の直光は「河内守」を称すことがないから、これらは明らかに光治を指している。太田牛一のみならず、大村由己までもそろって誤りを犯した、と判断してよいものであろうか。『加能越文庫』所収の家譜の信憑性を含めて、検討の余地があろう。

本能寺の変後、子直光はこれまでの縁から勝家方に付き、賤ケ岳の戦いでも秀吉に敵対した。父の光治の動きについてはどの史料にも表れないが、前述の通り、『柴田合戦記』に、戦後の四月二十二日、「不破河内守」が降伏したという記事がある。

『利家夜話』によれば、光治はかなりの年配だったらしいから、天正八年中ではないにしても、それほど遠くないうちに没したものと思われる。

へ

別喜右近大夫（べっき　うこんのだいぶ）→簗田広正（やなだ　ひろまさ）

別所重棟（べっしょ　しげむね）　播磨

?～天正十九年（一五九一）六月六日。

孫右衛門尉、主水正《もんどのかみ》。諱の重棟は「重宗」とも書く。他に「長棟」とも。

重治の子で、三木城主長治の叔父にあたる。別所氏家督だった長兄長勝は永禄四年（一五六一）に死去、隠居していた父の重治も同六年に没という（重修譜）。その後は次兄吉親とともに幼主長治を補佐する。加東郡戸市城主であったという（赤松記）。

ところが、永禄十二年一月の三好三人衆らとの戦いに一族を代表して出陣、活躍して将軍義昭に褒されて以来、尊大になって、兄吉親を侮り、家中は分裂したという（別所長治記）。

永禄十三年一月、信長は近国の大名たちに、禁裏修理、武家御用、天下静謐のため上洛することを促している。その書状は勿論長治へも送られたが、重棟と思われる「別所孫左衛門尉」へも発せられている（宴乗）。別所家中で、重棟が当主長治と並ぶ地位を認められていたというよりも、すでに別家として扱われていたと考えた方がよいであろう。

同年（元亀元年）九月には、信長の野田・福島城攻め加勢のため天王寺に着陣。僅か百五十騎とあるから、別所家を挙げての行動ではなく、重棟独自のものであろう（両家記）。

天正三年（一五七五）七月一日、同四年十一月十二日の二度、長治に随従して上京、信長に謁見した（公記）。重棟が信長に属していたのは早くからだが、別所氏の当主長治が信長に対して麾下の礼をとったのは、この天正三年の謁見が初めてである。

同五年二月、雑賀《さいか》攻めに参加。『公記』には長治の名も載せているが、『池田本』には重棟しかない。この方が正しいであろう。

同年十月、秀吉が播磨に入国。すぐに播磨国衆の人質を徴収した（公記）。播磨衆の中で、秀吉が最も信頼し、期待を寄せたのが、小寺（黒田）孝高と重棟であった。秀吉が仲介して、重棟の娘と孝高の長男松寿（長政）との婚約が整えられた。十二月十日付で、秀吉は自筆の消息を孝高・重棟に送るなど、さかんに気を遣っている（黒田文書）。

別所宗家長治は、翌年二月、信長に反旗

を翻す。播磨を力ずくで従わせようとする秀吉の行動を見て、別所家の存続に危惧の念を抱いたのであろう。だが、重棟は秀吉から離れなかった。秀吉の命を受けて、彼は長治と吉親を説得したが成功しなかった（播磨別所記）。ついに重棟は宗家を離れて、敵味方に分かれることとなった。

同年四月二日、加古郡阿閇《あべ》の砦を守備しているところを、別所氏支援の毛利軍に攻められたが、小寺孝高の援けを得てこれを撃退した（黒田文書）。

多くの支城は落ち、三木城は次第に追いつめられて行く。同八年一月十五日、重棟は秀吉の使として三木城に入り、長治らに開城と切腹を勧めた（公記）。十七日、長治は弟友之及び吉親とともに切腹。三木城は落ちた（播磨別所記・別所長治記）。

ところで、『重修譜』には、三木城没落により処士となる、と書かれている。それは事実ではなかろうが、その後、間もなく剃髪したのかも知れない。同十三年六月二十八日の津田宗及茶会に出席した時には、「別所孫右入（道）」と記録されている（宗及記）。

同年閏八月、復帰して但馬にて一万五千石（四国御発向并北国御動座記・重修譜）。九州陣、小田原陣に従軍（当代記・伊達家文書）。

後、堺に閑居し、同十九年六月六日没という（重修譜）。

別所友之（べっしょ　ともゆき）　播磨

弘治二年（一五五六）?～天正八年（一五八〇）一月十七日。

彦之進。

長勝の二男、長治の弟。天正六年（一五七八）、兄長治とともに信長に離反。三木城に籠り、秀吉軍と戦う。

同八年一月、守っていた宮の上の構えを攻略され、ついに十五日降伏。十七日、兄長治・叔父吉親とともに切腹して果てた。二十五歳、あるいは二十一歳という（公記・播磨別所記）。

別所長治（べっしょ　ながはる）　播磨

弘治元年（一五五五）?～天正八年（一五八〇）一月十七日。

小三郎。

長勝の子。三木城に住す。別所氏は、『播磨別所記』に「播磨東八郡之守護」とある通り、播磨東部で威を振るっていた。だが、永禄四年（一五六一）当主長勝が、同六年その父重治が死没し、幼い長治に別所氏の命運が委ねられる形となった（重修譜）。その後は叔父のうちの二人、吉親と重棟が「執権」として長治を支え、別所家の実権を握っていた（別所長治記）。

永禄十年九月三日、兵を大坂に派遣し、三好三人衆を援けたと『多聞院』にあるから、畿内の動乱に巻き込まれていたのであろう。

同十一年、足利義昭が上洛して将軍位に就き、別所氏に合力を命じた時、重棟を派遣。重棟が手柄を立てて義昭に褒されてから、別所家中は重棟派と吉親派とに割れたという（別所長治記）。

同十三年（元亀元年）一月、信長より禁裏修理、武家御用、天下静謐のためという名目で上洛を促されている（宴乗）。しかし、長治自身は、この後もしばらくの間上洛しなかったらしい。それは主として備前の浦上氏との争いが続いたためであり、信長は、天正元年（一五七三）十一月、別所・浦上両氏の和を仲介している（徳富猪一郎氏文書・吉川家文書）。

同三年七月一日、初めて上洛。相国寺に信長を訪問し、謁見している（公記）。この時にようやく家を挙げて信長に属したのであろう。その後も、同年十月二十日、翌四年十一月十二日、五年一月十四日と上京して、信長に挨拶している（公記・吉川家文書）。

同五年二月の雑賀攻めには、重棟を派遣（池田本）。『公記』には長治自身の名もあるが、誤りであろう。別所一族の中で、重棟のみが信長に接近して行ったのである。

この頃、信長より西国攻めの先駆けを頼まれて承諾し、播磨の人質を取って、大将の派遣を依頼したという（別所長治記）。だが、それから間もない長治の謀反を見ると、この記事をそのまま鵜呑みにはできない。

同五年十月、播磨平定の任務を担って入国してきた大将は、羽柴秀吉であった。秀吉は国中を駆け回り、人質を徴収して、たちまち播磨の大部分を掌中に収めた（公記）。長治は、初めは秀吉に協力の姿勢を見せたが、翌年二月頃早くもこれに離反、三木城に籠って毛利氏に通じた（公記・黒田文書）。

すぐに秀吉は三木城を攻撃。その後、籠城は約二カ年に及ぶ。その間、長治は敵陣を襲撃して秀吉の部将谷衛好《たにのもりよし》を討ち、反撃されて、叔父二人を含む多くの城兵を失うなど、執拗な抵抗を見せた（公記・播磨別所記・別所長治記）。また、何ゆえか不明だが、籠城中の同六年四月一日、参議冷泉為純・為勝父子を殺している（公卿補任・冷泉系譜事蹟）。

長治の奮戦にかかわらず属城は次々と陥落。同八年一月、弟友之の守る宮の上の構えが落されて裸城同然となり、十五日には、秀吉の属将となっていた叔父重棟からの切腹、開城の勧めを呑んだ（公記・播磨別所記）。

十七日、友之・吉親とともに切腹。城は開かれた。二十六歳、あるいは二十三歳という。首級は安土の信長のもとへ送られた（公記・播磨別所記・高野山過去帳）。

別所吉親（べっしょ　よしちか）　播磨

?〜天正八年（一五八〇）一月十七日。

山城守。諱は、他に「賀相」が文書で確認される（醍醐寺文書）。重治の二男。長治の叔父の一人で、重棟の兄という（重修譜）。重棟とともに幼少の長治を擁し、別所家の執権の立場であったが、重棟が将軍義昭から戦功を褒されて増長し、兄弟不和になったという（別所長治記）。

重棟が元亀元年（一五七〇）頃から信長の招集に応じて参陣しているのに対し、当主長治の動きが見えないのは、吉親が抑えていたからかも知れない。だが、結局長治は信長に従い、天正三年（一五七五）より何度か上洛して信長に謁見している（公記）。

同五年十月、羽柴秀吉が播磨平定のため入国すると、長治は初めはこれに従ったが、翌年二月頃毛利氏に通じて離反する。長治の離反について、『別所長治記』では、評定の席で吉親が信長不信を語り、長治に謀反を勧めたことになっている。『播磨別所記』でもそれに似た記載があり、吉親を別所氏謀反の元凶と見て、「佞人《ねいじん》」と呼んでいる。長治の決断に吉親が大きな影響力を持っていたというのは、その通りであろう。以来、約二カ年にわたる三木籠城戦が続く。

籠城の間の同年十月二十二日、別所治定（長治の弟）とともに秀吉の陣営を急襲し、敗れたこともあった（播磨別所記）。

同八年一月、三木城は裸城となり、長治は、秀吉の意を受けた重棟の勧めで切腹を決意する。十五日付で、重棟及び秀吉側近の浅野長吉に宛てた書状は、長治と弟友之、それに吉親の三人の連署になっている（公記・播磨別所記）。

しかし吉親は、自分の首が信長の目に晒されるのを恥辱として、城に火を懸けようとし、家臣のために殺されたという。そして、吉親にとっては無念なことだが、死後、その首級は安土へ送られた（公記）。

逸見昌経（へんみ　まさつね）　若狭

?〜天正九年（一五九一）三月六日?

駿河守。出家して、駿河入道宗全。

若狭武田氏の支族で、武田家四老の一人。大飯《おおい》郡高浜城に住し、その周辺を支配する（若狭守護代記・若狭国志）。

木津荘と高浜・大島村を所領としていたが、武藤友益の領地大飯郡と丹後加佐郡を侵略するという（若狭国志）。主武田義統に対しても、必ずしも忠実ではなく、永禄三年（一五六〇）から四年にかけて義統と対立し、粟屋勝久と同盟して戦っている（厳助往年記・白井家文書）。

永禄十一年九月、信長が上洛すると、間もなく若狭衆は降るが、逸見も遅くとも元亀年間には信長に従ったようである（国吉籠城記）。天正三年（一五七五）七月一日、他の若狭衆とともに義統の子元明に随従して上京、信長に謁見している（公記）。同年八月、海上より船で越前の海岸を攻撃する若狭衆の中にも名が見える（公記）。ただし、水軍の将は、一族の逸見河内守だったという（大森宏『戦国の若狭―人と城―』）。

同九年一月の時点では、若狭衆の一員として馬揃えに参加する予定になっているが（士林証文）、二月二十八日の馬揃えには果して参加できたであろうか。参加したとすると、すでに若狭の支配権を委ねられている丹羽長秀の下で行進したのであろう。

『若狭国志』によれば同年三月六日に病死したという。遺領八千石は四月十六日、武田元明と溝口秀勝に与えられた（公記）。

ほ

泊々部某（ほうかべ）　摂津

?～天正七年（一五七九）十二月十六日。

泊々部は、「伯々部」「波々伯部」とも書く。摂津泊々部（伯々部）氏は、丹波の波々伯部（ははかべ）氏の別流であろうか。『公記』には、「ホヲカベ」とルビがある。

荒木村重の摂津一職《いつしき》支配とともに、その麾下になったか。天正六年（一五七八）十月、村重が信長に謀反すると、これに従って有岡城に籠る。

翌七年十一月十九日開城して、荒木久左衛門ら年寄衆が村重説得のため尼崎に赴いた時、留守役として女たちの警固を務める（池田本）。結局は説得に失敗して、十二月、荒木一類の処刑が行われるが、泊々部も十六日に処刑された。年齢は五十歳ほどであったという（公記）。

年代は不明だが、八月十日付、四宮蔵人宛ての、「波々伯部左衛門元継」という人物の書状がある（勝尾寺文書）。同一人か一族であろう。

北条河内守（ほうじょう　かわちのかみ）　河内

生没年不詳。

河内四条畷《なわて》の豪族という（信長文書）。天正三年（一五七五）頃か、八月六日付判物で、本願寺についての報告の功を信長より褒されている（信長文書）。

芳野宮内少輔（ほうの　くないのしょう）　大和

生没年不詳。

大和宇陀三人衆の一人。宇陀郡宇賀志村の芳野城を本拠とする（奈良県宇陀郡史料）。早くから伊勢の北畠氏に属しており、北畠家の家督譲渡に伴い、信雄の麾下になった。『勢州軍記』によると、他の二家の沢家・秋山家が一千の大将なのに対し、五百の大将だったという。

（天正三年）十一月十三日、三人衆して春日社領の宇多郡宇賀志荘を押領し、原田（塙）直政たちより詰られている（春日社家日記、金子拓「春日社家日記のなかの織田信長文書」所収）。

天正十年（一五八二）六月の伊賀国衆蜂起の時、信雄の手よりその鎮圧のため遣わされた（勢州軍記）。

同十二年の小牧陣の時は、信雄を離れて秀吉に味方。戦後、松島城主となった蒲生賦秀（氏郷）の与力とされた（勢州軍記）。

天正十二年九月現在、三人衆合わせて一万三千石である（羽柴秀吉知行割目録写、『三重県史資料編近世1』所収）。

牧庵（ぼくあん）

生没年不詳。

姓は不明。信長の側近か。天正八年（一五八〇）三月十日、北条氏の使者を迎えるにあたって、正使である滝川一益に下使として添えられた（公記）。

星野左衛門（ほしの　さえもん）　摂津

生没年不詳。

荒木村重の足軽大将。村重の謀反に参加して有岡に籠城していたが、天正七年（一五七九）十月、同僚の中西新八郎に誘われ、城内で謀反、落城せしめた（公記）。

その功によって赦され、翌八年六月、新たに摂津の支配者になった池田恒興の与力として付属された（公記）。

細川昭元（ほそかわ　あきもと）　↓細川信良（ほそかわ　のぶよし）

細川忠興（ほそかわ　ただおき）　山城

永禄六年（一五六三）～正保二年（一六四五）十二月二日。

熊千代、与一郎、越中守、侍従、左少将、参議。剃髪号三斎宗立《そうりゅう》。姓は長期にわたり「長岡」。

〔元服まで〕

藤孝の長男。良質史料に登場するのは、『言継』の元亀二年（一五七一）四月十八日条。この時は松尾社での能楽に出演している。当時九歳であった。

『公記』には天正元年（一五七三）の槇島城攻めから登場する。しかし、まだ十一歳であることを思えば、疑わしい。

翌二年一月、信長の命により、明智光秀の娘（お玉、ガラシア）と婚約するという。結婚は同六年八月であった（細川家記ほか）。

長ずるに従い、父とともに各所に転戦。即ち、同五年二月雑賀《さいか》攻め、同年十月大和片岡城攻め。この時は、弟昌興とともに一番乗りの手柄を立て、信長より自筆の感状を受けた（公記・細川家文書）。

元服は同六年。信忠の諱字を与えられ、すぐに信長の昵近の列に加えられたという（重修譜）。

〔父の丹後支配の補佐〕

天正六から七年にかけて、父藤孝は、有岡をはじめ播磨神吉《かんき》、大坂などに転戦する慌ただしい時期であったが、おそらく忠興も父とともに行動していたであろう。

有岡は同七年十一月に開城するが、長岡父子は翌八年一月頃まで摂津に駐まり、荒木一類の籠る尼崎・花隈《はなくま》城を囲んでいた様子である（細川家文書）。（同七年）十二月十二日付で、信長より守備を厳重にすることを命じられているが、この書状の宛名は父藤孝との連名である（細川家文書）。武勇を信長に愛されたか、十七歳の忠興がすでに一人前として扱われているのである。従って、七年七月から九月にかけて、丹後で活躍したという『細川家記』等の記事は疑問である。

同八年八月、父藤孝は丹後の支配を任され、入国。まず八幡山、間もなく宮津城に入った（兼見・細川家文書）。藤孝はただちに丹後の国侍に号令。従わない吉原一族を誅殺している（細川家文書）。忠興も父を助けて丹後の平定に活躍したであろう。

同九年二月二十八日、京都で馬揃えが行われた。これに先立つ一月二十三日の明智光秀宛て信長朱印状では、父藤孝が丹後に留守し、忠興が弟昌興とともに参加することになっている（士林証文）。『公記』には長岡父子の名は見えないが、『池田本』には、後筆ながら父子三人が旧公方衆とともに行進している様が書かれている。

丹後国内が不安定なことは、（同九年）一月十二日付の、藤孝・忠興二人に宛てた二通の黒印状でも知られるから（細川家文書）、信長はそれを慮ったのであろうが、二月二十四日現在藤孝が在京しているところを見ると（兼見）、『池田本』にある通り、父子ともに馬揃えに参加できたものと思われる。

なお、この馬揃えの時、信長は蜀江《しょっこう》の錦の小袖で、袖口を寄金で覆輪としたものを着用したが、これは、忠興が京で探し求め、進上したものであった（公記）。

同年八月、家臣の松井康之らは、船で鳥取表在陣の秀吉軍に兵糧を届け、続いて伯者表で敵と戦う。九月十六日付で、忠興はこれを褒されている（細川家文書）。

十一月、忠興は父と連名で丹後国内の多禰寺・観音寺に寺領を安堵（東大浦村観音寺文書・多禰寺西蔵院文書）。同十年一月十一日には、忠興単独で室尾谷の観音寺に禁制を掲げている（室尾谷観音寺文書）。忠興が家を継ぐのは本能寺の変直後だが、それ以前に継嗣として、父と並んで政務に携わっているのである。

この頃は父とともに京に出て、吉田兼和ら公家との交際も深めている（兼見）。

〔本能寺の変に際して〕

天正十年二月九日、信長より信濃出陣の命を受けるが、この時も、父を留守として残し、弟昌興と一緒に出陣せよとの内容であった（公記）。三月五日、信長に従って安土を出陣するが、この武田攻めは信忠の手で成就し、忠興たちは戦闘に加わることがなかった。

帰陣後の五月十二日、忠興は父とともに吉田兼和を訪れ、蹴鞠に興じているが（兼見）、その余裕も束の間、今度は光秀や池田恒興らとともに中国攻めの援軍を命じられた（公記）。

六月三日、忠興は先鋒を宮津城より出発させ、備中へ向かおうとしたところ、京都の変報を得、すぐに兵を戻したという（細川忠興軍功記）。藤孝・忠興父子は信長への哀悼の意を示して剃髪。藤孝はここで家督を忠興に譲り、「幽斎玄旨」と称した（細川文書・細川家記）。

光秀は忠興にとって岳父である。しかも、近畿管領とも呼ぶべき地位にいる光秀に対し、父と一緒に軍事的に従属した立場である。当然光秀からは何度も誘いがあった。しかし、父子はこれを拒否、忠興は光秀の娘である妻お玉を三戸野《みとの》に幽閉し、光秀との縁を切ったという（細川家記）。

山崎の戦いには参加しなかったが、忠興は丹波の光秀の城塞を攻撃。七月十一日、秀吉より所領を安堵されたばかりでなく、丹後にある旧光秀領も加増された（『細川家記』所収文書）。

この年九月八日、旧丹波守護家の一色満信（義有・義清）を宮津に招いて饗応、その席で手ずからこれを誅殺したという（細川家記）。だが、この事件の時期については諸説がある。一色氏との争い全体についても、同六～七年の義道との戦いなど諸書に書かれているが、確かな史料はなく、真相については詳らかではない。

ともかく、一色氏の滅亡によって、忠興は弓木城をも占領した。

〔秀吉政権の下での活躍〕

秀吉と柴田勝家との対立の中で秀吉に味方、十二月、軍を率いて近江に出陣した（兼見）。その後、岐阜城攻め、伊勢峰山城・亀山城攻めに参加したという（太閤記・細川家記）。賤ケ岳の戦いの時は、丹後より船を出し、海上より越前を攻撃した（柴田合戦記・細川家記）。

同十二年の小牧陣に従軍（浅野家文書・金沢市立図書館文書）。長久手の戦いの後の五月一日、尾張二重堀撤退の時、北畠信雄の兵を退けた（細川家記・武家事紀）。その後も加賀野井城攻め、竹鼻城攻めに参加したという（細川家記）。

同十三年三月、雑賀攻めに従軍（太閤記）。同年八月、佐々成政攻めにも従い、立山方面に出陣する（四国御発向幷北国御動座記）。同十五年二月、九州攻めに従軍（当代記ほか）。

この間、同十二年従五位下、十三年七月十一日、秀吉が関白に就任すると同時に従四位下侍従に昇進、「羽柴」の姓を許されたと『細川家記』等にあるが、侍従任官は同年十月六日である（下村效「天正文禄慶長年間の公家成・諸大夫成一覧」）。以後、「丹後侍従」と呼ばれる。さらに、同十六年四月十四日の聚楽第行幸の時、御迎えの列に従う。この時すでに「豊臣」の姓を賜っている（聚楽行幸記）。この年のうちに少将に昇進（細川家記）、「丹後少将」と呼ばれた。

同十八年、小田原陣に従軍（伊達家文書）。信雄に属して韮山《にらやま》城攻めに戦功（毛利家文書・小田原御陣ほか）。

文禄元年（一五九二）二月二十五日、名

護屋へ向け宮津城を出陣。六月十七日、釜《ぶ》山《さん》浦に上陸、七月二十三日、京城に入る。朝鮮では、岩山城・仁道県の城を攻略して、領主の子李宗閑を生け捕った（細川家記）。同二年三月、晋州城攻撃に参加する（太閤記）。

同年閏九月に帰朝。同三年春、伏見城工事を分担、当時十一万石（当代記）。この頃、「越中守」に任じられた（重修譜）。同四年七月、秀次事件の時、秀次より黄金の借用があり、そのため秀吉に疑われるが、松井康之の計らいにより疑惑を解かれたという（細川家記・松井家譜）。

慶長元年（一五九六）、命により明使の饗応を務める。それを機会に参議に任官する（細川家記）。従三位昇進は、慶長八年以後らしい（細川家記）。慶長の再戦には渡海しなかったようである。

〔近世大名への道〕

秀吉の死後、石田三成と対立して家康に接近。慶長五年一月、三男忠利を質として江戸へ送った（細川家記）。同年二月、豊後速見郡杵築六万石を加増される（細川家記）。本領と合わせて、十八万三千石であった（細川家記）。

家康の上杉討伐に従軍。七月、三成が挙兵した時、夫人ガラシャは、大坂で人質になるのを拒否して自害した。忠興は福島正則・池田輝政らとともに先鋒として、家康に先んじて西上、八月二十三日岐阜城を攻略。九月十五日、関ケ原での戦いに臨んだ。

戦後、功績によって豊前一国及び豊後の内国東郡を与えられ、都合三十九万九千石余、豊前仲津城を居城とする（細川家記）。同七年十一月、小倉城を築いて移住する（細川家記）。

大坂の陣には、兵船を率いて出動。夏の陣には、平野で敵と戦った。元和元年（一六一五）十二月二十四日、羽柴の姓を改め、「細川」に復した。同五年十二月、剃髪して三斎と号す。同六年閏十二月二十五日致《ち》仕《じ》して、家を忠利に譲った後は、三斎宗立と称した（細川家記）。

寛永九年（一六三二）十一月、忠利が肥後五十四万石に移封され、熊本に移住するに伴い、忠興も八代城に移る。正保二年（一六四五）十二月二日、八代にて没、八十三歳であった（細川家記）。

父藤孝に比べても武功の実績が多く、織田・豊臣・徳川氏それぞれに武をもって尽してきたが、一方父譲りの文化人の面をも持ち併せ、茶湯では利休高弟七人のうちの一人。また、父と同じく遊泳術の名人であった。

幼いうちに細川輝経の養子になり、実父藤孝とは別家になったといい、『重修譜』などもその系譜に従っているが、『細川家記』によると、輝経の養子というのは約束だけで、藤孝のもとで成長したという。それが正しいであろう。

その後、輝経は義昭に従って槙島落城とともに浪牢、養子の件は約束だけで終ったのであった。

細川信元（ほそかわ　のぶもと）→細川信良（ほそかわ　のぶよし）

細川信良（ほそかわ　のぶよし）　京都

天文十五年（一五四六）～天正二十年（一五九二）五月七日？

聡名丸、六郎、右京大夫、右京兆。諱は「信元」「昭元」を経て、最後「信良」。

〔権力争いの渦中で〕

細川晴元の子。母は六角定頼の娘。室町幕府管領家（京兆家）細川氏の嫡流である。管領家の威令の通じない時代に生れたため、幼児の頃より権力争いに巻き込まれる運命にあった。即ち天文十八年（一五四九）六月、父晴元が三好長慶と対立し、将軍義輝・前将軍義晴を擁して坂本に移った時、僅か四歳だった聡名丸（信良）も同行したらしい。同二十一年一月二十八日、和が成って義輝が帰洛した時、それに随従して京に入った（言継・両家記）。

同年六月五日、長慶により摂津越水城に移される。当時七歳と『両家記』にある。さらに翌年八月二十九日、芥川城に移された（両家記）。永禄元年（一五五八）二月三日、その地で元服、六郎と称す。最初の諱については不明である。加冠は細川藤賢が務めた（雑々聞検書・両家記）。

父晴元は、子六郎を人質同様に押さえられながらも、長慶との争いを止めなかったが、同四年五月、ついに講和。そして二年後の同六年三月一日、摂津富田普門寺で没した（両家記）。その宿敵だった三好長慶も同七年七月四日死去する。その後、管領家の勢力は地に落ち、また、三好家も松永久秀方と三人衆方とに分れて対立する形になり、六郎は三人衆方に擁される。

〔信長との戦いと講和〕

永禄十一年九月、信長が上洛し、畿内の平定に乗り出す。当初六郎は芥川城に居り、三好長逸《ながゆき》が同居して守備していたが、信長の猛勢を前にして退散、越水・滝山など諸城もたちまちにして潰えた（公記・年代記）。六郎は三人衆らとともに一旦阿波に逃れた。

元亀元年（一五七〇）七月、三人衆らとともに阿波より渡海、中島・天満森に着陣する。次いで、斎藤竜興や細川藤賢らとともに福島の砦に籠った。主力の三人衆らは野田に入った（公記・当代記）。信長は六万余の軍勢でこの二砦を包囲したが、朝倉・浅井の軍が京都近辺まで出るとの情報を得、囲みを解いて退陣する（公記・両家記）。

十一月頃、三人衆と松永久秀・三好義継との和が成立。翌二年秋頃には、三人衆らと将軍義昭・信長との和も成ったらしい。この年十二月十六日、六郎は上洛。翌日、三宅・薬師寺・香西ら七百人ほど従えて幕府に出頭した。ここで義昭より諱字を受けて、それまでの「信元」より「昭元」と改名、朝廷により右京大夫に任じられた（兼見）。信長に謁見したのは、翌三年三月のことで、石成《いわなり》友通と一緒であった（公記）。

〔義昭・信長の対立の中で〕

元亀三年四月、すでに信長に反旗を翻していた三好義継に誘われるが同心しなかった。しかし、中島城に同居していた三好政勝らは城を出て義継に加勢、共に中島城を攻めた（年代記）。十三日、一旦義継と講和（誓願寺文書）。だが、戦いはこれで終ったわけではなく、昭元は本願寺としきりに連絡をとって協力させようとする（顕如書）。ところが八月には、義継・松永久秀に本願寺まで加わった軍に攻められることになる（加能越古文叢・年代記・耶蘇通信）。

十二月二十日、またまた攻撃を受け、防戦を続けるが、そのうち義昭もまた信長に対して兵を挙げたのを見て、翌四年（天正元年）二月二十五日、中島城を開け、堺へ落ちのびた（年代記・尋憲記ほか）。三月七日付、細川藤孝宛て書状中で、信長は、松永・三好の背後に義昭がいると断定し、昭元に同情している（細川家文書）。そして昭元は信長の庇護を受け、この後、本願寺攻囲戦に加わった（教王護国寺文書）。

〔信長への接近〕

この年七月、信長と義昭との最後の衝突があり、十八日、義昭は槇島城を開け、若江城に移った。この後、信長は一時的に昭元を槇島城に入れた（公記・年代記）。

しかし、翌二年五月、塙直政が「山城ノ守護」として南山城の支配を委ねられるに及び、直政に槇島城を渡して上京、本能寺に入った。「知行一所モ不申付」と『年代記』にある。それでも、同三年四月五日、吉田兼和に出陣護符を所望しているところを見ると、翌日、信長に従って河内へ出陣したらしい（兼見）。多少の扶持米は与えられていたのであろう。

同年八月の越前一向一揆討伐戦には従軍せず、平定の終った九月に陣見舞いに赴いているが、翌四年五月の大坂攻めには従ったらしく、五月十三日に吉田兼和の陣見舞いを受けている（兼見）。この年、信長の妹で佐治信方の未亡人であるお犬を娶るという（織田家雑録）。なお、諱は、同二年閏十一月九日より「信良」となっている（尊経閣古文書纂、野沢隆一「細川昭元考」所収）。同六年九月三十日、信長に同道して堺へ行き、九鬼嘉隆の大船を見物する（公記）。そのついでに、信長が津田宗及を訪問した時は、「御供衆」の一人に数えられている（宗及記）。

〔捨扶持の身〕

天正七年四月二十六日、「御狂」なる競

技、また、九月十八日、二条邸での蹴鞠、いずれも参加している（公記）。同八年閏三月三日、京都の居所にて能楽を興行（御湯殿）。同九年二月二十八日の馬揃えでは、細川藤賢や伊勢貞為らとともに旧公方衆としてまとまって参加している（公記）。

『公記』の中では常に「殿」を付けて記され、『宗及記』でも「御光儀（公儀）」と書かれていることからも知られる通り、管領家筆頭の嫡流としての尊敬を受けているが、実質は信長より捨扶持を与えられただけの存在にすぎない。

本能寺の変後は、庇護者信長の死により、かつての拠り所だった阿波に逃れたか、同十二年八月二十日現在、長宗我部氏のもとにいる。そして、同年十二月十二日、阿波より入京した（香宗我部家伝証文）。だが、その後の活躍については詳しくはわからない。

ただ、同十七年三月、聚楽第壁落書事件に巻き込まれて、逮捕されたことが見られる（鹿苑日録）。

死去の時についても、『細川系図』や『武徳編年集成』では天正二十年五月七日、『重修譜』では元和元年（一六一五）十一月七日と分れている。どちらかというと、前者の方が信用できそうである（野沢氏前出論文）。

細川藤賢（ほそかわ　ふじかた）　京都

永正十四年（一五一七）～天正十八年（一五九〇）七月二十三日。

四郎、右馬頭、典厩《てんきゅう》。入道号和匡、宗円。

典厩家尹賢の二男。高国の養子となった最後の管領氏綱の実弟である。中央の政権を握る細川晴元に対して、三好長慶に擁された氏綱が対抗するが、藤賢も実兄の氏綱方として戦ったものと思われる。

天文二十一年（一五五二）二月、兄氏綱や三好長慶とともに幕府に出仕。二十九日の将軍義藤（義輝）の参内に扈従した（言継）。三月十一日には、右馬頭に任じられている（言継・公卿補任）。

永禄六年（一五六三）三月に敵である晴元が死ぬと、早速兵を率いて山城杉坂《すいざか》を放火した（言継）。しかし、その年十二月には兄氏綱が、翌七年七月には長慶が没して拠り所を失った。

同八年五月に三好義継・松永久秀らによる将軍義輝弑逆があり、その後間もなく三好三人衆が久秀と不和になると、久秀方に付く。同九年六月、中島の堀城を守っていたところ、篠原長房の軍に攻められ、八月十四日開城、大坂に入った（両家記・足利季世記）。その後、再び信貴山《しぎさん》城を守っていたのを、三好康長の攻撃を受け、同十一年六月二十九日に開城、また大坂に入った（両家記）。

同年九月、義昭が上洛するとすぐにこれに従い、十月二十二日の参内の時も御供衆を務める。翌年正月早々三人衆が六条本圀寺を攻めた時、寺内にあって防戦した（公記）。

元亀元年（一五七〇）、三人衆らが野田・福島城に籠った時、親征の将軍義昭を居城中島に迎え入れた（公記）。九月二十三日、義昭・信長とともに帰洛（公記・両家記）。（同二年）六月四日、信長は細川藤孝へ書し、藤賢は将軍に対しても疎略なきゆえ、領知等も安堵したいという意思を表明している（塚原周造氏文書）。

信長・義昭の対立の中で、どのような態度をとったかは不明。だが、天正九年（一五八一）の馬揃えには、細川信良・伊勢貞為ら旧公方衆とともに参加しているから（公記）、最後まで義昭に忠誠を尽すことはなかったのであろう。

同十八年七月二十三日、京都で没、七十四歳という（細川系図）。

細川藤孝（ほそかわ　ふじたか）　京都

天文三年（一五三四）～慶長十五年（一六一〇）八月二十日。

万吉、与十郎、兵部大輔、侍従、二位法印。剃髪号幽斎玄旨。姓は天正元年（一五七三）七月より「長岡」を称す。

〔将軍義輝に従って〕

三淵晴員《みつぶちはるかず》の二男、三淵藤英は兄にあたる。幼時、細川刑部少輔晴広の養子になり、細川氏を称す（山田康弘「細川幽斎の養父について」）。『細川家記』などは将軍義晴の落胤とするが、その証はない。おそらく単なる伝承にすぎないのであろう。同十五年十二月、新将軍義藤（義輝）より諱字を与えられて、「藤孝」と称す（細川家記）。

同十八年六月、細川氏綱と三好長慶とが洛中に乱入、義晴は坂本へ逃れる。この地で義晴は没したが、藤孝たちは将軍義藤を立てて氏綱・長慶と講和し、入京した（厳助往年記・細川家記ほか）。藤孝は、同二十一年四月十二日、従五位下兵部大輔に叙任した（歴名土代）。まだ十九歳であった。

同二十二年八月、また将軍義藤は長慶に逐われて近江朽木谷に逃れる。藤孝もこれに随行した（厳助往年記・細川家記ほか）。

朽木流浪はさらに続き、永禄元年（一五五八）十二月三日、ようやく義輝は京都に復帰、藤孝も随従して五年振りに京都の土を踏んだ（両家記・細川家記ほか）。

永禄五年九月十五日、藤孝は一色藤長とともに、伊勢貞孝旧領西京七保の地を宛行われた（一色家古文書）。ここしばらくは、京都でやや安定した月日を送る。『永禄六年諸役人付』では、藤孝を幕府の「御供衆」としている。

同七年一月十九日、将軍義輝の命により疫神に代参（雑々聞見書）。翌八年一月五日、自邸に義輝の訪を受ける。四月五日、義輝を招いて猿楽を挙行した（言継・『後鑑』所収「伊勢貞助記」）。このあたり、幕府奉公衆としての藤孝に対する、将軍の信頼を裏付けるものがある。

〔将軍の弟義昭の救出〕

永禄八年五月十九日、将軍義輝は、松永久秀や三好三人衆らに室町殿を襲われ、横死をとげた。二人の弟のうち鹿苑院は殺害され、一乗院覚慶（義昭）は奈良に囚われの身となった。

藤孝は機を見て覚慶を脱出させ、近江甲賀郡の和田氏の館まで随行した。その後、上洛を目指す覚慶改め義昭に常に同行、若狭へそして越前へ居を移す。

その間、義昭の上洛について、上杉謙信たち戦国大名に助力を要請している（上杉家文書ほか）。信長に対しては、同八年のうちに連絡をとっており、（同年）十二月五日付の信長書状で、命令次第お供する用意がある旨回答を受けている（高橋義彦氏文書）。

だが、美濃斎藤氏と戦っているということの段階では、信長の上洛はとうてい不可能であり、翌年の要請に対しても約束ばかりで実行には至らなかった。義昭は失望し、若狭の武田氏のもとへ身を寄せたという（中島文書）。

〔義昭の擁立〕

信長は永禄十年のうちに美濃斎藤氏を逐い、上洛への下地をつくった。翌十一年四月頃、藤孝は和田惟政とともに信長を訪れ、上洛への打診をした（公記・武家事紀）。七月二十五日、義昭は迎えられて岐阜に居を移す（公記）。そして、九月二十六日、信長に奉じられて上洛した。

藤孝は、大体義昭と行を共にしたと思われるが、最後一歩先んじた形で二十三日入京、禁裏の警固に当っている（多聞院・御湯殿）。その後、畿内の平定戦にも活躍。『多聞院』では、和田惟政と並べて「公方方ノ両大将」と呼んでいる。

義昭はめでたく十月十八日、念願の征夷大将軍に任じられる。藤孝は大和の諸城を攻略して帰京、二十三日の能楽会には、義昭の側近として出席している（公記・多聞院）。

義昭の功臣や降伏した畿内衆が宛行いを受けたり、旧領を安堵される中、藤孝は石《いわ》成《なり》友通が開け退いた山城勝竜寺城とその界隈を与えられた（公記）。西岡の在地領主革島氏らはこの時藤孝に付属されたらしい（革島文書）。

〔再び幕府奉公衆として〕

永禄十二年早々、三好三人衆らは新将軍義昭の仮の住いであった六条本圀寺に攻撃をかける。藤孝は勝竜寺城より救援に向かい、三好義継・伊丹忠親らとともに、これを桂川表で打ち破った（公記）。

新将軍義昭は将軍就任後、頻繁に書を発し、所領安堵等の活動を行う。その多くは幕府奉行衆の奉書の形をとっているが、将軍下知状・御内書もさかんに発給されている。藤孝は何度か副状を発しているが、中には、木下秀吉などの信長家臣と連署しているものもある（阿弥陀寺文書ほか）。当時は、将軍の下知と信長の命令とが食い違うことなく下されており、幕府奉公衆である藤孝らと信長の家臣たちは歩調を揃えていたのである。

この時期、将軍の臣としての活動で目立つことは、九州の諸大名と幕府との仲介役を務めていた、と思われることである。その例を下にまとめてみよう。

①永禄十二年九月二十七日、相良義陽《よしてる》宛て御内書に副状（相良家文書）。

②（同十三年）二月三日、大友宗麟宛て御内書に副状（一色藤長と）（大友文書）。

③同年六月二十八日、島津義久より書を受け、義昭への祝賀の執成しを頼まれる（後編薩藩旧記雑録）。

④（元亀二年＝一五七一）二月二十三日、義昭の大友・毛利の和平仲介の御内書に副状（一色藤長と）（大友文書）。

元亀元年九月、三好三人衆らの籠る野田・福島城へ向けて義昭自らが出陣の時、これに供奉《ぐぶ》し、浦江の古城に入る（細川家記）。十月には、一色藤長とともに山城御牧城を攻略した（細川家記）。この時、三淵藤英・曾我助乗に対して戦功の執成しを頼んでいるのは、彼らの方が藤孝より義昭に密接だったからであろうか（細川家記）。

〔公家衆との接触〕

同二年二月五日、大原野勝持院での連歌会に出席。この会は七日まで続いたが、参加者は三条西実枝ら公家衆に（里村）紹巴《じょうは》や昌叱らの一流の連歌師も混じっている。武士は藤孝一人だけだった様子で、彼が武士の中では図抜けた教養の持ち主だったことが推測できる（勝持寺文書・細川家記）。三月十五日には、吉田兼右・兼和らを招いて、自邸で舞曲を張行している（兼見）。

藤孝は、吉田社祠官吉田兼右・兼和父子と親しく行き来していることが、兼和の日記『兼見』に見られるが、公家衆たちとも広い交際があった。多分に藤孝の和歌などに関する教養が役立ってのことであろう。

同二年九月十八日、久我家諸大夫だった竹内季治が義昭の命を奉じた信長の手で殺されるが、翌三年十月、藤孝はその跡職を久我家から与えられている（久我家文書）。また、同三年、藤孝は古今和歌集の伝授を受け、十二月六日付で、三条西実澄に誓書を発している（古今伝受事）。これらの事実も藤孝の公家との密接な関係を物語る例である。

〔信長への接近〕

元亀二年頃より信長との連絡が多くなる。即ち、同年六月四日、十二日、八月十四日、十月十四日とかなり頻繁に書を受けている（塚原周造氏文書・横畠文書・革島文書・米田氏文書）。信長の用件は様々だが、彼が幕府と自分との仲介役として藤孝を頼りにしていたことがうかがえる。

この年より三好義継・松永久秀は、畠山秋高や和田惟政と抗争。藤孝は三淵藤英とともに、松永方の内戸野の砦を攻め破った（細川家記）。同三年四月には、公方衆として、信長軍とともに交野《かたの》城救援に派遣された（兼見・古証文）。

この頃には、すでに義昭と信長との対立は深まりつつあり、藤孝は、義昭側近上野秀政の信長誅伐論に反対して口論になったという（細川家記）。藤孝は、同年七月三日、信長より本願寺の間者の摘発を命じられたり、九月三日には革島一宣を引き続き与力とすることを承認されたりしており、次第に信長に接近して行く姿を見せている（米田氏文書・革島文書）。

明けて元亀四年（天正元年＝一五七三）、義昭と信長との溝はますます深まり、義昭は武田・朝倉・本願寺と連絡をとって、信長狭撃を画策する。藤孝は、その非について義昭にしばしば諫言するが容れられず、かえって不興を蒙り、鹿ケ谷《ししがたに》に閑居。二十日ほどして再び出仕したが、義昭との間柄はすっかり冷え切ってしまったという（細川家記）。

二月には義昭に勘当されて、勝竜寺に逼

塞、信長より月俸を受けたという話が『細川家記』に載っているが、これについては疑問である。ただ、勝竜寺城に籠ったことは間違いなく、二月十一日付で革島秀存に対し、義昭と信長の対立の中で、在城して事を静観する覚悟であることを述べている（革島文書）。

だが、藤孝は事を静観してはいなかった。義昭より離れて信長に付くことを決意し、信長に京都の様子について逐一報告していた。藤孝からの報告に対し、信長はいちいち返書を与えて、近国の状況について語りつつ忠節を励まし、藤孝の気持ちを繋ぎ止めるよう努めている（細川家文書）。藤孝は藤孝で、決起の時の準備のためであろう、与力である革島を味方として保つよう努力している（革島文書）。

〔信長に臣従〕

同年三月二十五日、信長はついに京へ向け岐阜を出陣。藤孝はこれを逢坂に出迎え、忠節を誓った。信長は感激し、藤孝に脇指を贈った（公記）。京に入った信長は、四月三日、柴田勝家に命じて洛外に放火させた。藤孝も勝家の下で活動している（耶蘇通信）。

この衝突の時は、信長の方から和睦を求め、庶兄津田信広を名代として義昭へ遣わした。藤孝も、佐久間信盛と一緒にこれに随行している（兼見）。藤孝は、義昭と信長との間に立つべき貴重な人材だったのであろう。

義昭と信長との戦いが小休止している間の五月八日、藤孝は上杉謙信に京都の近況を報じ、信長への協力を勧めている（上杉文書）。義昭を中心とする信長狭撃策への対抗手段に、藤孝も一役買っているのである。幕府奉公衆として広く知られている藤孝が信長のために働いていることは、周囲の大名に対して、信長の力を宣伝する効果があったであろう。七月十日には、妙覚寺の信長を訪れた吉田兼和を取り次いでいる（兼見）。完全に信長の家臣としての姿である。

〔西岡の地の支配者〕

元亀四年（天正元年）七月十日、藤孝は信長より忠節を賞され、「城州之内限㆓桂川㆒西地」の一職《いつしき》支配権を与えられた（細川家文書）。桂川の西とは、西岡《にしのおか》と呼ばれる地域である。

藤孝は、元々西岡の内の勝竜寺界隈を領知していたと思われるから、その支配地を広げたわけである。古都長岡も支配地に含まれており、これを機会に藤孝は、「長岡」と姓を改め、「長岡兵部大輔」と称した。

同月十六日、槙島城攻めに参加（公記）。そしてこの後、旧主義昭の追放に関与した。淀城に石成友通を攻め、八月二日、これを討った（公記・年代記）。

三好三人衆の一人だった石成のほかにも、西岡内には六人の地侍の頭がおり、中には扱いの難しい者もいた。下津権内一族などは、すぐに藤孝に従って淀城攻めの時に早速手柄を立て、領地を安堵されているが、稲妻屋は、藤孝入部の時、早くも反抗してきたという（細川家記）。物集女《もずめ》はしばらく藤孝に出仕せず、反抗的態度を続けたが、天正三年になって藤孝に誘殺された（細川家記・米田藤十郎氏文書）。

淀城を攻略した天正元年八月二日より十月にかけて、藤孝は一職支配地内の地侍領や寺社領の安堵をさかんに行っている（細川家記・革島文書・東文書ほか）。

〔大坂の押さえとして〕

天正元年十月、佐久間信盛を中心とする若江城攻めに参加。この時、貝塚の砦を落したという（大雲山誌稿・細川家記）。

三好義継の滅亡に続いて松永久秀が信長に降り、大和多聞山城を開け渡した。翌年一月十一日より明智光秀がこれを守るが、二月中旬、藤孝が光秀に代ってその後約一カ月間城番を務めた（天正二年春日祭遂行）。

同年四月、信長に背いた河内高屋城の遊佐信教を攻めて、これを討つ（細川家記）。西岡の地を支配する藤孝の任務は、主として大坂方面の押さえであり、この年の織田軍の将士のほとんどが従軍した伊勢長島攻めには参加せず、同時期には明智光秀とともに大坂方面で活動している（細川家文書）。九月には、佐久間信盛や光秀とともに河内飯盛、次いで萱振《かやふり》にて本願寺や三好らの軍を打ち破った（細川家文書）。

同三年三月二十二日、藤孝は信長より朱印状を受け、秋に予定されている本願寺との戦いに備えて、丹波船井・桑田両郡の諸侍を付属された（細川家文書）。翌日塙直政が大和を委ねられたことに対しては、『多聞院』では大和の「守護」と記している。どちらも、本願寺攻めのため国郡単位で国侍の指揮を委ねられたものであり、その権限については、藤孝のものも直政のものも同じであろう。

すでに天正二年十一月には、荒木村重が伊丹忠親追放後、有岡城を与えられて摂津一職の支配を委ねられており、その前の五月には、直政が南山城の支配を任されている（公記・年代記）。ここに摂津（荒木）―丹波（長岡）―山城（長岡・塙）―大和（塙）と結ぶ本願寺攻囲網が形づくられたのである。

同四年四月、信長は本願寺に攻撃をかける。荒木・塙・長岡に加え明智光秀の軍を派遣したのである。彼らは三方より大坂を囲んだ。藤孝は光秀とともに守口・森河内に砦を築き、足掛かりとした（公記）。

五月三日に行われた戦いで、塙直政が討死。信長は急遽京より出陣するが、藤孝はその時、佐久間信盛らとともに先陣を務め、一揆たちと戦った（公記）。その後、しばらく守口砦の守備を担当し、在陣したものと思われる（兼見）。

藤孝はその間、大坂方面の様子を逐一信長に報告した（細川家文書）。十月十六日に安土より帰京しているが、帰陣の報告のため安土を訪れていたのであろう（兼見）。

〔諸所の戦場での活躍〕

大坂方面に関しては、天正四年五月の激戦以後、佐久間信盛が七カ国に及ぶ与力たちを従えて包囲戦に入る。藤孝はしばらくの間、各地での戦いに助力する遊撃軍団として働くことになる。この頃の藤孝の戦場における活躍を、天正三年まで遡ってまとめてみよう。

①天正三年四月、三好方和泉新堀城攻めに従軍（細川家記）。

②同年八月、越前一向一揆討伐戦に従軍。明智光秀・羽柴秀吉とともに加賀まで攻め込む（公記・松江松平文書）。

③同四年四月、大坂攻め（前述）。

④同五年二月、雑賀《さいか》攻めに従軍。二十二日、長尾で数十人の敵を討ち取り、信長より感状を受ける。三月、鈴木重秀の居城攻撃に参加（細川家文書・公記）。

⑤同年十月一日、松永方片岡城攻めに参加。信長より感状を受ける（公記・細川家文書）。十日、信貴山《しぎさん》城攻めにも加わる（細川家記）。

⑥同月、光秀とともに丹波籾井城などを攻める（細川家記）。

⑦同六年四月、信忠に従い、大坂攻め（公記）。

⑧同年五月一日、信忠に従い、播磨へ向け出陣。二十七日、神吉《かんき》城攻めに参加（公記）。

⑨同年十一月、摂津有岡城攻めに従軍（公記）。翌七年十一月の有岡開城後も、摂津に駐まり、尼崎・花隈《はなくま》城に備える（細川家文書）。これに関して、十一月二十日付及び十二月十二日付信長書状（細川家文書）を、『信長文書』では天正六年としているが、同七年のものであろう。

天正六、七年は大坂・播磨・摂津に転戦し、慌ただしい年であったが、『細川家記』には、これに加えて丹波・丹後での戦功が述べられている。しかし、丹後での活躍については『細川家文書』をはじめとする一次史料の裏付けがないだけに、確かなことは言えない。あるいは、同八年に藤孝が丹後に入国した後のことを、遡って記しているのかも知れない。

なお、同三年五月二十一日にあった長篠の戦いには参加しなかったが、藤孝は鉄砲の調達に奔走している（細川家文書）。

〔明智光秀との関わり〕

天正三年三月二十二日付の朱印状で、藤孝が丹波船井・桑田二郡の諸侍を付属されたことについては前述した。ところが、藤孝の丹波支配は予定通りには行かなかったらしい。それは、丹波奥三郡に勢力を広げている赤井氏が信長に離反し、丹波の士の多くがそれに同調したからである。同年六月、信長は丹波を軍事的に制圧することを決意するが、その命令は明智光秀に下されたのであった（古文書）。

藤孝はこの時期、遊撃軍として諸所に転戦しており、光秀軍もまた丹波攻めが本格化するまでは同じ遊撃軍の性格を持っている。だから両者の立場に差はなかったが、光秀が塙直政戦死後大和をも管掌し、次第に近畿に大きな力を培う形になると、自然と藤孝たちの上に立った軍事指揮権を振るうようになった。

同五年十月の大和片岡城攻めは、光秀・藤孝と筒井順慶の軍によるものだが、『多聞院』ではその軍を「明智衆」と呼んでいる。光秀の丹波攻めを時折助力し、同七年十月に丹波・丹後の平定が成った後、光秀の丹波に対して藤孝には丹後が与えられるが、それ以後ははっきりと光秀軍団に組み入れられたらしい。

藤孝と光秀とは共に幕府に仕え、協力して義昭の上洛を図った親密な間柄である。信長の命令とはいえ、光秀の娘お玉（ガラシャ）が藤孝の嫡男忠興に嫁いで、両家は姻戚関係にもある。軍団を共にしたのも信長の配慮かも知れないが、益々二人の親密さは増したものと思われる。

ただ、軍事的には二人は同格ではなく、軍団長光秀の指揮下で藤孝が動くという体制が整えられたのは前述した通りだが、これは、信長に仕えた時期が光秀の方がいくらか早いというだけでなく、軍将としての能力において、光秀の方が信長に買われていたからであろう。

〔信頼厚い信長の臣として〕

藤孝の軍事上での活躍については先に触れた。ここでは、信長に仕えて様々な仕事に携わる藤孝の姿を見てみよう。

藤孝は外様の臣であるだけに、信長の歓心を買うことに人一倍努めている。天正三年十月といえば、藤孝が越前より帰陣し、勝竜寺城で一息入れていた時だが、それでも西方の監視は怠らなかった。播磨・丹後へ向けて飛脚を派遣し、その方面の様子を逐一報告して、信長より賞賛されている（米田藤十郎氏文書・細川家文書）。翌四年の大坂との戦いの後、大坂の様子についても報告していることは前述した。

藤孝はその教養と相俟って交友関係が広く、時折上京して公家たちと連歌会や茶会で交際を保っている（兼見・細川家文書）。こうした性格の藤孝という人物は、信長にとって利用しがいのある存在である。それでいて彼は、丹念に情報を提供してくる忠誠心と几帳面さを兼ね備えている。

信長の信頼は確実に増し、譜代の臣と差別されることはなくなった。同六年元旦、信長は出仕した諸臣に朝の茶を賜ったが、その十二人の中には藤孝も列している（公記）。また、同年九月三十日、信長の堺下向に供奉し、津田宗及訪問の時は、側近たちに混じって「御供衆」の一人となっている（宗及記）。

同七年十一月二十二日、誠仁《さねひと》親王が二条新邸に行啓する時には、奉行を務める（池田本）。一緒にこの仕事に携わっている者は村井貞勝・丹羽長秀・明智光秀。地位といい能力といい、申し分ない人選である。

同八年三月十八日、従四位下侍従に叙任したと『細川家記』にあるが、これについては他の史料で裏付けられない。信長の臣は普通従五位下で止まっている。事実だとすると、家柄が買われたのであろう。

〔丹後国主として〕

天正八年八月、藤孝は信長より丹後一国の支配を委ねられ、直ちに入国、八幡山城に入った（兼見・細川家記）。信長は八月二十一日付の返書で、宮津に居城を移すことを承認し、普請については、ほぼ同時に丹波の国主になっている光秀に相談するよう命じている（細川家文書）。丹後一国の主である藤孝だが、光秀がより上級の支配権を持っている様子がここにも見られる。

この月のうちに光秀の協力を得て、従属しない国侍の吉原一族を誅戮。九月二日には一時的に安土へ赴いている（細川家文書・兼見）。丹後の様子の報告のためであろう。

同九年二月二十八日に催された馬揃えには、丹後がまだ不穏な状態なので、子忠興・昌興のみ参加させる予定であったが（士林証文）、『兼見』によると、藤孝自身二十四日までは在京しており、『池田本』では、後筆とはいうものの、馬揃え参加の旧公方衆の中にその名を加えている。丹後は一時的とはいえ落着いたのであろう。

馬揃え後の三月五日、藤孝は信長より朱印状を受け、丹後一国を残らず調査し、給人に知行を宛行って、余分を直務するよう命じられている（細川家文書）。そして、これまでの居城勝竜寺は、三月二十四日、正式に召し上げられた（公記）。

新しい居城である宮津城の修理は、四月には大体出来上がっていたのか、同年四月十二日、藤孝は宮津城において、光秀・（里村）紹巴・津田宗及らを振舞い、連歌会を催している（宗及記）。

丹後入部後、藤孝は早速国内の検地を行う。同年九月二日上京、安土にて一色満信と矢野藤一郎の知行の出目分を宛行われている（細川家文書・兼見）。こうした有力な国衆の宛行いに関しては、藤孝の一存では決められなかったらしく、矢野へは四千五百石、一色へは二万石というように、信長から指示を受けている。また、一色氏の知行についての指示は、光秀を通じて成されていることも、光秀の上級支配権の行使という意味で注目される（細川家文書）。

丹後の寺社に対しては、同年十月二十八日、成相寺に寺領を寄進、十一月二日、多禰寺に寺領を安堵、それ以前に観音寺に寺領を安堵と、これらについては藤孝の一存で安堵・宛行いが成されている（成相寺文書・多禰寺西蔵院文書・東大浦村観音寺文書）。

〔本能寺の変までの藤孝〕

天正九年、山陰では、羽柴秀吉を指揮官とする中国方面軍が因幡鳥取城を囲んでいた。八月十三日、藤孝は光秀らとともに信長よりその援軍を命じられた。藤孝は早速家臣松井康之の兵糧船を向かわせる（公記・沢田義厚氏文書）。松井らは、兵糧を届けた後も泊城を攻略するなど伯耆から出雲方面で活躍を続け、主である藤孝は、八月二十三日、九月十六日、二十三日と再三にわたって感状を受けている（細川家文書・『細川家記』所収文書）。

翌十年二月九日、信長は甲信への出陣に先立って、各国に触れを回した。それによると、丹後では、藤孝は留守を守り、忠興と一色五郎（満信カ）は従軍せよ、とのことであった（公記）。さらに四月二十四日付で、藤孝と一色五郎宛てに、今度は中国出陣の用意の命令が下った（細川家文書）。

そうした中、藤孝は忠興とともに上洛。吉田兼和の邸で蹴鞠に興じた後、五月十四日、安土に下向している。徳川家康の西上に応じての安土行であった（兼見）。

〔本能寺の変に際して〕

本能寺の変報が丹後宮津に届いたのは、六月三日。丁度備中へ向け出陣しようとしていた忠興は、すぐに軍を返したという（細川家記・細川忠興軍功記）。『惟任謀反記』には「惟任合体之侍」と表現されているが、信長生前の軍事体制、また、姻戚関係、これまでの縁からいっても、藤孝父子が光秀に味方する方が自然である。光秀の計画にも藤孝父子の協力が描かれていたであろう。

しかし、藤孝は光秀の誘いを拒絶し、すぐに剃髪、幽斎玄旨と称した。そして、宮津城と家督を忠興に譲り、自らは田辺城に移った（細川家文書・細川家記）。忠興も光秀の娘である妻お玉（ガラシャ）を離縁して三戸野に幽閉する（細川家記）。そして、まだ備中の陣中にいる羽柴秀吉に使を立てた（惟任謀反記）。

これらの藤孝父子の行動は、大和の筒井順慶や摂津の中川清秀のように、周囲の動きを観望しての上のものではない。見事な決断であった。この決断が光秀の近国制圧の予定を大きく狂わせたことは疑いない。光秀は六月九日付で自筆の覚書を藤孝に遣わし、最後の勧誘を試みているが、文章はもはや嘆願調になっている（細川家文書）。

山崎の戦いには参加せず、光秀と矛を交

わらせることはなかったが、その後、七月十一日、秀吉から功を賞され、誓書を送られるとともに、丹後内で加増を受けた（細川家文書・『細川家記』所収文書）。同月二十日、本能寺にて、信長追善連歌会を催している（惟任謀反記・細川家記）。

〔秀吉に従って〕

秀吉と柴田勝家との対立の中で、藤孝父子は秀吉に協力し、十二月に軍を率いて近江まで出陣する（兼見）。だが、賤ケ岳の戦いには参加しなかった。

同十二年の小牧陣では、忠興が秀吉方として従軍している（浅野家文書）。この頃、藤孝はしばしば上洛して公家や茶人たちと茶湯を楽しんだりしている。八月二十日には、田辺を訪れた（里村）昌叱と連歌に興じている。十月十五日の大坂における秀吉の茶会に出席したのはもちろんである（兼見・宗及記・細川家記）。すっかり政治や軍事は忠興に委ね切った形である。十一月二日、禁裏に屏風一双を献上した（兼見）。

同十三年三月、雑賀《さいか》攻めに従軍。久々の戦場体験である（太閤記・川角）。十月六日、大蔵卿法印に任じられ、昇殿を許された（細川家記）。同十四年四月一日、在京料として、旧領西岡の地三千石を与えられた（細川家記）。

〔文化人幽斎玄旨として〕

同十五年の九州陣では、息男二人を送り出して在国したが、四月から五月にかけて、山陰経由で九州へ赴き、箱崎・太宰府などを見物、六月三日、筑前姪浜で秀吉に合流した（幽斎道之記・太閤記）。十三日、醍ケ井屋敷における千利休の茶会に、秀吉に随従して出席している（宗久書抜）。帰途、備後に立ち寄り、鞆津で旧主義昭と会った（太閤記）。

同十六年、島津義久と中院通勝に古今集を伝授する（京都御所東山御文庫記録）。同十八年、小田原陣には、秀吉に先んじて東下したが、戦闘には加わらず鎌倉などを遊覧している（東国陣道記）。

同十九年九月十一日、禁裏より「新古今集」を借り、吉田兼見邸にて校合した。さらに、文禄三年（一五九四）三月、『山家集』を借り出し校合、翌四年四月五日、『豊後国風土記』を、慶長二年（一五九七）十月三日には『出雲国風土記』を書写している（細川家所蔵『豊後国風土記』『出雲国風土記』奥書）。このあたり、すでに武将としての姿はなく、文化人としての生活である。文禄元年十一月より、鹿児島に観光旅行に行っている（細川家記）。

同四年七月四日、島津領検地の恩賞として、大隅肝付郡岩広村、高隅村及び細山田村にて三千五百石余を加増される。慶長四年一月二十五日、この地は越前府中の内に移された（細川家記）。この頃の身分は、秀吉のお咄衆である。

〔関ケ原の戦いを経て〕

慶長五年の戦乱の時、七月に、西軍に付いた福知山城主小野木重次らに田辺城を囲まれる。落城は時間の問題となった時、歌道の絶えるのを惜しんだ後陽成天皇が勅命を下し、和睦、開城となった。城を出た藤孝は亀山城に移る（細川家記）。

関ケ原の戦いの後、家康に召されて拝謁。翌慶長六年十二月二十九日、越前にあった三千石を山城・丹波に移して給与された（細川家記）。

家督である忠興は、関ケ原の戦いの功により豊前中津、次いで小倉三十九万九千石に封じられており、藤孝はその後、九州と京都とを往復して過ごしていた。

慶長十五年八月二十日、京都にて没した。七十七歳であった。和歌をはじめ茶湯・遊泳・蹴鞠などに通じていたことは知られているが、そのほか、囲碁・舞曲・猿楽・包丁などにも造詣が深かったらしい（戴恩記ほか）。類いまれな文化人大名であった。

細川昌興（ほそかわ　まさおき）

永禄八年（一五六五）？～元和四年（一六一八）三月十八日。

頓五郎、玄蕃頭《げんばのかみ》。諱は「興昌」「興元」ともいう。

藤孝の二男で、忠興の弟。年少の頃より父とともに戦場に向かう。天正五年（一五七七）十月一日、おそらく初陣であろう、大和片岡城攻めで、兄忠興とともに一番乗りの功名を挙げた（公記）。『公記』には当時十三歳とあるが、『重修譜』では十四歳、『重修譜』の記事に基づくと十六歳になる。兄の忠興が当時十五歳なのは確かであり、『公記』の記事が最も信用に値するであろう。この戦いで、兄弟とも信長より感状を受けた（公記）。

同七年、有岡城攻めにも従軍。父や兄とともに毛馬砦の定番を務める（公記）。同九年二月二十八日の馬揃えにも、父・兄とともに参加した（池田本・士林証文）。

同年八月、父藤孝が丹後一国の支配を任されるに及んで、父・兄とともに入国する（公記）。同十年二月九日、兄とともに甲信に出馬するよう命じられ、出陣。三月十九日には、諏訪に着陣している（池田本・甫庵）。

本能寺の変後、父藤孝は明智光秀の誘いに応ぜず、忠興・昌興兄弟も父に従った。その後、父・兄とともに秀吉に従う。

越中富山城攻め、九州陣、小田原陣に従軍（重修譜・太閤記）。家督を譲られていた兄忠興の老臣として、丹後にて一万八千石を領す（武家事紀）。

文禄元年（一五九二）、兄に従い朝鮮に渡海（重修譜）。慶長五年（一六〇〇）、関ケ原の戦いに功。忠興が豊後拝領の後、小倉に住す（武家事紀）。しかしその後、兄忠興と不和になり、小倉を去って京都に住す（重修譜）。

同十三年、兄ともども駿府に呼び出され、兄弟和順。召されて秀忠に仕える（重修譜）。元和四年（一六一八）三月十八日没、五十四歳であろう。

キリスト教に受洗しており、キリシタン大名の一人である。

細川元定（ほそかわ　もとさだ）　京都

天文六年（一五三七）～文禄四年（一五九五）一月五日。

勘左衛門尉、上総介、左京亮。剃髪号紹高。

政勝の子。天正三年（一五七五）、信長に仕え、恩賞として三百石を与えられるという（細川系図・断家譜）。細川信良の補佐として付属され、同九年二月二十八日の馬揃えの時も、その列にあって行進する（細川系図・重修譜）。

同十年の本能寺の変の後、浪人して京都に寓居する（断家譜）。同十九年、秀吉に近侍、山城愛宕《おたぎ》郡にて采地を与えられる（細川系図・重修譜）。

文禄四年（一五九五）一月五日没、五十九歳という（重修譜）。

『宗及記』に見える「紹高」は彼のことであろうか。

細川幽斎（ほそかわ　ゆうさい）　→細川藤孝（ほそかわ　ふじたか）

細川六郎（ほそかわ　ろくろう）　→細川信良（ほそかわ　のぶよし）

細野藤敦（ほその　ふじあつ）　伊勢

天文十九年（一五四〇）？～慶長八年（一六〇三）二月二十六日。

九郎右衛門、壱岐守。入道号伊三。諱は「守清」とも。

長野藤光の子。安濃《あのう》城主。長野氏の一族、長野家の重臣として、天文年中の鷺山の戦い、永禄二年（一五五九）の塩浜の戦いなどに従軍する（勢州軍記）。

永禄十一年二月の信長の北伊勢侵入の時、安濃城を守って抵抗したが、結局降伏。長野家に送りこまれた、信長の弟信包に従うことになった（勢州軍記）。『勢州軍記』には、「於工藤（長野）家之剛之者也」とある。

その後、不本意ながら信包に仕えるが、天正五年（一五七七）二月二日、信包の軍に攻められ、応戦して弟二人は討死。だが、藤敦はその前に安濃城を出奔したという（勢州軍記・伊勢国司伝記）。

後、蒲生氏郷の下にあったが、結局秀吉に仕え、秀吉側室松丸殿や大政所の家司を務める（勢陽雑記）。秀吉の死後の関ケ原の戦いで失領したらしい。

慶長八年（一六〇三）二月二十六日、京都にて没、六十四歳という（戦国人名辞典）。

堀田右馬大夫（ほった　うまのだいぶ）　→堀田紀之重（ほった　きのしげ）

堀田一継（ほった　かずつぐ）
天文十九年（一五五〇）～寛永七年（一六三〇）六月二十五日。
孫七、権右衛門、若狭守。諱は「重武」とも。姓は初め「本田」。
信長に属したが、後秀吉に仕え、鷹匠頭。秀吉の下で、河内・近江・伊勢にて五千石を知行する（重修譜）。
天正十八年（一五九〇）、小田原落城して北条氏政・氏照切腹の時、検使を務める（太閤記）。慶長六年（一六〇一）三月五日加増され、都合八千八百八十石（重修譜）。
寛永七年（一六三〇）六月二十五日、八十一歳で没という（重修譜）。

堀田勝家（ほった　かついえ）　尾張
生没年不詳。
助左衛門。
尾張津島の人。正光の子。信長に仕えるが、本能寺の変の後、津島に戻り、居住する。後、召されて家康に仕える（重修譜）。

堀田紀之重（ほった　きのしげ）　尾張
?～慶長十四年（一六〇九）七月。
天王右馬大夫ともいう。尾張津島社家。永禄八年（一五六五）十二月二十八日、信長より壇那である美濃遠山氏の尾張出入りを許されている（張州雑志）。元亀三年（一五七二）五月十八日にも、右馬大夫宛ての信長発給文書がある（張州雑志）。
慶長十四年（一六〇九）七月没（張州雑志）。

堀田左内（ほった　さない）　尾張
生没年不詳。
信長の鑓衆の一人。伊藤清蔵（長久）・城戸小左衛門とともに、鑓三本の人数に数えられた（公記）。
天正七年（一五七九）、安土城建築に際して、小川祐忠・青山助一とともに、瓦奉行を務めている（安土日記）。

堀田道悦（ほった　どうえつ）　→堀田正定

堀田道空（ほった　どうくう）　尾張
生没年不詳。
津島の堀田氏。道悦（正定）と同一人か。一時的に斎藤道三に属した様子で、信長が道三と聖徳寺会見した時、道三の傍らに控えて、信長に道三を紹介している（公記）。天文末年頃か、七月十八日に興行された盆踊りに、自宅の庭を提供している（公記）。

堀田道友（ほった　どうゆう）　尾張
生没年不詳。
津島の堀田氏。道空・道悦との関係は不明だが、近親であろう。永禄五年（一五六二）十二月十八日、津島社実相院から伊勢にある寺領を買い取っている（堀田右馬大夫家文書）。

堀田孫七（ほった　まごしち）　尾張
生没年不詳。
信長の弓衆の一人。浅野長勝・太田牛一とともに、弓三張の人数に数えられた（公記）。「孫七」の称呼を持つ堀田氏では一継がいるが、年代的に合わない。一継の父だろうか。

堀田正定（ほった　まささだ）　尾張
?～天正十五年（一五八七）七月八日。
孫右衛門。入道号道悦。諱は「正貞」とも。
津島の堀田氏。『公記』に登場する道空と同一人か。堀田氏の津島での繁栄を築く（張州雑志）。永禄二年（一五五九）四月付で、坂井政尚に堀田家の系譜を提出している（張州雑志）。信長に仕えるが家臣としての事跡については伝わっていない。
天正十五年（一五八七）七月八日没（張州雑志）。

堀田正英（ほった　まさひで）　尾張
?～慶長十年（一六〇五）三月十二日。
孫右衛門。新右衛門、帯刀。諱は「正秀」とも。
正定の弟。兄が隠居した後、家を継ぐ（張州雑志）。
慶長十年（一六〇五）三月十二日没（張州雑志）。

堀田弥右衛門（ほった　やえもん）　尾張
生没年不詳。
津島の堀田氏であろう。某年十月二十五日、木下秀吉より堀田次郎八の買い取った屋敷の詮議の使者を派遣したことを伝えられている(張州雑志)。永禄六年(一五六三)一月十七日、同族の堀田三次より天王弥五郎殿番を買い取っている(堀田虎次氏文書)。天正三年(一五七五)四月十三日にも、同族の堀田兵助から同じ権益を買い取っているが(堀田虎次氏文書)、一度売却されたのであろうか。他の事跡は不明である。

堀次郎(ほり　じろう)　→堀秀村(ほり　ひでむら)

堀直政(ほり　なおまさ)　美濃?

天文十六年(一五四七)～慶長十三年(一六〇八)二月二十六日。

三介、三右衛門、監物。姓は初め奥田。

母は堀秀重の姉という。秀重の子秀政と一緒に信長に仕えた時、出世した方に他の者が仕えるという約束をし、秀政が信長の寵愛を得て取り立てられると、約束通りこれに仕えて信長の陪臣となるという(武家事紀)。だが、こういった話は、加藤清正と飯田覚兵衛・森本儀太夫との間にも伝わっており、創作されたものであろう。

『寛永伝』には、伊賀亀甲城攻めに先登して、信長に賞されたとあるが、いつのことかは不明である。永禄十二年(一五六九)、伊勢峰城攻めに功をあげたという(寛永伝)。秀政の臣として、堀家の家事を執行する(武家事紀)。

本能寺の変後、山崎の戦いに功。明智秀満を追って、大津より坂本城を囲んだ。賤ケ岳の戦い、長久手の戦いでも、秀政に従って功。天正十三年(一五八五)閏八月に、秀政より「堀」の姓を与えられたという(重修譜)。

秀吉政権の下で、雑賀《さいか》攻め、小田原陣にも従軍。秀政の没後は、その子秀治に仕え、慶長三年(一五九八)四月二日、秀治が越後移封の時、沼垂《ぬたり》郡にて五万石を与えられ、三条城主(重修譜)。

慶長十三年(一六〇八)二月二十六日没。六十二歳という(重修譜)。

堀長利(ほり　ながとし)　美濃?

生没年不詳。

六蔵。

直政の弟道利の子。信長に仕え、某年、近江にて戦死。十六歳という(重修譜)。

堀存村(ほり　ながむら)

『重修譜』には、遠江守(次郎、「今の系譜」には「秀基」という)の子とある。遠江守は、近江坂田郡北荘堀・蒲葉(鎌刃)に住し、信長に仕えるとも書かれている。

そして、『重修譜』には、存村は信長次いで秀吉に仕え、従五位下石見守に叙任。慶長四年(一五九九)八月一日没、四十三歳とある。

元亀元年(一五七〇)に信長に降った堀次郎秀村は、当時十五歳であったと『当代記』にあり、事跡と通称は秀基、生年は存村とほぼ一致する。

『重修譜』の秀基・存村父子の記事は、秀村のことと考えるべきではなかろうか。

堀秀重(ほり　ひでしげ)　美濃

天文元年(一五三二)～慶長十一年(一六〇六)十一月二十八日。

掃部大夫、太郎左衛門尉。

『寛永伝』によれば掃部大夫の子。秀政の父である。初め斎藤道三に仕え、二千石を領す。後、信長に属し、近江坂田郡にて三千石を与えられ、旧領と合わせて五千石。本能寺の変後か、秀吉に仕え、加増あって一万石になるという(堀家譜)。

天正十六年(一五八八)五月二日、越前性海寺に判物を発し、寺内の椿・竹・木を無断で伐る者があれば報せるよう命じている(性海寺文書)。越前北庄城主である子の秀政の代官のような役割を果していたことがうかがわれる。

秀政が没し、孫秀治が越後に移されると、同国内で一万四百石を領す(堀家譜)。ここでも、慶長二年(一五九七)六月八日には、十郷井水のこと、鳴鹿口よりの堰のことについて指示するなど、孫の下で政務に励んでいる(大連文書)。

なお、発給文書には、「堀太郎左衛門尉秀重」「太郎左秀重」と署名している(性海寺文書ほか)。

慶長十一年十一月二十八日没。七十五歳という(堀家譜)。

堀秀政（ほり　ひでまさ）　美濃

天文二十二年（一五五三）～天正十八年（一五九〇）五月二十七日。

菊千代、久太郎、左衛門督、侍従。

〔その生い立ちと初舞台〕

秀重の子。『重修譜』によれば、先祖代々美濃茜部《あかなべ》村を領しており、秀政の出生も同村であるという。さらに、幼時より伯父掃部大夫のもとにおり、後、大津長治（長昌）次いで木下秀吉に従い、永禄八年（一五六五）、十三歳の時より信長に仕えるという。成人してからは、信長の代表的側近となる秀政だけに、その頃は小姓として信長の傍らに侍したのであろう。

十一日という日付のみある秀政宛て信長書状、及び同日付某宛て秀政書状があり（本圀寺文書）、『大日本史料』や『信長文書』は、いずれも永禄十一年（一五六八）十月のものとしているが、そうであるとすると、これらが秀政の関係文書の初見である。当時僅か十六歳だが、少年時にして早くも、新将軍義昭の仮の居所になる本圀寺の普請奉行という重責を担っていることになる。

〔若き信長側近として〕

元亀年間より秀政の信長側近としての活躍は活発となる。その様子をまとめてみよう。

①（元亀二年＝一五七一）十二月十五日、美濃立政寺《りゅうしょうじ》の制札下付を取り次ぐ。（同三年）閏一月二十八日、同寺に制札銭を免除する（立政寺文書）。

②同三年八月、江北出陣の朝倉陣へ派遣され、一戦を遂げることを誘う。だが、返答は得られなかった（公記）。

③天正元年（一五七三）十一月二十三日、妙覚寺での信長茶会の時、「御通衆」を務める（矢部家定と）（宗及記）。

④同三年十月十一日、木村藤兵衛に近江坂田郡朝妻村の地五百石の宛行いを奉じる（万見重元と）（国友共有文書）。

⑤（同四年）六月十六日、日根野孫二郎の天王寺の戦いでの功を褒す。（同年）十二月十三日には、軍忠を信長に報告した旨を報せる（日根文書）。

⑥同年十一月九日、上山城にて大工と人夫を徴発する（万見と）（蜂須賀文書）。

⑦（同五年ヵ）五月十四日、山城の直轄領代官武田左吉らの狛綱吉知行地の押領を譴責する（小林文書）。

ここに掲げたのは、秀政の十九歳から二十五歳頃までの実績である。②④⑤⑥⑦などは、信長側近の中でも、誰にでも任せられるわけではない重要な仕事である。このほか、信長の書に副状を発給している姿は頻繁に見られる。

〔信長の権威を負って〕

さらに側近としての活躍振りを追ってみよう。

天正五年八月、柴田勝家を大将として、滝川・丹羽・羽柴ら諸将が加賀平定のため派遣される。彼らの活動は思う通りに進まず、九月十日、苦戦の様子を秀政に訴えかけている（宮川文書）。

また、同年十月、羽柴秀吉が播磨に遣わされるが、秀政は、（同年）十二月五日と（同六年）三月二十二日付で、播磨国衆小寺（黒田）孝高に書状を発し、忠節を励ましている（黒田文書）。六年五月には、万見重元とともに使として播磨まで遣わされた（蜂須賀文書写）。

これらの事実は、秀政の力が柴田・羽柴ら歴戦の部将を立場上凌駕しているかのような感をさえいだかせる。もちろん当時の秀政は、戦場においては信長馬廻にすぎず、戦闘能力において部将たちに比べるべくもないが、信長の信頼厚い側近として、柴田ら有力な部将たちさえ一目置く存在だったようである。これは単に秀政が信長の寵愛を受けていたというばかりでなく、『老人雑話』に「堀左衛門傑出の人也」と書かれている通り、その資質によるものでもあろう。秀政まだ二十五、六歳の若さである。

〔戦場での活躍振り〕

信長の代表的側近といえば、秀政のほかに菅屋長頼・福富秀勝・大津長昌・矢部家定・長谷川秀一・野々村正成などがあげられる。しかし、秀政が他の者と異なることは、戦場での経験である。秀政は側近として各種の奉行職に就きながらも、一方では戦場でもかなり活躍している。本能寺の変に至るまでの、彼が軍を率いて戦いに加わった姿を追ってみよう。

①天正五年二月、雑賀《さいか》攻めに従軍。この時は、信長本陣より離れ、佐久間信盛・羽柴秀吉らとともに一隊を率いている（公記）。そして、小雑賀口で敢闘、手の者百人余が討死したという（当代記）。

②同六年十一月、有岡城攻めに従軍。信長自身の出陣は十一月三日（公記）。だが、秀政は、万見重元とともにそれより一足早く有岡方面に出向いたらしい（山本丈二氏文書）。信長在陣のための準備を命じられたのであろう。信長着陣後は馬廻として側にあり、甲山《かぶとやま》へ避難した百姓たちの成敗、十二月八日の総攻撃の時は万見・菅屋とともに鉄砲隊を引率している（公記）。

③同七年四月、播磨出陣。三木の支城の攻撃が任務だが、主力は佐々・前田・不破・金森・原の越前衆である（公記）。これに秀政と津田（織田）信澄が付けられたのは、主将のいない越前衆の監督に当ったのであろうか。

④同年八月二十二日、信忠に添えられて、再び有岡陣に赴く（公記）。

⑤同九年九月、伊賀攻めに参加。この戦いの主将は信雄だが、秀政は江州衆とともに信楽《しがらき》口より攻めこんだ（公記）。『多聞院』には、秀政がこの軍の大将であったとある。九月中頃までには、滝川一益らとともに阿《あ》閇《べ》郡を平定した（公記）。十月十日、伊賀見物の信長を一宮でもてなして、十七日頃帰陣した（公記）。

⑥同十年三月、信長に従い甲信へ出陣（公記）。だが、この戦いは、信長が信濃に入った時は信忠が武田氏を滅ぼした後だったので、戦闘には参加しなかった。四月三日に暇を賜り、草津に湯治に出かけている（公記）。

部将たちに比べると戦いの経験は少ないものの、彼の活躍は奉行としての仕事のみにとどまらなかったことが知られるであろう。

〔天正七年以後の側近としての活動〕

再び秀政の信長側近としての活躍振りを見てみよう。天正七年頃からは、副状発給や各種奉行、使者を務めるほか、外交面にも携わっている。彼の場合、先に記した通り戦場でも働いているから、実に幅広い活躍振りと言えるであろう。

①天正七年五月二十七日、安土宗論の時の奉行の一人（公記）。日蓮宗坊主からの詫《わび》証文《しょうもん》を受ける（菅屋・長谷川秀一と）（言経）。

②同年七月二十六日、陸奥の遠野孫次郎の使石田主計《かずえ》と出羽の千福の使前田薩摩の接待を命じられ、自邸で饗応する（公記）。

③（同年）八月八日、家康より信康を追放したことを伝えられる（信光明寺文書）。

④同八年閏三月、伴天連《ばてれん》屋敷造営の奉行（菅屋・長谷川と）（公記）。

⑤（同年）七月二十一日、信長の蜂須賀正勝宛て書状に副状（蜂須賀文書写）。

⑥（同年）九月五日、和泉諸侍に、佐久間信盛父子の追放を報じる（尊経閣文庫文書）。

⑦（同年）同月二十二日、神保長住より越中の戦況の報告を受ける（北国鎮定書札類）。

⑧同九年一月一日、安土城の北の地に馬場を造営する奉行を務める（菅屋・長谷川と）（公記）。

⑨同年三月九日、和泉へ派遣され、和泉国内に指出《さしだし》を徴す（公記）。ところが槙尾寺《まきのおでら》がこれを拒否、秀政は軍勢をもって寺を囲み、四月二十日、僧たちを退去させ、続いて五月十日、丹羽長秀ら諸将とともに一宇も残さず焼き払った。この時秀政は検使を務めている（公記）。

⑩同年十月二十九日、下野皆川広照よりの使者を取り次ぐ（公記）。この時、秀政も皆川より馬を贈られている（皆川文書）。使者の馳走は秀政が担当したのであろう。

⑪同十年一月二十五日、伊勢大神宮御師《おんし》上部貞永の、大神宮造営の願いを信長に取り次ぐ（公記）。秀政は翌日副状を発し、大宮司らに指示を与えている（外宮天正遷宮記）。

〔秀政の長浜拝領について〕

この間の天正九年九月、秀政は坂田郡にて二万五千石を賜り、長浜城主になったと『堀家譜』にある。『重修譜』には二万五千石の記載はないが、何に拠ったか九月八日と日付まで記している。

しかし『豊鑑』には、同十年六月、光秀与党となった阿閉《あつじ》の攻撃を受けて、秀吉の家族が長浜城を逃れ出たと書かれている。また、清須会議を終えた六月二十八日、秀吉は長浜に「帰城」することを高木貞利に伝えている（高木文書）。その後も長浜城は秀吉が使っていたことは間違いない。

（天正九年）十月二日付の前田利家宛て信長朱印状によると、利家らの跡職越前府中は次年より菅屋長頼に与える旨が述べられている（加能越古文叢）。しかし、本能寺の変により、長頼の府中城主は実現しなかった。思うに、秀政の長浜城主もこれと同様、予定だけで終ったのではなかろうか。

また、『堀家譜』にある坂田郡二万五千石というのは、清須会議で織田家台所入として秀政が預かった石高と一致する（堀家文書幷系図）。これと混同したものであろう。

〔馬廻衆の統率者の一人として〕

天正十年一月十五日、信長は安土城の馬場にて爆竹《さぎっちょう》を行った（公記）。この行事は、前年の同日にも行われているが、十年の時には、連枝衆、近江衆をはじめとする近国の大名たち、それに小姓・馬廻が参加した。近江衆たちは当時信長の旗本部将と言うべき身分、小姓・馬廻は常時安土に居て信長の近辺を固めている者たちである。

『公記』の記事を見ると、この小姓・馬廻を、秀政と菅屋長頼・長谷川秀一・矢部家定の四人が統率したらしい。また、この年の四月二日、甲斐台ケ原において、甲州に入った者の着到を付け、北条氏より贈られた雉の分配を行った奉行は、この顔触れに福富秀勝を加えた五人である（公記）。

信長の小姓・馬廻は数百人という数に上るであろうが、ただ同格に並んでいるわけではなく、能力・経験に勝る秀政ら五人が特別の地位を与えられて、彼らを統率する形になっていたのではなかろうか。

〔本能寺の変に際して〕

天正十年五月、秀政は備中高松城を攻囲している羽柴秀吉への使を命じられた。だが、この月二十日、丹羽長秀とともに徳川家康を振舞うことを申し渡されているから、備中へ向かったのは下旬になってからであろう（公記）。

六月二日朝に京都で起った事変の報せは、秀吉の陣には四日未明に届いたようである（浅野家文書）。秀吉陣にいた秀政もほぼ同時にそれを知ったであろう。

秀政は秀吉とともに東上、十三日の山崎の戦いに参加した。（同年）十月十八日付の、斎藤利尭・岡本良勝宛ての長文の秀吉書状（浅野家文書・金井文書）によると、秀政はこの時先手を務めた高山・中川と一緒に戦っている。だが、自分の軍勢は乏しかったであろうから、『川角』にある通り、先手の「下知見合い」、即ち秀吉からの指示の仲介のような役割を務めたものと思われる。

山崎の戦い後は近江坂本へ行き、坂本城に入ろうとする明智秀満と戦ったという（川角・太閤記）。

近江・美濃の混乱の鎮まった二十七日、勝家・秀吉・長秀・池田恒興の四人が参加した清須会議が催される。会議の結果、秀政は、新しい織田家当主三法師の傅役、台所入の代官とされた（堀家文書幷系図・多聞院）。

〔秀吉の部将として〕

その後、秀吉と勝家の対立が次第に深まる。形の上では公平な立場にあるべきはずの秀政だが、彼は急速に秀吉に接近する。十月六日付で秀政は、勝家より五カ条より成る覚書を受けるが、その内容を見ると、秀吉に対して直接呼びかけたものに等しい（南行雑録）。

翌十一年三月、秀吉方として勝家と対陣すべく江北へ出陣、東野山に着陣する。四月二十日の佐久間盛政による大岩山急襲の時は、中川清秀を救援しなかったが、その後の北庄攻撃には加わった（柴田合戦記・太閤記）。

戦後の八月一日、近江佐和山城主になり、その年十二月、「羽柴」の姓を賜り左衛門督に任ずという（柴田合戦記・多聞院）。しかし、「羽柴」の賜姓はもっと早かったらしく、文書の上では、すでに前年の十月二十日に、「羽柴久太郎秀政」と署名している（神照寺文書）。秀吉が秀政を急いで取り込んだ様子がうかがわれる。

また、十一年七月四日付で、「筑前守（秀吉）出頭面々」として数人の秀吉家臣が『宇野』に載せられているが、秀政もその中に含められている。周囲では、早くから秀吉の家臣としての認識だったのであろう。

同十二年四月九日、秀吉方として長久手の戦いに参加。池田と森軍に加え秀次軍も崩れる中、家康軍の攻勢を何とかくい止めた（太閤記ほか）。

以後、秀吉の有力部将として、雑賀攻め、四国攻めに従軍（紀州御発向記・四国御発向并北国御動座記・太閤記）。

同十三年閏八月二十二日、丹羽長秀没後の跡地越前に移封。北庄城主で十八万八百石余を領す。溝口秀勝・村上義清が与力として付くが、彼らの領分も合わせると二十九万八百五十石に達したという（堀家譜）。同十四年一月十四日には、長谷川秀一と一緒に昇殿を許された（御湯殿・下村效「天正文録慶長年間の公家成・諸大夫成一覧」）。同十五年、九州陣に従軍（当代記）。同十八年には、小田原陣にも従軍。山中城攻めに参加。この時は八千七百という大軍を引率している（毛利家文書）。しかし、小田原落城前の五月二十七日、早川口の陣中で没した。まだ三十八歳であった（堀家譜）。跡は嫡男秀治が継いだ。

堀秀政は、若くして信長に重用されただけでなく、秀吉の股肱の臣として、その天下統一のために大いに貢献した。性格は謙譲で、自我にこだわらない逸話を多く伝えている。『堀家譜』には、柳生宗矩の言葉として、「世ノ人名人左衛門ト名ヅク、天下ノ指南シテモ越度有マジキ人也ト云キ、是天下ヲモ知セ度人也」との賛辞が伝えられている。

堀秀村（ほり　ひでむら）　近江

弘治三年（一五五七）?～慶長四年（一五九九）八月一日?

次郎、次郎左衛門尉、遠江守。諱は「元《もと》積《ずみ》」とも。

近江坂田郡鎌刃城主。『浅井三代記』には遠江守の子とある。これは『重修譜』の「堀存村」の記事と一致する。『島記録』には「秀治」の子と書かれている。

父は浅井氏に仕える。幼少の時父は没し、家を継ぐ。家老樋口直房が堀家の万事をとりしきり、秀村の後見役となった。

元亀元年（一五七〇）六月、樋口ともども信長に帰属する（公記）。この時十五歳と『当代記』にある。すぐに小谷攻めに参陣。雲雀山に上って町を焼き払った（池田本）。同月二十八日の姉川の戦いにも参加。信長旗本の先手を務めた（南部文書）。

この年十二月二十七日、信長方久徳左近兵衛尉と高宮右京亮との戦いがあり、（翌年）一月二日付で、信長は久徳とともに秀村にも書を発している（神田孝平氏文書）。この文中で信長は秀村に対して、久徳が益々忠節を尽くすよう申し聞かせることを命じている。秀村と久徳とが、信長の下で決して対等の立場ではなかったことが知られる。

坂田郡内で今井氏と勢力を競っていたが、今井秀形が磯野員昌に従って佐和山城に籠城すると、その隙にその領地を押領して行き、坂田郡の半ばにも及ぶ支配地を持ったという（島記録）。

秀村は、横山城将として小谷攻めの最前線に置かれた木下秀吉の与力の立場であった。しかしその支配地は、秀吉よりずっと大きかったという（当代記）。そして秀村は、その発給している安堵状から判断して、久徳のほか野村孫太郎・下坂若狭守・島秀現・島秀宣・田那部式部丞ら浅井氏の旧臣を麾下に置いていたものと思われる（清水文書・下坂文書・島記録ほか）。つまり坂田郡の辺りでは、木下秀吉―堀秀村・樋口直房―久徳ら、という三段階の支配体制が作られていたのである。信長にしても、秀村の投降後、すぐには既得の権利を剝奪できず、その結果、こうした複雑な形が現出したのであろう。

同二年五月六日、箕浦表に出てきた浅井七郎の軍を、秀吉の救援を受けて打ち破った（公記）。

天正二年（一五七四）一月、成菩提院より年始の礼として二百文を受けた「堀遠江守」が見えるが、その名の次に樋口直房が載っていて百文を受けているから、秀村に間違いない（成菩提院年中日記）。父と同じく「遠江守」を名乗ったのであろう。

坂田郡内で威を振るう秀村と樋口に対しては、信長はずっと取潰しの機会を狙っていたらしい。その圧迫も次第に強まったのであろう。追い込まれた樋口は、同年八月、越前木芽峠より城を捨てて出奔、追われて討ち取られた（公記・関文書）。秀村もすぐに改易された（当代記）。

その後の消息については、『武功夜話』に、秀吉の下で一千石の身分として仕えたように書かれているが、正確なところは不明である。『重修譜』にある「堀存村」が秀村と同一人で、その記載を信じるとすると、後に秀長に仕え、慶長四年（一五九九）八月一日、四十三歳で没ということになる。

堀内氏善（ほりうち　うじよし）→（ほりのうち　うじよし）

堀内次郎左衛門（ほりうち　じろうざえもん）伊勢

生没年不詳。

神戸四百八十人衆の大将の一人。元亀二年（一五七一）一月、知行を安堵され、神戸家を継いだ信孝に仕えた（神戸録・勢州軍記）。

堀江景忠（ほりえ　かげただ）越前

生没年不詳。

中務丞、中務入道。後に幸岩斎藤秀と号す。

景用の嫡子。朝倉氏に仕える。天文二十二年（一五五三）一月二十八日付の滝谷寺への寄進状が発給文書の初見である（滝谷寺文書）。永禄六年（一五六三）五月から六月にかけて、善妙寺の段銭についての発給文書も見られる（善妙寺文書）。

朝倉氏の部将としては、弘治元年（一五五五）七月、朝倉宗滴《そうてき》に従って加賀に出陣し、戦功をあげる（朝倉記）。

永禄十年三月、加賀の一向一揆と通じて朝倉氏に背き、本荘城に朝倉軍の攻撃を受けた。小和田の本流院真孝の調停により停戦。八月、景忠は城を出て、能登へ退いた（朝倉記・岡部系図、松浦義則「越前国人堀江氏の動向について」所収）。その後、しばらく加賀に亡命していたらしい（竹間芳明「越前一揆の構造」）。（同年）六月五日付で、本願寺光佐（顕如）より戦いについて犒われ、太刀・馬等の贈呈を受けており、また、（翌年）六月十日には、逆に光佐より贈品についての礼を受けている（顕如書）。

天正元年（一五七三）八月、朝倉氏滅亡。翌二年二月、一向一揆が越前を席巻する。ここで景忠は越前に戻り、越前の本領を回復した。同年七月二十日付で、信長は高田専修寺に対し、越前出馬の際の忠節を求めているが、景忠の名もその宛名に連なっている（法雲寺文書）。すでに信長に内通していたのである。一向一揆への協力を続けていたのに、本願寺の越前支配体制に不満を持っていたという（竹間氏前掲論文）。『朝倉記』によると、同三年三月に信長に降り、本領安堵と加賀二郡の加恩を受けたといわれる。

同年八月の信長の越前攻めに参陣、杉津《すいづ》口を守備した（朝倉記）。八月二十八日、豊原の陣に信長を訪れて赦免の礼。すぐに別《べっ》喜《き》（簗田《やなだ》）広正・佐々長穐とともに加賀進攻を命じられる（公記）。

その後、広正・長穐と一緒に加賀檜屋《ひのや》・大聖寺《だいしょうじ》城に入る。『朝倉記』には、ともに「城主」とあるが、加賀は体制上広正に与えられており（当代記）、景忠はその与力の立場だったのであろう。

なお、この頃、滝谷寺及び性海寺宛てに書状をさかんに発給して、加賀在陣の様子等を報じており、それらの書では「堀江幸岩斎藤秀」と名乗っている（滝谷寺文書・性海寺文書）。

『岡部系図』によると、天正年中、佐久間盛政のため、滝谷寺において殺害されるという。

堀江藤秀（ほりえ　とうしゅう）→堀江景忠（ほりえ　かげただ）

堀尾勝盛（ほりお　かつもり）　尾張

生没年不詳。

助左衛門。

天正八年（一五八〇）八月、春日井郡の大手八幡宮の社殿を建立している（大手八幡社棟札）。可晴の弟に助右衛門吉勝という者が見られる系図があり、それによると、彼は、春日井郡関田村に帰農し、慶長十一年（一六〇六）年九月二十四日没という（尾張群書系図部集）。大手と関田の近さから見て、彼が可晴の弟である可能性はある。

堀尾泰晴（ほりお　やすはる）　尾張

永正十四年（一五一七）～慶長四年（一五九九）。

弥助、中務丞、中務少輔。諱は「吉定」「吉久」とも。

泰政の子で可晴の父という（堀尾家伝）。尾張丹羽郡に住し、信長に仕える（断家譜）。

慶長四年（一五九九）、浜松にて没、八十三歳という（断家譜）。

堀尾吉定（ほりお　よしさだ）→堀尾可晴（ほりお　よしはる）

堀尾吉直（ほりお　よしなお）→堀尾可晴（ほりお　よしはる）

堀尾可晴（ほりお　よしはる）　尾張

天文十二年（一五四三）～慶長十六年（一六一一）六月十七日。

仁王丸、小太郎、茂助、毛助、帯刀先《たてわきせん》生《じょう》。諱は「可晴」をはじめ「吉晴」「吉定」「吉直」ともあるが、すべて文書で確かめられる。

『太閤記』には「中務少輔吉久」の子、『堀尾家伝』には「中務丞泰晴」の子とある。尾張上郡供御所の出身という（太閤記）。信長に仕える。

永禄二年（一五五九）春、夜軍に従い、一番首の手柄を立てたという（太閤記）。後、木下秀吉の与力として付けられ、元亀元年（一五七〇）の横山攻めの時、秀吉の臣となり、天正元年（一五七三）九月、秀吉に江北の地が与えられるに及んで、百五十石を領すという（太閤記・武家事紀）。後、三百石を与えられる（堀尾家伝）。

その後の可晴について、天王寺在番の時の戦功、丹波より退陣の時の戦功など、『太閤記』や『武家事紀』などに載っているが、信用はできない。『堀尾家伝』にある長篠の戦い従軍は、おそらく確かであろう。

天正五年十月、秀吉の播磨入国に従う。そして、姫路の内千五百石を加増される（堀尾家伝）。その後、秀吉に従って中国方面で活躍。同九年十月、鳥取開城して城将吉川経家らが切腹した時、検使を務めたという（太閤記・堀尾家伝）。

同十年六月、本能寺の変報を得て急ぎ高松を開城させた時も、検使を務める（太閤記・堀尾家伝）。山崎の戦いの時、中村一氏とともに先手の鉄砲頭として活躍（川角）。天王山をめぐって奮戦したという（太閤記・堀尾家伝）。この年、丹波に封じられ、黒江城三千五百石及び氷上郡にて六千二百八十四石を領す（堀尾家伝）。十一月十二日、柏原別宮八幡宮に、氷上郡の地を寄進している（柏原八幡宮文書）。（同年）三月十三日付書状（坪内文書）では「堀尾茂介吉定」とあるが、この判物では「堀尾毛介吉直」と署名している。

賤ケ岳の戦いの時は、いったん秀吉に従って江北に出陣。その後、首鼠両端を持している氏家氏の監視のため大垣に留められたが、秀吉の急な出陣を見て、それを追いかけたという（太閤記・堀尾家伝）。この年のうちに若狭高浜に移封、一万七千石を領す（柴田合戦記・堀尾家伝）。

同十二年の小牧陣の時は、三月八日に出陣の用意を命じられており（木村文書）、北伊勢にて働いた。

同十三年の佐々成政討伐に従軍（四国御発向并北国御動座記）。同年閏八月二十二日、移

封されて近江佐和山四万石となる（譜牒余録・堀尾家伝）。そして、近江の大部分を与えられた秀次の家老として付属された（四国御発向并北国御動座記）。

九州陣にも従軍。この頃、従五位下帯刀先生、豊臣氏の姓を受ける（堀尾家伝）。

同十八年、小田原陣に参加。秀次の山中城攻めに従軍する（堀尾家伝）。

小田原開城後の七月十三日、徳川家康の跡、遠江浜松城に移封、十二万石（堀尾家伝）。奥州へも軍を進め、九戸城攻めで功（太閤記）。攻略直後の同十九年九月六日、浅野長政・蒲生氏郷らとともに、二戸郡平糟村の百姓、地下人の還住を命じている（南部家記録）。

文禄三年（一五九四）、伏見城の工事を分担（当代記）。同四年七月の秀次事件の時、秀吉の使として聚楽第に秀次を迎えに行く（太閤記・堀尾家伝）。

秀吉の晩年、生駒親正・中村一氏とともに、豊臣政権の三中老の一人であったといわれる（堀尾家伝ほか）。

慶長四年（一五九九）十月一日、隠居料として越前府中城五万石を与えられ、赤座吉家ら五人が与力として付属する（堀尾家伝ほか）。

同五年、新領国越前より浜松へ赴いて、上杉討伐の途の家康に謁し、帰国のため三河池鯉鮒《ちりゅう》に至ったところで、七月十九日、水野忠重と加々野井秀望に会って酒宴を催す。その席で秀望は忠重を斬殺、可晴も負傷した（金沢市立図書館文書・堀尾家伝）。

関ケ原の戦いの後、子忠氏が出雲・隠岐二十四万石に加増される。慶長十六年六月十七日没、六十九歳であった（堀尾家伝）。

堀内氏善（ほりのうち　うじよし）　紀伊

天文十八年（一五四九）～元和元年（一六一五）四月十日？

熊千代、新次郎、安房守。諱は「氏義」とも。

紀伊牟婁《むろう》郡新宮城主。累代熊野新宮の別当職。元亀三年（一五七二）当時の堀内氏の支配地について、『熊野年代記』には「三万石ホド也」とある。

氏虎の子（寛永伝）。兄氏高の跡を継ぎ、天正二年（一五七四）一月六日より新宮城主となり、安房守を称す（熊野年代記）。

天正四年夏より、北畠信雄の臣加藤甚五郎らと、紀伊三鬼城・伊勢梅谷長島城をめぐって戦い、ついに攻略する（勢州軍記）。信長に降ったのはそれより後であろう。同九年二月二十九日、信長より紀伊牟婁郡の内、新宮より相賀までの地を新宮領として安堵されている（堀内文書）。

本能寺の変後、秀吉方について山崎の戦いで功をあげ、七千石を加増されるという（朝野雑載）。同十三年、四国陣に従軍（高山公実録）。文禄元年（一五九二）、名護屋在陣。その後水軍として出動し、敵の番船を乗っ取った功により、秀吉より感状を受けた（続紀伊風土記）。同三年、伏見城の普請を分担、当時二万七千石（当代記・聚楽武鑑）。

慶長五年（一六〇〇）の戦乱には西軍に味方して、八月、伊勢口を防衛する（真田文書）。その後、新宮城に籠ったが、敗戦により逐電（朝野雑載）。紀伊加田村に蟄居するが、加藤清正に預けられる（続紀伊風土記）。

元和元年（一六一五）四月十日、肥後熊本にて没、六十七歳という（寛永伝）。没年月日については、他に慶長十四年八月十五日説、元和二年四月十二日説があるという（井上正「堀内氏善の系譜について」）。

本郷信富（ほんごう　のぶとみ）　若狭

享禄四年（一五三一）～慶長十年（一六〇五）九月二十三日。

与三郎、左衛門尉、治部少輔、美作守。初名は「泰富」。大飯《おおい》郡本郷山城に住す（若州観跡録）。

室町将軍義輝に仕え、奉公衆で奏者番だったという（本郷系図・言継）。永禄八年（一五六五）、将軍義輝が討たれると、三好一党の攻撃を受けて、本郷城を没落する（本郷系図）。その後、信長が義昭を将軍位に就かせることによって、本領に復帰したか。

永禄十二年（一五六九）四月七日、信長より、武田義統の折紙に任せ、若狭本郷の地を安堵されている（本郷文書）。

若狭は、守護武田氏の威令が届かず、しばらく乱れた状態が続くが、その中で本郷は、信長より離れずに要害を堅く守った（本郷文書）。（天正二年＝一五七四）八月九日付で、信長より音信と贈品に対して謝されている（本郷文書）。

しばらくの消息が不明だが、ずっと後になって家康に仕え、慶長七年（一六〇二）十月二日、山城綴喜《つづき》郡にて五百石を与えられる（重修譜）。室町幕府の奏者番としての経験により制法に詳しく、家康に仕えてからも奏者番を務めたという（寛永伝）。

同十年九月二十三日没、七十五歳という（重修譜）。

本郷頼泰（ほんごう　よりやす）　若狭

永禄七年（一五六四）～慶長三年（一五九八）八月一日。

虎菊丸、勝三郎。

信冨の長男。信長に仕える。その後、信雄、家康と歴仕する（本郷系図）。

慶長三年（一五九八）八月一日没、三十五歳（本郷系図）。

本多清七（ほんだ　せいしち）　越中

生没年不詳。

天正八年（一五八〇）閏三月、血判をもって小笠原貞慶に降り、信長帰属を誓っている（書簡幷証文集）。

ま

前田玄以（まえだ　げんい）　美濃

天文八年（一五三九）～慶長七年（一六〇二）五月七日。

孫十郎、民部卿法印、僧正。院号徳善院。斎号半夢斎。諱は「基勝」。

もともとは尾張小松寺の住職であるという（武功雑記）。信長に仕えていたが、天正三年（一五七五）十一月、信忠が織田家の家督を継ぎ、尾張・美濃の大部分を支配するようになった時から信忠に属したのであろう。同七年、真長寺の仁王堂前の地の売買関係を調査したり、同寺に掟書を定めたりしている（真長寺文書）。

同年七月十九日、信長の指令を受けた信忠の命で、井戸将元を殺害した（公記）。同十年一月現在も、信忠の取次衆の一人としてあげられており（宇野）、采地七千石を知行していたという（重修譜）。

本能寺の変の時、三法師を擁して岐阜から清須へ逃れ、その後、長谷川丹波守（可竹）とともにその傅役にされる（太閤記）。

同年十月に織田家家督とされた信雄に仕え、賤ケ岳の戦いの後の同十一年五月二十一日、信雄より京都の奉行に任じられている（古簡雑纂）。若年の頃より「知恵深而無私曲」と『柴田合戦記』にある。

以後、京都の政務に携わり、同十三年七月、秀吉より五万石を与えられ、丹波亀山城主（重修譜）。同月、秀吉の関白任官に伴って、京都所司代に就任したようである（伊藤真昭「秀吉関白任官と所司代の成立」）。同十四年四月、東山大仏殿建立の奉行を務める（太閤記）。

同十六年春、秀吉が聚楽第に正親町天皇の行幸を仰ぐにあたって、命により諸家の記録・故事を尋ね、調べ上げた（聚楽行幸記）。

文禄四年（一五九五）七月、秀次事件の時、詰問の使を務め、また、秀次一類処刑の時、奉行を務めた（太閤記）。秀吉の晩年には、五奉行の一人とされる。

慶長五年（一六〇〇）の戦乱には西軍に属し、大坂城の留守を務める（真田文書）。西軍敗戦となったが、所領は安堵された。

同七年五月七日没、六十四歳。妻は村井貞勝の娘という（重修譜）。

前田左馬允（まえだ　さまのじょう）　尾張

?～永禄二年（一五五九）七月十二日。

『尾張志』には利家の兄とあるが、誤り。荒子の前田家とは別系統らしい。岩倉の織田信賢に仕える（尾張志）。永禄二年（一五五九）七月十二日の浮野の戦いの時、岩倉軍に属して信長軍と戦ったが、土倉《とくら》四郎兵衛に討たれた（甫庵）。

前田利家（まえだ　としいえ）　尾張

天文六年（一五三七）～慶長四年（一五九九）閏三月三日。

幼名犬千代、孫四郎、又左衛門、賜姓されて「羽柴筑前守」。後、右少将、中将、参議、中納言、大納言。

〔少壮期の利家〕

尾張海東郡荒子城主前田利昌の四男。前田氏は、信長の筆頭家老の林秀貞の与力だったらしい（公記・加賀藩史稿）。『前田家譜』及び『利家夜話』によれば、天文二十年（一五五一）、十四歳の時、初めて信長に仕え、五十貫の采地を得るという。利家は信長の側近、おそらくは初めのうちは小姓として仕えたものと思われる。やがて元服して「孫四郎利家」と称した（利家公御武功覚書）。

同二十一年八月の萱津《かやつ》の戦いで初陣（村井重頼覚書）。弘治二年（一五五六）八月の稲生《いのう》の戦い、永禄元年（一五五八）七月の浮野の戦いにも従軍。これらの戦功によって百貫文加増されたという（利家夜話）。

しかし、その後、利家は信長の同朋衆であった十阿弥を斬殺。信長の怒りを買って、勘当される。この事件について、『武家事紀』では利家十八歳の時、『利家夜話』では十九歳の時としているが、『前田家譜』『加賀藩史稿』には、永禄二年六月（二十三歳）とある。前後のことより考えると、『前田家譜』等の説が事実に近いであろう。

何とか信長の勘気を解こうとする利家は、同三年五月の桶狭間の戦いの時も馳せつけ、三つの首級を取って見参したが、信長の赦しはなかった（公記）。だが、その翌年、森部の戦いで、頸取足立の異名を持つ足立六兵衛を討ち取った時、ようやく信長の勘気が解かれた（公記）。そして、新たに三百貫文の地を与えられたという（前田家譜・利家夜話）。

〔赤母衣衆の一人〕

永禄年間、信長は、黒・赤の母衣《ほろ》衆を各十人ずつ選定。利家は、赤母衣衆の筆頭として『高木文書』中の「渥美刑部丞入道曾干書出」に載っている。

この母衣衆については、『当代記』に載った母衣衆の記事が、永禄十二年の末尾に置かれていることもあって、永禄末年頃に選定された、とする説が多い。しかし、『高木文書』に載った顔触れを見ると、同四年に討死した岩室長門守が載っていたり、一律に名乗りが旧《ふる》いことから、永禄の初年頃に最初の母衣衆が選ばれたのではないかと思われる。つまり利家が信長に勘当される前に、母衣衆の栄誉を担っていたのではなかろうか。

また、黒・赤の違いについて、『利家記』に次のような話が載っている。戸田勝成が利家に「赤母衣は少下、おぼへもうすきやうに申候」と言ったのに対し、利家は「其故は信長公廿人御書付候て、赤黒をくじに被ㇾ成、御前にて置鬮《おきくじ》に被ㇾ成候由」と語ったという。

しかし、『高木文書』に載った顔触れを検討すると、織田兄弟において、長兄駿河守（中川重政）と次兄左馬允（津田盛月）が黒、弟の薩摩守が赤、伊藤兄弟において、兄武兵衛が黒、弟清蔵が赤と分かれているのは、偶然とは思えない。やはり黒母衣に比べて、「赤母衣は少下」だったのであろう。推測するに、その選定を永禄初年頃とすると、黒母衣衆は馬廻より、赤母衣衆は小姓より選ばれたのではなかろうか。

ついでながら、利家の実弟である佐脇藤八郎（良之）も赤母衣衆に列している（高木文書）。

〔前田家家督の相続〕

信長の寵臣とはいっても、利家は荒子城主前田氏の庶流にすぎなかった。父利昌は永禄三年に没し、長兄利久が家督を継いでいたのである（前田家譜）。利久は病弱だったとはいうものの、長幼の順はいかんともしがたかった。

ところが、同十二年、伊勢大河内《おかわち》城攻めから帰陣した直後、前田家の家督を利家に譲るよう、信長の命が下ったのである。

その理由は、利久に実子がなく、病弱のため「武者道少御無沙汰」の状態だったからという（村井重頼覚書）。

　こうして利家は前田家家督、荒子城主となった。その所領は、荒子のほか、四女子・五女子・中江・牛竜にわたり、都合二千四百五十貫文であったという（前田家譜・利家夜話）。

〔信長馬廻としての戦歴〕

　永禄十一年の上洛から天正三年（一五七五）の間は、利家が馬廻として、小部隊を率いて信長の旗本を固めていた時期である。その間の戦歴を確かな史料の裏付けのあるものに限って列記してみよう。

①元亀元年（一五七〇）八月、野田・福島攻めに従軍。九月十四日、俄に敵となった本願寺との戦闘で戦功をあげた（公記）。

②天正元年八月十三日、朝倉軍退陣に応じ、追撃して朝倉軍の主だった者を討ち取る（公記）。この時は、佐久間・柴田ら部隊指揮官たちは、朝倉軍の退却を見逃し、信長よりきつく叱責された（公記）。利家ら馬廻たちの奮戦が目立った戦いであった。

③同二年七月、長島攻めに従軍（公記）。

④同三年五月二十一日、長篠の戦いに従軍、佐々成政らとともに鉄砲隊を指揮する（公記）。

⑤同三年八月、越前一向一揆討伐戦に従軍（公記）。二十日、菅屋長頼ら馬廻たちとともに、ひながたけで千余人の一揆を討ち取った（高橋源一郎氏文書）。

　良質の史料にその名はないものの、元亀元年の姉川の戦い、同年九月の叡山攻囲、天正元年の槇島攻めなどには、当然信長の旗本を固めつつ参陣したであろう。だが、馬廻、小部隊指揮官にすぎない利家は、目立った活躍をする地位にはいなかったのである。

〔府中三人衆の一人として〕

　越前一向一揆討伐が一段落した天正三年九月、信長は越前の国割を行い、柴田勝家に十二郡中の八郡を与え、利家・佐々成政・不破光治の三人に府中近辺の二郡を与えた（公記）。三人の知行はいわゆる相給知行であって、二郡内を三分して治めたものではないらしい。その後の地域支配を見ても、三人が連名で行っている場合が多い。

　信長の発した越前国掟書を見てわかる通り、当初の三人の任務は、越前の大部分を任された勝家の「目付」役である。信長の近臣としての性格を残しているのである（公記）。

　勝家の目付とはいっても、利家ら三人は、その後の加賀の一向一揆あるいは上杉氏との戦いの中で、北陸方面軍司令官の勝家に従って戦闘に加わることになる。三人に与えられた越前二郡への勝家の介入はないものの、軍事行動に関しては、勝家の軍団の一員とされたのである。

　入国した利家らは、早速越前二郡に指令を発している。その動きを列記してみよう。いずれも佐々・不破と一緒の行動である。

①天正三年九月二十三日、信長より二郡中にある、織田大明神社（剣神社）以外の寺庵領・社領をことごとく没収することを命じられる（松雲公採集遺編類纂）。

②同年十月二日、宝円寺を再興しようとし、小屋懸けを指示する（宝円寺文書）。

③同年同月十二日、大滝神郷の紙屋衆に、諸役免除を伝える（大滝神社文書）。

④同年十二月二日、慈願寺に、供米二十一石を安堵する（慈眼寺文書）。

⑤同年同月二十日、朱印状に基づき、織田大明神社に社領を安堵する（剣神社文書）。

⑥（同五年カ）二月十六日、菅屋長頼より、織田大明神社に夫役を務めない村への対処を依頼される（剣神社文書）。

⑦（同七年カ）九月十日、菅屋・下石《おろし》頼重より、織田大明神社領を押領していることを詰られる（剣神社文書）。

　二郡の支配権の付与といっても、大きなところは信長が朱印状を発するなどして直接命を下しており、利家ら三人衆は限られた範囲でしかその権力を行使していない。これは、近江北郡の羽柴秀吉にも当てはまることで、信長分国内全体の特徴である。

〔加賀攻めの将の一人として〕

一向一揆のため手の付けられない状態だった越前も、信長の徹底した殲滅戦、その後の勝家・利家らの圧迫によって、平穏を取り戻した。越前に置かれた勝家たちの次の使命は、加賀の平定である。

加賀は、利家らが府中に封じられたのと期を一にして、別喜《べっき》（簗田《やなだ》）広正が檜屋《ひのや》・大聖寺城《だいしょうじ》に置かれて、能美・江沼両郡支配を委ねられていたが、翌四年、上杉氏と結んだ一向一揆に押されて、前線を退かざるを得なかった（当代記）。

同五年八月、信長は勝家を総大将とし、利家ら越前衆だけでなく、羽柴秀吉・滝川一益・丹羽長秀ら錚々たる顔ぶれを動員、大軍をもって加賀へ打ち入らせた（公記・酒井俊二郎氏文書）。

加賀平定軍は、たちまちのうちに南部の諸城塞を攻略、なおも北上して手取川（湊川）を越えたが、能登に出張していた上杉謙信がその報に接して加賀に進軍する。九月二十三日、手取川を越して退却する織田軍は、上杉軍の追撃にあってみじめな敗戦となった（歴代古案・北越軍記ほか）。利家もこの苦い経験を味わった一人であった。

〔**有岡攻城戦の援軍として**〕

天正六年十月、摂津の一職支配を任されていた荒木村重が信長に背く。信長自身十一月九日に摂津へ向け出陣する。この有岡城攻めには、利家のほか、佐々・不破・金森長近・原政茂といった越前衆も動員された（公記）。

この攻城戦は長引き、有岡城の周囲を砦で取囲む持久戦になる。利家ら越前衆に帰国が許されたのは、翌年四月三十日であった（公記）。その間、有岡攻城だけでなく、播磨の三木城攻めの援軍としても派遣されている（公記）。

利家らが本来の持場である北陸を離れて、このように長い期間他所で戦うことができたのは、同六年三月に上杉謙信が急死しただけでなく、上杉家に内紛が起っていたからである。上杉氏の脅威は一時的に去り、旗頭の勝家さえ駐まっていれば心配ない状態であった。

七年十二月、利家ら越前衆はまたも上洛。荒木一類の処刑の奉行を務めている（公記・隆佐記）。

〔**加賀の平定と馬揃え**〕

天正八年十一月中に、勝家を中心とする北陸方面軍は加賀の平定を完了する（公記ほか）。平定成った加賀は勝家に与えられ、勝家は甥の佐久間盛政を尾山（金沢）に置いて、加賀衆を統率させた。

すぐに勝家らは能登・越中の征服を進め、国侍たちの多くを従わせた。そして同九年二月、平定半ばの越中の一職《いっしき》支配権が佐々成政に与えられた（有沢家文書ほか）。

この間、利家も北陸方面軍の一員として、加賀・能登・越中方面に働いていたと思われるが、同八年八月には、加賀平定戦に参加せず、秀吉軍の鳥取攻めを援助していたという説もある（岩沢愿彦『前田利家』）。

同九年二月二十八日の馬揃えには、勝家・利家らも参加し、「越前衆」としてまとまって行進した（公記）。だが、三月十五日、越中小井手城を上杉景勝が囲むとの報が届き、勝家に従って帰国する。景勝は間もなく小井手城の囲みを解いて退却し、正面衝突には至らなかった（公記ほか）。

〔**能登一国の支配者**〕

同年三月、吏僚の菅屋長頼が能登に送り込まれ、七尾城代として国内の城割り、知行関係の調整などの政務に携わる（公記）。この時、利家も羽咋《はくい》郡の飯山に置かれ、能登の諸士を監督したという（前田創業記）。だが、同年八月六日付の大井村百姓宛て判物が見られる通り、この時点までは、利家は越前府中の領主である（木村孫右衛門家文書）。そして、九月八日付で、能登鳳至《ふげし》郡道下村の逃散した百姓の還住を命じているのは、この間に彼が能登に移ったことを示している（『前田家譜』所収文書）。同年十月二日付の朱印状によって、能登一国は正式に利家に与えられた（加能越古文叢）。利家はようやく一国支配を任される立場に出世したのである。

能登一国の主となった利家は、旧七尾城

近辺の所口に築城、これまた「七尾城」と称した（能登中居鋳物師伝書・利家夜話）。先に鹿島半郡を与えられていた長連竜は、そのままの形で利家の与力となった。十月中に利家は、礼のため安土に上っている（能登国古文書）。

　入国して間もなくの頃の、利家の能登における政務の中では、禁裏御料所中井荘のことが知られる。信長より返還されたはずの同荘が、利家の下でなかなか執行されず、廷臣柳原淳光が信長側近楠木長諳を通じて催促し、なおも直接利家を促している（能登中居村三右衛門文書）。長諳よりの（天正十年）二月十九日付書状によると、この頃利家は、越中に出陣している（真継文書）。

　三月十一日、富山城留守居をしていた神保長住が国人たちの一揆に襲われ、城を奪われるという事件が起った。勝家は、利家や佐久間・佐々を率いて、即座に富山城を囲んだ（公記）。富山を回復するや、彼らは東へ軍を進め、魚津城を囲む。上杉方の最前線である。六月三日、魚津が落城し、軍が次の作戦を準備している時、陣中に本能寺の変報がもたらされた（前田育徳会文書・上杉年譜）。

〔本能寺の変直後の利家〕

　勝家・利家たち北陸方面軍に変報がもたらされたのは、六月四日とも七日ともいう。ともあれ、全軍が撤退したのは八日のことであった（歴代古案）。利家は舟を使って七尾に帰城した（能登国鳳至郡諸橋次郎兵衛伝書）。

　弔い合戦の準備を整えて、勝家は近江に入ったが、その時はすでに山崎の戦いは終って、光秀は滅亡していた。利家は能登に帰ったものの、国内で一揆や浪人衆が不穏な動きを見せており、勝家軍に合流することもできなかった（中村不能斎文書）。

　越中境界に近い石動山《いするぎやま》天平寺は、この機会をとらえて、畠山氏の旧臣温井《ぬくい》景隆・三宅長盛兄弟を招く。温井・三宅は上杉氏の援助を得て、六月下旬に能登に入り、荒山に砦を築いて利家に対抗した。利家は佐久間盛政の救援を得てこれを攻め、温井・三宅を殺し、天平寺を放火した（金沢市立図書館文書・太閤記）。この荒山合戦は、『太閤記』には六月二十六日とあるが、七月下旬とする説が有力である。

　前年より能登の支配権を握りながら、越中出陣、本能寺の変、荒山合戦と続き、領国経営の機会もなかった利家だが、この年九月から十月にかけて、ようやく能登内の寺社への寄進、国侍への宛行いなどの活動が活発になっている。その事績を次に列記してみよう。

①天正十年九月六日、石清水八幡宮に、鹿島郡の地を寄進する（石清水文書）。

②同年十月十日、道下護摩堂に、寺領を寄進する（加能越古文叢）。

③同年同月同日、道下三郎左衛門・本郷三郎左衛門・高右近に、扶持米を与える（加能越古文叢）。

④同年同月十八日、妙成寺に、制札を掲げる（北徴遺文）。

⑤同年同月二十一日、海門寺に、寺領を寄進する（加能越古文叢）。

⑥同年同月同日、法門寺に地を寄進する（法門寺文書）。

〔勝家・秀吉の対立の中で〕

　中央を押さえて、次第に信長旧臣の大部分を動かしつつある羽柴秀吉と、北陸に閉じ込められた形の柴田勝家との間にできた溝が、日に日に深まって行った。利家は、これまでの長い間、勝家の「組下」（川角）として軍事的に従属しており、その繫がりは深いものであった。しかし一方、秀吉とも、四女の豪が秀吉の養女になっているように、友好関係で結ばれていた。

　対立の中で利家は、不破直光・金森長近とともに、勝家の和平の使として秀吉へ遣わされる。利家らは十一月二日、山崎に近い摂津宝寺で秀吉に会い、首尾よく和約を結んで帰国した（太閤記ほか）。

　この時の和談については、勝家の方も一時凌ぎのつもりであり、いずれは秀吉と雌雄を決する覚悟を固めていたのであろう。ただ勝家のいる北国は、冬雪に閉ざされる。冬期の決戦を避けようとの打算が、この利家らの派遣になったわけである。

しかし、策略にかけては、秀吉の方が一枚も二枚も上手であった。北陸の積雪を見すまして、十二月、大軍を近江に集め、長浜城の柴田勝豊を攻めてこれを降し、次いで岐阜城に神戸信孝を攻めて開城させた（兼見・多聞院ほか）。電光石火の行動であった。勝家は雪に閉ざされた越前にあって、軍を動かすことができなかった。

勝家の近江出兵は翌年の二月二十八日。まず利家の長子利勝（利長）らが出陣した。それに続いて利家や佐久間盛政も出陣、総大将勝家は三月九日に北庄を出発した（古証文）。

両軍が衝突したのは、四月二十日のことであった。佐久間が行動を起し、中川清秀の守る大岩山の砦を襲ってこれを占領した。しかし、翌日、急遽岐阜より戻ってきた秀吉の軍のためにあえなく敗退、勝家の本陣も崩れ立って、天下分け目の賤ケ岳の戦いもあっけなく終った。

利家は、この戦いの中で、どんな行動をとったであろうか。彼は茂山に陣を構え、佐久間隊援護の位置にいたが、秀吉軍の攻撃を受けた時、突然持場を離れて退却したという（余吾庄合戦覚書ほか）。戦線離脱である。その後利家は敗走の途の勝家を府中城に迎えたが、ここで勝家は利家の裏切りを追及せず、長年の友誼に対して礼を言い、秀吉への投降を勧めたという（賤ケ岳合戦記）。事実とすれば、勝家の心の広さを語る逸話である。

秀吉は、勝家追撃の途、府中城を攻める。利家はすぐにこれに降り、秀吉軍の先鋒となって北庄に向った。二十四日、勝家は自害して、この戦いは終った（毛利家文書・柴田合戦記ほか）。

秀吉はその勢いで加賀へ進み、これを平定。戦後、利家に加賀の石川・河北二郡と金沢城を与えた（太閤記・川角ほか）。秀吉にしてみれば、旧交もさることながら、戦いの大事な場面で裏切ってくれた利家に感謝の気持を表したものであろう。越中を安堵された佐々成政も、この時点では秀吉に従って上杉氏対策を委ねられており（佐々木信綱氏文書）、北陸の争乱も一旦は終結した。

〔秀吉に従って〕

賤ケ岳の戦いの後、穴水城普請、諸役免、宛行いなど、能登中心の利家の諸政が再び見られる（加能越古文叢・気多神社文書ほか）。九月には、大坂へ赴き、十月五日の津田宗及の茶会に出席している（宗及記）。

同十二年になって、秀吉と北畠信雄とが不和になり、信雄は家康と結んで秀吉に対抗する。三月、秀吉は大軍を率いて出陣、小牧に陣を布いた。四月九日に長久手の戦いがあり、秀吉方は苦い敗北を喫したが、その後も両軍の対陣が続いて戦線は膠着状態となった。この間、利家は北陸を動かなかった。佐々成政・丹羽長秀とともに、北陸方面の守備を委ねられていたからである。

八月二十八日、佐々成政が反秀吉方となり、突然加賀朝日山の砦を襲い、次いで末森城を攻めた（宇野）。利家は、九月九日夜、兄利久と魚住隼人正を留守居として出陣した。僅か二千五百の兵だったという。しかし、この奇襲作戦が功を奏して、優勢の佐々軍を打破ることができた（奥村氏文書）。

末森の戦いに勝った利家は、続いて荒山・勝山砦を攻略、越中へも攻め込んだ（奥村氏文書・松雲公遺編類纂）。九月十六日及び十九日付で、利家は、秀吉より一連の戦いの勝利を賀されている（前田育徳会蔵・温故足徴）。

成政との戦いは、翌年まで持ち越される。その間利家は、上杉景勝と連絡をとって越中境に進出させたり（青木文書・前田家文書）、成政の部将となっている越中国衆菊池武勝に誘いの手を伸ばしたりしている（松雲公採集遺編類纂）。また、自らも軍を率いて、しばしば越中を攻撃した（賀越登記ほか）。

この後、秀吉は、同十三年三月に雑賀《さいか》を鎮圧。六月には秀長・秀次を大将として四国へ遣わし、ここをも平定した。八月、佐々討伐のため、秀吉は自ら軍を率いて加賀に出陣。利家は松任にこれを迎えている。利家はその後、越中への先導の役を果したが、ここに至って成政は、ほとんど戦うことなく秀吉の軍門に降った（四国御発向并北国御動座記ほか）。

〔北陸道の惣職として〕

越中攻めが終って、成政の旧領越中一国の内、礪波《となみ》・射水・婦負《ねい》三郡が利家の長子利勝（利長）に与えられた。父子で三カ国を支配する大大名に成長したのである。この年四月、越前の国主丹羽長秀が没しており、利家はそれに伴って、北陸道の惣職ともいうべき地位に上り、越後の上杉氏、さらには関東の北条氏や東北の諸大名とも連絡する役目を負わされたのである。

そうした利家の地位を飾るためか、同年閏八月、秀吉は利家に自分の旧称「羽柴筑前守」を名乗らせ、さらに十一月二十九日、奏請して左近衛権少将に任官させている（前田家譜）。同十五年の九州陣の時は、長子利長を従軍させ、自身は命によって、秀次を補佐して京都・大坂の留守居を務めた（前田家譜）。

この間、秀吉は同十三年七月に関白に任官、九月には豊臣姓を賜る。利家は、十七年四月右中将、十八年一月二十一日参議に任じられる（前田家譜）。利家の官位昇進は、家康と比べてはもちろん、毛利輝元・宇喜多秀家・上杉景勝と比較しても、ずっと後れている（公卿補任）。

しかし、聚楽行幸に際して禁中に忠誠を誓った起請文《きしょうもん》では利家は、織田信雄・家康・秀長・秀次・秀家に混じって署名している（聚楽行幸記）。織田家の同輩である傍輩衆の代表ということであろうか。

同十八年、ついに秀吉は北条氏討伐を決意し、三月に自ら出陣する。利家は、上杉ら北国勢の総指揮を委ねられ、二月二十日に上野に入った。四月二十日、北条氏の北端の要所の上野松井田城を攻略、他の諸城も次々と落ちた。続いて武蔵に入って、鉢形城・八王子城を落す（上杉家文書・前田家譜ほか）。

七月五日、北条氏は降伏。陸奥の伊達政宗もこの時すでに小田原に出向いて降参していたが、彼に対する尋問は利家が行ったという（伊達治家記録）。先に上洛を促していることといい、秀吉への奏者を務めていることといい、利家は伊達氏との外交についても担当していた様子である（伊達家文書）。

小田原落城後、秀吉は奥羽へ軍を進める。秀吉自身は八月より帰陣の途についたが、利家らは残って奥羽の鎮圧に努め、十一月ようやく金沢に凱旋した（伊達家文書）。

〔朝鮮陣に際して〕

天正十九年八月、朝鮮出兵の命が出され、肥前名護屋の築城が始められた。翌文禄元年（一五九二）三月十六日、利家は諸将に先んじて京を出陣、名護屋に向かった（言経）。従う兵は八千というが、嫡子の利長は京に留められている。

秀吉自身も三月二十六日に京を出陣、四月二十五日に名護屋に着陣した。秀吉は自ら渡海する意思を持っていたが、利家は家康とともにその非なるを説き、思い止まらせた（岩沢氏前掲書）。

七月二十二日、秀吉は母大政所危篤の報を得て、急ぎ東上する。葬儀を終えて、再び名護屋へ向け大坂を発ったのが十月一日（多聞院）。約三カ月間名護屋を留守にしていたが、その間、秀吉に代わって諸将を指揮し、政務を行っていたのは、家康と利家であった。七月二十三日付で二人は、坂井利貞に過書を与えている（坂井遺芳）。

同二年一月、渡海の命を受けて準備し、陣立てまで定まったが、間もなく明との講和の動きが進み、結局は渡海に及ばなかった。五月十五日、明使が名護屋に着くと、家康と利家の邸宅がその宿舎とされた。おひろい（秀頼）誕生の報に、秀吉は八月大坂に戻る。利家も続いて東上した。そして、十一月に久々に金沢に帰城した（岩沢氏前掲書）。

〔秀吉政権における利家の地位〕

名護屋から帰った秀吉は、同三年一月より伏見城普請を開始。国内にとどまっている諸大名に、石高に応じて普請役が割当てられた。利家ももちろん例外ではなかった。『当代記』に載ったこの頃の石高を見ると、利家は二十三万五千石、富山城主として越中を治める長子利長が三十二万石、前年能登を分知された二男利政が二十一万石。前田一族の領知する石高は、合わせて七十六万五千石となる。豊臣政権内の有力大名には違いないが、関東の大部分を領する徳川家康の二百四十万二千石に比べると、一族合わせても三分の一にすぎない。

官位の方も、同三年四月七日、ようやく従三位権中納言に昇進（駒井日記・公卿補任）。当時家康は従二位権大納言、その子秀忠ですら利家に先んじて同元年に従三位権中納言になっているのである。利家は、宇喜多秀家・上杉景勝・毛利輝元をようやく追抜いたというところである（公卿補任）。

慶長元年（一五九六）五月八日、家康が正二位内大臣に叙任されると同時に、利家も従二位権大納言になった様子である（義演准后日記・言経ほか）。石高そして官位、いずれをとっても、利家は家康に比べるとかなりの差をつけられている。

文禄四年七月の秀次事件後、利家は秀頼の傅役とされ、七月二十日付で誓約書を提出した（木下文書）。先に、秀頼が生れて間もなく、秀頼と秀次の娘との婚姻を考えた時、秀吉は利家夫妻にその仲介を命じている（駒井日記）。こうしたことに関しては、やはり利家が最も信用できたのであろう。秀頼の傅となった利家には、越中新川郡が加増され、伏見の旧秀次邸が与えられた（前田家譜・前田創業記）。

こうして見ると、利家は、領知・官位などでは家康に及ばず、上杉・宇喜多・毛利とほぼ同列の存在ながら、かつての秀吉の同僚として、特別な信頼を得ていたことがわかる。

〔心を残しての死〕

慶長三年を迎える頃になると、六十歳を越した秀吉・利家ともに、健康に衰えを見せはじめた。それでも秀吉は、三月十五日、醍醐寺三宝院で盛大な花見の会を行い、利家も夫妻で陪席した。

しかし、その後の四月二十日、利家は長子利長に家督を譲って隠居、湯治のため草津に赴いた。この時、隠居料として加賀石川・河北郡、越中氷見郡、能登鹿島郡にて一万五千石を与えられている（加賀藩歴譜）。

だが、実質的には隠居は許されず、草津より戻った利家には、これまで以上の大任が待っていた。それは、死期を悟った秀吉がその七月頃、五大老・五奉行の制度を定め、利家を五大老の一人としたことである。しかも家康と並んで、五大老の上首の地位であった。秀吉としては、家康を牽制できるのは、利家をおいては他にないと知っていたのである。そして八月十八日、秀吉は、利家らに秀頼の将来を繰り返し頼みつつ死んだ。

翌慶長四年元旦、諸大名は伏見に出頭し、新主秀頼に年賀の礼を行った。利家は病中ながらも無理をして出席、秀頼を抱いて着席したという。そして十日、秀吉の遺言通り、秀頼は大坂に移る。利家もこれに扈従した。以後、秀頼の傅として、大坂城の実質的主であった（言経・利家夜話ほか）。

だが、間もなく衰えた利家に難題がふりかかった。秀吉の遺言に対する、度重なる家康の違反である。利家ら四人の大老と石田三成ら五奉行は、家康を詰問する。一時は九人の中心である利家と、最大の実力者である家康の対立の形になったが、二月二日、和解が成って、九人と家康とが誓紙を交換、さらに利家は二十九日に伏見まで赴き、家康と会談した（譜牒余録・高山公実録ほか）。

しかし、利家の活動もここまでであった。伏見より帰った利家は、寝込む日が続く。三月十一日、大坂の邸に家康の見舞いを受けたが、その時には、すでに死期を悟っていたらしい（言経・譜牒余録）。

閏三月三日、利家は没した。家譜や系図では六十二歳になっているが、『気多神社文書』や『利家夜話』等六十三歳とする史料も多く、こちらの方が正しいようである。同月二十四日、従一位が追贈された（御湯殿）。

唯一家康に対抗する力のあった利家の死

は、豊臣政権にとって大きな痛手であった。翌年の関ケ原の戦いは、利家が生きていたならば、かなり違った展開になったであろう。

前田利久（まえだ　としひさ）　尾張
?〜天正十五年（一五八七）八月十四日。

蔵人、蔵人入道。

利昌の長男で利家の兄。尾張荒子に住し、二千三百貫の地を領す（前田家譜）。しかし、永禄十二年（一五六九）、信長の命により荒子の地を逐われ、前田家は利家が継ぐことになる。利久は剃髪して荒子を退去したという（前田家譜）。

だが、弟利家とはその後も離れず、利家が加賀を領した後、金沢城の留守を務めており、また、天正十三年（一五八五）、末盛・蓮沼の戦いの時も、金沢城代を務めている（前田家譜・寸金雑録）。

同十五年八月十四日没（加賀藩史料）。

前田長種（まえだ　ながたね）　尾張
天文十九年（一五五〇）〜寛永八年（一六三一）三月十一日。

甚七郎、与十郎、対馬守。

種定の子。下之一色城主。下之一色村の前田氏は、代々「与十郎」を称呼とする。

『公記』巻首に、（天文二十三年＝一五五四）一月二十日、斎藤道三の臣安藤守就の援軍を受けて、信長が林秀貞兄弟に緒川への出陣を命じたところ、林兄弟は与力である荒子の前田与十郎の城に移ってしまい、招集に応じなかった、とある。在所が荒子であれば、当然利家の一族だが、荒子と下之一色との至近性から見て、太田牛一の勘違いがありそうである。そして、この「前田与十郎」は、長種の父種定（〜天正十二年）か祖父の種利（〜元亀三年）であろう。

信長、次いで信雄に仕える。天正十二年（一五八四）、尾張蟹江城将となったが、秀吉方に寝返る。後、同族の利家に仕える。

寛永八年（一六三一）三月十一日没。八十二歳という（家老並人持組家譜）。

前野長兵衛（まえの　ちょうべえ）　尾張
?〜永禄四年（一五六一）四月
信長の臣。永禄四年（一五六一）四月、三河梅が坪攻城戦に従軍。討死した（公記）。

前野長康（まえの　ながやす）　尾張
享禄元年（一五二八）?〜文禄四年（一五九五）八月十九日。

小太郎、勝右衛門、将右衛門、但馬守。

諱は「光景」とも。また、長康は「長泰」とも書く。号は五宗、五斎（前野氏系図）。

『重修譜』『阿波国古文書』所収系図等によると、坪内勝定の長男だが、前野氏の名跡を継ぐという。しかし、『武功夜話』『前野氏系図』では、前野宗康の二男とし、出自が大きく異なっている。あらゆる系譜類が坪内氏の出身としているのに対し、前野宗康の子とするのは前野家文書だけなのだが、ここでは断定は差し控えておく。

永禄元年（一五五八）、信長の岩倉城攻めに従軍し、その功により、九月十七日付で、登立・竹藤・五日市場で都合四十貫文の地を与えられた（大森洪太氏文書）。

『武功夜話』には、蜂須賀正勝と兄弟の契りを結び、秀吉の下で墨俣《すのまた》築城をはじめとする各戦場で大活躍する前野勝右衛門の姿が描かれている。実際には、前野の主君は信長。秀吉には蜂須賀と同じく与力として付属させられたというのが正しいだろう。しかし、尾張・美濃・近江・播磨の戦場を通じて秀吉に従い、次第に従属性を強めていったことは確かであろう。天正五年（一五七七）八月二十七日、津田宗及の茶会に出席した時は、「筑前（秀吉）内衆」と記されている（宗及記）。

同十一年の賤ケ岳の戦いの時の功により、播磨三木城主（柴田合戦記・前野氏系図）。翌十二年の小牧陣の時は、初め岸和田城加勢として派遣されるが、その後、秀吉本隊に従って尾張に進軍した。一千の兵力は、秀吉の譜代衆の中では、浅野長吉（長政）・木村常陸介に続き、蜂須賀正勝と同数である（金沢市立図書館文書・浅野家文書）。

同十三年の四国攻めにも従軍。戦後の閏八月、但馬出石《いずし》城五万七千石を与えられる（四国御発向并北国御動座記・前野氏系図）。

同十五年の九州陣、十八年の小田原陣に

も従軍（当代記・伊達家文書）。文禄元年（一五九二）、朝鮮攻めの時には、民政を司るため石田三成ら奉行衆とともに渡海。京城まで行き、軍を観察した（黒田文書・中外経緯伝）。同二年一月十一日、三成らとともに秀吉に軍状を報じ、兵糧をすぐに送るよう促している（富田仙助氏文書）。

帰朝後は、秀次の後見役として付属される。しかし、同四年七月、秀次は謀反の嫌疑をかけられ、最後、高野山にて切腹した。長康もそれに連座の罪を問われて、嫡子景定とともに中村一氏に預けられ、八月十九日、切腹を命じられた。『前野氏系図』では六十八歳としている。前野家は断絶した。

前波勝秀（まえば　かつひで）　越前

？〜元和六年（一六二〇）三月二日。

吉右衛門。入道号半入。

朝倉義景の老臣前波景當《かげまさ》の子。信長に仕えるというが、朝倉氏滅亡の前後に降ったものと思われる。

その後、秀吉に仕え、お咄の衆（太閤記）。天正十八年（一五九〇）小田原陣に従軍し、陣中での茶会に出席している（太閤記）。

さらに家康に仕え、関ケ原の戦い以前の慶長四年（一五九九）十二月、家康の摂津茨木放鷹に随従している（関ケ原覚書）。同九年八月十五日の豊国社臨時大祭の時、余興の舞踊に大太鼓を打った（豊国大明神臨時祭日記）。当時「前波半入」と称している。元和六年（一六二〇）三月二日没という（寛永伝）。

前波七郎兵衛尉（まえば　しちろべえのじょう）　越前？

生没年不詳。

信長馬廻か。元亀四年（天正元年＝一五七三）七月四日、近江佐和山に信長を訪問してきた吉田兼和より手土産として五明を贈られている。十四日には、柴田勝家ら部将たちと吉田社を訪ねている（兼見）。

前波長俊（まえば　ながとし）→前波吉継

前波孫太郎（まえば　まごたろう）　越前

生没年不詳。

『池田本』天正三年（一五七五）八月十五日条に、越前一向一揆討伐に向かう織田軍の交名《きょうみょう》が載っているが、その中に「前波九郎兵衛・前波孫太郎・前波弥五郎」がある。「前波九郎兵衛」は前波吉継、即ち桂田播磨守長俊のことだが、彼はすでに故人であり、その点は誤りである。『公記』には、同じ箇所の記事を「前波九郎兵衛父子」と載せている。また、同書の元亀三年（一五七二）八月八日条に「前波九郎兵衛父子三人」が信長に降ったとの記載がある。

以上のことから考えると、孫太郎・弥五郎は、どちらも吉継の子なのではなかろうか。そして、越前一向一揆討伐戦に従軍したことは信じてもよいであろう。

前波弥五郎（まえば　やごろう）　越前

生没年不詳。

前項前波孫太郎と同じく、九郎兵衛吉継、後の桂田播磨守長俊の子と思われる人物で、天正三年（一五七五）八月十五日の越前一向一揆討伐戦従軍の織田軍の交名に名を連ねている（池田本）。

その後、同十年五月二十九日、信長最後の上洛の時、安土城二の丸番衆の一人であった（公記）。

前波吉継（まえば　よしつぐ）　越前

？〜天正二年（一五七四）一月十九日。

九郎兵衛。越前守護代としては、「桂田播磨守長俊」。

朝倉義景の臣。『越加記』によれば、景定の子で景當の弟という。滝谷寺領の押領についての糾明、織田大明神社からの公用銭の徴収など、義景の奉行衆としての活躍が頻繁に見られる（滝谷寺文書・剣神社文書）。

朝倉軍の部将としても活躍。しかし、元亀三年（一五七二）八月、江北に出陣した時、二人の息子とともに俄に虎御前山《とらごぜやま》へ駆け入り、信長に降参した（公記）。前年義景の勘気を蒙った恨みによる、と『朝倉記』は伝えている。

天正元年（一五七三）八月、信長の朝倉攻めに先陣となり、ついに旧主家を滅ぼした。戦後、一乗谷に置かれる。この時の吉継の地位について、『公記』には越前の

「守護代」、『当代記』には「越前国為守護、前波播磨守を仮に被置」とある。越前の実情に精通している吉継に、一時的に越前の支配を任せる、という意味であろう。

だが、北庄には、木下祐久・津田元嘉・三沢秀次が奉行として置かれ、越前の政務に携わっている。彼らは守護代前波の目付も務めていたものと思われる。

同年九月から十一月にかけて頻繁に出されている文書の名乗りは、「前波播磨守長俊」である。『朝倉記』によると、十一月下旬、信長の上洛に応じて、朝倉景鏡・同景健らとともに京都に上って信長に礼参し、この時、「桂田」の姓を与えられたとある。

確かに、翌二年一月六日付で、信長が幸若八郎九郎に宛てた朱印状中に、副状発給者として「桂田播磨守」の名が見える（信長文書）（奥野高廣氏は「植田播磨守」としているが、「桂田」の誤写であろう）。さらに、吉継没後の同三年十一月二十五日付の赤座小法師宛て、信長宛行状中に、「桂田播磨」が見られる（古案）。『朝倉記』の記事を肯定してよいであろう。

京都より下向の時、病により吉継は両眼を失明したという。『朝倉記』には、「神明ノ御罰也」と評されている。

同じ朝倉氏の旧臣富田長繁との対立がつのり、同二年一月十九日、一揆を味方に付けた長繁に攻められ、自害した（公記・多聞院）。『公記』には、大国の守護代として栄耀栄華に誇り、恣に働き、傍輩に対しても無礼であった報い、と評されている。

真木宗十郎（まき　そうじゅうろう）　尾張

生没年不詳。

姓は「牧」とも書く。

永禄三年（一五六〇）五月、今川軍の進攻に備えて、丹下の砦に入置かれた将の一人である（公記）。同じく丹下砦守備の将の中に「真木与十郎」もあり、二人が斯波氏一族の牧長義・長治兄弟と同一人である可能性もある。

牧長勝（まき　ながかつ）　尾張

永禄五年（一五六二）～元和八年（一六二二）十二月十三日。

又十郎、助右衛門。

長正の子で長治の孫。諱は「長次」とも。坪内宗兵衛宛て書状があるが、下手に出ており、斯波氏の遠戚とは思われないほど、その地位は低そうである（坪内文書）。

父に続いて家康に仕え、天正五年（一五七七）、伊勢大河内《おかわち》で戦功という（士林泝洄・重修譜）。しかし、疑問。その後、滝川一益に仕え、同十年、天目山の戦いで戦功（士林泝洄）。同十八年、家康に召し返され、同年の小田原陣に従軍する。さらに、関ケ原の戦いにも従軍（重修譜）。

元和八年（一六二二）十二月十三日、六十一歳にて没（重修譜）。

牧長清（まき　ながきよ）　尾張

?～元亀元年（一五七〇）二月十五日

与三左衛門、若狭守。薙髪して梵阿弥。

愛知郡小林城主。『士林泝洄』によれば、斯波義銀の従兄弟にあたる牧下野守長義の長子である。妻は信長の妹の小林殿（張州雑志・士林泝洄）。

富士愛宕等の社を尾張前津村に勧請したと伝わる（尾張志）。

元亀元年（一五七〇）二月十五日没（士林泝洄）。

牧長治（まき　ながはる）　尾張

生没年不詳。

喜右衛門。法名休庵。諱は「正勝」とも。

長久手城主。『張州雑志』所収系図によれば、津川弥太郎義長の二男で、牧下野守長義の弟。斯波義銀の従兄弟である。

春日井郡長久手村に住し、信長に仕える。某年、七十五歳で死去という（張州雑志・寛永伝）。

牧長義（まき　ながよし）　尾張

生没年不詳。

下野守、大和守。諱は「義清」とも。

尾張川村城主。斯波義銀の従兄弟（士林泝洄）。信長に属した。妻は信秀の妹という（張州雑志）。

牧正勝（まき　まさかつ）　→牧長治（まき　ながはる）

真木与十郎（まき　よじゅうろう）　尾張

生没年不詳。

姓は「牧」とも書く。

永禄三年（一五六〇）五月、今川軍の進攻に備えて、丹下の砦に入置かれた将の一人である（公記）。同じく守備の将の中に、「真木宗十郎」もおり、おそらく二人は兄弟か親族と思われる。牧長義・長治兄弟と同一人の可能性もある。

牧村利貞（まきむら　としさだ）→牧村秀光（まきむら　ひでみつ）

牧村秀光（まきむら　ひでみつ）　美濃
?～文禄二年（一五九三）七月十日。

長兵衛、兵部大輔。諱は流布している「利貞」のほか、「政吉」「高虎」「正春」とも伝わるが、文書で確かめられるのは「秀光」である。

稲葉重通の子だが、外祖父牧村牛之助政倫の嗣子となり、「牧村」を名乗るという（重修譜）。

信長に仕え、天正五年（一五七七）三月の雑賀《さいか》攻め、同六年十二月の有岡攻めに従軍（公記）。信長の馬廻たちと名を連ねている。

この間、津田宗及の茶会、あるいは宗及に相伴して、佐久間信盛・羽柴秀吉らの茶会に出席するなど、『宗及記』に頻繁にその名を載せている。同席する者は、富田一白・猪子一時・下石《おろし》頼重など、やはり信長馬廻が多い。同八年一月十四日、安土にて茶会を催しているのを見ると、秀光自身も信長の馬廻であったことは確実である（宗及記）。

本能寺の変の後はすぐに秀吉に接近したか、同十年十一月二十八日の山崎における秀吉茶会に出席している（宗及記）。茶人としては利休七哲の一人であった（茶人大系図）。

同十年から十三年にかけて、実父重通（重執）と一緒に、伊勢神宮内宮遷宮の費用を担当している。その署名には、「秀光」とある（皇大神宮造営及遷宮関係古文書）。

同十二年、小牧陣に従軍（浅野家文書）。九州陣にも従軍（当代記）。文禄元年（一五九二）名護屋へ出陣（萩藩閥閲録）。その後渡海。この頃、伊勢多芸《たけ》・度会二郡の内、二万六百五十石余、岩手城主（戦国人名辞典）。

同二年七月十日、朝鮮にて病死した（重修譜）。

間瀬重次（ませ　しげつぐ）　尾張
生没年不詳。
孫右衛門尉。
知多郡の土豪か。元亀四年（一五七二）三月、羽豆社の本殿の扉を寄進している（羽豆神社文書）。天正三年（一五七五）四月にも、同社に獅子頭を寄進している（羽豆神社文書）。

町屋弥六郎（まちや　やろくろう）　尾張
生没年不詳。
中島軍辺りの土豪か。（天正二年＝一五七四）八月十八日、真清田《ますみだ》社に銅鋺を寄進している（真清田神社銅碗底陰刻銘）。

松井康之（まつい　やすゆき）　山城？

天文十九年（一五五〇）～慶長十七年（一六一二）一月二十三日。

甚七郎、胃助、猪助、新介、甚介、佐渡守、式部大輔。

山城守正之の子。もともとは幕臣だが、その後の細川（長岡）藤孝・忠興の家老としての活躍が目覚ましい。

父は早く没し、兄勝之が将軍義輝に仕えていたが、永禄八年（一五六五）五月十九日の松永久秀・三好三人衆の謀反の時、義輝に殉じた（松井家譜）。康之は、義輝の弟一乗院覚慶（義昭）の流浪に従ったという（松井家譜）。

同十一年、義昭は信長に擁されて上洛。康之もそれに従う。翌年一月、三好三人衆らとの桂川での戦いに功。新将軍義昭より盃を賜ったという（重修譜）。以後、元亀元年（一五七〇）十月の御牧攻め、同三年三月の高屋攻めなどに、藤孝に従軍して高名をあげる（細川家記・松井家譜）。

同三年十月十七日付で、竹内季治の跡職を主藤孝に譲るについて疎意なきことを誓った判物には、「松井甚七郎康之」と署名している（久我家文書）。もう細川家の重臣であった。

天正元年（一五七三）七月、淀城攻撃に

従軍。十一月十三日、貝塚砦攻めに功があり、信長より直々に褒されたという（松井家譜・細川家記）。同六年には、摂津平島砦を守り、十二月、一向一揆に囲まれたが、出撃してこれを退けたと『松井家譜』『細川家記』にあるが、この頃の摂津は有岡攻めの最中であり、藤孝に従ってその戦いに参加したものであろう。

主藤孝は、同八年八月、丹後一国を与えられて入国、八幡山城に入った（公記・兼見）。康之は長岡玄蕃と並び「両家老」として、丹後内で一万三千石を領有したという（細川家記・松井家譜）。

同九年、藤孝は、因幡鳥取城攻めの羽柴秀吉援助の命を受ける。康之は八月十三日、丹後の海賊船を指揮して出航、秀吉方の鳥取付城に兵糧を運び込んだ（公記・細川家文書）。さらに二十三日、鳥取城へ兵糧を入れようとした毛利方軍船と因幡湊川口で戦って、敵将鹿足元忠を討ち、その勢いで伯耆泊城まで攻めた（細川家記・松井家譜）。九月十六日及び二十四日、信長よりその戦功を褒されている（細川家文書）。この年十月末、鳥取城が落ちた時、秀吉からも刀を与えられたという（細川家記・松井家譜）。

この前後、丹後西北端に位置する久美城代を務めている（細川家記）。これも対毛利氏の作戦の一環であろう。

同十年六月、本能寺の変の後、藤孝は光秀の誘いを拒み、剃髪して蟄居したが、秀吉が東上すると、これに款《よしみ》を通じた（松井家譜）。康之は藤孝の使として、秀吉に起請《きしよう》文《もん》を届けたという（松井家譜・川角）。

七月十一日、秀吉より、丹後にある旧光秀領の内三分の一を加増された（細川家文書）。この頃はまだ「胃助」だが、同十二年十二月二十七日、十三年一月四日、五月十二日と、津田宗及茶会に出席しており、その頃は「松井新介」と称している（宗及記）。

茶を介して千利休とも交際があったのか、（同十三年）七月八日付書状で、利休より四国・北国攻めの情勢について報じられている（松井家譜）。その年八月、秀吉は佐々成政討伐のため越中へ出陣するが、康之は船でそれに参加し、海戦で活躍したという（松井家譜）。

同十八年、北条氏討伐後、陸奥に出陣。翌十九年一月二日、利休より書を受け、秀吉の陸奥一揆対策について報じられている（松井家文書）。

文禄元年（一五九二）七月、名護屋に出陣。秀吉馬廻の中にいる（太閤記）。『重修譜』には、朝鮮から帰朝後、秀吉の直属を命じられたが固辞する、とあるが、天正末年頃から秀吉直臣の立場だったらしい。秀吉の奏請によるのであろうが、天正十六年に従五位下佐渡守に任官している（細川家記）。

一時は渡海して戦功を顕す（太閤記・松井家譜）。文禄二年十一月十一日、秀吉より山城の相楽《さがら》・愛宕《おたぎ》二郡の内、百七十三石を与えられた（松井文書）。

同四年七月、関白秀次が切腹を命じられた時、細川忠興が石田三成の讒言により秀吉に処罰されそうになったのを救ったという（細川家記・松井家譜）。

秀吉死後は、豊臣家との主従関係は切れ、再び細川家の家臣に戻ったものと思われる。慶長四年（一五九九）、徳川家康と前田利家が対立状態となった時、両者の和議のため奔走した（松井家譜）。

同五年当時、有吉立行らとともに豊後に在国。杵築《きつき》城を守る（川角・松井家譜）。忠興がその年二月に加増された地である。従って関ケ原の戦いには参加しなかった。牢浪中の大友吉統の軍に攻められたが、黒田如水とともにこれを破った（川角・松井家譜）。

戦後、二万六千石を与えられ、外に速見郡の御料所一万七千石の地を預けられる。先に秀吉より与えられた山城の地も安堵された（松井家譜・重修譜）。

同十七年一月二十三日没、六十三歳（重修譜）。

松井友閑（まつい　ゆうかん）

生没年不詳。

「友感」とも署名している。宮内卿法印。庵号徳庵。斎号徳斎。

〔出自と歴史への登場〕

出自については、はっきりしたことはわからないが、『公記』巻首に、「清洲の町人に友閑と申す者」が信長に舞いを教えた旨記されている。この「友閑」が松井友閑と同一人かどうかは明確ではないが、友閑が信長に仕えたのは、上洛以前と思われるから、同一人である可能性は高い。また、フロイスの『日本史』によれば、初めは仏僧だったという。

上洛後の永禄十二年（一五六九）五月頃、信長は上京の町人たちより名物を供出させるが、この奉行は丹羽長秀と友閑とが務めている。さらに彼ら二人は、元亀元年（一五七〇）三月、信長が堺に名物を求めた時も奉行を務めた（公記）。この後の四月一日、それらの名物は、友閑の自邸において信長の閲覧を受けた（宗久書抜）。

友閑の文書における初見は、（永禄十二年）十一月四日、妙心寺領横路分の名主・百姓に対し、応胤法親王の違乱について調査する間、年貢・諸成物を保管するよう命じた書状である。これは、佐久間信盛・坂井好斎との連署状であり、「徳庵友閑」と署名している（退蔵院文書）。

〔信長の側近として――元亀年間の活躍〕

元亀三年一月、友閑が腫れ物を病んだ時、信長は芦浦観音寺に宛てて、観音寺滞在中の「外教くすし（宣教師の医者）」の派遣を頼んでいる（観音寺文書）。これについて観音寺からはすぐに返事がなく、二月八日、側近の武井夕庵が重ねて催促をした（観音寺文書）。その後の経過については史料がないのでわからないが、間もなく健康は回復したらしい。それよりも、信長が直々に医者の派遣を依頼しているあたりに、友閑への並々ならぬ思い入れを垣間見ることができる。

元亀年間に限って、友閑の各種奉行としての活躍振りをまとめてみよう。

①（元亀三年）六月二十三日、大徳寺領の賀茂社境内について、信長の安堵と関係者にもそれを指令したことを伝える（大徳寺文書）。（同年）六月二十五日、賀茂社に、大徳寺領の境内の問題のため、使僧を派遣したことを伝える（真珠庵文書）。

②（同年）七月二十七日、信長が上杉謙信に対して越甲の講和を勧めた書状に副状を発する（佐々長穐と）（保阪潤治氏文書）。

③（元亀年間）十月二十九日、使として上杉謙信のもとへ遣わされて隼を贈呈する（堀江竜三郎氏文書）。

大徳寺領賀茂社境内について担当していたのは、塙直政と木下秀吉だが、友閑は、信長側近の立場から彼らの上に立った形で指令を送っている。また②③を見ると、友閑が上杉氏との外交を担当していた様子がうかがわれる。これは非常な大役である。

〔堺の代官〕

元亀四年（天正元年）になって、信長と将軍義昭との対立が深まる。信長は、調停の使として塙直政を遣わしたが、調停半ばに直政が眼病にかかり、急遽友閑と島田秀満が代わって務めることになった。彼は二月二十二日、秀満とともに上洛している（兼見・細川家文書）。

だが、友閑らの努力は実らず、信長・義昭は決裂。信長は軍を率いて上洛し、四月三、四日、洛外と上京に火を放った。この時の衝突は和議が成立して終ったが、結局義昭は、この年七月に追放される。

名実共に天下の主になった信長は、東大寺の名香蘭奢待の切取りを要請する。天正二年（一五七四）三月二十七日、それは実行される。友閑は諸将に混じって奉行にその名を連ねている（公記）。

同三年四月十九日、三好三人衆とともに信長に反抗を続けてきた三好康長が信長に降った。その降を仲介したのは友閑であった（公記）。友閑はすでにこの頃、堺代官に就任していたらしい。この直前の四月十二日、津田宗及の茶会に出席しているのをはじめ、この後、しばしば堺における茶会に参加している（宗及記）。この年三月下旬、塙直政が大和、長岡藤孝が丹波二郡の国衆を付属され、大坂包囲体制がつくられているから（多聞院・細川家文書）、友閑の堺代官就任もその体制の一環なのかも知れない。

友閑は茶湯の造詣が深かった。同二年三月二十四日に相国寺で開かれた信長の茶会では、茶頭を務めている（宗及記・宗久書抜）。堺においても、しばしば茶会に参加しているのは前述の通りであり、茶人やその道に堪能な人物の多い堺の行政担当として、適任であったものと思われる。

同三年十月には、康長を通じて本願寺に働きかけ、講和を成立させた（公記・南行雑録）。同年十二月付で友閑は、康長と連名で本願寺坊官たちに宛てて、起請文《きしょうもん》を提出している（竜谷大学図書館文書）。

〔信長家臣としての地位〕

堺代官という職は、村井貞勝の京都所司代に次ぐほどの重要な役割である。この一事だけで、友閑が信長の吏僚の中でも特別に高い地位にいたものと見てよいであろうが、なお彼の地位を探る手掛かりを探してみよう。

天正三年七月三日といえば、友閑がすでに堺代官の職に就いた後のことだが、この日信長は官位昇進の勅諚をいただき、それを辞退したものの、その代わりに主立った家臣に官位を賜ることを願い出、勅許された（公記）。『公記』その他の史料を検討して、この時任官及び賜姓した者を挙げると次の通りである。

友閑（宮内卿法印）・武井夕庵（二位法印）・明智光秀（惟任《これとう》日向守）・簗田《やなだ》広正（別喜《べつき》右近大夫）・丹羽長秀（惟住《これずみ》）・塙直政（原田備中守）・羽柴秀吉（筑前守）・村井貞勝（長門守）。

滝川一益も、この機会に「伊予守」に任官したように思われるが、確かではない。柴田勝家・佐久間信盛は、すでに任官しているからか、あるいは他の事情があって、この時の列に加わらなかったのであろう。

右にあげた八名の顔触れを見ると、信長が決して武功のみを重んじる主君ではなかったことがわかるであろう。そして友閑は、村井貞勝・武井夕庵と並んで、信長吏僚の中でも最高の地位にいたと考えてよい。

また、同六年元旦、信長が十二人の家臣に朝の茶を振舞ったが、この時、友閑は茶頭を務めた。そして、その四日、万見重元邸で信忠に譲渡された名物の披露がなされた時、列席した九人の家臣の中に名を連ねている（公記）。

さらに、同年九月三十日、九鬼嘉隆の大船見物のため信長が堺に下向、ついでに津田宗及邸に寄って歓待を受けた時、友閑は佐久間・滝川と一緒に座に連なった。「御供衆」と記された他の家臣、長岡藤孝・筒井順慶・三好康長・荒木村次ら外様衆や万見・大津・堀・菅屋ら側近たちは座敷の外で振舞われている（宗及記）。友閑が茶の造詣が深かったということもあろうが、長岡以下の外様衆や万見以下の若手の側近とは一段違った地位にいたと考えてよいであろう。

〔堺代官に側近を兼ねて〕

堺代官でありながら、友閑はそれに専念してはいられなかった。信長側近としての仕事も引続き行っているし、畿内各地の政務にも携わっている。天正六年までの友閑の活躍を追ってみよう。

①（天正三年）八月十四日、石清水八幡宮祠官田中長清に、同宮領山城狭山郷安堵を伝え、山城守護塙直政にもそれを伝える（石清水文書）。

②同年八月、信長に従って越前へ行き、二十九日、陣営を尋ねた大乗院尋憲を応対する（越前国相越記）。

③同年十一月六、七日、廷臣・寺社への宛行いの実務にあたる（塙直政・村井貞勝・武井夕庵と）（法隆寺文書ほか）。十一月十六日、吉田兼和の訪問を受け、新恩の面々から外された理由について尋ねられる（兼見）。

④（同年）十一月十六日、信長の意を受けて貞勝へ書し、青蓮院門跡の新知を望みに任せて白河に振り替えるよう指示する（青蓮院文書）。

⑤（同四年）三月十一日、河内金剛寺に対し、徳政令に背いたことを責める（直政と）（金剛寺文書）。

⑥同五年三月二十六日、信長より塩飽《しわく》島の

船の堺との往来を認めるよう命じられる（塩飽島文書）。⑦同年八月、信長に背いた松永久秀・久通父子へ遣わされ、謀反の理由を尋ね、不満を聞こうとするが、面会できなかった（公記）。⑧同年十二月二十九日、信長より嫡子信忠への名物譲渡の使者を務める（公記）。⑨（同六年）六月十八日、堺で大船を徴発し、荒木村重に預けるよう命じられる（釈文書）。⑩（同年）七月十八日、信長より、堺にて九鬼嘉隆を馳走するよう命じられる（佐藤行信氏文書）。

これらの活躍を分析すると、一に、堺代官の地位にありながらも、広く畿内の政務にも携わっていたということがわかる。⑥⑨⑩は堺代官としての務めだが、①⑤などは堺を離れた畿内での仕事である。⑤は、佐久間信盛が河内を管掌する以前だから、とりあえず大和守護直政と堺代官友閑に役目が委ねられたのであろう。

二に、堺代官といっても、常に堺に駐在していたわけではなく、信長の傍らに侍していたことも多いということである。⑨の文書内で信長は、村重に友閑が堺に下向することを伝えているが、③④⑦⑧などの仕事は側近としてのそれであり、友閑が安土と堺とを頻繁に往復していたことが知られる。地方官と側近とを兼ねていたというのが、当時の友閑の立場だったのであろう。

〔**外交面での活躍**〕

元亀年間、友閑が上杉謙信との外交を担当したことは、前述した。対上杉氏外交に関しては、（天正四年）十二月二十二日付で、信長より上杉氏対策について奔走することを命じられているから、引き続き担当していた様子である（竹川信太郎氏文書）。そして天正年間になると、上杉氏ばかりでなく伊達氏との接触も見られる。

①（同二年）九月二日、伊達家老臣遠藤基信に通信する（斎藤報恩博物館文書）。『信長文書』では、この文書を天正四年に比定しているが、「宮内卿法印」ではなく「徳斎友閑」と署名しているのを見ると、同二年以前のものと思われる。同書が天正二年に比定している、九月二日付伊達輝宗宛て信長書状（伊達家文書）の副状であろう。②（天正三年）十月二十五日、伊達輝宗に通信し、信長への贈品及び自分への黄金の贈呈に対して謝す（伊達家文書）。

信長は、九州で島津氏と戦っている大友氏と同七年十一月頃より接触を持つが、この方面の外交に関しても友閑が担当している。③同七年十一月二十七日、信長の大友義鎮（宗麟）に防長二カ国を宛行った朱印状に副状を発す（大友家文書録）。④（同年）十二月二十八日、大友氏よりの使僧を信長に取り次ぐ（大友家文書録）。⑤（同八年）九月十九日、島津義弘に対し、大友氏との和睦を勧める（歴代亀鑑）。⑥（同九年）一月二十一日、信忠の大友義統への贈品を謝す書状に副状を発す（大友家文書）。

こうした外交の仕事も、本来側近の任務である。友閑は堺代官を務めながら、その傍ら側近の仕事も見事にこなしているのである。

〔**堺、京都、安土の間を往復して**〕

天正六年十月、荒木村重謀反の報が入り、信長はまずその真偽を確かめるため、明智光秀・万見重元とともに友閑を派遣している。さらに友閑は十一月三日、光秀・羽柴秀吉と再度遣わされ、村重を説得している（公記）。

村重は友閑らの説得に応じず、ついに信長は有岡へ向け出陣。まず高槻城主高山重友誘降を試みる。友閑は佐久間信盛らとともに宣教師に付き添い、重友の説得に当った（公記・耶蘇通信）。説得は成功し、友閑は十二月頃には、一旦堺に戻ったらしい（宗及記）。

信長は、有岡陣より十二月二十五日に帰陣（公記）。友閑も安土へ赴き、そこで越年したのか、一月十日には、安土の邸宅で茶会を催している（宗及記）。二月いっぱいは安土に駐まったらしい（兼見・宗及記）。

六月二十七日には上洛。三十日に吉田兼和の訪問を受け、昇殿のことを相談されている（兼見）。堺―京都―安土の間を頻繁に往き来していたらしい。

同年九月、京都の金貸し常見検校の詫銭で、平等院前に架橋する時、山口秀景とともにその普請を奉行する（公記）。この年十月には堺に居り、頻繁に茶会に出席している（宗及記）。

同年十一月十六日には在京。吉田兼和の昇殿について動き、ついに信長推挙により昇殿勅許にこぎつける（兼見）。十二月十日、堺の馬座の権利を安堵（末吉文書）。同月二十七日、石清水八幡宮造営をめぐる山上と山下との争いを調停（石清水文書）。そのほか先に述べた大友氏との外交もあり、息をつく暇もない活躍振りである。

〔法隆寺の内紛に関与して〕

多方面で忙しく働いている友閑だが、この時期、法隆寺のことにも携わっていたことを忘れてはならない。

同六年十月頃より、法隆寺の東寺と西寺との段銭をめぐる争いが起る。十月二十四日付で友閑は、万見重元・九藤源真（深宮）とともに、東寺に対して段銭の配分について指示、さらに十二月十九日、従わない西寺に対して単独で命令を下している（法隆寺文書）。

西寺はそれでも不満で、東寺を襲って坊舎を破壊するなどの狼藉に及んだ。この争いの収拾に務めているのは、主として一雲斎針阿弥だが、彼の東寺宛てにしばしば発している書状を見ても、背後に友閑がいて命を下している様子がわかる（法隆寺文書）。結局は信長自らが断を下すことにより、同七年九月頃、ようやくこの争いは一段落したらしい（法隆寺文書）。

同八年一月には、また安土に滞在。十四日には安土城で信長直々の茶を賜っている。二十六日には安土に登城して、細川信良や吉田兼和の接待に茶頭を務めている（兼見）。

〔本願寺との和睦に際して〕

天正八年、長年にわたって信長に対抗していた石山本願寺との和睦が進み、閏三月五日、近衛前久らが下向。友閑は佐久間信盛とともにその目付として大坂へ赴いた（公記ほか）。七月二十日以前に石山の地を退去すべき旨、誓紙がしたためられ、友閑はその検使も務めた（公記）。同月十七日付で信長より、本願寺に不穏なことがなければ加賀二郡を返付する旨、指示を受けている（京都御所東山御文庫記録）。だが、信長のこの約束は結局履行されなかった。

顕如は約束通り四月九日に石山の地を退いたが、子の教如はなおも踏みとどまる。信長は六月二十三日付で、友閑と信盛に対し、教如との対決を仄めかしている（本願寺文書）。

紀伊雑賀《さいか》に退いた顕如は、七月二日、信長に使を遣わす。勅使とともに、その使は信忠に面会。この時も、友閑と信盛とが取次ぎを務めた（公記）。

最後まで抵抗していた教如も、ついに八月二日退城。友閑と信盛は、勅使とともに城を受け取った（公記）。九月三日以後、顕如の申入れを、勅使を通じて聞いている（竜谷大学文書）。この後も顕如より信長へ度々音問があり、それに対する信長の返書には、友閑が副状を発している（本願寺文書）。堺の担当という地理的至近性もあったのであろうが、本願寺との和睦に関しては、友閑が本願寺攻めの司令官だった佐久間信盛と一緒に最後まで働いているのである。

だが、友閑と組んで石山退城の実務を担当した信盛は、教如が石山の地を開けた直後、信長より譴責状を受け突然追放された。友閑は、楠木長諳・中野一安とともにその譴責状を渡す使も務めた（公記）。

〔本能寺の変前の友閑〕

天正九年二月二十八日、信長は京都で大々的に馬揃えを挙行したが、この時友閑は、夕庵・長諳・長雲とともに「坊主衆」として行進した（公記）。

三月末には在京し、秀吉・貞勝らとともに清水寺に酒宴を催し、猿楽を鑑賞している（兼見）。そして四月一日には兼和の訪を受け、吉田社修理について依頼されている（兼見）。

　五月十日、指出《さしだし》に応ぜぬ和泉槙尾寺《まきのおでら》を、丹羽長秀・堀秀政らとともに放火（公記）。この時の友閑は、検使の役割だったのであろう。

　これ以後は大体堺に居た様子で、津田宗及の茶会にしばしば顔を出している（宗及記）。（同年）十月二十三日、讃岐の安富氏に書状を発し、三好康長への加勢の命令を伝えている（志岐文書）。友閑にしては珍しい軍事的外交文書だが、康長との個人的繋がりによるものだろうか。

　翌十年元旦には、安土へ赴き、信長に新年を賀す（宗及記）。一月五日、安土で茶会を催している（宗久抜書）。

　本願寺との関係も続いており、十年一月十七日、坊官下間《しもつま》仲之より礼状を受けたり、本願寺へ当年の礼のため使を遣わしたり、信長黒印状の写しを送ったりしている（宇野）。五月二十九日には、顕如・如春より贈品を受けている（宇野）。

　この年二月、信忠は甲信に軍を進め、三月十一日、武田勝頼の首級をあげる。信長自身は三月になってから出馬、甲信の様子を観察した。三月十七日付で信長は、友閑に武田討伐の結果を報じ、五畿内とその近辺へもそれについて触れるよう命じている（『武家事紀』所収文書）。友閑は忠実にそれを執行した（宇野）。

　四月に信長の凱旋を迎え、そのまま安土に駐まったか、五月十七日には、安土にて茶会を開催している（宗及記）。二十日、徳川家康饗応の総見寺での能楽に参列した（公記）。

　その後、堺に下向。二十九日、堺見物の家康をもてなしている（宇野・宗及記）。この時、四国討伐に向かう神戸信孝の軍が堺に集結していたが、迷惑なので、住吉に移陣するよう依頼した（宇野）。

　六月一日にも、茶会を催して家康をもてなしたが（宇野）、その翌日未明、京都で本能寺の変が勃発した。友閑は二日、上洛しようとして途中でそれを知り、堺へ戻った（宗及記）。友閑は、すぐに今井宗久ら堺の町衆にそれを報せている（宗久書抜）。

〔秀吉政権の下で〕

　山崎の戦い、清須会議を経て、畿内では羽柴秀吉の勢力が急速に伸びるが、友閑は信長生前と変らず堺代官を務める。これまでと同様、宗及をはじめとする堺町衆との茶会での交流が頻繁に見られる（宗及記）。十一月には堺御坊領の地子及び年貢を本願寺に還付するなど、堺代官としての活躍も変らない（宇野）。こうしたことから顧みると、畿内を制圧している秀吉と連絡があったものと思われる。

　賤ケ岳の戦いの後の同十一年七月七日、大坂城における秀吉の茶会に出席、自然に秀吉に従うようになった（宗久書抜）。七月十一日には、秀吉より、堺の地子銭の中より摂津太子堂への寄付を出すよう命じられている（秋野房文書）。

　九月十六日、秀吉の道具揃えに出席。十月十九日には秀吉の来訪を受け、茶会を催している（宗及記）。

　小牧陣、四国討伐戦と経て、秀吉の覇権が確立する中、友閑は「堺政所」という役職とされ、そのまま堺の政務を担当した（宇野ほか）。だが、同十四年六月十四日、突然その職を罷免された（多聞院）。「曲事《くせごと》」のためと『多聞院』にあるが、いかなる曲事かはわからない。

　その後の友閑の消息については、文禄二年（一五九三）十月二十九日までの生存が確認されるが（鹿苑日録）、その後、いつ没したかはわからない。

松浦亀介（まつうら　かめすけ）　尾張
　生没年不詳。
　信長に仕え、弘治二年（一五五六）八月二十四日の稲生《いのう》の戦いの時従軍。元織田信次の臣で守山の家老だった角田新五を討ち取った（公記）。

松尾掃部大夫（まつお　かもんのたいふ）　↓小笠原信嶺（おがさわら　のぶみね）

松岡九郎二郎（まつおか　くろうじろう）　尾張

生没年不詳。

信長の馬廻。永禄年間、黒母衣《ほろ》衆に選抜された（高木文書）。

永禄四年（一五六一）五月二十三日、軽《かる》海《み》の戦いに従軍（甫庵）。同十二年八月、伊勢大河内《おかわち》城攻めに従軍。「尺限廻《さくきわ》番衆」の一人として『公記』に載っている。

その間の永禄十年十一月に美濃逆巻にて十五貫文の地を与えられた「松岡」は、九郎二郎だろう。天正四年十月二十九日には、近江本郷内にて、百三十石の地を与えられている（松戸市立博物館『戦国の城をさぐる』所収文書）。

茶道も堪能だったらしく、『宗及記』にしばしば名を載せている。

本能寺の変後、秀吉に仕える。天正十二年（一五八四）三月、小牧陣の時、秀吉の命により山城淀城の留守居を務めている（金沢市立図書館文書）。

松田監物（まつだ　けんもつ）　山城
生没年不詳。

将軍義昭の臣。『言継』元亀二年（一五七一）五月十九日条、義輝の七回忌の記事中に「御走衆」の一人として見える。（同三年）四月十八日、義昭より、柴田勝家・佐久間信盛の交野《かたの》城救援の功を褒す使として遣わされている（寸金雑録）。

義昭の側近としての事跡は、将軍邸訪問の吉田兼和を取り次いでいることや、兼和を訪れて、義昭の近況を語っていることなどに見られる（兼見）。兼和とは懇意にしていた様子で、しばしば相談している（兼見）。

天正元年（一五七三）、主である義昭追放後も京に駐まっているから、信長の赦免を受けたのであろう。

同九年二月二十八日の馬揃えの時は、「公方衆」の一員として参加している（隆佐記）。

松田定久（まつだ　さだひさ）　紀伊
生没年不詳。

源三大夫。姓は、「松江」あるいは「太田」とも。

雑賀《さいか》衆の頭目の一人。太田城主。鈴木重秀とともに信長に抵抗。（天正四年）六月二十七日、信長と戦端を開いた本願寺顕如から鉄砲五百廷の派遣を頼まれている（紀伊続風土記）。

同五年三月、信長軍の攻撃を受け、鈴木重秀らとともに降参、赦免された（土橋文書・公記）。だが、その後、再度大坂に加担して信長に反抗した鈴木たちと争ったらしい。五月十九日付で信長より、忠節を褒されている（太田文書）。

同八年閏三月、本願寺退去の時、顕如より閏三月二十八日付で、今後の馳走を依頼されている（紀伊続風土記）。

小牧陣の時は、誘われて家康方となる。この時の三十六人の郷士の血判状の写しが伝わっているが、土橋平次・鈴木孫一などの署名に疑問がある（紀伊続風土記）。

同十三年の秀吉の紀伊攻めの時、太田城を水攻めにされて、四月二十二日に降伏する。この時の城主を、『太田文書』や『紀伊続風土記』では「太田二郎左衛門」としている。彼と源三大夫との関係については詳らかではない。

松田摂津守（まつだ　せっつのかみ）　丹後
生没年不詳。
明智光秀の丹波経略の中で信長に従ったか。天正七年（一五七九）六月十三日、信長に「隼《はやぶさ》巣《す》子《こ》」を進上したことが『公記』に見える。

松永久秀（まつなが　ひさひで）　山城
?～天正五年（一五七七）十月十日。
弾正忠、弾正少弼、山城守。剃髪号道意。

〔三好長慶の臣として〕
山城西岡の出身で、三好長慶に仕え、初めは右筆であったとも伝わるが、若年時の経歴については不詳である。天文十八年（一五四九）六月、主長慶は叔父政長を討ち、細川晴元政権を倒したが、この年十二月十五日、久秀は本願寺証如から贈品を受けている（天文日記）。この頃から久秀は、弟の長頼とともに、有力な三好家の臣として広く知られるようになった。
弟長頼は、勇猛な武将として主に丹波の戦線で働くが、兄の久秀も、弟と一緒に戦場でも活躍している。天文二十年七月には、晴元の将三好政勝・香西《こうさい》元成らを相国寺に攻めて、これを破った（公卿補任）。晴元とは同二十二年三月十六日、山城畑で戦っており（両家記）、また、晴元与党の丹波波多野晴通を同年九月に攻め、波多野救援の三好政勝・香西元成と再び戦っている（言継・厳助往年記ほか）。

長慶の下にあって次第に勢力を得、長慶の代官として、禁裏との連絡等京都の政務に携わる。それにとどまらず、永禄初年頃の久秀は、畠山氏の与党と河内・大和等で戦っている。永禄二年（一五五九）八月八日、大和信貴山《しぎさん》城を修築し、ここに入った（足利季世記）。翌三年二月一日、長慶の子義興と並んで幕府の供衆に列せられた。次いで三日、弾正少弼に任じられる（雑々聞見書）。

同四年一月二十四日、義興とともに幕府相伴衆に昇進。また二月四日、従四位下に昇叙された（雑々聞見書・歴名土代）。二月一日には、将軍義輝より桐の紋章と塗輿の使用を許されたが、これは長慶父子と同じ恩典である（『後鑑』所収「伊勢貞助記」・雑々聞見書）。この頃すでに久秀が長慶の臣の中でも群を抜いた存在であるばかりでなく、主長慶に拮抗する実力を持っていたことを幕府に認められていたのである。

〔長慶の死まで〕

永禄初年にして、久秀は三好家の中で大きな存在となっていた。三好氏の周囲との戦いにおいても、軍を統率する機会が多くなった。

同二年、六角氏の軍と戦う。十一月二十四日には、山城勝軍山城を攻めて六角の将永原安芸守を殺した（足利季世記）。

六角氏と結んだ畠山氏は、しばしば三好軍と矛を交え、同五年三月五日の久米田合戦では長慶の弟義賢（実休）を敗死させた。この敵に対しても久秀は、義興とともに出陣し、五月二十日、河内教興寺での戦いでこれを打ち破り、畠山高政を紀伊まで逐った（続南行雑録・両家記ほか）。

六月二日、六角氏と講和。同月二十六日、長慶と二人並んで禁中より太刀を賜った。久秀は七月九日、義興とともに太刀等を献じ、これに応えている（御湯殿）。

畠山氏を逐い、六角氏と和しても、畿内にはまだ敵が多かった。同年九月、伊勢貞孝を丹波杉坂《すいざか》に攻め、これを破る（御湯殿・年代記）。翌六年一月には、大和多武峯《とうのみね》を攻めたが、衆徒のため敗退した（年代記）。多武峯との争いは、その後もしばらく続く。

同六年十二月十四日、家督を嫡子久通に譲ったというが（厳助往年記）、それによって久秀が隠居してしまったというわけではない。この後こそ、久秀が戦国の梟雄にふさわしい活躍を重ねるのである。

同七年七月四日、主君三好長慶が没した。実子義興は父に先立っており、養子で幼少の義継が三好家を継いだ。長慶の生前にしてすでに主家をも凌ぐ力を持っていた久秀だが、長慶の死により自然に三好家を統率する形となった。

〔三人衆との抗争〕

永禄八年五月十九日、久秀は三好三人衆（三好長逸・三好政康・石成《いわなり》友通）と語らい、室町御所を攻めて将軍義輝を殺した。この大逆の首謀者はやはり久秀なのであろう。

しかし、三人衆との連携もここまでだった。この年秋頃より彼らとの間柄が悪くなった。主義継は三人衆に擁されており、久秀は三好党の中で孤立せざるをえなかった（両家記ほか）。ついに久秀と三人衆とは表立って抗争、十二月二十一日、大和乾脇で両者の戦いがあった（多聞院）。

一方では、久秀は筒井順慶たち大和国衆をも敵としていた。四面楚歌の中で、久秀は畠山高政と和し、根来寺衆らも味方にした。しかし、三人衆は、阿波の三好康長、淡路の安宅《あたぎ》信康の応援を得て、同九年二月、上芝の戦いで畠山軍を破るなどして、次第に久秀方を圧迫した（両家記ほか）。五月三十日、久秀は堺に入ったが、そこも大軍に囲まれ、辛うじて逃れた（永禄九年記・両家記ほか）。摂津・山城の久秀方の諸城は次々に陥落した。京都の居宅は没収され、この後数カ月間、久秀は何処かへ雲隠れし、全くなりをひそめている（両家記・言継）。

ところが、三人衆らが主君として立てていた三好義継が、同十年二月十六日、突然三人衆のもとを出奔、久秀方になった（多聞院・両家記）。これをきっかけに久秀は復活した形となる。四月六日、久秀は義継を擁して堺より信貴山城に入り、さらに十一日、多聞山城に移った（多聞院・両家記）。三人衆は奈良に出陣。東大寺に着陣して、久秀方との小競り合いが続いた。十月十日、久秀は、後々まで語り草となるほどの思い切ったことをやってのける。三人衆の陣を急襲し、これを大仏殿もろとも焼払ったのである。ただし、大仏殿に放火したのは三人衆方との説もある。

この時の戦いは勝利に帰したものの、久秀の味方は根来寺衆徒と飯盛城の松山安芸守、伏見城の津田主水《もんど》、それに大和の国衆箸尾為綱ら数えるほどしかいない。四国衆を背景にした三人衆の勢力に比べるとはるかに劣勢であった。

〔信長との接触〕

『信長文書』に収録された、八月二十一日付柳生宗厳宛て信長書状、及び八月二十八日付同人宛て佐久間信盛書状がある（柳生文書）。後者は前者の副状らしいが、内容は信長上洛の際の忠節を促したものである。前者の文書中に「松少（久秀）与連々申談事候」、後者の中に「雖レ然久秀申談」とあり、この時までに久秀が信長に通じていたことがうかがえる。

『信長文書』では、この二通の『柳生文書』を永禄十一年すなわち信長上洛の年に比定しているが、信長書状の冒頭にある「雖二未レ申一通一令レ啓候」の文言から、（同十年）十二月一日に発せられた同人宛ての朱印状（柳生文書）より以前のものであることは明らかである。

『多聞院』永禄九年八月二十四日条に収められた、義昭御内書の副状という、七月十七日付十市《とおち》兵部少輔宛ての大覚寺義俊の書状によると、義昭は八月二十二日に信長に供奉されて入京の予定であるという。先にあげた佐久間の副状に「仍信長上洛之儀、江州就二表裏一先延引候」とあるのは、八月二十二日の義昭・信長の入京を期待していたであろう大和の国衆に対する弁解であると考えられる。即ち、先にあげた二通の『柳生文書』は、永禄九年のものと解したい。

これらの文書が永禄九年のものとすると、久秀は、その時点で早くも信長に通じていたことになる。永禄九年八月というと、三人衆方に囲まれて堺を出奔し、行方をくらましていた時にあたる。失意の中で久秀は、まだ尾張一国の支配者にすぎない信長に期待をかけたわけである。

（翌十年）十二月一日、信長は、柳生宗厳・岡因幡守、それに興福寺衆徒に宛てて朱印状を発し、入京の意思を伝えているが、その文中でそれぞれに対して久秀を見放さないよう求めている（柳生文書・岡文書ほか）。信長が上洛後、久秀を使って大和を制圧することをこの時点で予定していたのであろう。信長は、久秀という人物の利用価値を見抜いていたのである。

〔大和平定を託されて〕

永禄十一年九月三日、多聞山城を三好康長・筒井順慶の兵に攻められたが、その月の二十六日、信長は義昭を奉じて入京する。久秀はいち早く人質を提出。畠山高政とともに信長陣に馳せ付け、名物の茶道具「つくもかみ」を進上した（多聞院・言継ほか）。

久秀を無条件で赦すことについては、義昭に抵抗があったようだが、久秀の利用価値を認めていた信長は義昭を説得したらしい。そして久秀は、幕府の直臣となり、「大和切取次第」領有することを許された（両家記・多聞院）。

信長の畿内平定戦で、三人衆の勢力は堺を除く五畿内から追いやられたが、大和は、筒井を中心とした国衆が依然として久秀に対抗していた。久秀はすぐに大和の平定に取りかかり、諸所で戦っている（多聞院・足利季世記）。

十二月二十四日、久秀は名物を多く持っ

て岐阜へ下った。岐阜で越年して、一月十日信長とともに上洛する（多聞院）。このあたりに、信長の歓心を買うことに躍起な様子がうかがえる。

多聞山城に戻った久秀は、再び大和の平定に力を注ぐ。片岡城・万歳表・貝吹城・井戸表で戦いがあった（多聞院）。この時点では、筒井をはじめ布施・越智・井戸・箸尾ら有力国衆のすべてが敵であり、大和の中で孤軍奮闘の感じである。それでも、片岡城を落とし、貝吹・井戸においても成果があったというから、少しずつ大和の平定は進んだのであろう（信長文書・多聞院）。この年の四月頃、弾正少弼を改め、山城守に補任する（宴乗）。

同十三年一月下旬、大和の諸士とともに、信長より禁中修理、武家御用、天下静謐のため上洛を促されているが（宴乗）、まだ大和の過半は敵であり、どれほどの大和衆が久秀とともに上洛したであろうか。

二月三十日に信長が上洛すると、久秀は「鐘の絵」を進上している（公記）。四月一日、将軍邸落成祝として義昭が能楽を催したが、久秀はその席に連なっている（公記）。

この間、井戸城がようやく陥落。久秀はこれを破却した（多聞院・宴乗）。

〔三人衆方との講和に至るまで〕

久秀は、大和での戦いに専念することを許されなかった。元亀元年（一五七〇）四月の信長の越前攻めに駆り出された（宴乗）。久秀の身分は幕府の奉公衆と思われるから、形の上では信長に臣従しているわけではないが、もちろん戦いとなると、その指揮に従ったのであろう。

この遠征は、浅井長政の離反により失敗。五月一日、久秀は信長に供奉して朽木越えで京に帰陣した（多聞院）。

畿内に戻った久秀は、また大和の平定に精を出す。六月六日、十市城を攻めようとしたが、調略に失敗し、鉾先を変えて福住城を攻める。続いて十四日には郡山城を攻めたが、結局攻め切れず、二十六日に退陣する（多聞院）。

七月二十五日、三好三人衆が河内に侵入するとの報を受け、国境の信貴山《しぎさん》城まで出陣。翌日、河内に入ったが、事は起らず間もなく帰陣する（多聞院）。この時の人数は八千と『多聞院』にあるから、信長とても無視できない大軍である。

八月二十二日、再び河内に出、高安に着陣する（多聞院）。二十七日、信長軍に合流して、中島天満森に移陣した（両家記・尋憲記）。この野田・福島攻囲戦は、将軍義昭の出陣まであったが、本願寺が敵方になり、そのうちに江南方面に朝倉・浅井軍が進出したりして、信長は九月二十三日に急遽陣払いして帰京した。久秀も共に京に入っている（尋憲記）。

しかし、久秀に休養は許されなかった。信長に従って入京した翌日にはまた信貴山城に入っている（尋憲記）。二十八日には、五千の人数で神楽寺に在陣、十月十三日には筒井城を攻めた（尋憲記）。もうかなりの年配になっていたであろうが、この頃の久秀には席の暖まる暇がない。

近江方面では、信長と朝倉・浅井の和睦の交渉が進む。それに応じて、南方でも三好党との和睦の話が起った。その仲介役となったのが久秀であった。十一月十二日、信長は岐阜に人質となっている久秀の娘を自分の養女として、三好某（誰であるかは不明）に嫁せしめることを決め、とりあえず十一歳になるその娘の妹を、人質として三人衆に提出することにした（尋憲記）。十二月九日、久秀は信貴山城で三好党の篠原長房と会い、人質を交換して和睦した（尋憲記）。

〔大和の支配者として〕

三好党と形だけでも和睦した久秀は、ようやく平穏な時をしばらく過ごすことになる。大和一国進退とはいっても、国衆のほとんどが服さない状態では、空手形に等しい地位であったが、この後、大和全域ではないにせよ、奈良を中心とする地域の政務に励んでいる姿が見られる。

①元亀二年一月二十一日、興福寺の人事について相談を受ける（多聞院）。

②同年三月十一日、春日社祠官中東時宣よりの訴え事を聞く（宴乗）。
③同年三月二十一日、院家の相続について報告を受ける（多聞院）。
④同年四月二十八日、小五月銭について、大乗院より斡旋を依頼される（尋憲記）。
⑤同年四月、若槻荘の過剰徴収の不正について、命令を下す（尋憲記）。
⑥同年五月二日、小目代の改易についての訴えを聞く（宴乗）。

奈良という大寺社・国衆などの中世的権威の錯綜する地域は、平凡な力量では治め切れない部分がある。久秀にとって大和は馴染みの国ということもあるであろうが、各方面からの訴えを処理しているあたりに、有能な執政官の姿が垣間見られるのである。ただ、多聞院英俊の日記からも知られる通り大和の寺社は久秀の支配を快く受け入れてはいない。長らく興福寺が一国支配権を握って、武家の支配を排除してきたという経緯ゆえであろうが、久秀という人物に対する不信もあるのかも知れない。

〔信長からの離反〕

元亀二年のうちに久秀の心は信長から離れる。（同年）五月十二日、武田信玄の臣小幡信実が久秀の臣岡周防守（国高）に宛てた書状があり、それによると、久秀はすでに信玄に款《よしみ》を通じている（武州文書）。同月十七日付で信玄は、直接周防守に書し、久秀を別格として処遇することを約束している（荒尾文書）。

近くは三好三人衆やその与党である篠原長房・三好康長の阿波衆、そして本願寺とも同盟した。五月、混乱の中で畠山秋高の家臣安見右近丞を殺し、続いて安見氏の居城である交野《かたの》城を囲んだ。この時、三人衆らはそれに呼応して秋高の高屋城を攻めている（多聞院）。

この戦いの中で、箸尾為綱・木津が久秀に背き、久秀は、三人衆や三好義継とともに今度は箸尾に出陣した。一万三千の兵力というから、一方の雄と言ってもよい堂々たる兵力である（尋憲記）。七月、義継とともに摂津へ出陣、芥川城に和田惟政を攻めるが、二十二日、軍を返した（多聞院）。

さらに八月、長年の敵筒井順慶の辰市砦を攻める。しかし、八月四日の戦いで大敗、多くの臣を討死させた。久秀の「一期ニモ無之程ノ合戦也」と『多聞院』に記されたほどの惨敗であった。この結果、十もの城塞を捨てざるを得なくなった（尋憲記）。六日、久秀は失意のうちに信貴山城に戻っている（多聞院）。

摂津でも、池田・荒木と和田の争いに久秀もからむ形となり、八月二十八日、和田惟政は池田軍と戦って摂津郡山で敗死。久秀はこの時、佐久間信盛との交渉で、高槻城を渡される代わりに兵を高槻より撤退した（尋憲記）。信長はこのように調停に乗り出すことはあるが、大体は畿内での争いを傍観している形である。

十月、山城木津城攻撃。続いて十一月には、篠原長房・三好康長・義継とともに高屋城を攻囲した（宴乗）。将軍義昭はこの年六月、筒井順慶に養女を娶わせており、八月六日の大安寺での戦いで討ち取った久秀方の将の首を順慶から届けられている（多聞院）。この事実からは、久秀が幕府に敵対しているように見えるが、一方、久秀が、近衛前久の下向を迎えたり、二条宴乗・多聞院英俊・大乗院尋憲らとも懇意にしているのを見ると（宴乗・多聞院・尋憲記）、必ずしもそう単純に解釈できない。おそらく義昭としては、畿内での私闘として扱いながら、信長の出方を見ていたものと思われる。

だが、元亀三年になった頃から、義昭・信長共に、はっきりと久秀・義継を反逆者として扱うようになる（相州文書）。三好三人衆との講和は成されていたけれど、本願寺それに武田氏とも通じた久秀らは大きな敵勢力となりつつあったから、信長にとって許せないのは当然である。義昭は信長への不満の意を強めながらも、表面にはそれを打出してはいない。

四月、久秀は義継とともに、またも安見新七郎の籠る交野城を囲んだ。これに対し、信長は畠山救援のために河内へ大軍を送った。義昭も「公方衆」をそれに合わせて派遣した（公記・兼見）。久秀は交野城を攻囲していたが、その囲みを解き、信貴山城に籠った（公記）。信長軍は五月に陣払いするが、その時、高屋籠城衆に書し、城を堅固に守るよう指示している（誓願寺文書・伊予古文書）。

〔将軍義昭との同盟〕

ところで、元亀三年七月一日付で、信長が久秀に宛てた文書がある（願泉寺文書）。内容は、七月七日の江北出陣を告げ、虎御前《とらごぜ》山《やま》砦構築のため、道具を持って出陣することを命じたものである。明らかに信長に反逆しているかに見える久秀に対して、こうした命令を下すというのはどういうことであろうか。この文書が真正なものだとすると、どのような解釈が可能であろうか。

信長は、久秀の背後に将軍義昭がいることを知っている。しかし、まだ義昭方と表立って争うつもりはない。河内における擾乱も、久秀・義継と畠山との私闘として片付けたかった。こういうところだったのではなかろうか。四月に大軍を河内に派遣したのも、反逆者追討といったものではなく、争いを収めるためであった。信長が（同年）六月八日付で畠山氏の臣たちに与えた書状中に、「（畠山に対する）義継・久秀前（所）行企不能分別候」という文言がある（伊予古文書）。実際には自分に対する敵対であることは承知しながらも、公言することを避けている、と解釈できよう。

しかしこの文書は、宛名を「松永弾正」（すでに山城守）としたり、彼を江南衆と列記したり、不自然な箇所が多い。研究の余地の残る文書である。

この後、久秀の反信長の動きはだんだん露骨になる。信長の江北出陣中の七月二十九日、山城に出陣。さらに八月二十八日、再び山城に入って木津城を攻めている（多聞院・年代記）。十一月、片岡辺りに出兵して再度にわたって放火、筒井の兵に追い返された（多聞院）。十二月には、義継・三人衆に本願寺の兵も合わせて、摂津中島城に細川昭元（信良）を攻撃している（年代記・耶蘇通信）。

翌四年一月二日、六角氏の臣栖雲軒に書を送り、三方原での信長・家康軍の敗戦を祝福し、信玄の上洛に応じて六角氏も動くよう求めている（護国寺文書）。

二月、信玄の上洛間近と見た義昭は、信長追討のため立ち上がった。信長は誓紙を書き、人質を送り、将軍との正面衝突を避けようとしたが、強気の義昭は受け付けなかった（公記）。久秀は以前より義昭と結んでいたのだが、ここに至って義昭方としての立場を明らかにした（尋憲記）。ここにようやく将軍義昭を中心に、武田―朝倉・浅井―松永・三好―本願寺と結ばれる反信長同盟の全体が衆目にさらされる形となったのである。

『尋憲記』にはさらに、北山城の山本・磯貝（磯谷）・渡辺ら、摂津の伊丹・塩河らも久秀に味方した、とある。畿内のかなりの士が義昭の下に集結したわけである。久秀は二月二十五日、前年から攻撃していた摂津中島城を落とし、城主細川昭元を堺に逐った（年代記・尋憲記）。

〔信長への二度目の降伏〕

同年三月二十九日、信長は大軍を率いて上洛。四月三日、四日、洛中・洛外に火を放って義昭を威嚇した。この時は講和の形で一段落したが、七月、またも義昭は反信長の兵を挙げ、今度は槇島城に立籠った。信長は大軍をもって一気にこれを抜き、ついに義昭を追放した。この間、畿内の義昭方の中心勢力であった久秀も義継も、全く手を拱いているばかりであった。後難を恐れて義昭を見捨てたとしか思えない。

だが、久秀も義継も、信長の追及の手を逃れることはできなかった。まず十一月、佐久間信盛らの軍が義継の若江城を攻め、十六日、義継を自害させた（年代記・公記）。この月のうちに久秀は信長に降った。信長は十一月二十九日付で信盛に宛てて、多聞山城没収等の条件で久秀を赦すよう命じている（大阪銀装文明堂文書）。

十二月二十六日、約束通り多聞山は開城された（尋憲記・宴乗）。翌天正二年一月、久秀は岐阜に参上して信長に赦免の礼を行っている（尋憲記・興福寺年代記）。

接収された多聞山城には、その後、明智光秀・長岡藤孝・柴田勝家が交代で城番として置かれた（尋憲記・多聞院ほか）。そして城郭の一部は、同四年六月、京都に移されている（岡本文書）。

〔佐久間信盛の与力として〕

降伏後の久秀は、大和に居住したようだが、居所については不明である。生命が助かったのは、信長がまだ久秀の利用価値はなくなっていないと考えたからであろうが、その後しばらくは全く出番がなかった。降伏して一カ年余りたった同二年十二月二十四日、薙髪して「道意」と号した（多聞院）。

同三年四月二十七日、「松永」に十市郷の三分の一が与えられたことが『多聞院』に見えるが、これは息男の久通のことであろう。久通は、この年の三月に大和守護とされた塙直政の麾下として働いていることが『多聞院』に見られる。

隠居してすべての野心を遠ざけたかに見えた久秀が再び活動するのは、同四年五月からである。

この年四月、信長は本願寺を攻めるべく原田（塙）直政・惟任《これとう》（明智）光秀・長岡（細川）藤孝・荒木村重の軍を派遣したが、五月三日、直政が本願寺の支城三津寺を攻撃して失敗、討死するという事態が起った。しかも、勝ちに乗った本願寺の一揆勢は、光秀や佐久間信栄らが守る天王寺砦に攻め寄せた（公記・当代記）。

この報を京都で聞いた信長は急遽自国にいる部将に出陣を命じる。この時、久秀は佐久間信盛とともに第一陣に属して従軍した（公記）。

信盛は久秀の降伏の時仲介役を務めた人物だが、彼がこの年より天王寺に置かれて本願寺攻めの主将を務めることになると、久秀はその軍団に所属したらしい。信盛とともに天王寺に入った面々の中に、久秀の名が見出せる（公記）。

〔二度目の謀反、そして敗死〕

天王寺定番として置かれた久秀父子がまたも信長に背いたのは、同五年八月である。父子は密かに天王寺城を抜け、信貴山城に籠った（公記）。この時期、西方への進出を企てた上杉謙信に呼応したものとの説もあるが、その証はない。

これまでも反逆を繰り返してきた久秀だが、それでも信長はまず松井友閑を派遣し、事情を聞こうとした。しかし、久秀はこの使に会おうともしなかった（公記）。

信長は嫡子信忠を総大将として大和へ遣わした。信忠は十月一日、まず久秀の与党の片岡城を攻略、次いで信貴山城を囲む。十日、久秀は天主に火をかけ、自害した。没年は六十七歳と伝わるが、不確かである。しかし、大体それくらいだったであろう。

奇しくもちょうど十年前、三好三人衆と戦って大仏殿に火を放ったと同じ十月十日であり、多聞院英俊は早速その因縁を日記に記している（多聞院）。久秀の最期は、信長に自分の首と名物平蜘蛛《ひらぐも》の釜を渡すことを拒み、火薬で名物もろとも木っ端微塵になったと言われる（老人雑話）。『多聞院』によれば、落城の翌日、首級四つが安土に送られたというが、そのような最期だったとすると、久秀の首はなかったであろう。

〔久秀とキリスト教〕

永禄八～九年頃、久秀は京都に居て、禁裏との交渉と同時に京都内の治安の維持にも努めているが、ちょうどこの頃は、宣教師たちが京都でキリスト教の布教を進めている時であった。

久秀は熱心な法華教徒なだけに、宣教師たちにとって恐るべき敵であり、フロイスは彼のことを「最も残酷な暴君」と評している（耶蘇通信）。久秀は、僧侶たちの提言を容れ、禁裏を動かしてパードレ追放の宣旨を受け、パードレたちを追放し、教会を破却したという（耶蘇通信）。だが、信長上洛後は、特に久秀がキリスト教を弾圧したという話は聞かない。

松永久通（まつなが　ひさみち）　山城

?～天正五年（一五七七）十月十日。

彦六、右衛門大夫、右衛門佐（金吾）。

諱は『言継』に「義久」とある。

〔父とともに信長に従うまで〕

久秀の子。父とともに三好長慶に仕える。永禄三年（一五六〇）十月十五日、観心寺に禁制を掲げたのが、その文書における初見である（観心寺文書）。これには「右衛門大夫」と署名されている。

同六年閏十二月一日、従五位下右衛門佐に任じられる（歴名土代）。そして、その月十四日に父より家督を譲られた（厳助往年記）。しかし、その後も父久秀は健在で、久通は父の意思に従って行動するという形には変化がない。同六年十二月二十五日、将軍義輝に歳暮を贈っている（雑々聞検書）。

同八年四月三十日、長慶の跡を継いだ義継とともに上洛。義輝に謁した。その年の五月十九日、父久秀は三好三人衆と組んで義輝を殺した。久通は、父の命により、直接義輝を襲撃している（晴右記・言継）。

その後久秀は、三人衆と対立して戦いを繰り返し、一方では、筒井城を逐われた筒井順慶とも大和の地をめぐって争うが、久通は、常に父を補佐して諸所に戦った。同十一年六月二十四日、近江の山中蔵人が三人衆方として河内三屋に出陣したのに対し、久通は出撃してこれを討った（多聞院・言継）。

〔信長の下での戦い〕

父久秀は、永禄九年頃より信長に通じ、三人衆に対する畿内での劣勢を挽回しようとした。十一年九月、信長が義昭を奉じて上洛すると、いち早く礼に参じる。この時の混乱の中、久通は大山崎に禁制を掲げている（離宮八幡宮文書）。

義昭より大和一国進退を任された久秀は、大和の平定に腐心する。久通もまず兵を筒井郷に出し、十月九日、筒井平城を落とした（多聞院）。二十四日、上洛して新将軍義昭に拝礼している（多聞院）。

同十二年四月、父とともに片岡・万歳へ出陣。筒井のみならず越智・布施ら国衆の多くが敵であった。五月には貝吹城に取寄せ、一戦を交え、さらに井戸城を攻めている（多聞院）。

同十三年一月下旬、信長は近国諸大名に、禁裏修理・武家御用などのために上洛することを促す（宴乗）。この通知は久通のもとにも届いた。（元亀元年＝一五七〇）五月一日付で渡辺重が法隆寺に宛てた書状によると、久通はその命令に従って、禁中修理に精を出している様子である（法隆寺文書）。

ところで、この通知を送った先が『宴乗』に明記されているが、久通は父久秀と並記されている。父は公認された大和支配者だが、久通も父と同じ幕府奉公衆として将軍に直接繋がっていたのであろう。だが、父子の間での役割の分担は見られない。軍事・政務、いずれも父久秀が主導権を握り、子の久通がそれを補佐するといった形が最後まで続いたようである。

父久秀が大和一国の進退を任されたといっても、大和の国衆の筒井・十市・布施・万歳・井戸ら、その多くはまだ松永父子に敵対していた。元亀年間、松永父子は彼らを実力で押さえ込むため、席の暖まる間もない軍事行動を重ねる。同元年六月、十市《とおち》城攻め。さらに郡山にも出兵。同二年五月には窪城攻め。八月、辰市城攻め。同三年八月、山城木津城攻め等々。戦いに明け暮れる日々であった（多聞院）。

この間、同元年七月に三好三人衆が阿波衆に助けられて河内へ進出した時、すぐに信貴山城へ出陣している（多聞院）。この後、三人衆らは摂津野田・福島城に籠り、信長自らの出陣になるが、その十二月に久秀を介して、信長と三人衆との間に和睦が成立する（尋憲記）。

〔信長からの離反〕

久秀父子は、元亀二年五月までには武田信玄と通じている（武州文書・荒尾文書）。だが、まだ信長の知るところではなかったらしい。

五月十二日、河内交野《かたの》へ出陣。畠山秋高の臣安見新七郎を攻撃した（多聞院・尋憲記）。以後、畠山や摂津の和田惟政との戦いが繰り返されるが、私闘として扱われたのか、義昭・信長はしばらくの間は介入していない。信長の介入といえば、この年九月、和田惟政敗死後の高槻陣を撤収するよう、交渉させたことぐらいである（尋憲記）。

だが、同三年四月、またも交野城を攻めた時、信長は交野救援のために大軍を送った。公方衆もこの時は共に出陣している（公記・兼見）。将軍義昭は、信長との間の溝が深まってはいたものの、まだ決裂するまでの決心には至ってはいないのである。結局、松永父子は陣払いし、久秀は信貴山《しぎさん》城、久通は多聞山城に籠った（公記）。

このように、明らかに信長に反抗している久秀父子だが、信長はできるだけこれを敵にしたくなかったらしい。同三年七月一日付で、信長は久秀に宛てて、砦普請のための道具を持って江北へ出陣するよう求めている（願泉寺文書）。この文書自体に疑問があるけれど、真正なものであるとすると、信長の表と裏の使い分けが面白い。

信長から離れながらも、久秀父子の大和支配は続けられている。興福寺の多聞院英俊や大乗院尋憲とも頻繁に接したり、同寺坊官の二条宴乗の頼みを受けたりしているのである（多聞院・尋憲記・宴乗）。そして久通は、小五月郷で不法を行ったということで郷民より訴えられ、父久秀に詰問されたこともあった（尋憲記）。

〔信長への降伏とその後の久通〕

天正元年（一五七三）七月、信長は将軍義昭を追放する。最後はその与党として、信長に逆らう形となった松永父子や三好義継も、信長は赦さなかった。十一月、義継は若江城に佐久間信盛らの軍の攻撃を受け、自害する（年代記・公記）。松永父子はそれを見て、信盛を通じて信長に降った。信長は十一月二十九日付で、父子の生命は助けるが、多聞山城を渡し、久通の嫡子を人質として提出すべきことを信盛に申し送っている（大阪銀装文明堂文書）。

以後、久秀はしばらく表舞台から姿を消し、久通は信貴山城のみを安堵された。大和支配権は松永父子の手を離れたのである。約束通り十二月二十六日、多聞山は開城。久秀は翌二年一月、岐阜に参上して信長に拝礼している（尋憲記・興福寺年代記ほか）。

同三年三月、信長の直臣塙直政が大和守護に就任した（多聞院）。以後、久通は直政の麾下に置かれることになる。四月二十七日、十市郷の三分の一を与えられた「松永」は久通であろう（多聞院）。

同年七月、久通は十市遠勝の未亡人「御ナヘ」と再婚、彼女の居城竜王寺山に移った（多聞院）。同年十一月、妻の一族十市《とおち》遠長を十市城に攻める（多聞院）。十市家の内紛についての詳しいことはわからないが、これは守護直政の命令らしい。翌年三月五日、再び十市城を攻め、二十一日攻略、遠長を河内へ逐った（多聞院）。大和では、塙直政の下に長らく続いた対立が収拾された。

同四年二月十日、興福寺で薪能が催され、これには守護直政をはじめ、かつて不倶戴天の敵同士であった久通と筒井順慶も同席した（多聞院）。

同年四月、信長は直政のほか惟任《これとう》（明智）光秀・荒木村重・長岡（細川）藤孝に本願寺攻めを命じる。直政は、南山城衆と大和衆を率いて天王寺砦に入った（公記）。久通ももちろんこれに従軍した。

五月三日、直政は、本願寺の支城三津寺を攻めたが、本願寺勢の反撃にあって討死する。久通も直政に従ってこの戦いに参加しており、一時は討死説も流れた（多聞院）。この直後、父久秀は久々に戦場に呼び返される。そして、再び父子揃って行動することになる。彼らの新しい立場は、本願寺攻め担当の佐久間信盛の与力であった。父子ともに天王寺城に入れ置かれている（公記）。

〔再度の謀反と敗死〕

松永父子は佐久間信盛軍団に属して天王寺城にいたが、同五年八月、密かに城を抜け、信貴山城に立籠った。またも信長に対する謀反である（公記ほか）。片岡城の森・海老名が味方したことからもわかる通り、まだ大和国衆に対していくらかの影響力があったのであろう。

信長はこれに対して嫡子信忠を総大将として、明智・佐久間・丹羽・羽柴らの大軍を差向けた。十月一日、支城片岡はあえなく落ちた。次いで信忠軍は信貴山城を囲んだ（公記）。

信長のもとに人質になっていた久通の子は、当年十四歳と十二歳だったというが、安土より京へ護送され、十月五日、六条河原で斬られた（兼見・公記）。

松永父子が自害して信貴山城が落ちたのは十月十日。彼らが奈良の大仏殿を焼失させた十年後、奇しくも同月日のことであった。『老人雑話』には、久通は城を抜け、大坂へ向かって落ちる途中、路次にて雑兵に殺されたと書かれている。

戦国の梟雄を父に持ち、最後まで父に従って波乱の中に身を置いた久通の生涯であった。

松波七郎左衛門（まつなみ　しちろうざえもん）　尾張

生没年不詳。

天文二十二年（一五五三）四月七日、山科言継の母が東国へ向け出立の準備の時、言継に七郎左衛門尉宛ての書状を求めている（言継）。言継と知音らしいが、その記事には「日野」の七郎左衛門尉と書かれている。

松波三河入道（まつなみ　みかわにゅうどう）　尾張

生没年不詳。

天文二十二年（一五五三）四月七日、山科言継の母が東国へ向け出立の準備の時、三河入道への土産である筆を用意している（言継）。言継と知音の間柄らしい。七郎左衛門の親族であろう。父かも知れない。

松野平介（まつの　へいすけ）　美濃

?～天正十年（一五八二）六月?

松田雁介の養子となり、「松田平介」と名乗ると伝わる（武家事紀）。『惟任謀反記』によると諱は「一忠」、元は医者であったという。

美濃三人衆の一人安藤守就に仕えていたが、天正八年（一五八〇）八月、安藤父子が追放されると、信長に召し出され、馬廻に加えられる（池田本）。これより前の永禄十二年（一五六九）一月の六条合戦の時、戦功甚大であったため、敵の勇者からは常に目標にされたと伝わる（武家事紀）。また、『惟任謀反記』には、文武を兼ね備え、歌道にも精通していたと書かれている。

天正十年六月二日、本能寺の変の時、駆け付けたが間に合わず、明智の老臣斎藤利三の誘いを断って、追腹を切ったという（公記）。『武家事紀』には、変後、光秀を討つ機会を狙っていたが果せず自害した、とあるが、殊更に勇者に仕立てるための作り話であろう。

松原内匠助（まつばら　たくみのすけ）　尾張

生没年不詳。

尾張の土豪で野伏。永禄九年（一五六六）、秀吉が蜂須賀正勝ともども味方に付けようとした、と『太閤記』にある。

松宮玄蕃允（まつみや　げんばのじょう）　若狭

生没年不詳。

若狭武田氏の臣。遠敷《おにゅう》郡東部に勢力を張り、同郡瓜生城主として瓜生・井ノ口・天徳寺を領すという（若州観跡録・若狭国誌）。だが、『公記』には居城は熊河とある。

比較的早くから信長に従っており、元亀元年（一五七〇）四月二十二日、越前へ向け進軍中の信長に宿所として居城を提供している（公記）。

天正三年（一五七五）七月一日、武田元明に随従して上京、相国寺にて信長に謁見した。同年八月の越前一向一揆討伐戦に参加。他の若狭衆と一緒に海上より一揆を攻撃している（公記）。

松村与右衛門（まつむら　よえもん）

生没年不詳。

『公記』には単に「松村」とあるだけだが、『甫庵』には「松村与右衛門尉」と載っている。

天正九年（一五八一）九月八日、信長より小袖を賜った（公記）。この時同じ恩恵に浴した者には、画家の狩野永徳や大工棟梁岡部又右衛門らが含まれており、職人であったのかも知れない。

松室重頼（まつむろ　しげより）　山城

生没年不詳。

左衛門佐。

松尾月読社《つきよみしゃ》祠官。永禄十一年（一五六八）九月二十三日、上洛直前の義昭より松尾月読社領を松室の直務とされた（京都大学文書）。元亀三年（一五七二）十二月三日、位置については不明だが、革島秀存の放《はなち》状《じょう》を受けている（松尾月読社文書）。天正元年（一五七三）九月二十九日、新しく山城西岡の地の一職《いっしき》支配を委ねられた長岡（細川）藤孝より、社領を安堵されている（松尾月読社文書）。

ところが、同五年と思われる、七月二十八日付の松室在所名主百姓宛て滝川一益書状によると、信長が松室の知行を革島秀存に給与したところ、松室が百姓とともに出奔してしまったことを報じている。そして信長の松室成敗の意を伝え、松室よりの預り物があれば直ちに提出するよう命じている（革島文書）。

その後、重頼が捕縛されて成敗されたかどうかについては、明らかでない。

松本為足（まつもと　いそく）

生没年不詳。

信長の馬廻であろう。天正十年（一五八二）五月二十九日、信長最後の上洛の時、安土城二の丸番衆の一人であった（公記）。

松山重治（まつやま　しげはる）

生没年不詳。

新介。諱の「重治」は、『真観寺文書』による。『和泉名所図会』には、堺の出身とある。『太閤記』には、もと本願寺の番士で、その後三好氏に仕え、爪牙《そうが》の臣として五千石余を知行、二千余人の進退を任されていたとある。三好三人衆の臣として将軍義輝弑逆に加わった松山新太郎、同じく伊丹貞親（親興）の婿で、三人衆とともに元亀元年（一五七〇）八月に野田・福島城に籠った松山彦十郎は一族と思われるが、新介との関係については詳らかではない。

永禄五年（一五六二）五月二十日、安宅《あたぎ》冬康・池田勝政とともに教興寺にて根来寺衆と戦い、勝利を得る（年代記）。同九年か、真観寺に下した禁制が見られる（真観寺文書）。長慶死後の三好家の中でも、かなりの勢力を保っていたようである。

後、信長に属したのは確かだが、その時期、また、その後の活躍については不明である。

松山新介の名が久々に現れるのは、天正十年（一五八二）一月四日、高野山攻めに派遣されたことである（紀伊続風土記）。二月、伊都郡内に多和城を築き、九度山を攻めている様子が知られる（二見文書）。

本能寺の変により、高野山攻めは中止されるが、松山新介のその後の消息については明らかでない。一説によると、藤堂家に属し、粉河村に住んだとされる（辻田豊「松山新介と信長の高野攻め」）。

松山新介（まつやま　しんすけ）→松山重治

松浦虎（まつら　とら）　和泉

生没年不詳。

孫五郎、肥前守。諱は「虎」。

岸和田城主として寺田氏らを麾下に置き、和泉において強い勢力を持っていた。三好政権に和泉「守護」と認識されていた孫八郎（万満）に対抗、反三好氏の姿勢を貫いたという（山中吾朗「和泉国松浦氏小考」）。

永禄前期と思われる十二月二十一日付で、日根野孫七郎に知行を安堵（日根文書）。ここでは、「松浦孫五郎虎」と署名。同九年（一五六六）八月、極楽寺に禁制を掲げる（吉野保氏文書）。これには、「松浦肥前守虎」と署名している。

三好長慶死後の三人衆と松永久秀との戦いの中で松永方だったが、同十年十月の奈良での対陣中、伊丹忠親の勧めによって三人衆方に寝返ったという（両家記・足利季世記）。

翌十一年、信長が義昭を奉じて上洛すると、ほどなく降ったのであろう。同十三年一月、信長より禁中修理、武家御用、天下静謐のために上洛するよう促されている（宴乗）。

元亀四年（一五七三）四月、讃岐の十河存保の信長への帰順を仲介している（山崎文書）。（天正三年＝一五七五）十二月十三日付で、信長より書状を受け、贈品を謝されている（松浦文書類）。

松浦光（まつら　ひかる）　和泉

生没年不詳。

肥前守。

虎との関係については不明。あるいは同一人かも知れない。岸和田中心に和泉を広く管轄した実力者である。

領地岸和田庄に対しては、天正三年（一五七五）二月九日と四月付で、掟書を発給している領主としての姿が見られる。前者の文書では、「肥前守光」と署名している（松浦文書類）。

天正五年と思われる、四月二十二日付の柴田勝家宛て朱印状で、信長は、和泉の一揆方の寺院の破却を根来寺及び「松浦」に命じた旨報じているが、この松浦はおそらく肥前守であろう（畠山義昭氏文書）。

松浦肥前守（まつら　ひぜんのかみ）→松浦虎（まつら　とら）→松浦光（まつら　ひかる）

松浦孫五郎（まつら　まごごろう）→松浦虎（まつら　とら）

松浦孫八郎（まつら　まごはちろう）　和泉

生没年不詳。

「万満」は幼名か。「総八郎」とあるのは、誤記か。

永禄初年頃、三好長慶に従って、和泉の支配を承認されている「松浦万満」は、孫八郎と同一人の可能性が高い（山中吾朗「和泉国松浦氏小考」）。近年、孫八郎は十河一存の子で三好義継の弟。外祖父は前関白九条稙通である、との新説が出されている（馬部隆弘「信長上洛前夜の畿内情勢」）。

長慶が死に、三好家中が分裂して、一時畠山高政に降る。同九年（一五六六）七月九日付で、畠山氏の老臣遊佐信教たちに起《き》請文《しょうもん》を提出している。その後、畠山より河内国内に知行を与えられている（九条家文書、山中氏前掲論文所収）。

永禄十一年、信長・義昭が上洛すると、ほどなくそれに降ったものと思われる。

（同十二年）十月二十六日付、今井宗久たちからの書状で、毛利・大友の和睦のための上使の進物が和泉小島関で奪われたことを伝えられ、奔走を促されている（宗久書）。

松浦安大夫（まつら　やすだゆう）　和泉

生没年不詳。

諱は「宗清」「定一」「清長」と伝わるが、いずれも文書の裏付けはない。『真田家文書』には、「家■（不明）」とある。

寺田知正の子で又右衛門生家《なりいえ》の弟。堺に住し、松浦肥前守に属す。その後、信長に属す。「松浦」を称したのは、肥前守の養子となったのか、賜姓を受けただけなのか明らかではない。肥前守を謀殺して松浦を名乗ったという説もある（泉邦四県石高寺社旧跡幷地侍伝、『和泉市史』所収）。

（天正四年）七月九日、同じ和泉衆の沼《ぬ》間任世《まにんせい》・寺田又右衛門とともに、信長より大坂付近の作毛刈取りを命じられている（富田仙助氏文書）。同月十三日に大坂湾木津河口で織田・毛利の海戦があったが、これに参加。惨敗して味方の多くが戦死したが、彼は生き延びた（公記・上杉家文書）。

（同六年）八月十四日、兄寺田生家とともに、佐久間信盛より、信長出陣の用意として用木・船などを申し付けられた（佐藤行信氏文書）。同八年八月の佐久間父子譴責状でわかる通り、彼ら和泉衆は佐久間の与力として、その軍団に属していた（公記）。佐久間軍団の任務は、石山本願寺攻めであり、彼も、佐久間の下でそれに励んでいたのである。

しかし、同八年八月の佐久間父子追放によりその軍団を離れる。以後は信長に直属したのであろうか。あるいは、和泉の支配者になった蜂屋頼隆に付属されたのかも知れないが、そのあたりについては明確ではない。

同九年二月二十八日の馬揃えには参加した様子であり、この時は蜂屋頼隆の下で行進したものと思われる（士林証文・公記）。同年三月四日、兄寺田とともに、信長の命を受けて、松尾寺を破却し、寺領から僧を追い払ったという（天正九年松尾寺破滅記）。

いつのことか不明だが、寺田とともに、信長より火矢の贈呈を謝されたことがある

(岡田家系図)。

本能寺の変後、秀吉に仕え、馬廻。一万石という(武家閑談)。同十一年から十三年にかけて、中村一氏に属して、岸和田城守備に加わる。同十二年三月、小牧陣が始まると、黒田孝高の助力を得て、根来《ねごろ》・雑賀《さいか》衆の来襲を撃退した(真鍋真入斎書付・武家閑談)。

同十三年、伊勢井生川口へ移領。その後加増を受け、一万石、石弓百張を預かったという(聚楽武鑑・星野恒「和泉国三拾六士及在役士伝」)。

慶長五年(一六〇〇)の戦乱の時は西軍に属し、安濃津《あのうつ》城攻撃に参加。敗戦により失領。翌六年九月二十三日、宮部長熙・岸田忠氏・石川貞清とともに陸奥の南部利直に預けられる(奥南旧指録)。その地で没したという。『武家閑談』には、佐竹義宣に預けられ、義宣が家老を成敗した時一緒に殺される、と違った記事を載せている。

真鍋貞友(まなべ　さだとも)　和泉

?〜天正四年(一五七六)七月十三日。

七五三兵衛《しめのひょうえ》、主馬兵衛尉、主馬大輔と書く書もある。姓については、「間部」と書くこともあり(田中家文書)、また、「谷輪(淡輪)」と在地名で呼ばれることもある(上杉家文書)。

貞行(豊後守、道夢斎)の子(南紀徳川史)。和泉の豪族で水軍の長。日根郡淡輪の住人で、後、和泉郡大津城主。大津村から岸和田の間、三千貫文の地を信長から与えられるという(真鍋真入斎書付)。

天正四年(一五七六)五月、沼野伝内らとともに海上警固として住吉浜手の砦に入れ置かれる。五月十三日付で、田中遠江守とともに、佐久間信盛より戦功を励まされている(田中文書)。しかし、七月十三日の木津川口における毛利水軍との戦いで敗死した(公記・真鍋真入斎書付)。

真鍋家は、弟豊後守の後見のもと、嫡男の貞成(真入斎)が継いだ。

真鍋貞成(まなべ　さだなり)　和泉

永禄十一年(一五六八)〜明暦二年(一六五六)十月三十日。

次郎、五郎兵衛、五郎右衛門、主馬太夫。斎号真入斎。

幼時にして父貞友を失うが、叔父の豊後守の後見によって家を保つ。天正六年(一五七八)信長より泉大津にて三千貫文を安堵される(真鍋真入斎書付)。おそらく佐久間信盛、その追放後は、和泉を管掌した蜂屋頼隆の軍団に属したものと思われる。同十年三月、武田攻めに従軍(真鍋真入斎書付)。

本能寺の変の後は、秀吉に従い、同十一年より岸和田城に置かれた中村一氏の家臣となる。そして、一氏が同十三年に近江水口に転封されると、それに伴って水口に移住した(真鍋真入斎書付)。同年九月二十四日付で、一氏より甲賀郡内で千五百石の宛行いを受けている(藤田達生「渡り歩く武士—和泉真鍋氏の場合—」所収文書)。

その後、同年のうちに蜂須賀家政に転仕して三千石。同十五年、小早川秀秋に転仕、さらに戸田勝隆に仕えて三千二百石を得た。その下で朝鮮に渡海。ところが、文禄三年(一五九四)十月、勝隆が病死し、貞成は秀吉の直臣となり、伊予で三千五百石を知行する(真鍋真入斎書付・南紀徳川史)。

関ケ原の戦いで一時没落したと思われるが、慶長六年(一六〇一)、安芸・備後で四十九万石の大封を得た福島正則に仕えることになる。四千石を領する重臣の地位であった(真鍋真入斎書付・南紀徳川史)。

明暦二年(一六五六)十月没。八十九歳(南紀徳川史)。

真鍋七五三兵衛(まなべ　しめのひょうえ)

→真鍋貞友(まなべ　さだとも)

真野重吉(まの　しげよし)　尾張

?〜元亀二年(一五七一)。

金右衛門。

重政の子。尾張富塚の出身。信長に仕え、元亀二年(一五七一)没という(寛永伝・断家譜)。

真野善二郎(まの　ぜんじろう)　尾張

生没年不詳。

兵部の子(張州雑志)。津島社の神官(信長文書)。元亀二年(一五七一)十月、信長よ

り父兵部の跡職である田畠・屋敷等を安堵された（張州雑志）。

『分限帳』に、長久手郷内にて七十貫文知行している「真野善太郎」が見えるが、一族であろう。

真野兵部（まの　ひょうぶ）　尾張

生没年不詳。

津島社神官（信長文書）。元亀二年（一五七一）十月までに没したか。この月、彼の跡職の田畠・屋敷等を、信長は息男善二郎に安堵している（張州雑志）。

丸岡民部少輔（まるおか　みんぶのしょう）　近江

生没年不詳。

山岡景益の舅という（断家譜）。景益は勢多の山岡氏の一族なのであろうが、景隆らとの関係については詳らかではない。しかし、近江には、麴袋にある神社の祠官である丸岡頼貴という人物がおり、佐久間信盛の与力で、勢多の山岡氏とも付き合いが深いことが知られている（兼見）。民部少輔がこの丸岡氏の一族であることは、容易に想像がつく。

天正九年（一五八一）九月の伊賀攻めに従軍。この時、山岡・青地・進藤ら江南の将士と行動を共にしている（公記）。

丸毛兼利（まるも　かねとし）　美濃

?～正保二年（一六四五）一月二十八日。

三郎兵衛。剃髪号道和。諱は「親吉」「安職」「兼頼」「長隆」とも伝わっている。

光兼（長照）の子。妻は稲葉一鉄の娘という（重修譜）。初め父とともに美濃斎藤氏に仕える。

信長に転仕した後、永禄十二年（一五六九）八月の伊勢大河内《おかわち》城攻め、元亀元年（一五七〇）六月の江北小谷城攻め、天正元年（一五七三）の槇島城攻め、同二年七月の伊勢長島攻め等に従軍（公記）。身分は信長の馬廻であろう。

本能寺の変後、秀吉に属す。小牧陣に従軍し、同十二年六月、美濃直江村の砦に入れ置かれた（太閤記）。その後、九州陣、小田原陣にも従軍する（当代記・伊達家文書）。

この間、同十六年六月、美濃直江城主、次いで大墳《おおつか》城主。同十七年からは福束城主、二万石という（慶長四年諸侯分限帳）。

慶長五年（一六〇〇）の戦乱の時は西軍に属し、徳永寿昌と戦って敗れ、城を棄てて逃亡。後、前田利常に仕え二千石。入道して道和と号す（新撰美濃志）。

正保二年（一六四五）一月二十八日没という（新撰美濃志）。

丸毛不心斎（まるも　ふしんさい）　美濃

?～文禄四年（一五九五）七月

美濃多芸《たぎ》郡の人であることは明らかなので、光兼の一族であろう（吉田文書）。光兼と同一人の可能性もあるが、永禄十年（一五六七）十一月現在で早くも斎号を用いていることを考えると、やはり別人であろうか。この時、信長より三カ条の禁制を受けている（吉田文書）。

これより二十八年後の文禄四年（一五九五）七月、秀次事件の時、秀次万御用人《よろずごようにん》の東殿が彼の妻であることから、死を決意し、相国寺門前で自害した。しわ腹なので切りにくく、首を刎ねてもらったという（太閤記）。妻の東殿が六十一歳というから（太閤軍記）、もうかなりの老齢だったのであろう。

丸毛光兼（まるも　みつかね）　美濃

生没年不詳。

兵庫頭、河内守。諱は「長照」「長住」ともある。

初め斎藤氏の臣。一族と思われる丸毛不心斎は、永禄十年（一五六七）十一月以前に信長に降っているから、光兼の投降も同じ頃であろう。同年八月、三人衆と一緒に降ったのではなかろうか。

信長の臣となった後の活躍を見ると、永禄十二年八月、伊勢大河内城攻め従軍、元亀元年（一五七〇）六月、小谷城攻めにも従軍（公記）。六月二十八日の姉川の戦いの時は、旗本先手の一隊とあるから、身分は信長の馬廻であろう（南部文書）。以下、光兼の戦歴を『公記』から拾ってみよう。

①元亀元年九月、叡山攻囲戦に参加。
②同二年五月、伊勢長島攻めに従軍。

③同三年四月、河内交野《かたの》城後巻《うしろま》きに参加。
④天正元年（一五七三）七月、槇島城攻めに従軍。
⑤同年八月、小谷城攻めに参加。
⑥同二年一月、越前擾乱に応じ、敦賀まで出陣。
⑦同年七月、長島攻めに参加。

⑥のような少数部隊による行動も含めて、例外なく美濃衆の一人不破光治と一緒であることが特徴である。当時は不破も馬廻であったから、信長の旗本にあって、二人が一つの小部隊を形成していたのであろう。

しばらくは在所の多芸《たぎ》に住み、元亀年間、近接している大橋長兵衛の高畠を違乱したこともある（大橋文書）。だが、馬廻として、安土築城とともに安土在住を余儀なくされたであろう。

天正三年五月、信長の長篠城救援にも従軍するが、この時は、三河牛窪城警固として入れ置かれ、設楽原での決戦には参加しなかった（公記）。

同五年二月の雑賀《さいか》攻めにも従軍（公記）。だが、その後は戦闘に加わった姿は絶え、同六年十一月に信長が有岡に向け出陣した時には、安土城留守居の一人（公記）。同十年五月二十九日、信長最後の上洛の時も、安土城二の丸番衆に名を連ねている（公記）。

本能寺の変後、秀吉に属し、美濃多芸城から直江城、次いで大墳《おおつか》城に居す。同十七年には、美濃安八《あはち》郡福束城に移り、二万石を領したという（新撰美濃志）。

万見重元（まんみ　しげもと）　近江？

?～天正六年（一五七八）十二月八日。

仙千代。姓の「万見」は、『法隆寺文書』の署名に「まん仙千世重元」とあるから、「まみ」ではなく「まんみ」と読むのであろう。

〔万見仙千代重元という人物について〕

神子田《みこだ》長門守の子という（武家事紀）。神子田氏は近江の豪族だから、それを信じるとすれば、近江出身ということになる。だが、尾張小幡織田氏の出身という説もある（岡田正人「織田信長一〇〇人の家臣」）。

信長の小姓であり、代表的な側近。その文書における初見は、（天正三年＝一五七五）九月十日付の羽柴秀吉らへ宛てた信長書状である（松江松平文書）（『信長文書』では、この文書を天正四年に比定している）。これによると、重元は加賀攻めの様子について、秀吉らの報告を信長に取り次いでいる。同年十月十一日には、堀秀政と連名で、木村藤兵衛に近江朝妻村での宛行いの命を奉じている（国友共有文書）。また、（同四年）十一月九日、上山城において、普請のための大工と人足を徴発している（蜂須賀文書）。

重元の任務は最後まで、信長の傍らにいて取次ぎ等のもの、即ち、信長側近として奉行として信長の意思に従って政務を執行することである。戦場に行っても、検使としての役割であって、武将として敵と戦う姿は見られない。

〔天正六年の活躍〕

『多聞院』や『戒和上昔今禄』（松雲公採集遺編類纂）には、天正五年十月から十一月、松永久秀謀反鎮定後の大和で忙しく働いている重元の姿を見ることができる。だが、重元が八面六臂の活躍をするのは、その翌年の同六年である。そして、彼はこの年のうちに生命を散らしてしまう。その年における彼の活躍振りを列記してみよう。

①五月一日以前、西国へ向かう秀吉のもとに派遣される（蜂須賀文書写）。
②同年六月、神吉《かんき》城攻めの検使を務める（公記）。
③同月、津田信澄とともに、兵庫から明石までの間に砦を築き、その様子を直ちに信長に報告する（公記）。
④七月十五日以前、和泉の淡輪《たんのわ》氏から和泉・紀伊の情勢について報告を受け、指示を与える（淡輪文書）。
⑤七月二十二日、武蔵太田道誉宛て信長黒印状に副状を発給する（太田文書）。
⑥八月十日、陸奥の南部政直の使を自邸で饗応する（公記）。
⑦八月十五日、安土における相撲会の奉行を務める（公記）。
⑧九月、信長の堺下向に従い、三十日の津

田宗及訪問に供奉する（宗及記）。

⑨十月二十四日、松井友閑とともに、法隆寺東寺に段銭の納入について指示する（法隆寺文書）。

⑩十月下旬、荒木村重謀反の噂により、友閑・明智光秀とともに糾問使として派遣される（公記・細川家文書）。

和泉の豪族淡輪氏などは、重元に全幅の信頼を寄せ、これ以前から重元と音信しているが、淡輪大和守・同徹斎に宛てた八月一日付書状（報告に対する返書）中に、「（信長の）御気色をうかがい、可レ致二披露一候」との文言がある（淡輪文書）。感情の起伏の激しい信長に対し、重元が上手に接しており、それゆえに周囲の者より頼りにされていた様子が垣間見られる。

〔有岡攻め従軍、戦死〕

摂津の一職《いっしき》支配者荒木村重の謀反の噂が信長の耳に届いたのは、天正六年十月下旬であった。信長より派遣された重元ら糾問使に対し、村重は潔白を主張し、別心なきことを誓ったものの、重元らが帰ると間もなくはっきりと反旗を翻した（公記ほか）。重元は堀秀政とともに、検使としてまた有岡方面へ派遣される（山本丈二氏文書）。

十一月二十八日、信長が自ら有岡近辺まで出陣。この時、重元は秀政とともに、甲山《かぶとやま》に避難して軍の邪魔をする百姓たちを切り捨てた（公記）。

十二月八日、有岡城一斉攻撃の命が下り、重元は秀政・菅屋長頼とともに鉄砲隊を指揮して石垣近くまで迫ったが、ここで討死した（公記・多聞院）。

翌年一月二十三日、安土山の邸宅は、長谷川秀一に譲り渡されている（安土日記）。

重元の通称は最後まで「仙千代」と童名だったから、事績は堂々たるものながら年齢的には若かったものと思われる。だが、『公記』天正九年九月八日条、信長より知行を与えられた者の中に「万見仙千代」がおり、これが太田牛一の誤記でなければ重元の子息ということになろう。もし子であるとするならば、没年時の年齢は、若いといっても子を成すほどであったことが知られる。

万見仙千代（まんみ　せんちよ）　→万見重元（まんみ　しげもと）

み

三沢秀次（みさわ　ひでつぐ）

？～天正十年（一五八二）六月？

少兵衛尉。諱の秀次は『称名寺文書』による。

天正元年（一五七三）、朝倉氏滅亡後の越前に残され、十一月十二日、津田元嘉・木下祐久とともに、橋本三郎左衛門尉の年貢・諸公事の収納を認可している（橋本文書）。

この時、北庄に置かれて越前の政務を担当したのは津田・木下と明智光秀であったと書いている書もあり（朝倉記・武家事紀）、この三沢少兵衛尉は、光秀の代官ではないかと思われる。他の二人にしても、津田は滝川一益の、木下は羽柴秀吉の代官なのであろう。

光秀の丹波攻めに従軍。天正四年（一五七六）二月二十日付で曾根村惣中に宛てた光秀の判物に添状を発している（思文閣墨蹟資料目録）。

本能寺の変の直前、光秀が謀反を打明けた重臣の一人として『池田本』に後筆で書かれている「三沢昌兵衛」は、同一人であろう。さらに、『天正記』『太閤記』にあり、また『宗及記』に時々登場する「明智少(勝)兵衛」、『甫庵』『川角』にある「溝尾少兵衛」、いずれもこの「三沢少兵衛秀次」と同一人かも知れない。

水越左馬助（みずこし　さまのすけ）　越中

生没年不詳。

上杉謙信に従っていたが、天正五年（一五七七）頃信長に通じ、太刀を進上。五月七日付黒印状でそれを謝されている（歴代古案）。さらに、（同五年）九月一日付書状で、城を堅固に守るよう命じられている（歴代古案）。

しかし、完全に信長に服したわけでなく、上杉・織田の接点に位置しているだけに、首鼠両端を持していたらしい。同九年八月六日付で、上杉景勝より越中平定後の本領安堵を約されている（歴代古案）。

水野喜八郎（みずの　きはちろう）　尾張?

生没年不詳。

尾張知多郡常滑城主水野守隆の一族であろうか。天正二年（一五七四）五月五日、津田宗及の茶会に出席。同五年一月四日の同人の茶会にも、守隆とともに出席している（宗及記）。

水野九蔵（みずの　きゅうぞう）　尾張?

?～天正十年（一五八二）六月二日。

信長の馬廻。側近の一人。天正六年（一五七八）六月、播磨神吉《かんき》城攻めの時、大津長昌・長谷川秀一・菅屋長頼ら信長の代表的側近たちに混じって検使を務めている（公記）。

同十年六月二日、二条御所にて討死した（公記・惟任謀反記）。

水野監物（みずの　けんもつ）　→水野守隆

水野光勝（みずの　こうしょう）　尾張

生没年不詳。

松以入道。

尾張の水野氏であろう。元亀元年（一五七〇）九月十八日、愛知郡笠覆寺に永仙坊・吉祥坊を寄進している（笠覆寺文書）。その他の事跡は不明である。

水野十郎左衛門尉（みずの　じゅうろうざえもんのじょう）

（天文十三年＝一五四四）九月二十五日、斎藤道三の家臣長井秀元より、稲葉山での対織田戦の勝利を報告されている。そして、道三より首の注文を進呈されている（徳川黎明会文書）。しかし、その一方、信秀からも、（同年）閏十一月十一日、陣中見舞いに対する礼を受けている（『士林泝洄』所収文書）。斎藤方とも織田方ともいえない、微妙な立場だったようである。

それから十六年たった（永禄三年＝一五六〇）四月十二日、今川義元より書状を受けて、来る夏の尾張進攻作戦を報じられている。

さらに元亀三年（一五七二）十月八日に、大御堂寺の諸役を免除した「水野十郎左衛門尉信正」が見られる（大御堂寺文書）。

しかし、水野氏関係の系譜には、「十郎左衛門」という人物は見当らない。元亀三年の「信正」は、信元の養子元茂と思われるが、先の二人（同一人か）については該当者がいない。

水野四郎右衛門（みずの　しろうえもん）　尾張

生没年不詳。

信元の従兄弟清信の子。正重の兄（重修譜）。天正八年（一五八〇）五月十一日、一族水野守隆とともに津田宗及の茶会に出席している（宗及記）。

水野宗介（みずの　そうすけ）　尾張?

?～天正十年（一五八二）六月二日。

信忠の馬廻か。天正十年（一五八二）六月二日、二条御所にて討死した（公記）。

水野大膳大夫（みずの　だいぜんのだいぶ）　尾張

生没年不詳。

尾張大高城に住し、信長に仕える（張州雑志・尾張志）。

元亀元年（一五七〇）九月二十五日、叡山攻囲戦に参加。天正五年（一五七七）二月、雑賀《さいか》攻めにも従軍（公記）。

本能寺の変後は信雄に仕えたらしく、

『分限帳』に一八〇〇貫文を知行している「水野大膳」の名が見える。

『重修譜』には、この「大膳大夫」に該当しそうな者が三人いる。まず大膳亮吉守（忠守の子、信元の女婿）。彼は家康に仕え、三千三百石を食むという。だが、信長に仕えたことは明記されていない。

次にその子大膳大夫正長。信長に仕え、本能寺の変後、家康に転仕。関ケ原の戦いで負傷し、その傷がもとで死没という。「大高城にあり」と記されている。

最後に大膳某。大高城に住して信長に仕えるとあり、後、家康に仕えて、武蔵にて三千石を与えられるという。

正長と某とは、同一人の可能性が高い。そして、前記「大膳大夫」の事跡も彼のものではなかろうか。

水野忠重（みずの　ただしげ）　尾張

天文十年（一五四一）～慶長五年（一六〇〇）七月十九日。

藤十郎、宗兵衛、惣兵衛、和泉守。初名は「忠勝」。「勝成」ともある。

〔初め信長、後、家康の臣として〕

忠政の九男で信元の弟。兄信元とともに信長に属し、永禄元年（一五五八）の尾張緒河・石瀬《いしがせ》での戦い、同三年の刈屋十八丁畷《なわて》の戦いに功を挙げるという（結城水野家譜）。

その後、信元と不和になり、そのもとを去って家康麾下に仕える（士林泝洄）。永禄六年、三河一向一揆との戦いに従軍。一揆方となった蜂谷半之丞と戦ったという（三河物語）。その後、駿河掛川城攻め、天王山の戦い、姉川の戦いに従軍。三方原の戦いの時も軍功を顕し、家康より兜と鎧を賜った（水野文書・結城水野家譜）。三河吉田城を守り、天正三年（一五七五）には吉田城にて武田軍の攻撃を防ぐが、この時負傷するという（寛永伝）。

水野氏は、尾張から三河にかけてその領分を広げており、家康と姻戚関係にあるだけに、従属関係については複雑である。兄信元は、天正三年十二月の死に至るまで一貫して信長に属しているが、忠重は、織田・徳川の同盟直後より、兄と離れて家康に所属していたようである（結城水野家譜）。

〔再び信長の臣として〕

天正八年八月、佐久間信盛が追放されて三河刈屋城が空くと、信長よりそこを与えられ、九月二十三日に入城した（家忠）。

これより再び信長の臣の立場に戻ったのであろう。そして、尾張・美濃の支配者である信忠の軍団に組み入れられたらしい。翌九年一月四日、信忠の命により、同族水野守隆や大野衆とともに横須賀城の番手として派遣された（公記）。

この後、家康の高天神城攻めに加わり、度々信長に報告。一月二十五日付で、信長より細々とした指示を受けている（水野文書）。この時の忠重は、攻撃軍の目付か軍監として徳川軍に付けられたものと思われる。三月二十五日の最後の攻撃の時、子勝成とともに二の丸へ攻め入り奮戦した、と『重修譜』にあるが、そうした立場の忠重がそのような行動をとったかどうかは疑問である。

翌十年二月、信忠の武田攻めに従軍。信長も武田滅亡後甲信に入り、新分国の知行割りなどを行った後、安土に凱旋するが、その途、三河池鯉鮒《ちりゅう》（知立）にて忠重の饗応を受けた（公記）。

本能寺の変の時は、信忠に従い妙覚寺、次いで二条御所に居たらしい。難を逃れ、しばらく京都に潜伏した後、脱出。六月十一日に刈屋に戻った（当代記・家忠）。

〔信雄、後、秀吉に仕えて〕

一連の擾乱が終息した後、再び家康に仕えると『重修譜』にあるが、忠重の新しい主は北畠（織田）信雄であった。刈屋・緒川のほか北伊勢にも所領を持ち、都合一万三千貫文を領すという（分限帳）。同十一年十月二十六日付で、碧海《あおみ》郡今岡の寺島小助らに守護不入等の特権を与えている姿が見られる（『碧海郡誌』所収文書）。

同十二年、信雄が秀吉と不和になって小牧陣が起ると、本治城・常滑城攻略、長久手の戦い、蟹江攻城戦と活躍するという（結城水野家譜・重修譜）。だが、『結城水野家譜』も『重修譜』も、家康の臣としての事績になっているから、注意を要する。

　同年十一月、信雄は秀吉と講和。翌年二月、秀吉が雑賀攻めの軍を催すと、二月十二日付で信雄より出陣の用意を命じられている（水野文書）。

　その後は信雄を離れて秀吉の臣になった様子で、同年九月一日、秀吉より摂津豊島《としま》郡の内、神田七百二十八石を与えられた（水野文書）。九州陣、小田原陣と秀吉の統一戦に参加（当代記・伊達家文書）。この間の十五年七月二十九日、豊臣の姓を賜り、従五位下和泉守に叙任する（御湯殿・水野系図・結城水野家譜）。

　小田原陣直後の同十八年九月四日、秀吉より伊勢神戸四万石に移封（結城水野家譜・重修譜）。文禄元年（一五九二）名護屋在陣（太閤記）。同三年、再び本領の刈屋城主に戻る（結城水野家譜）。『当代記』には、文禄三年現在二万石とある。本領復帰と同時に減封となったのであろうか。

　慶長五年（一六〇〇）の戦乱前の七月十九日、池鯉鮒に堀尾可晴を迎え会飲。同席した加々野井秀望と口論になり、殺害された。六十歳という（結城水野家譜・水野系図）。

水野忠分（みずの　ただちか）　尾張

　天文六年（一五三七）～天正六年（一五七八）十二月八日。

　藤次郎、備後守。初名「範方」。

　忠政の八男。信元の弟で忠重の兄。妻は佐治信方の妹という（張州雑志）。信元とともに信長に属し、永禄元年（一五五八）の石瀬《いしがせ》の戦い、同三年の刈屋十八町畷《なわて》の戦いに高名という（設楽水野家譜）。

　兄信元が天正三年（一五七五）十二月に殺されて、その旧領緒川・刈屋は佐久間信盛の領有するところとなったが、同五年十一月現在、忠分はなおも緒川に居住していた（家忠）。同年十二月十一日、佐久間信直（信盛の弟）とともに津田宗及の茶会に出席しているから（宗及記）、おそらく信盛の尾張の与力の一人とされたのであろう。その後、同六年五月には、尾張山崎に居住している（家忠）。

　姻戚である家康とは深く繋がっていた様子で、荒木村重が摂津有岡で信長に背くと、早々の十一月七日、飛脚を遣わして家康にそれを伝えている（家忠）。

　その後、信長に従って有岡城攻めに参加。十二月八日、一斉攻撃の時、討死した。四十二歳という（家忠・設楽水野家譜）。

水野忠守（みずの　ただもり）　尾張

　大永五年（一五二五）～慶長五年（一六〇〇）三月二十八日。

　清六郎、織部。初名「忠義」。

　忠政の四男。信元の弟。尾張知多郡緒川城主と『重修譜』にあるが、城主は兄の信元のはずである。兄の死後、佐久間信盛に付属されながら、城代として緒川衆を統率していたのであろうか。

　信長に仕え、兄信元に従ってしばしば軍功を顕す。後、家康に仕え、天正十八年（一五九〇）八月、相模玉縄城を守る。その後、子忠元の領地相模沼目郷に閑居する（重修譜）。

　慶長五年（一六〇〇）三月二十八日、七十六歳で没という（設楽水野家譜）。

　『史料綜覧』では、水野監物＝水野忠守としているが、誤りである。

水野帯刀左衛門（みずの　たてわきざえもん）　尾張

　生没年不詳。

　弥三郎、弥七郎。

　戸部の水野氏。『張州雑志』所収の「尾州愛智郡戸部水野系図」によると、忠政の従兄弟にあたる。信長に仕え、永禄年間、黒母衣《ほろ》衆の一人に選ばれる（高木文書）。

　同三年（一五六〇）五月、今川軍に備えて丹下の砦の守備のため入れ置かれた一人（公記）。翌四年五月二十三日の軽海《かるみ》の戦いに参加している姿が『甫庵』に見えるが、その後は史料に現れない。

水野近信（みずの　ちかのぶ）　尾張

　?～慶長七年（一六〇二）八月九日。

　伝兵衛。諱は「忠近」とも。

　忠政の五男で信元の弟。信長に属す。永禄三年（一五六〇）四月十九日、今川の将岡部長教の軍を刈屋に迎え撃ち、負傷して歩行不能になるという（重修譜）。

家康に仕え、天正十八年（一五九〇）八月、武蔵都築・多摩・入間郡にて采地五百石を与えられる（重修譜）。

慶長七年（一六〇二）八月九日、刈屋にて没という（重修譜）。

水野藤九郎（みずの　とうくろう）→水野信近（みずの　のぶちか）

水野藤次郎（みずの　とうじろう）
『公記』によれば、天正十年（一五八二）二月、信忠に従って武田攻めに参加とあり、二月十六日条の木曾口へ進軍する交名《きょうみょう》の中に見える。
「水野藤次郎」といえば忠分だが、彼は同六年十二月八日、有岡攻城戦で討死している（家忠・重修譜）。「藤次郎」の称を継いだのは忠分の三男重央だが、彼は当時弱冠十三歳、戦陣を経験するには早すぎる。長男の分長は二十一歳で、しかも継嗣だが、称呼は三左衛門あるいは太郎左衛門となっている（寛永伝・系図纂要ほか）。
太田牛一の単純な誤りであろうか。

水野長勝（みずの　ながかつ）　尾張
天文元年（一五三二）～慶長十四年（一六〇九）十一月三日。

国丸、藤助、新右衛門、石見守。

常陸介の子。二歳の時、父が殺害されたため母（水野忠政の娘）とともに刈屋へ逃れ、母の再婚先松平家広に養育されるという（重修譜）。

成人して信長に属し、尾張石瀬の戦いで戦功。感状を受けた（重修譜）。

本能寺の変後、北条氏に仕えるが、その滅亡後は召されて家康の臣となり、武蔵男衾《おぶすま》郡にて八百石を与えられる（重修譜）。

慶長十四年（一六〇九）十一月三日没、七十八歳という（重修譜）。

水野信近（みずの　のぶちか）　尾張
？～永禄三年（一五六〇）五月。

藤九郎、十郎右衛門。

忠政の二男。信元の次弟とされることが多いが、『張州雑志』所収の「尾州愛智郡戸部水野系図」では、忠政の従兄弟の近守の子となっている。どちらがただしいかは不明である。

水野守忠の養子となって、刈谷水野家を継ぐという（刈谷市史）。永禄三年（一五六〇）五月、桶狭間の戦いの時は、織田方として刈谷城を守ったか。しかし、敗戦となって鳴海城より引き上げる途中の岡部元信に攻撃され、討死した（松平記）。同年六月八日付で、岡部は、今川氏真よりその功を賞され、本領を還付されている（岡部文書）。

子の藤四郎元茂（信政）は、信元の養子となった。

なお、九月十五日付で、信長より鵰《くまたか》の進上に対する礼を受けている「水野藤九郎」は信近かと思われる（古今消息集）。

水野信政（みずの　のぶまさ）→水野元茂（みずの　もとしげ）

水野信元（みずの　のぶもと）　尾張
？～天正三年（一五七五）十二月二十七日。

藤七郎、四郎右衛門、下野守。諱は「忠次」「信之」とも。

忠政の長男。伝通院（於大）は妹。家康の外伯父である。天文十二年（一五四三）、父の死に伴って水野宗家を継ぎ、緒川城主。

家を継ぐやすぐさま方針を転換。今川氏・松平氏と断交し、織田信秀と結んだ。そのため、松平広忠の妻だった於大は離縁され、乳飲み子だった子の竹千代（後の家康）は、母と別れることになる。

天文二十一年（一五五二）三月八日、善導寺に寺領を寄進した文書が、その活躍の初見である（善導寺文書）。その後、永禄二年（一五五九）五月三日、三河越境寺に寺領等安堵、同三年九月、尾張大御堂寺の大工を指定するなど、尾張・三河両国にわたる事跡が見られる（大御堂寺文書）。

信長に属し、天文二十三年一月、今川軍に居城緒川を攻められるが、急遽駆け付けた信長に救われた（公記）。永禄初年には、今川の部将であった甥の松平元康（家康）と尾張石瀬や刈屋城外にて戦った（創業記考異）。

　桶狭間の戦いで今川義元が戦死すると、使を遣わして元康に帰国を勧めるというが(重修譜)、永禄四年二月にはまだ信元の兵が尾張横根・石瀬で元康軍と戦っているから(創業記考異ほか)、それ以後のことであろう。この年の春のうちに織田・徳川同盟が成立するが、元康の伯父である信元が大きな役割を果したであろうことは、想像に難くない。

　桶狭間の戦い直後、刈谷城主の弟(又従兄弟ともいう)信近が今川の部将岡部元信に討たれたため、信元が刈谷城と三河碧海《あおみ》郡の領地を継承する。信元の支配地は、東尾張から西三河にかけて広がった。確かな記述ではないが、『結城水野家譜』には二十四万石余とある。永禄五年二月二十三日付で、平坂の無量寿寺に開墾を認めている判物が見られることは、彼の勢力が幡豆《はず》郡にまで及んでいたことが知られる(無量寿寺文書)。同年四月十八日に松平元康(家康)が同寺に制札を下しているから(無量寿寺文書)、このあたりが松平・水野両勢力の接点だったのであろう。

　同六年、三河で一向一揆が蜂起し、元康が苦戦した時、これを救援。翌年、一揆と家康との間を仲介して、和睦させた(重修譜・渡辺忠右衛門覚書)。

　永禄十一年の信長の上洛に従う。しかし、信元の立場は微妙で、幕府や朝廷は、信長の家臣ではなく同盟者として扱っている。例えば『永禄六年諸役人附』では、信長と離して「水野下野守　三河」と記載しているし、朝廷への献上行為や勅使派遣にしても、信長とは別に行われている(言継)。

　元亀元年(一五七〇)六月、家康とともに江北へ出陣。姉川の戦いに参加。さらに佐和山攻城戦にも加わった(公記・重修譜)。

　同三年十二月、武田軍の遠江進出に応じ、佐久間信盛らとともに家康への援軍として派遣され、三方原にて武田軍と戦ったが、敗れて岡崎まで逃れた(当代記)。

　天正二年(一五七四)三月二十日付で紀伊由良にいる足利義昭より書を受け、武田氏に一味して自分の帰京のため尽力するよう求められている(高橋氏文書)。この事実を見ると、義昭はいまだに、信元は信長に臣従しているとはいっても、同盟者に近い存在、といった印象を持っていたのではなかろうか。

　三河から遠江まで領国化した家康の伯父であり、しかも、『耶蘇通信』に「三千の兵を率ゐたる三河国の大身」と書かれている有力部将である。こうした信元が、柴田・佐久間・丹羽たち譜代の家臣たちとは区別して考えられていたとしても不思議ではない。また、信長自身にしても、譜代の家臣に対するようには心を許せなかったであろう。

　同年七月の伊勢長島攻めに参加。翌三年五月の長篠の戦いには、『公記』その他信用できる史料には載っていないが、当然参加したであろう。因みに、成瀬家蔵の『長篠合戦図屏風』には描かれている。

　並々ならぬ軍事力を持って信長の統一戦に活躍し、なかんずく家康との同盟等に関して、信長に尽くすことの多かった信元だが、たった一つの疑惑がその没落をもたらす。同三年十二月、先立って陥落した美濃岩村城の秋山虎繁に兵糧を売ったという嫌疑をかけられた。信長は家康に信元の誅殺を命令する。

　十二月二十七日、信元は大樹寺において、養嗣子元茂ともども切腹させられた(松平記・水野系図ほか)。年齢については確かなことは伝わらないが、弟たちの生年などより推して、五十歳代の後半といったところだったであろう。

　なお、信元の嫌疑は、佐久間信盛の讒言によると言われるが、それは、信元の死後、旧領緒川・刈屋が信盛に与えられたことなどからの憶測であって、そのままには信じられない。

水野信之(みずの　のぶゆき)→水野信元(みずの　のぶもと)

水野光勝(みずの　みつかつ)→(みずの　こうしょう)

水野宗信(みずの　むねのぶ)　尾張

生没年不詳。

雅楽助。

尾張の水野氏であろう。元亀四年（一五七三）一月、春日井郡印場郷天神社に、田地を寄進している（朝見家文書）。

水野元茂（みずの　もとしげ）　尾張
?〜天正三年（一五七五）十二月二十七日。

藤四郎、十郎左衛門。諱は、「忠高」「信政」ともあるが、文書では「元茂」。

信元の継嗣だが、『重修譜』等では信近の子、信元の養子とある。永禄七年（一五六四）九月付で、高野山の宿坊を定めた判物に、信元と連署しているから、この時までに養子縁組がなされていたのであろう（高野山常慶院文書）。

永禄十年（一五六七）七月十日、東国下向の（里村）紹巴を迎えた「苅屋野州御嫡子」は、元茂であろう。父信元は刈屋に、子信政は緒川に住んでいた様子である（富士見道記・尾陽雑記）。

同十三年三月には、信長に従って上京していたのであろう。三月三日、山科言継の訪問を受け、節句の祝儀として父子して五十疋（信元三十疋、元茂二十疋）を献上している（言継）。また、同年四月、村木村八幡社の社殿を建立している（村木神社棟札）。

天正三年（一五七五）十二月、父に謀反の嫌疑がかかると、連座の罪に問われ、二十七日、父とともに切腹した（重修譜・水野系図ほか）。

元亀三年十月八日付で、大御堂寺の竹木の夫丸以下を以前通り免除した、「水野十郎左衛門尉信正」がいるが（張州雑志）、『重修譜』にも水野氏関係系図にもその該当者がない。大御堂寺が永禄年間から養父信元の支配地内だったこと（大御堂寺文書）、元茂に「信政」の諱も伝わっていることを合わせ考えるならば、この「信正」は元茂のことと思われる。

水野守隆（みずの　もりたか）　尾張
?〜慶長三年（一五九八）四月二十一日?

監物、監物丞。剃髪して監物入道。諱は「直盛」「守高」「守隆」と伝わっているが、文書で確かめられるのは「守隆」である。

尾張知多郡常滑城主。常滑の水野家は、緒川・刈屋の水野家の分家である。『重修譜』には、「守次　監物」という人物が載っているが、これに該当しそうである。

「監物」の官名は将軍義輝から受けたものといい、八月二十三日付の義輝御内書がある（水野家文書）。しかし、天文十三年（一五四四）現在、常滑に「水野監物丞」が見られる（東国紀行）。父と同じ官名を許されたというのであろうか。

信長に仕え、元亀元年（一五七〇）八月、野田・福島城攻めに従軍。平手監物らとともに川口の砦に置かれる（公記）。天正二年（一五七四）七月、長島攻めにも従軍。この時は、他の尾張衆とともに船で攻撃に参加している（公記）。

同四年五月、佐久間信盛らとともに天王寺城定番（公記）。対石山本願寺軍として佐久間信盛軍団が編成されたのはこの頃であり、佐久間父子と監物との個人的繋がりもしばしば見られるだけに、監物は佐久間の尾張の与力の一人だったのであろうと思われる。

同五年か、三月八日付で信長より住吉城の普請の労を犒われている（水野文書）。同四年八月より津田宗及の茶湯日記に頻見するから、ずっと本願寺攻め衆として駐まっていた様子である（宗及記）。

茶湯といえば、監物はその造詣の深い人物だったようで、宗及の茶会に出席するだけでなく、自らも宗及や佐久間一族らを招いて茶会を催すほどである。かなりな道具を所持していた（宗及記）。また、しばしば連歌興行にも参加している姿が見られる（大阪天満宮文庫所蔵連歌集ほか）。多趣味の文化人だったようである。

同八年八月、佐久間父子が追放された後は、尾張衆の一人として信忠の軍団に組み入れられたらしい。同九年一月、同族忠重や大野衆とともに、信忠より遠江横須賀城の番手として派遣されている（公記）。さらに翌十年二月、信忠に従軍して武田攻めに参加。共に出陣したのは、滝川一益のほかは、河尻秀隆・毛利長秀（秀頼）・水野忠重といった信忠麾下の部将たちである（公記）。

本能寺の変の後、明智光秀に通じ、光秀が安土城天主に上る時相伴、光秀滅亡後浪人した、と『当代記』に載っている。確かにその後、守隆の武将としての活躍は見られない。しかし、宗及の関係する茶会には相変わらず頻繁に出席しているから、領地は失ったものの秀吉の赦しは得たものと思われる（宗及記）。

宗及の日記には天正十五年三月までその名を載せているが、それ以後の消息については明らかでない。『重修譜』にある「守次」が同一人とするならば、「常滑落去（光秀に味方したため所領没収ということか）」の後、山城嵯峨に住み、慶長三年（一五九八）四月二十一日没となる。『水野家系』『水野家譜』（鈴木泰山「常滑城主水野監物家の新史料について」所収）も同様の没年月日を載せている。

信長にさかんに物を進上しており、それに対する信長の礼状が多数見られる（水野家文書）。

水原孫太郎（みずはら　まごたろう）　近江

生没年不詳。

相撲取り。近江水原氏の一族。天正六年（一五七八）八月十五日、安土での相撲会に参加。信長より百石と私宅等を賜った（公記）。

三瀬御所（みせごしょ）→北畠具教（きたばたけ　とものり）

溝江景家（みぞえ　かげいえ）→溝江長逸

溝江長氏（みぞえ　ながうじ）→溝江長澄

溝江長澄（みぞえ　ながずみ）　越前

?～慶長五年（一六〇〇）四月頃。

大炊助、大炊允。諱は「長氏」で通っているが、文書にあるのは「長澄」である。長逸の子。朝倉氏の臣。天正元年（一五七三）、父とともに信長に降伏。朝倉氏滅亡後も引き続き溝江館に居たが、翌二年二月、一向一揆の蜂起によって父たちは自害、長澄は脱出して難を逃れた（朝倉記・昔日北華）。

一揆殲滅後の同三年八月二十三日、信長に赦免の礼、そのまま別喜《べつき》（簗田《やなだ》）広正に添えられて加賀進攻、檜屋《ひのや》・大聖寺《だいしょうじ》砦に置かれる、と『甫庵』にあるが、これらの記事は堀江景忠の事跡と混同しているらしい。

某年二月十六日付で信長より音信を謝されている「溝江」は、長澄であろう。文面によると、越中表で活躍していることがわかる（溝江文書）。（同十年）五月十九日付羽柴秀吉書状では、越中魚津城攻撃の労を犒われている（溝江文書）。秀吉とは個人的な付き合いがあったのであろうが、信長軍団の体制の上では、柴田勝家か佐々成政の麾下とされていたはずである。

後、秀吉の家臣になるが、秀吉に仕えた時期は、賤ケ岳の戦いで柴田が敗れて北陸方面軍が壊滅した後であろうか。同十三年閏八月十三日、秀吉より越前にて三千石を宛行われている（中村不能斎文書）。同十五年、九州陣、文禄元年（一五九二）、名護屋へも出陣。身分は秀吉の馬廻である（太閤記）。

慶長三年（一五九八）六月、小早川秀秋が筑前・筑後より越前へ移封された時、補佐の臣となる。所領は、後に子彦三郎の受けた安堵状によれば、越前の内一万七百七十三石であった（毛利家文書）。同年、秀吉の遺物を与えられた（太閤記）。

同年十一月十二日、及び翌四年三月十五日に安養院に宛てた寄進状があり、これらには「長澄」と署名している（安養院文書）。

同五年四月八日付で、子彦三郎が父の遺領を安堵されているから、その直前に没したのであろう。

溝江長逸（みぞえ　ながゆき）　越前

?～天正二年（一五七四）二月十九日。

大炊允、大炊助。諱は『朝倉義景邸御成記』に「景家」とある。「朝倉」姓を名乗る。

景逸（宗天）の子。朝倉氏に仕え金津に住す。永禄十年（一五六七）三月、堀江景忠が謀反した時、金津の溝江館が本陣となった（朝倉記）。

早くから信長に通じていたと『朝倉記』にある。、天正元年（一五七三）八月、信長の越前進攻の時、正式に降参（本願寺文書）。主家滅亡の後、本領安堵のほかに朝倉土佐守の旧領北庄を与えられた（朝倉記）。

翌二年二月、越前で一向一揆が蜂起。溝江館がまず標的にされる。十九日、一揆勢に攻撃され、父宗天ともども自害した（朝倉記）。子長澄（長氏）は脱出して信長に仕えた（昔日北華）。

溝口定勝（みぞくち　さだかつ）→溝口秀勝（みぞくち　ひでかつ）

溝口富介（みぞくち　とみすけ）　尾張？

?～永禄十二年（一五六九）九月八日。

秀勝の一族か。信長の馬廻。永禄十二年（一五六九）八月、伊勢大河内《おかわち》城攻めに従軍。九月八日、丹羽長秀の夜討ちに参加、討死した（公記）。


溝口秀勝（みぞくち　ひでかつ）　尾張
天文十七年（一五四八）～慶長十五年（一六一〇）九月二十八日。

幼名は竹千代。単に「竹」と呼ばれている。金右衛門、伯耆守。諱は初め「定勝」。しかし、天正五年（一五七七）十二月には、「金右衛門尉秀勝」と署名している（白井家文書）。

勝政の子。尾張中島郡溝口の生れ。丹羽長秀に仕える（重修譜）。長秀の家臣として長らく活躍。一万石を与えられていたという（丹羽歴代年譜附録）。だが、疑問である。

天正九年（一五八一）四月十六日、信長より逸見昌経の遺領の内五千石を宛行われ、信長直臣に昇格、長秀の与力として若狭国政の目付役を務めるよう命じられた（溝口文書・公記ほか）。この時、若狭高浜城をも与えられたという（溝口家譜）。

同月十九日、信長と信忠に訪礼。さらに二十五日、信長に高麗鷹《こまたか》を進上し、謝意を表している（公記）。

しかし、一年余り後、本能寺の変で信長が亡くなると、以前通り長秀との主従関係が復活したらしい。賤ケ岳の戦いの直後である同十一年四月二十七日、長秀より加賀江沼郡を与えられている（溝口文書）。さらに、翌十二年八月五日、長秀より四万四千石の地を与えられた（溝口文書）。

能登・越中における佐々成政と前田利家との戦いに際しては、同十二年九月、長秀より前田の加勢として派遣されており、しばらく金沢に止められた（太閤記）。そして、越中・能登の戦況について長秀に報告している（前田育徳会文書）。

同十三年四月に長秀が没すると、遺子長重に仕えるが、間もなく丹羽家を去り、秀吉に属して大聖寺《だいしょうじ》城主で五万石。堀秀政の与力とされた（丹羽歴代年譜付録・重修譜）。

同十四年、従五位下に叙され、秀吉より諱字を与えられて「秀勝」と名乗ると『寛永伝』にあるが、前記の通り、ずっと以前より「秀勝」を名乗っている。

その後、九州陣、小田原陣に従軍し（当代記・伊達家文書）、文禄元年（一五九二）には名護屋在陣（太閤記）。同三年、伏見城普請を分担した時、四万四千石（当代記）。慶長三年（一五九八）四月二日、堀秀治の越後移封に伴い、六万石に加増されて越後新《し》発田《ばた》城主となる（溝口文書）。

同五年、家康の上杉攻めに従軍。この時、越後で蜂起した一揆を鎮圧した（溝口家譜）。

同十五年九月二十八日、新発田にて没、六十三歳（溝口家譜）。

三田村三助（みたむら　さんすけ）　越前
生没年不詳。
越前の国衆。朝倉氏滅亡直後の天正元年（一五七三）八月二十五日、信長より本知二十石を安堵され、同月二十七日付で坂井早治より朱印銭の提出を催促されている（三田村文書）。

三木顕綱（みつき　あきつな）→鍋山顕綱（なべやま　あきつな）

三木嗣頼（みつき　つぐより）→三木良頼（みつき　よしより）

三木良頼（みつき　よしより）　飛騨

?～元亀三年（一五七二）十一月十二日。四郎二郎、右衛門督、参議。中納言としている書もあるが任官の事実は見られない。入道号雲山。諱は「良頼」から「嗣頼《つぐより》」と改め、後、再び「良頼」。姓は国司の名跡を継いで「姉小路《あねがこうじ》」をも名乗る。

三木直頼の子。飛騨桜洞《さくらぼら》城に住す。天文二十二年（一五五三）二月、美濃円通寺の仏殿を修造した記録がある（明叔録）。弘治四年（一五五八）一月十日、従五位下飛騨守に叙任（歴名土代・公卿補任）。飛騨国司姉小路氏は越中に出奔していたので、その名跡を継ぎ、姉小路良頼と名乗る。「希代例也」と『公卿補任』に書かれている。

以後官位は順調に昇進。永禄三年（一五六〇）二月十六日、越階《おつかい》して従四位下（歴名土代）。同五年二月十一日、従三位。この時、良頼より「嗣頼」と改めた（公卿補任）。だが、同十年頃、再び「良頼」に戻っている（伊佐早文書）。同六年三月十二日、参議。この時点では、従四位下参議兼左中将の将軍義輝より序列は上である（公卿補任）。

飛騨国内では、吉城《よしき》郡に根を張る江馬氏の勢力も盛んで、国内統一にはまだまだ遠い状態であった。同四年には、江馬輝盛と組んで、一緒に上杉謙信に通じた様子で、（同年）十月二十日以前、輝盛とともに飛騨の上杉方河上式部丞に指示を与えている（窪田粂次郎氏文書）。爾来、上杉与党として謙信と何度も通信しているが（上杉家文書ほか）、上杉軍に加わることはなかった。

永禄十三年一月下旬、信長が禁裏修理、武家御用、天下静謐のため上洛を呼びかけた諸国の大名の顔触れの中に入っている（宴乗）。この時は呼びかけに応じた形跡はないが、同年四月十四日、将軍邸落成の祝宴に出席した諸侯の中に「飛騨国司姉小路中納言卿」がある（公記）。これは、子自綱が代理として上洛したものらしい（御湯殿）。また、元亀年間のものと思われる、八月十六日付の下間《しもつま》豊前法橋宛て乗了書状では、良頼が信長に命じられて美濃郡上郡を攻める予定であることが記されている（安養寺文書）。上杉ばかりでなく信長にも通じていたことが知られる。

次第に江馬氏を従属させたか、元亀三年（一五七二）には、謙信の求めに応じて越中出陣を志すが、病のため自ら出陣できず、江馬輝盛を代理として送っている（小島明二氏文書）。同年十月十一日、ようやく自ら越中へ向け出陣したというが（上杉古文書）、病に冒された身体はままにならなかったのか、七日後の十八日、病気のため息男自綱を陣へ派遣することを謙信に申し送っている（歴代古案）。

その年十一月十二日没（公卿補任・高野山過去帳）。

飛騨は、上杉氏・織田氏のほか武田氏も含め、三者の勢力の接点の位置にある。国内では国司を名乗って他の豪族たちを従えた良頼も、小国飛騨から進出できなければ、結局どこかの勢力に従わざるをえない。こうした苦悩が、上杉・織田双方に通じるという姿勢をとらせたのであろう。上杉と織田とが衝突する前だったから、嗣頼の代は比較的平穏に過ごせたが、次代自綱は両勢力の間に挟まって苦慮することになる。

三木自綱（みつき　よりつな）　飛騨

天文九年（一五四〇）～天正十五年（一五八七）。

左衛門佐、左京大夫、大和守、侍従、大宰大弐。宰相・大納言とも称しているが、実際には補任されてはいないようである。庵号は休庵。諱は初め「光頼」。自綱は「頼綱」とも書く。姓は父が国司姉小路《あねがこうじ》氏の名跡を継いだので、「姉小路」をも名乗っている。

良頼の長男。妻は斎藤道三の娘という（重修譜）。桜洞《さくらぼら》城主、後、高山城主。父良頼は飛騨国司に任じられ、姉小路氏を称するだけでなく、室町将軍を凌ぐ官位を得たが、子の自頼もそうした父とともに官位を昇進させる。即ち、永禄三年（一五六〇）二月十六日、従五位下左衛門佐、同六年三月十二日、侍従に昇進。この時、諱の「光頼」を「自綱」と改めた（歴名土代）。

（同十二年）二月二十七日、上杉謙信に

書し、本荘繁長降伏を祝している（上杉家文書）。この書では「宰相自綱」と署名しているが、自綱が参議に任じられたという証はない。

　この頃から病身の父良頼の代理として動くことが多く、元亀元年（一五七〇）四月、上洛。将軍邸落成の祝宴に列席している（公記）。この時、将軍義昭の執奏によって参内し、太刀・馬を献上した（御湯殿）。同三年四月七日従四位下大宰大弐に叙任される（歴名土代）。

　同年十月、謙信の求めに応じ、病篤い父に代わって越中へ出陣（歴代古案）。十一月十二日、父の死去により家督を継ぐ。当時は、上杉・武田の争いの中で上杉氏に付いていたが、信長に対しても所属の姿勢をとっている。特に、武田信玄が西上の動きを見せていた元亀三年から四年にかけて、飛騨と美濃郡上郡に調略を施したが、自綱は一貫して信長方を通したという（谷口研語『飛騨三木一族』）。天正三年（一五七五）十月二十三日、上洛して信長に礼。栗毛の駿馬を進上した（公記）。

　信長と謙信の間には、この年六月までは通信が見られるが、九月より信長が加賀平定戦に乗り出し、北陸をめぐって両者の衝突は避けられない状勢になってきた。また三木氏の立場は微妙になった。この頃より謙信の死に至るまでの自綱の行動は確かな史料には見られないが、おそらく首鼠両端を持していたのではなかろうか。

　同六年三月、謙信は没する。その四月七日、信長は自綱にそれを伝え、神保長住・佐々長穐の越中入国に協力するよう命じている（公記）。

　飛騨国内では、次第に江馬輝盛との対立が昂じ、本能寺の変後の同十年十月、両者が衝突する。そして、小島・牛丸ら国衆の加勢を得た自綱が輝盛を破って討死させ、国内の大半の統一に成功した（岐阜県古文書類纂・飛騨国治乱記）。

　しかし、悩みはむしろ内部にあった。十一年一月、弟の鍋山城主鍋山顕綱を殺した。身内の死といえば、四年前の同七年二月、長男の宣綱もわずか十八歳で死んでいる。これも自綱が殺害したものという。そして、いずれも、その理由がはっきりしない（谷口氏前掲書）。身内の者をも信じ切れない男だったのであろうか。

　自綱は信長の次の政権担当者秀吉には服しきれなかった。越中で秀吉に反抗している佐々成政に通じたという（小早川文書）。

　同十三年八月、秀吉が成政を攻めた時、金森長近に三木氏討伐を命じた。牛丸・鍋山ら国衆の多くは長近に降り、当時の居城高堂を攻撃されて自綱は降伏。子の秀綱は殺されたが、自綱はなぜか赦免された（宇野ほか）。自綱はその後、京に送られ、同十五年そこで病死した。四十八歳と伝わる（寛永伝・飛騨国治乱記）。

三淵秋豪（みつぶち　あきひで）　山城

?～天正二年（一五七四）七月六日。

弥四郎。

　藤英の子。『永禄六年諸役人付』では、父とともに「御部屋衆」に名を連ねている。父とともに流浪の義昭に従い、越前に下向。永禄十一年（一五六八）九月、義昭に供奉《ぐぶ》して上洛。十月二十二日の参内の時、御供衆の一人となっている（言継）。元亀元年（一五七〇）一月二十六日、奉公衆の一人として山科言継の年頭の礼を受けている（言継）。

　同年九月二十四日、信長の叡山攻囲戦に加わったか、二十六日に京に帰陣したことが『言継』に見える。

　同二年四月十八日、松尾社での能会に出席（言継）。五月十五日、晩餐に客を招き、鞠会を催す。六月十一日にも同じく鞠会を催している（元亀二年記）。このあたり、若年にして公家風の生活であった。

　同年九月二十八日、父とともに東寺観智院造営料として、稲荷参銭を寄進している（東寺文書）。

　興福寺の大乗院尋憲とも吉田社の吉田兼和とも親交があった。特に吉田社には元亀三年頃しばしば足を運んでいる（兼見）。同年九月三日には、禁裏に柿を献上している（御湯殿）。

天正元年（一五七三）七月、父藤英は将軍方として二条御所に籠って信長に抵抗、ついに攻撃軍の柴田勝家に降伏したが（兼見・公記）、秋豪も行を共にしたのであろう。

将軍追放後も、追及をうけることなくしばらく過ごしたが、翌年五月、藤英は居城伏見破却の命を受けて坂本に移され、七月六日、自害を命じられた。秋豪も父と同じく自害を強いられた（年代記・東寺光明講過去帳）。

三淵藤英（みつぶち　ふじひで）　山城

?～天正二年（一五七四）七月六日。

弥四郎、弾正左衛門尉、大和守。諱は「顕家」「藤之」とも伝わる。「藤之」は、文書で確かめられる（大徳寺文書・由良文書）。

〔幕府奉公衆として〕

三淵晴員の長男。細川家に養子に入った藤孝の実兄にあたる。将軍義輝に仕え、『永禄六年諸役人付』では「御部屋衆」に名を連ねている。

将軍義晴・義輝に仕える。その初見は、天文九年（一五四〇）八月十日条。鹿苑院への使者を務めているが、まだ十歳そこそこの少年だったはずである（鹿苑院日録）。永禄五年九月二十日には、大徳寺境内・門前に禁制を掲げる（大徳寺文書）。当時の名乗りは「弾正左衛門尉藤之」。

永禄八年（一五六五）五月十九日、義輝が三好三人衆や松永久秀に殺されると、その弟一乗院覚慶（義昭）を助けて越前まで同行する。同十年八月には、義昭上洛の準備として、大和の工作に務めている（多聞院）。同十一年九月、義昭が信長に擁されて入京して将軍位に就くと、奉公衆としてこれに仕えた（言継）。

翌年一月早々、三好三人衆らが将軍仮御所六条本圀寺を攻撃してきた時は、まず惣門を固め、続いて伊丹軍と一緒に出撃し、勝利を収めたという（甫庵・足利季世記）。

幕府奉公衆としての、それ以後の戦歴をたどってみよう。

①元亀二年（一五七一）七月、和田惟政らとともに摂津に出陣（尋憲記・元亀二年記）。

この時は、いったん帰京するが、すぐに再出陣。摂津の各所に宛てた禁制が残っている（今西文書・原田神社文書）。八月二十八日、郡山での戦いで惟政は戦死、藤英は高槻城に入ってそこを守った（言継）。

②同年九月三十日、奈良へ出陣、三好長勝らと戦う（尋憲記・重修譜）。

③同三年四月、「公方衆」の一人として、信長の部将とともに高屋城後巻《うしろま》きのため出陣、河内に働く（兼見・年代記）。

元亀元年九月、義昭が自ら軍を率いて南方へ出陣した時は、留守衆として京に駐まっている（言継・兼見）。

〔義昭の側近としての活躍〕

幕府奉公衆ではあるが、『言継』元亀二年七月一日条に「御部屋衆」とある通り、義昭の傍らに仕えている側近でもあった藤英は、御内書の副状発給や取次ぎなどの仕事にも携わることが多かった。その跡をたどってみよう。

①永禄十一年十月六日、山科言継に折紙を発し、義昭の参内のことについて頼む（飯河信堅と）（言継）。

②同年十一月十九日、西岡金蔵寺に対する、領知安堵の下知状に副状を発給（金蔵寺文書）。

③同年十二月十七日、森左京大夫に対する、領知安堵の下知状に副状を発給（鳥居大路良平氏文書）。

④（同十二年）十月十七日、小槻朝芳に、壬生官庫敷地を安堵（京都帝国大学文書）。

⑤（元亀元年）六月十八日、畿内の「後家人」に対し、将軍出陣の延引について連絡（細川藤孝・一色藤長と）（武徳編年集成）。

⑥（同年）九月十七日、山城大住荘名主百姓に、年貢等の曇華院《どんげいん》納入を命じる（信長家臣武井夕庵と）（曇華院文書）。

⑦同年十二月十八日、信長朱印状に任せ、醍醐寺に徳政の無効を承認（三宝院文書）。

⑧同二年一月二十五日、相国寺南豊軒より黄金を盗み、放火した吉田家の中間を成敗する（兼見）。

⑨（同年）七月十九日、信長より、将軍が

大住荘に給人を置いたということの実否について問われる（上野秀政と）（曇華院文書）。

⑩同年七月二十六日、摂津南郷社境内に禁制を掲げる（今西文書）。

⑪同年八月一日、摂津善光寺に禁制を掲げる（原田神社文書）。

⑫同年十一月三日、山科言継より、将軍に欠所処分にされた平野社領を回復することを依頼される（言継）。

⑬（同三年）閏一月四日、義昭の遊佐信教宛て御内書に副状を発給する（相州文書）。

⑭同年閏一月十四日、吉田兼和を通じて、醍醐安養坊より訴訟の口入《くにゅう》を依頼される（兼見）。

⑮同年閏一月頃、東福寺蘭圃光秀の訴訟に口入する（兼見）。

義昭側近として、幕府内で大きな力を持っていたことは、吉田兼和が藤英を頼りにしてしばしば訪れていることからも知られる（兼見）。同三年一月十八日には、私宅に義昭を迎え、饗応した（兼見）。

伏見城主となったのは、義昭入京後のいつのことかは不明。元亀三年九月以前であることは確かである（兼見）。当然ながら、山城内にそれなりの知行地を持っていたであろうが、松崎内の三淵家伝来の十石分以外は検出できない（金子拓「室町幕府最末期の奉公衆三淵藤英」）。

〔義昭・信長の争いの中で〕

天正元年（一五七三）二月、将軍義昭と信長との対立がついに軍事衝突に発展し、近江石山・今堅田で義昭側近山岡光浄院（景友）らが兵を挙げた。藤英も、信長方に付いた細川藤孝を勝竜寺城に攻撃する気配を示したが（細川家文書）、この兄弟による争いは結局未然に終った。この頃、信長方高山重友によって高槻城を逐われた和田惟長を伏見城に保護している（兼見・耶蘇通信）。

同年七月三日、義昭が京都を出て槙島城に籠ると、藤英は二条城を守って信長に対抗した。たちまち信長の大軍に囲まれ、一緒に籠城していた日野輝資・高倉永相ら公家衆はすぐに降参。だが藤英一人はあくまでも抵抗し、十二日になって柴田勝家の勧めを容れてようやく退城、伏見城に戻った（兼見）。十八日には、義昭が槙島城を開いて降伏する。

将軍追放後、藤英はすぐに信長に従う。この月の末、弟藤孝とともに将軍方の残党石成《いわなり》友通を淀城に攻撃。八月二日、友通を討ってこれを落した（年代記・細川家記）。

しかし、その後の藤英の様子については詳らかではない。伏見城は安堵されたものの、信長の臣として活動した形跡は全く見られない。頻繁に交際していた吉田兼和の日記が、この後、藤英の死に至るまで絶えていることもあって、彼の動向を探る手掛りがないのである。

翌天正二年五月になって、突如として伏見城破却の命が下る。藤英は子秋豪とともに坂本城の明智光秀に預けられ、七月六日、そこで自害させられた（年代記・東寺光明講過去帳）。

湊高秀（みなと　たかひで）→宮本高秀（みやもと　たかひで）

峰広政（みね　ひろまさ）　伊勢

?～天正元年（一五七三）十月?

筑前守。

関氏・神戸氏の一族。安政の弟。天文十九年（一五五〇）一月二日、兄安政の跡を承けて峰家の家督になるという（伊勢峯軍記）。鈴鹿郡峰城に拠る。初めは関・神戸氏と同じく近江六角氏の麾下であったが、永禄十一年（一五六八）二月に信長が北伊勢を攻撃し、神戸具盛が降参すると、峰氏も信長に従った（勢州軍記）。神戸氏の「与力」と書かれている（神戸録）。

天正元年（一五七三）十月の、信長の北伊勢攻撃に抵抗し、最後、自害したという（伊勢峯軍記）。

峰城城主峰八郎四郎が天正二年（一五七四）の長島攻めで討死、弟与八郎が幼少のため、峰城は信孝により岡本良勝に与えられたと『勢州軍記』にあるが、この峰兄弟は広政の子であろうか。

与八郎はその後、同十二年の小牧陣の時、信雄に属して加賀野井城に籠城。五月七日、秀吉軍に攻められて落城、殺された（京都大学文書・勢州軍記）。

箕浦次郎右衛門（みのうら　じろうえもん）　近江

生没年不詳。

坂田郡箕浦の出という（淡海温故録）。箕浦氏は六角氏の臣の中に見られるから、信長の上洛戦の頃降ったのであろう。以後信長の馬廻だったようである。

天正二年（一五七四）一月、成善提院より年始の礼として、二百文を受けている（成善提院年中日記）。また、同三年十一月十七日、信長より東柏原内にて四百石を宛行われる（箕浦文書）。

同十年五月二十九日、信長最後の上洛の時、安土城二の丸番衆を務めている（公記）。

子孫は、代々浅野家に仕えた（芸藩輯要）。

美濃部茂濃（みのべ　しげあつ）　近江

生没年不詳。

菅三郎、上総介、下総守。

近江甲賀郡の人。信長に属す。妻は蒲生定秀の娘（重修譜・武家事紀）。

天正十年（一五八二）六月、本能寺の変の後、伊賀越えの途の家康に謁し、伊勢白子まで送るという（重修譜）。

元亀二年（一五七一）十一月二十八日付、（武田）信虎息女おふく宛てで、領内の「みつむら」の公方米の徳政落居を告げた、「美濃部与左衛門尉茂俊」は一族であろうか（山中文書）。

水原茂親（みはら　しげちか）

天文二十年（一五五一）～慶長五年（一六〇〇）五月九日。

又七郎。

茂忠の子。父茂忠は初め六角氏、後、武田氏に仕え、天正三年（一五七五）五月二十一日、長篠の戦いで討死したという（重修譜）。

茂親は、同十年三月の武田氏滅亡後、親族の縁で信長に仕えたという。妹が信長の妾だというから、その縁のことであろうか（重修譜）。

本能寺の変後、家康に転仕。信濃諏訪城の城番を七年間務める。同十八年、小田原陣に従軍。戦後、武蔵足立郡にて采地を与えられる（重修譜）。

慶長五年（一六〇〇）五月九日没、五十歳という（重修譜）。

御牧景則（みまき　かげのり）　山城

?～慶長五年（一六〇〇）四月頃。

勘兵衛。

益重の二男。三左衛門景重の弟。御牧氏は、山城久世郡御牧村の豪族（信長文書）。摂津守の隠居により、その名跡を継ぐ（御牧文書）。天正元年（一五七三）八月二日、長岡藤孝・三淵藤英とともに淀城を攻撃している「御牧」は、この景則であろう（年代記）。

天正三～四年にかけて、大和で活躍している様子が見られる（多聞院）。南山城・大和を管掌した塙直政の奉行の役を務めたのであろうか。後に明智光秀が近畿を管掌するに及んで、その与力となったようである（四手井氏由緒書）。また、天正年間の、十一月二十二日付信長黒印書状で、草石の贈呈を謝され、出口の在番を犒われている（御牧文書）。

天正十年（一五八二）六月十三日、兄景重とともに光秀に与して山崎の戦いに従軍。兄は討死する（豊鑑・太閤記）。

後、秀吉に仕え、馬廻。秀吉の吏僚代官として活躍した（朝尾直弘「織豊期の畿内代官―御牧勘兵衛を中心に―」）。所領は山城御牧田井村七百石（戦国人名辞典）。文禄元年（一五九二）、名護屋在陣（太閤記）。山城久世郡市田村で千石加増されたようである（毛利家文書）。

この頃、検地奉行として主に山城で活躍。潔癖な人物で、決して賄賂は受け取らなかったという（戦国人名辞典）。

家康とも懇意で、慶長二年（一五九七）四月、自邸に家康を招き、饗応している（日用集）。

同五年四月六日、子助三郎が、毛利輝元・宇喜多秀家・家康より、山城久世郡市田村千石を安堵されているところを見ると（毛利家文書）、その直前に死没したのであろう。

御牧摂津守（みまき　せっつのかみ）　山城

生没年不詳。

景則らの一族であろう。元亀三年（一五七二）頃、高槻の和田惟長に人質を出しているのを見ると、その麾下の立場だったようである（御牧文書、朝尾直弘「織豊期の畿内代官」所収）。

元亀二年（一五七一）頃、石清水八幡宮領狭山郷を違乱。信長の臣よりの度々の警告にもかかわらず停止せず、ついに同三年三月二十一日、信長が直々に違乱の停止を命令した（石清水文書・田中家文書）。同三年頃か、隠居して、名跡は勘兵衛景則が継いだ（御牧文書）。

宮川但馬守（みやかわ　たじまのかみ）　美濃

生没年不詳。

吉左衛門安定の弟。美濃若森に住し、信長に仕え、氏家卜全の妹婿として卜全に属す（宮川系譜、『大垣市史』所収・美濃明細記）。『甫庵』にも、元亀二年（一五七一）五月の長島攻めの時、卜全の隊に属していることが記されている。この戦いで卜全が戦死した後は、継嗣の直通に属したのであろう。

天正元年（一五七三）八月十三日、信長馬廻の朝倉軍追撃戦に加わり、旧主斎藤竜興を討ったという（当代記）。同六年六月、氏家の下で、神吉《かんき》城攻めに加わっている（安土日記）。

本能寺の変後、前田利家に属す（宮川系譜・美濃明細記）。

宮川安熈（みやかわ　やすひろ）　美濃

生没年不詳。

伊勢守。

吉左衛門安定の子。信長に、後信忠に仕える。その後、秀吉に仕える（宮川系譜、『大垣市史』所収）。

宮城堅甫（みやぎ　かたよし）　近江

童名十。右兵衛尉。「宮木入道」とも呼ばれる。

重甫《しげよし》の子。信長に仕え、本能寺の変後であろう、秀吉に仕える（寛永伝）。

天正十四年（一五八六）七月、黒田孝高とともに九州へ出張し、秀吉の島津討伐の予定を九州の諸将に伝えた（小早川家文書・武家事紀）。山城花園に所領があった（真珠庵文書）。

なお、混同されることがあるが、六角氏奉行人の宮木賢祐とは別人である。

宮木入道（みやぎ　にゅうどう）　→宮城堅甫（みやぎ　かたよし）

三宅権右衛門（みやけ　ごんえもん）　伊勢

生没年不詳。

永禄十一年（一五六八）二月、岡本良勝と並び、神戸家に養子に入った信孝の補佐として付けられた（勢州軍記・武家事紀）。だが、その後の活躍については伝わっていない。

三宅長盛（みやけ　ながもり）　能登

？～天正十年（一五八二）六月二十六日？

備後守。

能登守護畠山氏の臣。温井《ぬくい》景隆の弟で、三宅総広の養子になるというから、実父は温井続宗であろう。

弘治元年（一五五五）、祖父温井総貞が主君畠山義綱に殺されると、兄景隆らと加賀に逃れる。永禄九年（一五六六）義綱が出奔すると帰参し、幼少の義慶《よしのり》（義隆）に仕えるという（長家家譜・戦国大名家臣団事典）。

義慶の下で、兄景隆らと並んで年寄衆の一人。天正五年（一五七七）九月、畠山氏滅亡とともに上杉謙信に降り、臣従した（上杉家家中名字尽、『上杉家文書』所収）。

謙信の死後は、兄ともども信長に通じたが、同じく信長方に付いていた長連竜と対立。しばらく争いが続いたが、戦況は次第に不利となり、同八年七月、連竜と講和した（前田家譜・長家家譜）。

その後、安土に赴いて、信長に七尾城を献上。赦免されている（加能越古文叢）。この年の歳末、年甫には、兄弟して、信長のみならず側近の菅屋長頼、その臣の岩越吉久にまで贈品し、款《よしみ》を繋いでいる（中谷藤信氏文書ほか）。

同九年三月、菅屋が七尾城代として赴き、能登の旧勢力の鎮圧にあたる。六月二十七日、遊佐続光ら三人の畠山老臣が謀殺されたのを見て、景隆・長盛兄弟は七尾城を逐竄し、上杉景勝のもとへ逃れた（公記）。

翌十年六月、本能寺の変の勃発を聞き、越後より能登に帰国。上杉氏の協力を得て石動山《いするぎやま》に上り、荒山に砦を築く。しかし、六月二十六日、前田利家・佐久間盛政の攻撃を受け、討死した（太閤記・金沢市立図書館文書）。

なお、石動山・荒山の戦いは、七月下旬との説がある。

三宅弥平次（みやけ　やへいじ）→明智秀満（あけち　ひでみつ）

宮崎鹿目介（みやざき　かなめのすけ）　河内

?～天正四年（一五七六）七月十三日。

河内の豪族。烏帽子形城に居す（足利季世記）。鎌大夫の弟で、杉原兵部丞の甥という（甫庵）。

元亀二年（一五七一）、遊佐信教の臣草部菖蒲助《しょうぶのすけ》に攻められて居城を退いたが、一族協力してすぐに城を取り返した。後、大和へ逃れた敵の草部肥後守（菖蒲助の父）・野尻丹後守を殺した（足利季世記）。

将軍義昭追放後は、直接信長に属したか。天正四年（一五七六）七月十三日、沼間《ぬま》一族ら和泉衆とともに木津川口に毛利方の水軍を迎え撃ち、敗死した（公記）。

宮崎鎌大夫（みやざき　かまだゆう）　河内

?～天正四年（一五七六）七月十三日。

鎌太夫あるいは鍵太夫ともいう。諱は「之存」と伝わる（観心寺要録）。

宮崎氏は河内の豪族。烏帽子形城に居す（足利季世記）。鹿目介の兄で、杉原兵部丞の甥という（甫庵）。義昭入京後は、他の河内の豪族たちとともにこれに従い、南河内の守護とされた畠山高政の麾下となったのであろう。

だが、畠山家中は不統一で、元亀二年（一五七一）、遊佐信教の臣草部菖蒲助に攻められ、居城を逐われた。だが、一族してじきに城を取り返して、菖蒲助を討ったという（足利季世記）。後、敵である草部肥後守（菖蒲助の父）や野尻丹後守を大和まで追って、これを殺した（足利季世記）。

将軍追放後は信長に属して、和泉の沼間一族らとともに水軍を催す。本願寺攻めの主将佐久間信盛の麾下であろうか。

天正四年（一五七六）七月十三日、毛利方の水軍と木津川口で戦い、敗死した（公記）。

宮崎二郎七郎（みやざき　じろうしちろう）　河内

生没年不詳。

次郎七ともある。

河内の宮崎鎌大夫の一族か。天正四年（一五七六）七月、木津川口での敗戦の後、保田知宗とともに住吉浜の砦の番手として入れ置かれる（公記）。石山本願寺攻めの司令官佐久間信盛の軍団に所属したのであろう。同八年四月の石山開城までその任務は続いたものと思われる。その後は、追放された信盛より独立して、信長に直属したようである。

同九年九月十九日、津田宗及の茶会に出席している（宗及記）。

宮田彦次郎（みやた　ひこじろう）

?～天正十年（一五八二）六月二日。

信忠の馬廻か。天正十年（一五八二）六月二日、二条御所にて信忠とともに討死した（公記）。

宮西遊左衛門（みやにし　ゆうざえもん）

生没年不詳。

『安土日記』には、「与六」とある。

職人頭。安土城の建築に携わる。天正九年（一五八一）九月八日、子息とともに信長より小袖を賜った（公記）。

宮部継潤（みやべ　けいじゅん）　近江

?～慶長四年（一五九九）三月二十五日。

善祥坊、宮部法印、中務卿法印。

近江浅井郡宮部の人。土肥《どひ》刑部少輔真舜の子で、元は比叡山の山法師であったという。宮部清潤の跡を継いで、浅井氏に仕え、宮部の砦を守る（浅井三代記ほか）。

元亀二年（一五七一）十月、木下秀吉に誘われて信長方に付き、鉾を逆さにして国友村を攻めるという（浅井三代記）。そのまま信長の命で宮部の砦に入れ置かれ、秀吉の助けを受けてこれを守った（公記・浅井三代記）。

天正五年（一五七七）、秀吉の与力として播磨に入国。但馬方面攻略戦に参加して但馬二方《ふたかた》郡を与えられ、豊岡城主になる（但馬考）。この頃、秀吉の甥次兵衛尉吉継（後の豊臣秀次）を養子にする（因幡民談記ほか）。

同八年六月、秀吉の鳥取城攻囲戦に従い、付城に入る。（同九年）六月十六日、信長より永々の在城を犒われている（宮部文書）。同年十月二十五日、鳥取城将吉川経家が自刃して鳥取城が秀吉に属すと、継潤はそこに入れ置かれた（公記）。同年十一月四日付で秀吉は、七カ条の国掟を継潤宛てに発し、山陰の諸大名たちの統制などを指示している（間島平治郎氏文書）。山陰の大名たちは、早くから継潤の下に属していたようで、同八年六月二十三日付で垣屋豊続に一千石を宛行った判物も見られる（垣屋文書）。

本能寺の変後の秀吉の中国大返し、続く山崎の戦い、さらに賤ケ岳の戦いの時も、継潤は毛利氏の押さえとして鳥取城を守っていた（惟任謀反記ほか）。賤ケ岳の戦い後の諸将の分封の中で、継潤は「因幡守護」と『柴田合戦記』に書かれている。

同十二年の小牧陣、同十三年の佐々成政攻めには従軍（四国御発向幷北国御動座記ほか）。同十五年、九州陣にも従軍。南条元続・亀井茲矩・木下（荒木）重堅・垣屋光成らは引き続き継潤の指揮下にあったらしい（当代記・宮部文書）。この九州陣では、四月十七日、日向高城着陣の時、島津軍の夜討ちを受けるが、これを撃退した（川角ほか）。

同十七年十二月八日付で、秀吉より因幡四郡（高草・八上・法美・邑美）と但馬二方郡、五万九百七十一石を宛行われる。軍役は五千三百五十人とある（宮部文書）。

同十八年、小田原陣に従軍。南条・亀井・木下・垣屋を従えての参陣であった（伊達家文書）。

同年、子長熙《ながひろ》に家督を譲り、十一月二十一日付で、これに条規を授けている（宮部文書）。だが、継潤自身が隠居したわけではない。

文禄元年（一五九二）三月十四日、羽柴秀勝に従い名護屋着陣（吉川家文書）（『史料綜覧』では、この書状を文禄二年のものとし、文中の「丹波中納言」を羽柴秀俊＝小早川秀秋に当てはめているが、秀勝の誤りである）。この時、渡海することを願い出たが、許されなかった（吉川家文書）。

同年九月、豊後海部《あま》郡の約二万石の豊臣氏直領の代官を務める（駒井日記）。同三年、伏見城の普請を分担。当時八万一千石（当代記）。

慶長元年（一五九六）十一月五日、美濃竜徳寺に池田の内を安堵しているから、美濃にも所領があったのであろう（竜徳寺文書）。

同年十二月二十八日には、すでに隠居している（宮部文書）。その後は、秀吉のお咄衆の一人（太閤記）。とはいうものの、依然として秀吉重臣の立場で、政務を担当した。

同四年三月二十五日没（宮部文書）。『武家事紀』には六十四歳で没とあるが、七十二歳という説もある（中島八郎・国友義一編『中務卿法印宮部膳浄坊継潤公』）。

宮部善祥坊（みやべ　ぜんしょうぼう）→宮部継潤

宮本高秀（みやもと　たかひで）　紀伊

生没年不詳。

平大夫、兵部大夫。姓は、湊ともある。雑賀《さいか》衆の一人。天正五年（一五七七）三月、信長軍の攻撃を受け、鈴木重秀らとともに降参。三月十五日付で、赦免する旨の朱印状を受けている（土橋文書）。

同八年、信長と本願寺の間に和談が進むと、三月二十日付で鈴木らとともに本願寺に書し、万事光佐（顕如）次第に行動することを誓っている。ここでは、「湊平大夫高秀」と署名している（本願寺文書）。

同十三年、秀吉の紀伊攻めで、再び降参した（武徳編年集成）。

宮脇又兵衛（みやわき　またべえ）　摂津

生没年不詳。

荒木村重の臣で、足軽大将。村重の謀反に従っていたが、天正七年（一五七九）十月、中西新八郎の誘いに応じて、有岡城内で信長方に寝返り、有岡落城に貢献した

（公記）。その功により赦免され、同八年六月、池田恒興の与力として付けられた（公記）。

明院良政（みょういん　りょうせい）　尾張

生没年不詳。

信長の近臣。右筆だが、各方面の奉行も務めている。永禄二年より、（里村）紹巴との交遊が見られる（渋谷大樹「京都と織田を結ぶ人」）。文書における初見は、（永禄七年＝一五六四）六月二十一日付の、信長の徳山則秀宛て書状の副状である（徳山家文書）。

同八年か、六月十日付で、佐々平太・兼松正吉への三十貫文の宛行いを奉じている（兼松文書）。この時、一緒に事に当った者は、滝川一益・木下秀吉・丹羽長秀・村井貞勝ら信長の代表的家臣たちであり、良政が単なる信長の右筆ではなく、側近としてかなりの力を持った存在であったことが知られる。

信長が上洛への途にあった、（永禄十一年）九月十四日、万里小路《までのこうじ》惟房より禁中の意として、信長軍の規律と禁中の警固について要望を受け、これを信長に取り次いでいる（経元卿御教書案）。九月二十六日の信長入京の時、義昭の臣細川藤孝とともに、信長に先んじて御所北門へ行ったのは、禁中との連絡のためであろうか（言継）。

信長上洛後、良政は山城の治政に活躍する。その跡を追ってみよう。

①（同十一年ヵ）十月九日、芝薬師阿弥陀寺に、兵士の寄宿を免除する（藤孝・秀吉と）（阿弥陀寺文書）。この文書については、『大日本史料』十一二では永禄十二年に比定しているが、一連の良政の動きから判断すると、十一年の上洛直後のもののようである。

②（同年）十月十二日、伏見荘内の百姓に、年貢・諸物成について指示する（藤孝と）（尊経閣文庫文書）。

③同年十月十八日、信長の意に従い、大心院に同院領を安堵する（秀吉と）（大心院文書）。

④同年十月二十一日、信長の使として、禁中に雁を献上する（長秀と）（御湯殿）。

⑤同日、山科言継より大宅野村西山地頭職のことを頼まれ、信長に取り次ぐ（言継）。

上洛して義昭を将軍位に就けた信長は、十月二十六日に京を発して岐阜に戻る。良政は、佐久間信盛・村井貞勝・丹羽長秀・木下秀吉とともに京都に残された（多聞院）。佐久間・丹羽・木下は、五千ばかりといわれる軍を率いて京の治安を維持、良政と村井は、京の諸政や禁裏・幕府との連絡などに携わったものと思われる。同年十一月十五日の百韻連歌に出席している「良政」は、彼であろう（連歌十七巻、土田将雄『続細川幽斎の研究』所収）。

その後の良政については、ほとんど活躍が伝わらない。わずかに元亀元年（一五七〇）六月二十八日の姉川の戦いの時、軍忠を記したと『甫庵』にあることと、同年七月十九日、二十三日、連歌会に名を連ねているのみである（言継）。

天正二年（一五七四）十二月二十三日、紹巴邸にて、明院追善の連歌興行が催されている（大阪天満宮文庫所蔵連歌集）。この間に没したようである。

妙仁（みょうにん）　近江

生没年不詳。

相撲取り。天正六年（一五七八）二月二十九日の安土相撲会に参加。二十三人の撰《えり》相撲に選ばれる（公記）。同年八月十五日、また安土相撲会に参加。賞として私宅のほか百石を与えられた（公記）。

三好為三（みよし　いさ）　→三好政勝（みよし　まさかつ）

三好式部少輔（みよし　しきぶのしょう）　阿波

生没年不詳。

徳太郎。

阿波岩倉城主。康長の子という説もあるが、疑問がある。近い親類ではなかろうか。天正七年（一五七九）、長宗我部元親に降参し、十二月二十七日には、三好党の十河《そごう》存保《まさやす》の軍と戦っている（元親記・昔阿波物語）。

同九年三月になって、康長の勧めに従い、長宗我部氏から離れて信長に帰属する（讃岐大日記・元親記）。この頃は、織田と長宗我部とは表立って対立してはおらず、双方相手の出方を見ている時期だが、信長は（同年）六月十二日、朱印状を元親の弟香宗我部親泰に送り、式部少輔に別心のないことを伝え、相談して阿波で働くよう申し入れている（古証文）。

さらに、その副状として康長が元親に送っている書状には、弁解のほか、「若輩」である式部少輔に対し、「諸事御指南」を願い入れている（古証文）。長宗我部氏の人質となっていた式部少輔の息男は、元親の好意により返されたという（元親記）。

翌十年になって、信長は元親と絶交。五月、信孝を総大将とする四国討伐軍が催されるが、本能寺の変で中止された。

信長の死後、元親は攻勢に出、結局同年十月、式部少輔は岩倉城を落されて出奔した（元親記ほか）。『昔阿波物語』によれば、間もなく没したという。

三好咲岩（笑厳）（みよし　しょうがん）→三好康長（みよし　やすなが）

三好長房（みよし　ながふさ）　河内

生没年不詳。

備中守。法名真信。

伊賀守長直の子（断家譜）。永禄五年（一五六二）五月二十日、三好義興に従い、河内教興寺に出陣。畠山高政の軍を破った（両家記）。同九年五月三十日には、義継に従い堺攻撃に参加する（両家記）。

三好氏の宗家義継は、同十一年九月、上洛した信長に降ったが、長房はこれを離れ、三好三人衆方に付く。同年十二月二十八日、康長に従って出陣。義継方の和泉家原城を落す（両家記・武家事紀）。

元亀元年（一五七〇）七月二十七日、三人衆らとともに阿波より渡海して摂津中島・天満森に着陣。次いで野田・福島城に籠る（両家記・甫庵）。八月には信長軍の攻撃を受けた。

後、いつのことか不明だが、信長に属したらしい（戦国人名辞典）。

三好房一（みよし　ふさかず）　河内

天文二十三年（一五五四）～慶長十九年（一六一四）七月十二日。

新右衛門尉、丹後守。

長房の子。初め三好康長に属していたが、後、信長に従い、野尻・草部たちとの戦いに功をあげたという（重修譜）。

その後、秀吉に仕え、馬廻。黄母衣《ほろ》衆の一人（太閤記）。次いで赤母衣衆（武家事紀）。文禄元年（一五九二）、名護屋に出陣（太閤記）。

慶長五年（一六〇〇）、家康の上杉攻めに従軍。当時一万石という（廃絶録）。

九月十五日の関ケ原での戦闘にも参加。戦後、河内にて二千三百石を与えられる（重修譜）。

慶長十九年七月十二日、駿府にて没。六十一歳という（重修譜）。

三好孫九郎（みよし　まごくろう）　河内

生没年不詳。

某年六月二日、信長より瓜の贈呈を謝されている（成簣堂古文書）。

天正七年（一五七九）から九年にかけて、津田宗及の日記にしばしば登場するが、それによると、多羅尾綱知の子で若江の住人らしい。宗及らの茶会に同席している者も、池田教正・野間長前ら若江三人衆とその一族が多い（宗及記）。

本能寺の変後は、秀吉に従ったか。文禄元年（一五九二）七月、名護屋城の城番を務めている（太閤記）。

三好政勝（みよし　まさかつ）　摂津

天文五年（一五三六）～寛永八年（一六三一）十二月十日。

右衛門大夫、因幡守。入道号為三《いさ》。斎号一任斎《いつとうさい》。

神五郎政長の子。下野守政康の弟。摂津榎並（江波）城主。宗家の長慶と管領家細川晴元との争いの中で晴元方に付き、しばしば長慶と戦った（両家記ほか）。

長慶の死後、三好三人衆と和解。だが、三人衆が松永久秀との争いを続けているうちに、信長が足利義昭を奉じて上洛する。

永禄十二年（一五六九）一月一日、三好康長や三人衆らと和泉家原城を落とし、将軍義昭を六条本圀寺に囲む（当代記）。この戦いでは敗れて、いったん阿波に退却したが、元亀元年（一五七〇）七月、再び渡海して中島・天満森に着陣。その後、野田・福島城に籠って信長に対抗した（公記ほか）。ところが、八月二十八日、天王寺へ赴き、信長に降参。続く叡山攻囲戦に早速参加している（公記・尋憲記）。

降参したことで、九月二十日、信長より摂津豊島《としま》郡を宛行われた（福地源一郎氏文書）。（翌二年）六月十六日、この地と伊丹忠親（親興）の領地と交換の形で、旧領榎並を復した（福地源一郎氏文書）。同年と思われるが、七月三十日付で、将軍義昭より兄政康跡職と自分の所領とを安堵されている（狩野文書）。

同三年には、政勝は早くも信長から離れる。この年四月、中島城に居た細川昭元（信良）が三好義継・松永久秀と争っている中で、昭元に講和を説得したがかなわず、義継方となって逆に中島城を攻めたのである（年代記）。信長・義昭は双方とも昭元庇護の姿勢をとったから、政勝は信長に反抗する形となった。

それ以後しばらくの間の政勝の動静については、明らかではない。ずっと一緒に行動してきた香西《こうさい》越後守は、本願寺と結んで最後まで信長に逆らい、ついに誅殺されたが（公記）、政勝の方はそこまで徹底して反抗してはいない様子である。それでも、一度安堵された所領は没収処分になったであろう。

本能寺の変後、秀吉に仕えたという（重修譜）。文禄元年（一五九二）、名護屋城本丸広間の番衆を務める馬廻の中に、「三好為三」の名が見られる（太閤記）。

秀吉没後、家康に仕え、慶長五年（一六〇〇）七月、上杉攻めに従軍。関ケ原の戦いにも加わる。戦後、加増され、河内にて二千二十石余を知行（重修譜）。

寛永八年（一六三一）十二月十日、九十六歳で没という（重修譜）。

なお、三好三人衆の一人であった政康が兄であることを否定する説もあるが、七月三十日付義昭御教書（狩野文書）中に、「舎兄下野守（政康）」とあるから、やはり政康・政勝を兄弟とするのが正しいであろう。

彼の名「三好為三入道」は、後、『真田三代記』に借用され、さらに『立川文庫』で真田十勇士の一人として有名になるが、実際には真田氏とは無関係である。

三好正安（みよし　まさやす）→十河存保（そごう　まさやす）

三好康長（みよし　やすなが）　阿波

生没年不詳。

孫七郎、山城守。剃髪して山城入道。入道号は笑巌《しょうがん》または咲岩《しょうがん》。諱については「康慶」ともある（古証文）。長秀の子。長慶の叔父にあたる。

〔**松永久秀らとの抗争**〕

宗家の長慶に従ったが、永禄三年（一五六〇）三月、長慶・義賢（実休）兄弟の間の和解の仲介役を務めるなど、当時から三好一族の中で重い地位を占めていた（両家記）。永禄五年三月の久米田の戦い、五月の教興寺の戦いなどに活躍。長慶の死後は三人衆に味方して松永久秀と対立し、以来、信長の上洛まで久秀や畠山高政と戦いを繰り返した（両家記・足利季世記ほか）。

畿内で久秀たちと争いを重ねているのは主として三人衆で、康長は阿波を本拠として、それを背後から支えている形であった。だが、宗家との血縁の近さやその軍事力から、依然として三好一族の中で大きな力を持っていた様子であった。

同十一年六月、久秀方の細川藤賢の籠る大和信貴山《しぎさん》城を攻略した（両家記）。九月三日には、筒井順慶と結んで、多聞山城に久秀を攻めている（多聞院）。戦いの合間に、数度津田宗及の茶会に出席しているが、すでに同年には入道号「咲岩」で表れている（宗及記）。

〔**信長との戦い**〕

信長の上洛と近畿制圧によっていったん阿波に退くが、同年暮、渡海して和泉家原城を落とし、翌十二年一月早々六条本圀寺に新将軍義昭を囲んだ。この時は、将軍親衛隊や畿内の守護たちによって撃退されたが、元亀元年（一五七〇）七月、再び渡海して摂津野田・福島城に籠り、信長に対抗した（公記・両家記ほか）。

信長方の久秀や宗家三好義継とは敵対関係にあったが、この年十二月に和睦する（尋憲記）。以後しばらくは、初めて久秀と歩調を合せた行動をとる。元亀二年三月五日には、久秀のもとへ使者を派遣している（宴乗）。

同二年、畠山秋高がその老臣遊佐信教と対立した時、遊佐に味方して、十一月に久秀と一緒に高屋城を攻める（宴乗）。これに対して信長は、公方衆と合せて高屋救援軍を送った。康長は逆に枚方城を攻められるが、抵抗した（公記・細川家記）。久秀はすでに武田信玄や本願寺と結んでおり（武州文書ほか）、康長も同様、信長に敵対の姿勢に戻っていたのであろう。

天正元年（一五七三）、信長と将軍義昭の対立が深まる中、義昭より誘いを受けている（顕如書）。だが、表立って義昭のために働いたという形跡はない。

〔信長への降参と河内半国の支配〕

義昭追放、義継滅亡、久秀まで信長に降った後も、康長は信長に降参しなかった。翌天正二年四月二日、一度は和睦していた本願寺が再び信長に反抗。康長もそれに呼応して高屋城に入る（年代記）。同三年四月八日、信長軍に攻められ、ついに康長は松井友閑を通じて信長に降った（公記）。

同年七月一日、相国寺に出仕して信長に礼。十月には、名物である三日月の葉茶壺を信長に進上した（公記）。信長は、康長の人物を見込んだのであろうか。三好党の中では最も執拗に抵抗した男なのにかかわらず、以後、次々と重要な役割を命じる。

まず康長に課されたのは、本願寺との和睦であった。友閑を付けられて本願寺へ遣わされた康長は、同年十月二十一日、いったんは両者の和睦を成立させる（公記）。同年十二月付で本願寺坊官宛てに、松井友閑と連名の起請文《きしょうもん》を発している（竜谷大学図書館文書）。

さらに、康長に対し信長は、河内の半国の支配を任せたらしい。（同四年）四月七日、金剛寺に対して徳政令に背かないよう命じた書状があるのも、その証の一つだが（金剛寺文書）、『耶蘇通信』所収の一五八四年一月二十日付フロイス書簡には、当時の河内について次の記載がある。

「河内国は信長に依って二分され、国の半分は仙巌山城殿（Xengan Yamaxiro-dono）に与へ、他の一半分は若江の三将に与えた」。

「センガン・ヤマシロ」と読むべきこの人名が、「咲岩、山城守＝康長」を指すことは明らかであろう。同四年四月二十四日付で、信長より摂津・和泉内の地を宛行われている（古案）。

同四年四月、早くも本願寺との和は破れ、信長は荒木村重・塙直政・長岡藤孝・明智光秀の四将をその討伐のため遣わす。康長は大和守護である直政の軍に所属して討伐軍に加わった（公記）。

五月三日、直政は、康長を先鋒として三津寺に攻撃をかけたが失敗、自身が討死した。康長は辛くも逃れた（公記・兼見）。

〔阿波方面を担当して〕

その後の康長は、四国方面を担当し、信長の統一戦に貢献する。阿波に残っている三好一族に対し、大きな影響力を持っているため、信長にとって利用価値のある臣下であった。

同四年から六年にかけて、まず淡路の安宅《あたぎ》信康に働きかける。これは成功し、信康は信長に属す形になった（伊藤直三氏文書・釈文書）。

その後、康長は四国で活躍する。同九年一月には、すでに四国へ遣わされている（士林証文）。三月二十日には、讃岐より阿波岩倉城に至り、長宗我部氏に属していた同族（一説には子）の式部少輔を信長に帰属させた（讃岐国大日記・元親記）。同十年二月九日に発せられた信長書出には、「三好山城守、四国へ出陣すべき事」とあるが、いったん帰国していたのであろうか（公記）。

信長は一気に四国を平定すべく、同年五月、三男の神戸信孝を総大将として四国平定の軍を催す。五月七日付の信孝宛て信長朱印状には、信孝に讃岐一国、康長に阿波一国を与えることが約束されている（寺尾菊子氏文書）。この状の末尾には、「万端対㆓山城守㆒、成㆓君臣・父母之思㆒、可㆓馳走㆒事」との文言があり、また、『宇野』には、「三七郎殿（信孝）阿州三好山城守養子トシテ御渡海アリ」とある。信長は、四国平定のため、四国内に権威がある三好の名跡を信孝に継がせようとしていたようである。

康長の阿波支配も、四国平定も、本能寺の変ですべて水泡に帰した。康長はそれまで阿波一宮・蛮山を攻略していたが、変報を聞き河内に戻ったという（元親記・三好成立記）。

間もなく秀吉に接近し、秀吉の甥信吉（後の秀次）を養子にする。同年十月、信吉や中村一氏・筒井順慶らとともに紀伊根来寺攻めに出陣している（浅野家文書）。

同十二年八月二十八日、津田宗及の茶会に姿を見せており（宗及記）、また、『元親記』に、同十三年に秀吉に降伏した長宗我部元親を歓待したという記載があるから、その頃までは生きていたのであろう。

三好康慶（みよし　やすよし）　→三好康長

三好義継（みよし　よしつぐ）　河内

天文十八年（一五四九）〜天正元年（一五七三）十一月十六日。

熊王丸、孫六郎、左京大夫。諱は他に「重存」「重好」「義重」「義長」、いずれも文書・日記にある。ただ、「重存」と「重好」は、どちらかが誤記かも知れない。

〔三好宗家の家督相続まで〕

十河一存《そごうかずまさ》の子だが、伯父三好長慶の養子となる。妻は将軍義晴の娘、義昭の妹である。長慶の養子となった時期についてははっきりしないが、実子義興の死んだ永禄六年（一五六三）八月には、すでに長慶に養育されていたらしい（長江正一『三好長慶』）。義興の死後、すぐに三好宗家の嗣子とされた。なお、母の養父は、前関白九条稙通との説もある（馬部隆弘「信長上洛前夜の畿内情勢」）。

翌七年一月二十三日、上洛して将軍義輝に歳首を賀しているのは、体力・気力ともに衰えた長慶の代理としての行動であろう（『後鑑』所収「伊勢貞助記」）。

同年六月二十二日、再び上洛して将軍に拝謁。この時は家督相続のためという（雑々聞検書）。長慶は七月四日に没するが、死に先立って三好宗家の家督を義継に譲ったわけである。義継はまだ十六歳。当時は「孫六郎重存（重好カ）」と名乗っていた（雑々聞検書）。河内飯森城主の地位も養父長慶より継いだ。

〔三好三人衆に擁立されて〕

同八年四月三十日、松永久秀を伴って上洛。翌五月一日、義輝より偏諱を与えられて「義重」と改名。同時に左京大夫に任官した（雑々聞検書・年代記）。

義継はそのまま京に止まって兵を集め、十九日、俄に将軍御所を襲って義輝を殺した。この将軍謀殺の企ての中心となったのは久秀であろうが、直接兵を率いて御所を襲撃したのは、義継と久秀の子の久通であったらしい（晴右記・言継）。翌々日、義継代理として三好長逸を参内させたのは、将軍弑逆の弁明のためであろうか（御湯殿）。

将軍不在の京都で、三好一族及び松永久秀が縦横の活躍を始める。即ち、六月五日、前日に願い出ていた高辻長雅・東坊城盛長の罷免の勅命が出される（御湯殿・言継）。同月中、六条八幡宮と清水寺に禁制を掲げる。七月四日、東寺の浄忠父子を成敗させる。そして七月五日には、ガスパル・ビレラとルイス・フロイスを京都から追放せしめた（御湯殿・言継・耶蘇通信）。

だが、十七歳の少年には、老獪な久秀や三人衆たちを統制することは難しかった。久秀と三人衆との対立は早くも深まっており、この年のうちに軍事衝突にまで発展する（両家記・多聞院）。

同年十一月十五日、三人衆は飯盛城を急襲してこれを奪い、義継を高屋城に移して擁立した（観心寺文書・多聞院ほか）。久秀に対する挑戦である。同九年二月、三人衆の軍は河内上芝で、久秀の与党畠山高政の軍を撃ち破ったが、この時、義継は、総大将として軍を率いたという（足利季世記ほか）。

五月二十四日、高屋城を久秀軍に攻められるが、これを撃退。逆に追撃して、久秀の籠った堺を攻める。堺は占領するが、久秀には逃げられた（多聞院・両家記）。

久秀はその後しばらく鳴りを潜め、その間に義継と三人衆は久秀方の諸城を攻略する（両家記ほか）。十一月七日、義継は御料所内蔵寮領率分を安堵したりしているから（言継）、三人衆の力を背景にして、彼の三好宗家の家督としての地位は一時的に安定した様子であった。

〔久秀とともに三人衆を敵として〕

しかしその後、三人衆と対立。同十年二月十六日、密かに堺に赴き、久秀に投じた（両家記）。馬部隆弘氏は、外祖父九条稙通の働きかけによると言っている（同氏前掲論文）。これにより、雌伏状態だった久秀は息を吹き返す。

四月六日、久秀と一緒に堺を出て信貴山《しぎさん》城に、次いで多聞山城に入った。奈良を占領していた筒井順慶は急ぎ退去した（多聞院・両家記）。三人衆は順慶と結び、奈良方面に出陣。その後、奈良を中心に両軍の戦いが繰り返され、味方の少ない久秀・義継は次第に押されるが、十月十日、久秀が東大寺に着陣している三人衆の軍を大仏殿もろとも焼き払うという奇襲により窮地を脱した（多聞院・両家記ほか）。

十一月、なおも奈良に駐まっていた義継は、興福寺に禁制を掲げている。そして、翌十一年三月二十三日、義継は河内津田城に移った（多聞院）。

久秀は、早くも同九年八月頃より信長に通じた様子であり、その後もしばしば信長に通信している（柳生文書ほか）。形勢不利な中で、義継・久秀にとって、信長が上洛してくることがたった一つ残された望みであった。

〔義昭・信長に降参して〕

同年九月二十六日、ついに信長が義昭を奉じて上洛した。義継は久秀とともにすぐに拝謁。旧逆を赦され、義継は河内半国守護、飯盛城主とされた（両家記・多聞院）。居城は、後に若江に移る。

同年暮、三人衆らは阿波衆の加勢を得て、巻き返しを図った。義継は和泉家原城に兵を置いていたが、三人衆らの軍はこれを落とした。三人衆らは京都に入り、将軍の仮御所六条本圀寺を囲む。義継は後巻《うしろま》きのため出陣し、一月六日、桂川近辺で三人衆や三好康長の軍と戦ったが、敗れた（多聞院・両家記ほか）。この時は討死の噂も流れている（御湯殿）。

その後、もう一人の河内守護畠山高政、大和切取り次第進退を任された久秀とともに、畿内、特に大和の平定に努力。同十二年四月には、軍を進めて片岡城を攻略している（多聞院）。また、高野山へも服従を呼びかけている（高野山恵光院文書）。

元亀元年（一五七〇）四月一日、将軍邸落成祝の能楽が張行されるが、その席には松永・畠山とともども連なっている（公記）。

この年七月に、三人衆が阿波の軍とともに渡海してきた時、河内古橋城を固めるが、攻撃されて八月十七日陥落。信長軍が出動すると、久秀とともにそれに加わり、天満森に着陣した（尋憲記・両家記）。

この戦いは、朝倉・浅井軍坂本進出の報に接した信長が、九月二十三日に陣払いしてしまうが、同陣した義昭のことは義継や久秀らに任せたのであろう。義継は、二十三日に将軍に供奉《ぐぶ》していったん京都に入る。その後すぐに若江に戻り、若江城を固めている（尋憲記）。

〔畿内の複雑な情勢の中で〕

その後しばらくの間、畿内の情勢は複雑を極める。三好三人衆と各国守護の和田・池田・畠山・松永ら、それに国衆の荒木・筒井らを合わせた勢力争い。その中に将軍と信長の権力がからんで、離合集散ただならぬ有様が続く。そうした中で義継は、終始久秀と組んで活動する。

義継は、元亀二年六月に畠山秋高と、七

月には和田惟政と戦っている。さらに八月には、久秀長年の敵筒井順慶と大和で戦い、敗れて多くの兵を討死させた（尋憲記・多聞院ほか）。この頃には逆に三人衆らと和睦、同盟していた（尋憲記）。

同年十月、和田惟政戦死後の高槻城を受け取ると『宴乗』にある。新城主惟長を降参させて城を返したのであろうか。その後、久秀とともに離反した木津城を攻囲。さらに十一月、畠山の高屋城を攻める（尋憲記・宴乗）。翌年三月には、高屋城を落とした。四月には味方しない細川昭元（信良）を中島城に攻撃する（年代記）。伊丹忠親・和田惟長とも結び、畿内において看過できない勢力を蓄えた。

これら畿内における争いは、必ずしも反幕府あるいは反信長といった単純なものではないだけに、義昭も信長も積極的に抑える動きは見せなかったが、同三年四月に義継と久秀とが畠山の臣安見新七郎の交野《かたの》城を囲むに至って、城救援の軍を派遣した（年代記・公記）。信長軍と幕府軍の進撃を見た義継・久秀はひとたまりもなく崩れ、義継は折からの風雨に紛れて陣を脱出し、若江城に逃れた（公記・誓願寺文書）。

同年八月、そして十二月、本願寺の加勢を得て、またまた中島城を攻める（年代記・加能越古文叢）。このあたり将軍義昭の了解がすでにあったのかも知れない。翌年二月二十五日、ついに中島開城。昭元は堺に逃れた（年代記）。

〔信長と義昭との対立の中で〕

元亀四年（天正元年＝一五七三）になると、信長と将軍義昭との対立が露《あらわ》になる。その中で義継は、久秀とともに義昭に味方した。義昭を中心に、武田―朝倉・浅井―本願寺と結ばれた反信長包囲網の一端に加わった形になったわけである（顕如書・年代記ほか）。

信長・義昭の一回目の衝突の時は、本願寺や三人衆らとともに京都の近くまで出陣したというが（耶蘇通信）、表立った戦いのないまま和談となった。七月、義昭が挙兵し、槙島城に籠った時も、義継・久秀はこれといった救援活動をしていない。

（同年）七月八日付、真木島昭光・一色藤長宛て顕如書状によると、義昭は、義継・康長・遊佐信教の和解の斡旋を顕如に頼んでいる（顕如書）。さらに、（同年）七月二十一日付、八月二十日付、一色藤長宛て顕如書状では、義昭が顕如と義継らとの講和を図っていることがわかる（顕如書）。これらによって考えると、義昭・本願寺・義継の連合は、はなはだ頼りないものだったと言わざるをえない。

七月十八日、信長に降伏して枇杷荘《びわのしょう》に移った義昭は、間もなく若江城に入った（兼見・宴乗ほか）。

〔その死〕

義昭は若江に在って、さかんに毛利氏と連絡し、再起を図ろうとする（吉川家文書・小早川家文書ほか）。このような義昭の行為は、信長の予想していたことである。しかし、不徹底ではあったものの、いったんは反信長の陣営に属し、亡命将軍義昭を匿ったということは、義継討伐の十分な口実になった。

十一月五日、義昭は若江城を出て堺に移った。じきに紀伊由良に移動する（年代記ほか）。それを待っていたかのように、十日、信長は上洛する（孝親公記ほか）。そして信長は、佐久間信盛に若江城攻撃の命令を下した。

佐久間軍に攻撃された若江城では、老臣だった池田教正・野間長前・多羅尾綱知が寝返り、佐久間軍を城内に引き入れた。最後まで忠節を尽くした金山信貞も殺され、ついに十六日、義継は自害した（公記ほか）。『興福寺諸記録抜萃』によると二十五歳である。首級は京都にいる信長へ届けられた（年代記）。

この後の若江城は、義継を裏切った池田・野間・多羅尾が「若江三人衆」として共同で守ることになる。

む

向景乙（むかい　かげおと）　越前

生没年不詳。

朝倉駿河守。

朝倉氏の一族で家臣。永禄十一年（一五六八）五月十七日、朝倉義景が足利義昭を越前一乗谷において饗応した時、同席している（朝倉記）。

天正元年（一五七三）八月二十日、主家滅亡に先立って信長に降る（本願寺文書）。同三年八月十六日、信長の命により、一揆に加担した朝倉景健を殺害した（公記）。

武藤某（むとう）

?～元亀元年（一五七〇）九月二十日。

越前敦賀郡の武藤舜秀の一族であろうか。元亀元年（一五七〇）、野田・福島攻めに従軍。九月二十日、本願寺の攻撃を受け、野村越中守とともに討死した（両家記）。

武藤舜秀（むとう　きよひで）　越前?

?～天正七年（一五七九）七月三日

惣右衛門、宗右衛門、宗左衛門、弥兵衛。

越前敦賀城主として信長に仕えた人物だが、元々は若狭の武藤氏の同族なのかも知れない。元亀年間に信長に降ったのであろうか。天正二年（一五七四）一月、越前守護代として置かれた前波吉継（桂田長俊）が殺されて越前が混乱状態になると、信長の命によって、羽柴秀吉らとともに敦賀まで出陣した（公記）。

この後、不破光治とともにそのまま敦賀に残されたらしい。（同年）九月十六日、光治とともに、敦賀郡西福寺に地を寄進している（西福寺文書）。さらに、（同三年）八月六日付で、信長入国のため立石惣中に清掃を命じた、光治の書状と舜秀の書状がある（立石区有文書）。

同三年三月、朝倉氏の旧臣堀江景忠を敦賀に迎え、その降を信長に仲介したという（朝倉記）。同年六月、信長の越前国衆建部周光への宛行状に副状を発給している（福井県南条郡誌）。

同年八月、信長が越前一向一揆討伐のため出陣すると、これを敦賀に迎え、居陣させる。そのまま従軍して、氏家直通とともに一揆の残党狩りに活躍する（公記・高橋源一郎氏文書）。

戦後の九月、柴田勝家が越前に封じられた時、敦賀郡を「在地」として正式に与えられた（公記）。同四年七月六日、西福寺に対し、違乱する者を捕らえて出すよう、命令を下している（西福寺文書）。また、同五年四月十五日には、川船衆に以前通り商売することを許可している（道川文書）。

敦賀郡は越前国内ではあるが、木芽峠以東の越前の大部分と分離されて扱われており、いわゆる「越前衆」には入らず、勝家指揮の北陸方面軍にも属さなかったらしい。以後の舜秀は、独立した遊撃軍団の一つとして諸所に転戦する。

同五年二月、雑賀《さいか》攻めに従軍。同年八月、勝家を総大将とする加賀攻めに参陣（公記）。この加賀攻めの時、九月十日付で堀秀政に戦況を報告した連署状には、柴田勝家・丹羽長秀・滝川一益と並んで舜秀の名がある（宮川文書）。舜秀の地位が先の三人に拮抗しているとは思えないが、独立した一軍団の軍団長として重く扱われていた様子が垣間見られる。

同六年、播磨に出陣。六月二十七日、神《かん》吉《き》城攻めに参加（公記）。同七年には摂津有岡城攻めに従軍。四月二十九日、古屋野古城に置かれている（公記）。

六月二十日、信長より鷂《はいたか》を下賜され、在陣の労を犒われる。この時鷂を贈られた者は、他には重臣滝川一益・丹羽長秀・蜂屋頼隆、それに側近の福富秀勝だけであった（公記）。ここにも舜秀の予想外に高い地位がうかがえる。

舜秀は、軍略に長じていたという（武家事紀）。その能力を信長に買われて、重用されたのであろうか。敦賀郡は、後に封じられた蜂屋頼隆の石高から考えれば五万石程度と思われるが、地理的には北陸へ通じる要所である。丹羽・蜂屋あたりと比べ、さほど見劣りしない遊撃軍団を率いていたものと思われる。

だが、舜秀は、有岡攻囲中の七月三日、俄に病を得て、付城内で没した（公記）。跡は助十郎康秀が継いだが、父のようには信長に重用されなかった。

武藤五郎右衛門（むとう　ごろうえもん）

生没年不詳。

『言継』に、「森内」とあるから、森可成の臣であろう。元亀元年（一五七〇）九月二十日、朝倉・浅井軍に宇佐山城を攻められて、可成は戦死するが、武藤は、肥田彦左衛門とともに城を固く守り、敵の攻撃に耐えた（池田本・言継・兼見ほか）。

武藤舜秀（むとう　しゅんしゅう）　→（むとう　きよひで）

武藤友益（むとう　ともます）　若狭

生没年不詳。

上野介。

若狭武田氏の臣。武田四老の一人。大飯郡佐分利郷石山に住すという（若狭国志・若州観跡録）。広く佐分利郷十七カ村を領したので、「佐分利殿」と呼ばれたという（若狭国志）。

元亀元年（一五七〇）四月の信長の越前攻めは、初め武藤を攻めるという名目で若狭へ向け出馬、途中で馬首を転じて越前に攻めこんだものである（言継・毛利家文書）。この時は、まだ信長に従っていなかったのである。

この越前攻めは、浅井の離反により失敗に終り、信長は辛くも朽木越えで京都に戻る。信長はすぐに明智光秀・丹羽長秀を若狭へ派遣して、武藤の母を人質として徴し、武藤の居城を破却させている（公記）。ここでいったんは信長に従うことになったのであろう。しかし、この年の十月、武田信方とともに山県氏の城を攻めている（言継）。

天正三年（一五七五）七月一日に武田元明ら若狭衆が相国寺に出仕した時、及び同年八月の越前攻めに若狭衆も同陣した時、どちらにも名が見えない（公記）。討伐されたか、追放されたのであろう。

その跡職は逸見昌経に与えられ、さらに同九年の昌経の死によって武田元明に与えられた（公記）。

『丹羽歴代年譜付録』には、武田元明滅亡の後、丹羽長秀に仕えた佐分利城主「武藤上野介景久」という人物が載っているが、同一人であろう。

武藤康秀（むとう　やすひで）　越前

生没年不詳。

助、助十郎。諱か号か不明だが、文書によると、「一水」「一之」「一得」などいろいろと名乗っている。

舜秀の子。摂津有岡城攻めに参加したらしく、『甫庵』の天正六年（一五七八）十二月十一日条、毛馬砦守備の者の中にその名が見える。翌七年七月三日、この陣中で父舜秀は病死（公記）。その跡を継いだ。

康秀は有岡陣を離れて領国に戻ったらしく、その直後より越前敦賀郡内へ発した文書が見られる。彼の名乗りが目まぐるしく変わるので、その跡を追ってみよう。

①天正七年七月二十三日、西福寺侍者中宛て判物「武藤助康秀」（西福寺文書）。

②同年七月二十三日、西福寺并門前宛て禁制「武藤助康秀」（西福寺文書）。

③（同年）七月二十三日、川ふね兵衛三郎宛て書状「武助十一之」（道川文書）。

④（同八年）閏三月二十五日、かわふね兵衛三郎宛て判物「一水」（道川文書）。

⑤同年五月二十八日、河舟惣中宛て判物「一水」（道川文書）。

⑥同年七月二十三日、西福寺宛て判物「武藤助一得」（西福寺文書）。

彼の信長の下での戦歴としては、同十年三月、信長に従い、武田氏滅亡後の甲信へ出陣したことしか見られない（公記）。

本能寺の変から賤ケ岳の戦いまでの行動については詳らかではないが、その後は前田利家に従って、佐々成政と戦っている様子が『太閤記』に見える。

村井貞勝（むらい　さだかつ）　尾張

?～天正十年（一五八二）六月二日。吉兵衛、民部丞、民部少輔、長門守。晩年は春長軒と号す。

〔信長上洛までの活躍〕

信長の吏僚、奉行衆の筆頭格である。『太閤記』には近江出身とあるが、早くから信長の家臣として尾張で活躍している。天文年間末期から永禄年間初期と思われる、七月二十五日付、熱田社惣検校宛ての佐久間信盛・赤川景広・島田秀順（秀満）との連署書状が発給文書の初見で、この時は「吉兵衛貞勝」と名乗っている（田島氏文書）。

弘治二年（一五五六）八月の稲生《いのう》の戦いの後、島田とともに信長の母（土田氏）に末盛城に呼ばれ、勘十郎信勝（信行）の降参の意を聞いて信長に伝えた（公記）。信勝はこうして信長に降参したが、二年後、再び叛意を抱いて誅殺される。

永禄八年（一五六五）頃と思われる、六月十日付連署書状で、佐々平太・兼松正吉に計三十貫文の地の宛行いの奉行を務めているが、これには、貞勝・秀順・明院良政といった奉行衆のほか、木下秀吉・丹羽長秀のような部将も名を連ねている（兼松文書）。織田家中では、まだ部将と奉行衆との区別がなされていなかった様子である。

同十年八月一日、美濃三人衆が信長に通じると、貞勝は命を受けて、秀順とともに人質の受取りに遣わされる（公記）。同十一年七月、義昭迎えの使も秀順らとともに務めた（公記）。

〔信長上洛後の、京都とその近辺における貞勝の活躍〕

永禄十一年九月、信長の上洛に同行。山科言継は、当時の貞勝を「織田雑掌」と呼んでいる（言継）。

貞勝は、畿内を概ね平定した信長が十月二十六日に京都を離れてからも、佐久間信盛・丹羽長秀・明院良政・木下秀吉と一緒に残されて京都の政務にあたる（多聞院）。では、信長上洛後、天正元年（一五七三）七月に京都所司代に就任するまでの、貞勝の京都とその近辺における事跡を列記してみよう。

①永禄十一年十月十四日、近江安吉郷指出《さしだし》に関する請状を受ける（丹羽長秀と）（橋本左右神社文書）。

②同年十一月二十四日、長命寺惣坊に、坊領の知行分の年貢の収納を認める（長秀と）（長命寺文書）。

③（同年）十一月二十四日、沖島地下人に、沖島における堅田の知行分を認める（長秀と）（堅田村旧郷士共有文書）。

④（永禄十二年）三月二十八日、法金剛院に対し、門前の百姓の離散への処置を命じる（明智光秀と）（法金剛院文書）。

⑤（同年カ）五月十四日、妙智院に対し、北山等持院が天竜寺の末寺である証明を求める（武井夕庵・光秀と）（天竜寺文書）。

⑥（同年）十月十二日、浄福寺への寄宿を免除する（浄福寺文書）。

⑦（同年カ）十月十七日以前、富坂荘名主百姓に、清和院への納所のことについて指示をさせる（清和院文書）。

⑧（同十三年）二月二十九日、近衛前久邸門外町人に対し、公方御所及び信長御台所座所の近辺に寄宿することを禁じる（光秀・朝山日乗と）（陽明文庫文書）。

⑨同年三月二十四日、信長を訪れた山科言継を取次ぐ（言継）。

⑩同年五月二十日、長橋局に祗候し、信長の伝言を伝える（日乗と）（御湯殿）。

⑪同年六月十九日以後、常盤井宮の永円寺領違乱について、幕府より相談を受ける（国上寺文書）。

⑫（同年カ）六月二十一日、山崎惣中に、軍勢の移動の便のため、道路を広げることを伝える（光秀と）（離宮八幡宮文書）。

⑬同年七月六日、法隆寺に、御修理米の請取状を発す（日乗と）（法隆寺文書）。

⑭元亀二年（一五七一）七月、西岡河島寺内周善坊に、内裏が諸役を免除することを伝える（坂口茂氏文書）。

⑮（同年カ）十一月十四日、上賀茂惣に賀茂社領の安堵の意向を伝え、信長への礼を促す（光秀と）（吉田文書）。

⑯（元亀三年）四月四日、北野天満宮松梅

院に、天満宮境内の竹木をみだりに切り取ることを禁じる（島田秀満と）（北野天満宮史料）。

⑰（同年ヵ）六月二日以前、仏心寺・竜安寺の夫丸免除の申し出に同意する（秀満の妙心寺宛て書状）（妙心寺文書）。

⑱同年九月十日、信長座所普請の人足を吉田社に徴す（秀満と）（兼見）。

⑲（同年ヵ）十月六日、阿弥陀寺清玉上人に対し、阿弥陀寺の将軍寄宿免除を承認し、大仏殿再建の勧進を励ます（阿弥陀寺文書）。なお、この文書を『大日本史料』では元亀元年としているが、元亀三年六月付、清玉上人宛て信長朱印状『東大寺文書』との関連から見て、元亀三年のものと思われる。

⑳同年十月七日、矢部家定より、山城壬生西五条田等を妙心寺に安堵した旨を伝えられる（上野秀政・秀満と）（妙心寺文書）。同年十月十八日、壬生西五条田の名主百姓に、妙心寺への納入を命じる（秀政・秀満と）（妙心寺文書）。

㉑同年十月二十四日、吉田郷に藁を徴発する（秀満と）（兼見）。

㉒同年、佐久間信盛とともに命を受け、殿上人と北面の武士の争論の理非を採る（甫庵）。

㉓（元亀年間）十一月二十日、法金剛院領内の百姓の違乱を停める（法金剛院文書）。

㉔同四年（天正元年）四月二日、勅使として信長の本陣を訪ねた吉田兼和を取次ぐ（兼見）。

㉕同年四月四日、信長に随従して禁裏を見舞う（御湯殿）。また、信長より、禁裏が類焼して吉田郷に臨幸となった場合の警固を命じられる（兼見）。

〔将軍御所、信長の京都の座所の建築と禁裏の修理〕

　上記の事績より敢えて抜いたが、この時期の貞勝の顕著な功績といえば、将軍御所・信長座所の建築、及び禁裏の修理の奉行を務めたことである。

　永禄十一年十月十八日にめでたく将軍宣下を受けた義昭だが、まだ六条本圀寺に仮住まいであった。そのため翌年一月早々、三好三人衆らの襲撃を受け、一時危うい状態になるといった有様であった。信長は早速、堅固な将軍御所の建築に取りかかる。

　将軍御所建築の大工奉行とされたのは、貞勝と島田秀順（秀満）であった（公記）。同十二年二月二十七日鍬始めと『公記』にあるが、『言継』によると、一月二十七日にはもう作事が行われている。御所の建築は急を要したため、信長自身が指揮して作事は急速に進捗、四月十四日、義昭はここに入った（公記・言継）。

　次に信長は、禁裏の修理を計画する。翌十三年一月下旬、それを名目の一つとして諸国の大名たちに呼びかけるが（宴乗）、もとより独力でそれを行うつもりだったのであろう。二月二日、早くも作事が開始されている（御湯殿）。奉行は朝山日乗と貞勝であった。

　修理箇所がいろいろあったらしく、この仕事は簡単には終らなかった。八月二十五日から九月二十一日まで、貞勝は南方陣に従軍して京都を留守にしているが、作事はまだ終っていない（言継）。同年十二月、朝倉・浅井と講和を結んで、信長は岐阜に帰城するが、貞勝もそれに随従して久し振りに美濃に戻ったらしい（公記・言継）。それまでに禁裏修理は一段落していたのであろう。

　この禁裏修理の間、その労を犒われて段子を賜ったり、酒宴に参加したり、禁裏・公家と頻繁に交流している（御湯殿・言継）。後の京都所司代の役職は、主としてこの経験に基づくのであろう。

　京都の信長邸の建設が始まったのは最も遅く、元亀三年になってからであった。武者小路の徳大寺家所有だった地がそれに宛てられた。三月二十四日鍬始めと『公記』にあるが、その奉行はまたも貞勝と島田秀順であった。九月十日には人足を、十月二十四日には藁を、いずれも吉田社より徴発しようとしているから（兼見）、この作事は長引いたのであろう。だが、どれほどの規模の邸宅ができたのか明らかではないし、信長がその後、ここを利用したという形跡もない。翌年四月の信長の上京放火によって、完成を見ずに焼け落ちてしまったようである。

〔信長と義昭との対立に際して〕

信長と将軍義昭との対立は、元亀四年（＝天正元年）になっていよいよ露《あらわ》になってきた。同年二月、貞勝は、島田秀満及び朝山日乗とともに義昭へ使し、信長の人質と誓書を進上した（公記）。しかし、義昭の反信長の動きは止まなかった。

信長は、一方では柴田勝家らの軍に将軍方の石山・今堅田を攻撃させながら、将軍との和談への努力を重ねる（公記）。三月七日、貞勝は塙直政とともに、また義昭との和議を進めた（細川家文書）。

和議破れて、三月二十九日、信長は軍を率いて上洛。四月三、四日、洛中洛外を放火して義昭の度肝を抜いた。この放火の時、信長は禁中警固を申し出、避難の場所は吉田社、警固は貞勝に任せると決めている（御湯殿・兼見）。

信長・義昭の和はほどなく成ったが、義昭の反信長の動きはおさまらず、同年七月三日、再び兵を挙げて京を去り、山城槙島城に籠った。信長は総軍を率いてこれを攻め、たちまち槙島城を落として義昭を追放した。

〔天下（京都）所司代として〕

貞勝は槙島攻めの時は京都に居たようだが、京都に戻った信長は、貞勝を「天下（京都）所司代」に任命する（公記）。「在洛候て、天下諸色申付けられ候」という役職であり、以後京都に常駐して、京都の政務・禁裏や公家との連絡などに当ることになる。天下所司代としての貞勝の居館は、初め東洞院三条、後、本能寺門前に移ったという（惟任謀反記）。

京都の政務の専任は貞勝一人だが、北山城を支配している明智光秀も、この後しばらく貞勝を補佐して京都の行政に携わる。では、貞勝の天下所司代就任の天正元年七月より同三年末までの、貞勝の京都における事績の主なものを拾ってみよう。

①天正元年十二月十六日、策彦周良《さくげんしゅうりょう》に、山城安弘名における妙智院の年貢の直務を確認する（光秀と）（妙智院文書）。同日、安弘名小作中に対し、年貢を妙智院に納めるよう命じる（光秀と）（妙智院文書）。

②同年十二月二十六日以前、寂光院及び三千院の知行を安堵する（光秀と）（来迎寺文書）。

③同二年三月七日、沢野井左馬助に、以前通り夫役を免除する（単独）（沢野井文書）。

④同年十二月二十一日、朱印状に任せ、賀茂社に境内及び散在する社領を安堵する（光秀と）（賀茂別雷神社文書）。

⑤（同二年以前）十二月二十九日、西九条の名主百姓に、八幡宮領の年貢・地子銭を社納するよう命じる（光秀と）（若宮八幡宮文書）。この文書には、「天正三年」との付箋があり、『史料綜覧』もそれに従っているが、光秀が「明智」とあることから、同二年以前のものと思われる。

⑥同三年二月十三日、千部経読誦があるため、嵯峨清涼寺に禁制を掲げる（光秀と）（清涼寺文書）。

⑦同年二月十六日、信長の命により、京都より大津へ抜ける新道の修築を行う（単独）（兼見）。二十五日、道普請完了。二十七日、これを点検する（兼見）。

⑧同年三月四日、信長のもとに参賀した公家衆に、対面しないことを伝える（兼見）。

⑨同年四月一日、信長より公家衆の本領還付の命を受ける（丹羽長秀と）（公記）。

⑩（同年）七月七日、壬生朝芳に、野中郷の畑を安堵する（塙直政・光秀と）（宮内庁書陵部文書）。

⑪（同年）七月十日、某所百姓に、高倉永相へ諸物成地子銭等を納入することを命じる（単独）（高倉家旧蔵文書）。

⑫同年七月十二日、信長より、久我領に関して、先立って安堵した五カ村に加え、入組・散在をも安堵するよう命じられる（単独）（久我文書）。

⑬同年八月二十六日、祇園社新坊某より、治部卿某の違乱を停止するよう求められる（単独）（建内文書）。

⑭同年十月十九日、信長の命により、伊達氏の使者を清水にてもてなす（公記）。
⑮同年十一月七日、公家・寺社への新知宛行いの実務を行う（夕庵・友閑・直政と）（若林書林文書）。十一月十五日、吉田兼和より、新知給付より除かれた廷臣の不満を訴えられる（兼見）。（同年）十一月十六日、松井友閑より、青蓮院門跡の希望通り、白河の地に振り替えるよう求められる（単独）（青蓮院文書）。
⑯（同年カ）十二月一日以前、信長より伊勢貞知知行分を細川信良に与えることを命じられる（光秀宛て書状）（秋田藩採集文書）。
⑰同年十二月二十日、長国寺に、朱印状に任せ、久我荘の地を安堵する（単独）（織田文書）。

貞勝の京都所司代就任後より天正三年の前半まで、光秀が貞勝と一緒に、京とその近辺の宛行いなどの業務に携わっている有様がうかがえるであろう。光秀は北山城の土豪を指揮する立場であったが、それに加えて旧幕臣としての経験などが、信長に買われていたのではなかろうか。

その光秀も、同三年九月より丹波経略の命を帯びて、京都の行政に加わる余裕がなくなり、貞勝が単独で政務にあたるという形になって行くのである。

〔伊勢大神宮及び春日社の保護〕

以上、京都に関係する事績だけにしぼって列記したが、伊勢大神宮や奈良の春日社の保護にも貞勝は関与している。その事績も次にあげておこう。
①（天正二年）六月十一日、伊勢神宮伝奏の柳原資定より書状を受け、伊勢神宮内宮仮殿遷宮の京都奉加などへの尽力を依頼される（柳原家記録）。（同年）六月十六日、また資定より、遷宮のための神宝・装束の調達について頼まれる（柳原家記録）。

貞勝の尽力もあってか、仮殿遷宮は、翌年三月になんとか完了した。
②同二年十一月、原田（塙）直政・松井友閑とともに、春日社若宮拝殿領である宇陀郡の地への沢・秋山・芳野の違乱を停止させるよう尽力する（春日社家日記、金子拓「春日社家日記のなかの織田信長文書」所収）。

この件に関しては、信長の朱印状が違乱者の宇多三人衆の主君である信雄宛てに出されることによって、解決を見た。

皇室ないし京都に関係するから、こうした他所の仕事も回ってくるのであろうが、「京都所司代」の仕事が、決して京都内にとどまらなかったことがわかる。

〔貞勝の称呼・官名〕

天正三年七月三日、信長は官位昇進の勅諚を賜ったが、これを固辞し、その代わりに家臣たちに官位を与えることを願い出、勅許された（公記）。この時官位を賜った者として、『公記』には次の五人の名があがっている。

松井友閑（宮内卿法印）・武井夕庵（二位法印）・明智光秀（惟任《これとう》日向守）・簗田《やなだ》広正（別喜《べつき》右近大夫）・丹羽長秀（惟住《これずみ》）。

だがそのほか、羽柴秀吉の筑前守にしろ、塙直政の原田備中守にしろ、この機会の任官だったことは文書・日記で明らかである。貞勝にしても、この年六月四日の「村民（村井民部少輔）」（兼見卿記）が、七月十二日に「村井長門守」（久我文書）に変わっているのを見れば、この機会に「長門守」の任官を受けたということは明らかである（「長門守」の初見は、同年七月十二日付の『久我文書』ではなく、「天正三年」の異筆のある七月七日付、貞勝ら連署書状『宮内庁書陵部文書』の方なのかも知れない）。

貞勝の称呼、官職名を遡ってみると、初めは「吉兵衛」を称し（田島氏文書）、後、「民部丞」。信長上洛直後の永禄十一年十月十四日に初めて「民部少輔」が見える（橋本左右神社文書）。内官で従五位下相当の民部少輔から、外官で正六位下相当の長門守への移行は一見不自然だが、もともと民部少輔は自官にすぎなかったのであろう。

なお、「春長軒」の号は、早くも『兼見』の同四年十月五日条に見られるが、文書でその号を使うのは、管見の限り天正八年六月以降である（華頂要略）。

〔天正四年以後の京都の治政〕

再び貞勝の京都における行政に目を向けてみよう。多くの事績が伝わっているから、ここでも箇条書きにまとめてみる。

①天正四年一月十日、上京の地下人と吉田社との松をめぐる争いを裁く（兼見）。
②同年二月十七日、吉田社に道普請役を免除する（兼見）。
③（同年）三月十一日、春長寺の敷地を安堵する（春長寺文書）。
④同年三月十五日、禁裏南の堀及び東洞院小路の橋の修理を絹屋町に申付ける（言継）。
⑤（同年）三月十六日、阿弥陀寺の敷地を安堵する（阿弥陀寺文書）。
⑥同年四月十日、報恩寺に、鹿苑寺敷地を安堵する（報恩寺文書）。
⑦同年五月三十日、吉田社に四条橋普請の人足を徴発する（兼見）。六月二十五日、再び吉田社に人足を出すことを依頼（兼見）。
⑧同年七月十六日、洛中に能楽の興行を許す（兼見）。この日から十日間余り、京の各所で賑やかに盆踊りが行われる（兼見）。
⑨同年十月十六日、三条釜屋衆に釜座を安堵する（釜屋町蔵文書）。
⑩同年十月二十八日、石原彦兵衛に下代を還付する（古文書集）。
⑪同年十二月二十九日、賀茂社に、山城貴布禰谷山を安堵する（賀茂別雷神社文書）。
⑫同五年二月一日、法華宗徒に勧進を許可する（頂妙寺文書）。
⑬（同年）二月二十七日、六条八幡宮本願成就院に、若宮八幡宮社殿の造営を促す（若宮八幡宮文書）。
⑭同年三月十二日、洛中の町民に命じ、禁裏の築地を修復させる（公記）。この時は、京の町人たちの踊り・音曲の中でこれを完成。大勢の女房衆や公家たちが見物していたという（公記）。
⑮同年七月七日、洛中四条橋を修理し、供養を行う（東寺執行日記）。
⑯（同年）九月三日、丹波小畠左馬進に四条橋普請の夫丸を申し付ける（谷森建男氏文書）。
⑰同年九月二十六日、吉田社に、二条邸普請のための人足を徴発する（兼見）。
⑱同年九月、五条馬市に定書を下す（森元氏旧蔵文書）。
⑲同年九月、清水寺千部経中の狼藉を禁止する（清水寺文書）。
⑳同年十一月十一日、長福寺の門前の守護不入、臨時課役免除の権利を安堵する（長福寺文書）。
㉑同年十二月、川端道喜の禁裏築地造営の奉行の功を賞し、諸公事・諸役を免除する（川端道喜文書）。
㉒同六年二月、清水寺千部経中の狼藉を禁止する（清水寺文書）。
㉓同年三月十三日、清涼寺に禁制を掲げる（清涼寺文書）。
㉔同年五月五日、信長より吉田兼和への知行給付を命じられる（兼見）。
㉕同年六月三日、朱印状に基づき、柳芳軒に買得相伝の地等を安堵する（雑録）。
㉖同年八月三日、子貞成をして、法念寺の違乱を停止させる（兼見）。
㉗同年九月二十八日、吉田社に、大水によって破損した山中路の修理を命じる（兼見）。
㉘同年十月三日、二条新邸に植えるべき杉の木を京の諸所に徴発する（兼見）。
㉙同年十一月二十二日、啓廸庵に地子銭を免除する（曲直瀬文書）。
㉚同年十二月二十六日、賀茂社に社領を安堵する（賀茂別雷神社文書）。賀茂社は元来丹羽長秀の担当であったが、長秀が有岡攻めの長陣で動けないため、京都所司代の貞勝が代行したのであろう。
㉛同七年一月八日、永養寺の再興を促し、これに寺領を与える（永養寺文書）。
㉜同年二月九日以前、太元帥法料所の北小栗栖等に、臨時課役を課す（京都御所東山御文庫記録）。
㉝同年四月二十八日、母殺しの女を六条河原にて処刑する（公記）。
㉞同年五月十四日、吉田社に、四条橋の普請を申付ける（兼見）。
㉟同年五月二十一日、京都市民の皇居への狼藉を禁じる条書を下す（言経）。
㊱（同年）五月二十八日、信長より安土宗

論について京都中に触れるよう命じられる（知恩院文書・言経ほか）。六月一日、法華衆の起請文を受け取る（兼見）。

㊲同年七月二日、吉田兼和と平野兼興との、猪熊の地子銭をめぐる争いを調停する（兼見）。この訴訟はまたむし返すが、翌八年十月三日、最終的に決着がついた（兼見）。

㊳同年九月八日、若王子某と磯谷某との争いを調停する（兼見）。

㊴同年九月二十八日、下京に住む娘売買の男を捕らえ、処刑する（公記）。

㊵同年十月一日、決裁済みの山崎の訴訟について信長より尋ねられる。信長に訴えた者の謀書を見破り、その者を処刑する（公記）。

㊶同年十二月九日、祇園社勧進と号してみだりに諸国を徘徊することを禁止する（祇園社記）。

㊷（同八年）三月二十六日、山口祭の争論を裁定する（下郷伝平氏文書）。

㊸同年六月一日、青蓮院門跡に、鞍馬寺別当職を安堵する（華頂要略）。

㊹（同年）八月七日、真乗坊の坊舎・屋敷等を没収し、清水寺に寄進する（成就院文書）。

㊺（同年）十一月九日、曇華院《どんげいん》松首座に、久我荘の地を与える（久我家文書）。

㊻同九年二月十一日、綸旨・奉書に任せて、藤本三郎左衛門尉に諸役を免除する（狩野亨吉氏文書）。ただし、この文書は疑いありという（信長文書）。

㊼同年三月五日、千部経読誦中、清凉寺に禁制を掲げる（清凉寺文書）。

㊽同年四月九日、明日に予定されていた誠仁親王懺法講を無用と判断し、停止させる（兼見）。

㊾同年四月十日、粟津座に商売の独占を安堵する（古文書集）。

㊿同年四月十日、伏見稲荷社内への狼藉を禁ず（伏見稲荷大社文書）。
(51)同年四月十三日、誓願寺再建のため、吉田社に松樹を徴発する。だが、これは兼和に断られている（兼見）。
(52)同年四月二十八日、筑後法橋に暦職等を安堵する（明時館叢書）。
(53)同年六月七日、綸旨・下知状に任せ、摂津今宮社神人に、祇園社大宮駕輿丁としての役を安堵する（広田神社文書）。
(54)同年七月十六日、日野輝資より、禁中で下男を打擲した万里小路充房の従者を訴えられる（兼見）。この事件は、十八日、勅使の訪問を受け、充房の罪は問わず、従者に閉門を申付けることになった（兼見）。
(55)同年七月、山科七郷に、人足・牛馬の立替を安堵する（沢野井文書）。
(56)同年十月三日、鴨社祝造営奉行に対し、鴨社の法式七カ条を定める（鴨脚光敷文書）。
(57)（同十年）三月二日、信長より、伊勢遷宮の山口祭について、簡素化させるよう命じられる（下郷共済会文書）。
(58)同年五月二十五日、神護寺と高山寺の寺領争いを調停し、高山寺の勝訴とし、その地を安堵する（高山寺文書）。

寺社に対する安堵・宛行い、公家・寺社などの訴訟の調停、道・橋の修理、京の町の治安の維持、人足等の徴発や課役の賦課・免除等々、貞勝の携わる京都の行政は多岐にわたっている。

〔禁裏の修理、信長邸の建設など〕

上洛以来、貞勝が将軍御所及び信長座所の建設、禁裏の修復などに携わってきたことについては、先に触れた。京都における信長関係の建物の建築はその後もあるし、禁裏の修復もまだ終ってはいない。では、その後の、貞勝が中心となった建築活動を追ってみよう。

まず信長の二条新邸の建設である。二条晴良の旧邸跡が空地となっていた場所に、信長が邸宅の建築を貞勝に命じたのは、天正四年の四月であった（公記）。本願寺との激戦で一時は中断したと思われるが、戦いが一段落した後、工事は進められ、七月五日、貞勝は奈良に赴き、多聞山城の建材を京都へ運ばせた（岡本文書・兼見・多聞院）。そして、多聞山城の主殿はそのまま二条新邸に利用された（言継）。十月十八日には、仕上げの段階に入っていたらしく、吉田社に茶室の庭の小石を徴している（兼見）。

同五年閏七月六日、上洛した信長が初めてこの新邸に入っている（公記）。この邸宅は、二年間余り使用した後、同七年十一月、誠仁《さねひと》親王に献上された。

二条に新邸を建築する一方、同じ二条にあった旧将軍御所は、同四年九月、貞勝の手によって破壊され、石材等は城郭建築中の安土へと運ばれた（言継・言経）。

次に、二条邸を献上した後の座所として、同八年二月二十六日、本能寺の修築を命じられる（公記）。翌九年二月二十日に上洛した信長はここに宿泊しているから、一年以内に大体出来上がったのであろう（公記）。

禁裏の修理に関しては、永禄十三年（元亀元年）二月より始まっているが、長い戦乱状態の間に十分な修理のできなかった建物はあちこち痛んでいたのであろう、貞勝の禁裏修理はまだまだ続く。天正四年からは築地の修理。翌年までかかった様子で、同五年閏七月十一日、信長が検分している（兼見）。その後は小御所の修理も行われたらしく、同七年五月三日完成し、禁裏よりその功を賞されている（御湯殿）。さらにその後には、北門の西に貫通《ぬきとおし》を作っている（言経）。

〔禁裏・公家との窓口として〕

天下所司代として、京都の行政以上に大切なことは、禁裏及び公家と接触し、信長との連絡役を果すことである。朝山日乗と組んで行った大々的な禁裏修理以来、貞勝と禁裏・公家との接触は円滑に運ぶようになった。そういう意味では、貞勝の天下所司代は適任だったであろう。

天下所司代になった貞勝の居所には、公家衆たちが頻繁に往来する。最も足繁く通ったのは、吉田社祠官の神祇大副吉田兼和（兼見）であろう。彼はその代わり、訴訟などで貞勝に頼むところが多かった（兼見）。

公家たちは貞勝を訪ねることにより、信長の近況について知ったり、謁見について質問したり、信長との接触に落度のないよう努めているのである。また、貞勝の方からも、天正四年八月六日、信長より譴責を受けて蟄居中の、勧修寺晴右・中山孝親・庭田重保・甘露寺経元の四人の武家伝奏に対する勘気が解けたことを伝えたりしている（兼見）。貞勝は、京都における信長のスポークスマンでもあったのである。公家が信長を訪ねて対面する時、奏者を務めることも多かった（言継ほか）。

貞勝は、禁裏にもしばしば出入りをしている。その度に雁だの松茸だの鯉だのを献上、禁裏からも、懸袋・巻物・酒などの物を賜っている。同七年五月三日、小御所の修理が完了した時には、金襴を褒美として下賜された（御湯殿）。

こうした平常の禁裏との連絡を、いちいち書けば繁雑になるから省略する。貞勝の禁裏との接触の中で目立った事績といえば、まず同六年十一月四日、信長より本願寺との講和の調停依頼の使として禁裏へ遣わされたことであろう（隆佐記）。この十月末、荒木村重が背き、摂津から播磨方面が本願寺や毛利方となった、信長苦悩の時期であった。和平の勅使派遣の交渉は成功したが、本願寺が返事を渋っている間に、村重方の将中川清秀が信長に降り、勝算が見えた信長はあっさりとその依頼を取り下げてしまう（隆佐記）。

次に、同七年五月二十一日、公家衆の侍をして、当番を決めて禁裏北門や庭を警固させたことであろう。禁裏に対する京都の町衆の礼儀がおろそかになっていたらしく、貞勝は、御殿の上に上がるな、石を投げるな、木の枝を折るな、掃除を怠るなと、細々とした内容の条書を発している（言経）。

〔信長の吏僚として〕

貞勝はもともと信長の筆頭格の吏僚である。京都に常駐する立場になったが、安土へ赴いて信長と連絡したり、戦さの背後援助に努めたり、吏僚としての務めも怠らなかった。では、信長の行動を通じて、その吏僚としての貞勝の動きを見てみよう。

天正四年四月、信長は本願寺攻めの軍を派遣する。信長はこの時まで対本願寺の戦いに関して楽観視していたようだが、五月三日の戦闘で原田（塙）直政が敗死、天王寺危機の報を受けると、急遽自ら軍を率いて出陣した（公記ほか）。この時貞勝は、直ちに直政の居城槙島に赴き、そこにいた大和衆の人質を京都に移している（言継）。大和守護直政の戦死によって、大和の国衆が信長を離れることを防ぐための処置であった。

　無事本願寺勢を撃退した後の八日、貞勝は信長陣へ向かい、在陣についての意向を聞いて京に戻り、公家衆たちに対して、勅使の下向を奏上するよう求めている（兼見）。禁裏を本願寺から離して、自分の方へ付けようという信長の策謀だが、その手先となって働くのが貞勝の役割であった。

　同六年十月、摂津有岡の荒木村重が、突然本願寺と通じて信長に背いた。窮地に陥った信長が貞勝を遣わして、禁裏に本願寺との和睦の調停を願い出たことは、前述した通りである。この有岡攻城戦は約一カ年を費やす長期戦になり、ほとんどの部将が動員されるが、貞勝はずっと京に駐まっており、表面的には何の役割も果していない。禁裏・公家を動かす必要のある時に、貞勝の出番があるのである。

　同八年閏三月、禁裏の仲介によって、信長と本願寺との和睦が成立する。禁裏を動かすまでは、当然貞勝の働きがあったであろうが、彼はその後の実務には携わっていない。ただ、最後まで和睦に反対していた教如も石山の地を立退き、一段落した後の八月七日、本願寺に味方して石山籠城の兵を募った真乗坊の財産を没収していることのみが見られる（成就院文書）。

　同九年二月二十八日、信長は大々的に馬揃えを行う。京都での行事だけに、この時は準備が大変であった。事前に道具を揃えたり、馬場を普請したり、貞勝の懸命な努力が見られる（兼見）。

　禁裏・公家との連絡・交渉以外でも、事が京都に関係すると、貞勝を通じるのが通例であった。本願寺の密使を糾問して京都の宿を白状させようとした時（天正四年八月二日）、北条氏の使者に京都見物をさせた時（同八年三月十三日）など貞勝が活動している（兼見）。

　天正七年一月二十五日のことだが、安土を訪問していた貞勝は、林秀貞と二人だけ、特別に城の天主の見物を許された（安土日記）。それを見ても、信長が貞勝を家臣の中で特別の存在として扱っていたことがうかがわれる。

〔貞勝とキリスト教〕

　信長はキリスト教保護の姿勢を貫いたが、麾下の大名の中には、それに嫌悪の念を抱いていた者も少なくなかった。そうした中にあって、貞勝は宣教師や信者に対し、どんな態度をとったであろうか、宣教師の見た貞勝の姿を見てみよう。

　一五七七年九月十九日付の書簡で、ルイス・フロイスは貞勝を「都の総督」と呼び、「尊敬すべき老年の異教徒にして甚だ権勢あり」と評している（耶蘇通信）。宣教師の書き残した史料を見ると、彼は宣教師たちの活動に対して終始理解ある態度をとっている。

　天正四年、京都に教会を建築する時は、その木材の搬入を快く許し、税を免じてくれたばかりでなく、人夫の徴発も約束したという。そして、反対者が信長に直訴するため安土へ赴くと、すぐに自分も安土に急行し、信長を説得して教会の建築を守ろうとしたともいう（耶蘇通信）。

　宣教師フランシスコの書簡によれば、同五年五月二十日に京都で火災があり、できたばかりの教会は危ういところで類焼を逃れた。この時、貞勝はわざわざ使を送り、その幸運を祝してくれたという。彼も貞勝に対して「我等の親友」と好意的に評している（耶蘇通信）。

　同九年二月二十五日といえば、貞勝が来たるべき馬揃えの準備に忙殺されていた時だが、管区長ヴァリニャーノの訪問を受け、これを歓待した（耶蘇年報）。

　貞勝にしてみれば、単に主君信長の意思に従って宣教師たちに接しただけなのかも知れない。だが、宣教師の書簡の内容をそのまま信じる限りにおいては、それ以上の友好的な感情が貞勝にあったように思われる。

〔貞勝の年齢と健康〕

先に引用した一五七七年九月十九日付フロイス書簡に記されているように、貞勝はすでに「老年」であった。子貞成も第一線で活躍している。娘の一人は前田玄以に嫁いでいるが、玄以は天文八年（一五三九）の生れだから、本能寺の変当時もう四十四歳である。別な娘の腹であろうが、天正四年現在十二、三歳の、朝日孫七という孫がいる（言経）。京都の大雲院には、貞勝の画像が伝わっているが、頭を丸めた老人の姿が描かれている。

老齢なのにかかわらず、彼の務める天下所司代という役職は多忙である。先に見た通り、洛中・洛外の町衆を治めることは仕事全体のほんの一部で、寺社に関すること、禁裏・公家との連絡といった難しい仕事がその大半を占めている。さらに信長の吏僚としての仕事からも解放されてはいない。

天正四年四月下旬、貞勝は「所労平臥」ということで山科言継との面会を断った（言継）。同七年六月上旬にも「所労」がある（兼見）。さらに同八年十一月晦日より寝込み、少なくとも数日は癒えなかった（兼見）。

『兼見』を見ると、同七年頃、兼和の訪問にもかかわらず、「休息」のため会わないということが何度かあった。老齢の身体をいたわりながら、激務をこなしていたのであろう。

〔天正十年の貞勝〕

元旦早々山科言経らの訪問を受けるところから、貞勝の天正十年は始まる（言経）。六日、信長より送られてきた初鯨を、立入隆佐を通じて禁裏に献上、摂家以下廷臣にもそれを贈った（言経・兼見）。

二月、信忠が軍勢を率いて武田討伐に向かう。信長自身の出陣は三月五日であった（公記）。貞勝はもちろん遠征には参加せず、京に駐まって諸政に携わっている。だが、甲信の状況は次々と貞勝のもとに伝わってくるのであろう。三月十一日に訪問してきた兼和に、高遠の落城、仁科盛信・武田信豊の戦死など、かなり新しい情報を語っている（兼見）。

武田氏を滅ぼして大きな安心を得たのは、信長だけでなく、貞勝も同様であったろう。四月九日、津田宗及を招いて茶会を催している（宗及記）。貞勝が茶会に出席したことは何度かあるが、自分が茶会の主人となったことは珍しい。

五月二十九日、信長上洛。本能寺に宿泊する（公記）。六月二日未明の騒ぎは、本能寺門前に居所を構える貞勝の耳にすぐに届いたはずである。だが、貞勝は本能寺に駆け付けず、信忠宿所の妙覚寺へ走った（公記）。光秀の大軍を見て、信長のことは諦めたのであろう。

貞勝は信忠に、二条御所に移ってそこに立籠ることを勧めた（公記）。方々に散って宿泊していた信長馬廻たちが集合してきて、一千を超したというから、なんとか持ちこたえられると考えたのであろうか。

しかし、結局は多勢に無勢であった。本能寺に続いて二条御所を囲んだ光秀軍の攻撃に対し、信忠以下、しばらくは奮戦したものの、結局、追い詰められて信忠は自決、貞勝は討死した。子の貞成・清次（専次カ）も父と同所で死んだ。

村井貞成（むらい　さだなり）　尾張

?～天正十年（一五八二）六月二日。

作右衛門尉。諱は「貞成」とするのが一般的だが、『泉涌寺《せんにゅうじ》文書』に載った署名は「貞盛」と読める。

貞勝の子。初めは信長馬廻であろうか。永禄十二年（一五六九）八月の伊勢大河内《おかわち》城攻めに従軍。「柵きわ廻番衆」に名を連ねている（池田本）。

天正元年（一五七三）七月の将軍追放後、父貞勝が天下（京都）所司代にされると、これに従って在京する。同六年八月十五日の安土相撲会では、信長近習たちに混じって奉行を務めているから、身分は信長馬廻のままと思われるが、父を助けて京都の政務に携わることが多くなった。吉田社祠官吉田兼和は頻繁に貞勝を訪ねた人物だが、貞成ともしきりに交流している（兼見）。

天正六年十月、荒木村重が信長に背き、信長自らの出陣になると、それに従って有岡攻城戦に参加。大津長昌ら信長の馬廻とともに高槻城番を務める（公記）。これは守備についたわけではなく、降将高山右近の開け渡した高槻城の諸事奉行としての役割であろう。有岡攻城戦の間、京と摂津とを頻繁に往復している様子である（兼見）。

同七年十月、有岡城が落ちると、ここにも城番が置かれ、貞成は同八年四月一日、矢部家定と交代してその任についた（公記）。

同年暮には安土に下向しているが、父が治めている京と安土との連絡も貞成の任務の一つであった様子である（兼見）。

同九年二月二十八日、京における馬揃えに参加。根来寺衆と上山城衆を率いて四番に馬場入り、行進した（公記）。この時は、信長軍団の部将たちの多くは各地に散っていたとはいうものの、畿内衆を率いた者は丹羽長秀・蜂屋頼隆・明智光秀といった信長の有力部将たちである（公記）。その中に貞成が加わっているのは奇異な感じだが、京の支配者貞勝の代理としての姿なのであろうか。あるいは、京都の軍政面の責任者だったのかも知れない。

同十年三月、信長の甲信出陣に従う。誠《さね》仁《ひと》親王や吉田兼和から陣中見舞いを受けている（晴豊記・兼見）。部将としてではなく、信長の近習としての役割である。

同十年六月二日の早朝、本能寺の変を知って父とともに妙覚寺の信忠のもとへ駆け付け、二条御所籠城を勧める。だが、二条御所も光秀の大軍に攻められ、父や一族とともに討死した（公記ほか）。

村井春長軒（むらい　しゅんちょうけん）→村井貞勝（むらい　さだかつ）

村井将監（むらい　しょうげん）→村井光清（むらい　みつきよ）

村井新右衛門（むらい　しんえもん）→村井宗信（むらい　むねのぶ）

村井新四郎（むらい　しんしろう）　尾張

生没年不詳。

信長の馬廻。貞勝の一族であろう。永禄十二年（一五六九）八月、伊勢大河内《おかわち》城攻めに従軍。「尺限《さくきわ》廻番衆」の一人（公記）。

元亀元年（一五七〇）十一月十六日、新しくできた勢多の舟橋の警固を命じられている（公記）。

村井助左衛門（むらい　すけざえもん）→村井吉次（むらい　よしつぐ）

村井清次（むらい　せいじ）　尾張

？～天正十年（一五八二）六月二日。

貞勝の子と『甫庵』にある。『御湯殿』天正八年（一五八〇）八月二十七日条にも、「むら井こ（子）のせいし」とあるから、貞勝の息子であることは、間違いない。従って、同じ一族でも、清三や新右衛門などとは別格である。

しかし、一方、『晴豊記』には、「せんしむらいの子」と書かれており、『兼見』や『宗及記』等に見られる「専次」も貞勝の子であることがわかる。村井貞勝の子「せいし（清次）」と「せんし（専次）」とは同一人なのではなかろうか。

『御湯殿』に見える「せいし」は、禁裏を訪問して薫物などを賜っているが、信忠の使いのように思われる。

父とともに、二条御所で戦死した。

村井清三（むらい　せいぞう）　尾張

生没年不詳。

貞勝の一族で家臣。元亀元年（一五七〇）八月三日、親王御所での酒宴に参列。音曲となった時、太鼓を演奏した（言継）。

貞勝が将軍追放後に天下所司代として在京すると、これに従い、貞勝来訪者の取次ぎなどを務める。吉田社の吉田兼和（兼見）へ遣わされたこともある（兼見）。

天正六年（一五七八）冬、貞成の勘気を蒙って、三井寺に隠棲。同七年一月二日、兼和の慰問を受けた（兼見）。同年六月九日には、再び貞勝の取次ぎを務めているから、その間に赦されたのであろう（兼見）。

その後、同年十二月末、猪熊の地子銭をめぐる兼和と平野兼興との争いに関する貞勝の裁定の実務を執行う（兼見）。また、同八年三月十二日には、北条氏の使者を二条御所に案内するなど、貞勝の命に従って動いている（兼見）。

本能寺の変、山崎の戦いの後、信孝の命に従い、粟田口に明智光秀・斎藤利三の首塚を築いており、また、光秀一党の預り物について糾明しているから、村井一族の中で命を永らえた一人である。

村井専次（むらい　せんじ）

貞勝の一族。『隆佐記』には「村井内衆」とあるが、『晴豊記』には、「せんしむらいの子」と載っているから、貞勝の息子らしい。しかし、貞勝の息子は、『御湯殿』及び『甫庵』によれば、貞成と清次である。『御湯殿』『甫庵』それに『公記』にも登場する「村井清次」と他の史料に表れる「村井専次」とは同一人なのではなかろうか。

「村井専次」は、清三ら他の内衆のように常時在京しておらず、安土と京都とを往復していた様子である。また、信長の在京の時にはその近辺に侍して、取次ぎなども務めている。その行動を見ると信長直臣の性格をも兼ねている様子で、他の貞勝内衆とは違った立場のように思われる。

史料より「村井専次」の事跡を追うと、次のようになる。

①天正三年（一五七五）八月、信長に侍して越前へ行き、北庄にて勅使勧修寺晴豊の陣中見舞いを取次ぐ（兼見）。

②同四年三月四日、安土に下向した吉田兼和の世話をする（兼見）。

③同年四月二十九日、信長の上洛に従い、公家たちに訪礼無用の旨を知らせる（兼見）。

④同六年四月二十日、京の邸宅にて、信忠に夕食をもてなす（宗及記）。

⑤同七年十一月二十五日、津田宗及らを招いて、茶会を催す（宗及記）。

⑥同年十二月、京において、荒木一類の警固を務める（隆佐記）。

『分限帳』には、「村井専次子」が載っている。父の専次がすでにいないとすれば、本能寺の変で討死したという公算が大きく、このことからも、『公記』に載った清次と同一人ではないかという推測と符合する。

村井又左衛門（むらい　またざえもん）　尾張

生没年不詳。

貞勝の一族で家臣。天正四年（一五七六）五月二十四日、貞勝を訪れた山科言継より香薷散を贈られている（言継）。

村井又兵衛（むらい　またべえ）　→村井吉忠

村井光清（むらい　みつきよ）　尾張

生没年不詳。

将監。

貞勝の一族で家臣。貞勝に従って、京都の政務に携わっている（言継・兼見）。天正四年（一五七六）一月十四日、山科言継に「三毬打《さぎっちょう》（爆竹）」で使う竹を贈ったり、同年五月二十四日、香薷散を贈られるなど、『言継』の中に見える。

本能寺の変以後の消息が絶えるので、おそらく変で討死したものと思われる。

村井宗信（むらい　むねのぶ）　尾張

？～天正十年（一五八二）六月二日

新右衛門。

貞勝の弟。兄貞勝に従って京都の政務に携わる（兼見）。

（天正三年＝一五七五）八月七日、貞勝の代理として徳大寺公維領の徳政令の適用を、栂尾閼伽井坊《とがのおあかいぼう》に促している（竜安寺文書）。『天正二年久我荘指出検地帳』の徴収責任者の一人に名を連ねているが、これも貞勝の代理としての姿なのだろう（久野雅司「織田政権の京都における在地支配」）。

吉田兼和と頻繁に交流。同四年一月十四日に来訪を受けた時、三十疋贈られているが、この時の兼和の贈品は、貞成五十疋、清三二十疋だから、貞勝の臣としてのランクは貞成より下である（兼見）。

同十年六月二日、貞勝父子とともに二条御所にて討死した（公記）。

村井吉忠（むらい　よしただ）　尾張

生没年不詳。

又兵衛。

村井貞勝の一族であろう。貞勝に仕える。

天正五年（一五七七）八月十日、前大納言中山孝親に小鮒を贈呈している（孝親公記）。

村井吉次（むらい　よしつぐ）　尾張

生没年不詳。

助左衛門。「慶政」と名乗った文書もある。

村井貞勝の臣。一族であろう。天正四年（一五七六）三月六日、禁中にて女房舞いが催された時、布目某とともに警固役を務めた（言継）。

村垣徳室（むらがき　とくしつ）

生没年不詳。

村井貞勝の家臣。元亀元年（一五七〇）九月四日、作事場を訪れた山科言継と雑談している（言継）。

村瀬虎（むらせ　とら）　尾張？

?～天正十年（一五八二）六月二日。

村瀬左馬助（『重修譜』には磯貝重久の子とある）は、愛知郡古渡の人と『張州府志』にある。虎もその一族であろうか。

信忠の小姓であろう。天正十年（一五八二）六月二日、二条御所にて討死した（公記）。『阿弥陀寺過去帳』には、「村瀬虎」の名はなく、「村瀬三郎」が載っている。同一人だろうか。

村田吉五（むらた　きつご）　近江

?～天正十年（一五八二）六月二日。

相撲取り。天正六年（一五七八）二月二十九日、安土相撲会に参加。二十三人の撰《えり》相撲に選抜される（公記）。

同年八月十五日の相撲会にも参加。賞として、百石と私宅等を賜った。これを機会に信長に仕えたのであろう。

天正十年六月二日、本能寺にて討死した（公記）。

村田治部丞（むらた　じぶのじょう）　伊勢

生没年不詳。

神戸四百八十人衆の大将の一人。元亀二年（一五七一）一月、所領安堵され、信孝に仕えた（勢州軍記・神戸録）。

村田将監（むらた　しょうげん）

生没年不詳。

天正四年（一五七六）七月二十二日と同六年二月十一日、津田宗及茶会に出席している（宗及記）。六年の時は、松井友閑の臣富田清左衛門と同席しているから、信長の直臣ではなく、友閑の臣であろうか。

本能寺の変後は、秀吉の馬廻になったらしい。文禄元年（一五九二）七月二十二日、名護屋城本丸広間の番衆を務めている（太閤記）。

村田庄兵衛（むらた　しょうべえ）

?～天正十年（一五八二）六月二日。

信長か信忠の馬廻であろう。天正十年（一五八二）六月二日、本能寺の変の時、明智軍と戦って、討死した（阿弥陀寺過去帳）。

め

目賀田摂津守（めかた　せっつのかみ）　近江

生没年不詳。

元は六角氏の臣。次郎左衛門と同一人か。永禄六年（一五六三）十月の観音寺騒動の時、主家に背いて在所に籠る（足利季世記・甫庵）。六角氏の没落により、信長に属したか。天正元年（一五七三）七月、細川藤孝たちの淀城攻めに加わるという（細川家記）。

安土の地に居城があったが、安土城の築城により、その地を去って光明寺野に移って居住するという（清水伝兵衛「中世の近江武士目賀田氏考」）。

後に前田利家に仕え、鳥越城の守将として佐々成政と戦う目賀田又右衛門は、一族であろうか。

毛受勝照（めんじゅ　かつてる）　尾張

?～天正十一年（一五八三）四月二十一日。

勝助。諱は「家照」「照景」とも。なお、「毛受」は「めんじょう」とも読まれる。

春日井郡稲葉村の人。十二歳の時より柴

田勝家に仕え、小姓頭。一万石を与えられるという（太閤記）。

天正三年（一五七五）八月、勝家に従って越前攻めに参加。その後の勝家の加賀平定戦にも従軍（朝倉記・甫庵）。翌年十一月、安土へ遣わされて、加賀での成果を信長に報告したという（甫庵・佐久間軍記）。

同十一年、賤ケ岳の戦いに従軍。四月二十一日、勝家の本陣が崩れた時、勝家の身代わりとなって討死した（太閤記・川角ほか）。二十六歳というが、確かではない。

毛受茂左衛門尉（めんじゅ　もざえもんのじょう）　尾張

?～天正十一年（一五八三）四月二十一日。

勝助勝照の兄。天正十一年（一五八三）、賤ケ岳の戦いに従軍。四月二十一日の敗戦の時、弟とともに討死した（太閤記）。

も

毛利岩（もうり　いわ）　尾張

?～天正十年（一五八二）六月二日。

名は岩丸か。新左衛門尉良勝の子という（甫庵）。信忠の小姓であろう。天正十年（一五八二）六月二日、二条御所にて討死した（公記）。

毛利十郎（もうり　じゅうろう）　尾張

生没年不詳。

『言継』天文二年七月から八月にかけての記事に見える、信秀の臣毛利十郎敦元は、天文十三年（一五四四）九月二十二日、美濃稲葉山城攻めの際に討死した（公記）。その後『公記』に登場する「十郎」は敦元の子であろう。

天文二十三年七月十二日、尾張守護斯波義統が織田彦五郎・坂井大膳に謀殺された時、義統の若君を保護して信長に渡した（公記）。その後、永禄三年（一五六〇）五月十九日の桶狭間の戦いに従軍。高名を挙げている（公記）。

『公記』巻首には、桶狭間の戦いで今川義元の首級を挙げた毛利新助良勝と同一人であるかのような記載がある。同一人でないにしても、近親であろうか。

毛利新助（もうり　しんすけ）　→毛利良勝

毛利長秀（もうり　ながひで）　尾張

天文十年（一五四一）～文禄二年（一五九三）閏九月十七日。

河内守。賜姓されて羽柴河内侍従。諱については「秀頼」で知られているが、『汾陽寺文書』『立政寺文書』中に「毛利河内守長秀」署名の文書が多数あり、その多くは信長・信忠在世時のものと思われる。織田家の臣であった時は、「長秀」を名乗っていたようである。

一説には、尾張守護斯波義統の子で津川義近（三松）の弟という（『系図纂要』別本系図）。天文二十三年（一五五四）七月十二日、義統は織田彦五郎や坂井大膳の謀反により殺されるが、若君一人を毛利十郎が保護し、信長へ渡したと『公記』に書かれている。憶測にすぎないが、長秀が義統の子だとすると、この若君が毛利家で育てられて成人した姿が長秀とも考えられる。妹は、浅井新八郎信広に嫁す。

永禄三年（一五六〇）五月十九日、桶狭間の戦いに従軍し、戦功（公記）。その前後、信長が黒・赤の母衣《ほろ》衆を選抜した時、赤母衣衆の一人に選ばれる（高木文書）。身分としては信長馬廻である。同十二年八月、伊勢大河内《おかわち》城攻めに従軍するが、この時は「尺限廻《さくきわ》番衆」の中に名が見える。因みに、この時の「尺限廻番衆」はほとんど旧母衣衆で構成されている(公記)。

元亀元年(一五七〇)八月、野田・福島攻めに従軍。九月十四日、本願寺軍との戦いに活躍した(公記)。

その後、信長と将軍義昭との争いがあり、将軍与党の松永久秀も天正元年(一五七三)十二月に降伏し、一連の戦いはようやく一段落する。長秀は佐久間信盛・福富秀勝とともに多聞山城受取りの奉行となり、翌年一月には一時的に城番を務めた(尋憲記)。

その頃より尾張衆と東美濃衆を麾下に置いた信忠軍団が編成されるが、長秀は尾張衆としてこれに組み入れられたらしい。同三年十一月、東美濃の岩村城攻めに参加し、武田軍を撃退(公記)。同六年、斎藤利治が越中に攻め込み、十月四日の月岡野の戦いで上杉軍を破ると、すぐにその援軍として派遣された(黄微古簡集)。いずれも信忠軍団の一員としての活動である。

同十年二月の武田攻めの時も、信忠軍に属して進軍。信濃大島城在番、さらに高遠城攻めに参加。武田氏滅亡後、信長より信濃の内伊那一郡を与えられた(公記)。飯田城主。

本能寺の変の報を得、所領を棄てて尾張に戻る。その後は秀吉の麾下となり、小牧陣、九州陣に参加(浅野家文書・当代記)。同十三年十月六日、侍従となり昇殿(下村效「天正文録慶長年間の公家成・諸大夫成一覧」)。後、豊臣の姓と羽柴の氏を授けられ、聚楽第行幸のあった同十六年当時は「羽柴河内侍従豊臣秀頼」と名乗っている(聚楽行幸記)。

同十八年、前田利家の組に属して、小田原陣に参加(前田家譜)。戦後、飯田城主に返り咲く(太閤記)。初め七万石(太田牛一雑記)、検地後は十万石という(駒井日記)。

文禄元年(一五九二)、名護屋に参陣(太閤記)。だが、渡海することはなかった。

同二年閏九月十七日没。五十三歳。婿にあたる京極高知が遺領の大部分を継いだ(駒井日記)。

毛利長良(もうり　ながよし)　尾張

生没年不詳。

清十郎。

信長の臣。永禄十二年(一五六九)七月八日、武井夕庵・毛利良勝とともに、広隆寺に対し、領知相違なき旨を伝えている(広隆寺文書)。

毛利秀頼(もうり　ひでより)　→毛利長秀(もうり　ながひで)

毛利広盛(もうり　ひろもり)　美濃

天文二年(一五三三)~元和二年(一六一六)十二月十四日。

小三郎、掃部助。

美濃大垣の人。掃部助広雅の子。父広雅は斎藤竜興に仕えていたが、信長に款《よしみ》を通じ、発覚して遭害という(戦国人名辞典)。しかし、(永禄六年＝一五六三)六月十七日付で、戦いにおける父の討死について信長より褒されているから、父広雅は信長に降った後、斎藤氏との戦いで討死したというのが真相であろう(毛利鉚三郎氏文書)。

本能寺の変後信雄に属し、天正十一年(一五八三)九月六日、信雄の臣になっていた曾我助乗より石田郷を給付されている(毛利鉚三郎氏文書)。しかし、主信雄と秀吉との対立の深まる中で、同十二年三月、秀吉に通じ、秀吉方の毛利秀頼(長秀)を城に入れた(毛利鉚三郎氏文書)。その功により、同年六月二十一日、秀吉より本知千百六十貫に加えて新知千貫を与えられる(毛利鉚三郎氏文書)。

同十七年、美濃中島郡にて三千五十六石加増(毛利鉚三郎氏文書)。慶長五年(一六〇〇)の戦乱の時は、初め西軍につく。東軍に降伏したが、戦後減知されて二千石となった(武家事紀)。

元和二年(一六一六)十二月十四日没。八十四歳という(士林泝洄)。

毛利良勝(もうり　よしかつ)　尾張

?~天正十年(一五八二)六月二日。

新助、新介、新左衛門。

信長の馬廻。永禄三年(一五六〇)五月

十九日、桶狭間の戦いの時、敵将今川義元に肉薄、その首級を得た（公記）。この前後、母衣《ほろ》衆選抜に際して黒母衣衆の一人に選ばれる（高木文書）。同十二年八月、伊勢大河内城攻めに従軍。旧母衣衆中心に「尺限廻番衆」を務めている（公記）。

その後、（天正七年＝一五七九）四月十二日付で、大和薬師寺に対し禁制の礼の金子等の進上について謝した書状、六月二十四日付で、明智光秀に対し薬師寺陣取りの禁止を求めた書状などが見られる（薬師寺文書）。このほか、熱田亀井円福寺とは個人的に交流が深かったらしく、同寺宛ての書状数点が伝わっている（円福寺文書・張州雑志）。

同十年三月の信長の甲信遠征に従い、四月一日、諏訪在陣の時、興福寺大乗院の使より贈品を受けている。この時一緒に贈品された者は、信長の代表的側近長谷川秀一・堀秀政などである（蓮成院記録）。

（元亀四年＝一五七三）一月二十日付の戸田直頼宛て信長判物に副状を発したこともあり（諸家感状録）、良勝の立場は、信長馬廻というだけでなく、側近として傍らに侍していたようである。信長上洛以後は、吏僚としての活躍しか見られない。

天正十年六月二日、二条御所で信忠とともに討死した（公記）。

物集女縫殿助（もずめ　ぬいのすけ）　山城

？～天正三年（一五七五）

入道号宗入。諱は「忠重」とされているが不確か。

西岡の六人の頭長の一人で、有力な土豪。物集女城主（細川家記）。十六世紀の半ばには、天竜寺領の代官を務めていたという（玉城玲子「城主物集女氏の実像を探る」）。天正元年（一五七三）七月、長岡（細川）藤孝に西岡の一職《いっしき》支配権が与えられるが、物集女氏はそれに従わなかった。反抗して丹波の波多野氏に属したという（細川家記）。

同三年、大原野に居住していたのを、藤孝は臣の米田《こめだ》求政《もとまさ》に命じて殺させたという（細川家記）。（同年）十月四日付の黒印状で信長は、藤孝のその決断を承認している（米田藤十郎氏文書）。

『清洲分限帳』に載った、弓衆「物集女新右衛門」は、一族であろうか。

望月重元（もちづき　しげもと）　近江

生没年不詳。

源左衛門。法名道庵。諱は「宗元」とも。

『重修譜』に、信長に仕え、某年八十五歳で没とある。『兼見』元亀三年九月二十四日条に、甲賀郡の人望月備後守重清という人物が載っている。

望月氏は甲賀郡仙庄柑子を本拠として六角氏に仕えた豪族で、永禄年間には、望月吉棟が活躍している（木村政延氏文書）。

森九兵衛（もり　きゅうべえ）　美濃

生没年不詳。

美濃三人衆のいずれかの臣。元亀元年（一五七〇）六月二十八日の姉川の戦いでの活躍が、『甫庵』『浅井三代記』に見える。

三好康長の臣で、後、豊臣秀次、蒲生氏郷、その後石田三成に仕え、慶長五年（一六〇〇）八月二十三日、美濃合渡川で東軍と対陣した森九兵衛は同名異人であろう（武家事紀）。

森小介（もり　こすけ）　尾張

生没年不詳。

信長の臣。馬廻であろう。永禄三年（一五六〇）五月十九日、桶狭間の戦いに従軍。高名をあげた（公記）。

森長定（もり　ながさだ）　→森成利（もり　なりとし）

森長可（もり　ながよし）　尾張

永禄元年（一五五八）～天正十二年（一五八四）四月九日。

勝蔵、武蔵守。諱は「長一」「可長」ともある。

〔若い森家当主として〕

可成の二男。兄に可隆、弟に成利（乱丸）・坊丸・力丸・忠政がいる。

父が元亀元年（一五七〇）九月に戦死した跡を継いで美濃兼山城主。当時わずか十三歳であった（重修譜ほか）。『池田本』同三年四月の交野《かたの》城後巻《うしろま》きの信長軍の中に、「森三左衛門子」と見えるが、これは長可を指すのであろう。

同三年のものと思われるが、十二月六日付の伊藤惣十郎宛て連署状があり、長可は木下秀吉・塙直政・丹羽長秀らに混じって署名している（寛延旧家集）。父可成の跡を継いだとはいえ、長可はまだ十五歳の少年なのだが、兼山城主だけでなく、東美濃衆を統率した有力部将の地位をも継承していることが推測できる。

天正二年（一五七四）七月、伊勢長島攻めに従軍。この時は、尾張衆や他の東美濃衆と一緒に信忠の軍に属している（公記）。信忠軍団は前年頃より形成されており、長可ら東美濃衆と尾張衆の一部がそれに属すという形になっていたのである。

同六年、同じ信忠軍団の一人斎藤利治が越中に派遣され、十月四日、月岡野の戦いで上杉軍を破ると、長可は、毛利長秀・坂井越中守ら他の信忠軍団の部将とともに援軍として遣わされた（黄微古簡集）。

同七年、有岡攻城戦にも参加。四月三十日現在、岳父池田恒興、叔父森可政とともに川端砦を守っている（公記）。

〔武田攻めの先鋒としての活躍と北信濃の支配〕

同十年二月、信忠が武田攻めの軍を起すと、団（梶原）忠正とともにその先陣として本隊に先んじて信濃へ進軍。まず飯田城を落し、続いて高遠城攻めにも加わった（公記）。この戦いの時、信長は信忠の将河尻秀隆にしきりに書を送り、長可や忠正の若気による軽率な行動を牽制するよう命じている（徳川黎明会文書）。その後、武田勝頼を追う滝川一益らと別れて上野に入り、小幡ら国衆を降参させ、人質を徴した（公記・寛永伝）。

戦後、信濃の内、高井・水内《みのち》・更科《さらしな》・埴《はに》科《しな》四郡を与えられ、海津城主となる（公記）。四月二日和合院領に、五日勝楽寺に、続いて康楽寺にと、しきりに禁制を下している（信濃寺社文書・諸州古文書・康楽寺文書）。

四月五日、飯山に着陣した稲葉彦六が一揆に囲まれた時、救援に駆け付け、一気に一揆軍を打ち破った。そして飯山城を受け取って自軍の兵を入れ、地侍の人質を徴し、百姓の還住を命じた（公記）。「鬼武蔵」という異称はこの時の活躍により付けられたというが、まだ武蔵守任官前と思われるから、疑問である。同月十一日、信忠より感状を受け、一揆退治の功績を褒されたという（甫庵・寛永伝）。

北信濃四郡の支配者の事跡として、四月十一日、窪島日向守への所領安堵、同年五月二日、塚原五郎左衛門への坂木御堂草木伐採禁止など、地侍の統制の跡が見られる（諸州古文書ほか）。

〔秀吉の麾下として〕

長可が本能寺の変報に接したのは、越後関山で上杉軍と対陣していた時であったという（森家先代実録）。すぐに撤兵し、人質を連れて美濃の旧領兼山に戻る。この時、春日周防守の催した一揆を破って上ったという（武家事紀）。

長可はそのまま兼山に居城したが、清須会議の結果、美濃一国は信孝に与えられたので、彼も信孝所属の形になったのであろう。だが、信孝が羽柴秀吉と対立すると、秀吉方に付く。秀吉の岐阜城攻めに協力したであろうが、明記した史料はない。『森氏軍記』『森家系譜』等森氏関係の書には、この頃加治田城を攻略するなどして、東美濃を制圧したとある。秀吉の岐阜城攻めの前後、東美濃の遠山氏や小里（和田）氏を秀吉方にする工作を行っている（上原孝夫氏文書・阿子田文書）。また、十二月二十二日には、武儀八幡宮に対し、社領の安堵を約束している（八幡神社文書）。これらの動きから、東美濃方面に勢力を伸ばしたということは確かかも知れない。

翌年閏一月、秀吉の命により、郡上郡の遠藤氏を攻め、郡上八幡城を開城させた（遠藤家譜）。四月の賤ケ岳の戦いの時は、岐阜城攻囲の軍として残されたか、北近江での活躍は見られない。

同十二年、今度は信雄が家康と組んで秀吉に対抗すると、長可はこの時も秀吉方に付く。そして三月に尾張へ出陣。十三日、犬山城を落した（佐竹文書・宇野）。

さらに四月九日、池田恒興らの軍と一緒に三河に侵入しようとしたところ、長久手で家康軍の急襲にあい敗戦、討死した。二十七歳の若さであった。

　この戦いに出陣する直前の三月二十六日付で、長可は尾藤知宣に宛てて遺言状をしたためている。その中に、自分の娘は医者に嫁がせるのがよい、決して武士の妻などにはしないようにという一節がある（下村晃園氏文書）。父をはじめ兄弟四人をも戦いで失った、長可の偽らざる感懐だったであろう。

　妻は一緒に戦死した池田恒興の娘であった。

森成利（もり　なりとし）　尾張

　永禄八年（一五六五）～天正十年（一五八二）六月二日。

　蘭丸。だが、文書では、「乱」あるいは「乱法師」という名が用いられている。諱は『重修譜』に「長定」とあり、これに従う書が多いが、文書における署名は「成利」である。

　可成の三男。母は妙向尼。幼時より信長に仕え、客の饗応、諸大名の出仕した時の奏者を務めるという（重修譜）。信用できる史料に限ると、その活躍は天正七年（一五七九）より見られる。それを列記してみよう。

①天正七年四月十八日、塩河長満褒賞の使として摂津に遣わされる（中西権兵衛と）（公記）。使は二人だが、成利が正使、権兵衛が副使だったようである。
②同八年八月十三日、信長を訪れた吉田兼和の贈物を披露する（兼見）。
③同九年二月二十五日、兼和の訪問を受け、贈品を受ける（兼見）。
④同年七月二十五日、安土にて信長よりの贈品である脇指を信忠・信雄・信孝に渡す（公記）。
⑤同十年一月二十六日、信長の使として岐阜へ行き、信忠に土蔵の中の鳥目を伊勢大神宮に寄進すべきことを伝える（公記）。
⑥同年二月八日、信長の使として、斎藤六大夫を賞し小袖と馬を与える（公記）。
⑦同年三月二十日、信長の使として、小笠原信嶺の知行を安堵する（矢部家定と）（公記）。
⑧同年三月二十三日、兼和より物を贈られる（兼見）。
⑨同年五月十九日、信長の使として、幸若大夫を褒す（公記）。
⑩（同年）五月二十七日、京にいる信忠より、信長の上洛を京にて待つと伝えられる（小畠文書）。

　そのほか、金剛寺に贈品を謝した書状などが伝わっている。信長の黒印状に副状を発したという例も多い（金剛寺文書ほか）。

　成利の活躍期は、天正七年から十年までの僅か三年間にすぎない。しかし、信長の晩年、成利が信長の最も近辺にあって、秘書のような役割を果していたことが、上記の事跡を見ても知られるであろう。

　信長の寵愛を受けながらも、小姓の身分の成利は、知行の上ではさしたる待遇は受けていなかった。同九年四月二十日付の朱印状で与えられたのは、近江散在の地、四筆都合五百石にすぎない（尊経閣文庫文書）。

　しかし、同十年の武田攻めの後、成利は一躍城持ち大名に出世する。兄長可が信濃海津城に移った跡の美濃兼山及び米田島《よなだじま》を与えられたのである（公記）。『寛永伝』には五万石とある。だが、間もなく本能寺の変が起るため、成利の城主としての事跡は見られない。

　五月二十九日の信長最後の上洛に随従。本能寺に明智光秀の急襲を受けて、主信長ともども討死した。弟坊丸・力丸も小姓として本能寺にいたが、一緒に討死した（公記ほか）。成利の没年齢については、『寛永伝』等に十八歳と載っている。

森坊丸（もり　ぼうまる）　尾張

　永禄九年（一五六六）～天正十年（一五八二）六月二日。

　諱は、『重修譜』に「長隆」とある。

　可成の四男。信長の小姓。天正十年（一五八二）六月二日、本能寺にて討死した（公記）。『寛永伝』には十七歳とある。

森弥五八郎（もり　やごはちろう）　美濃

?～天正十年（一五八二）五月？

初め斎藤氏の臣（甫庵）。斎藤氏の没落とともに信長に仕えたのであろう。その上洛に従う。永禄十二年（一五六九）一月、本圀寺で義昭を守り、三好三人衆らと戦う（公記）。

何ゆえか不明だが、天正十年（一五八二）五月、信長の命により誅殺されたという（武家事紀）。子治左衛門可明は、丹羽長重に仕えた（丹羽歴代年譜付録）。

森可隆（もり　よしたか）　尾張

天文二十一年（一五五二）～元亀元年（一五七〇）四月二十五日。

伝兵衛。

可成の長男。長可・成利（乱丸）らの兄である。

元亀元年（一五七〇）四月、越前攻めに従軍。二十五日の天筒山《てづつやま》攻撃の時、討死した。十九歳という（重修譜）。

森可成（もり　よしなり）　尾張

大永三年（一五二三）～元亀元年（一五七〇）九月二十日。

満、与三、三郎左衛門、三左衛門。

〔出身地と信長上洛以前の活躍〕

美濃出身で初め斎藤氏に仕えるというが、『重修譜』に載った出身地は葉栗郡蓮台である。天文末年頃にはもう信長の臣として名が見えるから、斎藤氏に仕えていたとしても、かなり早いうちに信長に転仕したのであろう。

天文二十三年（一五五四）の四月か、清須城攻めに参加。織田彦五郎（広信）を討ち取ったという（甫庵・武家事紀）。弘治二年（一五五六）四月には、舅の斎藤道三を援けるため出張した信長に従軍。敵斎藤義竜の士千石又一と戦って負傷した（公記）。

同年八月二十四日、稲生《いのう》の戦いにも従軍して活躍（公記）。永禄元年（一五五八）七月十二日の浮野の戦い、同三年五月十九日の桶狭間の戦いでも功名という（甫庵・寛永伝ほか）。上洛前にして、すでに信長の部将の一人であった。

『重修譜』には、同八年、蓮台から兼山に移るとある。同十年の稲葉山城攻略前にして、信長は小牧城を拠点として東美濃に進攻していたから、それは事実であろう。

文書による可成の初見は、同九年四月。下郷井水高の造築を信長より命令されたものである（尾張徇行記）。また、美濃兼山に移った後のものであろうが、十月三日付の、坂井政尚と連名で武儀八幡宮に対し寺領の保証を約束した書状がある（八幡神社文書）。

〔京畿の行政を担当して〕

同十一年九月、信長の上洛に従軍。柴田勝家・蜂屋頼隆・坂井政尚とともに勝竜寺城を攻め、これを落す（公記）。

その後、翌年にかけて京都の政務の担当者の一人となるが、連署状に見える顔触れは、先に勝竜寺攻めを行った四人、またはそれに佐久間信盛が加わった五人であることが多い。その跡をたどってみよう。

①永禄十一年十月十二日、洛中に禁制を下す（『武家事紀』所収文書）。

②（同年）十一月五日、伏見荘の名主百姓に、年貢・諸成物を天竜寺周悦首座に納めるよう命じる（尊経閣文庫文書）。

③（同十二年）一月二十四日、飛鳥井雅敦より、本興寺の陣取り免除について頼まれる（本興寺文書）。

以上が森・柴田・蜂屋・坂井の四人が発給ないし宛名となった文書である。これに佐久間が加わったものを次にあげよう。

④同十一年十月一日、富田林院（興正寺）に下した制札を確認する（京都大学所蔵杉山文書）。

⑤（同十二年カ）二月一日、三好三人衆らを援けた金剛寺を責め、罰として兵糧米を賦課する（三好義継・松永久秀の臣も加わっている）（南行雑録）。

⑥同年二月十一日、堺接収の上使を務める（和田惟政及び三好・松永の臣も加わる）（宗及記）。

⑦（同年）二月十六日、本興寺境内・門前に軍勢が駐まることを禁止する（三好・松永の臣も加わる）（本興寺文書）。なお、この文書は、『大日本史料』十編では元亀元年

に比定されているが、永禄十二年とするのが自然であろう。

⑧（同年）三月二日、多田院に矢銭を免除する（三好・松永の臣も加わる）（多田院文書）。

⑨（同年）四月一日、堺に用脚を催促する（岡本良一氏文書）。

　同時期にやはり京畿の政務にたずさわった者たちとして、木下秀吉・明智光秀・丹羽長秀・中川重政の四人のチームがある。このチームも、御料所丹波山国荘のこと、曇華院《どんげいん》領山城大住荘のことなど担当し、活躍している（立入文書・曇華院殿古文書ほか）。可成たちのチームが永禄十二年四月中旬に任務を終え、木下たちのチームに引き継いだものと思われる。

　これらのほか、上洛後の可成の関係文書を次にあげてみよう。

⑩（同十二年）一月十八日、下知の旨に任せ、阿弥陀寺に兵士の寄宿を免除する（単独）（阿弥陀寺文書）。

⑪（同年）十月二十日、某宛てに、信長が不承知のことを告げ、志賀郡へ指令書を送ることを命じる（中川・和田と）（反町文書）。

⑫（永禄年間ヵ）十一月二十八日、某宛てに町並の諸役を免除する（金森長近・坂井と）（長谷川文書）。

⑬元亀元年（一五七〇）八月十二日、遠藤慶隆に所領を安堵する（単独）（遠藤文書）。

⑬は、可成が東美濃の一部に所領を持っていたのみならず、郡上郡の遠藤氏を麾下に置いていた証となる。⑫も、美濃での統治の跡と見てよかろう。

〔近江南部の支配者〕

　永禄十二年八月、伊勢大河内《おかわち》城攻めに従軍（公記）。元亀元年、越前攻めが浅井氏の離反により失敗した信長は、その五月、江南に部将たちを配置して浅井・六角に対する防御線を張った。その戦略の一環として、可成は宇佐山城を預けられる（公記）。

　『公記』によれば、永原城に佐久間信盛、長光寺城に柴田勝家、安土城に中川重政が同時に置かれたとあるが、可成が宇佐山城を預けられたのはもう少し早いらしい。それは、『多聞院』同年三月二十日条に、「森ノ山（三）左衛門城用害」の麓に新道を造り、山中・白川・東山へ通じる、という記載があるからである。信長は、防御線に先んじて、まず可成を京都との通路を扼す宇佐山に可成を置いたのである。

　この諸将の江南配置は軍事的な目的であるから、最初のうちは諸将の支配地の境界も分明でないし、支配地の政務もその場しのぎである。しかし、各地の在地領主を与力として軍団に組み入れる体制は早くから整っていたらしい。可成の戦死後、宇佐山城に入った明智光秀は、堅田衆をはじめとする志賀郡の士を与力とする。だが、可成の支配の段階では堅田衆も他の志賀郡の士も付属してはいなかった様子である。

〔その戦死〕

　同年六月、小谷城攻めに参加。その後六月二十八日の姉川の戦いの記事には名が載っていないが、おそらく加わったであろう。八月の、信長自ら軍を率いての南方出陣には従軍せず、宇佐山城を守る。ところが、信長軍の主力が留守なのを見た朝倉・浅井軍が連合して南へ下り、宇佐山城に攻めかかった。

　九月十六日、可成は城を出て、坂本における足軽合戦でそれを追返す（公記）。信長の弟信治の来援を受けるが、なおも少勢。二十日、敵軍再度の攻撃に、防戦したが敵わずついに討死した。四十八歳という（寛永伝）。信治以下、青地茂綱・道家兄弟らも同所で討死した。敵軍はこの勢いで宇佐山城に取りかけたが、武藤五郎右衛門・肥田彦左衛門らがこれを守備して、ついに守り通した（公記）。

　子の長可・成利（蘭丸）らは、父に代わってこの後信長に忠誠を尽くした。娘は木下勝俊・関小十郎右衛門に嫁している（重修譜）。

森蘭丸（もり　らんまる）　→森成利（もり　なりとし）

森力丸（もり　りきまる）　尾張

　永禄十年（一五六七）～天正十年（一五

八二）六月二日。

『重修譜』などの系図類は、諱を「長氏」としている。

可成の五男。信長の小姓。天正十年（一五八二）六月二日、本能寺にて討死、十六歳という（公記・寛永伝）。

や

八木豊信（やぎ　とよのぶ）　但馬

生没年不詳。

但馬守、但馬入道。

但馬八木城に拠った土豪。山名氏に仕え、垣屋・太田垣・田結庄《たゆいしょう》と並び、四天王と称されるという。

信長は上洛後、但馬守護家山名韶熙《あきひろ》を通じて但馬の士を従属させようとする。（元亀元年＝一五七〇）四月十九日、信長は八木ら但馬の土豪たちに書を送り、銀山の押領を咎め、主君韶熙を疎略にしないよう命じている（宗久書）。

だが、天正三～四年頃、まだ信長の直接の支配が及ばないうちは、毛利氏と絶えず連絡をとり、盛んに款《よしみ》を通じている（吉川家文書）。

その後、羽柴長秀（秀長）の但馬平定に伴い、秀吉に従属。天正八年（一五八〇）五月、鳥取城攻めに従軍し、付城の鬼ケ城に置かれている（紀伊続風土記）。同九年四月頃には隠居したのか、「但馬入道」と称し、有岡に居住している（宗及記）。

天正九年四月二十五日、同十年二月十七日、津田宗及の茶会に出席している（宗及記）。

柳生宗厳（やぎゅう　むねよし）　大和

大永七年（一五二七）～慶長十一年（一六〇六）四月十九日。

新助、新介、新左衛門、又右衛門、但馬守。斎号は石舟斎。

家厳の子。新陰流の剣術の始祖。大和柳生荘に住す（柳生家譜）。筒井氏、三好氏に属すが、永禄九年（一五六六）には信長に通じていたらしい。

『信長文書』に収録された、八月二十一日付宗厳宛て信長書状、及び八月二十八日付同人宛て佐久間信盛書状がある（柳生文書）。後者は前者の副状らしいが、内容は、信長上洛の際の忠節を促したものである。『信長文書』では、この二通の『柳生文書』を永禄十一年に比定しているが、信長書状の冒頭にある「雖レ未二申一通一令レ啓候」の文言から、（同十年）十二月一日付の同人宛ての朱印状（柳生文書）より以前のものであることは明らかである。

『多聞院』永禄九年八月二十四日条に収められた、義昭御内書の副状という、七月十七日付十市《とおち》兵部少輔宛ての大覚寺義俊の書状によると、義昭は八月二十二日に信長に供奉されて入京の予定であるという。先にあげた佐久間の書状に、「仍信長上洛之儀、江州就二表裏一先延引候」とあるのは、八月二十二日の義昭・信長の入京を期待していたであろう大和の国衆に対する弁解であると思われる。即ち、先にあげた二通の『柳生文書』は、永禄九年のものであると結論づけたい。

（同十年）十二月一日、信長より再度入京の意思を告げられ、松永久秀と入魂にするよう求められている（柳生文書）。信長は同日付で、岡国高・興福寺衆徒にも通信して、同様のことを求めているから（岡文書・柳生文書）、信長は入京後、大和を松永や柳生ら国衆の力で平定して行くつもりだったものと思われる。

永禄十一年九月、信長が義昭を奉じて入京すると、大和の進退は久秀に任されたから、柳生氏もそれに属したのであろう。だが、大和の進退を委ねられた久秀は、国衆筒井順慶らの抵抗にあって苦戦を続ける。

久秀が将軍義昭方となって、信長に反抗した時には、宗厳は久秀を離れていたようである。だが、筒井方にも属さなかったらしい。天正二年（一五七四）四月から五月頃、宗厳が十市遠長と入魂を重ねている様が、『柳生文書』や『多聞院』に見える。十市が筒井と争っていた最中である。

本能寺の変を経て、天正十三年閏八月、羽柴秀長が大和に入国するとともに浪人。京へ行き、近衛前久に仕える。文禄三年（一五九四）、京にて初めて家康に拝謁して剣術を披露し、家康よりその術を長く伝えるよう命を受けて誓紙を受け取ると同時に、二百石を賜る（柳生家譜・重修譜）。

慶長五年（一六〇〇）七月、上杉攻めに従軍して小山に至るが、命により子宗矩を大和に帰して工作させたという（重修譜）。

同十一年四月十九日没、八十歳と伝わる（柳生家譜）。

矢島四郎右衛門（やじま　しろうえもん）　尾張

生没年不詳。

矢島六人衆の一人で、弘治元年（一五五五）頃、矢島六人衆して坂井孫八郎を討ったと『甫庵』にある。

佐々成政の臣に矢島五郎右衛門尉があり（太閤記）、また、『重修譜』に矢島九郎右衛門という人物が載っているが、どちらも一族であろうか。

屋代右衛門尉（やしろ　うえもんのじょう）

→菊池武勝（きくち　たけかつ）

屋代十郎左衛門（やしろ　じゅうろうざえもん）　越中

生没年不詳。

上杉謙信に属していたが、謙信の死後信長に降ったものと思われる。天正八年（一五八〇）三月十六日、菊池武勝とともに、信長より氷見郡の内屋代一家分と新知行とを安堵されている（加能越古文叢）。

矢代勝介（やしろ　しょうすけ）

?～天正十年（一五八二）六月二日。

『公記』に、「関東祇候の矢代勝介と申す馬乗り」とあり、『惟任謀反記』に、「馬乗勝介」とあるから、関東出身の馬術家であろうか。横澤信生氏は、「屋代左近将曹重俊」なる人物とし、加賀河北郡竹橋の生れ、八条流の宗師と推定している（同氏「屋代将曹と信長公記」）。

信長の晩年にこれに仕え、天正九年（一五八一）及び十年の一月十五日に催された爆竹《さぎっちょう》に参加。九年二月二十八日の馬揃えの時も、馬上にて行進している（公記）。

同十年六月二日、本能寺にて討死した（公記・惟任謀反記）。「お前は他の者たちとは違う。早く逃げろ」と周囲から勧められたのに、あざ笑って戦い、討死したという（甫庵）。正式には信長の家臣ではなかったのであろう。

安井秀勝（やすい　ひでかつ）　尾張

?～慶長十一年（一六〇六）九月三十日。

小右衛門尉、将監。諱は、一時「秀長」。

海東郡松葉荘を本拠とした豪族。初めは清須の守護家に仕えたが、その滅亡後か、信長に仕える。（天正四年）一月十一日、円福寺に足袋の贈呈を謝した書状があるが、その文面では、信長の側近だった様子である（円福寺文書、下村信博「尾張武士と伊勢」所収）。

しかし、同五年頃より、伊勢の信雄に付

属させられたらしい。同五年一月より、信雄家臣に混じって、伊勢神宮外宮にさかんに贈品している姿が見られる（天正九年御遷宮日次、稲本紀昭「国立公文書館所蔵『天正九年御遷宮日次』・『慶長御遷宮日次』」所収）。

本能寺の変後、尾張は信雄の支配下に置かれるので、引き続きそれに仕える。『分限帳』によれば、海東郡内で合計千百三十貫文を知行している。同十七年頃、諱を一時的に「秀長」に変えている（下村氏前掲論文）。

天正十八年の信雄改易に伴い、浪人したらしいが、その後、秀吉に仕える。文禄四年（一五九五）八月三十日、秀吉から四百石の地を与えられている（安井家文書、柴辻俊六「尾張国安井家文書について」所収）。

その後、福島正則に仕え、関ケ原の戦いで敢闘。戦後、尾張の国主になった松平忠吉に転仕。四百石の知行を安堵されている（安井家文書）。

慶長十一年（一六〇六）九月三十日没（安井家系図、柴辻氏前掲論文所収）。

安井秀依（やすい　ひでより）

生没年不詳。

清右衛門。諱は「定次」とも。号は宗因。

尾張の安井氏の一族か。兄主計定重とともに、佐久間信盛の下で本願寺を囲んでいたらしい。佐久間追放後の天正八年（一五八〇）十一月十五日、真観寺に諸役を免除している（小谷利明「久宝寺・八尾地域における都市形成」）。同九年一月二十五日、信長より屋敷を安堵され、諸役等を免除されている（安井文書）。この後、久宝寺内町の支配を任されたという（小谷氏前掲論文）。

某年三月十九日、六十一歳で没すという（山本文書）。

保田知宗（やすだ　ともむね）紀伊

?～天正十一年（一五八三）四月二十四日

佐介、左介、山城守。久六というのは養子安政のことだが、しばしば混同されている。

長宗の子、繁宗の兄（重修譜）。『保田系図』には紀伊有田郡保田荘と河内錦部郡を領すとあり、『重修譜』には有田郡八幡山城を居城とするとある。紀伊の守護畠山氏に仕える。

（天正元年＝一五七三カ）五月十七日、秀吉より人質提出を命じられ、七月十四日には信長より遊佐信教攻撃への指示をされている（寸金雑録・古案）。同年九月五日付下水分社宛て、同年九月七日付観心寺宛て禁制がある（喜志宮文書・観心寺文書）。高屋城攻撃を続けていたのであろう。

また、同二年二月十日、紀伊大伝法院宿老の請いにより、河内金剛寺の国役を免除した判物もある（金剛寺文書）。

これらの事跡を見ると、守護畠山秋高・三好義継や守護代遊佐信教・安見宗房らの争いと滅亡といった河内の混乱の中で、信長に従う決心をして生き残ったようである。だが、同三年四月、ずっと信長に反抗していた三好康長が信長に降り、南河内の支配を任されると、保田はそれに従う形となったらしい。

翌四年四月、康長に従って大坂の本願寺攻めに加わる。五月三日、原田（塙）直政総指揮の下に三津寺攻めに参加した息男が討死した（太田牛一旧記）。その後の活動は不明。この頃より「佐介」に代って専ら「久六」が登場しているから、養子の久六郎安政（佐久間盛政の弟）に代替りしたのかも知れない。

安政とともに柴田勝家に属した様子で、最後、天正十一年四月二十四日、北庄城で勝家と運命を共にしたらしい（重修譜）。

元亀年間のものと思われるが、四月二十一日付で、知宗に柴田勝家と相談して城を普請して堅固に守るよう命じた信長朱印状がある（『保田系図』所収文書）。知宗は、この頃も勝家の指揮下にあったのであろう。

保田安政（やすだ　やすまさ）尾張

弘治元年（一五五五）～寛永四年（一六二七）四月二十五日。

久六郎、久右衛門、備前守。諱は「安次」とも。

佐久間盛次の二男で、盛政の弟。紀伊の

豪族保田佐介知宗の養子となる。養父知宗は紀伊だけでなく河内にも所領を持ち、信長に従っていたが、天正四年（一五七六）五月の本願寺との戦いで嫡男を失った（太田牛一旧記）。安政が養子に入ったのは、その後だろう。間もなく保田家を継いだものと思われる。

保田家を継いだ安政は、佐久間信盛の与力とされて本願寺攻めに加わった。同年七月、住吉浜の付城の番手を務めている（公記）。同八年八月の佐久間父子譴責状中に、石山城を攻略すれば他の敵城は自壊することを、信長に進言したことが載っている。ずっと大坂攻めに参加していたのであろう。

佐久間父子の追放後のいつのことか不明だが、越前に移り、叔父の柴田勝家に属す。賤ケ岳の戦いに参加し敢闘（太閤記）。敗戦後紀伊に戻り、小牧陣が起ると信雄・家康方に属し、河内国見山城に籠って岸和田の中村一氏としばしば戦ったという（佐久間系図）。その後小田原へ赴き、北条氏政に仕える。

秀吉に対して反抗を続けた安政だが、北条氏滅亡後、罪を問われず、蒲生氏郷の家臣となり、氏郷の死後は直接秀吉に仕えて、近江小川近辺七千石を与えられた（佐久間系図）。

関ケ原の戦いでは、東軍として奮戦し、家康より賞せられ、近江高島郡にて加増、一万五千石を領す（重修譜）。大坂両陣にも参陣し、元和元年（一六一五）、信濃飯山城三万石に移封（佐久間系図）。

寛永四年（一六二七）四月二十五日、江戸にて没、七十三歳という（佐久間系図ほか）。

安見右近丞（やすみ　うこんのじょう）　河内

?～元亀二年（一五七一）五月十日。

安見宗房の一族であろう。畠山高政に仕える。

永禄年間には、宗房と同様、松永久秀の味方として活動していたであろう。同八年（一五六五）十月二十四日、松永の部将竹内秀勝とともに河内で戦っている（多聞院）。同十年九月十日、三好三人衆との戦いで負傷した（多聞院）。

信長・義昭上洛後は、幕府に従ったのであろう。永禄十二年二月、河内星田荘の御供料を未納ということで、石清水八幡宮から幕府に訴えられている（菊大路文書）。

義昭・信長政権には忠実で、元亀元年（一五七〇）十月より交野《かたの》城を堅固に守り、三好三人衆の進撃を許さなかった（公記）。

その後、新主畠山秋高が久秀と対立する。同二年五月には、交野城に松永軍の攻撃を受ける（多聞院）。その後捕らわれたのか、その月十日、久秀のために切腹させられた。切腹の場所は、『言継』には多聞山城、『宴乗』には「西新屋」（所在地不明）とある。『宴乗』には、「和田（惟政）高屋衆と中合可成敵クハダテ之間腹を被切也」とある。今一つ意味が不明だが、主秋高が惟政と通じて久秀と対立した中にあって、その仲介に努めていたのであろうか。

右近切腹の直後より翌年にかけて、またも久秀父子の交野城攻撃が繰り返されるが、右近の子と思われる安見新七郎がこれを守り通した（多聞院・公記）。

ずっと後の、天正八年（一五八〇）一月十一日、吉田兼和に祈禱を依頼している「安見右近後室」が見られる（兼見）。

安見新七郎（やすみ　しんしちろう）　河内

生没年不詳。

右近丞の子か。畠山氏の臣。

元亀二年（一五七一）五月、右近丞は松永久秀のため切腹して果てる（言継・宴乗）。新七郎は交野城に籠って久秀に対抗。五月十二日より久秀父子に攻められるが持ちこたえた（多聞院）。

同三年四月、またも交野城を三好義継・松永久秀の軍に攻められるが、信長軍及び公方衆の救援によって救われる（公記）。

義継・久秀没落後、信長の麾下として河内の領知を安堵されたのであろう。天正六年（一五七八）十月一日、堺より帰洛の途の信長を居城にて休息させている姿が見られる（公記）。（同七年）九月十八日、長雲軒妙相より書状を受けて、枚方の鋳物師への夫役賦課の免除を命じられている（真継文書、馬部隆弘「牧・交野一揆の解体と織田政権」所収）。同九年二月、京都馬揃えに参加している（隆佐記）。河内衆だから、蜂屋頼隆に属して行進したのであろう。

安見直政（やすみ　なおまさ）→安見宗房

安見宗房（やすみ　むねふさ）　河内

生没年不詳。

美作守。姓の安見を「あみ」と読んでいる書もあるが、『言継』に「八隅」の字が用いられており、「やすみ」と読むことは確かである。初期は、本姓の「遊佐」を名乗っている。諱は「直政」で通っているが、文書によると「宗房」である。

河内守護畠山高政・秋高の臣。河内飯盛山城主。中村円賀の子だが、安見氏の養子になるという（足利季世記）。妻は佐久間信盛の娘と『重修譜』にあるが、誤りであろう。

天文二十年（一五五一）五月、遊佐長教暗殺により、代って守護代になつたとされるが、弓倉弘年氏によれば、安見氏は小守護代層であるという（同氏「戦国期河内守護家と守護代家の確執」）。

主高政が三好長慶と対立すると、高政を助けて長慶方と戦う。同二十二年八月、長慶入京の時、高政とともに将軍義輝を擁して近江へ逃れた（重修譜）。以後、永禄二年（一五五九）から三年にかけてしばしば長慶方と戦ったが、同三年十月二十四日、いったん降伏して居城を開き、堺に出奔した（両家記）。

その後、再び長慶に対抗。同五年三月五日、高政に従って久米田にて長慶の弟義賢（実休）と戦い、これを戦死させた。

しかし、主高政との間も必ずしも親密ではなく、まず永禄元年一度目の衝突があり、高政は出奔して岩室城に蟄居することになる（両家記）。

同七年七月、長慶が死んで、三好家中が三人衆方と松永久秀方とに割れると、高政とともに久秀方に付く。同九年二月、高政とともに河内に乱入し、三人衆方と戦った。しかし、この時は和泉芝にて大敗した（足利季世記ほか）。

同十一年、義昭・信長上洛後は、高政が河内半国の守護とされたので、ともに義昭・信長政権に従う。しかし、同年秋、またも高政と対立。同じ老臣の遊佐信教と協力して秋高を立て、高政を逐う（足利季世記）。

その後の安見氏は、「安見右近」という人物が中心になって秋高を立て、最後、松永久秀に殺されることになる（多聞院・言継・宴乗）。この「右近」と宗房との関係については、明らかではない。同一人という可能性もある。

天正五年（一五七七）十二月二十五日、もと宗房が所持していた「万里高山の絵」が薬師院の茶会で披露されている（宗及記）。「右近」と別人だとしても、その頃までには没していたようである。

矢田部掃部助（やたべ　かもんのすけ）　伊勢

生没年不詳。

神戸四百八十人衆の大将の一人。元亀二年（一五七一）一月、所領安堵され、信孝に従った（勢州軍記・神戸録）。

楊本藤虎（やなぎもと　ふじとら）　大和

生没年不詳。

楊本は「柳本」とも書く。官名、称呼は明らかではない。

大和の国衆。元亀二年（一五七一）、大和の内紛の中、内衆を福智堂に殺され、同年八月一日付で福智院実舜より見舞いの書を受けている（尋憲記）。同年十二月、筒井順慶に与党して十市《とおち》城を囲んだ「楊本」もこの藤虎であろう（尋憲記）。

当時の楊本氏には、庄左衛門尉・源太郎・甚介・備前・又次郎などが『多聞院』に見られるが、この藤虎がそのうちの誰にあたるかは詳らかでない。

簗田出羽守（やなだ　でわのかみ）　尾張

生没年不詳。

四郎左衛門の子と『重修譜』にあるが信用できない。九坪《くつぼ》城主。

永禄三年（一五六〇）五月十九日、出羽守の勧めにより信長は奇襲戦術に出て、首尾よく桶狭間の戦いで今川軍を破ることができたので、出羽守は功を賞されて沓掛三千貫文の地を得たという（甫庵・武家事記）。出羽守が九坪のほかに沓掛をも領知していたことは、同十年に書かれた（里村）紹巴の『富士見道記』に見える。

信長の上洛後もしばらくの間は健在で、元亀元年（一五七〇）九月二十三日、将軍邸で山科言継ら公家たちと宴を張っている様が見られる（言継）。また、天正元年（一五七三）十一月二日、塙直政・河尻秀隆とともに津田宗及の茶会に出席している（宗及記）。

なお、この前後、戦場で働いている「簗田出羽守」が諸書に見られるが、それらは左衛門太郎広正（別喜《べつき》右近）との混同であろう。出羽守と広正とは同一人とされがちだが、父子の間柄らしい。

簗田彦四郎（やなだ　ひこしろう）　尾張

生没年不詳。

出羽守や広正（別喜右近）の一族。広正の子という（尾張群書系図部集）。

信忠軍団に属し、天正十年（一五八二）二月、木曾口加勢の人数として進軍。十六日、木曾軍と一手になって鳥居峠に着陣した（公記）。この時の戦いで、戦死したという説もあるが、（天正十一年）一月二十四日付、信雄書立中に名があり、戦死したというのは誤りのようである（生駒陸彦氏文書）。

簗田広正（やなだ　ひろまさ）　尾張

？～天正七年（一五七九）六月六日。

左衛門太郎。賜姓任官されて「別喜右近《べっきうこんの》大夫《だいぶ》」。諱の「広正」については、『越登加三州志』などにあるが、文書では確認されない。「政次」とする書もある。

〔広正と出羽守との関係について〕

後の別喜右近大夫である簗田広正については、桶狭間の戦いの功労者とされる簗田出羽守ととかく混同されがちである。『公記』には「出羽守」は全く登場しないが、そこから派生した『甫庵』や『当代記』等では、『公記』にある左衛門太郎の事跡を出羽守のものとしている。後の研究でも、出羽守と左衛門太郎とを同一人としたものが多い。だが、「出羽守」は天正元年十二月二日の時点まで『宗及記』などに登場しており、同一人が名乗りを変えたものとは思えない。

『尾張志』の著者は、（里村）紹巴の『富士見道記』の記事に注目し、同書の永禄十年四月二十二日条に登場する、九坪《くつぼ》居住の「簗田出羽守息」を広正、後の別喜右近大夫に当てはめている。広正が九坪を本領としていたらしいことは『当代記』にもあり、おそらくこれが正しいであろう。

父と思われる出羽守は、天正初年までは健在だが、信長の馬廻として戦場で活躍してきたのは、子の左衛門太郎広正の方だったのであろう。

〔信長の馬廻から信忠軍団の部将へ〕

簗田広正の活躍で目立つものは、元亀元年（一五七〇）六月二十二日、小谷より退却する信長軍の殿《しんがり》を務めたことである（公記ほか）。この時、一緒に殿軍となった佐々成政・中条家忠も含めて、『当代記』では「小身之衆」と呼んでいる。三人ともまだ馬廻であり、この年近江の諸城に配置された柴田勝家・佐久間信盛・森可成・中川重政・木下秀吉ら部将たちに比べると、一段格下だったのであろう。それでも、三人合わせて殿軍となるだけの兵力は持っていたのである。

同年九月二十五日、叡山に籠った朝倉・浅井軍の攻囲に参加（公記）。同三年十二月、家康の請いにより、信長が佐久間信盛・平手汎秀《ひろひで》を援軍として遣わした後、目付を命じられて派遣される（田島文書）。だが、三方原の戦いに間に合ったかどうかは疑問である。

天正二年（一五七四）七月、伊勢長島攻めに従軍。この時は信忠に属して市江口に着陣している（公記）。信忠軍団が形成されたのは、前年七月頃。麾下には尾張衆の一部と東美濃衆が属した。広正も尾張衆としてそれに組み込まれたものらしい。

〔信長重臣、加賀支配者への昇進〕

同三年七月三日、信長は官位昇進の勅諚を辞退、代わりに主立った家臣の任官を願い出、勅許された。この機会に賜姓、任官された信長家臣は『公記』によると次の通りである。

　松井友閑（宮内卿法印）・武井夕庵（二位法印）・明智光秀（惟任《これとう》日向守）・簗田広正（別喜右近大夫）・丹羽長秀（惟住《これずみ》）。

　このほか、村井貞勝（長門守）・羽柴秀吉（筑前守）・塙直政（原田備中守）の任官もこの時と思われる。

　賜姓、任官は実質の伴うものではないが、広正はこの時から、信長家中の重臣の列に加わったと言えよう。そして、この時点ではまだ小部隊指揮官にすぎなかった彼だが、近いうちに大役を任されることが約束されたとも解釈できる。

　同年八月、広正は越前一向一揆討伐戦に従軍した。そして越前平定後、彼は光秀・秀吉らとともに加賀に乱入する（公記）。（同年）九月十日付、長岡藤孝・稲葉良通・羽柴秀吉宛て信長朱印状によれば、広正はこの後、いったん戻って信長に加賀の様子を言上し、その後、「目付」として再び加賀へ派遣されている（松江松平文書）。なお、『信長文書』は、この文書を天正四年に比定しているが、誤りであろう。

　広正は、他の将が帰陣してからもそのまま加賀に駐まり、檜屋《ひのや》・大聖寺《だいしょうじ》城を固めた（公記）。この時、加賀一国は広正に委ねられ、佐々長穐・堀江景忠がそれに添えられたという（甫庵・当代記）。

　ほぼ同時に越前の国割りが行われて、柴田勝家を中心とする越前の支配体制が整う。後に、勝家が佐々・前田ら越前衆を率いて北陸方面軍を形づくることになるが、宛行いの行われた天正三年九月の時点では、単なる分封支配の体制だったものと思われる。従って、勝家、広正の間には従属関係は存在しなかったであろう。

〔加賀支配の失敗〕

　加賀一国の支配とはいっても、平定成っていたのは江沼・能美の二郡だけであり、しかもその二郡すら不安定な状態であった。広正が加賀に封じられて幾許もなく、加賀の一揆は再び蜂起。広正の加賀平定は困難を極めた。『越登賀三州志』等によると、信長帰陣後間もなくから翌四年にかけて、加賀平定どころかしばしば一揆勢に大聖《だいしょう》寺《じ》城を攻撃されたという。

　天正四年の、おそらく秋の頃と思われるが、信長は広正に見切りをつけた。広正は尾張へ召還され、加賀は越前と合わせて勝家に与えられた（当代記）。勝家はその後、甥の佐久間盛政を先鋒として、苦戦の末、同八年まで五年がかりで加賀の平定を成し遂げる（公記）。

　一方、召還された広正は、本領尾張九坪に引き籠り、活躍の舞台を失った（当代記）。ただ、二年後の同六年六月二十九日、播磨の砦を輪番に警固する将の中に、「簗田左衛門太郎」の名が見えるのみである（公記）。この作戦の総帥は信忠だから、また尾張衆に戻ってその軍団に組み入れられたのであろう。「別喜」の姓も、「右近大夫」の官も、返上したか、あるいは剝奪されたのかも知れない。『当代記』によると、広正は、尾張召還後、ほどなく病死したというが、しばらくは生きていたようである。

　その没年月日は、天正七年六月六日。これは、広正あるいは出羽守が建立したと伝わる尾張聖応寺や松元院の位牌に記されているという（尾張志・張州雑志）。

簗田弥次右衛門（やなだ　やじえもん）　尾張

　生没年不詳。

　斯波義統の臣。出羽守あるいは左衛門太郎広正と同一人とする書もあるが、それは無理であろう。一族ではあるらしい。

　『公記』に、「一僕の人」とあるから、身分は低いようである。天文二十一年（一五五二）頃、那古屋弥五郎と男色の関係を持ち、二人で謀って清須の家老を信長に味方させ、それを信長に報告した（公記）。

　永禄十二年（一五六九）八月の伊勢大河内《おかわち》城攻めに従ったらしく、交名《きょうみょう》の中にその名が見える（公記）。

　天正十年（一五八二）、九坪《くのつぼ》村十所社を修復したという（尾張志）。

矢野藤一郎（やの　とういちろう）　丹後

生没年不詳。

丹後竹野郡吉永城主。天正七年（一五七九）一色氏に与して信長に反抗。長岡（細川）藤孝に攻められて降参するという（細川家記）。

同九年九月四日、信長より丹後にて四千五百石を与えられた（細川家文書）。同月十日、藤一郎は因幡に出陣中だが、信長は長岡藤孝・明智光秀に対し、検地後の彼の知行について指示を与えている（細川家文書）。

矢野備後守（やの　びんごのかみ）　丹後

生没年不詳。

丹後加佐郡祖母谷を本拠とする豪族。一色氏に仕えるか。（天正元年）八月二十二日、羽柴秀吉より書状を受けて、越前の戦況について報じられている（佐藤圭「新出の秀吉書状と丹後矢野氏」所収文書）。同三年八月、越前一向一揆討伐戦には、同じ丹後の国衆の大島・桜井とともに参加して、海上作戦を行っている（公記）。

矢野弥右衛門（やの　やえもん）　美濃

生没年不詳。

初め、斎藤氏の臣。永禄十年（一五六七）、主家斎藤氏没落とともに信長に降ったのであろう。同年十一月、信長より河野の内二十貫文の地を宛行われている（尊経閣文庫文書）。

矢野弥三郎（やの　やさぶろう）　丹波?

生没年不詳。

天正三年（一五七五）～四年頃か、信長に降る。その後、信長より四月十三日付の書状を受け、本領安堵を約束されている（信長文書）。

矢部家定（やべ　いえさだ）　尾張

生没年不詳。

善七郎。諱は他に「広佳」「光佳」「康信」、いずれも文書で確かめられる。

〔秘書的な仕事〕

信長の代表的側近の一人である。『武家事紀』に、長谷川秀一とともに若年時より諸事に用いられたとある。その活躍の初見は（元亀元年＝一五七〇）十一月、若狭の本郷治部少輔の降を仲介したことだから、比較的若年の家臣であろう。

彼の活躍は、まず信長の側近としての秘書的な仕事である。年次を追って列挙してみよう。

①元亀三年十月七日、信長の妙心寺領山城壬生西五条田等の安堵を、奉行である島田秀満・村井貞勝及び幕府供衆上野秀政に伝える（妙心寺文書）。

②天正元年（一五七三）十一月二十三日、妙覚寺での信長茶会の時、「御通衆」を務める（御松・堀秀政と）（宗及記）。

③（同二年）四月九日、信長の松尾社への書状に副状を発す（東文書）。

④（天正三年）十月二十八日、津島宿老に対し、蓮台寺より年貢を収納しないよう命じる（張州雑志）。

⑤同六年一月一日、元旦の礼のため安土出仕の諸将に対して酌の役を務める（大津長昌と）（公記）。

⑥同年五月五日、信長の盆山・鉢木の所望を吉田兼和に伝達する（兼見）。

⑦同年九月三十日、信長の津田宗及訪問の時、供衆の一人（宗及記）。

⑧同年十月、使として有岡に遣わされ、荒木村重を説得する（福富秀勝・佐久間信盛・堀秀政と）（隆佐記）。

⑨同七年二月十八日、信長に先んじて上洛し、公家たちに迎礼無用のことを伝える（長谷川秀一と）（兼見）。

⑩（同年）五月二十八日、信長が村井貞勝に安土宗論の事後処理を命じた黒印状に副状を発す（知恩院文書）。

⑪同八年三月十三日、安土へ上った北条氏の使に、土産代を遣わす使を務める（公記）。

⑫（同年）八月一日、使として本願寺へ遣わされ、大坂退城を急がせる（信長文書）。

〔各種の奉行として〕

信長側近としては、側にあって秘書的な仕事に励むばかりがその任務ではない。家定も、信長の側を離れて各種の奉行を務めることが多い。そうした仕事も列記してみよう。

⑬天正五年十月五日、信長に背いた松永久

秀の質子を成敗する奉行を務める（公記・兼見）。

⑭同六年六月、播磨神吉《かんき》城攻めの検使の一人（公記）。

⑮同年十一月、有岡城攻めの検使を務める（森田博之氏文書）。

⑯同七年十二月十三日、荒木村重一類焼殺の検使を務める（公記）。

⑰同八年閏三月一日、伊丹（有岡）城定番として派遣される（公記）。

⑱同年八月二日、石山本願寺受取りの検使を務める（公記）。

⑲同年八月二十一日、大和の城郭破却のための使として派遣される（滝川一益と）（多聞院・松雲公採集遺編類纂）。

⑲同九年三月二十五日、勝竜寺に在城して、長岡藤孝の旧領の知行改めを行う（猪子高就と）（公記）。

⑳同年九月十日、金蔵寺に臨時課役を免除する（猪子と）（金蔵寺文書）。

家定は度々戦場に出かけてはいるが、それは検使としての役目を負ったものであり、敵と干戈を交えることは皆無である。しかし、席のあたたまる暇もないその活躍振りがわかる。

〔**信長馬廻の指揮官の一人として**〕

天正十年一月十五日、安土城下で行われた爆竹《さぎっちょう》の時、家定と菅屋長頼・堀秀政・長谷川秀一の四人が小姓・馬廻衆を引率している（公記）。同年四月二日、甲斐台ケ原にて馬廻衆の着到を記録し、北条氏よりの雉を分配した奉行としては、先の四人に福富秀勝を加えたメンバーが名を連ねている（公記）。当時、信長馬廻の中でも、この五人が指揮官として特別な地位にいたのであろう。

同年の武田攻めの時は、信長に従って甲信に入国し、三月十四日、武田勝頼の首級を信長に持参、同月二十日、森成利とともに降将小笠原信嶺の知行安堵などの活躍が見られる（公記）。

甲信より凱旋の後の同年五月、信孝の四国攻めに応じて、信長より淡路平定を命じられたと『武家事紀』にある。だが、家定の前歴より考え、こうした役を担ったとは考え難い。淡路は前年のうちに羽柴秀吉・池田元助の手によって平定されており、家定の淡路派遣が事実だとしても、前年の能登における菅屋長頼のように、支城破却、国衆統制といった行政面の仕事だったのではなかろうか。

〔**本能寺の変後の家定**〕

同年六月二日の本能寺の変は、信長側近としての立場を一瞬にして消滅せしめた。変の時の家定の行動については詳らかではない。やはり淡路方面に派遣されていたのだろうか。京都近辺にいなかったことは間違いない。秀吉の東上を待って合流し、山崎の戦いに参加（松雲公採集遺編類纂）。その後は秀吉に従う。同十二年の小牧陣の時は、生駒近規・山内一豊とともに尾張柏井の森川屋敷の砦に置かれている（浅野家文書・『山内一豊武功記』所収文書）。同十五年、九州陣にも従軍（当代記）。

『太閤記』には、秀吉の下で侘しさをかこち、あまりの不如意さに耐えかねて、最後切腹したとある。その事実は確かめられないが、同十八年の小田原陣、文禄元年（一五九二）の名護屋陣の交名《きょうみょう》には、彼の名はすでに消えており、それ以前に死去したことはほぼ間違いなかろう。

矢部広佳（やべ　ひろよし）　→矢部家定

矢部光佳（やべ　みつよし）　→矢部家定

矢部康信（やべ　やすのぶ）　→矢部家定

山内一豊（やまうち　かずとよ）　尾張

天文十五年（一五四六）?～慶長十年（一六〇五）九月二十日。

猪右衛門、対馬守、土佐守。

葉栗郡黒田城主山内盛豊の二男。初め織田信安・信賢に仕えたが、信長の攻撃を受けて、黒田城は落とされ、父は戦死する。その後、美濃の牧村牛之助（政倫）次いで近江の山岡景隆に仕え、永禄末年頃より信長に仕えたようである（山内家史料・重修譜）。そして、木下秀吉に付属された（山内家史料ほか）。

元亀元年（一五七〇）四月の越前攻め、六月の姉川の戦いに従軍。越前攻めの時、敵将三段崎《みたざき》勘右衛門を討取るという手柄を立てた（山内家史料ほか）。

秀吉の下にあって、天正元年（一五七三）近江長浜唐国で四百石、同五年播磨にて二千石を与えられる。さらに同十年九月二十五日、播磨印南《いなみ》郡内にて五百石加増された（山内家史料・重修譜）。

本能寺の変後も秀吉の下で働き、次第に家臣と同列になる。賤ケ岳の戦い、伊勢亀山城攻め、小牧陣に従軍（山内家史料ほか）。

同十三年六月二日、若狭西懸に移封、高浜城に住す。一万九千八百七十石余を領す（山内家史料ほか）。同年八月一日、秀次所属となり、閏八月二十一日、近江北郡移封。二万石で長浜城主（山内家史料ほか）。

同十八年、小田原陣の後、関東に封じられた家康の旧領である、遠江榛原・佐野郡に移封。五万石で掛川城主（太閤記ほか）。その後も、文禄三年（一五九四）九月二十一日、伊勢鈴鹿郡にて千六百石、同四年七月十五日、遠江にて八千石と、暫次加増を受ける（山内家史料ほか）。朝鮮陣の時は、秀次に従って在京した（山内家史料）。中村一氏・堀尾可晴たちと並んでずっと秀次付きであったが、秀次事件の時、累は及ばなかった。

慶長五年（一六〇〇）の戦乱の時は、家康に従って上杉攻めに参加していたが、西上の時、掛川城を東軍に提供して家康を感激させた。岐阜城攻め、関ケ原での戦闘に参加。戦後、土佐二十万二千六百石を与えられる（山内家史料ほか）。

同十年九月二十日、高知山にて没。六十歳（寛永伝・諸寺過去帳）。『山内一豊武功記』では、六十一歳としている。

山内康豊（やまうち　やすとよ）　尾張

天文十八年（一五四九）～寛永二年（一六二五）八月二十九日。

吉助、次郎右衛門、修理亮。

盛豊の子、一豊の弟。信忠に仕える（重修譜）。

本能寺の変後は、兄一豊に従う。その死後は、宗家を継いだ忠義を後見。寛永二年（一六二五）八月二十九日、七十七歳で没という（重修譜）

山岡家次（やまおか　いえつぐ）　近江

生没年不詳。

甚介。

近江山岡氏の一族であろう。天正四年（一五七六）以降の二月六日付で、菅浦惣中に対し、塩津に回送を頼んだ舟が来なかったことを詰っている（菅浦文書）。

山岡景佐（やまおか　かげすけ）　近江

享禄四年（一五三一）～天正十七年（一五八九）一月。

対馬守。諱は「景祐」「景成」とも。

景之の二男、景隆の弟、景猶《かげなお》・景友の兄。

近江膳所《ぜぜ》城に住すという（重修譜）。兄弟とともに六角氏に仕えるが、永禄十一年（一五六八）、信長上洛の頃よりこれに臣従し、元亀元年（一五七〇）十二月十五日、信長より安堵状を受けている（記録御用所本）。

同年から翌年にかけて、信長の宿将が琵琶湖沿岸に配置され、近江の在地領主が彼らの与力とされた時、景佐は宗家の兄景隆から離れて明智光秀に付属させられたらしい。

その証としては、同三年十一月十五、十六日、光秀与力の磯谷久次の息男の元服の式典・祝宴に列席していること、光秀を時々訪問していること（兼見）、天正二年（一五七四）一月、松永久秀の多聞山城が開城された後、光秀に従って城番を務めていること（多聞院・公記）などがあげられよう。ただ多聞山城番に関しては、同四年まで交代で務めていた様子で、必ずしも光秀と一緒ではなかった様子である（兼見）。元亀二年十二月付、佐久間信盛宛て信長朱印状（吉田文書）にある通り、佐久間と明智との支配圏を勢多川で切った結果が、このように兄弟の所属を分けたものと思われる。

その間、天正二年四月二十五日、島田秀満とともに、信長より東大寺の諸役免除についての黒印状を受けている（薬師院文書）。多聞山城番としての事跡である。

同四年四月の本願寺攻めには、光秀に属して従軍したらしい。信長自身が出陣して一揆勢を追い返した後の五月十三日、天王寺の陣所に吉田兼和の訪問を受けている（兼見）。

だが、寄親の光秀は、前年より丹波経略の使命を帯びて近畿を離れがちになっており、景佐はその作戦には参加している様子はない。同六年九月十五日、長岡藤孝・筒井順慶・佐久間信栄・三好康長と一緒に、今井宗久訪問の信長の供衆を務めたりしていること（宗久記）、同七年一月晦日の津田宗及茶会に出席の時、「佐久間殿従父子客人也」と記されているのを見ると（宗及記）、佐久間信盛の与力に移行していたか、信長と直接に繋がっていたと考えるべきであろう。

同七年、有岡攻城戦に参加（公記）。同九年九月、伊賀攻めにも従軍（公記）。同九年及び十年の一月十五日に行われた爆竹《さぎっちょう》には、近江衆の一員として参加している（公記）。

同十年五月二十九日、信長最後の上洛の時、蒲生賢秀らとともに二の丸番衆を務める（公記）。本能寺の変後、光秀の誘いを受けるが拒絶。兄景隆とともに勢多橋を焼いて抵抗した。

同十一年、柴田勝家に通じたという罪で兄とともに所領没収。後、家康に召されて仕えるという（重修譜）。その後はわずかに、同十五年二月二十五日、大坂城山里郭での茶会に出席している姿のみ見られる（宗湛日記）。

同十七年一月、駿府にて没、五十九歳という（重修譜）。

山岡景隆（やまおか　かげたか）　近江

大永五年（一五二五）～天正十三年（一五八五）一月十四日。

美作守。

〔信長に降るまで〕

景之の長男。景佐・景猶《かげなお》・景友の兄である（重修譜）。父の跡を継ぎ、山岡氏の宗家として勢多城に住す。六角氏に属し、『重修譜』には「江南の旗頭」とある。栗太・志賀郡あたりに大きな勢力を伸ばしていた様子である。

『重修譜』には、永禄十一年（一五六八）の信長上洛の時誘われるが従わず、攻撃されて大和柳生に奔るが、その後信長に投降、松永久秀攻めの先鋒を務める、とある。そして、久秀が手元にいた景隆の娘を城門の外に置き、景隆の攻撃を止めようとしたのに、景隆はそれを顧みず久秀を攻め、ついに降伏させたと書かれている。

明らかに捏造された話だが、景隆の娘が久秀の保護を受けていたということは、根拠のないことではない。永禄九年と思われる（『信長文書』では同十一年に比定）、八月二十一日付、柳生宗厳宛て信長書状によると、信長は、景隆の息女について内々に久秀に交渉している（柳生文書）。『重修譜』の記事と時期的にずれがあるが、景隆が何らかの事情で一時大和へ奔り、久秀に娘を人質として出したことは事実のようである。

〔信長の信頼を得るまで〕

いずれにしても、永禄十一年の信長上洛の前後には、これに従っていたことは確かである。信長麾下としての戦歴は、同十二年八月の伊勢大河内《おかわち》攻めから始まる（公記）。

元亀年間、信長の宿将が琵琶湖の周囲に配置されるが、景隆は、佐久間信盛に旧叡山領が宛行われると同時に、その与力として付属された（吉田文書）。同文書には単に「山岡」とあり、弟の景佐・景猶の所属は確定できないが、他史料より推して、二人の弟は、同時に志賀郡の地を与えられた明智光秀の方に付属させられたらしい（公記・兼見ほか）。

元亀元年（一五七〇）十一月頃には、甲賀郡に退いている六角氏への寝返りを懸念されたこともあるし（公記）、天正元年（一五七三）二月には、弟景猶が信長への敵対行動をとっている松永久秀に味方したとの噂も流れた（尋憲記）。信長にとって、決して安心できる臣ではなかったらしい。天正元年四月、信長が景隆に、義昭への使という役割を命じたのは、景隆の忠誠を試したものであろうか（公記・兼見）。

義昭・信長最後の決裂後、同年七月の槙島攻め、八月の朝倉陣攻撃に従軍（公記）。同三年七月、信長の命により、同じ近江衆の木村高重とともに勢多の大橋を建造。同四年から六年にかけて、何度か信長・信忠は上洛の往き帰りに勢多に宿泊している（公記）。この頃は、尾張時代からの臣と変わらないほどに信頼されている様子である。同五年三月雑賀《さいか》攻め、九年九月伊賀攻めにも従軍した（公記）。

〔本能寺の変後の景隆〕

天正十年六月二日早朝に起った本能寺の変は、京都から至近距離にいる山岡一族にとって、すぐに決断を迫られる事件であった。近江衆の大半が光秀に付く中、景隆はその誘いを拒絶し、勢多橋を焼き落して山中に退いた（公記）。

その後、秀吉と頻りに通信して光秀の様子を伝え、明智秀満が坂本に入城しようとした時、勢多橋のところで戦ったという（川角）。光秀の誘いを断った以上、秀吉を頼ったであろうことは容易に想像がつく。しかし、『重修譜』にある、家康を信楽より伊賀音聞峠まで送ったという記載は疑問である。

信雄と信孝の争いの中、信雄に味方し、伊勢峰城攻囲戦に参加したが、賤ケ岳の戦いの時、密かに柴田勝家に通じたという疑いをかけられ、同十一年五月、勢多城を棄てて出奔する（多聞院・重修譜）。所領は没収され、その後、甲賀郡毛牧村に幽居したという（太閤記・重修譜）。

同十三年一月十四日、同地にて没、六十一歳という（重修譜）。

山岡景友（やまおか　かげとも）　近江

天文九年（一五四〇）～慶長八年（一六〇三）十二月二十日。

初め出家して光浄院暹慶《せんけい》。還俗して八郎左衛門尉、備前守、宮内卿法印、道阿弥《どうあみ》。

景之の四男。景隆らの弟である（重修譜）。

初め三井寺光浄院に住して暹慶と称し、将軍義昭に仕える。『耶蘇通信』には、将軍の「寵臣」とある。

元亀二年（一五七一）、将軍の兵として三淵《みつぶち》藤英らとともに大和に出陣。筒井順慶を援けて松永久秀と戦い、七月十二日、京都に帰陣した（尋憲記）。

同三年五月八日、義昭より上山城の守護に補任される（兼見）。将軍の守護補任権行使の一例だが、この時期、どれほどの実質が伴ったかは不明である。

同四年（天正元年）二月、義昭・信長の間がいよいよ決裂すると、磯谷久次・渡辺昌らとともに今堅田・石山に兵を入れ、景友自らは石山を守る。しかし、柴田勝家らの攻撃を受け、二月二十六日降参して退城した（公記）。

義昭追放後、還俗して「山岡八郎左衛門尉景友」と称し、信長に仕える（重修譜）。長兄景隆と同じく佐久間信盛に属したのであろうか。天正八年（一五八〇）八月、追放された信盛を高野山に訪ねている姿が見られる（甫庵）。

本能寺の変後は、兄景隆と行動を共にし、光秀の誘いを拒絶した。賤ケ岳の戦いの後は、兄とともに失領か。小牧陣の時、信雄方に属し、佐久間信栄に従って、伊勢峰城で秀吉軍と戦った（武徳編年集成）。後、秀吉に仕え、再び剃髪して「道阿弥」と号す。

慶長五年（一六〇〇）七月、家康の上杉攻めに従軍。関ケ原の戦いの後、近江水口城や伊勢の諸城を落とし、その功により近江にて九千石を領す（武徳安民記・重修譜）。

同八年十二月二十日没、六十四歳という（重修譜）。

山岡景猶（やまおか　かげなお）　近江

?～慶長四年（一五九九）。

備前。斎号玉林斎《ぎょくりんさい》。

景之の三男。勢多に住し、後、石山に移る（重修譜）。

永禄十年（一五六七）四月から八月にかけて、尾張山崎城に滞在して、旅行中の連歌師紹巴と交流している「玉林斎」は景猶らしい。これには、元三井寺の僧だったとある（富士見道記）。六角氏に従う身ではあっても、当時は織田方との交流が許されていた様子である。

永禄十二年三月十七日、丹羽長秀が三井寺花光坊に買得の田地を安堵したが、花光坊はまず景猶にその理を申し述べている（萩野由之氏文書）。景猶の前歴が三井寺の僧であったかどうかはともかく、三井寺に対して影響力があったらしい。

景猶は、元亀元年（一五七〇）十二月、信長より二千五十石の地を安堵されているが（重修譜）、その地はやはり志賀郡の三井寺の付近だったらしい。同二年九月、叡山焼討ちの直前、信長はその麓に着陣したが、その位置を『言継』では三井寺、『公記』では「山岡玉林所」としている。しかも、『言継』には、朝食を景猶が世話した旨書かれている。

永禄十二年八月、兄景隆とともに伊勢大河内《おかわち》攻めに従軍（公記）。元亀三年七月二十四日、堅田衆らとともに、囲舟《かこいぶね》で琵琶湖の浦々の一揆を攻撃した。この時は、明智光秀の指揮下にいる（公記）。

元亀年間、信長の宿将が琵琶湖の周囲に配置され、近江の在地領主たちはことごとくその指揮下になったと思われる。兄景隆は佐久間信盛の与力になった（吉田文書）。しかし、景猶は、志賀郡に領地を持つだけに、同郡の支配権を委ねられた明智光秀に属したのではなかろうか。

天正元年（一五七三）七月、槙島攻め、八月、朝倉追撃戦に参加（公記）。石山は、その年二月、弟の光浄院暹慶《せんけい》（山岡景友）が将軍方として立籠っていたから、景猶がそこを居城としたのはその後のことであろう。その石山の世尊院《せそんいん》で、同四年十一月二十一日、景隆とともに信長の内大臣任官を祝している（公記）。

本能寺の変後は秀吉に属すが、賤ケ岳の戦い後、兄景隆と同じく柴田勝家に通じていたという疑いにより所領没収。石山を去り、加藤清正に属した（重修譜）。

後、家康の命によりその子結城秀康に仕え、慶長四年（一五九九）に没という（重修譜）。

山岡景宗（やまおか　かげむね）　近江

生没年不詳。

孫太郎、修理亮。諱は「景昌」「景広」とも。

景隆の子。永禄十年（一五六七）の東国下向を綴った連歌師紹巴の『富士見道記』に、「よそ目さへただならぬ若人」として登場し、小鷹を据え、馬を速めて紹巴を送ったと書かれている。『医学天正記』には、天正四年（一五七六）当時二十余歳とあるから、紹巴を送った時はまだ少年である。

その頃はまだ六角氏の臣だが、永禄十一年九月、信長が上洛すると、父と一緒にこれに仕える。同十二年八月、伊勢大河内攻めに従軍（池田本）。天正元年七月、槙島攻めに従軍（公記）。

その後は父景隆に代わって軍を率いる姿が多くなる。父が佐久間信盛の近江における与力なので、景宗も同様に信盛軍団に属したのであろう。天正四年五月、佐久間軍団による天王寺城定番に加わっている（公記）。

同八年八月の佐久間の追放後は、他の近江衆と同じく信長の旗本となる。同九年九月の伊賀攻めにも従軍。同九年、十年の一月十五日に行われた爆竹《さぎっちょう》には、父に代わって参加している（公記）。

本能寺の変の時は、父とともに光秀の誘いを拒絶して秀吉方となるが、翌年の賤ケ岳の戦いの後、父や一族が柴田勝家に内通という罪により追放される（多聞院・重修譜）。景宗も同様だったであろう。

その後、秀吉に仕え、馬廻。近江・河内にて千四百五十石を与えられる（重修譜）。文禄元年（一五九二）、名護屋在陣（太閤記）。慶長五年（一六〇〇）、家康の上杉攻めに従軍。最後は、家康・秀忠に仕えたという（重修譜）。

山岡玉林斎（やまおか　ぎょくりんさい）　→山岡景猶（やまおか　かげなお）

山岡光浄院（やまおか　こうじょういん）　→山岡景友（やまおか　かげとも）

山岡道阿弥（やまおか　どうあみ）　→山岡景友（やまおか　かげとも）

山岡半左衛門（やまおか　はんざえもん）　近江

　生没年不詳。

　近江山岡氏の一族というが、誰に当てはまるか明らかではない。

　天正五年（一五七七）七月三日、津田宗及の茶会に出席。翌日は宗及とともに佐久間信栄の会に出席している。さらに翌年一月七日には、佐久間三四郎とともに宗及茶会に出席した（宗及記）。

山県秀政（やまがた　ひでまさ）　若狭

　生没年不詳。

　源三郎、下野守。諱は各書に「盛信」とあるが、文書で確かめられるのは「秀政」である。

　若狭守護武田元信の子。山県氏の養嗣子となる。三方郡藤井城主として藤井村を領すという（若狭国志・若狭守護代記）。だが、『高野山過去帳』には小浜の人とあり、遠敷《おにゅう》郡内での活躍が多く見られる。即ち、本境寺の寺役免、妙楽寺への寄進、長源寺の掟書制定、長源寺・谷田寺への安堵、常満保内の名主職補任等、天文十九年（一五五〇）より天正八年（一五八〇）まで三十年間にわたる発給文書が残っている（本境寺文書・妙楽寺文書・長源寺文書・谷田寺文書）。

　永禄四年（一五六一）であろう、六月二十一日付で、守護武田義統より、逸見昌経との戦いの功を褒された書状がある（桑村文書）。国衆に対する武田氏の威令が後退する中で、一族としてそれを守る姿勢を貫いたのであろう。

　同十一年九月、信長が義昭を報じて上洛すると、秀政もそれに従ったものと思われる。同十二年六月六日、旅行中の連歌師紹巴と、垣屋の化力堂で会っている（紹巴天橋立紀行）。

　元亀元年（一五七〇）四月の信長の越前攻めの時、天筒山《てづつやま》城・金崎城の攻撃に加わったというが（甲斐信濃源氏綱要）、明らかではない。天正三年（一五七五）七月一日、武田元明に従って上洛し、相国寺にて信長に謁見（公記）。その年八月の越前一向一揆討伐戦には、他の若狭衆とともに海上より攻撃に加わった（公記）。

　同九年二月二十八日の馬揃えに参加。若狭の支配者となっていた丹羽長秀の下で行進した（士林証文・公記）。しかし、本能寺の変後、元明とともに光秀に味方し、結局若狭を没落したという（若州観跡録）。

山県盛信（やまがた　もりのぶ）　→山県秀政（やまがた　ひでまさ）

山口小弁（やまぐち　こべん）

　?～天正十年（一五八二）六月二日?

　信忠の小姓（甫庵）。天正十年（一五八二）二月、信忠に従って武田攻めに参加。三月二日、信濃高遠城攻めの時、高名をあげた（池田本）。

　同年六月二日、二条御所で信忠に殉じた（公記）。

　『分限帳』に同じ「山口小弁」が載っているが、子であろうか。あるいは、二条御所での死が『公記』の誤りなのであろうか。

山口太郎兵衛（やまぐち　たろべえ）　尾張

　生没年不詳。

　信長の早くからの近臣だったらしく、『公記』巻首からその名が見える。

　永禄十二年（一五六九）七月十九日、岐阜来訪中の山科言継を坂井利貞たちと一緒に訪ねている姿が見えるが、そこには「馬廻」とある（言継）。その後は、坂井利貞らと組んで、道路・橋の普請等に携わることが多い。彼らの活躍を追ってみよう。

①天正二年（一五七四）閏十一月二十五日、信長より尾張国中の道路橋・水道の整備を命じられる（坂井・篠岡八右衛門・河野氏吉と）（坂井遺芳）。この仕事は、翌年二月、完了する（公記）。

②同三年十月八日、信長より尾張国中の橋の架設と道並木の整備を命じられる（坂井・篠岡・河野と）（坂井遺芳）。この年十一月二十八日、織田家の家督が信忠に譲られ、正式に尾張・美濃の大部分は信忠の支配下となる。従って、尾張・美濃の土木の仕事は、信忠より命じられるようになる。

③同七年十一月十六日、信忠より西美濃の道路と橋の建設を命じられる（坂井・篠岡・河野と）（坂井遺芳）。

④同十年五月、家康上洛の準備のため、道路・橋の修理を命じられる（甫庵・家忠日記増補）。

同四年二月にも、信忠より尾張国中の道の幅と並木についての指令があるのだが、この命はどうしたわけか坂井・篠岡及び河野の三人宛てになっている（坂井遺芳）。

本能寺の変で信長・信忠ともに斃れると、山口らは新たに尾張支配者となった信雄に仕える。

⑤同十年七月十九日、信雄より尾張の道路・橋・並木の整備を命じられる（坂井・篠岡・河野と）（坂井遺芳）。

ところが、これ以後、山口の活躍は全く見られない。坂井と河野は文禄年間に秀吉に従っている様子が臨めるのだが、山口と篠岡に関しては、文書の宛名から省かれており、『分限帳』にも名が載っていない。信雄に仕えて間もなく死没したのであろうか。

山口取手介（やまぐち　とりでのすけ）　尾張

?～弘治二年（一五五六）四月二十日。

信長に仕え、弘治二年（一五五六）四月二十日、信長が斎藤道三救援のため美濃へ兵を出し斎藤義竜と戦った時、足軽合戦で討死した（公記）。

山口半四郎（やまぐち　はんしろう）

?～天正十年（一五八二）六月二日。

信忠の臣か。天正十年（一五八二）六月二日、二条御所にて討死した（公記）。

山口彦四郎（やまぐち　ひこしろう）　尾張

生没年不詳。

愛知郡笠寺の山口氏か。（天正八年＝一五八〇）十二月十三日、笠覆寺に寺領等を寄進している（笠覆寺文書）。その他の事跡は不明。

山口飛騨守（やまぐち　ひだのかみ）　尾張

?～元亀三年（一五七二）十二月二十二日。

信長小姓衆。『甫庵』『織田系図』には、信勝（信行）の殺害を実行したとあるが、『公記』によると「河尻青貝」（河尻と青貝の二人?）という者が行ったとあるから、誤りであろう。

永禄三年（一五六〇）五月十九日、桶狭間の戦いの時、信長の出陣に初めから従った小姓衆の一人である（公記）。永禄年間、赤母衣《ほろ》衆の一人に選ばれる（高木文書）。同十二年八月、伊勢大河内《おかわち》城攻めに従軍。旧母衣衆で構成している「柵きわ廻番衆」に名を連ねている（池田本）。

その後、信長の勘気を蒙って出奔。浜松の家康の下に居し、元亀三年（一五七二）十二月二十二日、三方原の戦いに参加。討死した。同時に死んだ長谷川橋介・佐脇良之・加藤弥三郎も含めて、『公記』では信長の「御小姓衆」としているが、その戦歴は十数年に及ぶから、もう壮年に達していたであろう。

山口秀景（やまぐち　ひでかげ）　山城

?～天正十一年（一五八三）一月十二日。

甚介、玄蕃。諱は、ほかに「光広」「長政」が伝わっている。

『言継』には、「根本葉室内者也」とあるから、初めは公家の葉室家の侍だったのであろう。その後、将軍義昭に仕える。「武家御足軽」と『言継』に書かれているから、「幕府足軽衆」、即ち将軍の旗本といったところであろう。元葉室家の侍だった縁から、山科言継ら公家との連絡などにあたることが多い（言継）。

また、永禄十二年（一五六九）閏五月二十二日、美濃へ遣わされたり、元亀二年（一五七一）八月二十五日、江北の信長陣へ派遣されたり、信長との連絡役も務めている（言継）。

天正元年（一五七三）、義昭が追放された後は、信長に仕えた様子である。山城宇治田原城に住すという（重修譜）。

同三年十二月三日、津田宗及の茶会に出席している姿が見える（宗及記）。同七年九月には、松井友閑とともに、信長より宇治川平等院前に橋を架設するよう命じられた（公記）。同十年三月には、武田攻めに従軍した様子で、徳雲（施薬院全宗カ）宛てに詳細な報告が見られる（佐藤行信氏文書、染谷光広「織田政権と足利義昭の奉公衆・奉行衆との関係について」所収）。

同十年六月、本能寺の変のため、家康が堺から間道を経て帰国する時、宇治田原でその一行を歓待したという（石川忠総留書）。

同十一年一月十二日没（兼見）。

山口守孝（やまぐち　もりたか）　尾張

天文四年（一五三五）？～永禄八年（一五六五）九月二十八日。

海老丞《えびのじょう》。諱は「盛隆」「盛直」とも。剃髪して少圭。

信長の初期の臣。笠寺城主山口宗可の長男（山口系図、山口茂「戦国期の笠寺山口氏について」所収）。永禄三年（一五六〇）五月、桶狭間の戦いの時、丹下砦の守将の一人（公記）。同四年五月二十三日、軽海《かるみ》の戦いに従軍した（甫庵）。

同八年九月二十八日の堂洞《どうぼら》城攻撃戦で討死した（尾張群書系図部集）。三十一歳という（山口系図）。

娘は山岡景佐に嫁ぐという（重修譜）。

山口弥七郎（やまぐち　やしちろう）

生没年不詳。

信長の奉行衆か。元亀二年（一五七一）十二月十七日、岐阜に下向した山科言継を、坂井隼人とともに饗応している（言継）。

山崎片家（やまざき　かたいえ）　↓山崎秀家（やまざき　ひでいえ）

山崎秀家（やまざき　ひでいえ）　近江

天文十六年（一五四七）～天正十九年（一五九一）三月二十八日。

源太左衛門、志摩守。諱は「片家」「堅家」とも。

宗家の子で、六角氏に属して犬上郡山崎に住す（寛永伝）。

永禄六年（一五六三）の観音寺騒動の時、山崎の城に籠って六角義弼に反抗する。

その後、信長の近江入国に際して降ったと『寛永伝』等にあるが、『甫庵』によると、元亀元年（一五七〇）六月の姉川の戦いでは、浅井方として戦っている。信長に従ったのは、その後なのであろうか。

天正元年（一五七三）の槙島城攻め、浅井攻めに従軍。初めは信長の宿将の与力だったと思われるが、後には近江衆の一人として信長に直属した。天正九年九月の伊賀攻め、同九年及び十年一月十五日の爆竹《さぎっちょう》には、近江衆の一人として名を載せている（公記）。同十年四月二十一日には、甲州より凱旋の途の信長を、山崎に茶屋を立ててもてなしている（公記）。

本能寺の変の時、安土の自邸を焼き払って山崎の居城に籠り、一時光秀に与して佐和山城を占拠（公記・多聞院）。だが、間もなく秀吉に協力し、山崎城を安堵された。同年冬、山崎より摂津三田《さんだ》に移封。二万三千石（重修譜）。

同十一年四月、信雄に従い伊勢峰城攻撃に参加（柴田合戦記）。秀吉と信雄との対立の中で秀吉方となり、同十二年三月、伊勢攻めに参加（金沢市立図書館文書）。その後、秀吉に仕えて、九州陣、小田原陣に従軍（当代記・伊達家文書）。

同十九年三月二十八日、四十五歳で没という（重修譜）。

天正十二年から十四年にかけて、何度か大坂での津田宗及の茶会に出席している（宗及記）。

山崎正道（やまざき　まさみち）　尾張

？～慶長十一年（一六〇六）四月二十六日。

平三郎、六郎右衛門。元、稲山和泉。

天正三年（一五七五）十一月の織田家督譲渡後、信忠に属したのであろう。同七年六月、信忠より所領を宛行われている（阿波国古文書）。

本能寺の変後、蜂須賀氏に仕え、阿波に住む。慶長十一年（一六〇六）四月二十六日没（阿淡藩翰譜）。

山路玄蕃允（やまじ　げんばのじょう）　伊勢

生没年不詳。

神戸四百八十人衆の大将の一人（勢州軍記）。弾正少弼の弟という（伊勢国司御一族家諸侍幷寺社記）。

元亀二年（一五七一）一月、所領安堵さ

れ、信孝に仕えた（神戸録ほか）。

山下三右衛門（やました　さんえもん）　尾張

生没年不詳。

永禄十一年（一五六八）二月、信長の三男信孝が北伊勢神戸氏の養嗣子として入った時、これに付属された（勢州軍記）。

山田一長（やまだ　かずなが）　尾張？

？〜元和七年（一六二一）六月二日。

半兵衛、五兵衛。

信長馬廻。永禄十一年（一五六八）九月、信長の上洛に従い、十月二日の摂津池田攻城戦に敢闘した（公記）。また、元亀元年（一五七〇）六月二十二日、小谷退陣の時、殿《しんがり》軍の佐々成政に協力したという（甫庵）。『公記』に、「隠れなき武篇者」と書かれている。

天正二年（一五七四）一月二十三日の津田宗及茶会にその名が見える（宗及記）。その後、浅野長晟、松平忠吉に仕える（士林泝洄）。

元和七年（一六二一）六月二日没（士林泝洄）。

山田勝盛（やまだ　かつもり）　尾張

天文七年（一五三八）〜天正二年（一五七四）。

三左衛門、左衛門佐。

別項山田左衛門尉とは別人らしい。孫右衛門尉の子。信長の馬廻。弓衆百人を預かるという（寛永伝）。

永禄十二年（一五六九）八月の伊勢大河内《おかわち》城攻めに従軍。柴田勝家らの隊に混じって東方より大河内城を囲む（公記）。元亀元年（一五七〇）九月の叡山攻囲戦、同二年五月の伊勢長島攻めの軍の中にも名が見える（公記）。同三年四月には、河内交野《かたの》城救援軍に参加という（甫庵）。

天正二年（一五七四）七月の長島攻めにも従軍。この時は尾張衆として、信忠軍団に属している（公記）。この戦いで討死。三十七歳という（寛永伝）。

山田左衛門尉（やまだ　さえもんのじょう）　尾張？

生没年不詳。

信長の馬廻であろう。永禄十二年（一五六九）八月の伊勢大河内城攻めの時、「尺《さく》限《きわ》廻番衆」として『公記』に載っている。

元亀元年（一五七〇）四月、越前攻めに従軍。この時、滝川彦右衛門とともに引壇《ひきだ》城を破却した（公記）。

山田七郎五郎（やまだ　しちろうごろう）　尾張

生没年不詳。

天文二十三年（一五五四）七月十八日の清須城攻めに、柴田勝家の足軽衆としてその名が見える（公記）。

永禄十年（一五六七）十一月、信長より島内十貫文の地を宛行われている（反町文書）。さらに天正十年（一五八二）七月二十四日、信雄より四十一貫文の地を安堵されている（反町文書）。

『分限帳』にある七女子郷で五十貫文を知行している「山田七五郎」は、同一人であろうか。

山田治部左衛門（やまだ　じぶざえもん）　尾張

？〜弘治二年（一五五六）八月二十四日。

早期の信長家臣。天文二十四年（一五五五）、信長の叔父信次が信長の弟秀孝を誤殺せしめて出奔の後、信長の軍に加わって守山城を攻める（公記）。

弘治二年（一五五六）八月二十四日、稲生《いのう》の戦いに参加。この時は信長の武者大将の一人。しかし、敵将柴田勝家のために討たれた（公記）。

山田修理亮（やまだ　しゅりのすけ）　越中

生没年不詳。

修理進ともある。上杉氏に属し、越中方面軍指揮官の河田長親に従う。

しかし、天正八年（一五八〇）頃には、すでに信長に降っていたらしい。（同年）閏三月二十四日、柴田勝家より、河田長親を信長方に付くよう説得することを頼まれている（『上杉家記』所収「読史堂古文書」）。

山田大兵衛（やまだ　たへえ）　尾張？

？〜永禄十二年（一五六九）九月八日。

大兵衛は多兵衛とも書く。

信長の馬廻であろう。永禄十二年（一五六九）八月、伊勢大河内城攻めに従軍。九月八日、丹羽長秀に属して夜討ちに参加、失敗して討死した（公記）。

山田又右衛門（やまだ　またえもん）　尾張

生没年不詳。

『尾張群書系図部集』に、重一の子又右衛門重鎮という人物が載っている。これに該当するのであろう。

信長の馬廻。天正四年八月十日、吉田兼和に贈品して誓紙の祈念を依頼し、結願した十五日には、慈照寺の手猿楽を見物している（兼見）。

山田弥太郎（やまだ　やたろう）　尾張？

生没年不詳。

信長の馬廻。永禄十二年（一五六九）八月、伊勢大河内城攻めに従軍。「尺限廻番衆」に名を連ねている（公記）。

十三年後の本能寺の変で討死した者の中に、同じ「山田弥太郎」があり（公記・阿弥陀寺過去帳）、この人物を『甫庵』では信長小々姓としている。『甫庵』の記事が正しいとしたら、先の弥太郎の子であろう。

山田与兵衛（やまだ　よへい）　近江

生没年不詳。

蒲生賢秀の与力の布施公保の臣。天正六年（一五七八）二月二十九日、八月十五日の安土相撲会に参加。信長より百石と私宅等を賜った（公記）。

山名韶熙（やまな　あきひろ）　但馬

永正八年（一五一一）～天正八年（一五八〇）五月二十一日。

右衛門督。入道号宗詮。諱は「祐豊」「韶熙」「継熙」ともいう。致豊《むねとよ》の子。叔父誠豊《さねとよ》の養子となる（重修譜）。但馬出石《いずし》城主として、天文年間、因幡の山名氏と抗争（因幡民談記）。その後、丹波の赤井直正とも争い、山垣城を攻めたこともある（岡村文書）。永禄七年（一五六四）夏には、またも因幡に出兵して戦っている（宿南保『但馬の中世史』）。

天文二十三年（一五五四）三月三十日、銀三百両、弘治二年（一五五六）四月三十日、銀二百両を朝廷に献上する（御湯殿）。この事実を見ると、生野銀山は活発に稼動し、守護韶熙の銀山管理も安定していたようである。

永禄十一年信長は、足利義昭を奉じて上洛。その翌年八月、木下秀吉・坂井政尚たちの軍を但馬に送った（益田家什書・両家記）。この出兵は、毛利元就の求めに応じたものというが、信長自身が、生野銀山の利権に目を付けた今井宗久の勧めに応じたものと考えてよい。この織田軍の侵略により、韶熙は堺に逃れた（宿南氏前掲書）。

永禄十三年一月、但馬に戻る。信長より上洛を促されているが（宴乗）、この時は従わなかったらしい。同年四月十九日付で、信長より但馬の銀山・要害、及び他の知行方の押領を咎められている（宗久書）。しかし、一方で信長は、但馬国衆たちに韶熙を疎略にせぬよう命じている（宗久書）。

こうした中、韶熙は、一時不和であった毛利氏と和睦を結ぶ。天正三年（一五七五）五月二十八日付で、吉川元春に対して起請文《きしょうもん》を送っている（吉川家文書）。その一方、彼は、同年十月二十日には、上洛して信長に謁している（吉川家文書）。織田と毛利が争う前のことだから、このように両氏と均等に接するという姿勢がとれたのである。

しかし、同四年五月より、大坂の本願寺をめぐって、信長と毛利氏との間が決裂状態になり、同五年十月、信長の部将羽柴秀吉が播磨に派遣されて、但馬の平定にも取りかかる。この情勢の変化により、韶熙は、織田か毛利か態度をはっきりと決めざるをえなくなった。だが、因幡鳥取城主である甥の豊国と同じく、毛利・織田の間でなおも態度は流動的だったものと思われる。

秀吉の弟長秀（秀長）によって但馬は侵略され、守護韶熙の存在は次第に有名無実になってしまう。その後、一時は但馬の国衆と連携して織田方の勢力を押し戻す場面もあったけれど、結局、同八年五月十六日、居城の有子山城（出石城）を落された。その五日後の五月二十一日に没したという。七十歳であった（重修譜）。

山名祐豊（やまな　すけとよ）　→山名韶熙

山名禅高（やまな　ぜんこう）　→山名豊国

山名豊国（やまな　とよくに）　因幡

天文十七年（一五四八）～寛永三年（一六二六）十月七日。

中務大輔、宮内少輔、伊予守。入道号禅高。初名は「元豊」。

豊定の三男。母は細川高国の娘。因幡守護として、初め岩井城、後鳥取城に住す。岩井城居住の時、毛利氏の攻撃を受け、因幡を退き、但馬八東に移る。その後、尼子勝久・山中幸盛を援け、彼らの力で鳥取城を回復するという（因幡民談記・重修譜）。

しかし、その後毛利氏に従った様子で、天正三年（一五七五）の二～三月頃、毛利輝元や吉川元春への通信が見られ、入魂を重ねている（吉川家文書）。

ところが、信長の部将羽柴秀吉の勢力が、隣国但馬にまで及ぶとこれに内応。天正六年五月十六日付で、秀吉より身上の保証と但馬出石《いずし》郡の宛行いを約束されている（古文書）。

しかし、鳥取城内において、森下道与ら老臣たちは毛利方を貫くことを主張、孤立した豊国は、僅かの供を連れて城を脱出し、秀吉に降った。天正八年九月のことという（石見吉川家文書ほか）。鳥取城は翌年、秀吉軍のために落された。

本能寺の変後、秀吉に仕え、お咄の衆（太閤記）。文禄元年（一五九二）、名護屋陣に従っている（太閤軍記）。

関ケ原の戦いの時、家康に供奉《ぐぶ》。戦後、但馬七美《しつみ》郡内六千七百石を与えられ、お伽衆に列す（駿府記ほか）。寛永三年（一六二六）十月七日没、七十九歳（山名系図・諸寺過去帳）。

山中長俊（やまなか　ながとし）　近江

天文十六年（一五四七）～慶長十二年（一六〇七）十二月二十四日。

橘内《きつない》、山城守。

近江甲賀郡の土豪の出。石見守為俊の子と『寛永伝』にあるが、石田晴男氏は新左衛門の子かと推測している（同氏「両山中氏と甲賀『郡中惣』」）。幼少より六角義賢（承禎）に仕え、永禄十一年（一五六八）九月、信長に攻められて義賢が没落した時、これを甲賀郡に保護して信長に対抗する（山中真喜氏文書）。

以後も六角方として、天正元年（一五七三）九月、石部城に籠る。佐久間信盛の攻城軍と戦い、林寺熊之介を討ち取った功により、義賢より感状を受けた（寛永伝）。

翌年四月、石部開城により、義賢のもとを離れて信長に属し、柴田勝家に配属させられる。勝家の下で、三千石を与えられ、家老の列に連なるという（寛永伝）。

勝家との関係については、家臣なのか与力なのかはっきりしないが、勝家の越前移封に伴い、それに従って越前に移っているから、家臣の身分になったと考えた方がよいであろう。同八年から九年にかけて、勝家書状に副状を発給したり、佐久間盛政らとともに河田長親の降を工作しているのを見ると、老臣と言える立場だったことは肯定できる（『上杉家記』所収「読史堂古文書」ほか）。

勝家と秀吉との対立が深まると、勝家の命令で伊賀衆の工作に努めている。近江出陣に際しては、勝家より伊賀衆の出陣を促すよう命じられている（古証文）。賤ケ岳の戦いの時は、戦場に立ったかどうかは不明である。

敗戦の後、丹羽長秀に仕え、その死後は堀秀政に属したというが、結局、同十三年頃より秀吉に仕える（寛永伝ほか）。同十八年、小田原陣に従軍。この頃は秀吉の右筆だったという（太閤記ほか）。その任務のほか、秀吉直領越前北袋銀山、筑前直領の代官をも務めていたようである（末吉文書・富岡文書）。秀吉の下では吏僚の姿である。

文禄二年（一五九三）十月三日、従五位下山城守に叙任。豊臣の姓を受ける。この頃一万石（重修譜）。

慶長五年（一六〇〇）の戦乱の時は、西軍に属し、戦後所領没収。後、小禄で徳川氏に属す。同十二年十二月二十四日没、六十一歳という（寛永伝）。

文筆に長け、『日本治乱記』などの著書がある（重修譜）。

山本実尚（やまもと　さねひさ）　山城

明応四年（一四九五）～？

佐渡守。佐渡入道。剃髪号一雲。

山城愛宕《おたぎ》郡岩蔵（岩倉）の人。吉田兼和室の外祖父で、磯谷《いそがい》久次の岳父である（兼見）。兼和や久次ばかりでなく、山科言継ら公家たちと親交があった。『言継』永禄七年（一五六四）五月十一日条に、「岩蔵之山本佐渡守実尚」と記されている。

同十一年の義昭・信長上洛前は、三好三人衆方に付いていたらしく、前年十月二十日、三好長逸の子久介に従って、三淵《みつぶち》弾正左衛門尉（藤英カ）と戦っている（言継・多聞院）。

義昭が信長に擁されて入京し将軍位に就くと、それに従い、これまで押妨していた光源院領を返還するよう幕府に命じられ、それに従っている（光源院文書）。しかし、翌年一月の本圀寺合戦の時、一時また三人衆に同調し、勝軍城などを焼いた（言継）。

その後の元亀元年（一五七〇）九月には、同族（子カ）の対馬守が織田方で活動しているし（公記）、同三年十一月の磯谷千代寿（久次の子）の元服の式には明智光秀らと同席しているから、じきに降参して赦されたのであろう（兼見）。

同四年、信長と将軍義昭との戦いの中で、同族対馬守が義昭方に付き、この年十月に討伐されるが、実尚は存命したようで、天正十一年（一五八三）六月二十五日、吉田兼和を訪問している。この時は、「佐渡入道一雲」と称している。時に八十九歳の高齢だったという（兼見）。

山本対馬守（やまもと　つしまのかみ）　山城

?～天正元年（一五七三）十月。

愛宕《おたぎ》郡岩蔵の豪族。実尚の一族。子であろうか。

単に「山本」と書かれることが多く、実尚の事跡と混同するが、「山本対馬守」として表れるのは、元亀元年（一五七〇）九月二十五日の叡山攻囲の時が最初である。この時は、案内者として谷々寺々を放火している（公記）。

この頃すでに、義昭より北山城の支配を任されていた明智光秀に属していたのであろう。同四年二月、義昭と信長との対立の中で、義昭方に付いた時、「対㆓明智㆒別心」と『兼見』にある。この時は、北山城の渡辺宮内少輔・磯谷久次も山本と行動を共にしている。

将軍方として静原山に築城。しかし、七月二十日より光秀の攻撃を受ける（年代記・兼見）。十月、ついに落城。殺されて首級は信長へ送られた（公記）。

山本主殿（やまもと　とのも）　山城

生没年不詳。

西岡十六党の一。天正元年（一五七三）七月二十七日、長岡（細川）藤孝に従い、淀城攻めに参加している（細川家記）。

文禄四年（一五九五）七月十五日、豊臣秀次に殉死した小姓衆の中に「山本主殿助」がいるが（太閤記・川角）、『太閤記』には十八歳とあり、別人であろう。子であろうか。

山脇勘左衛門（やまわき　かんざえもん）　摂津

生没年不詳。

荒木村重の臣で足軽大将。天正六年（一五七八）、村重の謀反に従う。村重出奔後の同七年十月十五日、中西新八郎の誘いにより、有岡城中にて謀反、落城の因を作った（公記）。

同八年六月、その忠節により、池田恒興の与力として付けられた（公記）。

弥六（やろく）

?～天正十年（一五八二）六月二日。

信長の中間衆。天正十年（一五八二）六月二日、本能寺にて討死した（公記）。

ゆ

湯浅直宗（ゆあさ　なおむね）　尾張

天文十四年（一五四五）〜天正十年（一五八二）六月二日。

甚介。

信長の馬廻。永禄三年（一五六〇）五月十九日、桶狭間の戦いに功（湯浅甚介直宗伝記）。同十二年八月、伊勢大河内《おかわち》城攻めに従軍。「尺限廻《さくきわ》番衆」の一人（公記）。

元亀元年（一五七〇）八月、南方への出陣に従軍。春日井堤にて大坂の兵と戦った（公記）。その後、同二年五月の伊勢長島攻め、天正元年（一五七三）八月十三日の朝倉軍追撃戦で戦功を挙げたことが『甫庵』に見える。

天正三年五月二十一日、長篠の戦いの時、猪子高就とともに鉄砲隊を指揮すると『太閤記』『武家事紀』にあるが、これについては疑問である。『湯浅甚介直宗伝記』には、滝川一益に付属されて戦功を挙げ、賞されたとある。これが正しいようである。

同六年十二月、有岡攻囲戦にも参加。高槻城を守る（公記）。

同十年、本能寺の変の時、町中の宿に滞在していたが、変報を受けて本能寺へ駆け入り討死した。三十八歳という（公記・湯浅甚介直宗伝記）。

妻は中島主水正《もんどのかみ》の娘（湯浅甚介直宗伝記）。子は後に信雄に仕え、百貫文の知行を受けている（分限帳）。

由宇喜一（ゆう　きいち）　尾張

生没年不詳。

初めは尾張守護斯波義統の近臣（公記）。天文二十二年（一五五三）七月十二日、義統が守護代織田彦五郎や坂井大膳らの手で殺害された時、信長のもとに逃れたのであろうか。同月十八日、柴田勝家が清須城を攻めた時、その軍に参加。敵の織田三位を討って、信長に褒された。当時十七、八歳だったという（公記）。

『分限帳』に「由宇彦一」という名が見えるが、子であろうか。

友閑（ゆうかん）　→松井友閑（まつい　ゆうかん）

結城ジョアン（ゆうき　じょあん）

弘治二年（一五五六）頃〜天正十二年（一五八四）四月九日。

忠正の甥である弥平次の甥というから、忠正の兄弟の孫といった関係であろう（フロイス日本史）。忠正の後の河内岡山城主。大伯父や伯父と同じく、熱心なキリシタンであり、高山重友とも親交が深かった（耶蘇年報）。妻はやはりキリシタンである池田教正の娘であった（松田毅一『近世初期日本関係南蛮史料の研究』）。

伯父弥平次を後見役として岡山近辺を治め、岡山に聖堂やパードレたちの居宅を建てた。周囲数カ村の住人三千五百人すべてがキリシタンだったという（耶蘇年報）。

本能寺の変後、光秀に味方した三箇頼照の旧領を与えられた（耶蘇年報）。その後秀吉に従い、翌年他国に移封（松田氏前掲書）。

天正十二年（一五八四）四月九日、長久手の戦いで討死した。受洗した一五七二年当時十七歳というから、まだ三十歳前の青年であったはずである（松田氏前掲書）。

結城進斎（ゆうき　しんさい）　→結城忠正（ゆうき　ただまさ）

結城忠正（ゆうき　ただまさ）　河内

生没年不詳。

山城守。斎号は進斎。洗礼名アンリケ。

幕府奉公衆であったが、後、三好長慶に仕え、松永久秀に属す（言継ほか）。永禄六年（一五六三）五月、久秀の命で、廷臣清原枝賢とともにキリスト教の実態調査を行うが、その時、ロレンソより教旨を聞いて感激し、キリスト教に帰依したという（フロイス日本史）。畿内における最も古いキリシタンである。

久秀と三好三人衆との戦いに際しては、久秀方に付いたか。同九年のものと思われる、八月二十一日付の柳生宗厳宛て信長書状によると、久秀はすでに信長に通じており、忠正は柳生の説得を信長より任されている（柳生文書）。

　同十一年九月、信長が義昭を奉じて上洛すると、久秀とともにすぐに降った様子である。河内はこの時、三好義継に守護権が与えられたから、もともと三好氏の臣である忠正は義継に従ったのであろう。

　義昭上洛後、その下における忠正の活躍について、次の三例を上げておきたい。

①（永禄十二年）二月一日、金剛寺沙汰所に書し、三好三人衆に味方したことを責め、罰として兵糧米千石を徴す（南行雑録）。

②同年二月十一日、堺接収の上使を務める（宗及記）。

③（同年）三月二日、多田院の矢銭を免除する（多田院文書）。

　これらの事績には、佐久間信盛・柴田勝家・森可成・蜂屋頼隆・坂井政尚といった信長家臣に加え、野間長前・竹内秀勝・和田惟政が一緒に名を連ねている（①には和田が抜けている）。このうち、和田は将軍直臣だが、野間・結城は義継の代官、竹内は久秀の代官としての資格で、こうした政務に加わっているのであろう。忠正らと佐久間ら信長の臣とは幕府の陪臣という点で、形式上は同格なのである。

　忠正は、普通の学問だけでなく、妖術・暦学に通じ、のみならず剣道・文筆・文体添削の名手であったといい、そのため、主君や同僚の信頼が厚かったという（フロイス日本史）。『言継』にも、山科言継より音曲本を借用している様子が見られる。

　キリシタンとして宣教師ロレンソとの交際も続いており、同十二年四月、朝山日乗が宣教師追放を画策し、綸旨を得た時、すぐにロレンソにそれを報じている（耶蘇通信）。

　受洗の時にしてすでに「老人」と書かれているほどの高齢であり、その後間もなく家督を譲ったか、あるいは死没したのであろう。以後、岡山城主「結城殿」として宣教師の書簡に登場するのは、甥の甥にあたる「ジョアン」である。

　因みに忠正には左衛門尉（アンタン）という実子があったが、永禄八年六月十一日に三十二歳で急死し、死因は謎とされている（言継・フロイス日本史）。

結城弥平次（ゆうき　やへいじ）　河内

　天文十三年（一五四四）？～？

洗礼名ジョルジ。

　忠正の甥で、その継嗣ジョアンの伯父（フロイス日本史）。河内岡山城主となった甥ジョアンの後見役として家を治める（耶蘇通信）。

　有徳で信仰の厚いキリシタンといい、岡山の町中に布教活動をしたのみならず、京都の教会の建築の時にも積極的に協力した（耶蘇通信）。

　後、小西行長に仕え、文禄二年（一五九三）五月、明使の世話役としてその名が見える（太閤記）。

　関ケ原の戦い後、有馬晴信に転仕。しかし、慶長十三年（一六〇八）のキリシタン追放令により消息を絶った（松田毅一『近世初期日本関係南蛮史料の研究』）。

遊左衛門（ゆうざえもん）　→宮西遊左衛門（みやにし　ゆうざえもん）

弓削牛之助（ゆげ　うしのすけ）　山城

　生没年不詳。

　西岡十六党の一人。天正元年（一五七三）七月二十七日、長岡藤孝に従い、淀城攻めに参加している（細川家記）。

遊佐勘解由左衛門（ゆさ　かげゆざえもん）　紀伊？

　生没年不詳。

　諱については「盛」と文書にある。「盛■（不明）」というのであろう。

　紀伊在住か。しかし、河内守護代の遊佐氏の一族であろう。

（永禄十二年＝一五六九）四月七日、信長の命を受けて高野山の敵対者を攻め、要害の開け渡しを促している（高野山智光院文書）。これにも諱は「盛」のみ書かれている。

（天正二年＝一五七四）五月十七日、秀

吉より書を受け、保田知宗に人質をすぐに出させるよう命じられている（寸金雑録）。

遊佐続光（ゆさ　つぐみつ）　?～天正九年（一五八一）六月二十七日。能登美作守。

能登珠洲《すず》郡の国人。畠山氏に仕え、七人衆の一人。能登守護代として、畠山義続の下で家中随一の勢力を持つ。

その後、義続側近の温井総貞と対立し、戦いを交える。和睦後、畠山七人衆体制が成立した。しかし、天文二十二年（一五五三）、温井氏との抗争に敗れて越後に出奔。能登の勢力回復に努めるが果さず、今度は越前へ逃れた（戦国大名家臣団事典）。

弘治元年（一五五五）、総貞が畠山義綱に殺されると、赦されて能登に復帰。再び家老に列す。永禄九年（一五六六）、長続連らと組んで、畠山義続・義綱父子を追放し、幼主義慶《よしのり》を擁立した（長家家譜・戦国大名家臣団事典）。

その後、家督を綱光に譲って隠居したものの、畠山家中で依然として大きな力を保持する。天正二年（一五七四）頃より上杉謙信に通じており、河田長親から書を受けている（古文雑聚）。

畠山家の重臣である長氏は信長と結ぼうとしたのに対し、謙信と結ぶことを主張して激しく対立。天正五年九月、謙信の能登進攻に際して、反対派の長氏一族を殲滅して七尾城を開城した（長家家譜）。そして、上杉氏の力を背景に、能登において再び勢力を振るった。同年十月二十五日付の、上杉氏の重臣鯵坂長実と連名で能登国内に下した制札がある（上杉家文書）。鯵坂は、謙信によって置かれた七尾城代である。

しかし、それから幾許もない同六年三月、謙信は病死。信長の勢力は間もなく加賀・越中に達してきた。続光は同じ畠山の臣温井・三宅らとともに鯵坂を七尾城から追い出し、同七年頃より信長に款《よしみ》を通じた。同九年三月、信長の近臣菅屋長頼が能登に派遣されると、これに従う（公記）。

だが、信長の追及は厳しく、同年六月二十七日、七尾城内にて殺害された（公記）。『長家家譜』によると、七尾城を逃れ出て隠れていたのを、長連竜が探し出して殺したという。

遊佐信教（ゆさ　のぶのり）　河内　天文十七年（一五四八）～天正二年（一五七四）四月十二日。

新次郎、河内守、越中守。長教の子。父長教は畠山高政に仕え、長らく河内守護代であったが、天文二十年（一五五一）五月五日、暗殺される（天文間日次記・長享年後畿内兵乱記）。その後、家を継いで高政に従う。

永禄五年（一五六二）三月五日、久米田の戦いに参加して三好義賢軍を破る。三好長慶死後の三人衆と松永久秀との対立の中では、高政に従って久秀方となり、同九年二月、久秀・高政とともに三人衆の軍と戦った（足利季世記）。

同十二年秋、主高政と不和になり、安見宗房と謀ってこれを逐い、その弟秋高を擁立する（足利季世記）。同十三年一月、信長より上洛を促されているが、畠山秋高と別に書が出されているところを見ると、主家畠山氏と並ぶ力があることを外部にも認識されていたのであろう（宴乗）。

元亀年間に入っても、依然として三好三人衆との抗争が続き、同元年（一五七〇）十月より翌年六月にかけて、高屋城とその近辺で何度も戦っている（多聞院・武富保一氏文書・寸金雑録）。

この年の末より主畠山秋高と不和になり、誅殺されるとの噂を聞き、出仕を止めるという（足利季世記）。同三年閏一月四日、逆に秋高の暗殺を企て、失敗して逐電（多聞院）。しかし、同日付の信教に宛てた義昭御教書では、謀反の疑いを解かれ、知行を安堵されている（相州古文書）。義昭のもとに逃れたのであろうか。同月中に河内に戻ったらしく、また秋高に従っている（相州古文書）。

天正元年（一五七三）四月、将軍義昭と信長との対立の中で、義昭方に付く（顕如書）。その混乱の中で、信教はついに主秋高を殺した。秋高殺害の時については、元亀三年四月、天正元年六月、同二年などの説があるが、『観心寺文書』『諸寺過去帳』などにより、天正元年六月二十五日というのが有力である。

義昭追放後も、義昭からしきりに音信を受けている(吉川家文書ほか)。再起のための味方として頼りにされていた様子である。

同二年四月二日、本願寺に応じて信長に離反。高屋城に籠るが、信長軍の攻撃を受け、四月十二日、討死した(重修譜)。

『観心寺文書』によれば、永禄七年現在十七歳。従って、その没年齢は二十七歳ということになる。

よ

余語勝盛(よご　かつもり)　尾張

生没年不詳。

久兵衛。余語は「与語」とも書く。諱は「勝盛」のほかに「勝直」も文書にある。

市右衛門の子で、信長に仕える(重修譜)。『寛永伝』では、坂井右近(政尚)の兄というが疑問。愛知郡御器所《ごきそ》の人と思われる。

永禄二年(一五五九)十一月十三日、伊勢神宮に田地五段を寄進。この文書には「与語久兵衛尉勝直」と署名している(伊勢古文書集)。同七年十二月、御器所八所社の社殿を修理。棟札には、佐久間家勝・同信盛と一緒に「余語久兵衛尉勝盛」と記されている(御器所八幡社棟札)。時期は近似しているだけに、同一人である公算が大きい。

天正八年(一五八〇)閏三月、信長より安土城下に屋敷地を与えられた(公記)。

余語孫左衛門(よご　まござえもん)　尾張

生没年不詳。

尾張愛知郡の余語一族であろう。永禄十二年(一五六九)七月十三日、岐阜を訪れていた山科言継が、大脇宅から余語孫左衛門宅に宿所を代えている。風呂屋を営んでいたというが、馬廻も兼ねていたのであろう(言継)。

余語正勝(よご　まさかつ)　尾張

生没年不詳。

久三郎。

愛知郡御器所の余語氏であろう。久兵衛勝盛の兄(重修譜)。信長に仕えたであろう。天正十一年(一五八三)、信長の一周忌に際して、狩野元秀に信長の画像を描かせ、長興寺に寄進した(長興寺蔵織田信長画像)。

横井時延(よこい　ときのぶ)　尾張

?～天正七年(一五七九)五月二十五日。

雅楽助。

角川文庫『信長公記』人名注索引では近江愛智《えち》郡横江の住人としているが、尾張海西郡赤目の横井氏であろう。天正二年(一五七四)七月、伊勢長島攻めに従軍している(公記)。同七年五月二十五日、丹波籾井の戦いで討死したという(士林泝洄・尾張志)。

横井時泰(よこい　ときやす)　尾張

?～慶長十二年(一六〇七)七月二日。

伊織、伊折。

時延の子。海西郡赤目城主(士林泝洄・尾張志)。

(天正二年＝一五七四)六月七日、岐阜城に忍び入った敵を却けた功を信長より褒されている(横井在時氏文書)。尾張出身だが、信長の馬廻だったのか信忠に属していたのかは不明。

本能寺の変後であろう、尾張支配者となった信雄に仕える。尾張にて、千八百貫文の地を領している（分限帳）。

天正十八年（一五九〇）、信雄没落後は、尾張にて独立し、直接秀吉に属したのであろう。

慶長五年（一六〇〇）の戦乱の時、東軍に属し、八月十七日、徳永寿昌らとともに福束城を攻略した（武家事紀）。同十二年七月二日没（士林泝洄）。

横山吉内（よこやま　きつない）

?～天正十年（一五八二）六月二日。

信長か信忠の馬廻であろう。天正十年（一五八二）六月二日、本能寺の変の時、明智軍と戦って討死した（阿弥陀寺過去帳）。

吉田家政（よしだ　いえまさ）　尾張

天文七年（一五三八）～寛永二年（一六二五）七月七日。

右京進、主水正《もんどのかみ》。諱は「家隆」「定政」「家澄」とも。

祖父家久、父家次とともに信長に仕える（寛永伝）。本能寺の変後は信雄に仕え、高御堂の内百三十貫文を知行する（分限帳）。天正十四年の検地後は、二百二十八貫文余（藩士名寄、下村信博「天下人と尾張武士」所収）。

信雄没落後であろう、秀吉に仕え、近江愛智《えち》郡島河村にて二百三十石（藩士名寄）。文禄元年（一五九二）七月、秀吉馬廻として名護屋在陣の交名《きょうみょう》中にその名が見える（太閤記）。

その後、家康に転仕して、尾張高御堂に戻り、二百五十一石を知行するという（藩士名寄）。

寛永二年（一六二五）七月七日没、八十八歳（藩士名寄）。

吉田平内（よしだ　へいない）

生没年不詳。

家政の一族であろう。信長に仕え、天正四年（一五七六）四月、安土築城の石奉行を務めている（公記）。

本能寺の変以後であろう、信雄に仕え、伊勢員弁《いなべ》郡宇野にて四十五貫文、後、尾張中島郡高御堂にて百貫文を知行する（分限帳・士林泝洄）。

吉原西雲（よしはら　せいうん）　丹後

?～天正八年（一五八〇）八月。

兵庫入道、左馬入道。

丹後の土豪。天正七年（一五七九）、一色氏とともに信長に反抗。長岡（細川）藤孝に峰山城を攻撃される（細川家記）。同八年八月、丹後に藤孝が入部するがこれに出仕せず、一族もろとも誅殺された（細川家文書）。

吉村氏吉（よしむら　うじよし）　美濃

生没年不詳。

又吉郎。諱は「安実」とも。

美濃石津郡松之木の出身という（新撰美濃志）。信長に仕える。

（天正元年＝一五七三）四月十三日夜、美濃の一揆を撃退し、十五日付で信長より褒されている（吉村文書）。同日付の市橋九郎右衛門宛ての信長書状があり、文面より推して、吉村一族は市橋氏の指揮下にあったものと思われる（吉村文書）。同年十二月九日、信長より、領分で鉄砲を使って鶴・雁を追い立てるよう命じられている（吉村文書）。

天正三年十一月の織田家の家督譲渡以後は、信忠に属したか。同十年、本能寺の変後は、美濃衆として当然信孝麾下となったと思われるが、十二月に岐阜城を攻められた信孝が秀吉・信雄に降参した後は、すぐに信雄に属したのであろうか。同年十二月晦日付で、信雄より本領安堵、新知四カ所の宛行いを受けている（吉村文書）。さらに翌年一月二十四日、信雄より五百貫文を加増されている（吉村文書）。

同十二年の小牧陣では信雄方に属し、脇田城を守る。四月六日、信雄より今尾の地を与えられたが、これは空手形である（吉村文書）。この小牧陣の時は頻繁に信雄に通信し、信雄もいちいち返書を発給しているので、氏吉の活躍がかなり詳しく判明する（吉村文書）。

四月十一日、高須表に働き、砦三つを落す。同月、池田照政（輝政）に脇田城を攻められるが持ちこたえる。氏吉は頻りに信雄の援を請い、五月、寺西忠左衛門尉らを派遣してもらう。六月まで秀吉方の軍の攻撃を守り切る。だが、秀吉が七月に美濃に入ってきたので、また慌てて信雄に援軍を要請している（吉村文書）。十一月には、秀吉方に通じた福田某を尾張長久保に攻めてこれを攻略し、信雄の感状を受けた（吉村文書）。

このように小牧陣では、信雄方の第一線として活躍した氏吉であった。信雄が秀吉と講和した後の同十四年七月二十三日、信雄より美濃十二カ所、都合四千八百十九貫文余の知行目録を受けている（吉村文書）。以後も信雄の臣として過ごした様子だが、事跡については詳らかではない。

吉村源介（よしむら　げんすけ）　美濃

生没年不詳。

氏吉の同族。（天正元年＝一五七三）四月十五日、氏吉とともに、去る十三日夜の一揆撃退の功を褒されている（吉村文書）。

れ

蓮養坊（れんようぼう）　山城

生没年不詳。

京都の蓮養坊の僧。明智光秀の臣佐竹出羽守の一族か（染谷光廣「織田政権と足利義昭の奉公衆・奉行衆との関係について」）。元亀元年（一五七〇）九月二十五日、北山城の土豪山本対馬守とともに、叡山に備えて、屋瀬・小原に置かれる。この時、案内者として、谷々寺々を放火した（公記）。北山城の地侍だから、光秀の下に置かれたであろう。

わ

若林助左衛門（わかばやし　すけざえもん）　越中

生没年不詳。

越中の国人。上杉氏の将河田長親に従っていたが、謙信の死の直後の（天正六年＝一五七八）四月晦日、佐々長穐より書を受け、信長への来属を誘われている（上杉家文書）。その後の動静については不明だが、信長軍の越中進攻により、これに属したのであろうか。

若林宗右衛門（わかばやし　そうえもん）　越中

生没年不詳。

越中の国人。上杉氏の部将河田長親に属していたが、天正八年（一五八〇）閏三月二十四日、柴田勝家より書を受け、長親を信長に帰属させるよう頼まれている（『上杉家記』所収「読史堂古文書」）。この頃すでに信長方に通じていたことがわかる。

和久宗是（わく　そうぜ）

天文四年（一五三五）～元和元年（一六一五）五月七日。

又兵衛、又兵衛入道。入道号は自庵。宗是は号であろう。諱は不明。

　初め三好氏の臣。三人衆に従っていたが、元亀元年（一五七〇）八月三十日、三好政勝とともに信長に降参（尋憲記）。その後、秀吉に仕え、右筆を務める（太閤軍記ほか）。

　天正十八年（一五九〇）、小田原陣に従軍し、頻りに伊達政宗に対して小田原陣参加を勧告する（伊達家文書）。戦後も政宗と連絡を保っていたが、その縁からか、後、政宗に仕える（伊達治家記録）。

　元和元年（一六一五）五月七日、籠城した大坂で戦死。八十一歳という（伊達治家記録）。

分部光嘉（わけべ　みつよし）　伊勢
　天文二十一年（一五五二）～慶長六年（一六〇一）十一月二十九日。

　幼名政寿。四郎二郎、与三左衛門尉、左京亮。

　長野藤光の二男。細野藤敦は兄である。分部光高の妹と婚し、光高の養子となる（重修譜）。居城は奄芸《あんき》郡中山城、後に上野城。

　養父の光高は、早くから信長と通じており、（永禄七年＝一五六四）十一月十三日付で信長より、入魂を誓った書状を受けている（分部文書）。

　同十年三月、国羽野合戦で、光高が戦死したので、その跡を継ぐ（重修譜）。翌年二月、信長軍の侵攻に対し、兄藤敦は抵抗したが、光嘉はすぐに恭順の姿勢を示した（勢州四家記・足利季世記）。

　同十二年三月、新たに長野家の当主になった長野信良（織田信包）より光高の知行を安堵されている（分部文書）。以後、信包の老臣として仕える。（天正四年＝一五七六）十月十九日付で、他の長野家老臣とともに、信長より忠節を褒されている（分部文書）。

　同九年、信包に従い、伊賀攻めに従軍（重修譜）。本能寺の変後も信包の輔弼の臣だったが、文禄三年（一五九四）九月、信包が近江に移封されると、伊勢上野城一万石となり、直接秀吉に仕える（重修譜・武家事紀）。慶長三年（一五九八）、秀吉の形見として黄金五枚を受けている（太閤記）。

　同五年、家康の上杉攻めに従軍。石田三成の挙兵の報により伊勢に戻り、西軍の九鬼嘉隆らと戦う。

　戦後、功により一万石加増されて、都合二万石余。居城は依然として上野城（分部文書・重修譜）。

　慶長六年（一六〇一）十一月二十九日没、五十歳（重修譜）。

鷲田三郎左衛門（わしだ　さぶろうざえもん）　越前
　生没年不詳。
　敦賀郡司朝倉景恒被官の鷲田氏か。天正元年（一五七三）八月二十三日、信長より本知四百五十石を安堵されている（尊経閣文庫文書）。

和田愛菊（わだ　あいぎく）　→和田惟長

和田惟長（わだ　これなが）　近江
　？～寛永五年（一六二八）四月一日？

　愛菊、太郎、伝右衛門尉。

　惟政の子。摂津高槻城主。元亀二年（一五七一）八月、父とともに出陣し、二十八日、摂津郡山にて池田知正・荒木村重らと戦ったが、ここで父が戦死、高槻に引き返す。しかし、この時、部下の多数が離反してしまったという（耶蘇通信）。

　家を継ぎ、高槻城主。同年十二月二十日、神峯山寺に寺領等を安堵した判物、さらに同三年二月三日、本山寺宛て禁制が見られる（神峯山寺文書・本山寺文書）。これらの文書では幼名の「愛菊」と署名しているから、まだ元服前だったのであろう。

　同三年四月、交野《かたの》城救援の軍に参加。公方衆の一人として、信長の部将とともに河内で戦った（兼見・年代記）。

　天正元年（一五七三）初め頃、義昭と信長の対立の中で、その去就をめぐってであろうか、叔父の主膳佑惟増を殺した（耶蘇通信）。そして、自身は信長に対し、忠節の意を申し入れている（細川家文書）。

　しかし、間もなく麾下である高山重友と対立。これを殺そうとして格闘となり負傷、三渕《みつぶち》藤英の伏見城に避難した（兼見・耶蘇通信）。

　『耶蘇通信』には、その傷がもとで三月十五日、そのまま伏見城で没とある。『兼見』にも、三月十一日に伏見城に入った時、「難二存命一云々」とあるから、やはりそこで死んだように思われる。しかし『寛永伝』や『和田家家系図』（和田家文書）では、その後秀吉・家康に仕え、寛永五年四月一日、七十八歳で没したとしている。さらに、慶長十六年十月一日付の「和田伝右衛門尉惟長」の署名のある文書も存在する（甲賀郡旧牛飼村共有文書）。瀕死の重傷を経て、どうにか命を長らえたということであろうか。

和田惟政（わだ　これまさ）　近江

　享禄三年（一五三〇）〜元亀二年（一五七一）八月二十八日。

　弾正忠、伊賀守、紀伊守、紀伊入道。

　近江甲賀郡和田村の人。和田氏は甲賀武士中の名家として、六角氏に属していた。惟助の子（和田家系図）。

〔義昭上洛への努力〕

　永禄八年（一五六五）五月十九日、京都では、将軍義輝が松永久秀や三好三人衆のため討たれる。将軍の弟の一乗院覚慶（足利義昭）は囚われの身となったが、密かに奈良を忍び出、細川藤孝らの誘導に従って、幕府奉公衆だった惟政を頼ることになった。この年十一月二十一日、惟政は野洲郡矢島に義昭の居所を移した（奥野高廣『足利義昭』）。

　義昭は、近江矢島から盛んに諸国の戦国大名へ向けて書を発する（上杉家文書ほか）。その中には、尾張の平定を終え、美濃と交戦中の信長もいた。永禄八年と思われる、十二月五日付の細川藤孝宛て書状で、信長は上洛への協力を誓っている（高橋義彦氏文書）。この書中に、「大草大和守（公広）・和田伊賀守可レ被二申上一之旨」とある。早くも惟政は、幕府奉公衆で側近である大草と一緒に活動を始めているのである。

　永禄八年より義昭の催促を受けながらも、美濃に対して苦戦を強いられている信長は、すぐにはその期待に応えられない。同九年八月末、義昭は矢島を抜けて若狭に入った（多聞院ほか）。若狭の守護武田義統が妹婿という縁からだが、小国若狭の、しかもすでに力の衰えている武田氏には期待できず、義昭は間もなく朝倉義景に迎えられて越前に居を移した。惟政は義昭に従って若狭から越前に動いた。

　（同十年）十二月一日、信長は大和の興福寺・柳生宗厳・岡国高（松永久秀の臣）らに通信し、近々義昭を奉じて上洛する意思を伝えている（柳生文書・岡文書ほか）。それらの書には、「時宜和伊（和田伊賀守惟政）可レ有二演説一」とある。『永禄記』には、惟政がしばしば信長へ遣わされて上洛を促したと書かれているが、先に示した十二月五日付の信長書状をも合せ考え、一貫して信長説得を担当していたのであろう。同十年頃には、信長との繋がりが密接になって、信長の意思を受けて大和にまで赴き、国衆の工作に従事しているのである。

〔義昭の上洛に供奉〕

　永禄十一年七月、いよいよ信長の上洛の用意が整い、惟政は、細川藤孝とともに岐阜へ赴く。そして、信長の意を受けた惟政は、村井貞勝・島田秀順ら信長の臣と一緒に、義昭迎えの使として越前へ下る。七月二十五日、義昭は岐阜に至り、立政寺で信長に会した（公記）。

　その後、惟政は信長の出陣に先んじて近江甲賀に遣わされ、甲賀諸侍の信長への忠節を促している（大野与右衛門氏文書、『近江蒲生郡志』所収）。元来甲賀の豪族である惟政だから、この役目は当然であろう。四月八日にも、信長の使として甲賀へ行ったことがあり（山中文書）、惟政の尽力で甲賀は早くから信長に協力的だった様子である。しかし、惟政の旧主にあたる六角氏は、最後まで説得に応じなかった。

　信長は九月七日に岐阜を出陣（公記）。惟政も義昭に従って、ほぼ同時に岐阜を出発したのであろう。

　信長軍は、まず近江の六角氏の諸城の攻略から取りかかる。惟政は、藤孝とともに信長軍に一歩先んじ、九月二十三日に入京した。近江衆約一万を率いていたという(多聞院)。信長は、六角氏の諸城を攻略して、九月二十六日に義昭とともに京都に入った。

十月十日、惟政は藤孝及び佐久間信盛とともに、大和平定のため奈良に入った。『多聞院』では、惟政・藤孝を「公方方ノ両大将」と呼んでいる。

三好義継・松永久秀をはじめ、池田・伊丹・畠山らは義昭に降り、三好三人衆らは阿波へ逃れて、畿内はたちまちのうちに平定された(公記・両家記ほか)。

〔摂津守護、幕府奉公衆として〕

十月十八日に念願の征夷大将軍の位に就いた義昭より、惟政は摂津の三守護の一人とされた。初めは芥川城主、間もなく高槻城に移った(両家記・足利季世記ほか)。翌年一月早々、三好三人衆らの軍勢が堺より上り、六条本圀寺に義昭を囲んだ時は、高槻より出陣し、池田・伊丹ら摂津衆とともに後巻《うしろま》きして、義昭の危機を救った(永禄記・当代記)。

ところで、『耶蘇通信』の中で、フロイスは惟政を「都及び摂津国両国の総督」、あるいは「都の副王」と呼んでいる。摂津の三分の一の統治権のほか、洛中洛外の政務をかなり委ねられていたことは確かである。では、京都とその近辺における惟政の幕政への参加の跡をたどってみよう。

①永禄十一年(一五六八)十月二十一日、禁裏御料所の公事・諸役催促のため、義昭の使として信長のもとへ遣わされる(上野秀政と)。続いて、十一月十一日、京中の問屋宛てに折紙を発す(言継)。

②(同年)十一月二十一日、大山崎惣中に対し、信長軍の乱妨・狼藉を禁じたことを伝える(離宮八幡宮文書)。

③(同年)十二月十六日、松永久秀に対し、今井宗久と武野新五郎との訴訟の結果について伝える(秀吉ら信長家臣と)(坪井鈴雄氏文書)。

④同十二年二月十一日、堺接収の奉行を務める(柴田・佐久間ら信長家臣及び三好・松永の家臣と)(宗及記)。

⑤(同年)三月二日、摂津多田院に対し、矢銭を免除する(信長家臣及び三好・松永家臣と)(多田院文書)。

⑥同年三月八日、山科言継ら公家より、禁裏御料所の諸役について催促される(言継)。

⑦(同年)六月一日、伊達輝宗に書し、義昭の殿料・馬の所望について、取計らいを頼む(伊達家文書)。

⑧同年六月十五日、清玉上人に対し、阿弥陀寺敷地の寺納安堵について伝える(阿弥陀寺文書)。

⑨(同年)十月二十日、某に宛てて、信長が(何事かに)不承知であることを告げ、その後の処置について指令する(信長家臣と)(反町文書)。

「都の総督」と呼ぶのは誇張した表現だが、①⑥⑦⑧のような幕府の政治や外交の仕事に参画していることは認められるであろう。

それとは別に注目されるべきことは、③④⑤⑨に見られる通り、信長家臣と一緒の仕事が多いことである。将軍義昭と信長の二元政治の中、幕府方にあって両者の仲介に当るのは、これまでの行き掛かり上惟政の役割だったのであろう。

〔キリスト教に対して〕

惟政は、キリスト教の理解者であり、フロイスら宣教師が最も信頼を寄せた武将であった。

惟政は義輝将軍の奉公衆であった頃、親友だった高山飛騨守の勧めでパードレの説教を聞き、以来キリスト教と宣教師に好意を持っていたという。上洛後間もなく、飛騨守よりフロイスが都を逐われて困苦していることを告げられ、義昭と信長にその京都復帰を願い出、許された(耶蘇通信)。

その後、フロイスは信長と会見し、キリスト教の布教を許されただけでなく、いろいろな便宜を与えられるが、それを実現させたのは惟政の力であるという。また、キリスト教を徹底的に憎み、執拗に妨害を重ねる朝山日乗に対して、惟政は身をもって宣教師たちを守り抜いたことが、フロイスの筆により最高の賛辞とともに語られている（耶蘇通信）。

惟政自身は洗礼を受けずに終ったが、彼はいずれキリシタンになることを決意し、高槻に教会を建設しようとしたという（耶蘇通信・フロイス日本史）。フロイスの記述はキリスト教への理解という価値尺度により、善悪共に誇張されているから、惟政に関しても割引かなければならないが、惟政がキリスト教のよき理解者として、宣教師たちに好意を示していたことは確かであろう。

〔信長の勘気に触れて〕

永禄十二年十月二十六日、播磨守護赤松の加勢として派遣され、敵の浦上方の城を攻め落す（両家記）。だが、この活躍の後、惟政の名は諸史料からしばらく消える。

『言継』同十三年（元亀元年）三月二十四日条に久々に登場した惟政は、「和田紀伊入道」となっており、去年秋より信長の勘気を受けていた、と記されている。

フロイスの書簡によると、同十二年十月頃か、日乗が信長に対して、惟政についての虚偽の証言をしたため信長が怒り、岐阜を訪れた惟政との面会を拒絶した、とある。のみならず、追って信長は、惟政の「好き城一所（芥川城カ）」を破却するという仕打ちに出た。惟政は高槻城に籠り、翌年雉髪したと書かれている（耶蘇通信）。この記述は、惟政に関する史料の中断や『言継』の「紀伊入道」の名乗りとも符合する。

しかし、惟政蟄居の主な原因は、日乗の讒言などではなかろう。同十二年十月、将軍義昭と信長との最初の衝突があった（多聞院）。両者の間に立つ惟政は、当然二人の仲を修復させるべく奔走したであろう。そして、どちらかというと将軍から離れられない立場にある惟政が、信長に疎んじられてしまったということは、想像するに容易である。

翌年三月二十四日、久々に勘気を解かれて信長に対面したことは、前述の通りである。フロイス書簡にも、この頃惟政が信長に招かれて温かい言葉を受け、衣服を贈られた上、加増を受けたと書かれている（耶蘇通信）。

また、同書簡には、同年六月二十八日の姉川の戦いで活躍し、信長に感謝されて、剣を賜ったとある（耶蘇通信）。しかし、この戦いに幕府奉公衆が参加した形跡はなく、ちょうど同年同月同日付で、摂津小曾禰春日社宛てに惟政の禁制が下されているのを見ると（今西文書）、フロイスの記述は信用できない。

〔惟政の官名について〕

惟政発給文書の初見である、（永禄三年）三月一日付の大舘晴光宛て書状では、彼の名乗りは「和田弾正忠惟政」である（古簡雑纂、奥野高廣「織田信長と浅井長政との握手」所収）。その後はずっと「伊賀守」。「御供衆」として幕府と通じていた惟政だから、これは自官ではなかろう。

その「伊賀守」が変化するのは、前述の『言継』永禄十三年三月二十四日条である。『言継』では、「紀伊入道」「紀伊守」のまま死に至っている。

ところが、前述した元亀元年六月二十八日付禁制（今西文書）、同年十月二十一日付の三和院（三淵藤英カ）宛て折紙（細川家記）、同年十二月二日付の大山崎宛ての徳政免除の判物（離宮八幡宮文書）、同二年六月二十三日付の摂津牛頭天王宛て禁制（原田神社文書）、いずれも署名は「和田伊賀守惟政」または「和伊惟政」である。

『言継』に三カ所も記されているけれど、文書をはじめとする他史料にはないだけに、惟政の紀伊守任官は信じるわけにはいかない。山科言継の誤記であると判断したい。

〔復帰後の活躍〕

元亀元年八月、三好三人衆が阿波衆とともに摂津上陸の報を得て、信長は南方へ向け出陣する。この時は、三好義継・松永久秀・池田・伊丹らも信長に応じて出陣。惟政も彼らと一緒に中島天満森に着陣した（両家記・尋憲記ほか）。この陣中で惟政は熱病に倒れ、死去の噂も流れたという（耶蘇通信）。

この陣の最中、朝倉・浅井の軍が京都近

辺に進出との報に接して、信長は急遽退陣を命じた。九月二十三日の退陣の時は健康を回復していたらしく、惟政は柴田勝家とともに殿《しんがり》軍を受け持ち、無事大軍を京に引き返させた（公記）。

三人衆らの軍は、この好機に摂津・河内、そして山城まで進出、御牧城を奪取した。十月二十二日、惟政は、木下秀吉・細川藤孝とともに御牧城を攻め、これを回復した（尋憲記・細川家記）。

同年十二月二日、惟政は、山城に属する大山崎惣中に徳政を免除している（離宮八幡宮文書）。摂津に近接した大山崎の地は、高槻城主である惟政の支配下にあったのかも知れない。

この年十一月二十一日に六角氏と、十二月十三日に朝倉・浅井氏と、信長は将軍の権威を利用して和睦にこぎつける（公記・言継）。十二月十七日付の、三雲成持・同定持宛ての惟政の書状があるが（福田寺文書）、これは、その直後に発せられたものであろう（奥野高廣氏は「織田信長と浅井長政との握手」の中で、この文書を永禄八年に比定しているが、誤りであろう）。三雲氏は、かつて六角麾下時代の同僚というだけでなく、同じ甲賀郡を本拠にした間柄である。この書状で六角承禎への披露を頼んでいるのを見ると、惟政は六角氏との和睦に一役買ったのかも知れない。

〔**摂津の擾乱と死**〕

元亀二年になると、畿内は複雑な様相を呈してきた。義昭・信長が朝倉・浅井・六角と講和を結び、その与党だった本願寺・三好三人衆とも一時的に戦いを止めたことにより、畿内の諸勢力が各々の利権を求めて争い出したようである。

松永久秀・三好義継は、不倶戴天の敵であった三人衆と同盟を結び、六月に高屋城に畠山秋高を攻める（尋憲記・信貴山文書）。これに対して、惟政や三淵藤英・細川藤孝らは、久秀らの勢力に対抗する。そうした中で惟政は、本願寺に通じている（顕如書）。

六月十一日に、敵方の吹田城を攻め落とした（元亀二年記）。七月には、逆に久秀・義継は摂津に入って惟政の城を攻めようとしている（多聞院）。

摂津の擾乱の中で、守護の一人池田勝正は城を逐われ、跡を継いだ知正や実力者荒木村重は久秀方に付いた。摂津衆の多くを敵とした惟政は、八月二十八日、郡山で池田軍と一戦を交え、敗死した（尋憲記・多聞院ほか）。惟政を討ち取ったのは、池田の臣中川清秀だったという（重修譜ほか）。惟政が戦死すると、高槻・茨木・宿久・里の四城がたちまちにして落ちた（尋憲記）。

惟政の没年齢については、確実ではないが、『諸家系図纂』や『重修譜』などに四十二歳とある。遺児の愛菊（惟長）はまだ少年だったようだし、信じてもよいであろう。

和田惟増（わだ　これます）　近江

?～天正元年（一五七三）春。

主膳佑。

惟政の弟。元亀二年（一五七一）八月の惟政の死後、稚い惟長が家を継いだので、その後見役を務めたらしい。同二年十二月二十日、神峯山寺に寺領等を安堵した判物があるが、これは惟長の安堵状の副状である（神峰山寺文書）。

天正元年（一五七三）春、義昭・信長の対立の中で、和田家の去就をめぐってか、惟長と家中で紛争を起し、殺された（耶蘇通信）。

和田定利（わだ　さだとし）　尾張

?～天正二年（一五七四）九月?

新助。諱は、「貞時」「貞秀」とも。

『重修譜』や『和田家家系図』によると、惟政の弟にしている。しかし、新助は、『公記』に犬山の織田信清の家老で黒田城主として登場する人物である。継嗣の八郎（定教）が後に甲賀郡に住むと『寛永伝』に載っているから、もともと甲賀出身で、惟政の縁者ということらしいが、どのような経緯で、尾張に移ったのだろうか。

永禄元年（一五五八）七月十二日、信清に従って浮野の戦いに参加。信長軍と協力して岩倉軍と戦ったという（甫庵・織田系図）。

その後、同じ犬山の家老の中島豊後守とともに信長に降り、信長の犬山城奪取の因を作った（公記）。犬山落城については、永禄八年という説が有力だから、新助らの信長投降は、同七年から八年頃であろう。

永禄年間末頃であろうか、信長の使として甲斐に遣わされ、六月十七日付で武田信玄より太刀と馬を贈られている（因幡民談記）。

同十二年八月、伊勢大河内《おかわち》城攻めに従軍。元亀二年（一五七一）五月の伊勢長島攻めにも従軍（公記）。

天正二年（一五七四）七月、またも長島攻めに従軍。この時は、信忠の下で働いている。尾張衆として、前年より形成されつつあった信忠軍団に組み入れられたのであろう。

『寛永伝』によれば、この長島での戦いで討死したという。確かにこの後は、継嗣である八郎が代わって史料に登場し、新助の名は消える。事実らしい。

和田定教（わだ　さだのり）　尾張

天文四年（一五三五）～文禄元年（一五九二）。

八郎。諱は、「秀三」とも。

定利（新助）の弟という（重修譜・和田家家系図）。つまり、惟政の弟ということでもある。だが、大いに疑問である。信長に仕え、天正二年（一五七四）であろう、定利の遺領を継ぎ、尾張黒田城主（寛永伝）。

同元年頃より、信忠軍団が形成されつつあったから、彼も尾張衆としてそれに所属したのであろう。同六年六月、同軍団の一員として、播磨の砦を警固している（公記）。

同八年十一月二十七日付の、日比野弥次郎・同孫一宛て、団忠正判物があるが、それによると和田八郎は、忠正と相談して日比野の陣夫銭を以前通りに定めている（日比野文書）。信忠の近臣の一人だったようである。

『寛永伝』によると、その後、処士となって近江甲賀に住し、本能寺の変直後の家康の甲賀通過に随伴して感状を受けたという。実際に、同年六月十二日付で、八郎の身上の保障を誓った、家康の起請文《きしょうもん》が存在する（和田家文書）。

同十八年より池田輝政に仕える（藩士家譜）。文禄元年（一五九二）、京都において五十八歳で没という（寛永伝・因府録）。

和田新助（わだ　しんすけ）　→和田定利（わだ　さだとし）

和田八郎（わだ　はちろう）　→和田定教（わだ　さだのり）

和田彦太郎（わだ　ひこたろう）

?～天正十年（一五八二）六月二日。

信長か信忠の馬廻だろう。天正十年（一五八二）六月二日、本能寺の変の時、明智軍と戦って討死した（阿弥陀寺過去帳）。

和田光明（わだ　みつあき）　→小里光明（おり　みつあき）

和田弥十郎（わだ　やじゅうろう）　丹後

生没年不詳。

丹後の豪族だが、明智光秀の丹波・丹後の平定戦の中で、これに降った様子であり、（天正七年＝一五七九）四月四日、光秀より太刀・鯛の贈呈を謝され、丹後出陣の予定などを伝えられている（下条文書）。

翌八年八月に丹後が長岡（細川）藤孝に与えられた後は、それに従ったのであろう。

渡辺勘大夫（わたなべ　かんだゆう）　摂津

?～天正七年（一五七九）十月十五日。

荒木村重の麾下。荒木志摩守の甥四郎を婿養子にする（公記）。

天正六年（一五七八）、村重の謀反に参加。しかし、中川清秀らとともに茨木城に籠っていたところ、清秀が信長に降り、城を追出される（公記）。

その後、岸の砦で信長軍に対抗。同七年十月十五日、多田の館へ逃れるところ、信長軍の兵に殺された（公記）。

渡辺清（わたなべ　きよ）　摂津

天文五年（一五三六）～天正十年（一五八二）六月十三日。

与三左衛門。

摂津安倉城に住し、将軍義輝に仕える。義昭上洛後、これに仕えるが、天正元年（一五七三）義昭が没落すると、信長に転仕する（重修譜）。同八年、信長より安倉の本領を安堵されるという（寛永伝）。

　同十年六月十三日討死、四十七歳と『寛永伝』にある。山崎の戦いで、光秀方に加わったのであろう。

渡辺佐内（わたなべ　さない）

　生没年不詳。

　滝川一益の臣。天正六年（一五七八）九月三十日、一益の白船に上乗りし、犬飼助三・伊藤孫太夫とともに、信長より賞として黄金と服を与えられた（公記）。

渡辺太郎左衛門（わたなべ　たろうざえもん）　丹波

　生没年不詳。

　丹波広田の住人（愛宕山尾崎坊文書）。愛宕《あたご》社御供料外畑村を違乱し、（元亀元年＝一五七〇）四月二十日、丹羽長秀より違乱の停止を命じられたが従わず、（同年）五月七日、信長は柴田勝家・坂井政尚に再度命令を下すよう指令している（愛宕山尾崎坊文書）。

　ところが、天正二年（一五七四）と思われる、六月十日付、長岡藤孝宛て信長折紙を見ると、まだ違乱を止めていない（愛宕山尾崎坊文書）。その後の事跡については不明。

渡辺昌（わたなべ　まさ）　山城

　生没年不詳。

　宮内少輔。諱は「登」とも。

　出雲守の子で、重の弟。兄重とともに、東山一乗寺城に居す（重修譜）。『年代記』『尋憲記』では「田中ノ渡辺」、『兼見』では「一乗寺渡辺宮内少輔」で登場する。

　永禄十一年（一五六八）の義昭上洛後、これに仕えるが、元亀元年（一五七〇）頃からは、義昭より北山城の支配を委ねられた明智光秀に属したらしい。近くの近江志賀郡山中に住む磯谷《いそがい》久次とも懇意。同三年十一月十六日、久次の息男彦四郎の元服の祝宴に列席している。因みに、この彦四郎の名付け親は寄親の光秀であった（兼見）。

　天正元年（一五七三）二月、将軍義昭と信長との対立の中で、久次や山本対馬守とともに義昭方に付く。この時、『兼見』には「対二明智一別心」と書かれている。

　山岡光浄院（景友）の指揮下に近江石山・今堅田に兵を入れるが、信長軍の攻撃を受けてたちまち陥落（公記）。一度は赦されて、吉田兼和とも音信している（兼見）。しかし、その後も義昭を離れず、頻りに義昭に吉田郷の領有を請うたという（兼見）。

　義昭の再度の挙兵に応じて、久次とともに一乗寺城に籠ったが、信長軍に攻められて七月二十一日に降伏、城を破却された（公記・兼見）。久次は誅殺されたが、何故か昌は生命を助けられた。後、秀吉に仕えて馬廻となったという（戦国人名辞典）。

　『兼見』天正十一年十二月十七日条に、「田中之庄屋」の「渡辺弥十郎」という人物が現れるが、一族だろうか。

あとがき

世の中にはすごい人がいるものである。

もう何年か前になるが、インターネットを開いて、私が書いた『信長の親衛隊』という本がたいへん詳しい書評を受けているのを知った。普通の批評と違う。その蘊蓄ぶりは並ではない。

調べてみると、日本文化の研究そのほかいろいろなジャンルで活躍されている松岡正剛氏による、「千夜千冊」という企画の一部だったのである。千冊（正確にはもっと多い）の中には古典的名作も含まれており、拙著が同列に扱われたこと自体、光栄の極みである。

それはさておき、松岡氏の一夜分の書評というのが、四百字詰めにして延々数十枚分続く。松岡氏は、本業を務めながらこの仕事を毎晩のように行っていたらしい。もとより一流の文化人である同氏のこと、千夜完結後刊行されたぐらいだから、駄文であるはずがない。

私はこの十数年間、信長関係の文献リストを作ったり、コピーを集めたりしてきた。それに伴って、戦国史を専門にしている方々の書かれた作品の多くに触れてきた。その結果、私と同じ戦国史研究家の中にもすごい人がいることを知った。一年間に、十冊近くも本を書く人がいる。堂々たる論文を十編ほどもいろいろな専門誌に載せる人がいる。

次に今回、『織田信長家臣人名辞典』の改訂の仕事を進める過程で、新たにすごい人の存在を知った。その人は、日本中の資料館を回って信長関係の史料を渉猟し、そのすべてに目を通すという人。奈良県在住の和田裕弘氏である。私よりずっと若い信長研究家にこのようなすごい人がいることは、心強い限りである。

初版の監修を引き受けて下さった高木昭作先生は、冒頭の「序にかえて」で次のように書かれている。

「この種の著作で、しかも個人のそれで、最初から完全などということはあり得ないことであろう」「この書物を将来できるだけ完全に近づけるために」多くの方々のお力ぞえをお願いしたい、と。

次の改訂の機会には、和田氏たち若い方々が引き受けて下さることを、今のうちからお願いしておきたい。

平成二十二年八月

谷口克広

参考文献

史料集

増訂織田信長文書の研究（上・下・補遺）　奥野高廣著　一九八八年　吉川弘文館
大日本史料　第十編一～二十六　東京大学史料編纂所編　東京大学出版会
大日本史料　第十一編一～二十　東京大学史料編纂所編　東京大学出版会
浅野家文書（大日本古文書、家わけ二）　東京大学史料編纂所編　東京大学出版会
伊達家文書（大日本古文書、家わけ三）　東京大学史料編纂所編　東京大学出版会
毛利家文書（大日本古文書、家わけ八）　東京大学史料編纂所編　東京大学出版会
吉川家文書（大日本古文書、家わけ九）　東京大学史料編纂所編　東京大学出版会
小早川家文書（大日本古文書、家わけ一一）　東京大学史料編纂所編　東京大学出版会
上杉家文書（大日本古文書、家わけ一二）　東京大学史料編纂所編　東京大学出版会
群馬県史　資料編七　群馬県史編纂委員会編　一九八六年
新潟県史　資料編三～五　新潟県編　一九八二～四年
富山県史　史料編二～三　富山県編　一九七五～八三年
福井県史　資料編二～九　福井県編　一九八二～八九年
岐阜県史　史料編古代中世九～一二　岐阜県編　一九七二～八三年
愛知県史　資料編十一～十二（織豊一、二）　愛知県史編さん委員会編　二〇〇三、七年
三重県史　資料編中世二、近世一　三重県編　二〇〇五年、一九九四年
兵庫県史　史料編中世一～五　兵庫県史編集専門委員会編　一九八三～九〇年
鳥取県史　六（因府録）　一九七四年　鳥取県
岡山県史　資料編一九～二二　岡山県史編纂委員会編　一九八五～八八年
金沢市史　資料編五近世三　金沢市史編さん委員会編　二〇〇三年
小浜市史　史料編三～七　小浜市史編纂委員会編　一九七六～八七年
敦賀市史　史料編一～四　敦賀市史編纂委員会編　一九七七～八

三年
福井市史　資料編二古代・中世　一九八九年　福井市
甲府市史　史料編一　甲府市史編纂委員会編　一九七九年
新編一宮市史　資料編五（妙興寺文書）　一九六三年　一宮市
刈谷市史　二　刈谷市史編さん編集委員会編　一九九四年
瀬戸市史　資料編三　原始・古代・中世　瀬戸市史編纂委員会編　二〇〇五年
豊明市史　資料編補二　原始・古代・中世　豊明市史編集委員会編　二〇〇一年
和歌山市史　四　和歌山市史編纂委員会編　一九七七年
新修彦根市史　五　史料編古代・中世　彦根市史編集委員会編　二〇〇一年
福知山市史　史料編一　福知山市史編纂委員会編　一九七八年
泉大津市史　二　史料編一　一九八三年　泉大津市
岸和田市史　史料編一　岸和田市史編纂委員会編　一九七六年
堺市史　続編五　小葉田淳編集代表　一九七四年
豊中市史　史料編二　豊中市史編纂委員会編　一九六一年
富田林市史　史料編一　富田林市史編集委員会編　一九七二年
枚方市史　史料編一　枚方市史編纂委員会編　一九六八年
箕面市史　史料編二　箕面市史編纂委員会編　一九六九年
八尾市史　史料編　八尾市史編纂委員会編　一九六〇年
豊岡市史　史料編上　豊岡市史編集委員会編　一九七一年
八代市史　近世史料編4　八代古文書の会編　一九九六年
近江坂田郡志　史料編　坂田郡役所編　一九一三年
東浅井郡志　史料編　東浅井郡教育会編　一九二七年
神岡町史　史料編上　神岡町編　一九七二年
上矢作町史　史料編　上矢作町史編纂委員会編　二〇〇七年
栗東の歴史　資料編Ⅱ　栗東町編さん委員会編　一九九五年
和知町誌　史料集（一）　和知町誌編さん委員会編　和知町役場　一九八七年
気多神社文書（史料纂集、古文書編）　一九七七～八二年　続群書類従完成会
西福寺文書（史料纂集、古文書編）　一九七三年　続群書類従完成会
久我家文書　国学院大学久我家文書編集委員会編　一九八二年
九条家文書四（図書寮叢刊）　宮内庁書陵部編　明治書院　一九七四年
萩藩閥閲録　山口県文書館編　一九六七～七一年
長家古文書類纂（加賀能登郷土図書叢刊四六『長氏文献集』）　一九七二年（復刊）石川県図書館協会
坂井遺芳　酒井利孝編　一九三七年
長命寺古文書等調査報告書　滋賀県教育委員会事務局文化財保護課編　二〇〇三年
稿本豊臣秀吉文書（1）（永禄八年～天正十年）　三鬼清一郎編　二〇〇五年
朝倉氏五代の発給文書（福井県立一乗谷朝倉氏遺跡資料館古文書調査資料1）　二〇〇四年　福井県立一乗谷朝倉氏遺跡資料館
大湊由緒書（海事史料叢書八）　住田正一編　一九三〇年　巌松堂書店
関ケ原合戦史料集　藤井治左衛門編　一九七九年　新人物往来社

加賀藩史料一　日置謙編　清文堂出版　一九八〇年（復刊）
黄微古簡集　斎藤一興編、藤井駿他校訂　一九七一年　岡山県地方史研究連絡協議会
伊丹資料叢書二、四　伊丹市立博物館編　一九七四年〜七八年　伊丹市役所
加賀市史料三、四　一九八三、八四年　加賀市立図書館
奈良県宇陀郡史料　宇陀郡役所編　一九一七年
奈良県吉野郡史料（上・中・下）　奈良県吉野郡役所編　一九七一年（複製）　名著出版
信濃史料一四〜一八　信濃史料刊行会編　一九六八〜七〇年（訂正重刊）
信濃史料叢書五　信濃史料編纂会　一九一四年
越佐史料一〜六　高橋義彦編　一九七一年　名著出版
戦国遺文武田氏編三　柴辻俊六・黒田基樹編　二〇〇三年　東京堂出版
富山藩士由緒書（越中資料集成2）　新田二郎編　一九八八年　桂書房
新訂徳川家康文書の研究　上巻　中村孝也著　一九八〇年　日本学術振興会
沢氏古文書（史料纂集古文書編）　一九八九年　続群書類従完成会
真田家文書（下）　米田一政編　一九八三年　長野市
江州堅田漁村史料（日本常民生活資料叢書⑱）　喜多村俊夫編　一九七三年　三一書房
日本都市生活史料集成一　原田伴彦編集代表　一九七七年
観心寺要録（一）—檜尾揩蔵記—　大谷女子大学資料館　一九八四年
福智院家古文書　花園大学　一九七九年
佐々成政関係文書　浅野清編著　一九九四年　佐々成政研究会
京都浄土宗寺院文書　水野恭一郎・中井真孝編　一九八〇年　同朋舎
三木関係史料（飛驒下呂史料Ⅱ）　下呂町史編集委員会編　一九八六年　下呂町
芸藩輯要　林保登編　一九三三年　入玄堂
吉備温故秘録（吉備群書集成6）　一九七〇年　歴史図書社
土佐国群書類従　系譜部（土佐国史料集成3）　二〇〇〇年　高知県立図書館
山本家文書目録（旧近江国高島郡南船木村）　二〇〇一年　滋賀県教育委員会
頂妙寺文書・京都十六本山会合用書類三　頂妙寺文書編纂会編　一九八九年
大阪城天守閣紀要二九　二〇〇一年
思文閣墨蹟資料目録六〇　思文閣出版
寸金雑録（東京大学史料編纂所蔵）
加能越古文書（東京大学史料編纂所蔵）
伊勢古文書集（東京大学史料編纂所蔵）
松雲公採集遺編類纂　記録部（金沢市立玉川図書館近世史料館蔵）
阿波国古文書（東京大学史料編纂所蔵）
後編薩藩旧記雑録（内閣文庫蔵）

笠系大成付録（東京大学史料編纂所蔵）
和田家文書（京都市歴史資料館所蔵）
古文之写（聖藩文庫蔵）

地方史

群馬県史　通史編三　群馬県史編纂委員会編　一九八九年
富山県史　通史編三　富山県編　一九八二年
福井県史一　福井県編　一九二〇年
岐阜県史　通史編三〜四　岐阜県編　一九六八〜六九年
愛知県史一　愛知県編　一九三五年
滋賀県史　滋賀県史編纂会編　一九二八年
大阪府史　四　大阪府史編集専門委員会編　一九八一年
大垣市史　大垣市編　一九七七年
新編一宮市史　本文編上古代中世編　一九七七年　一宮市
新修稲沢市史　本文編上　新修稲沢市史編纂会編　一九九〇年
四日市市史　四日市市教育会編　一九三〇年
新修大津市史二　大津市史編纂委員会編　一九七九年
彦根市史一　中村直勝編　一九六〇年　彦根市役所
和泉市史一〜二　和泉市史編纂委員会編　一九六五、六八年
福井県三方郡誌　福井県三方郡教育会編　一九二六年
恵那郡史　岐阜県恵那郡教育会編　一九二六年
郡上郡史　郡上郡教育会編　一九七〇年（複製）　大衆書房
愛知県丹羽郡誌　愛知県丹羽郡教育会編　一九七三年（復刻）
　愛知県郷土資料刊行会
近江愛智郡誌　愛智郡教育会編　一九二九年
近江蒲生郡志　蒲生郡役所編　一九二二年
近江神崎郡志稿　大橋金造編　一九二八年
近江栗太郡史　滋賀県栗太郡役所編　一九二六年
甲賀郡志　甲賀郡教育会編　一九二六年
改訂近江国坂田郡志　滋賀県坂田郡教育会編　一九四一年
高島郡誌増補版　滋賀県高島郡教育会編　一九七二年
野洲郡史　野洲郡教育会編　一九二七年
京都府北桑田郡志　北桑田郡編　一九二三年
船井郡誌　船井郡教育会編　一九一五年
大和北葛城郡史　奈良県北葛城郡役所編　一九七三年（復刊）
奈良県磯城郡誌　磯城郡役所編　一九一五年
奈良県南葛城郡誌　南葛城郡役所編　一九二六年
奈良県山辺郡誌二〜三　山辺郡教育会編　一九一四〜六年
丹波氷上郡志　丹波史談会編　一九二七年
松任町史　中本恕堂編　一九四一年　松任町役場
三国町史　三国町史編纂委員会編　一九六四年
根尾村史　根尾村編　一九八〇年
木曾川町史　木曾川町史編集委員会編　一九八一年
清洲町史　清洲町史編纂委員会編　一九七〇年
多賀町史　多賀町史編さん委員会編　一九九一年
近江日野町史　滋賀県日野町教育会編　一九三〇年
新高宮町史　新高宮町史編纂委員会編　二〇〇七年

地誌・人物志

丹波人物志　松井拳堂著　一九六〇年「丹波人物志」「増訂丹波

年表」刊行会
丹後旧事記（丹後史料叢書一） 一九七二年 名著出版
大和記（続群書類従二〇下）
大和人物志 奈良県編 一九〇九年
姫路紀要 姫路紀要編纂会 一九一二年
勢陽雑記（三重県郷土資料叢書一三） 山田為綱著 鈴木敏雄・野田精一校訂 一九六八年 三重県郷土資料刊行会
越登賀三州志（加賀能登郷土図書叢刊五六） 富田景周著 日置謙校訂 一九七三年（復刻） 石川県図書館協会
美濃明細記 伊東実臣著 一九七五年（復刻） 大衆書房
美濃雑事記 一九七五年（復刻） 大衆書房
新撰美濃志 岡田文園著 一九七二年（復刻） 大衆書房
尾張志 深田正韶著 一九六九年（復刻） 歴史図書社
尾張徇行記 樋口好古著 愛知県郷土資料刊行会編 一九七六年
張州雑志 内藤東甫著 愛知県郷土資料刊行会編 一九七五～七六年
張州雑志抄（津島叢書） 津島神社編 一九三二年 津島町
張州府志 松平秀雲著 名古屋市談会編 一九七四年（復刻） 愛知県郷土資料刊行会
尾陽雑記 愛知県教育会編 一九七七年（複製） 愛知県郷土資料刊行会
東作誌（新訂作陽誌四～八） 正木輝雄著 矢吹金一郎校訂 一九七五年（復刻） 作陽新報社
吉備温故秘録（吉備群書集成六） 吉備群書集成刊行会編 一九七〇年（復刻） 歴史図書社
因幡民談記（因伯叢書一） 佐伯元吉編 一九七二年（復刻） 名著出版
伯耆民談記（因伯叢書二） 佐伯元吉編 一九七二年（復刻） 名著出版
和泉志（東京大学史料編纂所蔵） 関祖衡編
河内志（東京大学史料編纂所蔵） 関祖衡編
山城志（東京大学史料編纂所蔵） 関祖衡編
摂津志（東京大学史料編纂所蔵） 関祖衡編
栗太志（東京大学史料編纂所蔵） 田中貞昭編
若狭国志（東京大学史料編纂所蔵） 稲葉正義編
若狭守護代記（東京大学史料編纂所蔵） 猪俣安定編
若州観跡録（東京大学史料編纂所蔵）
尾濃葉栗見聞集（東京大学史料編纂所蔵） 吉田正直編
飛州志（大阪府立中之島図書館蔵）

記録・紀行・年代記など

多聞院日記 多聞院英俊他著 辻善之助編 一九六七年 角川書店
言継卿記 山科言継著 国書刊行会編 一九四一年 太洋社
新訂増補言継卿記第五・六 山科言継著 高橋隆三他校訂 一九六五～六七年 続群書類従完成会
晴右記（続史料大成九） 勧修寺晴右著 竹内理三編 一九六七年 臨川書店
晴豊記（続史料大成九） 勧修寺晴豊著 竹内理三編 一九六七年 臨川書店

晴豊記　第三巻（天正十年正月～三月）　勧修寺晴豊著　立花京子著『信長権力と朝廷』所収　二〇〇〇年　岩田書院
天正十年夏記　勧修寺晴豊著　立花京子著『信長権力と朝廷』所収　二〇〇〇年　岩田書院
兼見卿記（史料纂集）　吉田兼見著　斎木一馬・染谷光廣校訂　一九七一～七六年　続群書類従完成会
天文日記（『石山本願寺日記』上）　証如著　一九六六年（復刻）　清文堂出版
宇野主水日記（『石山本願寺日記』下）　宇野主水著　一九六六年（復刻）　清文堂出版
言経卿記（大日本古記録）　山科言経著　東京大学史料編纂所編　一九五九年～
御湯殿上日記（続群書類従補遺）　続群書類従完成会
鹿苑日録二～三　辻善之助他編　一九九一年　続群書類従完成会
鹿苑日録日用集　西笑承兌著　辻善之助他編　一九六一年　続群書類従完成会
家忠日記（続史料大成一九～二〇）　竹内理三編　一九六八年　臨川書店
二条宴乗記（『ビブリア』五二～五四、六〇・六二）　二条宴乗著　一九七二～七六年
駒井日記（改訂史籍集覧二五）　駒井重勝著
越前国相越記（『福井県史』資料編三、山田竜治家文書）　尋憲著　一九八二年
継芥記（続々群書類従五）　中院通勝著
三藐院記（史料纂集一四）　近衛信尹著　近衛通隆他校訂　一九七五年　続群書類従完成会
義演准后日記（史料纂集二一）　義演著　一九七六～八五年　続群書類従完成会
天王寺屋会記（茶道古典全集七～八）　津田宗及他著　永島福太郎編　一九五九年　淡交新社
今井宗久茶湯日記書抜（茶道古典全集一〇）　今井宗久著　千宗室他編　一九六一年　淡交新社
厳助往年記（改訂史籍集覧二五）　厳助著
天正日記（続々群書類従五）　内藤清成著
富士見道記（群書類従一八）　里村紹巴著
東国紀行（群書類従一八）　谷宗牧著
享禄以来年代記（続群書類従二九下）
永禄以来年代記（続群書類従二九下）
高野春秋編年輯録（大日本仏教全書一三一）　懐英編　仏書刊行会編　一九一二年
祇園社記（増補続史料大成四五）　行快編　一九八三年　臨川書店
熊野年代記（諸国叢書二二、二三）　二〇〇八年　成城大学民俗学研究所
兼見卿記（東京大学史料編纂所蔵）　吉田兼見著
尋憲記（東京大学史料編纂所蔵）　尋憲著
時慶卿記（内閣文庫蔵）　西洞院時慶著
孝親公記（東京大学史料編纂所蔵）　中山孝親著
宣教卿記（東京大学史料編纂所蔵）　中御門宣教著
元亀二年記（東京大学史料編纂所蔵）

九州御動座記（東京大学史料編纂所蔵）
天文間日次記（東京大学史料編纂所蔵）　良尊著
雑々聞検書（東京大学史料編纂所蔵）　伊勢貞助著
讃岐国大日記（東京大学史料編纂所蔵）　藤原盛員著
高代寺日記　塩川家臣日記下（内閣文庫蔵）
外宮引付（内閣文庫蔵）

文書影写本（東京大学史料編纂所蔵）

黒田文書
前田家所蔵文書
石徹白神社文書
兼松文書
岐阜県古文書類纂
桜井文書
淡輪文書
宮部文書
田丸文書
福知山御霊神社文書
山田家古文書
信濃寺社文書
楠文書
上林文書
若宮八幡宮文書
離宮八幡宮文書
山中文書
真珠庵文書
成就院文書
坪内文書
沢野井文書
定光寺文書
上坂文書
本郷文書
その他（省略）

家譜・家伝・系図

上杉家御年譜一～二　上杉家原編　一九八八年　米沢温故会
勝山小笠原家譜（信濃史料叢書五）
織田系図（続群書類従六上）
甲斐信濃源氏綱要（『系図綜覧』上）
梶川系図（『系図綜覧』下）
川口氏先祖書系図（豊明市史資料編補一）
革島家伝覚書（続群書類従五上）
革島系図（続群書類従五上）
佐久間系図（『系図綜覧』下）
佐治系図（『系図綜覧』下）
近江国坂田郡飯村島記録（戦国史叢書六『近江浅井氏』）　小和田哲男編　一九七三年　新人物往来社
新庄系図（『系図綜覧』下）
伊達治家記録一～二　伊達家編　一九七二～三年　宝文社
長家家譜（加賀能登郷土図書叢刊四六『長氏文献集』）　石川県図

書館協会　一九七二年（復刊）
長氏系図加賀能登郷土図書叢刊四六『長氏文献集』）　石川県図書館協会　一九七二年（復刊）
百々家系図（『系図綜覧』上）
中川氏年譜（中川史料集）　一九六九年　新人物往来社
中根氏族譜（『中根家文書』上）　二〇〇二年　岡崎市
羽衣石南条記（因伯叢書二）
南条氏系図（『系図綜覧』下）
尾張国丹羽郡稲木庄前野村前野氏系図（『武功夜話』四）　一九八七年　新人物往来社
綿考輯録一　石田晴男他編　一九八八年　出水神社
青地系図帳（加越能文庫蔵）
青山家々譜（加越能文庫蔵）
赤井家譜（内閣文庫蔵）
赤松氏族譜（東京大学史料編纂所蔵）
朝山系図（東京大学史料編纂所蔵）
熱田大宮司由緒書（東京大学史料編纂所蔵）
岡山池田家譜（東京大学史料編纂所蔵）
池田家履歴略記（東京大学史料編纂所蔵）
池田氏家譜集成（内閣文庫蔵）
生駒家譜（東京大学史料編纂所蔵）
矢島生駒家譜（東京大学史料編纂所蔵）
生駒系譜（名古屋市立鶴舞図書館蔵）
市橋家譜（東京大学史料編纂所蔵）
市橋系図（東京大学史料編纂所蔵）
井戸氏系図（東京大学史料編纂所蔵）
稲葉家譜（東京大学史料編纂所蔵）
臼杵稲葉家譜（東京大学史料編纂所蔵）
今枝系図（加越能文庫蔵）
岩佐家系図（東京大学史料編纂所蔵）
浦上家系図（東京大学史料編纂所蔵）
浦上系図（東京大学史料編纂所蔵）
遠藤家譜（東京大学史料編纂所蔵）
遠藤家旧記（東京大学史料編纂所蔵）
太田系図（東京大学史料編纂所蔵）
豊後豊津小笠原家譜（東京大学史料編纂所蔵）
豊前中津奥平家譜（東京大学史料編纂所蔵）
小椋記録（東京大学史料編纂所蔵）　大岩重綱著
羽前天童織田家譜（東京大学史料編纂所蔵）
織田家雑録（東京大学史料編纂所蔵）　佐々宗淳著
織田系図（東京大学史料編纂所蔵）
織田系図（鈴木真年所蔵）
織田氏系譜（内閣文庫蔵）
越知氏伝記（東京大学史料編纂所蔵）
加賀藩歴譜（東京大学史料編纂所蔵）
熱田加藤家史（東京大学史料編纂所蔵）
熱田加藤氏系図（加越能文庫蔵）
近江水口加藤家譜（東京大学史料編纂所蔵）
加太氏族譜　加太邦憲著（三重県立図書館蔵）
亀井家譜（東京大学史料編纂所蔵）

川辺氏旧記（東京大学史料編纂所蔵）
神戸家系譜（加越能文庫蔵）
神戸録（内閣文庫蔵） 沢熊山著
木曾殿伝記（内閣文庫蔵）
木曾考（内閣文庫蔵）
吉川家譜（東京大学史料編纂所蔵）
豊後日出木下家譜（東京大学史料編纂所蔵）
備中足守木下家譜（東京大学史料編纂所蔵）
木下家定家譜（東京大学史料編纂所蔵）
讃岐丸亀京極家譜（東京大学史料編纂所蔵）
黒田家譜（東京大学史料編纂所蔵）
木造系図（内閣文庫蔵）
改撰仙石家譜（東京大学史料編纂所蔵）
千秋家譜（東京大学史料編纂所蔵）
高橋家系図（高橋伸和家文書＝長岡京市史編さん室蔵）
竹中家譜（東京大学史料編纂所蔵）
津田家系図（加越能文庫蔵）
増補筒井家記（東京大学史料編纂所蔵）
濃州坪内家系（内閣文庫蔵）
成田家記（加越能文庫蔵）
羽衣石南条系図（東京大学史料編纂所蔵）
西尾家譜（東京大学史料編纂所蔵）
丹羽家譜（東京大学史料編纂所蔵）
播磨三草丹羽家譜（東京大学史料編纂所蔵）
丹羽氏次家譜（東京大学史料編纂所蔵）
丹羽歴代年譜（東京大学史料編纂所蔵）
丹羽歴代年譜付録（東京大学史料編纂所蔵）
長谷川系図并旧記（加越能文庫蔵）
蜂須賀氏家譜（東京大学史料編纂所蔵）
伊勢菰野土方家譜（東京大学史料編纂所蔵）
土方雄久家譜（東京大学史料編纂所蔵）
日根野系図（東京大学史料編纂所蔵）
細川家記（東京大学史料編纂所蔵）
細川家譜（東京大学史料編纂所蔵）
信濃飯田堀家譜（東京大学史料編纂所蔵）
堀尾家伝（東京大学史料編纂所蔵）
前田家譜（東京大学史料編纂所蔵）
下総結城水野家譜（東京大学史料編纂所蔵）
設楽水野家譜（東京大学史料編纂所蔵）
溝口家譜（東京大学史料編纂所蔵）
柳生家譜（東京大学史料編纂所蔵）
冷泉系譜事蹟（東京大学史料編纂所蔵）

戦記

信長公記（角川文庫） 太田牛一著 奥野高廣・岩沢愿彦校注 一九六九年 角川書店
信長記 太田牛一著 岡山大学池田文庫等刊行会 一九七五年 福武書店
信長記 小瀬甫庵著 国民文庫刊行会編 一九一〇年 国民文庫刊行会

太閤記　小瀬甫庵著　国民文庫刊行会編　一九一〇年　国民文庫刊行会

太閤記（岩波文庫）　小瀬甫庵著　桑田忠親校訂　一九八四年（復刻）　岩波書店

天正記（戦国史料叢書『太閤史料集』）　大村由己著　桑田忠親校注　一九六五年　人物往来社

柴田退治記（群書類従二一）　大村由己著

播州御征伐之事（群書類従二一）　大村由己著

惟任退治記（続群書類従二〇下）　大村由己著

紀州御発向之事（続群書類従二〇下）　大村由己著

四国御発向并北国御動座事（続群書類従二〇下）　大村由己著

太閤さま軍記のうち（戦国史料叢書『太閤史料集』）　太田牛一著　桑田忠親校注　一九六五年　人物往来社

川角太閤記（戦国史料叢書『太閤史料集』）　桑田忠親校注　一九六五年　人物往来社

豊鑑（群書類従二〇）　竹中重門著

勢州軍記（続群書類従二一上）　神戸良政著

朝倉始末記（改訂史籍集覧六）

細川両家記（群書類従二〇）　生島宗竹著

足利季世記（改訂史籍集覧一三）

甲陽軍鑑（戦国史料叢書）　磯貝正義・服部治則校注　一九六五年　人物往来社

長元物語（戦国史料集『四国史料集』）　立石正賀著　山本大校注　一九六六年　人物往来社

三好記（戦国史料集『四国史料集』）　福長玄清著　山本大校注　一九六六年　人物往来社

昔阿波物語（戦国史料集『四国史料集』）　道知著　山本大校注　一九六六年　人物往来社

十河物語（戦国史料集『四国史料集』）　山本大校注　一九六六年　人物往来社

三河物語（戦国史料叢書『家康史料集』）　大久保忠教著　小野信二校注　一九六五年　人物往来社

松平記（三河文献集成中世編）　久曾神昇編　一九八〇年（複製）　国書刊行会

武功夜話　吉田雄翟并編　吉田蒼生雄訳注　一九八七年　新人物往来社

永禄州俣記（『武功夜話』四）　吉田雄翟編　吉田蒼生雄訳注　一九八七年　新人物往来社

織田軍記（通俗日本全史七）　遠山春信著　早稲田大学編集部編　一九一三年　早稲田大学出版部

陰徳太平記（通俗日本全史一三〜一四）　香川正矩著　早稲田大学編集部編　一九一三年　早稲田大学出版部

北越太平記（越佐叢書五）　雲庵著　一九七四年（復刻）　野島出版

永禄記（群書類従二〇）

勢州四家記（群書類従二〇）

蒲生氏郷記（群書類従二一）

荒山合戦記（群書類従二一）

末森記（群書類従二一）　岡本慶雲著

別所長治記（群書類従二一）

三好家成立之事（群書類従二一）
荒木略記（群書類従二一）
立入左京亮入道隆佐記（続群書類従二〇上）
佐久間軍記（続群書類従二〇下）
賤嶽合戦記（続群書類従二〇下）
余吾庄合戦覚書（続群書類従二〇下）
伊勢峯軍記（続群書類従二一上）
祖父物語（続群書類従二一上）
兼山記（続群書類従二一下）
堂洞軍記（続群書類従二一下）
飛驒国治乱記（続群書類従二一下）
越州軍記（続群書類従二二下）
賀越登記（続群書類従二二下）　岡本慶雲著
丹州三家物語（続群書類従二二下）
妙善寺合戦記（続群書類従二二下）
長曾我部元親記（続群書類従二三上）　高島重漸著
中村一氏記（続群書類従二〇下）
細川忠興軍功記（続群書類従二〇下）　牧丞大夫著
加藤光泰貞泰軍功記（続々群書類従三）
氏郷記（改訂史籍集覧一四）
太閤素性記（改訂史籍集覧一三）
勢州兵乱記（改訂史籍集覧二五）　神戸良政著
老人雑話（改訂史籍集覧一〇）
利家夜話（改訂史籍集覧一三）
渡辺勘兵衛武功覚書（改訂史籍集覧一四）
水野日向守覚書（改訂史籍集覧一六）
武功雑記（改訂史籍集覧一〇）
一色軍記（丹後史料叢書一）　一九七二年（復刻）　名著出版
二木家記（信濃史料叢書五）　二木寿斎著　一九一四年
安宅由来記（熊野水軍史料安宅一乱記）　長谷克久編　一九七六年　名著出版
安土日記（内閣文庫蔵）　太田牛一著
木田梧楼家文書（別本信長記）　太田牛一著
天正八年庚辰八月二日新門跡大坂退散之次第（天理大学附属天理図書館蔵）　太田牛一著
信長記首巻（天理大学附属天理図書館蔵）　太田牛一著
北畠物語（内閣文庫蔵）
勢州録（内閣文庫蔵）
真鍋真入斎働覚書（東京大学史料編纂所蔵）
昔日北華（東京大学史料編纂所蔵）　堀麦水著
創業記考異（東京大学史料編纂所蔵）
家忠日記増補追加（東京大学史料編纂所蔵）　松平忠冬著
蜂須賀彦右衛門覚書（東京大学史料編纂所蔵）
太田牛一雑記（東京大学史料編纂所蔵）
北越軍記（内閣文庫蔵）　雲庵著
石川忠総留書（内閣文庫蔵）　石川忠総著
前田創業記（内閣文庫蔵）　河内山昌実著
最上記追加（内閣文庫蔵）　有沢永貞著
津田重久戦功記（内閣文庫蔵）
多芸録（国会図書館蔵）

図録

戦国の城をさぐる　松戸市立博物館編
尾張の歴史　名古屋市立博物館編　一九九二年
信長文書の世界（第2版）　滋賀県立安土城考古博物館編　二〇〇七年
荒木村重とその時代―伊丹城から有岡城へ―　伊丹市立博物館編　二〇〇〇年
武将のふるさと尾張　徳島市立徳島博物館編　二〇〇〇年

他の編纂史料

寛永諸家系図伝　斎木一馬・林亮勝・橋本政宣校訂　一九八〇年～　続群書類従完成会
断家譜　斎木一馬・岩沢愿彦校訂　一九六八～六九年　続群書類従完成会
寛政重修諸家譜　高柳光壽・岡山泰四・斎木一馬校訂　一九六四～六六年　続群書類従完成会
系図纂要　宝月圭吾・岩沢愿彦監修　一九七三～七七年　名著出版
系図綜覧　国書刊行会編　一九七四年　名著刊行会
士林泝洄（名古屋叢書続編⑰～⑳）　名古屋市教育委員会編　一九八三～八四年（複製）
士林泝洄続編（名古屋叢書三編④）　名古屋市教育委員会編　一九八六年
温故集録1　金沢市立玉川図書館近世史料館編　二〇〇三年
当代記（史籍雑纂二）　一九七四年（復刻）　続群書類従完成会
武徳編年集成　木村高政著　一九七六年　名著出版
医学天正記（改訂史籍集覧二六）　曲直瀬玄朔著
続南行雑録（続々群書類従三）
武家事紀　山鹿素行著　一九一八年　山鹿素行先生全集刊行会
公卿補任（国史大系九～一一）　一九〇四年　経済雑誌社
歴名土代（群書類従二九）　山科言継編
寛延旧家集（名古屋叢書⑫）　名古屋市教育委員会編　一九六三年
南紀徳川史五　名臣伝　堀内信編　名著出版　一九七一年（復刊）
阿淡藩翰譜四　中山義純編　牛田義文訳注・発行
北藤録　加藤泰衛編　伊予史談会　一九八二年
柏原織田家臣系譜　篠川直編　岡林梅次郎発行　一八九一年
岡山藩家中諸士家譜五音寄一～三（岡山大学文学部研究叢書七）　倉地克直編　一九九三年　岡山大学文学部
生野銀山旧記（日本鉱業史料集第一期近世篇）　日本鉱業史料集刊行委員会編　一九八一年　白亜書房
耶蘇会の日本年報　村上直次郎訳　一九四三～四四年　拓文堂
耶蘇会士日本通信京畿編一～二　村上直次郎訳　一九六六年（復刻）　雄松堂書店
イエズス会日本年報（新異国叢書三～四）　村上直次郎訳　一九六九年　雄松堂書店
十六、七世紀イエズス会日本報告集　第一期第二巻　松田毅一監訳　同朋舎出版　一九八七年

日本史五畿内編一〜三　フロイス著　松田毅一・川崎桃太訳　一九八一年　中央公論社

日本史　フロイス著　柳谷武夫訳　一九六三〜七八年　平凡社

切支丹大名記　シュタイシェン著　吉田小五郎訳　一九三〇年　大岡山書店

六角氏式目（中世法制史料集三）　佐藤進一・池内義資・百瀬今朝雄編　一九六五年　岩波書店

永禄六年諸役人付（群書類従二九）

織田信雄分限帳（続群書類従二五上）

慶長三年大名帳（続群書類従二五上）

天正事録（続群書類従三〇上）

中外経緯伝（改訂史籍集覧一一）　伴信友著

加賀藩史稿　永山近彰編　一八九九年

塩尻（日本随筆大成　第三期13〜18）　日本随筆大成編集部編　一九七七〜七八年　吉川弘文館

美濃国諸家系譜（東京大学史料編纂所蔵）

土佐諸家系図七（東京大学史料編纂所蔵）

茶人大系図（東京大学史料編纂所蔵）

常在寺記録（東京大学史料編纂所蔵）

東寺光明講過去帳（東京大学史料編纂所蔵）

北畠御所討死法名（東京大学史料編纂所蔵）

諸寺過去帳（東京大学史料編纂所蔵）

堅田本福寺旧記（東京大学史料編纂所蔵）

記年録（東京大学史料編纂所蔵）

伊勢国司御一族家諸侍并寺社記（東京大学史料編纂所蔵）

会津旧事雑考（東京大学史料編纂所蔵）　向井吉重著

聚楽武鑑（東京大学史料編纂所蔵）

蜂須賀分限帳（東京大学史料編纂所蔵）

南部家記録（東京大学史料編纂所蔵）

肥前名護屋城旧記（東京大学史料編纂所蔵）

永禄以来事始（東京大学史料編纂所蔵）

毛利家日記（東京大学史料編纂所蔵）

織田信雄分限帳（内閣文庫蔵）

慶長四年諸侯分限帳（内閣文庫蔵）

慶長年間大小名分限帳（内閣文庫蔵）

清須分限帳（内閣文庫蔵）

諸系図（内閣文庫蔵）

家老並人持組家譜（加越能文庫蔵）

藩士家譜（鳥取県立博物館蔵）

藩士系図（臼杵市立臼杵図書館蔵）

御家系典（臼杵市教育委員会蔵）

武徳安民記（内閣文庫蔵）　木村高敦著

参考図書

史料綜覧一〇〜一四　東京大学史料編纂所編　東京大学出版会

戦国人名辞典（増補版）　高柳光壽・松平年一著　一九七三年　吉川弘文館

戦国人名事典　阿部猛・西村圭子編　一九八七年　新人物往来社

戦国大名家臣団事典（東国編・西国編）　山本大・小和田哲男編　一九八一年　新人物往来社

戦国大名系譜人名事典（東国編・西国編） 山本大・小和田哲男編 一九八五年 新人物往来社
角川日本地名大辞典 角川書店
日本歴史地名大系 平凡社
豊臣秀吉文書目録 三鬼清一郎編 一九八九年
日本キリスト教歴史大事典 日本キリスト教歴史大事典編集委員会編 一九八八年 教文社

著書・論文

青木忠夫「中世の御器所における佐久間氏の史料・遺物について」『郷土文化』三五―二 一九八一年
朝尾直弘「織豊期の畿内代官―御牧勘兵衛を中心に―」『国史論集（小葉田淳教授退官記念）』一九七〇年
朝尾直弘「『将軍権力』の創出」『歴史評論』二四一・二六六・二九三 一九七〇・七二・七四年
朝尾直弘「織豊期の堺代官」『国史論集（赤松俊秀教授退官記念）』一九七二年
朝倉弘『奈良県史⑪ 大和武士』一九九三年 名著出版
浅野清『佐々成政関係文書』（佐々成政史料大成第三輯） 一九九四年 新人物往来社
芦田確次・村上完二他『丹波戦国史』一九七三年 歴史図書社
網田樹夫「氷見阿尾城主菊池氏の研究（二）―人物編」『氷見春秋』二六 一九九二年
新井喜久夫「織田系譜に関する覚書」『清洲町史』 一九六九年 清洲町
井口友治「織田系図の再検討」『郷土文化』四八―三 一九九四年
井口友治「佐々に睦まじき馬廻土肥助次郎」『ざら峠』一二 一九九四年
井口友治「十月六日法隆寺寺家宛志水・奥村・跡辺・織田連署状『法隆寺文書』の年代比定について」『天下布武』一一 一九九九年
井口友治「青山小助と青山伊賀守」『郷土文化』五三―三 一九九九年
井口友治「三将による越前支配について」『天下布武』一八 二〇〇二年
石田晴男「両山中氏と甲賀『郡中惣』」『史学雑誌』九五―九 一九八六年
石田善人「甲賀郡中惣と伊賀惣国一揆」『史窓』二一 一九六二年
石田善人「甲賀郡中惣と大原同名中惣について」『日本文化史論集（柴田実先生古希記念）』一九七六年
磯野太郎・磯野員彦『近江の磯野氏』一九八四年 私家版
伊藤真昭「秀吉関白任官と所司代の成立」『日本史研究』四一九 一九九七年
稲本紀昭「伊賀国守護と仁木氏」『三重大学教育学部研究紀要』人文科学三八 一九八七年
稲本紀昭「神戸信孝の四国出兵と北伊勢国人」『三重県史研究』一三 一九九七年
稲本紀昭「国立公文書館所蔵『天正九年御遷宮日次』『慶長十三

年遷宮日次』」『三重県史研究』一八　二〇〇三年
井上正「堀内氏善の系譜について」『熊野誌』一八　一九七二年
今井林太郎「信長の出現と中世的権威の否定」『日本歴史』九（岩波講座）　岩波書店　一九六三年
今井林太郎『織田信長』（グリーンベルトシリーズ）　一九六六年　筑摩書房
今谷明『言継卿記』一九八〇年　そしえて
今谷明「松永久秀は悪人か」『別冊歴史読本』一九八二年十月号
今村義孝『蒲生氏郷』（日本の武将）　一九六七年　人物往来社
岩沢愿彦『前田利家』（人物叢書）　一九六六年　吉川弘文館
岩沢愿彦「本能寺の変拾遺」『歴史地理』九一―四　一九六八年
岩沢愿彦「『信長公記』の作者太田牛一の世界」『史叢』三二　一九八三年
浦上元『備前浦上氏の研究』一九八六年　新人物往来社
海老沢有道『高山右近』（人物叢書）　一九五八年　吉川弘文館
大森宏『戦国の若狭―人と城―』一九九六年　私家版
岡田正人「織田信長一〇〇人の家臣」『別冊歴史読本』一九九〇年二月号
岡田正人「天下布武への道―検証織田信長―」『別冊歴史読本』連載　一九九〇年～九四年
岡田正人『織田信長総合事典』一九九九年　雄山閣出版
岡本良一編『織田信長のすべて』一九八〇年　新人物往来社
岡本良一他編『織田信長事典』一九八九年　新人物往来社
荻野三七彦「怪僧日乗について―信長の禁中奉行―」『日本歴史』五二八　一九九二年
奥田淳爾「天正中期越中国人の動向」『富山史壇』五六・五七合併号　一九七三年
奥野高廣『足利義昭』（人物叢書）　一九六〇年　吉川弘文館
奥野高廣「三郎殿様」『日本歴史』二三九　一九六八年
奥野高廣「織田信長と浅井長政との握手」『日本歴史』二四八　一九六九年
奥野高廣「明智光秀の初舞台」『日本歴史』三五六　一九七八年
奥野高廣「織田軍団の中央政権構想」『政治経済史学』三〇〇　一九九一年
長節子「所謂『永禄六年諸役人附』について」『史学文学』四―一　一九六二年
小澤七兵衛「小澤六郎三郎と当家」『天下布武』一　一九九五年
尾下成敏「清須会議後の政治過程―豊臣政権の始期をめぐって―」『愛知県史研究』一〇　二〇〇六年
小和田哲男「史料紹介　信長の高野山攻めに関する新史料」『古文書研究』六七　二〇〇九年
片岡瑠美子『キリシタン時代の女子修道会　みやこの比丘尼たち』一九七六年　キリシタン文化研究会
加藤彰彦「織田信長の美濃侵攻・統一と足利義昭の上洛」『駒沢史学』六九　二〇〇七年
加藤國光編『尾張群書系図部集（上・下）』一九九七年　続群書類従完成会
加藤益幹「織田信雄の尾張・伊勢支配」『戦国期権力と地域社会』一九八六年　吉川弘文館
加藤益幹「織豊期の黒田城主について」『愛知県史研究』四　二

〇〇〇年
金子拓「史料紹介　春日社家日記のなかの織田信長文書―大和国宇陀郡の春日社領荘園と北畠氏に関する史料―」『古文書研究』五四　二〇〇一年
金子拓「室町幕府最末期の奉公衆　三淵藤英」『東京大学史料編纂所研究紀要』一二　二〇〇二年
金子拓「法隆寺東寺・西寺相論と織田信長」『東京大学史料編纂所研究紀要』一七　二〇〇七年
金子拓『織田信長という歴史「信長記」の彼方へ』二〇〇九年　勉誠出版
川勝政太郎・佐々木利三『京都古銘聚記』スズカケ出版部　一九四一年
川崎喜久子「織田政権下の堺―松井友閑の役割について―」（『ヒストリア』九二）一九八一年
瓦田昇「荒木村重謀反の周辺」『地域史研究』四―三　一九七五年
北島万次『朝鮮日々記・高麗日記』一九八二年　そしえて
北村圭弘「常陸麻生藩祖・新庄直頼の前半生―滋賀県東浅井郡湖北町上山田所在和泉神社所蔵資料3―」『研究紀要（滋賀県安土城郭調査研究所）』六　一九九六年
桐野作人『真説本能寺』（学研M文庫）二〇〇一年　学習研究社
楠瀬勝「佐々成政の越中への分封をめぐって」『富山史壇』五六・五七合併号　一九七三年
久野雅司「織田政権の京都における在地支配―村井貞勝の下代の政治的役割について―」『白山史学』四四　二〇〇八年
久保尚文『越中中世史の研究　室町・戦国時代』一九八三年　桂書房
久保尚文「越中石黒氏について」『勝興寺と越中一向一揆補論（三）』（桂新書）一九八三年　桂書房
久保文武「伊賀守護（並伊賀仁木）編年表」『伊賀国無足人の研究』一九九〇年　同朋社
栗原修「上杉・織田間の外交交渉について」『戦国大名から将軍権力へ』二〇〇〇年　吉川弘文館
黒田剛司『津島歴史紀行』一九九九年　泰聖書店
桑田忠親『織田信長』（角川新書）一九六四年　角川書店
桑田忠親『豊臣秀吉研究』一九七五年　角川書店
桑田忠親『明智光秀』（講談社文庫）一九八三年　講談社
小泉義博「富田長繁」『武生市史編さんだより』四、五　一九八〇、八一年
高坂好「竹田城と赤松広秀」『中世播磨と赤松氏』一九九一年　臨川書店
小島廣次「勝幡系織田氏と津島衆―織田政権の性格をさぐるために―」『名古屋大学日本史論集』下　一九七五年　吉川弘文館
小島廣次「信長以前の織田氏」『歴史手帖』三―一二　一九七五年
小島廣次「織田信忠の尾張・美濃支配について」『徳川林政史研究所紀要』昭和五十三年度　一九七九年
小島道裕「『安土町奉行』木村次郎左衛門尉について」『近江地方史研究』二五　一九八五年
小竹文生「羽柴秀長文書の基礎的研究」『駒沢大学史学論集』二

七　一九九七年
小竹文生「但馬・播磨領有期の羽柴秀長」『駒沢大学史学論集』二八　一九九八年
小谷利明「久宝寺・八尾地域における都市形成」『ヒストリア』一八六　二〇〇三年
小林計一郎「木曾郡のこと」『日本歴史』二四〇　一九六八年
小山靖憲「雑賀衆と根来衆―紀州『惣国一揆』説の再検討―」『根来寺に関する総合的研究』（昭和五七年度科学研究費報告書）一九八三年
坂口善保「織田信長の上洛と堺衆（中）―信長と政商今井宗久―」『尚絅大学研究紀要』七　一九八四年
佐藤圭「北国・大坂通路留を命じた信長朱印状―元亀の争乱の新史料―」『岐阜史学』八七　一九九四年
佐藤圭「『織田信長家臣人名辞典』の若越人名について」『若越郷土研究』四〇―五　一九九五年
佐藤圭「新出の秀吉書状と丹後矢野氏」『舞鶴地方史研究』三〇　一九九七年
山陽新聞社編『ねねと木下家文書』一九八二年　山陽新聞社
柴辻俊六「史料紹介　尾張国安井家文書について」『古文書研究』四六　一九九七年
渋谷大樹「京都と織田を結ぶ人―信長上洛期における明院良政の姿―」『季刊ぐんしょ』六二　二〇〇三年
清水伝兵衛「中世の近江武士目賀田氏考」『滋賀県地方史研究紀要』一　一九七二年
下坂守「湖上水運の再編」『新修大津市史』三　一九八〇年
下村效「天正文禄慶長年間の公家成め諸大夫成一覧」『栃木史学』七　一九九三年
下村信博「戦国・織豊期尾張熱田加藤氏研究序説」『名古屋市博物館研究紀要』一四　一九九一年
下村信博「織田政権と尾張武士―坂井文助利貞を例として―」『名古屋市博物館研究紀要』一五　一九九二年
下村信博「天下人と尾張武士―『藩士名寄』にみる吉田主水家政の軌跡―」『蓬左』六一　一九九九年
下村信博「織田政権と尾張武士―海東郡砂子飯田氏を例として―」『名古屋市博物館研究紀要』二五　二〇〇二年
下村信博「尾張武士と伊勢―安井将監秀勝の事例を中心に―」『小牧・長久手の戦いの構造』二〇〇六年　岩田書院
宿南保「但馬山名氏と垣屋・太田垣両守護代家」『中世の村と流通』一九九二年　吉川弘文館
宿南保『但馬の中世史―城郭と史料で語る―』二〇〇二年　神戸新聞総合出版センター
新行紀一「石山合戦期の湖西一向一揆」『日本の社会と宗教』一九八一年　同朋社出版
水藤真『朝倉義景』（人物叢書）一九八一年　吉川弘文館
鈴木泰山「常滑城主水野監物家の新史料について」『愛知大学綜合郷土研究所紀要』六　一九六〇年
鈴木眞哉『紀州雑賀衆　鈴木一族』一九八四年　新人物往来社
鈴木良一『織田信長』（岩波新書）一九六七年　岩波書店
染谷光廣「木下秀吉の文書についての補説」『日本歴史』三〇〇　一九七三年

染谷光廣「信長の宿老林佐渡守と松永久秀の臣林若狭守」『日本歴史』三六一　一九七八年
染谷光廣「織田政権と足利義昭の奉公衆・奉行衆との関係について」『国史学』一一〇・一一一合併号　一九八〇年
染谷光廣「織田信長の右筆についての序説」『国学院雑誌』八九―一一　一九八八年
染谷光廣「『信長公記』未載の信長関係の事跡について―太田牛一は丹羽長秀の右筆だった―」『戦国織豊期の政治と文化』一九九三年　続群書類従完成会
高岡徹「織田氏の越中進出と斎藤新五郎の軌跡」『富山史壇』六四　一九七六年
高岡徹『越中中部における戦国史の展開―神保長職から佐々成政まで―』一九九七年　私家版
高岡徹「国人菊池氏離反への軌跡―前田利家による越中國人の調略―」『七つ尾』二五　二〇〇六年
高島幸次「近江堅田の土豪猪飼氏について」『日本仏教史の研究』一九八六年　永田文昌堂
高島幸次「近江堅田の土豪猪飼氏の近世的変貌」『竜谷史壇』九三・九四合併号　一九八九年
高梨真行「永禄政変後の室町幕府政所と摂津晴門め伊勢貞興の動向―東京国立博物館所蔵『古文書』所収三淵藤英書状を題材にして―」『Museum』五九二　二〇〇四年
高林玄宝『美濃市と金森長近公』一九五八年　私家版
高柳光壽『明智光秀』（人物叢書）一九五八年　吉川弘文館
高柳光壽『本能寺の変山崎の戦』（戦国戦記）一九五八年　春秋社
高柳光壽『三方原之戦』（戦国戦記）一九五八年　春秋社
高柳光壽『賤ケ岳之戦』（戦国戦記）一九五八年　春秋社
高柳光壽『長篠之戦』（戦国戦記）一九六〇年　春秋社
滝喜義「織田上総介の隠し子を育てた埴原加賀守常安」『江南郷土史研究会会報』一五〇　一九九一年
滝喜義「信長と平手政秀」『郷土文化』四七―三　一九九三年
武田茂敬「戦国期丹羽氏の覚書（一）」『郷土文化』三六―一　一九八二年
竹間芳明「越前一揆の構造」『若越郷土研究』五四―一　二〇〇九年
立花京子「明智光秀花押の経年変化と光秀文書の年次推定」『古文書研究』四六　一九九七年
田中義成『織田時代史』一九二四年　明治書院
谷口克広「織田信忠軍団の形成と発展」『日本歴史』四一九　一九八三年
谷口克広「元亀年間における信長の近江支配について―織田宿将の分封支配をめぐって―」『日本歴史』四七一　一九八七年
谷口克広「織田信長文書の年次について―奥野高廣氏著『織田信長文書の研究』所収文書の年代比定再考―」『日本歴史』五二九　一九九二年
谷口研語『飛騨三木一族』二〇〇七年　新人物往来社
玉城玲子「城主物集女氏の実像を探る」『京都乙訓・西岡の戦国時代と物集女城』二〇〇五年　文理閣
田丸辻郎『戦国武将岩村城主田丸直昌と北畠・田丸氏の歴史』

辻善之助『増訂海外交通史話』一九四〇年　内外書籍
土田将雄『続細川幽斎の研究』一九九四年　笠間書院
鶴崎裕雄「摂津国人領主塩川氏の記録—『高代寺日記　塩川家臣日記下』紹介—」『史泉』五〇　一九七五年
寺尾克成「浦上宗景考—宇喜多氏研究の前提—」『国学院雑誌』九二—三　一九九一年
徳富猪一郎『近世日本国民史　織田氏時代』一九一八〜一九年　民友社
内藤佐登子『紹巴富士見道記の世界』二〇〇二年　続群書類従完成会
長江正一『三好長慶』（人物叢書）一九六八年　吉川弘文館
中島眞瑞「明智光秀の365日」『完全検証　信長襲殺』（別冊歴史読本）一九九四年
中島八郎・国友義一編『中務卿法印宮部善浄坊継潤公』一九九八年　大字宮部区
永島福太郎「織田信長の但馬経略と今井宗久　附、生野銀山の経営」『関西学院史学』五　一九五九年
永島福太郎「信長政権の消長」『日本史研究』五〇　一九六〇年
永島福太郎「今井氏の石碑并系図」『茶道古典全集』一〇解題　一九六一年
永島福太郎「古田織部助」『日本歴史』一六二　一九六一年
永島福太郎「信長政権と三宗匠—『天王寺屋会記』紙背文書—」『淡交』昭和六〇年八月号　一九八五年
仁木宏「細川藤孝と革嶋秀存—室町幕府倒壊期の山城西岡—」『日本国家の史的特質　古代・中世』一九九七年　思文館出版
野沢隆一「細川昭元考」『栃木史学』二　一九八八年
橋詰茂「織田信秀・信長時代の家臣団」『歴史手帖』六—一一　一九七八年
馬部隆弘「信長上洛前夜の畿内情勢」『日本歴史』七三六　二〇〇九年
馬部隆弘「牧・交野一揆の解体と織田政権」『史敏』六　二〇〇九年
林屋辰三郎『天下一統』（日本の歴史⑫）一九六六年　中央公論社
原田好雄「勢州丹陵城の歴史—関氏一族の興亡—」『地方史研究』一二六　一九七三年
半田実「織田信長側近一雲斎針阿弥に関する一研究」『日本歴史』五四九　一九九四年
平山優「織田源三郎信房について」『山梨県史だより』三〇　二〇〇五年
廣田浩治「史料紹介　歴史館いずみさの所蔵『日根野氏関係文書および佐久間信盛・信栄連署状』」『泉佐野市史研究』四　一九九八年
廣田浩治「戦国・近世日根野氏の実像をさぐる」『泉佐野の歴史と今を知る会会報』二三六・二三七　二〇〇七年
深谷幸治『織豊政権期近江の代官支配」『戦国織豊期の在地支配と村落』二〇〇三年　校倉書房
福尾猛市郎「近世初頭における都市商業と商人の性格—主として近江安土・八幡城下町をめぐって—」『史学研究』九三　一九六五年

藤井定義「朱印船貿易大名亀井武蔵守茲矩について」『歴史研究（大阪府立大学）』二　一九五七年
藤井譲治「天正二年五月二〇日附羽柴秀吉書状をめぐって」『敦賀市史研究』二　一九八一年
藤井善布「八上城址と波多野氏」『兵庫史学』六五　一九七四年
藤田達生「渡り歩く武士―和泉真鍋氏の場合―」『泉佐野市史研究』六　二〇〇〇年
藤田達生『本能寺の変の群像』二〇〇一年　雄山閣
藤本元啓「織豊期における熱田大宮司家領の変遷―千秋季信を中心に―」『史料（皇学館大学）』一〇四　一九八九年
船越昌「丹波黒井城と赤井党」『歴史手帖』八―八　一九八〇年
星野恒「和泉国三拾六士及在役士伝」（泉州史料一）　一九一四年
細川護貞『細川幽斎』一九七二年　求龍堂
堀直敬『堀家の歴史―飯田・村松・須坂・椎名―』一九六七年　堀家の歴史研究会
松浦義則「越前国人堀江氏の動向について」『福井大学教育学部紀要』第三部社会科学五四　一九九八年
松下浩「織田信長の右筆に関する一考察」『研究紀要（滋賀県安土城郭調査研究所）』八　二〇〇二年
松田亮「織田信忠の内室寿々（鈴姫）―摂津多田山下城主塩川伯耆守国満の娘―」『郷土研究・岐阜』六二　一九九二年
松田毅一『河内キリシタンの研究』一九五七年　郷土史料刊行会
松田毅一『近世初期日本関係　南蛮史料の研究』一九六七年　風間書房
松田毅一「丹波八木城と内藤如庵について」『COSMICA（京都外国語大学）』七　一九七八年
松本勝二『関氏と一宮城』一九七六年　一宮・カツジ社
三浦周行「朝山日乗と其時代」『芸文』六―一～五　一九一五年
三鬼清一郎「濃尾の武士団―織田政権の成立をめぐって―」『歴史手帖』六―一　一九七八年
水野恭一郎「備中国赤木家文書について」『古文書研究』七・八合併号　一九七五年
三宅唯美「遠山佐渡守と鶴ケ城主延友佐渡守」『岐阜県城郭研究会会報』一　一九九八年
三宅正乗「宇喜多氏一族の略譜」『歴史研究』一五三　一九七三年
宮下操「飯田城主毛利秀頼の治績と伊那郡」『伊那』二五―八～九　一九七七年
宮島新一『肖像画の視線・源頼朝から浮世絵まで』一九九六年　吉川弘文館
宮本義己「稲葉一鉄の医道知識と薬方相伝」『国学院大学大学院紀要』五　一九七三年
宮本義己「美濃三人衆の去就―織田信長の美濃経略―」『歴史手帖』六―一　一九七八年
森田恭二『河内守護畠山氏の研究』一九九三年　近代文芸社
森俊弘「史料紹介『江見家記』の翻刻と解説」『美作地域紙史研究』創刊号　二〇〇八年
安池尋幸「与力大名の近世的転化の一考察―新発田藩祖溝口秀勝を中心として―」（『史翰』一一）　一九七四年

山口茂「戦国期の笠寺山口氏について」『郷土文化』二二一―三　一九六七年
山田康弘「細川幽斎の養父について」『日本歴史』七三〇　二〇〇九年
山中吾朗「和泉国松浦氏小考―永禄年間を中心に―」『戦国期畿内の政治社会構造』二〇〇六年　和泉書院
山根幸恵『亀井朱印船私考』（山陰文化選書）一九五五年　鳥取週報社
山室恭子『黄金太閤』（中公新書）一九九二年　中央公論社
山本浩樹「戦国期但馬国をめぐる諸勢力の動向」『戦国期西国における大規模戦争と領民支配』平成十六年度～平成十八年度基盤研究（C）（2）研究成果報告書　二〇〇七年
弓倉弘年「織田信長と畠山家臣」『和歌山地方史研究』二二　一九九二年
弓倉弘年「戦国期河内守護家と守護代家の確執」『戦国織豊期の政治と文化（米原正義先生古希記念）』一九九三年　続群書類従完成会
横澤信生「屋代将曹と信長公記」『富山史壇』一〇四　一九九一年
横澤信生「神保氏張の父について」『富山史壇』一二八　一九九九年
横山住雄「徳山家文書の伝来と新出徳山家文書の紹介」『濃飛の文化財』二九　一九八九年
横山住雄『織田信長の系譜　信秀の生涯を追って』一九九三年　教育出版文化協会
横山住雄「斎藤道三の手紙と佐々氏」『郷土研究・岐阜』六四　一九九三年
横山住雄「土岐明智氏と妻木氏の系譜補正」『濃飛の文化財』三七・三八　一九九七・九九年
吉井功兒「細川昭元について―京兆家の没落過程を見る―」『政治経済史学』二六三　一九八八年
吉田ゆり子「中近世移行期の『武士』と村落―山城国狛氏の動向を中心として―」『人民の歴史学』一三三・一三四　一九九七年
脇田修『織田政権の基礎構造―織田政権の分析I―』一九七五年　東京大学出版会
渡辺江美子「安土の家臣団屋敷について」『国史学』一二五　一九八五年
渡辺江美子「織田信忠考」『日本歴史』四四〇　一九八五年

著者略歴
一九四三年　北海道室蘭市生まれ
一九六六年　横浜国立大学教育学部卒業
東京都内の中学校教諭を経て
現在、戦国史研究家

主要著書
信長の親衛隊　秀吉戦記　織田信長合戦全録　信長軍の司令官　信長の天下布武への道　検証 本能寺の変　信長と消えた家臣たち　尾張・織田一族　信長の天下所司代

織田信長家臣人名辞典　第2版

一九九五年（平成七）一月十日　第一版第一刷発行
二〇一〇年（平成二十二）十一月一日　第二版第一刷発行

著者　谷《たに》口《ぐち》克《かつ》広《ひろ》
発行者　前田求恭
発行所　株式会社 吉川弘文館
郵便番号一一三—〇〇三三
東京都文京区本郷七丁目二番八号
電話〇三—三八一三—九一五一（代表）
振替口座〇〇一〇〇—五—二四四
http://www.yoshikawa-k.co.jp/
印刷＝株式会社 精興社
製本＝誠製本株式会社
装幀＝伊藤滋章

ISBN 978-4-642-01457-1